学术盛衰，当于百年前后论升降焉。

——[清]阮元

处在过去的形象和摹本之中，处在文献和被发现的文物之中，并置身于后人所刻画的过去之中，能带来一种精神安慰，和情感上的欣快。

——（美）E.希尔斯

刘梦溪 著

学术与传统

上 卷

北京时代华文书局

图书在版编目（CIP）数据

学术与传统 /刘梦溪著.--北京：北京时代华文书局,2016.7
ISBN 978-7-5699-1019-3

Ⅰ.①学… Ⅱ.①刘… Ⅲ.①学术思想—思想史—中国-文集 Ⅳ.①B2-53

中国版本图书馆CIP数据核字(2016)第156913号

学 术 与 传 统

Xueshu Yu Chuantong

著　　者	刘梦溪
出 版 人	王训海
选题策划	王训海　余　玲
责任编辑	余　玲　徐敏峰　高　磊
特约编辑	李　强　张凌云
装帧设计	程　慧　王艾迪
责任印制	刘　银　訾　敬

出版发行	北京时代华文书局 http://www.bjsdsj.com.cn
	北京市东城区安定门外大街136号皇城国际大厦A座8楼
	邮编：100011　电话：010-64267955　64267677
印　　刷	北京盛通印刷股份有限公司　010-52249888
	（如发现印装质量问题，请与印刷厂联系调换）
开　　本	787mm×1092mm　1/16　印　张｜91.5　字　数｜1057千字
版　　次	2017年3月第1版　印　次｜2018年6月第2次印刷
书　　号	ISBN 978-7-5699-1019-3
定　　价	368.00元（全三册）

版权所有，侵权必究

目 录

自 序 / 1

第一卷

王国维思想学行传论 / 3
王国维与中国现代学术的奠立 / 37
王国维、陈寅恪与吴宓 / 72
陈寅恪的家学渊源与晚清胜流 / 108
陈寅恪学术思想的精神义谛 / 157
陈寅恪对儒释道三家的"判教" / 189
陈寅恪的阐释学 / 227
陈寅恪的"家国旧情"与"兴亡遗恨" / 271
戊戌政变和陈宝箴之死 / 299

第二卷

中国现代学术要略 / 375
文化托命与中国现代学术传统 / 507
钱锺书的学问方式 / 532

熊十力和马一浮 / 558

马一浮和"六艺论" / 585

马一浮的"义理名相论" / 615

"花开正满枝"
　　——马一浮的佛禅境界和方外诸友 / 647

学兼四部的国学大师
　　——张舜徽先生百年诞辰述感 / 678

大师与传统 / 687

第三卷

中国传统文化的特质及其价值取向 / 701

百年中国文化传统的流失与重建 / 712

当代中国与传统文化 / 737

中国传统价值理念的现代意义 / 753

如何评价儒家学说的历史地位 / 757

儒家话语下的宗教与信仰 / 763

中国文化的狂者精神及其消退 / 771

论国学 / 860

国学辨义 / 902

第四卷

为生民立命
　　——"横渠四句教"的文化理想 / 935

"竹柏春深护讲筵"
　　——白鹿洞书院访学记 / 954

唐朝的气象 / 965

汉译佛典与中国的文章体制 / 977

汤若望在明清鼎革之际的角色意义 / 1000

史华慈：最后发表的思想 / 1023

《牡丹亭》与《红楼梦》/ 1043

陈寅恪与《红楼梦》/ 1057

社会变革中的文化制衡
　　——对"五四"文化启蒙的另一种反省 / 1102

第五卷

敬义论 / 1121

立诚篇 / 1170

论和同 / 1191

"将无同"
　　——文化融合是人类未来的大趋势 / 1225

对话是人类的生活准则
　　——在中美文化论坛最后一次圆桌会议上的发言 / 1231

21世纪的挑战：亚洲价值的反省 / 1241

思想的力量
　　——读朱维铮《走出中世纪》（增订本）和《走出中世纪二集》/ 1248

学术所寄之人
　　——在《汤一介文集》出版座谈会上的发言 / 1255

人文与社会科学研究的几个问题 / 1257

第六卷

《中国文化》创刊词 / 1273

《世界汉学》发刊寄语 / 1276

我的一次学术历险
　　——《中国现代学术要略》后记 / 1279

"切问而近思"
　　——《刘梦溪学术访谈录》题序 / 1302

《马一浮与国学》自序 / 1319

20世纪学人的独标与秀出
　　——《现代学人的信仰》题记 / 1325

孔子为何寄望"狂狷"
　　——《中国文化的狂者精神》韩文版序 / 1330

大观园里和大观园外
　　——《红楼梦与百年中国》韩文版导言 / 1337

季羡林先生九十寿序 / 1356

后　记 / 1361

引用文献 / 1367

人名索引 / 1387

自　序

余所治学，早年为古典文学和文学思想史，特别对《红楼梦》与明清文学思潮用力较多。现当代文学和文学理论也曾涉猎，出版过几种论著。但20世纪80年代中期以后，开始转入学术史和思想史研究。引领我"出文入史"的是王国维、陈寅恪、钱锺书三位学术大师。读他们的书，如醉如痴，足以忘我，结果自己不想写文章了。于是编纂了一套《中国现代学术经典》，收晚清民国以还现代学者的著作四十四家、三十五卷、两千多万字，1997年出版，历时七年时光。好处是使我有机会系统接触现代学术的谱系，王、陈、钱之外的其他学者，也成了我熟悉的前辈老师。此处"老师"一词，我用的是《史记·孟子荀卿列传》"齐襄王时，而荀卿最为老师"之典意。他们为我打开的学问世界，广阔无垠而又绚丽多彩，不禁为之流连忘返。1996年出版的《传统的误读》，2004年出版的《学术思想与人物》，2008年出版的《中国现代学术要略》，可视为此一方面研究的一个结点。而2005年出版的《红楼梦与百年中国》一书，不妨视作由文学研究进入学术史研究的一个过渡。

我重点研究的中国现代学术的个案是王国维、陈寅恪和马一浮。研陈的书，2012年出版了《陈宝箴和湖南新政》，2014年出版了《陈寅恪的学说》，2017年还将出版另一研陈专著《陈寅恪论稿》。研究马一浮的专书《马一浮与国学》，已于2015年由三联书店出版。王国维，我是和陈寅恪一起研究的，将来或合稿成书。遗憾的是，研究钱锺书的书，长期未能著笔。直到去年年中，才有机缘写完了《钱锺书的学问方式》和《钱锺书与陈寅恪的异同》两文，刊于《中华读书报》，算是还了一点学术的宿债。我研钱所下的功夫，可是不少，单是笔记就有好几册。主要是研陈研马花了太多的时间。而近年我的学术又有了新的转向。马一浮先生带领我进入到宋学，又返归到"六经"。如今我正在"六艺之学"和先秦诸子里打转呢。国学的义涵及缘起与流变，中国传统文化价值理念如何在今天发用，是近年着力研究的课题，意在溯源接榫，为当代社会文化价值的建构寻找传统资源。

故本书所收文字，第一卷为研究王国维、陈寅恪的专题文章，尽量选取研究题旨和角度的不同侧面，以示区别与联系。有老辈称，我的研陈是"王陈并治"，可谓知我者之言。不过我研陈是连通其家学渊源一起研究的，亦即将陈学和义宁之学连类并观，寅恪先生的祖父陈宝箴和父尊陈三立，同样是我感会探究的学术对象。本书所收的《陈寅恪的家学渊源与晚清胜流》这篇文字，可作为此一题义的代表。此稿近三万言，往昔曾以节稿的方式刊于《中国学术》，全文收书，这是第一次。王、陈之间，吴宓是不可忽视的人物，他具有能将王、陈、钱连为一体的学术法力和历史过节。《王国维、陈寅恪与吴宓》一文，可以看到他们之间许多有趣的学问故事。其余诸篇，就不赘述了。唯此卷的第六篇《陈寅恪对儒释道三家的"判教"》，是新近写就，2016年9月14日《中华读书报》以三个整版的篇幅全文刊载，为该报二十年所仅见之特例。此篇固是我研究陈寅恪学术思想的比较重要的文章，对理解和研究中国文化的思想流变而言，从中亦可窥知，寅老不仅为我们立下一个解读"大

自 序

事因缘"的思想纲领，也给了我们能够开启其秘藏妙谛的一把智慧的锁钥。

本书第二卷以马一浮为主，连带研究熊十力、钱锺书、张舜徽等其他学者的文字，以及关于中国现代学术的思想通论和专论。新写的研究钱锺书的文章，两篇合而为一，统以《钱锺书的学问方式》出之。通论部分则以《中国现代学术要略》为代表。最初《要略》一文是我为《现代学术经典》丛书撰写的总序，曾以四个整版分两次连载于1997年的《中华读书报》，在学界引起较大反响。但直到三联书店出版专书之前，此文我从来未收过书。此次入选，只是正文部分的十二章，相关附件未予收录。本书第六卷的《我的一次学术历险》，对此文的撰写背景和前后经过，有详明的叙说，有兴趣的读者不妨参看。《文化托命与现代学术传统》写于1991年，初刊于《中国文化》1992年春季号，是我研究现代学术思想较早的一篇专论。陈寅恪先生在《王静安先生遗书序》中写道："自昔大师巨子，其关于民族盛衰学术兴废者，不仅在能承续先哲将坠之业，为其托命之人，而尤在能开拓学术之区宇，补前修所未逮。故其著作可以转移一时之风气，而示来者以轨则也。"我的题旨的灵感，盖得自于此。20世纪的大师巨子，其生平志业本身，无不具有文化托命的担负，但实现自身的安身立命，又显得困难重重。我试图寻找其中的线索和缘由。《大师与传统》则是2007年12月15日，我在凤凰卫视《世纪大讲堂》一次演讲的文字稿，2008年2月24日经由《文汇报》全文刊载。《学兼四部的国学大师》，是当张舜徽先生百年诞辰之际，应《光明日报》国学版之约而写，刊于2011年6月20日的《光明日报》。但此篇绝非匆促的应制之文，而是多年研究的明学会心之作。张先生晚年与我有诸多通信，他是我所推许的章

3

太炎、黄季刚、钱宾四之后，首屈一指的国学大师。

第三卷是传统文化与国学，以及传统文化价值理念在今天可能有的意义，这是我近年一直关注的课题。中国自周秦以来，或者换一个更容易为学界认可的说法，自秦汉以来，就建立了以长治久安为目标的社会形态。这一社会形态，体系完整，纲纪分明，文教发达，人事旺盛。虽中经丧乱，内忧外患，改朝换代，但主流根脉，未遑动摇。社会本身似乎有一种稳定的内在调节机制。我想这与民间社会广大深厚不无关系。所谓"礼失，求诸野"，圣人之言，自有无穷消息。农民起义所造成的改朝换代，实际上充当了这一社会形态自我完善的调节器。而由边族觊觎中原而引起的华夷之辨和华夷之变，又每以用夏变夷来收场，不自觉地扮演起从外部调节社会机制的角色。这一社会形态，已往的教科书和学者著述，统以"封建社会"称之，显然是受了外域的"社会五阶段论"的理论模式的影响。如今看来，用"封建社会"指称周秦以来或秦汉以来的中国社会，是殊为不伦的削足适履的做法，应予更止。我近二三十年的写作著论，当涉及相关历史时间段的时候，一般都用"传统社会"代之。其实"传统社会"一词，仍嫌笼统，如果分段为说，则称殷周为王制社会，秦汉至清为帝制社会，也许不失允当。

收入此第三卷的《中国传统文化的特质及其价值取向》、《百年中国文化传统的流失与重建》、《中国文化的狂者精神及其消退》，属于研究我国思想文化流变的专题著论，文化反思的意味至为明显。《当代中国与传统文化》、《中国传统价值理念的现代意义》两文，都是以传统如何在当代发用为宗旨，前者首发2010年3月25日《光明日报》，两版篇幅；后者是2011年9月6日，在中央文史研究馆建馆六十周年座谈会上发言的文字稿，载于《光明日报》

和香港《国学新视野》等报刊。《狂者精神》写于2010年，《读书》杂志连载于当年的三、四、七期，是写得痛快畅心的一篇文字。至于国学与传统文化的关系，我认为两者是不同的概念，既不能混同，又不能互代。国学的内涵，要以中国文化的最高形态"六经"为主导，而以小学为进阶，辅之以公民的国学教育。青少年进入国学，则以《论语》、《孟子》为入门途径，由浅及深，日积月累，必获成效。学习国学从《论语》开始，是我的结论，也是我的主张。国学只有和民众相关才有生命力，是我近期的一次演讲，对此题义我深信不疑。因为国学归根结底是中国人自己的经典价值系统，其化而成为现代人通识教育的一部分，毋庸说自是顺理成章之事。这样一来，国学与文史哲各科门的关系，也可以避免扞格而坐收两全之美。北大国学门成立于1922年，清华国学研究院成立于1925年，都只存在了四年的时间。原因何在？此无他，不过是北大、清华两学府至20年代末30年代初，各自的文史哲三院已经建设得科目齐全，实力雄厚，不需要另立所谓"国学"，与之混淆不清。此义《论国学》、《国学辨义》两长文作了深入的考论。直至今天，各大学的国学院如果不以经学、小学和国学教育为立院的学科基石，仍然无法解决与文史哲三院的科际关系。我的关于国学的论旨要义，大体上尽在此卷中矣。《如何评价儒家学说的历史地位》是不久前新写，载2016年1月18日《光明日报》。就中国传统文化而言，儒学是无论如何都绕不开的题义，一并收入，以明笔者的思想取向和学术立场。

第四卷是古典文学和思想文化史研究。《为生民立命》一文，专门论述宋代大儒张载的"横渠四句教"，并兼及对清学和宋学的关系的探讨，首载2008年9月3日《中华读书报》。《"竹柏春深护讲筵"——白鹿洞书院访学记》，则着意复现了朱子和白鹿洞书院的关系，从中可约略窥见我国的书院传统及其艰辛的历程。原载2009年8月9日《文汇报》，因事涉宋学，故置于本卷使之与关学巨子为伴。《唐朝的气象》，是我为研究生开的"中国文化史导论"课的一讲，经整理重写，曾发表于《人民政协报》。《汉译佛典与中国的文章体制》，是我早年钟情的研究领域——文学思想史的题义，以《文心雕龙》的文体论为论述中心。盖平生雅好《文心》一书，此为心得之一。《汤若望在明清鼎革之际的角色意义》，系1992年出席在德国召开的"纪念汤若望400周年诞辰国际学术研讨会"提交的论文，一篇以明清鼎革为背景的异域宗教人物的专论，写得自己感到了喜欢。《史华慈：最后发表的思想》，是1999年在哈佛大学与史华慈教授访谈对话的改写稿，曾在2006年华东师范大学召开的"史华慈与中国"国际学术研讨会上宣读，尔后上海《社会科学报》以两个版的篇幅全文刊载。置于此卷庶几可与汤若望一篇稍作呼应。红学的文章，过去成书者，一律不选，只以晚近写的《〈牡丹亭〉与〈红楼梦〉》和《陈寅恪与〈红楼梦〉》两篇别一角度的涉红文作为代表。此两文的写作均有故事，此处不遑多记。

需要多说几句的，是《社会变革中的文化制衡——对"五四"文化启蒙的另一种反省》这篇文章。竣稿时间为1989年年初，是为当年5月在香山召开的纪念五四运动七十周年国际学术研讨会准备的论文，1990年发表于香港中文大学中国文化研究所主办的《二十一世纪》杂志。早已忘记了有此一文，最近无意中发现并通读一过，不禁为之感叹。只有当时的文化语境下，才有如此酣畅的学理论说。万言之作，竟如一气呵成。而文章旨趣，则与我写于同年的《中国文化》创刊词一脉相承。20世纪80年代，我国的社会变革正

自 序

在如火如荼地展开,同时遇到的问题也多到不知凡几。我看到了问题背后的文化限制。所以提出了"文化制衡"的概念。文章开头的第一句就写道:"社会变革需要有先进思想的导引,同时也需要常态的文化制衡。"而且对"文化秩序"一语表现出浓厚的兴趣。我给出了自己的理解:"社会是个有机体,它在常规运行中,自然会累积自己的文明,从而形成文化秩序。文明的累积,借助于同时也产生着人类的理性和集体智慧。这种理性和集体智慧的平均值,是一个社会成熟与健全的标志。因此社会依其成熟与健全的程度划分为不同的历史段落;同一历史阶段的不同社会形态,具有各自相同或相异的文化秩序。"并试图为文化秩序下一个定义,故接下去写道:"我所说的文化秩序,是指与一定的生产力水准相联系的人类行为的规则链,特别是社会成员生活方式的文明程度和普遍的理性水平是文化秩序的重要标志。因此它直接涉及全民教育和法制建设,这是一个社会的文化秩序正常与否的必要条件。文化秩序系由传统累积而成。国家意志在文化秩序面前也要屈尊以降。事实上,国家与法只有与文化秩序相适应,才能保证该社会是一个健全的社会。"我的意思,文化秩序一是与传统有关,二是与法制有关,三是需要有理性精神的渗透。"人固然创造文化,文化也制约着人类",是文章一再阐释的题旨。诠察二十七年过后我国今天的社会与文化,如果认为该文所阐释的题旨尚属没有过时,应该不算是自是溢美之言。文章里有这样一句话:"只不过人类太自信了,难免有时执着于社会变革,却不承认或者忽略了文化秩序对社会变革的制衡作用。"今天看来此言尤值得警醒。

第五卷的文字,《敬义论》、《立诚篇》、《论和同》均为新写,是我研究"六经"的价值伦理系列文章的一部分。《敬义论》

是此组文章的领题，《北京大学学报》于2016年第3期以特稿的形式刊载，文长三万言。"敬"是我近年一再深究的价值理念，曾多次撰文，反复阐释其义理内涵。并提出"敬"这个价值理念已经进入中华文化的信仰之维。此篇《敬义论》是为第一次系统论述，遍引《易》理经纶，探河穷源，辨明流变，整合义理，重构统绪，可以说初步完成了敬义的学理论说。"敬"与"诚"相连接，如果无诚，便不会有敬。诚是自然而然如此，敬是无论如何必须如此。故大程子明道先生说："诚者，天之道；敬者，人事之本。敬则诚。"《敬义论》既竣稿，则《立诚篇》必须踵武而随之，一万二千言，刊于2016年9月2日《中国文化报》。《易·乾卦·文言》写道："君子进德修业，忠信所以进德也。修辞立其诚，所以居业也。"我认为此两句可以概括人生志业的全部要义。盖匆促人生，无非"进德修业"四字。而令此德此业臻于至境，全赖"忠信"、"立诚"的不朽箴铭。"和同"也是我集中关注的核心价值理念，近年相关文章多有，但系统论述当首推此篇《论和同》，载《文史哲》2016年第3期，文长两万言。孔子说："君子和而不同。"是为关乎中国人立身行事准则的大判断。《易》之"同人"一卦，层层为说，反复演绎此理，力主"与人和同"。这让我不胜惊喜。盖《易经》一书，不愧人类进德修业之渊薮，文明观念之理窟也。

《将无同——文化融合是人类未来的大趋势》，与《论和同》为时空措置的不同体位的观照。在同一时空，应与人和同；展望未来，则无外乎"将无同"三字。魏晋清谈主要围绕"名教"与"自然"的题旨展开，哲学层面则是关于宇宙世界的"有"和"无"的问题。名流们为此口若悬河，争论得无法休止。但到了下一代，情况发生改变。《晋书》记载，阮籍的从侄孙阮瞻，一次拜见当时已经位至"三公"的王戎。王戎问这位年轻人："圣人贵名教，老庄明自然，其旨同异？"阮瞻回答说："将无同。"当时圈内人士称阮瞻的回答为"三语掾"。"将无"是不含实义的语助词，"将无同"就是没有什么不同，也就是"同"。2010年10月，中美文化论坛在美加州大学伯克利分校举行，最后一次圆桌会议，我应邀代表中方学者发言，讲了文化的"异同"这个话题，提出对话应该成为人类的生活准则。这个题旨恰好可以和《论和同》、《将无同》两文相呼应。宋儒张载的哲学四句教："有象斯有对，对必反其为，有反斯有仇，仇必和而解。"是我尊仰的哲学命题。窃以为人类未来走向何所，实与对此一命题的理解有关。孔子"和而不同"的思想，是此一命题最精要的概括。一个是"君子和而不同"，一个是"己所不欲勿施于人"，这两个哲学命题，已经给出了人类麻烦的解决之道。"和而不同"是中国人和中国文化面对这个世界的本有的原则。我一向的观点，人类的"同"终归是主要的，不同只是文化的差异，即"化迹的不同"。王国维强调的"学问之事，本无中西"，陈寅恪力主的"文化高于种族"，均可归之于《易》之一语："天下同归而殊途，一致而百虑。"甚至陈三立叙述陈宝箴的行事："府君独知时变所当为而已，不复较孰为新旧，尤无所谓新党旧党之见。"也可以看作是此一理念的遗绪。只不过人类的良知为世间的利欲力势所汩没，正所谓"利令智昏"，而今亟待去魅"复性"，恢复人之为人的本然之知和本然之善。

《21世纪的挑战：亚洲价值的反省》，是1998年9月中日韩三国学者汉城(今首尔)文化论坛上，我报告之论文，其题义与此卷的内容多有吻合。评议朱维铮的《走出中世纪》和《走出中世纪二集》一文，不仅评书，亦关评人，将其论域、学思、文风、胆识、意气，囊括入于一炉。对马一浮和儒家思想的不同观点，亦绝不模棱两是，而行文立义又充满了解之同情。文章在《中华读书报》发表后曾寄请维铮阅正，电话中他一片喜悦。我和维铮算得上"不同"而能相"和"的一个例证。第六卷的《中国现代学术要略》的后记，也曾叙及和维铮的交往过节，我称他为学之诤友而士之君子。关于汤一介先生的《学术所寄之人》，是在他生前写的。我引王国维的名言："天而未厌中国也，必不亡其学术。天不欲亡中国之学术，则于学术所寄之人，必因而笃之。"汤先生、朱维铮先生，自然都称得上当代中国的"学术所寄之人"。《人文与社会科学研究的几个问题》，是我的一次演讲提纲，原刊2002年《文汇报》，《新华文摘》曾予转载。文中所谈的偏于己身为学经验的十二个问题，也许可略供好学深思者参酌。

　　最后是第六卷的一组文字，为序跋之属，这里也略作说明。新时期改革开放以来，我先后创办了两种学术刊物，一为《中国文化》，一为《世界汉学》。《中国文化》迄今已二十有八年，至今还在有兴味地办。《世界汉学》只出版四期，因资金不济而停刊了。我办刊物的宗趣与我的为学是一致的，因此特将两刊的创刊致辞附载于此。《中国文化》创刊词写于1988年，当时就提出："为学之道，尚同比求异更重要而且深刻得多。"并引钱锺书先生的名言"东海西海，心理攸同；南学北学，道术未裂"作为证词。《世界汉学》发刊寄语陈述的我的学术目标是："祈望以汉语的方式构建不同文化背景、不同文化系统之间的沟通与对话，构建国际汉学研究的学术桥梁，为实现人类在21世纪的梦想稍尽绵薄。"可见笔者为学之理念不无前后相承相续的一贯性。《我的一次学术历

自　序

险》，是为三联版《中国现代学术要略》的后记，《切问而近思》是中华版《刘梦溪学术访谈录》的题序，有人物，有故事，可见出我为学为文的一些不为人所知的心路过程。

2015年，我的《中国文化的狂者精神》一书的韩文版出版了，应译者韩惠京教授之邀，写了一篇序言，文字不长，却相当于一篇独立的专题论文，以《孔子为何寄望"狂狷"》为题，首刊于2015年3月30日《光明日报》。刚好我的《红楼梦与百年中国》也有了发行韩文版的机会，按译者要求需要有著者写的卷前致语。没有想到，竟写了这篇万余言的《大观园里和大观园外》，俨然成为一篇新的研《红》论文，只好作为书前导言置于韩文版《红楼梦与百年中国》的卷首了。此文曾刊于2015年第7期《读书》杂志，据接近红学圈的朋友讲，口碑似乎尚称不恶。《20世纪学人的独标与秀出》是去年商务版《现代学人的信仰》的题记，内容应属于第二卷的范围，因系序跋之属，只好请其在这里与同侪为伴。全书殿后的《季羡林先生九十寿序》，是一篇值得我个人特殊记忆的文字。季先生有恩于我，因此当2000年他九十华诞的时候，我一口气写成此文，用的是文言。初稿尝送请吴小如先生润正。因季先生字希逋，小如先生建议循旧例文题宜改为《季希逋先生九十寿序》。但考虑到季先生名羡林字希逋的今典，恐怕只有北大极少的几位老辈知晓，我说可否依今习仍直接以名称。他沉吟良久，雅不情愿地同意了我的固执之见。此篇虽以寿序名，实为叙论百年以还现代学术流变文字的一种别体。

北京时代华文书局在2015年年初，已经出版了我的《将无同——现代学术与文化展望》一书，是为我所在研究机构的学术文库之一种。但出版社和我个人都意犹未尽。因为文库的方式有自身的局限，不易为知书好学之士所关注。于是商定在原书的基础上，另出我们更加满意的单行文本。经过一年多的时间，商酌在四，七易其稿，终于编定了这部以《学术与传统》名书的学术论著选编。盖我的研究，依题义言，无外乎学术、思想和人物；就研治范围言，亦未逾于学术与传统之外。学术，是我的志之所钟；传统，是我的心之所系。《将无同》收文30篇，厘为五卷；现在的《学术与传统》，共六卷，54篇。规模体量后者比前者增加了倍半有奇。更主要是补入了一些不同时间段的具有代表性的论文，学术厚度和论述的系统性有所提升。没有明确的选例或凡例，要以不因时间的推移而减少题义的价值，而又能稍有学问之滋味者，为入选的心理标准。我为学不专主一家，好古而不泥古。与古人为伍，是我穿越千古，进入他们的文化环境。和古人对话，是请他们屈尊降临到我的身旁，在今日的语境下和他们畅论义理哲思。初无选入这么多文字之想，时代书局主人的以学问为宗极的专业精神和通怀雅量，使得我能够因缘入于孟子的"学问之道，求其放心而已"之与吾心所同然者之境。

著论文字的多寡不关学问本身，只不过透过广阔一些的题域世界，更能见出著者为学的心路历程和思想轨迹。古贤往圣的范本展布在那里，20世纪现代学术大师的标杆立在那里，我辈后学，何敢自是。陈寅恪先生的诗句有言："吾侪所学关天意。"信斯言也。寅老又说："文章存佚关兴废。"则吾岂敢。

2016年7月20日序于东塾

第一卷

王国维是中国现代学术的开山，其学术性质和研究方法足以转移一时之风气，而示来者以轨则。陈寅恪是王国维之后学术创获最丰盈的学者，既是大史学家，又是大思想家。"独立之精神，自由之思想"是陈寅恪毕生秉持的学术精神。他对中国学术有一重要假设，即认为汉以后学校制度废弛，学术中心逐渐转移到家族。而家族所起的作用在于："士族之特点既在其门风之优美，不同于凡庶，而优美之门风实基于学业之因袭。"换言之，中国传统社会的文化传承，家族是一重要渠道，其出自学养厚积的家族的人物，才性与德传必有最大限度的融合。

王国维思想学行传论

一

王国维，字静安，又字伯隅，号观堂，浙江海宁人。1877年农历十月二十九（公历12月3日）出生于海宁州城之双仁巷自宅。先生先世籍河南开封，远祖王光祖《宋史》有传，因征御北方边族有功，被封为泾原河东定州路副总管。光祖子王禀，忠义勇武，战功卓著。《三朝北盟会编》记载："王禀性质沈雄，智谋深静，便弓剑之习，负劲气于山西，贯韬钤之奇，走雄名于塞北，久率戎伍，夙著战功。"而靖康元年九月初三日，已被金兵围困二百多天的太原眼看就要陷落之时，王禀率部巷战，身被数十创，还到城里庙中背负太宗的塑像，与其子之全家跳汾河自尽。后高宗南渡，追封禀为安化郡王，赐谥"忠壮"[①]。这是王氏家族史上最辉煌的一幕。

[①] 关于王国维先世之情况，可参阅《王国维遗书》第四册《观堂集林》卷二十三所载之《补家谱忠壮公传》，征引包括《三朝北盟会编》等各种史籍甚详。静安先生且于文末发为论议，写道："裔孙国维曰，公之勋绩忠烈具于载籍者如此。乃宋史不为公立传，仅于忠义传刘士英下附见公死事。又事颇舛午，故掇诸书所纪事迹汇而书之。当宣、靖之间，斡离不以全胜之师，长驱逼京师，势已无宋矣。然卒媾和以去者，以太原未下，粘罕之军顿于坚城，不能会师城下故也。河东既陷，汴京亦以不守。然则靖康之局所以得支一年者，公延之也。呜呼，处无望之地，用必死之兵，当蚩尤之攻，为墨翟之守，粮尽援绝，父子殉之。公之忠可谓盛矣。书而著之，非徒家门之光，亦欲使后之读史者有所考焉。"《王国维遗书》第四册，上海古籍书店据商务印书馆1940年版印行（此下引文仅标注引述内容及页码），1983年版，第13a页。

明代中期以后，王氏家族开始中落。而此前在元代，已经成为"世为农商"的家庭。王禀之后凡三十四传，至先生父王乃誉。乃誉事商贾，而喜书画篆刻，淡名利，富收藏。先此，曾一度充任江苏溧阳县的幕僚，但四十岁以后便家居不再复出。①尝作《游目录》十卷，诗集二卷，家藏未行世。静安先生深受其父之影响，如同异母弟王国华所说："先兄一生淡名利，寡言笑，笃志坟典，一本天性，而弱冠内外，其有承于先君子者尤众。"②先生母凌氏，当其四岁尚不能完整记忆时亡故，后由祖姑母和叔祖母抚养；越五年，王乃誉续娶，则与继母生活在一起。先生对继母叶氏甚敬畏，即使与少年友人冶游聚会，也总是守时归家，不敢延宕致使继母失欢。先生之寡言忧郁之性格，实童年生活境遇所使然。

先生七岁入私塾就读，颇习诗文时艺。王乃誉家居后，以"课子自娱"，要求尤其严格，几易塾师，犹不惬意。但先生雅好诗词，十五岁已代父作挽诗。十六岁参加岁试，以第三十二名入州学。翌年，赴杭州应乡试，不终场而归。1894年中日甲午战争爆发，清军战败，震动朝野，先生亦深为所动，遂开始向往新学。但由于家境贫寒，没有条件出国留学。其自述有云："甲午之役，始知世尚有所谓学者。家贫不能以资供游学，居恒怏怏。"③1896年夏天，先生开始担任城内一沈姓家之塾师。同年，与同邑出身商人家庭的莫氏女结

---

① 王国维：《先太学君行状》记载："年四十，归，遂不复出。惟一游金陵，一沿桐江，观富春山，登钓台，皆不数月而归。归后，日临帖数千字，间于素纸作画，躬养鱼种竹，以为常课。"参见《扬州师院学报》（社科版），1985年第3期，第34页。
② 王国华为《王国维遗书》所作的序言，见《遗书》第一册卷首《序三》。
③ 王国维：《静安文集续编·自序》，《王国维遗书》第五册，第19a页。

婚。次年，再赴杭州应乡试，又不中。从此弃绝举业，绝意仕途。尝与同乡张英甫等计划创办海宁师范学堂，因款项无着未果。虽然，先生之笃志于学及热心教育之抱负于此可见一斑。

二

1898年这一年是先生人生的转折点。新正伊始，就离别妻室，来到上海，到时务报馆担任书记及校对的职务。不过不是正式应聘，而是因供职于时务报馆的同乡举人许默斋返乡处理事务，暂作为代理，无非校对、抄写之类，实际地位相当之低。《时务报》是维新派的重要舆论园地，由黄遵宪、汪康年、梁启超所创办，汪康年为总理，梁启超曾任主笔。而是年三月，罗振玉创办的日语专科学校东文学社开学，王国维经报馆同意每天下午前往学习三个小时，因得以结识罗振玉。从此先生一生之命运便与罗氏紧紧地联系在一起。罗字叔蕴，号雪堂，浙江上虞人，1866年生，比王国维长十二岁。早年亦致力于欧西新学的介绍，并热心教育，曾创办《农学报》，组织农学会；与张之洞关系密切，担任过湖北农务局总理兼学堂总督。精于小学、金石、甲骨之学，是现代学术史上有影响的古文字、古器物学者。大内档案得以保存，罗氏与有功焉。[①]罗氏政治上的保守立场，使得当时后世颇遭疵议；但对其治甲骨文字和古器物的成绩，文史学界鲜有异词。罗、王相知，起因是王国维在东文学社一个同学的扇面上题写的一首《咏史》诗：

---

① 参见王国维：《库书楼记》，《王国维遗书》第四册之《观堂集林》卷二十三，第34b—36b页。

西域纵横尽百城，张陈远略逊甘英。

千秋壮观君知否，黑海西头望大秦。

罗氏看到大为激赏，叹为异才，于是着意扶植培养，虽考试成绩欠佳，也宁愿保留其学习机会，使之无后顾之忧。同年八月，戊戌政变发生，康有为、梁启超逃亡国外，谭嗣同、刘光第等六君子罹难。先生于此气愤之极，写信给许默斋说："今日出，闻吾邑士人论时事者，蔽罪亡人不遗余力，实堪气杀。危亡在旦夕，尚不知病，并仇视医者，欲不死得乎？"[①]不久《时务报》停办，先生则因治疗腿病返回海宁。本年底病愈后又来到上海，重新进入东文学社补习日文，同时奋力研习英文，间做庶务，直至1900年学社解散。学社教师有日人藤田丰八、田冈佐代治二氏，对先生为学均有影响。这是先生打开视界、努力掌握治学工具时期，为日后的学业拓展铺设了必要条件。

罗振玉1900年下半年应鄂都张之洞之邀总理湖北农务局，先生亦于同年底前往湖北，参与罗氏策划的农书译事。所译之日人的《日本地理志》次年由商务印书馆出版。再次年，即1902年的岁首，受罗之资助，先生尝东渡日本在东京物理学校学习数理。当时正值戊戌之后，维新党人云集东瀛，王国维以为并非吉兆。他在写给罗振玉的信里说："诸生骛于血气，结党奔走，如燎方物，不可遏止。料其将来，贤者以殒其身，不肖者以便其私。万一果发难，

[①] 《致许同蔺》（1898年9月26日），吴泽主编《王国维全集·书信》，中华书局1984年版，第17—18页。

国是不可问矣。"①其担心疑惧之情跃然纸上。后因脚气病发作，当年夏天即回国，滞留上海，住罗振玉家中，并协助罗编辑《教育世界》杂志。同年秋，应教育家张謇之聘任教于南通师范学校。这时罗振玉已开始注意甲骨文字的研究，刘鹗著录的《铁云藏龟》就是罗氏协助校印的，并为之撰写序言。王国维接触甲骨文，也是在这个时候。但他此时的主要兴趣在哲学、教育和诗词创作。1904年，罗振玉在苏州创办江苏师范学校，也曾聘请先生任教职。罗创办的《教育世界》杂志，本年改由王国维主编。

《教育世界》是罗氏于1901年在武昌创刊的专门译介世界各国教育规章制度及学说的刊物，印行在上海。实际上相当于教育译丛，其中介绍日本教育规制的文章最多。开始为旬刊，王国维接手后改为半月刊，对原来的宗旨也有所更易，增加了本社自撰部分，包括论说、学制、训练、传记、小说、国内外学界动态等，都予以刊载。托尔斯泰的小说《枕戈记》，即由王国维从日文移译发表在《教育世界》上②。他的许多重要的哲学和美学文字，如《哲学辨惑》、《论教育之宗旨》、《论叔本华之哲学及其教育学说》、《论哲学家美术家之天职》、《国朝汉学派戴阮二家之哲学说》、《释理》、《论性》、《周秦诸子之名学》、《红楼梦评论》、《论近年之学术界》、《论新学语之输入》等，都发表于此刊。这是王氏建构自己学术大厦的一块重要园地。《静安文集》也是由《教育世界》社刊行的。此一时期，先生在用西方哲学、美学思想诠释中国古典方面作

---

① 转引陈鸿祥：《王国维年谱》，齐鲁书社1991年版，第50页。
② 关于《教育世界》的创办和王国维在此刊发表文章情形，陈鸿祥著《年谱》和《王国维与近代东西方学人》两书有颇为详尽的考订，读者自可参阅。后书为天津古籍出版社，1990年版。

出了成功的尝试。所以，这是王国维生平学术活动的一个非常重要的时期，也就是醉心于哲学、美学等欧西新学时期。

先生自己称这一时期为"独学时代"。他说："体素羸弱，性复忧郁，人生之问题，日往复于吾前。自是始决从事于哲学，而此时为余读书之指导者，亦即藤田君也。次岁春，始读翻尔彭之《社会学》，及文之《名学》、海甫定《心理学》之半。而所购哲学之书亦至，于是暂辍心理学而读巴尔善之《哲学概论》，文特尔彭之《哲学史》，当时之读此等书，固与前日之读英文读本之道无异。幸而已得读日文，则与日文之此类书参照而观之，遂得通其大略。既卒《哲学概论》、《哲学史》，次年始读汗德之《纯理批评》。至《先天分析论》几全不可解，更辍不读，而读叔本华之《意志及表象之世界》一书。叔氏之书，思精而笔锐。是岁前后读二过，次及于其《充足理由之原则论》、《自然中之意志论》，及其文集等。尤以其《意志及表象之世界》中《汗德哲学之批评》一篇，为通汗德哲学关键。至二十九岁，更返而读汗德之书，则非复前日之窒碍矣。嗣是于汗德之《纯理批评》外，兼及其伦理学及美学。至今年从事第四次之研究，则窒碍更少，而觉其窒碍之处，大抵其说之不可持处而已。此则当日志学之初所不及料，而在今日亦得以自慰藉者也。"[1]这是写于1907年的《静安文集》自序中的话，向读者交代他研究欧西学术思想的过程。

但结果如何呢？他在自序二中又写道："余疲于哲学有日矣。哲学上之说，大都可爱者不可信，可信者不可爱。余知真理，而余

---

[1] 王国维：《静安文集续编·自序》，《王国维遗书》第五册，第20页。

又爱其谬误。伟大之形而上学,高严之伦理学,与纯粹之美学,此吾人所酷嗜也。然求其可信者,则宁在知识论上之实证论,伦理学上之快乐论,与美学上之经验论。知其可信而不能爱,觉其可爱而不能信,此近二三年中最大之烦闷,而近日之嗜好所以渐由哲学而移于文学,而欲于其中求直接之慰藉者也。要之,余之性质,欲为哲学家则感情苦多,而知力苦寡;欲为诗人,则又苦感情寡而理性多。诗歌乎?哲学乎?他日以何者终吾身,所不敢知。抑在二者之间乎?"涉猎、研究西方哲学的结果,使他充满了矛盾。盖先生之研究学问,每一时期都是与自己的生命处境结合在一起的,与其说是学术思想的矛盾,不如说是生命存在形态的矛盾更为确当。作为诗人哲学家的个性特色,这一时期表现得最为明显。

三

1906年,罗振玉入北京学部任参事,先生协同北上,并住在罗的家里。第二年,经罗振玉引见,得识学部尚书兼军机大臣荣庆,受到赏识,命在学部总务司行走,同时担任学部图书编译局编译之职。他的写给张之洞的长信《奏定经学科大学文学科大学章程书后》,就在这个时候。信中明确提出,经学科大学和文学科大学的课程设置有经学而没有哲学,是根本性的错误。盖先生在沉醉于欧西哲学、美学的同时,对东西教育思想也作了深入的研究。《教育世界》上曾发表多篇他探讨教育问题的文章可作为证明。其中,刊载于1906年出版的《教育世界》第13期上的《去毒篇》一文,尤值得我们注意。当时社会有识之士对鸦片之为害无不深恶痛绝,但怎样才能彻底根除?先生提出了自己的看法,写道:

> 禁鸦片之根本之道，除修明政治，大兴教育，以养成国民之知识及道德外，尤不可不于国民之感情加之意焉。其道安在？即宗教与美术二者是。前者适于下流社会，后者适于上流社会；前者所以鼓国民之希望，后者所以供国民之慰藉。兹二者，尤我国今日所最缺乏，亦其所最需要者也。[1]

他甚至还说"感情上之疾病，非以感情治之不可"，把情感教育作为国民教育的内容之一，这是王氏的特见，应看到这是切合我国国情的非常重要的教育思想。1906年这一年，先生还集近几年所填之词，成《人间词甲稿》，托名樊志厚者为之序，称"其言近而旨远，意决而词婉，自永叔以后殆未有工如君者也"[2]。翌年，成《人间词乙稿》，也是托名樊志厚撰写序言，标出了"意境"这个概念，提出："文学之事，其内足以摅己，而外足以感人者，意与境二者而已。上焉者意与境浑，其次或以境胜，或以意胜，苟缺其一，不足以言文学。"[3] "境界说"是先生美学上的一大发明，嗣

---

[1] 王国维：《去毒篇》（鸦片烟之根本治疗法及将来教育上之注意），《王国维遗书》第五册之《静安文集续编》，第44a页。

[2] 《人间词》甲乙稿前面之序言，均系静安先生自作，而托名为樊志厚。盖樊氏亦实有其人，据罗振常氏介绍："樊少泉茂才（炳清）与人间同肄业东文学校，交甚契。顾体羸多病，殆于进取，尝自憾志行薄弱，遂更名志厚，字杭甫，故《序》后所署如此。（其后仍用原名）时，人间在吴门师范（学）校授文学，先期来书，谓词稿将写定，丐樊作序。樊应之，延不属稿。一日，词稿邮至，余与樊君开缄共读，而前已有序。来书云，序末署名欲搤度为何人作，宜署何人名则署之。樊读竟大笑，遂援笔书己名。盖知樊性懒，此序未可以岁月期，遂代为之也。"参见罗批本《人间词甲稿》，转引自陈鸿祥：《王国维年谱》，齐鲁书社1991年版，第87页。

[3] 王国维：《苕华词·序二》，《王国维遗书》第五册，第1b页。

后所撰之《人间词话》，对境界理论发挥更为详尽。

先生之父尊王乃誉逝于本年，尝归里奔丧，并作《先太学君行状》。丁忧守制期间，乡先生尝推举先生为本乡学务总董，却不就，提出："吾浙一省尚无完全之师范学校，其高等学堂附属之师范简易科卒业者，学术卤莽，教授拙劣，断不足以胜教员之任。"又说："就地方教育情形，非学部统筹全局，立其根本，则虽圣贤豪杰亦无以善其后，况不才如某者乎。且某尚欲研究学问，又将有四方之役，未能以身委诸一邑之公益也。"①先生对晚清教育现状的体认别具卓识。他的指陈辜鸿铭翻译错误的《书辜氏汤生英译中庸后》，也是这一年所写，发表在《教育世界》杂志。值得注意的是二十年后《学衡》重刊此文，他所作的一番说明："此文作于光绪丙午，曾登载于上海《教育世界》杂志。此志当日不行于世，故鲜知之者。越二十年乙丑夏日，检理旧箧始得之。《学衡》杂志编者请转载，因复览一过。此文对辜君批评颇酷，少年习气，殊堪自哂。案辜君雄文卓识，世间久有定论，此文所指摘者，不过其一二小疵，读者若以此而抹杀辜君，则不独非鄙人今日之意，亦非二十年前作此文之旨也。"②从中可以看出先生学术思想的变迁，以及他的足以启导后世的自省精神。

静安先生任职学部的时间是在1907年春天。恰好本年5月法人伯希和氏运敦煌写本经卷过京师，他有机缘和罗振玉一起前往观看，并将其中一些作了过录，因而结识了伯氏这位日后对他的学术

---

① 王国维：《纪言》，《王国维遗书》第五册之《静安文集续编》，第47页。
② 王国维：《书辜氏汤生英译中庸后》所载之"附记"，《王国维遗书》第五册之《静安文集续编》，第18b页。

甚有影响的著名汉学家。7月，原配莫氏病故；阴历年底，继母叶老太太亦辞世。先生两返海宁，料理丧事。家庭屡遭不幸，对先生之精神打击也大矣。1908年3月，续娶莫氏之表甥女潘氏为继室。4月，携眷北上，仍任职学部，寓宣武门内新帘子胡同。1909年，兼任学部名词馆协修，严复为总纂。这一时期，先生之学已由哲学和美学转向文学和戏曲研究。京师人文荟萃，图书条件便利，词曲等古籍善本年来先生多有所得，从而引发新的学术兴趣。《曲录》、《优语录》、《录曲余谈》、《曲调源流表》、《古剧脚色考》、《录鬼簿校注》，以及《清真先生遗事》等词曲著作，均成于此一时期。这一时期的另一大著述是《人间词话》。在总结自己诗词创作经验基础上，以新观念接通古人，诠释境界说的多重意涵，成独家之诗学体系。"昨夜西风凋碧树。独上高楼，望尽天涯路"，"衣带渐宽终不悔，为伊消得人憔悴"，"众里寻他千百度，回头蓦见，那人正在灯火阑珊处"。静安先生说这是"古今成大事业者、大学问者，必经过三种之境界"。[1]则其论诗论词，学问之门径修养固未肯稍忘，实亦包含己身为学进路的深切体会。《人间词话》最初连载于《国粹学报》，是为上卷；下卷系门人赵万里整理，发表于十九卷三号之《小说月报》，已经是先生逝世之后了。

　　罗振玉1911年创办《国学丛刊》，先生为之序，写道："学之义不明于天下久矣。今之言学者，有新旧之争，有中西之争，有有用之学与无用之学之争。余正告天下曰：学无新旧也，无中西也，无有用无用也。凡立此名者，均不学之徒，即学焉而未尝知学者

---

[1] 王国维：《人间词话》卷上，《王国维遗书》第十五册，第4a页。

也。"①罗振玉为《国学丛刊》所作之序,也是出自先生之手,叙古往今来学术衍变,言简意赅,独具手眼。

四

辛亥革命发生之后,罗振玉避地东瀛,先生亦随之前往,同寓于日本京都附近的吉田山下之田中村。罗振玉的丰富的收藏也运往日本,寄存在日本京都大学。先生则每天协助罗氏整理藏书、编写书目,因而得以尽阅"大云书库"所藏之古籍、古彝器及各种古器物的拓本。这时先生的学问兴趣,开始仍在中国戏曲的研究与考证,具有划时代意义的《宋元戏曲考》即撰成于此时。该书最后之完稿时间应在1913年的年初,其所撰自序写道:"凡一代有一代之文学,楚之骚,汉之赋,六代之骈语,唐之诗,宋之词,元之曲,皆所谓一代之文学,而后世莫能继焉者也。独元人之曲,为时既近,讬体稍卑,故两朝史志与四库集部均不著于录,后世儒硕,皆鄙弃不复道。而为此学者,大率不学之徒,即有一二学子以余力及此,亦未有能观其会通,窥其奥窔者,遂使一代文献,郁堙沈晦者且数百年,愚甚惑焉。往者读元人杂剧而善之,以为能道人情,状物态,词采俊拔,而出乎自然,盖古所未有,而后人所不能仿佛也。辄思究其渊源,明其变化之迹,以为非求诸唐宋辽金之文学弗能得也。乃成《曲录》六卷、《戏曲考原》一卷、《宋大曲考》一卷、《优语录》二卷、《古剧脚色考》一卷、《曲调源流表》一卷。从事既久,续有所得,颇觉昔人之说与自己之书罅漏日多,而手所疏

---

① 王国维:《国学丛刊序》,《王国维遗书》第四册之《观堂别集》卷四,第6b页。

记与心所领会者，亦日有增益。壬子岁暮，旅居多暇，乃以三月之力，写为此书，凡诸材料，皆余所搜集，其所说明，亦大抵余之所创获也。世之为此学者自余始，其所贡于此学者，亦以此书为多，非吾辈才力过于古人，实以古人未尝为此学故也。"①此书学术上之开辟意义静安先生本人阐述甚明。诚如梁启超所说："曲学将来能成为专门之学，则静安当为不祧祖矣。"②

但到日本以后，没有多久，由于受罗振玉氏的影响和启发，先生之治学方向即转向经、史、小学的考证与研究，而对自己以往的哲学和美学研究，则弃之如敝屣。即戏曲与文学的研究也基本停顿下来。据罗振玉回忆，他劝王专门研究国学，并从小学和训诂方面培养根基，曾说过下面的话："方今世论益歧，三千年之教泽不绝如线，非矫枉不能返经。士生今日，万事无可为，欲拯此横流，舍返经信古未由也。公年方壮，予亦未至衰暮，守先待后，期与子共勉之。公闻而悚然，自恧以前所学未醇，乃取行箧《静安文集》百余册，悉摧烧之，欲北面称弟子。予以东原（戴震）之于茂堂（段玉裁）者谢之。其迁善徙义之勇如此。"③罗氏的话，有人以为不尽确实，认为王未必烧书。其实以王国维的性情论，尽弃前学，完全可能。日人狩野直喜在回忆王在日本的印象时也说过："从来京都时开始，王君在学问上的倾向，似有所改变。这是说，王君似乎想更新中国经学的研究，有志于创立新见解。例如在谈话中，我提到西洋

---

① 王国维：《宋元戏曲考·序》，《王国维遗书》第十五册，第1页。
② 梁启超著、朱维铮校注：《梁启超论清学史二种》，复旦大学出版社1985年，第520页。
③ 罗振玉：《海宁王忠悫公传》，收录罗继祖主编《王国维之死》，台北县祺龄出版社1995年版，第8页。

哲学，王君总是苦笑着说，他不懂西洋哲学。"①透露出决心改变学术路向的信息。而1913和1914这两年，先生全身心致力于古文字和古史研究的沉迷状况，我们从他写给缪荃孙的信里可以获知大体轮廓。一则曰："今年发温经之兴，将《三礼注疏》圈点一过。阮校尚称详密，而误处尚属不少，有显然谬误而不赞一辞者，有引极平常之书而不一参校者，臧、洪诸君非不通礼学，而疏漏如是。此系私家著述，犹不免是病，无怪官书之不能善也。"②二则曰："比年以来拟专治三代之学，因先治古文字，遂览宋人及国朝诸家之说。此事自宋迄近数十年无甚进步，《积古》于此事有筚路蓝缕之功，然甚疏陋，亦不能鉴别真伪。《筠清》出龚定庵手，尤为荒谬。许印林称切实，亦无甚发明。最后得吴清卿乃为独绝，惜为一官所累，未能竟其学。然此数十年来，学问家之聪明才气未有大于彼者，不当以学之成否、著书之多寡论也。"③这两封信分别写于1913年11月和1914年7月，从而可见其沉潜古学的精神和钻研的深度。先生的《流沙坠简》及其《考释》（与罗氏合作）、《简牍检署考》、《明堂寝庙考》、《生霸死霸考》、《胡服考》、《宋代金文著录表》、《国朝金文著录表》等，是这一时期的代表作。此外还有《颐和园词》也作于此时。总之寓居日本四年多时间，先生之学术大变，他自己后来也说，此一时期"成书之多，为一生冠"。④

---

① 参见狩野直喜回忆王国维文，转引王德毅著《王静安先生年谱》卷上，台北中国学术著作奖助委员会1967年初版，第77页。
② 《致缪荃孙》（1913年11月），吴泽主编《王国维全集·书信》，中华书局1984年版，第37页。
③ 《致缪荃孙》（1914年7月17日），吴泽主编《王国维全集·书信》，中华书局1984年版，第40—41页。
④ 赵万里：《王静安先生年谱》，载《国学论丛》第一卷第三期，1928年，第102页。

1915年春天，先生曾归国扫墓。因得以在上海与沈曾植相识。沈字子培，号乙庵，晚号寐叟，浙江嘉兴人。光绪六年进士，钦用主事，观政学部，迁员外郎，并任总理各国事务衙门俄国股章京。曾参与康有为公车上书和张勋复辟。精通辽金元史及西北舆地之学，世有大儒之目。王的思想和学术旨趣与沈甚契合。沈欣赏王为罗振玉作的《殷虚书契考释后序》，以为可与言古音韵之学；并称赞王善于命题，趣说："君为学，乃善自命题，何不多命数题，为我辈遣日之资乎？"①1919年沈七十寿诞，王为之序，极称乙庵之学的博大，写道："世之言学者，辄伥伥无所归，顾莫不推嘉兴沈先生，以为亭林、东原、竹汀者俦也。先生少年固已尽通国初及乾嘉诸家之说，中年治辽金元三史，治四裔地理，又为道、咸以降之学，然一秉先正成法，无或逾越。其于人心世道之污隆，政事之利病，必穷其原委，似国初诸老。其视经史为独立之学，而益探其奥窔，拓其区宇，不让乾嘉诸先生。至于综览百家，旁及二氏，一以治经史之法治之，则又为自来学者所未及。若夫缅想在昔，达观时变，有先知之哲，有不可解之情，知天而不任天，遗世而不忘世，如古圣哲之所感者，则仅以其一二见于歌诗。发为口说，言之不能以详，世所得而窥见者，其为学之方法而已。"又说："趣博而旨约，识高而议平，其忧世之深，有过于龚、魏，而择术之慎，不后于戴、钱。学者得其片言，具其一体，犹足以名一家，立一说。其所以继承前哲者以此，其所以开创来学者亦以此。"②可以说给予

---

① 王国维：《尔雅草木虫鱼鸟兽释例·序》，《王国维遗书》第六册，第1b页。
② 王国维：《沈乙庵先生七十寿序》，《王国维遗书》第四册之《观堂集林》卷二十三，第26b—27a页。

了不能再高的评价,我们由此可知静安之学的格致与归宿。而当1922年沈氏在上海辞世,静安先生的挽联写的是:"是大诗人,是大学人,是更大哲人,四昭炯心光,岂谓微言绝今日;为家孝子,为国纯臣,为世界先觉,一哀感知己,要为天下哭先生。"更可见两人交谊之厚。

沈曾植在静安先生眼中心中始终是学术的楷模。虽然,当1917年7月1日军阀张勋在康有为等谋士的策划下,拥立溥仪再次登极复辟,沈以为时机已到,于是北上任职,而在失败之后又从容南返,静安先生颇不以为然;他在写给罗振玉的信里说:"此次负责及受职诸公,如再腆然南归,真所谓不值一文钱矣。"[①]他希望沈没有南归,写道:"寐叟于前日已有传其南归者,此恐不确也。"[②]实际上,静安先生素所尊敬的沈寐叟确实在事败后即回到了上海。还有当时海上诸铭公都喜欢书画和善本图籍,而尤以先生、沈寐叟和罗振玉用力最勤。围绕图籍版本的年代以及书画的真伪等问题,王、沈曾发生过意见分歧。就一代通儒的学术气象而言,沈的标格,世罕其匹;就一个纯粹学人的为学精神而言,王恐怕应站在沈的右边。明了这一层可以正解王、沈之针芥之歧与针芥之合。

陈寅恪在《王静安先生挽词》中对先生此一时期的学术景观有极为准确的评价:"大云书库富收藏,古器奇文日品量。考释殷书开盛业,钩探商史发幽光。当世通人数旧游,外穷瀛渤内神州。伯沙博士同扬榷,海日尚书互倡酬。"[③]"伯沙博士"指的是法国的

---

① 《致罗振玉》(1917年7月14日),吴泽主编《王国维全集·书信》,中华书局1984年版,第197页。
② 同上。
③ 陈寅恪:《陈寅恪诗集》,清华大学出版社1993年版,第13页。

两位汉学家伯希和暨沙畹博士;"海日尚书"则是指沈曾植。意谓静安先生此时已成为与中外学界顶尖人物并驾齐驱的学者。

五

王国维中年以后为学途径更见精深。当他1916年从日本回到上海（头一年扫墓、安顿家眷后又返回日本）的时候，正值不惑之年。他应聘担任哈同广仓学君的《学术丛编》主任。哈同是英籍犹太人，在上海做房地产生意，因而踞有哈同花园。哈夫人名罗诗，系混血，传说出身娼寮。其所办的"仓圣明智大学"，实相当于教人识字的小学或初中。但其对中国文化的兴趣是真实的。王国维知其利弊，遂不就"大学教务长"之聘，只包办《学术丛编》，其宗旨为："专在研究古代经籍奥义及礼制本末、文字源流，以期明上古之文化，解经典之奥义，发扬古学，沾溉艺林。"[①]经王之手，《学术丛编》共出版24期，王的许多关于金石、考古、音韵、文字学方面的文章都刊载于此刊。广仓学君同时还出版《艺术丛编》，由邹安主编，介绍静安先生到哈同来的就是这位也叫景叔的海宁同乡。王、罗的一些文字有的也在《艺术丛编》上刊载。1918年起，王国维担任仓圣明智大学经学教授。于是他写了《经学概论讲义》一书，后由上海商务印书馆刊行。同时，先生还为乌程蒋氏编写藏书志。蒋氏名孟苹，号乐庵居士，与先生同籍浙西，生亦同年。其"传书堂"是江南名藏，被称为海上三大藏书家之一。[②]此前蒋氏

[①] 参见王国维代作《学术丛编》首册之编例，上海书店出版社2015年版。
[②] 王国维：《传书堂记》，《王国维遗书》第四册之《观堂集林》卷二十三，第33—34页。

尝聘请吴县曹元忠编写藏书目录，但历时一年，未成一字。蒋早有聘王之意，因王与曹有旧，不忍遽夺；俟曹辞去，静安先生方应聘，但接事之后工作态度极为认真，为做好先期准备，用很多时间遍校各书，一一写出跋记。对王国维来说，这是继在日本得以尽窥"大云藏书"之后，再一次获得了遍览群籍的机会。

先生为学的几个阶段，都有特藏之书供其饱览。尝说："余毕生惟与书册为伴，故最爱而最难舍去者，亦惟此耳。"[①]而为学之精勤，又非常人所能及。对王先生生平志事颇为了解的赵万里对此曾有过下述说明："盖先生之治一学，必先有一步预备工夫，如治甲骨文字，则先释《铁云藏龟》及《书契前后编》文字。治音韵学，则遍校《切韵》、《广韵》。撰蒋氏《藏书志》，则遍校《周礼》、《仪礼》、《礼记》等书不下数十种。其他遇一佳椠，必移录其佳处或异同于先生自藏本上。间有心得，则必识于书之眉端。自宣统初元以迄于今，二十年间，无或间断。求之三百年间，实于高邮二王为近，然方面之多，又非怀祖、伯申两先生所可及也。"[②]这一时期的主要论著包括《史籀篇疏证》、《殷礼征文》、《魏石经考》、《毛公鼎考释》、《汉博士考》、《殷卜辞中所见先公先王考》及《续考》和《殷周制度论》、《唐韵又考》、《五声说》、《西胡考》等，都是代表王氏毕生学术成就的重要著作。

特别是《殷周制度论》之刊布，学界佳评如潮。赵万里写道：

---

① 赵万里：《王静安先生手校手批书目》之文末"识语"，载《国学论丛》，第一卷第三期，1928年，第179页。

② 同上。

"此篇虽寥寥不过十数页，实为近世经史二学第一篇大文字。"①先生自己代罗振玉为此书所写的序言，也称："《殷卜辞中所见先公先王考》及《殷周制度论》，义据精深，方法缜密，极考证家之能事，而于周代立制之源及成王周公所以治天下之意，言之尤为真切，自来说诸经大义，未有如此之贯串者。盖君之学，实由文字声韵以考古代之制度文物，并其立制之所以然。其术皆由博以反约，由疑而得信，务在不悖不惑，当于理而止。其于古人之学说亦然。君尝谓今之学者于古人之制度文物学说无不疑，独不肯自疑其立说之根据。"②在写给罗振玉的信里他还说："《殷周制度论》于今日写定。其大意谓周改商制一出于尊尊之统者为嫡庶之制，其由是孳生有三：一、宗法，二、服术，三、为人后之制。与是相关者二：一、分封子弟之制，二、君天子臣诸侯之制。其出于亲亲之统者，曰庙制。其出于尊贤之统者，曰天子诸侯世，而天子诸侯之卿大夫皆不世之制（此殆与殷制同）。又同姓不通婚之制，自为一条，周世一切典礼皆由此制度出，而一切制度典礼皆所以纳天子诸侯卿大夫庶人于道德，而合之以成一道德之团体。政治上之理想，殆未有尚于此者。文凡十九页，此文于考据之中，寓经世之意，可几亭林先生。惟文字未能修饰尽善耳。"③可以看出先生对此篇著述何等重视。我们不妨引录原著中的一段论述以见其精醇：

  殷周间之大变革，自其表言之，不过一姓一家之兴亡与都

---

① 赵万里：《王静安先生年谱》，载《国学论丛》第一卷第三期，1928年，第102页。
② 参见《观堂集林·序一》，《王国维遗书》第一册，第1b页。
③ 《致罗振玉》（1917年9月13日），吴泽主编《王国维全集·书信》，中华书局1984年版，第214页。

邑之移转；自其里言之，则旧制度废而新制度兴，旧文化废而新文化兴。又自其表言之，则古圣人之所以取天下及所以守之者，若无以异于后世之帝王；而自其里言之，则其制度文物与其立制之本意，乃出于万事治安之大计，其心术与规摹，迥非后世帝王所能梦见也。①

如此清晰之理念、闪光之思想，很难想象是从静安先生那样羸弱的躯体中迸发出来的，而且是通过爬梳枯燥的甲骨文字得出来的不易之论。静安先生是纯粹的学者，固然；但他也是时代的思想家。而集中反映这一时期学术成果的《观堂集林》二十卷，也成书于此时，由先生手自编定，后由乌程蒋氏出资以聚珍版印行，前面有蒋、罗（振玉）二氏撰写的序言，而罗之序系先生代笔。

这一时期，先生还曾参与《浙江通志》的续修工作。沈曾植为总纂，先生与张尔田一起担任寓贤、掌故、杂记、仙释、封爵五门的撰述。值得注意的是，沈向王说明"通志"编写体例的一封信写得甚具大儒风采。信中称王国维为"大哲学家"（王挽沈之联语称沈为"更大哲人"，不知是否从这里获得灵感），并提出了"显学钜儒，实有关于一代风气者"的论断②。这一时期，先生对时事政治的变迁也相当关心，除经常和在上海的沈曾植保持密切联系，与身处北京的元史专家柯劭忞联系也比较多。柯字凤荪，号蓼园，所著《新元史》，享誉士林。1917年俄国"十月革命"爆发，王尝致书

---

① 王国维：《殷周制度论》，《王国维遗书》第二册之《观堂集林》卷十，第2a页。
② 赵万里：《王静安先生年谱》，载《国学论丛》第一卷第三期，1928年，第116—117页。

凤老，认为北方邻国的这场革命之风会吹到中国来，并对时局作出预测："观中国近状，恐以共和始而以共产终。"[1]如果撇开政治是非的判断，则静安先生的预测早已被后来的事实所验证。沈、柯两老当时有"南沈北柯"之称，政治上固是守旧派。由此可知静安当时的心境和对时局的态度。先生给日人狩野直喜的信里曾说："世界新潮 洞澎湃，恐遂至天倾地折。然西方数百年功利之弊，非是不足一扫荡，东方道德政治或将大行于天下，此不足为浅见者道也。"[2]则先生关注时局，也包含有自身的文化理想能否得以实现的成分在内。

罗振玉当时仍在日本，王给罗的信里也总是把国内时局变化情形随时报告给罗。1918年，罗、王联姻，王之长子潜明娶罗的次女为妻，成为儿女亲家，两人之关系又进了一层（两人之失和亦由此埋下种子）。1919年罗回到天津以后，王曾赴天津罗宅小住养病。因罗的介绍，得识逊帝溥仪之顾问升允，为后来入值南书房行走作了铺垫。此时，先生尝多次接到北京大学欲聘请为导师的邀请，均婉拒。1923年7月，又有专人带来马衡教授的亲笔信并修金二百元，情辞至恳，始答允担任北大研究所国学门通讯导师，但修金请来人即带还。[3]是年底，曾写信给沈兼士，拟出"研究发题"四

---

[1] 参见罗振玉编《海宁王忠悫公遗书》初集之前言。
[2] 《致狩野直喜》（1920年），吴泽主编《王国维全集·书信》，中华书局1984年版，第311页。
[3] 王国维1922年8月1日致马衡的信里写道："前者大学屡次相招，皆以事羁未能趋赴。今年又辱以研究科导师见委，自惟浅劣，本不敢应命。惟惧重拂诸公雅意，又私心以为此名誉职也，故敢函允。不谓大学雅意又予以束修。窃以导师本无常职，弟又在千里之外，丝毫不能有所贡献，无事而食，深所不安。况大学又在仰屋之际，任事诸公尚不能无所空匮，弟以何劳敢贪此赐，故已将修金托交张君带还，伏祈代缴，并请以鄙意达当事诸公，实为至幸。"参见吴泽主编《王国维全集·书信》，中华书局1984年版，第323页。

项,作为北大国学门的参考选题:(一)《诗》、《书》中成语之研究;(二)古字母之研究;(三)古文学中联绵字之研究;(四)共和以前年代之研究。并对各题之研究价值暨已有之研究现状逐一作了说明。[①]盖先生一经答允导师之任,便冀图有贡献于诸生,而不愿徒托空名。

六

1923年王国维到北京入值南书房,开始了他生命的最后一个时期。辛亥革命的第二年,也就是在溥仪当了三年皇帝之后,下诏逊位,但仍住在紫禁城,一应礼仪体制,继续保持皇家气派。所以才有"遴选海内硕学入值南书房"的举措。溥仪的谕旨是1923年农历三月初一发出的。同时选中的还有杨锺羲、景方昶、温肃。到北京的时间是四月十六。但五月中旬故宫失火,烧毁建福宫等宫中建筑一百多间,入值办法一直不能确定下来。六月初一日方发出"谕旨":"加恩赏给五品衔,并赏食五品俸。"六月中旬始决定,每六日入内一次。对先生而言,是很闲暇的。他感受到了京城的寂寞。而笔墨应酬却不少,虽不善书,扇面已写了二三十幅。年底,又奉"谕旨":"著在紫禁城骑马。"虽时候早已是民国,王国维仍视为"异遇"。而次年,便有冯玉祥逼宫事,溥仪被逐出紫禁城,并永远废除皇帝称号。因事变发生在1924年(农历甲子年),所以又称作"甲子之变"。溥仪于事变后躲进日本使馆,静安先生仍"时往

[①] 《致沈兼士》(1922年12月8日),吴泽主编《王国维全集·书信》,中华书局1984年版,第332—336页。

觐见"。第二年溥仪离京赴天津，他也不时在张园被"召对"。但这时先生已接受清华学校之聘，担任清华国学研究院的导师。此事系胡适向清华校长曹云祥推荐。开始先生并未同意，答应考虑一个星期。经溥仪下了一道"圣旨"，才正式应聘。

关于先生何以能够比较顺利地应聘清华而北大之请则困难重重，个中缘由说来相当复杂。一是静安先生可能不愿接受北大的"新潮"，二是他感觉到北大似乎存在派系问题。这后一方面，他1924年写给蒋汝藻的信里曾有所透露："东人所办文化事业，彼邦友人颇欲弟为之帮助，此间大学诸人，亦希其意，推荐弟为此间研究所主任（此说闻之日人）。但弟以绝无党派之人，与此事则可不愿有所濡染，故一切置诸不问。大学询弟此事办法意见，弟亦不复措一词。观北大与研究系均有包揽之意，亦互相恶，弟不欲与任何方面有所接近。"[①] 鉴于如是之看法，静安先生与北大的关系实维持在"远近之间"。但同年发生的另一件事情，使王甚为不快。这就是北大考古学会发表《保存大宫山古迹宣言》，指陈皇室"占据官产"，"亡清遗孽擅将历代相传之古器物据为己有"，等等。王国维看到后当即致函沈兼士和马衡，一一为之辩解，并将问题置诸社会法律的高度，措辞强硬地写道：

> 诸君苟已取销民国而别建一新国家则已，若犹是中华民国之国立大学也，则于民国所以成立之条件与其保护财产之法律，

---

① 《致蒋汝藻》（1924年4月6日），吴泽主编《王国维全集·书信》，中华书局1984年版，第394页。

必有遵守之义务。况大学者全国最高之学府，诸君又以学术为己任，立言之顷不容卤莽灭裂如是也。抑弟更有进者，学术固为人类最高事业之一，然非与道德法律互为维持则万无独存之理，而保持古物不过学术中之一条目，若为是故而侵犯道德法律所公认为社会国家根本之所有权，则社会国家行且解体，学术将何所附丽？诸君所欲保存之古物，欲求其不为劫灰岂可得乎？即不然，强有力者将以学术为名，而行掠夺侵占之实，以自盈其囊橐，诸君所谓文献将全为齑粉者将于是乎实现，不审于学术何所利焉？于诸君何所利焉？[1]

王国维在信函之末尾特别注明他是"以考古学者之资格"写这封信的，为的是"敬告我同治此学之友"，而不是以"皇室侍从"的身份来讲话。而信后面的"再启者"更其决绝不留余地，提出取消他的北大研究所国学门导师名义，研究生前来咨询事"饬知停止"，甚至已交给《国学季刊》的文章也要求"停止排印"[2]，等于完全断绝了与北大的诸种学术联系，这是静安先生晚年非常不幸的一件事。

清华国学研究院成立于1925年，是一旨在研究高深学术，造就专门人才之机构。1925年4月17日（农历三月二十五），先生携全家搬入清华园西院十八号居住，并提议"多购置书籍"[3]。所聘之导师除王之外，还有梁启超、赵元任、陈寅恪，讲师有考古学家李

---

[1] 《致沈兼士马衡》(1924年)，吴泽主编《王国维全集·书信》，中华书局1984年版，第406页。
[2] 《致沈兼士马衡》(1924年)，吴泽主编《王国维全集·书信》，中华书局1984年版，第407页。
[3] 《致蒋汝藻》(1925年4月13日)，吴泽主编《王国维全集·书信》，中华书局1984年版，第413页。

济，研究院主任则是吴宓，都是当世大儒。在国学研究院开学之前，先生尝以"近三十年中国学问上之发见"为题，向清华学生会演讲，后来改定稿刊载于《学衡》等刊物。研究院九月开学，先生作为经、史、小学科的导师，每周讲授《古史新证》两小时、《尚书》两小时、《说文》一小时。他的著名的"二重证据法"，就是在《古史新证》中提出的。他说："吾辈生于今日，幸于纸上之材料外，更得地下之新材料。由此种材料，我辈固得据以补证纸上之材料，亦得证明古书之某部分全为实录，即百家不雅驯之言亦不无表示一面之事实。此二重证据法惟在今日始得为之。虽古书之未得证明者，不能加以否定，而已得证明者，不能不加以肯定，可断言也。"[1]此论一出，对当时流行的疑古思潮实有矫正之作用。

听过先生课的国学研究院同学的印象是："先生体质瘦弱，身着不合时宜之朴素衣服，面部苍黄，鼻架玳瑁眼镜，骤视之，几若六七十许老人。态度冷静，动作从容，一望而知为修养深厚之大师也"[2]，"他讲学的时候，常说'这个地方我不懂'，但又宣称'我研究的成果是无可争议的'。他这样讲，只能使我尊敬他"[3]，"先生于当世人士，不加臧否。唯于学术有关者，即就其学术本身，略加评骘。"[4]这大约就是置身学府的王国维的风格。至于为学之方法，先生给诸生以启发者尤多。一次对国学研究院同学姚名达说：

---

[1] 王国维：《古史新证》第一章"总论"，1935年北平来薰阁影印王静安先生遗著之一。
[2] 徐中舒：《追忆王静安先生》，《文学周报》"王静安先生追悼专号"，1928年第276—300期合刊，第68页。
[3] 白夜：《燕南园中访王力》，《随笔》，1980年第10期。
[4] 徐中舒：《追忆王静安先生》，《文学周报》"王静安先生追悼专号"，1928年第276—300期合刊，第70页。

"治《史记》仍可用寻源工夫，或无目的的精读，俟有心得，然后自拟题，亦一法也。大抵学问常不悬目的，而自生目的，有大志者，未必成功，而慢慢努力者，反有意外之创获。"[①]可见先生学问精神之纯正。清华国学研究院四大导师中，陈寅恪与王的关系最密。梁启超、赵元任也都极服膺先生之学，遇有疑难，梁总是说"可问王先生"[②]。

要之，以笔者的看法，静安先生的学术活动似可分为五期：一、青少年时期（1877—1897）。主要在海宁家乡，读书、做塾师，我认为可以叫"前学时期"；二、掌握治学工具时期（1898—1900）。来到了省城杭州，一面供职于《时务报》馆，一面在东文学社补习日文和英文，是为"学术准备时期"；三、醉心于欧西新学，包括哲学、美学和研究本国文学与戏曲（1901—1911），王自己称作"独学时代"，实际上是先生学问进境的"新学时期"；四、治学方向由"新"返"旧"，转而从金石、小学入手，集中研究古文字声韵、古器物和古史时期（1912—1922），不妨称作"旧学时期"；五、最后五年（1923—1927），潜心研究元史和西北史地，在清华讲授《古史新证》，其为学更见精深，我愿意称这一时期为"潜学时期"。

而其研究方法与治学态度之特点，则诚如近人王森然氏在《王国维先生评传》中所说的："先生之研究方法，所以能上世界学术界之公路者，实具最伟大之魄力与天才也。其考究商代甲骨、周

[①] 姚名达：《哀余断忆》之二，载《国学月报》，1927年第二卷8—10期合刊，第450页。
[②] 徐中舒：《追忆王静安先生》，《文学周报》"王静安先生追悼专号"，1928年第276—300期合刊，第70页。

秦铜器、汉晋简牍、唐人写本、古代生活、种族历史、社会制度，无一不以西洋最新研究史学之科学方法治之。"又说："先生对学术界最大之功绩，便在经书不当作经书看，而当作史料看；圣贤不当作圣贤看，而当作凡人看；龟甲钟鼎经籍实物，打通一贯，拆穿古代史迹之神秘。此又与罗氏专信古代圣道王功者，迥乎不同。故先生驳许慎、驳郑康成，罗氏均不以为然，斥其过于大胆。此先生所以异于罗氏，而罗氏之所以不及先生者正在此。先生在古史学与崔东壁、康长素不同之点亦在此。崔、康仅能破坏伪古史，而先生乃能建设真古史。"①信哉，斯评。而先生代罗振玉起草的《观堂集林》序中，也一再申明自己治学方法的特点：

> 余谓征君之学，于国朝二百年中最近歙县程易畴先生及吴县吴愙斋中丞。程君之书以精识胜，而以目验辅之。其时古文字、古器物尚未大出，故启涂虽启，而运用未宏。吴君之书，全据近出文字器物以立言，其源出于程君，而精博则逊之。征君具程君之学识，步吴君之轨躅，又当古文字古器物大出之世，故其规模大于程君，而精博过于吴君。海内新旧学者咸推重君书无异辞。②

又说：

---

① 王森然：《近代二十家评传》，书目文献出版社1987年版，第191页。
② 《观堂集林·序一》，《王国维遗书》第一册，第1a页。

  盖君之学，实由文字声韵以考古代之制度文物，并其立制之所以然。其术在由博以反约，由疑而得信，务在不悖不惑，当于理而止。其于古人之学说亦然。君尝谓今之学者于古人之制度文物学说无不疑，独不肯自疑其立说之根据。①

  则先生之学实际上已融会了有清一代的学术精华，并与当时流行之疑古思潮很早就判然两分了。而他在仓圣明智大学的一位同事费行简先生，后来在回忆当时相聚论学的情形时也曾提到，静安先生认为"近世学人之敝有三：损益前言以申己说，一也；字句偶符者引为确据，而不顾篇章，不计全书之通，二也；务矜创获，坚持孤证，古训晦滞，蔑能剖析，三也"②。此可以反证王学之平实纯正，包括静安先生对自己著作所作的评价，看起来可不算低，实则不失为公平客观之论。

七

  先生晚年执教于清华有两年多的时间，为学环境是好的。除授课之外，已开始对西北地理和元代史事着手研究。《蒙古史料校注四种》③、《耶律文正公年谱》及有关辽金元史的一些论文，即写

---

① 《观堂集林·序一》，《王国维遗书》第一册，第1b页。
② 费行简：《观堂别传》，闵尔昌录《碑传集补》卷五十三，台北文海出版社1973年版，第2967页。
③ 《蒙古史料校注四种》包括：一、《长春真人西游记校注》；二、《圣武亲征录校注》；三、《蒙鞑备录笺证》；四、《黑鞑事略笺证》（附《鞑靼考》、《辽金时蒙古考》）。以上可参阅《王国维遗书》第十三册。

于此一时期。但当时的社会正处于剧烈变动时期，大的事变接连不断，每与他的生命志向适相冲突，使他敏感的心灵始终陷于苦痛之中。1924年的"甲子之变"不用说了，每言及此，他都会愤激泣下。个人生活方面，也有几件颇不顺遂的事。一是好友乌程蒋氏经商破产，全部藏书抵押殆尽。自1919年秋天至1923年北上，先生为蒋氏编校藏书前后四年时间，已完成经、史、子三部，集部至明。沈曾植、朱古微、张孟劬等海上诸名公经常与先生雅集于蒋宅，彼此结下深厚情谊。蒋之破产，对王是重大打击。二是1926年9月26日，长子潜明在沪病故，遗孀罗曼华年仅24岁，系罗振玉的小女。当时王、罗都曾到上海料理丧事。但罗携女先返，王、罗从此失和。表面原因是潜明有遗款三千元，王请罗代收，罗拒绝。王因而致书罗氏："亡儿与令媛结婚已逾八年，其间恩义未尝不笃。即令不满于舅姑，当无不满于其所天之理，何以于其遗款如此之拒绝。若云退让，则正让所不当让，以当受者而不受，又何以处不当受者？是蔑视他人人格也。蔑视他人人格，于自己人格亦复有损。"①出语已很不冷静，两家从而绝交。至于深层原因，异说异是，似有不可知者。

也许我们从王的祝贺罗振玉六十岁寿辰的诗里可以窥到一点消息。诗有两首，作于1925年8月。其一："卅载云龙会合常，半年濡呴更难忘。昏灯履道坊中雨，羸马慈恩院外霜。事去死生无上策，智穷江汉有回肠。毗蓝风里山河碎，痛定为君举一觞。"其二："事到艰危誓致身，云雷屯处见经纶。庭墙雀立难存楚，关塞鸡鸣已脱

---

① 《致罗振玉》（1926年10月31日），吴泽主编《王国维全集·书信》1984年版，第445页。

秦。独赞至尊成勇决，可知高庙有威神。百年知遇君无负，惭愧同为侍从臣。"①关键是第二首的尾句："惭愧同为侍从臣。"王、罗关系，静安先生视为"百年知遇"，应符合实情。而且说罗振玉并没有有负于他（"君无负"），恐怕也不能认为是浮比虚言。那么"同为侍从臣"何以便感到"惭愧"？按罗"入值南斋"的时间是为1924年9月2日，比王晚了一年零四个半月，实为后补。但为了"入值"，罗所做的活动可没有受时间的限制。只要翻检一下1924年上半年的罗王通信，即能意识到王在宫中的重要言动，都有罗在后面运筹谋划。王出于学者的书生本性，对宫中的诸种矛盾纠葛殊无意趣，但为了罗的需要，却必须随时把具体纠葛情况详加报告，包括溥仪下令锯掉了宫中的门槛，以及柯凤荪因身体过重，入宫时压断轿索等极细碎之事，都一一具列在给罗的信中。罗多次让王国维转呈他的"本章"，有的还要王代为缮写，弄得静安先生困扰不堪。例如本年2月5日信写道：

> 顷别后回家，细读尊文，并思立言之法。因思前次尊文由维代缮，手续本不甚妥，而螺江自来敝处，又令楫先传语，谆谆以不须再说相属（且上已指出造谣之人，维不能以不知为解）。若此文再由维缮，则或以维借名相污蔑亦不可料（此文亦因之失效）。故将尊文与维所拟一稿令冯友送呈，请与素师一酌，或用其一，或参合用之，即由叔炳兄一缮封固，交维代递，似

---

① 王国维：《罗雪堂参事六十寿诗》，《王国维遗书》第四册之《观堂集林》卷二十四，第16b页。

于手续较备。①

再如6月6日信又说：

前日聆上公所言，盖绍等疑公欲尽去新旧人，而拥素老出，即心中明知其不然，亦必以此相诬蔑，此为彼等防御之远策。上公言语中露挑拨二字，即出于彼等之口者也。观告上公，公本无所为，亦不畏其中伤。至第二层谓不欲使当上从此轻视老成之语，观无以答之，只唯唯而已。前函所述皆上公语（即改为致紫阳函一节，亦上公所言）。惟欲使公知他人心理，若公之心事观岂不知。又上公屡谓观太真，由渠屡称。其人故有新命，若以此笼致观者，亦岂不可笑耶。观之欲请假者，一则因前文未遽，愧对师友；二则因此恶浊界中机械太多，一切公心在彼视之尽变为私意，亦无从言报称。譬如禁御设馆一事近亦不能言，言之又变为公之设计矣。②

静安被困扰得已痛苦不堪矣。第二封信最后甚至说宁愿过一种"闭门授徒以自给"的生活，也会感到"心安理得"。而困扰之原因实与罗振玉有直接关系。罗的"心事"不仅王国维知道（"公之心事观岂不知"），溥仪小朝廷的近侍们大约都知道。罗用事心切，

---

① 《致罗振玉》（1924年2月5日），吴泽主编《王国维全集·书信》，中华书局1984年版，第389页。
② 《致罗振玉》（1924年6月6日），吴泽主编《王国维全集·书信》，中华书局1984年版，第400页。

"禁中"公仪程序已有所不顾。致使第一封信王国维提醒："我辈做事究不能如日碑辈之草草也。"特别第二封信"言之又变为公之设计矣"一语，透露出静安先生在宫中的现实处境和被罗困扰得无可奈何的矛盾心情。"惭愧同为侍从臣"，这一诗句含义之丰富、婉曲，一定还有更多的待发之覆，寄诸高明，这里不复阐证。

我们当然不能说以上种种已构成静安先生的死因，但总是当时的背景罢。而1927年春天，北伐革命军已逼近京都。此前又有李大钊被绞死，叶德辉被杀于长沙，康有为客死青岛诸事发生。这对王国维均构成极大的刺激。于是6月2日（农历五月初三）上午十时左右，静安先生终致投昆明湖自杀，享年五十有一。王作《颐和园词》有句："昆明万寿佳山水，中间宫殿排云起。拂水回廊千步深，冠山杰阁三层峙。"他投水之处恰好是颐和园排云殿前之鱼藻轩，为晚清名园又添一掌故。所以陈寅恪《王观堂先生挽词》把先生之死与其所作《颐和园词》绾合在一起，写道："曾赋连昌旧苑诗，兴亡哀感动人思。岂知长庆才人语，竟作灵均息壤词。"[1]第二天从王氏内衣口袋中检出《遗书》一纸，背面写"送西院十八号王贞明先生收"。内文为：

> 五十之年，只欠一死。经此事变，义无再辱。我死后，当草草棺敛，即行藁葬于清华茔地。汝等不能南归，亦可暂于城内居住。汝兄亦不必奔丧，因道路不通，渠又不曾出门故也。书籍可托陈吴（陈寅恪、吴宓）二先生处理。家人自有人料理，

---

[1] 《陈寅恪诗集》，清华大学出版社1993年版，第11页。

必不至不能南归。我虽无财产分文遗汝等，然苟谨慎勤俭，亦必不致饿死也。

先生之逝，不仅震动了清华园，也震动了整个学术界。罗振玉氏稍晚亦曾自天津来京经纪丧事，并着手编印其遗著。翌年春，《海宁王忠悫公遗书》一百二十卷编就，由天津罗氏诒安堂印行。王国华主持、赵万里编辑的1936年版《王静安先生遗书》，就是在此稿的基础上补缉而成。

兹还有一事，不能不加以说明，即王逝后罗振玉曾代拟《遗折》给逊帝溥仪，表示系因"报国有心，回天无力"而成为"死节之人"。据说溥仪览折至于"陨涕"，立即下诏，谥以"忠悫"①。此事完全是罗氏强加给先生的，不独与先生的生平志愿不相吻合，反而模糊了事件的真正动因，也为扑朔迷离的王、罗关系添加一重帷幕。

八

关于先生自杀的原因，七十年来聚讼纷纭，当以陈寅恪的解释最得本真。这就是《王观堂先生挽词序》所写的："凡一种文化值衰落之时，为此文化所化之人，必感苦痛，其表现此文化之程量愈宏，则其所受之苦痛亦愈甚；迨既达极深之度，殆非出于自杀无以求一己之心安而义尽也。"又说："盖今日之赤县神州值数千年未有

---

① 罗振玉：《海宁王忠悫公传》，收录罗继祖主编《王国维之死》，台北县祺龄出版社1995年版，第9页。

之钜劫奇变，劫尽变穷，则此文化精神所凝聚之人，安得不与之共命而同尽，此观堂先生所以不得不死，遂为天下后世所极哀而深惜者也。"①而在《清华大学王观堂先生纪念碑铭》中又写道："先生以一死见其独立自由之意志，非所论于一人之恩怨，一姓之兴亡。"②还有《王静安先生遗书序》里也说："寅恪以谓古今中外志士仁人，往往憔悴忧伤，继之以死。其所伤之事，所死之故，不止局于一时间一地域而已。盖别有超越时间地域之理性存焉。而此超越时间地域之理性，必非其同时间地域之众人所能共喻。然则先生之志事，多为世人所不解，因而有是非之论者，又何足怪耶？"③这是从文化的角度对静安先生之死因给以唯一的正解，当时后世都令好学深思者信服。

对静安先生的学术贡献，也是陈寅恪先生的评价最具权威性。他在《王静安先生遗书序》中写道："自昔大师巨子，其关系于民族盛衰学术兴废者，不仅在能承续先哲将坠之业，为其托命之人，而尤在能开拓学术之区宇，补前修所未逮。故其著作可以转移一时之风气，而示来者以轨则也。先生之学博矣，精矣，几若无涯岸之可望，辙迹之可寻。然详绎遗书，其学术内容及治学方法，殆可举三目以概括之者。一曰取地下之实物与纸上之遗文互相释证。凡属于考古学及上古史之作，如《殷卜辞中所见先公先王考》及《鬼方昆夷玁狁考》等是也。二曰取异族之故书与吾国之旧籍互相补证。凡属于辽金元史事及边疆地理之作，如《萌古考》及《元朝秘史之

---

① 陈寅恪：《陈寅恪诗集》，清华大学出版社1993年版，第10—11页。
② 陈寅恪：《金明馆丛稿二编》，上海古籍出版社1980年版，第218页。
③ 同上，第220页。

主因亦儿坚考》等是也。三曰取外来之观念,与固有之材料互相参证。凡属于文艺批评及小说戏曲之作,如《红楼梦评论》及《宋元戏曲考》、《唐宋大曲考》等是也。此三类之著作,其学术性质固有异同,所用方法亦不尽符会,要皆足以转移一时之风气,而示来者以轨则。吾国他日文史考据之学,范围纵广,途径纵多,恐亦无以远出三类之外。此先生之书所以为吾国近代学术界最重要之产物也。"[1]

而在《清华大学王观堂先生纪念碑铭》中,陈寅恪还写道:"先生之著述,或有时而不章。先生之学说,或有时而可商。惟此独立之精神,自由之思想,历千万祀,与天壤而同久,共三光而永光。"[2]可以看作是对静安先生学术、生平、志业的盖棺之论。今年恰值王国维诞生120周年、逝世70周年,则此小传之写作亦可聊寄笔者对这位中国现代学术开山人物的追思纪念之意。

（载《中国文化》1997年15、16期合刊）

---

[1] 陈寅恪:《金明馆丛稿二编》,上海古籍出版社1980年版,第219页。
[2] 同上,第218页。

王国维与中国现代学术的奠立

中国传统学术向现代学术转变是一个长时期的历史过程。

早在十八世纪中叶，乾嘉诸老的治学观念和治学方法中，已在一定程度上有了现代学术思想的一些萌芽。"为学术而学术"的倾向，乾嘉学者的身上程度不同的有所体现。至十九世纪末、二十世纪初，也就是清末民初时期，中国社会处于急剧的变动之中，学术思想也因所依托的社会结构的崩解塌陷而开始了烈性的化分化合过程。这期间诞生了一批无论学识累积还是文化担当力都堪称一流的大师巨子，他们既是传统学术的承继者，又是现代学术的奠基人。王国维是他们之中最具代表性和最杰出的一个。当我们爬梳这段历史之后发现，在传统学术走向现代学术的途路中，举凡一些关节点上都印有静安先生的足迹。

一

中国传统学术向现代学术转变，是与引进、吸收、融解外来的学术思想分不开的。在这点上，王国维是个先行者，是最早觉醒的中国人之一。他出生在一个传统的家庭里，父尊王乃誉"亦吏亦儒"、"亦商亦文"，喜诗艺，精通书法金石，四十岁守父丧，从此居家不出，而专事课子读书，使王国维从小受到了良好的教育。但这个家庭并不保守，上海《申报》刊载的同文馆课程和翻译书目，王乃誉也抄回来拿给王国维看，认为是"时务之急"。甲午战败之后，王氏父子受到极大的刺激，更加关心时局，向往新学[①]。1898年，王国维离开海宁家乡到上海《时务报》馆任职，并在东文学社学习日文和英文。翌年底，受罗振玉资助留学日本，开始了广泛吸收新学的时期。他凭借初步掌握的外国语言文字工具，尽力阅读哲学、心理学、社会学方面的原著，有时自己还动手翻译。当然主要兴趣是哲学，尤其对叔本华的著作"大好之"[②]。他也喜欢康德，但开始没有啃动，后来反过来再读，才克服了"窒碍"。为满足自己的哲学嗜好，他学了德文。他说自己从1903年夏天到1904年冬天，"皆与叔本华之书为伴侣"[③]。结果写出了两篇重要研究文字，一是《叔本华之哲学及其教育学说》，一为《叔本华与尼采》。

可以认为，王国维对西方学术思想的涉猎、吸收和介绍，在清末民初学者群中，是站在前沿的。故他是新学者，不是旧学者。这里，需要提到当时的一本刊物《教育世界》。《教育世界》是罗振玉在1901年所创办，半月刊，宗旨是译介世界各国的教育制度及其理论，又特别注重日人编译的著作。开始罗氏创办于湖北，后移至上海。1904年开始，由王国维任译编（实即主编），方针起了变化，改为译介西籍为主，哲学、伦理学成为介绍的重点，而不局限于教育方面。康德、休谟、叔本华、尼采等许多西方思想家的学说和传记

[①] 王国维而立之年所作的《自序》云："甲午之役，始知世尚有所谓新学者。家贫不能以资供游学，居恒怏怏。"见《王国维全集》第一卷，浙江教育出版社2009年版，第119页。

[②] 王国维：《静安文集》自序，《王国维全集》第一卷，浙江教育出版社2009年版，第3页。

[③] 同上。

资料，都是王国维在《教育世界》上译载的。单是介绍康德哲学的就有好几篇①。而歌德、席勒、拜伦、莎士比亚等文学家的生平和著述，王氏主编的《教育世界》上，也都有长短不一的译介，有的很可能直接出自静安先生的手笔。还有小说，《教育世界》上辟有专栏，包括教育小说、心理小说、家庭小说、军事小说，均有所介绍。值得注意的是，托尔斯泰的作品首次介绍到中国，也是王国维主持的《教育世界》杂志走在了前面。当时王国维正在南通师范学堂任教，他把包括托尔斯泰在内的翻译作品作为学堂的教材，供学子学习。②研究者一般都知晓王氏年轻时曾一度醉心于西方哲学和美学思想，而对于其在译介西方学术著作方面所做的贡献，未免估计不足。

王国维所以如此重视西学、西典、西籍的介绍，当然有晚清之时西学东渐的大的历史背景，同时也导因于他对异质文化思想影响本民族文化思想的历史渊源有清醒的认识。他作于1905年的《论近年之学术界》一文写道：

> 外界之势力影响于学术，岂不大哉？自周之衰，文王、周公势力之瓦解也，国民之智力成熟于内，政治之纷乱乘之于外。

---

① 据陈鸿祥先生考证，刊载于1904至1906年《教育世界》上的《汗德之哲学说》、《汗德之伦理学及宗教论》等未署名的文章，也出自王国维之手。见陈著《王国维与近代东西方学人》，天津古籍出版社1990年版，第36页。

② 《教育世界》乙亥（1905年）第八期上刊有托尔斯泰的《枕戈记》，前面有"编者的话"，写道："《枕戈记》，为俄国现代文豪脱尔斯泰所著。假一军人口吻，述俄营情状者也。日本二叶亭译之。江苏师范学堂取作习和文课本。本社据其译稿润色之。"润色人应该就是王国维，且此编者的话，也合是静安的手笔。

上无统一之制度，下迫于社会之要求，于是诸子九流，各创其学说，于道德、政治、文学上灿然放万丈之光焰，此为中国思想之能动时代。自汉以后，天下太平，武帝复以孔子之说统一之。其时新遭秦火，儒家唯以抱残守缺为事，其为诸子之学者，亦但守其师说，无创作之思想，学界稍稍停滞矣。佛教之东，适值吾国思想凋敝之后。当此之时，学者见之，如饥者之得食，渴者之得饮。担簦访道者，接武于葱岭之道；翻经译论者，云集于南北之都。自六朝至于唐室，而佛陀之教极千古之盛矣。此为吾国思想受动之时代。然当是时，吾国固有之思想与印度之思想互相并行而不相化合。至宋儒出而一调和之，此又由受动之时代出而稍带能动之性质者也。自宋以后以至本朝，思想之停滞略同于两汉。至今日而第二之佛教又见告矣——西洋之思想是也。①

王氏此论，是对整个中国学术嬗变过程的一种概括，但他的着眼点在外缘的因素对学术的影响，特别是域外学术思想的影响。这点上他与晚清开明官吏的变革思想不同，他看重的是思想和精神的学习和引进。1904年他发表于《教育世界》的《教育偶感》一文阐述得更明确，其中写道：

今之混混然输入于我中国者，非泰西物质的文明乎？政治

---

① 王国维：《论近年之学术界》，《王国维遗书》第五册之《静安文集》，第93页。又《王国维全集》第一卷，浙江教育出版社2009年版，第121页。

家与教育家坎然自知其不彼若，毅然法之。法之诚是也，然回顾我国民之精神界则奚若？试问我国之大文学家有足以代表全国民之精神，如希腊之鄂谟尔（荷马）、英之狄斯丕尔（莎士比亚）、德之格代（歌德）者乎？吾人所不能答也。其所以不能答者，殆无其人欤？抑有之而吾人不能举其人以实之欤？二者必居其一焉。由前之说，则我国之文学不如泰西；由后之说，则我国之重文学不如泰西。前说我所不知。至后说，则事实皎然，无可讳也。我国人对文学之趣味如此，则于何处得其精神之慰藉乎？①

盖王国维所期望者，是一国的精神思想给国人带来的慰藉，所以他重视哲学，重视文学，重视美术（艺术）。故同一文章他强调，大文学家的地位应高于政治家，希腊人引以为荣的是荷马，意大利人引以为荣的是但丁，英国人引以为荣的是莎士比亚，而政治家无法荷此使命。追溯根源，则由于物质上的利益是短暂的，而精神的价值是永久的。他说："物质的文明，取诸他国，不数十年而具矣。独至精神上之趣味，非千百年之培养与一二天才之出不及此。"②

王国维关于"能动"、"受动"之说的提出，说明他在追寻学术思想发生、嬗变的外部动因和内部动因。他的本意显然更赞赏学术思想的能动时代，所以极力表彰晚周学术之光焰灿烂，而对带有能

---

① 王国维：《教育偶感四则》，《王国维遗书》第五册之《静安文集》，第107页。又《王国维全集》第一卷，浙江教育出版社2009年版，第138—139页。

② 王国维：《教育偶感四则》，《王国维全集》第一卷，浙江教育出版社2009年版，第139页。

动性质之宋学也给予高度评价。高度评价宋代思想文化，可以看出王国维在强调引进西方思想的同时，对本国的思想文化亦不乏自信的眼光。他在另外一篇文章中也曾写道："故天水一朝人智之活动与文化之多方面，前之汉唐，后之元明，皆所不逮也。"[①] 其实陈寅恪先生也高度评价宋学，特别对宋代的理学和史学极口称赞。他说："天水一朝之文化，竟为我民族遗留之瑰宝。"[②] 但学术思想的受动时期隐发着学术的大变迁，王国维同样看重，观其上述对佛教东传之盛的描绘可知。他尤其看到了"第二之佛教"即西洋之学术思想的东来，对促进中国传统学术走向现代学术转变的意义，这应该是他顺乎世界潮流、站在时代前沿、自觉翻译与介绍西方思想学说的主观思想动因。

二

王国维一方面是西方学术思想的积极介绍者和研究者，另一方面，他又是运用西方学术思想解释中国古典的躬行者。最有代表性的是写于1904年的《红楼梦评论》，这是他运用西方的哲学、美学思想诠释本国作品的一次重要的尝试，为后来者树立了一个典范。

王国维之前，《红楼梦》研究是评点派和索隐派的天下。评点是对作品的片断鉴赏，是把中国传统的诗文评移之于小说批评。在评点的时候，可以断章，可以借题发挥，而不一定要求对艺术整体

---

① 王国维：《宋代之金石学》，《王国维遗书》第五册之《静安文集续编》，第70页。又可参见《王国维全集》第十四卷，浙江教育出版社2009年版，第315页。
② 陈寅恪：《赠蒋秉南序》，《寒柳堂集》，三联书店2001年版，第182页。

做出诠释。索隐则是求作意于文本之外，寻找政治的、社会的、家族的背景在书中的影像。只有到了王国维，才第一次从美学的和哲学的角度，从整体上来揭示《红楼梦》的悲剧性质及意义。我们看这篇文章的结构，第一章为"人生及美术之概观"，首先提出文学批评的观念。第二章论"红楼梦之精神"，第三章论"红楼梦之美学上之价值"，第四章论"红楼梦之伦理学上之价值"，都是围绕文学作品的基本问题展开的论述。而结论则曰："红楼梦一书，与一切喜剧相反，彻头彻尾之悲剧也"[1]、"悲剧中之悲剧也"[2]。然则《红楼梦》除了美学上的价值，还有伦理学上的价值，在王国维看来其对人生比对艺术更为重要。

《红楼梦评论》的第四章在探讨《红楼梦》伦理学上的价值时，静安先生同样依据的是叔本华的学说。盖叔氏学说的基本假设是人生有欲，欲不得满足则产生苦痛，欲求无限，苦痛亦无限。即使愿望偶尔得以满足，为时亦甚暂；况一愿甫圆，十愿已至，仍不免处于欲望不得满足的苦痛之中。叔本华说："原来一切追求挣扎都是由于缺陷，由于对自己的状况不满而产生的；所以一天不得满足就要痛苦一天。况且没有一次满足是持久的，每一次满足反而只是又一新的追求的起点。"[3]而精神的苦痛比肉体的痛苦更为深重，智力愈发达，痛苦的程度愈高，因此"具有天才的人则最痛苦"[4]。然则人生之苦痛可有解脱之出路乎？叔本华给出了三种途

---

[1] 王国维：《红楼梦评论》，《王国维全集》第一卷，浙江教育出版社2009年版，第65页。
[2] 同上，第67页。
[3] 叔本华：《作为意志和表象的世界》，石冲白译，商务印书馆1982年版，第422页。
[4] 同上，第422—423页。

径：一是由于欣赏艺术而进入"纯观赏状态"，在此一瞬间，"一切欲求，也就是一切愿望和忧虑都消除了，就好像是我们已摆脱了自己，已不是那为了自己的不断欲求而在认识着的个体了"①。当此时刻，人的精神苦况有可能获致解脱。二是经过深创剧痛，对"意志"的本质产生自觉的解悟，意识到一切生命的痛苦，不只是自己的痛苦，感到了"身外之物的空虚"。换言之亦即："由于这样重大不可挽回的损失而被命运伤到一定的程度，那么，在别的方面几乎就不会再有什么欲求了；而这人物的性格也就现为柔和、哀怨、高尚、清心寡欲了。"②叔本华把这种境界描绘得很富于诗意化，认为"这是在痛苦起着纯化作用的炉火中突然出现了否定生命意志的纹银，亦即出现了解脱"。三是皈依宗教信仰的途径。当一个人的信仰获得之后，"嘉言懿行完全是自然而然从信仰中产生的，是这信仰的表征和果实"，而不是"邀功的根据"。因而个体生命之身，"首先出现的只是自愿的公道，然后是仁爱，再进为利己主义的完全取消，最后是清心寡欲或意志的否定"③，实现解脱。

　　自裁的方法是否也是实现解脱的途径之一？叔本华不认可此种方法。他说这种行为，是作为生命意志的自相矛盾的"最嚣张的表现"，是"完全徒劳的、愚蠢的"；如果说对个体生命而言不无一定"解脱"的作用，那也不过相当于"一个病人，在一个痛苦的、可能使他痊愈的手术已开始之后，又不让做完这手术，而宁愿保留病

---

① 叔本华：《作为意志和表象的世界》，石冲白译，商务印书馆1982年版，第531页。
② 同上，第540页。
③ 同上，第556页。

痛"①。故依叔氏义,静安先生认为《红楼梦》中的"金钏之堕井也,司棋之触墙也,尤三姐、潘又安之自刎也,非解脱也,求偿其欲而不得者也"。真正能获得解脱者,顾书中只有最后出家之宝玉、惜春、紫鹃三人。笔者尝以今译之《作为意志和表象的世界》对照王国维《红楼梦评论》的相关引文,发现王译至为博洽,而且随时以中国古代之学术资源给以补充解说,其对叔氏学说领悟之深,如同宿契,看来"大好之"的说法自有己身的渊源。

王国维对叔本华的学说并非没有商榷、质疑,其在《红楼梦评论》第四章的末尾写道:

夫由叔氏之哲学说,则一切人类及万物之根本一也,故充叔氏拒绝意志之说,非一切人类及万物各拒绝其生活之意志,则一人之意志亦不可得而拒绝。何则?生活之意志之存于我者,不过其一最小部分,而其大部分之存于一切人类及万物者,皆与我之意志同。而此物我之差别,仅由于吾人知力之形式故,离此知力之形式而反其根本而观之,则一切人类及万物之意志,皆我之意志也。然则拒绝吾一人之意志而姝姝自悦曰解脱,是何异决蹄踔之水而注之沟壑,而曰天下皆得平土而居之哉!佛之言曰:若不尽度众生,誓不成佛。其言犹若有能之而不欲之意。然自吾人观之,此岂徒能之而不欲哉?将毋欲之而不能也。故如叔本华之言一人之解脱,而未言世界之解脱,实与其意志

---

① 叔本华:《作为意志和表象的世界》,石冲白译,商务印书馆1982年版,第544—545页。

同一之说不能两立者也。①

　　静安先生的批评在于，叔氏所论只能停止在"一人之解脱"而已，对整个世界而言，无异于"蹄踠之水而注之沟壑"，并不能给人类世界以救赎（王国维译为"救济"）的出路。甚而王国维诘问道："释迦示寂以后，基督尸十字架以来，人类及万物之欲生奚若？其痛苦又奚若？吾知其不异于昔也。然则所谓持万物而归之上帝者，其尚有所待欤？抑徒沾沾自喜之说而不能见诸实事者欤？果如后说，则释迦、基督自身之解脱与否，亦尚在不可知之数也。"②此一诘问是极为有力量的。静安先生并引自己的一首七律作为意蕴的补充，其诗曰：

　　　　平生颇忆挈卢敖，东过蓬莱浴海涛。
　　　　何处云中闻犬吠，至今湖畔尚乌号。
　　　　人间地狱真无间，死后泥洹枉自豪。
　　　　终古众生无度日，世尊只合老尘嚣。③

　　这首七律的写作时间当与《红楼梦评论》约略同时，亦即1904年，故诗的意象和文的内容足可互为映照。盖静安先生无法相信人间苦痛真能有最终解脱之日，即佛氏的涅槃，也不过一理想而已。

---

① 王国维：《红楼梦评论》，《王国维全集》第一卷，浙江教育出版社2009年版，第72—73页。
② 同上，第74页。
③ 同上。

实际上叔本华本人在其著作中也提出了同样的疑问。而《红楼梦》的可贵处，恰在于"与吾人以二者之救济"①，既写出了解脱的出路，又带来艺术的欣赏，所以不愧为"宇宙之大著述"。而《红楼梦评论》在红学研究的历史上，是为第一次用哲学和美学的方法来批评中国古典小说，其在中国现代学术史上的奠基意义实不容忽视。

《红楼梦评论》之外，王国维也是最早对中西方哲学思想作比较研究的现代学人之一。1904年至1906年，他先后发表《论性》、《释理》、《原命》三篇论文，就是结合西方哲学思想分疏中国传统哲学理念的有创见之作。由于他把西方哲学（主要是康德、叔本华哲学）作为参照，出发点是"纯粹哲学"，因而对孔子学说的哲学意义有所保留，认为"孔子教人以道德，言政治，而无一语及于哲学"②，倒是老子、墨子涉及了本体论的问题，有追求万物本原的意向。以此之故，他对晚出但同属儒家统系的《周易大传》、《中庸》两部著作格外重视，提出"儒家之有哲学，自《易》之系辞、说卦二传及《中庸》始"③的观点。因为《中庸》凸显了"诚"的概念，里面有"诚者物之终始，不诚无物"的话，王国维认为已经接触到了根本宇宙观念问题。对宋明理学的核心观念"理"，王国维持的是分析的态度。他说：

---

① 王国维：《红楼梦评论》，《王国维全集》第一卷，浙江教育出版社2009年版，第75页。
② 王国维：《书辜氏汤生英译中庸后》，《王国维全集》第十四卷，浙江教育出版社2009年版，第71页。
③ 同上。

宋代学术，方面最多，进步亦最著。其在哲学，始则有刘敞、欧阳修等脱汉唐旧注之桎梏，以新意说经；后乃有周（敦颐）程（颢）、程（颐）张（载）、邵（雍）、朱（熹）诸大家，蔚为有宋一代之哲学。①

又说：

周子之言太极，张子之言太虚，程子、朱子之言理，皆视为宇宙人生之根本。②

这是从纯哲学的角度给宋明理学以高度评价。朱熹《语类》有载："问天与命、性与理四者之别。天则就其自然者言之，命则就其流行而赋予物者言之，性则就其全体而万物所得以为生者言之，理则就其事事物物各有其则者言之。到得合而言之，则天即理也，命即性也，性即理也，是如此否？然。"王国维在引用了朱熹上述论断之后写道："朱子之所谓理，与希腊斯多葛派之所谓理，皆预想一客观的理存于生天、生地、生人之前，而吾心之理不过其一部分而已。于是理之概念，自物理学上之意义出，至宋以后而遂得形而上学之意义。"③王国维对宋儒求理于事物之外的做法，并没有表示认同，相反，他更倾向于戴震的理存于事物之中的说法。可是

---

① 王国维：《宋代之金石学》，《王国维全集》第十四卷，浙江教育出版社2009年版，第315页。
② 王国维：《书辜氏汤生英译中庸后》，《王国维全集》第十四卷，浙江教育出版社2009年版，第71—72页。
③ 王国维：《释理》，《王国维全集》第一卷，浙江教育出版社2009年版，第25页。

他对朱熹立论的形上意义却不轻忽,说明采取的是现代的具有思辨意味的学术方法。他引据叔本华哲学的充足理由律,指出"天下之物绝无无理由而存在者。其存在也,必有所以存在之故,此即充足理由也"[1]。在阐释"理"、"性"这些概念的时候,他总是既援引西哲之论,又结合中国固有观念,来加以解说,这是王氏一生为学的基本方法。

《释理》一文的篇章结构也很值得注意。第一部分为"理字之语源",第二是"理之广义的解释",第三是"理之狭义的解释",第四是"理之客观的假定",第五是"理之主观的性质"。整篇文章近七千言,有强烈的理论思辨色彩,而著论则完全是现代论文的写法,逻辑严密,引据丰富,思理清晰。其第五部分论"理"之主观性质,首先引证王阳明的观点:"物理不外于吾心,外吾心而求物理,无物理矣。遗物理而求吾心,吾心又何物?"王国维认为,这是中国先哲论述"理"这个概念最深切著明的例子。接着又引西哲的例证,从斯多葛派的"理"说,到休谟、康德、叔本华的论述。最后得出结论:"所谓理者,不过'理性'、'理由'二义,而二者皆主观上之物也。"[2]但古今东西谈论"理"者,往往附以客观的意义,为什么会这样?王国维写道:

> 盖人类以有概念之知识,故有动物所不能者之利益,而亦陷于动物不能陷之谬误。夫动物所知者,个物耳。就个物之观

---

[1] 王国维:《释理》,《王国维全集》第一卷,浙江教育出版社2009年版,第19页。
[2] 同上,第27页。

念，但有全偏明昧之别，而无正误之别。人则以有概念故，从此犬彼马之个物之观念中，抽象之而得"犬"与"马"之概念；更从犬马牛羊及一切趾行喙息之观念中抽象之，而得"动物"之观念；更合之植物矿物，而得"物"之观念。夫所谓"物"，皆有形质可衡量者也。而此外尚有不可衡量之精神作用，而人之抽象力进而不已，必求一语以核括之，无以名之，强名之曰"有"。然离心与物之外，非别有所谓"有"也。离动植矿物以外，非别有所谓"物"也。离犬马牛羊及一切趾行喙息之属外，非别有所谓"动物"也。离此犬彼马之外，非别有所谓"犬"与"马"也。所谓"马"者，非此马即彼马，非白马，即黄马、骊马。如谓个物之外，别有所谓"马"者，非此非彼非黄非骊非他色，而但有马之公共之性质，此亦三尺童子所不能信也。故所谓"马"者，非实物也，概念而已矣。而概念之不甚普遍者，其离实物也不远，故其生误解也不多。至最普遍之概念，其初故亦自实物抽象而得，逮用之既久，遂忘其所自出，而视为表特别之一物，如上所述"有"之概念是也。夫离心物二界，别无所谓"有"。然古今东西之哲学，往往以"有"为有一种之实在性。在我中国，则谓之曰"太极"，曰"玄"，曰"道"，在西洋则谓之曰"神"。及传衍愈久，遂以为一自证之事实，而若无待根究者，此正柏庚所谓"种落之偶像"，汗德所谓"先天之幻影"。①

王国维借助他长于思辨的特点，把人脑获得知识的特殊功能，

---

① 王国维：《释理》，《王国维全集》第一卷，浙江教育出版社2009年版，第27—28页。

即借助概念进行逻辑思维,从具体、个别事物中抽象出事物的共同性质,形成概念的能力,并从语源学的角度追溯"理"之为理的形成过程,把这样一个极为抽象复杂的问题,论述得步步紧扣,条理分明。他的这些思想固然来源于叔本华,但论述的清晰说明他理解的准确。

王国维肯定"理性"具有构造概念和推演概念之间关系的作用,而"理由"则为人类知识的"普遍之形式"。但联系中国古代的思想资源,他无法不稍加分解"理"之一字是否亦有伦理学的意义。《礼记·乐记》云:"人生而静,天之性也。感于物而动,性之欲也。物至知知,然后好恶形焉。好恶无节于内,知诱于外,不能反躬,天理灭矣。夫物之感人无穷,而人之好恶无节,则是物至而人化物也。人化物也者,灭天理而穷人欲者也。"①于是"天理"、"人欲"两大概念由是而生。《乐记》援引之后,静安先生又具引孟子、二程子、上蔡谢氏,证明"理"之伦理学的内涵。朱子论"天理"和"人欲"有云:"有个天理,便有个人欲。盖缘这个天理,须有个安顿处,才安顿得不恰好,便有人欲出来。"又说:"人欲也便是天理里面做出来,虽是人欲,人欲中自有天理。"②王国维认为朱子之说颇值得玩味。戴东原解"理"则说:"理也者,情之不爽失也"、"天理云者,言乎自然之分理也。自然之分理,以我之情,絜人之情,而无不得其平者也"③,王国维也极为重视。他写道:"朱子所谓'安顿得好',与戴氏所谓'絜人之情而无不得

---

① 《礼记·乐记》,《四书五经》本,上册,岳麓书社1991年版,第566页。
② 《学七》,《朱子语类》卷第十三,第一册,中华书局标点本1986年版,第223—224页。
③ 戴震:《孟子字义疏证》,《戴震集》,上海古籍出版社1980年版,第265、266页。

其平'者,则其视理也,殆以'义'字、'正'字、'恕'字解之。于是理之一语,又有伦理学上之价值。"①然而依西方哲人的观点,"理"除"理性"、"理由"的含义之外,实别无他义。所以好人行善和恶人为恶,并非缺少理性所致。因此王国维在文章结尾总括写道:"理性者,不过吾人知性之作用,以造概念,以定概念之关系,除为行为之手段外,毫无关于伦理学上之价值。"②我们无法不看重《释理》一文的现代思维方式和它所体现的形上的学术求索精神。

《论性》也是一篇典型的有现代理念渗透其中的学术论文,王国维在这篇文章中提出,"性之为物"是超乎我们的知识之外的。而所以如此的缘故,是由于世间的知识可区分为"先天的"和"后天的"两类,"先天的知识,如空间时间之形式,及悟性之范畴,此不待经验而生";"后天的知识",乃指"一切可以经验之物"。所以他进而论述说:"今试问性之为物,果得从先天中或后天中知之乎?先天中所能知者,知识之形式,而不及于知识之材质,而性固一知识之材质也。若谓于后天中知之,则所知者又非性。何则?吾人经验上所知之性,其受遗传与外部之影响者不少,则其非性之本来面目,固已久矣。"③这些论述可视为他的观念的框架,而取资举证则为中国古代的人性论学说,从先秦诸子的孔子、孟子、荀子,到汉之董仲舒,再到宋明的王安石、苏东坡、周敦颐、张载、二程、朱熹、陆九渊、王阳明等,举凡中国思想史上的涉"性"言

---

① 王国维:《释理》,《王国维全集》第一卷,浙江教育出版社2009年版,第30页。
② 同上,第33页。
③ 王国维:《论性》,《王国维全集》第一卷,浙江教育出版社2009年版,第5页。

论，都被静安先生引来作为自己立说的依据。"性"在中国哲学史上是一个最常见也最易生歧义的概念。孔子说："饮食男女，人之大欲存焉。"（《礼记·礼运》）告子说："食、色，性也。"（《孟子·告子上》）孟子说："口之于味也，目之于色也，耳之于声也，鼻之于臭也，四肢之于安佚也，性也。"（《孟子·尽心下》）这说的是饮食男女、声色欲求是人的本性使然。荀子说："性者，天之就也；情者，性之质也；欲者，情之应也。"（《荀子·正名》）董仲舒说："性者，天质之朴也。"（《春秋繁露·实性》）这指的是人的自然本性。朱熹说："性即理"、"性只是理"。（《朱子语录·性理》）则是纯哲学化的解释。至于"性善"、"性恶"的种种说法，就更其多多了。王国维用标准的哲学语言写道："人性之超乎吾人之知识外，既如斯矣，于是欲论人性者，非驰于空想之域，势不得不从经验上推论之。夫经验上之所谓性，固非性之本然。苟执经验上之性以为性，则必先有善恶二元论起焉。"[1]事实确然如此，宋以前中国古代各家的人性论思想，除董仲舒外，大都是就性论性，很少涉及形而上学的问题。至宋代随着新的哲学思潮理学的兴起，方有人性论的形而上学的思考。可是静安先生同时又强调，抽象的人性是不可知的，超越经验事实之外去探讨人性，容易导致自相矛盾。

王国维与他在上述文章中论及的古代先哲一样，思想是充满矛盾的，构成自己哲学理念的思想资源颇为驳杂，古今中西兼相牵引，显示出思想过渡期的特点。但他有浓厚的哲学兴趣，有理论思辨的能力，是非常自觉地对中西思想作比较研究的尝试，而且能够

---

[1] 王国维：《论性》，《王国维全集》第一卷，浙江教育出版社2009年版，第5页。

上升到形上之层次，包括思维逻辑、概念的运用、行文方式和文章结构，都已具有现代学术表达方式的意味应无异议。就文章体制思理而言，《释理》比《论性》更高一筹。我所说的王氏三篇哲学论文的另一篇《原命》，比之《理》、《性》两篇，无论规模还是理趣，都要简略浅显许多，兹不具论，斯举"二"不妨以"三"反可也。

三

王国维在吸收西学的同时，他的学术思想又是坚实地立基于中国传统学术思想的基地之上的。这一点同样非常重要。他的由哲学与美学转向古器物、古文字和中国古史的研究，由对西方学术思想的介绍和阐释转向对中国古典学问的探究，其转变过程颇富传奇性。具体地说，他的治学历程有三变：一是前期，主要研究哲学、美学和教育学；二是中期，重点在文学和戏曲；三是后期，集中研究古器物、古文字和古史。每一期都有重要学术成果问世。如果以哲学家、美学家称之，则第一期之学术可谓代表。如果以戏曲史专家概之，第二期的以《宋元戏曲史》为代表的成果使他当之无愧。如果论其金文、甲骨文、古器物和古史研究方面的成就，第三期的学术创获，可谓车载斗量、蔚为大观，其中尤以《殷周制度论》堪称典范。传统学术的所谓文史之学，王氏在现代学人中是最富根底的一个。他的学问之路是由新而旧，而结果则是旧而弥新。他开始时介绍新思想固然不遗余力，后来释证古器物、古史，也是以旧为新，创意纷陈。中西、古今、新旧的畛域，是王国维率先起来打破的。他曾说：

> 学之义不明于天下久矣。今之言学者，有新旧之争，有中西之争，有有用之学与无用之学之争。余正告天下曰：学无新旧也，无中西也，无有用无用也。凡立此名者，均不学之徒，即学焉而未尝知学者也。①

这是王氏为《国学丛刊》作序写出来的话，时间在1911年，可谓开篇正告之语，带有宣言性质，不能不引起我们的重视。其实这些话，正是从学理上开启现代学术的枢纽。晚清以还困扰学者的古今、中西、新旧之辨，王国维已经给出了正确的答案。

王国维立基于中国传统学术来建构自己的学术理念，其在观念和方法上的超越同侪之处，一是明其源流，二是知其利弊。下面，不妨看看他对宋代学术和清代学术的关联以及如何评价清代学术，来透视这位现代学者的学术追求和学术思想的特点。

宋代学术的总体成就显示出其为我国思想文化的最高峰，王国维、陈寅恪有几近相同的论述，前面已经谈到。王国维并进而写道："宋代学术方面最多，进步亦最著。其在哲学，始则有刘敞、欧阳修等脱汉唐旧注之桎梏，以新意说经。后乃有周（敦颐）、程（颢）、程（颐）、张（载）、邵（雍）、朱（熹）诸大家，蔚为有宋一代之哲学。其在科学，则有沈括、李诫等，于历数、物理、工艺，均有发明。在史学，则有司马光、洪迈、袁枢等，各有庞大之著述。绘画则董源以降，始变唐人画工之画，而为士大夫之画。在诗歌，则兼

---

① 王国维：《国学丛刊序》，《王国维全集》第十四卷，浙江教育出版社2009年版，第129页。

尚技术之美，与唐人尚自然之美者，蹊径迥殊。考证之学，亦至宋而大盛。"①这是我所看到的在当时的背景下对宋代学术的最全面的评价。因此当他提出"近世学术多发端于宋人"就可以理解了。特别是晚清之际足称发达的金石学，其源头可以直接追溯到宋朝。王国维说："金石之学，创自宋代，不及百年，已达完成之域。"又说："宋人于金石、书画之学，乃陵跨百代。近世金石之学复兴，然于著录、考订，皆本宋人成法，而于宋人多方面之兴味，反有所不逮。故虽谓金石学为有宋一代之学，无不可也。"②王国维特别强调宋代金石学和书画学的鉴赏兴味与研究的兴味，举苏东坡、沈括、黄庭坚、黄伯思诸人以为例，说明此种情形得力于宋代仁宗以后"海内无事，士大夫政事之暇，得以肆力学问"，因此"赏鉴之趣味与研究之趣味，思古之情与求新之念，互相错综"③，从而形成一代之学术风气和学术精神。

盖金石之学发端于宋，近世之复兴与重振不应忘其源流，而在艺术与学术的精神与兴味方面，后世反而有不逮前贤之处。王氏此论，正是既明其源流，又知其利弊。至于清学的演变过程及其特点，王国维另有专门论述，他写道：

> 我朝三百年间，学术三变：国初一变也，乾嘉一变也，道咸以降一变也。顺康之世，天造草昧，学者多胜国遗老，离丧

---

① 王国维：《宋代之金石学》，《王国维全集》第十四卷，浙江教育出版社2009年版，第315页。
② 同上，第321页。
③ 同上。

乱之后，志在经世，故多为致用之学。求之经史，得其本原，一扫明代苟且破碎之习，而实学以兴。雍乾以后，纪纲既张，天下大定，士大夫得肆意稽古，不复视为经世之具。而经、史、小学专门之业兴焉。道咸以降，途辙稍变，言经者及今文，考史者兼辽金元，治地理者逮四裔，务为前人所不为。虽承乾嘉专门之学，然亦逆睹世变，有国初诸老经世之志。故国初之学大，乾嘉之学精，道咸以降之学新。①

对清代学术流变的评价可谓公允而恰切。用一"大"字概括清初学术，用"精"字概括乾嘉汉学，用"新"字概括晚清之学，可谓一字不易。明末清初之学的开创者，王国维以顾炎武标其首，可谓至当。乾嘉之学，以戴震、钱大昕两巨擘为开创者，亦为允当。问题是他如何看待晚清新学之"新"。对龚自珍、魏源今文学之"新"，王国维采取理解同情的态度，认为是"时势使之然"，但具体评价则不无轩轾："道咸以降，学者尚承乾嘉之风，然其时政治风俗已渐变于昔，国势亦稍稍不振，士大夫有忧之而不知所出，乃或托于先秦、两汉之学，以图变革一切。然颇不循国初及乾嘉诸老为学之成法，其所陈夫古者，不必尽如古人之真，而其所以切今者，亦未必适中当世之弊。其言可以情感，而不能尽以理究。"②这段话中，"颇不循国初及乾嘉诸老为学之成法"一语，站在学术史的角度，应视作含蓄而正式的一种批评。至认为"所陈夫古者，

---

① 王国维：《沈乙庵先生七十寿序》，《王国维全集》第八卷，浙江教育出版社2009年版，第618页。
② 同上，第619页。

不必尽如古人之真,而其所以切今者,亦未必适中当世之弊",则措辞更为严厉了。但对龚（自珍）、魏（源）之学,静安先生亦未全然抹杀,指出其学术创获也有清初学术和乾嘉学术所不能范围者,而且其弊端不必尽归学者本人,"亦时势使之然也"。

然则晚清之新学果如王国维所说,并没有承继清初及乾嘉的学术传统,那么这一传统又由谁承继了呢？王氏提到的第一个人是沈曾植沈乙庵先生。理由是他认为沈氏一生为学,既通晓国初及乾嘉诸家之说,又广涉道咸以降的边疆史地之学,而且"一秉先正成法,无或逾越"。为此他申论说:"其于人心世道之隆污,政事之利病,必穷其源委,似国初诸老。其视经史为独立之学,而益探其奥窔,拓其区宇,不让乾嘉诸先生。至于综览百家,旁及二氏,一以治经史之法治之,则又为自来学者所未及。"[1]就是说,王国维认为沈曾植的为学方法实体现了治中国学问的通则。所以他说:"学问之品类不同,而其方法则一,国初诸老用此以治经世之学,乾嘉诸老用之以治经史之学。"而沈乙庵则用此种方法"治一切诸学"[2]。此种"为学之成法"无他,就是视学问为独立物,而又探其原委,务求有益于世道人心；亦即"趣博而旨约,识高而议平"、忧世深而择术慎。这种治学方法,既是传统的,又是现代的。表面上看,沈氏之学极古奥不时,但学心却不失现代性。静安先生之学绝似沈氏,陈寅恪先生更继而光大之。

正是在这篇《沈乙庵先生七十寿序》中,王国维提出了学术、

---

[1] 王国维：《沈乙庵先生七十寿序》,《王国维全集》第八卷,浙江教育出版社2009年版,第619页。

[2] 同上。

学人的命运与国家命运攸关与共的绝大课题。他说：

> 天而未厌中国也，必不亡其学术。天不欲亡中国之学术，则于学术所寄之人，必因而笃之。世变愈亟，则所以笃之者愈甚。①

兹可知静安先生对中国学术之寄望也大矣，其对中国学人的命运之关切也深矣。作为中国现代学术最具典范意义的学人，其学术思想之"忧世之深"以及其为学的"择术之慎"，亦可谓至矣。古圣孔子岂不云乎："作易者其有忧患乎。"王国维的一生毋宁说是充满忧患的一生，包括他的震撼于世的最后之终局。忧患者的学术思想，不仅深与慎，而且能得其正。王国维的为学可以证明，陈寅恪的为学亦可以证明。

晚清新学是中国传统学术向现代学术转变的过渡期，驳杂不纯是晚清新学的特点。自身体现着这驳杂，而又能从驳杂中脱离出来的，是梁启超。梁的为学，基本上采取的是史学的立场，其学术出路亦在史学。中国现代史学的开山祖的角色，就是由梁启超来扮演的。表明他进入角色的是1902年发表的《新史学》一书。史学中学术史一目，也是由梁启超继往开来的。而胡适的史学，在梁的基础上又有所跨越，《白话文学史》、《中国哲学史大纲》，在专史方面已是开新建设的史学。但胡适实验的多完成的少。梁启超是提出的多

---

① 王国维：《沈乙庵先生七十寿序》，《王国维全集》第八卷，浙江教育出版社2009年版，第620页。

系统建设少。直承清学传统而不染博杂的是王国维与陈寅恪。王陈的特点，是承继的多开辟的也多。而静安之学，尤得力于清末的学术新发现。

中国传统学术向现代学术转变，有两大意外的契机，这就是甲骨文字的发现和甲骨学的建立，以及敦煌遗书的发现和敦煌学的建立。甲骨文字的发现并开始引起人们的重视，是在1899年，即戊戌政变的第二年。戊戌政变给由今文学发展而来的政治化的新学画了一个悲惨的句号。恰好甲骨文字的发现，为一部分学者提供了致力于更纯粹更独立的学术研究的新资料和新领域。甲骨文字发现的第二年，即1900年，敦煌石室的宝藏重见天日，其中有两万多件卷子，包括佛经、公私文件，以及诸子、韵书、诗赋、小说等。经卷上的文字，除了汉文，还有梵文、藏文、龟兹文、突厥文等。孔子叹为不足征的殷礼，有了着落。宋儒看不到的古本，如今看到了。学者们认为这是可以与埃及金字塔相媲美的重大发现。又不仅此。还有汉晋木简和内阁大库档案，在当时也是极为重要的发现。因此王国维称清末是学术发现之时代。他在《最近二三十年中中国新发见之学问》一文中写道："古来新学问起，大都由于新发见。有孔子壁中书出，而后有汉以来古文家之学；有赵宋古器物出，而后有宋以来古器物古文字之学。"[1]清末的上述四大发现中，任何一种都可以与孔子壁中书、汲冢竹简相抵挡。这些发现，大大拓展了学术研究的学科领域，为学术的新机启运作了必要的材料准备，同时

---

[1] 王国维：《最近二三十年中中国新发见之学问》，《王国维全集》第十四卷，浙江教育出版社2009年版，第239页。

也创造了与世界学术对话的新契机。

王国维的"二重证据法"就是在此种背景下提出来的。《古史新证》里有一段经常为研究者征引的话，原文如下：

> 吾辈生于今日，幸于纸上之材料外，更得地下之新材料。由此种材料，吾辈固得据以补正纸上之材料，亦得证明古书之某部分全为实录，即百家不雅驯之言，亦不无表示一面之事实。此二重证据法，唯在今日始得为之。虽古书之未得证明者，不能加以否定，而其已得证明者，不能不加以肯定，可断言也。①

历史文化遗产的研究一方面须靠文献资料，另一方面也需要借鉴实物，这在今天已成为常识范围内的事情，但在中国古代，人们的认识却不如此简单。可以说相当长的历史时期之内，研究者依据的都是文献资料，而不曾意识到实物的重要性。宋代金石学兴起，刻在金石上的铭文引起人们的注意，并逐渐与考订史实结合起来。赵明诚在《金石录序》中说："诗书以后，君臣行事之迹，悉载于史，虽是非褒贬，出于秉笔者私意，或失其实；然至于善恶大迹，有不可诬而又传说既久，理当依据。若夫岁月、地理、官爵、世次，以金石刻考之，其抵牾十常三四。盖史牒出于后人之手，不能无失，而刻词当时所立，可信不疑。"②赵说已开实物证史之先

---

① 王国维：《古史新证》，《王国维全集》第十一卷，浙江教育出版社2009年版，第241—242页。
② 赵明诚：《金石录序》，见赵明诚著、金文明校正：《金石录校证》，广西师范大学出版社2005年版，第1—2页。

河矣。至清中叶，钱晓徵等史家的许多金石题跋，用历史遗物来证史，成为比较常见的方法了。因此王氏的"二重证据法"，自有其渊源，只是他运用得比任何前贤都更加自觉，且有理念上的提升。换句话说，王国维古史研究的成绩确得力于他的具有实证意味的方法论。同时，这种方法也影响到了人文社会科学其他学科领域，使得中国现代学术思想在其始建期就呈现出各学科交错影响的现象。

直承今文学而来的疑古学派的出现，本来是传统学术走向现代的重要一步，但在甲骨学、敦煌学新发现面前，它遇到了巨大的挑战，简直足以在事实上拆毁其赖以建立的理念根基。王国维说："疑古之过，乃并尧舜禹之人物而亦疑之。"[1]王氏以甲骨文字、敦煌遗书等新发现为基地，走上了释古的道路，对疑古之偏颇有所是正。而中国现代学术中考古一门的建立，也是与清末的学术新发现相联系的。古代并非没有考古，北宋吕大临曾作过《考古图》，但当时之考古不出金石之范围。现代考古则增加了田野研究的内容，由金石考古扩展到了田野考古。二十世纪初，以发掘工作为基础的现代考古学的建立，李济、董作宾、郭沫若诸人，与有功焉。因此之故，郭对王的评价甚高，称王留下的知识产品"好像一座璀璨的楼阁，在几千年来的旧学的城垒上，灿然放出一段异样的光辉"[2]。对罗振玉的评价也不低，认为罗的功劳在于"为我们提供出了无数的真实的史料"，称赞"他的殷代甲骨的收集、保藏、流传、考释，实是中国近三十年来文化史上所

---

[1] 王国维：《古史新证》，《王国维全集》第十一卷，浙江教育出版社2009年版，第241页。
[2] 郭沫若：《中国古代社会研究》自序，《郭沫若全集》历史编第一册，人民出版社1992年版，第8页。

应该大书特书的一项事件"①。郭的甲骨文、金文研究,是以罗王为起点,他自己并不讳言。

陈寅恪在《王静安先生遗书序》里所总结的王国维为学的特点:一曰取地下之实物与纸上之遗文互相释证,二曰取异族之故书与吾国之旧籍互相补正,三曰取外来之观念与固有之材料互相参证,固不是王氏一人的特点,而是当时学术中坚力量的共同特点,也即是中国现代学术的最基本的观念和方法。所以陈寅恪肯定地说:"吾国他日文史考据之学,范围纵广,途径纵多,恐亦无以远出三类之外。"②由此我们可以看出,王氏为学的基本观念和方法,在现代学术史上实具有轨则和典范的意义。

四

王国维学术思想的现代内涵,尤其表现在他对学术独立的诉求上。在这方面他可以说是身体力行,不遗余力。在《论近年之学术界》一文中他写道:"学术之发达,存于其独立而已。"③而要实现学术独立,必须做到以学术本身为目的,而不以学术作为达致某种目的之一种手段。但中国历来的传统,都是视学术为政治的附属物,学者缺少为学术而学术的精神。特别是清中叶以来兴起的今文学派,毫不掩饰问学的现实政治目的。王国维对此颇致不满,认为

---

① 郭沫若:《中国古代社会研究》自序,《郭沫若全集》历史编第一册,人民出版社1992年版,第8页。

② 陈寅恪:《王静安先生遗书序》,《金明馆丛稿二编》,三联书店2001年版,第248页。

③ 王国维:《论近年之学术界》,《王国维全集》第一卷,浙江教育出版社2009年版,第125页。

即使是影响巨大的严复的翻译,亦不能完全避免脱此窠臼。而当时通过日本对法国十八世纪自然主义的介绍,则不过是"聊借其枝叶之语,以图遂其政治上之目的耳"①。对康有为、谭嗣同等变法维新派人物,静安先生也颇有微词。他说:

> 其有蒙西洋学说之影响,而改造古代之学说,于吾国思想界上占一时之势力者,则有南海□□□(康有为)之《孔子改制考》、《春秋董氏学》,浏阳□□□(谭嗣同)之《仁学》。□(康)氏以元统天之说,大有泛神论之臭味。其崇拜孔子也,颇模仿基督教。其以预言者自居,又居然抱穆罕默德之野心者也。其震人耳目之处,在脱数千年思想之束缚,而易之以西洋已失势力之迷信。此其学问上之事业不得不与其政治上之企图同归于失败者也。然□(康)氏之于学术,非有固有之兴味,不过以之为政治上之手段,荀子所谓今之学者以为禽犊者也。□(谭)氏之说,则出于上海教会中所译之治心免病法。其形而上学之以太说,半唯物论、半神秘论也。人之读此书者,其兴味不在此等幼稚之形而上学,而在其政治上之意见。□(谭)氏此书之目的亦在此而不在彼,固与南海氏同也。庚辛以还,各种杂志接踵而起,其执笔者非喜事之学生,则亡命之逋臣也。此等杂志,本不知学问为何物,而但有政治上之目的。②

---

① 王国维:《论近年之学术界》,《王国维全集》第一卷,浙江教育出版社2009年版,第122页。

② 同上,第122—123页。

对于晚清以来的文学，王国维同样认为没有体现出文学本身的价值，而是把文学当作了进行政治教育的手段。他说："欲学术之发达，必视学术为目的，而不视为手段而后可。"①并且引康德关于"当视人人为一目的，不可视为手段"的名言，引申说："岂特人之对人当如是而已乎？对学术亦何独不然？"②总之，政治的归政治，艺术的归艺术，文学的归文学，学术的归学术，不要把艺文与政治混为一谈。王国维也不是完全无视政治的影响，他知道那是社会的最重要的势力，只是他告诫人们，哲学家和艺术家也是社会的最重要的"势力"，而且比之政治有久暂之别。

在《论哲学家与美术家之天职》一文中，王国维通过对我国传统哲学和古典文学的特性的分析，得出了我国没有"纯粹的哲学"以及也少有"纯文学"的结论。他说："披我中国之哲学史，凡哲学家无不欲兼为政治家者，斯可异也。"③先秦之孔、墨、孟、荀，西汉之贾、董，宋朝的张、程、朱、陆，明朝的罗、王，都不仅仅是哲学家，同时还是政治家。文学家中，杜甫、韩愈、陆游等，也无一例外地希望在政治上一显身手，曲折点或如杜甫所说"致君尧舜上，再使风俗淳"。所以王国维慨叹"美术之无独立之价值也久矣"。他写《红楼梦评论》以及研究宋元戏曲，与他追求学术独立的思想有直接关系。因为他注意到传统小说戏曲发展中有

---

① 王国维：《论近年之学术界》，《王国维全集》第一卷，浙江教育出版社2009年版，第123页。

② 同上。

③ 王国维：《论哲学家与美术家之天职》，《王国维全集》第一卷，浙江教育出版社2009年版，第132页。

一个问题,即"有纯粹美术上之目的者,世非为不知贵,且加贬焉"。出现这种情况,文学家和艺术家自身也不是毫无责任,至少是"自忘其神圣之位置"。为了解除艺术家自身这层障壁,王国维又从人的欲望的角度作了详尽的说明。他写道:"夫势力之欲,人之所生而即具者,圣贤豪杰之所不能免也。而知力愈优者,其势力之欲亦愈盛。人之对哲学及美术而有兴味者,必其知力之优者也,故其势力之欲亦准之。今纯粹之哲学与纯粹之美术,既不能得势力于我国之思想界矣,则彼等势力之欲不于政治将于何求其满足之地乎?且政治上之势力有形的也,及身的也。而哲学美术上之势力,无形的也,身后的也。故非旷世之豪杰,鲜有不为一时之势力所诱惑者矣。"[1]尽管如此,当一个哲学学者经过长期的研究,一旦领悟了宇宙人生的真理,或一个艺术家把胸中惝恍不可捉摸的意境,表诸文字、绘画、雕刻之上,就是一个人的天赋能力得到了实现。王国维认为:"此时之快乐,决非南面王之所能易者也。"[2]在文章结尾处,他进一步寄望于哲学家和艺术家的自悟和自觉:"若夫忘哲学、美术之神圣,而以为道德政治之手段者,正使其著作无价值者也。愿今后之哲学、美术家,毋忘其天职而失其独立之位置,则幸矣。"[3]由此我们可以看出,静安先生对学术独立的诉求有多么强烈。

王国维的由哲学美学而宋元戏曲而古史研究的学术转向,和他

---

[1] 王国维:《论哲学家与美术家之天职》,《王国维全集》第一卷,浙江教育出版社2009年版,第133页。

[2] 同上。

[3] 同上。

的极力主张学术独立的思想有一定关系。他当然明了文学和美学的学术根性比较脆弱的特点。古史研究则可以与现实的浅层政治保持一定的距离。1904年他写的一首《偶成》诗，似乎流露出了这方面的感慨。诗中写道：

> 文章千古事，亦与时荣枯。
> 并世盛作者，人握灵蛇珠。
> 朝菌媚朝日，容色非不腴。
> 飘风夕以至，零落委泥涂。
> 且复舍之去，周流观石渠。
> 蔽亏东观籍，繁会南郭竽。
> 比如贰负尸，桎梏南山隅。
> 恒干块犹存，精气荡无余。
> 小子曹无状，亦复事操斛。
> 自忘宿瘤质，揽镜学施朱。
> 东家与西舍，假得紫罗襦。
> 主者虽不索，跬步终趑趄。
> 且当养毛羽，勿作南溟图。①

这是他自道学术心境的一首诗，叙述自己早年"东家与西舍"地采集新思潮，结果只是借得别人的衣裳，己身独立之学术并没有建立起来。庄子说的"朝菌不知晦朔"，正可以用来比喻那些不以

---

① 陈永正：《王国维诗词笺注》，上海古籍出版社2011年版，第85—86页。

学问本身为目的的新学家们。他自己则决心积学储宝，不断提升自己的学问修养，让学术体现出永久的价值，而不使之"与时荣枯"。因此他最终转向了从经史小学入手研究古史的艰难道路，这是王国维实现自己学术独立主张的至关重要的一步。

中国现代学术传统的建立，是从自觉地追求学术独立开始的。晚年的梁启超对此体会尤深，他在《清代学术概论》里慨乎言之曰："而一切所谓新学家者，其所以失败，更有一种根源，曰不以学问为目的而以为手段。"[①]《清代学术概论》写于1920年。王国维对同一题义的慨乎言之，比任公先生早出十五年以上，说明他是从理念上推动学术独立的最早觉醒者。

五

中国传统学术向现代学术转变，有一学术理念上的分别，即传统学术重通人之学，现代学术重专家之学。钱穆在《现代中国学术论衡》一书的序言中写道："文化异，斯学术亦异。中国重和合，西方重分别。民国以来，中国学术界分门别类，务为专家，与中国传统通人通儒之学大相违异。循至通读古籍，格不相入。此其影响将来学术之发展实大，不可不加以讨论。"[②]钱穆先生所揭示的民国以来学术界之重分类，追求专家之学，是吸收了西方学术观念和方法的中国现代学术的特征，与传统学术的重会通，通人通儒有至

[①] 梁启超：《清代学术概论》，朱维铮校注：《梁启超论清学史二种》，复旦大学出版社1985版，第80页。

[②] 钱穆：《现代中国学术论衡》，岳麓书社1986年版，第1页。

高的地位，两者不尽相同。这里通人之学与专家之学的分野，实际上有古今的问题，也有中西的问题。

中国传统学术的分类，大类项是经、史、子、集四部之学。史部为史学，集部为文学，其义较为明显，历来学者也大都这样界定。唯子部的内涵，通常人们认为属于哲学的范畴，似尚待分解。诸子百家之说，与其说是哲学莫若称为思想学说更加恰当。所以中国历史学科中有思想史一门，而中国学术史实即为学术思想史也。至于经部，分歧更大。近人张舜徽尝云："盖经者纲领之谓，凡言一事一物之纲领者，古人皆名之为经，经字本非专用之尊称也。故诸子百家书中有纲领性之记载，皆以经称之。"①后来儒家地位升高，孔门之"六艺"，即《诗》、《书》、《礼》、《易》、《乐》、《春秋》，遂成为有至尊地位的经典。如果用现代的眼光来看，经学毫无疑问是需要分解的。《诗经》是文学，不成问题；《尚书》和《春秋》应属于历史的范围；《易经》是哲学。因此传统学术向现代转化，有一个学科整合的问题。我这样说丝毫不含有轻视经学的深层文化意蕴的意思，相反，在一定意义上，却可以认为经学原典是中国一切学术的源头，是中国文化的最高形态②，甚至就人文学科而言，亦可以在现代文史哲的学术分类之外，另设经学一科。现代学术分类的方法，淹没了经学的地位。但对于传统学术的四部分类法如何向现代学术分类转变，晚清之时的学子在理念上并不是都很明确。严复、康有为、梁启超、章太炎、王国维等现代学术大

---

① 张舜徽：《爱晚庐随笔》"学林脞录"卷三，湖南教育出版社1991年版，第48页。
② 马一浮"六艺统摄一切学术"的思想殊堪注意。这方面的论述请参见马著《泰和会语》。亦可参阅拙著《国学与红学》上编，上海辞书出版社2011年版，第5—120页。

家，走的还是通人之学的路，在他们身上，学科的界分并不那么明显，或至少不那样严格。

王国维是首先意识到现代学术需要重新分类的现代学者。这里涉及他写的一篇极重要而又鲜为人注意的文章，即作于1902年的《奏定经学科大学文学科大学章程书后》。这是他写给张之洞的一封信，在这封信里他明确提出反对把经学置于各分科大学之首，强调必须设置哲学一科。他直言不讳地指出，由张南皮制定的分科大学的章程没有设哲学一科是个重大的错误。他说：

> 其根本之误何在？曰在缺哲学一科而已。夫欧洲各国大学无不以神、哲、医、法四学为分科之基本。日本大学虽易哲学科以文科之名，然其文科之九科中，则哲学科衰然居首，而余八科无不以哲学概论、哲学史为其基本学科者。今经学科大学中虽附设理学一门，然其范围限于宋以后之哲学，又其宗旨在贵实践而忌空谈，则夫《太极图说》《正蒙》等必在摈斥之列，则就宋人哲学中言之，又不过一部分而已。吾人且不论哲学之不可不特置一科，又不论经学、哲学二科中之必不可不讲哲学，且质南皮尚书之所以必废此科之理由如何？[①]

这涉及的可不是一个细小的分歧，而是与现代学术的分类直接相关的大学分科问题。王国维强调了哲学的重要性，这一观念是现

[①] 王国维：《奏定经学科大学文学科大学章程书后》，《王国维全集》第十四卷，浙江教育出版社2009年版，第33页。

代的。用以取譬的例证，是欧洲各国和日本的例证。可见他的强调现代学术分类方法的思想，是相当自觉的。而在另外一个地方他还说过："今之世界，分业之世界也。一切学问，一切职事，无往而不需特别之技能，特别之教育。一习其事，终身以之。治一学者之不能使治他学，任一职者之不能使任他职，犹金工之不能使为木工，矢人之不能使为函人也。"① 在《欧罗巴通史序》一文中又说："凡学问之事其可称科学以上者，必不可无系统。系统者何？立一统以分类是已。分类之法，以系统而异。有人种学上之分类，有地理学上之分类，有历史上之分类。三者画然不相谋已。"② 王氏对学术分类问题一论再论，说明他对此一问题是何等重视。而在这方面，恰好反映出他的学术观念已进入现代学术的范畴，并为现代学术的发展奠定了学理的基础。

（原载《学人》1996 年第 10 期）

---

① 王国维：《教育小言十三则》，《王国维全集》第十四卷，浙江教育出版社2009年版，第102页。
② 王国维：《欧罗巴通史序》，《王国维全集》第十四卷，浙江教育出版社2009年版，第3—4页。

王国维、陈寅恪与吴宓

一 王国维与陈寅恪

（一）陈寅恪《王观堂先生挽词》和王国维《颐和园词》

清华国学研究院的四大导师，王国维、梁启超、陈寅恪、赵元任，王陈关系最近，盖因气类相投也。陈寅恪《王观堂先生挽词》"许我忘年为气类，北海今知有刘备"句，即实写此意。而《挽词》中"风义生平师友间"，则是两人关系的理则概括。四大导师的年龄，梁启超生于1873年，王国维生于1877，陈寅恪生于1890年，赵元任生于1892年。梁最长，比王大四岁，比陈大十七岁。王比陈大十三岁。1925年清华国学院成立时，梁五十二岁，王四十八岁，陈三十五岁，赵三十三岁。吴宓生于1894年，当时是三十一岁，任国学院主任。吴对王赞佩礼敬而疏于交谊，对陈则视同手足，情牵梦萦，终生为友。

王国维1927年6月2日昆明湖自沉，陈寅恪写有挽联、挽诗和挽词。挽联为："十七年家国久魂销，犹余剩水残山，留与累臣供一死；五千卷牙签新手触，待检玄文奇字，谬承遗命倍伤神。"[①] 上

[①] 陈寅恪：《诗集》，三联书店2001年版，第180页。

联写王国维1911年辛亥革命以来的己身处境，故最后之终局殊可理解。"累臣"显系将王国维比屈原了。下联是王先生遗嘱"书籍可托陈、吴二先生处理"的本事，兹可见寅恪先生对王之所托的看重。"谬承遗命倍伤神"一句，义理、情理、心理尽在其中矣。挽诗以《挽王静安先生》为题，全诗作："敢将私谊哭斯人，文化神州丧一身。越甲未应公独耻，湘累宁与俗同尘。吾侪所学关天意，并世相知妒道真。赢得大清干净水，年年呜咽说灵均。"[1]第三句下有注："甲子岁，冯兵逼宫，柯、罗、王约同死而不果。戊辰，冯部将韩复榘兵至燕郊，故先生遗书谓'义无再辱'，意即指此。遂践旧约，自沉于昆明湖，而柯、罗则未死。余诗'越甲未应公独耻'者，盖指此言。王维《老将行》'耻令越甲鸣吾群'，此句所本。事见刘向《说苑》。"《挽诗》可以和挽联互相印证，"湘累"、"灵均"云云，完全是以王国维的自沉和屈子的投汨罗相提并论。

而首句"敢将私谊哭斯人"，证实两人的交谊非比寻常，"文化神州丧一身"则指兹事件于文化中国之影响和损失之大。五、六句"吾侪所学关天意，并世相知妒道真"，则慨叹学者的因缘际会与当时后世的知与不知耳。昔王国维撰写《沈乙庵先生七十寿序》尝说："国家与学术为存亡，天而未厌中国也，必不亡其学术。天不欲亡中国之学术，则于学术所寄之人，必因而笃之。世变愈亟，则所以笃之者愈至。使伏生、浮邱伯辈，天不畀以期颐之寿，则诗书绝于秦火矣。"[2]似可移来诠解"吾侪所学关天意，并世相知妒道

---

[1] 陈寅恪：《诗集》，三联书店2001年版，第11—12页。
[2] 王国维：《沈乙庵先生七十寿序》，《王国维文集》第一卷，中国文史出版社1997年版，第98页。

真"句，盖王、陈均为吾国的"学术所寄之人"。

《王观堂先生挽词并序》称得上陈寅恪韵体文字的大著述，写法上很像王国维的《颐和园词》。王词长一百六十二句，作于1912年，随罗振玉客居日本京都时期，并经罗氏手写石印。王先生亦甚看重己作，认为"虽不敢上希白傅，庶几追步梅村"[①]。王词所写为清室的"末路之事"[②]，陈之《挽词》长一百一十二句，实系观堂其人学问与政治命运的哀歌。《挽词》第五、六句"曾赋连昌旧苑诗，兴亡哀感动人思"，即指王国维写作《颐和园词》一事。孰料把颐和园的沧桑写得如此哀感动人者，竟于二十五年之后，自沉于此园，终与自己推许的"昆明万寿佳山水"为伴，可谓诗可成谶矣。故寅老《挽词》以"岂知长庆才人语，竟作灵均息壤词"句及之。

不过《挽词》之主旨在于抒写王国维的学问历程和高才隆遇，包括张之洞入阁主持学部，经罗振玉举荐充任学部图书馆编辑，此时之王国维专意搜罗研究宋元戏曲；清帝退位后随罗振玉东游扶桑，日夜披览罗氏"大云书库"之收藏，转而研究金石古文和殷商古史，五年之期，学问为之大变；回国后之数年时间，学问果实江涌河泻，而东西汉学巨擘缪荃孙、沈曾植、伯希和、沙畹、藤田丰八、狩野直喜、内藤虎次郎等，因倾慕相惜而相与切磋酬唱；1923年升允荐为逊帝溥仪的南书房行走；1925年胡适之荐为清华国学院之导师。此一系列人生变迁和事业隆替，并连同迁移变换之家国政治变局之背景，《挽

[①] 王国维：《致铃木虎雄》（1912年5月31日），吴泽主编：《王国维全集·书信》，中华书局1984年版，第26页。

[②] 王国维：《致铃木虎雄》（1912年6月23日），吴泽主编：《王国维全集·书信》，中华书局1984年版，第27页。

词》俱以清词丽句编织结构而成绝唱①。

《挽词》中的名句多如过江之鲫，譬如"当日英贤谁北斗，南皮太保方迁叟"、"总持学部揽名流，朴学高文一例收"，是为写张之洞，这和乃父陈三立对张的评价完全相同。"大云书库富收藏，古器奇文日品量"，则摹写旅居日本的学术收获。"当世通人数旧游，外穷瀛渤内神州。伯沙博士同扬榷，海日尚书互倡酬"，写东西大儒与之交往，寥寥数语，便跃然纸上。"南斋侍从欲自沉，北门学士邀同死"，写冯玉祥逼宫时，王与罗振玉、柯劭忞的"同死"之约。"鲁连黄鹞绩溪胡，独为神州惜大儒"，写王国维的应聘清华，系胡适所荐。其实王开始并未依允此议，胡适托人说动逊帝，经溥仪下了一道"诏书"，王才前往就聘。"清华学院多英杰"，更是百年来不磨的名句了。

特别是在写到己身与王国维的关系时，寅恪先生写下如下诗句："鲰生瓠落百无成，敢并时贤较重轻。元祐党家惭陆子，西京群盗怆王生。许我忘年为气类，北海今知有刘备。曾访梅真拜地仙，更期韩偓符天意。回思寒夜话明昌，相对南冠泣数行。犹有宣南温梦寐，不堪灞上共兴亡。"陈寅恪当时和梁、王相较，自是后进"小生"，故以"鲰生"自比，可谓合乎法度；但其积学之厚，亦足可与梁、王等"时贤"较量，也是寅恪先生自己未惶稍让的。"元祐党家"和"西京群盗"两句，为自道家学来历。清华国学院同为导师之前，王、陈并不相识，寅恪当然知道观堂的大名，然观堂却不知世间有此一陈。所以《挽词》以"北海今知有刘备"的

---

① 陈寅恪：《王观堂先生挽词并序》，《诗集》，三联书店2001年版，第12—17页。

"古典"来比拟王陈初交相识的"今典"。而一经相遇，无论在陈在王，都不禁有气类相投之感。故"许我忘年为气类"一句，可以说写尽了王陈关系的深涵。有意思的是，王之《颐和园词》以"汉家七叶钟阳九"为起句[①]，陈之《挽词》则以"汉家之厄今十世"为起句，全诗结句，王为"却忆年年寒食节，朱侯亲上十三陵"，陈是"他年清史求忠迹，一吊前朝万寿山"，缭绕之余味亦复相同。

（二）陈寅恪《挽词》序的文化义涵

陈寅恪所撰之挽王国维词的题目，为《王观堂先生挽词并序》，盖在挽词的前面有一长序，阐述作者的文化观点暨王之死因。鉴于此序的重要，下面全文具引在此：

>　　或问观堂先生所以死之故。应之曰：近人有东西文化之说，其区域分划之当否，固不必论，即所谓异同优劣，亦姑不具言；然而可得一假定之义焉。其义曰：凡一种文化值衰落之时，为此文化所化之人，必感苦痛，其表现此文化之程量愈宏，则其所受之苦痛亦愈甚；迨既达极深之度，殆非出于自杀无以求一己之心安而义尽也。吾中国文化之定义，具于《白虎通》三纲六纪之说，其意义为抽象理想最高之境，犹希腊柏拉图所谓Idea者。若以君臣之纲言之，君为李煜亦期之以刘秀；以朋友之纪言之，友为郦寄亦待之以鲍叔。其所殉之道，与所成之仁，

[①] 王国维：《颐和园词》，《王国维文集》第一卷，中国文史出版社1997年版，第260—263页。

均为抽象理想之通性，而非具体之一人一事。

夫纲纪本理想抽象之物，然不能不有所依托，以为具体表现之用；其所依托以表现者，实为有形之社会制度，而经济制度尤其最要者。故所依托者不变易，则依托者亦得因以保存。吾国古来亦尝有悖三纲违六纪无父无君之说，如释迦牟尼外来之教者矣，然佛教流传播衍盛昌于中土，而中土历世遗留纲纪之说，曾不因之以动摇者，其说所依托之社会经济制度未尝根本变迁，故犹能藉之以为寄命之地也。

近数十年来，自道光之季，迄乎今日，社会经济之制度，以外族之侵迫，致剧疾之变迁；纲纪之说，无所凭依，不待外来学说之掊击，而已销沉沦丧于不知觉之间；虽有人焉，强聒而力持，亦终归于不可救疗之局。盖今日之赤县神州值数千年未有之巨劫奇变；劫尽变穷，则此文化精神所凝聚之人，安得不与之共命而同尽，此观堂先生所以不得不死，遂为天下后世所极哀而深惜者也。至于流俗恩怨荣辱委琐龌龊之说，皆不足置辨，故亦不之及云。①

陈寅恪先生此篇序言，不仅对王国维的死因给以正解，同时也是解开二十世纪中国文化与社会变迁谜团的一把钥匙。"中国文化"这个概念，实际上是晚清和近代知识分子自我反省检讨传统的用语，对中国文化本身而言，是"他"者的概括。所以上一个百年，这个概念虽被旋转不停地给以讨论给以解说，而终无结果。以

---

① 陈寅恪：《王观堂先生挽词并序》，《诗集》，三联书店2001年版，第12页。

至于晚年的钱锺书先生，与来访的学人开玩笑，说谁再讲东西方文化，我"枪毙"他（说的时候他拿起一支笔）。这和陈寅恪《挽词》序开头所说"近人有东西文化之说，其区域分划之当否，固不必论，即所谓异同优劣，亦姑不具言"，属同一义谛。

所以然者，是因为通常所讲的文化系泛指。陈寅恪不同，他揭示的是与一定社会结构相连接的基本文化价值，或曰主流文化的核心价值，不是泛指一切文化现象。我国传统社会家、国一体，社会的运转，以家庭为中心，以家为本位，反映家国伦常秩序的"三纲六纪"，是传统社会的核心文化价值。《挽词》序所说"吾中国文化之定义，具于《白虎通》三纲六纪之说"，即指此一层意涵而言。《白虎通》也称《白虎通义》，东汉班固根据章皇帝招聚官员和儒生在白虎观对《五经》所作讲论辑撰而成。卷八论"三纲六纪"，"三纲"指君臣、父子、夫妇，自不待言；"六纪"包括诸父、兄弟、族人、诸舅、师长、朋友[①]，与后来的"五伦"互有异同。传统士人所谓"明大义"，就是指知晓这些纲纪伦理而行为上又无所违迕。西方历史上当然也有君主和臣工，也有家庭和家族，但并没有这种以普遍性形式出现的专门规范君臣家庭各种角色关系的系统道德律令。纲纪之说纯属中国的文化秩序（的确应该叫文化秩序），而且也是社会秩序。因为它是笼罩全社会的一面大网（家庭是中国传统社会的基本单位）。职是之故，当社会的经济结构变迁之后，以有形的社会制度，特别是社会的经济制度为依托物的文化秩序，必然随之发生变化。二十世纪的中国，就处于这种文化与社会的剧烈播迁与变化之

---

① 陈立撰：《白虎通疏证》上，中华书局1994年版，第373页。

中。现代学人所热衷的文化上的新旧之争、东西之论、古今之辨，皆缘于此一变化过程。

　　陈寅恪《挽词》序的过人之处，是指出以纲纪之说为表征的中国主流文化的意义，具有"抽象理想之通性"，也就是柏拉图的所谓理念（Idea）。实际生活中是否能够完全做到是另一回事，但它是传统士人伦理上的人生规范。翻览史册，君不君、臣不臣、父不父、子不子的乱况，触目皆是。魏晋时期、宋元市井、明清之际，亦不乏反对纲纪之说的束缚、主张以情抗礼的思想家和艺术家。但整体上，迄于晚清"三纲六纪"的基本文化价值和文化秩序一直得以维持。即使是持无父无君之论的佛教传入中土，也没有动摇这一秩序。原因是"藉之以为寄命"的社会经济制度未变。晚清以降的剧烈变动（陈寅老称"巨劫奇变"），既是社会结构的变迁，又是文化思想的变迁。简言之传统文化的核心价值从此崩塌了。因此为传统文化所化之人的失落与痛苦，可想而知。王国维就是这样的人。但失落与痛苦，可以有不同的走向。由痛苦而新生，为更多的知识人士所选择。即使未趋步入于新潮，也不必即死。《挽词》"海日尚书互倡酬"的"海日尚书"，即沈曾植——王国维最服膺的清末大儒，曾出任宣统复辟时学部大臣，对共和共产自不认同，但晚年逍遥海上，平安而终。同为溥仪老师的罗振玉、柯劭忞虽有殉主之约（《挽词》"南斋侍从欲自沉，北门学士邀同死"），但并未践履，没有因1924年皇帝被赶出宫而自裁。

　　然则王国维究竟缘何而死？《挽词》序在强调纲纪之说的意义"为抽象理想最高之境"时，举出两个例证："若以君臣之纲言之，君为李煜亦期之以刘秀；以朋友之纪言之，友为郦寄亦待之以鲍叔。"读者很容易认为不过是寻常举证，意在说明纲纪的理想远高于现实而已。其实独创阐释前人著述须"古典"、"今典"并重的寅恪先生，论静安之死这样的大题目，岂有虚设例证之理。李煜自是古典，但今典指谁？我以为指溥仪。刚愎无能的溥仪正好与孱弱得"以泪洗面"的李煜为比。然而按纲纪之说，即使是溥仪、李煜这样不中用的"君"，也希望他们能够成为使汉室得到"中兴"的光武帝刘秀。很不幸，静安先生对他的"学生"宣统皇帝，就抱有这样的幻想。《挽词》叙述王国维入值南斋，像其海宁同乡、康熙朝掌尚书房的查初白一样勤勉敬谨（《挽词》"文学承恩值近枢，乡贤敬业事同符"）；而《挽词》"君期云汉中兴主，臣本烟波一钓徒"，白纸黑字，明明白白——不是讲王国维希望溥仪成为"中兴主"而何？因此"君为李煜"的"君"，必指溥仪无疑。

那么"友为郦寄"的"友"又系何指？不是别人，而是罗振玉。罗、王之为友，自无疑问。而王自沉之前，两人交恶，也是不争之事实。历史上管鲍之交的美谈和郦寄卖交的不德，是朋友相交的两个极端的例子。但按传统的纲纪之说，即使友是郦寄这样的不友之人，仍然应待之以鲍叔。王国维就是这样对待罗振玉的。罗王是儿女亲家，晚年交恶，也是因儿女之事所引发。1926年9月26日，王之长子、罗的女婿王潜明病逝于上海。静安先生将潜明所遗之二千四百二十三元洋银寄给住在天津的罗女，罗振玉以女儿拒收为由欲退回，引起静安不满，信中致有"蔑视他人人格，于自己人格亦复有损"[①]的极强烈的措辞。实际两人的矛盾，由来已久。王

---

① 王国维：《致罗振玉》（1926年10月31日），吴泽主编：《王国维全集·书信》，中华书局1984年版，第445页。

国维大半生的学术活动，多得到罗振玉的经济资助，因此一涉及经济问题，王格外敏感。《白虎通》释朋友之纪有言："货则通而不计。"①依王的文化理想，他会感到罗之所为不合于纲纪之说。当然王罗交恶，还有政治观点不合的方面。1925年8月罗六十大寿，王祝寿诗有句："百年知遇君无负，惭愧同为侍从臣。"②问题就发生在同为溥仪老师，而对溥仪离宫后的出路，却有不同的预设。这个问题复杂，容笔者另文论述，此不多赘。

总之，晚年的王国维越来越认识到，先是逊位尔后又被赶出宫的宣统皇帝溥仪，毕竟不是刘秀，几十年与之相交的罗振玉也不是鲍叔。他失望了，痛苦了。不是一般的失望，而是极端失望；不是寻常的苦痛，而是苦痛得"达极深之度"。寅恪先生说："迨既达极深之度，殆非出于自杀无以求一己之心安而义尽也。"而所以死之故，也不是由于"具体之一人一事"，而是此人此事所代表的"君臣之纲"和"朋友之纪"，即具体之人事反映的文化精神和文化理想，已彻底破灭，身为"此文化精神所凝聚之人，安得不与之共命而同尽"。因此王国维之死，不是殉清，而是殉为其所化的那种文化、那种文化理想、那种文化精神。

论者或认为，尽管王国维是为传统文化所化的大文化人、大学者，而晚清以还的文化与社会，确是传统价值崩塌的时期，但完全可以在保存自身生命的情况下，使个人（不是社会）的文化精神得以保持，何必一定自陷绝境？陈寅恪先生昔年撰写《元白诗笺证稿》一

---

① 陈立撰：《白虎通疏证》上，中华书局1994年版，第377页。
② 王国维：《罗雪堂参事六十寿诗》，《王国维文集》第一卷，中国文史出版社1997年版，第289页。

书时，曾写下如下一段关涉社会与文化变迁底里的警世骇俗之语：

> 纵览史乘，凡士大夫阶级之转移升降，往往与道德标准及社会风习之变迁有关。当其新旧蜕嬗之间际，常呈一纷纭综错之情态，即新道德标准与旧道德标准，新社会风习与旧社会风习并存杂用。各是其是，而互非其非也。斯诚亦事实之无可如何者。虽然，值此道德标准社会风习纷乱变易之时，此转移升降之士大夫阶级之人，有贤不肖拙巧之分别，而其贤者拙者，常感受苦痛，终于消灭而后已。其不肖者巧者，则多享受欢乐，往往富贵荣显，身泰名遂。其故何也？由于善利用或不善利用此两种以上不同之标准及习俗，以应付此环境而已。①

这段话陈寅恪直接针对的是中晚唐的社会风习和道德标准的变迁，但其普遍意义适用于任何新旧更替、社会与文化变迁的时代。尤其对知识阶级的"贤不肖拙巧之分别"，其今典之意涵，可延长至今天。而"贤者拙者，常感受苦痛，终于消灭而后已"，不是明显指王国维吗？王之所以死之故，不仅因为晚清以来的社会与文化变迁，毁灭了他的文化理想，也因为求诸个人品质他不是巧于用世的"巧者"，而是"贤者拙者"。

（三）陈寅恪的王国维《纪念碑铭》和《遗书序》

王国维自沉后的第二年，即1929年，清华国学研究院之师生议

---

① 陈寅恪：《元白诗笺证稿》，三联书店2001年版，第85页。

决为王先生建立纪念碑事,碑文请陈寅恪先生撰写。陈先生毕生秉持的"独立之精神,自由之思想",就是此碑文中首次提出的。其中写道:"士之读书治学,盖将以脱心志于俗谛之桎梏,真理因得以发扬。思想而不自由,毋宁死耳。斯古今仁圣所同殉之精义,夫岂庸鄙之敢望。先生以一死见其独立自由之意志,非所论于一人之恩怨,一姓之兴亡。呜呼!树兹石于讲舍,系哀思而不忘。表哲人之奇节,诉真宰之茫茫。来世不可知者也。先生之著述,或有时而不章。先生之学说,或有时而可商。惟此独立之精神,自由之思想,历千万祀,与天壤而同久,共三光而永光。"①对王之死,再次重申《挽词》序的观点,即不是"殉清",而是殉自己的文化理想。此处尤点明,既与罗振玉的"一人之恩怨"无关,也与爱新觉罗氏"一姓之兴亡"无关,而是要摆脱"俗谛之桎梏",追求"独立自由之意志"。陈之《碑铭》是写王,也是写他自己,寅恪先生学术思想的力度和学术精神的理性光辉在此《碑铭》中得以集中体现。

王国维逝世的当年,罗振玉编辑的《海宁王忠悫公遗书》即石印出版,但所收王氏著作多有遗漏,体例未称完备,故罗编之《遗书》流传不广。越五年,王之弟子赵万里重新编校董理王的著作,以《王国维遗书》名之,分十六册由商务印书馆出版。王弟哲安当时请序于陈寅恪先生,陈慨然允之。此序是陈先生继《挽词》、《挽词》序、《纪念碑铭》之后关于王国维的又一篇大著述,写于1934年农历六月初三。此序的贡献,主要在于对王国维平生学术的为学

---

① 陈寅恪:《清华大学王观堂先生纪念碑铭》,《金明馆丛稿二编》,三联书店2001年版,第246页。

范围和治学方法作了精辟的概括。

陈寅恪先生说:"自昔大师巨子,其关系于民族盛衰学术兴废者,不仅在能承续先哲将坠之业,为其托命之人,而尤在能开拓学术之区宇,补前修所未逮。故其著作可以转移一时之风气,而示来者以轨则也。"[1]这等于给人们常说的人文学术的"大师",下了一个定义,即必须是能够"为往圣继绝学",成为文化托命之人,同时有超越前贤的新的开拓,其学术成果能够自开风气并建立足可启导未来的新典范。具备这些要件,才能荣获名副其实的大师的称号。而具备这些要件的大师,必然与民族的盛衰和学术的兴废有一种关联。此义实即观堂《沈乙庵七十寿序》所说的"天不欲亡中国之学术,则于学术所寄之人,必因而笃之",亦即寅老《挽王静安先生》诗所谓"吾侪所学关天意"。王国维在中国现代学术史上最堪此义,陈寅恪亦最堪此义。

陈寅恪《遗书序》对王之为学内容和治学方法所作之概括如下:

> 先生之学博矣,精矣,几若无涯岸之可望,辙迹之可寻。然详绎遗书,其学术内容及治学方法,殆可举三目以概括之者。一曰取地下之实物与纸上之遗文互相释证。凡属于考古学及上古史之作,如《殷卜辞中所见先公先王考》及《鬼方昆夷猃狁考》等是也。二曰取异族之故书与吾国之旧籍互相补正。凡属于辽金元史事及边疆地理之作,如《萌古考》及《〈元朝秘史〉

---

[1] 陈寅恪:《王静安先生遗书序》,《金明馆丛稿二编》,三联书店2001年版,第247页。

之主因亦儿坚考》等是也。三曰取外来之观念，与固有之材料互相参证。凡属于文艺批评及小说戏曲之作，如《红楼梦评论》及《宋元戏曲考》《唐宋大曲考》等是也。此三类之著作，其学术性质固有异同，所用方法亦不尽符会，要皆足以转移一时之风气，而示来者以轨则。吾国他日文史考据之学，范围纵广，途径纵多，恐亦无以远出三类之外。此先生之书所以为吾国近代学术界最重要之产物也。①

这里，陈寅恪先生把王国维的学术方法概括为三目，即一是取地下之实物与纸上之遗文互相释证，二是取异族之故书与吾国之旧籍互相补正，三是取外来之观念与固有之材料互相参证，而且各举代表著作以为证明。中国现代学术的一大特征就是重视科学的研究方法，这方面王、陈均为典范性的代表。而陈的方法与王完全一致，两人之"气类相同"即使见诸学术观念和学术方法亦复如是。所以可以说陈是最了解王的学术之人。

王国维逝后，陈寅恪先生接连发表的关于王的三大著论，《挽词》序、《纪念碑铭》、《遗书序》，可谓给静安先生的学术与人格盖棺论定之著。倘加分别，则《挽词》序写的是文化理想，《纪念碑铭》写的是学术精神，《遗书序》写的是学术方法。有此三著论，静安先生可以瞑目矣。因此王国维的学术知音，我敢说也许不是罗振玉，而应将陈寅恪先生排在最前面。

---

① 陈寅恪：《王静安先生遗书序》，《金明馆丛稿二编》，三联书店2001年版，第247—248页。

二 王国维、陈寅恪与吴宓

（一）吴宓和《雨僧日记》

当我们讲王国维、陈寅恪的时候，不能不讲到吴宓。吴宓的学术成就自然不能与王陈相比，但亦自有精彩处，如果不是因为吴宓，我们对王陈的人格与学术的细节，不会了解得那般清晰。1935年上海良友图书公司出版的《二十今人志》给吴宓画的一幅肖像，是这样的："世上只有一个吴雨生，叫你一见不能忘，常有人得介绍一百次，而在第一百次，你还得介绍才认识。这种人面貌太平凡了，没有怪样没有个性，就是平平无奇一个面庞。但是雨生的脸倒是一种天生禀赋，恢奇的像一幅讽刺画。脑袋形似一颗炸弹，而一样的有爆发性，面是瘦黄，胡须几有随时蔓延全局之势，但是每晨刮得整整齐齐。面容险峻，颧骨高起，两颊瘦削，一对眼睛亮晶晶的像两粒炙光的煤炭——这些都装在一个太长的脖子上及一副像枝铜棍那样结实的身材上。"[1]《二十今人志》传写的二十个人当中，有严复、林纾、王国维、章太炎、梁漱溟、胡适、周作人、徐志摩、齐白石等，很多都是"五四"前后学苑艺坛的胜流，而吴宓被列在第一名。作者是温源宁，发表的当初，曾有人误会为钱锺书先生所写，钱先生尝作诗解嘲："褚先生莫误司迁，大作家原在那边；文苑儒林公分有，淋漓难得笔如椽。"此事成为二十年代文坛的一段佳话。

吴宓字雨僧，又作雨生，1894年生于陕西泾阳，早年留学美

---

[1] 《二十今人志》，上海良友图书公司1935年版，第1—2页。

国，师从新人文主义大师白璧德，与陈寅恪、梅光迪、汤用彤等哈佛同窗相友善。归国后历任东南大学、东北大学、清华大学、西南联大、武汉大学等校教授，主讲西洋文学，阐发中国文化。1949年以后，隅居四川重庆，执教西南师范学院，但1965年开始已不再任课，史无前例时期肉体精神备受摧残，1978年在泾阳老家逝世，终年八十四岁。《二十今人志》"志"的是任清华大学外文系教授的吴宓，那是他相对较为平稳少波折的时期。除此之外，世道人心便与他捉迷藏、闹别扭、造误会，一生矛盾痛苦，终于赍志以殁。中国现代文化人的遭遇不幸，吴宓是最突出的一个。

他的不得志，不是生不逢时，而是不肯趋时。白话时兴的时候，他提倡文言；新诗走俏，他作旧诗。"五四"新文化运动把传统打得七零八落，他与梅光迪、柳诒徵、胡先骕等创办《学衡》，主张"昌明国粹，融化新知"，竭力回狂澜于既倒。他的不趋时，一方面基于新人文主义的文化信仰，反映出个人文化思想的恒定性；另一方面由于具有严正认真的个性，为人坦荡无伪，对事真诚不欺。至于1929年与原配陈心一女士离异，曾酿起轩然大波，师友同事悉皆反对，认为言行相失，不足取信。唯陈寅恪不以为异，说在美初识吴宓，就知其"本性浪漫，惟为旧礼教、旧道德之学说所拘系，感情不得发舒，积久而濒于破裂，犹壶水受热而沸腾，揭盖以出汽，比之任壶炸裂，殊为胜过"[1]，并认为其他种种说法都是不了解吴宓。《二十今人志》的作者用"慷慨豁达，乐为善事"，"孤芳自赏，不屈不移"概括吴宓，是说对了的。而前引肖像描写

---

[1]《吴宓日记》第五册，1930年4月22日，三联书店1998年版，第60页。

中传出的桀骜不驯的神气，也确为雨僧先生所独具。

吴宓的躁动不安的心灵可以感到安慰的是，中国现代思想文化史上许多第一流的人物，都与他结有深厚的友谊，不仅同道合志，而且情意相通。1922年至1924年他主持编纂《学衡》杂志时期，往还与共者有梅光迪、柳诒徵、汤用彤等。他一生与陈寅恪的友爱尤为深挚。早年留学哈佛，两个人就一见如故，吴宓写信给国内友人，说"合中西新旧各种学问而统论之，吾必以寅恪为全中国最博学之人"[1]。而对比自己小十六岁的钱锺书，他同样推崇备至，曾说"当今文史方面的杰出人才，在老一辈中要推陈寅恪先生，在年轻一辈中要推钱锺书，他们都是人中之龙，其余如你我，不过尔尔"[2]。由此可见他的慧眼与卓识。萧公权1918年考入清华，当时吴宓已在美一年多，等到他赴美留学，吴宓已经回国。直至1934年，彼此才有所交往，这使得爱才若渴的吴宓深感遗憾，所以《空轩诗话》第四十五则在全录萧作《彩云新曲》后，特补笔写道："予交公权最晚，近一年中，始偶相过从，然论学论道论文论事，皆极深契合。"[3]只要有可能，他从不放过任何一个与同时代第一流学者雅相爱接的机会。

我们今天不能忘怀于吴雨僧的，最主要是他生平中的三件大事：一为创办《学衡》；二为筹建并实际主持清华国学研究院的工作；三是慧眼识陈、钱以及与陈寅恪建立的终生不渝的诚挚友情。这三件事，都是为中国学术和中国文化传薪续命的伟绩，时间过

---

[1] 吴宓：《空轩诗话》第十二，吴学昭整理：《吴宓诗话》，商务印书馆2005年版，第196页。
[2] 郑朝宗：《但开风气不为师》，《海夫文存》，厦门大学出版社1994年版，第1页。
[3] 吴宓：《空轩诗话》第四十五，吴学昭整理：《吴宓诗话》，商务印书馆2005年版，第249页。

得愈久愈显出它们的价值。至于讲《红楼梦》，授西洋文学，撰写《空轩诗话》，出版《吴宓诗集》，比之这三件事，还是小焉哉。当然吴宓生平中还有一件事也足以嘉惠士林，传之久远，就是他几十年如一日、不间断地记日记，中国现代思想和学术的许多人与事、问题与主义、逸事与趣闻，以及他个人的心路历程，困扰与矛盾，特定历史时期的文化与文化人的命运，日记中都有忠实的具体而微的记录。吴宓自己称他写日记的特点："体例一取简赅，以期能不中断，如电铃之扣码、书库之目录。凡藏诸脑海者，他日就此记之关键，一按即得。故惟示纲目，而不细叙，藉免费时而旋中辍云。"[①]《雨僧日记》实际上是一部内容丰富的日记体中国现代学术史叙录，也是一部现代学人的文化痛史，其史料价值和学术价值，均不可低估。[②]

（二）王国维、陈寅恪、吴宓在清华研究院的交谊

清华国学研究院成立于1925年，是为大学毕业和又有学问根底者的进修之地，因此是一高深的学术机构，目的是培养国学门的通才硕学。认真说来，当时清华大学的正式名称叫清华学校，还没有定名为清华大学，直到1928年，才定名为国立清华大学。而国学研究院的正式名称，也应该叫清华学校研究院。那么何以又称国学研究院？因为清华研究院之设，略同于北大设研究所国学门，本来想

[①] 《吴宓日记》第二册（1917—1924）卷首文字，三联书店1998年版，第19页。
[②] 《吴宓日记》正续编，正编十册，1910—1948，续编十册，1949—1974。前后计五十四年，二十巨册，起自1910年十月初一日，讫于1973年十二月三十一日（1974年日记失去），已由三联书店于1998年和2006年先后出版。

涵盖自然科学、社会科学等各个学科，由于经费的限制，也有学科的成熟程度的问题，最先办起来的只有国学一科。所以就把清华学校研究院，简称而偏好地叫作清华学校国学研究院了。吴宓几次提议正式定名为国学研究院，都未能获准。可是约定俗成的力量是不可抗拒的，虽未获准，人们还是那样叫，而且叫开了，到后来大家以为当时成立的就是清华大学国学研究院。吴宓当时担任清华研究院国学部主任（月薪三百元），四大导师的到职，都经他亲自礼聘。《吴宓自编年谱》在1925年2月13日条下，记载有礼聘王国维的情形："宓持清华曹云祥校长聘书，恭谒王国维静安先生，在厅堂向上行三鞠躬礼。王先生事后语人，彼以为来者必系西服革履，握手对坐之少年，至是乃知不同，乃决就聘。"①从而可知吴宓对王国维怀有特殊的礼敬。

　　陈寅恪的就聘清华国学院导师，更是吴宓一手所操办。当时陈正在德国柏林大学研究梵文、巴利文、藏文等古文字，对应聘颇感迟疑。1925年4月27日《雨僧日记》载："陈寅恪复信来。以（一）须多购书；（二）家务，不即就聘。"②致使吴宓大为失望，在日记中写道："介绍陈来，费尽气力，而犹迟疑，难哉。"③陈寅恪所说的"多购书"，是指创办国学研究院须多购置书籍，这是他的一贯主张，因此虽没有立即就聘，对研究院的发展建设已有所建言。他自己1923年在《与妹书》中，曾因筹措购书款无着而焦灼不安，说："甚欲筹得一宗巨款购书，购就即归

---

① 《吴宓自编年谱》，三联书店1995年版，第260页。
② 《吴宓日记》第三册（1925—1927），三联书店1998年版，第19页。
③ 同上。

国。此款此时何能得，只可空想，岂不可怜。"①所以如此急迫，盖由于他需要的藏文《大藏经》和日本印行的中文《大正藏》，还有字典及西洋类书百种，如不能购得，"一归中国，非但不能再研究，并将初着手之学亦弃之矣"②。是否就聘，何时回国，对陈寅恪来说，书籍是个先决条件。

1925年6月25日《雨僧日记》记载："晨接陈寅恪函，就本校之聘，但明春到校。"③8月14日《雨僧日记》又载："陈寅恪有函来，购书殊多且难。"④为了解决书款问题，吴宓向当时的清华校长曹云祥提出申请，特批四千元，其中二千元作为陈寅恪的预支薪金，另二千元为研究院购书。但会计处只准予支出一千元的薪金。1925年9月3日《雨僧日记》："陈寅恪预支薪千元，按1.76，合美金五六八元一角八分。花旗银行支票一纸，由会计处取来，寄柏林，寅恪收。"⑤9月18日又载："陈寅恪购书及预支薪金，续汇三千元（连前共四千元）支票二纸。"⑥研究院的购书款，《雨僧日记》10月8日条记载甚详："下午，领到会计处交来汇陈寅恪购书款二千元。按1.78，合得美金一千一百二十三元五角九分，花旗银行支票一纸，No. 25/7790，由本处附函中挂号寄去。"⑦陈寅恪之就聘清华国学研究院，确让吴宓耗费了许多心力，至有"难哉"之叹，应

---

① 陈寅恪：《与妹书》，《书信集》，三联书店2001年版，第1页。
② 同上。
③ 《吴宓日记》第三册（1925—1927），三联书店1998年版，第37页。
④ 同上，第56页。
⑤ 同上，第65页。
⑥ 同上，第73页。
⑦ 同上，第78—79页。

属可以理解。

就陈寅恪一方面而言，他的应聘与否完全出自学术的考虑，因而派生出一个购书的问题。至于1925年4月27日《雨僧日记》所载的"家务"一项，系指寅恪先生的母亲俞淑人和长兄陈师曾先后于前一年逝世，1925年8月在杭州安葬事。陈寅恪离德回国的实际日期为1925年12月18日，《雨僧日记》有明确记载。而到清华报到是1926年7月7日，此时的吴宓已辞去国学研究院主任的职务，改任外文系教授，但迎接陈寅恪到校一应事务，如安排住处，游观研究院环境，看赵元任，访王国维，都由吴宓陪同。7月中旬，陈寅恪身体不适，又回南方养病，至8月25日国学研究院开学前夕返回北京，始正式任教于清华。

1926年9月新学年开始的清华园，迎来了前所未有的学术收获季节。国学研究院的"四大导师"王、梁、陈、赵全部到齐，还有专任讲师考古学家李济，工作人员包括学富才隽的浦江清，真可以说是皆一时之选，风景极一时之盛。陈寅恪的应聘过程虽然曲曲折折，一旦到校，倍增生气。事过四十五年以后，蓝孟博回忆起当时的盛况，写道："自十五年秋，陈寅恪先生到院，导师已增至四位，秋季开学，新同学及留院继续研究的同学，共有五十余人，院中充满了蓬勃气象。"又说："研究院的特点，是治学与做人并重。各位先生传业态度的庄严恳挚，诸同学问道心志的诚敬殷切，穆然有鹅湖、鹿洞遗风。每当春秋佳日，随侍诸师，徜徉湖山，俯仰吟啸，无限春风舞雩之乐。"[1]国学研究院的同学，说来着实幸运，

---

[1] 蓝文徵：《清华大学国学研究院始末》，《谈陈寅恪》，台北传记文学出版社1979年版。

不知不觉中便成了"南海圣人再传弟子,大清皇帝同学少年"①,而且有缘享用有"字字精金美玉"之誉的陈寅恪的讲课。

据《清华周刊》披露的材料,当时陈寅恪讲授与指导的学科范围包括《年历学》、《古代碑志与外族有关系者之研究》、《摩尼教经典与回纥译文之研究》、《佛教经典各种文字译本之比较研究》等,以精通多种语言文字之长,使传统国学平添许多现代气息。吴宓经常前去听课。此时之吴宓已开始代理外文系主任的职务,行政事务缠绕着他,但涉及与陈寅恪有关的物事,他总是挺身而出。浦江清是他在东南大学教过的学生,到国学研究院工作也是他所介绍,本欲调外文系当他的助手,因陈寅恪也需要,他就作罢。1926年9月9日《雨僧日记》记载此事:"寅恪不愿失去浦君,乃止。"②

可惜清华国学研究院好景不长,1927年春节过后,随着国民革命军北伐的步伐加快,研究院师生已无法安心向学。1927年4月3日《雨僧日记》:"近顷人心颇皇皇,宓决拟于政局改变,党军得京师,清华解散之后,宓不再为教员,亦不从事他业。"③4月6日上午则已协助陈寅恪往城里转移暂时不用的西文书籍,"恐清华为党人解散之时,匆促忙乱,检取不及"④。6月2日,王国维在颐和园鱼藻轩自沉。6月7日,梁启超因肾病复发,同时也由于王死之巨烈刺激,离开北京到天津调养身体,其间两次住进协和医院,国学研究院事,实际上已无法董理。而赵元任,1927年10月以后,主要

---

① 陈寅恪:《赠清华国学研究院学生》,《诗集》,三联书店2001年版,第179页。
② 《吴宓日记》第三册(1925—1927),三联书店1998年版,第219页。
③ 同上,第327页。
④ 同上。

精力都放在了方言调查方面。"四大导师"只剩寅恪先生一人勉力维持，中间曾有增聘章太炎、罗振玉、陈援庵三位为导师之议，但章、罗均逊谢不就，陈更以"不足继梁、王二先生之后"为词不肯应聘。1928年6月北伐军攻入北京，清华由外交部改隶教育部。不久，直接隶属于国民政府的中央研究院在南京成立，蔡元培出任院长。吴宓所担心的"解散"虽未发生，但到1929年1月19日梁启超又病逝，国学研究院继续办下去已无可能。

就这样，在20世纪20年代盛极一时的以造就通才硕学为目标的清华国学研究院，仅延续了四个春秋，终于在"四大导师"凋零其半而"长安弈棋"变幻莫定的氛围中，于1929年正式停办。陈寅恪所作《王观堂先生挽词》有句云："但就贤愚判死生，未应修短论优劣。"这指的是人，对物事和举措恐怕也应作如是观。清华国学研究院的命运反映了中国现代学术和现代文化的命运，她留给后来者的遗产既包含有光荣和骄傲，也含孕着悲哀与酸辛。

（三）王国维自沉前后的王、陈与吴宓

王国维自沉昆明湖后的第四天，即1927年6月6日，北京《顺天时报》刊出一篇题为《王国维在颐和园投河自尽之详情》的文章，对6月2日至6月3日王国维自沉前后一应情形叙列甚详，足可为不知底里而又想探知究竟的好奇的公众解开疑窦。文章的作者没有具真实姓名，只在文末署"清华学校一分子、爱敬王先生之一人启"，因而《顺天时报》发表时，也只是标明："兹接清华学校某君来函，叙其经过尤详。"文章实为宓所写，1927年6月5日《雨僧日记》载："上午，作函致《顺天时报》总编辑，详述王先生死节情

形。意在改正其新闻之错误，并附录王先生遗嘱原文。"[1]

吴宓与王陈在此前后一段时间往来频密。1926年3月，吴宓辞去国学研究院主任职而专任外文系教授以后，他与王陈仍保持密切的接触。1926年9月15日《雨僧日记》："夕，王静安先生来，久坐"；11月3日："王静安与陈寅恪来此小坐"；11月11日："下午，王静安、陈寅恪、刘崇鋐等，悉来此晤柳公（指柳翼谋——引者注）。"12月3日："晨8—9偕寅恪赴西院祝王国维先生五十寿。"特别是1927年3月份以后接触更为频繁。3月13日："午，陈寅恪来谈"；3月28日："晚，王静安先生招宴于其宅"；4月8日："晚，陈寅恪来"；4月18日："夕，约陈寅恪、楼光来、winter来宓室中赏花，并用酒膳"；4月30日："陈寅恪于晚间来访，谈中国人之残酷，感于李大钊等之绞死也"；5月2日："夕，王静安先生来谈"；5月12日："晚，寝后复起，王静安先生偕陈寅恪来"；5月19日："陈寅恪日夕常来谈"；5月24日："夕，与陈寅恪、赵万里、周光午散步，并至寅恪家中坐谈"；5月26日："上午访寅恪晤王静安先生"。[2]这最后一次晤谈，距6月2日惨剧的发生只有六天时间，对王国维自沉前的心境和情绪，了解得最透彻的第一个是陈寅恪，第二个就是吴宓。所以王国维的遗嘱特别提出："书籍可托陈、吴二先生处理。"这无异于文化托命，反映出三个人之间交谊之深。

但吴宓与陈寅恪对王国维死因的理解，彼此并不一致；1927年6月2日王国维自沉当天《雨僧日记》写道："王先生此次舍身，其

---

[1] 《吴宓日记》第三册（1925—1927），三联书店1998年版，第347—348页。
[2] 所引1926年9月15日至1927年5月26日吴宓日记诸条，见《雨僧日记》第三册（1925—1927），三联书店1998年版，第222—342页。

为殉清室无疑。大节孤忠,与梁公巨川同一旨趣。"[1]梁巨川是梁漱溟的父尊,名梁济,当1918年11月10日六十岁生日时,投北京净业湖即积水潭自杀身亡,遗书中称是为了"殉清朝而死",在知识界引起一场讨论,陈独秀、陶孟和、徐志摩等都写了文章,梁漱溟也写信给《新青年》倾述己见。但梁济之死更多的是道德的自我完成,不必像王国维那样具有自觉的文化意义。吴宓把两者等同并列,是对王之死尚缺乏深层了解。

读者也有的认为王是怕北伐军攻入北京遭遇不幸,所以选择了自杀。对此吴宓在同一篇日记中据理据实给予了反驳,他说:"若谓虑一身安危,惧为党军或学生所辱,犹为未能知王先生者。盖旬日前,王先生曾与寅恪在宓室中商避难事,宓劝其暑假中独游日本,寅恪劝其移家入京居住,己身亦不必出京。王先生言'我不能走'。"[2]吴宓分析说:"一身旅资,才数百元,区区之数,友朋与学校,均可凑集。其云'我不能走'者,必非缘于经费无着可知也。今王先生既尽节矣,悠悠之口,讥诋责难,或妄相推测,亦只可任之而已。"[3]作为王国维的同事和同道,吴宓始终站在替王辩诬的立场。只是他接受了王之死是为了"殉清室"的看法,使得他的辩护带有一定局限。

陈寅恪的看法则倾向于王之死主要是文化哀痛所致,与其说殉清室,不如说是殉中国几千年来的固有文化,《王观堂先生挽词》的序言于此点有极细密的申论。《挽词》作于1927年10月,在痛定

---

[1] 《吴宓日记》第三册(1925—1927),三联书店1998年版,第345页。
[2] 同上。
[3] 同上。

之后，但陈氏的上述看法，6月14日的《雨僧日记》已有所透露，其中写道："寅恪谓凡一国文化衰亡之时，高明之士，自视为此文化之所寄托者，辄痛苦非常，每先以此身殉文化，如王静安先生，是其显著之例。"①吴宓在认知上虽未能达到此一高度，但听了陈寅恪的论议，他也表示认同。因为自哈佛订交以来，无论为人为学论诗论事，他都佩服陈寅恪的高见卓识。因此《空轩诗话》对陈之挽词给予极高评价，认为在哀挽王国维之死的诸多作品中可"为第一"，并称赞其序言"陈义甚精"。因此当他为《挽词》"一死从容殉大伦"句作解释时，对自己持之"无疑"的"殉清室"说，作了事实上的修正，而向陈寅恪的殉文化说靠拢。这条疏解是这样写的：

> 五伦，第一是君臣，以下父子、兄弟、夫妇、朋友，故曰大伦。宣统尚未死，王先生所殉者，君臣（王先生自己对清朝）之关系耳。②

"宣统尚未死"，因而"殉清室"的说法无所着落，吴宓意识到了这一点，于是强调所殉者为王国维对清朝的君臣之关系，也就是作为抽象理想的纲常伦理，这和陈寅恪在《挽词》序中所阐述的思想就一致起来了。他在1927年6月14日的《日记》里引述了上面的思想之后，还进一步发挥说："宓则谓寅恪与宓皆不能逃此范围，惟有大小轻重之别耳。"③这正是吴宓的可爱处，他与友朋相交，总是自低位置，涉及文化苦痛问题，也认为王国维的文化程量固然

---

① 《吴宓日记》第三册（1925—1927），三联书店1998年版，第355页。
② 吴学昭：《吴宓与陈寅恪》所引，见清华大学出版社1992年版，第59页。
③ 《吴宓日记》第三册（1925—1927），三联书店1998年版，第355页。

比自己宏阔，陈寅恪所受苦痛的深度也大于自己。虽不无自谦之意，按之后来人生遭际奇崛演变的事实，又可见出吴宓不乏智识者的自知之明和先见之明。

王国维自沉之后，包括陈寅恪在内许多人都有诗作面世，以志哀悼，唯独最爱写诗也长于写诗的吴宓，却没有写，这是什么缘故？吴宓自己也感到是个问题，所以在《空轩诗话》第十一则里特地加以说明："王静安先生（讳国维，浙江海宁人）于丁卯（民国十六年）五月初三日（阴历此日，即阳历六月二日）自沉于颐和园之鱼藻轩，一时哀挽者极多（黄晦闻师、张孟劬先生、陈寅恪君等，均有诗。载《学衡》六十期），宓仅成短联。尝欲仿杜甫《八哀》诗，为诗述诸师友之学行志谊，久而未成。所列八贤，已先后作古人矣。"①但何以只有短联，而没有诗作，就中缘由，还是没有说出。现在细详吴宓日记的有关记载，似可稍加猜测。第一，王国维之死，对吴宓的精神震动是太大了，6月3日《雨僧日记》所记载的凄惨情景："王先生遗体卧砖地上，覆以破污之芦席，揭席瞻视，衣裳面色如生，至为凄惨。"②这一幕印在他的心头脑际，不是短时间可以抹去的，势必阻滞诗思。第二，对王国维之死持"殉清室"说，不利于把自己的诗情升华到澄明幽渺的境界，所以他的挽联："离宫犹是前朝，主辱臣忧，汨罗异代沉屈子；浩劫正逢此日，人亡国瘁，海宇同声哭郑君。"③措意也只是平平。第三，陈寅恪既有挽诗又有挽词，而且诗词均臻妙境，在这

---

① 吴宓：《空轩诗话》第十一"王国维咏史诗"，吴学昭整理：《吴宓诗话》，商务印书馆2005年版，第192页。
② 《吴宓日记》第三册（1925—1927），三联书店1998年版，第345页。
③ 同上，第347页。

种情况下，作为平日互相唱和的诗友，是可以无作。当然这只是我的猜测，不敢说此中已无进一步待发之覆。

1928年6月1日和2日，值王国维逝世一周年之际，吴宓连作《落花诗》八首，起因是王国维逝世前为国学研究院同学谢国桢录韩偓和陈宝琛的诗各二首，书于扇面之上，陈之诗即为《前落花诗》，一时以为王此举是以落花明殉身之志（《空轩诗话》十三）。吴宓的《落花诗》，其中五首作于6月1日，另外三首是6月2日伏枕而作，然后又成一首五律：

> 心事落花寄，谁能识此情。
> 非关思绮靡，终是意凄清。
> 叹凤嗟尼父，投湘吊屈平。
> 滔滔流世运，凄断杜鹃声。[①]

《雨僧日记》对诗成经过有所解释，见于1928年6月2日条："是日为王静安先生逝世周年之期，宓又作五律一首吊之。"[②]后收入《吴宓诗集》，题目作《六月二日作落花诗成，复赋此律，时为王静安先生投身昆明湖一周年之期也》。不妨把这首五律和八首《落花诗》看作是吴宓挽王国维之死的补作，但题旨已不是一年前特定心境的反映，如同《落花诗》序语所标示的，乃是借春残花落，对"所怀抱之理想，爱好之事物，以时衰俗变，悉为潮流卷荡

[①] 《吴宓诗集》，商务印书馆2004年版，第174页。
[②] 《吴宓日记》第四册（1928—1929），三联书店1998年版，第69页。

以去，不复可睹"，"致其依恋之情"①。伤悼的对象由王国维的自沉一变而为自我"感伤身世"，虽可以视为后补的挽诗，意义却因时过而境迁了。

吴宓没有留下挽诗，却有一篇誓词留了下来。1927年6月3日，吴宓与清华国学研究院师生一起送殡，最后将王国维的遗体停放在清华园附近的刚果寺，前后经过使吴宓蒙受巨大刺激，在当天的日记中写道："王先生忠事清室，宓之身世境遇不同。然宓固愿以维持中国文化道德礼教之精神为己任者。今敢誓于王先生之灵，他年苟不能实行所志，而澌忍以没，或为中国文化道德礼教之敌所逼迫、义无苟全者，则必当效王先生之行事，从容就死，惟王先生实冥鉴之。"②吴宓的以自觉维系中国固有文化为己任，终其一生是一以贯之的，所以他才办《学衡》，不惮于和当时的新派人物唱对台戏。但他的文化信仰虽坚挚，内心却充满矛盾，不仅是文化理想不能实现的矛盾，也有寄情文章学术与谋求事功的矛盾，他自己比喻为二马并驰，足踏两背，倘若握缰不紧，两马分途，"将受车裂之刑"，适成自己的"生之悲剧"③。

不幸的是，这种悲剧一直延续到他生命的晚期。只不过晚年的吴宓，在精神苦痛之外，又增加了肉体的苦痛。十年浩劫期间，左腿被迫害扭折，右目全盲，每月领38.5元生活费，约有两年时间，早、晚餐各食一只馒头，不吃菜，午餐有食堂菜一份，米饭三两，住室则为无顶席墙的工棚，雨天上漏不止。吴宓身材魁伟，素不耐

---

① 《吴宓诗集》，商务印书馆2004年版，第173页。
② 《吴宓日记》第三册（1925—1927），三联书店1998年版，第346页。
③ 同上，第355页。

饥，当年在颐和园为王国维送殡，等到晚八时灵柩始运到，"饥不能忍"，还曾"与戴元龄等四人，在青龙桥镇中，一小店内进面食糕饼等"①。可知晚年的雨僧先生怎样为饥饿所折磨。

陈寅恪以学术作为文化托命的根基，一心向学，从不旁骛，因此没有二马分途所带来的矛盾，但在蒙受精神与肉体双重苦痛这点上，与吴宓又是一致的，借用吴宓的话说，"惟有大小轻重之别耳"。1950年9月18日，陈寅恪在致吴宓的信中写道："吾辈之困苦，精神、肉体两方面有加无已，自不待言矣。"②1944年底寅恪先生双目失明，1962年跌断右腿，还不要说多年来频发频遇的病魔与流离。就王、陈、吴的一生遭际而言，陈比吴平稳而少曲折，王比陈、吴更超脱省净。"世移势变，是非经久而论定，意气阅世而平心，事过境迁，痛定思痛"（钱基博语），安知王国维1927年6月2日之逝不是正确的选择？至少，他为中国文化精神所凝聚之人树立一种风范。当年梁济自杀，陈独秀还曾热情肯定其"真诚纯洁的精神"，说这样做"比那把道德礼教纲纪伦常挂在嘴上的旧官僚，比那把共和民权自治护法写在脸上的新官僚，到底真伪不同"（《独秀文存》卷一）。王国维为文为学为人真实不欺，更是有目共睹。吴宓的誓词就是在王的文化精神的感召下悄悄写在日记中的。

也许有人会提出疑问，问吴宓晚年经受那许多精神和肉体的折磨，何以不践履自己的誓词。这个问题说来复杂，亦甚难言者也。兹有一点可以论定，即便吴宓选择了王国维的结局，由于"世移势

---

① 《吴宓日记》第三册（1925—1927），三联书店1998年版，第346页。
② 陈寅恪：《致吴宓》，《书信集》，三联书店2001年版，第268页。

变",也不可能产生震动社会的文化效应。清华国学研究院英杰才隽之中,不乏大义凛然的气节之士,当年看到陈寅恪向王国维遗体行跪拜大礼,而放声痛哭的刘盼遂先生,即死于浩劫开始之年,然而有如黄英堕溷,无任何声息,人们仿佛忘却了这桩悲剧。因为当时的时代情势,是"铁骑横驰园作径,饥黎转死桂为薪"（吴宓《落花诗》之三）。"殉道"已不知"道"在何处,"成仁"亦不知"成"谁家之"仁"。作为文化所托命之人,反不如以己身之经历为中国的反文化传统留一实证。

连陈寅恪在饱观世运之后也有新的反省,作于1957年的《题王观堂"人间词"及"人间词话"新刊本》写道:"世运如潮又一时,文章得失更能知。沈湘哀郢都陈迹,剩话人间绝妙词。"[1]但陈、吴和王一样,文化信仰和文化精神始终如一,未尝稍有变异。1964年夏天,陈寅恪在《赠蒋秉南序》中,特标举欧阳修撰《新五代史》"贬斥势利,尊崇气节"之义,并以"默念平生固未尝侮食自矜,曲学阿世"[2]告慰友朋,即为明证。1974年,吴宓在自身莫保的境况下起而谴责批孔伐儒的谬举,致使遭遇更大的不幸,遣送回陕西泾阳老家,终于赍志以殁。王国维遗嘱云:"五十之年,只欠一死。"陈寅恪在诗中一再重复咏叹:"大患分明有此身。"陈、吴的结局,从文化精神的指归来说,与王并无不同。1935年出版的《吴宓诗集》,关于《王观堂先生挽词》的诗话,只录诗而未录序,晚年吴宓重订《诗集》,诗序并录,且写下按语:"此序陈义甚

---

[1] 陈寅恪:《诗集》,三联书店2001年版,第129页。
[2] 陈寅恪:《赠蒋秉南序》,《寒柳堂集》,三联书店2001年版,第182页。

高，而至精切。寅恪在1927年，已看明1949年后之变。"[1]

吴宓一生受王、陈文化精神的影响至深至巨，直到晚年独卧病榻，仍不忘从王、陈身上汲取支撑的力量。1971年1月29日《雨僧日记》载："阴，晦。上午，身体觉不适。心脏痛，疑病。乃服狐裘卧床，朗诵（1）王国维先生《颐和园词》；（2）陈寅恪君《王观堂先生挽词》等，涕泪横流，久之乃舒。"[2]1973年6月3日，又梦陈寅恪诵释新作的诗句"隆春乍见三枝雁"[3]。哪"三枝雁"？是王国维、陈寅恪、吴雨僧么？不过应改"隆春"为"隆冬"才是啊。

三 晚年的陈寅恪与吴宓

陈寅恪在《王观堂先生挽词》的序言里，为说明王国维1927年6月2日自沉昆明湖不是为了"殉清室"，而是殉延续几千年的中国固有文化，提出中国文化的最高境界具有"抽象理想之通性"，比如"以朋友之纪言之，友为郦寄亦待之以鲍叔"。郦寄是西汉时期有名的出卖朋友的小人，史家称为"卖交"，为后世所不耻。而鲍叔则以能知人著称于世，少年时发现管仲有出息，就始终不变，不论管仲有什么小的缺点，处境如何，都"善遇之"，直到推荐给齐桓公，使居于自己之上，感动得管仲不知如何是好，说"生我者父母，知我者鲍子也"。

---

[1] 吴宓：《空轩诗话》第十二整理者所加之脚注，吴学昭整理：《吴宓诗话》，商务印书馆2005年版，第193页。
[2] 《吴宓日记续编》第九册（1969—1971），三联书店2006年版，第178页。
[3] 《吴宓日记续编》第十册（1972—1974），三联书店2006年版，第401页。

管鲍故事是中国人友朋相交的最高境界，向为人们所称道，但复按历史，真正达到这一境界的例证并不很多。不过我在这里要说，我国现代学术文化史上的两位巨子——陈寅恪与吴宓，他们之间的友谊，是可以比之管鲍而不愧疚的。两个人自1919年在哈佛订交，以后在半个多世纪的时间里，不论顺利也好，挫折也好，他们总是真诚不欺，相濡以沫。共事于清华国学研究院时期两个人的深厚情谊已如上述。感人的是1944年10月底，吴宓从昆明西南联大去成都看望在燕京大学任教的陈寅恪。当时寅恪先生右眼已失明，左眼因劳累过度也于12月12日不能辨视物象，两天以后住进医院治疗。

我们打开1944年12月14日至1945年1月24日的《雨僧日记》，几乎是天天、有时一天两次，吴宓都去医院看视、陪同寅恪先生。例如《雨僧日记》1944年12月14日："寅恪以目疾，住陕西街存仁医院三楼73室，宓1—2往探视，久陪坐谈。"12月15日："10—11存仁医院探寅恪病……4:00再探寅恪病，以万元付寅恪作家用。"12月16日："在燕京大礼堂讲《红楼梦》评论"，"探寅恪病"。12月17日："下午1:30始得至存仁探寅恪病。"12月18日："12—1探寅恪病。今日下午，左目将行割治。"12月19日："往存仁视寅恪，仅得见夫人筼，言开刀后，痛呻久之。"12月21日："探寅恪病，甚有起色。"12月23日："夕，探寅恪病，仅见筼夫人，言寅恪不如前。"12月24日："上午探寅恪病，转佳。"12月25日："探寅恪病。逢陈医检查其病目。"12月26日："探寅恪病，医方检视，宓急退出。"12月28日："夕，探寅恪病，方眠。"12月30日："探寅恪病，方食，后筼夫人送出，秘告：医云割治无益，左目网膜，脱处增广，未能粘合，且网膜另有小洞穿。"12月31日："探寅恪病。方眠。"1945

年元旦："9:30探寅恪病。""下午，阴，2—3以借得之张恨水小说《天河配》送与寅恪。"1月3日："夕5—8探寅恪病，陪坐。"1月5日："探寅恪病，方眠。"①吴宓几乎是天天去医院"陪坐"、"久坐"、"陪谈"。这一时期的《雨僧日记》，如同寅恪先生眼病的病历卡一样，纤毫不漏，很少见到朋友之间有如此至爱亲情的。陈寅恪的特点是深挚，吴宓的特点是投入。1961年吴宓赴广州最后一次看望老友，陈寅恪赠诗有句说："幸有人间佳亲在"，这"佳亲"二字，不妨可以看作也包括两个老友的关系在内。

吴宓和陈寅恪在1949年以前，尽管有战乱和流离，总有机会倾心谈叙，互相切磋；1949年以后，本来是寰宇已定的和平环境，反而天各一方、相见时难了。因此1961年已是六十七岁的吴宓亲赴广州看望七十有一的陈寅恪，可不是一件小事。吴宓于8月23日乘船到武汉，会见老友刘永济先生，然后于8月30日抵广州，到中山大学已是夜里12时，寅恪先生仍在东南区一号楼上相见。这一天的《雨僧日记》写道："寅恪兄双目全不能见物，在室内摸索，以杖缓步。出外由小彭搀扶而行。面容如昔，发白甚少，惟前顶秃，眉目成八字形。目盲，故目细而更觉两端向外下垂（八）。然寅恪兄精神极好，撮要谈述十二年来近况。"②读这篇《日记》，令人感到凄然。吴宓9月4日离开广州，与寅恪先生有四个整天在一起叙往谈心、学术、政治、人事，无所不及，又交流诗作，劝吴宓与陈心一女士复合。陈寅恪《赠吴雨僧》诗第一首："问疾宁辞蜀道难，相

---

① 《吴宓日记》第九册 (1943—1945)，三联书店1999年版，第376—403页。
② 《吴宓日记续编》第五册 (1961—1962)，三联书店2006年版，第159页。

逢握手泪汍澜。暮年一晤非容易，应作生离死别看。"①不料想这首记实的诗，后来竟成为谶语，果然是"生离死别"，从此这两位结管鲍之谊的老人再没有见过面。

1964年暑期吴宓本来还计划有广州之行，因政治风云忽变而未果。陈寅恪1962年跌断右腿，盲目膑足，在十年内乱期间备受摧残。吴宓处境更为不利。1969年挨批斗，被猛向前推跌倒，左腿扭折，至1971年6月又盲了右目。扣发工资，每月只给三十七八元生活费。但此情此景，他担心、眷念的是寅恪先生，竟于1971年9月8日写信给"中山大学革命委员会"，问询老友的消息。他在信中说："在国内及国际久负盛名之学者陈寅恪教授，年寿已高"，"且身体素弱，多病，双目已久盲。不知现今是否仍康健生存，抑已身故（逝世）？其夫人唐稚莹（唐篔）女士，现居住何处？此间宓及陈寅恪先生之朋友、学生多人，对陈先生十分关怀、系念，极欲知其确实消息，并欲与其夫人唐稚莹女士通信，详询一切。故特上此函，敬求贵校（一）复函，示知陈寅恪教授之现况、实情。（二）将此函交付陈夫人唐稚莹女士手收。请其复函与宓，不胜盼感。"②其实寅恪夫妇早在1969年10月和11月去世，吴宓的信晚了差不多两年。不过即使两年前写此信，他大约也得不到回复吧。

使我们感到格外钦敬的是吴宓的勇气，身处自身莫保的险境，他居然敢于写这样一封充满对老友系念、礼敬的信，这只有吴宓才做得出。而且十分细心，开头即说明陈寅恪是"国内及国际久负盛

---

① 陈寅恪：《赠吴雨僧》，《诗集》，三联书店2001年版，第138页。
② 吴学昭整理、注释、翻译：《吴宓书信集》，三联书店2011年版，第434页。

名之学者"，在当时恐怕也包含有对迫害知识精英的抗议吧。"身故"一词后面加一括号，注明是"逝世"的意思，想得也极周到，因为当时以戕贼文化为使命的文化环境，可能读不懂雨僧先生的至诚无华的信，连吴宓的"宓"是否识得都在未知之数。当时吴宓下放在四川梁平县，不久又由于为孔子和儒学辩护，所受迫害更变本加厉，以至于不得不回到陕西泾阳老家，终于孤独地死去，比陈寅恪更加不幸。

而当晚年的吴宓独卧病榻时，他还在不停地思念老友。一生以维系中国固有文化为己任而又具有诗人浪漫情怀的吴宓，到生命的晚期，把他与寅恪先生的友谊升华到醇美的诗的境界，管鲍地下有知，也要为后世有如此气类知音之士而额手至再罢。

1992年7月19日初稿，2013年8月17日改定

（原载《中国文化》2013年秋季号）

陈寅恪的家学渊源与晚清胜流

一代大史学家的成就需要有诸多条件。时代环境方面的条件，决定出现这样的而不是那样的史学家，学者的研治方向也和时代风气有关。个人学养的累积，决定对所选择的方向达致的精深的程度暨总体学术成就的蕴涵。而家世和家学，则决定学者的个性风貌及学术品格。陈寅恪的学术品格最为世人所称道。实际上，他学术品格的形成，与义宁陈氏一族在晚清的特殊地位及其家学渊源，有直接的关系。

一 同光胜流与陈氏家族

如果就个人情感的好恶而言，我对清代二百六十几年的统治实在没有太多的好感。包括史家所艳称的"康乾盛世"，总觉得需要打折扣的地方很多。康熙算是有胆识有气魄的皇帝了，可是觉得他开阔得还不够，和西人的关系后来处理得比较僵。乾隆则过分聪明，聪明得让人感到他经常卖弄聪明；而且整治知识分子整治得太厉害，可他又以重视文化的传承著称。至于他们两位中间的雍正皇帝，干练固然干练，但悛刻寡恩，用智术玩大臣士子于股掌之中，根本不把自己以外的其他人放在眼里。领袖人物太聪明，其实并不是臣民的福分。所以嘉、道以后走下坡路，早在那"盛世"就埋下了种子。特别到了咸丰、同治年间，国家状况坏到不可收拾的地步。自己家里天灾人祸不说，西方列强又打上门来。纵使玄烨、弘历临朝，恐怕也会因应失据。

不过令我们感到惊异的是，当时的状况虽然越来越坏，却出现了一大批个性色彩鲜明、敢于担当、学养深厚、可称作箭垛式的人物。这些人物尽管党有新旧、流分清浊、物论匪一，而且都犯过这样那样的错误，最终也没有因为他们的努力而挽救清朝的颓运。但均为一时之选，同为当时胜流，作为历史人物各有其可圈点可记录之处，应无问题。陈寅恪的家族，他的祖父陈宝箴、父亲陈三立，就是这一人物谱系中的佼佼者。研究陈寅恪的家学渊源，不能不翻阅清季胜流的人物档案。

清季胜流人物的第一把交椅，非曾国藩莫属。实际上，当时的人物谱系，都是以这位曾湘乡为网络中心的。胡林翼、李鸿章、左宗棠、郭嵩焘、俞樾、王闿运、薛福成、吴汝纶、刘蓉，哪一个与湘军幕府分得开。朝廷因循腐败，无力阻遏太平天国运动的兴起，各地豪杰之士起而组织团练即地方军，参与平抑太平军的战斗。结果无意中开辟了招纳并造就人才的新途径[①]。值得注意的是，聚拢在曾国藩周围的并不是地方豪强，大部分是满腹经纶的饱学之士。陈宝箴的崭露头角，也是由于和曾国藩的交往。

[①] 参见李鼎芳编著《曾国藩及其幕府人物》一书，岳麓书社1985年重刊。又陈三立《畸人传》记李士棻曰："未几，寇大起，国藩督师东南，遂为江南总督，士棻至为客。当是时，海内硕儒奇士，辐辏幕府，言兵言经世大略，有李鸿章、彭玉麟、李元度，言性理政事，有涂宗瀛、杨德乾、方宗诚、汪翰，言黄老九流文学著述，则有张文虎、汪铎、刘毓崧、戴望、莫友芝、张裕钊、李鸿裔、曹耀湘之属，士棻遨游其间，无所不狎侮。"见《散原精舍诗文集》下册，上海古籍出版社2003年版，第814页。

陈宝箴，一名观善，字右铭，清道光十一年（1831年），生于江西修水县之竹塅乡。咸丰元年（1851年）恩科乡试及第，成为举人。咸丰十年（1860年），入京会试，没有考中，留京师，有了结交各方面才俊方雅之士的机会，而尤与奉新易佩绅、武宁罗亨奎相契合，因而有"三君子"之目[①]。后来易、罗南下带领湘军与太平军作战，陈宝箴先回江西看望母亲，然后抵湖南，参与在凤龙山一带与石达开部的作战，守城累月，军粮将尽。这时右铭到澧洲、永顺为之筹饷。虽遇风雪，仍穿很单薄的衣服，永顺守张公修府见此情景，慌忙拿来狐皮大衣给宝箴披上，宝箴不受，说："军士已经冻饿很久了，我怎能忍心自己取暖？"张公感动得涕泗横流，立即征召民众，拿出银米交付，使易、罗率领的"果健营"及时得到后勤保障，屡建战功，名声大振于东南之地。[②]

就是在这个时候，也就是1863年（同治二年），三十二岁的陈宝箴拜访了驻扎在安庆的曾国藩。在陈宝箴心目中，曾国藩不啻命世伟人；而曾国藩一见宝箴，便叹为"海内奇士"[③]，当即尊为上宾。而在宝箴生日之时，国藩为之撰联："万户春风为子寿，半瓶浊酒待君温。"[④]极亲切有味。曾的幕僚则争相交欢引重，李鸿裔甚至提出由陈宝箴接替其幕僚主管的职务。但陈宝箴喜欢直接的军事运作，没有留在曾幕任职，而是到席宝田主持的江西军道参与谋划。

[①] 陈三立：《湖南巡抚先府君行状》，《散原精舍诗文集》（李开军校点）下册，上海古籍出版社2003年版，第846页。

[②] 同上。

[③] 同上。

[④] 原载《修水县志》，转引自张求会：《陈寅恪的家族史》，广东教育出版社2007年版，第52页注一。

当时江西闹饥荒，灾民遍野，虽有赈灾之举，不过虚应故事。宝箴见此情景非常难过，于是写信给江西巡抚沈葆桢，将灾民困于死亡边缘的凄惨情况真实写出——

> 某自皖城归，过洋塘，道经彭泽、鄱阳县境，目击田庐榛莽，墟落萧条，雀无罗之可张，草掘根而亦尽。颓墙败屋之中，无非鸠形瘠骨垂死待尽之人，奄奄愁叹；又或病妇零丁，而数岁孤儿绕床哀号，嗷嗷索哺。流离家口，卖妇呼天；野田僵死，握草盈掬。睹之酸鼻，言之痛心。计至明年，耕获无期，则噍类尽矣！悠悠苍天，能不悲哉！呜呼！①

从中见出陈宝箴对社会民生的关切和对下层被灾民众的深切同情。他因此向巡抚沈公建言："赈而不能活，犹弗赈；活而不能久，犹弗活。"②沈公感悟其道理明通，于是从府库中拿出钱米，大举进行赈灾活动，百姓因而得救。沈葆桢是福建人，比陈宝箴大十一岁，道光丁未（1847年）进士，林则徐的外甥兼女婿，为人颇具性格，受林则徐的影响，为中国的自强奋斗了一生，也是晚清胜流中的重要人物。沈欣赏右铭的才干，遇到问题愿意与之商量，右铭也佩服沈的立身行事。而席宝田，纯是一个军事天才，看上去就有勇武之气，陈三立的印象是，席公"沉毅持重，不苟言笑"、"器

---

① 陈宝箴：《上江西沈中丞书》，《陈宝箴集》（汪叔子、张求会编）下册，中华书局2005年版，第1790页。

② 同上。

111

干精实，目沉沉下视，猛鸷有威"[1]。席宝田在江西的军事行动，因为有陈宝箴的奇谋远虑，每每克敌制胜。

席、沈之间一度互不服气，矛盾闹得很大，至有往来公文信函被席宝田扔到地上的时候。陈宝箴为之调停，对席说道："沈公是个贤者，主要是他不了解你。"于是前往见沈公，说明席的为人特点和军事上的优胜之处，认为两个人应该推心置腹地相处，否则席的军队败绩，危及大局，你沈文肃也无以立足。一言提醒了沈，写了一封披诚相见的信，慰勉席的劳绩，两人从此和好，彼此配合，共同成就功业[2]。而在此之前，曾国藩和沈葆桢之间的嫌隙，也是因为陈宝箴的妙喻与沟通得以解决。

黄秋岳《花随人圣庵摭忆》引朱克敬《瞑庵杂识》叙此事翔实而有意趣，兹转引以飨读者：

> 曾国藩移军安庆时，与江西巡抚沈葆桢约厘捐均归大营，有事则分兵回救。既而江西寇四起，曾军益东，葆桢惧救不时至，上书请留厘金养兵，诏许之。藩疑葆桢卖己，绝不与通，葆桢以书谢，亦不答。会陈右铭游江南，闻之往见国藩，从容言曰：舟行遇风，柁者篙者桨者顿足叫骂，父子兄弟若不相容；须臾风定舟泊，置酒慰劳，欢若平时。甚矣小人之喜怒无常也。国藩曰：向之诟惧舟之覆，非有私也。舟泊而好，又何疑焉？

---

[1] 陈三立：《席公行状》，《散原精舍诗文集》下册，上海古籍出版社2003年版，第796页、804页。

[2] 陈三立：《湖南巡抚先府君行状》，《散原精舍诗文集》（李开军校点）下册，上海古籍出版社2003年版，第847页。

右铭曰,然曩者公与沈公之争,亦惧两江之覆耳。今两江已定,而两公之意不释,岂所见不及船人哉?国藩大笑,即日手书付沈,为朋友如初。①

黄秋岳说《瞑庵杂识》的作者朱克敏是个盲人,久居湘省,与曾国藩、左宗棠、郭嵩焘等都非常稔熟,因而所记应该可信。这个充满意趣的故事,反映出陈宝箴的妙喻达变以及善于解决复杂人际关系的惊人能力。

晚清胜流中陈宝箴最服膺的人物是曾国藩,虽然终其一生受曾的赞赏却没有得到曾的保荐,但他对曾国藩有知己之感,敬仰信服至死不变,曾给予他的教益,变成了他深藏于自己心底的取之不竭的精神财富。右铭在席宝田的江西军道滞留一段时间之后,又回到了曾国藩的幕府,直到曾改督直隶方离开。论辈分陈当然在曾之后,但陈的立身行事多有曾的影子。只是右铭除了担任湖南巡抚的短时期,一生大部分时间没有曾公那样的可供调动的资源,时势局限了右铭的用武天地,才能并没有得到全方位的发挥。胡思敬《国闻备乘》"陈右铭服膺曾文正"条的记载,颇耐人寻味:

> 陈宝箴初以举人谒曾国藩,国藩曰:"江西人素尚节义,今顾颓丧至此,陈子鹤不得辞其责。转移风气将在公等,其勉图之。"子鹤者,新城陈孚恩也,附肃党,官至尚书,日营求入

---

① 黄濬:《花随人圣庵摭忆》,上海古籍书店1983年版,第222页。又新印之《瞑庵杂识、瞑庵二识》,岳麓书社1983年版,第62页。

阁，故国藩及之。宝箴以资浅位卑，愕然莫知所对。国藩字而徐解之曰："右铭疑吾言乎？人亦贵自立耳。转移之任，不必达而在上也。但汝数君子，若罗惇四、许仙屏者，沉潜味道，各存一不求富贵利达之心，一人唱之，百人和之，则风气转矣。"宝箴谨佩不忘，对江西人辄转述其言，且喜且惧。自谓平生未受文正荐达，知己之感，倍深于他人。①

曾国藩期待右铭"转移风气"，其所托之责任也大矣。而承担起此责的方法，则是"沉潜味道"、"存一不求富贵利达之心"。就人才培植、风气转变而言，曾公之言不啻洞天雷音。但曾的话，只能是知者知之，不知者不知。所幸右铭正是文正所期待之人，这次面授之语，实际上成为陈宝箴一生的座右铭。后来陈宝箴居官之时，曾在自己的衙署贴一对联："执法在持平，只权衡轻重低昂，无所谓用宽用猛；问心期自慊，不计较毁誉得失，乃能求公是公非。"②显然已经把文正公的"存一不求富贵利达之心"的嘱托，化作了为官律己的公开戒律。同治十一年（1872年）曾国藩逝世，陈宝箴在写给曾的幕僚程恒生的信里，深情致慨："湘乡溘逝，海宇苍茫，有四顾萧然之感。嘉、道以来，疆臣饬吏整军，皆任法而不任人，以驯至大乱莫之救。湘乡起而持之，简擢贤俊，阔疏节目，天下之气为之一振。山摧梁萎，故辙易循，岂但生存华屋，洒邱山

---

① 胡思敬：《国闻备乘》，上海书店出版社1997年版，第32页。
② 郭嵩焘光绪十五年八月初三《日记》载："陈右铭自诵其臬署联云：'执法在持平，只权衡轻重低昂，无所谓用宽用猛；问心期自慊，不计较毁誉得失，乃能求公是公非。'"载《郭嵩焘日记》第四册，湖南人民出版社1982年版，第870—871页。

泪也！"①陈之于曾，真可以说是生而有夙缘。

此时之右铭，虽然没有正式官职，但他已有极佳的声闻，其人品、胆识、魄力、谋略、治才，不仅为曾国藩也为当时其他各路名公巨卿所深赏。江西的军事行动获得胜利后，席宝田曾多次保荐右铭出任知府，右铭辞而未就。直到同治末年，陈宝箴才希望有一个正式官职，一方面想通过仕途做一番事业，一方面为了奉养老母，因此在江西的邻省湖南以知府的身份候补，时间在同治九年八月。嗣后由于平苗民之乱有功，一度被安排在平苗善后局任事。不久王文韶代理湖南巡抚，赏识右铭的才能，复擢为道员。光绪元年（1875年）开始署理辰、永、沅、靖四县事。今天非常有名的沈从文的故乡湘西凤凰县，当年就在陈宝箴的治下。

光绪六年（1880年），改授河北道，治所在河南武陟。陈宝箴每到一地，每任一职，都有突出治绩。湘土民风刁悍，他恩威并施，惩办恶霸，打击豪族；对贫困的湘西苗民，则传授栽茶、种竹技术，学会如何以薯代粮，使百姓的生活得以维持。河北道治下的子民，性格质直、讲义气，但文教不够发达，便创办学校，招募人才，推广教育。至于治河、兴修水利，更是他惠及一方人民的经常措施。河南、湖南等他所到之地，均深受其益。右铭母李太夫人也极力支持儿子为民造福，一次因治理沱江资金不足，右铭拿出自己的俸禄捐献给治河工程，得到母亲的体认，致使疏浚湘西沱江的计划得以顺利完成。②

---

① 陈宝箴：《致程恒生》，《陈宝箴集》下册，中华书局2005年版，第1628页。
② 郭嵩焘：《陈母李太夫人墓志铭》，《郭嵩焘诗文集》，岳麓书社1984年版，第492页。

郭嵩焘在《陈右铭观察赠别诗序》中，对陈宝箴治河治水的专长与功绩曾大书特书，其中写道：

> 观察所治河，实当济派东流入河处。济水湍悍，既入而河势益横，遂为兖、冀诸州受河患之始。其北漳、卫二水皆大川，泛滥于渤海，岁潦则流溢，浩瀚弥迤；旱又无所资以宣泄。自魏时从荥阳下引河为鸿沟，通曹、卫，而渠引漳水溉邺以富河内，多在今观察所治地。水性迁移，而陵谷高下之势随以变，循故道求之，不可得也。善治民者防其害，以有董劝之方；善治水者收其利，以有蓄泄之术。望古以证今，因利而善道。观察往历辰、沅，通民情，兴水利，为有儒者之效。吾见其所治益大而功益盛，由河北诸州以溉之天下无穷也。[①]

陈宝箴的既善治盗又善治水，为知者所叹服。但他的仕途并不顺利。河北道治下是个经济文化很不发达的地区，道员的官职权力亦有限，对右铭的才干而言，自非用武之地。

两年以后，即光绪八年（1882年），右铭擢升为浙江按察使。不过仅几个月，就因坐"王树汶案"，蒙冤罢职而归。此后过起了长期赋闲的生活。所以郭嵩焘发为感慨地说："亦有志节声名，人望所归，几显用矣，而遭回郁塞，若或沮之，施焉而未闳，耀焉而未光，若吾右铭廉访，天下想望其为人，而又重惜其遇也。"[②]为陈

---

① 郭嵩焘：《陈右铭观察赠别诗序》，《郭嵩焘诗文集》，岳麓书社1984年版，第72页。
② 郭嵩焘：《送陈右铭廉访序》，《郭嵩焘诗文集》，岳麓书社1984年版，第278、279页。

宝箴的不遇而深自惋惜。并分析所以然之故："廉访自远于荣利，而人亦因其自远而远之。"①可谓一语道破了右铭的性格特点以及何以升迁缓慢的原因。

光绪十一年（1885年），署理广东边防的彭刚直奏调陈宝箴去广东，右铭谢病未赴。次年两广总督张之洞又奏调，适值中法战争，右铭于是前往，先总理营务处，后任职缉务总局。又次年（1887年），黄河决口，河南巡抚倪文蔚奏请让陈宝箴襄助堵合缺口的工作。不久，朝廷简派军机大臣李鸿藻督办郑州河工，陈宝箴的才干得到李的赏识。但此次堵合之役，久拖不决，致使主事大吏，多名受到降调的处分，李鸿藻、倪文蔚也革职留任。右铭的专长洞见未被采纳，等于无功而返了。陈三立说："府君性开敏，洞晓情伪，应机立断。而渊衷雅度，务持大体，不为操切苛细。少负大略，恢疏倜傥豁如也；及更事久，而所学益密，持躬制行，敦笃宏大，本末灿然。"②以散原的严谨和遣词法度，所述自然无半丝溢美之情渗透其间。

右铭先生此时已是众望所归，许多可称为晚清胜流的封疆大吏都注意到了这个人物并给以推荐。光绪十五年（1889年），复起为湖南巡抚的王文韶奏请陈宝箴"可大用"。明年（1890年），授右铭湖北按察使，视事三天后改为布政使，一年后又回任按察使。光绪十九年（1893年），因为韩日关系紧张，直隶总督李鸿章下令兴兵防海，京师戒严，朝廷任命右铭为直隶布政使，受到光绪皇帝的召

---

① 郭嵩焘：《送陈右铭廉访序》，《郭嵩焘诗文集》，岳麓书社1984年版，第278、279页。
② 陈三立：《湖南巡抚先府君行状》，《散原精舍诗文集》下册，上海古籍出版社2003年版，第849页。

见。鉴于东北亚态势严峻，中日已处于战争边缘，他提出了"固畿辅"、"择军将"、"严津防"、"简军实"、"筹急款"等《兵事十六条》。看到皇帝"宵旰焦劳、颜悴甚"，建议光绪帝读《御纂周易》，可以"得变而不失其常之道"[①]。不久中日甲午战争爆发，宝箴被任命为东征湘军的粮台，驻守天津，督师刘坤一赞其为历来"军兴粮台所仅见"[②]。

这时，右铭已准专折奏事。历经千难百曲、长期罢黜赋闲，在国家危难的时刻，光绪二十一年（1895年）秋天，未来大史学家的祖父陈宝箴，终于被任命为湖南巡抚，成为封疆大吏，在晚清政治舞台上扮演重要角色，已成为顺理成章之事。

二 陈氏父子和郭嵩焘的知遇与交谊

不过写到这里，我想补叙一下陈宝箴、陈三立父子和郭嵩焘的特殊知遇与特殊情谊。

郭嵩焘在晚清胜流中是极重要的人物，其角色、地位、遭遇、影响，不是同侪流辈所可比并。他字筠仙，出生于嘉庆二十三年即公历1818年，小曾国藩八岁，小胡林翼、左宗棠七岁，比陈宝箴大十三岁。湖南湘阴人，二十岁举于乡，中试。三十岁会试京师，赐进士第，与李鸿章、沈葆桢同科。也是从曾湘乡幕府中走出来的人物。他一生的最高官职，是1863年10月至1866年6月，当了两年又

[①] 陈三立：《湖南巡抚先府君行状》，《散原精舍诗文集》下册，上海古籍出版社2003年版，第851页。

[②] 同上，第852页。

十个月的广东巡抚。他的最风光也是最遭人诟病的事情,是去英国出任第一任公使并撰写《使西纪程》。他和左宗棠同为湘阴人,又是儿女亲家,但彼此关系如同冰炭。他最佩服曾国藩,但曾公却认为他"过于任事"、"不可使权位兼隆"。惹是生非的王闿运得到他的眷顾最多,也给他增添许多麻烦。倒是李鸿章始终举荐他。虽有高才,却因为书生气和"性情笃挚"的特点,使他不适宜虚伪的官场生活。但他是晚清真正精通夷务并懂得如何处理与欧西诸国关系的第一人。只有陈宝箴深谙他的"孤忠闳识"及其思想与实践的重要价值。

陈寅恪晚年写的《寒柳堂记梦未定稿》,特别引述乃父《先府君行状》里的话:"与郭公嵩焘尤契厚,郭公方言洋务负海内重谤,独府君推为孤忠闳识,殆无其比。"①可见陈宝箴、陈三立父子是郭嵩焘的真正知音。1895年陈宝箴出任湖南巡抚以后,每遇到矛盾纠葛,经常说,如果郭公在就好了。但这时郭公已经弃世四五年。郭嵩焘对右铭父子的人品才干真正是赏识有加。光绪五年(1879年)闰三月,郭嵩焘奉命离开驻英公使的职务回到故乡湖南长沙,到光绪十七年(1891年)病故,前后十二年多的时间,与右铭父子的交往极其频密,少有中断。陈宝箴、陈三立的名字经常出现在这一时期的《郭嵩焘日记》之中。

笔者粗略统计,从光绪五年(1879年)十月至光绪十七年(1891年)六月,共十一年零八个月的时间里,郭的日记中提到陈宝箴、陈三

---

① 陈寅恪:《寒柳堂记梦未定稿》(六)"戊戌政变与先祖先君之关系",《寒柳堂集》,三联书店2001年版,第199页。又《散原精舍诗文集》下册,上海古籍出版社2003年版,第855页。

立之处，有196次之多[①]。内容则有的为过谈，有的为书信往还，有的是诗酒之会，有的是记事造名。直到逝世的前五天，即光绪十七年六月初八日，郭嵩焘还在日记中写道：

> 陈右铭、陈伯严二信，本交易铁桥带鄂，铁桥竟已回家。自二月铁桥索信赴湖北，吾病不能书，磨受四月之久，彼日口授顺孙书之。铁桥又恝然归去，诚所谓不遇时者也。是日凉，

[①] 《郭嵩焘日记》中提到陈宝箴、陈三立父子之处，计有光绪五年十月初六、初九、十二、二十一、十二月初四；光绪六年正月二十、二十一、二十六、二十八、三月十四、十六、四月十五、三十、五月初二、初五、初八、十五、二十三、六月初一、十一、十九、二十八、七月初十、十五、十九、二十、二十一、二十三；光绪八年正月十五、四月二十一、四月二十二、五月十九；光绪九年十二月初二、初四、初八、初十、十一、十五；光绪十年正月初五、初十、十一、十六、二月初六、十二、二十一、二十三、三月初一、初二、初三、十四、十八、二十一、闰五月初五、初九、十一、十八、二十一、六月十五、十六、九月初四、十二、十三、二十四、十月十一、十五、十一月初二；光绪十一年正月初三、十六、二月初十、三月十二、二十四、四月二十、五月初八、八月初一、九月初八、十月初四、初十、十三、十五、二十、二十八；光绪十二年五月二十七、二十八、六月二十二、二十五、七月初三、初四、二十四、八月初三、初五、二十二、二十七、九月十五、十月二十八、十一月初十、十一、十二月初八、初九、十四；光绪十三年正月二十三、三月初二、初三、四月初七、二十七、闰四月初七、二十五、八月十六、九月二十九、十月初三、初六、十一月十二、十五、十六、十七；光绪十四年正月初六、二十一、三月初九、十四、二十五、七月初七、初八、十四、二十四、十二月初十、十二、十八、二十七；光绪十五年正月二十、二月初二、初三、十三、二十五、二十七、二十八、三月二十、二十一、二十二、二十三、二十四、二十五、二十六、三十、四月初一、初二、初三、初四、初五、初八、十四、十六、七月初二、初七、十九、八月初三、初四、二十六、九月二十八、l月初三、初十、十一月二十八；光绪十六年正月十八、二十五、二月十七、十八、二十三、二十四、二十五、二十九、闰二月初二、二十七、三月初二、初三、初六、十四、十九、二十八、四月初九、十七、十九、五月二十、二十四、六月十八、二十六、七月二十八、八月初一、十月初十、十一月十四、二十五、二十七、十二月初八、初十、十四；光绪十七年正月初五、初九、十六、三月十九、五月十六、六月初八。参见《郭嵩焘日记》第三册，第947—973页、第四册第6—1010页，湖南人民出版社1982年版。

吾以病躯，着重棉矣。①

对义宁父子充满了眷念之情，虽只是因为没有及时让右铭与伯严收到自己的信函，但焦急与怅惘流露于笔墨之间。右铭此时任湖北按察使的职务，起用不到一年，与郭公分别并不太久。郭的日记中，凡提到陈氏父子，经常赞誉有加。如光绪六年正月二十八日：

陈右铭谈近事甚悉，并及往年奉檄办理宁远案，途次拦舆呈具者相环也，因传谕：收呈太多，余候抵公馆接收。于是环集大噪，舆后[数？]百人紧追。停舆谕之，则相顾而笑。行则追呼。怒执一人，传令缚杀之，则有父老数十人跪而乞恩。乃令亲兵十人，各杖之四十。于是皆股栗而退。至县城，观者数千人，无敢哗者。天下之乱，成于姑容。闻右铭此举，使人神往。②

同年四月十五日：

陈右铭过谈。适以赴乡受寒，症近寒厥。右铭为主理中汤，加桂枝、苏梗。谈次，稍觉阳气上升。③

同年五月初二日：

---

① 《郭嵩焘日记》第四册，湖南人民出版社1982年版，第1010页。
② 同上，第12页。
③ 同上，第44页。

陈右铭过谈，极论疏陈俄事六条，举重若轻，其理确不可易。①

同年六月初一日：

陈右铭过谈，论及湖南吏治，以候补府李苾垣有棻为最，兼提调厘金、发审两局事，所见甚卓，不仅为良吏而已。②

同年六月十九日：

陈右铭、周兰生枉过。右铭语及近今盗贼之烦，刑罚之失，无能窥其大体，而各挟其趋避之私，规己自大之见，而一行之以悻忌，皆导乱之征也。至今不知悔祸，酿乱将不可支。吾谓万事原本皆在吏治。③

同年七月二十四日：

右铭追述初从易笏山带勇三营，由酉阳入蜀，解龙山之围，扼贼茨岩塘。于时意气方盛。其言多可听者。④

---

① 《郭嵩焘日记》第四册，湖南人民出版社1982年版，第49页。
② 同上，第59—60页。
③ 同上，第64页。
④ 同上，第74页。

光绪十年二月二十一日：

　　右铭述及潘琴轩就商摺稿，乃条陈京师海防事宜，曹咏生为之道意。其请京师添兵万人，并以辽河为第一重海防，于事绝远，于职事又并非所宜言。所见如此，何足与深言。初以右铭为从所约，自附不入幕之宾，未敢一语询及，至是具道其旨。益服所见之胜人也。①

光绪十五年四月十四日：

　　陈右铭、李冶凡枉视，因留陈右铭，所莅办事情形，多可听者。②

光绪六年四月三十日日记，提及陈三立：

　　批注阎季蓉、朱次江文十余篇，颇持直论，自度非宜。季蓉云即回石门，顷询知尚留省城。其志趣甚高远，文笔亦俊，与陈伯严、朱次江皆年少能文，并为后来之秀。而根底之深厚，终以陈伯严为最。③

---

① 《郭嵩焘日记》第四册，湖南人民出版社1982年版，第459页。
② 同上，第851页。
③ 同上，第49页。

光绪八年正月十五日记，称赞陈三立的学问：

> 接陈伯严寄示所著《杂记》及《七竹居诗存》《耦思室文存》，并所刻《老子注》、《龙壁山房文集》五种……伯严年甫及冠，而所诣如此，真可畏。[1]

郭嵩焘与义宁父子可以说是互为知音了。只是郭公日记中叙及的陈三立的各种著作，特别是《杂记》、《七竹居诗存》、《耦思室文存》三种，那是散原中年以前的文字，其重要性可以想见，遗憾的是我们已经无法看到了。

郭公与右铭、伯严父子往来诗歌赠答唱和也很多。

光绪六年正月十八日，是右铭的五十岁生日，郭公的好友黄子寿等，于正月二十一日邀集长沙的同人在絜园举行诗会，为其祝寿。与会者均有诗，黄子寿的诗是七律："大夫伟略足经邦，眉寿人人祝骏庞。小队初回麓山寺，幽怀同醉契圆缸。西边铜柱铭新勒，东序金钟响待撞。见说工师求斧凿，未容笑闹倚南窗。"[2] 七月十五日，右铭将赴河北道的新职，郭公邀右铭及张东墅、吴云谷、邹少松四观察，还有友人黄子寿、张力臣等小酌，为其饯行，黄子寿席间朗诵同饮絜园的祝寿诗，右铭也有答诗。郭嵩焘日记记载："是日右铭避游麓山，至晚方赴席，诗笔亦极工雅。"[3] "避游"是为了躲开无谓的应酬，此可见右铭的一贯性格。值得注意的

---

[1] 《郭嵩焘日记》第四册，湖南人民出版社1982年版，第254页。
[2] 同上，第10页。
[3] 同上，第71页。

是，这里郭公直接称赞陈宝箴的诗笔"极工雅"。

光绪十年正月初十，郭公日记又写道："接陈右铭、朱香荪信，右铭见示《喜雪》诗，香荪见示杂感诗，均各和韵为报。"[①] 可惜右铭的《喜雪》原诗我们无法读到了，郭嵩焘的和诗载其诗文集中，题为《喜雪和陈右铭》，为方便查找，抄录如下：

> 夜窗作寒响，穿瓮发晨光。
> 起见溟蒙中，夭矫万龙翔。
> 野性喜放浪，对景恣欢狂。
> 举头望沧海，转顾成凄凉。
> 冬阳骄玄冥，天行亦改常。
> 水边芦苇丛，残根抱枯螿。
> 鹙鸧啄虾腹，宿草犹争芳。
> 遗孕于其中，或恐成蝻蝗。
> 小儒利喉舌，谬意稽灾祥。
> 凋残念民瘼，举目成羸□。
> 日落黄赤气，吐焰霾重闾。
> 彗星复西见，屋角腾精铓。
> 颉颃作气势，言官口飞霜。
> 堂廉孰云尊，击射满鸳凰。
> 杯水覆堂坳，驾海有浮糠。
> 逼仄乾坤内，千官集微茫。

---

① 《郭嵩焘日记》第四册，湖南人民出版社1982年版，第449页。

> 昊苍鼓狂雪，飞洒填池隍。
> 康衢戛寒玉，石滑虞颠僵。
> 扪天力排斡，万怪森我肠。
> 禹汤去已远，举步皆榛荒。
> 旦暮春水生，欲济川无梁。
> 公诗屑琼瑶，洗耳听鸣筐。①

郭的和诗竟是长达四十四句的五古，那么陈宝箴的《喜雪》原诗，可以想见，肯定也是五言古诗，而且至少也应在四十句以上，甚至更长。内容则相应地可以推知，大约涉及右铭在河南武陟任所的居住环境，以及由自然之景观想到人生际遇，并牵及对官场、吏治、社会腐相的批评态度。郭诗结句"公诗屑琼瑶"，典出白居易《西楼喜雪命宴》"四郊铺缟素，万室甃琼瑶"句②，用以称赞陈宝箴的《喜雪》诗，如同纷落的美玉一样美好。

郭嵩焘与陈宝箴的赠答唱和之作，今存《郭嵩焘诗文集》中，除《喜雪和陈右铭》，另还有四首，分别是：《喜陈右铭来湘瞑庵有诗次韵》、《次韵酬陈右铭》、《再次前韵酬陈右铭见赠》、《陈右铭次瞑庵"非"字韵诗见示和答》③。此外还有《陈右铭于长安市中得高碧湄为李眉生书册属题》、《奉送陈右铭之官河北》、《易铁樵为陈右铭廉访作丛竹扇面属题句》三题④，也都直

---

① 郭嵩焘：《喜雪和陈右铭》，《郭嵩焘诗文集》，岳麓书社1984年版，第759—760页。
② 白居易：《西楼喜雪命宴》，《全唐诗》卷四百四十七、白居易二十四。
③ 《郭嵩焘诗文集》，岳麓书社1984年版，第757—759页。
④ 同上，第746、747、788页。

接与右铭有关。这些诗作反映出郭、陈交谊之深。诗题中的瞑庵，就是黄秋岳所引《瞑庵杂识》的作者朱克敬，与郭嵩焘、陈宝箴往来唱和甚多，《杂识》所记右铭与曾国藩事，自是可靠。右铭与郭嵩焘往来最多时间，是光绪九年（1883年）右铭离去浙江按察使的职务之后，所以郭嵩焘诗中每对右铭仕途的挫折和不得重用而作不平之鸣。《喜陈右铭来湘》："坐深茵几尽回温，一室盘旋为道存。急微皋比明圣学，同归田里是天恩。寒窗风雨围炉乐，深巷蓬蒿闭户尊。好事朱云真健者，抗心孤诣莫轻论。"①明显是写陈宝箴出任浙江按察使不久，因"王树汶案"蒙冤而抗疏自辩、愤而离官回长沙家中之事。郭公赞扬右铭的抗争，是如同汉代的"朱云折槛"一样，这在今天莫可轻看。当然"同归田里是天恩"句，既指右铭，同时也是自指，含反讽之意。因为郭公后半生仕途也大不得意，很早就回籍终养了。

《次韵酬陈右铭》尾句："黄粱梦醒酒初热，毁誉纷纷何足论。"②更是对右铭的慰勉。而《陈右铭次瞑庵"非"字韵诗见示和答》，寄意尤殷切深挚明显：

宣圣犹云吾道非，琦怀孤赏似公稀。
平时言论忧郁惯，少日心情老大违。
万国槃匜留隐患，百年仕宦有深机。
从知此意陶潜识，一笑相逢各拂衣。③

---

① 《郭嵩焘诗文集》，岳麓书社1984年版，第757页。
② 同上，第757页。
③ 同上，第759页。

诗中郭公赞扬陈宝箴为世间少有的"琦怀孤赏",试想这是深在切中的评价,由不得令人想起右铭对郭嵩焘的"孤忠闳识"的四字考语。"万国槃匜留隐患,百年仕宦有深机",是说国家面临列强觊觎的危机,但长期形成的官场陋习,最优秀的人物还是不能得到重用,致使右铭也包括自己的抱负无法实现。有什么办法呢?只好学陶渊明,拂衣而去,一笑了之吧。

郭嵩焘对陈三立的夸赞赏识已如前引。诗歌唱和方面,《郭嵩焘诗文集》中今存有三题与陈三立直接有关,分别为《鹤村又见示和陈伯严诗再次一首》、《熊鹤村偕陈伯严曾重伯诸君为重九之会,各枉新诗,再叠前韵》、《陈伯严涂次蘅邀陪碧浪湖修禊分韵得"条"字》[1]。最后一题所涉碧浪湖修禊集会事,郭日记里有记载。光绪十三年三月初三日记:"陈伯严、涂次蘅为碧湖修禊之会,会者三十余人。所识王雁峰、王壬秋、龚云浦、陈程初二三老宿外,胡子威、易瓒舟、熊叔雅、陈玉山、王吉来、罗顺循、曾履初、曾慕陶数人与相识,余皆不能举其名。分韵赋诗,予分得条字韵。"[2]显然这是效法王羲之兰亭之会的一次规模很大的风雅文化活动,陈三立是主要发起者,郭嵩焘得到邀请,并热心参加。此外还有光绪十六年(1890年)正月初六的一次诗会,请客单上有王壬秋题写的七律,熊鹤村和陈三立互相叠韵,俞确士紧随其后。正月二十六日熊鹤村拿诗册给郭嵩焘看,郭嵩焘也叠韵书七律一首:

---

[1] 《郭嵩焘诗文集》,岳麓书社1984年版,第769、780、781页。
[2] 《郭嵩焘日记》,岳麓书社1983年版,第四册,第694页。

"良辰盛会不同欢，最怕吟诗胜怕官。老去胸无半点墨，诗成人尽九还丹。群喧时亦怜孤寂，四美中还见二难。笑我寻春牛背稳，只驼蓑笠不驼鞍。"第五句下有注："伯严诗有'和成却忆玉池叟'之句。"第六句后更注明："鹤老与王壬秋、陈伯严、俞确士四人相与叠韵，而伯严与鹤老并叠至二十首。"①因此郭嵩焘称陈三立和熊鹤村为"四美"中的"二难"。此可见陈三立诗思的旺盛与快捷。第二句"最怕吟诗胜怕官"的注，尤令人忍俊不禁，写的是："生平有二怕：一怕做官，一怕作诗。"此注不用说后来的我们，即陈宝箴当时看到，也会与己心有戚戚然罢。那么在场的陈三立，诗虽然作到二十首，内心感受恐亦无二致。

郭嵩焘逝世前患病期间，陈宝箴以家传之医学多次为之诊脉看病。光绪十五年（1889年）三月二十日的郭日记写道："陈右铭闻予病，枉蒙就视。所有脉息，言人人殊，而右铭为最近理。所拟一方，丁次谷亦力主之，然大抵皆凉品也。"②隔日晚上，右铭又来看视郭公，且带来李姓亲戚（名李冶凡者）共同为之诊脉。此后三月二十四日、二十六日、二十八日、二十九日，接连四天，陈宝箴都前往探视郭嵩焘的病况。未能前来探视的三月二十一日、二十三日、二十五日、三十日，两人都有书信往来。③而三月三十日这天，郭致陈一信、陈致郭一信、陈复往郭宅看望④。一天而三致意焉。这种友谊和友谊的这种亲密程度，求诸载记，也不多见。

---

① 《郭嵩焘日记》，岳麓书社1983年版，第四册，第910页。
② 同上，第847页。
③ 同上，第847—849页。
④ 同上，第849页。

另外，陈宝箴的父亲陈琢如的墓碑铭是郭嵩焘所写[①]。而《陈母李太夫人墓志铭》[②]，也出自郭公的手笔。光绪六年正月十一日郭嵩焘日记曾详细记载此事经过，其中写道："陈右铭属撰其母李太夫人墓铭。载权辰沅道时，疏凿沱江，而镇筸河实所谓乌巢江也。沱江、白江二水合流，东经镇筸城北，名西门江，折而北流，经由泸溪县入远水，似未宜专属之沱江。右铭于此功为大，于志叙中加详。"[③]不过撰写的时间用的可不算不短，直到光绪十年，过了四年以后，才竣稿寄给陈宝箴。[④]这是因为晚年的郭嵩焘，事繁而身体又不甚好所致。

陈宝箴官迁河北道，郭嵩焘写了一篇热情洋溢的《送陈右铭赴任河北道序》，以彰显其嘉德懿行。全文不长，兹抄录如下：

> 闻之《记》曰：知仁勇三者，天下之达德。夫此三者各有执以成名，而谓之达德。何哉？德者，载道以行者也。其必皆有足己，而后沛然行乎道而不疑。故夫执一端以为应事之准，诚若异于流俗，而其轻重缓急得失之间，有过不及之差，则亦无由推而放之，以应乎时措之宜。三代以上人才所以盛，学素修而行素豫故也。

---

① 《陈府君墓碑铭》，《郭嵩焘诗文集》，岳麓书社1984年版，第437—439页。
② 《陈母太夫人墓志铭》，《郭嵩焘诗文集》，岳麓书社1984年版，第491—492页。
③ 《郭嵩焘日记》，第四册，第6页。
④ 光绪十年闰五月十一日，郭嵩焘在日记中写道："瞿子玖见示陈右铭信，并寄其太夫人墓铭。"见《郭嵩焘日记》，第四册，第482页。

吾始闻陈君右铭之贤，就而与之言，则所知多他人所不知。及历之事，又见其渊然悱恻之发，求当于物而后已。其行之也，甚果以决。久之，而君所治事，群湖南之人信而服之。又久之，承望君之名，则亦莫不顺而从之。所谓知仁勇三者，学素修而行素豫也。聆其言，侃侃然以达。察其行，熙熙然以和。坦乎其心而不怍也，充乎其气而不啜也。

　　光绪庚辰之春，诏求人才，大臣多以其名应。于是特命分巡河北，行治河堤数百里，任重而位尊，名高而眷深。而君习湖南久，其行也，心若有不自释。湖南之人亦茫然于君之将去此也。天下之需人急矣，非独湖南之人为然，由河北以至天下皆然。而观于今之人，知者几何？仁且勇者几何？苟得其人，必良吏也，而能至者鲜。能至而未备，要之于道，必未有闻焉耳。学之不修，德之不足达于天下，民将安赖？而君之去人远矣，则宜湖南之人流连咏慕，彷徨太息于君之行也。然天子方知君，且知君之德于湖南也，堪大臣之任，以拯斯民之厄。湖南之人将终受庇焉。于其行，为之序以期之。①

　　此序极赞陈宝箴具有集知仁勇为一体的"天下之达德"，而且这种德范是平素为学积累而成，是如同震雷一样的久酿而当发而发。因右铭此次获任北上，特别为湘省人士所惋惜，故郭公对右铭与湖南的关系作了较多阐述，相信已为天子所知的陈宝箴"堪大臣之任"，湖南人终将受其庇荫，"以拯斯民之厄"。

---

① 郭嵩焘：《送陈右铭赴任河北道序》，《郭嵩焘诗文集》，第257—258页。

除了这篇《送陈右铭赴任河北道序》之外，郭嵩焘还写了《奉送陈右铭之官河北》五言古风三首，其第一首有句："朝野艰虞际，真嗟学术疏。深望才数出，事急愿非虚。磊落廷臣荐，飞腾使者车。"第三首写道："君才勘国计，我老谢朝簪。敛迹悠悠世，伤时寸寸心。云山梁苑古，风雨楚江深。更有依迟意，高原鹤在阴。"①可看出情意深切，而非泛泛之作。第三首末句并且有注："兼谓公子伯严。"说明对陈三立的才识，郭嵩焘也很早就欣赏且视之为忘年之友了。不仅如此，当陈宝箴就任湖北按察使时，郭嵩焘还写过另外一篇《送陈右铭廉访序》，历数陈宝箴的经历和业绩，为国家惜才，期以大用。郭公说，像陈宝箴这样的"志节声名，人望所归"的高才志士，其用与不用、遇与不遇，足以牵动天下之人。"艰难盘错，应机立断，独喜自负"，是郭公对右铭的十二字评。篇末则云："今天子亲政，稍用疆臣之言，征求有名绩者，将加以简畀，而廉访首膺是选，庶冀朝廷遂及时用之，俾其蕴蓄得一发摅，必有以济时之艰危而使生人受其福。夫豪杰伟人，乘国家危怠之日，以功业著，此必待其功之成而始见也。"②这种以家国天下为己任的心胸和彼此之间的互相期许的情谊，求诸晚清胜流，应属有见而不多之例。"天子亲政"指光绪十四年，为光绪帝亲政之年。次年王文韶复官湖南巡抚，保荐陈宝箴，得以补授湖北按察使，故郭嵩焘以廉访称右铭从而送之。

陈寅恪非常重视乃祖乃父与郭嵩焘的知遇和交谊，他在1945年

---

① 郭嵩焘：《奉送陈右铭之官河北》，《郭嵩焘诗文集》，第747页。
② 郭嵩焘：《送陈右铭廉访序》，《郭嵩焘诗文集》，第278—279页。

写的《读吴其昌撰梁启超传书后》中，曾郑重提起这段往事，写道："咸丰之世，先祖亦应进士第。亲见圆明园干霄之火，痛哭南归。其后治军治民，益知中国旧法之不可不变。后交湘阴郭筠仙侍郎嵩焘，极相倾服，许为孤忠闳识。先君亦从郭公论文论学，而郭公者，亦颂美西法，当时士大夫目为汉奸国贼，群欲得杀之而甘心者也。至南海康先生治今文公羊之学，附会孔子改制以言变法。其与历验世务欲借镜西国以变神州旧法者，本自不同。故先祖先君见义乌朱鼎甫先生一新《无邪堂答问》驳斥南海公羊春秋之说，深以为然。据是可知余家之主变法，其思想源流之所在矣。"[①]这是说，陈宝箴和陈三立的变法思想和郭嵩焘同属一脉，其渊源为曾国藩等"历验世务欲借镜西国以变神州旧法者"，而与康有为的激进变革判然有别。因此在寅恪先生的记忆中，郭嵩焘实是自己先人与之交谊的极重要的人物，如前所引，其晚年在《寒柳堂记梦未定稿》里对此事续有辨析，限于题旨此不赘。

三 义宁之学的渊源与宗主

陈宝箴以举人而非进士出身，且并非高门，能够跻身于晚清胜流之列，在仕途上最终取得成功，主要靠的是他个人的流品与才干。而流品与才干得之于学养和素修，同时也得之于义宁陈氏的家学传统。

陈宝箴的先世为福建人，曾祖鲲池始迁入江西义宁州。父亲陈琢如，六七岁时已能知晓儒学基本经典的大旨，端庄寡言，有成人

---

① 陈寅恪：《读吴其昌撰梁启超传书后》，《寒柳堂集》，三联书店2001年版，第167页。

之风。长大之后，接触到王阳明的著作，一见而如有夙契，感慨说道："为学当如是矣。奔驰夫富贵，泛滥夫词章，今人之学者，皆贼其心者也。惟阳明氏有发聋振聩之功。"①从此知行尽去功名利达之见，决心与古贤为伍，"抗心古贤者，追而蹑之"，不走为官为宦的道路，只以孝友尊亲、德化乡里为事。可见王学对陈寅恪的曾祖父的影响有多大。陈琢如的母亲体弱多病，他因此遍读医书，究心医术，成为远近知名的能医之人。尝说："无功于乡里，而推吾母之施以及人，亦吾所以自尽也。"②

在琢如公的影响下，陈宝箴、陈三立后来也都通中医之学。前面笔者已略及陈宝箴给郭嵩焘瞧病诊脉的事例，郭嵩焘甚至认为右铭的脉理比其他专业医生还要高明。尽管陈寅恪所受西方教育多，也许包括自己的某些经验，不相信中医，但对自己家族的中医学传统，仍非常重视。晚年撰写《寒柳堂记梦未定稿》，第一章就是"吾家先世中医之学"，遍举曾祖陈琢如、祖父陈宝箴精通医术的证据，而有"中医之学乃吾家学"的结论③。因此探究义宁之学的渊源与传统，一是要注意其导源于王学的尽去功名利达之见的学术

---

① 郭嵩焘：《陈府君墓碑铭》，《郭嵩焘诗文集》，岳麓书社1984年版，第437页。
② 同上。
③ 陈寅恪《寒柳堂记梦未定稿》第一节"吾家先世中医之学"云："先曾祖以医术知名于乡村间，先祖先君遂亦通医学，为人疗病。寅恪少时亦尝浏览吾国医学古籍，知中医之理论方药，颇有由外域传入者。然不信中医，以为中医有见效之药，无可通之理。若格于时代及地区，不得已而用之，则可。若矜夸以为国粹，架于外国医学之上，则昧于吾国医学之历史，殆可谓数典忘祖欤？曾撰《三国志》中印度故事，《崔浩与寇谦之》及《元白诗笺证稿》第五章法曲篇等文，略申鄙见，兹不赘论。《小戴记·曲礼》曰：'医不出三世，不服其药。'先曾祖至先君，实为三世，然则寅恪不敢以中医治人病，岂不异哉？孟子曰：'君子之泽，五世而斩。'长女流求，虽业医，但所学者为西医。是孟子之言信矣。"见《寒柳堂集》，三联书店2001年版，第89页。

精神，二是不能忽略陈氏一族所擅长的中医之学。中医的目的是疗救民间的病痛，在传统社会属于下行之学，与王学有精神脉理上的一致性。这样我们便可以理解，曾国藩说的"沉潜味道，各存一不求富贵利达之心"的谕导，何以对右铭能够终生发用。

义宁之学的另一传统是重才兴教，即尽可能利用一切机缘兴办教育、造就人才。陈琢如为了见识"天下奇士"，走遍淮、徐、齐、豫等地，最后还去了京师，结果非常失望。他慨叹说："士失教久矣，自天下莫不然，独义宁也与哉。诚欲兴起人才，必自学始。"①当时曾、左、胡诸胜流尚未命世，仕宦猥委，人才凋落，陈公之叹，实发时代之音。只可惜琢如先生还没有意识到自己的亲子宝箴就是未来的"天下奇士"。当然他自己也够得上"奇士"之目，因为只有"奇士"才具有辨识世而无士、有士而不奇的"奇士"的眼光。他的经世之志与经世之学，促使他率先办起了地方教育，创办"义宁书院"，授子弟以实学，以期明体达用。

说来绝非巧合，陈宝箴对兴教办学的重视，也是毕生一以贯之。同治三年（1864年）右铭三十三岁，所作《上沈中丞书》，有一节专论"明学术"和"育人才"的问题。他说："某历观古大儒筮仕之邦，莫不以明教化、兴学校为己任。"针对长期以来八股取士的"科制之弊"，陈宝箴提出："其可以就成法之中，富化裁之意者，莫如书院一事。"而书院之兴，首在慎择合格的山长。右铭认为，书院山长应该敦聘"乡先达之品学德望可为多士楷模者"，可以成为"士子趋向之的"。如果反是，尽以科目、官爵为重，而不

---

① 郭嵩焘：《陈府君墓碑铭》，《郭嵩焘诗文集》，岳麓书社1984年版，第437—438页。

管是不是能"造士",就和官场习惯没有区别了。[1]沈中丞即沈葆桢,当时的江西巡抚。

后来右铭进入仕途,任河北道,很快就创办了"致用精舍"(也称河北精舍或治经书院),聘通儒担任教职,使河北道治下的社会文教风气为之一变。他更加系统地完善了自己的"造士"学说,所撰写的《致用精舍记》写道:"世之治乱视人才,人才之盛衰,存乎造士。"至于如何造士?他说无非"上之人有以教,下之人有以学"。学之原始,在于致知,致知在致用。故"学之为用,实为世运人才升降之原"。圣人"修六经",可"为万世师"。"由训诂以求义理,而尊其所闻,行其所知","圣人复兴",无逾此途。亦即"渊乎其识,足以烛理,沛乎其气,足以干事"。但也不是"汲汲于求用",只是致用的工具知识和条件准备,"不可一日不讲"。[2]《致用精舍学规》之初拟或另有其人[3],但最后必经右铭删订改润定稿,应无疑问。故《学规》明确提出"义理为体,经济为用,词章考据为文采"的主张,认为即使号称学问兴盛的乾嘉之际,"数十百年间,考据词章之士多出其中,而能以道德经纶世变者,缈焉寡闻"。而在谈到"晚近之人才"的时候,至有"词章考据,虚美无用,姑无论已"[4]的说法。此可见右铭是完全承继了乃父陈琢如的学问精神,对已流为士风习气的学弊的批评异常严厉,

---

[1] 陈宝箴:《上沈中丞书》,《皇朝经世文编续编》卷十,台北文海书局1979年印行。又《陈宝箴集》(汪叔子、张求会编)下册,中华书局2005年版,第1791页、1792页。

[2] 陈宝箴:《致用精舍记》,《陈宝箴集》下册,中华书局2005年版,第1870—1872页。

[3] 《郭嵩焘日记》光绪八年正月十五日条记载:"又杜云秋《杂著》,《河北精舍学规》亦云秋所撰也。"见《郭嵩焘日记》,岳麓书社1983年版,第四册,第254页。

[4] 《致用精舍学规》,《陈宝箴集》下册,中华书局2005年版,第1872—1873页。

毋宁说这也是他汲汲于兴学易俗的动力源泉。

陈宝箴之人不可及的长项，一是捐盗，二是治河，三是办学。他每设计一所学校，都是唾手可成。抚湘时设立著名的时务学堂，并非偶然。陈三立当时人在湖南，直接参与时务学堂的创办，同时关切江西书院的情况。河北"致用精舍"的创办，陈三立肯定也身与其事。陈宝箴办学，始终不忘添置图籍，这让我想起1925年陈寅恪应清华大学国学研究院导师之聘，头一个条件就是要研究院购买充分的图书。义宁一族之办学兴教的传统，真可谓渊源有自了。

陈宝箴的父亲陈琢如所提倡的，就是这种重致用的学问精神。太平天国起来后，他在义宁操办团练，右铭也参与其事。陈宝箴中举，琢如仍谆谆告诫不要忘了学问。病危之时，还在抄录李二曲的《答人问学书》，并将写好的"成德起自困穷，败身多因得志"两句话交给宝箴①。我们不妨把这看作是义宁之学的十二字教。郭嵩焘在《陈府君墓碑铭》中写道："生世而为贤，必有先焉。惟其运量周天下而学术之被其身，足以有传。闷其光以嬗之其子，施事而长延。"②已注意到义宁陈氏的家学渊源及陈宝箴和陈三立对此一家族为学传统的承继。

这里需要辨明，义宁之学的思想旨归系来自王学，这有陈琢如对王学的共鸣心折可证。王学之于义宁，可以说是家传夙契之学，不只陈琢如一代，其于宝箴、其于三立，王学的影响，均昭然可睹。早在咸丰十年（1860年）会试京师，陈宝箴与易佩绅、罗亨

---

① 郭嵩焘：《陈府君墓碑铭》，《郭嵩焘诗文集》，岳麓书社1984年版，第438页。

② 同上。

奎交游之时，右铭就在《答易笏山书》里阐述了他对阳明学的态度。他说：

> 窃谓朱子教人为学，次第节目，至精至详，何有支离之病？但宗朱子者，务以攻陆、王为事，往往矫枉过甚，反专求之于言，不求诸心，故末流之失，稍涉支离者，亦有之矣。即阳明之学，亦何尝以空寂为宗？以其攻朱学末流之失，语意不免偏重。而为阳明之学者，又不深究其本末，而徒以附会宗旨为事，且并阳明之意而失之，何有于朱子也？[①]

朱子之学是否"支离"和阳明之学是否"空寂"，历来是学者争议的问题，而争议的因由，并不只是缘于朱子和阳明的学问本体，有时还有时代环境和思想潮流影响其间。有清一代大力提倡程朱理学，朱子的地位如日中天，阳明学不时成为攻讦的对象。故陈宝箴虽将朱子和阳明并列，辨其"支离"不是朱子学问本身的问题，而是"宗朱子者"不遗余力地攻阳明，"矫枉过甚"，以致"专求之于言，不求诸心"，结果自身陷入了"支离"。同样，阳明学并非"空寂"，而是由于学阳明学的人"攻朱学末流之失"，致使阳明的本意一并"失之"。叙论的态度似乎不偏不倚，但置诸清代的扬朱抑王的背景，可以肯定，陈宝箴在此信中主要是替王阳明说话，应无问题。

陈宝箴在信中并进而为王阳明的致良知说施辩，认为阳明之为

---

① 陈宝箴：《答易笏山书》，《陈宝箴集》下册，中华书局2005年版，第1818页。

教,意在避免"学者支离琐碎,反蹈务外遗内、舍本求末之病",而"非教人耽空守寂,如佛氏之为也"。此又将阳明学与佛氏混同的俗见予以澄清。接着又阐明,朱子的"穷理"和阳明的"致良知",都是"成正修齐之实功",阳明所论说的"宗旨",完全是为了"务正"。如果发生"偏重",那是理解者的问题,而不是王阳明本身的问题。毋庸说,其为阳明学的辩护是准确而有力量的。通过这篇早期的《答易笏山书》,我们大体能够看出,陈宝箴的学术主张明显倾向于王学。当然还不止于此,下面再看另外的例证。

陈宝箴创办河北致用精舍留下的文献,除《精舍记》、《学规》,还有一篇《说学》,纯是右铭手写而成。文前小序说得明白:"二月己巳,诣致用精舍,少坐诸生斋中,与为讲论,归而拉杂书之。"①由于有"二月己巳"字样,我们知道右铭此篇著作之撰写,应在光绪八年二月十三,即公历1882年3月31日。此篇《说学》,是陈宝箴一生的重要著作之一,阐述"造士"思想最为系统详尽。

右铭猛烈批评"末俗"的学风和后来书院之敝:"不求其本而骛其末,只习八股、试律、小楷,以为取爵禄之具。"结果流于自私自利,患得患失,甚至无所不至。而"所读圣经贤传,不过聊供举业词藻之资"而已。志行、操守、才具之士,当然是有的,但都是由于"资禀过人而又有阅历以陶镕之",使得有别于"庸众",因为阅历和经验也是学问。然而毕竟没有经过"学问思辨之功、践履之实",致使根底未厚,"辩晰未精,持守未定,其所成就,

---

① 陈宝箴:《说学》,《陈宝箴集》下册,中华书局2005年版,第1878页。

终属有限",无法"与古昔名贤并驾"。即使"天生美质",也未免"为俗学所困","不克大成"。所以"末俗之士,大抵失学者多"。右铭面对河北精舍的学子,提出国家需要造就什么样的士的问题:"当以君子自待乎,抑人小乎?当以忠臣孝子自待乎,抑罪臣悖子乎?当碌碌以苟富贵乎,抑兢兢以励名节乎?当稍求自别于庸众乎,抑蕲至于古之名儒名臣以无忝所生乎?"他说,只有"如此细细推勘、刻刻提撕",才能"志气奋发,一切流俗龌龊富贵利达之见,自然渐渐消沮"。这些话,让我们看到了乃父陈琢如的影子。

怎样改变这种"末俗"学风而"不为俗学所误"呢?陈宝箴提出了自己积半生经验的痛切疗方:"吃紧在一'耻'字","耻则奋,奋则忧,有终身之忧,即有终身之耻","凡人稍异流俗,遽自骄矜,皆可谓之无耻"。故曰:"知耻近乎勇。"陈宝箴说:"好学力行,皆赖此始,为入德之门。先辈有言:'不让今人,便是无量;甘让古人,便是无志。'量之不宏,志之不卓也,舍耻其奚以乎?堂堂七尺之躯,其孰甘自居无耻矣!古今来,往往有才气卓荦之人,少年失学,或不免跌荡自喜、放轶不羁,一旦获亲有道,幡然悔悟,折节向学,卒能卓然自立,超出铮铮佼佼之上。盖由秉气充强,故愧悔之萌,若不可复立人世,其为耻者大,故其致力者猛也。"相信河北精舍的学子们,听了当地最受尊崇的大吏这番掷地有声、慷慨有味的激励勖勉之言,一定内心怦怦然,慷慨奋发之情油然而生罢。

更重要的是,陈宝箴接下去阐述了他对阳明学的看法,就像陈琢如读阳明书而感到振聋发聩一样,陈宝箴论王阳明学说,也足以让人振聋发聩。且看陈宝箴是如何讲的——

任生廷瑚言："曾读《理学宗传》、《阳明全集》诸书。"两生受业王先生少白之门，故读书知所向往。虽儒者于陆、王不无异议，然论今日救时之敝，当熏心势利、本体汩没之时，苟有绝利一源，真能为佛老之学者，犹当三熏三沐而进之，况陆、王乎。士生正学大明之后，但期读书明理、身体力行，至于毫厘之差，久之自能辨白，而知所归往。①

显然是一位叫任廷瑚的学子，说他读了王阳明的书，陈宝箴当即给予肯定。他当然知道时儒对陆、王之学不无异议，但他说，当"熏心势利、本体汩没"的末俗学风充溢之时，为"救时之敝"，对佛老之学尚且应该"三熏三沐而进之，况陆、王乎"。接着，他对阳明之学的特点和形成过程及朱、陆异同问题，从学理上作了阐述。他说——

究而论之，阳明之学，亦尝从朱子格物入手，故谓："朱子于我，亦有罔极之恩。"其用心之勤苦深至，殊绝于人，如初昏之夕就铁树宫道士讲论达旦，及格庭前竹子七日致疾之类，皆朱子所谓"一棒一条痕，一掴一掌血"者。用力之久，散漫支离，而此民卒无自得之趣。迨谪龙场驿，万山寥寂之中，屏去简编，块然独坐，默证所学，清光大来，遂如子贡然，疑于多学，而识之间隟，闻一贯之旨。此正朱子所云："真积力久，

---

① 陈宝箴：《说学》，《陈宝箴集》下册，中华书局2005年版，第1880页。

豁然贯通之一旦尔。"而阳明顾尝出入佛老，念前此以即物穷理而致疾，今以体认本心而贯通，得鱼忘筌，遂又揭孟子良知之言，以为宗旨，遽与程、朱格致之训分道殊趋。①

至于阳明后学之流于"猖狂自恣"，陈宝箴认为，阳明为学之宗旨虽有启端肇始之责，但综归是"不善学阳明之过"。而"阳明之故背朱子，亦因朱子论'即物穷理'，有'人物之所以成，草木之所以蕃，江河之所以流'等语"，无异"泥于句下"，所以阳明"别立宗义，以告来学，以为可免支离之病"。我们不能不佩服陈宝箴对王学的宗旨意趣阐发得何等透彻，即置诸宋明专学领域，亦难以多赞语词。

通篇《说学》，强调的是为学的"明体达用"，即使是读《四书》、《六经》，最重要的是"精义入神"，而非"字栉句比，考其所不必考，知其所不必知，矜奇炫博以为名，愚耳疲目以为惠"，使圣学落入无用之地。这就是陈宝箴的为学思想和"造士"主张，承继的纯是陈琢如所开启的义宁家学的传统，因而对阳明学大力肯定，也可以说兹篇《说学》不啻为阳明学的辩护书。阳明学还需要辩护吗？不妨看看陈三立因阳明学而发生的一段故事，就思过半了。

陈三立在《湖南巡抚先府君行状》里说："府君学宗张朱，兼治永嘉叶氏、姚江王氏说。"②这一提示至为重要，可以说是帮助

---

① 陈宝箴：《说学》，《陈宝箴集》下册，中华书局2005年版，第1881页。
② 陈三立：《湖南巡抚先府君行状》，《散原精舍诗文集》下册，上海古籍出版社2003年版，第855页。

我们打开义宁之学秘奥的一把钥匙。"学宗张朱",即张横渠和朱元晦之学。叙论学术思想,习惯上总是程朱并提,很少有把张载和朱熹放在一起的。散原之《行状》写于陈宝箴冤死后不久,当时朝野禁声,散原不能不有所顾虑。因为有清一代,极崇程朱,可是散原又不愿意把乃父为学之宗主,直接与程朱联系起来,遂以"学宗张朱,兼治永嘉叶氏、姚江王氏"来加以概括,让人感到陈宝箴的学问路向,"治姚江"（王学）而不失其正。试想,哪有一个有学养的后人,在叙述自己尊人的为学渊源时,会说他父亲在学问上既宗张,又宗朱,又兼治永嘉叶,又兼治姚江王,玩笑也不是这样的开法。以散原之严谨,当然不会如此不伦。明显是出于顾忌,而弱化了右铭为学的真正宗主。右铭为学的宗主,和乃父陈琢如一样,自是意近王学。其实郭嵩焘给陈琢如写墓碑铭,叙及右铭先生之尊人陈琢如特别服膺姚江,还不是陈宝箴提供的材料?提供这种材料,当然反映他本人的学术主张,这也就无怪乎河北任上写《说学》为阳明辩护了。

我在这里想揭出另一个有趣的谜底,即陈三立在学术思想上是否也有一定的旨归?换句话说,他是不是也秉承家风倾向于王学?万没有想到,这个谜底是散原自己为我们揭开的,他在《清故护理陕甘总督甘肃布政使毛公墓志铭》中写道:

> 光绪初,公方壮年,过谒先公长沙。得间,三立偕公寻衡岳,及登祝融峰,遇暴风雨,衣襦沾湿。达僧寺,张镫就饮,倚几纵论,涉学派,三立意向阳明王氏,微不满朱子。公怫然变色,责其谬误,径去而强卧。夜半闻公展转太息声,乃披衣就榻谢之曰:"犹未熟寐耶?顷者语言诚不检,然自揣当不至为叛道

之人，何过虑至此耶？"公不语，微昂首颔之，晨起一笑而解。公虽少戆，然迫切厚我之肫诚逸事类此者，有不能忘。其后获师龙川李先生，遂不复坚持夙昔所见矣。①

这应该是铁证了。散原自己说他在学术问题上"意向阳明王氏"，而且"微不满朱子"，惹得笃守程朱之学的毛庆蕃强卧而不能入睡。但散原并未因此而改变自己的学术主张，倒是毛庆蕃后来改变了自己的为学意向，转而也重视王学。毛氏字君实，是散原的江西同乡，又是"相摩以道义，相输以肝胆"、"终始数十年如一日"②的好友，对散原的学术宗主，虽然毛庆蕃今天无法来做证人，但散原这篇纪念毛公的墓志铭，却可以证实陈三立学术思想的真实取向。郭嵩焘日记中，载有陈宝箴向郭公介绍毛庆藩的身世："三世任四川知县，皆祀名宦。曾祖觉斋先生，习程朱性理之学。"③则又知程朱是毛氏的家学，无怪对陈三立的不满程朱、意向王学作出如此强烈的反应。因此我可以肯定地说，散原与乃父乃祖父一样，也倾向于王学。

这个故事足以证明，陈宝箴为王学辩护的事出有因而又难能可贵。因为王学在中国传统思想的框架里面，不仅有独立性的内涵，而且有反叛性的品格。这一点，陈三立当年向怒不与语的毛公所作

---

① 陈三立：《清故护理陕甘总督甘肃布政使毛公墓志铭》，《散原精舍诗文集》下册，上海古籍出版社2003年版，第1077页。
② 同上，第1075页。
③ 郭嵩焘日记光绪六年五月初八日条，《郭嵩焘日记》，第四册，岳麓书社1983年版，第51页。

解释（"自揣当不至为叛道之人"），可得到反证。其实，陈琢如、陈宝箴、陈三立所代表的义宁之学的特点，所以具有独立不依和截断众流的精神意向，其原因就在这里。至于陈宝箴、陈三立一生的思想行动，是否有过"叛道"或"叛道"的嫌疑，不妨以陈宝箴和陈三立的阅历陶镕和对志行名节的守持来检验一番。

四 陈宝箴的阅历陶镕和志行名节

陈宝箴在《说学》中说："其有志行可称有守、才具可称有为者，皆其资秉过人而又有阅历以陶镕之，是以能稍异于庸众。"此实为右铭所自道也。义宁之学的要义，即在于此点。陈宝箴一生立身行事，一是顾全大局，一是保全自身的人格尊严，始终以气节志行相砥砺。

光绪九年（1883年），正在浙江按察使任上的陈宝箴，因王树汶一案的反复曲折而降调去职。王案发生在光绪五年，河南镇平县胡姓胥吏率众抢劫，案发后以家僮王树汶顶罪。王临刑时喊冤，朝廷于是命河南巡抚李鹤年重审此案，东河总督梅启照会同审理。当时任河北道的陈宝箴参与了复审。中间涉及河南官场弊端，此案后由刑部直接审理，王树汶无罪释放，前此参与审理的官员，包括李鹤年、梅启照，很多受到惩处，时在光绪九年。陈宝箴在此案审理中本非重要角色，故未予处分。但光绪九年六月十五日，左副都御使张佩纶奏请陈宝箴不应放过，诬称右铭"日营营于承审官之门"，企图"弥缝掩饰"，致使宝箴蒙冤，受到降调三级的追加处分。陈宝箴愤而上疏抗辩——

惟恭阅邸抄，署左副都御史张佩纶奏会审臬司豫山及臣应与初次勘转之麟椿议处折，内多臆度，不切事情，其他尚皆不足置辨，至所称臣"浙臬到京之日，正此案提审之时，该升道日营营于承审官之门，弥缝掩饰，不知远嫌，其时即干物议。而陈宝箴果与豫山逍遥法外，同罪异罚"等语，以无为有，信口诋哄。其有关于臣一人之名节，为事甚微，夫系于朝廷之是非，流弊甚大，有不忍隐怙恤已不据实沥陈于君父之前以资兼听者。①

右铭在此抗疏中又说："况臣具有天良，粗知忠孝立身之义，纵涓埃无补，亦惟力矢勿欺，有耻之愚，自盟衾影，而祸福听之在人"、"若张佩纶所奏营营于承审各员之门，弥缝掩饰，臣纵改行易辙、判若两人，亦不应寡廉鲜耻，行同市侩至此"②。最后要求：

为此仰恳天恩简派亲信大臣查传承审此案各员，询明曾否与臣识面，并密先调各该员门簿，核查臣有无到门投刺。如果曾至承审各员之门弥缝掩饰，或各投过一刺，则张佩纶语不虚诳，专为整饬纪纲起见，理合请旨将臣严加治罪，以为昧良巧诈者戒，臣亦当清夜怀惭，无颜独立于天地间矣。否则，法司者天下之平也，是非者朝廷之公也，苟不考事实，凭势恣意变乱，

---

① 陈宝箴：《交卸浙臬篆并沥陈愚悃折》，《陈宝箴集》（汪叔子、张求会编）上册，中华书局2005年版，第2—3页。

② 同上，第3页。

黑白惟其所指，独立之士孰不寒心？伏惟圣鉴，遇言必察两用中，无可淆之是非，亦无不达之幽隐，于以上维国是、下系人民，匹夫匹妇之愚，罔不悉蒙矜鉴。用敢不避斧钺，披沥上陈，无任惶悚感激之至。①

陈宝箴所以敢于如此冒死陈词自辩，既是为了澄清黑白真相，更是为了自身的名节不受玷污。盖右铭视名节为生命，为此倘遭意外亦在所不辞。这和他在《说学》所讲是完全一致的。《说学》是名言和实理，此抗疏是躬行与实践。可惜负责复查审核右铭此案诉的阎敬铭首鼠两端，经过复查，"日营营于承审官之门，弥缝掩饰"的诬词，证明并无此事，"张佩纶所奏自系得自风闻"②。但如何结案，阎敬铭不予建言，以不加可否塞责。致右铭天大冤案未得昭雪，只好蒙冤去官，自我放浪于山水之间。但他的抗疏刊于邸抄，士大夫辗转相传，右铭的志行名节已昭然于天地间。

当时范伯子尚没有与义宁结为儿女亲家，但后来回忆起陈宝箴抗疏一事，曾说："犹记光绪九年得公与学士张君佩纶互讦之稿，壹皆不识，而心袓公也。"③陈宝箴当然心存遗憾，浙江按察使到任不及百日，便遭此人生劫难，素志长才未得一展。他在写给欧阳霖的信中写道："此来到官三月，治事不过百日，有两谳局为之

---

① 陈宝箴：《交卸浙臬篆并沥陈愚悃折》，《陈宝箴集》（汪叔子、张求会编）上册，中华书局2005年版，第3—4页。

② 阎敬铭：《遵旨查明陈宝箴参款折》，《陈宝箴集》上册，中华书局2005年版，第5—6页。

③ 范伯子：《故湖南巡抚义宁陈公墓志铭》，《范伯子诗文集》，上海古籍出版社2003年版，第522页。

研究，宜可卧治，而硁硁偏衷，缪欲躬劳怨以先僚属，凛藏身不恕之戒，所自谳决四十余狱，日皇皇如不暇给，他率皆是，虽僚友、士民浮誉日起，淡远如祁子和学使，亦缪谓'天下从未见此臬司'。"①可见右铭在浙省任上是何等辛勤忙碌而又举重若轻，治绩为同僚士民所称赏，许为天下从未见过的臬司；而右铭却谦谨平易似无减无增。以右铭的才学阅历，苟得一展怀抱之机缘，他必然如此。然而他被迫离任了，尽管感受到了"无官一身轻"的"亲切有味"，但遗憾只能藏在心里。幸好此次在杭，认识了"西湖佳处"的"真面目"②，亦不失劳形之外之一得。

这次蒙冤，恰值右铭五十一岁的盛年，七年之后复职，已经五十九岁了。其所作《长沙秋兴八首用杜韵》之五："五里浓云九里山，难消氛梫有无间。鸣嗷鹿铤同栖莽，狗盗鸡鸣已脱关。笑我蹉跎成白发，愧人谣诼说红颜。漫嗟骐骥间秋草，款段犹随伏马班。"③颇能显示右铭此时的心境。失去了官职，却保全了名节，历练了人格。但长期赋闲，眼看鸡鸣狗盗之徒都得到升迁，难免生颓唐之感。但右铭尊人琢如公临终时写给他的箴铭"成德起自困穷，败身多因得志"，他不会忘记。

1895年中日《马关条约》签订，当时在天津任粮台的右铭先生，闻讯后痛哭失声，说："这已经不像个国家了。"听说代表清廷签署丧权辱国条约的李鸿章，回国后还要在天津留任总督，陈宝

---

① 陈宝箴：《致欧阳润生书（稿）》，《陈宝箴集》下册，中华书局2005年版，第1648页。
② 同上。
③ 陈宝箴：《长沙秋兴八首用杜韵》之五，《陈宝箴集》下册，中华书局2005年版，第1967页。

箴说："他早晨回来，我晚上就挂冠而去！"并说："勋旧大臣如李公，首当其难，极知不堪战，当投阙沥血自陈，争以生死去就，如是十可七八回圣听。今猬塞责，望谤议，举中国之大、宗社之重，悬孤注，戏付一掷，大臣均休戚，所自处宁有是耶？其世所蔽罪李公，吾盖未暇为李公罪矣。"①从而拒不与李鸿章见面。诚如识者所言，甲午之败是不该战而战，而且之败，因此尤堪哀痛。而早在1860年会试留京师期间，英法联军火烧圆明园，右铭饮于酒肆，遥见火光，不觉槌案痛哭，举座为之震惊②。这些地方，都表现出义宁之学的得其大体、气节凛然而又独立不依的精神。郭嵩焘概括陈宝箴为人治事的特点："其自视经营天下，蓄之方寸而发于事业，以曲当于人心，固自其素定也。艰难盘错，应机立断，独喜自负。"③自是知者之评。

义宁之学的气节操守和为人为学独立精神，还表现在论学论治不参杂党派成见。陈三立说："府君独知时变所当为而已，不复较孰为新旧，尤无所谓新党旧党之见。"④这些，对后来的史学家陈寅恪流品与风格的形成，有直接的影响。盖因党派之见，无非私见，而豪杰志士、学者之怀，在存乎公心。我们看右铭、散原、寅恪，何时因个体之私而与人与事？陈宝箴在湖北按察使任上，总督张之洞与湖北巡抚谭继洵不相得，但对陈宝箴都格外倚重。遇有

---

① 陈三立：《湖南巡抚先府君行状》，《散原精舍诗文集》下册，上海古籍出版社2003年版，第852页。
② 同上，第846页。
③ 郭嵩焘：《送陈右铭廉访序》，《郭嵩焘诗文集》，岳麓书社1984年版，第278页。
④ 陈三立：《湖南巡抚先府君行状》，《散原精舍诗文集》下册，上海古籍出版社2003年版，第855页。

处理事情失当之处，右铭总是据理力争，使有芥蒂的双方均感信服[①]。有一次因襄阳知县的任用，张、谭发生分歧，张提出朱某，谭主张用张某，使得职掌按察使和布政使两司的陈宝箴左右为难，于是挂出两张告示牌，出个洋相给大家看。武昌知府李有棻请人提醒这样做不好，右铭说："督抚目无两司久矣，吾欲使知两司亦未可侮也。"[②]后来撤销张之洞的提名。按清朝的官制，藩台、臬台（两司）是省衙专管人事和司法的部门，右铭的抗争有维护责权的意思，有益于建立正常的吏治秩序。

五 义宁之学的诗学传统

研究陈寅恪的家学渊源，还必须讲到义宁之学的诗学传统。义宁陈氏一族，从陈宝箴开始，到陈三立以及三立诸子，全部能诗。陈三立是晚清诗坛"同光体"的执牛耳者，是近代的大诗人，世人所能知，本书相关章节亦时有所论，此处暂不详及，兹主要探讨陈宝箴的诗文修养和诗学风格。

陈宝箴不以诗人名，但他的诗文置诸晚清文苑，似可用高标狷峻、独树一帜来形容。今《陈宝箴集》所收之右铭诗文，各体文约八十余篇，诗三十余首，此外尚有数量更大的书信和奏章。前面我们已经欣赏了《上江西沈中丞书》、《说学》、《交卸浙臬篆并沥陈愚悃折》和《致欧阳润生书》等篇，其论说、章奏和书信三

[①] 陈三立：《湖南巡抚先府君行状》，《散原精舍诗文集》下册，上海古籍出版社2003年版，第8551页。

[②] 马叙伦：《石屋余沈》"陈宝箴能举其职"条，上海书店1984年版，第173页。

体文字的风致特点，已有所晤识。其识见高超、学理明通、论事剀切、文气充贯自不必说，更主要是廓然大公、一意以家国天下为己任的情操气节充溢于字里行间。晚年的曾国藩读了右铭的一册文稿，评为："骏快激昂，有陈同甫、叶水心之风。"① 可谓一语中的，不愧是文章泰斗、赏析大家之评。曾公点明右铭文宗陈、叶，亦可见其为学之渊源所自。而"骏快激昂"的四字评，陈宝箴文体风格的特点概括无遗矣。桐城方宗诚的评语是："作者不沾沾于文，而自光明俊伟，气骨铮铮。论事文尤佳，最善于立言之体，叙忠节事尤有生气，此自性分所出也。"② 亦不失为的评。郭嵩焘看了右铭的奏、议、书、牍、序、传等各体文章三十余篇，总的评价是："右铭十余年踪迹，与其学术志行，略具于斯。其才气诚不可一世，而论事理曲折，心平气夷，虑之周而见之远，又足见其所学之邃也。"③

至其诗歌，虽流传下来的只有三十多首，然风格高古，意态从容，一派不可一世的大家气象，大有汉魏余绪。如《吴城舟中寄酬李芋仙》第二首：

  相逢冠剑走风尘，十载论交老更亲。
  诗有仙心宜不死，天生风骨合长贫。
  本来温饱非吾辈，未必浮沉累此身。

---

① 曾国藩：《复陈宝箴》，《曾国藩全集》第29册"书信"第九，岳麓书社1994年版，第6783页。
② 《陈宝箴集》下册，中华书局2005年版，第1842页。
③ 同上，第1843页。

官职声名聊复尔，秋风容易长鱼蓴。①

  此诗的颔联"诗有仙心宜不死，天生风骨合长贫"句，不仅对仗工，意趣亦深醇隽永，既写出了诗人的性格节操，又抒发了理想怀抱。又如也是与李芋仙有关的《入都过章门》两绝句，其一作："妙墨重劳品藻工，涛声万壑隐穹窿。良材偃蹇天应惜，肯作寻常爨下桐。"其二为："岁寒不改真吾友，拔地干霄傍碧空。旧雨不来庭宇静，虬龙日夜起秋风。"②都是抒写怀抱的大气象、大手笔之作。而歌行体的《洛阳女儿行》、《易笏山出都将为从军之行作长歌以送之》、《湘中送胡筱筠大令解组归义宁》，纯是唐风唐韵、太白遗风。特别《长沙秋兴八首用杜韵》，沉郁苍茫，忧肠百结，寄托遥深，斯足以长太息者矣。此题之第五首前已征引，余如第二首颔联："岳麓有情还绕廓，湘源何处可乘槎"、第三首之五至八句："只觉英才为世累，不图前席与心违。茫茫绛灌知何限，相者从来但举肥"、第八首之颈联："江山灵秀供题赏，翼轸星文看转移"③等，俱为诗眼点睛之句，见出右铭宁可困顿无着也不肯违心敷衍的志节特操。

  右铭尤善五古，代表作是《侨寓湘中六十初度避客入山咏怀》，共六首，作于光绪十六年（1890年）正月，时值右铭六十初度，即将离开湖南赴湖北按察使任，故有是感。恰好我们的大史学

---

① 《陈宝箴集》下册，中华书局2005年版，第1843页。
② 同上，第1964页。
③ 陈宝箴：《长沙秋兴八首用杜韵》，《陈宝箴集》下册，中华书局2005年版，第1966—1967页。

家陈寅恪，即诞生于是年的五月十七日，也许并非巧合也。斯六首《咏怀》，可作为陈宝箴一甲子的经历、怀抱、际遇、感悟的诗史来看。其第一首，感慨四季递嬗，流光易逝，通达富贵，过眼云烟，人生短促，蘷蘷何求，是悟透人生的证道导引。其第二首，追溯自己"少壮迫寇难，穷走困饥寒"的身世，以及为了济世救世所走的艰难崎岖之路，六十年过去，屡经挫折，仍未见用。其第三首，写自己的万丈豪气，也曾在湘省在河南武陟一试牛刀，不无小小的怀抱舒展。其第四首，再写人才跋涉之难，不管手中有多少济世良方，反而可能受人讪笑，因为"豢龙人"太少了。本来浙江按察使一职应该是一试锋芒的机缘，而且开局那样成功，不料落得个连封赏的根基都失去了的下场。是非得失有何好说，还是守着妻小过在水上漂洗棉絮的日子罢。其第五首，追忆曾国藩出山与太平军作战的壮烈时刻，天下英才齐来曾幕，"湘乡驾群才，采干岩林空"、"由来昆仑凤，高栖择梧桐"。如此人才鼎盛的局面，还有出现的可能吗？其最后的第六首，索性连声誉、功名、文章、载籍、是非、得失，一起掀开底蕴，写道——

    穷儒强解事，借口后世名。
    后世乃为谁？遽足为重轻。
    古籍汗牛马，糟粕非精英。
    何况挟爱憎，是非汩其情。
    丰碑既多愧，薄俗尤相倾。
    文字亦俳优，小技安足逞。
    太元覆酱瓿，幸有侯芭生。
    秦人吏为师，何者是六经。

>更阅千万岁,禽鸟亦双声。
>人生本自得,吾心有亏成。
>幽人葆灵台,清光耿霄雯。
>但看天汉上,乃识严君平。[1]

我们的右铭看来是彻底看破世情了。不是吗?所谓人要在乎身后的名声,不过是儒者的说辞而已,"后世"是谁?"后世"在哪里?谁来衡量孰轻孰重?中国的古代载籍当然很多,汗牛充栋不足以形容,但很多都是糟粕。何况那些载籍的作者把个人的爱憎参杂其中,是非已经被情感所汩没。因此称为丰碑的,不见得无所愧,世俗的习惯远比历史真实为大。而文章一途,不过是雕虫小技,自然无所施其技。至于汉代扬雄的"玄之又玄"的《太玄经》,他的同时代大儒刘歆早就直言不讳地说了:现在利禄在前,学者们尚且不明白《易经》,阁下的《玄》,谁能懂得?你不是白受苦吗?我担心后来的人会把它当作装酱的瓦罐而已。不过右铭说,扬雄也许不无幸运,毕竟有一位河北巨鹿的后生名侯芭者,和他住在一起,喜欢听他谈玄。"六经"的重要不必说了,可是秦人"以吏为师","六经"还有地位吗?"禽鸟"两个字,"禽"的声母是"其","鸟"的声母是"尼",不是双声,但过了千百年之后,也许会变成双声也说不定。看来人生最重要的,是在于"自得",在于问心亏不亏。这一点只有靠天地神明来做证了。不妨看看天上

---

[1] 陈宝箴:《侨寓湘中六十初度避客入山咏怀》,《陈宝箴集》下册,中华书局2005年版,第1972页。

的银河，那是像自己的父母对待子女一样公平的。

就要赴湖北按察使的重任了，然而陈宝箴回思一生经历，并没有感到些许欢欣，而是充满空幻。本来嘛，这个职务，早在八年前他就得到了，仅三个月，就因"王树汶案"蒙冤而"茅土裂"。这次是到湖广总督张之洞的治下，结果如何亦甚难言也。我敢说，此《侨寓湘中六十初度避客入山咏怀》五古六首，置诸晚清诗坛，也是上乘之作。

另有五言古风《蝇》，三十四句，描摹群蝇成阵、染鼎逐臭的各种形态，并提出灭蝇的方法，期望能够安枕酣眠，最后以"乃知天壤间，实繁蝇与蠹"为结，颇似一篇寓言[1]。诚如范肯堂在陈宝箴《墓志铭》中所说："公于诗文果不多为，为则精粹有法。"[2]这从他的诗学主张中也可以看出来，其《书垫侄诗卷》写道：

> 诗言志，志超流俗，诗不求佳，然志高矣。又当俯仰古今，读书尚友，涵养性情，有悠然自得之致。绵渺悱恻，不能自已，然后感于物而有言，言之又足以感人也。后世饰其鞶帨，类多无本之言，故曰雕虫篆刻，壮夫不为。然即以诗论，亦必浸淫坟籍，含英咀华，以相输灌。探源汉魏，涉猎唐宋人，于作者骨骼神韵，具有心得，然后执笔为之，不见陋于大雅之林矣。今侄且无肆力于诗，且先肆力于学。以侄之聪明才能，摆脱一切流俗之见，高著眼孔，拓开心胸，日为古人为徒，即以古人

---

[1] 陈宝箴：《蝇》，《陈宝箴集》下册，中华书局2005年版，第1965—1966页。
[2] 范伯子：《故湖南巡抚义宁陈公墓志铭》，《范伯子诗文集》，上海古籍出版社2003年版，第524页。

自待,毋自菲薄,毋或怠荒,他日德业事功,皆当卓有成就。以此发为诗文,如万斛泉源,不择地而涌矣。况不必以词章小道,与专门名家者争优劣耶。子夏曰:"虽小道,必有可观者焉。致远恐泥。"闻侄渐留意于书画笔墨之间,而未知向学,故书此以广所志,勉旃勉旃。①

这无疑是一篇完整的诗论,从中可以见出,高古尚实,脱却流俗,感而后言,而又要以学问为基底,是右铭先生的诗歌主张,同时也是他本人词章的特点。而"日为古人为徒,即以古人自待"的规箴,与乃父陈琢如关于为学为人须"抗心古贤者,追而蹑之"的知行观,如出一辙。

明白了义宁之学的渊源与宗主,我们就不会奇怪陈氏父子何以能够成为戊戌维新的主要角色,以及为造就日后的大史学家提供了怎样合适的家族传世之学的思想土壤。

(载《中国学术》2002年第3期)

---

① 陈宝箴:《书塾侄诗卷》,《陈宝箴集》下册,中华书局2005年版,第1841—1842页。

陈寅恪学术思想的精神义谛

我不认为现在已经有了什么"陈寅恪热"。但近年学术界、文化界越来越多的人开始注意到陈寅恪其人其学,这个特指名词的报刊引用频率日见增多,则是事实。不过迄今为止我们对这位大史学家的了解还有限得很,对他的学术创获、学术贡献和学术精神尚缺乏深在的研究。下面,以平日研习所得,对义宁之学的精神义谛稍作分疏。

一 陈寅恪是最具独立精神最有现代意识的历史学者

陈寅恪的学术精神的旨归,就是他一生之中一再表述的"独立之精神,自由之思想"。1929年,他在《清华大学王观堂先生纪念碑铭》中,最早提出这一思想。他在碑铭中写道:"士之读书治学,盖将以脱心志于俗谛之桎梏,真理因得以发扬。思想而不自由,毋宁死耳。斯古今仁圣所同殉之精义,夫岂庸鄙之敢望。先生以一死见其独立自由之意志,非所论于一人之恩怨,一姓之兴亡。"[①]王国维1927年6月2日自沉于颐和园之昆明湖鱼藻轩,是

---

① 陈寅恪:《清华大学王观堂先生纪念碑铭》,《金明馆丛稿二编》,三联书店2001年版,第246页。

二十世纪学术思想史上的大事，百年以降，异说异是，不胜纷纭。岂知寅恪先生在观堂逝后的第二年，就以为追寻"独立自由之意志"而"殉之精义"，对此一课题给以正解。事过二十四年，也就是1953年寅恪先生在撰写《论再生缘》一书时，又提出：

> 撰述长篇之排律骈体，内容繁复，如弹词之体者，苟无灵活自由之思想，以运用贯通于其间，则千言万语，尽成堆砌之死句，即有真情实感，亦堕世俗之见矣。不独梁氏如是，其他如邱心如辈，亦莫不如是。《再生缘》一书，在弹词体中，所以独胜者，实由于端生之自由活泼思想，能运用其对偶韵律之词语，有以致之也。故无自由之思想，则无优美之文学，举此一例，可概其余。此易见之真理，世人竟不知之，可谓愚不可及矣。①

《再生缘》在弹词体小说中所以一枝独秀，寅恪先生认为原因非他，而是由于其作者陈端生具有自由活泼之思想，并引申为论，提出"无自由之思想，则无优美之文学"的绝大判断。

而1954年通过《柳如是别传》一书的撰写，陈寅恪把"独立之精神，自由之思想"升华到吾民族精神元质的高度。也可以说《别传》的历史写作的宗趣就在于此。所以他在《别传》的《缘起》章里郑重写道："盖牧斋博通文史，旁涉梵夹道藏，寅恪平生才识学问固远不逮昔贤，而研治领域，则有约略近似之处。岂意匪独牧翁

---

① 陈寅恪：《论再生缘》，《寒柳堂集》，三联书店2001年版，第73页。

之高文雅什,多不得其解,即河东君之清词丽句,亦有瞠目结舌,不知所云者。始知禀鲁钝之资,挟鄙陋之学,而欲尚论女侠明姝、文宗国士于三百年之前,诚太不自量矣。虽然,披寻钱柳之篇什于残阙毁禁之余,往往窥见其孤怀遗恨,有可以令人感泣不能自已者焉。夫三户亡秦之志,九章哀郢之辞,即发自当日之士大夫,犹应珍惜引申,以表彰我民族独立之精神,自由之思想。何况出于婉娈倚门之少女,绸缪鼓瑟之小妇,而又为当时迂腐者所深诋,后世轻薄者所厚诬之人哉!"①则《柳如是别传》一书的思想题旨,寅恪先生已秉笔直书,即欲"表彰我民族独立之精神,自由之思想"。

特别是1953年与汪篯的谈话,陈寅恪把"独立之精神,自由之思想"的义谛,表述得更为直接,更加不容置疑。这就是有名的《对科学院的答复》。他往昔的学生汪篯受命前来广州,试图说服老师不拒绝科学院的邀请,能够北上就任历史第二所所长之职。寅恪先生未能让弟子如愿,反而出了一个天大的"难题"——如果让他屈就,他说需要有两个条件:"第一条"是"允许中古史研究所不宗奉马列主义,并不学习政治";"第二条"是"请毛公或刘公给一允许证明书,以作挡箭牌"。而所以如此,他是觉得唯有这样做,他的学术精神才能够得以坚持。他说:

> 我认为研究学术,最主要的是要具有自由的意志和独立的精神。所以我说"士之读书治学,盖将以脱心志于俗谛之桎梏"。"俗谛"在当时即指三民主义而言。必须脱掉"俗谛之桎梏",

---

① 陈寅恪:《柳如是别传》(上)第一章"缘起",三联书店2001年版,第4—5页。

真理才能发挥,受"俗谛之桎梏",没有自由思想,没有独立精神,即不能发扬真理,即不能研究学术。学说有无错误,这是可以商量的,我对于王国维即是如此。王国维的学说中,也有错的,如关于蒙古史上的一些问题,我认为就可以商量。我的学说也有错误,也可以商量,个人之间的争吵,不必芥蒂。我、你都应该如此。我写王国维诗,中间骂了梁任公,给梁任公看,梁任公只笑了笑,不以为芥蒂。我对胡适也骂过。但对于独立精神,自由思想,我认为是最重要的,所以我说"惟此独立之精神,自由之思想,历千万祀,与天壤而同久,共三光而永光"。我认为王国维之死,不关与罗振玉之恩怨,不关满清之灭亡,其一死乃以见其独立自由之意志。独立精神和自由意志是必须争的,且须以生死力争。正如碑文所示,"思想而不自由,毋宁死耳。斯古今仁贤所同殉之精义,其岂庸鄙之敢望"。一切都是小事,惟此是大事。碑文中所持之宗旨,至今并未改易。①

"没有自由思想,没有独立精神,即不能发扬真理,即不能研究学术","一切都是小事,惟此是大事",他说得再清楚不过了。通观五十年代以后的中国思想学术界,在中国现代学人之中,没有第二人,能够像陈寅恪这样,把为学的这种精神义谛保持到如此的强度和纯度。

---

① 引自陆键东:《陈寅恪的最后20年》,三联书店1995年版,第111—112页。

二 陈寅恪的基本文化态度是不忘记本来民族之地位

陈寅恪在为冯友兰的《中国哲学史》下册撰写审查报告时说得明白："窃疑中国自今日以后，即使能忠实输入北美或东欧之思想，其结局当亦等于玄奘唯识之学，在吾国思想史上，既不能居最高之地位，且亦终归于歇绝者。其真能于思想上自成系统，有所创获者，必须一方面吸收输入外来之学说，一方面不忘本来民族之地位。此二种相反而适相成之态度，乃道教之真精神，新儒家之旧途径，而二千年吾民族与他民族思想接触史之所昭示者也。"[1]这是陈寅恪在深入研究几千年中西文化交通之历史之后，得出的不容移易的结论。

外来之学说，只有与本民族的思想文化传统结合起来，才能更好地发用。佛教传入中国的过程是其显例。佛教一变而为禅宗，二变而实现宋代的思想大合流，经由本土儒学、道教的思想、佛教之禅宗三者化合而成为理学。宋之濂、洛、关、闽诸大儒，秉持的已不是先秦、两汉之儒学，而是有佛、道参与其间的新的儒学。寅老所谓"新儒家之旧途径"，即本此一义谛。而玄奘唯识之学的后不为继，其主因就是没有"经过国人吸收改造之过程"。因此寅恪先生颇怀疑输入北美的思想或者东欧的思想，如果与"本来民族之地位"相游离，而不"经过国人吸收改造之过程"，即使是"忠实"地输入，也未必获致预期的效果。他甚至将此种情形与玄奘唯识之学在中国思想史上的处境加以比较，从而对其终局作出并不乐观的估量。

---

[1] 陈寅恪：《金明馆丛稿二编》，三联书店2001年版，第284页。

1961年8月30日，吴宓赴广州探望陈寅恪，两位老友相见甚欢。据当天吴宓日记的记载，陈寅恪明确表示中国在国际关系上不应"一边倒"。他说："必须保有中华民族之独立与自由，而后可言政治与文化。"[①]则又与三十年前《审查报告》之所言如出一辙。寅老立此一义谛，如今距《审查报告》已过去七十余年，距陈吴之会也有四十五年之遥，证验与否，知者知之，不知者不知。

三 陈寅恪的主要文化理念是文化高于种族

陈寅恪是史学家，也是文化学者。种族与文化问题，是他向来所关注的学术大课题。1940年撰写的《隋唐制度渊源略论稿》和1942年撰写的《唐代政治史述论稿》两书，于此一义谛发挥最为详尽。

隋唐直承魏晋南北朝，寅恪先生认为其制度之渊源有三：一为北魏、北齐，二为梁、陈，三为西魏和周。而北魏、北齐一源，直接涉及胡化和汉化问题。北魏是鲜卑族建立的政权，孝文帝拓跋宏锐意改革，语言、服饰、典制，一例以汉化为尚，虽遭鲜卑旧部反对，亦无退缩。其中尤以将首都自平城迁往洛阳一举，最为关键。此一过程，种族之矛盾固有，文化之冲突更为激烈。曾参与孝文律令改革的源怀，本来是鲜卑秃发人，但当其孙源师以看见龙星为理由，请为祭祀，当时的宠臣高阿那肱却斥责他说："汉儿多事，强知星宿，祭事不行。"对此一事件，《通鉴胡注》写道："诸源本出

[①] 《吴宓日记续编》第五册（1961—1962），三联书店2006年版，第160、163页。

于鲜卑秃发,高氏生长于鲜卑,未尝以为讳,鲜卑遂自谓贵种,率谓华人为汉儿,率污诟之。诸源世仕魏朝贵显,习知典礼,遂有雩祭之请,冀以取重,乃以取诟。"寅恪先生详引上述史料,得出结论说:

> 源氏虽出河西戎类,然其家族深染汉化,源怀之参议律令尤可注意,观高阿那肱之斥源师为汉儿一事,可证北朝胡汉之分,不在种族,而在文化,其事彰彰甚明,实为论史之关要。①

此义经论述北魏洛阳新都的建筑风格,以及东魏邺都南城和隋代的大兴(即唐之长安)所受之文化影响,然后寅老复申前此关于种族与文化的义谛:"故修建邺都南城之高隆之为汉种,计划大兴新都之宇文恺为胡族,种族纵殊,性质或别,但同为北魏洛都文化系统之继承人及摹拟者,则无少异。总而言之,全部北朝史中凡关于胡汉之问题,实一胡化汉化之问题,而非胡种汉种之问题,当时之所谓胡人汉人,大抵以胡化汉化而不以胡种汉种为分别,即文化之关系较重而种族之关系较轻,所谓有教无类者是也。"②而随后在证论高隆之对营建邺都所起的作用时,又续为申说:"观于主持营构者高隆之一传,即知东魏及高齐之邺都之新构,乃全袭北魏太和洛阳之旧规,无复种族性质之问题,直是文化系统之关系,事实显著,不待详论也。"③

---

① 陈寅恪:《隋唐制度渊源略论稿》,三联书店2001年版,第46页。
② 同上,第79页。
③ 同上,第80页。

至于《唐代政治史述论稿》一书，开篇就援引朱子的言论："唐源流出于夷狄，故闺门失礼之事不以为异。"据此则提出："朱子之语颇为简略，其意未能详知。然即此简略之语句亦含有种族及文化二问题。"①而在论述唐中叶的安史之乱时，寅恪先生旋又以种族与文化的观点来诠释相关的人物，指出"唐代安史乱后之世局，凡河朔及其他藩镇与中央政府之问题，其核心实属种族文化之关系也"②。他颇怀疑神州东北一隅的河朔地区是"一混杂之胡化区域"，里面汉化之胡人和胡化之汉人，同时并存。所以必柘羯与突厥合种之安禄山，始得为"此复杂胡族方隅之主将"。直到晚年撰写《柳如是别传》，寅恪先生还念念不忘他探究隋唐制度渊源得出的这一关乎种族与文化的结论。因探寻钱牧斋陷入黄毓祺逆案而得免其死的因由，涉及辽东佟氏一族之家世及所受满汉文化的熏习影响，他重提旧案，再一次申论前说，认为在种族与文化的问题上，文化比种族要重要得多，并且对已往的研究作了一番梳理回顾：

> 寅恪尝论北朝胡汉之分，在文化而不在种族。论江东少数民族，标举圣人"有教无类"之义。论唐代帝系虽源出于北朝文化高门之赵郡李氏，但李虎、李渊之先世，则为赵郡李氏中，偏于勇武，文化不深之一支。论唐代河北藩镇，实是一胡化集团，所以长安政府始终不能收复。今论明清之际佟养性及卜年

---

① 陈寅恪：《唐代政治史述论稿》，三联书店2001年版，第183页。
② 同上，第212页。

事，亦犹斯意。[①]

由此可见陈寅恪的文化高于种族的观点，具有前后相通的一贯性，是深研中古史事的积年所得，而非披寻感发的偶然之见。他阐发的此一义谛，其要义是在于强调不同民族的同化与共存，主张文化可以超越种族，这在今天仍不失积极之义涵。

四 陈寅恪从根本上说是一位贵族史家

明乎此，我们方有可能对他的立身行事表一种了解之同情。谁能够设想，一位大学问家由于未能看到一场昆剧演出就会大发雷霆呢？然而这样的事情恰恰发生在陈寅恪身上。那是1962年，由俞振飞、言慧珠领班的上海京剧团赴香港演出，回程过广州加演四场，其中一场是专为政要和名流献艺。有陈寅恪的票，但当他拿到时，演出时间已过去好几天。他愤怒了。没有人描述过发怒的具体情形，但这个故事或者说事件，下至中山大学的教授和校方管理者，上至粤省最高领导，无不知悉。以至于后来国家动乱期间还有人以此构陷陈寅恪。在物质和精神同陷贫瘠的六十年代初，能够有意外的机缘观赏昆剧名伶的演出，对一般的知识人士而言，也不啻幸运之星的降临，何况一生苦嗜京昆的寅恪先生，为不该丧失而丧失的机缘而懊恼，自是情理之常。但懊恼和大发雷霆是不同的两回事。不仅仅是对待学者的态度引起的反应，还有寅恪的世家子弟的身份赋予他与生俱来的对自我尊严

[①] 陈寅恪：《柳如是别传》下册，三联书店2001年版，第1002页。

的维护。

陈寅恪出身于晚清世家,他的祖父陈宝箴是1895至1898年的湖南巡抚,无论曾国藩、李鸿章,还是张之洞、郭嵩焘、王文韶等晚清大吏,无不对其投以青睐。而他的尊人陈三立,是同光诗坛的巨擘,襄助乃父推行湘省新政的翩翩佳公子。诚如吴宓所说:"先生一家三世,宓夙敬佩,尊之为中国近世之模范人家。盖右铭公受知于曾文正,为维新事业之前导及中心人物,而又深湛中国礼教,德行具有根本;故谋国施政,忠而不私,知通知变而不夸诬矜噪,为晚清大吏中之麟凤。先生父子,秉清纯之门风,学问识解,惟取其上,而无锦衣纨绔之习,所谓'文化之贵族'。"[①]

正是这一特殊身份决定了陈寅恪的贵族史家的立场。

所以当1902年寅恪随长兄陈师曾游学东瀛路过上海时,遇到支持中国变法的李提摩太教士,李用华语对陈氏兄弟说:"君等世家子弟,能东游甚善。"四十年后寅恪卧病英国伦敦医院治眼疾,听读熊式一的英文小说,叙及李提摩太戊戌上书光绪皇帝事,不禁发为感慨,作七律一首:

> 沈沈夜漏绝尘哗,听读佉卢百感加。
> 故国华胥犹记梦,旧时王谢早无家。
> 文章瀛海娱衰病,消息神州竞鼓笳。
> 万里乾坤迷去住,词人终古泣天涯。

[①] 吴宓:《读散原精舍诗笔记》,北京大学中国传统文化研究中心编:《国学研究》第1卷,第550页。

此诗的题目极长，为《乙酉冬夜卧病英伦医院，听人读熊式一君著英文小说名〈天桥〉者，中述光绪戊戌李提摩太上书事。忆壬寅春随先兄师曾等东游日本，遇李教士于上海，教士作华语曰："君等世家子弟，能东游甚善。"故诗中及之，非敢以乌衣巷故事自况也》①。观诗题引李提摩太"君等世家子弟"语及诗中"旧时王谢早无家"句，可以看出寅恪对自己家世的重视与怀恋。虽然，他从来不曾夸饰自己的世家身份，晚年撰写《寒柳堂记梦未定稿》，特申此义于弁言之中："寅恪幼时读《中庸》至'衣锦尚絅，恶其文之著也'一节，即铭刻于胸臆。父执姻亲多为当时胜流，但不甘冒昧谒见。偶以机缘，得接其风采，聆其言论，默而识之，但终有限度。"②即《乙酉冬夜卧病英伦医院》诗题里面，也不忘声明"非敢以乌衣巷故事自况也"。

然而他的特殊的家世身份给予他的影响，还是像烙印一样反映在诸多方面。他看人论事，格外重视门第出身。不是蓄意了解选择，而是不自觉地与出身高门者有一种文化上的亲近感。最明显的是他的择偶。陈夫人唐筼，系故台湾巡抚唐景崧的孙女，寅恪晚年对此一姻缘过程叙之甚详。他写道：

> 寅恪少时，自揣能力薄弱，复体屡多病，深恐累及他人，故游学东西，年至壮岁，尚未婚娶。先君先母虽累加催促，然

---

① 陈寅恪：《诗集》，三联书店2001年版，第55页。
② 陈寅恪：《寒柳堂记梦未定稿》，《寒柳堂集》，三联书店2001年版，第187页。

未敢承命也。后来由德还国,应清华大学之聘。其时先母已逝世。先君厉声曰:"尔若不娶,吾即代尔聘定。"寅恪乃请稍缓。先君许之。乃至清华,同事中偶语及:见一女教师壁悬一诗幅,末署"南注生"。寅恪惊曰:"此人必灌阳唐公景崧之孙女也。"盖寅恪曾读唐公请缨日记。又亲友当马关中日和约割台湾于日本时,多在台佐唐公独立,故其家世知之尤谂。因冒昧造访。未几,遂定偕老之约。[1]

寅恪先生择偶的经过,充分说明家世的因素在他心目中占有何等分量。不是见婚姻对象而钟情,而是因其家世而属意;而且终生相濡以沫,白头偕老,也算人生的异数了。而那轴署名"南注生"的诗幅,便成了他们定情的信物,伴随他们度过一生。当1966年的端午节寅恪先生为纪念这段人生奇缘,对诗幅重新作了装裱,并题绝句四首,其中第二首为:"当时诗幅偶然悬,因结同心悟夙缘。果剩一枝无用笔,饱濡铅泪记桑田。"[2]陈寅恪与唐筼1928年农历七月十七在上海结缡,四十一年后的1969年农历八月二十六寅恪先生逝世,四十六天后的同年农历十月十二唐筼先生亦逝。我们晚生后学能不为他们因家世出身而偶然相遇并结同心的姻缘称贺感叹吗?

陆键东先生的《陈寅恪的最后20年》一书的一大贡献,是他经过近乎人类学者进行田野调查般的取证,对陈寅恪晚年所处文化环境之真相作了一次历史的重构。他复活了寅老身边的一些不为人所

---

[1] 陈寅恪:《寒柳堂记梦未定稿》,《寒柳堂集》,三联书店2001年版,第236页。
[2] 同上,第237页。

知的人物。冼玉清、黄萱、高守真这三位曾经给晚年的陈寅恪以精神慰安的"奇女子",她们的家世都不无来历。黄萱为一华侨富商的女儿,冼玉清教授是被散原老人评为"澹雅疏朗,秀骨亭亭,不假雕饰,自饶机趣"[①]的女诗人,有《碧琅玕馆诗稿》之作,"碧琅玕馆"的斋名就是陈三立所题,高守真的父亲则是香港一位通晓近代掌故的名流。

前论寅老的文化高于种族的学说,多见于《隋唐制度渊源略论稿》和《唐代政治史述论稿》,其实此两书的另一文化观点,是强调地域和家世的作用。陈寅恪先生对中国学术史有一重要假设,即认为汉以后学校制度废弛,学术中心逐渐转移到家族。但"家族复限于地域",所以他主张:"魏、晋、南北朝之学术、宗教皆与家族、地域两点不可分离。"[②]而家族所起的作用在于:"士族之特点既在其门风之优美,不同于凡庶,而优美之门风实基于学业之因袭。"[③]换言之,中国传统社会的文化传承,家族是一重要渠道,其出自学养厚积的家族的人物,才性与德传必有最大限度的融和,故寅恪先生与此一类人物有一种前缘夙契的亲近感,就不是偶然之事了。

五 陈寅恪是学术奇迹的创造者

1945年下半年,陈寅恪先生的双目即已失明,此后三十余年的

[①] 转引自陆键东:《陈寅恪的最后20年》,三联书店1995年版,第43页。
[②] 陈寅恪:《隋唐制度渊源略论稿》,三联书店2001年版,第20页。
[③] 陈寅恪:《唐代政治史述论稿》,三联书店2001年版,第260页。

著述，都是在目盲体衰的极端困难的情况下完成的。特别是《论再生缘》和《柳如是别传》两部杰构，总共近百万言，全部都是经他口授而由助手黄萱笔录而成。如果说世界上有什么奇迹的话，这应该是一个奇迹。古希腊的诗人荷马据说是位盲人，但诗歌创作不同于学术著作，即使是讲述历史故事的英雄史诗，与史学著作也迥然有别。太史公"左丘失明，厥有《国语》"之说，固然也，但史述与研究著作亦应有别。盖撰写以研究人物和历史事变为主线的史学著作，必须凭借经过甄别的历史资料和考信为实的他者的叙述，来证实并复原当时当地的历史文化结构。这方面，寅老典籍之熟、记诵之博，回观二十世纪的文史学界，似少可并俦者。

1958年郭沫若写信给北京大学历史系师生，提出："就如我们今天在钢铁生产等方面十五年内要超过英国一样，在史学研究方面，我们在不太长的时期内，就在资料占有上也要超过陈寅恪。"最早引用这条材料的是余英时先生，他诠释为"是要用举国之力来和陈先生一人在史料掌握方面作竞赛"[1]。虽然英时先生提炼出来的这一历史图景，今天看来无疑是一幅深具讽刺意味的漫画，但历史图景本身千真万确是郭的原版，余先生并未对其做浓淡的皴染和增减的剪裁。

郭老是声名显赫的历史学家，他当时口出此语，可见陈寅恪史学功底的超常和不可比并。郭老原本是要大家通力合作一起来创造学术奇迹，结果却反证陈寅恪是不可动摇的史学奇迹创造者。

---

[1] 余英时：《陈寅恪晚年诗文释证》"增订新版"，台北东大图书公司1998年版，第5页。

六 陈寅恪创立了独特的解释学

王国维逝世的第二年,有罗振玉编辑的《海宁王忠悫公遗书》付梓,五年后又有其胞弟王国华及弟子赵万里等编印的《王静安先生遗书》问世,陈寅恪先生在为第二种《遗书》所撰之序言里,把静安之学的内容和治学方法概括为"三目",一曰取地下之实物与纸上之遗文互相释证,二曰取异族之故书与吾国之旧籍互相补正,三曰取外来之观念与固有之材料互相参证,并说:"吾国他日文史考据之学,范围纵广,途径纵多,恐亦无以远出三类之外。"[①]寅恪先生的为学方法自然也未"远出三类之外",但他的独特处在于对吾国传统解释学的丰富与发挥。也可以说他一手创立了中国近代的文本阐释系统。不妨先看看他为文本阐释设定的一种诠释理论,这就是《冯友兰〈中国哲学史〉上册审查报告》提出的:

> 对于古人之学说,应具了解之同情,方可下笔。盖古人著书立说,皆有所为而发。故其所处之环境,所受之背景,非完全明了,则其学说不易评论,而古代哲学家去今数千年,其时代之真相,极难推知。吾人今日可依据之材料,仅为当时所遗存最小之一部,欲借此残余断片,以窥测其全部结构,必须备艺术家欣赏古代绘画雕刻之眼光及精神,然后古人立说之用意与对象,始可以真了解。所谓真了解者,必神游冥想,与立说之古人,处于同一境界,而对于其持论所以不得不如是者之苦

[①] 陈寅恪:《王静安先生遗书序》,《金明馆丛稿二编》,三联书店2001年版,第247—248页。

心孤诣,表一种之同情,始能批评其学说之是非得失,而无隔阂肤廓之论。否则数千年前之陈言旧说,与今日之情势迥殊,何一不可以可笑可怪目之乎?[1]

这段文字中有三个关键语词特别值得我们注意:一是"了解之同情",二是"窥测其全部结构",三是"真了解"。"了解之同情"是今人对古人和古人的学说的态度,也可以叫作阐释的态度;"借此残余断片,以窥测其全部结构",是阐释的方法;"真了解"是阐释的目的。我曾说陈寅恪先生游学欧西有年,掌握多种西方文字,其受西学之影响自不待言;但其著述全然是中国作风,几乎看不到西学的痕迹。但此处讲阐释学的理论,其第二项关于阐释的方法,曰"借此残余断片,以窥测其全部结构",却无意中露出了西学的"马脚"。因"结构"一词,系出自西学原典,是西方解释学的关键语词,中国传统载籍未之见也。那么,怎样才能"窥测其全部结构"呢?寅老提出一特异的观点,即认为阐释者必须具备"艺术家欣赏古代绘画雕刻之眼光及精神"。这是我们在无论任何东西哲人的著作中都找不到的命题。

陈寅恪一生为学不离"释史"两个字,而"释史"的途径就是通过今天我们所能看到的历史资料的"残余断片",来重建历史事实真相的全部结构。他的《隋唐制度渊源略论稿》、《唐代政治史述论稿》、《元白诗笺证稿》、《论再生缘》、《柳如是别传》等专著

---

[1] 陈寅恪:《冯友兰〈中国哲学史〉上册审查报告》,《金明馆丛稿二编》,三联书店2001年版,第279页。

以及许多单篇考辨之文，无一不是如此这般"释史"的典范，而实现了对历史真相的"真了解"。时贤于寅老释史过程所使用的"以诗证史"的方法著论较多，兹不赘论。仅就其"诗文证史"之"今典"和"古典"之学说，略陈鄙见。1939年他在昆明西南联大撰写的《读哀江南赋》一文，最早提出古典、今典的概念。他在该文的开头写道：

> 古今读《哀江南赋》者众矣，莫不为其所感，而所感之情，则有浅深之异焉。其所感较深者，其所通解亦必较多。兰成作赋，用古典以述今事。古事今情，虽不同物，若于异中求同，同中见异，融会异同，混合古今，别造一同异俱冥，今古合流之幻觉，斯实文章之绝诣，而作者之能事也。自来解释《哀江南赋》者，虽于古典极多诠说，时事亦有所征引。然关于子山作赋之直接动机及篇中结语特所致意之点，止限于诠说古典，举其词语之所从出，而于当日之实事，即子山所用之今典，似犹有未能引证者。[①]

又说：

> 解释词句，征引故实，必有时代限断。然时代划分，于古典甚易，于今典则难。盖所谓今典者，即作者当日之时事也。[②]

---

① 陈寅恪：《读哀江南赋》，《金明馆丛稿初编》，三联书店2001年版，第234页。
② 同上。

寅恪先生把"古典"和"今典"的义涵界说得非常明确，即古典是词句故实之所从出，今典是作者所经历的当日之事实。庾信《哀江南赋》结尾四句："岂知灞陵夜猎，犹是故时将军；咸阳布衣，非独思归王子。"前两句用汉李广家居时夜猎灞陵的古典故实，后两句用楚顷襄王太子完质于秦的故实，这对长期去国、羁留长安的庾子山来说自是贴切。但寅恪先生认为，此四句中尚有"作者当日之时事"即"今典"存焉。此即当后来周、陈交好之际，陈文帝之弟安成王顼得以还国，陈宣帝提出羁旅关中的庾信、王褒等"亦当有南枝之思"；而"子山既在关中，位望通显，朝贵复多所交亲，此类使臣语录，其关切己身者，自必直接或间接得以闻见"，所以赋中"犹是故时将军"，固然包含子山自己曾是梁故右卫将军的"今典"，"布衣"、"王子"云云，也是对陈宣帝"欲以元定军将士易王褒等"的回应。这样，庾信在赋中就不仅表现出自己的乡关之思，而且流露出归心之疾了。陈寅恪就这样通过对庾信《哀江南赋》的古典和今典的通解，重建了羁旅长安二十五年之久的庾信心理情境的历史真相。

《柳如是别传》对钱柳因缘诗所涉之古典和今典的辨认与疏解更具有系统性。寅恪先生在《别传》"缘起"章提出："自来诂释诗章，可别为二：一为考证本事，一为解释辞句。质言之，前者乃考今典，即当时之事实。后者乃释古典，即旧籍之出处。"而"解释古典故实，自当引用最初出处，然最初出处，实不足以尽之，更须引其他非最初而有关者，以补足之，始能通解作者遣辞用意之妙。"又说："若钱柳因缘诗，则不仅有远近出处之古典故实，更有两人前后诗章之出处。若不能探河穷源，剥蕉至心，层次不紊，脉络贯注，则两人酬和诸作，其辞锋针对，思旨印证之微妙，绝难通解也。"①例如河东君《次韵答牧翁冬日泛舟》诗中，有"莫为卢家怨银汉，年年河水向东流"句，应与《玉台新咏》"歌词"二首之二"河中之水向东流，洛阳女儿名莫愁"，及李义山"本来银汉是红墙，隔得卢家白玉堂。谁与王昌报消息，尽知三十六鸳鸯"有关，也与牧斋《次韵答柳如是过访半野堂赠诗》"但似王昌消息好，履箱擎了便相从"有关，又与牧斋《观美人手迹戏题绝句七首》之三"兰室桂为梁，蚕书学采桑，几番云母纸，都惹郁金香"，以及钱氏《永遇乐》词有关，等等。只有"循次披寻，得其脉络"，才能对钱柳因缘诗"真尽通解"。

特别明南都倾覆之后，钱柳的有关诗作不少都与反清复明活动有关联，往往今典、古典交错互用，给笺释者造成一定困难。钱牧斋的《钱注杜诗》是一显例。所以寅恪先生说："细绎牧斋所作之长笺，皆借李唐时事，以暗指明代时事，并极其用心抒写己身在明末政治蜕变中所处之环境。实为古典今典同用之妙文。"②《柳如是别传》既是陈寅恪以诗证史的杰构，又是辨认和疏解古典和今典的文本阐释范例。

七 《柳如是别传》是陈寅恪一生最大著述

陈寅恪一生的最大著述是《柳如是别传》，其历史书写的旨趣是"借传修史"，即通过为一代奇女子立传来撰写明清文化痛史。

---

① 陈寅恪：《柳如是别传》上册，三联书店2001年版，第7、11、12页。
② 陈寅恪：《柳如是别传》下册，三联书店2001年版，第1021页。

如果易名为《明清易代史》也名副其实。当然寅老不会同意易名，他宁可叫作《别传》，也不愿意修一部类乎所谓"正史"的史著。论者多有为陈寅老未能写出一部通史而遗憾者。可是这部七八十万言的《柳如是别传》，我敢说它的价值绝不在一部通史之下。虽然通史之作和断代史之作，在书写体例上宜有不同，但修史之功力和价值却可以得到同样的彰显。

《别传》是陈寅恪一生著述的集大成之作，他的史学理念、治史方法、学术精神，都在此书中得以集中凸显。《别传》也是陈寅恪一生学问的结晶，此有第一章"缘起"所说，著书目的之一是"欲自验所学之深浅"可证。虽然，《别传》的资料排比和诠释方法与已往著述一脉相承，但所涉内容的复杂以及历史场景的范围，前此任何一部陈著都不能与之并观。《别传》同时也是著者寄托遥深之书，这有"缘起"章自述撰著目的时所说之"温旧梦，寄遐思"为证。

至于《柳如是别传》的卷首和书写行进之中，何以插入众多著者的诗作，只要知道《别传》不是寻常的史学著作，而是陈寅恪先生开创的一种史著新体例，就不会感到诧异了。关于此点，拙稿《陈寅恪与〈柳如是别传〉的撰述旨趣》一文，对之析论甚详，读者便中不妨参看。而最早研究陈寅恪史学的余英时先生，不久前在《陈寅恪晚年诗文释证》"增订新版"的"书成自述"里，写下一段极富征验的话："更重要的是通过陈寅恪，我进入了古人思想、情感、价值、意欲等交织而成的精神世界，因而于中国文化传统及其流变获得了较亲切的认识。这使我真正理解到历史研究并不是从史料中搜寻字面的证据以证成一己的假说，而是运用一切可能的方式，在已凝固的文字中，窥测当时曾贯注于其间的生命跃动，包括个体的和集体的。"①可谓知者之言。

诗无定式，史无定法。"运用一切可能的方式"，自然包括传写之不足，则论议之，论议之不足，则感叹之，感叹之不足，则歌之诗之等等。《别传》卷前最后一首题诗的尾联云："明清痛史新兼旧，好事何人共讨论。"则寅老为河东君作传不仅有预期而且有预见也。

八 陈寅恪的"哀伤"与"记忆"

世间凡读寅老之书者，知寅老其人者，无不感受到他内心深处蕴藏着一种挥之不去的哀伤和苦痛，而且哀伤的意味大于苦痛。按心理学家的观点，"哀伤"和"记忆"是连在一起的。那么都是一些什么样的"记忆"使得陈寅恪如此哀伤以至哀痛呢？说到底，实与百年中国的文化与社会变迁以及他的家族的命运遭际有直接关系。义宁陈氏一族的事功鼎盛时期，是1895至1898年陈宝箴任湖南巡抚时期，当时陈宝箴在其子陈三立的襄助下，湖南新政走在全国的最前面，梁启超、黄遵宪、江标、徐仁铸、谭嗣同、唐才常、邹代钧、熊希龄、皮锡瑞等变法人士，齐集右帅的麾下，以至于有天下人才都到了湖南的说法。改革措施不断出台，董吏治，辟利源，变士习，成绩斐然。更有时务学堂之设、湘报馆之办、南学会之开，一时名声大震。义宁父子"营一隅为天下倡"的理想实现在即。

但百日变政、一日政变的戊戌之秋突然降临，慈禧杀谭嗣同等

---

① 余英时：《陈寅恪晚年诗文释证》"增订新版"，台北东大图书公司1998年版，第15页。

"六君子"于京师菜市口,通缉康、梁,陈宝箴、陈三立则受到"革职,永不叙用"的处分。这一年的冬天,陈宝箴离开长沙抚院,携全家老幼扶夫人的灵柩迁回江西南昌。当时陈三立大病,三立大姊痛哭而死,寅恪长兄师曾之妻范孝嫦（范伯子之女）不久亦逝。陈寅恪这一年九岁。而1900年农历六月二十六日,刚住到南昌西山崝庐仅一年多的陈宝箴,"忽以微疾而终"（实为慈禧密旨赐死）[①]。突如其来的"重罚其孤",致使陈三立锻魂锉骨,悲痛欲绝。如果不是"有所待",他已经不想活在这个世界。此后每年春秋两季都到崝庐祭扫哭拜。眷属和子女暂住南昌磨子巷,主要靠亲友借贷维持生活。一个家族的盛衰荣悴之变如此之速,其所给予年幼成员的心理影响势必至深且巨。

而国家在戊戌之变后大故迭起。1899年,慈禧大规模清剿"康党",欲废掉光绪未果,义和团开始变乱。1900年,慈禧利用义和团,激化了与西方诸国的矛盾,致使八国联军攻陷北京,演出近代史上第二次洋人占领中国都城的悲剧。1901年,清廷与十一国公使团签订"议和大纲",首当其冲的重臣李鸿章病死。1902年,仓皇出逃的两宫还京。李鸿章后的另一个重要人物袁世凯登上历史舞台。1904年,日俄战争在中国领土打起,结果日本占领更多中国领土。清廷在这一年开始赦免除康、梁之外的戊戌在案人员。1905年,废科举,设学部,孙中山领导的同盟会成立。1906年,宣示预备立宪。1907年,张之洞入军机。1908年,慈禧和光绪均逝,

---

[①] 我的《慈禧密旨赐死陈宝箴考实》一文对此一问题作了较详尽的辨析考论,载《中国文化》2001年第17、18期合刊,读者可参阅。

宣统即位。慈禧死于农历十月二十二日，光绪死于前一天的十月二十一日。1909年，张之洞病逝。1911年，辛亥首义成功。1912年，中华民国成立，清帝逊位。1915年，袁世凯称帝。1917年，张勋复辟。尔后北洋政府，军阀混战，五四运动，溥仪出宫，国共合作，北伐战争。1931年，日本占据东北。1937年至1945年，全民抗战。1945年至1949年，国共内战。五十年代以后，则土改，镇反肃反，三反、五反，院系调整，抗美援朝，公私合营，合作化，科学进军，大跃进，锄四害，反右派，反右倾，三年困难反苏修，城乡四清，文艺整风，直至"文革"大劫。此百年中国之一系列大变故，均为陈寅恪所亲历，早为目睹，后则耳闻心感。

如果是普通细民或庸常之士，可能是身虽历而心已麻木。但陈寅恪是历史学家，而且是有特殊家世背景的极敏感的历史学家。他对这些愈出愈奇的天人变故能不留下自己的记忆吗？能不为之哀伤而三叹息吗？

抑又有可言者，同为哀伤，宜有深浅程度之分别。陈寅恪之哀乃是至痛深哀。其所著《王观堂先生挽词并序》有言："其表现此文化之程量愈宏，则其所受之苦痛亦愈甚。"故此语虽为静安而设，其普世价值与寅恪亦应若合符契。所以《陈寅恪诗集》中，直写流泪吞声的诗句就有二十六联之多。兹将相关联句依《诗集》所系之时间顺序摘录如次，以见其至哀深痛之情状。

  残域残年原易感
  又因观画泪汍澜 1913

回思寒夜话明昌
相对南冠泣数行　1927

闻道通明同换劫
绿章谁省泪沾巾　1936

楼高雁断怀人远
国破花开溅泪流　1938

得读新诗已泪零
不须藉卉对新亭　1939

世上欲哭流泪眼
天涯宁有惜花人　1945

万里乾坤迷去住
词人终古泣天涯　1945

泪眼已枯心已碎
莫将文字误他生　1945

去国欲枯双目泪
浮家虚说五湖舟　1946

五十八年流涕尽

可能留命见升平　1948

惟有沈湘哀郢泪
弥天梅雨却相同　1951

儿郎涑水空文藻
家国沅湘总泪流　1951

赵佗犹自怀真定
惭痛孤儿泪不干　1951

葱葱佳气古幽州
隔世相望泪不收　1951

文章存佚关兴废
怀古伤今涕泗涟　1953

论诗我亦弹词体
怅望千秋泪湿巾　1953

掩帘窗牖无光入
说饼年时有泪流　1954

浊醪有理心先醉
残烛无声泪暗流　1955

衰泪已因家国尽
人亡学废更如何　1955

死生家国休回首
泪与湘江一样流　1957

玉溪满贮伤春泪
未肯明流且暗吞　1958

会盟长庆寻常事
谁为伤春泪湿衣　1959

铁锁长江东逝水
年年流泪送香尘　1959

问疾宁辞蜀道难
相逢握手泪汍澜　1961

檀槽天壤无消息
泪洒千秋纸上尘　1964

开元全盛谁还忆
便忆贞元满泪痕　1964

此二十六联是三联版《陈寅恪集》之《诗集》中直接关乎泪流的诗句，不一定很全，可能还有遗漏①。《柳如是别传》"稿竟说偈"结尾四句："刻意伤春，贮泪盈把，痛哭古人，留赠来者"，就没包括在内。陈寅恪不是一般的流泪，而是"泪汍澜"、"溅泪流"、"泪不收"、"涕泗涟"、"泪湿巾"、"贮泪盈把"，可见悲伤之情状和哀痛之深。这是很少能在另外的文史学者的文字中看到的。即使是现代的诗人、文学家，也不多见。南唐后主李煜有"以泪洗面"的传说，但形诸文字中也没有写得如此泗泪滂沱。然则陈寅恪深度哀伤的缘由究竟为何？此无他，惟"家国"二字而已。故上引诗联有"衰泪已因家国尽"的句子，他自己已讲得非常清楚。

我十余年前写过一篇《陈寅恪的"家国旧情"与"兴亡遗恨"》的文章，解析《陈寅恪诗集》里所反映的他的家国情怀，曾举出多组关于"家国"的诗句，如"家国艰辛费维持"、"死生家国休回首"、"频年家国损朱颜"、"家国沉湘总泪流"，等等。并且发现陈三立的诗里面，也不乏类似的句子，如"羁孤念家国"、"旋出涕泪说家国"、"百忧千哀在家国"等，父子二人都在为家国的不幸遭遇而流泪。散原老人的诗句是："百忧千哀在家国。"陈寅恪的诗句是："衰泪已因家国尽。"其措意、遣词、指归，以及情感的发抒，完全一致，哀伤的程度似乎也大体相同。所以然者，则是与陈氏一家在戊戌之年的不幸遭遇直接有关。故陈寅恪的诗句反复强调："家国沉湘总泪流"、"泪与湘江一样流"，明确透露出与此哀此

---

① 所引诗联见于《陈寅恪集》之《诗集》的页码，恕不一一注出，依诗联后面的署年自可找到。

痛直接相关的湖南地域背景。

但陈氏家族的遭遇是与国家的命运联系在一起的。慈禧政变对近代中国的影响难以言喻，包括八国联军攻入北京等许多伤害国族民命的后续事变，都是那拉氏的倒行逆施结出的果实。因此陈寅恪作为历史学者，他不仅有"哀"，其实也有"恨"。所"恨"者，1898年的变法，如果不采取激进的办法，国家的局面就会是另外的样子。他的祖父陈宝箴和父亲陈三立就不赞成康有为的激进态度，而主张全国变法最好让张之洞主持，以不引发慈禧和光绪的冲突为上策。这就是陈寅恪在《寒柳堂记梦未定稿》第六节"戊戌政变与先祖先君之关系"里所说的："盖先祖以为中国之大，非一时能悉改变，故欲先以湘省为全国之模楷，至若全国改革，则必以中央政府为领导。当时中央政权实属于那拉后，如那拉后不欲变更旧制，光绪帝既无权力，更激起母子间之冲突，大局遂不可收拾矣。"[①]

此亦即陈寅恪在《读吴其昌撰梁启超传书后》一文里所说的：

> 当时之言变法者，盖有不同之二源，未可混一论之也。咸丰之世，先祖亦应进士举，居京师。亲见圆明园干霄之火，痛哭南归。其后治军治民，益知中国旧法之不可不变。后交湘阴郭筠仙侍郎嵩焘，极相倾服，许为孤忠闳识。先君亦从郭公论文论学，而郭公者，亦颂美西法，当时士大夫目为汉奸国贼，群欲得杀之而甘心者也。至南海康先生治今文公羊

[①] 陈寅恪：《寒柳堂记梦未定稿》第六节"戊戌政变与先祖先君之关系"，《寒柳堂集》，三联书店2001年版，第203页。

陈寅恪学术思想的精神义谛

之学，附会孔子改制以言变法。其与历验世务欲借镜西国以变神州旧法者，本自不同。故先祖先君见义乌朱鼎甫先生一新《无邪堂答问》驳斥南海公羊春秋之说，深以为然。据是可知余家之主变法，其思想源流之所在矣。①

陈寅恪对戊戌变法两种不同的思想源流作了严格区分，以追寻使国家"大局遂不可收拾"的历史原因。

1965年冬天，也就是陈寅恪先生逝世的四年前，他写了一首总括自己一生的哀伤与记忆的诗篇，这就是《乙巳冬日读〈清史·后妃传〉有感于珍妃事为赋一律》，兹抄录如下与读者共赏。

> 昔日曾传班氏贤，如今沧海已桑田。
> 伤心太液波翻句，回首甘陵党锢年。
> 家国旧情迷纸上，兴亡遗恨照灯前。
> 开元鹤发凋零尽，谁补西京外戚篇。②

这是一首直接抒写戊戌政变对中国社会变迁以及对义宁陈氏一家的深远影响的诗篇。首句之班氏即汉代的才女文学家兼历史家的班昭，作者用以指代珍妃。珍妃是戊戌政变的直接牺牲品，慈禧因光绪而迁怒珍妃，故庚子西行先将珍妃处死。第二句说珍妃的故事已经很遥远了，国家如今发生了天翻地覆的变化。三四两句是关

---

① 陈寅恪：《读吴其昌撰梁启超传书后》，《寒柳堂集》，三联书店2001年版，第167页。
② 陈寅恪：《乙巳冬日读〈清史·后妃传〉有感于珍妃事为赋一律》，《陈寅恪集》之《诗集》，三联书店2001年版，第172页。

键，句后有注："玉谿生诗悼文宗杨贤妃云：'金舆不返倾城色，玉殿犹分下苑波。'云起轩词'闻说太液波翻'即用李句。"玉谿生是李商隐的号，寅恪所引诗句见于其《曲江》一诗，全诗为："望断平时翠辇过，空闻子夜鬼悲歌。金舆不返倾城色，玉殿犹分下苑波。死忆华亭闻唳鹤，老忧王室泣铜驼。天荒地变心虽折，若比阳春意未多。"[①]注家对此诗讽咏内容的考证结论不一，要以写悲惋唐文宗甘露之变者为是，寅恪先生采用的即是此说。

不过这应该是"古典"，"今典"则是文廷式的《念奴娇》词中与珍妃之死有关的"闻说太液波翻"句。文的《念奴娇》全词为："江湖岁晚，正少陵忧思，两鬓衰白。谁向水精帘子下，买笑千金轻掷？凄诉鹍弦，豪斟玉斝，黛掩伤心色；更持红烛，赏花聊永今夕。闻说太液波翻，旧时驰道，一片青青麦。翠羽明珰飘泊尽，何况落红狼藉。传写师师，诗题好好，付与情人惜。老夫无语，卧看月下寒碧。"[②]文廷式是珍妃的老师，慈禧因不喜珍妃而牵及其师，早在政变之前就把文廷式赶出宫，并于政变后连发多道旨意，勒令地方督抚捕后就地正法。但当时正在长沙的文廷式为陈宝箴、陈三立父子联手所救免，以三百金作为路资，使其先走上海，尔后逃赴东瀛。珍妃遇难，文廷式异常悲痛，作《落花诗十二首》为悼[③]。另《念奴娇》两首也都关乎珍妃事。第一首有"杜鹃啼后，问江花江草，有情何极。曾是灯前通一

---

① 见《李商隐诗歌集解》第一册，中华书局1988年版，第132页。
② 《文廷式集》下册，中华书局1993年版，第1452页。
③ 同上，第1331页。

笑，浅鬓轻拢蝉翼。掩仰持觞，轻盈试剪，此意难忘得"①句，自是回念珍妃无疑。后者即是寅恪先生所引录者。至于"太液波翻"之典故义涵，只有用来比喻宫廷政争一解。所以李商隐用此，指的是唐代与牛、李党争有关的文宗甘露之变。文廷式用此，指的是因帝、后党争引发的戊戌政变。那么陈寅恪诗中所伤心者（"伤心太液波翻句"），实与文廷式同发一慨，正是戊戌惨剧而非其他。故第四句由戊戌之变想到了东汉的党锢之祸，那次党祸接连两次，杀人无算。盖义宁一家最恶党争，陈三立说："故府君独知事变所当为而已，不复较孰为新旧，尤无所谓新党旧党之见。"②正是历史上无穷无尽的党争给国家造成了无数灾难，戊戌之年的所谓新党和旧党、帝党和后党之争，则使中国失去最后一次渐变革新的好时机。陈寅恪所哀伤者在此，所长歌痛哭者亦在此。

所以《乙巳冬日读〈清史·后妃传〉有感于珍妃事为赋一律》的第五六两句尤堪注意："家国旧情迷纸上，兴亡遗恨照灯前。"此不仅是这首诗的点题之句，也可以看作是陈寅恪全部诗作的主题曲，同时也是我们开启陈寅恪精神世界隐痛的一把钥匙。明乎此，则晚年的大著述《柳如是别传》有解矣，他的一生著述有解矣，他的哀伤与记忆有解矣。诗的最后一联："开元鹤发凋零尽，谁补西京外戚篇。"盖寅恪先生所慨叹者，熟悉晚清掌故的老辈都已作古，谁还说得清楚当时宫掖政争的历史真相呢？当然我们的大史

---

① 《文廷式集》下册，中华书局1993年版，第1451页。
② 陈三立：《湖南巡抚先府君行状》，《散原精舍诗文集》下册，上海古籍出版社2003年版，第855页。

学家是洞悉当时历史事变的底里真相的,他晚年撰写的《寒柳堂记梦未定稿》,就是试图重建历史结构的真相的重要著作,虽原稿多有散佚,但我们运用陈寅恪的方法,以陈解陈,应大体可以窥知。《寒柳堂记梦未定稿》写于1965年夏至1966年春,《乙巳冬日读〈清史·后妃传〉有感于珍妃事为赋一律》在时间上,相当于《记梦未定稿》竣事之时,故不妨看作是对《记梦》的题诗。因此补写"西京外戚篇"的伟业,我们的寅恪先生事实上已经践履了。

2006年7月30日于中国文化研究所

(原载《学术月刊》2007年第6期)

陈寅恪对儒释道三家的"判教"

本篇之题目标有"判教"二字，须稍作解释。佛教部派繁多，传入中土之后，精于义理的佛学大师多有依据教理、教相和宗趣尝试整理归类者，由是而生"判教"之说。但如何判教，不胜纷纭之至。唐代华严宗大师智俨的弟子，有华严三祖之称的法藏（公元643—712），著有《华严金师子章》一书，其中"论五教"一节，将佛教按教义判分为小乘教、大乘始教、终教、顿教和圆教五种[①]，成为佛教史上有名的"判教"学说，被一些学者奉为圭臬。因法藏字贤首，所以又称作贤首判教。对儒家和道教，实际上也有一个如何判教的问题。笔者借用"判教"一词，来梳理论证陈寅恪对儒、释、道三家的诠解和释证，应能比较准确的概括他对中华传统的儒释道"三教"的态度和立场。

况且寅老在《〈大乘义章〉书后》一文中，已经论及"判教"之说，只不过他所援引者为远公（慧远）破刘虬的"五时判教说"。[②]饶有意味的是，寅老虽赞同远公之论，却对"五时判教"说给以哲学和历史的分别。他说：

[①] 见方立天《华严金师子章校释》，中华书局1983年版，第29—30页。
[②] 陈寅恪：《〈大乘义章〉书后》，《金明馆丛稿二编》，三联书店2001年版，第184—185页。

> 就吾人今日佛教智识论,则五时判教之说,绝无历史事实之根据。其不可信,岂待详辨?然自中国哲学史方面论,凡南北朝五时四宗之说,皆中国人思想整理之一表现,亦此土自创佛教成绩之一,殆未可厚非也。尝谓世间往往有一类学说,以历史语言学论,固为谬妄,而以哲学思想论,未始非进步者。如易非卜筮象数之书,王辅嗣程伊川之注传,虽与易之本义不符,然为一种哲学思想之书,或竟胜于正确之训诂。[①]

我们需要留意寅老的论述所呈现的解释的方法学的意义。盖误读之"误",人们易晓,但误读之"正",解释者就习焉不察了。本来"五时判教"的哲学和历史的是非,并不是题中应有之义,但了解寅老的换位阐证方法,应有助于洞悉他对儒释道三家的"判教"义涵。以上可以看作是本文的小引。

"佛为一大事因缘出现于世"

陈寅恪先生的著作中,涉及佛学部分占相当大的比重。仅专题论述,初步统计就有24篇之多。大都见于《金明馆丛稿二编》,计达20篇之多。其余分别为《金明馆丛稿初编》1篇、《寒柳堂集》2篇、《讲义及杂稿》1篇。至于笔记和非佛学专著兼有涉猎者不可计数。三联版《陈寅恪集》所收"读书笔记"共三册,其中第三册属于佛学专集,全部都是读梁释慧皎《高僧传》的笔记,第二册

---

① 陈寅恪:《〈大乘义章〉书后》,《金明馆丛稿二编》,三联书店2001年版,第185页。

则包括《弘明集》和《广弘明集》两书的笔记。我们以此不得不追寻，是什么因由使得寅老如此钟情佛学，以及佛学研究在义宁之学中究竟居于何种位置。

首先是研治范围的需要。1923他在德国写的《与妹书》中有言："我今学藏文甚有兴趣，因藏文与中文，系同一系文字。如梵文之与希腊、拉丁及英、俄、德、法等之同属一系。以此之故，音韵训诂上，大有发明。因藏文数千年已用梵音字母拼写，其变迁源流，较中文为明显。如以西洋语言科学之法，为中藏文比较之学，则成效当较乾嘉诸老，更上一层。"①此义表明，他的关注佛典，显然与他的学习藏文的学术兴趣有关。然而寅恪先生又说，他所以关注此学的原因，还由于研究历史学，包括唐史研究和西夏学、吐鲁番学研究，都和藏文的关系至为密切。寅老特地加以解释说："西藏即吐蕃，藏文之关系不待言。"此可知寅老的关注佛学，实出于其研治范围的需要。而他当时所关注者，已经将藏学、西夏学等二十世纪初的一些国际显学置于视野之内。

其次是出于研究佛学问题本身的学术兴趣。从此信中可以看出，陈寅老当时实怀有想解决一些佛学难题的学术期许。所以他在此信中写道："佛教，大乘经典，印度极少，新疆出土者亦零碎。及小乘律之类，与佛教史有关者多。中国所译，又颇难解。我偶取金刚经对勘一过，其注解自晋唐起至俞曲园止，其间数十百家，误解不知其数。我以为除印度西域外国人外，中国人则晋朝唐朝和尚

---

① 陈寅恪：《与妹书》，《金明馆丛稿二编》，三联书店2001年版，第355页。

能通梵文，当能得正确之解，其余多是望文生义，不足道也。"①并以天台宗的祖师、隋朝的智颙和尚误解"悉檀"之典为例，称其"解'悉檀'二字，错得可笑"。还有关于禅宗所谓的"迦叶传心"，根据的是《护法因缘传》一书，但该书"已证明为伪造"，因此他对此一公案"甚疑之"。可见他心中已经藏有许多关于佛学的难题，需要重新给予诠解。这是他关注并钟情佛学典藏的学术本身的原因。

所以他在此信中提出，想购买一部商务印书馆重印的日本刻《大藏经》，希望家人能代筹借一笔款项。此外还有《西藏文正、续藏》两部，以及日本印的《中文正、续大藏》，都是所急需之书。他说，如果得不到这些典籍，对求学就有影响了。在国外，这些书能看到，一回国，就看不到了，结果将是无法继续研究这门学问，"并将初着手之学亦弃之矣"。可见寅恪先生当时对藏学和佛学的研究，已经进入到相当迷狂的程度了。为此他亟须"筹得一宗巨款购书"，包括"满蒙回藏文书"，以至于希望"大哥、五哥代我收购"。大哥即陈衡恪师曾，五哥则是陈隆恪，当时他们的经济条件比陈寅恪要好些。显然寅恪先生对购置这些图籍已经急不可待，甚至早在三年前，即1920年，当时他在哈佛大学研究学习，就已经写信给甘肃和宁夏的道尹，请托其帮助购买《藏文大藏》一部，只是不知此信是否能够寄达。他不禁发为感叹："即能达，所费太多，渠知我穷，不付现钱，亦不肯代垫也。"心急如焚的原因无他，盖为的是佛学及相关问题的研

---

① 陈寅恪：《与妹书》，《金明馆丛稿二编》，三联书店2001年版，第356页。

究也。他在信中说:"西藏文藏经,多龙树马鸣著作而中国未译者。即已译者,亦可对勘异同。"

理由很明白了,他的关注佛学,一是为了研治与佛学有关的学问,如唐代史的研究、西夏学和吐鲁番学的研究,以及对藏文本身即藏学的研究,这些都属于中古史的范围;二是研究佛学本身的一些问题,特别是其中的难点,亦即直接出于佛学研究的需要。因此他后来撰写了大量与佛学有关的论著,就殊属不难理解了。

陈寅恪对佛学的研究,重点在佛氏的义学。所以他非常重视早期出现的解释佛理的"格义"现象。所谓"格义"就是用中国固有典籍与佛教义理相比论,难免顺手牵羊,多有附会,但也是初始时期理解佛教典籍的不得已的一步,有所失也有所得。寅恪先生的《支愍度学说考》一文,即是专门探讨"格义"问题的鸿篇。他详证博引,反复寻解,读后令我们对"格义"之说可以明了豁然。其中所引《高僧传》关于竺法雅参究佛理的经历,最堪称典例。据斯传介绍说:"竺法雅,河间人。凝正有器度,少善外学,长通佛义,衣冠仕子咸附谘禀。时依雅门徒,并世典有功,未善佛理。雅乃与康法朗等,以经中事数拟配外书,为生解之例,谓之'格义'。及毗浮、昙相等亦辩'格义',以训门徒。雅风采洒落,善于枢机,外典佛经递互讲说,与道安、法汰每披释凑疑,共尽经要。"[①] 所谓"格义",就是不同文化背景下的既有典籍的义理概念的探究比量,对于学术传统深厚而又素以文本典籍宏富的中国文化背景下的士人而言,当彼种载籍初次入华,是再自然不过的事

---

① 陈寅恪:《支愍度学说考》,《金明馆丛稿初编》,三联书店2001年版,第168页。

情。竺法雅正是具备"世典有功"的自身条件者，由斯人率尔用吾国典籍以格佛理之义，自是顺理成章。待到深入了解之后，才又意识到不同典籍各有自己的特定义涵，"格义"的方法逐渐暴露出未能尽其义的局限。至于用以"格义"的"经中事数"究为何事？寅恪先生引《世说新语·文学篇》刘孝标注云："事数谓若五阴，十二入，四谛，十二因缘，五根，五力，七觉之声。"[①]都是佛氏义学的专指标称。又引《颜氏家训·归心篇》以为参证："内外两教，本为一体。渐极为异，深浅不同。内典初门，设五种禁，外典仁、义、礼、智、信，皆与之符。仁者，不杀之禁也。义者，不盗之禁也。礼者，不邪之禁也。智者，不淫之禁也。信者，不妄之禁也。"[②]寅恪先生说，颜氏此篇所写，可以视作"以经中事数拟配外书"的显例，虽时间上比支愍度要晚，但义理内容仍然可以看到"格义"之遗风。

寅恪先生在涉及此一题义的时候，特别注意鸠摩罗什的译本出现之前和出现之后的时间断限。他在此篇的附论中写道："前所言之'格义'与'合本'皆鸠摩罗什未入中国前事也。什公新译诸经既出之后，其文精审畅达，为译事之绝诣。于是为'格义'者知新译非如旧本之含混，不易牵引傅会，与外书相配拟。为'合本'者见新译远胜旧文，以为专据新本，即得真解，更无综合诸本参校疑误之必要。遂捐弃故技，别求新知。"[③]所谓"新知"，首先

[①] 汤用彤《汉魏两晋南北朝佛教史》，校"七觉之声"为"七觉之属"，见是书上册，中华书局1983年版，第168页。
[②] 《颜氏家训集解》（王利器集解），上海古籍出版社1980年版，第339页。
[③] 陈寅恪：《支愍度学说考》，《金明馆丛稿初编》，三联书店2001年版，第186页。

是竺道生的"顿悟义"的提出，而由谢灵运继之而扬其波。寅恪先生称此一变迁为"中国思想上之一大变"。盖中国佛教史，什公实为一分水岭。汤用彤《汉魏两晋南北朝佛教史》亦云："及至罗什时代，经义大明，尤不须借俗理相比拟。故僧睿于什公来后，乃申言格义迂而乖本也。而慧睿《喻疑论》中亦言格义自道安、罗什之后废弃不用也。"[1]寅老还曾著论说："尝论支那佛教史，要以鸠摩罗什之时为最盛时代。中国自创之佛宗，如天台宗等，追稽其原始，莫不导源于罗什，盖非偶然也。"[2]兹可知寅老心中的鸠摩罗什在中国佛教史上之地位。

陈寅恪先生在《与妹书》中，曾提出隋朝的智顗和尚误解"悉檀"之典，此义他后来在《〈大乘义章〉书后》一文中作了辨证。《大乘义章》是慧远的代表著作，有"六朝佛教总汇"之目。寅老对慧远的评价是："当六朝之季，综贯包罗数百年间南北两朝诸家宗派学说异同之人，实为慧远。"[3]其对悉檀义的解释则为："悉檀者，是中国语，此方义翻，其名不一。如楞伽中子注释言，或名为宗，或名为成，或云理也。"慧法师之解"悉檀"，为寅老所认可。因此天台智者大师《妙法莲华经》，解"四悉檀"为"佛以四法遍施众生"，被寅老视为可笑。寅恪先生又直接引梵典为证，写道："'悉檀'乃梵语Sidhanta之对音，楞伽注之言是也。其字从语根Sidh衍出，'檀施'之'檀'，乃dana之对音。其字从语根da衍出，二语绝无关涉，而中文译者，偶以同一之'檀'字对音，遂

---

[1] 汤用彤：《汉魏两晋南北朝佛教史》上册，中华书局1983年版，第169页。
[2] 陈寅恪：《〈大乘义章〉书后》，《金明馆丛稿二编》，三联书店2001年版，第181页。
[3] 同上，第181页。

致智者大师有此误释。"[1]斯又从梵文原典给出了语源学的解释。

关于"末伽"、"菩提"可否同翻译为"道"的问题,陈寅恪先生在《〈大乘义章〉书后》一文中也作了考辨。寅老先引道宣《集古今佛道论衡》卷丙的"文帝诏令奘法师翻老子为梵文事"条,有云:"(玄奘)染翰缀文:厥初云'道',此乃人言,梵云'末伽',可以翻'度'。诸道士等,一时举袂曰:'道'翻'末伽',失于古译。古称'菩提',此谓为'道'。未闻'末伽'以为'道'也。奘曰:今翻《道德》,奉敕不轻。须核方言,乃名传旨。'菩提'言'觉','末伽'言'道',唐梵音义,确尔难乖,岂得浪翻,冒罔天听。道士成英曰:'佛陀'言'觉','菩提'言'道',由来盛谈,道俗同委。今翻'末伽',何得非妄?奘曰:传闻滥真,良谈匪惑。未达梵言,故存恒习。'佛陀'天音,唐言'觉者'。'菩提'天语,人言为'觉'。此则人法两异,声采全乖。'末伽'为道,通国齐解。如不见信,谓是妄谈,请以此语,问彼西人。足所行道,彼名何物?非'末伽'者,余是罪人。非惟罔上当时,亦乃取笑天下。"然后解释说:"'佛陀'梵文为Buddha,'菩提'梵文为bodhi,同自语根Budh衍出。然一为具体之名,一为抽象之名。所谓'人法两异'者,混而同之,故慈恩以为不可。'末伽'梵文Msrga 之对音,慈恩以为'道'之确译者也。"[2]寅老认同了梵文Msrga,即"末伽"可以翻译为"道"之名。

---

[1] 陈寅恪:《〈大乘义章〉书后》,《金明馆丛稿二编》,三联书店2001年版,第182页。
[2] 同上,第183页。

陈寅恪对儒释道三家的"判教"

至于"菩提"一名，中土翻译为"道"，向为人们所习知。慧远《大乘义章》亦有分晓，给出的理由是《大乘义章·壹捌·无上菩提义》"七门分别"条略云："经中宣说第一义谛名为'道'者，是'末伽道'。名'菩提'者，是'菩提道'。良以二种，俱名'道'故，得翻'菩提'，而为'道'矣。"这是慧远的解释。其又说："外国说'道'名多，亦名'菩提'，亦曰'末伽'。如四谛中，所有道谛，名'末伽'矣。此方名少，是故翻之，悉名为'道'。"寅老在援引这些文献之后，做出了总括性结论，写道："慧远之书，皆本之六朝旧说。可知佛典中，'道'之一名，六朝时已有疑义，固不待慈恩之译老子，始成问题也。盖佛教初入中国，名词翻译，不得不依托较为近似之《老》、《庄》，以期易解。后知其意义不切当，而教义学说，亦渐普及，乃专用对音之'菩提'，而舍置义译之'道'。此时代变迁所致。"[①]寅老认为，此种佛教翻译史中的公案，与后来的翻译者涉及译名所遇到的问题仍然有关，因为"吾人欲译外国之书，辄有此方名少之感"，这种情况绝不是唐以后的"拘于方以内者"的人士所能知晓者。盖译名问题，实为佛教东传义学阐释所遇到的非常直接的问题，为关注大乘尤其关注义学的寅老所重视，实非偶然之事。

陈寅恪对五时判教之说的评判，前已引述。盖慧远《大乘义章》对晋刘虬的五时判教说有所批评，曰："佛所说四阿含经五部戒律，当知非是顿渐所摄。所以而然，彼说被小，不得言顿。说通始终，终时所说，不为入大，不得言渐。又设余时所为，众生

[①] 陈寅恪：《〈大乘义章〉书后》，《金明馆丛稿二编》，三联书店2001年版，第183—184页。

闻小取证，竟不入大，云何言渐？是故顿渐摄教不尽。又复五时七阶之言，亦是谬浪。"寅老又引嘉祥《法华玄论》及窥基《妙法莲华经玄赞》等，来参证慧远之说。但他又认为，"天台宗五时判教之义"，虽"无历史事实之根据"，但"自中国哲学史方面论，凡南北朝五时四宗之说，皆中国人思想整理之一表现，亦此土自创佛教成绩之一，殆未可厚非"[1]。斯可见寅老之论释氏之义学，并不粘滞于宗派本身之讨论，抑且能抽离出来入于历史哲学的论域。他总结慧远《大乘义章》的指谬三端道："天台悉檀之说，为语言之错误。五时判教之说，为历史之错误。慈恩末伽之说，为翻译之问题。凡此诸端，大乘义章皆有详明正确之解释，足见其书之精博。"[2]慧远和鸠摩罗什，是陈寅恪研究佛氏义学最看重的两个人物。

而他对释家之"判教"，可以归结到一点，即他在《冯友兰〈中国哲学史〉下册审查报告》中所说的："释迦之教义，无父无君，与吾国传统之学说，存在之制度，无一不相冲突。输入之后，若久不变易，则绝难保持。是以佛教学说，能于吾国思想史上，发生重大久远之影响者，皆经国人吸收改造之过程。其忠实输入不改本来面目者，若玄奘唯识之学，虽震动一时之人心，而卒归于消沈歇绝。近虽有人焉，欲然其死灰，疑终不能复振。其故匪他，以性质与环境互相方圆凿枘，势不得不然也。"[3]可以看作这是陈先生

---

[1] 陈寅恪：《〈大乘义章〉书后》，《金明馆丛稿二编》，三联书店2001年版，第185页。
[2] 同上。
[3] 陈寅恪：《冯友兰〈中国哲学史〉下册审查报告》，《金明馆丛稿二编》，三联书店2001年版，第283—284页。

对佛学问题的基本立场，以"判教"称之，殊不误也。精要之点在于，他认为佛法之东来，必须经过中国化的过程，实际上其所由来变迁之路也正是遵循的这一过程。其实这也是陈寅老对一切外来学说所持的基本立场。

此义又见于他的《莲花色尼出家因缘跋》一文。所谓"莲花色尼出家因缘"者，即当时北平图书馆所藏的敦煌写本"诸经杂缘喻因由记"的第一篇，其中涉及七种咒誓恶报，但文中只载有六种。何以如此？寅老查阅原典资料，从巴利文的莲花色尼故事中，发现其中有母女共嫁一夫，其夫即其所生之子之事。而根据法护为此篇所作的注解，证明此篇之莲花色尼的故事，与敦煌写本大抵相同。其中只有一点不同者，是关于莲花色尼屡嫁，而所生之子女皆离夫，彼此不复相识，竟至于与其所生之女共嫁于其所生之子。发觉之后乃羞恶而出家。寅恪先生说："凡叙其出家始末者，断不容略去此节。今敦煌写本备载莲花色尼出家因缘中其他各节，大抵与巴利文本相同。独阙此聚麀之恶报，其为故意之删削，而非传写时无心之脱漏，似不容疑。"① 由此他得出一个结论："此种学说，其是非当否，姑不置论。惟与支那民族传统之伦理观念绝不相容，则不待言。"② 因此他在此跋文中提出了释氏学说中国化过程中的一个绝大的问题，这就是："佛法之入中国，其教义中实有与此土社会组织及传统观念相冲突者。"并举东晋至初唐二百数十年间，关于"沙门不应拜俗"和"沙门不敬王者"等说，开始之时，往往

---

① 陈寅恪：《莲花色尼出家因缘跋》，《寒柳堂集》，三联书店2001年版，第172页。
② 同上，第173页。

"以委婉之词否认此土君臣父子二伦之议论",但到后来,国家颁布的法典,已经有了关于僧尼应拜父母的条文。而僧徒改订之规律,"如禅宗重修之百丈清规,其首次二篇,乃颂祷崇奉君主之祝釐章及报恩章,供养佛祖之报恩章转居在后"。尤其关于"男女性交诸要义,则此土自来佛教著述,大抵嗫嚅不置一语","纵为笃信之教徒,以经神州传统道德所熏习之故,亦复不能奉受"。[1]然而又由于是"圣典之文,不敢昌言诋斥,惟有隐秘闭藏,禁绝其流布而已"[2]。可知莲花色尼出家因缘中的聚麀恶报,所以不载于敦煌写本,就是缘于此故。

寅老于是以略带调侃的语气写道:"夫僧徒戒本本从释迦部族共和国之法制蜕蝉而来,今竟数典忘祖,轻重倒置,至于斯极。橘迁地而变为枳,吾民族同化之力可谓大矣。"[3]中华文化的最大特点,在于她的包容性,而释教来东,作为全新的外来学说,亦无法不受此一法则的影响。斯可见寅老之"吾民族同化之力可谓大矣"一语,直是力有万钧。

陈寅恪先生对佛学的关注与研究,主要在释氏的义学方面,故重点在发掘鸠摩罗什、慧远一系的大乘法义。但禅学部分亦有涉猎,如《论禅宗与三论宗之关系》,虽系先生一篇未完之草稿,但所论内容极为重要,实即将禅学与义学会而通论之作。"三论"者,指龙树的《中论》、《十二门论》和提婆的《百论》,以研习此三论为宗者,即为"三论宗"。陈先生此篇的要义,在于此篇厘

---

[1] 陈寅恪:《莲花色尼出家因缘跋》,《寒柳堂集》,三联书店2001年版,第174页。
[2] 同上。
[3] 同上。

清了"三论宗"的渊源谱系，即其最早应来源于鸠摩罗什，然后传道生，道生传昙济，昙济传道朗，道朗传僧诠，僧诠传法朗，法朗传嘉祥吉藏。寅恪先生写道："鸠摩罗什诸弟子皆一代旷世高材，而其中应以生公为之冠。支那佛教之独立，及后来儒佛混一之哲学之构成，实赖斯人。"[①]盖道生"顿悟义"的提出，即为新禅宗出现的初始，佛教中国化过程应以此作为转折的标志。而"三论宗"则直承法朗、吉藏而来，创宗之初，即有自己的"秘传心法"，以"专务禅定，不尚文字"为其法要。其所关注者，还是佛教中国化过程的新义的出现。

道生所创之"新义"，一为顿悟说，一为一切众生皆有佛性。寅恪先生悉引慧皎《高僧传》卷七之道生传，详论顿悟"新义"产生的具体过程。该传之所记有云"生既潜思日久，彻悟言外，乃喟然叹曰：'夫象以尽意，得意则象忘。言以诠理，入理则言息。自经典东流，译人重阻，多守滞文，鲜见圆义。若忘筌取鱼，始可与言道矣。'于是校阅真俗，研思因果，乃言'善不受报'、'顿悟成佛'"，所论无不"笼罩旧说，妙有渊旨"[②]。当时所据之经为《大般泥洹经》，此经的主张是一阐提不具有佛性，而道生恰恰亦由此经参出"新义"，得出一阐提人皆可成佛的结论。而守持文本旧义的生徒，遂群起而哄之排之。但道生对"新义"坚守不变，严正誓言曰："若我所说反于经义者，请于现身即表疠疾，若与实相不相违背者，愿舍寿之时，据师子座。"[③]庄正执着，风度湛然。

---

① 陈寅恪：《论禅宗与三论宗之关系》，《讲义及杂稿》，三联书店2001年版，第435页。
② [梁]释慧皎撰《高僧传》（汤用彤校注），中华书局1992年版，第256页。
③ 同上。

直到北凉昙无谶译的《北本涅槃经》传来，才使得"京邑诸僧，内惭自疚"，转而信服道生之新说。

陈寅恪先生所以如此重视道生其人和所创之"新义"，还由于此说之创发实至艰至难。盖印度社会之特点，因种姓制度之限制，佛教的很多宗派都偏于保守。此即寅老所说："印度社会阶级之观念至深，佛教对于社会阶级之观念虽平等，而其修行证道上阶级之观犹存，故佛教教义有种姓之间，即辟支乘、飞声闻乘、如来乘、不定乘及无种姓等五种分别。此种观念盖从社会阶级之观念移植于修行证道之区域，亦可谓印度民族之根本观念所在也。故比较有保守性之宗派，如法相宗之经论入楞伽经、瑜伽师地论、大庄严经论等，皆持种姓阶级之说。"[1]但大众部比之上座部，在寅恪先生看来，大众部不无改革的意味。所以法显在巴连弗邑摩诃衍僧伽蓝得到的摩诃僧祇律[2]，即属于大众部；而智猛从罗阅家得到的梵文《大泥洹经》和《僧祇律》[3]，也与大众部有关。此类经文与印度佛教的传统观念可谓大相径庭。这就不难理解道生"新义"的诞生何以遭遇如许的艰难曲折了。仅就一阐提皆有佛性之说而言，寅恪先生即指出："此说在普遍印度佛教观念中为特别例外，道生犯先倡此义，当时众僧目为邪说无怪其然。后虽得梵本之孤证，藉以自明，然非生公之誓以死生力主新义而破种姓阶级之旧论，则后来中国之众生皆有佛性之说，除少数宗派外，几于全体公认，傥非生公

---

[1] 陈寅恪：《论禅宗与三论宗之关系》，《讲义及杂稿》，三联书店2001年版，第436—437页。
[2] [梁]释慧皎撰《高僧传》（汤用彤校注），中华书局1992年版，第89页。
[3] 同上，第126页。

之力必不能致是。"①

值得注意的是，寅老对三论宗的学术背景的分析。他写道："南北朝儒家及佛教讲说经典章句，义疏之学盛行一时，广博繁重，遂成风气。隋代三论宗之嘉祥大师吉藏者，亦其同时儒家二刘（士元、光伯）之比。"②而当唐初之时，以三论宗为本的沙门，还俗之后，于儒业亦能精通，因此对孔颖达的《五经正义》颇有感会。所以如此，寅老写道："盖当时儒佛二家之教义虽殊，而所以治学解经皆用同一方法，既偏重于文字之考证，遂少致力于义理之研究。故僧诠、慧布之所以誓不涉言，誓不讲说，顿迹幽林，专修念慧，皆不过表示其对于当日佛教考据家之一种反动，而矫正之之意。与后世（佛家内）禅学家对于义学家，（儒家内）宋学家对于汉学家不满之态度正复相同也。"③可见禅宗新义的出现，并与儒佛研究的学术风气与变迁不无关系。故寅老又说："而中国人为最富于以历史性之民族，故大乘论宗尤不能无有法统之历史。"④

《禅宗六祖传法偈之分析》一文，亦是关乎禅学的文字，但不是研究禅学本身，而是辨析慧能法偈的历史渊源，是为回答《与妹书》中自己提出的问题，此不多具。

---

① 陈寅恪：《论禅宗与三论宗之关系》，《讲义及杂稿》，三联书店2001年版，第438页。
② 同上。
③ 同上，第434页。
④ 同上，第432页。

学术与传统

"儒家非真正之宗教"

陈寅恪先生对儒家学说的最大"判教"思想，是明确提出"儒家非真正之宗教"。此旨是其在《陶渊明之思想与清谈之关系》一文中提出的。其中写道："中国自来号称儒释道三教，其实儒家非真正之宗教，决不能与释道二家并论。故外服儒风之士可以内宗佛理，或潜修道行，其间并无所冲突。"[1]因此，如果称"儒家非真正之宗教"是陈寅恪先生对儒家学说的"判教"，应是实事求是、无可异议之论。

正因为儒家不是真正的宗教，所以儒家学说才具有巨大的包容性。寅老所说的"外服儒风之士可以内宗佛理，或潜修道行，其间并无所冲突"[2]，所证明者即是儒家的包容之义。而当政权更迭，社会变迁，久居边域之族群有意觊觎中原之时，亦往往认儒家学说为华夏文化之正宗。陈先生于此点在《隋唐制度渊源略论稿》和《唐代政治史述论稿》两书中，考订甚详。盖隋唐的社会制度和文化秩序，其建构过程与秦汉之相续宜有不同。秦是先行建立统治秩序和有利于统一全国的各种制度，隋则是把以礼仪为核心的文化秩序的建构置于先期的地位。但历史的吊诡之处在于，本来以"焚书坑儒"留下骂名的秦朝，却对儒家学说做了一次最大的实践，即《礼记·中庸》所称美的"车同轨，书同文，行同伦"，第一次予以实行的恰是秦朝。

---

[1] 陈寅恪：《陶渊明之思想与清谈之关系》，《金明馆丛稿初编》，三联书店2001年版，第219页。

[2] 同上。

所以陈寅恪先生在《冯友兰〈中国哲学史〉下册审查报告》中写道："儒者在古代本为典章学术所寄托之专家。李斯受荀卿之学，佐成秦治。秦之法制实儒家一派学说之所附系。《中庸》之'车同轨，书同文，行同伦。'（即太史公所谓'至始皇乃能并冠带之伦'之'伦'）为儒家理想之制度，而于秦始皇之身，而得以实现之也。汉承秦业，其官制法律亦袭用前朝。遗传至晋以后，法律与礼经并称，儒家周官之学说悉采入法典。夫政治社会一切公私行动，莫不与法典相关，而法典为儒家学说具体之实现。故二千年来华夏民族所受儒家学说之影响，最深最巨者，实在制度法律公私生活之方面，而关于学说思想之方面，或转有不如佛、道二教者。"[1] 斯又可以看作是寅老对儒家学说的一种"判教"，不能不承认其学术断判之精准老到。

要之，依陈寅恪先生的观察，第一，儒家不是宗教；第二，儒家学说的影响主要在制度法律和公私生活方面；第三，法律与礼经具有同等重要地位。儒家学说这三个方面的特点，在隋唐社会制度的轮替与建构中有突出的显现，故寅老的两《论稿》，可以看作是儒家思想在中古政治与社会的变迁中，能够影响社会人生的证词。寅老对隋唐社会的整体评估，一则曰，"隋唐两朝为吾国中古极盛之世"，二则曰，"其文物制度流传广播"[2]。所谓"文物制

---

[1] 陈寅恪：《冯友兰〈中国哲学史〉下册审查报告》，《金明馆丛稿二编》，三联书店2001年版，第283页。

[2] 陈寅恪：《隋唐制度渊源略论稿》（与陈著《唐代政治史述论稿》合订），三联书店2001年版，第3页。又本篇之行文有时会以"隋、唐两《论稿》"称此两书，有时则分称为《隋稿》、《唐稿》，敬请读者检正。

度",指的就是文化建构和文化秩序。

而隋唐文化制度之来源,隋、唐两《论稿》给出了三源:一为北魏和北齐,二为南朝的梁、陈,三为西魏和周。"三源"之中,以北魏和北齐两源影响最著。寅老写道:

> 所谓(北)魏、(北)齐之源者,凡江左承袭汉、魏、西晋之礼乐政刑典章文物,自东晋至南齐其间所发展变迁,而为北魏孝文帝及其子孙摹仿采用,传至北齐成一大结集者是也。其在旧史往往以"汉魏"制度目之,实则其流变所及,不止限于汉魏,而东晋南朝前半期俱包括在内。旧史又或以"山东"目之者,则以山东之地指北齐言,凡北齐承袭元魏所采用东晋南朝前半期之文物制度皆属于此范围也。[1]

可见寅老之所谓"源",指的是文化之源,即典章制度和礼仪人伦。具体说就是汉、魏以及西晋的"礼乐政刑典章文物"。如果讲文化的脉系的话,寅老强调的是文化的正脉,也就是以儒家学说为中心的文化秩序和文化制度。而在诸种文化制度中,占据中心位置的是礼仪制度。

故隋统一之后,礼仪制度受到超乎以往的重视。《隋稿》第二章为"礼仪",长达六十多页,频引《隋书》、《北史》、《资治通鉴》等史籍,还原隋朝掌政者如何修《礼》的情形。其中《通鉴》卷一百七十六陈纪至德三年条记载:"隋主命礼部尚书牛弘

---

[1] 陈寅恪:《隋唐制度渊源略论稿》,三联书店2001年版,第3—4页。

修五礼,勒成百卷,戊辰,诏行新礼。"①《隋书·高祖纪》则载有仁寿二年闰十月的诏书曰:"今四海乂安,五戎勿用,理宜弘风训俗,导德齐礼,缀往圣之旧章,兴先王之茂则。尚书左仆射、越国公杨素,尚书右仆射、邳国公苏威,吏部尚书、奇章公牛弘,内史侍郎薛道衡,秘书丞许善心,内史舍人虞世基,著作郎王劭,或任居端揆,博达古今,或器推令望,学综经史,委以裁缉,实允佥议。可并修定五礼。"②此外,《隋书·经籍志》也有牛弘修撰《隋朝仪礼一百卷》的记载。

寅老所关注者,不仅在于诏令修礼本身,还包括参与修礼之人的旧学根底和所秉承的儒学传统。杨素、苏威、牛弘、薛道衡、许善心、虞世基、王劭等都是旧学根底深厚之人。其中杨素、苏威是以宰辅的身份参与此事,不排除有挂名之嫌,但经寅老考证,苏威乃西魏苏绰之子,而苏绰则是帮助宇文泰稳固关陇的不二之人,史称其"博览群书"、"博物多通",宇文泰所创制的立法典章都出自苏绰之手。所以寅老得出结论:"威既志在继述父业,文帝称其斟酌古今,必非泛美之词,故威之与素不得同论,而威之预知修礼,亦非止尸空名绝无建树者之比无疑也。"③至于薛道衡,年少就有"专精好学"的美称,当北齐、北周之时已声闻大著,并曾参与过齐礼的修撰,因而入隋之后得到文帝赏识,而予席五礼之撰,宜乎得人。而牛弘之笃好坟籍,长于典章文物,更是有超出同

---

① 《资治通鉴》第12册,中华书局标点本,第5480页。
② 《隋书》第一册,中华书局标点本,第48页。
③ 陈寅恪:《隋唐制度渊源略论稿》(与《唐代政治史述论稿》合订),三联书店2001年版,第19页。

侪者。故文帝一次召诸儒讨论新礼，牛弘的"立议"得到群儒的一致推服。致使杨素感叹："公旧学时贤所仰。今日之事，决在于公。"[1]牛弘也"了不辞让，斯须之间，仪注悉备，皆有故实"。杨素于是又赞："衣冠礼乐尽在此矣，非吾所及也！"[2]看到这些记载，你会感到一朝的最高元首，聚集一代之大儒共同商酌制定可以使家国天下安定有序的礼仪蓝图，是何等亲切有味的文化盛举。

寅老不断举证诸史书上的对一代大儒的称美文字。如"卢辩，范阳涿人，累世儒学。""其兄景裕为当时硕儒。""太祖以辩有儒术，甚礼之。""时太常刘芳、侍中崔光当世儒宗，叹其精博，光遂奏兼著作佐郎，修国史。""俭弱年便留意三礼，尤善春秋，发言吐论，造次必于儒教，由是衣冠翕然，并尚经学，儒教于此大兴。""方今宿生巨儒并各年高，教训之道孰为其继？""张轨，安定乌氏人，家世孝廉，以儒学显。""（宋繇）雅好儒学，虽在兵难之间讲诵不废。每闻儒士在门，常倒屣出迎，停寝政事，引谈经籍。"其对儒家的称美态度，不经意间充溢于文献考订的叙论之间。

我使用的"元首"一语，其实出自牛弘之口。《隋书》卷八记载："开皇初，高祖思定典礼，太常卿牛弘奏曰：'圣教陵替，国章残缺，汉晋为法，随俗因时，未足经国庇人，弘风施化。且制礼作乐，事归元首，江南王俭，偏隅一臣，私撰仪注，多违古法。就庐非东阶之位，凶门岂重设之礼，两萧累代，举国遵行。后魏及

---

[1] 陈寅恪：《隋唐制度渊源略论稿》（与《唐代政治史述论稿》合订），三联书店2001年版，第19页。
[2] 同上。

齐，风牛本隔，殊不寻究，遥相师祖，故山东之人，浸以成俗。西魏已降，师旅弗遑，嘉宾之礼，尽未详定。今休明启运，宪章伊始，请据前经，革兹弊俗。'诏曰：'可！'弘因奏征学者撰仪礼百卷，悉用东齐仪注以为准，亦微采王俭礼。修毕，上之，诏遂班天下，咸使遵用焉。"[1]牛弘的"制礼作乐，事归元首"一语，可知兹事体大，必庄严隆重而不可轻为。

  正是由于此一缘故，寅老对南齐北魏对峙时期发生的王肃北奔事件，给予极大的重视。王肃是琅琊临沂人，《北史》本传说他少年即显露出聪辩的特点，而且"涉猎经史，颇有大志"，曾作过南齐的秘书丞。但父、兄均为齐武帝所杀，所以在太和十七年，王肃自齐国都城建邺北奔到魏国，受到魏孝文帝的礼遇和器重，授予辅国以及大将军长史等职衔。本来还要赐爵开阳伯，王肃没有接受。不久受诏讨伐齐国的义阳，连破敌军，立下功勋。致使孝文发出手诏，倾吐诗意的赞美曰："不见君子，中心如醉，一日三岁，我劳如何。"[2]虽然王肃只活了三十八岁，但为新主魏国所作之贡献不可谓不多。《北史》本传写道："自晋氏丧乱，礼乐崩亡，孝文虽厘革制度，变更风俗，其间朴略，未能淳也。肃明练旧事，虚心受委，朝仪国典，咸自肃出。"[3]《资治通鉴》"王肃见魏主于邺"条也有载："时魏主方议兴礼乐，变华风，威仪文物多肃所定。"将王肃在孝文用夏变夷过程中对礼乐典章制度的建构所起之作用概括无遗。

---

[1] 《隋书》卷八，中华书局标点本，第一册，第156页。
[2] 《北史》卷四十二，中华书局标点本，第五册，第1538页。
[3] 同上，第1540页。

故史上所谓的王肃"北奔",其直接作用主要是带来了南朝的礼仪文化,此正是当时艳羡江左文物制度的拓跋氏所急需。陈寅老在大量分疏史实之后,括而论之曰:

> 隋文帝继承宇文氏之遗业,其制定礼仪则不依北周之制,别采梁礼及后齐仪注。所谓梁礼并可概括陈代,以陈礼几全袭梁旧之故,亦即梁陈以降南朝后期之典章文物也。所谓后齐仪注即北魏孝文帝摹拟采用南朝前期之文物制度。易言之,则为自东晋迄南齐,其所继承汉、魏、西晋之遗产,而在江左发展演变者也。陈因梁旧,史志所载甚明,当于后文论之,于此先不涉及。惟北齐仪注即南朝前期文物之蜕嬗,其关键实在王肃之北奔。①

当然孝文迁都洛阳之后的礼仪典章构建,为之贡献学养才智者不止王肃一人,另有被称作"当世儒宗"的刘芳、崔光等儒臣,也是可圈可点的人物。刘芳的儒学修养似不在王肃之下,因而对王肃关于及笄礼的说法曾有所是正。魏孝文帝对刘芳的评价很高,许之为"经学精洽"。而王劭、刘焯、刘炫等儒学之士,也都是有所贡献者。特别是刘焯、刘炫,两人一起"闭户读书,十年不出",获"与著作郎王劭同修国史"的殊荣,论者至有"数百年以来博学通儒无能出其右者"的说法,时人以此称之为"二刘"。寅恪先生写

---

① 陈寅恪:《隋唐制度渊源略论稿》(与《唐代政治史述论稿》合订),三联书店2001年版,第13页。

道："王劭、刘焯、刘炫皆北齐儒学之士，而二刘尤为北朝数百年间之大儒。"另外还有李德林者，为齐主所重，寅老称其为"齐代文宗"。

陈寅恪先生隋唐两《论稿》所欲考证者，是为隋唐之典章文物制度，亦即文化礼仪和文化秩序的来路和渊源，所用方法为从史实论制度，由人物看渊源，历历有自，一字不虚。而贯穿之思想线索，则是以儒家学说为中心的人物学养和礼仪制度的南北交融互动。其中对宇文氏关陇集团文化政策的研究，包括宇文泰主政人物的文化心理分析，是陈氏学说的一大发明。实际上，与隋主的精神脉理联系最紧密的，主要还是宇文氏的文化资源。故寅老一再阐明："惟此偏隅之地，保存汉代中原之文化学术，经历东汉末、西晋之大乱及北朝扰攘之长期，能不失坠，卒得辗转灌输，加入隋唐统一混合之文化，蔚然为独立之一源，继前启后，实吾国文化史之一大业。"①同时寅老又有言曰："若关陇之区，既承继姚秦之文化，复享受北魏长期之治安，其士族家世相传之学术必未尽沦废，故西北一隅偏塞之区，值周隋两朝开创之际，终有苏氏父子及牛辛诸贤者，以其旧学，出佐兴王，卒能再传而成杨隋一代之制，以传之有唐，颇与北魏河西学者及南朝旧族俱以其乡土家世之学术助长北魏之文化，凝铸混和，而成高齐一代之制度，为北朝最美备之结果以传于隋唐者，甚相类也。"②

如果以最简要的语言归结其缘由之所在，则寅老已然指明，即

---

① 陈寅恪：《隋唐制度渊源略论稿》（与《唐代政治史述论稿》合订），三联书店2001年版，第22页。

② 同上，第47页。

学术与传统

一是本土世家的学术传统的保存，二是由于"外来避乱之儒英亦得就之传授"。其中"世家"和"儒英"是两个关键词。这让我们不禁联想到，两《论稿》以及寅老的其他中古史研究著作，尽多"名儒"、"硕儒"、"大儒"、"通儒"、"儒宗"、"儒英"等特指称谓，从中可知寅老对儒家学说和儒学传统是何等钟情顾惜。

世家、士族与儒素门风

正是儒家思想和家族的结合，造就了千年以降的士族与门风。这是儒家思想的特殊存在形式。此即寅老在《冯友兰〈中国哲学史〉下册审查报告》中所说："二千年来华夏民族所受儒家学说之影响，最深最巨者，实在制度法律公私生活之方面。"本篇一再引录的寅老关于典章与礼仪、士族与门风的论述，指的就是在此一方面所受儒家思想的影响而言。寅老写道："士族之特点既在其门风之优美，不同于凡庶，而优美之门风实基于学业之因袭。故士族家世相传之学业乃与当时之政治社会有极重要之影响。"[①] 此论可以说高度概括了以家庭和家族为本位的中国历史与社会的文化特征。

1927年，陈寅恪先生在《王观堂先生挽词》的序言里，曾有过关于中国文化特征的论述，笔者称之为陈氏的文化宣言。其中写道："吾中国文化之定义，具于《白虎通》三纲六纪之说，其意义为抽象理想最高之境，犹希腊柏拉图所谓Eidos者。"[②] 君臣一纲，固在朝廷，但父子、夫妇两纲都交集在家庭。"六纪"包括诸父、

---

① 陈寅恪：《唐代政治史述论稿》，三联书店2001年版，第260页。
② 陈寅恪：《王观堂先生挽词并序》，《诗集》，三联书店2001年版，第12页。

兄弟、族人、诸舅、师长、朋友,和通常所说的"五伦"不完全相同,笔者有他文及此,兹不多赘。所特别值得我们关注者,是寅老称"三纲六纪"的意义,在于为"抽象理想最高之境",颇近似柏拉图所说的"理念"。儒家正是以这种最高的理想来塑造人伦关系和人格境界的。所以人格之美在中国文化的背景下是人生理想的不可或缺的一环。此即寅老在论述南北文化变迁时,不断使用"门风之优美"、"最美备之结果"等措辞的缘由。而当社会的剧烈变迁之际,此种最高理想不免飘摇零落,只有在旧族、世家中还多有保留。这种情形在唐代中晚期的牛李党争的背景中表现得至为明显。

陈寅恪先生在《唐稿》中,以大量篇幅、无可争议的历史事实,证明李党巨子俱是北朝以来之旧门及当代之宗室,牛党之代表人物则是唐高宗、武则天之后由进士词科进用之新兴阶级。此恰如晚清大儒沈曾植所言:"牛党重科举,李党重门第。"就学术辞章而言,李党的渊源,来自两晋、北朝以来的山东"士族传统之旧家学",因此重经术;牛党则重辞章,属于高宗、武后以后当时的所谓新学。当然两党之间,彼此亦不无交错,而非绝对无特例之划一分野。此盖由于互相熏习影响的结果,不能反证寅老之大判断有任何的不严密。有意思的是,"朋党"一词,就是李德裕指斥新学一派因科举所产生的座主和门生的关系。或有质疑者诘问:座主和门生不过一科之试而已,何来"朋党"之结?寅老以白纸黑字的两例足以让此诘者无语以对。

第一个例证是《唐语林》所载的关于宰相崔群的故事。元和中,这位"清名甚重"的显宦以中书舍人的身份主掌贡举,待到将要离开此职时,夫人李氏劝他多置庄田,以为子孙后代的基业着想。崔群笑答道:"余有三十所美庄良田,遍在天下,夫人何忧？"夫人不解，说："不闻君有此业。"崔群向其交底，说："前年放春榜三十人，岂非美田耶？"夫人不同意此论，反驳道："若然者，君非陆贽相门生乎？然往年君掌文柄，使人约其子简礼，不令就春闱之试。如以为良田，则陆氏一庄荒矣。"寅老于此加按语云："座主以门生为庄田，则其施恩望报之意显然可知。此唐代座主对于门生关系密切之一例证也。"[1]事实上，直到清代，座主和门生的关系也不能逃出此一逻辑之外。

第二个例证涉及大家都熟悉的白居易。按当时的党派分野，我们的大诗人应属于科举进身的新学一派，他的《重题》七律四首是晚年之作，其第四首道出了自己的一件平生憾事，使得白诗爱好者难免有寻根问底之想。兹将该诗全八句录之于下：

> 宦途自此心长别，世事从今口不言。
> 岂止形骸同土木，兼将寿夭任乾坤。
> 胸中壮气犹须遣，身外浮荣何足论。
> 还有一条遗恨事，高家门馆未酬恩。

陈寅恪先生针对此诗的最后一联写道："白乐天此诗自言已外形骸、了生死，而犹倦倦于座主高郢之深恩未报，斯不独香山居士一人之笃于恩旧者为然，凡苟非韦保衡之薄行寡情者，莫不如是。此实可为唐代门生对座主关系密切之一例证也。"[2]盖韦保衡者是

---

[1] 陈寅恪：《唐代政治史述论稿》，三联书店2001年版，第271—272页。
[2] 同上，第271页。

一特例，其人凡"素所不悦者，必加排斥"，而不在党之新旧也。

陈寅恪先生在叙论中多有"山东旧族"字样，此系何指？"旧族"实即"士族"，其所特指，寅老给出了具体解释。他写道："山东士族之所以兴起，实用儒素德业以自矜异，而不因官禄高厚见重于人。降及唐代，历年虽久，而其家风礼法尚有未尽沦替者。"[1]显然是从儒学修养是否深厚、礼法是否规正、家风是否整饬等方面着眼。所以使用了"儒素"一词，即"一向以儒"的意思。正是具有此种出处的儒门素子，扮演了与以举业出身的浮薄士子誓不两立的角色。故寅老说："凡山东旧族挺身而出，与新兴阶级作殊死斗者，必其人之家族尚能保持旧有之特长，如前所言门风家学之类。"[2]

盖寅老在叙论中实透露出一种价值判断，即士族世家出身的人，由于以礼义德范传家，旧学根底深厚，因此士节道德不容易随俗更易动摇。所谓儒家的人格理想即变现在此一方面。反观唐代新兴阶层的那些浮薄子弟，则往往颠倒错位而不知其可。如第一等的才人诗家李商隐，处身牛李党争的背景之中，忽焉牛，忽焉李，结果导致自身无以自处。寅老于此感叹道："君子读史，见玉谿生与其东川府主升沈荣悴之所由判，深有感于士之自处，虽外来之世变纵极纷歧，而内行之修谨益不可或阙也。"呵呵！世变分歧，世路干戈，人生之信仰愈益坚守而不动摇，这才是士的内修之美。也就是孟子所说的："无恒产而有恒心者，惟士为能。"

---

[1] 陈寅恪：《唐代政治史述论稿》，三联书店2001年版，第267页。
[2] 同上，第276页。

"道教之真精神"

陈寅恪先生对道教的"判教"思想,也是在《冯友兰〈中国哲学史〉下册审查报告》中提出的。不是单独地对道教的评价,而是与儒、释两家一起捉置一处的比较论说。相关段落的文字不少,兹先将最集中的一段抄录出来,我们大家一起思考细详。陈先生写道:

> 六朝以后之道教,包罗至广,演变至繁,不似儒教之偏重政治社会制度,故思想上尤易融贯吸收。凡新儒家之学说,几无不有道教,或与道教有关之佛教为之先导。如天台宗者,佛教宗派中道教意义最富之一宗也。(其创造者慧思所作《誓愿文》,最足表现其思想。至于北宋真宗时,日本传来之《大乘上观法门》一书,乃依据《大乘起信论》者,恐系华严宗盛后,天台宗伪托南岳而作。故此书只可认为天台宗后来受华严宗影响之史料,而不能据以论南岳之思想也。)其宗徒梁敬之与李习之之关系,实启新儒家开创之动机。北宋之智圆提倡中庸,甚至以僧徒而号"中庸子",并自为传以述其义(孤山《闲居编》)。其年代犹在司马君实作《中庸广义》之前,(孤山卒于宋真宗乾兴元年,年四十七。)似亦于宋代新儒家为先觉。二者之间,其关系如何,且不详论。然举此一例,已足见新儒家产生之问题,犹有未发之覆在也。至道教对输入之思想,如佛教、摩尼教等,无不尽量吸收,然仍不忘其本来民族之地位。既融成一家之说以后,则坚持夷夏之论,以排斥外来之教义。此种思想上之态度,自六朝时亦已如此。虽似相反,而实足以

相成。从来新儒家即继承此种遗业而能大成者。①

　　这段论述可以看作是寅恪先生对道教"判教"的纲领，其要点可以分解为以下四个方面。第一，寅恪先生认为，道教不像儒家学说那样偏重于政治和社会制度，因而在思想上容易融贯吸收；第二，新儒家的学说，大都有道教或与道教有关的佛教为之先导；第三，道教对域外输入的思想，如佛教、摩尼教等，无不尽量吸收，同时仍不忘本来民族之地位；第四，当道教将众家之说融成一家之说以后，则坚持夷夏之论，以排斥外来之教义；第五，新儒家就是继承了此种思想遗产而能够大成者。

　　质而言之，在寅恪先生看来，道教是一种最具有思想活性的宗教，其最大特点是，对其他的思想学说容易融贯吸收，而吸收佛教思想便是其显例。其次是对本民族文化之根的坚守，寅老以"不忘本来民族之地位"概括之。此义在寅老撰写的《崔浩与寇谦之》一文中阐论得深明而具体。他这样写道："吾国道教虽其初原为本土之产物，而其后逐渐接受模袭外来输入之学说技术，变易演造，遂成为一庞大复杂之混合体，此治吾国宗教史者所习知者也。"②按道教的产生，一般认为是在东汉的顺帝时期，其来源可以追溯到古代的巫术和繁杂多样的民间信仰，因此必然地也会与战国、秦汉的神仙方术有所牵连；而在哲学思想上，又可以在老子和庄子那里找到渊源。大体上属于儒家范畴的阴阳五行观，也与道教有所交集。

---

① 陈寅恪：《冯友兰〈中国哲学史〉下册审查报告》，《金明馆丛稿二编》，三联书店2001年版，第284页。
② 陈寅恪：《崔浩与寇谦之》，《金明馆丛稿初编》，三联书店2001年版，第126页。

所以陈寅恪先生说："吾国道教虽其初原为本土之产物，而其后逐渐接受模袭外来输入之学说技术，变易演造，遂成为一庞大复杂之混合体，此治吾国宗教史者所习知者也。"[1]寅老此处所提出的道教实为"一庞大复杂之混合体"之说，就作为对道教的"判教"来说，可谓严密而无漏。

而且很少有另外的宗教像道教那样，能够跟化学、跟医药、跟科技联系得这样紧。由于信徒们追求"羽化成仙"，相信某种药物可以令人长生不老，于是可以作为化学先导的煮汞炼丹，便成为道教信仰者的日常课业。所以道教在吸收外来的技术方面，扮演了不肯落人后的角色。寅老说的"模袭外来输入之学说技术"一语，"学说"主要指的是对佛教的吸收，"技术"则是指医药和化学。医药技术方面，因非本篇主旨，兹不论。对佛教的吸收，寅老另有言曰："综观二千年来道教之发展史，每一次之改革，必受一种外来学说之激刺，而所受外来之学说，要以佛教为主。"[2]

关于道教对于佛教之关系，陈寅恪先生在《天师道和滨海地域之关系》及《陶渊明之思想与清谈之关系》两文中，有系统的发掘，不能一一具引。这里仅以寅老所举证的两晋南北朝时期几位影响卓著的人物作为代表，看他们对天师道所采取的是何种态度。对此一问题，寅老在《陶渊明之思想与清谈之关系》中，有过一段极精要的概括。所举证者，均为天师道的信徒，而对佛教的态度则可分为三派：第一派是继续"保持家传之道法，而排斥佛教"，

---

[1] 陈寅恪：《崔浩与寇谦之》，《金明馆丛稿初编》，三联书店2001年版，第126页。
[2] 同上。

代表人物是写《神灭论》的范缜。据寅恪先生的考证，范缜的曾祖父、祖父以及父辈都是天师道的忠实信徒，其家世信仰可谓渊源有自。因此他是站在天师道的立场上来批判佛教的。此是道教信仰者对佛教不妥协不认同的显例。这也就是寅老所说的"成一家之说以后，则坚持夷夏之论，以排斥外来之教义"。第二种态度，以南朝的梁武帝萧衍为代表，是为"弃舍其家世相传之天师道，而皈依佛法"。梁武曾有过三次舍身的记录，其对佛教信仰的诚笃，当时后世无人质疑。而当他脱离原来的天师道信仰而皈依佛法之时，其向十方诸佛、十方尊法、十方圣僧坦承的心迹，也可以见出其诚笃无欺。

第三种是对佛道二教持调停的态度，代表人物为写《北山移文》的南齐人孔稚珪。孔氏也是天师道世家，但他皈依佛教而不改昔日的信仰，对佛道两教等量齐观而同时宗仰。他为此写信给竟陵王子良，具道其心曲：

> 民积世门业，依奉李老，民仰攀先轨，自绝秋尘，而宗心所向，犹未敢坠。至于大觉明教般若正源，民生平所崇，初不违背。民斋敬归依，早自净信，所以未变衣钵眷黄老者，实以门业有本，不忍一日顿弃，心世有源，不欲终朝悔遁，既以二道大同，本不敢惜心回向，实顾言称先业，直不忍弃门志耳。民之愚心正执门范，情于释老，非敢异同，始私追寻民门，昔尝明一同之义，经以此训张融，融乃著通源之论，其名少子。

认为佛道二教"大同"，既不放弃其家世的"依奉李老"之志，又能对佛教"斋敬归依"，在"教"为二，在心则一，其所持态度同样真实无欺。其致竟陵王的第二书亦云："道家戒善，故与佛家同耳。"虽然，斯例可以见出道教之旧信仰的坚牢和佛教的新信仰的不可摆脱的吸引力，同时亦可知道教本身的吸收能力和容纳精神。

第四种态度是守持本身的旧信仰，而不向新潮流倾倒屈服。能做到这一点者须有一先决条件，即寅老所说的，其对于其夙宗之教义能够有"创辟胜解"。晋朝的大诗人陶渊明就是这样的人。经寅恪先生考证，陶渊明出身于世奉天师道的溪族，所以没有向新潮流的佛教倾斜，是由于他对道教的自然说"有进一步之创解"，创造了一种"新自然说"①。魏晋名士阮籍、嵇康等宗奉的是与名教对立的旧自然说，而陶渊明"既无旧自然说形骸物质之滞累，自不致与周孔入世之名教说有所触碍。故渊明之为人实外儒而内道，舍释迦而宗天师者也。"②寅老称此种革新旧义的思想造诣，"与千年后之道教采取禅宗学说以改进其教义者，颇有近似之处"，因此不止"文学品节居古今之第一流"，即称之为"吾国中古时代之大思想家"③，亦当之无愧。

陈寅恪先生对道教的总体评价是："中国儒家虽称格物致知，然其所殚精致意者，实仅人与人之关系。而道家则研究人与物之关系。故吾国之医药学术之发达出于道教之贡献为多。其中固有怪诞不经之说，而尚能注意于人与物之关系，较之佛教，实为近于常识

---

① 陶渊明：《陶渊明之思想与清谈之关系》，《金明馆丛稿初编》，三联书店2001年版，第320页。
② 同上，第329页。
③ 同上。

人情之宗教。然则道教之所以为中国自造之宗教，而与自印度所输入之佛教终有区别者，或即在此等处也。"①显然是在对于儒佛两家的比较中来确定道教的位置的。儒家所致力者是人与人的关系，而道家面对的则是人与物的关系，所以道家贡献于医药学术者良多。天师道的许多信徒都通晓医药知识，即可以作为证据。这是道教与儒家的区别之一，应为的论不成问题。同时正是在人与物的关系这个问题上，寅老认为道教比佛教更接近于常识和人情，斯为道教作为中国自创的宗教，与印度传来的佛教彼此之间的一种区别。斯就更是体察入微而又发人所未发的至论了。认为道教更接近人情和常识，这是寅老对道教的极特殊也是极高的评价。

当然，这些概括性的论断是比较而言，而且是将道家和道教一体看待而未予区分。本来在两晋南北朝时期，如孔稚珪，也是把"李老"和道教等量齐观。至于"人与物的关系"，实即后来人们常说的人与自然的关系，语词不同而已，相信不致引起误解。

"新儒家之旧途径"

陈寅恪先生在《冯友兰〈中国哲学史〉下册审查报告》中，还有一段实际上是归结所论之儒释道关系的话，即："真能于思想上自成系统，有所创获者，必须一方面吸收输入外来之学说，一方面不忘本来民族之地位。此二种相反而适相成之态度，乃道教之真精神，新儒家之旧途径，而二千年吾民族与他民族思想接触史之所昭

---

① 陈寅恪：《天师道与滨海地域之关系》，《金明馆丛稿初编》，三联书店2001年版，第36页。

示者也。"

笔者已往的著论，曾多次引用寅老这段精要不二的经典论断。没有一种文化是孤立的单独的存在，都无法避免与不同的文化发生接触和相互影响。因此文化移植和文化嫁接是不可避免的文化现象。但文化移植和文化嫁接，如何在不损伤自身文化的主体自性的情况下进行，文化史研究的有心人都不得不然地投入自己的关注。特别像中国这样的具有古老传统的文明体国家，经历了漫长的由传统到现代的过程，其与域外不同文化之间的接触和吸收，是否会导致文化失重，以致入主出奴，失去本来面目而变成"非驴非马之国"[1]，是大可究诘亦大可警惕的课题。陈寅恪先生一生之著作，充满了对这个问题的关切。但他的态度坚定而明确，即认为一是确然地需要吸收域外的学说与文化，二是又要做到"不忘本来民族之地位"。事实上以天师道为代表的道教，对当时大盛的佛教学说所采取的就是这种态度。陈寅恪先生就是把这种既吸收外域的文化学说，又不忘记自己固有传统的文化态度，叫作"道教之真精神"。这种态度，看上去似乎是相反，实则相反而又相成。故寅老说："此种思想上之态度，自六朝时亦已如此。虽似相反，而实足以相成。"[2]

陈寅恪先生把这种吸收外域学说而不忘记本民族历史地位的文化态度，既称作"道教之真精神"，又称其为"新儒家之旧途径"。这里不妨再重复一遍，即寅老说："此二种相反而适相成之

---

[1] 陈寅恪：《俞曲园先生病中呓语跋》，《寒柳堂集》，三联书店2001年版，第164页。
[2] 陈寅恪：《冯友兰〈中国哲学史〉下册审查报告》，《金明馆丛稿二编》，三联书店2001年版，第284页。

态度,乃道教之真精神,新儒家之旧途径,而二千年吾民族与他民族思想接触史之所昭示者也。"呵呵!此处同时还强调,这样一种"相反而适相成"的态度,已为已往两千年的中外思想接触史所证明的唯一正确的文化态度。道教的历史所证明者,已如上述。那么为什么又称作"新儒家之旧途径"呢?

陈寅恪先生所说的新儒家,是指以二程、朱子为代表的宋代的儒家思想。寅老对宋代思想文化评价甚高,不止一次地说,宋代是吾国思想文化的最高峰。而宋代的具有典范意义的学术创获,除金石学之外,主要是史学和理学。司马光的《资治通鉴》堪称史学之绝品,自是无有异词。而朱子创建的理学,则是思想史的集大成之作。宋儒既继承了先秦两汉的儒家学说,又吸收了佛教特别是禅宗以及道教的思想,可以毫不夸张地说,宋代是思想大汇流的典范时期。故寅恪先生断言:"凡新儒家之学说,几无不有道教,或与道教有关之佛教为之先导。"不仅如此,寅老在《〈中国哲学史〉下册审查报告》的开篇中,还有一段更带有思想史全体性质的大判断:

> 佛教经典言:"佛为一大事因缘出现于世。"中国自秦以后,迄于今日,其思想之演变历程,至繁至久。要之,只为一大事因缘,即新儒学之产生,及其传衍而已。[①]

我们万不会想到,陈寅恪先生竟然将新儒学的产生与佛祖释迦

---

① 陈寅恪:《冯友兰〈中国哲学史〉下册审查报告》,《金明馆丛稿二编》,三联书店2001年版,第282页。

牟尼的出世，同置于"一大事因缘"的位置。兹事体大，岂可轻看。我的理解，寅老是就历史上的文化融合和文化传播的题点，来看待此一问题的。盖佛教的出现，使人类的思想世界多了一种全新的思维体系，与古苏格拉底、柏拉图代表的古希腊哲人，与伊斯兰教的创主穆罕默德，与中国的孔子和老子，共同构建了世界历史的轴心时代。而佛教的东传，由中国而日本，而全世界，自然称得上是人类文化的"一大事因缘"。因此可以说，正是佛教的诞生与传播，改变了世界文化的格局。对中国而言，也可以说因佛教的传入而改变了中国文化的格局。而且佛法东来是在汉的儒学一统局面形成之后发生的，而至魏晋南北朝时期达到大盛，使原来以儒道两家为主的天下，变成了儒释道三足鼎立的世界。宋代的新儒学，就是在儒释道三家的化分化合的搏击掀发中孕育而成。没有佛法的东传，便没有佛教的中国化过程；没有佛教的中国化的过程，便没有新禅宗的诞生。而没有新禅宗，哪里来的新儒学。因此对于秦汉以来中国思想史的流变而言，新儒学的诞生还不是"一大事因缘"吗？

宋代新儒学的特殊贡献，是融会儒释道三家，而能自成一统。本来善于吸收他种文化成分，是道教的特点。但"此种遗业"被新儒家继承而达致"大成"，已是不争的历史事实。陈寅恪先生说："南北朝时，即有儒、释、道三教之目（北周卫元嵩撰《齐三教论》七卷，见《旧唐书·肆柒·经籍志下》），至李唐之世，遂成固定之制度。如国家有庆典，则召集三教之学士，讲论于殿廷，是其一例。故自晋至今，言中国之思想，可以儒、释、道三教代表之。此虽通俗之谈，然稽之

陈寅恪对儒释道三家的"判教"

旧史之事实,验以今世之人情,则三教之说,要为不易之论。"①饶有意味的是,中国的儒、释、道三教并不因渊源不同而互相排斥,而是彼此吸收,虽分立而合流。大功臣是儒家学说,由于不是"真正的宗教",其对佛、道两家的吸纳包容,史迹昭昭,人所共知。以此之故,传统社会的"外服儒风之士可以内宗佛理,或潜修道行,其间并无所冲突"。至新儒学的出现,既是儒家自身的更化与革新,又是"三教合一"的思想范例。

佛教如上所述,也是经过了长期的中国化的过程。正如陈寅恪先生所说:"释迦之教义,无父无君,与吾国传统之学说,存在之制度,无一不相冲突。输入之后,若久不变易,则绝难保持。是以佛教学说,能于吾国思想史上,发生重大久远之影响者,皆经国人吸收改造之过程。"②职是之故,儒、释、道三家之在中国,不是束缚人性的枷锁,而是人的精神自由的黏合剂。所以新儒学的孕育与发酵的过程,佛教学说已经自然而然地参与其中了。故寅老中肯地提出:"凡新儒家之学说,几无不有道教,或与道教有关之佛教为之先导。"③以致遇到国家的庆典,可以"召集三教之学士,讲论于殿廷"。这在世界宗教史上,也是绝无仅有的奇观。

陈寅恪先生对儒释道三家的"判教",固然是吾国思想文化史的具有核心意义的题旨,但其意义绝不限于历史的思想文化现象本身,对今而后我中华未来的文化建构和文化建设,亦具有直接的教

---

① 陈寅恪:《冯友兰〈中国哲学史〉下册审查报告》,《金明馆丛稿二编》,三联书店2001年版,第283页。
② 同上。
③ 同上,第284页。

示意义。所以当他展望未来时，这样归结说："窃疑中国自今日以后，即使能忠实输入北美或东欧之思想，其结局当亦等于玄奘唯识之学，在吾国思想史上，既不能居最高之地位，且亦终归于歇绝者。其真能于思想上自成系统，有所创获者，必须一方面吸收输入外来之学说，一方面不忘本来民族之地位。"这是大史学家同时也是大思想家陈寅恪先生的一种文化态度，也是他的一贯的文化精神。此种态度和精神无他，就是寅老一再释证论说，而又为"二千年吾民族与他民族思想接触史之所昭示者"："道教之真精神"和"新儒家之旧途径"。

2016 年 4 月 23 日竣稿于东塾

（载《中华读书报》2016 年 9 月 14 日）

陈寅恪的阐释学

陈寅恪先生坚执中国文化本位的思想，以种族与文化的学说治史说诗，目的是在史中求史识，通解历史上的文化中国。而实现此一学术目标的主要途径，是在充分占有和甄别史料的基础上，对摄取来作为研究对象的古代载籍和历史人物，进行诠解和阐释，以重建历史的真实面貌和历史人物的心理结构。在这点上所有历史学者概莫能外。陈寅恪的贡献，是在说诗治史的过程中，创立了一种独特的具有现代精神的阐释学，就中所包含的观念与方法学的意义，足可启示当代，并"示来者以轨则"[1]，使做中国学问的人文学者取径有门而知其以古为新的前行之路。

陈寅恪先生的阐释学，可约略概括为六目，即第一，"了解之同情"：阐释的先验态度；第二，"释证"、"补正"、"参证"：阐释的多元途径；第三，"既解释文句又讨论问题"：阐释的思想向度；第四，比较阐释和心理分析：阐释的现代意味；第五，古典、今典双重证发：阐释的学问境界；第六，环境与家世信仰的熏习：阐释的种子求证。姑名之为陈氏阐释学，下面请分别试论之。

---

[1] 陈寅恪：《王静安先生遗书序》，《金明馆丛稿二编》，三联书店2001年版，第247页。

一 "了解之同情"：阐释的先验态度

面对历史人物和古代的载籍，我们首先须假设一先验的态度，即你准备怎样来对待古人和古人的立说。这需要谈到陈寅恪先生为冯友兰《中国哲学史》上册所写的审查报告，他在这篇报告中说过一句很有名的话，就是"对于古人之学说，应具了解之同情，方可下笔"①。这句话可以看作是他对古代作者和古代典籍的基本态度。至于为什么以及怎样做才称得上对古人的学说具有"了解之同情"，他解释说：

> 盖古人著书立说，皆有所为而发。故其所处之环境，所受之背景，非完全明了，则其学说不易评论，而古代哲学家去今数千年，其时代之真相，极难推知。吾人今日可依据之材料，仅为当时所遗存最小之一部，欲借此残余断片，以窥测其全部结构，必须备艺术家欣赏古代绘画雕刻之眼光及精神，然后古人立说之用意与对象，始可以真了解。所谓真了解者，必神游冥想，与立说之古人，处于同一境界，而对于其持论所以不得不如是之苦心孤诣，表一种之同情，始能批评其学说之是非得失，而无隔阂肤廓之论。否则数千年前之陈言旧说，与今日之情势迥殊，何一不可以可笑可怪目之乎？②

---

① 陈寅恪：《冯友兰〈中国哲学史〉上册审查报告》，《金明馆丛稿二编》，三联书店2001年版，第279页。
② 同上。

这是说古人著书立说总有一定的环境与背景，经受特定物事的刺激和诱发之后，方产生形诸笔墨的冲动；但由于时代湮远，可资依据的直接材料常常残缺不全，要想窥知其时代真相，洞悉古人著作的运思过程和精神底里，实在是一件至繁至难之事。在这种情况下，寅恪先生主张今之作者要具备艺术家的精神和眼光，对古人的学说采取如同对待艺术品般的欣赏态度，使自己神游冥想，进入对象，设想与立说之古人处于同一境界，然后始能达成对古人立说之用意和对象的"真了解"。就是说，得先进入境界，具赏鉴之心，然后方能知得失。而"真了解"的关键，在于对古人立说"不得不如是之苦心孤诣"，能够产生设身处地的同情之心。"不得不如是"一语，实际上是问题的关键。其隐含义，就是对古人不仅要了解，而且还要体谅。此义和章学诚《文史通义》"文德"篇同发一慨，章氏尝谓：

> 凡为古文辞者，必敬以恕。临文必敬，非修德之谓也。论古必恕，非宽容之谓也。敬非修德之谓者，气摄而不纵，纵必不能中节也。恕非宽容之谓者，能为古人设身而处地也。[1]

寅老所陈述之阐释态度，亦即章氏"论古必恕"的态度，妙在章氏不以"宽容"一词与"恕"相混淆，而以"为古人设身而处地"给以说明，此与寅恪先生同曲同工矣。不同的是，寅老给出的总括概念为"了解之同情"，故引来"对待艺术品般的欣赏

---

[1] 章学诚：《文史通义·文德》上册，叶瑛校注，中华书局1985年版，第278页。

态度"一语,使得"恕"、"同情"、"设身处地",均得入径之着落。只有秉持这样一种态度,才有条件批评古人学说的是非得失,而与任何一种超越时代环境和作者条件的苛求前贤的作风划清界限。

但陈寅恪先生接着便指出:"此种同情之态度,最易流于穿凿傅会之恶习。因今日所得见之古代材料,或散佚而仅存,或晦涩而难解,非经过解释及排比之程序,绝无哲学史之可言。然若加以联贯综合之搜集及统系条理之整理,则著者有意无意之间,往往依其自身所遭际之时代,所居处之环境,所熏染之学说,以推测解释古人之意志。"[1]这是寅恪先生最不能容忍的"以今例古",实即将古人的思想现代化,故以"恶习"称之,然而这又是时人最易犯的毛病。其结果是:"今日之谈中国古代哲学者,大抵即谈其今日自身之哲学者也。所著之中国哲学史者,即其今日自身之哲学史者也。其言论愈有条理统系,则去古人学说之真相愈远。"[2]对冯友兰所著之《中国哲学史》,他所以郑重予以推荐,原因之一就是冯著划开了古今的界限,没有把古人现代化,对古人的立说大体采取了"了解之同情"的态度。他希望通过出版冯著,能够矫正当时学界的令人"长叹息"的"傅会之恶习",特别彼时的墨子研究,此种风气显现得尤为突出。可以认为,陈寅恪先生提出的"对于古人之学说,应具了解之同情",是阐释学的一绝大判断,非常准确地概括出今之学人对古人著述所应采取的态度,此说在他的阐释学的结

---

[1] 陈寅恪:《冯友兰〈中国哲学史〉上册审查报告》,《金明馆丛稿二编》,三联书店2001年版,第279—280页。
[2] 同上,第280页。

构中起精神柱石的作用。

　　陈寅恪先生对待古代著作和古人著述立说的这种态度，贯穿于他的全部著述之中。《元白诗笺证稿》对元稹的评价是其显例。由于元稹一生数娶，对青年时期的恋爱对象"崔莺莺"始乱终弃，自己非但不愧疚，反而写成《传奇》，以所谓"忍情"说为自己辩护，其为人巧宦热中，无以复加。如果不了解唐代贞元以后的社会风俗，以"今"例"古"，或以"后"例"前"，对绝代才华之微之除了诟病已无所取长矣。

　　但由于寅恪先生对唐代仕宦制度和社会风俗文化有独到的研究，为他衡人品文提供了可以取信的历史依据。盖唐代自高宗和武则天以后，世风实起一极大变化，即"此种社会阶级重辞赋而不重经学，尚才华而不尚礼法"，乃至进士科亦为"浮薄放荡之徒所归聚，与倡伎文学殊有关联"①。所以唐代娼伎文学发达，显宦高官以及文人学士概莫能外，倘不拥伎自炫，便无社会地位，即以道学自命的韩愈亦在所不免。故杜牧的《感怀诗》有句："至于贞元末，风流恣绮靡。"②这种情况，不明唐代风俗者，无法与言。寅恪先生在大量引证有关唐代社会风俗的史料之后写道：

　　　　盖唐代社会承南北朝之旧俗，通以二事评量人品之高下。此二事，一曰婚，二曰宦。凡婚而不娶名家女，与仕而不由清望官，俱为社会所不齿。此类例证甚众，且为治史者所习知，

----

① 陈寅恪：《元白诗笺证稿》，三联书店2001年版，第89页。
② 杜牧：《感怀诗》，《全唐诗》卷五百二十，中华书局标点本，第十六册，第5937页。

故兹不具论。但明乎此，则微之所以作《莺莺传》，直叙其自身始乱终弃之事迹，绝不为之少惭或略讳者，即职是故也。其友人杨巨源、李绅、白居易亦知之，而不以为非者，舍其寒女，而别婚高门，当日社会所公认之正当行为也。①

这样来看待元稹，即不以道德好恶代替历史分析，才有可能做到对古人的"真了解"。虽然，寅恪先生并没有扮演元稹辩护士的角色，他对其婚、宦的取径亦曾深责痛诋，于《元白诗笺证稿》第四章论"艳诗及悼亡诗"之时，有如下的批评："然则微之乘此社会不同之道德标准及习俗并存杂用之时，自私自利。综其一生行迹，巧宦固不待言，而巧婚尤为可恶也。岂其多情哉？实多诈而已矣。"②只不过是其社会风气所致也，故友朋及社会舆论视之平常而又正常，并不以此为非者。当然亦不影响对其文笔才华之评价，所以寅恪先生又写道："微之绝世之才士也。人品虽不足取，而文采有足多者焉。"③则士人之文采风流，微之尽占也夫。然回到陈氏阐释学，此历史的批评与道德的批评互不为掩而双重取义，正所谓对古人的"同情"而又"了解"者也。

《柳如是别传》对钱牧斋的评说也颇能说明问题。

稍具明清史常识的人无不知晓钱氏的始附东林，后结马（士英）、阮（大铖），明朝南都倾覆时又率尔降清，名节有亏，殊不足取，以至于士林史乘有"自汉唐以来，文人之晚节莫盖，无如谦益之甚

---

① 陈寅恪：《元白诗笺证稿》，三联书店2001年版，第116页。
② 同上，第99页。
③ 同上，第93页。

者"的恶评。陈寅恪先生并不否认这一点，但他主张对钱牧斋的行事尚须作环境和自身性格的具体分析，即使成为"一生污点"的降清一事，也需看到"亦由其素性怯懦，迫于事势所使然，若谓其必须始终心悦诚服，则甚不近情理"[①]。因此他不赞成陈子龙的弟子王胜时"挟其师与河东君因缘不善终之私怨"，原诬钱氏寓复明之旨的《列朝诗集小传》之苦心孤诣，因此批评说："胜时自命明之遗逸，应恕其前此失节之愆，而嘉其后来赎罪之意，始可称为平心之论。"[②]而对于钱牧斋和柳如是夫妇当南明小朝廷苟延残喘之际，所谓"日逢马阮意游宴"一节，寅恪先生说自然是极可鄙之事，但亦认为可增加一层分析，即不排除钱牧斋和阮大铖都是文学天才，两人也有"气类相近"的一面；而柳如是与阮大铖皆能度曲，就中或不无"赏音知己之意"[③]，不必只以"谦益觊相位"的潜在未显之目的来加评。这些话，非寅老谁能说出。人物是立体的，历史的动因是多重的，正不必把复杂的历史现象简单化。

不仅钱牧斋的降清"纡污有因"，就是清初的许多志在复明之人，也不得不违心地去应乡试，对此一现象也应明察其时代环境的因素，尔后再作批评。寅恪先生考释牧斋晚年从事复明活动，与当时许多同此胸怀之士有往还，故明大宗伯松江陆文定的曾孙陆子玄就是其中一个。但这位志在复明之士，却在顺治丁酉（公历1657年）应乡试，因涉及"权要贿赂"的科场案，被发往辽左。寅恪先生针对陆子玄一案，论之曰："故子玄亦必是志在复明之人，但何以于次

---

① 陈寅恪：《柳如是别传》下册，三联书店2001年版，第1045页。
② 同上，第1005页。
③ 同上，第867页。

年即应乡试？表面观之，似颇相矛盾。前论李素臣事，谓其与侯朝宗之应举，皆出于不得已。子玄之家世及声望约略与侯李相等，故疑其应丁酉科乡试，实出于不得已。盖建州入关之初，凡世家子弟著声庠序之人，若不应乡举，即为反清之一种表示，累及家族，或致身命之危险。"又说："关于此点，足见清初士人处境之不易。后世未解当日情势，往往作过酷之批评，殊非公允之论也。"①这些地方都体现出寅恪先生对待古人的"了解之同情"的诠释态度。

梁启超在近现代思想文化史上一直是个有争议的人物。戊戌变法前夕，陈寅恪先生的祖父陈宝箴和父尊陈三立曾聘请其主讲于长沙时务学堂，后又与寅恪先生共同任导师于清华国学研究院，可以说与寅恪先生有三代之谊。尽管如此，当梁启超脱离开具体的历史环境，以自己的思想经历来解释古人的志尚行动，寅恪先生仍直率地给予批评。他在《陶渊明之思想与清谈之关系》一文中，通过详细探究陶渊明的家世和姻族联系及宗教信仰，确认沈约《宋书》本传所说的渊明的政治主张是，"自以曾祖晋世宰辅，耻复屈身异代，自[宋]高祖王业渐隆，不复肯仕"最为可信②，认为这与嵇康是曹魏国姻，因而反抗司马氏政权正复相同。接着他把笔锋一转写道：

> 近日梁启超氏于其所撰《陶渊明之文艺及其品格》一文中谓："其实渊明只是看不过当日仕途混浊，不屑与那些热官为伍，

---

① 陈寅恪：《柳如是别传》下册，三联书店2001年版，第1142页。
② 陈寅恪：《陶渊明之思想与清谈之关系》，《金明馆丛稿初编》，三联书店2001年版，第227页。

倒不在乎刘裕的王业隆与不隆"、"若说所争在什么姓司马的，未免把他看小了"，及"宋以后批评陶诗的人最恭维他耻事二姓，这种论调我们是最不赞成的"。斯则任公先生取己身之思想经历，以解释古人之志尚行动，故按诸渊明所生之时代，所出之家世，所遗传之旧教，所发明之新说，皆所难通，自不足据之以疑沈休文之实录也。①

"取己身之思想经历，以解释古人之志尚行动"，就是以今例古，很容易将古人的思想现代化，从而曲解古人，这与寅恪先生的阐释学原理格格不入，即使面对有通世之谊的梁任公，也不能不辩驳清楚。但另一方面，如有人离开时代条件苛求新会其人，寅恪先生也当仁不让，立即起而为之辩诬。

1945年，他在《读吴其昌撰梁启超传书后》一文中，写有下面的话：

> 任公先生高文博学，近世所罕见。然论者每惜其与中国五十年腐恶之政治不能绝缘，以为先生之不幸。是说也，余窃疑之。尝读元明旧史，见刘藏春、姚逃虚皆以世外闲身而与人家国事。况先生少为儒家之学，本董生国身通一之旨，慕伊尹天民先觉之任，其不能与当时腐恶之政治绝缘，势不得不然。忆洪宪称帝之日，余适旅居旧都，其时颂美袁氏功德者，极丑

---

① 陈寅恪：《陶渊明之思想与清谈之关系》，《金明馆丛稿初编》，三联书店2001年版，第228页。

怪之奇观。深感廉耻道尽，至为痛心。至如国体之为君主抑或民主，则尚为其次者。迨先生《异哉所谓国体问题者》一文出，摧陷廓清，如拨云雾而睹青天。然则先生不能与近世政治绝缘者，实有不获已之故。此则中国之不幸，非独先生之不幸也。①

由对梁任公的一驳一辩，我们可以看出，寅恪先生提出的对立说之古人要有"了解之同情"是何等重要。其实不只对古人，凡涉及己身以外的其他文字作者，均应采取此种态度。在寅恪先生看来，以今例古固然不对，以己例人同样不足取。

二 "释证"、"补正"、"参证"：阐释的多元途径

陈寅恪阐释学的又一特点，是对材料的阐释采取多种方法和多种途径，一句话，属于多元阐释。1934年，他在为王国维《遗书》撰写的序言里，用"释证"、"补正"、"参证"三目，来概括王国维著述的学术内容和治学方法，这就是"取地下之实物与纸上之遗文互相释证"、"取异族之故书与吾国之旧籍互相补正"、"取外来之观念与固有之材料互相参证"②。此三目也是寅恪先生说诗治史经常使用的方法，成为陈氏阐释学基本内涵构成的重要部件。我们看《金明馆丛稿初编》、《金明馆丛稿二编》、《寒柳堂集》所载诸文，以及《元白诗笺证稿》、《柳如是别传》等专著，"释证"、"补正"、"参证"字样随处可见。《柳如是别传》的最初命名就是《钱

---

① 陈寅恪：《读吴其昌撰梁启超传书后》，《寒柳堂集》，三联书店2001年版，第166页。
② 陈寅恪：《王静安先生遗书序》，《金明馆丛稿二编》，三联书店2001年版，第247页。

柳因缘诗释证稿》，而单篇论著之行文过程，也动辄直标"与旧史及他书之文互相释证"、"取旧史及他书以为参证"[1]、"然于道教仅取以供史事之补证"[2]等等，无须更多列举，可以说寅恪先生的全部著作，使用的都是此种方法，组成"释证"、"补正"、"参证"的和声大曲，特以阐释的多元途径概括之。

需要指出的是，寅恪先生用以释证材料的这三种方法，虽然与吾国传统文史考据之学相重合，但统率此方法的证释观念和精神指归却不完全相同。就吸收传统而言，寅恪先生赞许宋儒治史的方法，而不赞成清儒治经的方法。清代史学和经学并有朴学之目，但史学的地位远不如经学。所以如此，爱新觉罗氏以外族入主中国，屡兴文字之狱，株连惨酷，学者有所畏避，不敢致力于史事研究，固是一因，但寅恪先生认为还有史学与经学的释证材料的方法不同途的因素在内。他说：

> 所差异者，史学之材料大都完整而较备具，其解释亦有所限制，非可人执一说，无从判决其当否也。经学则不然，其材料往往残阙而又寡少，其解释尤不确定，以谨愿之人，而治经学，则但能依据文句各别解释，而不能综合贯通，成一有系统之论述。以夸诞之人，而治经学，则不甘以片断之论述为满足。因其材料残阙寡少及解释无定之故，转可利用一二细微疑似之单证，以附会其广泛难征之结论。其论既出之后，固不能犁然有

---

[1] 陈寅恪：《四声三问》，《金明馆丛稿初编》，三联书店2001年版，第369、373页。
[2] 陈寅恪：《论许地山先生宗教史之学》，《金明馆丛稿二编》，三联书店2001年版，第360页。

当于人心，而人亦不易标举反证以相诘难。比诸图画鬼物，苟形态略具，则能事已毕，其真状之果肖似与否，画者与观者两皆不知也。往昔经学盛时，为其学者，可不读唐以后书，以求速效。声誉既易致，而利禄亦随之。于是一世才智之士，能为考据之学者，群舍史学而趋于经学之一途。①

寅恪先生将清代史学与清代经学作如此区分，说明他的建立在传统考据之学基础上的阐释学，与清代朴学是相合而不相同之物，尤其与清儒治经的方法迥不相侔。所以别者，在于他的名为"释证"、"笺证"诸作，都是能够"综合贯通，成一有系统之论述"的学术典要之著述，不仅"夸诞之人"不足与论，即"谨愿之人"亦异途难并。

清儒治经常犯的毛病，如"解释无定"、"利用一二细微疑似之单证"、"不易标举反证"及"以附会其广泛难征之结论"等等，实为寅恪先生的阐释学所深戒。他在释证材料方面，可以说是在为清儒所不能为之事。因此当他看到杨树达的《论语疏证》是用宋儒治史的方法来治经，不胜感慨，欣然为序，写道："夫圣人之言，必有为而发，若不取事实以证之，则成无的之矢矣。圣言简奥，若不采意旨相同之语以参之，则为不解之谜矣。既广搜群籍，以参证圣言，其言之矛盾疑滞者，若不考订解释，折衷一是，则圣人之言行，终不可明矣。今先生汇集古籍中事实语言之与《论语》有关

---

① 陈寅恪：《陈垣元西域人华化考序》，《金明馆丛稿二编》，三联书店2001年版，第269—270页。

者，并间下己意，考订是非，解释疑滞。此司马君实、李仁甫长编考异之法，乃自来诂释《论语》者所未有，诚可为治经者辟一新途径，树一新楷模也。"①其中，"取事实以证之"和"采意旨相同之语以参之"两种解释途径，是陈寅恪先生经常使用的方法，也是陈氏阐释学的要义所在。

这种方法运用的极致，是他对《乐毅报燕惠王书》中"蓟丘之植，植于汶篁"句的独特解释。历来解此句者，或如俞樾认为是倒句，实即汶篁之植，植于蓟丘的意思；或如杨树达以"于"、"以"同义为由，并引《韩非子·解老篇》"慈，于战则胜，以守则固"及《老子》"以战则胜，以守则固"作为参证，释其意为"蓟丘之植，植以汶篁"，等等。寅恪先生避繁就简，欣然论道，而提出此句按普通文义即可通解，而不必求诸"以"、"于"相通或"倒句"之妙，等等。因为按照司马迁《史记》文本所载："乐毅留徇齐五岁，下齐七十余城，皆为郡县，以属燕。"②以此燕为战胜国，大队人马在齐徇留五年之久，自然可以将蓟丘之植移植于汶篁。寅恪先生于是写道：

> 战胜者收取战败者之珠玉财宝车甲珍器，送于战胜者之本土。或又以兵卒屯驻于战败者之土地。战胜者本土之蔬果，则以其为出征远戍之兵卒夙所习用嗜好之故，辄相随而移植于战败者之土地。以曾目睹者言之，太平天国金陵之败，洪杨库藏

---

① 陈寅恪：《杨树达论语疏证序》，《金明馆丛稿二编》，三联书店2001年版，第262页。
② 《史记》卷八十"乐毅列传"，中华书局标点本，第七册，第2429页。

>多辇致于衡湘诸将之家。而南京菜市冬苋紫菜等蔬，皆出自湘人之移种。清室圆明园之珍藏，陈列于欧西名都之博物馆，而旧京西郊静明园玉泉中所生水菜，据称为外国联军破北京时所播种。此为古今中外战胜者与战败者，其所有物产互相交换之通例。燕齐之胜败，何独不如是乎？①

寅恪先生的阐释简直妙绝，连生平闻见所历的知识掌故一并招引进来，让大家一起来佐证，说明"蓟丘之植，植于汶篁"，无非是燕国蓟丘的植物，随着留徇齐地的燕国军队，而移植于齐国的汶篁而已。汶即汶水，齐国的一条河流；篁是竹田的意思。

作为"参证"，寅恪先生又引《齐民要术》"种枣"条为例："青州有乐氏枣，肌细核小，多膏肥美，为天下第一。父老相传云：乐毅破齐时，从燕赍来所种也。"②此条材料为寅恪先生所援引，进而证明其对"蓟丘之植，植于汶篁"句的解释妥帖无误。而且在文法上，《乐毅报燕惠王书》此句的前面的文句为："珠玉财宝车甲珍器尽收于燕，齐器设于宁台，大吕陈于元英，故鼎反乎磨室"③。"蓟丘之植，植于汶篁"之句，正好与"故鼎反乎磨室"句是对文，因此寅老的解释不仅于词义，于文法句式也无减无增，恰到好处。为此寅恪先生进而申说道：

---

① 陈寅恪：《蓟丘之植植于汶篁之最简易解释》，《金明馆丛稿二编》，三联书店2001年版，第298页。
② 同上。
③ 《史记》卷八十"乐毅列传"，中华书局标点本，第七册，第2431页。

陈寅恪的阐释学

夫解释古书，其谨严办法，在不改原有之字，仍用习见之义。故解释之愈简易者，亦愈近真谛。并须旁采史实人情，以为参证。不可仅于文句之间，反复研求，遂谓尽其涵义也。①

此一阐释方法，虽曰"不改原有之字，仍用习见之义"，初看似不难掌握，但究其实却并非易事。所难者，在"旁采"的两目，就是"史实"与"人情"。"史实"易明，试想如果不引证《齐民要术》的"种枣"条，说服力显然会有所减弱。而太平天国领袖们使用的轿子为湘军将领所获，南京的冬苋紫菜原系湘人所种，北京西郊静明园的水菜竟是外国联军所植，等等，这些"史实"都是作者所"目睹者"，一起拿来作为"参证"，立论便不容易被质疑了。

但何谓"人情"？考据学是需要汰除情感因素的干扰的，谨严如寅恪先生难道不在意此一学术纪律？寅恪先生说："盖昌国君（乐毅攻入齐之临淄后，燕昭王亲至济上劳军，封乐毅于昌国，遂为昌国君——笔者注）意谓前日之鼎，由齐而反乎燕，后日之植，由燕而移于齐。故鼎新植一往一返之间，而家国之兴亡胜败，其变幻有如是之甚者。并列前后异同之迹象，所以光昭先王之伟烈。而己身之与有勋劳，亦因以附见焉。此二句情深而词美，最易感人。"②呵呵！陈寅恪先生所说的"人情"，原来是历史叙述中的当事者的"人情"之常，亦即乐毅向燕王报告："故鼎反乎磨室，蓟丘之植，植于汶篁，自五伯已来，功未有及先王者也。"正是以"前后异同之迹象"，颂先王之伟功及自

---

① 陈寅恪：《蓟丘之植植于汶篁之最简易解释》，《金明馆丛稿二编》，三联书店2001年版，第299页。

② 同上。

241

己的勋劳，此即用来"参证"解释文句的"人情"是也。

说到以"史实"与"人情"作参证，笔者想到了陈著中另外一个例证。《元白诗笺证稿》第四章释证元稹"艳诗及悼亡诗"，发现元、白二人对《法句经》和《心王头陀经》颇感兴趣，比如白居易和元稹《梦游春》诗的结句为："法句与心王，期君日三复。"且自注云："微之常以《法句》及《心王头陀经》相示，故申言以卒其志也。"白氏自己的诗里也有句："心付《头陀经》。"陈寅恪先生针对此点写道：

> 寅恪少读乐天此诗，遍检佛藏，不见所谓《心王头陀经》者，颇以为恨。近岁始见伦敦博物院藏斯坦因号贰肆柒肆，《佛为心王菩萨说投陀经》卷上，五阴山室寺惠辨禅师注残本（大正续藏贰捌捌陆号）乃一至浅俗之书，为中土所伪造者。至于《法句经》，亦非吾国古来相传旧译之本，乃别是一书，即伦敦博物院藏斯坦因号贰仟贰壹《佛说法句经》（又中村不折藏敦煌写本，大正续藏贰玖零壹号），及巴黎国民图书馆藏伯希和号贰叁二伍《法句经疏》（大正续藏贰玖零贰号），此书亦是浅俗伪造之经。夫元白二公自许禅梵之学，叮咛反复于此二经。今日得见此二书，其浅陋鄙俚如此，则二公之佛学造诣，可以推知矣。①

此则寅恪先生以己身直接接触到的佛教经卷，来反观称颂此经卷的古人之佛学造诣究竟是何种程度，应该是最可信赖的参证方法

---

① 陈寅恪：《元白诗笺证稿》，三联书店2001年版，第102—103页。

了。此是实物原存为证,又经对佛教经典研究有素的慧眼之审鉴,纵元白在世,亦瞠目无以为对了。当然这样做的前提条件,是研究者本人必须对遗存原典有广泛的了解和深入的研究,然后才敢于下判断。

可以与此相连类的是,陈寅恪先生还发明一种以后世作者的成句,来解释前人诗赋的方法。比如用杜甫来解释庾信。庾信《哀江南赋》结尾处有句:"天地之大德曰生,圣人之大宝曰位。用无赖之子弟,举江东而全弃。惜天下之一家,遭东南之反气。以鹑首而赐秦,天何为而此醉。"其中"无赖子弟"是何所指?庾集倪璠注认为,系指代梁而建陈朝的陈霸先。曾国藩《经史百家杂钞》认为是子山"追咎武帝不能豫教子弟而乱生"。寅恪先生认为,两者均非"真解"。他顺手引来杜甫《咏怀古迹》诗第一首的"羯胡事主终无赖"句,指出杜诗之"羯胡"系指安禄山,庾赋之"无赖之子弟"则是指侯景。前面所引庾赋的前四句的意思是,梁武帝以享国最久之帝王,而用无赖之侯景,卒致丧生失位,尽弃其江东之王业。寅恪先生归结说:"《哀江南赋》必用《咏怀古迹》诗之解,始可通。"他称此种阐释方法为"以杜解庾"[①]。

三 "既解释文句又讨论问题":阐释的思想向度

陈寅恪先生在为陈援庵先生的《元西域人华化考》所写的序言里,对清儒治经的方法所作的批评,前已引述。不过寅老在批评的

[①] 陈寅恪:《庾信哀江南赋与杜甫咏怀古迹诗》,《金明馆丛稿二编》,三联书店2001年版,第302—303页。

同时，还提出了一项重要的阐释学的学理问题，这就是解释文句和讨论问题两者的关系为何。他说：

> 其谨愿者，既止于解释文句，而不能讨论问题。其夸诞者，又流于奇诡悠谬，而不可究诘。虽有研治史学之人，大抵于宦成以后休退之时，始以余力肆及，殆视为文儒老病销愁送日之具。当时史学地位之卑下若此，由今思之，诚可哀矣。此清代经学发展过甚，所以转致史学不振也。①

清儒治经的"夸诞者"可无论，其"谨愿者"也只是"止于解释文句，而不能讨论问题"。如此刚好和陈氏解释学相反，寅恪先生的方法，是"既解释文句，又讨论问题"，而且主要是为了讨论问题才去解释文句，所以陈先生的学问是有文化生命的学问，他不是寻常的历史学者，而是研究历史的思想家。

兹举一例。一为《元白诗笺证稿》第二章，寅恪先生针对洪迈《容斋五笔》卷七"琵琶行海棠诗"条所谓："唐世法网虽于此为宽，然乐天尝居禁密，且谪宦未久，必不肯乘夜入独处妇人船中，相从饮酒，至于极丝弹之乐，中夕方去。岂不虞商人者，它日议其后乎？乐天之意，直欲摅写天涯沦落之恨尔。"②寅恪先生对洪氏此说深表质疑，认为洪说在两个问题上存在显误，其一是对文字叙述的理解，其二则涉及唐代风俗问题。白诗《琵琶行》有句：

---

① 陈寅恪：《陈垣元西域人华化考序》，《金明馆丛稿二编》，三联书店2001年版，第270页。
② [宋]洪迈撰、孔凡礼点校：《容斋随笔》下册，中华书局2005年版，第911页。

"移船相近邀相见,添酒回灯重开宴。千呼万唤始出来,犹抱琵琶半遮面。"洪迈据此认为白居易进入了"独处妇人"的船,而且深夜("中夕")方离去,与乐天身份不符。寅恪先生据诗中叙述,裁定是江州司马白居易邀请琵琶女来到自己送客的船中,"故能添酒重宴,否则江口茶商外妇之空船中,恐无如此预设之盛筵也"①。此处我们须注意"茶商外妇"一语,因此语涉及这位琵琶女的特殊身份,而由此牵及唐代的社会风俗问题。

唐代的社会风俗,在男女问题上相对比较自由,甚至朱子也有"唐源流出于夷狄,故闺门失礼之事不以为异"的说法。故寅老解《琵琶行》相关语句,首先提出:"关于男女礼法等问题,唐宋两代实有不同。"然后申而论之曰:"关于乐天此诗者有二事可以注意:一即此茶商之娶此长安故倡,特不过一寻常之外妇。其关系本在可离可合之间,以今日通行语言之,直'同居'而已。元微之于《莺莺传》极夸其自身始乱终弃之事,而不以为惭疚。其友朋亦视其为当然,而不非议。此即唐代当时士大夫风习,极轻贱社会阶级低下之女子。视其去留离合,所关至小之证。是知乐天之于此故倡,茶商之于此外妇,皆当日社会舆论所视为无足轻重,不必顾忌者也。"②亦因此,诗前叙引写琵琶女自道出身,坦承自己是"长安倡女",即在女性一方同样不以为异也。只有知晓唐代当时有如此这般的社会风俗,才能解江州司马的所为作,以及琵琶女的不讳来历,真实平静地讲述自己的前后身份变化。

---

① 陈寅恪:《元白诗笺证稿》,三联书店2001年版,第53页。
② 同上,第53—54页。

而此义在《元白诗笺证稿》第四章附论《莺莺传》中，寅恪先生亦有清晰论证，写道："盖唐代社会承南北朝之旧俗，通以二事评量人品之高下。此二事：一曰婚，二曰宦。凡婚而不娶名家女，与仕而不由清望官，俱为社会所不齿。此类例证甚众，且为治史者所习知，故兹不具论。但明乎此，则微之所以作《莺莺传》，直叙其自身始乱终弃之事迹，绝不为之少惭或略讳者，即职是故也。"①由此可见寅恪先生的解《琵琶行》之词句文义，是为讨论唐代社会风习及当时士大夫生活道路的时代价值取向，为人物的行为言动寻找社会的文化依据，岂是寻常纂解文句之拘拘小儒所能比并哉。

而陈著《柳如是别传》第三章在重构河东君与平生最喜欢的男性陈子龙的爱情生活时，考证出崇祯七年十二月至崇祯八年春季，两人尝同居于松江城南门内徐氏别墅之南楼。但河东君对陈子龙而言此时的身份，并不是如给河东君作传的顾云美所说，是"妾"，而是"目之为'外妇'，更较得其真相"②，陈寅老于此点特予辨明，可视为探讨唐代社会风俗的历史延续，其在明末之江南一带亦复如是。至于徐氏别墅的主人徐致远之兄长徐孚远，乃是与陈子龙在"南园读书楼"共同游息之人，其对陈、柳同居事知之甚稔，故所著之《钓璜堂存稿》涉陈者甚多。就中《旅邸追怀卧子》一诗有句云："墙内桐孙抽几许，房中阿鹜属谁家。"陈寅恪先生对诗句中之"阿鹜"一词至为敏感，对之作了详密考订。盖"阿鹜"典出

---

① 陈寅恪：《元白诗笺证稿》，三联书店2001年版，第116页。
② 陈寅恪：《柳如是别传》上册，三联书店2001年版，第239页。

《三国志》魏书之朱建平传，系指家中之"妾"而言。然则徐诗"房中阿鹜属谁家"之"阿鹜"，究系何指？是否指河东君？陈寅恪先生的考订结论是否定的，写道："据此，阿鹜非目河东君，乃指卧子其他诸妾而言。盖河东君已于崇祯十四年辛巳夏归于牧斋，阎公岂有不知之理。"又说："若就陈杨之关系严格言之，河东君实是卧子之外妇，而非其姬妾。"①

重要的是河东君本人的性格特征，在于绝不情愿作人姬妾。寅恪先生于此特为强调而言之曰："职是之由，其择婿之难，用心之苦，自可想见。但几历波折，流转十年，卒归于牧斋，殊非偶然。此点为今日吾人研考河东君之身世者，所应特加注意也。"②故长途跋涉，解"外妇"典，解"阿鹜"典，阐释的目标非徒为语词文句本身，而是为了讨论女主人公的性格特征和思想追求以及晚明江南的士风习俗。陈氏此种阐释学的学理和方法的内涵，真令人绝倒而为后来者所不及也。

四 比较阐释和心理分析：阐释的现代意味

陈寅恪先生的阐释学，还包括比较分析的方法和心理分析的方法，这使得他对材料的阐释明显带有现代学术的意味。《元白诗笺证稿》对元稹和白居易诗作的释证，集中使用的是比较分析的方法。

元、白二人诗歌创作的关系至为密切，依白居易《与元九书》

---

① 陈寅恪：《柳如是别传》上册，三联书店2001年版，第283页。
② 同上。

所说，两人"小通，则以诗相戒；小穷，则以诗相勉；索居，则以诗相慰；同处，则以诗相娱"[1]。诗缘如此，则同声、同韵、同一主题各有所作的情形每每发生，就不足为奇了。对此，最适宜的阐释方法是比较阐释。例如白氏之《琵琶行》系元氏之《琵琶歌》的改进，题目和性质完全类同，孰高孰低，不能不求以比较研究之法。寅恪先生说："今取两诗比较分析，其因袭变革之词句及意旨，固历历可睹也。后来作者能否超越，所不敢知，而乐天当日实已超越微之所作，要为无可疑者。至乐天诗中疑滞之字句，不易解释，或莫知适从者，亦可因比较研究，而取决一是。斯又此种研究方法之副收获品矣。"[2]元白在当时唐代的文学环境中与众多作者竞求超胜，不自觉中已形成互相比较之趋势，因此寅恪先生告语"今世之治文学史者，必就同一性质题目之作品，考定其作成之年代，于同中求异，异中见同，为一比较分析之研究，而后文学演化之迹象，与夫文人才学之高下，始得明了"[3]。

所谓"比较分析之研究"，就是比较阐释的方法，寅恪先生在《支愍度学说考》一文中，正是以此种方法来释证支愍度创立的"心无义"学说，并由此探讨我国晋代僧徒研究佛典所使用的"格义"的方法和"合本子注"的方法。支愍度是东晋时的僧人，撰有《经纶都录》（一卷），以及《合维摩诘经》（五卷）、《合首楞严经》（八卷）等。据《世说新语》的记载，他与一伧道人过江时，创立了"心无义"学说。寅恪先生始引肇公《不真空论》的解释，认为

---

[1] 白居易：《与元九书》，《白居易集》第三册，中华书局1979年版，第965页。
[2] 陈寅恪：《元白诗笺证稿》，三联书店2001年版，第47页。
[3] 同上，第46页。

"心无"即"无心于万物","此得在于神静"①。然后引元康《肇论疏》所记之"心无义"说被"破"的经过:

> 心无者,破晋代支愍度心无义也。《世说》注云:"愍度欲过江,与一伧道人为侣云云。"(已见上,不重录)从是以后此义大行。《高僧传》云:"沙门道恒颇有才力,常执心无义,大行荆土。竺法汰曰:'此是邪说,应须破之。'乃大集名僧,令弟子昙壹难之。据经引理,折驳纷纭。恒仗其口辩,不肯受屈。日色既暮,明旦更集。慧远就席攻难数番,问责蜂起,恒自觉义途差异,神色渐动,麈尾扣案,未即有答。远曰:'不疾而速,杼柚何为?'坐者皆笑。心无之义于是而息。"今肇法师亦破此义。先叙其宗,然后破也。"无心万物,万物未尝无"者,谓经中言空者,但于物上不起执心,故言其空。然物是有,不曾无也。"此得在于神静,失在于物虚"者,正破也。能于法上无执,故名为"得"。不知物性是空,故名为"失"也。②

僧肇所破的"心无义"的持论者是道恒,已在支愍度立说之后了。日人安澄的《中论疏记》有"支愍度追学前义"的说法,寅恪先生特为之辨说,确认支氏是"心无义"的立说者。

问题是对"心无"二字如何寻得正解?陈寅恪先生说:"'心

---

① 陈寅恪:《支愍度学说考》,《金明馆丛稿初编》,三联书店2001年版,第161页。
② 元康《肇论疏》所记之"心无义"被"破"经过,系陈寅恪先生文中所引录,见《支愍度学说考》,《金明馆丛稿初编》,三联书店2001年版,第162页。

无'二字正确之解释果如何乎？请以比较方法定之。"①如何比较？寅恪先生一是遍引佛典的不同文本进行比较，包括西晋无罗叉共竺叔兰译《放光般若波罗蜜经》、东汉支娄迦谶译《道行般若波罗蜜经》、竺法护译《持心梵天所问经》，以及支谦译《大明度无极经》、昙摩蜱共竺佛念译《摩诃般若波罗蜜钞经》、鸠摩罗什译《小品般若波罗蜜经》、玄奘译《大般若波罗蜜多经》、宋施护译《佛母出生三法藏般若波罗蜜多经》，并藏、梵文《八千颂般若波罗蜜经》等佛藏典籍，证得"心无"两字盖出自道行《般若波罗蜜经》，但各家翻译解释纷纭歧出也甚，令人不知所从。所以然之故，则由于晋代以来的"以内典与外书互相比附"，也就是"格义"所生出的结果。

所谓"格义"，晋僧人竺法雅所说的"以经中事数拟配外书，为生解之例，谓之格义"②，是给"格义"下的最明确的定义。而所谓"事数"者，按刘孝标注《世说新语》的理解，应为佛教的"五阴，十二入，四谛，十二因缘，五根，五力，七觉之声"，寅恪先生对刘注表示认同。"格义"作为早期佛典研究的一种比较方法，即外典与佛经"递互讲说"，包括支愍度等所做的对佛典同本异译的比较，寅恪先生给予肯定评价，认为："据愍度所言，即今日历史语言学者之佛典比较研究方法，亦何以远过。"③这个评价可不低。事实上，佛典与外书的互阐，魏晋南北以降一度成为风气，如同《颜氏家训·归心篇》所说："内外两教，本为一体，

---

① 陈寅恪：《支愍度学说考》，《金明馆丛稿初编》，三联书店2001年版，第165页。
② 同上，第168页。
③ 同上，第185页。

渐积为异，深浅不同。内典初门，设五种禁；外典仁义礼智信，皆与之符。仁者，不杀之禁也；义者，不盗之禁也；礼者，不邪之禁也；智者，不酒之禁也；信者，不妄之禁也。至如畋狩军旅，燕享刑罚，因民之性，不可卒除，就为之节，使不淫滥尔。归周、孔而背释宗，何其迷也。"①此种"格义"的方法，使佛典与外书、周孔释宗，互相吸收而两不相背，在中国文化背景下，对外来之佛教而言，无异为自己谋一合法生存的途径，而中国文化本身亦因新资源的注入而获得"生解"。前引竺法雅称这种"以经中事数拟配外书"的"格义"的方法，为"生解之例"，此"生解"一词，可谓不同文化比较研究阐释的最生动的写照。

职是之故，陈寅恪先生才以晋僧支愍度的"心无义"为案例专题探讨此一问题，并在梳理毕"格义"的出典经过之后，归结阐述道：

> 尝谓自北宋以后援儒入释之理学，皆"格义"之流也。佛藏之此方撰述中有所谓融通一类者，亦莫非"格义"之流也。即华严宗如圭峰大师宗密之疏《盂兰盆经》，以阐扬行孝之义，作《原人论》而兼采儒道二家之说，恐又"格义"之变相也。然则"格义"之为物，其名虽罕见于旧籍，其实则盛行于后世，独关于其原起及流别，就予所知，尚未有确切言之者。以其为我民族与他民族二种不同思想初次之混合品，在吾国哲学

---

① 王利器集解：《颜氏家训集解》，上海古籍出版社1980年版，第339页。

史上尤不可不纪。①

甚者为言，寅恪先生已把"格义"之说视为"我民族与他民族二种不同思想初次之混合品"来看待，足见其重要了。而宋儒的援释入儒从而引起宋代思想的大汇流，寅恪先生认为也可以看作是"格义"的流风所及，自属可理解。大而言之不同国家与民族的思想接触史又何尝不是吸收与合流的趋势，其实这也就是寅老一生所标举的"文化高于种族"的学说。

但由支愍度的"心无义"所引发的寅老对佛典与外书的"格义"的探讨，只是"佛典比较研究方法"的第一种形态。此外还有第二种形态，也和支愍度其人有关，这就是寅老极为重视的"合本子注"。魏晋南北朝时期佛教盛行，佛典翻译名家辈出，往往同一经文有多种译本问世，译文歧出的现象多有发生。因此汇聚各家不同译文的"合本"应运而生。这类书的刊行，经文一般用大字，各本的异文以小字列入夹注之中，故有"母本"、"子注"之称。僧祐《出三藏记集》卷第二载："《合维摩诘经》五卷，合支谦、竺法护、竺法兰所出《维摩》三本合为一部；《合首楞严经》八卷，合支谶、支谦、竺法护、竺法兰所出《首楞严》四本，合为一部。"②此二种合本，均为支愍度所集。故寅恪先生以"合本之学者"称许支愍度其人。

至于此两种不同的比较方法，陈寅恪先生写道："'格义'之比

---

① 陈寅恪：《支愍度学说考》，《金明馆丛稿初编》，三联书店2001年版，第173页。
② ［梁］释僧祐撰：《出三藏记集》，中华书局1995年点校本，第45页。

较，乃以内典与外书相配拟。'合本'之比较，乃以同本异译之经典相参校。其所用之方法似同，而其结果迥异。故一则成为傅会中西之学说，如心无义即其一例，后世所有融通儒释之理论，皆其支流演变之余也。一则与今日语言学者之比较研究法暗合，如明代员珂之《楞伽经会译》者，可称独得'合本'之遗意，大藏此方撰述中罕觏之作也。当日此二种似同而实异之方法及学派，支愍度俱足以代表之。"[①]以此我们知道，寅恪先生撰此《支愍度学说考》一文的目的，实在于发掘佛教中国化过程中"融通儒释之理论"的早期形态的存在及其意义，所以他说支愍度其人"于吾国中古思想史关系颇巨"。而作为陈寅恪先生阐释学的比较阐释的方法的重要性，由此也可以得到证实。

不过需要说明，陈寅恪先生虽然对比较阐释的方法特为看重，但对比较语言学学科本身，尤其是对比较语言学的观念和方法的要求，是极为严格的。他强调"治吾国语言之学，必研究与吾国语言同系之他种语言，以资比较解释，此不易之道也"[②]，同时又说："迄乎近世，比较语言之学兴，旧日谬误之观念得以革除。因其能取同系语言，如梵语波斯语等，互相比较研究，于是系内各个语言之特性逐渐发见。印欧系语言学，遂有今日之发达。故欲详知确证一种语言之特殊现象及其性质如何，非综合分析，互相比较，以研究之，不能为功。而所与互相比较者，又必须属于同系中大同而小异之语言。盖不如此，则不独不能确定，且常错认其特性之所在，

[①] 陈寅恪：《支愍度学说考》，《金明馆丛稿初编》，三联书店2001年版，第185页。
[②] 陈寅恪：《西夏文〈佛母大孔雀明王经〉夏梵藏汉合璧校释序》，《金明馆丛稿二编》，三联书店2001年版，第224页。

而成一非驴非马，穿凿附会之混沌怪物。因同系之语言，必先假定其同出一源，以演绎递变隔离分化之关系，乃各自成为大同而小异之言语。故分析之，综合之，于纵贯之方面，剖别其源流，于横通之方面，比较其差异。由是言之，从事比较语言之学，必具一历史观念，而具有历史观念者，必不能认贼作父，自乱其宗统也。"[1]

要之，在比较语言学的观念与方法的界定上，必须是属于同一语系中大同而小异之语言方能互相比较，否则便有可能导致"认贼作父，自乱其宗统"。至于在三十年代已经流行的比较文学研究，寅恪先生认为，也必须"具有历史演变及系统异同之观念"，例如白居易在中国以及在日本的影响，或者佛教故事在印度和中国的影响与流变等，可以作为比较文学研究的课题（亦即比较文学的主题研究和影响研究）。如果反其是，"则古今中外，人天龙鬼，无一不可取以相与比较。荷马可比屈原，孔子可比歌德，穿凿附会，怪诞百出，莫可追诘，更无所谓研究之可言矣"[2]。可见寅恪先生对用比较研究的方法释证材料和作为学科的比较语言学及比较文学研究，在认识上是严加区别的，这反映出陈氏阐释学比较阐释方法的严谨性。

把心理分析的方法引入阐释学更是陈寅恪先生的发明。特别是《柳如是别传》一书，由于作者旨在借为河东君等人物立传，来修明清文化之史，因而在材料的释证过程经常深入到人物的心理层面。明清易代所引发的知识人士的家国情怀及其在心理上的反应，是《别传》揭橥的重点。明崇祯十四年（公元1641年）夏天，钱谦益以

---

[1] 陈寅恪：《与刘叔雅论国文试题书》，《金明馆丛稿二编》，三联书店2001年版，第251页。
[2] 同上，第252页。

"匹嫡之礼"与河东君在茸城舟中结缡,这在牧斋是平生最欢娱之事,前后有许多诗作记录其情其事,而河东君也多有唱和之作。但柳氏对牧斋最重要的《合欢诗》和《催妆词》共八首,却眇无回应,就中原因何在?寅恪先生分析说,也许由于河东君平生作诗"语不惊人死不休",倘不能胜人,宁可无作,所谓藏拙也。但如此解释似不能完全得其真相,故寅恪先生进而分析道:

>　　鄙意此说亦有部分理由,然尚未能完全窥见河东君当时之心境。河东君之决定舍去卧子,更与牧斋结缡,其间思想情感痛苦嬗蜕之痕迹,表现于篇什者,前已言之,兹可不论。所可论者,即不和《合欢诗》、《催妆词》之问题。盖若作欢娱之语,则有负于故友。若发悲苦之音,又无礼于新知。以前后一人之身,而和此啼笑两难之什,吮毫濡墨,实有不知从何说起之感。如仅以不和为藏拙,则于其用心之苦,处境之艰,似犹有未能尽悉者矣。由此言之,河东君之不合两题,其故倘在斯欤?倘在斯欤?①

盖柳如是的最爱是陈子龙,弃陈就钱实出于不得已,故与钱结合后柳如是有过一段情绪极低迷时期。以此可见,寅恪先生对河东君不和《合欢诗》、《催妆词》的当时心理情境所作的分析,虽事过三百年之后,揆情度理,仍堪称的论。

陈寅恪先生对钱柳结缡前后之千般曲折的事实经过,都是通过

---

①　陈寅恪:《柳如是别传》中册,三联书店2001年版,第662页。

释证两人有关之诗作一一考论清楚，唯河东君不和《合欢》、《催妆》两诗之因由，无诗作可资依凭，幸引来现代心理分析之方法，使得释证钱柳因缘的绝妙好辞，不仅无空白留下[1]，且增添无限现代的意味。

五 古典、今典双重证发：阐释的学问境界

古典和今典的双重证发，是陈氏阐释学的核心内容。1939年他在昆明西南联大所作《读哀江南赋》一文中，最早提出古典、今典的概念。他在文章的开头写道：

> 古今读《哀江南赋》者众矣，莫不为其所感，而所感之情，则有浅深之异焉。其所感较深者，其所通解亦必较多。兰成作赋，用古典以述今事。古事今情，虽不同物，若于异中求同，同中见异，融会异同，混合古今，别造一同异俱冥，今古合流之幻觉，斯实文章之绝诣，而作者之能事也。自来解释《哀江南赋》者，虽于古典极多诠说，时事亦有所征引。然关于子山作赋之直接动机及篇中结语特所致意之点，止限于诠说古典，举其词语之所从出，而于当日之实事，即子山所用之"今典"，似犹有未能引证者。[2]

---

[1] 关于陈寅恪先生考证钱柳结缡前后之心理过程，拙稿《陈寅恪与〈柳如是别传〉的撰述旨趣》，于此析论至详，读者可参看。文载莱顿汉学院主办之《史学：东与西》。

[2] 陈寅恪：《读哀江南赋》，《金明馆丛稿初编》，三联书店2001年版，第234页。

又说：

> 解释词句，征引故实，必有时代限断。然时代划分，于古典甚易，于"今典"则难。盖所谓"今典"者，即作者当日之时事也。①

寅恪先生这里把古典、今典的概念界说得非常明确，即古典是词句故实之所从出，今典是作者所经历的当日之事实，两者在文章大家的笔下可以"融会异同，混合古今，别造一同异俱冥，今古合流之幻觉"，形成特有的一种艺术境界。而研究者的能事，则在于通过对作品中古典、今典的双重释证，以达到对作者和作品的世界的通解。

一般地说，释古典较易，解今典更难。因为古典出自此作品之前的载籍，只要释证者并非腹笥空空，而且毕竟有诸多工具书可依凭，解释起来相对要容易或至少有线索可寻。但诠释今典，则必须了解作者当时当地的处境和心境。具体说来，寅恪先生认为"今典"的诠释宜有"二难"：一是"须考知此事发生必在作此文之前，始可引之，以为解释。否则，虽似相合，而实不可能。此一难也"。二是"此事发生虽在作文以前，又须推得作者有闻见之可能。否则其时即已有此事，而作者无从取之以入其文。此二难也"②。比如庾信《哀江南赋》结尾四句："岂知灞陵夜猎，犹是故

---

① 陈寅恪：《读哀江南赋》，《金明馆丛稿初编》，三联书店2001年版，第234页。
② 同上，第234—235页。

时将军；咸阳布衣，非独思归王子。"前两句用汉李广家居时夜猎灞陵的古典，后两句用楚顷襄王太子完质于秦，遂有"去千乘之家国，作咸阳之布衣"的慨叹的故实，对长期去国、羁留长安的庾子山来说自是贴切。但寅恪先生认为此四句中尚有"作者当日之时事"即"今典"在，指的是周、陈交好之后，陈文帝之弟安成王顼得以还国，陈宣帝提出羁旅关中的庾信、王褒等"亦当有南枝之思"，而"子山既在关中，位望通显，朝贵复多所交亲，此类使臣语录，其关切己身者，自必直接或间接得以闻见"①，所以赋中"犹是故时将军"固然包含子山自己曾是故右卫将军的"今典"，"布衣"、"王子"云云，也是对宣帝"欲以元定军将士易王褒等"的回应。这样，庾赋不仅表现己身的乡关之思，而且流露出归心之疾了。

《柳如是别传》对钱柳因缘诗所涉及的古典和今典的辨认和疏解更具有系统性和典范性，可以说这是《别传》撰著的基本义法。寅恪先生在《别传》之缘起章里提出："自来诂释诗章，可别为二：一为考证本事，一为解释辞句。质言之，前者乃考今典，即当时之事实。后者乃释古典，即旧籍之出处。"②钱遵王注释牧斋《初学》、《有学》两集，阐证本事之处虽然不少，但因其深恶河东君，于钱柳关系多讳其出处，"在全部注本之中，究不以注释当日本事为通则"③。鉴于此，寅恪先生在释证钱、柳因缘诗之时，对每一首诗所涉及的有关时、地、人的各种错综复杂之情形，都力求

---

① 陈寅恪：《读哀江南赋》，《金明馆丛稿初编》，三联书店2001年版，第238—239页。
② 陈寅恪：《柳如是别传》上册，三联书店2001年版，第7页。
③ 同上，第10页。

"补遵王原注之缺"，使钱柳因缘诗中的僻奥故实、庾词隐语，因发覆而有着落。当然这是一件极困难的工作，不用说辨疏今典，即释证古典，亦非易事。故寅恪先生说："解释古典故实，自当引用最初出处，然最初出处，实不足以尽之，更须引其他非最初而有关者，以补足之，始能通解作者遣辞用意之妙。"①

陈先生又说："若钱柳因缘诗，则不仅有远近出处之古典故实，更有两人前后诗章之出处。若不能探河穷源，剥蕉至心，层次不紊，脉络贯注，则两人酬和诸作，其辞锋针对，思旨印证之微妙，绝难通解也。"②例如河东君次韵奉答钱牧斋《冬日泛舟有赠》诗中，有"莫为卢家怨银汉，年年河水向东流"的句子，其实此二句诗与《玉台新咏》"歌词"二首之二"河中之水向东流，洛阳女儿名莫愁"以及"平头奴子擎履箱"、"恨不嫁与东家王"等句相关联；也与李商隐诗《代[卢家堂内]应》"本来银汉是红墙，隔得卢家白玉堂。谁与王昌报消息，尽知三十六鸳鸯"有关；又与钱牧斋《次韵答柳如是过访半野堂》赠诗里面的诗句"但似王昌消息好，履箱擎了便相从"相关；还与牧斋《观美人手迹戏题绝句七首》之三"兰室桂为梁，蚕书学采桑，几番云母纸，都惹郁金香"③，以及钱氏《移居诗集》之《永遇乐》词"八月十六夜有感

---

① 陈寅恪：《柳如是别传》上册，三联书店2001年版，第11页。
② 同上，第12页。
③ 钱牧斋：《初学记》卷十六，《钱牧斋全集》第一册，上海古籍出版社2003年版，第562页。

再次前韵"有关①。今典故实如此丰富繁复，如果对钱柳当时当地的身份处境和前后情感经过的曲折少有了解，绝难获致通解。

特别是当明之南都倾覆之后，钱柳的有关诗作许多都与反清复明的主题有关，往往今典、古典交错互用，给笺释者造成的困难尤大，即使是影响后学的《钱注杜诗》，寅恪先生也认为：

> 细绎牧斋所作之长笺，皆借李唐时事，以暗指明代时事，并极其用心抒写己身在明末政治蜕变中所处之环境。实为古典今典同用之妙文。②

《柳如是别传》是陈寅恪先生平生最大著述，既是以诗文证史的杰构，又是辨认和疏解作品中的古典今典的典范。所以如是者，盖由于寅恪先生坚信古人的撰著都是有所为而发，因而作品中"必更有实事实语，可资印证者在，惜后人不能尽知耳"③。此实又涉及他对古人作品的一种特殊的理解，他曾说："诗若不是有两个意思，便不是好诗。"④所以，辨认和疏解古典和今典的工作，在陈

---

① 钱牧斋《永遇乐》词"十六夜有感再次前韵"写的是："银汉红墙，浮云隔断，玉箫吹裂。白玉堂前，鸳鸯六六，谁与王昌说？今宵二八，清辉吞雾，还忆破瓜时节。剧堪怜，明镜青天，独照长门鬓发。莫愁未老，嫦娥孤寡，相向共嗟圆阙。长叹凭栏，低吟拥髻，暗与阴蛩切。单栖海燕，东流河水，十二金钗敲折。何日里，并肩携手，双双拜月。"《钱牧斋全集》第一册，上海古籍出版社2003年版，第609—610页。
② 陈寅恪：《柳如是别传》下册，三联书店2001年版，第1021页。
③ 陈寅恪：《读哀江南赋》，《金明馆丛稿初编》，三联书店2001年版，第242页。
④ 黄萱：《怀念陈寅恪教授——在十四年工作中的点滴回忆》，《纪念陈寅恪教授国际学术讨论会文集》，中山大学出版社1989年版，第71页。

寅恪先生的阐释学中，宜占有核心之位置，可以看作是他学术建构的重要观念和重大学术创获。

六 环境与家世信仰的熏习：阐释的种子求证

陈寅恪先生是历史学家，他面对的是错综复杂的历史事件和各式各样的人物与思想学说。然则历史人物的行动依据到底是什么？都有哪些直接或间接的因素促使历史人物做出这样的而不是那样的选择？在此一问题上，寅恪先生特别重视人物的家世与信仰的影响作用。当然还有地域环境的因素，寅恪先生也很重视。不独专门探讨隋唐制度之文化渊源的《隋唐制度渊源略论稿》和《唐代政治史述论稿》直接涉及此一问题，《金明馆丛稿初编》里面的许多篇章，包括《天师道与滨海地域之关系》、《述东晋王导之功业》、《魏书司马睿传江东民族条释证及推论》、《崔浩与寇谦之》、《陶渊明之思想与清谈之关系》等，也都有关于此一问题的集中考论。

盖依寅恪先生的释史特见，环境、家世与信仰好比佛教唯识家所说的"种子"，亦即"阿赖耶识"，其对后世子孙的"熏习"，无代不存，无时不在。其他的历史学家当然也重视家世与信仰对历史人物的言动所起的作用，但都没有像寅恪先生这样，强调到如此的程度，而且可以作为他的阐释学理论的"种子因缘"的求证部分。

这里特别需要提到《天师道与滨海地域之关系》这篇文字，写作时间为1933年任教清华时期，最初发表于中央研究院《历史语言研究所集刊》1933年第三本第四分。此文之主旨如标题所示，乃在探讨天师道的信仰与滨海地区实际存有的关系。天师道属于道教的一支，又名正一道，因学道之人须奉献五斗米，后人又称为五斗米教。文章直接引入的话题固然是以汉末的黄巾起义、西晋赵王伦的废立、东晋的孙恩之乱和南朝的刘劭弑逆,作为历史的案例,来考证此四起变端和天师道之间如何相关联;但学理层面则是为了释证"家世遗传"和"环境熏习"两项内容,对一个人的信仰和行为会产生怎样的影响。例如赵王伦之乱,谋主为孙秀,大将是张林。据《晋书》孙恩传记载:"孙恩字灵秀,琅邪人,孙秀之族也。世奉五斗米教。"[1]则孙秀必为天师道的信徒无疑。而张林其人,据寅恪先生考证,也是"黄巾同类黑山之苗裔,其家世传统信仰当与黄巾相近"[2]。甚至赵王伦,由于是晋宣帝的第九子,先封为琅邪郡王(后改封于赵),而琅邪是天师道的发源地,手下又有他所赏识的天师道信徒孙秀,因此他本人也信奉天师道,并没有什么奇怪。故如寅恪先生所说:"感受环境风习之传染,自不足异。"[3]

至于东晋的孙恩、卢循,他们的队伍,系以水师为主,事败后孙恩逃走海隅自沉,妓妾婴儿从死者无算,谓之"水仙"。寅恪先生认为此种做法,实带有海滨宗教的特征,而且有家世门风的习惯影响。孙恩是孙秀的族孙,当年孙秀"欲乘船东走入海",和"后来其族孙败则入海",同为"返其旧巢之惯技"。因此寅恪先生得出结论:"若明乎此,则知孙、卢之所以为海屿妖贼者,盖有环境之熏习,家世之遗传,决非一朝一夕偶然遭际所致。"[4]卢循是孙恩

---

[1] 《晋书》卷一百孙恩传,中华书局标点本,第八册,第2631页。
[2] 陈寅恪:《天师道与滨海地域之关系》,《金明馆丛稿初编》,三联书店2001年版,第4页。
[3] 同上。
[4] 同上,第7页。

的妹婿，变乱起义他们固然是同道，在信仰方面也互相冥契，都是天师道的信徒。恩死后循被推为首领，转战数年，终为刘裕所灭。卢循是卢谌的曾孙，史载"双眸同彻，瞳子四转"，佛学大师慧远相之为："虽体涉风素，而志存不轨。"[1]而卢循的中表兄弟崔浩，当其父病笃之时，尝"剪爪截发，夜在庭中仰祷斗极，为父请命"[2]，同时又与道士寇谦之往还频密，其信仰天师道自无问题。《金明馆丛稿初编》有寅恪先生撰写的《崔浩与寇谦之》一文，析论此义甚详，读者不妨参看。

尤其引发我个人兴趣的是，寅恪先生对天师道信徒取名常带"之"字，虽祖孙父子有所不避的考证。《北史》卷二十七寇谦之兄长寇讃传载："寇讃字奉国，上谷人也，因难徙冯翊万年。父修之，字延期，苻坚东莱太守。讃弟谦，有道术，太武敬重之。"[3]此处的"讃弟谦"即指寇谦之，但却少一"之"字，颇令清代史学巨擘钱大昕、王鸣盛、吴士鉴等深所质疑，认为寇传有脱漏。寅恪先生对此一变征情况，作出了独到的解释，他在《崔浩与寇谦之》一文中写道：

> 盖六朝天师道信徒之以"之"为名者颇多，"之"字在其名中，乃代表其宗教信仰之意，如佛教徒之以"昙"或"法"为名者相类。东汉及六朝人依公羊春秋讥二名之义，习用单名。故"之"字非特专之真名，可以不避讳，亦可省略。六朝礼法士族最重

---

[1]《晋书》卷一百卢循传，中华书局标点本，第八册，第2634页。
[2]《魏书》卷三十五崔浩传，中华书局标点本，第三册，第812页。
[3]《北史》卷二十七寇讃传，中华书局标点本，第四册，第990页。

家讳，如琅邪王羲之、献之父子同以"之"为名，而不以为嫌犯，是其最显著之例证也。①

然后寅老又连举《南齐书》卷三十七胡谐之传，祖廉之、父翼之，《南史》卷六十二朱异传，祖昭之、叔谦之、兄巽之等成例，进一步证实寇谦之"父子俱又以'之'字命名，是其家世遗传，环境熏习，皆与天师道有关"②。

不仅此也，寅恪先生还拈出东西晋南北朝时期多个最具代表性的天师道世家，比如琅邪王氏，高平郗氏，会稽孔氏，义兴周氏，陈郡殷氏，吴郡杜氏，吴兴沈氏，丹阳葛氏、许氏、陶氏，等等，说明"家世信仰之至深且固，不易剪除，有如是者"③。其论王氏曰："特上溯其先世，至于西汉之王吉，拈出地域环境与学说思想关系之公案"④，以见其"地域熏习，家世遗传，由来已久"⑤。其论殷氏曰："殷仲堪为陈郡长平人……妻为琅邪王氏，本天师道世家，然疑仲堪之奉道，必已家世相传，由来甚久"，"仲堪之精于医术，亦当为家门风习渐染所致"⑥。其论沈氏曰："则休文（指沈约）受其家传统信仰之熏习，不言可知"⑦。他甚至归结说："明乎

---

① 陈寅恪：《崔浩与寇谦之》，《金明馆丛稿初编》，三联书店2001年版，第121页。
② 陈寅恪：《天师道与滨海地域之关系》，《金明馆丛稿初编》，三联书店2001年版，第15页。
③ 同上，第38页。
④ 同上，第18页。
⑤ 同上，第21页。
⑥ 同上，第30—31页。
⑦ 同上，第37页。

此义，始可与言吾国中古文化史也。"①盖魏晋南北朝时期，大族门第和宗教信仰，是两大关键词，寅老治中古文化之史，处处都是在关键问题上做文章，其史学的思想深度人所不及，殊不足怪。

《天师道与滨海地域之关系》的最后一节，又涉及天师道和书法艺术的关系，这是由于当时的书法世家同时也是天师道的世家。寅恪先生说："东西晋南北朝之天师道为家世相传之宗教，其书法亦往往为家世相传之艺术，如北魏之崔、卢，东晋之王、郗，是其最著之例。旧史所载奉道世家与善书世家二者之符会，虽或为偶值之事，然艺术之发展多受宗教之影响。而宗教之传播，亦多依艺术之资用。治吾国佛教美艺史者类能言佛陀之宗教与建筑雕塑绘画等艺术之关系，独于天师道与书法二者互相利用之史实，似尚未有注意及之者。"②所谓"北魏之崔、卢"，"崔"即崔浩及曾祖悦、祖父潜、父亲玄伯，一门四代均擅书法，《魏书》玄伯传对此记之凿凿；"卢"则指卢谌及子偃、孙邈，《魏书》玄伯传亦有记载，称"谌法钟繇，悦法卫瓘，而俱习索靖之草，皆尽其妙"③。而此两家同为天师道世家，我们前面已经知道了。所谓"东晋之王、郗"，"王"自然是王羲之、王献之父子，"郗"则是指郗愔、郗嘉父子，僧虔称郗氏父子为"二王"之"亚"。问题是郗王两家也都是天师道世家，既擅长书法，又信奉天师道，而且世代相传，那么天师道信仰和书法又是何种关系

---

① 陈寅恪：《天师道与滨海地域之关系》，《金明馆丛稿初编》，三联书店2001年版，第38页。
② 同上，第39页。
③ 《魏书》卷二十四崔玄伯传，中华书局标点本，第二册，第623页。

呢？这正是寅老要为我们解决的问题。

陈寅恪先生对这一问题的解释颇为简单，亦即天师道信徒需要抄写符箓经典，且出于信仰的原因不能不抄得虔敬工整，日久天长，自必使书法的水准得以提升。虽然书法之成为艺术系由多种因素构成，其中天赋的成分亦无法排除，但寅恪先生以东晋之王、郗两世家为例，把书法和宗教信仰联系起来，不能不说是孤明先发之见。论者每将王羲之与山阴道士换鹅的故事，作为右军学书的趣行逸事，但寅恪先生一反旧说，认为鹅有解五脏丹毒的功用，与服食丹铅之人颇为相宜，这在陶隐居《名医引录》和唐孟诜《食疗本草》中均有著录。因此他写道：

> 医家与道家古代原不可分。故山阴道士之养鹅，与右军之好鹅，其旨趣实相契合，非右军高逸，而道士鄙俗也。道士之请右军书道经，及右军之为之写者，亦非道士仅为爱好书法，及右军喜此鸲鹆之群有合于执笔之姿势也，实以道经非倩能书者写之不可。写经又为宗教上之功德，故此段故事适足表示道士与右军二人之行事皆有天师道信仰之关系存乎其间也。①

寅恪先生认为，王羲之换鹅的传说故事，虽是一真伪莫辨的"末节"，但由于直接关系到艺术与宗教的关系，则又不能不辨别清楚。

---

① 陈寅恪：《天师道与滨海地域之关系》，《金明馆丛稿初编》，三联书店2001年版，第43页。

陈寅恪的阐释学

写到这里，读者也许会向笔者以及寅恪先生提出一个问题，即天师道的信仰既然如此家世相传，那么面对儒家思想取得统治地位之后的强势，以及佛教的巨大冲击，天师道信仰者如何应对呢？难道就没有任何变化吗？幸运的是，寅老在《陶渊明之思想与清谈之关系》一文中，对此一问题作了详尽的回答。他说两晋南北朝的士大夫，"其家世素奉天师道者"，对佛教的态度可分为三派：一是保持"家传之道法"，而排斥佛教，典型例证是写《神灭论》的范缜；二是"舍弃家世相传之天师道，而皈依佛法"，这可以梁武帝萧衍为代表；三是"调停道佛二家之态度，即不尽弃家世遗传之天师道，但亦兼采外来之释迦教义"，南齐的孔稚珪是其显例[1]。陶渊明和范缜一样，属于第一派。虽然五柳先生与佛学大师慧远，身处同时同地，亦有过接触，但终其一生与佛教教义绝缘。原因在于他的家世信仰牢固，且在学理上有发挥，故精神世界不必与释氏合流，也可以自我安身立命。

所以寅恪先生在援引陶诗《形影神》三首之《神释》之后写道：

> 或疑渊明之专神至此，殆不免受佛教影响，然观此首结语"应尽便须尽，无复独多虑"之句，则渊明固亦与范缜同主神灭论者。缜本世奉天师道，而渊明于其家传之教义尤有所创获，

---

[1] 陈寅恪：《陶渊明之思想与清谈之关系》，《金明馆丛稿初编》，三联书店2001年版，第218页。

此二人同主神灭之说，必非偶然也。①

又说：

子真所著《神灭论》云："若知陶甄禀于自然，森罗均于独化，忽焉自有，恍尔而无，来也不御，去也不追，乘乎天理，各安其性。"则与渊明《神释诗》所谓"纵浪大化中，不喜亦不惧。应尽便须尽，无复独多虑"，及《归去来辞》所谓"聊乘化以归尽，乐夫天命复奚疑"等语旨趣相符合。惟渊明生世在子真之前，可谓"孤明先发"（慧皎《高僧传》赞美道生之语）耳。陶、范俱天师道世家，其思想冥会如此，故治魏晋南北朝思想史，而不究家世信仰问题，则其所言恐不免皮相。②

历来研陶者多为渊明与慧远之特殊关系所困，因而无法对五柳先生的《形影神》诗作出正解。寅恪先生则不存任何疑滞，结论明晰有断——此无他，无非是其家世的天师道信仰所使然，而且因为渊明是大思想家，他对道教的自然说有新的创辟胜解，无须为其他思想所左右。

兹还有一例，即武则天的笃信佛教，寅恪先生认为也与家世信仰有关。太宗李世民对释迦的态度有些模模糊糊，虽优礼玄奘，但大半出于政治上的深谋远虑，究其本心，则"非意所遵"

---

① 陈寅恪：《陶渊明之思想与清谈之关系》，《金明馆丛稿初编》，三联书店2001年版，第223页。
② 同上，第223—224页。

也。武则天不然,其母杨氏系隋朝宗室观王雄弟始安侯杨士达之女,史载为笃信佛教之人,唐龙朔二年(公元662年)西明寺僧人道宣等曾上书则天之母杨氏,请求沙门不合拜俗之事。因此寅恪先生在《武曌与佛教》一文中写道:"隋文帝重兴释氏于周武灭法之后,隋炀帝又隆礼台宗于智者阐教之时,其家世之宗教信仰,固可以推测得知。而武曌之母杨氏既为隋之宗室子孙,则其人之笃信佛教,亦不足为异矣。"①又说:"至杨氏所以笃信佛教之由,今以史料缺乏,虽不能确言,但就南北朝人士其道教之信仰,多因于家世遗传之事实推测之(参阅拙著《天师道与滨海地域之关系》),则荣国夫人之笃信佛教,亦必由杨隋宗室家世遗传所致。荣国夫人既笃信佛教,武曌幼时受其家庭环境佛教之熏习,自不待言。"②这些例证均见出,陈寅恪先生的阐释学对历史人物所受之家世信仰和环境熏习是何等重视。

最后,我想对环境熏习问题再附一言。

寅恪先生认为著立之人的环境熏习、家世遗传和宗教信仰至关重要,研究者不能有所稍忽。例如四声之说经寅恪先生考证,系当时文士摹拟转读佛经之声,除入声外,其余分别定为平、上、去三声,合为四声。但四声之说何以出现在南齐永明之世,而不在其他时期?创说者为什么是周颙、沈约,而不是另外其他的人?寅恪先生遍引慧皎《高僧传》所载支昙龠、释法平、释僧饶、释道慧、释智宗、释昙迁、释昙智、释僧辩、释昙凭、释慧

---

① 陈寅恪:《武曌与佛教》,《金明馆丛稿二编》,三联书店2001年版,第161页。
② 同上,第163页。

忍诸传，参证旧史及他书之文，得出了南朝政治文化中心建康当时是善声沙门最集中之地，南齐初年即永明之世是善声沙门最盛之时的结论。据史载，南齐武帝永明七年二月二十日，竟陵王萧子良曾大集善声沙门于京邸，造经呗新声，盛况空前。但此前早已形成审音文士与善声沙门互相讨论研求的风气，实由于当时之建康"胡化之渐染"，"受此特殊环境之熏习"所致。而沈约与谢朓、王融、萧琛、范云、任昉、陆倕等文士，是竟陵王萧子良的座上客，经常聚集在鸡笼山西邸，并称"八友"。周颙则为文惠太子的东宫掾属，两人"皆在佛化文学环境陶冶之中，四声说之创始于此二人者，诚非偶然也"[①]。

盖依寅恪先生的特见，环境、家世、信仰此三因素，为历史人物言动之所以不得不如是的"种子"熏习之因缘，我们诠释历史事件、研究历史人物和重建历史真相的结构，不能不视此为一条不宜或缺的求证途径。

1991年初稿，2007年8月22日增补改订竣稿于京东寓所

（原载《中国文化》2007年秋季号，后经增补。）

[①] 陈寅恪：《四声三问》，《金明馆丛稿初编》，三联书店2001年版，第377页。

陈寅恪的"家国旧情"与"兴亡遗恨"

1980年上海古籍出版社出版的《陈寅恪文集》之第一种《寒柳堂集》，附有《寅恪先生诗存》，收诗197首，是为残编。受寅恪先生委托负责整理文集的蒋天枢先生在识语中说："寅恪先生逝世前，唐晓莹师母曾手写先生诗集三册，1967年后因故遗失。现就本人手边所有丛残旧稿，按时间先后，录存若干篇，藉见先生诗之梗概云尔。"[1]

关心陈寅恪先生学行志业的人，一直为不能窥见陈诗的全豹而深感遗憾。1993年清华大学出版社出版的《陈寅恪诗集》，系寅恪先生的两位女公子流求和美延所编定，共收诗329首[2]，比《诗存》多出132首，虽仍然不一定是陈诗的全部，主要的部分应该都包括在内了。因此搜集得比较齐全，是这本诗集的第一个特点。其次，是编排顺序大体上按照寅恪先生夫妇生前编定的诗稿目录，除其中13首不能确定写作时间，其余216首都有具体署年。三是《诗集》后面附有唐晓莹先生的诗作64首，为我们从另一个侧面了解陈

---

[1] 陈寅恪：《寒柳堂集》所附之《寅恪先生诗存》，上海古籍出版社1980年版，第3页。
[2] 陈美延、陈流求编：《陈寅恪诗集》，清华大学出版社1993年初版。此《诗集》包括寅老所撰之联语，笔者统计时未包括在内。又同一首诗前后歧出者，以一首计算。依此《诗集》共收诗为329首。

氏夫妇精神世界的全体，提供了极可宝贵的资料。至于流求、美延两姊妹十几年来为搜集遗失的诗稿所作的努力，则是千难百折，委曲动人，编后记中所叙只不过是波涛中的一抹微沫，实更有文字难以言传者。1961年寅恪先生《赠吴雨僧》四首之三所说的"孙盛阳秋存异本，辽东江左费搜寻"[1]，可为搜集过程之连类比照。

陈寅恪先生的诗篇和他的学术著作一样，同是他生命的一部分，展读之下有一股深渊磅礴之气和沉郁独立的精神，充溢于字里行间。《诗集》中最早一首写于1910年，结束在1966年，时间跨度为半个多世纪，牵及百年中国众多的时事、人物、事件、掌故，释证起来，殆非易事。但《诗集》中有几组再三吟咏、反复出现、贯穿终始的题旨，这就是兴亡之感、家国之思、身世之叹和乱离之悲。下面让我们依照寅恪先生倡导的"在史中求史识"[2]的方法，具列出与此四重主题有直接关联的诗句，以为验证。诗句后面的数字，即为清华版《诗集》的页码，为节省篇幅，不以全称注出。

甲 "兴亡"

> 兴亡今古郁孤怀，一放悲歌仰天吼。3
> 西山亦有兴亡恨，写入新篇更见投。5
> 犹有宣南温梦寐，不堪灞上共兴亡。15
> 欲著辨亡还搁笔，众生颠倒向谁陈。19

---

[1] 陈寅恪：《赠吴雨僧》第三首："围城玉貌还家恨，桴鼓金山报国心。孙盛阳秋存异本，辽东江左费搜寻。"《陈寅恪诗集》，清华大学出版社1993年版，第114页。

[2] 俞大维：《怀念陈寅恪先生》，台北传记文学出版社出版的"传记文学丛书"之四十五，第3页。

辨亡欲论何人会，此恨绵绵死未休。22
玉颜自古关兴废，金钿何曾足重轻。34
歌舞又移三峡地，兴亡谁酹六朝觞。40
别有宣和遗老恨，辽金兴灭意难平。44
兴亡总入连宵梦，衰废难胜饯岁觥。53
兴亡自古寻常事，如此兴亡得几回。58
审音知政关兴废，此是师涓枕上声。60
同入兴亡烦恼梦，霜红一枕已沧桑。65
古今多少兴亡恨，都付扶余短梦中。77
红杏青松画已陈，兴亡遗恨尚如新。85
白头听曲东华史，唱到兴亡便掩巾。86
兴亡江左自伤情，远志终惭小草名。87
如花眷属惭双鬓，似水兴亡送六朝。92
好影育长终脉脉，兴亡遗恨向谁谈。100
兴亡遗事又重陈，北里南朝恨未申。110
病余皮骨宁多日，看饱兴亡又一时。132
家国旧情迷纸上，兴亡遗恨照灯前。141

乙　"家国"

一代儒宗宜上寿，七年家国付长吟。33
故国华胥犹记梦，旧时王谢早无家。48
儿郎涑水空文藻，家国沅湘总泪流。69
频年家国损朱颜，镜里愁心锁叠山。77
衰泪已因家国尽，人亡学废更如何。97
死生家国休回首，泪与湘江一样流。104

273

学术与传统

　　狂愚残废病如丝，家国艰辛费护持。129
　　家国旧情迷纸上，兴亡遗恨照灯前。141

丙　"身世"
　　万里乾坤孤注尽，百年身世短炊醒。25
　　万里乾坤空莽荡，百年身世任蹉跎。30
　　山河已入宜春槛，身世真同失水船。63
　　身世盲翁鼓，文章浪子书。98
　　文章岂入龚开录，身世翻同范蠡船。116
　　山河来去移春槛，身世存亡下濑船。120
　　石火乾坤重换劫，剑炊身世更伤神。122
　　年来身世两茫茫，衣狗浮云变白苍。129

丁　"乱离"
　　莫写浣花秦妇章，广明离乱更年年。19
　　群心已惯经离乱，孤注方看博死休。21
　　残剩河山行旅倦，乱离骨肉病愁多。26
　　人心已渐忘离乱，天意真难见太平。33
　　风骚薄命呼真宰，离乱余年望太平。33
　　女痴妻病自堪怜，况更流离历岁年。39
　　临老三回值乱离，蔡威泪尽血犹垂。55
　　道穷文武欲何求，残废流离更自羞。61
　　七载流离目愈昏，当时微愿了无存。69

　　《诗集》中寅恪先生诗作部分只有130页，共329首诗，"兴亡"、"家国"、"身世"、"乱离"四组词语凡四十六见，重复率如此之高，超乎想象。而且这些词语大都居于诗眼位置，反复咏叹，一往情深，实具有接通题旨的意义。就中缘由、委曲安在？兹可以断言：这四组词语背后，一定有寅恪先生内心深处幽忧牢结不得摆脱的什么"情结"，以至于昼思夜想，萦回不散，吟咏之间总要自觉不自觉地流露于笔端。

那么埋藏在寅恪先生心底的"情结"究竟是什么呢？

"乱离"之悲比较容易理解。寅恪先生以1890年农历5月17日出生于湖南长沙，正值近代中国大故迭起，社会发生剧烈变动时期。特别是中岁以后，1937年卢沟桥事变，日人占领北京，北大、清华等高等院校南迁，寅恪先生挈妻携女，下天津、奔青岛、至济南、转郑州、经长沙、绕桂林、过梧州、抵香港，一路上颠沛流离，饱尝了逃难的苦痛。唐晓莹先生写有《避寇拾零》一文[①]，记此次逃难的前后经过甚详。不久，太平洋战争爆发，寅恪先生又从香港往内地逃。好不容易盼到1945年抗战胜利，以为可以安立讲堂了，谁知国共两党内战又起，结果1948年12月再一次离京南逃。所以寅恪先生才有"临老三回值乱离"的感叹。包括1950年6月发表于《岭南学报》上的《秦妇吟校笺旧稿补正》，虽是严格的学术考证之作，通过避难秦妇由长安逃往洛阳一路所闻所见，对自己的乱离之思亦有所寄托。寅恪先生并且援引《北梦琐言》"李氏女条"，认为该条所记的唐末"李将军女"因避乱而失身，是"当日避难妇

---

① 唐晓莹：《避寇拾零》，陈流求、陈小彭、陈美延著：《也同欢乐也同愁》之附录，三联书店2010年版，第287—295页。

女普遍遭遇，匪独限于李氏女一人也"①。因此完全可以说，寅恪先生在诗中发抒的乱离之悲，也不专属于先生一人，而是当时特定时代的共同感叹。

至于"身世"、"家国"、"兴亡"这三组题旨语词所包含的内容，释证起来则需要稍多一些的笔墨。笔者因近年涉猎中国近现代学术史，颇读寅恪先生之书，因而对先生的身世微有所知。现在一提起陈寅恪的名字，国内外学术界几乎无人不晓。可是他的祖父陈宝箴和父尊陈三立，在晚清及近代中国实享有更高的知名度。陈宝箴字右铭，籍江西义宁州（民国以后改为修水），为咸丰元年辛亥恩科举人，六年后，即1856年，会试不第，留京师三年，得交四方才俊之士。当时恰值英法联军火烧圆明园，右铭先生遥见火光，在酒楼搥案痛哭，四座为之震惊②。其吏能、治才、识见、心胸，为曾国藩、沈葆桢、席宝田等名公巨卿所推重，曾国藩尝许其为"海内奇士"③。但陈宝箴负气节，秉直道，仕途并不顺畅。直到1890年，当他60岁的时候，经湖南巡抚王文韶力荐，清廷授右铭以湖北按察使之职，不久又署理布政使。这一年，也就是寅恪先生出生那一年。甲午战败后的1895年，陈宝箴被任命为湖南巡抚，开始主持领导湖南新政，走在全国改革潮流的最前面。

而陈三立，是清末有名的"四公子"之一，另三位是湖北巡抚谭继洵之子谭嗣同、广东水师提督吴长庆之子吴保初、福建巡抚丁

---

① 陈寅恪：《韦庄秦妇吟校笺》，《寒柳堂集》，上海古籍出版社1980年版，第124页。
② 陈三立：《湖南巡抚先府君行状》，《散原精舍文集》卷五，《散原精舍诗文集》下册，上海古籍出版社2003年版，第846页。
③ 同上。

日昌之子丁惠康。"四公子"中，陈三立以生性淡泊、识见过人和诗学成就为世人瞩目。他于光绪八年即1882年考中举人，又于光绪十二年即1886年会试中式，此时他三十六岁。但未经殿试，还不能算作正式进士。至1889年（己丑）才正式成为进士，受命在吏部行走。《一士类稿》记载一则陈三立初到吏部所遭遇的故事：

> 时有吏部书吏某冠服来贺，散原误以为缙绅一流，以宾礼接见，书吏亦昂然自居于敌体。继知其为部胥，乃大怒，厉声挥之出。书吏惭沮而去，犹以"不得庶常，何必怪我"为言，盖强颜自饰之词。散原岂以未入翰林而迁怒乎？[①]

陈三立字伯严，散原是他的号。《一士类稿》的作者徐一士写道："部吏弄权，势成积重，吏部尤甚。兹竟贸然与本部司员抗礼，实大悖体制。散原折其僭妄，弗予假借，亦颇见风骨。"[②]不知是不是与这次误会有关系，不久陈三立便引去，长期侍亲任所，从此再未接受任何官职。

1895年值中国甲午战败，士论汹涌，中国社会到处一片变革之风。有识之士都意识到，不变革，中国便没有出路。就中尤以陈宝箴、陈三立父子最能身体力行。张之洞以提倡新学闻名于世，当时督理湖广，湖北新政亦甚见成效，但最见实绩的还是湖南新政。为了董吏治、辟利源、开民智、变士习，湖南先有矿务局、官钱

[①] 徐一士：《谈陈三立》，《一士类稿》，见《近代稗海》第2册，四川人民出版社1985年版，第141页。

[②] 同上。

局、铸洋圆局之设,后有湘报馆、算学堂、武备学堂、南学会、保卫局和课吏馆的开办。特别是设在长沙的时务学堂,聘请梁启超为主讲,各方面人才奔竞而至,实际上成了培养改革派人才的一所学校。但义宁父子是稳健的改革者,主张渐变,反对过激行动,尤其与康有为的思想异其趣,而与郭嵩焘相契善。他们希望稳健多识的张之洞出面主持全国的改革。所以然者,由于明了能否把改革推向全国,关键在握有实权的西太后的态度,没有慈禧的首肯,什么改革也办不成。应该说,这是义宁父子的深识。

但这边筹划未定,那边康有为已经说动光绪皇帝上演颁定国是诏的大戏,立即将慈禧与光绪母子的政争引向激化,遂有戊戌政变发生。于是通缉康、梁,杀谭嗣同、杨锐、刘光第、林旭四章京和康广仁、杨深秀,史称"戊戌六君子"。刚刚起步的改革,竟以流血惨剧告终。而陈宝箴、陈三立父子,也因推行改革获罪,被革职,永不叙用。陈宝箴的罪名是"滥保匪人",因"六君子"中,谭嗣同来自湖南,而刘光第、杨锐都是陈宝箴所保荐。陈三立的罪名是"招引奸邪",盖由于聘请梁启超主讲时务学堂,系散原的主张。以是,义宁父子实难辞其"咎"了。不过我真佩服慈禧的情报,她对散原所起的为改革网罗人才的作用何以掌握得如此清楚?也有的说,先时已决定赐死义宁父子,后经荣禄等保奏,方改为永不叙用。不管是哪种情况,革职后迁居江西南昌的陈氏父子,实际上处于被圈禁的状态,应无问题。而且在戊戌政变一年多以后,即1900年的6月26日,右铭先生突然逝去,享年七十整。而死因,如今有充分的材料证明,极有可能是被慈禧派专员赴南昌西山赐死[1]。当时陈三立四十八岁，寅恪十一岁，寅恪长兄陈衡恪师曾二十四岁。

1898至1900这两年，对陈寅恪的家族来说，是非常不幸的年份。1898年新正，散原先生的母亲过世。10月，陈宝箴、陈三立父子免归南昌。这之前散原的一个堂姊竟然昼夜痛哭而死。隔年即为宝箴逝。宝箴逝前一个月，陈师曾的妻子、年仅二十五岁的范孝嫦（清末名诗人范肯堂之女）亦逝。而在由湖南扶母柩赴南昌的前后过程中，散原两次卧病，第二次险些病死。可见戊戌惨剧给义宁陈氏一家带来的打击是何等沉重，真不啻浩天之劫。国家政局在戊戌政变后更是不可收拾。1900年有义和团之变和八国联军攻入北京，两宫因此仓促出逃。陈氏一家的"家国"陷入巨变奇劫之中。吴宗慈的《陈三立传略》于此写道："先生既罢官，侍父归南昌，筑室西山下以居，益切忧时爱国之心，往往深夜孤灯，父子相对唏嘘，不能自已。越一年，先生移家江宁，右铭中丞暂留西山崝庐，旋以微疾逝。先生于此，家国之痛益深矣！"[2]

我们不妨看看陈三立为纪念尊人所撰写的《崝庐记》，几乎是泣血陈词：

呜呼！孰意天重罚其孤，不使吾父得少延旦暮之乐。葬母仅岁余，又继葬吾父于是邪。而崝庐者，盖遂永永为不肖子烦

---

[1] 参阅拙著《陈宝箴和湖南新政》之第九章"陈宝箴之死的谜团及求解"，故宫出版社2012年版，第246—322页。

[2] 吴宗慈：《陈三立传略》，参见李开军校点之《散原精舍诗文集》下册"附录"，上海古籍出版社2003年版，第1196页。

冤茹憾、呼天泣血之所矣。尝登楼迹吾父坐卧凭眺处，耸而向者，山邪？演迤而逝者，陂邪？畴邪？缭而幻者，烟云邪？草树之深，以蔚邪？牛之眠者、斗者邪？犬之吠、鸡之鸣、鹊鸱群雉之噪而啄、呴而飞邪？惨然满目，凄然满听，长号而下。已而沉冥以思，今天下祸变既大矣，烈矣，海国兵犹据京师，两宫久蒙尘，九州四万万之人民皆危慑，莫必其命，益恸彼，转幸吾父之无所睹闻于兹世者也。其在《诗》曰：谁生厉阶，至今为梗。又曰：莫肯念乱，谁无父母。曰：凡今之人，胡憯莫惩。然则不肖子即欲朝歌暮哭，憔悴枯槁，褐衣老死于兹庐，以与吾父母魂魄相依，其可得哉？其可得哉？庐后楹阶下植二稚桂，今差与檐齐。二鹤死其一，吾父埋之庐前寻丈许，亲题碣曰"鹤冢"。旁为长沙人陈玉田冢，陈盖从营吾母墓工，有劳，病终崝庐云。①

既奠祭尊人，又忧伤国事，"家国"之情融合为一，令人恸心裂肺，不忍卒读。特别是他们父子的改革宏图中途夭折，更使散原有攀天无梯、斫地无声之感。他在《巡抚先府君行状》中写道：

> 盖府君虽勇于任事，义不反顾，不择毁誉祸福，然观理审，而虑患深，务在救过持平，安生人之情，以消弭天下之患气。尝称曰："非常之原，黎民惧焉。造端图大，自任怨始。要以止至善为归，自然之势也。"论者谓府君之于湖南，使得稍假岁月，

---

① 陈三立：《崝庐记》，《散原精舍诗文集》下册，上海古籍出版社2003年版，第859页。

势完志通，事立效著，徐当自定，时即有老学拘生、怨家仇人，且无所置喙。而今为何世也？俯仰之间，君父家国，无可复问。此尤不孝所攀天斫地、椎心酾血者也。①

散原的"家国"之情、"家国"之痛如此深挚，岂能不感染正值少年时期的陈寅恪先生？如果当时的改革能够按照陈宝箴、陈三立父子的主张，缓进渐变，不发生康有为等人的过激行动，清季的历史就是另外一番景象了。

后来陈三立为陈夔龙（前直隶总督，号庸庵尚书）的奏议写序，进一步申明他的渐变主张，写道："窃惟国家兴废存亡之数，有其渐焉，非一朝夕之故也。有其几焉，谨而持之，审慎而操纵之，犹可转危为安，消祸萌而维国是也。"②也就是本着"守国使不乱之旨"。这个思想来源于郭嵩焘。陈三立说："往者三立从湘阴郭筠仙侍郎游，侍郎以为中国伤行新政，尚非其人，非其时。辄引青城道人所称'为国致太平与养生求不死，皆非常人所能。且当守国使不乱，以待奇才之出，卫生使不夭，以须异人之至'，郑重低徊以寄其意。侍郎，世所目为通中外之略者也，其所守如此。"③可是历史没有按照郭嵩焘、陈宝箴、陈三立的预设发展，相反走了一条从激进到激进的路，致使百年中国，内忧外患，变乱无穷。

---

① 陈三立：《湖南巡抚先府君行状》，《散原精舍诗文集》下册，上海古籍出版社2003年版，第856页。

② 陈三立：《庸庵尚书奏议序》，《散原精舍诗文集》下册，上海古籍出版社2003年版，第885页。

③ 同上。

当然历史是已发生之事实，站在后来者的角度，只能总结历史经验，却无法让时光倒流，希望重走一遍。但事变的当事人不同，痛定思痛，愈觉自己主张正确可行，甚至有所怨尤，是可以理解的。何况渐变的主张常常两面受敌：旧势力固然视其为代表新派，激进者则目为保守，不屑与之为伍。散原老人的处境正是如此。戊戌政变后，有轻薄者写了一副对联：

> 徐氏父子，陈氏父子，陈陈相因
> 礼部侍郎，兵部侍郎，徐徐云尔[1]

"徐氏父子"指礼部侍郎徐致靖，和他的在湖南任学政的公子徐研甫，都因参与变法遭遣。"陈氏父子"自然指的是陈宝箴和陈三立。"兵部侍郎"云云，是由于清廷规定，巡抚例加兵部侍郎衔。另外还有一副对联，系王闿运《湘绮楼日记》所载，实专攻陈三立，曰："不自陨灭，祸延显考。"[2]意谓陈宝箴的遭遣，是陈三立遗祸的结果。事实当然不是如此，若说推动湖南新政，陈宝箴的态度比陈三立还要坚决。只不过由此可见守旧势力对持渐变主张的义宁父子嫉恨之深。而激进变革者如谭嗣同，当湖南新政行进中已

---

[1] 徐一士：《谈陈三立》，《近代稗海》第2册，四川人民出版社1985年版，第142页。
[2] 王闿运：《湘绮楼日记》光绪二十八年六月十日记载："公卿会集，严介溪不至，客问东楼：'相国何迟？'谢曰：'昨伤风，不能来也。'王元美举《琵琶记》曲文云：'爹居相位，怎说出这伤风的语言。'以此陷其父死罪。忍俊不禁，唯口兴戎，不虚也。陈右铭革职，或为联云：'不自陨灭，祸延显考。'一若明以来四百年俗套讣文，专为此用，亦绝世佳文也。"见点校本《湘绮楼日记》第四卷，岳麓书社1997年版，第2476页。

流露出对陈三立的不满①。

　　戊戌以后之近代中国历史虽然没有按散原预想的路线走，却一再证明他的渐变主张不失为保存国脉的至理名言。欧阳竟无大师的《散原居士事略》，对1922年梁启超与散原的一次会面有所记载，行文甚蕴藉有趣。这是戊戌之后两位"湘事同志"的第一次会面，时间已过去了二十年，因而不免"唏嘘长叹"、"触往事而凄怆伤怀"。这时的梁任公，与散原的思想已经相当靠近了。但彼此之间的话语似乎不多，只互相称赞了一番蔡松坡。任公说："蔡松坡以整个人格相呈，今不复得矣。"散原说："蔡松坡考时务学堂，年十四，文不通，已斥，予以稚幼取之。以任公教力，一日千里，半年大成，今不可复得矣。"欧阳建议任公"放下野心，法门龙象"。散原说："不能。"任公则默然。②事隔二十年，散原仍洞察深微，知人见底，识见、境界终高人一等。以散原的心胸，绝不是"封建遗老"四个字所能概括的。

　　事实上，1904年西太后下诏赦免戊戌获罪人员未久，便有疆吏荐请起用陈三立，但三立坚辞不就，宁愿"韬晦不复出，但以文章自娱，以气节自砥砺，其幽忧郁愤，与激昂磊落慷慨之情，无所发泄，则悉寄之于诗"③。民国以后，很快就剪去辫子，"与当世英杰有为之士亦常相往还"，未尝以遗老自居。他赞许蔡松坡，主要由

---

① 参阅拙著《陈宝箴和湖南新政》之第八章"戊戌政变和湖南新政的失败"，故宫出版社2012年版，第215页。

② 欧阳渐：《散原居士事略》，《欧阳竟无先生内外学》乙函"竟无诗文"，民国二十二年（1933）五月刊本。

③ 吴宗慈：《陈三立传略》，《散原精舍诗文集》下册"附录"，上海古籍出版社2003年版，第1196页。

于松坡反对袁世凯复辟帝制，豪侠肝胆，义动九州。今存《散原精舍诗》里，明确透漏出反对袁世凯称帝的诗就有多首，如《上赏》、《使者》、《双鱼》、《玉玺》、《旧题》、《史家》六绝句[1]，即是为嘲讽袁氏称帝的闹剧而作。紧接着写于民国五年(1916)年初的《丙辰元旦阴雨逢日食》，至有"蚀日愁云里，儿童莫仰天"[2]之句，其反对袁氏倒行逆施的态度甚明。而《雨夜写怀》的结句则为："只对不臣木，青青牖下松。"[3]直是以窗前的青松自譬，无论如何坚决不买袁氏的账了[4]。写到这里，不妨稍及一当时的时事掌故，即戊戌后讽刺散原"不自陨灭，祸延显考"的王闿运，虽当时已逾八十高龄，却扮演了支持"洪宪"的"耆硕"的角色。

盖散原的"家国"之情，终其一生未尝稍减。1931年日人占领东北，次年发动沪战，寓居岵岭的散原日夕不宁，一天晚上在梦中突然狂呼杀日本人，[5]全家惊醒。1937年卢沟桥事变，北京再次遭劫，散原忧愤益甚，终致病，拒不服药而死。而当生病的时候，听到有人说中国打不过日本，散原立即予以驳斥："中国人岂狗彘不若？将终帖然任人屠割也？"[6]再不与此种人交接一言。欧阳竟无大师对散原的评价是："改革发源于湘，散原实主之。散原发愤不

---

[1] 陈三立：《散原精舍诗文集》上册，上海古籍出版社2003年版，第504—505页。
[2] 陈三立：《丙辰元旦阴雨逢日食》，《散原精舍诗文集》上册，上海古籍出版社2003年版，第506页。
[3] 陈三立：《雨夜写怀》，《散原精舍诗文集》上册，上海古籍出版社2003年版，第507页。
[4] 高阳撰：《清末四公子》于此节考订甚详，台北南京出版公司1980年版，第56—68页。
[5] 吴宗慈：《陈三立传略》，《散原精舍诗文集》下册《附录》，上海古籍出版社2003年版，第1197页。
[6] 同上。

食死，倭虏实致之。得志则改革致太平，不得志则抑郁发愤，而一寄于诗，乃至丧命。彻终彻始，纯洁之质，古之性情肝胆中人。发于政，不得以政治称；寓于诗，而亦不可以诗人概也。"[①]这是我所见到的对散原老人的最准确无误的评价。可惜当时后世不理解散原的人多多。这就是陈寅恪先生何以一而再，再而三地提到自己的"身世"，并要辨别清楚百年中国的"兴亡遗恨"的原因。

职是之故，陈寅恪所说的"身世"，主要指义宁陈氏一家在近代中国的遭逢际遇，这里面隐忍着他们祖孙三代的极为深挚的"家国"之情。所以寅恪的诗中，在提到"家国"的时候，常常与湖南联系起来，如"家国沅湘总泪流"、"死生家国休回首，泪与湘江一样流"，等等。散原的诗，也每每"家国"并提，如"百忧千哀在家国"[②]、"旋出涕泪说家国，倔强世间欲何待"[③]、"合眼风涛移枕上，抚膺家国逼灯前"[④]、"满眼人才投浊流，家国算余谈舌掉"[⑤]、"时危家国复安在，莫立斜阳留画图"[⑥]、"发为文章裨家国，只供

[①] 欧阳渐：《散原居士事略》，《欧阳竟无先生内外学》乙函"竟无诗文"，民国二十二年（1933）五月刊本。

[②] 陈三立：《上元夜次申招坐小艇泛秦淮观游》，《散原精舍诗文集》上册，上海古籍出版社2003年版，第5页。

[③] 陈三立：《与纯常相见之明日遂偕寻莫愁湖至则楼馆荡没巨浸中仅存败屋数椽而已怅然有作》，《散原精舍诗文集》上册，上海古籍出版社2003年版，第32页。

[④] 陈三立：《晓抵九江作》，《散原精舍诗文集》上册，上海古籍出版社2003年版，第41页。

[⑤] 陈三立：《黄小鲁观察游西湖归过访携虎跑泉相饷赋此报谢》，《散原精舍诗文集》上册，上海古籍出版社2003年版，第47页。

[⑥] 陈三立：《絜漪园为海观尚书故居过游感赋》，《散原精舍诗文集》上册，上海古籍出版社2003年版，第440页。

穷海拾断梦"①、"家国忽忽同传舍，不烦残梦续南柯"②、"家国只余伤逝泪，乌号记堕小臣前"③、"收拾家国一团蒲，非忏非悟佛灯映"④、"十年家国伤心史，留证巫阳下视时"⑤，等等。斯可见散原老人的"家国之情"，与其子寅恪相比，亦未惶稍让。

实则他们父子的"家国"之思如出一辙。如果说戊戌事败之时，寅恪尚处稚龄，刚八九岁，对祖父与父亲的主张不会有深的理解，后来长大成人，四海问学，历经故国的种种变局，己身经验逼使他不能不向陈宝箴、陈三立的思想认同。1945年夏天，他在《读吴其昌撰梁启超传书后》一文的结尾部分，说出了积郁多年、"嗫不得发"的思想。他写道：

> 自戊戌政变后十余年，而中国始开国会，其纷乱妄谬，为天下指笑，新会所尝目睹，亦助当政者发令而解散之矣。自新会殁，又十余年，中日战起。九县三精，飚回雾塞，而所谓民主政治之论，复甚嚣尘上。余少喜临川新法之新，而老同涑水迂叟之迂。盖验以人心之厚薄，民生之荣悴，则知五十年来，

---

① 陈三立：《乙卯花朝逸社第二集蒿庵中丞邀酌酒楼用杜句分韵得纵字》，《散原精舍诗文集》上册，上海古籍出版社2003年版，第449页。

② 陈三立：《过籀园旧居》，《散原精舍诗文集》上册，上海古籍出版社2003年版，第466页。

③ 陈三立：《题赵芝山同年亡室紫琼夫人梅花小影》，《散原精舍诗文集》上册，上海古籍出版社2003年版，第503页。

④ 陈三立：《虞山纪胜三篇康更生王病山胡琴初陈仁先黄同武同游》，《散原精舍诗文集》上册，上海古籍出版社2003年版，第567页。

⑤ 陈三立：《病山成亡姬兰婴小传题其后》，《散原精舍诗文集》上册，上海古籍出版社2003年版，第595页。

如车轮之逆转，似有合于所谓退化论之说者。是以论学论治，迥异时流，而迫于时势，噤不得发。因读此传，略书数语，付稚女美延藏之。美延当知乃翁此时悲往事，思来者，甚忧伤苦痛，不仅如陆务观所云，以元祐党家话贞元朝士之感而已。①

南宋大诗人陆游的祖父陆佃，是北宋改革家王安石的门人，少年时期曾跟随王安石学经学，但在变革问题上与临川的意见不尽相同，后来名列反王安石的元祐党人碑。王安石死后，他又率诸生前往哭祭，而不怕当朝宰相司马光的打击。这种情况，和陈宝箴、陈三立在戊戌变法中的处境颇相类。所以寅恪经常以陆游自比。1927年撰《王观堂先生挽词并序》，已有"元祐党家惭陆子"②的句子。1958年写康有为《百岁生日献词》，又哀叹："元祐党家犹有种，平泉树石已无根。"③1945年寅恪先生卧病英伦医院，听读熊式一的英文小说《天桥》，因书中涉及戊戌年间李提摩太传教士上书一事，所以回忆起1902年随长兄陈师曾赴日本留学，在上海遇到李提摩太，李曾用中文说过"君等世家子弟，能东游甚善"的话。因此该诗中有句："故国华胥犹记梦，旧时王谢早无家。"盖虽为"世家子弟"，寅恪先生却很谦逊，在此诗的题序中说明不过是偶涉旧事，"非敢以乌衣故事自况也"。④

---

① 陈寅恪：《读吴其昌撰梁启超传书后》，《寒柳堂集》，上海古籍出版社1980年版，第149—150页。
② 陈寅恪：《王观堂先生挽词并序》，《诗集》，三联书店2001年版，第17页。
③ 陈寅恪：《南海世丈百岁生日献词》，《诗集》，三联书店2001年版，第130页。按陆游《闲游》诗有句："五世业儒书有种"（《剑南诗稿》卷六十八），寅恪先生诗句疑本此。
④ 陈寅恪：《诗集》，三联书店2001年版，第55页。

话虽如此，寅恪先生对自己的家族世系，以及这个家族世系在近百年以来的中国的传奇式的遭逢际遇，始终系念于怀。他担心后人由于不了解历史真相，可能会误解自己的先祖和先君，特别是他们在晚清维新变法潮流中所扮演的角色的性质，因此趁阅读吴其昌氏《梁启超传》之便，特补叙陈宝箴、陈三立在戊戌变法中的真实思想走向。寅恪先生写道："当时之言变法者，盖有不同之二源，未可混一论之也。咸丰之世，先祖亦应进士举，居京师。亲见圆明园干霄之火，痛哭南归。其后治军治民，益知中国旧法之不可不变。后交湘阴郭筠仙侍郎嵩焘，极相倾服，许为孤忠闳识。先君亦从郭公论文论学，而郭公者，亦颂美西法，当时士大夫目为汉奸国贼，群欲得杀之而甘心者也。至南海康先生治今文公羊之学，附会孔子改制以言变法。其与历验世务欲借镜西国以变神州旧法者，本自不同。故先祖先君见义乌朱鼎甫先生一新《无邪堂答问》驳斥南海公羊春秋之说，深以为然。据是可知余家之主变法，其思想源流之所在矣。"[①] 他把严格区分戊戌变法中两种不同的思想源流，划清陈宝箴、陈三立与康有为的界限，当作一件隆仪无比的大事，郑重付交稚女美延收藏，显然有传之后世之意。这就是寅恪先生的"百年身世"，这就是寅恪先生的"家国旧情"。目睹戊戌以来变生不测的畸形世局，他已经不相信在他有生之年，还会有机缘打开近百年中国的历史真相。他感到这是一盘永远下不完的棋，而且是

---

① 陈寅恪：《读吴其昌撰梁启超传书后》，《寒柳堂集》，三联书店2001年版，第167页。

无法覆盘的棋。"百年谁覆烂柯棋"①、"伤心难覆烂柯棋"②、"一局棋枰还未定,百年世事欲如何",③《诗集》中不乏这类感叹。1923年6月29日,寅恪先生正在德国柏林大学求学,母亲俞淑人病逝于南京,一个月后长兄师曾又病逝,年只四十八岁。1925年,应清华国学研究院之聘（因母兄之丧请假一年,1926年7月始到校）,与王国维、梁启超、赵元任并列为四大导师,在他个人应是很荣耀的事情,但他并无欢娱,写于1927年春天的《春日独游玉泉静明园》,仍然牢愁百结:"回首平生终负气,此身未死已销魂。人间不会孤游意,归去含凄自闭门。"④诗成不久,王国维就投昆明湖自杀了。隔年,即1929年,梁启超病死,国学研究院难以为继,只好关门。寅恪先生的《春日独游》诗"归去含凄自闭门"句,不料竟成谶语。又过一年,"九一八"事变发生。尽管1937年之前的清华园生活,在寅老是相对平静的,是他读书治学的佳期,和唐晓莹先生结缡就在此期,但未久卢沟桥事变,前面提到的抗战时期的乱离人生就开始

---

① 陈寅恪:《戏赋反落花诗一首次听水斋落花诗原韵》:"岭南不见落英时,四序皆春转更悲。初意绿荫多子早,岂期朱熟荐英迟。东皇西母羞相会,碧海青天悔可知。遥望长安花雾隔,百年谁覆烂柯棋。"《诗集》,三联书店2001年版,第155页。

② 陈寅恪:《十年诗用听水斋韵》:"天回地动此何时,不独悲今昔亦悲。与我倾谈一夕后,恨君相见十年迟。旧闻柳氏谁能次,密记冬郎世未知。海水已枯桑已死,伤心难覆烂柯棋。"《诗集》,三联书店2001年版,第43页。

③ 陈寅恪:《甲辰五月十七日七十五岁初度感赋》:"吾生七十愧蹉跎,况复今朝五岁过。一局棋枰还未定,百年世事欲如何。炎方春尽花犹艳,瘴海云腾雨更多。越鸟南枝无限感,唾壶敲碎独悲歌。"《诗集》,三联书店2001年版,第154页。

④ 陈寅恪:《春日独游玉泉静明园》,《诗集》,三联书店2001年版,第11页。

了。好不容易盼到抗战胜利，寅恪先生的眼睛又失明了。[①]《乙酉八月十一日晨起闻日本乞降喜赋》，是寅恪多年以来少有的流露出喜悦之情的一首诗，但结尾两句："念往忧来无限感，喜心题句又成悲"[②]。本来是"喜赋"，却又转成悲歌。

尽管如此，1945年抗战胜利毕竟使寅恪先生的精神情绪为之一畅。这是他生平写诗最多的一年，共33首[③]。别人"大酺三日"[④]，他卧病不能出去共庆，但已经有兴趣"自编平话"与小女儿相戏了。对日本人在东北导演的让溥仪当皇帝的闹剧，寅恪先生予以辛辣的嘲讽："漫夸朔漠作神京，八宝楼台一夕倾。延祚岂能同大石，附庸真是类梁明。收场傀儡牵丝戏，贻祸文殊建国名。别有宣和遗老恨，辽金兴灭意难平。"[⑤]首句下面有注："《海藏楼诗》有句云：'欲回朔漠作神京。'"《海藏楼诗》的作者是郑孝胥，因此这首诗嘲讽的主要对象，是策划溥仪投降日本，后来任伪满洲国总理大臣的郑孝胥，并揭破郑的野心在于希图借助外力，反对民国，恢复清朝。这是寅恪《诗集》中非常值得注意的一首

[①] 陈寅恪先生右眼失明的时间很早，左目失明是在1944年底，时在四川成都，任教燕京大学。《雨僧日记》1944年12月12日载："访寅恪于广益学舍宅，始知寅恪左目今晨又不明。"《雨僧日记》第九册，三联书店1999年版，第374页。同年12月18日遵医嘱手术，但效果不佳，实际上已失明。

[②] 陈寅恪：《诗集》，三联书店2001年版，第49页。

[③] 《陈寅恪诗集》所收诗，起自1910年，至1937年共有诗27首，平均每年一首不到，最多的年份也只有4首。1938年至1949年共85首，其中1945年33首，1949年10首，余者每年最多不超过7首。1950年至1966年共204首，其中1964年最多，为23首。都没有打破1945年32首的最高纪录。

[④] 陈寅恪：《连日庆贺胜利，以病目不能出，女婴美延亦病，相对成一绝》有句："大酺三日乐无穷，独卧文盲老病翁。"《诗集》，三联书店2001年版，第50页。

[⑤] 陈寅恪：《漫夸》，《诗集》，三联书店2001年版，第49页。

诗。诗中直称郑孝胥为"遗老"。"辽金"自是暗指清朝。"兴灭"云云，当然说的是由后金发展而来的清朝的兴起与覆亡。在寅恪先生看来，海藏楼主人的作为不过是扮演日本人牵线的一个傀儡，他的"欲回朔漠作神京"的旧梦，像"八宝楼台"一样，"一夕"之间就倾倒了。

寅恪先生在这首诗里对郑孝胥企图恢复清朝的"遗老"旧梦，明显地持否定态度。这一点很重要，因为这涉及寅恪《诗集》里那些反复咏叹的"兴亡"之感，到底该如何解释的问题。如果不是有直接批评郑孝胥这首诗，人们很容易心存疑问：已经进入民国，寅恪先生却不断地哀叹"兴亡"，莫非是留恋前朝，甚而希图恢复旧仪？何况他还有祖父和父亲那样的家庭背景，更容易令人加深质疑的理由。可是读了写于1945年的《漫夸》诗，我看疑问可以取消了。

然则寅恪先生的"兴亡"之感究竟缘何而发？

首先，在寅恪先生笔下，"兴亡"二字不仅是历史和政治的概念，主要是文化的概念。1927年王国维自沉，寅恪先生的《挽王静安先生》诗，有"文化神州丧一身"句，自是从文化的角度哀挽无疑。而《王观堂先生挽词》的序文更强调中国文化具有"抽象理想之通性"[①]。特别是后来写的《清华大学王观堂先生纪念碑铭》，明确提出："先生以一死见其独立自由之意志，非所论于一人之恩怨，一姓之兴亡。"[②]严驳所谓"殉清说"。王国维尚且如此，

[①] 陈寅恪：《王观堂先生挽词并序》，《诗集》，三联书店2001年版，第12页。
[②] 陈寅恪：《清华大学王观堂先生纪念碑铭》，《金明馆丛稿二编》，三联书店2001年版，第246页。

寅恪先生的兴亡之感当然不是为一朝一姓所发。不仅如此，对党派私见，寅恪先生也素所深恶，以此《诗集》中有"唯有义山超党见"①的句子。说来这也是义宁陈氏的家风。当年散原在回忆陈宝箴的治略时曾说过："府君独知时变所当为而已，不复较孰为新旧，尤无所谓新党旧党之见。"②此其一。

其二，我们不要忘记寅恪先生是历史学家，他的敏锐而深沉的兴亡感，恰恰是他的史学天才的表现。因为历史就是过程，发生发展的过程，兴衰寂灭的过程。不只政权的更迭和社会制度的变迁，连人事、物态都有自己的兴衰史。看不到兴亡，不懂兴亡，不辨兴亡，不具有历史学家的资格。

其三，寅恪先生叹兴亡、辨兴亡，是为了总结历史的经验教训，即"审音知政关兴废"③，而不是充当一家一姓的历史辩护人的角色。

散原老人涉"兴亡"的诗句亦不在少数，兹作为案例特摘录几组如次："我阅兴亡话耆旧，竟侪稷契歌唐虞"④、"倚栏眺茫茫，兴亡到胸臆"⑤、"兴亡阅石马，舜跖亦何有"⑥、"此物配人豪，应

---

① 陈寅恪：《题小忽雷传奇旧刊本》，《诗集》，三联书店2001年版，第155页。
② 陈三立：《湖南巡抚先府君行状》，《散原精舍诗文集》下册，上海古籍出版社2003年版，第855页。
③ 陈寅恪：《歌舞》："歌舞从来庆太平，而今战鼓尚争鸣。审音知政关兴废，此是师涓枕上声。"《诗集》，三联书店2001年版，第69页。
④ 陈三立：《黄忠端泼墨图题应余与九》，《散原精舍诗文集》上册，上海古籍出版社2003年版，第343页。
⑤ 陈三立：《除夕》，《散原精舍诗文集》上册，上海古籍出版社2003年版，第395页。
⑥ 陈三立：《雨霁游孝陵》，《散原精舍诗文集》上册，上海古籍出版社2003年版，第403页。

痛兴亡速"①、"兴亡不关人，狂痴欲成德"②、"死生兴亡无可语，唤人空落乳鸦声"③、"俯阅几兴亡，有碑忍卒读"④、"兴亡细事耳，人气延天命"⑤、"变乱散唐宫，历历兴亡史"⑥、"了却兴亡骆驼坐，好依双树养风烟"⑦、"此才颇系兴亡史，魂气留痕泣送春"⑧、"头白重来问兴废，江声绕尽九回肠"⑨、"树底茶瓯阅兴废，寄生枝又鹊巢成"⑩。散原这些诗句，可为其子的历史兴亡感作注。因此，清朝的覆亡固然引发了寅恪先生的兴亡之感，明亡清兴他也曾感慨万端，以至于在晚年双目失明的情况下，以十年艰辛卓绝的努力，写出了专门探讨明清兴亡历史教训的巨著《柳如

---

① 陈三立：《蓝石如同年所藏史忠正负笈砚》，《散原精舍诗文集》上册，上海古籍出版社2003年版，第414页。

② 陈三立：《五月二十九日子申酒集胡园分韵得德字》，《散原精舍诗文集》上册，上海古籍出版社2003年版，第473页。

③ 陈三立：《出太平门视次申墓归途望孝陵》，《散原精舍诗文集》上册，上海古籍出版社2003年版，第538页。

④ 陈三立：《上巳后二日携家至钟山天保城下观农会造林场憩茅亭赋纪十六韵》，《散原精舍诗文集》上册，上海古籍出版社2003年版，第562页。

⑤ 陈三立：《王编修泽寰偕族人笃余明经自庐陵游江南携示文信国画像及手札墨迹谨题其后》，《散原精舍诗文集》上册，上海古籍出版社2003年版，第601页。

⑥ 陈三立：《题刘聚卿枕雷图》，《散原精舍诗文集》上册，上海古籍出版社2003年版，第625页。

⑦ 陈三立：《为狄平子题药地大师乔木孤亭图》，《散原精舍诗文集》上册，上海古籍出版社2003年版，第679页。

⑧ 陈三立：《拨可寄示晚翠轩遗墨展诵黯然缀一绝归之》，《散原精舍诗文集》上册，上海古籍出版社2003年版，第717页。

⑨ 陈三立：《过黄州因忆癸巳岁与杨叔乔屠敬山汪穰卿社耆同游》，《散原精舍诗文集》上册，上海古籍出版社2003年版，第162页。

⑩ 陈三立：《携家游孝陵》，《散原精舍诗文集》上册，上海古籍出版社2003年版，第541页。

是别传》。这样也就可以理解，为什么1948至1949年国民党政权的垮台，也引起了寅恪先生的兴亡感。写于1948年2月的《丁亥除夕作》有句："兴亡总入连宵梦，衰废难胜钱岁觥。"[1]1949年的《青鸟》诗则说："兴亡自古寻常事，如此兴亡得几回。"[2]如果不了解寅恪先生笔下的"兴亡"一词是一个文化—历史的概念，很容易把诗中的感叹误会为一种政治态度。但《诗集》中紧接《青鸟》一诗，是写于1949年夏天的《哀金圆》，诗中对国民党政权垮台的原因作了富有说服力的阐述："党家专政二十载，大厦一旦梁栋摧。乱源虽多主因一，民怨所致非兵灾。"[3]力申天下兴亡，系乎民意旨归。似乎并不认为这个政权的败亡是值得诧异之事，只不过觉得如此"亡"法儿（几百万大军如覆巢之卵）颇为少见，所以才有"如此兴亡得几回"之叹。

中国历史的特点，是王朝更迭频繁，而且每次王朝更迭都伴以社会动乱，经济遭受破坏，人民流离失所，统治集团的权力攘夺成为社会与文化的劫难。知识分子、文化人首当其冲，寅恪先生于此感受尤深。1950年5月，他在写给吴宓的信里说："吾辈之困苦，精神肉体两方面有加无已，自不待言矣。"[4]光是抗战时期书籍的损失，在寅恪先生个人已属浩劫。晚年当他回忆起这段往事时，曾写道：

---

[1] 陈寅恪：《丁亥除夕作》，《诗集》，三联书店2001年版，第61页。
[2] 陈寅恪：《青鸟》，《诗集》，三联书店2001年版，第67页。
[3] 陈寅恪：《哀金圆》，《诗集》，三联书店2001年版，第68页。
[4] 陈寅恪：《致吴宓》，《书信集》，三联书店2001年版，第268页。

陈寅恪的"家国旧情"与"兴亡遗恨"

抗日战争开始时清华大学迁往长沙。我携家也迁往长沙。当时曾将应用书籍包好托人寄往长沙。当时交通不便,我到长沙书尚未到。不久我又随校迁云南,书籍慢慢寄到长沙堆在亲戚家中。后来亲戚也逃难去了,长沙大火时,亲戚的房子和我很多书一起烧光。书的册数,比现在广州的书还多。未寄出的书存在北京朋友家中。来岭大时,我自己先来,将书籍寄存北京寡嫂及亲戚家中。后某亲戚家所存之书被人偷光。不得已将所余书籍暂运上海托蒋天枢代管。卖书的钱陆续寄来贴补家用。①

对于以学术为托命根基的知识分子来说,书籍不啻自己生命的一部分。王国维1927年自沉前留下的只有百十六字的遗嘱,特标出:"书籍可托陈、吴二先生处理。"吴是吴宓,陈即寅恪先生,这是王国维最信任的两位国学研究院同事。可以想见书籍的损失对寅恪先生的精神打击有多么沉重。《诗集》中一咏三叹的"劫灰遗恨话当时"②、"劫终残帙幸余灰"③、"灰烬文章暗自伤"④、"劫灰满眼堪愁绝,坐守寒灰更可哀"⑤,就中一定包含有丢失书籍的精神创痛。他向吴宓说的知识分子经历的精神与肉体的双重困苦,在他个人,精神苦痛是最主要的亦最不堪忍受的。

---

① 转引自蒋天枢:《陈寅恪先生编年事辑》(增订本),上海古籍出版社1997年版,第116页。
② 陈寅恪:《己丑夏日》,《诗集》,三联书店2001年版,第66页。
③ 陈寅恪:《丁亥春日阅花随人圣庵笔记深赏其游旸台山看杏花诗因题一律》,《诗集》,三联书店2001年版,第59页。
④ 陈寅恪:《己丑除夕题吴辛旨诗》,《诗集》,三联书店2001年版,第71页。
⑤ 陈寅恪:《香港壬午元旦对盆花感赋》,《诗集》,三联书店2001年版,第32页。

职是之故，寅恪先生诗作中流露出来的"兴亡"之感，实具有非常丰富的精神历史的内容。而他使用的"家国"概念，亦超越了单一的政治内涵。传统社会的一家一姓的王朝体系既不能与家国画等号，那么政权的更迭也并不意味着国家的灭亡。说到这里，不妨用"以陈解陈"的方法，提供一条旁证。《柳如是别传》第五章释证钱牧斋《西湖杂咏》诗，因诗序中有"今此下民，甘忘桑梓。侮食相矜，左言若性"之语，寅恪先生考证出，牧斋此处是用《文选》王元长《三月三日曲水诗序》之典，目的是"用此典以骂当日降清之老汉奸辈，虽己身亦不免在其中，然尚肯明白言之，是天良犹存，殊可哀矣"①。这里表现出寅恪先生对历史人物一贯所持的"了解之同情"的态度。而《四库全书总目提要》，却借《愚庵小集》作者朱鹤龄赞扬元裕之对于元朝，"既足践其土，口茹其毛"，就不"反噬"，以之为例证，指摘钱牧斋降清以后仍"讪辞诋语，曾不少避，若欲掩其失身之事"。②对此，寅恪先生写道：

> 牧斋之降清，乃其一生污点。但亦由其素性怯懦，迫于事势所使然。若谓其必须始终心悦诚服，则甚不近情理。夫牧斋所践之土，乃禹贡九州相承之土，所茹之毛，非女真八部所种之毛。馆臣阿媚世祖之言，抑何可笑。回忆五六十年前，清廷公文，往往有"食毛践土，具有天良"之语。今读提要，又不胜桑海之感也。③

---

① 陈寅恪：《柳如是别传》下册，三联书店2001年版，第1044—1045页。
② 同上，第1045页。
③ 同上。

陈寅恪的"家国旧情"与"兴亡遗恨"

寅恪先生对四库"馆臣"的反驳非常有力量。意思是说，中国这块土地是自古以来就有的，并非为清朝统治者所专有；所种之稼穑，亦为全体人民所共享，而不应为清廷所独据。即使对清朝统治者有所微词，甚或"讪辞诋语"，也不牵及故国的"毛"和"土"的问题，因此与"天良"无涉。这一条旁证，足可帮助我们理解寅恪先生关于"家国"和国家概念的深层内涵。

那么以此我们可以说，陈寅恪先生写于1965年的《乙巳冬日读〈清史·后妃传〉有感于珍妃事为赋一律》："昔日曾传班氏贤，如今沧海已桑田。伤心太液波翻句，回首甘陵党锢年。家国旧情迷纸上，兴亡遗恨照灯前。开元鹤发凋零尽，谁补西京外戚篇。"[①]诗中以"家国旧情"和"兴亡遗恨"对举，完全可以视作《陈寅恪诗集》的主题曲。而"伤心太液波翻句"下有小注写道："玉谿生诗悼文宗杨贤妃云：'金舆不返倾城色，玉殿犹分下苑波。'云起轩词'闻说太液波翻'即用李句。"此注大可究诘。按历史上的太液池有三个：一是汉太液池，汉武帝建于建章宫北面；二是唐太液池，位置在长安大明宫内；三是清太液池，原来叫西华潭，也就是现在北京的北海和中南海。不管是哪一个太液池，都是用来喻指宫廷无疑。因此诗中"太液波翻"四个字的确切所指，则是宫廷的政治争斗。下句"甘陵党锢年"，指东汉的党锢之祸。李商隐（玉谿生）的诗，则说的是唐文宗时期以牛李党争为背景的"甘露之变"。云起轩即珍妃的老师文廷式，晚清清流的主要代表人物之一，戊戌政

---

① 陈寅恪：《诗集》，三联书店2001年版，第172页。

变前就被慈禧赶出了宫。引证古典的目的，是为"今典"铺设背景。此诗作者寅恪先生的潜在题旨，无非是说1898年慈禧发动的戊戌政变，至今虽然已过去了一个多甲子，但想起当时那场株连不断的"党祸"，仍然感到"伤心"，因为自己家族的命运与之紧密相关，而百年中国的兴衰际遇亦由此而植下根蒂。所以这首七律的颔联"家国旧情迷纸上，兴亡遗恨照灯前"，就不仅是该诗的题眼，同时也可以视作陈寅恪全部诗作的主题曲了。

然而"谁补西京外戚篇"？"斯人已逝，国宝云亡"。寅恪先生是不能来"补"写这段历史了。但他给我们留下了众多的藏有妙语深识的学术著作，特别是撰写了专门抉发明清兴亡史事的巨著《柳如是别传》，寅恪先生和我们都可以无憾了。何况写作此诗的1965年，陈寅恪先生的《寒柳堂记梦未定稿》业已竣稿，其中特别设有"戊戌政变与先祖先君之关系"的专章，还有写于1945年的《读吴其昌撰梁启超传书后》，如果我们说关于那场"党锢之祸"已经由大史学家陈寅恪先生"补写"了，也许治义宁之学的诸君子不至存更多的异议。

1993年6月写就初稿，2014年1月增补定稿

（原载《中国文化书院建院十周年论文集》，北京大学出版社1994年版；《光明日报》亦曾刊发同题之简稿。）

戊戌政变和陈宝箴之死

一 有关陈宝箴之死的一些记载

光绪二十四年九月十七日（1898年10月31日），被罢免的陈宝箴与新任巡抚俞廉三交卸，九月二十日，与陈三立一起携家眷登舟离开湖南，迁往江西南昌。

一年前逝世的陈宝箴夫人的灵柩，也一同迁回，全家老幼扶柩而行。当时陈寅恪九岁，其大兄衡恪（师曾）二十二岁，兄隆恪十二岁，弟方恪七岁，登恪不到两岁，妹新午五岁。没有回江西修水县竹㙮乡老家，而是临时在南昌磨子巷赁屋而居，过起贫窘而寂寞的生活。邹沅帆曾前往南昌探望义宁父子，他的印象："右丈家居，天怀泰然，甚是康强。伯严则苦于谋生耳。"①

翌年四月，陈夫人灵柩葬于南昌的西山（今新建县境内），并在墓旁筑庐，名为"崝庐"，陈宝箴就住在这里。但六月份开始，陈三立便害了一场大病，持续到七月底方渐痊愈。邹沅帆给汪康年的信中记载："伯严于六七月之交，大病几死，近稍愈矣。昨得伊电，有'幸更生，将痊愈'之语，当无恙矣。"信中还说："此君生

---

① 邹代钧：《致汪康年》第七十八通，《汪康年师友书札》第三册，上海古籍出版社1987年版，第2777页。

计颇难，奈何？"[1]陈三立也自称"囊箧萧然，颇得从婚友假贷自给"[2]。可见陈宝箴一家到江西后经济状况何等拮据，"贫病交加"一语，实为最恰当的写照。

不过陈宝箴很喜欢西山的自然环境，每天吟啸偃仰其中，超然物外，与造物同游。自署对联于崝庐的门楣曰："天恩与松菊，人境拟蓬瀛。"[3]离开湖南时，前湖南巡抚吴大澂送给他两只鹤，为寂寞的西山平添了生趣。陈三立的《崝庐记》写道：

> 吾父既大乐其山水云物，岁时常留崝庐不忍去，益环屋为女墙，杂植梅、竹、桃、杏、菊、牡丹、芍药、鸡冠、红踯躅之属。又辟小坎，种荷，蓄鲦鱼。有鹤二、犬猫各二、驴一。楼轩窗三面当西山，若列屏，若张图画。温穆杳霭，空翠蓊然扑几榻，须眉、帷帐、衣履，皆掩映黛色。庐右为田家，老树十余亏蔽之，入秋叶尽赤，与霄霞落日混茫为一。吾父澹荡哦对其中，忘饥渴焉。[4]

陈三立把崝庐的自然环境写得极其美好，然而越是这样描写，越见出陈宝箴一家悲剧的深重以及义宁父子内心的孤凄和难

---

[1] 邹代钧：《致汪康年》第八十通，《汪康年师友书札》第三册，上海古籍出版社1987年版，第2779页。

[2] 陈三立：《湖南巡抚先府君行状》，李开军校点：《散原精舍诗文集》下册，上海古籍出版社2003年版，第856页。

[3] 同上。

[4] 陈三立：《崝庐记》，《散原精舍文集》卷六；李开军校点：《散原精舍诗文集》下册，上海古籍出版社2003年版，第858—859页。

言之隐,如同陈三立《先府君行状》所叙述:"至其所难言之隐,菀结幽忧,或不易见诸形色,独往往深夜孤灯,父子相语,仰屋唏嘘而已。"①

陈三立从光绪二十四年(1898年)季秋至二十五年(1899年)初夏,先后病了两次,一次为从湖南返回江西的途中,第二次即次年的六七月间。陈三立的妻子俞淑人在此期间也屡病不已。十月,陈宝箴胞兄树年之长女德龄死。未几,右铭长孙陈师曾之妻范孝嫦亦逝。而德龄几乎是反常地痛哭而死。陈三立《大姊墓碣表》写道:

> 自吾母以丁酉腊告终湖南巡抚官廨,明年五月,姊遂于家奔数百里来哭。留数月,吾父得罪免。其冬,携家扶柩浮江,绝重湖,抵南昌,偕姊行。以余妻及长儿妇皆病,姊又留数月。既葬吾母,余复得病几死。姊又少留至七月,始告归。将归,大哭连昼夜。别时,遍与家人相向哭,而持吾父裾拜哭,尤绝哀不止。取道过吾母墓,又往哭焉。未三月,则吾姊以病死矣。姊病气逆累月,来吾家稍久,病徐除而归,竟以死。其哭也,果为之兆耶?将非复向者之病,而别有所大戚于心而死耶?②

德龄的牵裾而哭以及后来的哭而致死,通达如散原(因南昌之西山又叫散原山,故陈三立晚号散原)也不能不认为有异兆存焉。此事对他的刺激极

---

① 陈三立:《湖南巡抚先府君行状》,《散原精舍文集》卷五;李开军校点:《散原精舍诗文集》下册,上海古籍出版社2003年版,第856页。

② 陈三立:《大姊墓碣表》,《散原精舍文集》卷六;李开军校点:《散原精舍诗文集》下册,上海古籍出版社2003年版,第860页。

大，尔后之相关诗作中亦屡屡提及①。戊戌政变对陈氏一家的打击是极为沉重的。

然而尤其让人不敢置信的是，陈宝箴在南昌西山的崝庐只住了一年多时间，到光绪二十六年庚子（1900年）春夏之间，陈宝箴便突然逝世了。陈三立的记载是："是年六月二十六日，忽以微疾卒，享年七十。"②而在逝世的前几天，还曾写过《鹤冢诗》二章；前五天还在给陈三立写信。何以患"微疾"，便会遽尔而逝？再看陈三立呼天抢地、迸发血泪的陈词，一则曰："不孝不及侍疾，仅乃及袭敛。通天之罪，断魂锉骨，莫之能赎。天乎！痛哉！"继则曰："不孝既为天地神鬼所当诛灭，忍死苟活，盖有所待。"③语意之间似有未便明言的隐情。这是作于同年八月的《湖南巡抚先府君行状》里边的话，距宝箴之逝仅一个多月。

而在《崝庐记》中，又进而深情抒愤："孰意天重罚其孤，不使吾父得少延旦暮之乐。葬母仅岁余，又继葬吾父于是邪。而崝庐者，盖遂永永为不孝子烦冤茹憾、呼天泣血之所矣。"④透漏出陈宝箴之死似含蕴有不可排解的冤情。试想，"断魂锉骨"、"烦冤茹

---

① 陈三立：《小鲁仍用旧韵见寄兼悼余丧姊次答二首》之二有句："苦忆牵裾号泣地，犹悬上冢岁时心。同根骨肉今都尽，飘梗江湖孰更寻。"见《散原精舍诗》卷上；李开军校点：《散原精舍诗文集》上册，上海古籍出版社，第106页。
② 陈三立：《湖南巡抚先府君行状》，《散原精舍文集》卷五；李开军校点：《散原精舍诗文集》下册，上海古籍出版社2003年版，第856页。
③ 陈三立：《湖南巡抚先府君行状》，《散原精舍文集》卷五；李开军校点：《散原精舍诗文集》下册，上海古籍出版社2003年版，第856、857页。
④ 陈三立：《崝庐记》，《散原精舍文集》卷六；李开军校点：《散原精舍诗文集》下册，上海古籍出版社2003年版，第859页。

憾、呼天泣血",这是何等严重而深切的情绪表达。如果是正常的患病死亡,陈三立的精神状态以及所使用的语词当不致如是之深重激昂。

那么陈宝箴究竟是怎样死的呢?

江西的宗九奇先生在1983年出版的第87辑《文史资料选辑》上,曾刊布过一条鲜为人知的材料,即近人戴明震的父亲远传翁(字普之)的《文录》手稿,有如下一条记载:

> 光绪二十六年(庚子,1900年)六月二十六日,先严千总公(名闳炯)率兵弁从巡抚松寿驰往西山崝庐,宣太后密旨,赐陈宝箴自尽。宝箴北面匍匐受诏,即自缢。巡抚令取其喉骨,奏报太后。[①]

《文录》手稿系孤证,发表后未引起太大注意。笔者当时的态度,也是将信而有疑。后来细审《文录》手稿之记载,时间、地点、人物均正确无误。遂以为可信度相当之高,因为这样的"假"是不容易造出来的,事实上也没有任何造假的必要。如是,则陈宝箴实系那拉氏密旨赐死,且被害场面之惨毒,实有不可言传者。难怪陈三立要呼"痛哉,天乎!"如果参之以陈三立的有关诗作及相关材料,循陈寅恪提出的释证古籍须结合古典与今典的诠释学原则,破解散原布下的重重迷障,就知道戴氏《文录》之记载不是孤立无助之属,而是完全有可能得以证实的历史故实。

[①] 宗九奇:《陈宝箴之死的真相》,《文史资料选辑》第87辑,文史资料出版社1983年版,第222—223页。

二 《述哀诗》透露的消息

陈宝箴死后的第二年早春，即光绪二十七年二月十日（1901年3月29日），陈三立到崝庐扫墓。此时陈三立已挈妇将雏搬至南京居住，安家在南京头条巷。从南京到江西南昌西山，可以乘船，经九江到达。《散原精舍诗集》上卷的一系列诗作记此次行程甚详。开始一首是《二月十日还南昌西山上冢，取城北驰道，至下关待船作》①，标题即注明了时间、地点、路线。接下去为《侵晓舟发金陵》、《江上三首》、《江上读王义门黄孟乐赠答诗因次韵寄和》、《由江入彭蠡次黄鲁直宫亭湖韵》、《夜舟泊吴城》②，一路行来，次第分明。再接下去，隔一首，就是需要我们着意阐发的《崝庐述哀诗五首》了。③

《述哀诗》五首之一，写自己茫茫然、昏昏然，越荒穿径，来到崝庐，在屋中徘徊扶服，已是气结泪凝。这个平时与父亲一起感时忧国的地方，原来存放的棺木再也看不到了。真怀疑是一场梦，好像父亲并没有死，只不过他躺在那里，没有看到他、听不到他说话的声音而已。可是摇撼他的睡床，不管怎样呼叫，也不答应一声。再去看他日常读书为防蚊挂的帷帐，只剩下灯和蛛网。庭院里

---

① 陈三立：《散原精舍诗集》卷上，第9页，宣统二年庚戌（1910年）上海商务印书馆代印。本文以下引散原诗均本此商务线装本，版次不再注出；又上海古籍出版社2003年版《散原精舍诗文集》（李开军校点）上下二册，因经过校点亦甚方便，笔者有时会引为参照，有时则全用该校点本。谨在此向上海古籍出版社及校点者致谢。

② 陈三立：《散原精舍诗集》卷上，第9—10页；上海古籍版，第13—15页。

③ 《散原精舍诗集》卷上，第11—12页。笔者先用译叙的方法介绍这五首诗，然后再诠释重点词句。谨附此说明，敬请读者留意。

面，也只有荒芜的路径和东倒西歪的陶盆瓦罐。唉，父亲到哪里去了？我的不孝之罪，深重得和吞食父母的恶鸟差不多了。神明作证，我将永远成为"孤儿"。

《述哀诗》五首之二，回忆当初选择此地建屋为庐，主要考虑离母亲的墓很近，而且景色很美，抬头就可以看到西山。回环起伏的山岚，既像翱翔天空的龙凤，又像排列整齐的豹子和大象，灵光散射，气象森严。特别是山上的萧仙峰，形态高雅娴静，雨天望去像个戴笠的老翁，晴天则宛然一身材妖娆的少女，云霞缭绕，光翠拂面。父亲见此景观颇感欢悦，且夕流连其间。然而如今他抛开人间的一切，怀着冤情永远不能回来了。我在这里追思往事，不禁泪洒阑干。

《述哀诗》五首之三，回忆父亲在世之时，崝庐这里墙边有竹十数竿，还有桃树、李树、杏树，以及梅花、牡丹，都是父亲亲手所栽。到了夏日，池里的莲花、院中的海棠，花开烂漫。父亲一个人在琉璃窗前，咳嗽着，来回踱步。有时松树的大片树荫，和古槐连在一起，绿荫叠翠。两只鹤的羽翅大张着，走起来如同跳舞；并且鸣叫，似乎担心有什么意外的事情发生。其中一只后来死了，父亲挖冢而葬，还曾立石写诗凭吊。上天欲降凶灾的不祥兆头，鹤死这件事，已露端倪。想起此事，我悲怆无尽，万种悔恨，凭谁也说不清楚。

《述哀诗》五首之四，写作者来到父母的墓前，跪拜祭扫，哀痛万分。虽然带来了酒盏，涌出的却是血泪。不由想起去年的寒食节，诸孙来到这里，父亲那时腿脚轻健，大家扶携抱拥，孩子们的头上插着野花，互相追逐奔跑。有的骑母亲墓门的石狮，而年幼者尤其勇敢。父亲见此情景，笑说真像一群小鸡子。没有多久，挥戈呼叫者便来了，父亲因而蒙难。我这个儿子简直是个累赘，到南京竟没有很快回来。

《述哀诗》五首之五，陈三立的情绪由深哀而激昂。回想当时埋葬母亲的时候，父亲曾拔下一只牙齿，包好置于墓圹的左侧，以示将来同穴之愿。同时埋下一块碑石，作为纪念，石上所刻悼词，阐述生死之理非常明通。哪里想到一年之后，父亲就永远离开了人世。他一生的报国之心，现在换来的是攻讦和诋毁。不过到底如何评价，我相信历史的公正。都是那些不切实际的人，浸润朝廷，破坏纲纪，结果得罪了太后，致使变法受阻，神州陆沉。其实父亲对此早有警惕，九泉之下他也会为此而悲痛。如今我迫于祸变，蒙愧苟活，又不能直接表达我的见解，纵置身山川美景之中，仍感局促难安。连松涛的声音都好像是在悲泣，陈三立禁不住昏倒了。

这五首诗中的下列诗句尤为关键：

> 终天作孤儿，鬼神下为证。（第一首）
> 天乎兆不祥，微鸟生祸胎。（第三首）
> 儿拜携酒浆，但有血泪涌。（第四首）
> 惊飙吹几何，宿草同蒳茸。（第四首）
> 维彼夸夺徒，浸淫坏天纪。（第五首）
> 唐突蛟蛇宫，陆沉不移晷。（第五首）
> 朝夕履霜占，九幽益痛此。（第五首）

先看第一首"终天作孤儿，鬼神下为证"句，主要是"孤儿"一词该如何解释。赵翼《陔余丛考》"孤哀子"条释"孤子"、"哀

戊戌政变和陈宝箴之死

子"之义甚详。①按古礼，父母之丧，其子皆可称为"哀子"，后来母丧称"哀子"，父丧称"孤子"，但也常相混淆。宋以后，界说趋严格，并相沿成习，必须是父死，才能称"孤子"。且《礼注》明文规定："三十以内，未有室而无父母者，谓之孤子当室。"陈三立生于1853年（清咸丰三年），至1902年作《述哀诗》五首时，已满四十九岁，又有家室，自然不应称为"孤子"。因此可以断言，诗里面的"孤儿"一词，散原取的并不是"孤子"之意。

那么"孤儿"究何所取义？"孤儿"一词的明典，首推《史记》"赵世家"中的"赵孤儿"、"赵氏孤儿"。史家每每提及的"赵盾弑其君"的那位赵盾，有子名朔，娶晋成公的姐姐为妻。后来屠岸贾发动变乱，杀赵朔并灭其族。赵朔妻有遗腹，是一男婴，为赵朔的门客公孙杵臼和友人程婴所救。两人商议的办法是从别处换一个婴儿，由公孙杵臼抱往山中藏匿。然后程婴引诱屠岸贾的人马到山中搜捕，公孙杵臼假意骂程婴卖友，抱着假赵氏孤儿大声呼叫："天乎，天乎！赵氏孤儿何罪？请活之，独杀杵臼可也。"假孤儿和公孙杵臼都被杀害，真赵孤儿留了下来。十五年后，这位名叫赵武的赵氏孤儿又被立为侯②。故事曲折悲壮，元人纪君祥写成杂剧，全名作《冤报冤赵氏孤儿》或《赵氏孤儿大报仇》，传播中外，为世所重。

好了，陈三立第一首《述哀诗》中的"孤儿"一词，其用典之出处，应来自太史公《史记》的"赵世家"，即赵武之父赵朔被

---

① 赵翼：《陔余丛考》，河北人民出版社1990年版，第665—666页。
② 《史记》卷四十三《赵世家》第十三，中华书局标点本，第六册，第1783—1785页。

宫廷的变乱者屠岸贾所杀害，遂使赵武成为"孤儿"。同样，散原的父亲陈宝箴，也是被变乱中的朝廷所枉杀，所以他才自称"孤儿"。甚至散原撰写的《先府君行状》里，也有"天乎，痛哉"的字样，与公孙杵臼被害前所呼"天乎，天乎"如出一辙。

如果还要寻找例证，《汉书》卷十九"百官公卿表"里有一处关于"孤儿"的记载："羽林掌送从，次期门，武帝太初元年初置，名曰建章营骑，后更名羽林骑。又取从军死事之子孙养羽林，官教以五兵，号曰羽林孤儿。"[1]父辈从军被杀而死，子孙称"孤儿"。将这些"孤儿"充实到皇宫近侍护卫队伍中去，颇有安抚遗孤之微意，不失为一个好主意。因此汉唐以后，"羽林孤儿"一词频频出现。《汉书》卷八"宣帝纪"："西羌反，发三辅、中都官徒弛刑，及应募佽飞射士、羽林孤儿……诣金城。"[2]《汉书》卷七十九："今发三辅、河东、弘农越骑、迹射、佽飞、彀者、羽林孤儿及呼速絫、嗕种，方急遣。"[3]《汉书》卷八十一：孔子十四世孙孔光，"年七十，元始五年薨……羽林孤儿诸生合四百人挽送"。[4]《宋史》卷九十三"河渠志"："唯有南北军、期门郎、羽林孤儿，以备天子扈从藩卫之用。"[5]《宋史》卷四百一十九，翰林权直兼玉牒所检讨陈贵谊，"仿成周邦飨必及死王事者之子，与汉置羽林孤儿，专取从军死事之后，教以五

---

[1] 《汉书》卷十九上、《百官公卿表》第七上，中华书局校点本，第三册，第727页。
[2] 《汉书》卷八、《宣帝纪》第八，中华书局校点本，第一册，第260页。
[3] 《汉书》卷七十九，中华书局校点本，第十册，第3298页。
[4] 《汉书》卷八十一，中华书局校点本，第十册，第3364页。
[5] 《宋史》卷九十三，中华书局校点本，第七册，第2320页。

兵。"①唐的神策军，也保留有汉朝的"羽林孤儿"之制。故唐僖宗《优恤扈驾兵士并训饬神策诸军诏》云："神策军自经乱离，久未训整，孤儿渐散，壮骑多亡，羽林之垂象空存，天阵而疾雷不震。"②指的就是此一案例。

后世诗文作者也不乏引用"羽林孤儿"之典者。王维的《为羽林将军祭武大将军文》写道："天子壮之，命居北门。北门伊何？国之重寄。羽林孤儿，旄头突骑。罔不毕劝，为之元帅。"③李商隐的《为王侍御瓘谢宣吊并赙赠表》，也有相关语句："昔魏优死事，止分食邑之余；汉养孤儿，但有羽林之聚。方于今日，惟愧推恩，叫号失容，戴履无所。"④柳宗元《为南承嗣请从军状故某官赠某官南霁云男某官承嗣》奏状，文辞尤为典雅："臣闻周官考艺，国子置车甲之司；汉道推恩，孤儿备羽林之用。"⑤纯是宋"四六"文的作风。明代东林党人唐顺之的诗里，也有"壮士从来不病死，孤儿今属羽林军"的句子⑥。要之，"羽林孤儿"一典，特指从军的父辈死于非命，而由其后人充当羽林军的成员，此种情形称为"羽林孤儿"。以此陈三立《述哀诗》中的"孤儿"，无论用的

---

① 《宋史》卷四百一十九，中华书局校点本，第三十六册，第12546页。
② 唐僖宗：《优恤扈驾兵士并训饬神策诸军诏》，《全唐文》卷八十八，中华书局1983年版影印本，第918页。
③ 《王右丞集笺注》，上海古籍出版社1998年版，第483页。
④ 李商隐：《为王侍御瓘谢宣吊并赙赠表》，《李商隐文编年校注》，第二册，中华书局2002年版，第712页。
⑤ 《柳河东集》下册，上海古籍出版社2008年版，第626页。
⑥ 唐顺之：《塞下曲赠翁侍郎总制十八首》之十四，《盛明百家诗·唐中丞集》卷下，《四库全书存目丛书·集部》第三百零六册，齐鲁书社1997年版，第31页。

是《史记》"赵氏孤儿"一典,还是"羽林孤儿"一典,都与父尊的非正常死亡有关。

当然"孤儿"一词,并非只有上述两个含义。父亲因故死亡,而遗孤尚未成人,或至少年龄不是很大,也可以以"孤儿"相称。历史文献中亦不乏此一方面的例证。

还是先检视《史》、《汉》两书。《史记》卷十"孝文本纪":"上为立后故,赐天下鳏寡孤独穷困及年八十已上、孤儿九岁已下布帛米肉各有数。"①这里说的"孤儿"为九岁以下。《汉书》卷四十六,武帝元封四年（公元前107年）,公卿有将无名数的四十万流民迁徙边远之议,汉武帝不同意,说:"今流民愈多,计文不改,君不绳责长吏,而请以兴徙四十万口,摇荡百姓,孤儿幼年未满十岁,无罪而坐率,朕失望焉。"②汉武帝显然以"未满十岁"为"孤儿"。《汉书》卷六十四则记载:"当此之时,寇贼并起,军旅数发,父战死于前,子斗伤于后,女子乘亭鄣,孤儿号于道,老母寡妇饮泣巷哭,遥设虚祭,想魂乎万里之外。"③能在道路上号哭的,肯定不是年龄很大的成年人。而且明示,由于父亲已经战死,才有此"孤儿号于道"的惨象发生。《后汉书》卷二十七有载,东平任城人郑均的兄长为县吏,经常接受贿礼,屡劝不听。雅好黄老之书的郑均,便离家做佣人,将所得报酬全部给这位贪财的兄长。兄大为感动,终成廉洁之吏。从此弟兄二人"均好义笃实,养寡嫂

---

① 《史记》卷十,中华书局校点本,第二册,第420页。
② 《汉书》卷四十六,中华书局校点本,第七册,第2198页。
③ 《汉书》卷六十四,中华书局校点本,第九册,第2833页。

孤儿"（他们显然还有死去的哥哥）①。一个需要"养"的"孤儿"，肯定尚未成年，甚至更小。《后汉书》卷八十一"独行列传"，记载一个叫李善的苍头，因疾病流行，主人家"相继死没，唯孤儿续始生数旬"②。这个叫"续"的婴儿，刚出生几十天，父母皆亡故，所以史家叙述，称作"孤儿"。《后汉书》卷八十九，写战乱给民众带来的痛苦境遇："父战于前，子死于后，弱女乘于亭鄣，孤儿号于道路。"③此处在道路上号哭的"孤儿"，一定年龄很小，或至少也是还没有成年，当然此处所叙是因袭前引《汉书》卷六十四的文字。另外顾炎武的《答徐甥公肃书》，其中也有"至有六旬老妇，七岁孤儿，挈米八升，赴营千里"的记述④。"七岁孤儿"，年幼可知。其实即使将"孤儿"称谓的年龄界限再加以放大，我想也不致超过"弱冠"之数。古代男子以二十为弱冠，三十岁、四十岁、五十岁，又有家室，无论如何不能再称为"孤儿"。

总之遍查我国史例和文例，"孤儿"一词，要么是"赵氏孤儿"和"羽林孤儿"的特指，要么就是父死而儿尚幼，宽而言之也是尚未成年，或放至极致也不会超过弱冠之岁。绝没有年已半百，因为父亲"患微疾"而终，便自称"孤儿"的。散原何等学识，何等文则诗法，"孤儿"一词的典义，岂能不知！因此《述哀诗》中的"孤儿"一词，他所用必是"赵氏孤儿"或"羽林孤儿"的成典，都寓父尊被杀害之意。而且更大可能用的还是"赵氏孤儿"的

---

① 《后汉书》卷二十七，中华书局校点本，第四册，第946页。
② 《后汉书》卷八十一，中华书局校点本，第九册，第2679页。
③ 《后汉书》卷八十九，中华书局校点本，第十册，第2951页。
④ 《顾亭林诗文集》，中华书局1983年版，第138页。

典义，直接暗示陈宝箴之死，不是正常死亡，而是被戊戌政变后变乱无序的朝廷所杀害。

实际上，陈三立在陈宝箴冤死之后的诗文中，还有多处使用"孤儿"一词，兹具列如下。

> 无何昊天示灾凶，坐使孤儿仆且叫。(《由崝庐寄陈芰潭》)
> 孤儿犹认啼鹃路，早晚西山万念存。(《返西山墓庐将过匡山赋别》)
> 壁色满斜阳，照照孤儿泣。(《壬寅长至抵崝庐谒墓》)
> 杂花时节春风满，重到孤儿是路人。(《清明日墓上》)
> 坐待村春破荒寂，魂翻眼倒此孤儿。(《崝庐雨夜》)
> 孤儿瞠视眩今昔，掩蔼酸涕增汍澜。(《崝庐墙下所植花尽开甚盛感叹成咏》)
> 明灭檐牙挂网丝，眼花头白一孤儿。(《庐夜漫兴》)
> 群山遮我更无言，莽莽孤儿一片魂。(《雨中去西山二十里至望城冈》)
> 孤儿同飘鹰，下爪无择拣。(《到墓上时节庵按事城中于前七日拜墓而去》)
> 流徙到孤儿，穷海供一掷。(《清明日上冢》)
> 孤儿更有沧桑泪，依倚东风洒翠微。(《雨后晚步墓上》)
> 更怜魂魄望边城，负笈孤儿同负弩。(《正月既望出太平门视次申墓》)[①]

上述诗中的十二例"孤儿"，加上《述哀诗》的一例，共十三例，每一例均涉及南昌之西山，都带有"冢"、"墓"、"墓庐"、"崝

---

① 此十二项例句，分别见于李开军校点：《散原精舍诗文集》上册，第18、35、55、65、66、112、142、143、180、406、455、510页。

庐"等字样，也就是和陈宝箴之死直接相关。在如此特定的情境下使用"孤儿"一典，我们难道会相信他不过是以未成年的小孩子自比自喻？年已半百的大诗人会如此拟于不伦？那就未免小看虑患幽深、诗笔渊妙的翩翩佳公子了。无疑，散原在上述这些诗句中所用的"孤儿"一典，只能含有父亲是遭遇政治残害而致死的唯一一层寓意。另外一例是挽文廷式的诗中，也有"还家浑是客，海色引孤儿"的句子，这时陈三立已经五十有二岁了。所以此时又使用"孤儿"一典，实由于陈宝箴之死与文廷式生前的活动不无关系，下面将详论此一问题，兹不多赘。

再看第三首"天乎兆不祥，微鸟生祸胎"句。"天乎"二字应为特指，前已论及，不再重复。值得注意的是"祸胎"一词。按"祸胎"一词，义同祸根，但历来文例，都与政治变端和人事的迫害相关联，而且往往指因受迫害而危及身家性命。非政治因素导致的人类生命危殆，一般不使用"祸胎"一词。先秦典籍中，绝少有"祸胎"字样；《史记》、《汉书》、《后汉书》、《三国志》"前四史"，不见"祸胎"一词出现。晋唐以后，史书中不无使用的案例，但也不是很多。《晋书》有一处，见于曹毗（字辅佐）的《对儒》，义在探讨士何以自处之道，其中谈到贾谊，说："贾生之才，拔奇山东，玉映汉台，可谓响播六合，声骇婴孩，而见毁绛灌之口，身离狼狈之灾。由此言之，名为实宾，福萌祸胎，朝敷荣华，夕归尘埃，未若澄虚心于玄圃，荫瑶林于蓬莱，绝世事而隽黄绮，鼓沧川而浪龙鳃者矣。"[①]此处的"祸胎"，自是指贾谊不遇而逝的政治遭遇。

---

① 《晋书》卷九十二，中华书局标点本，第八册，第2387—2388页。

新旧两《唐书》，计有十例。一为《旧唐书》卷五《高宗本纪》，"赞曰"的最后四句："伏戎于寝，构堂终坠。自蕴祸胎，邦家殄瘁。"[1]此处是说，如果处理不好和突厥的关系，将成为影响李唐一朝兴亡的"祸胎"。二是《旧唐书》卷二十《昭宗本纪》记载，太子宾客崔昭纬和邠州节度副使崔铤，曾交结具有叛意的将领王行瑜，因此说他们"构合祸胎"[2]。三是《旧唐书》卷九十三，时任鸿胪大卿及朔方军副大总管兼安西大都护的王畯，上疏陈边事三策，认为最不好的办法，是"置之朔塞，任之来往，通传信息，结成祸胎"[3]。四是《旧唐书》卷一百八，"史臣"论安禄山之乱的教训，认为有仁恕长者之称的卫见素，虽与杨国忠并列朝纲，但与杨宜有不同，理由是："盖祸胎已成，政柄久紊，见素入相余年，言不从而难作，虽有周、孔之才，其能匡救者乎？"[4]五为《旧唐书》卷一百二十一，涉及朔方军统帅李怀光的叛变问题，陈寅恪先生撰有专文，辨析李叛之缘由[5]，认为或与中央政府直辖的神策军与朔方军的待遇悬殊，遂因不平而生变。李后为部将牛某杀害。

唐德宗贞元五年（789年），诏赐李怀光的外孙以李姓，并授予左卫率府胄曹参军之职，以示对旧臣的缅怀。其诏云：

---

[1]《旧唐书》卷五，中华书局标点本，第一册，第112页。
[2]《旧唐书》卷二十，中华书局标点本，第三册，第757页。
[3]《旧唐书》卷九十三，中华书局标点本，第九册，第2988页。
[4]《旧唐书》卷一百八，中华书局标点本，第十册，第3284页。
[5] 陈寅恪：《论李怀光之叛》，《金明馆丛稿二编》，三联书店2001年版，第317—319页。

怀旧念功，仁之大也；兴灭继绝，义之弘也。昔蔡叔圮族，周公封其子于东土；韩信干纪，汉后爵其孥以弓高。侯君集之不率景化，我太宗存其胤以主祀。详考先王之道，洎乎烈祖之训，皆以刑佐德，俾人向方，则斧钺之诛，甲兵之伐，盖不得已而用也。曩岁盗臣窃发，国步多虞，朕狩于近郊，指期薄伐，将振昆阳之旅，以兴涿鹿之功，征师未达于诸侯，卫士且疲于七萃。而李怀光三军扈驾，千里勤王，上假雷霆之威，下逐虎狼之众。议功方始，守节靡终，潜构祸胎，拒违朝命，弃同即异，舍顺效逆。为臣至此，在法必诛，犹示绥怀，庶其牵复。而枭音益厉，狶突莫迁，大戮所加，曾无噍类。虽自贻伊戚，与众弃之，而言念尔劳，何嗟及矣。①

对唐贞元时期最高统治者施行的"收买将心"的政策，姑置不论。笔者所注意的是诏书在历数李怀光的罪状时，使用了"潜构祸胎"一词，言外之意是，李的杀身之祸是咎由自取，是自己贾祸，自酿祸胎。

第六个例证是《旧唐书》卷一百六十九，唐文宗有鉴于元和时期宪宗被宦官所弑的教训，欲未雨绸缪，先下手为强，以雪仇耻，免得阉竖们"继为祸胎"②。此处之"祸胎"二字，是带有血腥气的。据陈寅恪考证，唐宪宗为内官所弑的经过极为险毒，且为当事者所掩盖讳饰。寅恪先生写道："唐代自中叶以后，凡值新故君主

---

① 《旧唐书》卷一百二十一，中华书局标点本，第十一册，第3495页。
② 《旧唐书》卷一百六十九，中华书局标点本，第十三册，第4396页。

替嬗之际，宫禁之中，几例有剧变，而阉宦实为此剧变之主动者。外廷之士大夫，则是宫禁之中阉宦党派斗争时及决胜后可怜之附属物与牺牲品耳。有唐一代之政治史中，此点关系至巨，特宫禁事秘，外间本不易知，而阉人复深忌甚讳，不欲外廷有所得闻。宪宗为中兴之英主，其声望更不同于他君，故元和一代，其君主与阉人始终之关系，后来之宦官尤欲隐秘之，以免其族类为士大夫众矢之的也。"①此节下面还要提到，此不多赘。

第七例为《旧唐书》卷一百七十一，宰相李吉甫死后，太常寺有拟议谥为"恭懿"或"敬宪"者，侍御史张仲方反对，说李之为人，虽"乘时佐治，博涉多艺，含章炳文"，但他"通敏资性，便媚取容"、"好恶徇情，轻诺寡信，诐汩在脸，遇便则流，巧言如簧，应机必发"；致使"内有害辅臣之盗，外有怀毒蛊之孽；师徒暴野，戎马生郊；皇上旰食宵衣，公卿大夫且惭且耻；农人不得在亩，缉妇不得在桑；耗敛赋之常货，散帑廪之中积；征边徼之备，竭运挽之劳；僵尸血流，骴骼成岳，酷毒之痛，号诉无辜"②。而其"祸胎之兆"，实际上就是从李的"佐治"开始的。此处之"祸胎"，指酿成的政治大灾难。

第八例为《旧唐书》卷一百七十七，已经进位到尚书右仆射、弘文馆大学士、食邑三百户的杨收，为掌握机务的杨某所陷害，加上自己不检点，喜欢华靡，结果落得"尽削官封，长流驩州"的下场，时为唐大中八年（854年）。次年，又令内养郭全穆赍诏赐其死。

---

① 陈寅恪：《顺宗实录与续玄怪录》，《金明馆丛稿二编》，三联书店2001年版，第83页。
② 《旧唐书》卷一百七十一，中华书局标点本，第十四册，第4444页。

戊戌政变和陈宝箴之死

临刑前他向郭全穆提出，可否写一信给宣宗皇帝，希望能保全胞弟杨严的性命。"祸胎"字样就是其上宣宗皇帝的绝命书里出现的。他写道：

> 臣眹亩下才，谬当委任。心乖报国，罪积弥天；特举朝章，赐之显戮。臣诚悲诚感，顿首死罪。臣出自寒门，旁无势援，幸逢休运，累污清资。圣奖曲流，遂叨重任。上不能罄输臣节，以答宠光；下不能回避祸胎，以延俊乂。苟利尸素，频历岁时，果至圣朝，难宽大典。诚知一死未塞深愆，固不合将泉壤之词，上尘天听。伏乞陛下哀臣愚蠢，稍缓雷霆。臣顷蒙擢在台衡，不敢令弟严守官阙下，旋蒙圣造，令刺浙东。所有罪愆，是臣自负，伏乞圣慈，贷严微命。臣血属皆幼，更无近亲，只有弟严，才力尪悴。家族所恃，在严一人，俾存殁曲全，在陛下弘覆。臣无任魂魄望恩之至。[①]

此信上达帝廷，宣宗还真的宽宥了他的弟弟杨严。那么这里的"祸胎"一词，是在赐死临刑前生命的弥留之际使用的。

第九例是《旧唐书》卷一百八十四"宦官传"中出现的，要在彰显内官宦竖为患之烈，而事之起因，则由于德宗竟将保卫帝王安全的神策军和天威等军，"委宦者主之"。结果，"五十余年，祸胎愈煽，昭宗之季，所不忍闻"[②]。此处之"祸胎"，明指唐之宦者连弒

[①] 《旧唐书》卷一百七十七，中华书局标点本，第十四册，第4600页。
[②] 《旧唐书》卷一百八十四，中华书局标点本，第十五册，第4755页。

二帝的宫禁荼毒。

第十例见于《新唐书》卷二百二十四，与《旧唐书》卷一百二十一的事例相同，也是关于李怀光叛而死，德宗缅怀诏书有云："守节靡终，潜构祸胎，大戮所加，自贻伊戚，孤魂无归，怀之恍然。"[①] 前后措辞与《旧唐书》有异，但"守节靡终，潜构祸胎"两句并无不同。

《宋史》一例，见于卷三百四十二《王岩叟传》。王为直臣，长期担任言官，元祐六年（1090年），"拜枢密直学士、签书院事"。他入宫拜谢，太皇太后说："知卿才望，不次超用。"岩叟又拜谢，并建言道："太后听政以来，纳谏从善，务合人心，所以朝廷清明，天下安静。愿信之勿疑，守之勿失。"随后又向哲宗奏曰："陛下今日圣学，当深辨邪正。正人在朝，则朝廷安，邪人一进，便有不安之象。非谓一夫能然，盖其类应之者众，上下蔽蒙，不觉养成祸胎尔。"[②] 此处之"祸胎"，自然也是指朝政的吉凶成败大端。

《明史》一例，卷二百五十五，刘宗周上《痛愤时艰疏》，写道："陛下锐意求治，而二帝三王治天下之道未暇讲求，施为次第犹多未得要领者。首属意于边功，而罪督遂以五年恢复之说进，是为祸胎。"[③] 整个《明史》只此一例。《清史稿》则无有。可见"祸胎"并不是一个寻常的用词，事不关家国朝政的吉凶祸福，只是个人的生老病死，不适合使用此一特殊语词。

笔者上引《晋书》、新旧两《唐书》、《宋史》、《明史》共十三

---

① 《新唐书》卷二百二十四，中华书局标点本，第二十册，第6379页。
② 《宋史》卷三百四十二，中华书局标点本，第三十一册，第10896页。
③ 《明史》卷二百五十五，中华书局标点本，第二十二册，第6578页。

处例证，无一不关涉家国天下生死存亡之政治大变故。以散原的通博，他不会不知道"祸胎"一词在中国历史上的特殊意涵和特殊所指，而将自己尊人的"微疾而终"，和几天前的一鹤之死视为"祸胎"。而且还须辨明，《述哀诗》第三首中的"天乎兆不祥，微鸟生祸胎"的"祸胎"，绝不是指一年又十个月之前的戊戌政变，陈宝箴所受到的"革职，永不叙用"的"薄惩"，而只能是指庚子年六月六日的右铭突然而逝，是由于慈禧密旨赐死，事涉朝廷的不祥杀机，才使得陈宝箴遭此不测之祸。因此我认为陈三立在《述哀诗》中使用"祸胎"一词，无异为陈宝箴的非正常死亡提供了实证。

第四首《述哀诗》里的"但有血泪涌"句，其中"血泪"一词，也是非寻常用语。《韩非子》"和氏"篇讲述和氏璧的故事，这样写道："楚人和氏得玉璞楚山中，奉而献之厉王，厉王使玉人相之，玉人曰：'石也。'王以和为诳，而刖其左足。及厉王薨，武王即位，和又奉其璞而献之武王，武王使玉人相之，又曰'石也'，王又以和为诳，而刖其右足。武王薨，文王即位，和氏抱其璞而哭于楚山之下，三日三夜，泣尽而继之以血。王闻之，使人问其故，曰：'天下之刖者多矣，子奚哭之悲也？'和曰：'吾非悲刖也，悲夫宝玉而题之以石，贞士而名之以诳，此吾所以悲也。'"[①]我疑心散原诗中的"血泪"一词，用的是和氏泣血楚山的典故，寓陈宝箴之死系受朝廷之刑罚所致（何况陈宝箴不就是名副其实的"贞士"吗）。

另外《文选》卷四十一李陵《答苏武书》亦有说："何图志未立

---

① 陈奇猷校注：《韩非子集释》上册，上海人民出版社1974年版，第238页。

而怨已成，计未从而骨肉受刑，此陵所以仰天椎心而泣血也。"①
陈三立《先府君行状》叙写陈宝箴的性格与抱负，也有相类语词：

> 盖府君虽勇于任事，义不反顾，不择毁誉祸福，然观理审而虑患深，务在救过持平，安生人之情，以消弭天下之患气。尝称曰："非常之原，黎民惧焉。造端图大，自任怨始。要以止至善为归，自然之势也。"论者谓府君之于湖南，使得稍假岁月，势完志通，事立效著，徐当自定。时即有老学拘生、怨家仇人，且无所置喙。而今为何世耶？俯仰之间，君父家国，无可复问。此尤不孝所攀天斫地、椎心酾血者也。②

这里的"攀天斫地、椎心酾血"八字，以及《崝庐记》中的"烦冤茹憾、呼天泣血"之句，显然都用的是李陵《答苏武书》的原典原意。同时也可以与《述哀诗》的"但有血泪涌"句对观。史载李陵致书苏武，时间在其母亲、兄弟、妻子被斩杀之后，故有"骨肉受刑"的句子。这与陈宝箴被刑（割去喉骨）而死为同一义谛。且李陵《答苏武书》中的"志未立而怨已成，计未从而骨肉受刑"，实际上完全可以为陈宝箴和湖南新政及其结局写照。而"泣血"、"血泪"的另一出典，即和氏自陈悲痛至极的原因："宝玉而题之以石，贞士而名之以诳。"虽然不便于像红学索隐派那样，认为散原引此典，意在用"宝玉"二字来影射陈宝

---

① 李陵：《答苏武书》，《文选》，第五册（卷四十一），上海古籍出版社1990年版，第1851页。

② 陈三立：《湖南巡抚先府君行状》，《散原精舍文集》卷五。

箴，但"贞士"一词的特殊意涵，使《行状》作者不可能不与乃父的风范联系起来。由此可见散原用典之准确严密，不仅见于典之所出处的直接语词，连带文章的背景及相关字句，也无不相合相契。

第四首《述哀诗》中"血泪"一词的出典及其意涵已如上述。此诗的结尾四句："惊飙吹几何，宿草同蓊葺。有儿亦赘耳，来去不旋踵。"也直接关涉陈宝箴的死因。"宿草"指墓地，有时也比喻死亡，典出《礼记·檀弓》："朋友之墓，有宿草而不哭焉。"① "蓊葺"直解为繁密茂盛的意思，但散原用此词，实有具体而详的出处。柳宗元《吊苌弘文》有句："松柏之斩刈兮，蓊葺欣植。"② "蓊葺"一词，必以柳氏文为出典，用以喻陈宝箴之死，如同"松柏之"被"斩刈"一样，是残害国之"贞士"（松柏喻贞士）的大冤案。

然则右铭到底是怎样被残害而死的？换言之，置死的方式为何？让我们来看"惊飙吹几何"的"惊飙"一词。按"惊飙"即"飙骇"，直接出典为《抱朴子》外篇的《君道》。《抱朴子》为晋朝葛洪所作，分内外篇，《内篇》二十，讲道教及丹铅等科技史事；《外篇》九十六（存五十二），内容颇驳杂。其《君道》一篇，论为君之道至为详博，包括不偏党私、赏罚分明、激发清流、多提建议、切勿玩物丧志等；但最重要的是记取三代以来帝座兴亡的教训，吉凶祸福莫不由自己所造。如果"肆情纵欲，而不与天

---

① 参见黄侃手批：《白文十三经·礼记·檀弓上》，上海古籍出版社1982年版，第16页。
② 柳宗元：《吊苌弘文》，《柳河东集》上册，中华书局2008年版，第332页。

下共其乐",就会有极危险的后果等在那里:"削基增峻,而不觉下坠则上崩,故倾溃莫之扶也。于是箸策去于我手,神物假而不还。力勤财匮,民不堪命。众怨于下,天怒于上。田成盗全齐于帷幄,姬昌取有二于西邻。陈吴之徒,奋剑而大呼;刘项之伦,挥戈而飙骇。"[1]

这就是散原所用"惊飙"一词的原始出典,寓"奋剑"、"挥戈",总之是以兵器斩杀之义。联系远传翁《文录》手稿的记载,《述哀诗》描写的陈宝箴被杀害于南昌西山靖庐的具体情景似依稀可睹。

至于第五首《述哀诗》,由回忆埋葬母亲之时,父亲拔一只牙齿埋在墓的左侧,预示将来同穴之愿,并撰写一篇阐述生死之理的文字,刻石埋在地下,写到父亲被害的突然,以及认为现今的毁誉并不作数,相信历史的公正。然后情绪转为激昂:"维彼夸夺徒,浸淫坏天纪,唐突蛟蛇宫,陆沉不移晷。"这四句诗中,"夸夺徒"指康有为等激进变法者,应没有问题。由于他们亲附("浸淫"有"亲附"之义)光绪皇帝,破坏天纲朝纪,得罪了慈禧皇太后,终酿成大祸。"蛟蛇",古代传说中的一种似龙犹蛇的动物,恰合慈禧的身份。而"蛟蛇"与"宫"连在一起,也可视作"蛟妾"。任昉《述异记》载:"夏桀之末,宫中有女子化为龙,不可近,俄而复为妇人,甚丽而食人。桀命为蛟妾,告桀吉凶之事。"[2] "蛟妾"的性格、功能及所为(告桀吉凶),与慈禧发动政变前后之情景

---

[1] 杨明照:《〈抱朴子·外篇〉校笺》上册"君道",中华书局1991年版,第241页。
[2] 任昉:《述异记》卷上,1911年湖北官书处刻本。又《太平广记》卷四二五载有大量蛟蛇食人的故事可参看,见《太平广记》,第九册,中华书局1961年版,第3459—3464页。

非常相似。何况以字面解,"蛟蛇宫"也可以理解为住在"宫"里面的"蛟蛇",自然也可以称为"蛟妾"。要之,"唐突蛟蛇宫",散原的意思是指激进的变革得罪了慈禧太后,这样来诠释这句诗,绝无穿凿之嫌。

如其不信,兹还有一力证。散原在后来写的一篇《祭刘忠诚公文》中,提到戊戌政变和此后不久的庚子事变,还曾直接称慈禧为"蛇龙",与《述哀诗》中的"蛟蛇"为同一义。请看祭文中的有关文字:

> 维公之兴,始率偏旅,儒素奋扬,建威边鄙,遂领名疆,为国藩辅。坐镇东南,前后持节,垂二十年,有炜其烈。戊戌首难,朝野危疑,公矢精诚,抒义陈规,匡于未形,天日回移。亦越庚子,中外骚然,蛇龙之孽,吹沫掀天,海沸江翻,声骇垓埏。几几我公,不衍不恫,阴阖阳开,以施驭控,卒为旋斡,万灵伛俯,天地再清,咸有宁宇。①

刘忠诚不是别人,就是庚子年提倡东南互保、稳住政局、洋人亦不得不仰视的鼎鼎大名的两江总督刘坤一是也。宜乎在祭文中提到戊戌和庚子两大变乱,而首凶则是一会儿听政一会儿还朝的那拉氏皇太后。也就是散原所说的:"蛇龙之孽,吹沫掀天,海沸江翻,声骇垓埏。"此处之"蛇龙",和《述哀诗》中的"蛟蛇"一

---

① 陈三立:《祭刘忠诚公文》,《散原精舍文集》卷六;《散原精舍诗文集》下册,上海古籍出版社2003年版,第866页。

样，都指的是慈禧，不应该有任何问题。而且用在这里，可以说只此一义，绝无他解。另还有一证，皮锡瑞在戊戌政变发生后极端悲愤，亦有诗云："妖孛横侵白日阴，老蟾跳出照森林。"[①]"老蟾"显系指慈禧，与"蛟蛇"、"蛇龙"为同一取义。

因此笔者有十分把握认为，散原的《崝庐述哀诗五首》，不仅写明陈宝箴之死不是由于患病，而是被残酷杀害，同时最后一首还直接点出杀害陈宝箴的凶手是狠毒如蛟蛇的慈禧太后。

三 其他线索种种

至此陈宝箴之死的真相，我们大体上可以明白底里，有关这个问题的叙论原可以到此为止。但《散原精舍诗》对乃父之死因实在预伏太多，由不得不动人问底寻根之想。紧靠《崝庐述哀诗五首》的前面一首，是题为《过樵舍为明宁藩娄妃殉节处》的七律：

> 樵舍风光聊可攀，沉沉津鼓吏临关。
> 至今涸鲋容泥滓，只有轻鸥自往还。
> 终古英灵笑乡井，片时安稳看江山。
> 胸中作恶万端过，为借春云照鬓颜。[②]

---

① 皮锡瑞：《师伏堂未刊日记》光绪二十四年八月十四日条，《湖南历史资料》1981年第1辑，第153页。
② 陈三立：《散原精舍诗集》卷上，第11页；《散原精舍诗文集》上册，上海古籍出版社2003年版，第15—16页。

戊戌政变和陈宝箴之死

《明史》"诸王传"载宁王及其子孙事甚详。宁王朱权是朱元璋的第十七子,封于大宁,永乐元年(1403年)改封南昌。权子盘烒早逝,孙奠培袭王位。奠培死,子觐钧袭,弘治十年(1497年)卒,子宸濠继位。宸濠性便巧,工结纳,有异谋,正德十四年(1519年)叛。当时大学者王阳明任南赣巡抚,与吉安知府伍文定共讨叛军,几周后就迫使溃败不堪的宸濠率领不多的人马,退至樵舍以自保。第二天官军引大火攻樵舍,"宸濠大败,诸妃嫔皆赴水死,将士焚溺死者三万余人"①。宸濠则被擒,正德帝下诏公布其罪状,废为庶人。不久又"搜捕江西余党,民不胜其扰"。第二年十二月,宸濠等在北京附近的通州被斩杀。宸濠妻娄氏,不赞成南昌之叛,宸濠不听,失败后始悔悟,说:"昔纣用妇言亡,我以不用妇言亡,悔何及。"②

我无意把散原的《过樵舍》诗与宁王之叛的历史故实作任何比附,只是觉得散原在陈宝箴被害的第二年春天首次赴南昌祭墓,路途匆忙,心情忧郁烦闷,何以有诗特地写"过樵舍",而且以"娄妃殉节处"明标其题?娄妃自然是在官军火攻樵舍之时,与其他妃嫔一起投水自杀的。藩王胡作非为,朝廷出面规劝不听,而起兵叛乱,历来史不绝书。以散原的博通文史,必不会无意而简古。那么引起散原诗兴的触点究竟是什么呢?我以为最值得注意的是"终古英灵笑乡井"句。"乡井"即家乡,与乡党词别义通。"英灵"指谁?泛指还是专指?当然不会是泛指——如系泛指,等于说凡死去

---

① 《明史》卷一百十七"列传"第五"诸王二",中华书局标点本,第十二册,第3595页。
② 同上,第3596页。

的英灵都笑话自己的乡井，岂非拟于不伦？散原断不会出此悖句。然而如果是专指，无它，肯定如诗题所示，是指殉节樵舍的娄妃。那么娄妃这位"英灵"所笑的"乡井"又系何指？自然也不是泛指，而是专指、实指。毫无疑问指的是散原之父陈宝箴这位江西乡党，而且是指陈宝箴之死。

娄妃自尽，是在官军面前不投降而殒命，故散原称为"殉节"。陈宝箴也是自尽而亡，但却是慈禧密旨赐死，是被害而不是殉节。而且以散原当时的意态心绪，面对毒如蛟蛇的慈禧，也不会认为有"节"可"殉"。因此右铭这位娄妃的"乡井"，恐怕要为娄妃的"英灵"所笑了。散原诗句的本义，就在这里。当然也可以设想，娄妃英灵嘲笑的对象，散原难免也包括在内，因为父亲蒙冤被害，作为人子的散原并没有以身殉，同为乡井，也无法逃脱娄妃英灵的嘲笑罢。百年之后，我们这些不明前贤世事的后生小子，也许会认为散原的想法未免太奇怪，于思维逻辑或有不通。可是求诸当时散原的特殊心理，的确是这样想也这样形之于诗的。"胸中作恶万端过"——可以想象当时之散原，也许不知有多少离奇古怪的想法都在胸中盘算过呢。

《峥庐述哀诗五首》后面，与之紧相连接的，是一首长达五十二句的七言古风《由峥庐寄陈芝潭》。陈芝潭是广东澄海人，其为人极具性格，早年曾跟随陈宝箴之河北道，后在江西泰和做了近二十年的县丞。右铭与散原都很看重这个不寻常的人物。请看散原诗中所述：

凡二十年泰和丞，天穷不死荒江徼。
鬓须雪霜胸崛奇，日倚快阁但坐啸。

衣裘污敝履决穿，缝毡称身讶奇妙。
乡氓指作卖卜翁，又误官舍呼僧庙。
厨乏蔬米躬灌园，吏卒逃亡鼠窥眺。
时摹金石咏江山，亦用画笔竞炳耀。
结舌公堂立木鸡，县尹颔颐簿尉笑。
丞哉丞哉何许人，澄海陈君老非少。
自从君久悬僻壤，吾亦转徙如鹰鹞。
流传文字一赏之，襟期涪翁有同调。①

显然这位陈芰潭老先生可不是等闲之辈。做县丞而不以县丞为然，衣服又脏又破，而且不合身，脚指头露在鞋子外面，老百姓以为他是个卖卜的老翁，县衙门也被当作了和尚住的地方。厨房里无米少菜也不在乎，宁可自己到园子里栽种。有时呆呆地站在公堂上不说一句话，弄得县令、簿尉不知如何是好。但其人能诗、工书、善画，诗的襟怀格调和黄庭坚颇为相似。

就是这样一位多年不见的倜傥奇崛之士，在义宁父子获惩僻居西山、亲友却步、万口嘲谤、世人避之唯恐不远的时候，放船来到崝庐。散原诗继续记其事曰：

前年朝政按党锢，父子幸得还耕钓。
分应亲故不相收，万口訾謷满嘲诮。

---

① 陈三立：《散原精舍诗集》卷上，第12—13页；《散原精舍诗文集》上册，上海古籍出版社2003年版，第17页。

>独君放船就游衍，感昔伤今谈舌掉。
>无何昊天示灾凶，坐使孤儿仆且叫。
>昏昏泣血西山庐，奔忙重辱君临吊。
>寻声索迹行哭悲，助丧成坟费量料。
>先公宾客散九州，君也风谊特清劭。
>尔时北乱逼京阙，西巡方下哀痛诏。
>臣民悔祸露机缄，公卿陈言仍窃剽。
>君论时变究新法，动得本根中窾窍。
>提携孤愤到荒山，更剖大义督不肖。
>瑰才自合老卑冗，安问蹭蹬失津要。
>今来榆柳换春风，满目川原坐孤峭。
>雉呴鸦啼朝暮间，思君謦颏渺云峤。
>国忧家难正迷茫，气绝声嘶谁救疗。
>岩坳水涯明月空，共君肝胆一来照。[1]

我是情不自禁地引录了散原这首诗的全文，不仅是为了解词释典，探考陈宝箴的死因，更主要是被近代以来文学史乘上难得一见的好诗所感染。

奇士陈芰潭的到来，给荒寂的西山增添了生趣。"感昔伤今谈舌掉"——这位站在县衙门的公堂里呆若木鸡的县丞，和陈氏父子在一起，就滔滔不绝，有说不完的话。宝箴遇害以后，陈芰潭再次赶到西山，吊唁并帮助散原料理丧事。对于时变，他主张变法维

---

[1] 陈三立：《散原精舍诗文集》上册，第17—18页。

新，所论皆能击中要害。彼时值庚子乱局，八国联军陷落京师，慈禧西逃的路上，已有"悔祸"之诏，但随銮公卿们发为语词，很多都是义宁父子推行新政时讲过的话。因此散原诗中有"臣民悔祸露机缄，公卿陈言仍窃剽"句，其感慨痛愤可以想知。

陈芰潭真不失一位可以与身处逆境的散原肝胆相照之人。陈寅恪《柳如是别传》论钱柳因缘，引《文选》四十一李陵《答苏武书》中句："人之相知，贵相知心。"及同书四十三嵇叔夜《与山巨源绝交书》所云："夫人之相知，贵识其天性，因而济之。"①信斯言也。

当然《由靖庐寄陈芰潭》下列诗句："无何昊天示灾凶，坐使孤儿仆且叫。昏昏泣血西山庐，奔忙重辱君临吊。"这四句诗所隐含的寓意，无疑是又一次、用情感更为浓烈、形态更可见的语词（"昏昏泣血"、"孤儿仆且叫"），向读者透露陈宝箴之死的真实因由。"孤儿"和"泣血"两个语词，是右铭被杀害而死的有力证据，前面释证甚详，兹不重复。但"无何昊天示灾凶"句中的"灾凶"二字，以及"国忧家难正迷茫"句中的"家难"一词，仍有待参究之处。

"灾"字可粗分为二义：自然之灾和社会之灾，后者亦称祸，往往与政治相关。《述哀诗》五首之三"微鸟生祸胎"句的"祸胎"之"祸"，如前所释，就是此义。因此"昊天示灾凶"的"灾"为灾祸之灾应无疑义。而"灾"字后又置一"凶"字，成为"灾凶"，就不是一般的灾祸，而是凶残暴虐危及生命的灾祸了（"凶"字之常义为凶暴的意思），以之指陈宝箴不是寻常的因病而逝。

---

① 陈寅恪：《柳如是别传》中册，上海古籍出版社1980年版，第521页。

"家难"系一特指词。因政治纷争而祸及家庭并造成主要家庭成员的非正常死亡，可称为家难。《史记·乐书》："成王作颂，推己惩艾，悲彼家难，可不谓战战恐惧，善守善终哉？"[1]指的就是文王被囚羑里，成王因此视为家难，颂而悲之。又《晋书》卷六十八，会稽人贺循，其父名贺邵，为孙皓所杀，所以本传说他"少婴家难，流放海隅，吴平乃还本郡"[2]。《晋书》卷六十九，晋元帝时期的丞相迁尚书令的刁协，"为人所杀，送首于"正在作乱的王敦，王敦有感于刁协的德范，予以收葬。后来刁协之子刁彝为父报仇，斩仇家之党，"以首祭父墓"，《晋书》对此一情节的叙述作："彝字大伦，少遭家难。王敦诛后，彝斩仇人党，以首祭父墓，诣廷尉请罪，朝廷特宥之，由是知名。"[3]也是将父亲被杀称为家难。

另唐代的一个显例，是唐中宗遇害以后（史载为"暴崩"），睿宗继位，其《付史馆纪皇太子等劝进诏》说："朕高宗少子，特蒙慈爱，顾复之至，礼绝诸王，运属上仙。时遭家难，中宗出藩，大圣天后临朝，以权立朕为嗣。"[4]睿宗这里视中宗的遇弑为家难。

我想不必再举更多的例证了。所以陈三立在光绪二十七年正月二十二日（1901年2月21日）写给汪康年的信里，发为感慨说："国变家难，萃于一时，集于一身，呜呼！"[5]这里的"国变家难"一语，

---

[1] 《史记》卷二十四《乐书》第二，中华书局标点本，第四册，第1175页。
[2] 《晋书》卷六十八，中华书局标点本，第六册，第1824页。
[3] 《晋书》卷六十九，中华书局标点本，第六册，第1845页。
[4] 《全唐文》卷十八，中华书局1983年影印本，第一册，第221页。
[5] 《汪康年师友书札》，第二册，上海古籍出版社1986年版，第1984页。

含义至为明确。

同样,"家祸"一词也是如此,但寓意不单指自己的亲尊长辈,似亦包括合家骨肉为人所杀害,而且往往是特定政治背景下的党祸家仇,都可以"家祸"称之。例如《晋书》卷六十载,晋惠帝时的太子詹事孙旂,由于武库失火,被免官。一年以后,出为兖州刺史。孙的儿子孙弼及弟子髦、辅、琰四人,与孙秀合族,参与了赵王伦起事,并预封官位。孙旂以为不祥,说:"以过差之事,必为家祸。"①孙弼等不听,最后"四子皆伏诛"。我们试看此处"家祸"一词的用法,可知一斑。还有《晋书》卷一百五,石勒僭位之后,记室参军徐光担心中山王是最大威胁,说:"中山常切齿于吾二人,恐非但国危,亦为家祸,当为安国宁家之计,不可坐而受祸也。"②所谓"家祸",即一家之性命难保也。以此陈三立在《次答蒿叟叠用东坡聚星堂咏雪韵寄怀》一诗中所写的诗句:"老去家祸承国凶,逐迹偷活亦痴绝。"③以及晚年所作《湖吁唱和集序》,其中"余隔岁羁金陵,连遭家祸"④云云,可以说都关乎陈宝箴的被害西山一案。

陈三立于光绪二十七年辛丑(1901年)的岁末,尝又有南昌西山之行,第二次为父亲扫墓祭墓。《散原精舍诗》又有多首诗记录此事。第一首为《返西山墓庐将过匡山赋别》,结尾两句是:"孤儿犹认啼鹃路,早晚西山万念存。"再一次自称"孤儿",并把通往靖庐

---

① 《晋书》卷六十,中华书局标点本,第六册,第1634页。
② 《晋书》卷一百五,中华书局标点本,第九册,第2753页。
③ 《散原精舍诗文集》下册,上海古籍出版社2003年版,第645页。
④ 潘益民、李开军辑注:《散原精舍诗文集补编》,江西人民出版社2007年版,第289页。

的荒山小径叫作"啼鹃路",也就是泣血之路,一如前面所释,陈宝箴系被杀害而非正常死亡的消息,从这些语词中亦可见出。

接下去是《江行杂感五首》①,第二首感慨国中无人,知道无人能够收拾庚子事变之后的乱局,不可能有汉代的金日䃅那样的忠贞之士。第三首慨叹中国正在被列强撕扯、瓜分,清室之复兴已无可能。第四首写民困之极、士敝之极。第五首臆想庐山五老松的传说,感叹世变之大,悔恨无地,宁愿终老于五老峰下。《江行杂感五首》之第一首,尤值得注意,写自己在此一年之末,傍晚出城,乘船行江上,由翻腾的江水想到国忧家难,不禁在辉煌的灯火面前泪下如雨。接着写父亲蒙冤而逝,使得自己愿一生一世都襄助父亲成就事业的抱负,再也无法实现("胶漆平生心,撼碎那复整")。这样的个人之仇与国家之耻("人国所仇耻"),想起来就无法平静("曾不一暂省")。不过"人国所仇耻"一语,可大有深义存焉。陈宝箴离去刚刚一年多,国更加不国了。义和团杀洋人,洋人攻入北京,慈禧泥途西行,"悔祸"、道歉、惩罪魁。最后在1901年9月7日,和德、奥、比、西、美、法、英、意、日、荷、俄十一国签订《辛丑条约》。条约签订两个月后,代表清廷签约的老臣李鸿章突然去世。所有这一切,都是慈禧这个老太婆惹的祸。当然是国家的奇耻大辱了。但对散原而言,不仅有国耻,还有"人仇"。所"仇"者何?自然是乃父的被枉杀。

所以散原此次西山之行,所留诗作除上面提到的六首,还有接下去的《长至抵崝庐上冢》、《崝庐书所见》、《月夜步墓上野望》、

---

① 陈三立:《散原精舍诗文集》上册,上海古籍出版社2003年版,第35—36页。

《崝庐雨坐》四首。其中《崝庐书所见》有"又闻款议成,纠取充赕贿"句,自然指《辛丑条约》。

我想说的是再接下去的一首,即《读〈汉书·盖宽饶列传〉聊短述》,此诗也关乎陈宝箴的死因。原诗如下——

> 五帝官天下,传贤贸君权。
> 韩氏为易传,大谊名其然。
> 次公称引之,摩切世主前。
> 酒狂中感激,道窥天地先。
> 当时坐大逆,大辟遂加焉。
> 拟以萌求禅,列剖无由缘。
> 自尽北阙下,众庶莫不怜。
> 千载去寥寥,迂怪谁复传。
> 激昂郑昌颂,悱亹王生篇。
> 议者执金吾,今则誉汝贤。[①]

盖宽饶是汉宣帝时负责整饬吏治风气的官员,以"刚直高节,志在奉公"著称。《汉书》本传说他:"刺举无所回避,小大辄举,所劾奏众多,廷尉处其法,半用半不用,公卿贵戚及郡国吏使至长安,皆恐惧莫敢犯禁,京师为清。"有一次,皇太子的外祖父平恩侯许伯喜迁新居,丞相、御史、将军以及两千石以上的官员都前往祝贺,唯独宽饶不去。许伯亲自请他,才不得不去。但宴席上长信

---

① 陈三立:《散原精舍诗文集》,上海古籍出版社2003年版,第39页。

少府檀长卿起而舞蹈,为沐猴与狗斗,引得举座大笑。盖宽饶感到不快,说:"美哉!然富贵无常,忽则易人,此如传舍,所阅多矣。唯谨慎为得久,君侯可不戒哉。"说完即离席而去,并弹劾长信少府失礼不敬。宣帝因此要对少府治罪,许伯出来说情才作罢。

如此刚直不阿,招致权臣贵戚的怨恨,经常在皇帝面前进谗言,虽未怪罪,却不得升迁。太子庶子王生欣赏宽饶的高节,但认为他的做法未免迂执,劝他没有必要"用不訾之躯,临不测之险",而应该明哲保身。宽饶不以王生之劝为然,反而向皇帝的权威挑战,在宣帝实施以刑法治国的时候,他大谈"圣道",直接提出:"方今圣道浸废,儒术不行,以刑余为周召,以法律为诗书。"又引《韩氏易传》说:"五帝官天下,三王家天下,家以传子,官以传贤,若四时之运,功成者去,不得其人则不居其位。"宣帝以"怨谤"为由,撤销了盖宽饶的官职,并交执金吾议处。议处的结果:"以宽饶执意欲求擅,大逆不道",当处以死罪。这时谏议大夫郑昌为之说情,宣帝不听,"遂下宽饶吏,宽饶引佩刀自尽北阙下,众莫不怜之"[①]。这就是《汉书》所载有关盖宽饶的故事。

我们看盖宽饶其人,为官清廉刚正,固与陈宝箴有相类之处,但究其性格气度两个人并不一样。陈宝箴处理事情并不这样刻急。陈三立在崝庐祭扫而想到这个故事,唯一的理由是取其蒙冤自尽而死的意象,用以类比陈宝箴确是那拉氏密旨赐自尽而死。散原是一而再,再而三地致其意,想说而又不便明说但还是要说与自己亲如"胶漆"的父尊的真实死因。

[①] 《汉书》卷七十七,中华书局标点本,第十册,第3243—3248页。

直到事隔十四年之后，即1915年的清明节，陈三立再次到崝庐祭扫父墓，还曾留下"明灭墙头字，曾留血点殷"[①]的诗句，看来陈宝箴崝庐被害的情景，散原是永志难忘。

四 "云旗弓剑"和"猿鹤沙虫"之寓意

光绪三十四年（1908年）十一月二十日晚上，散原又有西山之行。应该是翌日，即十一月二十一日所作的《微雨中抵墓所》一诗，也极为不寻常。

因为1908年这一年，最大的历史政治事件，是光绪和慈禧相继死去。光绪死于这一年的十月二十一日的晚上，慈禧死于十月二十二日下午。现在清史研究界已经基本给出一致的结论，确定光绪是当慈禧自知卧病不治的时候，先下手将其毒死。其实各种野史、回忆一直是这么说的。毫无疑问，散原很快就知道了十月二十一日和二十二日发生的事情。那么他为什么选择刚好在光绪和慈禧死去整一个月的十一月二十一日上冢呢？难道这个时间上的关合，真的没有任何含义？

不妨先看看《抵墓所》这首诗——

　　将携五噫荡风烟，越陌披榛大冢前。
　　石气乍寒为抱影，松枝不剪已经年。
　　云旗弓剑重重恨，猿鹤沙虫稍稍传。

[①] 陈三立：《散原精舍诗续集》卷中，第56页；《散原精舍诗文集》上册，上海古籍出版社2003年版，第451页。

微雨独来摩泪眼，千山染血待啼鹃。①

　　此诗的前四句，均为写景写实，不难理解。关键是第五、第六两句应作何解？"猿鹤沙虫"，是直用李白《古风》第二十八的"君子变猿鹤，小人为沙虫"②的句意。那么谁是君子？谁是小人？是君子和小人一起都在"传"什么消息，还是大家在悄悄地"传"或者议论谁是君子，谁是小人？抑或谁能够变成猿鹤，谁只能成为沙虫？如果是前者，即君子和小人都在"传"一个什么消息，似乎不伦。散原诗法不会以君子和小人来状传者。然则必定是后者，即人们在"传"一件事，并杂以谁是君子谁是小人的评论。我以为散原这里写的是光绪和慈禧之死，而且人们都会同情光绪，不同情慈禧。光绪死时只三十八岁，慈禧已七十三岁。大家对光绪如何评价姑不论，至少会认为慈禧是险毒的小人，只能变成人所不齿的沙虫。只有作此解，此一诗句之意涵才能得以正确彰显。

　　那么第五句的"云旗弓剑重重恨"，又系何指？"重重恨"，犹言恨上加恨也，语义至显。而如此的"重重恨"，却是由于"云旗弓剑"所引发的。问题在于"云旗弓剑"何解？弓剑为兵器，无须释证。那么云旗呢？《楚辞》和《汉赋》中常有"云旗"一词出现。屈原《九歌》之《少司命》："入不言兮出不辞，乘回风兮载云旗。"③宋玉《九辩》："载云旗之委蛇

---

① 《散原精舍诗文集》上册，上海古籍出版社2003年版，第253页。
② 李白：《古风五十九首》其二十八，《李白集校注》上册，上海古籍出版社1980年版，第144页。
③ 屈原：《离骚》，朱熹：《楚辞集注》，上海古籍出版社1979年版，第25页。

兮，扈屯骑之容容。"①张平子《东京赋》："尔乃九宾重，胪人列；崇牙张，镛鼓设；郎将司阶，虎戟交铩；龙辂充庭，云旗拂霓。"②又张之《思玄赋》亦有句："曳云旗之离离兮，鸣玉鸾之嘤嘤。"③又《乐府诗》"迎俎酌献"："雍雍盛典，肃肃灵祠。宾天有圣，对日无期。飘飘羽服，掣曳云旗。眷言主邕，心乎怆兹。"④再，涉及郊祀的乐章，歌词中每有"云旗"字样。《宋史》卷一百三十二"乐七"："风驭云旗，聿来歆止。嘉我馨德，介兹繁祉。"⑤卷一百三十四"乐九"："云旗先路，壶浆塞岐。天临日照，宸虑通微。"⑥卷一百三十六"乐十一"："钟石既作，俎豆在前。云旗飞扬，神光肃然。"⑦等等。《晋书》卷六十九，孙波上疏称："陛下承宣帝开始之宏基，受元帝克终之成烈，保大定功，戢兵静乱。故使负鳞横海之鲸，僭位滔天之寇，望云旗而宵溃，睹太阳而雾散，巍巍荡荡，人无名焉。"⑧不再多所胪列。

这些句例场景表明，"云旗"是朝廷威权仪式的一种象征，即使用在郊祀的场合，除了形容场面的壮阔，更多显示的是权力的庄

---

① 屈原：《九歌·少司命》，朱熹：《楚辞集注》，上海古籍出版社1979年版，第41页。
② 宋玉：《九辩》，朱熹：《楚辞集注》，上海古籍出版社1979年版，第130页。
③ 张衡：《二京赋》，《张衡诗文集校注》，上海古籍出版社2009年版，第116页。
④ 张衡：《思玄赋》，《张衡诗文集校注》，上海古籍出版社2009年版，第230页。
⑤ 司马相如：《上林赋》，《文选》第一册，上海古籍出版社1986年版，第370—371页。
⑥ 谢灵运：《九日从宋公戏马台集送孔令诗》，《文选》第三册，上海古籍出版社1986年版，第960页。
⑦ 《宋史》卷一百三十二"乐七"，中华书局标点本，第十册，第3070页。
⑧ 《宋史》卷一百三十四"乐九"，中华书局标点本，第十册，第3134页。

严。散原在涉及慈禧之死的诗中使用"云旗"之典义，自然与郊祀无关。尤其将"云旗"和"弓剑"一起连用，只能是象征朝廷在使用武力。那么是指朝廷对外使用武力吗？还是对老百姓使用武力？我以为是指庚子年的六月初六日，江西的千总带着一干人马，拿着弓剑（大约不会拿着枪炮），耀武扬威地来到西山崝庐，受命致陈宝箴于死地。所以散原才说"云旗弓剑重重恨"呵！

至于散原此诗句可否作这样的解释，是耶非耶？俟之知者。

五 新政反对者的谣诼构陷

关于陈宝箴之死的历史真相，经笔者不敢多废笔墨的发覆索隐，可以说已经大体上有了明确指向。陈三立诗文中留下的蛛丝马迹实在太多，由不得动人寻根究底之想。问题是戊戌政变一年多以后，何以还要对已经给予革职、永不叙用处分的陈宝箴另下密旨赐死？就中原因何在？

中国历史上的1898年（光绪二十四年戊戌）是一极具戏剧性的年份。从天下莫不争言变法维新，到慈禧发动政变，把变法维新人士绑赴北京菜市口，砍头正法，天下翻了一个个儿。天真的梁任公，在陈宝箴为巡抚的湖南时务学堂答生徒课问时，至有"皇帝不过是杂货铺的总管"的极端"自由化"的言论。政变之后，他随同其老师康有为逃亡海外，得免一死。但受其株连者，京城以及外省，不可记数。

湖南是变法维新的先进域区，尤为反对变法者所嫉恨。义宁父子八月二十一日获惩（革职、永不叙用），第二天，福建道监察御史黄桂就上奏慈禧，认为处分太轻，提出："如陈宝箴之保谭嗣同、

戊戌政变和陈宝箴之死

杨锐，王锡蕃之保林旭，适以增长逆焰，助成奸谋。此当与发往新疆之李端棻一例重惩，仅予革职，不足蔽辜。"①

十月十四日，山东道监察御史张萼鹤又奏陈宝箴巡抚湖南时所设之南学会、湘报馆等虽已裁撤，但保卫局还继续存在，并枉词为说："闻保卫局皆陈宝箴所用邪党劣绅，希图薪水，而候选道左孝同把持尤甚，不顾虐民敛怨，酿成乱端，且捏称商民情愿捐资，办有成效。"又诬称保卫局已"激变百姓"，对打毁分局的非为首之人，"陈宝箴必欲杀之"。②甚至还捏造证据，指责陈三立贪赃受贿：

> 臣访闻湖南统领营官内阁中书黄忠浩，与已革吏部主事陈三立交契最厚，以银六千两贿送陈三立，夤缘其父巡抚陈宝箴，派充毅安营统领，驻扎辰州。该营勇上年在辰州抢劫客船行李财物，杀死船客八人，余一人凫水逃出，赴县禀控。当时地方百姓亲见者，知为该营勇丁。后经黄忠浩拿获四名，捏禀陈宝箴，言土匪抢劫，业已拿获，请正法。黄忠浩身为统领，纵勇殃民，形同盗贼，事后复捏词掩饰。陈宝箴徇庇劣员，并不奏参撤调回省，仍令统领新练洋操三营。又候选郎中蒋德钧前任四川知府，与已革主事陈三立、已革庶吉士熊希龄，在湖南省城朋比为奸，复捐升道员，钻营刘坤一，派充上海机器局总办，谬妄更张，两江物议哗然。刘坤一自知误用，旋即撤换。嗣户

---

① 《福建道监察御史黄桂折》，国家档案局明清档案馆编：《戊戌变法档案史料》，中华书局1958年版，第475—476页。

② 《山东道监察御史张萼鹤折》（光绪二十四年十月十四日），《戊戌变法档案史料》，中华书局1958年版，第489—490页。

339

部以新章捐道员议驳,复改捐郎中,回湖南,陈宝箴派充营务处,又委在省城统领新练洋操三营。此二员皆不知兵,不胜统领之任,而为陈宝箴所任用。①

如此张所奏都是事实,则陈氏父子不仅贪赃,而且枉法。是的,该片中就有"已革主事陈三立、已革庶吉士熊希龄,在湖南省城朋比为奸"的措辞。可惜没有一条有事实根据,全部都是诬枉之词。此张的这一折一片里,涉及左孝同、黄忠浩、蒋德钧诸人,目的是把与义宁父子关系密切的人全部牵连进去。张之洞也未免为之惊异。幸得接替陈宝箴的新任湖南巡抚俞廉三尚能据实回奏②,诬陷的图谋未能得逞。但也可见泼水投石者不乏其人,以及对陈氏父子攻击之烈,当时在舆论上对陈宝箴十分不利。

不过使慈禧动杀机的直接导火线,我以为有两个。

一是八月政变,陈宝箴和陈三立父子被革回原籍以后,国内外有一种舆论,即认为陈宝箴抚湘时有过造反自立的图谋。戊戌年九月十七日(1898年10月31日),正在日本的康有为和唐才常向日方提出借兵和声援的要求,所陈述的理由,就有:"南学会会员约一万二千名,均为上流士子,前任巡抚陈宝箴任会长,徐仁铸、黄公度为首领。湖南势力实在此会。一旦举事,将引军直进,略取武昌,沿江东下,攻占南京,然后移军北上。官军能战者仅袁世凯、聂士成、

---

① 《山东道监察御史张荀鹤片》(光绪二十四年十月十四日),《戊戌变法档案史料》,第490—491页。

② 《湖南巡抚俞廉三折》(光绪二十四年十二月十三日),《戊戌变法档案史料》,第501—505页。

董福祥三军,合计不过三万人。义军倘能进入湖北,当可得到张之洞的响应。"①康有为和唐才常所叙述的,就是后来自立军举事的思路,不止陈宝箴,连张之洞都牵进去了。当然这只不过是康、唐自己的想象,但其影响不可低估。

再就是湖南守旧势力制造的关于陈宝箴要起兵、自立湘南王的传说。陈寅恪《寒柳堂记梦未定稿》对此记述甚详,这里且将其中有关的一段文字抄录如下:

> 光绪二十五年(1899年)中,先祖先君罢职后,归寓南昌磨子巷。忽接一函,收信人为"前湘抚陈"。寄信人不书姓名,惟作"湘垣缄"。字体工整。启视之,则为《维新梦》章回体小说之题目一纸,别附七绝数首。其中一段后二句云:"翩翩浊世佳公子,不学平原学太原。"乃用史记平原君传及新旧唐书太宗纪。先母俞麟洲明诗夫人览之,笑曰:"此二句却佳。"当戊戌时,湘人反对新政者,谣诼百端,谓先祖将起兵,以烧贡院为号,自称湘南王。寓南昌时,后有人遗先君以刘伯温《烧饼歌》抄本一册,以其中有"中有异人自楚归"句,及"六一人不识,山水倒相逢",暗藏"三立"二字语。②

《维新梦》小说我们看不到了,但所附之诗,则是说陈宝箴和陈三立要学李世民在太原起兵造反的意思,何况陈三立的名字还有

---

① 参见杨天石:《寻求历史的谜底》,首都师范大学出版社1993年版,第51页。
② 石泉整理:《寒柳堂记梦未定稿(补)》,《陈寅恪集·寒柳堂集》,三联书店2001年版,第216页。

学术与传统

与刘伯温《烧饼歌》暗合之处。陈寅恪说他是将这件事"附录于此，以资谈助"。

可是当戊戌政变之后、义宁父子罢职之时，这样的传说可不是一件小事，足可对陈宝箴、陈三立造成巨大威胁，甚至构成杀身的触媒。

六 文廷式与陈宝箴之死

另一导火索则与文廷式有关。文廷式字道希，号芸阁，江西萍乡人。光绪十六年（1890年）赐进士第，授翰林院编修、国史馆编修等职。光绪二十年（1894年）升翰林院侍读学士。因给珍妃做过老师，颇遭慈禧的嫉恨，早在光绪二十二年（1896年）就已将文廷式驱逐出宫。戊戌政变后不久，八月十三日，慈禧发下谕旨："江西巡抚并江苏、湖北督抚密拿文廷式解京。"[1]随后又有拿获就地正法的密旨。此时文潜逃在湘，文的江西同乡彭铭恭为邀功买赏，将其出卖，报告给当时已罢职但尚未交卸的巡抚陈宝箴，陈假意捕人，其实陈三立已先行派人通消息，令其逃匿。后来日本人出面保护文廷式，致使慈禧捕杀文的计划落空。

当时日本驻上海代理总领事小田切万寿曾有一专函给日本的外务次官，叙述文廷式其人以及与陈宝箴的特殊关系至为详切，特摘抄片段以飨读者。

> 清国江西省萍乡人文廷式以学问精深见闻，而为该国士林

---

[1] 中国史学会编：《戊戌变法》第一册，神州国光社1953年版，第349页。

所推重。入仕以来，官升至翰林院侍读学士，被任命为皇帝(后)的师傅。其时，日清战争爆发，与同僚联名上奏皇帝，弹劾李鸿章、盛宣怀等，名声一时大振。随后，呈交上奏文，称皇太后干预国政，不啻牝鸡司晨，非国家之美事。此事忽触皇太后之怒，发谕旨将其罢官，返回原籍。文返回故乡后，时常往来于上海、湖北、湖南等地，与内外官吏、志士相互交往，议论时势。风传俄国政府欲聘用该人，实在此时。自去年以来，小官与该人结为朋友，来往不断。今年夏日，清浦法相、松平内务次官游历清国时，也曾披露胸襟，畅谈时事。当前不久政变消息传至我国时，据电报所称，该人也被列入捕拿之列，故心中暗怀忧虑。返回上海总领事馆后，经多方探索，得知确有捕拿该人的密旨，其罪名是曾秘密出入宫禁，并潜伏于湖南禁地。该人安全无恙，令人高兴。至于该人曾秘密出入宫禁之事无论有无事实，皇太后力主捕拿该人，是在报复多年来的私怨。怩近皇太后的人物，必然迎合太后之意。该人一旦被捕，纵令未与谭嗣同等一同问斩于菜市口，恐怕也会和张荫桓一样，同尝北国霜雪之艰辛。倘若如此，出于人道之大义，不可漠视不救。由于该人之存亡，事关将来清国之气运，故小官试图运用智谋，以将其从当地救出。或者该人由湖南隐身之处派出密使，或者发出密电，委托于小官，在做出种种考虑后，又密嘱旅居汉口的东肥洋行主任绪方二三，筹划救助该人之策。联络中出现误差，该人与其弟廷楷突然来到汉口。于是，绪方根据小官内嘱的意见，使其更换服装，登上大阪商船会社轮船天龙川丸，并特派人员加以保护。途中平安无事，于19日抵达当地。据该人所言，北京政变时，正滞留在湖南长沙府。巡抚陈宝箴忽然向文提出忠告，劝其尽快逃遁。因此文急忙躲避在长沙府附近偏僻之地。但当时居何地，发生了何事等，一概不知。其后，逐渐明白了北京发生的事情，益感身处危险之中，进退维谷。此时，陈巡抚正值回籍接办事务，命地方官让文乘坐官船，送至汉口，有幸免于被捕。该人与湖广总督张之洞、前任湖南巡抚陈宝箴被公认为清国渐进派的首领人物，与张、陈两员交往亲密。举一例而言，今年夏日，张总督自上海驶往武昌时，特邀文乘坐其所乘之楚材号，同行之镇江。另外，两江总督刘坤一亦器重该人，此前下达捕拿密旨时，答称文目前在海外漫游，待其回国后再行各种处分，对该人加以保护。此次该总督早已耳闻文已自湖南经湖北，来至当地，却故作未曾闻知之态。由此可见文确实是位人物。该人最初的考虑是，平安逃脱后，立即来我国漫游，但眼下急进党失败者康有为在我国，该人一派与康多少有过反目的历史，不愿意与康同时旅居我国。否则，将加深北京政府的疑心，或怀疑该人与康党暗通，而鱼目混珠则难以区分。如此一来，对该人将来非常不利。眼下，暂观察形势以相机劝告其漫游我国。认为前任湖南巡抚陈宝箴与康有为暗通声气的看法，完全是误会。陈巡抚以为康之所为欠妥当，以致曾弹劾康。只是陈巡抚在奏荐末流官吏们从事政事改革方面，与康的意见相同，不过相互提携而已。[1]

---

[1] 《日本外务省档案》明治三十年八月至三十七年六月各国内政关系杂纂（支那卷）MT-16143，王宪明等摘译，见《戊戌变法文献资料系日》，上海古籍出版社1998年版，第1237—1238页。

戊戌政变和陈宝箴之死

日人小田氏这封函件的重要性在于，不仅透漏出日本人为什么要保护文廷式以及为保护文所用的种种手段，而且说明陈宝箴搭救文确有其事，不只是事先通风报信，还命令地方官用官船把文送至汉口。已经被革职、永不叙用的陈宝箴，对慈禧最痛恨的已通令拘捕的文廷式（八月政变后文成为最敏感的政治人物），居然做出这样重大的保护举动，知情者必不在少数，耳目灵通之慈禧，事后不可能不知情。

文廷式光绪二十六年（1900年）正月在日人保护下去日本，三月中旬回到上海。当时沪上就有公开逮捕他的传说。文的胆子也实在够大，处此险境，还参与了唐才常在上海发起的旨在反对清廷的"中国国会"的筹备活动。何况，当时的报章如《天南新报》、《中外日报》等，对文的行踪也多有报道，并且都是关于洋人如何看重文廷式的流品才干一类消息①。可以想见，此类舆情慈禧是不会不放在眼里的。当时她正醉心于利用义和团反对列强，越是外国人夸赞保护的人物，她必欲置之死地的决心越大。当事人抓不到手，相关的人就要倒霉。

湖南维新人士的动向尤为慈禧所关注。已经是政变后第二年的正月二十五日（1899年3月6日），谨厚如皮锡瑞者还遭到了惩处："举人皮锡瑞离经叛道，于康有为之学心悦诚服，若令流毒江西、湖南两省，必致贻害无穷。着松寿严饬地方各员，确查该举人现在江西何处，迅速驱逐回籍，到籍后即由俞廉三饬令地方官严加管束，毋任滋生事端。"②

---

① 中国史学会编：《戊戌变法》第三册，神州国光社1953年版，第460—461页。
② 《戊戌变法》第二册，神州国光社1953年版，第114页。

345

毫无疑问，一定是有人"揣摩到圣意"而施行举报，才有这类追加惩处的谕旨下达。无非是"意在笔先"之作。所以当皮锡瑞在二月二十八日知悉此谕旨词判内容后，称之为"莫须有"的三字狱，愤而自书一联："阅世五十年，所欠一死；著书百万字，不值半文。"①

其实坐观慈禧政变后续风云的王先谦，心里早有成算。皮锡瑞前往拜望，王说去年就有人函告江西大吏，不要留皮于江右，如今仍然是"湘水余波"。还谈到去年七月间，光绪曾密谕湘抚："放胆为之，有官绅阻扰，可即正法。"以及"谕日本速率大兵前来救援"，并属"枢廷勿开"，结果刚毅却开封看了，方知有此特殊谕旨。也许祭酒先生的言外之意，是说政变杀"六君子"，并非偶然罢。皮锡瑞在日记中若有所悟地写道："可见党祸之动杀机矣！"②岂料更大的杀机还在后面。

七 慈禧的第二次杀机

如果说慈禧在戊戌八月大动了一次杀机，那么事过一年之后的庚子之年，这个狡诈的老太婆事实上又动了第二次杀机。而且第二次比第一次更阴险，牵连面更广。第一次是愤怒，第二次是疯狂。

慈禧的疯狂缘于废掉光绪帝的图谋未能得逞。戊戌八月政变那

---

① 皮锡瑞：《师伏堂日记》光绪二十五年己亥（1899年）二月二十八日条，第三册，国家图书馆出版社2009年影印版，第456页。

② 皮锡瑞：《师伏堂日记》光绪二十五年己亥（1899年）二月二十三日条，第三册，国家图书馆出版社2009年影印版，第453—454页。

一刻，她就有废帝的潜思隐念。只是碍于上下臣工和中外舆论，没有立即付诸实施。当年十二月十七日（1899年1月28日）慈禧召见溥字辈幼童十余人，是放试探气球。二十天后，即己亥正月初八，向各省督抚通报光绪的"病情"，每五天公布一次太医院的"脉案"，已经磨刀霍霍了。结果舆论哗然，保帝护国的呼声一波紧接一波。特别是康有为出逃后在香港对《中国邮报》发表的谈话，直接视慈禧为光绪的敌体，除了守旧、贪腐、没有受过教育之外，还说她不具有"母后"的合法性，因为皇帝已经"认识到太后并不是他真正的母亲"。①这篇谈话后来为《新闻报》等一些报刊转载，传播中外，影响至巨。

张之洞得悉后，立即致电刘坤一，称康的谈话"狂悖凶狠，令人发指眦裂"，目的是"摇惑人心，激怒朝廷"，"使中国从此多事，扰乱不安"。②慈禧自然不会了解谈话的全部内容，但大意一定知晓，其愤怒情形可以想见。张之洞的"激怒朝廷"一语，实际上就是激怒慈禧太后，措辞无比恰切。果然自此以后中国不得安宁了。几位旗人大老认为时机已到，联名具疏请慈禧"速行大事"。荣禄心存顾虑，提议先以他个人名义探询一下刘坤一、张之洞等疆臣的意向。张之洞当然反对，但不敢具名。刘坤一的回电是："君臣之义至重，中外之口难防，坤一所以报国者在此，所以报公者亦在此。"③慈禧不得已暂置此议，但追杀康梁的密令化作了追杀

---

① 《戊戌变法》第三册，第501—502页。
② 张之洞：《致江宁刘制台上海蔡道台》，《张之洞全集》第九册，河北人民出版社，第7667—7668页。
③ 胡思敬：《国闻备乘》，中华书局2007年版，第92页。

行动。

光绪二十五年九月二十四（1899年10月28日），一天之内连下三条谕旨，指示刘坤一和驻日本大使李盛铎等，要不惜一切手段捕拿康梁，一旦"弋获，必予重赏"。①十一月十八日，又下谕旨，强调无论生获还是致死，只要证据认定是康梁，即有重赏。②然后于十二月二十四（1900年1月24日），封载漪之子溥儁为皇子，即史家所谓的"己亥建储"。改"废帝"为"不废之废"。此一举措遭致强烈反对，上海电报局一位不见经传的名经元善者，振臂一呼，得一千余人具名上书，吁请"圣上力疾监御，勿存退位之思"。③章太炎、蔡元培、马裕藻、汪贻年等都列名其中。而且上海、湖广及香港、南洋等地的侨胞，随后纷纷发表谴责声明。"立储"和"反立储"，实即"废帝"和"反废帝"，成为戊戌到庚子震动一时的大事件。慈禧杀机毕现，当即下令逮捕经元善，由于澳门方面的保护使经氏得以逃脱。而对其他具名者也欲逐个拿办，牵连涉案多达二百余人。

一个月后，光绪二十六年正月十二日，下令铲平康有为、梁启超在广东本籍的祖墓。正月十五日（1900年2月14日），开出价码："不论何项人等，如有能将康有为、梁启超缉获送官，验明实系该逆犯正身，立即赏银十万两；万一该逆等早伏天诛，只须呈验尸身确实无疑，亦即一体给赏。"如举报人不愿得赏，而愿升官，也给予破格晋升。并声言连同购买阅读刊有康梁文字的报章者，"一体严拿

---

① 《戊戌变法》第二册，第114—115页。
② 《戊戌变法》第二册，第116页。
③ 《上总署转奏电禀》，《苏报》1900年1月27日。

惩办"。①正月二十五日，编修陈鼎因注《校邠庐抗议》，"多主逆说"，而沈鹏则"丧心病狂，自甘悖谬"，命将两人立即严拿监禁。

然而慈禧越是追杀康梁，严惩维新党人，镇压反对者，她遭遇的反对之声愈益强烈。她面对的敌人太多了，而且"非我族类"的洋人似乎也"不通事理"地站在了她的对立面。连刘坤一、张之洞、李鸿章三位股肱重臣，对废立问题和她也并不同心。只有荣禄、刚毅、李莲英是她可靠的心腹。可是那个"丧心病狂"的沈鹏，不过是个小小的翰林院编修，竟敢上疏要求"归政皇上"，并提出立诛荣禄、刚毅、李莲英"三凶"②。她感到了孤立。她意识到需要寻找给自己壮胆的支撑力量。她找到了——已经闹了一年多的义和团。

本来开始对这些"乱民"她是要镇压的，但当她势孤力单的感觉占了上风，她立刻决定把"拳匪"作为对付洋人的筹码。这样一来，拳民们更加有恃无恐了，毁铁路，烧教堂，杀教民，杀洋人，到庚子年四五月间，已经一路杀掠到京畿。清政府的犹疑与纵容，洋人心知肚明，于是纷纷调兵遣将，增加各自使馆的兵力。五月十八日，洋人联军和义和团大战了一次。刘坤一、张之洞、李鸿章、盛宣怀等，心急如焚，互相致电，同时致电荣禄，要求立刻歼剿"拳匪"，以免酿成大祸。但慈禧却连续召开"御前会议"，并在五月二十三日的第四次"御前会议"上，公然提出向十一国联军"宣战"——老太婆显然已经疯了。

---

① 《戊戌变法》第二册，第117页。
② 《知新报》第一○五册，1899年12月13日。

而如果有谁敢于反对她的一意孤行和倒行逆施，她便恼羞成怒，大动杀机。吏部左侍郎许景澄、太常寺卿袁昶，仅仅提出应保护外国使馆，就被杀害。同时加大了对维新党人的严酷惩处。六月七日，慈禧下令将已遣戍新疆的张荫桓就地正法。这与赐死陈宝箴的时间几乎同时。陈宝箴被害于庚子六月二十六日（西历1900年7月22日）。张荫桓实际行刑的时间为七月二十六日（西历8月20日）。盖由于新疆路途遥远，处死令的到达需较多的时间。江西相对地域较近，谕令到达会比新疆要快。因此很有可能杀张与杀陈的密旨是同时发出的。而且此前已有风声传出，要将陈宝箴"就地正法"。且看宋恕写给内兄孙仲恺的信里透露的消息：

> 正月函所述客腊京师要闻，及经太守被拿得保情事，想已入鉴。刻下风波大作，经元善已被密使刘学询拿到于澳门，奉荣、刚两相电令"速行正法"，而英、葡两国已闻经君忠义之大名，遂极力抗拒荣、刚之命，不肯交出，密使诬经以亏欠公款四万金，欲以是为名骗其交出而杀之。英、葡官民知其诬，乃答曰："既为公款四万金索追起见，贵国例不过追还而已，我为代赔贵政府四万金，更有何说？遂慨然由英、葡两国合出四万金以塞荣、刚之口，而坚护经君不交，盖西人之重忠义有如此者！经既得保，成济、贾充辈大怒，于是下密电两江，着将翁师相、沈太史立刻就地斩决以绝帝党之领袖。现已监禁苏狱，陆中丞欲免其死，电奏假报疯求宽，未知得免否？翁师相住宅已发兵围守（数日内事），闻有日本义士救之出难，或云已逼令自尽，二说未知孰实？荣、刚又下密电于江西，着将陈宝箴中丞就地正法，其余稍涉帝党，无不着令严拿。上海派密差七八人专拿帝党，除文

戊戌政变和陈宝箴之死

廷式学士、宋伯鲁御史、张元济主事指拿立决外，计开发电谏阻之五十人，一一严拿，又特指出三人严之又严者：一为叶瀚（杭州诸生），一为王季烈（吴人），一为汪贻年（汪康年之胞弟）。以叶、王二君草创《致各省大吏禀稿》，请谏阻废立；汪则为《中外日报》主笔，发传单、集义士之故也。五十人之外又开新党，闻有二百余人，何人在内，何人不在内，尚未能得其的信消息。前数日，上海道拜各国领事，请签名访拿，诸领事斥绝不应许，始得保全此数百人性命。然发电之五十人均不能回家乡矣。忠名震于地球，而身家之际可悲甚矣！看来陈中丞如不出亡海外，必不能免死。本年京察案内勒休之高、张两君，因去冬谏阻废立之故，托于此以去之。闻此外各省指拿名士又共有三百余人（此信已确，惟名单未传于外）。但未知地方大吏实在举行否耳？情形已与明代末年无异。"①

宋恕字平子，小字燕生，浙江平阳人，生于同治元年壬戌（1862年），卒于宣统二年庚戌（1910年）。学理才性俱佳，惜不遇于世。与章太炎同出德清俞氏之门，然持见不同，又不害为友。太炎许其佛学造诣，称"世人负平子深矣"②。蔡元培亦赞平子"有哲学家的资格"③。瑞安孙锵鸣侍读学士赏其才，择而为婿焉。宋恕写给内

---

① 《致孙仲恺书》（一九〇〇年四月），《宋恕集》下册，中华书局1983年版，第700—701页。
② 章太炎：《交平阳宋恕平子》，《宋恕集》下册，第1031页。
③ 蔡元培：《五十年来中国之哲学》，《蔡元培全集》第五册，浙江教育出版社1997年版，第123页。

兄孙仲恺的信，多言时事，即为读给岳丈听。信中内容多采自《沪报》、《苏报》、《中外日报》、《国闻报》、《同文沪报》、《苏报》、《中外日报》、《天南新报》等各报刊，基本事实应可信。特别欲将陈宝箴"就地正法"一节，绝非空穴来风。①

庚子年的夏天，是一个血腥杀戮的夏天。义和团杀洋人、杀教民；洋人杀团民、杀中国人；朝廷杀内臣、杀帝党、杀志士仁人。庚子年五月二十九日（6月25日），载漪、载勋率义和团扰及宫室，欲杀光绪，慈禧没有同意。但我敢说，此时慈禧已决心杀珍妃，应无任何问题。随后在洋人联军攻入京城的第二天，即庚子年七月

---

① 《宋恕集》在著录1900年4月《致孙仲恺书》之后面，辑有写信人的数则附语，察其语义语气，应为原附，而非编者所拼凑。其最后一则附语有云："陈六舟中丞闻客腊之变，悲愤痛哭而病殁，闻者服其真忠。"按《宋恕集》编者胡珠生先生在书后所附之"姓氏索引及简注"中，将此附语的"陈六舟中丞"与陈宝箴混而为一（下册，第1206页），显系大误。诚如张求会先生所释证，陈六舟即陈彝，六舟为其字，江苏仪征（一说扬州）人，同治元年（1862年）进士，有直声，曾任浙江学政、安徽巡抚等职。求会兄并征引《翁同龢日记》的材料，令人信服地证明此陈六舟并非散原之尊人、大史学家陈寅恪的祖父陈宝箴。但不知为何，求会先生在证明陈六舟不是陈宝箴的同时，却认为宋恕信里提到的"着将陈宝箴中丞就地正法……看来陈中丞如不出亡海外，必不能免死"一节里的"陈宝箴中丞"和"陈中丞"，指的是陈六舟。（见张求会著《陈寅恪的家族史》，广东教育出版社2007年版，第181—182页）如是，则不仅编者混淆了陈宝箴和陈六舟，而是宋恕本人就不知道陈宝箴和陈六舟是两个人。这是绝不可能的。因为宋平子对陈宝箴之为人，知之甚稔，曾于1898年6月15日写信给俞樾，希望乃师能够将章太炎推荐给时任湖南巡抚的陈宝箴。他在信中写道："同门余杭章枚叔炳麟，悱恻芬芳，正则流亚，才高丛忌，谤满区中。新应楚督之招，未及一月，绝交回里，识者目为季汉之正平，近时之容甫。今湘抚陈公，爱士甚，师可为一言乎？私且愿之！非所敢请也，非所敢不请也。"（见《上俞曲园师书》，《宋恕集》上册，第588页）此可知宋平子是万没有可能混淆陈宝箴和陈六舟两人的。而且他明显知道，受到"革职永不叙用"处分的陈宝箴，当时人在江西，所以给孙仲恺之信的叙事方式作"荣、刚又下密电于江西，将陈宝箴中丞就地正法"。至于荣禄会不会发出如此密电，不取决于荣本人，而是看慈禧有没有杀陈宝箴的决定。当时是老太婆杀红了眼的历史时刻，如果她在下令追杀张荫桓的同时，也要赐死陈宝箴，荣禄是无法矫旨不行的。

二十一日，慈禧仓皇出逃之际，投珍妃入井中。而在三天之前的七月十七日，兵部尚书徐用仪、户部尚书立山、内阁学士联元，同时被杀。李秉衡则自杀于通州张家湾。这期间，还有自立军的起义，不料事未举而先泄，唐才常、林圭、傅慈祥等二十余位青年精英，被湖广总督张之洞残酷杀害于武昌紫阳湖畔。

陈宝箴就是当慈禧的第二次杀机达至高潮之时，于庚子年之六月二十六日（西历1900年7月22日）被赐死于南昌西山之崝庐的。一个月前的五月十七日，邹沅帆在致汪康年的信里还附语至嘱："陈右丈乔梓行止，祈嘱《中外日报》馆不必登载，千万！陈氏父子实可告无过于天下，公当敦嘱。"①而皮锡瑞早在此前数月，已经在为陈宝箴、陈三立担心了。他在庚子年二月初五的《日记》中写道："闻居停言，萍乡学士又有刊章之捕，汉庭萧傅，恐遭骈首之冤。若戮士不已，至于戮师，元气尽矣！此心怦怦，夜不能寐。不知右老乔梓封神榜无名否？芰舲函云，张变产清账，邹挈眷服官。则将伯之呼，恐又为屠门之号矣！奈何奈何！"②此处"变产清账"之张，指张通典，"挈眷服官"之邹，即邹沅帆。

八 陈三立的"倒后复帝"活动

我们读陈三立在乃父遭遇不幸后所撰之《先府君行状》，其结

---

① 《邹代钧致汪康年》第九十二通，《汪康年师友书札》第三册，上海古籍出版社1987年版，第2798页。
② 皮锡瑞：《师伏堂日记》光绪二十六年庚子（1900年）二月初五日条，国家图书馆出版社2009年影印版，第四册，第144—145页。

尾处有一句不寻常的话，写的是："不孝既为天地神鬼所当诛灭，忍死苟活，盖有所待。"[①]而写在同时的《书史记礼书乐书后》，也发为感叹，说："太史公其盖喟然而有所待矣！"[②]然则散原之"所待"的为何事？现在有足够的材料证明，散原在庚子年的夏天，即陈宝箴遇害的前后，参与了关乎家国天下的一个"大事件"，这个"大事件"如果在陈宝箴逝前暴露，足以致义宁父子于死罪，如果在陈宝箴逝后传出，散原的身命亦将不保。

这个"大事件"，就是当慈禧倒行逆施导致内外交困国将不国之际，八国联军欲犯帝京却又未能实施之时，以"迎銮南下"的名义，逼慈禧释权还政，让光绪重新临御天下。这样既可缓解国内矛盾，又可与洋人达成谅解。其实是为朝廷谋一摆脱困境的久安之计。这一计划既不同于"勤王"，更不同于自立军的武装举动，虽然在内涵上彼此不无交错。但这一计划无疑是一次政变，亦即对戊戌八月慈禧政变的反政变，其危难艰险可想而知。因此陈三立称此一计划为"题外作文，度外举事"。

陈三立的这一主张，在庚子六月十三日（1900年7月9日）写给湖广总督张之洞的幕府人物梁鼎芬的一封特殊的信中，有具体的阐述，下面请看该信的全文：

> 读报见电词，乃知忠愤识力，犹曩日也。今危迫极矣，以一弱敌八强，纵而千古，横而万国，无此理势。若不投间抵隙，

[①] 陈三立：《湖南巡抚先府君行状》，《散原精舍诗文集》下册，上海古籍出版社2003年版，第857页。
[②] 陈三立：《书史记礼书乐书后》，《散原精舍诗文集》下册，第841页。

题外作文,度外举事,洞其症结,转其枢纽,但为按部就班,敷衍搪塞之计,形见势绌,必归沦胥,悔无及矣。窃意方今国脉民命,实悬于刘、张二督之举措(刘已矣,犹冀张唱而刘可和也)。顾虑徘徊,稍览即逝,独居深念,讵不谓然?顷者陶观察之说词,龙大令之书牍,伏希商及雪澄,斟酌扩充,竭令赞助。且由张以劫刘,以冀起死于万一。精卫之填,杜鹃之血,尽于此纸,不复有云。节庵老弟密鉴。立顿首。

这封信被称作"陈三立致梁鼎芬密札",最早公之于《明报月刊》1974年10月号①,台北艺文印书馆1979年出版的《梁节庵先生年谱》(吴天任编),亦有载。

陈三立写此信的庚子六月十三日,距离陈宝箴的遇害,只有九天的时间。我们当然不好断定该信的内容是否已经外泄,但此信的高度敏感性毋庸置疑。梁鼎芬是陈三立的旧交,两人对朝政的看法不一定尽同,大体上梁的态度倾向于不动摇"国体",戊戌之年张之洞发表《劝学篇》,听了梁鼎芬的意见,改得与变法潮流更加划开界限。但梁当年弹劾李鸿章六大"可杀之罪",因此开罪慈禧被连降五级,刚直勇敢如此,散原不无欣赏。所以密札开头所谓"忠愤识力,犹曩日也"云云,似即指此而言。

不久前,笔者有幸在《近代史研究》2011年第2期上,读到戴

---

① 周康燮:《陈三立的勤王运动及其与唐才常自立会的关系——跋陈三立与梁鼎芬密札》,《明报月刊》1974年10月号。

海斌先生专门释证陈三立密札的文字[①]，所征引之资料翔实可靠，颇能解惑取信。戴文援引《张謇日记》庚子五月三十日条"与伯严议易西而南事"、七月二十八日条"与新宁书，请参政府速平乱匪，为退敌迎銮计"，都有力证实陈三立、张謇等确有"迎銮南下"的计划。而一旦慈禧南下，而不是西行，他们就想借助张之洞、刘坤一两督抚的力量，强迫慈禧退位还政。尤其所征引之宗方小太郎给日本海军省军令部的报告，已将此一事件的原委、企图及可行性，抖搂得水落石出，现特转抄该报告在这里，以明散原、张謇等志士"度外举事"计划的底里真相：

> 因义和团事件之故，北支那局面日坏，如一旦溃裂，日本或独立行动，或与英、美联合，拥光绪帝至湖北武昌，开立新都，组织新政府，满洲出身大臣及汉族固陋有碍新政者一概排除，幽闭皇太后及宗室以下大员，剥夺其干预政事之权，在日本等一二国监督帮助之下，施行各项新政，如能一洗旧貌，卓有实绩，则不啻以革命倾覆满洲政府，极利于名正言顺收揽南方支那人心……此际拥皇帝迁都至中原要地号令天下，即使只是表面文章，亦有利于料理眼前旧时局，收束天下人心。张之洞、刘坤一二人为长江一带最为有力之人物，必预先说服此二人，做好迎驾准备。本日派汪康年（张之洞信任之人）前赴湖北劝说迎驾之事，另派人向刘坤一游说。只是张之洞胆怯，刘坤一过

[①] 戴海斌：《"题外作文，度外举事"与"借资鄂帅"背后——陈三立与梁鼎芬庚子密札补正》，《近代史研究》2011年第2期，第124—130页。

于老成,能否应承此事,难以预料。①

日人宗方小太郎此份报告可谓直陈题义,盖酝酿中的这一计划,就是"拥光绪帝至湖北武昌","幽闭皇太后","剥夺其干预政事之权",然后"施行各项新政"。日人有此想应有本国利益的考量,但与陈三立设想的计划大体相符。所要依靠的人事力量,也是刘坤一、张之洞两督抚。而且报告分析的"张之洞胆怯,刘坤一过于老成",他们能否应承此事尚属未知,也完全符合事实。陈三立密札中的"陶观察之说词"一语,戴文也从日人史料中找到了佐证。陶观察就是陶森甲,字榘林,湖南宁乡人,一位既与晚清诸大吏,又与日人保持联系的特殊人物。陈三立其实与之有旧。说服刘坤一的工作主要由此陶承担,但"刘无所反应",致使陶等抱怨"刘不足以成事"②。故陈三立之密札,在"窃意方今国脉民命,实悬于刘、张二督之举措"句旁加注云:"刘已矣,犹冀张唱而刘可和也。"可惜后来的结果却是,张也没有"唱",刘也无从"和"。散原诸人的"度外举事"计划,宣告失败。

这件事让陈三立极为失望,事隔两年之后的癸卯(1903年)闰五月,他在崝庐祭墓所写的诗句中,还痛苦地向乃父陈述:"痴儿谬托桑榆计,种树书成酒碗空。"③本来想扭转戊戌政变到庚子拳乱的"东隅"之"失",以期"收之桑榆",不料所托非人,计划尽管

---

① 戴海斌:《"题外作文,度外举事"与"借资鄂帅"背后——陈三立与梁鼎芬庚子密札补正》,《近代史研究》2011年第2期,第127页。
② 同上。
③ 陈三立:《崝庐楼夜》,《散原精舍诗文集》上册,上海古籍出版社2003年版,第71页。

周密，却无法实施，最后落得"酒碗"空空。头一年即壬寅(1902年)所写的谒墓诗中，也有"国家许大事，长跽难具陈。端伤幽独怀，千山与嶙峋"的句子①。甚至悲伤地说："江南可怜月，遂为儿所私。"亦即自己已成为最可怜的人了。由此可知散原将"题外作文，度外举事"这件事看得有多么重大。可以说，他为此费尽了心力。他和"陶观察"陶森甲的往还显然增多了。仅《散原精舍诗集》所存辛丑(1901年)、壬寅(1902年)、癸卯(1903年)三年的诗里，就有多首与陶有关②。特别是壬寅(1902年)秋写的《槃林五十生日赋赠六首》，尤堪玩味：

> 初忆逢君蜕宅边③，琼琚玉佩接华筵。
> 江南再见垂垂老，各抚头颅五十年。

> 曾听鸣镝天山下，更看飞鹰黑海西。
> 叱咤风云七万里，闲来肝膈自提携。

> 方丈蓬莱了可攀，楼船持节气如山。
> 神丹受得青童秘，散落人间只等闲。

---

① 陈三立：《壬寅长至抵峥庐谒墓》，《散原精舍诗文集》上册，第55—56页。

② 例如《北固山阁夜时日本结城琢中村兼善及李亦元陶槃林俞恪士同游》、《中秋夜同肯堂喆甫恪士泛舟青溪槃林次申亦各携妓至遂登复成桥步月次肯堂韵》、《槃林五十生日赋赠六首》、《二月三日顾石公招饮龙蟠里》、《饮鉴园玩月》、《陶槃林杜云秋罗顺循由日本阅操还，适昜实甫亦归自西安》等，分别见《散原精舍诗文集》第27、49、50—51、64—65、155页，及《散原精舍诗文集补编》第257页。

③ 该诗首句有注："长沙周氏蜕园，即唐刘蜕故宅。"

戊戌政变和陈宝箴之死

滔天祸水龙蛇动，歃血盟言鸡犬安。
毕竟功成不受赏，后人端作鲁连看。

朱家郡国尊游侠，杜牧平生有罪言。
一二流传在天地，酒酣耳热与谁论。

余事还惊世上儿，倒流江海溅霜髭。
英雄自有无穷世，起看瀛寰举一卮。[①]

此六首诗写于1902年中秋或稍后几日，因《散原精舍诗》卷上该诗之排列位置，前一首为《中秋夜携客棹舟》，后一首为《肯堂为我录其甲午客天津中秋玩月之作》，故可以此推定。散原何等尊贵之人，岂是随意给同辈祝寿的？关于陶森甲的生年，根据散原诗写作时间的光绪壬寅，上推五十年，是咸丰癸丑，即1853年，当为陶森甲的出生之年。如是，陶与散原应为同年所生，都是生于咸丰癸丑（1853年）。故诗中第一首尾句"各抚头颅五十年"句，为实写。

首句"初忆逢君蜕宅边"并自注"唐刘蜕故宅"，是指两人第一次晤面，是在湖南长沙陈三立府第的花园。第二首写陶游历之广和声名之著，故有"叱咤风云"的形容语。第三首是说陶负有秘

[①] 陈三立：《椠林五十生日赋赠六首》，《散原精舍诗文集》上册，上海古籍出版社2003年版，第50—51页。

密使命，即陈三立参与的秘密迎銮南下的计划。第四首首句："滔天祸水龙蛇动"，明显指令志士蒙难和国家蒙羞的慈禧，散原称其为"蛇龙"已非一次了。只是此诗不假掩饰，直接称慈禧是一条蛇龙，而且是家国天下的"滔天祸水"。而第二句"歃血盟言鸡犬安"，似乎是说为了此项计划，至少陈三立、陶棨林是举行过"歃血盟言"一类仪式的，可知此举的危险性之大以及他们的决心之大。而且相约"功成不受赏"，只要后人理解，他们之所为不过出于鲁连之大义，就足矣。第五首用杜牧《罪言》典，还是极言此举之风险。第六首说，到写诗的光绪壬寅年（1902年）八月，《辛丑条约》签过了，慈禧也回到京城半年多了，但想起来还未免后怕，故云"余事还惊"。此六首诗是陈三立参与倒后复帝活动的又一证据，以及他与此一事件的主角陶森甲的不寻常关系昭然可见。

而一年前陈三立在《陶棨林杜云秋罗顺循由日本阅操还，适易实甫亦归自西安》诗里[①]，亦曾涉及业已流产的"度外举事"。诗中三四两句："一驾鼋鼍恣挥斥，一呼鹦鹊共啁喧"，就是当时他们积极从事的写照，认为陶棨林起到了桥梁的作用。结尾句的"我亦奎蹄曲隈虱，相看惟有涕痕存"，是说自己在"举事"的路上也迈开了双脚，可惜没有成功，慈禧没有预期南下，而是在西去的"泥涂"上"歌哭"呢。所以当陶森甲自日本归来，彼此相见，无可奈何，"惟有涕痕存"了。

[①] 全诗为："行人觌国过长门，归客题诗认旧村。一驾鼋鼍恣挥斥，一呼鹦鹊共啁喧。海天笳角回三岛，歌哭泥涂剩六魂（实甫诗卷有《魂东》、《魂西》、《魂南》、《魂北》、《魂海》、《魂天》集）。我亦奎蹄曲隈虱，相看惟有涕痕存。"潘益民、李开军辑注：《散原精舍诗文集补编》，江西人民出版社2007年版，第257页。

这段时间，散原变得极为敏感，各方消息都想弄个究竟。大约与庚子六月十三日写给梁鼎芬的密札约略同时，陈三立另外还有一封致梁鼎芬的信，这样写道："侍疾兼盛暑，望公等迟日相过。电稿'还楚皆谈者'等句，仍不甚解，告我何如？必不泄露天机也。节弟。立顿。"①信中的关键语词是，梁鼎芬的来电稿中有"还楚皆谈者"字样，陈三立询问梁此语是什么意思。

其实此语只可能有两种解释：一是湖北那里人人都在说，二是湖北到处都是光说不做的人。所"谈"之事，当然是迎銮南下的"度外举事"。两种含义散原都不愿意看到。因为如是第一种，怕泄露天机；如是第二种，那是说张之洞不愿意践行此事。所以陈三立要问个究竟。以梁的身份，与之谈者，不排除有汪康年等人（汪当时在湖北），但主要还是张之洞。"度外举事"能否施行，关键在刘（坤一）、张（之洞），"刘已矣"，主要看张愿不愿意"唱"了。故散原急切、敏感、焦心，无以复加。他希望梁鼎芬的电报里有上好消息。退一步说，虽然没有做，如果张督愿意"谈"此事，也还不无一丝"希冀"。

散原反对慈禧志意的坚决，还表现在他对唐才常和自立军失败持有惋惜和同情的态度。写于光绪辛丑（1901年）的《得邹沅帆武昌书感赋》一诗，就透露出他的这种态度："嗟君横舍冷如水，寄食看人行老矣。乃敢张目论世事，弄笔渍泪洒此纸。洞庭东流江拍天，鲈鲔昼徙蛟龙渊。螳螂黄雀皆眼前，李代桃僵亦可怜。"②邹

---

① 陈三立：《与梁鼎芬书》，潘益民、李开军辑注：《散原精舍诗文集补编》，第252页。
② 陈三立：《得邹沅帆武昌书感赋》，《散原精舍诗文集》上册，上海古籍出版社2003年版，第7—8页。

沅帆即邹代钧，湖南新化人，舆地专家，曾参与湖南新政，与谭嗣同、熊希龄的观点不合，但对义宁父子敬而重之，从无异词。离开湖南后在张之洞督抚门下绘制湖北地图，是一闲差，实际未获重用。诗的头两句盖即指此而言。

邹的文笔不错，淋漓尽致，很见性情。他对义宁之外的很多大吏，包括刘坤一、张之洞，都不信任。庚子北乱，刘、张倡东南互保，他说"以我观之，都系空言搪塞"[①]。唐才常以自立军举事，他深不以为然，但对张之洞在庚子七月二十八日残酷杀害唐才常等，又不无微词。他在致汪康年的信中写道："朝廷肆杀于上，督抚肆杀于下，盗贼又逞其屠戮之杀，洋人则逞其火炮之杀，民之免于杀者，当无几矣。"[②]同样的意思他在致陈三立的信里，当亦有所语及，所以陈三立的诗里，才说他"乃敢张目论世事，弄笔渍泪洒此纸"。五六两句，化用"蛟龙得水"的典故，意即湖北这块土地不简单，各种各样的鱼都到那里去了，唐才常在那里举事，张之洞在那里杀人。可是又怎么样呢？两方面都犯了目光短浅的错误，致使唐才常成了真正的国之虫毒的替死鬼。诗的最后两句，恐怕唯有这样解释，方不失散原的原意。"螳螂"，指的是唐才常，而"黄雀"，自是喻指张之洞无疑。但他的同情主要在唐才常和自立军身上，因此禁不住直接使用了"可怜"这一充满感情色彩的语词。

陈三立始料所不及的是，他的致梁鼎芬密札写后仅过去十二天，陈宝箴就被慈禧赐死了。当时关于义宁父子不利于慈禧临朝

[①] 《邹代钧致汪康年书》第九十四通，《汪康年师友书札》第三册，上海古籍出版社1987年版，第2804页。

[②] 同上，第2805页。

的讯息太多了，其中一点点到得"蛇龙"耳边，陈宝箴都难免一死。其实还有自立军起事计划中，唐才常力主由翁同龢和陈宝箴坐镇①。只此一条，陈宝箴也逃不过慈禧的第二次杀机。故陈三立在《罗顺循大令官定兴以受代，仅免团匪外兵之难。冬闲将家避河南，为书上先公，言祸变始末甚备，盖尚未及闻先公之丧也，发书哀感，遂题其后》诗中，直接醒目地使用了"天发杀机"一语：

> 三千道路书初到，百万生灵汝尚存。
> 天发杀机应有说，士投东海更何冤。
> 破椟骨肉生还地，残烛文章惨澹痕。
> 哭向九泉添一语，旧时宾客在夷门。②

其实，陈三立即使没有"度外举事"的倒后复帝活动，时当"天发杀机"的庚子之夏，陈宝箴也必死无疑。

九 陈寅恪是否知道祖父之死的真相

剩下的问题是，陈寅恪是否知道他的祖父陈宝箴之死的历史真

---

① 研究晚清史事的桑兵先生在《庚子勤王与晚清政局》一书中，论及唐才常、汪康年诸人与康有为的关系，写道："汪、唐两派对待康有为的态度本质上也是异曲同工。据了解内幕的井上雅二称，按照自立会的布置，因大多数人不赞同康有为的言行，'只是要利用他的筹饷'，而不打算让他出头任事。这一说法可找到相应证据：其一，据章炳麟所述，唐才常主张由翁同龢、陈宝箴坐镇，只有狄平想密召康有为归国主持。不料1900年7月21日（梦溪按：应为7月22日）陈宝箴被西太后赐死，使自立军的周密布置为之一挫，失去援助。"参见桑著该书之第130页，北京大学出版社2004年版。

② 陈三立：《散原精舍诗文集》上册，上海古籍出版社2003年版，第18页。

相？我有充分证据证明寅恪曾熟读《散原精舍诗》(笔者另有文专论，此不具)，如是则散原诗中关于陈宝箴之死的一连串用典，以寅恪之博学通识，不应无所解悟。

这里试举一例，即晚年寅老所撰之《寒柳堂记梦未定稿》，第六节"戊戌政变与先祖先君之关系"有这样一段附记："兹有可附言者，即先君救免文芸阁文廷式一事。戊戌政变未发，即先祖先君尚未革职以前之短时间，军机处廷寄两江总督，谓文氏当在上海一带。又寄江西巡抚，谓文氏或在江西原籍萍乡，迅速拿解来京。其实文丈既不在上海，又不在江西，而与其夫人同寓长沙。先君既探知密旨，以三百金赠文丈，属其速赴上海。而先祖发令，命长沙县缉捕。长沙县至其家，不见踪迹。复以为文丈在妓院宴席，遂围妓院搜索之，亦不获。"①所记陈宝箴和陈三立救免文廷式的事实经过，至为详剀，不爽分毫。

接着又引乃父《文芸阁学士同年挽词》六首之四：

> 元礼终亡命，邠卿辱大儒。
> 孰传钟室语，几索酒家胡。
> 祸兴机先伏，烟涛梦自孤。
> 光芒接三岛，留得口中珠。②

---

① 石泉整理：《寒柳堂记梦未定稿（补）》，《寒柳堂集》，三联书店2001年版，第233—234页。
② 陈三立：《文芸阁学士同年挽词六首》之四，《散原精舍诗文集》上册，上海古籍出版社2003年版，第132页。

戊戌政变和陈宝箴之死

陈三立挽文廷式诗共有六首，陈寅恪独引其第四首，而在引录之后写道："其第一联（应为第二联——笔者注）上句用《史记》九十二《淮阴侯列传》，下句指长沙县搜妓院事。末二句指传播同光胜流之学于东瀛也。"[①] 请注意，诗中第二联上句、下句，全诗的末二句，其所涉之古典、今典，寅恪都一一拈出。那么第三联的首句就不涉取典用事么？寅恪先生何以置之不提？按"祸兴机先伏"之"祸兴"，《散原精舍诗》原作"祸衅"，是正确的；"祸兴"疑为出版者所误植。《孟子·梁惠王上》："臣闻之胡龁曰：'王坐于堂上，有牵牛而过堂下者，王见之曰：牛何之？对曰：将以衅钟。王曰：舍之，吾不忍其觳觫，若无罪而就死地。对曰：然则废衅钟与？曰：何可废也，以羊易之。'不识有诸？"赵岐注"衅钟"云："新铸钟，杀牲以血涂其衅郄，因以祭之。"焦循《孟子正义》也说："衅本间隙之名，故杀牲以血涂器物之隙，即名为衅。"[②] 可见"祸衅"一词，就是杀戮的意思。而"机"，则是机兆、祸根之意。因此"祸衅机先伏"这句诗，可以解释为：遭受杀戮之祸的关键因由事先已经埋伏下了。

那么散原所谓"祸衅"究系何指？是谁后来（相对于"机先伏"）遭到了杀戮？是指文廷式？不，不！文已经在义宁父子救助下逃走了，"钟室"（策划杀人的地方）虽传下谕旨，却没有能够将文廷式正法。按上下文连接解读，这位遭受杀戮者，必定与此诗的下一句"烟涛梦自孤"的主体有关。"烟涛"即烟波（用的是常典——崔颢《黄鹤楼》诗："日暮

---

① 陈寅恪：《寒柳堂集》，三联书店2001年版，第234页。
② 焦循撰、沈文倬点校：《孟子正义》上册，中华书局1987年版，第80—81页。

乡关何处是，烟波江上使人愁"），寓愁绝之意。"梦自孤"言自身之孤单，慨叹已经没有人与自己共同实现梦想了。因此这个主体不应该是别人，正是父亲死后孤独无依的陈三立自己。右铭遇害之后，散原一直有"烟涛梦自孤"之感。所谓"祸衅"，自然指的是陈宝箴蒙冤被杀戮之事。而招祸之"机"，则是因为救免文廷式（"机先伏"）而预先种下的根苗。散原的《文芸阁学士同年挽词》，主要是其中的第四首，已经把慈禧密旨赐死陈宝箴的因由透露出来了。

陈寅恪引散原老人的《文芸阁学士同年挽词》六首之四，相关诗句的用典都予标出，独独最关键的"祸衅机先伏，烟涛梦自孤"句置之不顾，不知是否有意回避？也许，站在宝箴之孙、三立之子的特殊立场，他不愿也深知不应该把祖父遇害的历史真相直接注出？事实上陈三立也是把密码藏在诗里，并没有直白地讲述陈宝箴之死的经过。这是完全可以理解的。高贵如义宁陈氏一族，自己的有那等显赫地位的尊人被行刑处死，场面那样惨毒，当然不可亦不必向后人以及外人道也。

兹还有一旁证，就是陈寅恪对慈禧的态度。先生于1966年早春竣事的《寒柳堂记梦未定稿》，特设"孝钦后最恶清流"一节，其中写道："清咸丰之季年，太平天国及其同盟军纵横于江淮区域。英法联军攻陷北京，文宗走避热河，实与元末庚申帝之情事相类。然以国内外错综复杂之因素，清室遂得苟延其将断之国祚者五十年。凡此五十年间政治中心，则在文宗孝钦显皇后那拉氏一人。故述清代同光两朝及宣统朝之史者，必以那拉后为主要之题材，自无待论也。综观那拉后一生之行事，约有数端：一、为把持政权，不以侄嗣穆宗，而以弟承大统。后取本身之侄女强配德宗，酿成后来戊戌、庚子之事变。二、为重用出自湘军系统之淮军，以牵制湘军，遂启北洋军阀之一派，涂炭生灵者二十年。三、为违反祖制，信任阉宦，遂令晚清政治腐败更甚。四、为纵情娱乐，修筑园囿，移用海军经费，致有甲午之败。五、为分化汉人，复就汉人清、浊两派中，扬浊抑清，而以满人荣禄掌握兵权。后来摄政王载沣承其故智，变本加厉，终激起汉人排满复仇之观念。"①

此可以视为我们的大史学家对慈禧一生行事的总评价，竟然无一肯定，所陈五端，皆为否定断判。值得注意的是，上述行文在"凡此五十年间政治中心，则在文宗孝钦显皇后那拉氏一人"句下，有作者原注云："寅恪十余岁时，曾见日本人所著书，言后小名阿翠。曾朴《孽海花》亦有是说，但无从证实，姑附记于此。"此注之深在之意，是强调那拉氏文化层阶之低微及鄙俗，显寓贬抑之义涵。而注中所说"十余岁时"看到日人所著书，时间应在1902至1903或1904至1905两次留学日本期间，值先生十三岁至十五岁，其距乃祖陈宝箴之逝，不出五年左右时间。在晚年的正式史学叙述之中，突然插入此一节少年的经历，意在何耶？意在何耶？此可反证1898年秋天的慈禧政变以及对义宁一家的影响，包括对少年陈寅恪的影响，是何等深著。

另外可注意者，是寅恪作于1965年冬天的《乙巳冬日读〈清史（稿）·后妃传〉有感于珍妃事为赋一律》：

昔日曾传班氏贤，如今沧海已桑田。
伤心太液波翻句，回首甘陵党锢年。

---

① 陈寅恪：《寒柳堂记梦未定稿（补）》，《寒柳堂集》，三联书店2001年版，第217—218页。

家国旧情迷纸上，兴亡遗恨照灯前。
开元鹤发凋零尽，谁补西京外戚篇。①

  第三句后有作者注："玉谿生诗悼文宗杨贤妃云：'金舆不返倾城色，玉殿犹分下苑波。'云起轩词'闻说太液波翻'即用李句。"云起轩是文廷式的号。李(商隐)、文之"分下苑波"及"太液波翻"之句，都指的是宫廷的争斗或朝政之乱局应无异议②。寅恪由文、李的"太液波翻句"，回忆起戊戌年的党锢之祸。而隐含的思维路径则是：读《清史(稿)·后妃传》，想到珍妃的被害；由珍妃事想到珍妃的老师文廷式的被逐以及戊戌政变后的密旨追捕；由此又想到自己的祖父和父亲对文廷式的救免；由救免文廷式自然想到祖父陈宝箴的西山蒙难。因而才感到"伤心"，并写下"家国旧情迷纸上，兴亡遗恨照灯前"这样的极具个人感情色彩的句子。请注意"遗恨"二字，岂能无指而妄说乎？
  我认为《寒柳堂记梦未定稿》附记其先祖先君救免文廷式的具体经过，并引散原《文芸阁学士同年挽词》六首之四注而预留空

---

① 《陈寅恪诗集》，清华大学出版社1993年版，第141页。
② 李商隐句见《曲江》一诗："望断平时翠辇过，空闻子夜鬼悲歌。金舆不返倾城色，玉殿犹分下苑波。死忆华亭闻唳鹤，老忧玉室泣铜驼。天荒地变心虽折，若比阳春意未多。"参见中华书局版张采田《玉谿生年谱会笺》第450页。文廷式《念奴娇》词："江湖岁晚，正少陵忧思，两鬓衰白。谁向水精帘子下，买笑千金轻掷。凄诉鹍弦，豪掀玉斝，黛掩伤心色。更持红烛，赏花聊永今夕。闻说太液波翻，旧时驰道，一片青青麦。翠羽明珰飘泊尽，何况落红狼藉。传写师师，诗题好好，付与情人惜。老夫无语，卧看月下寒碧。"见《文廷式集》下册，中华书局1993年版，第1452页。关于陈寅恪此诗，亦可参阅我的《陈寅恪的"家国旧情"与"兴亡遗恨"》一文，载拙著《传统的误读》，河北教育出版社1996年版，第160—183页。

白,以及这首《乙巳冬日读〈清史(稿)·后妃传〉有感于珍妃事为赋一律》,可以见出陈寅恪对其祖父陈宝箴之死的历史真相,也许并非毫无所知。

十 陈宝箴系慈禧密旨赐死的新证据

2014年7月,我们中国文化研究所的同人陈斐先生发来一信,告诉我说他从《散原精舍诗》中,发现一首直接与赐死陈宝箴有关的诗作。原来是陈三立在诗中直接使用吴王夫差赐死伍子胥之典,自然无比重要。兹征得陈斐先生同意,将其信函全文抄录如下,以飨读者。

梦溪先生道席:

近日重读大著《陈宝箴与湖南新政》,深佩先生感觉之敏锐细腻,而悯俗忧世之意,见于言外。先生"以陈解陈",旁征博引,运用义宁诠释学原则发覆索隐,证戴远传所记右铭公被慈禧赐死之说可信,持之有据,言之成理。晚生近读散原诗,亦发现一则材料,似可为先生之论做一补证。

《散原精舍诗》卷上《遣兴二首》之二:
刺绣无如倚市门,区区思绕牧牛村。
晓移舴艋溪桥稳,晨听篝车田水喧。
俯仰已迷兰芷地,伶俜余吊蝼蛄魂。
江长海断风雷寂,阴识雄人草泽存。

此诗作于光绪二十七年(1901年)十月前后,时距散原尊翁右铭公之死不足一年零四个月。"伶俜"即"孤儿"。值得注意的是"属镂"一典。按"属镂",又作"属卢"、"属娄"等,剑名。《左传·哀公十一年》记吴王夫差赐伍子胥属镂之剑自刎事:"王闻之,使赐之属镂以死。"杜预注:"属镂,剑名。"后《史记》"吴太伯世家"、"越王句践世家"、"伍子胥列传"皆有记载。散原用"属镂"之典,应是右铭公被慈禧赐死的一个比较有力的证据。

以上看法当否,还请不弃赐教。暑气犹厉,千祈起居珍重。并颂

研祺!

晚生陈斐谨启,2014年7月4日。

陈斐是我们所的青年学人,长于诗学,其所著《南宋唐诗选本与诗学考论》颇见根底。但在所内,我们很少涉及诗学话题,想不到他读散原诗有此发现。

关于伍子胥为吴王夫差赐死,是历史上有名的冤杀忠臣直臣之案。夫差屡欲征伐齐国,伍子胥每直言力谏。越王公然送来厚礼,吴国的国王和大臣"皆有馈赂",表示对伐齐的支持。伍子胥愈加警觉,再次力陈,心腹大患是越国而非齐国,即使伐齐取得胜利,也不过如同得到一块不能种庄稼的土地,没有实际用处。吴王不听,加之有谗奸小人太宰嚭的挑拨陷害,最后吴王竟以"属镂剑"赐伍子胥死。《左传》哀公十一年的记载是:"王闻之,使赐之属镂以死。"《史记·伍子胥列传》作:"乃使使赐伍子胥属镂之剑,曰:'子以此死。'"《史记·吴太伯世家》为:"吴王闻之,大怒,赐子胥属镂之剑以死。"《史记·越王句践世家》则为:"役反,使人赐子胥属镂剑以自杀。"太史公于伍子胥被赐死

一案，可谓一记再记，而且每记都提到"属镂剑"，表示系吴王亲自赐死。

不仅此也，司马迁并以受赵高迫害而身陷囹圄的李斯之叹来强调伍子胥的冤情。《史记·李斯列传》写道："李斯拘执束缚，居囹圄中，仰天而叹曰：'嗟乎，悲夫！不道之君，何可为计哉！昔者桀杀关龙逢，纣杀王子比干，吴王夫差杀伍子胥。此三臣者，岂不忠哉，然而不免于死，身死而所忠者非也。今吾智不及三子，而二世之无道过于桀、纣、夫差，吾以忠死，宜矣。'"兹可见伍子胥被赐死一案，已然成为与夏桀杀关龙逢、殷纣王杀比干并列的三大上古冤案。

陈三立熟读《史》、《汉》两书，其对伍子胥冤案的来历必了如指掌，绝不致用典有误。故散原《遣兴》二首之二的"俯仰已迷兰芷地，伶俜余吊属镂魂"句，其所指为陈宝箴之死自是无疑。"伶俜"是孤零的意思，陈斐解为"孤儿"，可谓得义。陈三立在陈宝箴冤死之后，诗中多次以"孤儿"自称，拙《新政》对此释证甚详，可参阅故宫出版社是书之页254至261，对十三例"孤儿"所作之考订。其实《散原精舍诗》卷上，该《遣兴》二首之后的第四题，是《返西山墓庐将过匡山赋别》，其最后两句即为："孤儿犹认啼鹃路，早晚西山万念存。"称通往西山靖庐的路为啼血之路，已是不同寻常，而且说"万念存"，我想应该也包括"吊属镂魂"这一"念"罢。那么这个"吊属镂魂"的"伶俜"的"孤儿"非散原而何？而所凭吊的"属镂魂"，不正是一年前被慈禧赐死的维新领袖陈宝箴吗？上句"俯仰已迷兰芷地"的"兰芷"，明指楚地湖南。"俯仰已迷"则是对湖南新政故地的流连沉醉。此句与陈寅恪诗"儿郎涑水空文藻，家国沅湘总泪流"、"死生家国休回首，泪与湘江一样流",以及"家国旧情迷纸上,兴亡遗恨照灯前"等,可连类比照,都是抒写对湖南新政及其悲剧结局的记忆。陈宝箴、陈三立父子虽籍江西义宁州,然事业所成、情感所系、悲剧之酿,实在三楚之地的湖南。

如是,则当拳民大哄、国将不国的庚子年六月二十六日（西历1900年7月22日）的陈宝箴之逝,实际上是被那个狡诈的老太婆慈禧密旨赐死,应不致再有异议了。除非散原用典有误。然而我敢断言,晚清诗界翘楚、博通高识的翩翩佳公子陈三立,是不会在涉及尊人死因的关键问题上错用古典和今典的。谓予不信,径请复按可也。

2014年8月17日补记于东塾

（原载《中国文化研究所学报》第1卷,中华书局2009年版,此为重订增补稿。）

第二卷

学术思想是人类理性认知的系统化，是民族精神的理性之光；学术思想发达与否是一个民族文化是否发达的标志。中国现代学术的总成绩，称得上乾嘉之后中国学术的又一个高峰期。提倡为己之学，追求学术独立，是中国现代学术的重要传统。当时的大师巨子足以成为后来者进入学术殿堂的引桥。通过他们，可以通往古代，走进中国传统学术；也可以通过他们连接西方，走向中西学术思想的会通。他们的独标与秀出、性情与著述、谈吐与风致、精神与信仰，确有传之后世而不磨的典范意义。

中国现代学术要略

一 学术与学术思想

学术思想是人类理性认知的系统化，是民族精神的理性之光；学术思想发达与否是一个民族文化是否发达的标志；既顺世而生又异世而立是学术思想的特点；转移风气、改变习俗，学者之理趣覃思与有不灭之功焉；对学术思想不可简单以功利计。

二十一世纪将会是怎样一个世纪呢？谁都不是预言家，未来的事情不好预测。但鉴往可以知今，前瞻性思考的真理性往往即深藏于对往昔的回顾之中。特别是一个民族的学术思想，是一个民族的精神之光，特定时代学术精英的活动，往往蕴藏着超越时代的最大信息量。站在学术史的角度回观二十世纪的中国，简错纷繁的百年世事，也许更容易获致理性的通明。

问题是到底什么是学术？学术思想究竟指什么而言？

二十世纪第一个十年刚刚过后的1911年，梁启超写过一篇文章叫《学与术》，其中有一段写道："学也者，观察事物而发明其真理者也；术也者，取所发明之真理而致诸用者也。例如以石投水则沉，投以木则浮。观察此事实以证明水之有浮力，此物理也。应用此真理以驾驶船舶，则航海术也。研究人体之组织，辨别各器官之机能，此生理学也。应用此真理以疗治疾病，则医术也。学与术之区分及其相关系，凡百皆准此。"①这是迄今看到的对学术一词所作的最明晰的分疏。学与术连用，学的内涵在于能够揭示出研究对象的因果联系，形成建立在累积知识基础上的理性认知，在学理上有所发明；术则是这种理性认知的具体运用。所以梁启超又有"学者术之体，术者学之用"②的说法。他反对学与术相混淆或者学与术相分离。

严复对学与术的关系也有相当明确的界说，此见于严译《原富》一书的按语，其中一则写道："盖学与术异。学者考自然之理，立必然之例。术者据既知之理，求可成之功。学主知，术主行。"③严复用"知"与"行"的关系来解喻学与术两个概念，和任公先生的解释可谓异曲同工。

中国古代还经常讲道术，如《庄子·天下篇》："道术将为天下裂。"贾谊《新书·道术篇》："道者所道接物也。其本者谓之虚，其末者谓之术。虚者言其精微也，平素而无设诸也。术也者，所从制物也，动静之数也。"④也视"道"和"术"为体和用的关系。"道"标识着学问的方向。学各有别，学中之道是相通的。章学诚尝言："学者，学于道也。道混沌而难分，故须义理以析之；道恍惚而难凭，故须名数以质之；道隐晦而难宣，故须文辞以

---

① 梁启超：《学与术》，《饮冰室合集》第3册"文集"之第二十五（下），中华书局影印版，第12页。
② 同上。
③ 《〈原富〉按语》第58节，《严复集》（王栻主编）第4册，中华书局1986年版，第885页。
④ 贾谊：《新书·道术》，参见《新书校注》卷第八，中华书局2000年《新编诸子集成》版，第302页。

达之。"①他由此抽绎出治中国学问的三要素，即义理、考据、词章。但对一个学人来说，比这三者更重要的是为学的目的。严复在为《涵芬楼古今文钞》作序时写道：

> 盖学之事万途，而大异存乎术鹄。鹄者何？以得之为至娱，而无暇外慕，是为己者也，相欣无穷者也。术者何？假其途以有求，求得则辄弃，是为人者也，本非所贵者也。为帖括，为院体书，浸假而为汉人学，为诗歌，为韩欧苏氏之文，棼然不同，而其弋声称，网利禄也一。凡皆吾所谓术，而非所谓鹄者。苟术而非鹄，适皆亡吾学。②

严复所要求的是一种纯学术的立场，做学问的目的就在学术本身，学术以外没有也不应该有目的，因而也可以称作"为己"之学。而诗词书法一类传统文士人皆能详的技能，不过是一种工具，也就是"术"。如果一个人为学的目的是为了猎取功名利禄，所掌握的"术"再精良，也只能是"为人"之学，真正的学者必不取此种态度。

因为"为人"之学是不自由的，所以不能达之于道。中国传统学术，既讲学，又讲道。道这个概念，讲起来很麻烦。"道可道，非常道。"老子的话，一言九鼎。《庄子》"人间世"也说："唯道集虚。"现代一点的说法，倘若撇开历史上各家各派赋予道的特

---

① 章学诚：《与朱少白论文》，《章学诚遗书》卷二十九，文物出版社1985年版，第335页。
② 严复：《涵芬楼古今文钞序》，《严复集》第2册，第275页。

殊意涵，不妨可以看作是天地、宇宙、自然、社会、人情、物事所固有的因果性和规律性，以及人类对它的超利害的理性认知，甚至也可以包括未经理性分疏的个体精神的穿透性感悟。学中之道，兼有这两个方面的特征。因此做学问贵在打通，无道则隔，有道则通。

学术思想则是人类理性认知的系统化，而且须有创辟胜解，具备独到性的品格。既系统又独到，属于思维的成果，具有形上之学的特点，这才是学术思想。章学诚《文史通义》"原道"引《易·系辞》为说："形而上者谓之道，形而下者谓之器。道不离器，犹之影不离形。"[1]学术思想的特征，应该是"即器以明道"。据说元朝时，罗马教皇曾把欧西之"七术"介绍给元世祖，包括文法、修辞、名学、音乐、算数、几何、天文；但介绍之书后来已不传，直至明末方有随耶教而来的数学和历学为中土所采用。王国维由此得一结论："此等学术，皆形下之学，与我国思想上无丝毫之关系。"[2]可见形下之学与我们所说的学术思想亦尚有别。

一个民族或一定历史时代的文化氛围和精神气象，第一表现在社会习俗方面，第二表现在学术思想方面。社会习俗固然影响学术思想，同时有赖于学术思想对社会习俗加以提升。学术思想是否发达，是一个国家或者民族文化发达与否的标志。当我们习惯地称某些国家有悠久的历史文化传统的时候，其实就是说这个国家的学术

---

[1] 章学诚：《文史通义》"原道中"，《章学诚遗书》卷第二，文物出版社1985年版，第11页。
[2] 王国维：《论近年之学术界》，参见《王国维遗书》第五册《静安文集》，第94页。

思想发达。世界上四大文化圈，古希腊罗马文化、阿拉伯文化、印度文化和中国文化，都有悠久丰富的学术传统为之奠基。就中尤以中国的学术思想最具特色。早在周秦时代，自觉的学术思想就产生了。后来经过历朝历代的沿革，学术思想越来越走向成熟，就中经过了先秦子学、两汉经学、魏晋玄学、隋唐佛学、宋明理学、清代汉学和晚清新学等不同的学术发展时期。可以说，中国历史上不同的阶段都有作为阶段性标志的学术思想。

当中国社会由晚周进入春秋战国时代，诸侯国之间的征伐与变乱固然不能不引起我们的注意，更引起我们注意的却是诸子百家争鸣竞放的学术思想。于是我们知道有孔子、孟子、荀子、老子、庄子、墨子、韩非子、公孙龙子，这些闪光的名字成了我们民族智慧的象征，成了中华文化传统的象征。他们创造的学说，影响到后代，影响到世界。他们给一个民族带来的骄傲以及其学说所具有的永久的魅力是不可替代的。而当历史的挂历翻到宋朝和明朝这一页的时候，又一批思想巨子的名字首先映入我们的眼帘：周敦颐、邵雍、张载、程颢、程颐、朱熹、陆九渊、陈亮、叶适、司马光、郑樵、沈括、李卓吾、王阳明、王廷相、王船山，他们继先哲之遗绪，发潜德之幽光，使中国的学术思想进入了更加辉煌的时期。宋朝的军事和社会的状况，或有大不能令人满意处，但学术思想多支并秀，堪称传统文化的最高峰。试想，如果没有了宋明理学和宋代的史学，中国的学术史和思想史，甚或整个中国的思想文化传统将呈现怎样的缺憾呢？

这说明学术思想自有其独立性。既顺世而生又异世而立，是学术思想的另一个特征。顺世而生，自不待言。没有哪一种学术思想不是特定时代和世代的产物，连虚幻的不结果实的花朵也可以振叶寻根，找到她赖以开放的或直接或间接的社会环境的根源。但我们需要注意，是顺世而生，可不是顺势而生。学术思想与权柄和势力天然地缺少缘分。不仅如此，她顺世却不随俗，就其发生来说有顺世的一面，而就其存在来说又有异世甚或逆世的特点。正如章学诚所说："与一代风尚所趋，不必适相合者。"[1]相反，学术思想是引导风尚的，转移风气、改变习俗，学者之理趣覃思与有不灭之功焉。

梁启超曾经说过："学术思想之在一国，犹人之有精神也。而政事、法律、风俗及历史上种种之现象，则其形质也。欲觇其国文野强弱之程度如何，必于学术思想焉求之。"[2]不独中国，欧洲亦复如是。王国维说得好："无论古今东西，其国民之文化苟达一定之程度者，无不有一种之哲学。而所谓哲学家者，亦无不受国民之尊敬，而国民亦以是为轻重。"[3]又说："光英吉利之历史者，非威灵吞、纳尔孙，而培根、洛克也。大德意志之名誉者，非俾思麦、毛奇，而汗德、叔本华也。即在世界所号为最实际之国民如我中国者，于《易》之'太极'，《洪范》之'五行'，周子之'无极'，伊川、晦庵之'理气'等，每为历代学者研究之题目，足以见形而上学之需要之存在。而人类一日存此学，即不能一日亡也。而中国之有此数人，其为历史上之光，宁他事所可比哉？"[4]他

---

[1] 章学诚：《文史通义》"感遇篇"，《章学诚遗书》，第53页。
[2] 梁启超：《论中国学术思想变迁之大势》，《饮冰室合集》第1册，文集之七，第1页。
[3] 王国维：《奏定经学科大学文学科大学章程书后》，《王国维遗书》第五册之《静安文集续编》，第37—38页。
[4] 同上。

甚至强调："提倡最高之学术，国家最大之名誉也。"[①]陈寅恪也说，学术的兴替"实系吾民族精神上生死一大事者"[②]。而此前张之洞在《劝学篇》的序里也曾说过："世运之明晦，人才之盛衰，其表在政，其里在学。"

梁、王、陈三位现代学术巨子都把学术思想提到了至高至荣的位置。

然而复按历史，一种学说或一种学术思想的遭遇却没有我们想象的那般幸运。往往越是具有独创性的思想，越不为当世所重。所以孔子有陈蔡之厄，孟子有"不得已"之辩；韩非饮鸩，孙子膑足；史迁宫刑，班氏狱死；阮籍临歧而痛哭，嵇康佯狂而不羁；罗什折翮于北国，玄奘历险于西土；韩愈受黜，行三千里路；苏轼遭贬，困琼海之滨；阳明承廷杖之辱，朱子遇罢祠之变；戴震中岁，衣食不济；颜元苦行，骨肉难全；李卓吾尝铁窗自尽而死，王夫之筑土屋匿于深山。即百年以还之现代中国，亦有谭嗣同斫头，康梁流亡，章太炎系狱，王国维自杀，闻一多遇难，吴宓蒙饥，陈寅恪吞泪，梁漱溟禁声，李叔同出家，马一浮归隐，王重民投湖，翦伯赞自经等系列悲剧的演出。一部学术史，可以说是一批批学者为创造学说为追求真理而献身的历史。

这种情况说明，对待学术思想，是不可以功利计的。"正其谊而不谋其利，明其道而不计其功"，董仲舒这句被后世目为近乎愚

---

① 王国维：《奏定经学科大学文学科大学章程书后》，《王国维遗书》第五册之《静安文集续编》，第37—38页。

② 陈寅恪：《吾国学术之现状及清华之职责》，《金明馆丛稿二编》（蒋天枢编），上海古籍出版社1980年版，第318页。

妄的话，恰恰道出了学术思想的真谛。而学人、思想家被目为愚妄、狂癫，为世人所窃笑，历史上屡见不鲜。正因为他们先觉、异世或逸世而独立，世人才有充分理由疏远他们。天才的归宿到头来总逃不过《红楼梦》中的一支曲——"世难容"。

二 学术思想的隆替与变异

中国是学术大国，学术思想的隆替与变异是中国文化史上最壮观的一幕；就与历史行程的比较而言，可以说一代有一代的学术；一定历史时期如果没有另外的学说相互撞击，占据主流地位的学说内部，便会分裂、内耗乃至自蔽；盛清学者的治学方法中已开始含有现代学术思想的一些萌芽。

中国传统社会历朝历代统治势力对学术思想的选择是极为严格的。虽然学人的妙悟哲思，即使庸员俗吏也不至于简单地认为有害于邦国天下，或者学术思想对世道、人心、社会、家国的长远利益至少还会有所小补的道理，人们是明白的；但处于权力中枢的执掌权柄的人物，更看重与本集团相关的眼前的利益，不免轻忽学者们为穷追事物之理而开出的趋向更多顾及人类普遍性的长远利益的各种药方。而历史上许多以学术为职志的人，偏偏知其不可而为之，似乎抱定了"不说白不说，说了也白说，白说也要说"的宗旨。因此学术思想在中国几千年的传统社会里，呈现出异常错综纷繁的景观。

这其中，学术思想的隆替与变异是最壮观的一幕。

就与历史行程的比较而言，可以说一代有一代的学术。就中国传统社会各种学术思潮的比较而言,儒学的地位长时期至为显赫。但这也只是就一定的历史条件相对而言,深为之说,并不如此简单。秦政统一,春秋战国时期百家竞放的灿烂局面黯然中歇。孟子说:"圣王不作,诸侯放恣,处士横议。"①秦火之后,诸侯敛迹,处士禁声,思想受到钳制,学术失却空间。但秦代同时有七十博士之设(焚坑后改为三十余人),包括后来传授《尚书》的伏生、为汉初起立朝仪的叔孙通,都列名顾问,儒学也不是完全立而无地。迨至两汉,经学蔚为大宗,盖起因于武帝独尊儒术,对儒家经典的阐释一时成为显学。可是通观汉代学术,绝不只是经学的一统天下。汉初崇尚黄老,因此司马谈撰《六家要旨》,置道家于儒家之上,先黄老而后六经②,此可暂不置论;就是儒学独尊的武帝时期,仍存在与儒学争衡的各种潜势力。董仲舒以阴阳五行学说解释儒学,已给儒学掺进杂质,尊之适足以卑之。而经今古文学的论争,无异儒学内部的自我耗散。

要想动摇一种学说,再没有比宣布一种学说所依据的经典是

---

① 《孟子·滕文公下》,杨伯峻之《孟子译注》上册,中华书局1980年版,第155页。

② 司马谈的《论六家要旨》所说的"六家",指阴阳、儒、墨、名、法、道德六家,阴阳家排在儒家之前,而真正称颂备至的则是道家,其中写道:"道家无为,又曰无不为,其实易行,其词难知。其术以虚无为本,以因循为用。无成执,无常形,故能究万物之情。不为物先,不为物后,故能为万物主。有法无法,因时为业;有度无度,因物与合。故曰圣人不朽,时变是守。虚者道之常也,因君之纲也。群臣并至,使各自明也。其实中其声者谓之端,实不中其声者谓之窾。窾言不听,奸乃不生,贤不肖自分,白黑乃形。在所欲用耳,何事不成。乃合大道,混混冥冥。光耀天下,复反无名。凡人所生者神也,所托者形也。神大用则竭,形大劳则敝,形神离则死。死者不可复生,离者不可复反,故圣人重之。由是观之,神者生之本也,形者生之具也。不先定其神,而曰我有以治天下,何由哉?"论另外五家,则各有异词,例如指儒家为"博而寡要,劳而少功"、法家"严而少恩",等等。参见《史记·太史公自序》,中华书局校点本,第十册,第3290—3292页。

学术与传统

"伪作"或"残缺"更具有摧毁力了。古文经学打击今文经学和今文经学打击古文经学，用的就是此种策略。肇始者为西汉末年的刘歆，他率先攻击今文经残缺不全（"学残文缺"），要求立古文经于学官[①]。今文十四博士则奋起反击，提出所谓古文经是"伪托"，扬言要对刘歆治以乱经之罪。直至东汉的郑玄遍注群经[②]，采今古文而融通之，持续一二百年的这场学术大论争，才初告平息。

[①] 《汉书》卷三十六《楚元王传》所载之刘歆《让太常博士书》写道："及鲁恭王坏孔子宅，欲以为宫，而得古文于坏壁之中，《逸礼》有三十九，《书》十六篇。天汉之后，孔安国献之，遭巫蛊仓促之难，未及施行。及《春秋》左氏丘明所修，皆古文旧书，多者二十余通，藏于秘府，伏而未发。孝成皇帝闵学残文缺，稍离其真，乃陈发秘臧，校理旧文，得此三事，以考学官所传，经或脱简，传或间编。传问民间，则有鲁国桓公、赵国贯公、胶东庸生之遗学与此同，抑而未施。此乃有识者之所惜闵，士君子之所嗟痛也。往者缀学之士不思废绝之阙，苟因陋就寡，分文析字，烦言碎词，学者罢老且不能究其一艺。信口说而背传记，是末师而非往古，至于国家将有大事，若立辟雍、封禅、巡狩之仪，则幽冥而莫知其原。犹保残守缺，挟恐见破之私意，而无从善服义之公心，或怀妒忌，不考情实，雷同相从，随声是非，抑此三学，以《尚书》为备，谓左氏为不传《春秋》，岂不哀哉！夫礼失求之于野，古文不犹愈于野乎？往者博士《书》有欧阳，《春秋》公羊，《易》则施、孟，然孝宣皇帝犹复广立穀梁《春秋》，梁丘《易》，大小夏侯《尚书》，义虽相反，犹并置之。何则？与其过而废之也，宁过而立之。传曰：'文武之道未坠于地，在人；贤者志其大者，不贤者志其小者。'今此数家之言，所以兼包大小之义，岂可偏绝哉！若必专己守残，党同门，妒道真，违明诏，失圣意，以陷于文吏之议，甚为二三君子不取也。"见中华书局校点本《汉书》第七册，第1969—1971页。萧统《文选》卷四十三"书下"亦有载，可一并参阅。又关于汉代的经今古文之争，是中国学术史上的大公案，历代辨析此公案之著述多到不知凡几。除《汉书》卷三十六《楚元王传》所载之刘歆《让太常博士书》，读者亦可参看晚清皮鹿门氏所著之《经学历史》及钱穆《两汉经学今古文平议》，并近人周予同的《经今古文学》和张舜徽《郑学丛著》之"叙论"部分，即可明其大略矣。

[②] 《后汉书》郑玄本传范晔"论曰"："自秦焚六经，圣文埃灭。汉兴，诸儒颇修艺文；及东京，学者亦各名家。而守文之徒，滞固所禀，异端纷纭，互相诡激，遂令经有数家，家有数说，章句多者或乃百余万言，学徒劳而少功，后生异而莫正。郑玄括囊大典，网罗众家，删裁繁诬，刊改漏失，自是学者略知所归。"中华书局校点本，第五册，第1212—1213页。张舜徽《郑学丛著》一书亦可参看，齐鲁书社1984年版。

384

学说的一统局面，只不过是偏执的朝政执掌者和固陋的臣僚们的一种愿望，历史的真实情形反是，学术思想的多元化和多样化倒是一种历史的常态。如果一个社会只有一种学术思想，这种学术思想的存在理由，就失去了。一定历史时期之内，假如没有另外的学说与之相抗衡相撞击，则占据主流地位的学说内部，便会分裂、内耗乃至自蔽。两汉经学的命运就是如此。郑康成（郑玄字康成）兼采今古文之长注释群经的学术贡献，自无疑义；但泯家法、齐今古的结果，问题也由此而生。

经学内部渐次滋生的不利于自身发展的诸多因素，早在今文经学占统治地位的汉宣帝和哀帝时期，已露出端倪。《五经》章句的讲授，字数愈演愈繁，至有小夏侯一派的《尚书》章句，"增师法至百万言"[1]。而且要求博士弟子必须严守"师法"和"家法"，使经学的传承走进了死胡同。直到后来，经生解经一意以便辞巧说为能事，完全流于支离破碎之境。班固对此一变异现象的叙论最为警辟，他在《汉书·艺文志》里写道：

> 后世经传既已乖离，博学者又不思多闻阙疑之义，而务碎义逃难，便辞巧说，破坏形体；说五字之文，至于二三万言。后进弥以驰逐，故幼童而守一艺，白首而后能言；安其所习，毁所不见，终以自蔽，此学者之大患也。[2]

---

[1] 《汉书·儒林传》。
[2] 《汉书·艺文志》，中华书局校点本，第六册，第1723页。

桓谭和王充也都有极中肯的批评。桓谭说一位讲《尧典》的经师，篇目两个字就讲了十多万字，其中"曰若稽古"一词讲了三万言[1]。王充说："儒者说五经，多失其实。前儒不见本末，空生虚说。后儒信前师之言，随旧述故，滑习辞语。"[2]两汉经学之末流终于走向了猎取功名利禄的自蔽之路。

但这时的中国历史进入了魏晋南北朝时期。佛教已经传入，道教开始勃兴，社会变乱，玄学盛行，经学和儒学事实上退居到了次要的地位。我们把玄学视作此一时期的代表性学术思潮，一方面鉴于历史的本真，另一方面也是出于研究者把握历史现象的方便。实际情形，魏晋南北朝是中国学术思想最呈纷乱的时期，学术思想重组重建大变动大动荡，各种学说相斥相融，交错互动，究竟哪一种学术思潮为主，颇不好遽然论定。所以如此的缘故，是因为东汉末年有一种全新的学术思想悄然而入于华夏，这就是佛教的传入。

佛教的传入中土，使我国固有学术面对一生力军的挑战，从此儒、道、释三家互相消长隆替、合纵连横、迎拒排击、化分化合，演成中国学术史上极具戏剧性的"三国演义"。单就这一点，如果得出中国传统社会不仅文化连同学术思想也是多元的这一结论，应获得足够的理据支持。南北朝时北周之僧人卫元嵩，尝为《齐三教

---

[1] 《汉志》颜师古注："桓谭《新论》云，秦近君能说《尧典》，篇目两字之说至十余万言，但说'曰若稽古'三万言。"中华书局校点本，第六册，第1724页。

[2] 王充：《论衡》卷二十八"正说篇"，中华书局1954年重印世界书局版《诸子集成》，第七册，第269页。

论》，阐释三教会通的思想①。隋唐之际，又有大儒王通者，主张三教合一，开宋明理学的先河。有唐一代，释、道两家的地位经常不让于儒家，所以韩愈起而作《原道》，发道断之叹。但经学在唐代也曾有过一个小小的高潮，那是当太宗临朝、学识渊博的国子祭酒孔颖达为《五经》重新作义疏之时，儒家经典再次被确立为官方的教科书。

只不过时间不长，高宗武后统治时期随即发生变异。如同陈寅恪所说："南北朝时，即有儒释道三教之目，至李唐之世，遂成固定之制度。如国家有庆典，则招集三教之学士，讲论于殿廷，是其一例。故自晋至今，言中国之思想，可以儒释道三教代表之。此虽通俗之谈，然稽之旧史之事实，验以今世之人情，则三教之说，要为不易之论。"②

儒释道三家的并立，标志着我国传统学术思想多元化格局的进一步形成。

宋明理学的出现，说明中国学术思想走到了空前成熟的时期。

---

① 《旧唐书》卷四十七"经籍志下"载目，见中华书局校点本，第六册，第2030页。又近人余嘉锡撰有《卫元嵩事迹考》，考订卫氏生平、事迹、著述甚详，多有发前人所未发者。其于文尾写道："要而论之，元嵩之学，深于阴阳数术，于道家为近，而涉猎儒书，取其辞采。至其学佛，则少年时有托而逃，非其素志，故惟摭拾经典，如所谓口头禅而已。既性所不喜，故不惜倡言排斥。王明广谓'元嵩锋辩天逸，抑是饰非'，其为人盖多端善变权奇自喜者。汉武所言'泛驾之马，跅弛之士'，庶几近之。虽所为不尽轨止正，抑不可谓非一代之奇人也。"参见《余嘉锡文史论集》，岳麓书社1997年版，第244页。

② 陈寅恪：《冯友兰〈中国哲学史〉下册审查报告》，《金明馆丛稿二编》，上海古籍出版社1980年版，第250—251页。

已往的宗派界分变得不那样重要了，尽管儒、释、道之间仍有冲突，学者们可以继续搜寻三家不能并立的种种翔实的理由，以及程朱和陆王两派的分歧有多么严重，但它们都已经以自己的方式在理学的新天地中得到了升华，并进入了人们的精神世界，进入了社会生活。

佛教的禅宗一支，是先秦儒学演变成宋明理学的真正的阶梯。禅宗是完全中国化了的宗教，甚至已经不是宗教，无法作为信仰对象来存在，只是知识分子进行心理体验和心理调适的特定方式，以及凭顿悟慧识达致自我精神解脱的工具。禅宗其实是一种智辩。没有禅宗的渗入，不可能有宋明理学。当然理学也吸收了道教和道家的思想。周敦颐画的那幅有名的《太极图》，用的就是道教的表述方法。陈寅恪把宋明理学的出现与佛陀出世相提并比，同作为思想史上的"一大事因缘"。他说："中国自秦以后，迄于今日，其思想之演变历程，至繁至久。要之，只为一大事因缘，即新儒学之产生，及其传衍而已。"[1] 又说："凡新儒家之学说，几无不有道教，或与道教有关之佛教为之先导。"[2] 宋明理学就是当时的新儒学，学者后来也称作二期儒学。此可见理学与佛、道二教的渊源关系。何谓理学？理学就是儒、释、道三家思想的合流。

宋明理学的代表人物自然首推朱熹。这位五岁与群儿游戏便能

---

[1] 陈寅恪：《冯友兰〈中国哲学史〉下册审查报告》，《金明馆丛稿二编》，上海古籍出版社1980年版，第250—251页。

[2] 同上。

在沙上画出八卦①并为"天地四边之外是何物事"②而烦恼的天才哲学家，构建了一个与往圣昔贤大异其趣也可以说是中国学术史上最完整的理论体系。这个体系的核心概念是"理"和"气"。并不是说他发明了这两个概念，但他赋予这两个概念以哲学思辨的充实内涵。而"理一分殊"则是他的哲学体系的结构原则。他的思想细密，大至宇宙万物，小至人性人心，以及对现实世界应该抱持的态度和个人的修养功夫，都是他观察探寻的对象。

西哲有"世界图像"之说，朱熹显然描绘出一幅基于宇宙本原的生动的"世界图像"，而且设定了"人"在这个"世界图像"中的位置。他说："天地之间，有理有气。理也者，形而上之道也，生物之本也；气也者，形而下之器也，生物之具也。是以人物之生，必禀此理，然后有性；必禀此气，然后有形。"③至于"理"和"气"何者为先的问题，他似乎不愿作截然的区分。他说："此本无先后可言。"④可是实际上他更倾向于"理是本"、"理在先"、"未有天地之先，毕竟是先有此理"的观点⑤。那么他的哲学思想（"理气论"）更像柏拉图还是亚里士多德？抑或是康德（"自在

---

① 关于朱熹画八卦于沙上的故事，各家所记之时间、地点颇有出入，今人束景南之《朱熹年谱长编》于此辨析甚详，而定在绍兴五年乙卯（公元1135年），地点在福建南剑之尤溪，应属可信。参见束著《朱熹年谱长编》卷上，华东师范大学出版社2001年版，第32—33页。

② 《朱子语类》卷第九十四："某自五六岁，便烦恼道：'天地四边之外，是什么物事？'见人说四方无边，某思量也须有个尽处。如这壁相似，壁后也须有什么物事。其时思量得几乎成病。"参见中华书局"理学丛书"版《朱子语类》第六册1986年版，第2377页。

③ 《答黄道夫》，《朱熹集》第5册，四川教育出版社1996年版，第2947页。

④ 见《朱子语类》卷第一"理气上"，中华书局"理学丛书"版《朱子语类》第一册1986年版，第1—3页。

⑤ 同上。

之物")或者黑格尔("绝对精神")？我想，还是不必刻意作这种连类比照罢。反正朱熹的哲学思辨味特浓，如果一定要对"思想"和"哲学"作概念的分别，认为哲学是思想、思想不一定是哲学，那么朱熹的思想毫无疑义是真正的哲学，而且是有完整体系的哲学。

朱熹童幼时期就想做圣人[①]，后来果然成了圣人。我们不妨引述他的学生黄榦对老师日常生活起居的记述："至于他的形貌，则表情严肃，言语扼要，行动稳重，思想正直。他黎明即起，着衣帽，穿方鞋，每日至家祠祭拜祖先，礼拜先圣。然后回至书斋，书斋中书、桌一切事物整然有序。用膳时，碗筷要用预定方式使用。他感到疲倦时，便闭上双眼养神，养神之后，稍作漫步。夜半方始就寝。夜里醒来时，着衣坐起，以待天明。他的容貌、动作都遵循历久不变的习惯，无论年青之时或年老之时、仲夏或仲冬、休闲或忙碌，皆是如此。在他的私生活中，侍奉父母非常孝顺，对待幼辈非常慈爱。由于他表现如此的敬爱之情，所以家庭和睦。祭拜祖先时，严格遵循古礼，丝毫不得忽略，若有不当之处，会终日不安；但若一切顺当，则心中快乐。参加丧葬之礼时，身着丧服，满面忧戚，分享配食。他对来访者都非常礼貌。对亲戚不管远近都能表示爱意。对邻人不论贵贱都能表示敬意。对他人生日、婚丧及不幸遭遇，从不忽略本人应当做的任何小事。至于本人的生活起居，反不甚重视，穿衣只求保暖，饮食只求充饥，住屋只求蔽风雨。别人可能觉得无法忍受的环境，他却安之若素。至于政事方面，他的计划

[①] 《宋史》朱熹本传载："熹幼颖悟……就傅，授以《孝经》，一阅，题其上曰：'不若是，非人也。'"中华书局校点本第36册，第12751页。

和奏疏都是基于妥当的政策。虽然仕途不顺，无法实现他的大道，却能退而明道，解后世千年之惑。"①看了黄榦的记述，我们可以知道宋明理学铸造出来的圣人是什么样子，不用说，孔孟的日常表现也难免要相形见绌了。

朱熹一生著述宏富，中国学术史上没有多少人像他那样，写了那么多书，说了那么多话。他是太注重学问了。他与师弟子之间的书信，大都是讨论学问的。日用常行的细微小事，也都用学问提着。他的哲学体系是极具形上理趣的学术思想体系，学问成为他达致于道的必要途径。正是在这点上，陆九渊和他发生了分歧。陆的主张是"心"就是"理"，要想近道，不必诉诸那样繁难的学问功夫，因此他的口头禅是："尧舜所学何书？"②《中庸》里说的"君子尊德性而道问学"，陆强调前半句，朱强调后半句，不承认"尊德性"可以与"道问学"分开。公元1175年的"鹅湖之会"，他们想就这个问题讨论个明白，但效果不尽如人意。当陆九龄（字复斋）、陆九渊（字象山）兄弟相继为诗，指摘朱熹"着意精微"、学问

---

① 黄榦：《朝奉大夫文华阁待制赠宝谟阁直学士通议大夫谥文朱先生行状》，参见束景南著《朱熹年谱长编》卷下，华东师范大学出版社2001年版，第1489页。本文之语体叙述引自张君劢《新儒家思想史》，台湾弘文馆出版社1986年版，第205页。

② 参阅束景南著《朱熹年谱长编》卷上，华东师范大学出版社2001年版，第532页。

学术与传统

"支离"时[1]，朱的心中十分不快，尽管仍持续研讨了两天，终无结果。但朱陆"鹅湖之会"的学术魅力是无穷的，它是吾国学术思想史上的盛举，为不同学派之间的辩难与沟通立一博雅的范例。

宋明学术思想由理学发展到心学，是传统儒学的又一次大变异。

这次变异使儒学在一定程度上从传统儒学的束缚下解放了出来。理学是往外走，心学是往内走。依心学家的观点，往外走走窄了路，往内走走宽了路。陆九渊十三岁时写下的名言是："宇宙便是吾心，吾心便是宇宙。"[2]后来他又有更大胆的名言："六经注我，我注六经。"[3]。王阳明阐扬陆氏学说，提出："圣人之学，心学也。"[4]并申而论之曰："学贵得之心。求之于心而非也，虽其言之出于孔子，不敢以为是也，而况其未及孔子者乎？求之于心而是也，虽其言之出于庸常，不敢以为非也，而况其出于孔子者乎？"[5]他还竭力证明，每个人都可以成为圣人。这些地方表现出陆、王心学的自由境界和独立不倚的精神。甚至也可以说王阳明是

---

[1] 鹅湖之会，陆九龄、陆九渊兄弟各示一诗，复斋诗为："孩提知爱长知钦，古圣相传只此心。大抵有基方筑室，未闻无址忽成岑。留情传注翻榛塞，着意精微转陆沉。珍重友朋勤切琢，须知至乐在于今。"象山诗为："墟墓兴衰宗庙钦，斯人千古不磨心。涓流积至沧溟水，拳石崇成泰华岑。易简功夫终久大，支离事业竟浮沉。欲知自下升高处，真伪先须辨只今。"诗中"着意精微"、"支离事业"等句刺朱子之意甚明。朱熹亦有答诗："德义风流素所钦，别离三载更关心。偶扶藜杖出寒谷，又枉篮舆度远岑。旧学商量加邃密，新知培养转深沉。却愁说到无言处，不信人间有古今。"朱诗系三年后所写。均见《宋元学案》第三册，中华书局1986年版，第1873页。
[2] 参见《陆象山全集》卷三十六。
[3] 《陆象山全集》卷三十四。
[4] 王阳明：《象山文集序》，《王阳明全集》上册，上海古籍出版社1992年版，第245页。
[5] 《王阳明全集》，上海古籍出版社1992年版，第76页。

在转着弯推行一种非孔子化的政策。试想，如果每个人都可以成为圣人，满街都是圣人，圣人还尊贵吗？也就无所谓圣人了。

阳明之学作为中国学术史上儒家之学的一个脉系，无法掩盖它的离经叛道的倾向。当然王学主"知行合一"，又与孔门"文行忠信"之设教暗合。虽然王学没有像朱子学那样得到官方的认可，在士林的影响却是很大的，特别在晚明，几成笼罩之势。但晚明的王学，其末流已入于空疏之途，遭致学者的不满。

职是之故，清代实学家和汉学家对包括理学和心学在内的宋学施行攻诘，就不令人感到惊异了。

顾炎武说："昔之清谈，谈老庄；今之清谈，谈孔孟。未得其精，而已遗其粗，未究其本，而先辞其末，不习六艺之文，不考百王之典，不综当代之务。举夫子论学、论政之大端，一切不问，而曰一贯，曰无言，以明心见性之空言，代修己治人之实学。股肱惰而万事荒，爪牙亡而四国乱，神州荡覆，宗社丘墟。"[1]黄宗羲说："明人讲学，袭语录之糟粕，不以六经为根底，束书不读。"[2]颜元说："宋家老头巾群天下人于静坐读书中，以为千古独得之秘指，办干政事为粗豪、为俗吏，指经济生民为功利、为杂霸。究之使五百年中平常人皆读讲集注，揣摩八股，走富贵利达之

---

[1] 顾炎武：《日知录》卷之七"夫子之言性与天道"，集释本，花山文艺出版社1990年版，第310页。

[2] 参见《清史稿》卷四百八十"儒林一"之《黄宗羲传》，中华书局标点本，第43册，第13105页。

场。高旷人皆高谈静敬，著书集文，贪从祀庙廷之典。"[1]这还是就一般学风及其影响说的。毛西河说："道学本道家之学，两汉始之，历代因之，至华山而大张之；而宋人则又死心塌地以依归之，其为非圣学，断断如也。"[2]江藩说："宋初承唐之弊，而邪说诡言，乱经非圣，殆有甚焉。"[3]这不是说宋人有非圣的倾向么？戴震说："宋以来儒者，以己之见，硬坐为古贤圣立言之意，而语言文字实未之知。其于天下之事也，以己所谓理，强断行之，而事情原委隐曲实未能得，是以大道失而行事乖。"[4]这不是明指宋人离经叛道么？前面我们讲了，是有是事。

还有钱大昕说的："晋代尚清谈，宋贤喜顿悟，笑问学为支离，弃注疏为糟粕。"[5]惠栋说的："南宋俗儒，空谈道学，凡有用之书，至南宋而皆亡矣。"[6]焦循说的："宋儒言性言理，如风如影。"[7]汪中说的："宋世禅学盛行，士君子入之既深，遂以被诸孔子。是故求之经典，惟《大学》之'格物致知'，可与傅合，而未畅其旨也。一以为误，一以为阙，举平日之所心得者，悉著之于书，以为本义固尔。然后欲俯则俯，欲仰则仰，而莫之违矣。习

---

[1] 颜元：《朱子语类评》，《颜元集》上册，中华书局1987年版，第266—267页。
[2] 毛奇龄：《辩圣学非道学文》，参见《西河文集》卷一百二十二。
[3] 江藩：《国朝汉学师承记》，朱维铮执行主编《中国近代学术名著·汉学师承记》（外二种），三联书店1998年版，第6页。
[4] 戴震：《与某书》，《戴震集》，上海古籍出版社1980年版，第187页。
[5] 此处所引钱大昕语，参见方东树《汉学商兑》卷中之下，载朱维铮执行主编之《中国近代学术名著·汉学师承记》（外二种），三联书店1998年版，第315页。
[6] 参见朱维铮执行主编之《中国近代学术名著·汉学师承记》（外二种），三联书店1998年版，第353页。
[7] 参见《中国近代学术名著·汉学师承记》（外二种），三联书店1998年版，第277页。

非胜是,一国皆狂。"①等等。其锋芒所向几不留余地,从而演成清初思想界的汉宋之争。

为宋学辩护者亦不乏其人。例如写《汉学商兑》的方东树,就曾把经比作良禾,他说汉儒是勤于耕耘除草的农夫,宋儒则是把得到的粮食舂成米,蒸熟了吃,以"资其性命,养其躯体,益其精神"②。他看宋儒比汉儒要高一筹了。他说:"逮于近世,为汉学者,其蔽益甚,其识益陋。其所挟,惟取汉儒破碎穿凿谬说,扬其波而汩其流,抵掌攘袂,明目张胆,惟以诋宋儒、攻朱子为急务。要之,不知学之有统,道之有归,聊相与逞志快意,以骛名而已。"③"诋汉"之措辞也是相当激烈。但总的看,清前期和中期的学术界,宋学不敌汉学,占优势的还是以经世致用为旨归的实学和考据学即朴学的天下。

中国学术的考据传统发源甚早。汉之经注,唐之义疏,都离不开考据。而考据的前提是要有训诂的基础,所以传统的图书分类方法,经部之下常附以小学。清儒的常谈,是读书必先识字。在这点上,宋儒留下了遭诟病的口实。清代汉学家提出由宋返汉的口号,实包含有对宋儒治学方法的不以为然的意思。

钱大昕说:"穷经者必通训诂,训诂明而后知义理之趣。后儒不知训诂,欲以向壁虚造之说求义理所在,夫是以支离而失其

---

① 参见《中国近代学术名著·汉学师承记》(外二种),三联书店1998年版,第288页。
② 方东树:《汉学商兑》,《中国近代学术名著·汉学师承记》(外二种),三联书店1998年版,第411、410页。
③ 同上。

宗。"①又说："圣人之言，因其言而求其义，则必自训诂始。谓训诂之外别有义理，如桑门以不立文字为最上乘者，非吾儒之学也。"②陆王讥朱熹"支离"，清儒攻宋儒"支离"，如果朱熹目睹清儒的考证方法，更有理由认为是"支离"而又"支离"了。钱大昕声称训诂之外便没有义理的存在，这未免太武断了。其实宋儒何尝不懂得训诂，只不过为学次第有所轻重罢了。朱熹的学问无论在义理方面还是在训诂方面都堪称一流。当然就一代学术的总体成就而言，清代的考据学确实是前无古人，也可以说是后无来者的。乾嘉巨子把古代典籍翻了一个过，作了一次总检查，他们中的一些人真正把学术当作了一种职业。梁启超强调盛清诸大师为学问而学问的态度，称赞他们能够做到"治一业终身以之，铢积累寸，先难后获，无形中受一种人格观感，使吾辈奋兴向学"③，无疑是直中肯綮之论。因此认真说来，清中叶的主流学风和宋代的主流学风的确有所不同，学术史上的汉宋之争，不是空穴来风，而是渊源有自。

梁启超把盛清学者的学风概括为十大特点：（一）凡立一义，必凭证据；无证据而以臆度者，在所必摈。（二）选择证据以古为尚。（三）孤证不为定说。（四）隐匿证据或曲解证据，皆认为不德。（五）喜欢罗列同类事项，作比较的研究，以求得公则。（六）采用旧说，必明引之，抄说认为大不德。（七）所见不合，

---

① 钱大昕：《左氏传古注辑存序》，《潜研堂集》，上海古籍出版社1989年版，第387页。
② 同上，第391页。
③ 梁启超：《清代学术概论》，《梁启超论清学史二种》，复旦大学出版社1985年版，第40页。

则相辩诘，虽弟子驳难本师，亦所不避，受之者从不以为忤。（八）辩诘以本问题为范围，词旨务笃实温厚，虽不肯枉自己意见，同时仍尊重别人意见。有盛气凌轹，或支离牵涉，或影射讥笑者，认为不德。（九）专治一业，为窄而深的研究。（十）文体贵朴实简洁，忌言有枝叶。[①]如果把第二条的"以古为尚"改为或理解为重视原始证据，任公先生概括的清学的这些特点，置诸百年后的今天，仍有其匡正学风的价值，不仅完全适用于今天的学术界，而且应该成为以学术为职业的学人们理应遵循的学术规范。

我们现在所缺少的正是清儒的这种学问精神。

我们有理由说，清中叶的学风和治学方法中，似乎已经开始有了现代学术思想的一些萌芽。这就是为什么五四前后受西学影响很深的一批现代学人，用新的方法解读中国古典，都强调科学的考据，甚至在治学方法上自觉不自觉地要回到乾嘉去。这不是学术的倒退，而是有渊源的出新。同样，清儒以"由宋返汉"相标帜，也不能认为是倒退，而是以古为新的策略。

三 多元并立的中国传统学术

多元并立是中国传统学术的特点；不同学术思想与流派之间不管争论得怎样激烈，总是以相互吸收为条件。不是由于儒家思想的保守性使得传统社会的发展受到阻滞，而是传统社会各种学术思想的多元制衡形成的表面张力，减缓了中国古代社会结构变易与更新

---

① 梁启超：《清代学术概论》，《梁启超论清学史二种》，复旦大学出版社1985年版，第39页。

的速度。把做学问和做人结合起来,是中国学术的固有传统。以人为中心还是以学为中心,是传统学术和现代学术的一个分界点。

我们通过对中国传统学术思想隆替嬗变过程的大体梳理,可以看到一种现象,即学术思潮的生成和发展,总是到得峰巅就跌落下来;研究的人越多,离学说原创的宗旨越远;流行于全社会,全社会即与之疏离。正如黄梨洲所说:"学问之事,析之者愈精,逃之者愈巧。"[①]《红楼梦》里一位乖巧姑娘的话:"天下没有不散的筵席",没想到在这人烟稀少的学术史领域也能够得到证验。

当然学术思想的消长聚散不同于别的事物,即便体现共同旨趣的学术群体瓦解了,所主张的学术思想处于极度的低潮,甚或被世人冷落,只要是曾经流行于世的学术思想,便不会骤然寂灭。代之而起的学术思想,总是以融汇前行者的思想资源为特征的。所谓经学的今古文之争、汉学与宋学之争、朱陆异同之辨,不管争论得如何激烈,都是以相互吸收滋养为条件的。因此就学术本身的发展而言,不同历史时期的学术思想之间,常常远亲近缘,后果前因,此起彼伏,互相勾连。最明显的是长时间成为中国传统社会学术主潮的儒、释、道三家,如前所说,彼此表现为不能并立固然是它们存在的一种形态;互相吸收、彼此妥协、三教合流,更是它们常在的存在形态。历史上各种学术思想流派之间的对立,与其说是思想与学术的对立,不如说是与此种思想和此种学术相关联的学人之间

[①] 黄宗羲:《留别海昌同学序》,《黄宗羲全集》第十册,浙江古籍出版社1993年版,第627页。

的对立更具有实在性。社会化了的人的头脑比学术思想本身复杂得多，学术思想常常受学术以外因素的牵扰。张载《正蒙·大和篇》里的四句话："有象斯有对，对必反其为；有反斯有仇，仇必和而解。"①用这四句话解释不同学术思想之间的隆替与变迁，同样可以找到契合之处。

中国传统社会学术思想的多元并立，是一个不容忽视的特点，它其实根源于一种哲学理念，即《中庸》里说的："万物并育而不相害，道并行而不相悖。"而这种多元并立的表现形式则多种多样。就以儒家思想、道教思想和佛教思想三者的关系为例，它们在传统社会长期并存之事实本身，已经是学术思想多元化的一种表现。汉以后儒家的地位上升，长时间里基本上成为占统治地位的思想，可是在单纯的学术思想领域，道教思想和佛教思想的影响丝毫没有示弱。陈寅恪先生对此有极深刻的论述，他在给冯友兰的《中国哲学史》所写的审查报告中写道：

> 二千年来华夏民族所受儒家学说之影响，最深最巨者，实在制度法律公私生活之方面，而关于学说思想方面，或转有不如佛道二教者。②

就是说佛教和道教的思想，并不因为没有成为占统治地位的思想而减弱它的影响力。所以如此，是由于在中国传统社会里自始至

---

① 参见《张载集》，中华书局1978年版，第10页。
② 陈寅恪：《冯友兰〈中国哲学史〉下册审查报告》，《金明馆丛稿二编》，第251页。

终存在着完整的民间社会。在民间，佛道两家是相当有市场的。

换句话说，中国传统社会的学术思想有在朝在野之分，这是多元并立的又一种表现形态。同是儒学脉系的学术思想，也有在朝在野之分。如前所述，朱子学早就成了官学，阳明学则未被官方认可，影响的伟力主要在士林。在朝的思想即居于统治地位的思想，理论上应该居于优势，实际上又不尽然。孔子很早就说过："礼失，求诸野。"此一命题的意思，是说当一种社会制度已经分崩离析、行将解体的时候，统治者原来选择的维系既定社会制度的礼法秩序及其思想体系，就失去了维系力，或如春秋时期的"礼崩乐坏"，或如明清之际的"天崩地解"。但在朝廷找不到的礼俗，民间还可以找到。何况中国古代一直有民间办学的传统，学术思想在民间的传衍，比经由官方的管道更加畅通无阻。"学在民间，道在山林"，是传统士人的常谈。民间社会的存在，使处于弱势的各家各派的学术思想有了自我立基的社会依托物。

具体到传统社会里一个有文化根基的官员或知识分子，他身处朝野经常互位、多元并立的文化环境中，所受文化熏陶和学术思想的影响，一般也是多元的。至少一个人生平的不同时期，遭遇的不同境遇，对儒释道各家思想的选择和吸收是有区别的。儒家思想有利于进取，是处身顺境的支撑力量。但儒家思想本身，也不是完全没有处穷应变的势能，所谓"达则兼济天下，穷则独善其身"者就是。"独善"与"兼济"这两个对应概念，已给传统士人立身处世以极大的回旋余地。而道家和道教的思想则适合于逆境或赋闲，可以成为命途多舛者的精神食粮。佛教思想特别是后来的禅宗，更是人生经历大挫折的精神安顿剂。生活在传统社会里的知识分子，不论顺逆、荣辱、升沉、进退、显隐，都可以从各种固有学术思想中获取适合于自己现时处境的精神资源。在这点上，他们有足够的自我精神空间。他们从不缺少内在的自由。

权力拥有者可以以一元的态度对待知识分子，知识分子却可以用多元的态度对待权力者。这样交错运行的结果，个体生命的精神可以在多元学术的背景下达至平衡，社会的精神气候也可以在多元文化(尤其在民间社会)的背景下达至平衡。不是如有的论者所说，由于儒家思想具有保守性使得传统社会的发展受到了阻滞，而是传统社会各种思想的多元制衡所形成的表面张力，减缓了中国古代社会结构变易和更新的速度。

由此我们看到了影响中国学术思想生成、衍化、嬗变、变异的诸多方面的因素。

要之有五个方面的因素在发挥影响作用：第一，首先是学术思想内部的相生相克之态，这是学术发展的内在理路；第二，社会结构和风俗习惯的影响，这涉及朝野即官府和民间的互动问题；第三，政治权力的杠杆常常拨乱其间，使学术思想在自由和不自由之间颠簸起伏；第四，地理与人文环境，也是影响学术发展的重要因素；第五，还有学者个人的家学与才性，也关乎学术的品格。

此五种势因，每一种都试图按照自己的特殊意志选择学术的方向。

按照学术发展的内在理路，势必走向学术独立的道路，但这条路在中国传统社会形态的框架下是走不通的。社会结构和风俗习惯，则要求学人顾及家国的利益，无论在朝在野都应以学以致用为旨归，因此强调"经世致用"始终是传统学术的一个不间断的传统。政治权力的杠杆，则尽量把学术引向为权力者短视意图服务的途径，其结果是给学术戴上枷锁，使学术失却本性，学人不得不带着镣铐跳舞。至于地理人文环境对学派和学术风格的形成所具有的影响作用，更为学人所乐道。中国学术向有以地望名学的传统，盖本乎此。如宋学之濂（周敦颐，濂为水名）、关（张载，关中人）、洛（程颢、程颐，河南人）、闽（朱熹及其弟子"二蔡"，福建人）的学派分别；清中叶"汉学"之吴派（惠栋为代表）和皖派（戴震为代表）的区分；以及扬州学派（王念孙和王引之、汪中、焦循、阮元等为代表）和泰州学派，等等。诚如章太炎所说："视天之郁苍苍，立学术者无所因，各因地齐、政俗、材性发舒而名一家。"[1]地域人文环境（地齐）的因素，太炎先生没有忽略。而材性和家学，则决定学者的流品和学术的风貌。

还有政俗一项，影响于学术者也大矣。别的不说，单就一定历史时期的整体学术风气的形成而言，那一时期的政俗如何，便是直接发生影响的一个因素。每当朝廷内部权力攘夺激烈、思想统治严酷、社会黑暗的时候，总有一部分知识分子由于被逼迫无其他路可走，才不得已选择了潜心学术的寂寞之路，作为自己争取生活空间的一种手段。汉之说经流于烦琐，就中应有宦官与朋党政争的背景。东汉"党锢之祸"受株连者无算，却成就了何休、郑玄等旷世大儒。魏晋的玄谈以及宋儒的蹈虚说空，不妨也可以看作是他们在寻找言语的空间。而乾嘉诸老的专心考据，自然与清中叶的残酷的文字狱有一定关系。当他们这样做的时候，客观上也是往学术独立的路上移动了小小的一步，哪怕是自己没有意识到也好。这种情形是学术思想的另一类蜕分与变异，研究中国学术思想史者不能不给

---

[1] 章太炎：《原学》，《章太炎全集》，上海人民出版社1984年版，第133页。

以格外的注意。

当然中国传统儒学的特点，汉以后是与社会制度结合在一起的，它与政治和人伦有天然的亲和力，由儒家思想形成的学统，与道统和治统是合一的。集中表现传统士人的道德与社会理想的修身、齐家、治国、平天下这四组概念，第一组和第二组讲的都是关于道德与学问的关系，第三、第四组讲的是政治理想和社会担负。如果我们把"尊德性"和"道问学"分解开来看，后世学者为学的进境似乎各有侧重。比较而言，宋儒"尊德性"多一些，清儒"道问学"的成分比较凸出。中国学术史上的义理与考据之辩，与此一问题亦不无关系。义理之学为宋儒所提倡，清儒的强项则是考据之学。当然就中国历代学术所追寻的方向而言，是要把两者合起来，而不是要它们分离。

中国学术传统中确有"尊德性"和"道问学"兼容不悖的特点。而且要求把做学问和做人合起来，甚至把做学问最后归结为做人。所以当品评或褒奖一个人的时候，常常并提道德、文章。这是中国学术的一个固有传统。钱穆先生在论述中国传统学术特点时曾说："中国传统，重视其人所为之学，而更重视为此学之人。中国传统，每认为学属于人，而非人属于学。故人之为学，必能以人为主而学为从。当以人为学之中心，而不以学为人之中心。"[1]钱氏所说，诚为的论。傅斯年也说："中国学术，以学为单位者至少，以人为单位者转多，前者谓之科学，后者谓之家学。家学者，

---

[1] 钱穆：《中国学术通义》，台北学生书局1975年初版，第6页。

所以学人,非所以学学也。历来号称学派者,无虑数百,其名其实,皆以人为基本,绝少以学科之别,而分宗派者。纵有以学科不同,而立宗派,犹是以人为本,以学隶之,未尝以学为本,以人隶之。"[1]傅氏提出的是以人为单位还是以学为单位的问题,正可以补论钱穆的观点。

但我们不妨引申为说,提出以人为中心或以人为单位的学术,与以学为中心或以学为单位的学术,它们彼此之间的异同,我们究竟应该怎样看待?依笔者的看法,我国宋明以前和清前期的学术,基本上都是以人为中心,以人为单位的,因而独立之学术不可能存在。只有盛清学者的治学精神和治学方法,开始显示出一种由以人为中心的学术向以学为中心的学术过渡的趋向。不过也只是趋向和过渡而已,真正意识到学术应该有自己的独立价值,那是到了晚清吸收了西方的学术观念以后的事情。因为以人为中心还是以学为中心,以人为单位还是以学为单位,是传统学术和现代学术的一个分界点,由前者过渡到后者是一个长期蜕分蜕变的过程。

四 域外思想的引进与学术变迁

域外思想的引进和由此引发的化分化合的过程,是中国学术思想隆替与变异的重要因缘,自然也是传统学术走向现代的动因;晚清新学是传统学术向现代学术转变的过渡期,它的一个脉系是直承清学中的今文学派而来的"政治化新学",以康有为为代表;另一

---

[1] 傅斯年:《中国学术思想的根本谬误》,《傅斯年全集》第四册,台北联经出版公司1980年版,第167页。

脉系的代表是严复，以译介输入西方学术思想为职事，可视作"启蒙派新学"。

中国学术思想的隆替与变异还有另外一因，即外来学术思想的引进和由此产生的化分化合的过程。华夏文化的一个重要特征，是它的包容性、不排外性。由此种文化铸成的中国人的文化性格，也是不排外的。不仅交通发达的通都大邑，就是与外界隔绝的穷乡僻壤，也具有积极吸收异质文化的本能。中国历史上几次大的学术思想的变迁，都与外来思想的刺激有直接关系。

王国维在论述外界势力影响学术之大势时，这样写道：

  外界之势力影响于学术岂不大哉？自周之衰，文王、周公势力之瓦解也，国民之智力成熟于内，政治之纷乱乘之于外。上无统一之制度，下迫于社会之要求，于是诸子九流各创其学说，于道德、政治、文学上灿然放万丈之光焰，此为中国思想之能动时代。自汉以后，天下太平，武帝复以孔子之说统一之。其时，新遭秦火，儒家唯以抱残守缺为事，其为诸子之学者，亦但守其师说，无创作之思想，学界稍稍停滞矣。佛教之东，适值吾国思想凋敝之后。当此之时，学者见之，如饥者之得食，渴者之得饮。担簦访道者接武于葱岭之道，翻经译论者云集于南北之都。至六朝至于唐室，而佛陀之教，极千古之盛矣。此为吾国思想受动之时代。然当是时，吾国固有之思想与印度之思想互相并行而不相化合。至宋儒出而一调和之，此又由受动之时代出而稍带能动之性质者也。自宋以后以至本朝，思想之停滞略同于两汉。至今日，而第二之佛教又见告矣——西洋之思想是也。①

王氏此论，是对整个中国学术嬗变规律的一种概括，但他的着眼点在外缘的因素对学术的影响，特别是异国学术思想所起的影响作用。"能动"、"受动"之说的提出，说明他在追寻学术思想发生、嬗变的动因。他的初意，显然更赞赏学术思想的能动时代，所以极力表彰晚周学术之光焰灿烂，对带有能动性质之宋学也给予高度评价。在另一处他也曾写道："故天水一朝，人智之活动与文化之多方面，前之汉唐，后之元明，皆所不逮也。"②这对宋代的学术思想的评价，是很高的。陈寅恪也说："华夏民族之文化，历数千载之演进，造极于赵宋之世。"③又说："天水一朝之文化，竟为我民族遗留之瑰宝。"④宋代是儒、释、道三家思想大合流的历史时期，文化的原创性很强，史学、理学、金石学、艺术、科技，均有重要的发现与发明，说是带有能动的特点，固是事实。

但受动时期往往隐发着学术思想的大变迁，王国维同样极为看重，观其上述对佛教东传之盛的描绘就可以知道。但王氏身处晚清之社会现实，他尤其看到了"第二之佛教"即西洋之思想东来对促进中国传统学术走向现代的重大意义。

---

① 王国维：《论近年之学术界》，《王国维遗书》第五册之《静安文集》，第93页。
② 王国维：《宋代之金石学》，《王国维遗书》第五册《静安文集续编》，第70页。
③ 陈寅恪：《邓广铭宋史职官志考证序》，《金明馆丛稿二编》，上海古籍出版社1980年版，第245页。
④ 陈寅恪：《赠蒋秉南序》，《寒柳堂集》，上海古籍出版社1980年版，第162页。

这里有一个对晚清新学的评价问题。

晚清新学是直承清学中的今文学派而来的。本来中国学术史上的经今古文学之争，东汉以后已告平息，何以清代又起波澜？始作俑者是一个叫庄存与的人，他与戴震同时，处"汉学"之吴、皖二派风头正健之世，而独辟蹊径，重建今文经学的学术理念，不以训诂笺注为能事，转而求"先圣微言大义于语言文字之外"[①]。他为学的特点，阮元在《庄方耕宗伯经说序》中作了如下的说明："《易》则贯串群经，虽旁涉天官分野气候，而非如汉宋诸儒之专衍数术、比附史事也；《春秋》则主公羊、董子，虽略采左氏、穀梁氏及宋元诸儒之说，而非如何邵公所讥信经任意、反传违戾也；《尚书》则不分今古文文字同异，而剖析疑义，深得夫子序《书》、孟子论世之意；《诗》则详于变雅，发挥大义，多可陈之讲筵；《周官》则博考载籍，有道术之文为之补其亡缺，多可取法致用；《乐》则谱其声，论其理，可补古《乐经》之缺；《四书说》敷畅本旨，可作考亭诤友，而非如姚江王氏、萧山毛氏之自辟门户，轻肆诋诘也。"[②]特别是他的《春秋正辞》一书，提出："《春秋》治乱必表其微，所谓礼禁未然之前也。凡所书者有所表也，是故《春秋》无空文。"[③]这与汉代今文经学的强调"微言大义"同一机杼。

庄存与是江苏武进（今常州市）人，说来他的经历颇具传奇性。他自幼聪颖，读书一目数行。十二岁时，因地震埋于屋墙之中，家

[①] 阮元：《庄方耕宗伯经说序》，见于《味经斋遗书》卷首，《揅经室集》不载。
[②] 同上。
[③] 庄存与：《春秋正辞·春秋要指》。

人掘土五尺，方救出；但耳目闭塞，过了很长时间才能说话。年长的人因此都说他将来必成大器。果然二十六岁（乾隆十年、公元1745年）考中了一甲第二名进士，做了几任主考和学政后，升至礼部侍郎。他的书斋里有一副很特别的对联："玩经文，存大体，理义悦心；若己问，作耳闻，圣贤在坐。"对联多少带有一点理学气。他人生的兴趣，在学不在官。他为清代今文学开了风气。继他而起的刘逢禄，是他的外孙，十一岁时庄存与就看出，这位孙儿日后"能传其学"。刘三十八岁（嘉庆十九年、公元1814年）考中进士，授翰林院庶吉士，著述丰硕且服膺前汉今文学的态度甚坚。他在其所著《春秋公羊经何氏释例》一书的序言中写道：

> 传《春秋》者，言人人殊，惟公羊氏五传，当汉景时，乃与弟子胡毋子都等共垂竹帛。是时，大儒董生，下帷三年，讲明而达其用，而学大兴。故其对武帝曰："非六艺之科，孔子之术，皆绝之，弗使复进。"汉之吏治、经术，彬彬乎近古者，董生治《春秋》倡之也。胡毋生虽著《条例》，而弟子遂者绝少，故其名不及董生，而其书之显亦不及《繁露》。绵延迄于东汉之季，郑众、贾逵之徒，曲学阿世，煽中垒之毒焰，鼓图谶之妖氛，几使义彗重昏，昆仑绝纽。赖有任城何邵公氏，修学卓识，审决白黑，而定寻董、胡之绪，补严、颜之缺，断陈元、范升之讼，针明、赤之疾，研精覃思，十有七年，密若禽、墨之守御，义胜桓、文之节制。《五经》之师，罕能及之。天不佑汉，晋戎乱德，儒风不振，异学争鸣。杜预、范宁，吹死灰期复燃，溉朽壤使树艺。时无戴宏，莫与辨惑。唐统中外，并立学官。自时厥后，陆淳、啖助之流，或以弃置师法，燕说郢书，开无

知之妄。或以和合传义，断根取节，生歧路之途。支窒错迕，千喙一沸，而圣人之微言大义，盖尽晦矣。①

此段文字无异于公羊春秋学的简史，只不过出语激烈，意气甚盛，兹可见刘逢禄承继汉代今文学之余绪而谋求振兴的学术自觉是何等强烈。

龚自珍和魏源的出现，使清代的今文学派在思想界真正成了气候。

龚自珍是浙江仁和（今杭州市）人，生于乾隆五十七年（公元1792年），外祖父是鼎鼎大名的研究《说文解字》的大儒段玉裁。不过他在学问上走的可不是外祖父的路子，年轻时就撰有《乙丙之际著议》和《塾议》多篇，发表对学理和时政的看法，其中"自改革"主张的提出，尤为当时后世所注意。他说："一祖之法无不敝，千夫之议无不靡，与其赠来者以劲改革，孰若自改革。"②对江藩的《国朝汉学师承记》，他直接致函给江，阐述"十不安"的理由，认为应改"汉学"为"经学"，方能切题③。1820年龚自珍二十八岁时赴北京应试不第，有了跟随刘逢禄学习公羊学的机会。他很敬重这位以今文学名世的老师，写诗说："昨日相逢刘礼部，高言大句快无加。从君烧尽虫鱼学，甘作东京卖饼家。"④后来祖述师说而有所

---

① 刘逢禄：《春秋公羊经何氏释例序》，曾亦点校，上海古籍出版社2013年版，第3页。
② 龚自珍：《乙丙之际著议第七》，《龚自珍全集》，上海人民出版社1975年版，第6页。
③ 龚自珍：《与江子屏笺》，《龚自珍全集》，上海人民出版社1975年版，第346—347页。
④ 《杂诗己卯自春徂夏在京师作得十有四首》之六，《龚自珍全集》，上海人民出版社1975年版，第441页。

发明的《春秋决事比》成书，又有诗纪念："端门受命与云礽，一派微言我敬承。宿草敢祧刘礼部，东南绝学在毗陵。"诗后有注："年二十有八，始从武进刘申受（刘逢禄字申受——笔者注）受《公羊春秋》。近岁成《春秋决事比》六卷，刘先生卒十年矣。"①

龚自珍是一位充满激情、有风骨有抱负、时代担负感很强的知识分子，他一生为学和关注的问题，早已超出了传统今文学派的范围。魏源在《定庵文录叙》中写道："于经通公羊春秋，于史长西北舆地。其文以六书小学为入门，以周秦诸子吉金乐石为崖郭，以朝章国故世情民隐为质干。晚尤好西方之书，自谓道深微云。"②应为知者之言。龚自珍与林则徐颇相得，主张禁鸦片、抵御列强侵略。他还有预见性地提出把新疆建为行省。他的诗写得也很清新。"九州生气恃风雷，万马齐喑究可哀。我劝天公重抖擞，不拘一格降人才。"③就是他的脍炙人口的名作。不妨再看另一首：

不是逢人苦誉君，亦狂亦侠亦温文。
照人胆似秦时月，送我情如岭上云。④

同样隽永清新。实际上他是当清王朝开始走下坡路、国势颓危之际较早觉醒的启蒙学者。可惜他寿命不永，五十岁的盛年就因暴疾而终。

---

① 《己亥杂诗》第五十九首，《龚自珍全集》，上海人民出版社1975年版，第514页。
② 魏源：《定庵文录叙》，《魏源集》上册，中华书局1976年版，第239页。
③ 《己亥杂诗》第125首，《龚自珍全集》，上海人民出版社1975年版，第521页。
④ 同上，第511页。

魏源是湖南邵阳人，生于乾隆五十九年（公元1794年），二十岁时尝在京城向刘逢禄学《春秋公羊学》，因得以与龚自珍相识，两个人探求改革的思想颇为相同。五十一岁考中进士，以知府的名分在江苏兴化、高邮一带做官。他为学不泥、论治明通，而其旨归则在于经世致用，使国家危殆不振的状况有以改变。他说："天下无数百年不弊之法，无穷极不变之法，无不除弊而能兴利之法，无不易简而能变通之法。"①他强烈反对只知背诵先贤往圣的书本而不顾及新的经验的"庸儒"，说"君子之为治也，无三代以上之心则必俗，不知三代以下之情势则必迂。读父书者不足与言兵，守陈案者不足与言律，好剿袭者不可与言文；善琴弈者不视谱，善相马者不按图，善治民者不泥法。无他，亲历诸身而已。读黄、农之书，用以杀人，谓之庸医；读周孔之书，用以误天下，得不谓之庸儒乎？靡独无益一时也，又使天下之人不信圣人之道。"②对两汉经今古文的态度，他明显倾向于今文，其所作《两汉经师今古文家法考叙》写道：

今世言学，则必曰东汉之学胜西汉，东汉郑、许之学综六经。呜呼！二君惟六书、三礼并视诸经为闳深，故多用今文家法。及郑氏旁释《易》、《诗》、《书》、《春秋》，皆创异门户，左今右古。其后郑学大行，浸淫遂至《易》亡施、孟、梁丘，《书》亡夏侯、欧阳，《诗》亡齐、鲁、韩，《春秋》邹、夹，公羊、《穀

---

① 魏源：《筹鹾篇》，《魏源集》下册，中华书局1976年版，第432页。
② 魏源：《默觚下·治篇五》，《魏源集》上册，中华书局1976年版，第49页。

梁》，半亡半存，亦成绝学。谶纬盛，经术卑，儒用绌。晏、肃、预、谧、赜之徒，始得以清言名理并起持其后，东晋梅赜伪古文《书》遂乘机窜入，并马、郑亦归于沦佚。西京微言大义之学，坠于东京，东京典章制度之学，绝于隋唐，两汉故训、声音之学，熄于魏晋。其道果孰隆替哉？且夫文质再世而必复，天道三微而成一著。今日复古之要，由训诂、声音以进于东京典章制度，此齐一变至鲁也；由典章、制度以进于西汉微言大义，贯经术、故事、文章于一，此鲁一变至道也。①

魏源所持的今文经学的立场是很坚定的。但他对今文学派亦有分析，颇同感于《汉志》所言西汉儒生"碎义逃难，便辞巧说"之敝，说："非尽东汉古文家敝之，乃今文家先自敝也。"②并举后来对《四子书》的解释流为俗学为例，认为学术之敝乃敝于利禄，学派之间互相攻讦的结果，使"今古文两败俱伤"③。此又可见其承继今文学而又超越今文学的治学特点。他的大著《海国图志》的撰写，尤能见出他维护国家民族的利益、渴求了解外域状况的近代

---

① 魏源：《两汉经师今古文家法考叙》，《魏源集》上册，中华书局1976年版，第151—152页。
② 魏源：《书古微例言中》，《魏源集》上册，中华书局1976年版，第116—117页。其论解说《四子书》而流于俗学云："宋儒表章《四子书》教士，望其学圣有途辙，不歧于异端俗学，岂知功令既颁之后，至明而'蒙引'、'存疑'、'浅说'、'达说'、'说约'之讲章，乡会之程墨，乡社之房稿，定待闲在之选本，皆至于汗牛充栋而不可极，其敝于利禄，亦何异汉士说尧典'稽古'者乎？故以马融之贪肆而公诋欧阳生为俗儒，犹今之淹博词章者诋业科举之士为俗儒也。"参见《魏源集》上册，第117页。
③ 同上。

思想。他的传世名言是:"师夷长技以制夷。"①

总之龚、魏之学,已不在学术本身。换言之,他们的今文学,重点在"今",而不在"经"。梁启超所论极是:"今文学之健者,必推龚、魏。龚、魏之时,清政既渐陵夷衰微矣。举国方沈酣太平而彼辈若不胜其忧危,恒相与指天画地,规天下大计。考证之学,本非其所好也,而因众所共习,则亦能之。能之而颇欲用以别辟国土,故虽言经学,而其精神与正统派之为经学而治经学者则既有以异。"②又说:"后之治今文学者,喜以经术作政论,则龚、魏之遗风也。"③

乾嘉之后的清学已呈今文学派往晚清新学转变的趋势。梁任公所谓"喜以经术作政论"的"后之治今文学者",主要指的是他的老师康有为。康有为是清代今文学派的集大成者。不过康氏喜为独断之学,除了受廖平的影响,师承并不明显。他的主要打击对象是刘歆,目的是托古改制,为变革维新作学术思想的准备。结果思想准备成功了,政治变革失败了。

尽管如此,康有为在晚清思想界的影响却不可低估。被梁启超称之为"思想界之一大飓风"的康著《新学伪经考》,"新学"二字原指东汉新莽之学,易世误读的结果,竟变成了流行于晚清的普泛新学的同义语。实际上倒也没错,平心而论,晚清新学的第一号领袖人物当然非南海先生莫属。梁启超《清代学术概论》对康的评

---

① 魏源:《海国图志原叙》,《海国图志》上,岳麓书社1998年版,第1页。
② 梁启超:《清代学术概论》,《梁启超论清学史二种》,第63页。
③ 同上。

价颇具史笔，他写道：

> 今文学运动之中心,曰南海康有为,然有为盖斯学之集成者,非其创作者也。有为早年,酷好《周礼》,尝贯穿之著《政学通议》,后见廖平所著书,乃尽弃其旧说。廖平者,王闿运弟子；闿运以治《公羊》闻于时,然故文人耳,经学所造甚浅；其所著《公羊笺》,尚不逮孔广森,平受其学,著《四益馆经学丛书》十数种,颇知守今文家法；晚年受张之洞贿逼,复著书自驳,其人固不足道,然有为之思想,受其影响,不可诬也。有为最初所著书曰《新学伪经考》,"伪经"者,谓《周礼》、《逸礼》、《左传》及《诗》之毛传,凡西汉末年刘歆所力争立博士者；"新学"者,谓新莽之学。时清儒诵法许、郑者,自号曰"汉学",有为以为此新代之学,非汉代之学,故更其名焉。《新学伪经考》之要点,一、西汉经学,并无所谓古文者,凡古文皆刘歆伪作；二、秦焚书,并未厄及六经,汉十四博士所传,皆孔门足本,并无残缺；三、孔子时所用字,即秦汉间篆书,即以"文"论,亦绝无今古之目；四、刘歆欲弥缝其作伪之迹,故校中秘书时,于一切古书多所羼乱；五、刘歆所以作伪经之故,因欲佐莽篡汉,先谋湮乱孔子之微言大义。诸所主张,是否悉当,且勿论,要之此说一出,而所生影响有二：第一,清学正统派之立脚点,根本摇动；第二,一切古书,皆须从新检查估价；此实思想界之一大飓风也。有为弟子有陈千秋、梁启超者,并夙治考证学,陈尤精洽,闻有为说,则尽弃其学而学焉。《伪经考》之著,二人者多所参与,亦时时病其师之武断,然卒莫能夺也。实则此书大体皆精当,其可议处乃在小节目,乃至谓

《史记》、《楚辞》经刘歆窜入者数十条，出土之钟鼎彝器，皆刘歆私铸埋藏以欺后世。此实为事理之万不可通者，而有为必力持之。实则其主张之要点，并不必借重于此等枝词强辩而始成立。而有为以好博好异之故，往往不惜抹杀证据或曲解证据，以犯科学家之大忌，此其所短也。有为之为人也，万事纯任主观，自信力极强，而持之极毅。其对于客观的事实，或竟蔑视，或必欲强之以从我。其在事业上也有然，其在学问上也亦有然。其所以自成家数崛起一时者以此，其所以不能立健实之基础者亦以此，读《新学伪经考》而可见也。[1]

梁启超初从师说，自然也是今文一派，但学术思想的分野甚明，我们从上述对乃师的评价上已见端倪。而学术立场，虽同为晚清新学翘楚，康是经学，梁是史学，旨趣各异。真正宗今文学而知家法的是井研廖季平。

廖平（字季平）生于咸丰二年（1852年），三十七岁中进士第（1889年），自请为龙安府教授，未受其他官职。终生以著述为业，尝师事王湘绮，与当时任四川学政的张之洞亦有较密切的往还。所著《辟刘篇》、《知圣篇》直接启示康有为《新学伪经考》和《孔子改制考》两书的写作。廖平的《辟刘篇》和《知圣篇》正编，均成于光绪十四年（1888年），前者已提出刘歆作伪古经及古学与王莽篡汉有密切关系等问题，包括《史记》有刘歆的篡笔的"非常异义可

---

[1] 梁启超：《清代学术概论》，刘梦溪主编《中国现代学术经典·梁启超卷》（夏晓虹编校），河北教育出版社1996年版，第188—189页。

怪"观点，康有为《新学伪经考》实有取于此；后者提出孔子为素王、六经系孔子受命改制之作，等等，康之《孔子改制考》受了直接影响。虽然廖的《辟》、《知》一出版于1898年，一出版于1902年，而康之《伪经考》问世于1891年、《改制考》问世于1897年，即康著出版在前，但因光绪十五年（1889年）廖平曾赴广州广雅书局，以两文之抄本呈康有为寓目，故廖影响康应是不争之事实。只是廖屡屡提及，康则缄默不语。梁启超在《清代学术概论》中实揭开了此一学术公案的谜底。

其入室弟子有蒙文通者，学脉互相接绪而没有流于"以经术作政论"一途①。但廖氏处身于吾国思想文化的转型时期，知家法而不能守家法，所治之经学一生数变，新环境之下治旧学，已是旧中有新了。

戊戌之后，梁启超与乃师分道扬镳，成为新史学的开山。康有为《新学伪经考》、《孔子改制考》掀起的"飓风"、"火山"，在另一方面，又开了疑古派史学的先河。

正因为如此，王国维在评价晚清新学的时候才有所保留。

---

① 蒙文通在《井研廖季平师与近代今文学》一文中写道："廖师之今文学固出自王湘绮之门，然实接近二陈一派之今文学，实综合群言而建其枢极也。他若魏源、龚自珍之流，亦以今文之学自诩，然《诗、书古微》之作，固不必求之师说，究其家法，汉宋杂陈，又出以新奇臆说，徒以攻郑为事，究不知郑氏之学已今古并取，异郑不必即为今文。世复有以阿郑为事者，亦得古文家之名，鱼目混珠，彼此惟均。故龚、魏之学别为一派，别为伪今文学，去道已远。激其流者，皆依傍自附者之所为，固无齿于今古文之事。故有见一隅而不窥全体之今文学，有知其大概而不得其重心之今文学，此皆未成熟之今文学。而又别有魏、龚一派漫无根荄之今文学。是汉代之今文学惟一，今世之今文学有二。至廖师而后今文之说乃大明，道已渐推而渐备。故廖师恒言，踵事增华，后来居上，然不有庄、张、刘、宋、二陈之启辟途径于前，虽廖师亦未易及此。"参见《蒙文通文集》第三卷《经史抉原》，巴蜀书社1995年版，第105页。

王的思想来源，早期醉心于西方哲学和美学，特别是叔本华和康德的哲学，对吸收外来思想以为我用具有理性的自觉。后来在罗振玉的影响下转而研究古史，走的是实证派史学的道路，与疑古思潮大异其趣。但王氏对外来思潮之影响中国学术，极为重视，如前所述，他曾用第二次佛教东传来比喻晚清的西学东渐，自是深识通变之言。实际上，从龚、魏到康有为的由今文学发展为新学的运动，确实是在外来思潮的影响下或至少是受其刺激下，形成规模的。

只不过同为接受外来思潮的影响，结果却不同：今文学派与现时政治相接引，倡导者化为实地的革命者；另外一些受西学影响的学人包括王国维，则成为现代思想启蒙的先驱。梁启超亦称清初以顾炎武为代表的学术思潮为启蒙期，但那是就一种单一的学术思潮发展段落的划分而言。晚清的具有新的人文内涵的思想启蒙运动实受动于西学东渐，建有实绩的早期启蒙者应该首推侯官严复，他是第一个系统介绍西方学术思想的人。

十九世纪末，有哪一本著作能够像严译《天演论》那样给知识界带来如此巨大的激动与兴奋？"赫胥黎独处一室之中，在英伦之南，背山而面野。槛外诸境，历历如在几下。乃悬想二千年前，当罗马大将恺彻未到时，此间有何景物？计惟有天造草昧，人功未施。其借征人入境者，不过几处荒坟，散见坡陀起伏间，而灌木丛林，蒙茸山麓，未经删治如今日者，则无疑也。"[1]这段著名的《天演论》的开场白，五四前后一代知识分子许多人都能背诵。

---

[1] 参见《严复集》第五册，中华书局1986年版，第1323页。

《天演论》正式印行于1898年，随后又有《原富》、《群学肄言》、《群己权界论》、《社会通诠》、《法意》、《名学》、《名学浅说》等相继出版。1931年商务印书馆印行的"严译名著丛刊"八种，涵盖了严译的主要部分。如果说康有为的《伪经考》和《改制考》是晚清思想界的"飓风"和"火山"，那么严译《天演论》等西方名著对思想界的冲击，更具有"润物细无声"的恒在力量。

"物竞天择，适者生存"——没有另外的语言像严译《天演》的这句名句，能够直接道出晚清知识分子的群体心声。王国维接触西学，最初也是受严译的影响。包括陈寅恪的尊人陈三立也对严译赞美有加[①]。严译使用的是意译的方法，而且时有己意参与其中，因此在一定意义上可以视为著述。此外还有林纾的翻译，其对文学思想和文学创作的冲击，亦足可与严译相颉颃。西方学术思想介绍到我国的历史，撇开佛教东传，可以追溯到十六世纪第一批传教士来中国，但当时介绍过来的主要是天文历算、舆地测绘、农田水利和力学方面的一些书籍，以及还有后来译介的时务书、制造书等等。对带有形上性质的学术思想的集中介绍，还是始于严复。

因此晚清之新学实有两个脉系：一是由传统今文学转化而来的趋于政治化的新学，以康有为为代表；一是以直接译介、输入西方

[①] 陈三立《读侯官严复氏所译英儒穆勒约翰群己权界论偶题》诗写道："自有天地初，莽莽灵顽界。既久挺人群，万治孕变怪。圣哲亦何为，扶生披凋瘵。其义弥亭毒，日震聋与聩。吾国奋三古，纲纪匪狡狯。侵寻狙糟粕，滋觉世识隘。夭阏缚制之，视息偷以惫。卓彼穆勒说，倾海挈众派。砭懦而发蒙，为我斧天械。又无过物忧，绳矩极显戒。萌芽新道德，取足持善败。复也雄于文，百幽竭一嘬。扬为皎日光，吐此大块噫。玄思控孤谊，余痛托绍介。挑灯几摩挲，起死偿凤快。"对严复推诵倍至。参见《散原精舍诗》卷上，第611页。

418

学术思想为职事的启蒙派新学，以严复为第一号翘楚。前者把目光放在朝廷上，热衷于现实政治秩序的变革，学术思想不过是达致政治目的之手段；后者着眼于知识阶层，希望通过传播新的学术思想来推动民众的精神觉醒。前者与洋务派起点不同，归宿全同；后者与洋务派的指导思想自始至终判然有别。洋务派最著名的口号是"中学为体，西学为用"，康有为对此是认同的；严复则创造性地提出"自由为体，民主为用"①。前者名为新学，新中有旧；后者在狂热涉猎欧西之后，许多人重新又回归到传统，有的甚至成为思想上的守旧者，但论学论治旧中依然有新。前者发动的政治变革失败以后，学术思想也随之流产；后者提出的，则是整个二十世纪都不曾作完的思想课题。

五 传统学术向现代学术转变：甲骨学和敦煌学

中国传统学术向现代学术转变，有两大意外的契机，即甲骨文字的发现和甲骨学的建立，以及敦煌遗书的发现和敦煌学的建立。疑古学派的出现，本来是传统学术走向现代的重要一步，但在甲骨学、敦煌学新发现面前，它遇到了巨大的挑战，简直足以拆毁其赖以建立的根基。中国现代学术奠基人的角色是由王国维扮演的，他的学术创获尤得力于清末的学术新发现。

王国维对晚清新学的评价虽有所保留，却没有采取简单地予以抹杀的态度。他对清代学术的历史衔接意义极为重视。不错，他确实说过近代学术多发端于宋人，而且认为宋以后至清朝，是我国思

---

① 严复：《原强》，《严复集》第一册，中华书局1986年版，第11页。

想的停滞期。宋代学术的总体成就是我国学术文化的最高峰，王、陈有几近相同的论述，前已略及。所谓近代学术多发端于宋人的判断，实际上他主要是指金石学而言。因为晚清之际，金石学特别发达，其源头应追溯到宋朝。诚如王国维所说："金石之学，创自宋代，不及百年，已达完成之域。"①又说："宋人于金石、书画之学，乃陵跨百代。近世金石之学复兴，然于著录、考订，皆本宋人成法，而于宋人多方面之兴味，反有所不逮。故虽谓金石学为有宋一代之学，无不可也。"②这说得再明确不过。

至于清学的演变过程及其特点，王氏曾有过专门论述，其中写道：

> 我朝三百年间，学术三变：国初一变也，乾嘉一变也，道咸以降一变也。顺康之世，天造草昧，学者多胜国遗老，离丧乱之后，志在经世，故多为致用之学。求之经史，得其本原，一扫明代苟且破碎之习，而实学以兴。雍嘉以后，纪纲既张，天下大定，士大夫得肆意稽古，不复视为经世之具。而经、史、小学专门之业兴焉。道咸以降，途辙稍变，言经者及今文，考史者兼辽金元，治地理者逮四裔，务为前人所不为。虽承乾嘉专门之学，然亦逆睹世变，有国初诸老经世之志。故国初之学大，乾嘉之学精，道咸以降之学新。③

---

① 王国维：《宋代之金石学》，《王国维遗书》第五册之《静安文集续编》，第74页。
② 同上。
③ 王国维：《沈乙庵先生七十寿序》，《王国维遗书》第四册之《观堂集林》卷二十三，第25—26页。

评价公允而恰切。用一"大"字概括清初学术、用"精"字概括乾嘉汉学、用"新"字概括晚清之学，可谓一字不易。他接下去并举出清学的三个代表人物，清初的顾炎武，"以经世为体，以经史为用"①；乾嘉的戴震和钱大昕，"以经史为体，而其所得，往往裨于经世"②。王国维本人，不用说是最能认同于东原（戴震字东原）、竹汀（钱大昕号竹汀居士）之学的。

问题是如何看待晚清新学之"新"。

对龚、魏今文学之"新"，王国维采取理解同情的态度，认为是"时势使之然"③，但具体评价不无微词："道咸以降，学者尚承乾嘉之风，然其时政治风俗已渐变于昔，国势亦稍稍不振，士大夫有忧之而不知所出，乃或托于先秦、西汉之学，以图变革一切。然颇不循国初及乾嘉诸老为学之成法，其所陈夫古者，不必尽如古人之真，而其所以切今者，亦未必适中当世之弊，其言可以情感而不能尽以理究。"④这段话中，"颇不循国初及乾嘉诸老为学之成法"一语，特别值得我们注意，因为站在学术史嬗变的角度，这是非常有重量的批评。而"可以情感而不能尽以理究"的指陈，似对其学术含量亦存怀疑。但同时也说造成这种情况是"时势使之然"，他并不想过分苛责前贤。

那么清初及乾嘉的学术传统，晚清是不是就没有承继之人呢？

---

① 同见《沈乙庵先生七十寿序》一文，参见《王国维遗书》第四册之《观堂集林》卷二十三。
② 同上。
③ 同上。
④ 同上。

其实有，这个人应该是孙诒让。孙字仲容，浙江瑞安人，生于1848年（道光二十八年），卒于1908年（光绪三十四年）。终生为学，著述极丰。其在古籍整理、目录校勘和古文字学方面获得的成绩，有盛清学者所不逮者。《周礼正义》八十六卷，是孙诒让用近三十年的时间完成的一部大著，梁启超称之为"清代新疏之冠"[①]；而积十年之功撰著的《墨子间诂》，更是"自有墨子以来未有此书"[②]，梁任公称之为"识胆两皆绝伦"[③]。

不过王国维特别属意的，则是沈曾植即沈乙庵先生。沈字子培，乙庵其号，浙江嘉兴人，生于1851年，比孙诒让小三岁。沈在晚清是亦政亦学的人物，历任赣、皖按察使、提学使等职。康有为上书、开办强学会，他极力支持。戊戌百日维新之际应张之洞聘主讲两湖书院。1917年张勋拥溥仪复辟，亦参与其事。但他的旧学的根底实在非比寻常，经、史、音韵、训诂、刑律，以及西北史地、佛道书画，等等，凡所接触的领域，均有卓识与创获。所著《海日楼诗》、《曼陀罗䍐词》，亦堪称晚清学人之诗的绝唱。

王国维对乙庵之学给予高度评价，认为沈氏一生为学，既通晓国初及乾嘉诸家之说，又广涉道咸以降的边疆史地之学，而且"一秉先正成法，无或逾越"[④]。他称赞沈氏之学的深博和精要："其于人心世道之隆污，政事之利病，必穷其源委，似国初诸老；其视

[①] 梁启超：《中国近三百年学术史》，《饮冰室合集》第10册"专集"之七十五，第201页。
[②] 同上，第230页。
[③] 同上。
[④] 同见《沈乙庵先生七十寿序》一文，参见《王国维遗书》第四册之《观堂集林》卷二十三。又关于对沈曾植的生平与学术的评价，可参看钱仲联先生的《论沈曾植》一文，载钱氏著《梦苕庵论集》，中华书局1993年版，第437—447页；以及钱氏《沈曾植集校注》前言，中华书局2001年版。

经史为独立之学,而益探其奥窔,拓其区宇,不让乾嘉诸先生。至于综览百家,旁及二氏,一以治经史之法治之,则又为自来学者所未及。"①就是说,沈曾植的为学方法体现了治中国学问的通则,"学者得其片言,具其一体,犹足以名一家,立一说"②。因此其意义有常理不可估量者。真正大家的学问,必如是。在王国维看来,学者的为学方法至为重要。他说:"学问之品类不同,而其方法则一,国初诸老用此以治经世之学,乾嘉诸老用之以治经史之学。"③沈乙庵则用此种方法治一切诸学。此种"为学之成法"无他,就是视学问为独立物,而又探其奥窔,穷其原委,"遗世而不忘世",祈有补于人心世道。在群英荟萃的晚清,沈的学问为新旧各派所倾服,连傲岸不可一世的辜鸿铭都说:"天下之可畏者,只上海寓公沈子培先生耳。"④1922年沈曾植辞世,王国维所拟之挽联曰:"是大诗人,是大学人,是更大哲人,四照炯心光,岂谓微言绝今日;为家孝子,为国纯臣,为世界先觉,一哀感知己,要为天下哭先生。"

说开来,沈之方法其实也就是王国维自己的治学方法。这种治学方法既是传统的,又为一个现代学人不可不具。王国维甚至把学术和国家的存亡命运联系起来,写道:"国家与学术为存亡,天而未厌中国也,必不亡其学术。天不欲亡中国之学术,则于学术所寄

---

① 同见《沈乙庵先生七十寿序》一文,参见《王国维遗书》第四册之《观堂集林》卷二十三。
② 同上。
③ 同上。
④ 参见王蘧常《嘉兴沈寐叟先生年谱初编》,载1929年出版之《东方杂志》第15—16期。

之人，必因而笃之。"①王氏这些话写于1919年，几令人感到后来的自杀已在此埋下种子。评价的虽是沈寐叟，移来作为王国维的自评，非常合适。我们感兴趣的是，他的这种论文评学而不以时尚为好恶的学术精神。

不过，静安之学尤得力于清末的学术新发现。

中国传统学术向现代学术转变，有两大意外的契机，这就是甲骨文字的发现和甲骨学的建立，以及敦煌遗书的发现和敦煌学的建立。

甲骨文字的发现并开始引起人们的重视，是在1899年，即戊戌政变的第二年。一个叫王懿荣的喜欢金石之学的国子监祭酒，从山东一范姓商人手里购得12片刻有奇怪文字的龟甲兽骨，他认出了其中的一些字，知其珍贵；第二年又购得800多片，其中有一片为52字的全甲；随后又从赵姓商人处购得几百片。王于是成为近代历史上第一位发现并收集甲骨的人②。但他不幸死于义和团之乱，他的收藏由其子转售给《老残游记》的作者刘鹗。刘是有心人，委托赵姓商人继续搜购，终于使自己的收藏达到5千余片，并于1903年出版《铁云藏龟》。与此同时，英国和美国驻山东的传教士库寿龄和

---

① 王国维：《沈乙庵先生七十寿序》，参见《王国维遗书》第四册之《观堂集林》卷二十三。
② 王懿荣字正儒，又字廉生，山东福山人，生于道光二十五年（1845年）六月初八日，其祖父王荣禄当时任山西巡抚。咸丰二年（1852年）祖父弃世，懿荣八岁。父亲王资政为道光己酉（1849年）科拔贡，曾任兵部主事，后简放四川龙安知府，调任成都府知府，升按察使，光绪十二年（1886年）卒于北京。光绪六年（1880年）懿荣三十六岁时考中进士，授翰林院庶吉士；光绪二十年（1894年）以翰林院侍读升南书房行走并署理国子监祭酒；后又于二十一年、二十五年两次补授国子监祭酒。光绪二十六年庚子（1900年）任命王为京师团练，盖此时义和团之乱已酿成矣。（转下页）

424

方法敛,也合伙从商人手中购得大量甲骨,方氏且于1906年出版研究著作《中国原始文字考》。还有日人西村博、加拿大人明义士等,也是早期的甲骨搜购者。而这些甲骨的来源,则是河南安阳的小屯村。

罗振玉曾在刘鹗家里做家庭教师,《铁云藏龟》他曾为之序,他前后搜集到的甲骨有三万多片,不仅从商人手里购得,还叫弟弟

(接上页)庚子七月二十一日当八国联军攻入北京之际,王懿荣携夫人谢氏及儿媳张氏投井而逝,王享年56岁。死后追赠侍郎衔,谥文敏。王的妹妹系张之洞的继室。平素与王交往者不乏晚清重臣大吏。王青年时期即喜欢金石彝器书画等古董,颇富收藏,而且得到他的母亲的支持("极力纵容,购之以为快")。因此1899年他最早发现并能够辨识甲骨宜非偶然。王懿荣是甲骨学界公认的最早发现甲骨的人。董作宾这样叙述王发现甲骨的经过:"他在北京私寓中发疟疾的时候,是清朝的光绪二十五年己亥(西元1899年),但是不能知道相当于那个月那一天。据说他因为发疟疾要吃中药,药方里有一味药是'败龟板'。药买到了,老先生亲自打开药包检查一下,发现'败龟板'片子上有了刻上的文字。老先生研究过金文,是认识古文字的,他于是发生了浓厚的兴趣,就派人把菜市口达仁堂药店的'败龟板'通同买了回来,并且问明药店,这种'败龟板'是那里出品。结果,买了一大包回来,据说从河南汤阴县地下掘出来的。王老先生从此仔细考究一下,上面的字有甲子、乙丑等六十甲子,也有且乙、父丁等名字,跟钟鼎彝器上的铭文很相似,于是断定这必是殷周时代的东西。当时他的朋友刘鹗正住在他家,也知道了,许多玩古董的朋友们一传十、十传百,大家都花钱去搜集,北京药店的'败龟板'都找遍了。于是社会上才知道有甲骨文字这回事。"(参见董著《甲骨学六十年》,刘梦溪主编《中国现代学术经典·董作宾卷》[裘锡圭、胡振宇编校],河北教育出版社1996年版,第280页)。董之叙述系根据汐翁的《龟甲文》(载1931年出版之《华北画刊》第89期)一文,所记王懿荣生病吃药发现甲骨文字的细节,不一定完全可靠,但王最先发现甲骨文字的历史事实应该可信。但事有凑巧,天津人孟广慧(字定生)、王襄(字纶阁)也与王懿荣差不多时间从商人手里得到了刻有甲骨文字的"龙骨",以此后来有研究者认为孟、王(襄)应是最早发现甲骨文字的人。对此甲骨名学者胡厚宣先生撰有《再论甲骨文发现问题》,征引各种资料,详辨此案,得出结论:"在甲骨学发展近百年的今天,我们仍可说:殷虚甲骨文是在1899年,也就是清光绪二十五年己亥,由山东福山人,名叫王懿荣的,首先认识并加以搜购的。与王懿荣同时辨别搜购甲骨的还有天津的孟定生和王襄。"胡先生文载《中国文化》1997年出版之第15、16期合刊,文章系其哲嗣胡振宇先生整理提供。所述王懿荣经历事迹则据王之第四子崇焕所辑之《王文敏公年谱》,载1943年7月出版之《中和月刊》四卷七期。

425

去安阳发掘，他自己也曾前往考察。王国维接触甲骨文字，就是得力于罗振玉的收藏。罗的《殷商贞卜文字考》1910年出版、《殷虚书契考释》1915年出版①，奠定了他在甲骨学界的地位。王1917年接连发表《殷卜辞中所见先公先王考》和《续考》②，把对甲骨文字的辨识与殷商制度的研究结合起来，为重建殷商信史开辟了道路。另外孙诒让也是早期研究甲骨的学者，他的《契文举例》竣稿

---

① 罗振玉字叔蕴，号雪堂，晚号贞松老人，1866年（同治五年）生于江苏淮安，原籍浙江上虞。罗研究甲骨文字实甚早，1901年（甲骨文发现后第三年）在刘鹗家里开始接触，刘1903年出版《铁云藏龟》，他参加了编辑工作，并为之序。所以1915年罗在所撰之《铁云藏龟之余序》中有下面的话："予之知有贞卜文字也，实因亡友刘君铁云，铁云所藏予既为编辑为《铁云藏龟》，逾十年予始考订其文字。"罗1906年任学部参事，有了更多的搜集研究甲骨及其他古器物的机会，且于1909至1910两次派人前往河南调查搜集。日本的林泰辅1909年寄《清国河南汤阴县发现之龟甲兽骨》一文给罗，成为他撰写《殷商贞卜文字考》的契机。罗《贞卜文字考》的贡献，在于纠正了林泰辅氏关于甲骨出土于汤阴的说法，而根据《史记·项羽本纪》等文献所载之殷虚即商代晚期之都城，确定出土地点为安阳小屯附近；同时发现殷代的帝王名谥很多见于甲骨卜辞。陈梦家在《殷虚卜辞综述》中说，"考订小屯为殷虚与审释帝王名号二事，确乎是罗氏考释文字以外的贡献；没有此二事为前提，对于文字考释也难求其贯通的。"罗的《殷虚书契考释》印行于1915年，系在《贞卜文字考》基础上增补改写而成，解说的字多至485个。另有1003个暂不认识的字成《待问编》一卷，1916年印行。1927年罗再次增订《考释》，可识之字增至570个。因后来有人提出《考释》虽署罗名，实乃王国维所作（傅斯年讲得最直截了当，溥仪亦附和该说），遂使《考释》的著作权问题成为甲骨学史之一公案。但董作宾、陈梦家、胡厚宣、张舜徽诸大家均为罗辩护，陈梦家且研究了《考释》的手稿及《贞卜文字考》到《考释》的具体演变过程，尤具说服力。更有力的证据是王国维为《考释》所作的序言，一再称扬《考释》："自三代以来言古文者，未尝有是书也。"又说《考释》是"三百年来小学之一结束"。如果《考释》不是罗所作而是王自己所作，静安怕不会做如是之自颂之辞吧。1996年百花洲文艺出版社出版的《罗振玉评传》，作者罗琨和张永山对此桩公案辨析颇详，读者亦可参阅（见该书第128—137页）。

② 王国维携眷属于1911年11月（农历辛亥十月）中旬跟随罗振玉赴日本，住在京都西郊的乡间，地名叫田中村。他们是为避辛亥革命之"乱"而东渡的。至1915年春天，王全家回国扫墓，5月携长子潜明再赴日，住罗家。八个月后回到上海，任职于哈同办的"仓圣明智大学"。王初到日本时，生活颇艰窘，但罗带到日本的大量藏书，让静安先生找到了归宿。（转下页）

于1904年、《名原》作于1905年，只不过他辨识的字比较少（和金文比较考释的字有185个），所起的作用主要是整理和传播，深入研究则远逊罗、王。戊戌政变给由今文学发展而来的政治化的新学划了一个悲惨的句号，而甲骨文字的发现，则为一部分学者提供了致力于更纯粹更独立的学术研究的新资料和新领域。

甲骨文字发现的第二年，即1900年，敦煌石室的宝藏重见天日，其中有两万多件卷子，包括佛经、公私文件，以及诸子、韵书、诗赋、小说等。经卷上的文字，除了汉文，还有梵文、藏文、

（接上页）他的治学方向在罗的影响下亦有了改变，转为研究古文字、古器物和古代社会的制度和历史。《殷卜辞中所见先公先王考》和《续考》，就是他转变学术方向后的最主要的成果之一。《先王考》写成于1917年2月底（农历二月初七），并有一序："甲寅岁暮，上虞罗叔言参事撰《殷虚书契考释》，始于卜辞中发见王亥之名。嗣余读《山海经》、《竹书纪年》，乃知王亥为殷之先公，并与《世本作篇》之胲、《帝系篇》之核、《楚辞·天问》之该、《吕氏春秋》之王冰、《史记·殷本纪》及《三代世表》之振、《汉书·古今人物表》之垓，实系一人。"王的这一发现是极为重要的。单是推定《史记·殷本纪》中的振即是王亥，这是何等匪夷所思的创获。另外又从卜辞中发现王恒其人，并考证出此恒即是王亥之弟，更属学术奇迹。王国维在《先王考》的序言中继续写道："又观卜辞，王恒之祀与王亥同，太丁之祀与太乙、太甲同，孝己之祀与祖庚同，知商人兄弟，无论长幼与已立未立，其名号、典礼盖无差别。于是卜辞中人物，其名与礼皆类先王，而史无其人者，与夫父甲、兄乙等名称之浩繁求诸帝系而不可通者，至是理顺冰释。"又说："使世人知殷虚遗物之有裨于经史二学者有如斯也。"尚在日本的罗振玉收到《先王考》的稿样后，非常兴奋，写信给王国维说："昨日下午邮局送到大稿，灯下读一过，忻快无似。弟自去冬病胃，闷损已数月，披览来编，积疴若失。忆自卜辞初出洹阴，弟一见以为奇宝，而考释之事，未敢自任。研究十年，始稍稍能贯通。往者写定《考释》，尚未能自慊，固知继我有作者必在先生，不谓捷悟遂至此也。"王之弟子赵万里说："卜辞之学，至此文出，几如漆室忽见明灯，始有脉络或途径可寻，四海景从，无有违言。三千年来迄今未见之奇迹，一旦于卜辞得之，不仅为先生一生学问最大之成功，亦近世学术史上东西学者公认之一盛世也。"王之《先王考》所据之卜辞资料限于《铁云藏龟》及《殷虚书契》前后编等书所收集者，不久罗振玉从日本带来千余张新拓书契文字，哈同的《戬寿堂所藏殷虚文字拓本》亦有八百张。于是王国维又根据这些新资料，于1917年4月又写成《殷虚卜辞中所见先公先王续考》。

龟兹文、突厥文等。孔子叹为不足征的殷礼,有了着落。宋儒看不到的古本,如今看到了。学者们认为这是可以与埃及金字塔相媲美的重大发现。殷虚甲骨文字的发现,有了甲骨学;敦煌遗书的发现,有了敦煌学。两者后来都成为20世纪的国际显学。然而又不仅此。还有汉晋木简和内阁大库档案[①],在当时也是极重要的发现。因此王国维称清末是学术发现之时代。他在《最近二三十年中中国新发见之学问》一文中写道:"古来新学问起,大都由于新发见。有孔子壁中书出,而后有汉以来古文家之学;有赵宋古器物出,而后有宋以来古器物古文字之学。"[②]清末的上述四大发现中,任何一种都可以与孔子壁中书、汲冢竹简相抵挡。这些发现,大大拓展了学术研究的学科领域,为学术起飞作了必要的材料准备,创造了与世界对话的新契机,同时影响到人文社会科学其他学科领域,使得中国现代学术思想在其始建期就呈现出各学科交错影响的现象。

直承今文学和晚清新学而来的疑古学派的出现,本来是传统学术向现代迈进的重要一步,但在甲骨学、敦煌学新发现面前,它遇到了巨大的挑战,简直足以在事实上拆毁它赖以建立的理念

[①] 王国维在《最近二三十年中中国新发见之学问》中写道:"中国学问上之最大发现有三:一为孔子壁中书;二为汲冢书;三则今之殷虚甲骨文字、敦煌塞上及西域各处之汉晋木简、敦煌千佛洞之六朝及唐人写本书卷、内阁大库之元明以来书籍档册,此四者之一已足当孔壁、汲冢所出,而各地零星发见之金石书籍于学术有大关系者,尚不与焉。"《王国维遗书》第五册之《静安文集续编》,第65页。

[②] 王国维:《最近二三十年中中国新发见之学问》,《王国维遗书》第五册之《静安文集续编》,第65页。

根基①。王国维说："疑古之过，乃并尧舜禹之人物而亦疑之。其怀疑之态度及批评之精神，不无可取。然惜于古史材料，未尝为充分之处理也。"②又说："虽古书之未得证明者，不能加以否定，而其已得证明者，不能不加以肯定。"③王氏以甲骨、敦煌等新发现为基地，走上了正面诠释古典的道路。他的著名的"二重证据法"，就是在此一基础上提出的。《古史新证》写道：

吾辈生于今日，幸于纸上之材料外，更得地下之新材料。

---

① 疑古作为一种学术思想，很早就产生了。《论语·八佾篇》："夏礼吾能言之，杞不足征也；殷礼吾能言之，宋不足征也。文献不足故也，足则吾能征之矣。"已有疑古之意。《孟子·尽心下》："尽信书不如无书。吾于武成，取二三策而已。"说得更加明白。《荀子·正论》："夫曰尧舜禅让，是虚言也，是浅者之传、陋者之说也。"所疑更大了。《论衡·案书篇》："太史公两纪，世人疑惑，不知所从。案张仪与苏秦同时，苏秦之死，仪固知之。仪知秦审，宜从仪言以定其实。而说不明，两传其文。东海张商亦作列传，岂苏秦商之所为耶? 何文相违甚也? 三代《世表》言五帝、三王皆黄帝子孙，自黄帝转相生，不更禀气于天。作《殷本纪》，言契母简狄浴于川，遇玄鸟坠卵，吞之，遂生契焉。及《周本纪》言后稷之母姜嫄野出，见大人迹，履之则妊身，生后稷焉。夫观《世表》，则契与后稷，黄帝之子孙也。读殷、周《本纪》，则玄鸟、大人之精气也。二者不可两传，而太史公兼纪不别。案帝王之妃，不宜野出、浴于川水；今言浴于川，吞玄鸟之卵，出于野，履大人之迹，违尊贵之节、误是非之言也。"是又辨而疑之矣。而刘知几《史通》特辟《疑古》篇，写道："夫五经立言，千载犹仰，而求其前后，理甚相乖。何者? 称周之盛也，则云三分有二，商纣为独夫；语殷之败也，又云纣有臣亿万人，其亡血流漂杵。斯则是非无准，向背不同者焉。"审其语意且辨而责之矣。不过上述种种，还只是局限于对个别史实记述的怀疑与辨证，并未造成普遍的风气，也没有形成系统的理论。晚清的疑古思潮不同，它是在一种反传统的背景下并且有科学主义的参照衍生出来的学术思想。追寻清学之内在理路，则清末民初之疑古思潮，大名崔东壁实启其端，庄（存与）、刘（逢禄）、龚（自珍）、魏（源）等代表的今文学继其势，康有为集其成，胡适、钱玄同、顾颉刚等推向峰巅。

② 王国维：《古史新证》第一章"总论"，见清华文丛之五《古史新证——王国维最后的讲义》，清华大学出版社1994年版，第2—3页。

③ 同上。

由此种材料，我辈固得据以补正纸上之材料，亦得证明古书之某部分全为实录，即百家不雅驯之言，亦不无表示一面之事实。此二重证据法，惟在今日始得为之。①

此一新理念的提出，学术界响应者甚众，不仅对疑古之偏颇有所是正，对二十世纪的学术行程也自有其正面的影响，同时也是中国现代学术何以史学一门最富实绩的原因。

而中国现代学术中考古一门的建立，也是与清末的学术新发现相联系的。古代并非没有考古，北宋吕大临曾作过《考古图》，但当时之考古不出金石之范围。现代考古则增加了田野研究的内容，由金石考古扩展到田野考古，是现代考古的学科特点。二十世纪初，以发掘工作为基础的现代考古学的建立，李济、董作宾、郭沫若诸人，与有功焉。当时的中央研究院历史语言研究所1928至1937年对殷虚遗址的十五次发掘，是中国现代考古事业的绝大行动，董作宾和李济实主其事，而收获也是空前的，后因日寇入侵被

---

① 王国维：《古史新证》第一章"总论"，见清华文丛之五《古史新证——王国维最后的讲义》，清华大学出版社1994年版，第2—3页。

迫停止①。但董、李均不忘记罗振玉和王国维对甲骨学及金石考古所做的贡献。董评罗、王曰："研究甲骨文字最努力又最有贡献的只有两个人——就是罗振玉同王国维。"又说："王氏考证卜辞，皆在罗氏之后，且受罗氏的启迪实深。所以严格来讲，甲骨学能建立起来，得有今日，实出于罗氏一人之力。"②又评王之《先公先王考》及《续考》云：

> 在甲骨文字的初步研究，能够把王亥二字看作一个人名，把孙诒让认为"立"字的，断定是"王"字，这已是不容易了。王氏更把《殷本纪》讹为"振"的，考定就是王亥，尤其令人惊奇。一个亥字，在许多古籍中，增加了偏旁成为垓、该、核、胲，还算保存着原状的一半，等到又从核讹为振，或讹为冰，就不

---

① 中央研究院史语所于1928年10月至1937年6月，对殷虚遗址前后做了15次发掘，共得有字甲骨24918片，另有为数不少的各种重要遗物。第一次在1928年10月13日至10月30日，主持者为董作宾；第二次为1929年3月7日至5月10日，李济主持，董作宾、裴文中等参加；第三次1929年10月7日至21日及11月15日至12月12日，李济主持，董作宾等参加；第四次1931年3月21日至5月11日，李济主持，董作宾、梁思永、石璋如等参加；第五次1931年11月7日至12月19日，董作宾主持，梁思永等参加；第六次1932年4月1日至5月31日，李济主持，董作宾等参加；第七次1932年10月19日至12月15日，李济主持，董作宾等参加；第八次1933年10月20日至12月25日，郭宝钧主持；第九次1934年3月9日至5月31日，董作宾主持；第十次1934年10月3日至12月30日，梁思永主持，石璋如、胡厚宣等参加；第十一次1935年3月15日至6月15日，梁思永主持；第十二次1935年9月5日至12月16日，梁思永主持；第十三次1936年3月18日至6月24日，郭宝钧主持；第十四次1936年9月20日至12月31日，梁思永主持；第十五次1937年3月16日至6月19日，石璋如主持。对这15次发掘，陈梦家指出了一些不足，例如不够注意全面的文化面貌、发掘与研究未做良好的分工等，但他肯定："此十五次发掘历时十载，虽初时因事属创举，全凭摸索试探，而后五次的规模与成就，实在为中国考古学奠定了基础。"(《殷虚卜辞综述》，第37页)

② 董作宾：《甲骨学六十年》，刘梦溪主编《中国现代学术经典·董作宾卷》（裘锡圭、胡振宇编校），河北教育出版社1996年版，第184、185页。

容易找到原形了。王氏能细心对证,考定了卜辞中王亥就是《史记·殷本纪》的振,确是难得。①

郭(沫若)对王的评价也很高,称王留下的知识产品"好象一座璀璨的楼阁,在几千年来的旧学的城垒上,灿然放出一段异样的光辉"②;又评论说:"王氏之学即以甲骨文字之研究为其主要的根干,除上所列四种之外,其他说礼制、说都邑、说文字之零作更散见于全集中。谓中国之旧学自甲骨之出而另辟一新纪元,自有罗、王二氏考释甲骨之业而另辟一新纪元,决非过论。"③郭对罗的评价也不低,认为罗的功劳在于"为我们提供出了无数的真实的史料",称赞"他的殷代甲骨的收集、保藏、流传、考释,实是中国近三十年来文化史上所应该大书特书的一项事件"④;还说:"甲骨自出土后,其搜集保存传播之功,罗氏当居第一,而考释之功亦深赖罗氏。罗氏于1910年有《殷商贞卜文字考》一卷,此书仅属椎轮。1915年有《殷虚书契考释》一卷(后增订为三卷),则使甲骨文字之学蔚然成一巨观。谈甲骨者固不能不权舆于此,即谈中国古学者亦不能不权舆于此。"⑤郭的甲骨文、金文研究,是以罗、王为起点,他自己并不讳言。于此可见静安之学影响之大。在中国传统学

---

① 董作宾:《甲骨学六十年》,刘梦溪主编《中国现代学术经典·董作宾卷》(裘锡圭、胡振宇编校),河北教育出版社1996年版,第189—190页。

② 郭沫若:《中国古代社会研究》自序,《郭沫若全集·历史编》第一册,第8页,以及《卜辞中的古代社会》,人民出版社1982年版,复见该书第194、193页。

③ 同上。

④ 同上。

⑤ 同上。

术向现代转变的过程中，王国维确实起到了奠基的作用。

陈寅恪在《王静安先生遗书序》里这样总结静安之学的特点：一曰取地下之实物与纸上之遗文互相释证，二曰取异族之故书与吾国之旧籍互相补正，三曰取外来之观念与固有之材料互相参证。此固不是王氏一人的治学特点，而是当时学术中坚力量的共同特点，也即是中国现代学术的最基本的观念和方法。所以陈寅恪肯定地说："吾国他日文史考据之学，范围纵广，途径纵多，恐亦无以远出三类之外。"①

六 传统学术向现代学术转变：经今古文学的互动

中国传统学术向现代学术转变，经今文学及其衍化并发展为晚清新学，是一个方面；与此同时古文经学也没有沉默，章太炎以坚实的国学根底，承继清学正统派遗风，成为古文经学的中坚人物；他的学术思想与现代接榫的途径，是通过复兴诸子学来提倡文化多元论，因而《齐物论释》的现代学术意义不应低估。

中国传统学术向现代学术转变，经今文学及其衍化并发展为晚清新学是一个方面，已如上述。但古文经学也没有沉默。当廖（季平）、康（有为）、梁（启超）张今文学的大旗，影响披靡之际，余杭章炳麟以坚实的国学根底，直承清学正统派遗风，成为古文经学的中坚人物。只是这里需要说明一点，即他们的学术思想尽管有异，在

---

① 陈寅恪：《王静安先生遗书序》，《金明馆丛稿二编》，上海古籍出版社1980年版，第219页。

政治态度上，却可以表现为同样的激烈，甚至主张古文经学的人，比今文经学还要激烈。所以如此，是由于他们目睹国家的内外危机，变革现状的要求是一致的。

章炳麟字枚叔，太炎为其别号，清同治七年十一月三十日（1869年1月12日）生于浙江余杭。曾祖父、祖父、父亲都曾担任过县学的训导一类职务（曾祖、父亲为县学训导，祖父为国子监生），外祖父为庠生。虽非高门，却不乏诗书传统。十一二岁时读蒋氏《东华录》知有曾静、吕留良之案，授其读经的外祖父说："夷夏之防，同于君臣之义。"炳麟问前人是否也这样讲过，外祖父说王船山、顾亭林都讲过，并以船山"惟南宋之亡，则衣冠文物亦与之俱亡"之语告。太炎于是说："明亡于清，反不如亡于李闯。"[1]其种族革命之思想，少年时期即已萌生。二十五岁，积学所得，成《膏兰室札记》四大册，遍涉《史》、《汉》及周秦诸子，而以小学奠其基，诠解古代史地、音律、典章制度，古雅奥窔，不类常人[2]。盖太炎于学问词章，形同夙契，非止于苦读深研所能达致，亦天分所授也。

早期之太炎，颇寄同情于康、梁的变法主张，因此曾一度在梁启超、夏曾佑、汪康年等共襄其事的上海《时务报》担任撰述，所写文章受到维新派人士的推重。然而时间甚短暂，1897年1月入报馆，4月即离去，原因是他与康、梁的学术思想适相反对，而为康

---

[1] 朱希祖：《本师章太炎先生口授少年事迹笔记》，载《制言》第25期"太炎先生纪念专号"。可参阅汤志钧编《章太炎年谱长编》上册，中华书局1979年版，第5—6页。

[2] 章氏《膏兰室札记》共四卷，生前未刊。1982年上海人民出版社出版的《章太炎全集》第一册所收，为《札记》的前三卷（第四卷散佚），系沈延国校点，共得札记474条。参见该书第34—301页。

门弟子所"大哄"①。章早期思想也受到严复介绍的西学的影响,但其学术思想的基本理路则与严复迥异。他的学问的根基在乾嘉朴学,思想渊源则来自晚清诸子学。

我们前面已经论及了儒学和诸子学的分殊与对立问题,实际上这是中国传统学术多元并立的另一个方面。儒学固然长期处于正统地位,但诸子之学也没有消逝。老、庄作为道家思想的代表,自是中国文化中源远流长的一脉,荀、墨、管、晏、列、名诸家之作在学术思想史上的地位,也没有被人忘记。特别清中叶以后,确有一个子学复兴的运动。清儒治经最见功力,而为了求得经之本义,便不能不借助于诸子之学。因为诸子生活之时代与孔、孟相埒,诸子书中记载的有关孔子的言行虽未免取其一端,但也许更接近原貌。何况乾嘉诸老对典籍的分解有似匠人的解剖刀,理性的认知极大地消融了对象的神秘感,无须再把经、子人为地对立起来。

章学诚"六经皆史"说的提出,客观上已蕴涵有削弱儒家经典

---

① 章太炎1897年4月20日《致谭献书》叙在《时务报》馆与康门弟子龃龉情形甚详,其中写道:"麟自与梁、麦诸子相遇,论及学派,辄如冰炭。仲华亦假馆沪上,每有论议,常与康学抵牾,惜其才气太弱,学识未富,失据败绩,时亦有之。卓如门人梁作霖者,至斥以陋儒,诋以狗曲(面斥之云狗狗)。麟虽未遭诶询,亦不远于辕固之遇黄生。康党诸大贤,以长素为教皇,又目为南海圣人,谓不及十年,当有符命,其人目光炯炯,如岩下电,此病狂语,不值一笑'。而好之者乃如蛣蜣转丸,则不得不大声疾呼,直攻其妄。尝谓邓析、少正卯、卢杞、吕惠卿辈,咄此康瓠,皆未能为之奴隶。若钟伯敬、李卓吾,狂悖恣肆,造言不经,乃真似之。私议及此,属垣漏言,康党衔次骨矣。会谭复笙来自江南,以卓如文比贾生,以麟文比相如,未称麦君,麦技忌甚。三月十三日,康党麇至,攘臂大哄,梁作霖复欲往殴仲华,昌言于众曰:昔在粤中,有某孝廉诋諆康氏,于广坐殴之,今复殴彼二人者,足以自信其学矣。噫嘻!长素有是数子,其果如仲尼得由,恶言不入于耳耶? 遂与仲华先后归杭州,避盅毒也。"参见汤志钧编《章太炎政论选集》上册,中华书局1977年版,第14—15页。亦可参阅钱基博《现代中国文学史》,岳麓书社1986年版,第72页。

的权威地位的作用，策略是"降"经为"史"①。而另有学者把诸子等同于六经，则是又降"经"为"子"。江瑔《读子卮言》写道："子中有经，经中亦有子。班氏艺文志之论诸子也，亦云合其要归，亦六经之支与流裔。盖六经既出于诸子，诸子亦可出于六

---

① "六经皆史"的思想虽并非章学诚所首创，但把这一思想系统化并在中国学术史的大背景和清代学术的具体背景下赋予全新的内涵，则是章的学术创获。章的代表性著作《文史通义》的第一篇第一句话，就是"六经皆史也"（《内篇·易教上》）。他阐述的理由，是"六经"都是先王的政典，即礼仪典章制度之书；既是典章制度之书，则史的价值遂得以凸显。传统儒家亦并非不承认"六经"里面多有周之政典，主要强调"六经"的价值在所载之道。对此章学诚反驳说，"六经"其实是"器"，你不能离开"器"去讲那个"道"。他说："《易》曰：'形而上者谓之道，形而下者谓之器。'道不离器，犹影不离形。后世服夫子之教者自'六经'，以谓'六经'载道之书也，而不知'六经'皆器也。"又说："三代以前，《诗》、《书》'六艺'未尝不以教人，不如后世尊奉'六经'，别为儒学一门，而专称为载道之书者。"（《文史通义·原道中》）那么后人可以从"六经"中学习什么呢？章氏认为，所学的内容不外官司典守、国家政教；而其致用的方面，也不过是人伦日用之常。所以你从"六经"中看到的，是那些不得不然的事情，并没有除此之外还看到另外的什么"道"。因为先圣先王的"道"看不见，所以孔子才述"六经"以训后世，叫你凭借"六经"这个"器"，来思考向往那看不见的"道"。盖章氏直视"六经"为"器"，不管主观意图为何，都有降低"六经"权威地位的作用。而又不止于此，章氏还认为，即使本诸"道器合一"的观点，也不能说只有即"六经"这个"器"，方可以"明道"；而是"大而经纬世宙，细而日用伦常"，只要去"求其所以然"，学者便可以"明道"。就是说，天下之道，并非由"六经"所专有（《文史通义·原道上》）。此又将"六经"之"明道"的作用，分而弱之矣。因此他顺理成章地提出，先秦之诸子各说各的"道"，在同为"言道"这点上，他们不存在高下之分。章氏写道："而诸子纷纷，则已言道矣。庄生比之为耳目口鼻，司马谈别之为六家，刘向区之为九流。皆自以为至极，而思以其道易天下者也。由君子观之，皆仁智之见而谓之，而非道之果若是易也。夫道因器而显，不因人而名也。自人有谓道者，而道始因人而异其名矣。仁见谓仁，智见谓智是也。人自率道而行，道非人之所能据而有也。自人各谓其道，而各行其所谓，而道始得为人所有矣。墨者之道、许子之道，其类皆是也。
（转下页）

经。"① 使用的就是经、子合流的论证逻辑。章太炎的老师俞樾也说: "圣人之道具在六经,而周秦两汉诸子之书亦各有所得。虽以申韩之刻薄,班列之怪诞,要各本其心之所独得者而著之书。"②故近人罗庶丹所撰之《诸子学述》,得出一结论说: "乾嘉以还学者,皆留意子书,以为治经之助。"③ 其实何止是"之助",怀扬"子"抑"经"之深心者,亦大有人在。

清中叶以还如上所述一些学者试图提升诸子地位的学术思想,

(接上页) 夫道自形于三人居室,而大备于周公、孔子,历圣未尝别以道名者,盖犹一门之内,不自标其姓氏也。至百家杂出而言道,而儒者不得不自尊其所出矣,一则曰尧舜之道,再则曰周公、仲尼之道。"(《文史通义·原道中》) 这里章氏提出他的另一观点,即诸子言道在先,儒者反而言道在后。意谓同为言道,儒家亦未占先着。然而又不仅此。章氏还提出,"六经"之名实起于孔门的弟子们,孔子本人并不自封为经("夫子之时,犹不名经");逮到孔子故去之后,"微言绝而大义将乖,于是弟子门人,各以所见、所闻、所传闻者,或取简毕,或授口耳,录其文而起义。"(《文史通义·经解上》) 但"起义"的结果,也不叫"经",而是叫"传"。例如左氏《春秋》、子夏《丧服》等篇,就都叫"传"。即前代的逸文,不出于六艺者,也都是叫"传"。所以章学诚说: "则因'传'而有'经'之名,犹之因子而立父之号矣。"(《经解上》) 则此处又明言"传"跟"经"的关系如同儿子与父亲的关系,只不过"传"这个儿子有点特别,他生得比父亲还要早些,有了儿子之后才有"经"这个父亲。听起来未免让人糊涂了。试问,章实斋(章学诚字实斋)这样疏解经、传的关系,是抑经还是尊经? 笔者认为,他是抑之而又抑之矣。然而还不仅此。章氏显然对儒家连"经"和"传"都不区分清楚感到不满,所以他笔锋一转,表彰起诸子来了。他说: "当时诸子著书,往往自分经传,如撰辑《管子》者之分别经言,《墨子》亦有《经》篇,韩非则有《储说》经传,盖亦因时立义,自以其说相经纬耳,非有所拟而僭其名也。"(《经解上》) 那么假如笔者说章实斋这里是在想方设法地扬诸子而抑儒家,恐怕不算误解章氏的文义罢。

① 江瑔:《读子卮言》,第14页。
② 俞樾:《诸子平议序》,徐世昌撰《清儒学案》第四册,中国书店1990年影印版,第385页。
③ 罗焌:《诸子学述》,岳麓书社1995年版,第51页。

对青年时期即在杭州"诂经精舍"肄学八年之久的章太炎[①]，不能没有影响。我们看太炎先生1906年撰写的《诸子学略说》一文，对"儒家之病"、"儒术之害"，剖剥得淋漓尽致；而于道、墨、阴阳、纵横、法、名、杂、农、小说诸家，则多有恕词。其论诸子之学曰："惟周秦诸子，推迹古初，承受师法，各为独立，无援引攀附之事，虽同在一家者，犹且矜己自贵，不相通融。故荀子非十二子，子思、孟轲亦在其列。"[②]并引佛典《成唯识论》之义谛，极赞诸子"持论强盛，义证坚密，故不受外熏"[③]。而在1902年，章氏已有《订孔》之作。至1909年《致国粹学报社书》的发表，进而

[①] 太炎先生于1890年开始入于朴学大师俞樾主持的"诂经精舍"研习，时年23岁，父亲章睿刚刚弃世。俞樾字荫甫，号曲园，浙江德清人。生于道光元年（1821年）、卒于光绪三十二年（1906年），道光三十年庚戌（1850年）进士及第，授翰林院编修。曾任河南学政，因科场弊案被参去职，遂肆力于学。所著《群经平议》、《诸子平议》、《古书疑义举例》诸书，为士林所重。然亦有称曲园为章句之儒而非通儒者。太炎《谢本师》云："稍长，事德清俞先生，言稽古之学，未尝问文辞诗赋，先生为人岂弟，不好声色，而余喜独行赴渊之士。出入八年，相得也。"又《自述治学》："二十岁，在余杭，谈论每过侪辈。忖路径近曲园先生，乃入诂经精舍，陈说者再，先生率未许。后先生问：'《礼记·明堂位》有虞氏官五十、夏侯氏官百、殷二百、周三百、郑注周三百六十官，此云三百者，记时《冬官》亡也。《冬官》亡于汉初，周末尚存，何郑注谓《冬官》亡乎？'余谓：'《王制》三卿五大夫，据孔疏，诸侯不立冢宰、宗伯、司寇之官，有小司徒、小司寇、小司空、小司马、小卿而无小宗伯，故大夫之数为五而非六，依《周礼》，当减三百之数，与《冬官》在否无涉也。'先生称善。又问：'《孝经》有先王有至德要道，先王谁耶？郑注谓先王为禹，何以孝道始禹耶？'余谓：'《经》云先王有至德要道以顺天下者，明政治上之孝道异寻常人也。夏后世袭，方有政治上之孝道，故孝道始禹。且《孝经》之制，本于夏后；五刑之数三千，语符《吕刑》。三千之刑，周承夏旧，知先王确为禹也。'先生亦以为然。余于同侪，知人所不知，颇自矜。"

[②] 章太炎：《诸子学略说》（1906年），汤志钧编《章太炎政论选集》上册，中华书局1977年版，第285—286页。

[③] 同上。

提出"唯诸子能起近人之废"①的大胆主张。实际上，复活先秦诸子之学，使孔学恢复先秦之孔，始终是太炎学术思想的一个重要特征。胡适看到了这一点，在《中国哲学史大纲》中写道："到了最近，如孙诒让、章炳麟诸君，竟都用全副精力发明诸子学，于是从前作经学附属品的诸子学，到此时代，竟成专门学。"②

不过在致力于先秦诸子学之复活这点上，还不能完全见出太炎先生的古文家的立场。章氏《自定年谱》称："二十四岁始分别今古文师说。"③这一年实即1891年（光绪十七年），也就是康有为《新学伪经考》刊行的一年。随着起而向康之学说发起攻诘④，章太炎的古文家立场逐渐明晰起来。1891至1896年期间，太炎尝撰有《春秋左传读》⑤；1902年又撰有《春秋左传读叙录》、《驳箴膏肓评》两书，已把矛头指向清代今文学家的代表人物刘逢禄，并主要就刘氏提出的《左传》的传经系统系刘歆所伪造的观点展开辩难。不过给予今文学打击最力的是写于1899年的《今古文辨义》一

---

① 章太炎：《致国粹学报社书》，汤志钧编《章太炎政论选集》上册，中华书局1977年版，第498页。

② 胡适：《中国哲学史大纲》上册，商务印书馆1987年版，第9页。

③ 参见《章太炎先生自定年谱》，上海书店1986年版。

④ 章太炎1897年4月20日《致谭献书》："《新学伪经考》，前已有驳议数十条，近杜门谢客，将次第续成之。"参见汤志钧编《章太炎政论选集》上册，中华书局1977年版，第285—286页。

⑤ 《春秋左传读》一书太炎生前未正式刊行，盖作者认为不成熟故也。1907年章氏所作之《再与人论国学书》云："左氏故言，近欲次录，昔时为此亦几得五六岁。乃今仍有不惬意者，要当精心汰渐，始可以质君子。"此即指《左传读》而言。参见《太炎文录初编·别录卷二》，《章太炎全集》第四册，上海人民出版社1985年版，第356页。现上海人民版《章太炎全集》第二册所收之《春秋左传读》，系根据北京图书馆所藏钱玄同签署本及上海图书馆所藏手稿整理而成，是为首次造版印行。

文。这篇文章针对廖平所代表的今文学的基本观点逐一加以剖释，最后写道：

> 总之，廖氏之见，欲极崇孔子，而不能批郤导窾以有此弊。寻其自造六经之说，在彼固以为宗仰素王，无出是语，而不知踵其说者，并可曰孔子事亦后人所造也。噫嘻！槁骨不复起矣，欲出与今人驳难，自言实有其人实有其事，固不可得矣。则就廖氏之说以推之，安知孔子言与事，非孟、荀、汉儒所造耶？孟、荀、汉儒书，亦非刘歆所造也？邓析之杀求尸者，其谋如此；及教得尸者，其谋如彼。智计之士，一身而备输、墨攻守之具，若好奇爱博，则纵横错出，自为解驳可也。彼古文既为刘歆所造，安知今文非亦刘歆所造以自矜其多能如郑析之为耶？而《移让博士书》，安知非亦寓言耶？然则虽谓兰台历史，无一语可以征信，尽如蔚宗之传王乔者亦可矣。而刘歆之有无，亦尚不可知也，乌虖！廖氏不言，后之人必有言之者，其机盖已兆矣。若是，则欲以尊崇孔子而适为绝灭儒术之渐，可不惧与？[①]

对康有为《新学伪经考》一书有重要影响的廖氏之古文经系刘歆所伪造的说法，是太炎先生驳难的重点，因为这是今文学派立论的历史根基。而且太炎先生预见到，如果依照今文学派造伪说的思路一直走下去，必然导致"兰台历史，无一语可以征信"的虚妄结

---

① 章太炎：《今古文辨义》，汤志钧编《章太炎政论选集》上册，中华书局1977年版，第114—115页。

果。事实上，后来的疑古思潮就是这样产生的。我们不能不佩服章氏穷究学理的先见之明。但章氏信古书却不信晚清以来的地下发掘物，认为河南安阳出土的甲骨卜辞也是伪造，并且直到他逝世的前一年——1935年，中央研究院史语所的殷虚发掘已经进行到第十一次，获得极丰硕的成绩，而且有名金祖同者反复向其说明辩难，他还是不肯相信甲骨文字的真实性，甚至史语所的发掘所得，他也认为是村民的伪造①，则又将先见之明化作了自蔽的眼障。

---

① 章太炎《国故论衡》中的《理惑论》一文，是专门论述金文和甲骨文字的，其中写道："又近有掊得龟甲者，文如鸟虫，又与彝器小异。其人盖欺世豫贾之徒，国土可鬻，何有文字？而一二贤儒信以为质，斯亦通人之蔽。按《周礼》有衅龟之典，未闻铭勒。其余见于《龟策列传》者，乃有白雉之灌，酒脯之礼，梁卵之祓，黄绢之裹，而刻画、书契无传焉。假令灼龟以卜，理兆错迎，衅裂自见，则误以为文字，然非所论于二千年之旧藏也。夫骸骨入土，未有千年不坏；积岁少久，故当化为灰尘。龟甲蜃珧，其质同耳。古者随侯之珠，照乘之宝，琼珌之削，余蚳之贝，今无有见世者矣。足明垩质白盛，其化非远，龟甲何灵，而能长久若是哉！鼎彝铜器，传者非一，犹疑其伪，况于速朽之质、易蠹之器，作伪有须臾之便，得者非贞信之人，而群相信以为法物，不其愼欤？"太炎精通小学，主张研究古文字应以《说文》为依据，然而金文及甲骨学者竟以钟鼎甲骨订正《说文》，他感到无论如何不可理解。所谓"得者非贞信之人"，显系指罗振玉；而"一二贤儒"，则是指他素所尊敬的孙诒让。以上参见刘梦溪主编《中国现代学术经典·章太炎卷》（陈平原编校），第40页。另有《甲骨文辨证》的编纂者金祖同氏，在《辨证》上集的跋语中讲述了与太炎先生交往、讨论甲骨的有趣经过。第一次前去拜谒的情形，他作了如下的记述："先生貌寒古，而健谈惊四座。同行者五人，各叩所学而就其渊源导发之。抉其利弊，启以先河，莫不叹服。及予，予以方治殷人礼制，乃告以甲骨文。先生蹙然者久之，曰：乌乎可？研几文字之学，《说文》其总龟也。由此深入，可见苍圣制作之源。今舍此外求，而信真伪莫辨之物，是不揣其本而齐其末，得无诬乎？"金嗣后多次写信向太炎先生讨教，并尽可能引证甲骨文中可以阐证经史的例子，太炎终不以为然，只复了四封信，再不理睬。太炎的第一次复信说："文字源流，除《说文》外，不可妄求。甲骨文真伪且勿论，但问其文字之不可识者，谁实识之？非罗振玉乎？其字既与《说文》碑版经史字书无征，罗振玉何以能独识之乎？"另一信提到中研院的发掘，他认为其所获是"洹上之人因殷虚之说而伪造"。还有一信讲到刘铁云的收藏，太炎说："以愚度之，殆北宋祥符天书之类耳。"关于金祖同与太炎先生的交往通信和章对甲骨文的态度以及相关背景，董作宾《甲骨学六十年》介绍甚详，可参阅《中国现代学术经典·董作宾卷》，河北教育出版社1996年版，第194—198页。

章氏弟子黄侃暨友人刘师培者，也秉承先正遗风，坚执古文经的立场，在学术上各有所成。刘之所成在经学，黄之所成在小学。章的学术创获，也集中在小学。故真能承继余杭之学的是黄侃和另一弟子吴承仕。但我们须说明一点，章太炎、刘师培、黄侃等人采取的古文经学的立场，如同晚清今文经学的代表人物龚自珍、魏源以及康有为一样，学术立场与政治态度难免情非所愿地纠缠在一起。康有为斥刘歆伪造六经，为的是提高孔子的地位，托古改制。章太炎降低孔子的地位，是为了实践他的多元文化的主张，为清末的思想解放运动提供原发的思想资源。

　　最能体现章太炎的文化多元论思想的著作，是他写于1910年的《齐物论释》。此篇通过解庄而阐发自己的文化思想，虽不免杂糅释、道，以唯识解"齐物"，但思辨与纯理认知的程度很高，诚如著者自己所说，"可谓一字千金"[1]。最引人瞩目处是对《齐物论》第三章的阐释，明确提出对不同的文明应持兼容、齐物的态度。

　　庄子援古为说，讲了一个不一定实有的寓言故事。尧对舜说："我想讨伐宗、脍、胥敖，可临朝的时候心里很是不安，不知怎么回事？"舜说："这三个小国还处在蓬蒿艾草一样的生活阶段，何必那样在意？从前十日并出的时候，普照万物，君主的盛德应高过

---

[1] 《章太炎先生自述学术次第》叙缘起曰："余生亡清之末，少愭异族，未尝应举，故得泛览典文，左右采获。中年以后，著纂渐成，虽兼综故籍，得诸精思者多，精要之言，不过四十万字，而皆持之有故，言之成理，不好与儒先立异，亦不欲为苟同。若《齐物论释》、《文始》诸书，可谓一字千金矣。"参见《中国现代学术经典·章太炎卷》，第642页。

太阳才是。"郭象《庄子注》说这则寓言的意思是希望"物畅其性，各安其所安，无有远近幽深，付之自若，皆得其极，则彼无不当而我无不怡也"。太炎先生认为："子玄斯解，独会庄生之旨。"但在理念上他进一步作了现代意义的发挥，写道："原夫齐物之用，将以内存寂照，外利有情。世情不齐，文野异尚，亦各安其贯利，无所慕往。饷海鸟以大牢，乐斥鹦以钟鼓，适令颠连取毙，斯亦众情所恒知。然志存兼并者，外辞蚕食之名，而方寄言高义，若云使彼野人获与文化。斯则文野不齐之见，为桀跖之嚆矢明矣。"又说："今之伐国取邑者，所在皆是，以彼大儒，尚蒙其眩惑，返观庄生，则虽文明灭国之名，犹能破其隐匿也。"

而且庄子也不是不知道物竞相争的道理，《外物篇》里就有"谋稽乎炫，知出乎争"的话。但庄子毕竟不因争竞之说而主张强行改变物的自性。所以太炎先生慨叹说："向令齐物一篇方行，海表纵无灭于攻战，舆人之所不与，必不得借为口实，以收淫名明矣。"尤可注意者，是太炎先生下面的话：

或言齐物之用，廓然多途，今独以蓬艾为言何也？答曰文野之见，尤不易除。夫灭国者，假是为名，此是梼杌穷奇之志尔。如观近世有言无政府者，自谓至平等也，国邑州间泯然无间，贞廉诈佞一切都捐，而犹横着文野之见，必令械器日工，餐服愈美，劳形苦身，以就是业，而谓民职宜然，何其妄欤！故应

443

物之论，以齐文野为究极。①

"应物之论，以齐文野为究极"，是太炎是篇的核心论旨，最能见出章氏的文化多元论思想和斯旨的现实针对性②。而他的强调诸子之学，也早已显示出他对传统学术的看法采取的是多元文化的态度。

论者或曰，章太炎思想上是保守派，文化上是传统派，政治上后来成为"反动派"。余则曰，此论未免失之一隅之见。实际上在现代学者中，章太炎是最具有定见、遇事从不动摇的真儒。年轻时

---

① 笔者所引《齐物论》原文，系采自《中国佛教思想资料选编》第三卷第四册，中华书局1990年版，第202—263页，石峻、楼宇烈、方立天等编。

② 笔者这里须作一郑重说明：学术界最早提出章太炎有文化多元论思想的是汪荣祖先生。1986年，他撰有《章太炎的文化观》一文，其中写道："太炎的文化观实基于'多元文化论'（cultural pluralism）。事实上，他是在强调每一种文化都具有特殊性格，不必也不应与别种文化同化。在文化交流中，各文化既然都有特性，自应站在平等的地位。此在章氏《齐物论》一书中有充分的说明。"可参见汪著《章太炎研究》，台北李敖出版社1991年版，第175—181页。又汪著《康章合论》（台北联经出版公司1988年初版）之"结论"及"后记"，于章氏的文化多元论思想亦曾比较为说，写道："近人常将谈中西文化者分为三类：西化派、传统派，以及折衷派，似未注意到康章各自提出的两个不同的文化观点，指出两条不同的思想趋向。康氏震惊于近代西方物质文明的富盛，文化观点深受科学的影响，以为人文的发展可像科学那样有规则，具有客观的真理，放诸四海而皆准。因此，文化像科学一样没有国界，可以自由仿效采用。西方国家因行君主立宪而富强，中国亦可仿行君主立宪而富强。但章氏的文化观点扎根于历史，各国家或各民族各有其独特的历史经验，所以由历史中所产生的文化各有其特性，不可能雷同。因此，文化不像科学那样客观与统一，不可能随便抄袭。一种文化可以吸收另一种文化的长处，但必须适应本文化的特性。与本文化特性相左的外来文化因素，必难有效。如果要消灭一文化的特性，等于此一文化的灭亡。所以，我们可以说，康氏的文化观是一元的，而章氏的文化观是多元的。"见汪氏著《合论》，第137—138页。荣祖兄是我的好友，所赐两书置案多年而未尝拜诵，近日在较系统地研读太炎著作之余，方来细详。读后大快吾心，相信荣祖所论，实为对章氏研究的重要学术发现，故特补叙于此，以彰学理。

赞成变法维新，是鉴于对现状的体认，在个人固属至诚；后来主张革命，提出种族问题，也是基于戊戌后世局越来越不可收拾，而采取的一种因应方略；最后由于西潮滚滚，时髦学人置传统文化于无地，他转而在文化方面极力主张保存国性。毋宁说他一直有一种不随时俗转移的独立不倚的精神。我们所追寻的中国现代学术传统中具有恒在意义的东西，这在章太炎身上表现得最为明显。

太炎自述其学术思想的嬗变有言："自揣平生学术，始则转俗成真，终乃回真向俗。世固有见谛转胜者耶？后生可畏，安敢质言。秦汉以来，依违于彼是之间，局促于一曲之内，盖未尝睹是也。乃若昔人所诮，专志精微，反致陆沉，穷研训诂，遂成无用者，余虽无腆，固足以雪斯耻。"[1]梁任公评曰："其所自述，殆非溢美。"[2]

七 传统学术向现代学术转变：史学与哲学

史学在中国自有不间断的传统。中国现代学术之史学一门最见实绩，真可以说是人才济济，硕果丰盈。现代史学家中包括"二陈"在内的一批大师巨子，所涉猎和所建树的史学实际上也可以视作文化史学。所谓文化史学，是指著者不仅试图复原历史的结构，而且苦心追寻我华夏民族文化传承的血脉，负一种文化托命的职责。

---

[1] 章太炎：《菿汉微言结语》，《中国现代学术经典·章太炎卷》，第641页。
[2] 梁启超：《清代学术概论》，《中国现代学术经典·梁启超卷》，第204页。

中国传统学术向现代学术转变，走的是多源多流、交错嬗变的路。有远源，也有近源；有分流，也有汇流；有内因，也有外缘。

传统学术的大背景，两千余年学术自身的传统，当然是远源。乾嘉汉学、道咸以降的经今文学、晚清诸子学，等等，都是近源。外缘的因素，刺激之大，前面已从王静安的有关论述中窥见一斑。事实上，不只是清朝的大门是在列强的坚船利炮的打击下洞开的，延续几千年的中国传统学术思想，也是在西潮的强烈刺激下，产生了不能安于固有秩序的紧迫感。世势使之然，学术固无法回避。本来明代中晚期的学术，已经有了走向科技走向民间的趋向，与西方也开始了交流，发展下去完全可能以自己的方式走向现代。但明清易代，生产力落后的民族建立了对全国的统治，加上满汉之间的文化冲突，开放的思想被严酷的政治体制窒息了。乾嘉学术在这个意义上是一种不得已的形态。直到清朝末造，欧风美雨狂袭而至，学术思想才不得不在动荡中因应以变。

但强势刺激容易产生文化颠簸症，于学术的发展会伴生不利的影响。就如同黑夜里的一间屋子，正在里面熟睡的人们突然被强盗团伙的剧烈撬门声所惊醒，势必手忙脚乱，迎退失据，甚或穿错了衣服和鞋子也是有的。所以晚清之思想界的变革，实带有急促、慌乱、因应失据、饥不择食的特点。当时的许多文章和著作，更多的是开药方，学术实绩的创造是后来的事情。即使就介绍西方的思想和学说而言，问题也是多多。梁启超于此洞察幽微，他痛心疾首地写道："晚清西洋思想之运动，最大不幸者一事焉。盖西洋留学生殆全体未尝参加于此运动；运动之原动力及其中坚，乃在不通西洋语言文字之人。坐此为能力所限，而稗贩、破碎、笼统、肤浅、错误诸弊，皆不能免。故运动垂二十年，卒不能得一健实之基础，旋起旋落，为社会所轻。"①特别是学术思想如何从传统的格局中（包括远源和近源）蜕分出来，是亟待解决而没有解决好的一个问题。

　　史学在中国自有不间断的传统，由传统史学转变为现代史学，应该顺理成章。然而向传统史学质疑容易，提出史学的新概念、真正建立新史学，殊非易易。已故经学史家周予同先生1941年写的《五十年来中国之新史学》一文中，有下面的论述："学术思想的转变，仍有待于凭借，亦即凭借于固有的文化遗产。当时，国内的文化仍未脱经学的羁绊，而国外输入的科学又仅限于物质文明；所以学术思想虽有心转变，转变的路线仍无法脱离二千年来经典中心的宗派。"②事实确是如此。单是新史学与经今文学的关系有所厘清，已是困难重重。按周予同的说法，晚清治史诸家中，崔适、夏曾佑都是经今文学兼及史学。只有梁启超是逐渐摆脱了今文学的羁绊，走上了新史学的道路。

　　就此点而言，任公先生对现代史学的贡献可谓大矣。而现代史学中的学术史一目，也是任公先生开其端，《论中国学术思想变迁之大势》、《清代学术概论》、《中国近三百年学术史》三书，就是他研究学术史的代表作，至今还经常被学者所引用。诚如梁之好友林志钧所说："知任公者，则知其为学虽数变，而固有其紧密自守者在，即百年不离于史是矣。"③但梁之史学，前期和后期的旨趣不尽相同。1901至1902年写作《中国史叙论》和《新史

---

① 梁启超：《清代学术概论》，《中国现代学术经典·梁启超卷》，第206页。
② 周予同：《五十年来中国之新史学》，见朱维铮编《周予同经学史论著选集》，上海人民出版社1983年版，第517页。
③ 林志钧：《饮冰室合集序》，《饮冰室合集》第一册，中华书局1989年版，第3页。

学》的梁启超，对传统史学的态度甚为决绝，他总结出旧史学的"四蔽"、"二病"、"三难"①，摧毁力极大。后来写《清代学术概论》、《历史研究法》和《历史研究法补编》，则表现出对传统史学不无温文地会意冥心之处。但不论前期还是后期，梁之史学都有气象宏阔、重视历史整体、重视史学研究的量化、重视科际整合的特点。他把中国历史分为三个阶段：从黄帝到秦统一，为上世史，称作"中国之中国"；秦统一至乾隆末年，为中世史，称作"亚洲之中国"；乾隆末年至晚清，为近世史，称作"世界之中国"②。这是一种着眼于大历史的分期方法，颇能反映中国历史演化的过程。

胡适的史学在梁的基础上又有所跨越，《白话文学史》、《中国哲学史大纲》，在专史方面已是开新建设的史学了。但胡适实验的多，完成的少，他的作用主要在得风气之先和对史学研究的"科学方法"的提倡。二十年代兴起的古史辨学派，除了受康有为所代表的晚清今文学的影响，与胡适的《中国哲学史大纲》直接"从

---

① 梁启超揭橥之传统史学的"四蔽"是：知有朝廷而不知有国家；知有个人而不知有群体；知有陈迹而不知有今务；知有事实而不知有理想。"二病"是：能铺叙而不能别裁；能因袭而不能创作。"三难"是：难读，难别择，无感触。参见《饮冰室文集》之九，载《饮冰室合集》第1册，第3—6页。

② 梁启超：《中国史叙论》，《饮冰室合集》第一册，文集之六，第11—12页。

周宣王以后讲起"①有很大关系。所以当1923年顾颉刚在《读书杂志》上发表《与钱玄同先生论古史书》，提出著名的"层累造成说"，胡适给予支持；而钱玄同和傅斯年也作有力的回应，疑古思潮遂掀起波澜。

顾的"层累造成说"，包括三方面的意思：

第一，"时代愈后，传说的古史期愈长"。如这封信里说的，周代人心目中最古的人是禹，到孔子时有尧舜，到战国时有黄帝神农，到秦有三皇，到汉以后有盘古等。第二，可以说明"时代愈后，传说中的中心人物愈放愈大"。如舜，在孔子时只是一个"无为而治"的圣君，到《尧典》就成了一个"齐家而后国治"的圣人，到孟子时就成了一个孝子的模范了。第三，我们在这上既不能知道某一件事的真确的状况，但可以知道某一件事传说中的最早的状况。我们即不能知道东周时的东周史，也至少能知道战国时的东周史；我们即不能知道夏商时的夏商史，也至少能知道东周时的夏商史。②

---

① 顾颉刚在《古史辨》第一册的自序里写道："第二年，改请胡适之先生来教。'他是一个美国新回来的留学生，如何能到北京大学里来讲中国的东西？'许多同学都这样怀疑，我也未能免俗。他来了，他不管以前的课业，重编讲义，开头一章是'中国哲学结胎的时代'，用《诗经》作时代的说明，丢开唐虞夏商，竟从周宣王以后讲起。这一改，把我们一班人充满着三皇五帝的脑筋，骤然作一个重大的打击，骇得一堂中舌挢而不能下。"《古史辨》第一册，上海古籍出版社1982年版，第36页。

② 顾颉刚：《与钱玄同先生论古史书》，载《古史辨》第一册，上海古籍出版社1982年版，第60页。

这些观点他想在一篇叫作《层累地造成的中国古史》的文章中论述，文章未及写，先在致钱玄同的信里讲了出来。倍受争议的禹大约是"蜥蜴之类"的一条"有足蹯地"的虫，就是此信中的名句。顾的这封信在学术界引起巨大的震撼。他后来回忆起这段往事时说："信一发表，竟成了轰炸中国古史的一个原子弹。连我自己也想不到竟收着了这样巨大的战果，各方面读些古书的人都受到了这个问题的刺激。因为在中国人的头脑里向来受着'自从盘古开天地，三皇五帝到于今'的定型的教育，忽然听到没有盘古，也没有三皇、五帝，于是大家不禁哗然起来。"① 《读书杂志》系胡适主办，因为顾的这封信展开了一场历时八九个月的大讨论，直到1924年年初方告一段落。而1926年出版的《古史辨》第一册，则是对这场讨论的总结，顾颉刚写了一篇六万余言的长序，"古史辨"作为学派因之而诞生。

当时与"古史辨派"相对立的是释古派和考古派。也有的概括为"泥古派"或"信古派"，指起而与顾颉刚、钱玄同论争的柳诒徵等文化史家，影响不是很大，且用"泥古"或"信古"字样概括他们的观点也不够准确，可暂置不论。考古派前面讲到了，首功当然是罗、王、郭、董"四堂"（罗号雪堂、王号观堂、郭号鼎堂、董号彦堂），还有李济、夏鼐等。当然考古者大都也释古。董的《殷历谱》和《甲骨文断代研究例》、郭的《中国古代社会研究》和《两周金文辞大系图录考释》、李济的《中国民族的形成》和《安阳》等，均堪称

---

① 顾颉刚：《我是怎样编写古史辨的》，载《古史辨》第一册，上海古籍出版社1982年版，第17—18页。

古文字与古史研究的典范之作。释古派可以王国维和陈寅恪为代表。如果认为梁启超提出的多，系统建设少；王、陈的特点，是承继的多，开辟的也多。

特别是陈寅恪的史学，是最具现代性和最有发明意义的中国现代史学的重镇，这一点当时后世少有异词。他治史的特点，一是在史识上追求通识通解；二是在史观上格外重视种族与文化的关系，强调文化高于种族；三是在史料的运用上，穷搜旁通，极大地扩大了史料的使用范围；四是在史法上，以诗文证史、借传修史，使中国传统的文史之学达致贯通无阻的境界；五是考证古史而能做到古典和今典双重证发，古典之中注入今情，给枯繁的考证学以活的生命；六是对包括异域文字在内的治史工具的掌握，并世鲜有与其比肩者；七是融会贯彻全篇的深沉强烈的历史兴亡感；八是史著之文体熔史才、诗笔、议论于一炉。①他治史的贡献，主要表现在对"中国境内之古外族遗文"的释证，对佛教经典不同文本的比勘对照，对各种宗教影响于华夏人士生平逸事的考证，对隋唐政治制度文化渊源的研究，对晋唐诗人创作所作的历史与文化的笺证，对明清易代所激发的民族精神的传写，等等。而所有这些方面他都有创

---

① 关于陈寅恪的治史成就，请参阅拙作《论陈寅恪的学术创获与研究方法》，《纪念陈寅恪先生百年诞辰学术论文集》，江西教育出版社1994年版，第352—425页。

辟胜解。他治史的精神，则是"独立之精神，自由之思想"[①]，这是他学术思想的力量源泉，也可以称作陈氏之"史魂"。

陈垣与陈寅恪并称"史学二陈"。陈垣的专精在目录、校勘、史讳、年表的研究，并兼擅词章之学；史源学一目，是他的创造；治史的显绩则集中在宗教研究和元史研究。从继承的史学传统来说，清代史家赵翼、钱晓徵对他的影响最大。所以陈寅恪评赞其史学之贡献时说："近二十年来，国人内感民族文化之衰退，外受世

[①] 1929年陈寅恪所作《清华大学王观堂先生纪念碑铭》写道："先生之著述，或有时而不章；先生之学说，或有时而可商。惟此独立之精神，自由之思想，历千万祀，与天壤而同久，共三光而永光。"《金明馆丛稿二编》第218页。《柳如是别传》之缘起部分也有如下的话："虽然，披寻钱柳之篇什于残缺毁禁之余，往往窥见其孤怀遗恨，有可以令人感泣不能自已者焉。夫三户亡秦之志，九章哀郢之辞，即发自当日之士大夫，犹应珍惜引申，以表彰我民族独立之精神，自由之思想。"参见《别传》上册，上海古籍出版社1980年版，第4页。又陆键东著《陈寅恪的最后二十年》披露的1953年12月1日陈寅恪《对科学院的答复》，尤集中阐述了寅恪先生的这一学术精神。《答复》中写道："我的思想，我的主张完全见于我所写的王国维纪念碑。王国维死后，学生刘节等请我撰文纪念。当时正值国民党统一时，立碑时间有年月可查。在当时，清华校长是罗家伦，是二陈（CC）派去的，众所周知。我当时是清华研究院导师，认为王国维是近世学术界最主要的人物，故撰文来昭示天下后世研究学问的人，特别是研究史学的人。我认为研究学术，最主要的是要具有自由的意志和独立的精神。所以我说'士之读书治学，盖将以脱心志于俗谛之桎梏'。'俗谛'在当时即指三民主义而言。必须脱掉'俗谛之桎梏'，真理才能发挥，受'俗谛之桎梏'，没有自由思想，没有独立精神，即不能发扬真理，即不能研究学术。学说有无错误，这是可以商量的，我对于王国维即是如此。王国维的学说中，也有错的，如关于蒙古史上的一些问题，我认为就可以商量。我的学说也有错误，也可以商量，个人间的争吵不必芥蒂。我、你都应该如此。我写王国维诗，中间骂了梁任公，给梁任公看，梁任公只笑了笑，不以为芥蒂。我对胡适也骂过。但对于独立精神，自由思想，我认为是最重要的，所以我说'惟此独立之精神，自由之思想，历千万祀，与天壤而同久，共三光而永光'。我认为王国维之死，不关与罗振玉的恩怨，不关满清之灭亡，其一死乃以见独立自由之意志。独立精神和自由意志是必须争的，且须以生死力争。正如词文所示，'思想而不自由，毋宁死耳。斯古今仁贤所同殉之精义，其岂庸鄙之敢望'。一切都是小事，惟此是大事。碑文中所持之宗旨，至今并未改易。"见该书第111至112页，三联书店1995年版。

界思潮之激荡，其论史之作，渐能脱除清代经师之旧染，有以合于今日史学之真谛，而新会陈援庵先生之书，尤为中外学人所推服。盖先生之精思博识，吾国学者，自钱晓徵以来，未之有也。"[1]但陈垣五十年代以后世潮润及己身，没有再写出重要的著述。陈寅恪则挺拔不动，愈到晚年愈见其著述风骨。尤其1953年至1963年积十载之功撰写的八十万言的《柳如是别传》，是他一生之中最重要的著述，是我国现代文史考证的典范，是"借传修史"的明清文化痛史的杰构，置诸20世纪的史林文苑，其博雅通识和学思之密，鲜有出其右者。

现代史学家中包括"二陈"在内的一批大师巨子，所涉猎和所建树的史学实际上也可以视作文化史学。所谓文化史学，是指著者不仅试图复原历史的结构，而且苦心追寻我华夏民族文化传承的血脉，负一种文化托命的职责。文化史学的集大成者是钱宾四先生。宾四是钱穆(1895—1990)的字，无锡人，自学名家。始任教于无锡、厦门、苏州等地的中学，1930年起北上京华，执教鞭于燕大、北大、清华、师大等高等学府。钱之著述，早期以《刘向歆父子年谱》、《先秦诸子系年》、《中国近三百年学术史》、《国史大纲》为代表。治国史而以学术流变为基底，直承儒统，独立开合，空诸依傍，是钱氏史学的特点。其抗期间在西南联大撰写的《国史大纲》，特地提出应把"我国家民族、已往文化演进之真相，明白示人，为一般有志认识中国已往政治社会

---

[1] 陈寅恪：《陈垣元西域人华化考序》，《金明馆丛稿二编》，上海古籍出版社1980版，第219页。

文化思想种种演变者所必要之智识"[1]，作为修撰新通史的必备条件；并昭示国人树立一种信念，即对"本国已往历史有一种温情与敬意"[2]。他强调："历史与文化就是一个民族精神的表现。所以没有历史，没有文化，也不可能有民族之成立与存在。如是我们可以说，研究历史，就是研究此历史背后的民族精神和文化精神的。"[3]钱穆晚期的代表著作是《朱子新学案》，其价值在重新整合理学和儒学的关系，把援释入儒的宋学，收纳回归到儒、释、道合流统贯的传统学术思想的长河中去。国学大师之名，章太炎之后，唯钱穆当之无愧。

中国现代学术之史学一门最见实绩，真可以说是人才济济，硕果丰盈。梁、王、胡、顾和二陈、钱穆之外，张荫麟、郭沫若、范文澜、翦伯赞、吕振羽，都是具通史之才的史学大师。郭的恣肆、范的淹博、翦的明通、吕的简要，为学界所共道。就中张荫麟的史学天才尤值得注意。虽然他只活了37岁，留下的史学著作最重要的竟是一部没有最后完成的《中国史纲》（只有上古部分）。1905年他生于广东的东莞，十六岁考入清华学堂，十八岁发表《老子生后孔子百余年之说质疑》于《学衡》杂志，批评梁启超而得到梁启超的激赏。1929年赴美国斯坦福大学研习哲学和社会学，四年后回国，任教于清华，兼授哲学、历史两系的课程。

张荫麟试图把哲学和艺术与史学融合在一起，提出要用感情、

---

[1] 钱穆：《国史大纲》（修订本）上册，香港商务印书馆1989年版，"引论"第7页，以及卷前"凡读本书请先具下列诸信念"第1页。

[2] 同上。

[3] 钱穆：《中国历史精神》，台北东大图书公司1976年初版，第7页。

生命、神采来从事历史写作。他说：

> 史学应为科学欤？抑艺术欤？曰，兼之。斯言也，多数积学之专门史家闻之，必且嗤笑。然专门家之嗤笑，不尽足慑也。世人恒以文笔优雅，为述史之要技。专门家则否之。然历史之为艺术，固有超乎文笔之上矣。今以历史与小说较，所异者何在？夫人皆知在其所表现之境界一为虚一为实也。然此异点，遂足摈历史于艺术范围之外矣乎？写神仙之图画，艺术也。写生写真，毫发毕肖之图画，亦艺术也。小说与历史之同者，表现有感情，有生命，有神采之境界，此则艺术之事也。惟以历史所表现者为真境，故其资料必有待于科学的搜集与整理。然仅有资料，虽极精确，亦不成史。即要经科学的综合，亦不成史，何也？以感情、生命、神采，有待于直观的认取，与艺术的表现也。①

他认为正确充备的资料和忠实的艺术表现，是理想的历史写作的两个必要条件。他自己的史著和论文，把他的这一史学写作理想变成了现实。谓予不信，请试读《中国史纲》以及《明清之际西学输入中国考略》和《北宋四子的生活与思想》等专书和论文，你无法不被他的"忠实的艺术表现"所感染。你甚至可能忘记了是在读史，而以为是在阅读文学家撰写的饶有兴味的历史故事。但他那

---

① 张荫麟：《论历史学之过去与未来》，《张荫麟先生文集》下册，台湾大学出版委员会1984年初版，第1059页。

不掺杂繁引详注的历史叙述，又可以做到无一字无来历，无一事无出处。包括梁任公、贺麟在内的熟悉他的学界人物，无一例外地称赏他为不可多得的史学天才。熊十力说："张荫麟先生，史学家也，亦哲学家也。其宏博之思，蕴诸中而尚未及阐发者，吾固无从深悉。然其为学，规模宏远，不守一家言，则时贤之所夙推而共誉也。"又说："昔明季诸子，无不兼精哲史两方面者。吾因荫麟先生之殁，而深有慨乎其规模或遂莫有继之者也。"[①]以熊之性格特点，如此评骘一位先逝的比自己小整整二十岁的当代学人，可谓绝无仅有。

另外在专史和断代史领域，汤用彤、柳诒徵、萧公权、岑仲勉、朱谦之、雷海宗、陈梦家、侯外庐、孟森、向达、杨联陞、罗尔纲等，都有足可传世的代表性著作。而陈梦家的学术成就和遭遇，更令人感到震撼。他是浙江上虞人，1911年出生，十六岁考取中央大学法律系，二十岁就是闻名遐迩的新月派诗人了。1932年上海"一·二八事变"，他投笔从戎，参加著名的淞沪抗战。后来师从容庚，成为研究古文字学、古史的专家，先后执教于燕京大学、西南联大、清华大学等学府，50年代以后转到科学院考古所。《殷虚卜辞综述》、《尚书通论》、《六国纪年》、《西周铜器断代》等重要著作，都写于1957年以前。他的诗人气质和学者的风骨，使他未能逃过1957年"不平常的春天"那一劫。他被下放到甘肃。但他那双神奇的眼睛和神奇的手，似乎接触什么就可以研究什么，而

---

① 熊十力：《哲学与史学——悼张荫麟先生》，见《张荫麟先生文集》上册，台湾大学出版委员会1984年初版，第3页。

且都能结出果实。他在甘肃接触到了汉简，他撰写了《武威汉简》和《汉简缀述》两部涉猎新的学科领域的专著。他的文笔是优美的，优美到可以和张荫麟相颉颃。谁都知道通解甲骨文的发现和研究过程是一件多么繁难的事情，但如果阅读他的70余万言的《殷虚卜辞综述》，不仅可以轻松地实现你的学术目标，而且得到史学与艺术的美的享受。

但陈梦家的悲剧人生并没有到此结束，还有更惨烈的一幕等待着他。1966年，当迎面而来的掀天巨浪不仅残害知识精英，而且残害文化的时候，他自己结束了自己的生命，年只55岁，正值学术的盛年。当然还有翦伯赞，一位一向被称作马克思主义史学家的通史之才，也在那股掀天巨浪面前选择了最简便的结局。只是，也许他并不孤单，因为陪伴他同行的还有他的夫人。这些史学天才，是太知道历史还是太不知道历史？

疑古、释古、考古，足以代表中国现代史学的三个学术派别了。钱穆分近世史学为传统派、革新派和科学派[①]，似不够准确。还有的区别为史观派、史建派、考证派、方法派，等等[②]，也未见科学。疑古、释古、考古三派，都有自己的史学观念和史学方法，也都离不开史料和考证，其目标也是为了建设。唯一例外的是以傅斯年为代表的史料学派，虽也可以范围在释古一派之内，但在史学观念上确有自己的特色。况且讲中国现代史学如果不讲到傅斯年，

[①] 钱穆：《国史大纲》（修订本）上册，香港商务印书馆1989年版，"引论"第3页。
[②] 许冠三：《新史学九十年》（上下册），香港中文大学出版社1986年版。按许著爬梳勾勒百年史学，提纲挈领，每有特见，乃研究近世史学史的先发之著。即对史学各派别的归纳，亦自可成说。惟"考证学派"、"方法学派"、"史观学派"、"史建学派"的提法，窃以为稍未安。

不仅不公正，而且是严重的缺失。因为20世纪的历史学，他是一位有力量的带领者和推动者。

傅斯年字孟真，山东聊城人，1896年出生，十七岁考入北京大学预科，后转为国文门。他是"五四"新思潮的学生领袖，他当时办的刊物就叫《新潮》。陈独秀、胡适之等都很赏识他的才干，李大钊的思想对他也很有影响。1919年5月4日那天的爱国大游行，他担任总指挥，扛着大旗走在队伍的最前面。但火烧赵家楼的意外行为发生后，他退而回到学校。当年年底考取官费留学，赴英国伦敦大学研究院学习。1923年转赴德国柏林大学文学院，比较语言学和历史学成为他倾心钻研的新的学科领域。赵元任、陈寅恪、俞大维、罗家伦、毛子水、金岳霖、徐志摩等青年才隽，是他在德国期间经常往还的朋友。1926年回国，应中山大学之聘，担任文学院长兼文史两系之系主任。1928年就任国家最高学术机构中央研究院历史语言研究所所长。陈寅恪、赵元任、李济，分别是史语所第一、二、三组的组长。他的"拔尖"政策使他有办法聚集全国最优秀的学人。

他的最有影响力的文章是就任史语所所长后撰写的《历史语言研究所工作之旨趣》。他的经常被引用的名言是："上穷碧落下黄泉，动手动脚找东西。"[1]他说："凡一种学问能扩张他研究的材料便进步，不能的便退步。"[2]他说："我们反对疏通，我们只是要把材料整理好，则事实自然显明了。一分材料出一分货，十分

---

[1] 见《历史语言研究所工作之旨趣》，《中国现代学术经典·傅斯年卷》，河北教育出版社1996年版，第340—350页。

[2] 同上。

材料出十分货，没有材料便不出货。"① 他说："史学便是史料学。"② 他说了这么多容易断章取义、容易被误解的话，但真正的学术大家、史学重镇，都知道他的苦心孤诣，很少发生误解。不仅不误解，反而承认他的权威地位，感激他对现代史学的建设所做的贡献。其实他是受德国朗克史学的影响，有感于西方汉学家的独特建树，目睹中国历史语言学的衰歇，提出的振兴救弊的主张。他说：

> 西洋人作学问不是去读书，是动手动脚到处寻找新材料，随时扩大旧范围，所以这学问才有四方的发展，向上的增高。中国文字学之进步，正因为《说文》之研究消灭了汉简，阮、吴诸人金文之研究识破了《说文》。近年孙诒让、王国维等之殷文研究更能继续金文之研究。材料愈扩充，学问愈进步，利用了档案，然后可以订史。利用了别国的记载，然后可以考四裔的史事。在中国史学的盛时，材料用得还是广的，地方上求材料，刻文上抄材料，档库中出材料，传说中辨材料。到了现在，不特不能去扩张材料，去学曹操设'发冢校尉'，求出一部古史于地下遗物，就是'自然'送给我们的出土的物事，以及敦煌石藏、内阁档案，还由他毁坏了好多，剩下的流传海外，京师图书馆所存摩尼经典等等良籍，还复任其搁置，一面则谈

---

① 见《历史语言研究所工作之旨趣》，《中国现代学术经典·傅斯年卷》，河北教育出版社1996年版，第340—350页。

② 傅斯年：《史学方法导论》，《中国现代学术经典·傅斯年卷》，第243页。

整理国故者人多如鲫，这样焉能进步？①

可知他是痛乎言之、有感而发。他还说："在中国的语言学和历史学当年之有光荣的历史，正因为能开拓有用材料。后来之衰歇，正因为题目固定了，材料不大扩充了，工具不能添新的了。不过在中国境内语言学和历史学的材料是最多的，欧洲人求之尚难得，我们却坐看他毁坏亡失。我们着实不满这个状态，着实不服气就是物质的原料以外，即便学问的原料，也被欧洲人搬了去乃至偷了去。我们很想借几个不陈的工具，处治些新获见的材料，所以才有这历史语言研究所的设置。"②何以要把史料的作用强调到如此的地步，他讲得再清楚不过，不需要我们再添加什么了。

当我们了解了傅斯年，才能够深层理解陈寅恪史学的现代价值。

现在再来看哲学。哲学走向现代的步履就更其艰难了。

中国传统哲学的高峰，一表现为先秦子学，再表现为宋明理学。此外佛教哲学在隋唐有较大的发展，此不具论。总之宋明以后，独立之哲学日趋衰微，哲学思想往往消融到实际人生态度和社会伦理中去，真个是道混成而难分了。影响之下，清中叶直至晚清以来，包括龚自珍、魏源、严复、康有为、梁启超、章太炎诸人，虽然不无自己的哲学思想，却不是以哲学的专精而名家的。正如蔡

---

① 《历史语言研究所工作之旨趣》，《中国现代学术经典·傅斯年卷》，第344页。
② 同上，第346页。

元培所说:"最近五十年,虽然渐渐输入欧洲的哲学,但是还没有独创的哲学。"①蔡元培又说:"凡一时期的哲学,常是前一时期的反动,或是再前一时期的复活,或是前几个时期的综合,所以哲学史是哲学界重要的工具。这五十年中,没有人翻译过一部西洋哲学史,也没有人用新的眼光来著一部中国哲学史,这就是这时期中哲学还没有发展的征候。"②因此他对胡适的《中国哲学史大纲》给予相当的肯定,称其为"第一部新的哲学史"③。但胡适的《大纲》是对中国传统哲学思想的叙论,还不是作者自己哲学思想的系统化。

能够自觉地建立自己的哲学思想体系的是冯友兰。冯氏1918年毕业于北京大学文科中国哲学门,次年赴美,1924年获哥伦比亚大学哲学博士学位。1930年和1933年,先后写出并出版《中国哲学史》上、下卷。这是第一部有系统地研究中国传统哲学的专书。陈寅恪、金岳霖都给予高度评价。1937年至1946年,冯氏通过"贞元六书"的写作,进而完成了他的新理学的哲学体系。值得注意的是,作者在绪论章中特别提出他是"接着宋明以来的理学讲底,而不是照着宋明以来的理学讲底"④。这点很重要,正好与我们前面讲的宋以后哲学的独立性有所减弱,可以相印证。

中国传统学术里最缺乏的是逻辑学。这涉及中国人的思维特性

---

① 蔡元培:《五十年来中国之哲学》,《蔡元培全集》(高平叔编),中华书局1984年版,第351页。
② 同上。
③ 同上,第381页。
④ 冯友兰:《新理学》绪论,《三松堂全集》第四册,河南人民出版社1986年版,第5页。

问题。因此传统哲学并不以追求完整的理论体系为目标。影响所及，现代学术中的哲学一门，数理哲学一向不发达。中国传统哲学中所缺少的另一个东西是知识论。唯其如此，金岳霖的哲学值得我们格外注意。金早年毕业于清华大学，1920年获美国哥伦比亚大学哲学博士学位，后留学英国剑桥大学。直接给他以影响的是罗素哲学和穆尔哲学，这两位在二十世纪初是国际上最具影响力的分析哲学泰斗。金岳霖本人是个哲学天才，很少有另外的人像他那样既有逻辑的头脑又有建构知识系统的能力。1935年，他的《逻辑》一书作为大学丛书之一种出版。1940年，《论道》出版。1948年，《知识论》竣稿。终于建立起了以知识论为骨架的哲学体系。他是现代中国为数很少的可以不借助人只借助符号写作的哲学家。这是他与冯友兰不同的地方。

但他的思想又很矛盾。他具有现代哲学所要求的全部素养、训练和逻辑方式，可他又不以此为满足。因此他宁可先写《论道》，而把《知识论》放在后面。《论道》的序言里有关于他的这种矛盾心情的极好的描述：

> 研究知识论我可以站在知识的对象范围之外，我可以暂时忘记我是人。凡问题之直接牵扯到人者我可以用冷静的态度去研究它，片面地忘记我是人适所以冷静我的态度。研究元学则不然，我虽可以忘记我是人，而我不能忘记"天地与我并生，万物与我同一"，我不仅在研究对象上求理智的了解，而且在研究的结果上求情感的满足。虽然从理智方面说我这里所谓道，我可以另立名目，而另立名目之后，此新名目之所谓也许就不能动我的心，怡我的情，养我的性。知识论的裁判者是理智，

而元学的裁判者是整个的人。①

金岳霖这里对中西哲学、中西哲学家作了一个区分。稍后，在用英文撰写的《中国哲学》一文中，对此一问题作了更明确的阐述，写道："现代人的求知不仅有分工，还有一种训练有素的超脱法或外化法。现代研究工作的基本信条之一，就是要研究者超脱他的研究对象。要做到这一点，只有培养他对于客观真理的感情。人虽然不能超脱自己的感情，连科学家也很难办到，但是他如果经过训练，学会让自己对于客观真理的感情盖过研究中的其他感情，那就已经获得科学研究所需要的那种超脱法了。这样做，哲学家就或多或少地超脱了自己的哲学。他推理、论证，但并不传道。"②

而中国传统哲学则有不同的要求。金岳霖继续写道："中国哲学家都是不同程度的苏格拉底式的人物。其所以如此，是因为伦理、政治、反思和认识集于哲学家一身，在他那里知识和美德是不可分的一体。他的哲学要求他身体力行，他本人是实行他的哲学的工具。按照自己的哲学信念生活，是他的哲学的一部分。他的事业就是继续不断地把自己修养到近于无我的纯净境界，从而与宇宙合而为一。这个修养过程显然是不能中断的，因为一中断就意味着自我抬头，失掉宇宙。因此，在认识上，他永远在探索；在意愿上，则永远在行动或者试图行动。这两方面是不能分开的，所以在他身上你可以综合起来看到那个本来意义的哲学家。他同

---

① 金岳霖：《论道》，商务印书馆1985年版，第16页。
② 金岳霖：《中国哲学》，《金岳霖学术论文选》，中国社会科学出版社1990年版，第360—361页。

苏格拉底一样，跟他的哲学不讲办公时间。他也不是一个深居简出、端坐在生活以外的哲学家。在他那里，哲学从来不单是一个提供人们理解的观念模式，他同时是哲学家内心中的一个信仰体系，在极端情况下，甚至可以说就是他的自传。"[1]就人类的精神需要来说，不论过去、现在、未来，哲学家作为哲学家的这两种品质，都是需要的。现代哲学的使哲学与哲学家分离的特点，改变了哲学的价值。金岳霖悲伤地说："这种改变使世界失去了绚丽的色彩。"[2]

那么中国现代哲学应该走什么样的路？金岳霖似乎感到两难。这有点像王国维在哲学面前的矛盾心情。王曾说过："哲学上之说，大都可爱者不可信，可信者不可爱。余知真理，而余又爱其谬误伟大之形而上学，高严之伦理学与纯粹之美学。此吾人所苦嗜者也。然求其可信者，则宁在知识论上之实证论，伦理学上之快乐论，与美学上之经验论。知其可信而不能爱，觉其可爱而不能信，此近二三年中最大之烦闷。"[3]毋宁说，王国维的烦闷也是一切哲人的烦闷。特别是站在中国传统哲学的立场上，面对科学主义思潮的冲击，更容易发生这样的问题。

八 传统学术向现代学术转变：新儒学和新佛学

只要我们明白中国传统哲学向现代哲学嬗变蜕分之艰难，就可

---

[1] 金岳霖：《中国哲学》，《金岳霖学术论文选》，中国社会科学出版社1990年版，第362页。
[2] 同上。
[3] 王国维：《自序二》，《王国维遗书》之《静安文集续编》，第21页。

以理解新儒家所试图建立的基本哲学理念之可贵。因为学术理论的构造，不仅需要知识的累积，而且需要眼光。新儒家的思想渊源之一，是佛教哲学的影响。晚清以来，新佛学是中国现代学术的重要一支。

新儒家所建立的基本理念，就包含有对中国传统哲学向现代转化的两难处境的回应。

关于新儒家这个概念，虽有广义和狭义两种不同的解释，我个人则比较倾向于狭义一些的解释，即指认同于传统儒学又在哲学上有自己独特建树的那样一些现代学人[①]。但无论从广义出发还是从狭义出发，冯友兰都应属于新儒家的行列。所以在冯友兰身上没有金岳霖那样的矛盾。但冯绝不是现代中国的第一个新儒家。如前所述，宋明理学作为相对于先秦儒学的儒学，已有新儒家之称，何以近代又有了新儒家？这得从梁漱溟说起。

梁漱溟是被称为最后一个儒家的。其实在现代学术史上，他应该是新儒学的第一个代表。梁漱溟早年究心佛学，1917年应蔡元培之聘任教北京大学。当时正处在五四运动前夕，知识界西浪声声，而梁氏所钟情，独在东方传统。为寻求同道的理解支持，他曾在北大刊出启事："顾吾校自蔡先生并主讲诸先生皆深味乎欧化，而无味乎东方文化，由是倡为东方学者，尚未有闻。"[②]由是开始讲《东西文化及其哲学》，倡"世界文化三期重现"说，重估中国的

---

① 参见余英时著《钱穆与新儒家》，《中国文化》第6期，1992年9月出版。
② 参见李渊庭、阎秉华编《梁漱溟先生年谱》，广西师范大学出版社1991年版，第34页。

儒学传统，给定孔子以新的价值，破天荒地提出："世界未来文化就是中国文化的复兴，有似希腊文化在近代的复兴那样。"[1]1921年他这本讲演集由上海商务印书馆正式出版，至1929年先后印行八次，可见其影响。梁的价值在于他提出的问题本身。动人心弦处是问题的指向。虽然他一生都不曾解决这个问题，当然我们也没有理由要求他一定解决这个问题，实际上这是二十世纪中国人面对的斯芬克司之谜。这个问题的思想价值远远高于它的学术价值。梁的贡献在于知其不可而为之，最终成就了自己的伟大人格，但在哲学上他并没有建立起自己的理论体系。梁漱溟祖籍广西桂林，1893年生于北京，没有上过大学，没有留过洋，全凭自学入于学问之道。

新儒家中另一个有自己体系的是熊十力。熊生于1885年，比梁漱溟大八岁。当梁在北京大学讲授《东西文化及其哲学》的时候，他正在撰写《唯识学概论》。而在此前已有《心书》印行，蔡元培为之序，其中写道："余开缄读之，愈以知熊子之所得者至深且远，而非时流之逐于物欲者比也。"[2]又说："自改革以还，纲维既决，而神奸之窃弄政柄者，又复挟其利禄威刑之具，投人类之劣根性以煽诱之，于是乎廉耻道丧，而人禽遂几于杂糅。昔者顾亭林先生推原五胡之乱，归狱于魏操之提奖污行，而今乃什佰千万其魏操焉，其流毒宁有穷期也？呜呼！履霜坚冰至，是真人心世道之殷

---

[1] 梁漱溟：《东西文化及其哲学》，《梁漱溟全集》第一卷，山东人民出版社1989年版，第525页。

[2] 见蔡元培：《熊子真〈心书〉序》，《蔡元培全集》第三卷，浙江教育出版社1997年版，第462页。

忧矣。"①此一关于晚清以还之社会文化背景之说明，也即是新儒家产生之具体历史条件。列强侵凌，西学冲击，纲颓纪殄，传统道断。承载此种文化并为此种文化所化之人，饱尝精神漂泊之苦痛，于是转而为中国文化寻找新的出路。梁、熊都属于此种情况。而自身的文化承载量过深过大又找不到出路者如王国维，最后选择了以身殉此种文化的路。1932年，熊十力的文言本《新唯识论》出版，1940年又出版语体文本，从而完成了他的儒佛杂糅的哲学体系。熊的特点在己出，在个性独立，在体用不二。至1954年写《原儒》，熊的从中国传统出发的哲学体系臻于完善。

张君劢、方东美与梁、熊同时而稍后。张的特点是既热衷政治，又重视学术，并洞明学术与政治的分野，但在学术思想上始终维护中国文化的统系，竭力阐发孔子与儒学的现代意义。他的惊人之举，是在五四高潮中挑起了玄学与科学的大论战。他的雅号是伟人所赐之"玄学鬼"。他的学术创获的标志，主要是晚年用英文撰写的《新儒家思想史》。方东美所追寻的，是哲学和美学的融合，意在建立人生哲学和生命哲学。1933年出版的《哲学三慧》一书最能反映他的这种学术追求。他的最重要的著作是用英文写的《中国哲学之精神及其发展》。作为哲学家的方东美在哲学界的地位，颇似宗白华在美学界的地位。方氏籍安徽桐城，大儒方苞的后裔，秉承家学，才气纵横，1899年生，1977年逝于台北。张君劢1887年生于江苏嘉定（今属上海市），1969年在美国去世。

---

① 见蔡元培：《熊子真〈心书〉序》，《蔡元培全集》第三卷，浙江教育出版社1997年版，第462页。

唐君毅、牟宗三亦各树一帜，分别建立了新儒家的最完整的同时也是最后的哲学理论体系。唐是四川宜宾人，1909年生，长期执教于中央大学，1949年以后居香港，一生著述宏富，1978年辞世。"中国文化之花果飘零"的理念，就是唐提出来的。牟宗三1909年生于山东栖霞，1927年考上北大预科，两年后升入北大哲学系，从此开始了哲学家的职业生涯。五十年代后任教职于台、港诸大学，著述不辍，1995年病逝。就理论体系的建树而言，新儒学走到唐、牟，达致了一个学派所能达到的峰巅位置，当然也就行进到了终点。儒学的伟力在于和日用常行息息相关，单纯书斋哲学所成就的主要是个体生命的人格精神，也就是内圣之境。至于一直被作为理想处理的外王之境，也就是与现实政治的关系，或者说传统儒学能不能开出民主政治的花朵，与其说是个理论问题，不如说是个实践问题。所谓"反本开新"，反本匪易，开新尤难。新儒学的死结就在这里。眼看就是21世纪了，传统儒学价值面临再一次重新评估。多资多源是中国传统文化的特征，指望用儒学解决今天遇到的极感紧迫的现实问题，无论如何是求之过奢了。

但是只要我们明白中国传统哲学向现代哲学蜕分之艰难，就能理解这些哲学家寻求理论建树之可贵。因为学术理论的构造，不仅需要知识的累积而且需要眼光。上一个世纪大师级的人物当中，眼光最锐利的一个人是马一浮。梁（漱溟）、熊（十力）、马（一浮）一向被称作新儒家的"三圣"，但马的学养之深和悟慧之高，在20世纪百年中国的学苑里似少有与之相匹敌者。如果说陈寅恪始终立基于社会现实的土壤，纵然以说诗治史为职志，仍摆脱不掉"家国旧情"与"兴亡遗恨"。马一浮则远离讲堂，宁愿置身于亦儒亦佛的缥缈云雾之中，也不愿与烦恼人生过多地发生纠葛。马一浮是浙江绍兴人，1883年4月2日（农历二月二十五）生于四川成都。幼名福田，单名浮，一浮是他的字，又号湛翁，别署蠲戏老人。他的父尊马廷培，究心法律、刑名之学，因承嗣其大伯父而入川。光绪七年（1881年）以通判发四川，得到当时川省布政使鹿传霖的赏识。但当马一浮五岁的时候，马廷培为给生母和庶母举丧，自动弃官离职，携妻儿回到绍兴上虞长塘乡后庄村旧居。

马一浮是个少见的天才，早在孩童时期，即才惊四座。九岁所作指题限韵五律，已有超尘之象。两次请的西席，都因其天赋高而自动辞馆。十六岁应绍兴县试，同考者有周树人、周作人昆仲，而马一浮名列第一。以此被后来曾任浙省都督的贤达名士汤寿潜所看重，欲以女妻之，两次登门，均为马廷培以寒门不敢攀缘所逊谢。最后为至诚雅意所感，方答允了这门亲事。但结婚只一年多，马一浮尊人病逝。不久，妻子汤仪也离开人间。马一浮在悲痛中走上肆志不二的笃学之路。曾一度任清廷驻北美留学生办事处的秘书之职，这为他接触外学提供了机会。回国后则长期居陋巷，栖僧舍，潜心阅读平生所未见之书。弘一法师说："马先生是生而知之的。假定有一个人，生出来就读书，而且每天读两本（他用食指和拇指略示书之厚薄），而且读了就会背诵，读到马先生的年纪，所读的还不及马先生之多。"① 民国成立后，任教育总长的蔡元培邀请他出任教育部秘书长，只到职几周时间，就以"我不会做官，只会读书，不如让我回西湖"② 为由，挂冠而去。实际上是由于两个人的教育思想大

---

① 丰子恺：《桐庐负暄》，《缘缘堂随笔》，天津教育出版社2007年版，第245页。
② 参阅马镜泉：《马一浮传略》第十章，《中国当代理学大师马一浮》，上海人民出版社1992年版，第163页。

异其趣：马先生力主不废读经，而蔡先生则站在新派一边不赞成读经。1916年蔡元培任北京大学校长，再次恳请马一浮出山担任北大文科学长，再次遭到婉拒。马先生写来八个字的电报曰："古有来学，未闻往教。"[1]。马一浮为学的重点，是经术和义理。他提出的著名论述，是"六艺可以赅摄诸学"[2]，包括诸子、四部都在《易》、《诗》、《书》、《礼》、《乐》、《春秋》"六经"的统领之中。因此在他看来，"六艺之学"应该成为国学。他致力于儒佛会通，所创构的"义理名相论"是成体系的思想学说。"儒佛等是闲名"[3]是他的座右铭。儒学和佛学是他的学术思想的同样重要的支柱。其佛氏义学和禅学的造诣之精湛，置诸20世纪新佛学的队列，他显然站在了前面。他不事著述，从不写时文。仅有的著作是抗战时期讲学于浙江大学的讲论文稿，即《泰和会语》和《宜山会语》，以及创建复性书院于四川乐山的《复性书院讲录》。但他的文字以少胜多，均堪称典要。同时他还是真正懂诗学的了不起的现代诗人。他的诗和书信，是他的学问的别体。他的辞章更是少有人可与之相比并了。而其人格节操之特点，则超凡脱俗、高蹈独善，可谓神仙一流人品，是二十世纪师儒中的一个真正的隐者。

---

[1] 参阅马镜泉：《马一浮传略》第十章，《中国当代理学大师马一浮》，上海人民出版社1992年版，第163页。

[2] 马一浮：《泰和宜山会语》，参见《马一浮集》第一册，浙江古籍出版社和浙江教育出版社1996年版，第12页。

[3] 马一浮：《致曹赤霞》第十二函（1936年）有云："儒佛老庄，等是闲名；生灭真常，俱为赘说。达本则一性无亏，语用则千差竞起。随处作主，岂假安排；遇缘即宗，不妨施设。若乃得之象外，自然应乎寰中。故见立则矫乱纷陈，法空则异同俱泯矣。且置儒佛老庄，问如何是曹居士。"见《马一浮集》第二册，第468页。

新儒家的思想渊源之一，是佛教哲学的影响。

晚清以来，新佛学也是现代学术的重要一支。任公先生有言："晚清思想家有一伏流，曰佛学。"[1]又说："所谓新学家者，殆无一不与佛学有关。"[2]确实如此。康有为、梁启超、谭嗣同、章太炎、蔡元培、胡适之、梁漱溟、熊十力、马一浮、张君劢、方东美等，都曾以自己的方式究心佛学。事实上，一个立基于传统根基之上的现代学者，如果对佛学茫无所知，其为学的理念能否会通，已大可怀疑。当然晚清以还思想颠簸，社会剧变，知识者迎退失据，倍感苦痛，也是第一流的学人出入内典的因缘。马一浮旁涉二氏，儒佛会通，成一代大儒。章太炎以佛解庄，贡献于佛学理论者甚大。但以佛学名家，又结合己身信仰的现代佛学学者，还是首推杨文会、欧阳渐、太虚诸大师。

杨文会是现代佛学的开辟者。鉴于有清一代佛法不兴，群经散佚，他于1897年创办金陵刻经处，1908年又在南京刻经处建立"祇垣精舍"，招收僧俗学子，讲授佛教经典。其为学，"教宗贤首，行在弥陀"，理究"华严"、"法相"，而以"净土"传宗。学行之超拔，世所推重。文会逝后，弟子欧阳渐竟无继其志业，刻经传道，法事日隆。1922年，南京支那内学院成立，开始了现代佛学的繁盛期。欧阳大师早年治宋明理学，皈佛后尊信唯识法相，论之曰："若能研法相学，则无所谓宗教之神秘；若能研唯识学，则

---

[1] 梁启超：《清代学术概论》，《梁启超论清学史二种》（朱维铮校注），复旦大学出版社1985年版，第81页。

[2] 同上。

无所谓宗教之迷信感情。其精深有据，足以破佽侗支离；其超活如量，足以药方隅固执。用科哲学之因果理智以为治，而所趣不同。是故佛法于宗教科哲学外，别为一学也。"①其于现代佛学的建立，有一种学理上的自觉。欧阳的弟子吕秋逸（名澂，秋逸为其字），通梵文，擅因明，学理精纯，卓然大家。太虚也宗奉唯识法相，但观点与欧阳异趣，更倾向于济世利人的人间佛教的建立。他是僧人、学者，也是社会活动家。现代佛学的推向社会，太虚大师有首倡力行之功。他的没有最后完成的巨著《真现实论》，试图为人生佛教建立一现证的哲学体系。

杨、欧、太的努力，使新佛学大大增加了现代性的成分。

九 传统学术向现代学术转变：通人之学和专家之学

诸子百家之说，与其说是哲学莫若称之为思想学说更加恰当。所以中国历史学科中有思想史一门，而中国学术史实即为学术思想史也。如果说清末民初的学者，其第一流的人物所成就的还是通人之学，后五四时期的学者则更重视个案的处理，往往对某一学科的一个分支的研究即可名家。因此专家的地位越来越突出，通人之学反而不为时尚所重了。这种情况，既是传统学术走向现代的一个标志，也是固有学术向现代转变付出的代价。因为人文学科任何时候都需要通才通儒通学。

---

① 欧阳渐：《与章行严书》，金陵刻经处刻《欧阳竟无先生内外学》乙函"内学杂著"下，第1页。

中国传统学术向现代学术转变，有一学术理念上的分别，即传统学术重通人之学，现代学术重专家之学。

钱穆在《现代中国学术论衡》一书的序言中写道："文化异，斯学术亦异。中国重和合，西方重分别。民国以来，中国学术界分门别类，务为专家，与中国传统通人通儒之学大相违异。循至通读古籍，格不相入。此其影响将来学术之发展实大，不可不加以讨论。"[1]钱穆先生所揭示的民国以来学术界之重分类，追求专家之学，是吸收了西方学术观念和方法的中国现代学术的特征，与传统学术的重会通，通人通儒有至高的地位，两者大不相同。这里通人之学与专家之学的分野，实际上有古今的问题，也有中西的问题。

中国传统学术的分类，大类项是经、史、子、集四部之学。史部为史学，集部为文学，其释义较为明显，历来学者大都这样界定。唯子部的内涵，通常人们以为属于哲学的范畴，似尚待分解。诸子百家之说，与其说是哲学莫若称之为思想学说更加恰当。所以中国历史学科中有思想史一门，而中国学术史实即为学术思想史也。至于经部，分歧更大。近人张舜徽尝云："盖经者纲领之谓，凡言一事一物之纲领者，古人皆名之为经，经字本非专用之尊称也。故诸子百家书中有纲领性之记载，皆以经称之。"[2]后来儒家地位升高，孔门之六科即诗、书、礼、乐、易、春秋，也称"六艺"，遂成为有至尊地位的经典。但如果以现代的眼光来看，经学毫无疑问是需要分解的。《诗经》是文学，不成问题；《尚书》和

---

[1] 钱穆：《现代中国学术论衡》，岳麓书社1986年版，第1页。
[2] 张舜徽：《爱晚庐随笔》，湖南教育出版社1991年版，第48页。

《春秋》应属于历史学的范围；《易经》当然是哲学。因此传统学术向现代转化，有一个学科整合的问题。这样说丝毫不含有轻视经学的深层文化意蕴的意思，相反，站在学术史的角度，却可以认同马一浮的观点，不妨把经学看作是一切学术的源头。传统学术的四部分类法，自是我国固有的传统，但现代学术不便于继续这样区分了。究竟如何分？晚清之时的学子在理念上并不都很明确。人文学科和社会科学两大类当时就没有分开。严复、康有为、梁启超、章太炎、王国维等现代学术大家，走的还是通人之学的路，在他们身上，学科的界分并不那么明显，或至少不那样严格。

首先意识到现代学术需要重新分类的是王国维。

这里涉及他写的一篇极重要而又鲜为人注意的文章，即作于1902年的《奏定经学科大学文学科大学章程书后》。这是他写给张之洞的一封信，在这封信里他明确提出反对把经学置于各分科大学之首，强调必须设置哲学一科。他直言不讳地指出，由张南皮制定的分科大学的章程存在重大的错误。错在何处？他说：

> 其根本之误何在？曰在缺哲学一科而已。夫欧洲各国大学无不以神、哲、医、法四学为分科之基本。日本大学虽易哲学科以文科之名，然其文科之九科中，则哲学科岿然居首，而余八科无不以哲学概论、哲学史为其基本学科者。今经学科大学中虽附设理学一门，然其范围限于宋以后之哲学。[1]

---

[1] 王国维：《奏定经学科大学文学科大学章程书后》，《王国维遗书》第五册之《静安文集续编》，第36页。

这涉及的可不是一个细小的分歧，而是与现代学术的分类直接相关的大学分科问题。王国维强调了哲学的重要性，这一观念是现代的。用以取譬的例证，是欧洲各国和日本的例证。可见他的强调现代学术分类方法的思想，是相当自觉的。而在另外一个地方他还说过："今之世界，分业之世界也。一切学问，一切职事，无往而不需特别之技能，特别之教育。一习其事，终身以之。治一学者之不能使治他学，任一职者之不能使任他职，犹金工之不能使为木工，矢人之不能使为函人也。"①这里他强调的就是具有现代特点的专家之学。在《欧罗巴通史序》中又说："凡学问之事其可称科学以上者，必不可无系统。系统者何？立一统以分类是矣。分类之法，以系统而异。有人种学上之分类，有地理学上之分类，有历史上之分类。"②王氏对学术分类问题申之又申、一论再论，说明他对此一问题是何等重视。

就学术的总体分类而言，王国维认为不出三大类的范围，即科学、史学、文学。史学和文学也就是中国传统学问中所谓的文史之学，哲学和艺术也应该包括在里面。科学，则是指自然科学和社会科学。他说："凡记述事物而求其原因，定其理法者，谓之科学；求事物变迁之迹，而明其因果者谓之史学；至出入二者间，而兼有玩物适情之效者，谓之文学。"③他还指出各门科学有各门科学的沿革，而且史学有史学的科学，如《史通》系史学理论；文学

---

① 王国维：《教育小言十三则》，《静安文集续编》，第54页。
② 王国维：《欧罗巴通史序》，《静安文集续编》，第64页。
③ 王国维：《国学丛刊序》，《王国维遗书》第四册之《观堂别集》卷四，第6页B至第7页。

有文学之学，如《文心雕龙》属于文学理论。又说："凡事物必尽其真，而道理必求其是，此科学之所有事也。而欲求知识之真与道理之是者，不可不知事物道理之所以存在之由，与其变迁之故，此史学之所有事也。若夫知识道理之不能表以议论，而但可表以情感者，与夫不能求诸实地而但可求诸想象者，此则文学之所有事。"[1]他说古今中外之学问，实逃不出这三类的范围。

世界上再没有比学术分类更易生多义性，学者根据学科的特点和自己研究的方便，可以施行各种各样的分类方法。钱基博的《现代中国文学史》，把晚清以来的文学先分成古文学和新文学两大类，然后在古文学一编里分文、诗、词、曲四种文体，新文学一编里分新民体、逻辑文、白话文三种文体，就文学史的写法而言是很特别的，但钱氏其书自有其不可替代的价值。以此王国维的古今学问三类分法也只是各种分类中的一种，并不是说只有这样的界分最合科学，而是表明他对学术分类问题不仅重视，而且在理念上有非常深刻的认知。静安之学总是表现出对学术嬗变的敏感。

现代学者中，胡适也是极重视学术分类的一人。他所提倡的"整理国故"的口号，就是试图用现代学科分类的方法整理固有学术资源。所以他特别强调在整理的时候，要文学的归文学，哲学的归哲学，史学的归史学。1922年北京大学正式成立国学门，研究力量分别来自国文、史学、哲学三系，已含有整理必须分类分科的意

---

[1] 王国维：《国学丛刊序》，《王国维遗书》第四册之《观堂别集》卷四，第6页B至第7页。

思。所以曹聚仁说:"国故一经整理,则分家之势即成。"①

而且清末民初以还的中国,西潮之影响已成不可抗拒之势,学人面对的不仅仅是中国传统学术,种类繁多的西学也被大规模引了进来,因为此时之中国已是"世界之中国"(梁任公语),已往四部之学的分类格局正在发生动摇。姚名达因此发出代不为继的慨叹,其所著《中国目录学史》写道:"《四部》分类法不合时代也,不仅现代为然。自道光、咸丰允许西人入国通商传教以来,继以派生留学外国,于是东西洋译籍逐年增多。学问翻新,迥出旧学之外。目录学界之思想不免为之震荡。"②现代学术的建设,需要采用现代学科分类的方法,是传统学术向现代衍变的结果,势所必然,无以辞避。但也有例外,马一浮就坚持"六艺"可以统摄一切学术,不仅可以"统摄中土一切学术",也可以统摄"现在西来一切学术"③。他着眼的是学问的会通,时人认同与否不一定最重要,所谓"知之为知之,不知为不知"是也。

如果说清末的学者,其第一流的人物所成就的还是通人之学,后五四时期的学者的学术成就在学科上就判然有分了。即如史学一门,已有学术史、思想史、哲学史、政治史、经济史、法律史、军事史、制度史、宗教史、文学史、艺术史等许多门类。而艺术史,也有书法、绘画、音乐、舞蹈、雕塑、建筑的分别。学者更重视个案的处理,往往对某一学科的一个分支的研究就可以名家。流风所

---

① 曹聚仁:《国故学之意义与价值》,《国故学讨论集》上册,上海书店1991年"民国丛书选印"版,第74页。
② 姚名达:《中国目录学史》,见上海书店1984年《中国文化史丛书》第2辑,第140页。
③ 马一浮:《泰和宜山会语》,《马一浮集》第一册,浙江古籍出版社1996年版,第21页。

及，后学至于以觅偏寻僻为选题诀窍。研究方法则主要是分析的实证的方法。因此专家的地位越来越突出，通人之学反而不为时尚所重了。这种情况，既是传统学术走向现代的一个标志，也是固有学术向现代转变付出的代价。因为人文学科任何时候都需要通才通儒通学。学科之不立，品目之不分，固是学术不发达的表现；但学科之间互为畛域，不能打通，也足以滞碍学术的发展。

因此之故，中国现代学者中的一些最出色的人物，往往在致力于某一学科领域的专精研究的同时，又自觉不自觉地在打开学科间的限制。章太炎如是，王国维如是，梁启超如是，蔡元培如是，马一浮如是，胡适亦复如是。钱宾四之为学，固然有融通四部之大目标；钱锺书在谈到自己的治学方法时也说，他是自觉地"求打通，以中国文学与外国文学打通，以中国诗文词曲与小说打通"[①]，而《管锥编》一书，则是体现他综合运用此种方法对古今中西各种学问寻求通解圆释之当代无二的大著述。

十　中国现代学术的发端与繁盛

中国现代学术这个概念，主要指对学术本身的价值已有所认定，产生了学术独立的自觉要求，并在方法上吸收了世界流行的新观念，中西学术开始交流对话；中国现代学术从发端到结出丰满的果实，道路并不平坦；现代学者在五四前后创造的学术实绩，证实

[①] 钱锺书在给郑朝宗的信中谈道："弟因自思，弟之方法，并非（比较文学），in the usual sense of the term，而是求打通，以中国文学与外国文学打通，以中国诗文词曲与小说打通。"见1987年3月16日《人民日报》刊载的郑朝宗的《管锥编作者的自白》一文所引。

中国学术迎来了新的繁盛期和高峰期。

写到这里，我们需要探讨一下中国现代学术的发端、发展和繁盛的问题了。

过去通常的说法，认为中国近代的开端始于1840年的鸦片战争，现代的开端始于1919年的五四运动。但这种以政治事变作为学术思想史分期的依据，是有缺陷的。学术思想的变迁，自然不能不受社会政治结构的变化的影响，但学术有自己内在发展的理路。中国现代学术这个概念，主要指学者对学术本身的价值已经有所认定，产生了学术独立的自觉要求，并且在方法上吸收了世界上流行的新观念，中西学术开始交流对话。如果这样界定大体上可以为大家所接受，就可以看出，清中叶的乾嘉汉学里面已经根藏有现代学术的一些因子，而发端则应该是在清末民初这段时期。

至于发端的具体时间，似不好绝然化。1898年，严复发表《论治学治事宜分二途》，1902年梁启超发表《论学术之势力左右世界》和《新史学》，1904年王国维发表《红楼梦评论》，这些论著的学术观念发生了重大变化，或开始倡言学术独立，强调学术本身的价值，或借鉴西方的哲学和美学观点诠释中国古代文学名著，传统学术的范围已经无法包容它们的治学内涵，说明中国学术的现代时期事实上开始了[①]。

严复的译事开始于1898年，他以精熟海军战术和炮台学的留英

---

① 关于中国现代学术的发端问题，可参阅我的《文化托命与中国现代学术传统》一文，载《中国文化》第6期，1992年出版。

学生的身份，而去译介西方的人文学术思想著作，这本身就值得注意。《天演论》的序言写道："风气渐通，士知拿陋为耻，而西学之事，问途日多。然亦有一二巨子，訑然谓彼之所知，不外象数形下之末；彼之所务，不逾功利之间，逞臆为谈，不咨其实。讨论国闻，审敌自镜之道，又断断乎不如是也。"①说明介绍西方学术思想伊始，就有其自觉性，目的是为了开发民智，改变自己的固陋，消除对西方的误解。严复说："民智不开，则守旧、维新，两无一可。"②他在1895年所作的《原强》一文，论析得也很透辟，其中写道："彼西洋者，无法与法并用而皆有以胜我者也。自其自由平等观之，则捐忌讳，去烦苛，决壅蔽，人人得以行其事，申其言，上下之事不相悬，君不至尊，民不至贱，而连若一体者，是无法之胜也。自其农工商贾章程明备观之，则人知其职，不督而办，事至纤悉，莫不备举，进退作息，未或失节，无间远迩，朝令夕改，而人不以为烦，则是以有法胜也。"③又说："凡所谓耕凿陶冶，织纴树牧，上而至于官府刑政，战斗转输，凡所谓保民养民之事，其精密广远，较之中国之所有作为，其相越之度，有言之莫能信者。且其为事也，又一一皆本之学术。其为学术也，又一一求之实事实理，层累阶级，以造于至大至精之域，盖寡一事焉可坐论而不可起行者也。推求其故，盖彼以自由为体，以民主为用。"④则又说明严之译事发端于他对西方学术精神的理解，尽管涉及社会法律制度

---

① 严复：《天演论》自序，《严复集》第五册，中华书局1986年版，第1321页。
② 《严复与张元济书》，转引自《严复集》前言，见该书第一册第5页。
③ 严复：《原强》，《严复集》第一册，第11页。
④ 同上。

方面未免掺杂有理想化的成分在内。

严复的翻译，是中国现代学术发端的一个重要标志。

另外，1905年8月，清廷正式诏令废止科举考试制度，而代之以新式学堂，这为现代学术的发展提供了制度方面的有利条件。旧式科举转变为新式学堂，适成为学术思想由传统向现代转变的一个契机。如同当时有开明人士所说："科举与学校有一最异之点，科举之责望子弟也，在人人使尽为人才，作秀才时便以宰辅相期许，故卯而角者，格致之字义未明，而治国平天下固已卒读矣。学校之责望子弟也，在人人使尽具人格，自幼稚园以至强迫之学龄，有荒而嘻者，国家之科条有必及，在其父兄或保护人且加罪矣。一言蔽之，科举思想务富少数人之学识，以博少数人之荣誉，而仍在不可知之数。其思想也，但为个人，非为国家也。学校思想务普全国人之知识，以巩全国人之能力，而不容有一夫之不获。其思想也，视吾个人即国家之一分子也。科举之义狭，学校之义广；科举之道私，学校之道公。"①这分解得甚为详明。盖科举制度之下，读书人的唯一进路是入于仕途，己身之学不过是一块敲门砖，无任何独立之价值可言。新式学校不同，它重视知识传播，成就的是个人专业科目的基础，所以知识独立论的色彩有所增强。废科举、兴学堂，改革国家的教育制度，是推动学术思想走向现代的非常重要的一步。

诸种因素组成的合力向我们昭示，1898年至1905年前后这段时间，应该是中国现代学术的发端时期。

---

① 《光绪三十四年江苏教育总会上学部请明降御旨勿复科举书》，转引自桑兵著《晚清学堂学生与社会变迁》，台北稻禾出版社1991年版，第153页。

但中国现代学术由发端到结出较为丰满的果实，经过的道路是不平坦的。实际上，只有到了二十年代以后，也就是进入后五四时代，中国现代学术才逐渐呈现出繁荣的景象。这之前的将近二十年的时间，基本上还是处于现代学术发展的准备期和交错期。从教育制度的变革与学术的兴替之关系一方面来说，科举废而学堂兴，是学术发展的一个契机。由新式学堂而建立正式的大学，是学术发展的又一个契机。1911年，北京大学在原京师大学堂的基础上成立，这是中国第一所具有现代意义的大学。清华学堂也建立于同一年。但北大获得现代学府的地位，是在1916年12月蔡元培出任校长之后。清华则至1928年始成为国立清华大学。这两所现代学术人才培训基地都是在二十年代以后作用更加突显。

虽然，五四前后那一历史时期，知识分子被推到时代的前沿，思潮激荡，学派纷繁，颇有诸子百家竞相为说的景象。但深入的研究显得不够，提出的问题多，解决的问题少，真正的学术建树还不能尽如人意，研究机构也未遑走上正常的轨则。所以当时许多学人对学术的现状颇为不满。

我们不妨举出陈寅恪先生的一段话作为例证。他是这样写的——

> 吾国大学之职责，在求本国学术之独立，此今日之公论也。若持此意以观全国学术现状，则自然科学，凡近年发明之学理，新出版之图籍，吾国学人能知其概要，举其名目，已复不易。虽地质生物气象等学可称尚有贡献，实乃地域材料关系所使然。古人所谓慰情聊胜无者，要不可据此而自足。西洋文学哲学艺术历史等，苟输入传达，不失其真，即为难能可贵，遑问其有

所创获。社会科学则本国政治社会财政经济之情况，非乞灵于外人之调查统计，几无以为研求讨论之资。教育学则与政治相通，子夏曰仕而优则学，学而优则仕。今日中国多数教育学者庶几近之。至于本国史学文学思想艺术史等，疑若可以几于独立者，察其实际，亦复不然。近年中国古代及近代史料发见虽多而具有统系与不涉傅会之整理，犹待今后之努力。今日全国大学未必有人焉，能授本国通史，或一代专史，而胜任愉快者。昔元裕之、危太朴、钱受之、万季野诸人，其品格之隆污，学术之歧异，不可以一概而论；然其心意中有一共同之观念，即国可亡，而史不可灭。今日国虽幸存，而国史已失其正统，若起先民于地下，其感慨何如？今日与支那语同系，诸语言犹无精密之调查研究，故难以测定国语之地位，及辨别其源流，治国语学者又多无暇为历史之探讨，及方言之调查，论其现状似尚注意宣传方面。国文则全国大学所研究者，皆不求通解及剖析吾民族所承受文化之内容，为一种人文主义之教育，虽有贤者，势不能不以创造文学为旨归。殊不知外国大学之治其国文者，趋向固有异于是也。近年国内本国思想史之著作，几尽为先秦及两汉诸子之论文，殆皆师法昔贤"非三代两汉之书不敢观者"。何国人之好古，一至于斯也。关于本国艺术史材料，其往者多遭毁损，或流散于东西诸国，或密藏于权豪之家，国人闻见尚且不能，更何从得而研究？其仅存于公家博物馆者，则高其入览券之价，实等于半公开，又因经费不充，展列匪易，以致艺术珍品不分时代，不别宗派，纷然杂陈，恍若置身于厂甸之商肆，安能供研究者之参考？但此缺点，经费稍裕，犹易改良。独至通国无一精善之印刷工厂，则难保有国宝，而乏传真之工具，何以普及国人，资其研究？故本国艺术史学若俟其发达，犹邈不可期。最后则图书馆事业，虽历年会议，建议之案至多，而所收之书仍少，今日国中几无论为何种专门研究，皆苦图书馆所藏之资料不足；盖今世治学以世界为范围，重在知彼，绝非闭户造车者比。况中西目录版本之学问，既不易讲求，购置收罗之经费精神复多所制限。近年以来，奇书珍本虽多发见，其入于外国人手者固非国人之得所窥，其幸而见收于本国私家者，类皆视为奇货，秘不示人，或且待善价而沽之异国，彼辈既不能利用，或无暇利用，不唯辜负此种新材料，直为中国学术独立之罪人而已。[①]

陈寅恪先生这段话写于1925年，不用说是极为沉痛的。很明显，他对当时中国学术的现状并不满意，也可以说很不满意。当然也可以说他的估计有些过于悲观。但总的来说还是符合实际的。不止陈寅恪先生，当时的学人大都不满意我国学术的现状。胡适、顾颉刚、朱光潜也都说过类似的话。

胡适在1922年8月28日的日记中写道："现今的中国学术界真凋敝零落极了。旧式学者只剩王国维、罗振玉、叶德辉、章炳麟四人，其次则半新半旧的过渡学者，也只有梁启超和我们几个人。内中章炳麟是在学术上已半僵了，罗与叶没有条理系统，只有王国维最有希望。"[②]同年，朱光潜也说："从维新以后计算，我国学术

[①] 陈寅恪：《吾国学术之现状及清华之职责》，《金明馆丛稿二编》，第317—318页。
[②] 《胡适全集》第29卷，安徽教育出版社2003年版，第729页。

界的历史还很幼稚。"①所以他提出了"改造学术界"的口号。

中国现代学术创造实绩的拓展和繁荣，是在二十年代后半期和三四十年代。

1922年北京大学成立国学门，1925年清华大学成立国学研究院，1928年中央研究院成立，是现代学术发展的三个里程碑。第一流学术人物立身有地、为学有所，中国现代学术的腾飞才可以说具备了初步的条件。唯专门的研究机构，方可能造就专门的学术人才。北大国学门的主任是太炎弟子沈兼士，他在《国学门建议书》里声言："窃惟东方文化自古以中国为中心，所以整理东方学以贡献于世界，实为中国人今日一种责无旁贷之任务。"并进一步号召说："以中国古物典籍如此之宏富，国人竟不能发挥光大，于世界学术界中争一立脚地，此非极可痛心之事耶。"②抱定的目标虽主要是整理旧学，但以北大当时作为新思潮的发源地和学术人才的渊薮，其对学术风气的影响和推动自可想见。

清华国学研究院的旨趣，是要研究高深学术，培养通才硕学，故其章程中强调："良以中国经籍，自汉迄今，注释略具，然因材料之未备与方法之未密，不能不有待于后人之补正。又近世所出之古代史料，至为夥颐，亦尚待会通细密之研究。其他人事方面，如历代生活之情状，言语之变迁，风俗之沿革，道德、政治、宗教、学艺之兴衰；自然方面，如川河之迁徙，动植物名实之繁赜，前人

---

① 朱光潜：《怎样改造学术界》，《朱光潜全集》第八卷，安徽教育出版社1993年版，第23页。

② 《国学门建议书》，见《沈兼士学术论文集》，中华书局1986年版，第362页。

虽有记录，无不需专门分类之研究。至于欧洲学术，新自西来，凡哲理文史诸学，非有精深比较之研究，不足以挹其精华而定其去取。要之，学者必志其曲，复观其通，然后足当指导社会昌明文化之任。"[1]此章程实际上起到了为现代学术的研究事业提纲立领的作用。更不要说二十年代末成立中央研究院，为国家建立顶尖级的学术中枢机构，于现代学术的发展会有怎样的带领意义。

果不其然，现代学术史上许多重要著作，都是学者进行"会通细密之研究"或"专门分类之研究"的结果。梁启超的《中国历史研究法》、王国维的《古史新证》、赵元任的《现代吴语的研究》、蔡元培的《中国伦理学史》、鲁迅的《中国小说史略》、熊十力的《新唯识论》、梁漱溟的《中国文化要义》、冯友兰的《中国哲学史》和"贞元六书"、钱穆的《中国近三百年学术史》和《国史大纲》、陈寅恪的《隋唐制度渊源略论稿》和《唐代政治史述论稿》、陈垣的《元西域人华化考》和《通鉴胡注表微》、郭沫若的《甲骨文研究》和《金文丛考》、范文澜的《文心雕龙注》、董作宾的《甲骨文断代研究例》、顾颉刚的《汉代学术史略》、马一浮的《泰和会语》和《宜山会语》、余嘉锡的《目录学发微》和《古书通例》、杨树达的《积微居小学金石论丛》、萧公权的《中国政治思想史》、汤用彤的《汉魏两晋南北朝佛教史》、太虚的《真现实论》、钱基博的《现代中国文学史》、吴梅的《顾曲麈谈》和《曲学通论》、潘光旦的《中国伶人血缘之研究》、雷海宗的《中国文化和中国的兵》、洪业的《杜诗引得序》、金岳霖的

---

[1] 参阅《清华大学史料选编》第一册，清华大学出版社1991年版，第375页。

《论道》和《知识论》等现代学术史上具有经典意义的著作，都成书于此一时期，体现出中国现代学术的实绩。

说来不可思议。二十年代也好，三十年代和四十年代也好，都是中国内忧外患、战乱频仍、社会动荡时期，并不是最适宜学术生长的环境。至少与乾嘉诸老所拥有的社会安定、生活优渥的学术条件，相差远矣。可是当时的学术就是有一种不可阻遏的势头。国内战争不能阻遏，反对日本帝国主义侵略的民族战争也不能阻遏。就连战时被迫南迁的北大、清华、南开等校组成的西南联合大学，以及地处四川的燕京大学，尽管随时有遭空袭的危险，校园里仍然充满浓厚的学术空气。陈寅恪的《唐代政治史述论稿》和《隋唐制度渊源略论稿》，冯友兰的"贞元六书"，都写成于此时。钱锺书的《谈艺录》，也是"兵罅偷生"之作。而金岳霖的《知识论》更其悲惨，几十万字的手稿，在昆明躲空袭时坐在上面，警报解除竟忘记了带走，等到去找，已渺无踪迹。只好重新写起，至1948年12月再次竣稿，但出版已经是三十五年后的1983年了。

究竟是什么因素给了现代学者以如此坚韧顽强的支持力量？固然与民族精神的激发义愤著书不无关系，但归根结底还是学术本身的因素在起作用，诚如梁任公所说，公开的趣味的研究，是学术发达的必要条件。因为晚清至五四时期的几十年时间里，现代学术奠立了坚实的基础，并在实际上形成了自己的传统。

十一 中国现代学术的学术传统

中国现代学术在其发生发展过程中形成了多方面的传统，包括学术独立的传统、科学考据的传统、广为吸纳外域经验而又不忘本民族历史地位的传统，以及既重视现代学术分类又重视通学通识和学者情怀的传统。他们之中的第一流人物，知识建构固然博大精深，其闪现时代理性之光的学术著作，开辟意义和精神价值，足可以作为现代学术的经典之作而当之无愧。

中国现代学术在后五四时期所创造的实绩，使我们相信，那是清中叶乾嘉之后中国学术的又一个繁盛期和高峰期。而当时的一批大师巨子，其人其学其绩其迹，足可以传之后世而不被忘记。他们撰写的学术著作，在知识建构上固然博大精深，同时闪现着时代的理性之光，其开辟意义、其精神价值，都可以作为现代学术的经典之作而当之无愧。甚至可以说，他们之中的第一流人物既起到了承前启后的作用，就个人学养而言又是空前绝后的。因为他们得之于时代的赐予，在学术观念上有机会吸收西方的新方法，这是乾嘉诸老所不具备的，所以可说是空前。而在传统学问的累积方面，也就是家学渊源和国学根底，后来者怕是无法与他们相比肩了。

至于那一时期学界胜流为学精神的坚韧性和顽强性，则是时代风雨和学术理性双重铸造的结果。他们中的许多人并不是一开始就致力于学术，而是受时代潮流的激荡，往往一个时期无意为学，有心问政。康有为、梁启超、章太炎、黄侃、熊十力等莫不如是。章太炎曾经是声名显赫的革命家，世所共知。黄侃和熊十力年轻时也曾热衷于政治活动，甚至一度成为地方上的群众领袖。但中年以后，渐悟政治之不可为，转而潜心学术，又卓然立说成家。这种情况，即丰富的人生阅历反而增加了沉潜学问的深度，使得他们的学术历练和文化担当与清初大儒有一脉相承之处，而后来又能够渐次做到以学问本身为目的，其学术训练和执着单纯之精神，颇类乾嘉诸老。

当然五四前后的风云人物并不是所有的都实现了这种学术思想上的转变，所以同为现代学人，其为学实有深浅轻重厚薄之分别。流行一时而终为历史所淘汰者并非没有。但富有人文精神的学者情怀又为当时第一流人物所同具。这里不妨举出一个方面作为例证，即现代学者中许多都能诗，有的不仅是一般的能写诗、会写诗、喜欢写诗，而是擅长写诗，诗是他们生命的一部分，是学之别体，他们是货真价实的学人兼诗人。他们之中如王国维、马一浮、陈寅恪、鲁迅、郭沫若、萧公权、钱锺书等，既是第一流的学人，又是第一流的诗人。马一浮的学问，主要在诗里。陈寅恪如果离开了诗，会增加生命的苦痛。学者能诗也是中国现代学术的一个传统。

中国现代学术发展的大关键处，还在于对学术独立这个问题采取何种立场。

学术是否独立，首要的是能否把学问本身作为目的。梁任公晚年对自己和同时代学人所作的反省，值得我们深思。他是一个过来人，曾不遗余力地介绍各种新思想，但他并不高估自己的努力，称这种"梁启超式的输入"有"无组织，无选择，本末不具，派别不明"的缺点。他说当时一些"新学家"的局限，除了对西方学术思想的介绍显得笼统、浮浅、破碎、稗贩诸弊之外，更有一种根源，就是"不以学问为目的而以为手段"。他说：

> 时主方以利禄饵诱天下，学校一变名之科举，而新学亦一变质之八股。学子之求学者，其什中八九动机已不纯洁，用为"敲门砖"，过时则抛之而已。此其劣下者，可勿论。其高秀者，

则亦以"致用"为信条，谓必出所学举而措之，乃为无负。殊不知凡学问之为物，实应离"致用"之意味而独立生存，真所谓"正其谊不谋其利，明其道不计其功"。质言之，则有"书呆子"，然后有学问也。晚清之新学家，欲求其盛清先辈具有"为经学而治经学"之精神者，渺不可得。其不能有所成就，亦何足怪？①

又说：

> 启超虽自知其短，而改之不勇，中间又屡为无聊的政治活动所牵率，耗其精而荒其业。识者谓启超若能永远绝意政治，且裁敛其学问欲，专精于一二点，则于将来之思想界尚更有所贡献，否则亦适成为清代思想史之结束人物而已。②

他力主学术应该"独立生存"，反对世俗功利浸染于学术之中，希望把学术作为一种单独的职业。而悬起的传统的模楷，则是盛清学者为学术而学术的精神。这说明晚年的任公先生已超越了清末新学的藩篱，开始与王国维的学术思想趋于合流。

王国维早就提出："学术之发达，存于其独立而已。"③又说："吾国今日之学术界，一面当破中外之见，而一面毋以为政论之手段，则庶几可有发达之日矣。"④1925年9月，任公先生还以

---

① 梁启超：《清代学术概论》，《梁启超论清学史二种》第80页。
② 同上，第23—74页。
③ 王国维：《论近年之学术界》，《王国维遗书》第五册之《静安文集》，第97页。
④ 同上。

《学问独立与清华第二期事业》为题,在《清华周刊》上发表文章,对学术独立的必要性给以专门论述。陈独秀也著文论述:"中国学术不发达之最大原因,莫如学者自身不知学术独立之神圣。譬如文学自有其独立之价值也,而文学家自身不承认之,必欲攀附《六经》,妄称'文以载道','代圣贤立言',以自贬抑。史学亦自有其独立之价值也,而史学家自身不承认之,必欲攀附《春秋》,着眼大义名分,甘以史学为论理学之附属品。"[①]冯友兰、萧公权、朱光潜也都就学术独立问题写过专论。萧公权写道:"为了使得教育发生它固有的功能,我们必须把学术自身看成一个目的,而不把它看成一个工具。国家社会应当有此认识,治学求学者的本人应当有此认识。所谓学术独立,其基本意义不过就是尊重学术,认学术具有本身的价值,不准滥用它以为达到其它目的之工具罢了。"[②]朱光潜则对学术的所谓实用不实用问题作了详尽的辨析,申论说:

> 学术原来有实用,以前人研究学术也大半因为它有实用,但人类思想逐渐发达,新机逐渐呈露,好奇心也一天强似一天,科学哲学都超过实用的目标,向求真理的路途走去了。真理固然有用,但纵使无用,科学家哲学家也决不会因此袖手吃闲饭。精密说起来,好奇与求知是人类天性。穿衣吃饭为餍足自然的要求,求学术真理也不过为餍足自然的要求。谁能说这个有实

---

① 陈独秀:《陈独秀著作选》第一卷,第389页。
② 萧公权:《学术独立的真谛》,《萧公权全集》之九,台北联经出版公司1983年版,第248—249页。

用，那个就没有实用呢？我们倘若要对学术有所贡献，我们要趁早培养爱真理的精神，把实用主义放在第二层上。[①]

陈寅恪更是毕生为学术独立而诉求抗争，自己则成为走学术独立道路的最典型的现代学者。可以肯定，主张并坚持学术的独立地位和独立价值，是中国现代学术的一个最重要的传统，许多学人的力量源泉即本于此。

不过，如果进一步追寻中国现代学人心中笔下的学术独立的含义，可以发现事实上既包括学者个人的学术独立，也包括一国学术之独立。所以梁任公在阐释学术独立的思想时，提的是"凡一独立国家，其学问皆有独立之可能与必要"、"一国之学问之独立，例须经过若干时期适能完成"，等等[②]。这并不奇怪，因为晚清东西方文化冲突和传统价值崩陷的大背景，古与今、中与西迎拒去取，始终是那一时代的学人摆脱不掉的问题。反思传统和回应西学，构成了中国现代学术的思想基底。中国传统学术一向缺少独立的传统，因此就需要别开生面，强调学术独立。西方学术思想汹涌而来，当然首先是引进，也就是鲁迅所说的"拿来主义"；但拿来之后，确实有一个消化吸收的过程。于是便衍生出学术独立的第二义谛。换句话说，现代西方的思想学术和我们自己固有的传统，它们怎样才能在走向现代中国的途路中互相融通，化育新生，不能不成为有关怀的现代学人焦思竭虑的问题。在这个问题上，五四一代学

[①] 朱光潜：《怎样改造学术界》，《朱光潜全集》第八卷，安徽教育出版社1993年版，第23页。

[②] 梁启超：《学术独立与清华第二期事业》，《清华大学史料选编》第一册，第420、421页。

人为我们奠立了一个极好的传统，这就是融化新知而又不忘记本民族历史地位的传统。

东西学术之学理和心理的共通性，五四胜流均有共识。王国维主张，学术所争论的，在是非真伪，而不应掺杂国家、人种、宗教之偏见。他说："知力人人之所同，人人之所不得解也。其有能解释此问题之一部分者，无论其出于本国或出于外国，其偿我知识上之要求，而慰我怀疑之苦痛者则一也。"①又说："同此宇宙，同此人生。而其观宇宙人生也，则各不同。以其不同之故，而遂生彼此之见，此大不然也。"②但对于西方学术思想当晚清之时如何输入的问题，王国维意识到有困难的一面，政治上的疑虑和宗教上的嫌忌，他认为都足以构成障碍，而不像佛教的输入那样顺理成章。他说："非常之说，黎民之所惧；难知之道，下士之所笑。此苏格拉底之所以仰药，婆鲁诺之所以焚身，斯披诺若之所以破门，汗德之所以解职也。其在本国且如此，况乎在风俗文物殊异之国哉！"所以他的结论是："西洋之思想之不能骤然输入我中国，亦自然之势也。况中国之民，固实际的，而非理论的，即令一时输入，非与我中国固有之思想相化，决不能保其势力。"③静安此段言说，人情、国法、学理、风俗、习惯，都在在考虑到了，由不得让人信服。输入之思想要与我国固有思想"相化"，虽不是新说，却是的论。

陈寅恪在为冯友兰的《中国哲学史》下册撰写审查报告时，说

---

① 王国维：《论近年之学术界》，《静安文集》，第97页。
② 同上。
③ 同上，第96页。

得更明确：

> 窃疑中国自今日以后，即使能忠实输入北美或东欧之思想，其结局当亦等于玄奘唯识之学，在吾国思想史上，既不能居最高之地位，且亦终归于歇绝者。其真能于思想上自成系统，有所创获者，必须一方面吸收输入外来之学说，一方面不忘本来民族之地位。此二种相反而适相成之态度，乃道教之真精神，新儒家之旧途径，而二千年吾民族与他民族思想接触史之所昭示者也。①

王国维强调与我国固有思想"相化"，陈寅恪主张"不忘本来民族之地位"，虽至今日，仍为不刊之论。他们的学术实践也足为后来处理此一问题者树立楷模。王由西方哲学美学思想转向中国古代思想与制度的研究，自然带入了异域的观念和方法，可是我们在王的著作中看到的是彼此的相融，而不是外加物的罗列。而陈更加彻底，国外求学十数余年，通识多种文字，己身之著述至少在语言符号方面几乎看不出受西方学术思想影响的痕迹。王、陈的同时也是中国现代学术的一个传统，是一方面吸收外来之学说，一方面又不忘记自己民族的历史地位。

中国现代学术的奠立与发展，实际上还经历了一个方法学的变革的过程。这个过程首先起于西学的刺激，而严复实有首倡之

---

① 陈寅恪：《冯友兰〈中国哲学史〉下册审查报告》，《金明馆丛稿二编》，第252页。

功。严译诸书在方法学上给予人们的启迪比书中的原理所给予的还重要。

特别是严复为所译各书所写的按语，尤具方法学的意义。中国传统学术所缺乏的，是逻辑的方法和实验的方法。正如严复在《穆勒名学》的按语中所举的一个例证：一位中国学人和一个西方人争论西方到底富强不富强的问题，这位中国学人说："富者不远适异国以求利，今西人远适异国以求利矣，则非富也。"[①]又说："强者无事人之保护，今西人立约以求保护矣，则非强也。"[②]大前提不能成立，推论之谬误自不待言。鉴于国人有这样的思维惯性，严复特别重视逻辑学的引进，称逻辑是"一切法之法，一切学之学"[③]，因此在翻译了《穆勒名学》之后，又出版了杰文斯的《名学浅说》，直接目的是为了给天津的一个女学生讲授逻辑学，便于"喻人而已"，而不管是否尽合于原文的义旨。[④]对于传统学术的训诂的方法，严复也深知利弊，指出训诂并不等于界说，只不过是"同名互训，以见古今之异言而已"[⑤]。西方的科学方法，严复认为包括三个层次：一是考订，二是贯通，三是试验。严复说："试验愈周，理愈靠实矣，此其大要也。"[⑥]晚清以还实证的方法大兴，与严复的提倡有直接关系。当然地下发掘物的增多、甲骨文字的发现，也给实证的方法以更多的用武之地。

[①] 严复：《穆勒名学按语》，《严复集》第四册，第1048页。
[②] 同上。
[③] 同上，第1028页。
[④] 严复：《名学浅说》"译者自序"，商务印书馆1981年版。
[⑤] 严复：《穆勒名学按语》，《严复集》第四册，第1031页。
[⑥] 严复：《西学门径功用》，《严复集》第一册，第93页。

胡适不用说更是科学方法的积极倡导者。

严复比胡适大37岁，严的译著对胡适发生影响应该不成问题，但在方法学上胡适受美国哲学家杜威实验主义的影响更为明显。《胡适口述自传》写道："我治中国思想与中国历史的各种著作，都是围绕着'方法'这一观念打转的。'方法'实在主宰了我四十多年来所有的著述。从基本上说，我这一点实在得益于杜威的影响。"[1]1917年他在哥伦比亚大学所作的博士论文，题目就是《古代中国逻辑方法之进化》。翻开他的著作目录，到处可见与方法有关的题目。不仅从西方思想家身上，而且从宋儒的著作中，从清代朴学家的家法里，随时能够发现令他惊喜的"科学方法"。他撰写的《研究国故的方法》、《考证学方法之来历》、《考据学的责任与方法》、《治学的方法与材料》、《中国哲学里的科学精神与方法》、《清代学者的治学方法》等文章，都是专门阐释方法学的名篇。而考证《水浒传》、《红楼梦》、《西游记》等作品的文字，则是他开辟的应用科学方法研究古典名著的试验田。

他1921年冬天曾说：

> 我这几年的讲学的文章，范围好象很杂乱，从墨子《小取篇》到《红楼梦》，目的却很简单。我的唯一的目的，是注重学问思想的方法。故这些文章，无论是讲实验主义，是考证小说，是研究一个字的文法，都可以说是方法论的文章。[2]

---

[1] 《胡适口述自传》，唐德刚译注，台北传记文学出版社1981年版，第94页。
[2] 《胡适文存》第一集《叙例》，《胡适全集》第壹卷，安徽教育出版社2003年版。

他喜欢引用赫胥黎的一句话："拿证据来。"他说正是赫胥黎和杜威两个人，让他明白了"科学方法的性质和功用"①。因此强调他的小说考证："都只是思想学问的方法的一些例子。在这些文字里，我要读者学得一点科学精神，一点科学态度，一点科学方法。科学精神在于寻求事实，寻求真理。科学态度在于撇开成见，搁起感情，只认得事实，只跟着证据走。科学方法只是'大胆的假设，小心的求证'十个字。"②胡记考证学的"十字箴言"，就这样轻松地表述出来了。尽管批评者无算，当尘埃落定的今天重新加以检讨，我们实在看不出他的"十字箴言"有什么不妥之处。本来早期他是推崇西哲的归纳法的，后来意识到演绎法同样重要，归纳和演绎的互用是科学发明的常态。他以宋儒说得口滑的"格物致知"作为例证，说明追求"一旦豁然贯通"的绝对智慧，和追求科学的不能同日而语，尽管其中不无一定程度的归纳精神。只有到了清代的朴学家那里，才出现学术史的大转机，终于有了属于中国自己的研究学问的科学方法。

胡适对清儒治学方法的总结可谓苦心孤诣。戴东原对《尚书·尧典》里"光被四表"的"光"字的考证，胡适认为是"大胆的假设，小心的求证"的典范③。他甚至认为："发明一个字的古

---

① 胡适：《介绍我自己的思想》，《胡适全集》第肆卷，安徽教育出版社2003年版，第658页。
② 胡适：《介绍我自己的思想》，《胡适全集》第肆卷，安徽教育出版社2003年版，第672—673页。
③ 胡适：《清代学者的治学方法》，《胡适全集》第壹卷，安徽教育出版社2003年版，第388—390页。

义，与发现一颗恒星，都是一大功绩。"①五四时期流行的两个口号"民主"与"科学"，胡适认为就科学而言主要也表现为一种方法。到了晚年，他仍然坚持："科学不是坚甲利兵，飞机大炮，也不是声光电化。那些东西都是科学的出产品，并不是科学本身。科学本身只是一个方法，一个态度，一种精神。"②在胡适身上，确乎有一种方法普式化和方法万能论的倾向③。如果说胡适在中国现代学术上的正面建树，人们还时有疵议的话，那么他为推动方法学所作的努力无论如何不能低估。连对胡适不肯买账的熊十力也承认："在五四运动前后，适之先生提倡科学方法，此甚紧要。又陵先生虽首译名学，而其文字未能普遍。适之锐意宣扬，而后青年皆知注重逻辑。视清末民初，文章之习显然大变。"④这说得完全符合历史实际。

中国现代学术传统中的直承乾嘉的科学考据之风和重视实证的研究方法的形成，胡适之先生的确有首倡力行之功。

总而言之，可以说中国现代学术在其发展过程中形成了多方面

---

① 胡适：《论国故学——答毛子水》，《胡适全集》第壹卷，安徽教育出版社2003年版，第418页。

② 胡适：《四十年来中国文艺复兴运动留下的抗暴消毒力量》，台北胡适纪念馆出版之《胡适手稿》第九集，第548页。

③ 余英时先生在其所著《中国近代思想史上的胡适》一书中写道"胡适思想中有一种非常明显的化约论(reductionism)的倾向，他把一切学术思想以至整个文化都化约为方法。"台北联经出版事业公司1986年版，第49页。

④ 熊十力：《纪念北京大学五十年并为林宰平祝嘏》，《熊十力全集》第五卷，湖北教育出版社2001年版，第26页。

的学术传统。

笔者以上所略及的，包括坚持学术独立的传统、科学考据的传统、广为吸纳外域经验而又不忘本来民族历史地位的传统，以及学者能诗的传统和既重视现代学术分类又重视通学通儒的传统，等等，只不过是举其要者稍事评说。至于那一时期许多学人立身行事之逸出常格和流品之高，多有令人感叹而可歌可泣者。如康有为烧书，章太炎被目为"疯子"，梁启超的"不惜以今日之我难昔日之我"，王国维的自杀，蔡元培的出走，马一浮归隐，李叔同出家，黄侃拜师，辜鸿铭着前清装束执教于北京大学，胡适之讲课看见女生衣服单薄而走下讲台亲手关窗，梁漱溟和毛泽东吵架，钱锺书论学以手杖捅破睡觉的蚊帐，以及傅斯年的雄霸，熊十力的傲岸，陈寅恪的深忧，吴宓的浪漫，汤用彤的温良，等等，这样一些异事奇节、嘉德懿行，当时后世必有警世励人及启迪心智的作用。

本文没有涉及甚至现代学术遇到了却没有来得及解决的问题还有很多，例如社会科学和人文学科的界分以及学科内部和学科之间的整合问题，至今仍不能说已经完成。我们重视的是中国现代学术的基本经验和最主要的传统。后来者当不会忘记，中国现代学术的许多成果是在动荡中取得的，在战乱中取得的，在困境中取得的。不能不佩服前辈大师们的毅力和他们对待学术事业的执着精神，因此我们也就应该格外重视并珍惜他们在两难境遇中奠立的现代学术传统。

十二 寻找学术史具有恒在意义的东西

学术发展必须有前人的成果为依凭，每一个时代都要经过整理和重估前人成果的过程；清代学术是对宋明学术的一次清理和评估，民初对清代学术的评价也包含有整理的内容；我们之所为作只是一次初步的整理工作，意在寻找现代学术史具有恒在意义的东西。

中国两千多年来的学术流变，有三个历史分际之点最值得注意：一是晚周，二是晚明，三是晚清。都是天崩地解、社会转型、传统价值发生危机、新思潮汹涌竞变的时代。初看起来，明清易代似乎与春秋时期以及清末民初大有不同。实际上明清之际文化裂变的深度和烈度，丝毫不让于另外两个历史时期；而就学术思想的嬗变而言，还有其他时期不可比拟之处。明清之际学术思想的变化，更隐蔽，更蜿曲，更悲壮。

如果说先秦诸子和晚清各家是用舌和刀、纸和笔来表达自己的思想，那么明末清初的士阶层则是用血和泪来书写历史的册页。这也就是陈寅恪先生晚年为什么以病残之躯、十易寒暑，一定要写成《柳如是别传》的缘故。且看《别传》第一章下面的话：

> 虽然，披寻钱柳之篇什于残阙毁禁之余，往往窥见其孤怀遗恨，有可以令人感泣不能自已者焉。夫三户亡秦之志，九章哀郢之辞，即发自当日之士大夫，犹应珍惜引申，以表彰我民族独立之精神，自由之思想。何况出于婉娈倚门之少女，绸缪鼓瑟之小妇，而又为当时迂腐者所深诋，后世轻薄者所厚诬之人哉！[1]

---

[1] 陈寅恪：《柳如是别传》上册，上海古籍出版社1980年版，第4页。

明清易代既是我国社会历史的转捩点，也是理解华夏学术思想嬗变的一个枢纽。陈寅恪标举的"我民族独立之精神，自由之思想"，在明清之际表现得最见力度，而这也就是中华学术思想的精华和走向现代的方向。

晚清之学术变革在某种意义上可以看作是明清之际思想嬗变的继续和重演。但在形式上，晚清的变局和文化冲突更像晚周的诸子百家争鸣竞放的局面。由于欧风美雨的剧烈冲击，中国固有传统面临挑战，文化秩序陷于重组重建的大动荡之中。此一时期学术思想之多元，学派之纷繁，只有春秋战国时期差可比并。但中国现代学术的后续之路走起来并不平坦。相当一段时间，我们忘记了晚清以来的新的学术传统，更不要说对这一时期的学术成果加以系统整理。然而学术的发展必须有前人的成果为依凭，每一个时代都要经过整理和重估上一代学术的过程。清代学术是对宋明学术的一次清理和评估。民初对清代学术的评估，也包含有整理的内容。因此有梁任公的《清代学术概论》、《中国近三百年学术史》和钱穆的《中国近三百年学术史》应运应时而生。

我和我的一些朋友所作的，也是试图重新整理前代学术的工作，实际上也可以说是一次补课，是隔代整理。陈寅恪诗："后世相知或有缘。"[1]相知不敢，但与前辈学者建立一种相续相接的因缘关系，确是我们的私心所愿。

---

[1] 陈寅恪1963年所作《旧历壬寅六月十日入居病院》诗："不比辽东木蹋穿，那能形毁更神全。今生所剩真无几，后世相知或有缘。脉脉暗销除岁岁，依依听唱破家山。酒兵愁阵非吾事，把臂诗魔一粲然。"见《陈寅恪诗集》，清华大学出版社1993年版，119页。

梁启超当年撰写《清代学术概论》，在结尾处标列出自己著此书的四点宗旨：第一，可见我国民确富有学问的本能，我国文化史确有研究价值，即一代而已见其概。故我辈虽当一面尽量吸收外来之新文化，一面仍不可妄自菲薄，蔑弃其遗产。第二，对于先辈之学者的人格，可以生一种观感。所谓学者的人格者，为学问而学问，断不以学问供学问以外之手段。故其性耿介，其志专一，虽若不周于世用，然每一时代文化之进展，必赖有此等人。第三，可以知学问之价值，在善疑，在求真，在创获。所谓研究精神者，归著于此点。不问其所疑、所求、所创者在何部分，亦不问其所得之巨细，要之经一番之研究，即有一番贡献。必如是始能谓之增加遗产，对于本国之遗产当有然，对于全世界人类之遗产亦当有然。第四，将现在学风与前辈学风相比照，令吾曹可以发现自己种种缺点。知现代学问上笼统、影响、凌乱、肤浅等等恶现象，实我辈所造成。此等现象，非彻底改造，则学问永无独立之望，且生心害政，其流且及于学问社会以外。吾辈欲为将来之学术界造福耶？抑遭罪耶？不可不取鉴前代得失以自策励。[1]

如果把任公先生标列的上述四点宗旨，移来作为我们编纂《中国现代学术经典丛书》的旨趣，也若合符契，尤可证明我们今天所遇到的问题和五四先贤当时所面对的问题有惊人的相似之处。

虽然，评骘前代学术思想之得失并不是一件轻松的容易做的

---

[1] 梁启超：《清代学术概论》，参见刘梦溪主编《中国现代学术经典·梁启超卷》，河北教育出版社1996年版，第212页。

事情。

1936年钱基博为其自著《现代中国文学史》写"四版增订识语",颇议及晚清以还的学界风气和当时诸名流的思想变迁,写道:"我生不辰,目睹诸公衮衮,放言高论,喜为异说而不让,令闻广誉施于身,而不自知诸公之高名厚实何莫非亿兆姓之含冤茹辛,有以成之。"①接下去说到了当时的一些人物:"有自始为之而即致其长虑却顾者,章炳麟是也。有自始舍旧谋新,如恐不力,而晚乃致次骨之悔以明不可追者,陈三立、王国维、康有为、严复、章士钊是也。有惟恐落伍,兢兢焉日新又新以为追逐,而进退维谷,卒不掩心理之矛盾者,梁启超、胡适是也。"②因为是写文学史,他不能不提到晚清到民初的大诗人陈三立。尽管描述的是这些人对待社会变革的态度和他们的立身行事,我们仍可以从中悟出,清末民初以来的社会思潮不管如何沉浮跌宕,历史的河流里总有我们需要的而且是可以追寻得到的更趋稳定的东西。

陈寅恪1929年为王国维撰写纪念碑铭,其词曰:"士之读书治学,盖将以脱心志于俗谛之桎梏,真理因得以发扬。思想而不自由,毋宁死耳。斯古今仁圣所同殉之精义,夫岂庸鄙之敢望。先生以一死见其独立自由之意志,非所论于一人之恩怨,一姓之兴亡。"③二十三年后的1953年12月1日上午,时任教于广州中山大

---

① 钱基博:《现代中国文学史》,参见刘梦溪主编《中国现代学术经典·钱基博卷》,河北教育出版社1996年版,第563页。

② 同上。

③ 陈寅恪:《清华大学王观堂先生纪念碑铭》,《金明馆丛稿二编》,三联书店2001年版,第246页。

学年已六十有三的寅恪先生，对碑文的内容作了一次罕见的阐扬。那是他的学生汪篯南下来探望老师，有说服老师北上就科学院历史第二所所长之意，于是口述了一篇《对科学院的答复》。他说：

> 我认为研究学术，最主要的是要具有自由的意志和独立的精神。所以我说"士之读书治学，盖将以脱心志于俗谛之桎梏。""俗谛"在当时即指三民主义而言。必须脱掉"俗谛之桎梏"，真理才能发挥，受"俗谛之桎梏"，没有自由思想，没有独立精神，即不能发扬真理，即不能研究学术。学说有无错误，这是可以商量的，我对于王国维即是如此。王国维的学说中，也有错的，如关于蒙古史上的一些问题，我认为就可以商量。我的学说也有错误，也可以商量，个人之间的争吵，不必芥蒂。我、你都应该如此。我写王国维诗，中间骂了梁任公，给梁任公看，梁任公只笑了笑，不以为芥蒂。我对胡适也骂过。但对于独立精神，自由思想，我认为是最重要的，所以我说"惟此独立之精神，自由之思想，历千万祀，与天壤而同久，共三光而永光"。我认为王国维之死，不关与罗振玉之恩怨，不关满清之灭亡，其一死乃以见其独立自由之意志。独立精神和自由意志是必须争的，且须以生死力争。正如词文所示，"思想而不自由，毋宁死耳。斯古今仁圣所同殉之精义，其岂庸鄙之敢望"。一切都是小事，惟此是大事。碑文中所持之宗旨，至今并未改易。[①]

[①] 陈寅恪：《对科学院的答复》，载陆键东著《陈寅恪的最后二十年》，三联书店1995年版，第111—112页。

何谓我所说的中国现代学术史上具有恒在意义的东西？诵读了《王观堂先生纪念碑铭》，再看到作者对碑铭内容的深切阐发，我想我们已经思过半矣。人的个体生命在历史的长河里，只不过是小得不能再小的一芥漂浮物，或径直就是浮沤而已；但人类智慧的彩虹，可以让历史的河流变得格外璀璨夺目。绝对的绝对论，可以让历史丧失生命，活人变成死人；绝对的相对论，是虚无主义的避难所，能够使人类丧失任何自信。历史没有空白，人类的精神造物总有一些是既属于过去又属于未来的东西。中国现代学术所建构的诸多传统，不单属于学人自身，也是吾民族从传统走向现代的共同记忆。

有的研究者把那一时期的人物分成自由主义者、保守主义者、激进主义者三个派别，我想这样判然界分无助于达致对历史人物的了解之同情。而且，如此界分还有一个危险，就是很容易用今天的思潮去冲洗昨天的人物。事实上这种情况已经多次发生了，所以才不时出现此一时期举抬这一部分人物，彼一时期举抬另一部分人物的现象，往贤昔哲成了时人手中的游戏卡，致使历史失其本真。钱著《现代中国文学史》的有些观点我们自然不必尽同，但其书确有优长之处，主要是特见独出而不为时论所摆布，掘发到了有定在性的历史文化精神。所以他敢于宣称："吾知百年之后，痛定思痛，必有沉吟反复于吾书，而致戒于天下神器之不可为，国与天地之必有与立者。"[①]

[①] 钱基博：《现代中国文学史》，参见刘梦溪主编《中国现代学术经典·钱基博卷》，河北教育出版社1996年版，第564页。

我立意编纂《中国现代学术经典》，有一潜在的目的，即祈望能够梳理出现代学术史上那些具有恒在意义的东西。所谓经典，主要指在学科上有开辟意义、对某一领域的研究有示范作用，既为后来者开启无穷法门，又留下未决之问题供研究者继续探究[①]。弥久不变和与时俱新，是经典的两个方面的品格。我不敢说我们之所选全部都是经典，但至少它们有经典意义存焉。着眼点完全在学术，尤重视学术本身的独立价值，采择去取尽量做到不受学术以外因素的牵扰。所选各家，言论主张各异，学养人格有殊，其于家国、世道、人心，俱可执偏而补全。

学术之立名，理应包括人文学科、社会科学和自然科学，兹编所限，自然科学部分没有收入，社会科学的内容亦未凸显，着眼点主要在能够与传统学术相接的人文学术部分，虽有遗憾，也是无可如何之事。相信今天的学子若要使自己学有宗基，取径有门，传承有绪，中国现代学者的这些具有经典意义的著作不只无法绕行，且将成为他们获得学思灵感的重要源泉。

（1996年2月竣稿，载1996年12月18日、25日《中华读书报》，此为2006年6月修订稿）

[①] 此处我参照了余英时先生对"典范"一词的解释，见余著《近代红学的发展与红学革命——一个学术史的分析》，《红楼梦的两个世界》，台北联经出版事业公司1981年版，第5页。

学术盛衰，当于百年前后论升降焉。

——[清]阮元

处在过去的形象和摹本之中，处在文献和被发现的文物之中，并置身于后人所刻画的过去之中，能带来一种精神安慰，和情感上的欣快。

——（美）E.希尔斯

刘梦溪 著

学术与传统

中 卷

北京时代华文书局

文化托命与中国现代学术传统

一 引言

中国现代学术以何时为开端？历史学界通常把1840年鸦片战争至1919年五四运动，称为中国历史的近代时期，而以1919年五四运动至1949年为现代时期。但学术史和文化史的分期也以此为依据，不容易解释清末民初以来的许多文化现象。用政治事变来例同学术文化变迁，反映不出学术文化本身的嬗变规律。

实际上，中国传统学术向现代学术转型，可以追溯到晚清的经今文学运动，现代学术的种子即埋藏其中。但今文学运动本身还不具有现代学术的特征。1898年严复发表《论治学治事宜分二途》，1902年梁启超发表《论学术之势力左右世界》和《新史学》，1904年王国维发表《红楼梦评论》，现代学术思想和学术规范得到比较集中的体现。因此中国现代学术发端的时间，应为十九世纪和二十世纪之交；标志是承认学术具有独立之价值，并在研究中开始吸收西方现代的观念和方法；代表人物是严复、梁启超、王国维等，而尤以王国维扮演着现代学术开山的角色。

王国维1927年自沉于颐和园鱼藻轩，社会上异说异是，察察为揣。惟史学家陈寅恪能够从文化兴衰和一代学者的命运的角度，对王氏的死因给以正解。包括王、陈在内的中国现代学者中的大师巨

学术与传统

子，声闻显晦或有所殊异，但与本民族的文化共同着命运，欲以学术为宗基"承续先哲将坠之业"，同为一代文化所托命之人则一。他们的学术流向包涵着省察传统和回应西学两个方面，既不忘记本民族的历史地位，又能够做到与世界文化对话交流，为中国现代学术奠立了难能可贵的传统。

但中国现代学术的发展仍然困难重重。就学者的主观认知而言，有四重障蔽应予以破除：第一，学术是手段还是目的；第二，"有用之学"与"无用之学"；第三，中学和西学之争；第四，新旧古今之辨。这四个问题所以产生，主要是中国传统学术一向缺少学术独立的传统，特别是"经世致用"之说束缚了人们的头脑，使人们忽视学问本身的独立价值。王国维、梁启超等现代学术的开山人物，为破除这四重障蔽曾做出巨大努力，可是时至今日，也不能说此一问题已获致完全解决。

任公先生说："就纯粹的学者之见地论之，只当问成为学不成为学，不必问有用与无用，非如此则学问不能独立，不能发达。"[1]又说："为学问而学问，断不以学问供学问以外之手段，故其性耿介，其志专一，虽苦不周于世用，然每一时代文化之进展，必赖有此等人。"[2]信哉斯言。学术之求得独立，首先还要有独立的学者。四重障蔽不能破除，宜乎中国现代学者难于安身立命也。

---

[1] 梁启超：《清代学术概论》，朱维铮校注：《梁启超论清学史二种》，复旦大学出版社1985年版，第40页。

[2] 同上，第86页。

二　从陈寅恪的《王观堂先生挽词》谈起

1927年6月2日（农历五月初三）上午十时，中国现代学术的开山泰斗王国维自沉于颐和园鱼藻轩，年仅五十一岁。这一突如其来的噩耗，在中国现代学术的摇篮清华园引起巨大震撼。第二天傍晚，清华国学研究院师生向死者遗体告别，恭谨致礼，哀默如仪。正在这时，清华四导师之一的史学家陈寅恪莅临现场，出人意外地行三跪九叩大礼[①]。这一举动产生了精神共感效应，在场的姜亮夫、刘盼遂等国学研究院同学，当即痛哭失声，对已故国学大师的哀感和对眼前这位年轻导师的敬意无形中融作一片。

陈寅恪当时三十八岁，与王国维有十三岁之差，但他们相知甚深，既是学术同道，又是精神契友。王国维自沉前一日所写遗嘱，书籍一项，特标出"可托陈、吴二先生处理"[②]。吴指吴宓，陈即寅恪先生。而书籍之于王国维不啻为生命本身，他早就说过："余平生惟与书册为伍，故最爱而最难舍去者，亦惟此耳。"[③]托陈寅恪先生为之处理书籍，无异于以生命相托，当然也可以看作是一种文化托命。实际上，很少有人像寅恪先生这样，对王国维的精神世界和文化怀抱有如此深切的了解。为了寄托哀思，他写有一诗一词，即《挽王静安先生》诗和《王观堂先生挽词》，后者与王国维

[①] 王国维逝世后清华国学研究院师生向遗体告别情景，系杭州大学姜亮夫教授向笔者讲述，时在1989年11月4日下午4时，于杭州大学姜先生寓所。

[②] 参见1927年7月出版的第二卷第八、九、十期合刊的《国学月报》，其中柏生所作《记王静安先生自沉始末》有载。

[③] 见1928年清华国学研究院编印之《国学论丛》第一卷第三期"王静安先生纪念号"所载《王静安先生手校手批书目》一文的"跋文"。

的《颐和园词》实可并肩，同为冠绝当世的名篇。①《挽词》的前面有一长序，其中写道：

> 凡一种文化值衰落之时，为此文化所化之人，必感苦痛，其表现此文化之程量愈宏，则其所受之苦痛亦愈甚，迨既达极深之度，殆非出于自杀无以求一己之心安而义尽也。

又说：

> 盖今日之赤县神州值数千年未有之巨劫奇变，劫尽变穷，则此文化精神所凝聚之人，安得不与之共命而同尽，此观堂先生所以不得不死，遂为天下后世所极哀而深惜者也。②

王国维自沉以后，社会上异说异是，谣诼纷纷，不乏昧于大道者的察察为揣，只有陈寅恪先生能够从文化兴衰和一代学者的命运的角度，对死因给以正解，使那些"流俗恩怨荣辱委琐龌龊之

---

① 王国维的《颐和园词》作于1902年春，在日本留学时期，全诗百四十句，述有清一代之兴亡，是王氏自己最满意的诗作之一。陈寅恪先生《挽词》中"一死从容殉大伦，千秋怅望悲遗志。曾赋连昌旧苑诗，兴亡哀感动人思。岂知长庆才人语，竟作灵均息壤词"，即指《颐和园词》而言。吴宓《空轩诗话》第十二则："王静安先生国维自沉后，哀挽之作应以义宁（今改修水县）陈寅恪君之《王观堂先生挽词》为第一。"罗振玉在致陈寅恪函中亦说："奉到大作《忠悫挽词》，辞理并茂，为哀挽诸作之冠，足与观堂集中《颐和园词》、《蜀道难》诸篇比美。忠悫以后，学术所寄端在吾公也。"

② 陈寅恪：《王观堂先生挽词并序》，《陈寅恪集·诗集》，三联书店2001年版，第12—13页。

说"①，得到一定程度的廓清。

　　七年之后，即1934年，陈寅恪又在《王静安先生遗书序》中申论说："自昔大师巨子，其关于民族盛衰学术兴废者，不仅在能承续先哲将坠之业，为其托命之人，而尤在能开拓学术之区宇，补前修所未逮。故其著作可以转移一时之风气，而示来者以轨则也。"又谓："古今中外志士仁人，往往憔悴忧伤，继之以死。其所伤之事，所死之故，不止局于一时间一地域而已。盖别有超越时间地域之理性存焉。而此超越时间地域之理性，必非其同时地域之众人所能共喻。然则先生之志事，多为世人所不解，因而有是非之论者，又何足怪也？"②对王国维死因的探究又进了一步，已达至深层意义的理性升华。

　　也就是说，在陈寅恪看来，王国维之死是一个"能承续先哲将坠之业"的学者，以生命殉其文化，与纯属为实现道德的自我完成所作的抉择不同。1918年11月10日梁漱溟的父亲梁济在北京净业湖自沉③，虽也有"超越时间地域之理性存焉"，却不带有更多的自觉文化意识，而是当传统秩序解体之际寻找到的心理安顿的一种方式。把两者区分开来的关键，在于是否以文化托命为职志。因为十九世纪末叶以后，由于西学东渐，欧风美雨狂袭而至，延续几千年的中国传统思想文化发生了深刻的危机，站在时代潮流前沿的人

---

① 陈寅恪：《王观堂先生挽词并序》，《陈寅恪集·诗集》，三联书店2001年版，第13页。
② 陈寅恪：《金明馆丛稿二编》，上海古籍出版社1980年版，第219、220页。
③ 关于梁济自杀问题，林毓生教授撰有《论梁巨川先生的自杀——一个道德保守主义含混性的实例》一文，析论甚详。见林毓生：《中国传统的创造性转化》，三联书店1988年版，第205—226页。又见中国文化书院学术委员会编：《梁漱溟全集》第二卷之《自述》，山东人民出版社1990年版，第18页。

文学者在预设种种挽颓救弊方案的同时，必不可免地会激发起续命传薪的历史责任感。王国维如此，陈寅恪亦复如此。王国维死后不久，陈寅恪先生在《国学丛刊》上发表一篇《大乘稻芉经随听疏跋》，由吐蕃沙门法成撰集的经论注疏，如《般若波罗蜜多心经》等，系译自藏文一事，联想到玄奘曾把汉文《大乘起信论》译成梵文，但玄奘的名字家喻户晓，法成却不为人所知，因而发为感慨，说："同为沟通东西学术，一代文化所托命之人，而其后世声闻之显晦，殊异若此，殆有幸有不幸欤。"[1]中国现代学者中的大师巨子，声闻显晦或有不同，但与本民族文化的兴衰共同着命运，同为中国传统社会向现代社会转型时期的一代文化所托命之人则一。

只不过在中国现代学者群中，王国维和陈寅恪的文化托命意识更为自觉，毕生奋力以赴，未尝稍懈，不仅发为论议，标举"独立之精神，自由之思想"，主要是以学术为宗基，通过具体的学术创获实现托命之旨；而且尽可能融入现代的比较科学的观念和研究方法，去化解传统思想文化的危机，为中国现代学术传统的奠立树起了新典范。

三 中国现代学术以何时为开端

我所谓中国现代学术，指的是十九世纪末和二十世纪初，随着西学东渐和外来思想的冲击所产生的文化震荡，中国学术衍生出来的新规范和新方向。因此不简单是一个时间的概念，也无法全由政治断限来替代。

---

[1] 陈寅恪：《金明馆丛稿二编》，第225页。

历史学界通常把1840年鸦片战争至1919年五四运动，称为中国历史的近代时期，而以1919年五四运动至1949年为现代时期。把这种划分拿来作为学术史和文化史分期的依据，并不一定妥当。文化的嬗变比政治事变要宽泛得多，也深刻得多，前因后果，简错百端，历史延伸度很长；学术蜕分，也是一个思潮递嬗和历史衍化的过程。以政治事变来例同学术文化的变迁，反映不出学术文化本身的特殊发展规律。中国治学术史和文化史的学者，每困于在研究中难于有所突破，窃以为除了别的原因之外，就与以政治分期来例同于学术断限有很大关系。分期不明，将学术混同于政治，不可能正确评价学者们的学术创获。特别是研究清末民初以来的学术文化，"近代"、"现代"两个概念常常混淆不清。王国维的学术活动始于第一次从日本留学回来的1902年，自然在1919年五四运动以前，但他许多学术著作是在生命的最后十年，即1917年至1927年完成的，已跨过五四运动很多年。所谓"近代"和"现代"的概念，在王国维身上就不易说清楚。章太炎生于1869年，比王国维大八岁，卒于1936年，时间跨度比王国维长得多，"五四"前和"五四"后都有重要的学术建树，虽然前期作为思想家和革命家的影响更大，后期以国学大师的身份成为学界儒宗。那么站在学术史的角度，章太炎是"近代"学者，还是"现代"学者？政治断限往往不能对学术文化现象做出正确说明。因此笔者认为，不应把五四运动作为中国现代学术的起点，而应当振叶寻根，沿波讨源，上溯到在内涵上可以体现现代学术特征的时候开始。

中国学术发展的历史，要而言之，可以说经历了先秦子学、两汉经学、魏晋玄学、隋唐佛学、宋明理学、清代汉学和晚清今文学几个阶段，各个阶段之间斥而相续、异中见同，形成一个个连接而不重复的瑰丽景观。但这些个历史阶段都属于传统学术的范畴，进入现代学术需要铺设新的条件。本来晚清今文学已带有过渡时期的特点，现代学术的种子已开始进一步萌动发芽，只是从根本方面考察，还不能把庄存与和刘逢禄开其端、龚自珍和魏源集其成、康有为殿其后的今文学运动，与现代学术混为一谈。现代学术的奠立，应具备三个起码的条件，即第一，学者的思想自由；第二，以学术独立为目标；第三，在研究方法上尽量吸收新的观念，能够与二十世纪前后的世界学术文化对话交流。用这三个条件来衡量晚清今文学，显然不合现代学术的规范。即以康有为来说，他的目的并不在学术，而是拿了学术去做维新改制的手段，与学术独立大异其趣。他的学术好依傍，恰好是不独立的表现。所用的方法，也不是以新的科学观念去治旧学，而是采取大胆证伪的方法开传统学术的玩笑，自己则未脱传统学术的框架。

那么中国现代学术究竟应该以何时为其开端？笔者认为有四篇文章值得注意。一篇是严复的《论治学治事宜分二途》[①]，明确提出"治学"与"治事"两者不能相兼，"惟其或不相侵，故能彼此相助"。所以他建议给予学成者以名位，把"学问之名位"和"政治之名位"区别开来，多少已流露出提倡学术独立的思想。严复是晚清时期系统介绍西方学说的第一人，他力主不宜把学术混同于事功，学理上的依据易为人们所接受。这篇文章发表在1898年7月28和29日两天的《国闻报》上。第二篇是梁启超的《论学术之势力左右世界》，对学术在世界上的地位和社会作用，给予超乎常人想象

---

① 王栻主编：《严复集》第一册，中华书局1986年版，第88—90页。

的评价,文章一开头即写道:

> 亘万古,衺九垓,自天地初辟以迄今日,凡我人类所栖息之世界,于其中而求一势力之最广被而最经久者,何物乎?将以威力乎?亚历山大之狮吼于西方,成吉思汗之龙腾于东土,吾未见其流风余烈,至今有存焉者也。将以权术乎?梅特涅执牛耳于奥地利,拿破仑第三弄政柄于法兰西,当其盛也,炙手可热,威震寰瀛,一败之后,其政策亦随身名而灭矣。然则天地间独一无二之大势力,何在乎?曰智慧而已矣,学术而已矣。①

称学术为亘古以来天地间独一无二的大势力,就中自然有梁启超式的夸诞,但能够把学术从社会诸因素中抽象出来,置于极尊崇的地位,看到学术具有永久性的品格,在认知上已接近主张学术独立的思想。第三篇文章是梁启超的《新史学》,向传统学术中最具根底的乙部之学发起猛攻,历数过去的史学的"四蔽"、"二病"、"三恶果",诸如"知有朝廷而不知有国家"、"知有个人而不知有群体"、"知有陈迹而不知有今务"、"知有事实而不知有理想",以及"能铺叙而不能别裁"、"能因袭而不能创作",致使读者"难读"、"难别择"、"无感触"等等②。所指虽未必尽是,攻击力还是很强大的。特别针对传统文学的争正统、重书法的史家模式,揭剥得体肤全靡。文章又引来进化论的和文化人类学的历史观,以驳斥

---

① 梁启超:《饮冰室合集》第一册,文集之六,中华书局1989年影印版,第110页。
② 梁启超:《饮冰室合集》第一册,文集之九,第1—32页。

历史循环论，确在理论上为新史学的奠立开辟出新的天地。梁启超的这两篇文章都发表于1902年。

第四篇文章是王国维的《红楼梦评论》，这是自有文学批评以来第一次用西方的哲学和美学观点解释中国文学名著的尝试，在此之前从没有人这样做过。只这一点，就足以奠定其在中国现代学术史上的地位，至于尝试的得失利弊是否成功还在其次。说来凑巧，中国传统学术以文学和史学最能反映学科特征，而梁启超和王国维一以史学一以文学为现代学术奠基。当然梁的《新史学》主要是清算过去，王的《红楼梦评论》则直接为未来树立典范。《红楼梦评论》写于1904年，在王氏1902年自日本归来正式开始学术活动之后，同时撰写的还有《论叔本华之哲学及其教育学说》、《国朝汉学派戴阮二家之哲学说》以及《释理》、《论性》等篇[①]。此时之王国维，一方面迷恋于康德、叔本华、尼采的学说并为之介绍，一方面则尝试着用这几位哲学家的观点来回观和解释中国传统。《红楼梦评论》是其中的代表作。中国现代学术就是在此时开其端，时间在1898年至1902年和1904年前后这一时期，也就是当十九世纪和二十世纪交替之时，代表人物为严复、梁启超、王国维，而尤以王国维扮演着中国现代学术开山祖的角色。

马建忠的《马氏文通》一书，也是在1898年出版，著述本身的疏漏舛误，前贤多有是正，兹不论。但这是在西学启示之下中国学者撰写的第一部有系统的文法书，则无异议。不论其题旨其观念其方法其结构，传统学术的固有范围已无法包容，而且在语言文法一

---

① 这组文章后来均收入《静安文集》，载《王国维遗书》第五册，商务印书馆1940年版。

科为中国现代学术导夫前路之作。我想这并非偶然。说明十九世纪和二十世纪之交,确是中国传统学术向现代学术转型时期。当然学术思想如江河之流,学术断限只能相对而言,不好一刀断开。梁启超的《论中国学术思想变迁之大势》一文,把中国传统学术划分为七期,即胚胎时代、全盛时代、儒学统一时代、老学时代、佛学时代、儒佛混合时代和衰落时代;但随即亦指出:"时代与时代之相嬗,界限常不能分明,非特学术思想有然,即政治史亦莫不然也。一时代中,或含有过去时代之余波与未来时代之萌蘖。"[①]中国传统学术向现代学术转换,自然也有此种情况。

因此笔者认为,当我们把"现代"这一概念运用于学术史的时候,重要的是寻找到只有现代才具有的标志性特征,正是这些特征把现代学术与传统学术区别开来;谁的治学经历和学术论著体现出这些特征,谁就是现代学者;而出现这些特征的时代,就是中国现代学术史的开端。

四 学术独立与中国现代学术传统

如果我们把学者的思想自由和追求学术独立,以及在研究方法上融入了二十世纪以来的新的思想观念,看作是中国现代学术的主要标志性特征,那么在王国维身上确实体现得比较突出,宜乎扮演中国现代学术开山的角色。他在研究中最早融入西方的观念和方法,前面已论及。在重视学者个人思想自由方面,王国维也是先期的觉醒者。所谓思想自由,是指学者论必己出,不是为某种现实需要来立说陈义,

---

[①] 梁启超:《饮冰室合集》第一册,文集之七,第3页。

而是为文化托命，求一己之心安，目的和需要就在研究过程之中。陈寅恪在1929年所作《清华大学王观堂先生纪念碑铭》中写道：

> 士之读书治学，盖将以脱心志于俗谛之桎梏，真理因得以发扬。思想而不自由，毋宁死耳。斯古今仁圣所同殉之精义，夫岂庸鄙之敢望。先生以一死见其独立自由之意志，非所论于一人之恩怨，一姓之兴亡。[①]

陈氏称王国维有"思想而不自由，毋宁死"的精神，并以"一死见其独立自由之意志"，可谓深得静安先生为学进境之言，反映出寅恪先生自己以及王国维在实现学者个人思想自由方面所达到的高度。王国维在1904年写的《教育偶感》中曾说过："人有生命，有财产，有名誉，有自由，此数者，皆神圣不可侵犯之权利也。"[②]把自由与生命、财产并列，同视为人类的一种权利，这种认知，只有现代学者才有可能。从而亦可见出，王国维对学者个人思想自由的追求，已不是作为感情的寄托，而成为一种自觉的理性规范。在中国传统学术中我们看不到这种状况。

主张学术独立比之追求学者个人的思想自由更能反映现代学术的特征。因为在中国古代，向来没有学术独立的传统。先秦时期诸子百家各自为说，学术气氛是很宽松的，因而士阶层活跃，国君可以待之以礼以师以友。但诸子竞言的目的，在于为治。儒家不

[①] 陈寅恪：《金明馆丛稿二编》，第218页。
[②] 王国维：《静安文集》，《王国维遗书》第五册，第105页。

必说，孟子雄辩滔滔，几乎要强加于人。而孔子不惜开空头支票："苟有用我者，期月而已可也，三年有成。"（《论语·子路》）又说："如有用我者，吾其为东周乎。"（《论语·阳货》）但《史记·儒林列传》称"仲尼干七十余君无所遇"。设身处地，我们今天也不免为之悲凉。齐国稷下学派是以"不治而议论"著称的，可是《史记·孟子荀卿列传》说："自驺衍与齐之稷下先生如淳于髡、慎到、环渊、接子、田骈、驺奭之徒，各著书言治乱之事以干世主。"我们宁可相信司马迁的史笔。这还不说，据张舜徽先生考证，包括老子五千言在内的先秦道论，讲的都是人君南面之术①。如是，则先秦时期最多可以说，尚不失士阶层发表言论的自由，学术独立根本无从谈起。而竞相为别人立说，急不可待地追求现实功利的需要，诸子个人的思想并未获得学术上的自由。即便是当时那种有利于学术发展的自由气氛，也是在"天下大乱，圣贤不明，道德不一，天下多得一察焉以自好"（《庄子·天下篇》）的特定情况下，才有可能维持。大前提是"周室衰而王道废，儒墨乃始列道而议，分徒而讼"（《淮南子·俶真训》）。当时是天下未治，有道无统，如《庄子·天下篇》所说："如耳目鼻口，皆有所明，不能相通。"不通故不能成统。一旦政权归一，治而有统，"列道而议"的局面便不复存在。所以秦有焚坑之举，汉有罢百家之策。儒学虽被尊为正统，直接的意义是为士子升官晋爵提供机会，促进治、道合一，站在纯学术的立场，会发现尊之适足以卑之，与学术独立无缘。

　　这种情况直到晚清也未见根本的改变。王国维在《教育小言》

---

① 张舜徽：《周秦道论发微》，中华书局1982年版。

中写道:"今之人士之大半,殆舍官以外,无他好焉。其表面之嗜好集中于官之一途,而其里面之意义,则今日道德、学问、实业等,皆无价值之证据也。夫至道德、学问、实业等皆无价值,而惟官有价值,则国势之危险何如矣。"又说:"吾人亦非谓今之学者绝不悦学也。即有悦之者,亦无坚忍之志,永久之注意。若是者,其为口耳之学则可矣,若夫绵密之科学、深邃之哲学、伟大之文学,则固非此等学者所能为事也。"①王国维对晚清学术界的状况可以说不满意到了极点,尤其对学者不能一心向学、经常受学术以外因素的羁绊疾首痛心。他并且指出,由于我国从来缺少学术独立的传统,致使哲学、美术诸科没能得到应有的发展。他在1905年撰有《论哲学家与美术家之天职》一文,其中写道:

> 披我中国之哲学史,凡哲学家无不欲兼为政治家者,斯可异已。孔子大政治家也,墨子大政治家也,孟、荀二子皆抱政治上之大志者也。汉之贾、董,宋之张、程、朱、陆,明之罗、王,无不然。岂独哲学家而已,诗人亦然。"自谓颇腾达,立登要路津,致君尧舜上,再使风俗淳。"非杜子美之抱负乎?"胡不上书自荐达,坐令四海如虞唐。"非韩退之之忠告乎?"寂寞已甘千古笑,驰驱犹望两河平。"非陆务观之悲愤乎?如此者,世谓之大诗人矣。至诗人之无此抱负者,与夫小说戏曲图画音乐诸家,皆以俳优倡优自处,世亦以俳优倡优畜之。所谓"诗外尚有事在"、"一命为文人,便无足观",我国人之金科玉律也。

---

① 王国维:《静安文集续编》,《王国维遗书》第五册,第56—58页。

呜呼，美术之无独立之价值也久矣。此无怪历代诗人多托于忠君爱国、劝善惩恶之意，以自解免。而纯粹美术上之著述，往往受世之迫害，而无人为之昭雪者也。此亦我国哲学、美术不发达之一原因也。①

应该说明的是，王国维所说的"美术"一词，兼有美学与艺术双重含义，他是站在追求学术独立的角度，批评中国历来"无纯粹之哲学"及"纯粹美术"，认为这种状况是"哲学家、美术家自忘其神圣之位置与独立之价值"②。哲学就是哲学，美术就是美术；哲学与美术的价值即藏于哲学与美术自身。从历史上看，王氏所论也许有偏执一端之嫌，但联系晚清学术界的实际情形，鉴于士大夫"之嗜好集中于官之一途"，不对学术形态作如此分野，从理论上剔除学术以外因素的纷扰，不足以让学术独立的思想得以确立。

不只是王国维，现代学者中的大师巨子许多都对学术应该独立问题有所共识。熊十力大声疾呼："今日所急需者，思想独立，学术独立，精神独立。一切依自不依他，高视阔步，而游于广天博地之间。空诸依傍，自诚自明，以此自树，将为世界文化开辟新生命，岂为自救而已哉。"③冯友兰《南渡集》下编设专节探讨"大学与学术独立"问题，提出"我们必须做到在世界各国中，知识上的独立，学术上的自主"④。陈寅恪1931年撰有《吾国学

---

① 王国维：《静安文集》，《王国维遗书》第五册，第101—102页。
② 同上，第102页。
③ 蔡仁厚：《熊十力先生学行年表》，台北明文书局1987年版，第121页。
④ 冯友兰：《三松堂全集》第五卷，河南人民出版社1986年版，第482—483页。

术之现状及清华之职责》一文，说"吾国大学之职责，在求本国学术之独立，此今日之公论也"。在谈到搜集学术研究资料不易，对有的人视奇书珍本为奇货，秘不示人，甚而"待善价而沽之异国"，寅恪先生认为不仅是辜负了新材料，同时也是"中国学术独立之罪人"①。梁启超晚年对学术独立问题也有极深刻的反省，认为自己平生"屡为无聊的政治活动所牵率，耗其精而荒其业"②，是不可挽回的损失。陈独秀更以《学术独立》为题，撰写专论，提出："中国学术不发达之最大原因，莫如学者自身不知学术独立之神圣。"③萧公权在《学术独立的真话》一文中则说："所谓学术独立，其基本意义不过就是：尊重学术，认学术具有本身的价值，不准滥用它以为达到其它目的之工具。"④许多学术大家和思想健将众口一词，共道学术独立之重要，或展望未来，或回思猛醒，都以极沉痛之言表而出之，我们可不能小视这一点。须知，当他们倡言学术独立的时候，为民族文化托命之志未曾有稍许改变，相反，他们从自己的亲身经历中体认到，争得学术独立是实现为民族文化托命的前提条件。

  王国维等现代学者这种苦苦追求思想自由和学术独立的精神弥足珍贵。正是这一点构成了中国传统学术向现代学术转换的最重要的标志，并将成为中国现代学术的一个传统规范永远流传开去。至于事实上是否争得了学术独立，是另一个问题，下面笔者将予以探讨。

---

① 陈寅恪：《金明馆丛稿二编》，第317—318页。
② 梁启超：《清代学术概论》，《梁启超论清学史二种》，第74页。
③ 陈独秀：《陈独秀著作选》第1卷，上海人民出版社1993年版，第389页。
④ 萧公权：《迹园文录》，台北联经出版公司1983年版，第248—249页。

五 中国现代学者何以难于安身立命

中国现代学者对学术独立的追求，实际上是在为自己寻找和建立文化托命的安立之基。不幸得很，这样一块理想的基地他们并没有找到。原因是多方面的，既有学者主观方面的原因，也有客观环境的原因；既有学术本身的原因，又有学术以外的原因。单就学术本身而言，我认为有四重障蔽在妨碍着学者的主观认知。这些障蔽在现代学术开辟人物比如王国维那里，本来已获得解决，但就学术思想的总体来看一直是论而未断、议而不决的大课题，尤其没有成为社会公认的学术思想潮流。而这些障蔽能否破除，不仅关系到中国学术的独立问题，也关系到如何从思想上完成传统学术向现代学术的转变。下面请分别试论之。

障蔽之一：学术是手段还是目的

在中国传统学术里，学术从来是一种手段，没有人把学术当作目的看待。所以中国古代没有学术独立的传统。其实对研究学术的学者来说，学术本身就是目的。就是为了学术而研究学术，为研究而研究，才能保持学术的独立性。王国维对此看得很清楚，他在《论近年之学术界》一文中写道："欲学术之发达，必视学术为目的，而不视为手段而后可。"又说："学术之所争，只有是非真伪之别耳。于是非真伪之别外，而以国家、人种、宗教之见杂之，则以学术为一手段，而非以为一目的也。未有不视学术为一目的而能发达者。学术之发达，存于其独立而已。"他竭力反对把哲学、文学当作政治附庸的做法，认为哲学也好，文学也好，自有其独立价值。他说："彼等言政治则言政治已耳，而必欲渎哲学、文学之神圣，此则大不可解者也。"[1]王氏此文写于1905年，正是他从叔本华转向康德时期。上述对哲学与美术独立价值的看法，不无康德审美超功利理论的影响。但强调学术不是手段而是目的，则是一种现代学术意识，对促进学术的发展甚具助力。

梁启超一生颠簸多变，但对于学问不曾一刻稍忽，越到晚年越能省察自己，尤多明通深识之论。1920年撰写《清代学术概论》，走笔至晚清一节，不觉痛乎言之："而一切所谓新学家者，其所以失败，更有一种根源，曰不以学问为目的而以为手段。时主方以利禄饵诱天下，学校一变名之科举，而新学亦变质之八股。学子之求学者，其十中八九，动机已不纯洁。用为敲门砖，过时则抛之而已。"[2]谁都知道任公先生是晚清新学家的文化班头，他这样批评新学家，无疑把自己也包括在内了。从而可见他对学术是目的这一真理性认知，持论多么坚决。

障蔽之二："有用之学"和"无用之学"

学者为学，究竟是否一定要求其有用，也是历来争论不休的问题。中国传统上是强调学术的实用性的，所以才认为学术是手段。其实学术的有用与无用，不是可以简单回答的问题。王国维看得最辩证，他认为"凡学皆无用也，皆有用也"，理由是："天下之事物，非由全不足以知曲，非致曲不足以知全。虽一物之解释，一事之决断，非深知宇宙人生之真相者，不能为也。而欲知宇宙人生者，虽

---

[1] 王国维：《静安文集》，《王国维遗书》第五册，第96—97页。
[2] 梁启超：《清代学术概论》，《梁启超论清学史二种》，第80页。

宇宙中之一现象，历史上之一事实，亦未始无所贡献。故深湛幽渺之思，学者有所不避焉，迂远繁琐之讥，学者有所不辞焉。事物无大小，无远近，苟思之得其真，纪之得其实，极其会归，皆有裨于人类之生存福祉。己不竟其绪，他人当能竟之；今不获其用，后世当能用之。"①如果一定要求学问有今天的用处、直接的用处、现实的用处，不用说人文学科，即使自然科学，也不能满足此项要求。梁启超在《清代学术概论》里也曾探讨过这个问题，他写道：

> 正统派所治之学，为有用耶？为无用耶？此甚难言。试持以与现代世界诸学科比较，则其大部分属于无用，此无可讳言也。虽然，有用无用云者，不过相对的名词。老子曰："三十辐共一毂，当其无，有车之用。"此言乎以无用为用也。循斯义也，则凡真学者之态度，皆当为学问而治学问。夫用之云者，以所用为目的，学问则为达此目的之一手段也。为学问而治学问者，学问即目的，故更无有用无用之可言。庄子称"不龟手之药，或以霸，或不免于洴澼绕"，此言乎为用不为用，存乎其人也。循斯义也，则同是一学，在某时某地某人治之为极无用者，易时易地易人治之，可变为极有用，是故难言也。其实就纯粹的学者之见地论之，只当问成为学不成为学，不必问有用与无用，非如此则学问不能独立，不能发达。②

---

① 王国维：《〈国学丛刊〉序》，《观堂别集》卷四，《王国维遗书》第四册，第7页。
② 梁启超：《清代学术概论》，《梁启超论清学史二种》，第40页。

任公先生所论非常明通达辨，与王国维的看法相得益彰，可以说已经把学术的有用无用问题析论得至为透辟。但理论上获致解决，不等于实践中不发生纷扰。何况传统学术中的"经世致用"思想根深蒂固，早已影响了中国学术的整体面貌。

"经世致用"之说最早为清初学者顾炎武所力主，在矫正明代读书人空谈心性、以理学为禅学的空疏学风方面，有进步作用。这本来是学术思想的嬗变之常：一则以虚，一则以实，风气相消，流转递长。问题是宋明理学以及心学也未尝不讲究"致用"，只不过它强调"用"在内敛方面，先"正"其"心"，尔后"治国平天下"。在"治平"的中间环节"正心"阶段稍事整顿，人们便认为宋明学者不重视"致用"，实乃大错。要之，这种思想在中国学术史上实在是一以贯之的。影响所及，直到今天仍在起作用。也可以说这是华夏民族的一种思想文化传统，原没有什么不好，与其说是缺点，不如说是特点。只是到了二十世纪以后，这一传统需要加以转化，方能有利于现代学术的发展。梁启超说得好："殊不知凡学问为物，实应离'致用'之意味而独立生存，真所谓'正其谊不谋其利，明其道不计其功'。质言之，则有书呆子，然后有学问也。"[①]

障蔽之三：中学西学之争

中国现代学术是在西方学术思潮的冲击与刺激之下，传统学术发生蜕变的产物。在流向上包含着对传统的省察和对西学的回应两个方面。省察传统，必然要联系世界；回应西学，不能不联

[①] 梁启超：《清代学术概论》，《梁启超论清学史二种》，第80页。

系传统。因而一开始就有一个如何处置中国学术与西方学术的关系问题。本来在古代学术发展过程中，涉及不同国度和民族之间的文化交流，也碰到过这类关系，但并不成为问题是因为华夏文化的特点，向以强大的融化力著称于世，对外来思想初不以如何迎拒为意。显例是对印度佛教的吸收，一方面化作认知上的幽渺之思，另一方面易地嫁接，开出艺术与文学的灿烂花朵，直到后来演变为禅宗，完全变成本民族的宗教思想体系。可以毫不夸张地说这是中外思想接触史上的奇观。但到了晚清，情况有所不同，西方思想如狂风暴雨般袭来，而且是伴随着坚船利炮长驱直入，受动一方便大有招架不住之势。一时迎拒乏策，进退维谷，于是发生了激烈的中学西学之争。南皮太保张之洞提出的"中学为体，西学为用"，就是因应西方文化冲击的一种主张。这种主张的政治效果如何，非本文范围，姑且不赘，仅就学术层面而言，则是一种文化防守主义，殊不利于学术本身的发展。可是谁曾想到，张氏的说法却成了近百年来中国思想文化界众说不尽的话题，每到东西方文化剧烈冲突之时，就有人重新议论一番。

其实在这个问题上人为的障蔽比实际分歧要多得多。王国维曾说这是个不成问题的问题，根本否认中西在学问上会有什么不可调和的矛盾。他的结论是"学无中西"。为什么这样主张？他作了详细分析：

> 世界学问，不出科学、史学、文学，故中国之学，西国类皆有之，西国之学，我国亦类皆有之。所异者，广狭疏密耳。即从俗说，而姑存中学西学之名，则夫虑西学之盛之妨中学，与虑中学之盛之妨西学者，均不根之说也。中国今日实无学之

患,而非中学西学偏重之患。京师号学问渊薮,而通达诚笃之旧学家,屈十指以计之,不能满也。其治西学者,不过为羔雁禽犊之资,其能贯串精博、终身以之如旧学家者,更难举其一二。风会否塞、习尚荒落,非一日矣。余谓中西二学,盛则俱盛,衰则俱衰,风气既开,互相推助。且居今日之世,讲今日之学,未有西学不兴而中学能兴者,亦未有中学不兴而西学能兴者。特余所谓中学,非世之君子所谓中学,所谓西学,非今日学校所授之西学而已。治《毛诗》、《尔雅》者,不能不通天文、博物诸学,而治博物学者,苟质以《诗》、《骚》草木之名状而不知焉,则于此学固未为善。必如西人之推算日食,证梁虞𠠎、唐一行之说以明《竹书纪年》之非伪,由《大唐西域记》以发见释迦之支墓,斯为得矣。故一学既兴,他学自从之。此由学问之事,本无中西,彼鳃鳃焉虑二者之不能并立者,真不知世间有学问事者矣。[1]

这番论述见于1914年王国维为《国学丛刊》所写的序言,正值他的学术成熟期,所谓中学西学,早已在他心目中熔为一炉,不见隔梗。

请注意,王国维讲的是"学"、"学问",不是泛指东西方文化。对文化现象进行专门研究谓之学。文化联系着人种和民族,不同民族具有不同的文化系统。但学术上的广狭深浅密疏与文化的异同不能等量齐观。由于文化背景殊异,所处社会历史的发展阶段有别,

---

[1] 王国维:《〈国学丛刊〉序》,《观堂别集》卷四,《王国维遗书》第四册,第8页。

中西学术思想的表现形态和思维惯性纵使参差互见，学理的正误和心理的规律，应该是殊途同归，化百为一。王国维提出中西学术"互相推助"说，反对把两者人为地对立起来，甚具卓识。钱锺书先生在《谈艺录》序言里亦曾说过："东海西海，心理攸同；南学北学，道术未裂。"①此联可为中国现代学术史上的中学西学之争下最后断语。

实际上，现代学术思想必然是一个并纳兼容的具有开放性格的体系。所谓学术上的中西之争，无异于强分畛域，自结牢笼。人类进入二十世纪，为学而不能与世界文化对话，算不得现代学者。王、钱两位现代学术大家在这个问题上异口同音，殊堪玩味。

障蔽之四：新旧古今之辨

如果说中西之争是中国传统学术向现代学术转型必然遇到的问题，那么新旧古今之辨比中西之争要古老得多，只不过发展到清末民初表现得更为激烈。当时社会变动加剧，思想波涛汹涌，新党旧党、新学旧学，人人说得口滑。而时尚趋新，人情恋旧，中外古今歧见旁出，学问之道遂为此无尽的争论所蔽。只有洞明世事、空诸依傍的大家，能够越纷沓而执一，不为新旧之说所惑。散原老人在谈到父尊陈宝箴时说过："府君独知时变所当为而已，不复较孰为新旧，尤无所谓新党、旧党之见。"②陈寅恪为学为文，也是有宗

---

① 钱锺书：《谈艺录》，中华书局1984年版，第1页。
② 陈三立：《湖南巡抚先府君行状》，《散原精舍诗文集》，上海古籍出版社2003年版，第855页。

无派,"惟偏蔽之务去,真理之是从"①,殊不以新旧为然。义宁学风,祖孙三代一以贯之。

王国维在驳难学术的中西之争和有用无用的同时,对新旧古今之辨也有极透辟的说明。他认为"学无新旧",理由是:"天下之事物,自科学上观之,与自文学上观之,其立论各不同。自科学上观之,则事物必尽其真,而道理必求其是。凡吾智之不能通,而吾心所不能安者,虽圣贤言之,有所不信焉;虽圣贤行之,有所不慊焉。何则?圣贤所以别真伪也,真伪非由圣贤出也;所以明是非也,是非非由圣贤立也。自史学上观之,则不独事理之真与是者足资研究而已,即今日所视为不真之学说,不是之制度风俗,必有所以成立之由,与其所以适于一时之故。其因存于邃古而其果及于方来,故材料之足资参考者,虽至纤悉不敢弃焉。故物理学之历史,谬说居其半焉;哲学之历史,空想居其半焉;制度风俗之历史,弁髦居其半焉;而史学家弗弃也。此二学之异也。然治科学者,必有待于史学上之材料;而治史学者,亦不可无科学上之知识。今之君子非一切蔑古即一切尚古;蔑古者出于科学上之见地,而不知有史学;尚古者出于史学上之见地,而不知有科学。即为调停之说者,亦未能知取舍之所以然。此所以有古今新旧之说也。"②

王国维把学问分为三大类,即科学、史学和文学。他认为三者之间互相有待,不必自设畛域,是丹非素。斤斤于古今新旧的畛域难通,是学者的自蔽,大不利于学术的发展。况且学术上的

---

① 陈寅恪:《三论李唐氏族问题》,《金明馆丛稿二编》,第304页。
② 王国维:《〈国学丛刊〉序》,《观堂别集》卷四,《王国维遗书》第四册,第7页。

新与旧、今与古，彼此之间总会有联结贯穿的思想脉络，今由古时来，新自旧中生，主要看是否合乎科学，接近真理。1961年，当年清华国学研究院的主任诗人吴宓，赴广州中山大学探望清华国学研究院四导师之一的陈寅恪先生，长时间交谈后得一结论："在我辈个人如寅恪者，决不从时俗为转移。"[①]此一结论代表着中国现代学术传统的真精神。而吴、陈两位，就是王国维遗嘱托为处理书籍实即文化托命之人。

王国维写道："学之义不明于天下久矣。今之言学者，有新旧之争，有中西之争，有有用之学与无用之学之争。余正告天下曰：学无新旧也，无中西也，无有用无用也。凡立此名者，均不学之徒，即学焉，而未尝知学者也。"[②]说得激切而不留余地，可见其体认之深。但这个问题当时后世是否已获致解决？应该说没有。几十年后提出的"厚今薄古"、"古为今用"、"洋为中用"，毋庸说也是因应此一问题的一种对策罢。单是在学理的认知上就蒙上这许多障蔽，而且左扯右拽，不得廓清，宜乎中国现代学者难于以学术为宗基求立命安身也。

（1991年11月写定，原载《中国文化》1992年总第6期。）

---

① 蒋天枢：《陈寅恪先生编年事辑》，上海古籍出版社1997年版，第158页。
② 王国维：《〈国学丛刊〉序》，《观堂别集》卷四，《王国维遗书》第四册，第7页。

钱锺书的学问方式

学术殿堂的引桥

我和钱锺书先生没有见过面。但20世纪90年代初，因为创办《中国文化》杂志，也由于当时想着手对钱先生的学术思想作一些研究，跟他有不少通信。我从未把这些信拿出来，觉得不好意思。他是我非常尊敬的前辈学者，不仅是欣赏，而且是特别尊敬和心仪的人。我研究晚清民国以来的现代学术思想史，钱先生是我关注的重点学术案例。

八十年代中期，我开始做这方面的题目，决定对王国维、陈寅恪、钱锺书这三位真正大师级的人物，做个案分疏和综合比较研究。于是开始读他们的书。最先读的，是钱锺书。可以毫不夸张地说，他的每一本书、每一个字，我都读三遍以上。内子陈祖芬写过一篇文章，叫《不敢见钱锺书先生》，其中写到，在八十年代，如果你在北京的街头巷尾，看到一个人，或者在公共汽车上，或者在路上，在树下，在墙边，在任何地方，都拿着书看，这个人看的一定是《管锥编》或者《谈艺录》。她这样写是写实，不是文学描写。我的确读钱先生读得很熟，熟到他成为和我日夜相伴的人。不仅他的书一本一本被我画乱了，读钱的笔记也积下好多册。

读完钱锺书之后，就读王国维。王的东西多，必须选读。先是早期的《静安文集》和《静安文集续编》，然后是《人间词话》、《宋元戏曲史》、《古史新证》等。王国维后，开始读陈寅恪。非常"不幸"，我读陈寅恪以后，扎进去就没有出来。结果不是三个人一起写了，变成对陈寅恪做单独的个案研究。我现在写的关于陈寅恪的文字，大概有五十多万言，公开发表的文章，出版的著作，只是其中一部分。但是对我如此熟悉的钱锺书，却一直没有写文章发表。我的一些朋友也知道我研究钱锺书，一次厦门大学召开关于钱先生的研讨会，李泽厚得知，说应该去，你是研究钱锺书的。我问他何以知之，他说当然知道。但何以知之的理由他没有讲。

近三十年我所做的研究，很大一块是围绕二十世纪现代学者的学术思想。我的体会是，这些大师巨子是我们晚学后进进入学术殿堂的比较便捷的引桥。通过他们，可以通往古代，走向中国传统学术，也可以通过他们连接西方，走向中西学术思想的会通。更重要的，他们为我们树立了学术典范。我曾经用"空前绝后"一语，形容他们学问结构的特点。"空前"，是指这些现代学者，在西学的修养方面，汉儒、宋儒、清儒，都比不过他们，因为当时不可能有这个条件。汉宋儒不必说，乾嘉学者也不能跟二十世纪现代学者在这方面相比肩。虽然早期的传教士跟明末清初的一些学人有一些关联，但我们看不到乾嘉大师们的西学修养有哪些具体而明显的呈现。二十世纪学者不同，他们常常十几岁就留学国外。陈寅恪十三岁留学日本，然后美国、欧洲，前后大约有十六七年的时间在国外。连马一浮也有在美国、日本的经历，也是很年轻的时候就去的，尽管停留的时间前后不是很长，毕竟扩大了学问的视野。

另一方面，二十世纪现代学人的国学根基，又是后生晚辈不能望其项背的。他们四五岁开始发蒙，到七八岁，十几岁，不用说

"五经四书"，"十三经"、"诸子集成"、"前四史"，差不多都读过了。他们有这样的学问积累的过程，所以在学术的知识结构方面，既是空前的，又是绝后的。"绝后"不是说后来者的聪明智慧一定少于他们，而是没有当时那些个具体条件，包括对学人为学非常重要的家学和师承。国学需要童子功，年龄大了补课，实际上为时已晚。因此后来者要赶上他们，难之又难。就研究我国固有学术而言，二十世纪学者也开了先路。经由他们可以更自觉地进入原典。比如研究马一浮，就需要了解宋代的学术源流，因为马先生的学术思想是直承宋学而来，我们不得不跟着他进入宋儒的世界。可是宋儒的话题，是跟先秦诸子，跟孔子、孟子、荀子的思想连接在一起的，"六经"是他们反复阐释的原初经典。宋代濂、洛、关、闽四大家，即周敦颐，程颢、程颐，张载，朱熹诸大儒，一生学问，主要是以重新阐释孔、孟和"六经"的原典为能事。而马一浮的学理发明，也主要在"六艺论"。所以研究马一浮，跟着他返宋的同时，还须返回到先秦，返回到孔子和"六经"。

二十世纪现代学者的学术，是不是也有瑕疵？肯定会有。陈寅恪就讲过，王国维的学说也可能有错误，他自己的学说也会有错误，自然可以商量。同样，钱锺书的学术，也一定有可商之处。但是他们的学术精神，为学的态度，纯洁的资质，堪称后学的典范，应无问题。我们今天的学术风气所缺乏的，恰好是二十世纪大师们的那种精神、那种风范、那种态度。

请勿误读钱锺书

现在关注二十世纪现代学术的人多起来了。但研究得远不够深入。有一些方面的研究，刚刚开始，就刮起这个"热"那个"热"的风。学术研究最怕刮风。一刮风，"热"得快，凉得也快。然后骂声随之而来。钱锺书先生不幸也遭此命运。我看到一篇文章，题目是《钱锺书是卡夫卡的绝世艺人》。这篇文章写得倒是很俏皮，但认为钱先生的学问，不过是一个杂耍艺人用以谋生惑众的绝活，除了博得看客的几声叫好，没有任何实用价值。他说《谈艺录》和《管锥编》，本质上应归属于诸如绕口令、回文诗、字谜等文字和语言游戏一类，是一种自娱性的、习惯性的、享受性的东西。这位作者甚至还声称，《谈艺录》和《管锥编》是自私的、势利的，是抬高门槛为难人的，是以显摆为目的，等等。

　　我无论如何不能认同这篇文章对钱锺书先生的评价。如果不是牵引卡夫卡蓄意做一番拟于不伦的文字游戏，我认为他至少是没有读懂钱锺书。读懂钱，并不容易。陈寅恪先生的书，马一浮先生的书，也不容易读。读懂读不懂，不完全是文字障碍，文字没有那么多障碍。马一浮的著作不多，无非《泰和会语》、《宜山会语》、《复性书院讲录》、《尔雅台答问》等。但读懂马先生，我认为是非常难的事情。难就难在，阅读者是否能够进入马先生的学问世界和精神世界。陈寅恪给冯友兰的《中国哲学史》写审查报告，提出一个极为重要的思想，就是对古人的著作，对古人的立说，要具有"了解之同情"的态度，因而能够体会古人立说的"不得不如是"的苦心孤诣。钱锺书先生的著作，为什么采用现在我们看到的这种呈现方式？为什么用文言而不是白话？他是文学家，小说《围城》和散文《写在人生边上》等，可以证明他的白话同样令人绝倒。

　　这涉及如何理解钱先生的学问态度和学问方式问题。他对学问有一个宿见，就是认为大抵真正的学问，不过是荒江野老，二三素心人，商量培养之事，而不是闭目塞听地"做"出来，或是吵吵嚷嚷地"讲"出来的学问。他说一旦成为朝市的"显学"，很快就会变成俗学。这些话，深入体会，才能知道一点学问的滋味。以虚妄浮躁的心态，试图了解稳定的学问，不可能对学问得出正解。钱先生的学问方式，毫无疑问是活跃的、多姿的、千变万化的，但他的学问精神是恒定而守持不变的存在。他认为古与今、中和西，不是截然不搭界的两造，而是可以连接一气，互相打通的世界。他说："古典诚然是过去的东西，但是我们的兴趣和研究是现代的，不但承认过去东西的存在，并且认识到过去东西的现实意义。"①

　　他对"专学"的看法也很特别。他说因研究一种书而名学的情况不是很多。一个是选学，《文选》学，一个是许学，研究许慎的《说文解字》的学问，可以称为专学。《红楼梦》研究成为红学，是为特例，但他认为此学可以成立。其余的研究，包括千家注杜（杜甫）、百家注韩（韩愈），都不能以"杜学"或者"韩学"称。可见他对学问内涵的限定，何等严格。这是大学问家的态度。现在到处使用专学的称谓，把学问泛化，结果取消了学问本身。钱先生还特别指出"师传"的弊端，认为弟子多对其师尊崇的结果，反而把师也扭曲变形了。这就是《谈艺录》反复讲的"尊之适足以卑之"。钱先生的好友郑朝宗先生说，钱先生是"但开风气不为师"，可谓真知钱先生之言。钱先生从不以师自居，不聚徒讲学，

---

① 钱锺书：《古典文学研究在现代中国》，转引自郑朝宗著《海夫文存》，厦门大学出版社1994年版，第8页。

也没有弟子。

钱锺书的学问构成

钱锺书先生的学问结构，都由哪些部分构成，他的学问脉分如何辨识，学术界没有一致的看法。我长期读钱，三复其义，认为他的学问构成，约略可分为四目：第一是经典阐释学；第二是学术思想史；第三是中国诗学；第四是文体修辞学。

前面提到的说钱先生是卡夫卡的绝活的文章，不承认钱先生著作里面有解释学的内容，未免令人感到意外。《谈艺录》也好，巨著《管锥编》也好，独不缺少解释学的内容。只不过钱先生对解释学有独辟胜解。《左传正义》三，隐公元年，解一"待"字，令人绝倒。郑庄公由于"寤生"，惊吓了他的生母武姜，因而母子失和。庄公即位之后，武姜便与庄公的胞弟共叔段结为联盟，封地逾制，一人独大。郑大夫祭仲建议及早除掉，免生滋蔓。庄公说："多行不义必自毙，子姑待之。"这是大家都知道的进入中学课本的《左传》名段"郑伯克段于鄢"。

我们且看钱锺书先生如何解释此一"待"字。

他先是征引《左传·闵公元年》，齐国的仲孙湫提出："不去庆父，鲁难未已。"齐桓公回答说："难不已，将自毙，君其待之。"又引定公六年，公叔文子谏卫侯："天将多阳虎之罪以毙之，君姑待之，若何？"再引《韩非子·说林下》，"有与悍者邻，欲卖宅避之。人曰：'是其贯将满矣，子姑待之。'"钱先生具引之后申论说："'待'之时义大矣哉。'待'者，待恶贯之满盈、时机之成熟也。"然后又引《汉书·五行志》董仲舒之对策：

"鲁定公、哀公时,季氏之恶已熟",《孟子·告子上》以莠麦喻人性:"至于日至之时,皆熟矣"。这就如同郑庄公等待到共叔段谋反在即,并得知其起事的具体日期,于是下定决心,说:"可矣!"也就是可作为的时机真正成熟了。

钱先生接着又引《史记·韩信卢绾传》:"太史公曰:'於戏悲夫,夫计之生熟成败,于人也深矣!'"以及《北齐书·陆法和传》里的陆氏发为议论:"凡人取果,宜待熟时,不撩自落,檀越但待侯景熟。"意犹未尽,更引西典助发,一是文艺复兴时期意大利政论家的"待熟"之说,二是培根论"待"时提出的"机缘有生熟",三是孟德斯鸠论修改法律,提出"筹备之功须数百载,待诸事成熟,则变革于一旦",四是一名李伐洛者,认为"人事亦有时季,若物候然"①。中西古典万箭齐发,齐来会战,"待"之一词被包围得水泄不通,只好俯首就擒。

其实所谓"待之",就是为人举事,要讲究条件和时机。而时机须由条件来酝酿。舍此二端,急于从事,揠苗助长,冒行躁进;或灰心气沮,知难而返,坐失良机,都是不明不智的表现,亦即尚不懂钱先生反复阐释的这个"大矣哉"的"待"字。

钱先生又引清儒之言写道:"乾嘉'朴学'教人,必知字之诂,而后识句之意,识句之意,而后通全篇之义,进而窥全书之指。虽然,是特一边耳,亦只初桄耳。复须解全篇之义乃至全书之指('志'),庶得以定某句之意('词'),解全句之意,庶得以定某字之诂('文');或并须晓会作者立言之宗尚、当时流行之文风,

---

① 《管锥编》,三联书店版,第276—277页。

以及修词异宜之著述体裁，方概知全篇或全书之指归。积小以明大，而又举大以贯小；推末以至本，而又探本以穷末：交互往复，庶几乎义解圆足而免于偏枯。"①这也就是乾嘉学者何以重视小学的原因。小学是进入经学的阶梯，故"读书必先识字"是清儒的常谈。小学包括文字学、训诂学、音韵学，即读书进学，首在认识字，知读音，明义训。然后再由小学进入经学。经学的旨归在义理，就进到中国传统学问最高的形上之境了。钱先生把这一过程概括为"积小以明大，而又举大以贯小；推末以至本，而又探本以穷末"。此亦即西哲所说的"循环阐释"。钱先生告诉我们，阐释的方式或有中西的不同，但阐释学，中西宜有共理。钱氏阐释学，明显带有经典阐释的特点，既吸收了西方的理论范式，又直承中国传统传注义疏的阐释传统。

他学问构成的第二脉分，是学术思想史的内容。绝不光是文学，他的学问早已超越单一的文学一科。特别《管锥编》一书，处理的主要是学术史的问题。他选出来作为研究案例的那些典范著作，《周易》、《毛诗》、《左传》、《史记》、《老子》、《列子》、《焦氏易林》、《楚辞》、《太平广记》、《全上古三代秦汉三国六朝文》，涵盖了传统四部之学的最精要的内容。他丝毫没有轻视作为我国固有学术统领地位的经史之学，而是将其置于先位来加以研究。《诗经》、《易经》均可分称为"六经"之首，《左传》是《春秋》三传中最重要的一传。而《焦氏易林》的列入，则是钱先生的所好，喜其文辞古雅，诗意馥馥。钱先生虽出身中西文

---

① 《管锥编》，三联书店版，第281页。

学，其经史之学的根底岂可限量哉。只不过他解"经"的方法不仅与清儒不同，与昔日的时流亦迥然有别而已。他的"经解"，集部之学并为入室阶梯。

钱先生学问构成的第三脉分的内容，是中国诗学，这是他学问结构中最重要的部分。他喜欢诗，长于写诗，有诗眼，也有诗心。他的精神意象在诗里边存活并得到再生。他的笔触一旦进入中国诗学，他自由得如同水里面的鱼，欢悦而快乐，似乎有无穷无尽对诗学的独得之秘，顷刻化作语言文辞的泉水，重叠交会，喷涌而出。《谈艺录》就是一部关于中国诗学的大著述。还有可与专著相埒的诗论《中国诗与中国画》，以及《诗可以怨》。《通感》其实也是一篇诗学的会通之作。《宋诗选注》虽受到彼时精神环境的限制，未能畅意发抒，被他称为"模糊的铜镜"，但经钱先生手泽润色，自有他人所不及的佳风景。他诗学的义理情愫所钟，是为宋诗，自己为诗也是宋诗的风致。但《谈艺录》论诗，唐宋之别，不以历史时段，而以"体格性分"。对清末同光体诸人，是非得失均看得清爽，不掩善，也不护短。钱之诗论，通贯古今，兼采中西，旁征博引，胜解如云。我未见有另外的诗评家能和钱先生对中国诗学的贡献相比伦。老辈如陈石遗，终因缺少西学根底，不能不让钱一箭之地。杨绛先生也说："他酷爱诗。我国的旧体诗之外，西洋德、意、英、法原文诗他熟读的真不少，诗的意境是他深有体会的。"[①]

他学问构成的第四脉分，是文体修辞学。钱先生无疑是修辞高

[①] 《管锥编》三联书店版杨序，写于1997年。

手,甚或圣手。他的言语文辞的讲究,见于他所有各体著作。丰赡、睿智、幽默的特点充溢字里行间。不妨一读他的散文《人兽鬼》、《写在人生边上》,以及长篇小说《围城》,他的独特的修辞风格,踵武前贤而不袭前贤,迥异时流而无法模仿,开篇即知此为"钱氏体"。《谈艺录》等涉及文评诗话的学理文章写作,《管锥编》所展示的经典诠释系统,都是自家体貌,古今中外的要言妙道齐来登场,共同搬演中国诗学和中国学术的传奇大戏。

钱锺书先生的学问呈现方式,体现了古今文体的兼美。如果是白话,他使用的是典雅的白话,不是通俗的白话。文字里带有诙谐的隐喻和繁富扬厉的比类观照。"典雅的白话",是我的概括语,自认比较确切。如果是文言,他使用的是典雅的文言。至于在什么情况下使用文言,我的理解是,《谈艺录》、《管锥编》有大量原典引用,所引原典都是文言,如果述论者以白话来阐释文言,繁简失序,两不相融,必令文体不相统一。这在常人不成为问题,在钱先生则情非所愿。现在史学界正在组织人写清史,我的老师戴逸先生主持该项目。原来的《清史稿》自然多有舛误,但当时撰写《清史稿》的那些作者,可都是一时之选,譬如赵尔巽等,学问文章相当入流。现在写清史,如果用浅近的白话,只能无限地扩大篇幅,史著的味道,过去二十四史的味道,就没有了。

钱先生撰写《谈艺录》和《管锥编》,以他对文体修辞之道的精熟老到,自然懂得,如果用白话通释文言典藏,无异于在茶水里兑上白开水。他深知不同的研究对象,不同的域区类属,宜乎以不同的文体来加以呈现。而中国的文评诗话,他认为向无定体。《谈艺录》的方式,应归于中国的文评诗话之属,文体上叫"诗文评"。钱先生说过,"文评诗品,本无定体"。陆机的《文赋》是赋体，杜甫的《戏为六绝句》是诗体，郑板桥的《述诗》、潘德舆的《读太白集》、《读子美集》，是词体。钱先生说，"或以赋，或以诗，或以词，皆有月旦藻鉴之用，小说亦未尝不可"。[①]小说也可以用来评文论诗，古典小说如《红楼梦》、《儒林外史》、《镜花缘》，事例多有，而《围城》发抒此道，尤见文体修辞家的法眼机杼。

钱氏修辞典则："说破乏味"

钱锺书先生认为，"遮言为深，表言为浅"[②]。他的修辞典则是："说破乏味。"其实就是含蓄为美。所谓行文典雅，语言使用的诀窍，是为不露，是为含蓄。有人说，钱先生的著作不见义理，光引那么多故书，意欲何为。其实钱著充满了意蕴理趣，到处都是创发的观点和独出的见解，思想的烛光照亮著论全体。如果钱著没有思理意蕴，他就不会拥有那么多读者了。只不过他不喜欢空疏著论，而是善用遮言和隐喻，将理趣意蕴寓于古今典例故事的征引叙述之中。也就是不把问题全都"说破"，点到为止，引而不发，留给读者以三隅反的空间，是为钱氏修辞学的特点。所以他特别提醒："善运不亚善创，初无须词尽己出也。"[③]

钱先生的名言是："不道破以见巧思。"[④]并且引吴文溥《南

---

① 《管锥编》，三联书店版，第1002页。
② 同上，第840页，引《宗镜录》。
③ 同上，第371页。
④ 同上，第2364页。

野堂笔记》里的诗句作为例证:"怕闻桥名郎信断,愁看山影妾身孤。"把西湖的断桥和孤山巧妙地织入诗的语句中,以自然风景映衬人的心情意绪。怕听到"断桥"的桥名,是担心爱恋的对象音书断绝;愁看"孤山",是因为看到孤山的山影,会联想到己身的孤单。钱先生本人的文学写作,何尝不是如此。重峦叠嶂,溪流百转,山穷水复,柳暗花明,文心诗笔,吊诡有术,趣味无穷。《管锥编》卷《焦氏易林》"大有"引晋李颙的《雷赋》云:"审其体势,观其曲折,轻如伐鼓,轰若走辙。"钱先生认为,斯雷鼓之喻,还未能尽"声势之殊相",只有《易林》以声声相续为声声相"逐","活泼连绵,音态不特如轮之转,抑如后浪之趁前浪,兼轮之滚滚与浪之滚滚,钟嵘所谓'几乎一字千金',可以移品。"这段话,"移品"钱氏的文体修辞,虽不中亦不远矣。钱先生又引杜句"青山意不尽,滚滚上牛头",状其"峰峦衔接,弥望无已,如浪花相追逐",以及岑参诗句"连山若波涛,奔凑似朝东",是又将此意境推至无穷。自然也可以"移品"钱锺书先生。以是之故,惟懂得了钱氏的学问方式和修辞典则,才能懂得他学问本身;反之亦复如是,懂得他的学问内涵和理蕴,才能知晓他的不与人同的学问呈现方式和修辞法则。

学者的立身行事,也为钱锺书先生所关注。他有一个信守不移的观念,就是学者最忌出位之思。学问做到一定程度,会明白一个浅显的道理:对自己不了解的问题不应该也不必发言。这其实是学者的自知之明和理性自觉。知不知道对哪些问题自己不具备发言条件,考验一个学人学问的知性程度。《谈艺录》初版于1948年,到八十年代才第一次重印。三十多年的时光,他不是没有机会再行出版此书。1965年,北京和上海的出版社都曾向他提出申请,他一律予以婉拒。1982年重印此书，他道出个中原委："壮悔兹甚，藏拙为幸。"[1]他深谙避世避俗之道。"隐身适成引目之具，自障偏有自彰之效，相反相成，同体歧用"[2]的哲理，为他所深谙。杨绛先生也写过《隐身衣》。但钱锺书不是隐者，他不同于马一浮。马先生是真正的隐士，长期在西湖，住陋巷，不入讲舍。钱先生也不入讲舍，但他有许多青年朋友，对文坛世相的了解出于很多人的想象。我跟钱先生并无接触，但一次他在信中，称我和内子是"文章知己，患难夫妻"。不晓得他是如何知道的不入正传的"野史掌故"，我们夫妇因此非常感念他。钱先生不是隐者，只是"默存"而已。

向钱锺书要什么

探讨钱锺书先生的学问方式，还必须讲几句不能不说的话。就是你想向钱先生要什么？六十年代初，有一本流行的书，是苏联的作家柯切托夫写的，叫《你到底要什么》，一本反思苏俄正统的书。但是它的书名我很感兴趣。对钱先生，也有个到底要什么的问题。本文开始提到的那位说钱先生是杂耍艺人的文章，他要的是钱先生自己不想要更不想做的东西。

钱先生不是革命家，不是政治家，也不是游旋于政学两界的人。你向他要革命，他没有。要政治，他不喜欢谈。要亦学亦政，他反对这种骑墙式的人生状态。他是非常单纯的学者。不应该向他

---

[1] 《谈艺录》引言，中华书局1984年版。
[2] 《管锥编》，三联书店版，第10页。

要这些反其道而行之的东西。你要他出头？参与街头政治？他不愿意那样做。换句话说，他不是梁任公，他不是冯友兰。冯友兰先生的学问当然很好，三十年代的《中国哲学史》，上、下两大册，陈寅恪先生评价很高。抗战时期的"贞元六书"，构建自己的哲学体系，也是开创性的建树。冯友兰的学术成就，没人能够否定。但冯先生一生于学问之外，有不能忘情于政治的一面，所以容易遭受各种訾议。但我不赞成否定这位杰出的大哲学史家，到现在我给学生开书目，他的《中国哲学简史》，还是必读书。

但钱先生不是冯友兰，他没有投身政治活动的激进的经历。他和熊十力也不一样。熊十力是新儒家的领军。我们讲熊十力、马一浮、梁漱溟，是新儒家的三圣。但熊十力早年投身国民革命，参加过起义，行伍出身，学问资历不高，但他的学问成就是一流的。钱先生没有参加过革命，甚至学生运动他也不是很赞成。要知道，他的尊人钱基博老先生，也不赞成学生搞运动。钱穆钱宾四先生，也不赞成年轻学生参政，他们认为学生主要是读好书，积累知识学问以备将来有用于家国，或至少有益于世道人心。陈寅恪先生就是这样的主张。但他不涉身政治，不等于不懂政治，他的信念和信仰非常牢固。如果对政治有看法，也是通过学问的途径来表达，不轻易作出位之思。

钱锺书先生所以养成宁静的不旁骛的治学心态，固然由于对学问本身的如同宿契般的兴趣，还由于他很早就获得了终生不渝的爱情。爱情是一服良好的安定剂。躁动不安的青年时期，让他得到了安宁。八十年代中期，我参加厦门大学的一个研讨会，当时有幸拜望郑朝宗先生。我去拜访他，是由于正在研究钱锺书。我向郑先生提出一个问题：以钱先生的睿智和锋芒无法掩藏的性格，1957年的风雨环境他何以能够平安度过。郑朝宗先生用很大的声音说：那是由于他有杨绛先生。他有了杨绛，觉得什么都有了，何须外求。我认为郑先生讲的是知钱知人生知爱情之言。

古典意味的学术自由主义

关于钱先生的学术成就，除了众多的具体学科门类的学术创获之外，在学术观念上的一大贡献，是打破了中外学问的神秘。他告诉大家，中国的学问没有那么神秘，不像传说的那样遥不可及。有人说钱先生的著作不免有卖弄学问之嫌，我以为是看错了。其实他是把被人神秘化的学问，打破了锦囊，揭开了谜底。他似乎在说，人们奉若神明的那些学问，并没有什么了不起，东西就那么多，难点也可以数出来。我相信他内心有这个东西。另外一点，他虽然不缺少整体把握的能力，但他绝不想构建框架完整的体系。这一点恰好是中国学问的方式。中国的先哲，从不以构建体系为能事。只有少数例外，一个是《文心雕龙》，不能不承认这是一部具有完整的理论体系的著作。这和其作者刘勰受到佛理的影响有关。还有宋代朱熹的哲学，是有一个理学的理论体系的。除此之外，即使古代圣贤，也很难说建立了完整的理论体系。

但不构建体系，不等于乏于辩证思维。《管锥编》开篇"论易之三名"，引皇侃《论语义疏》的自序："一云'伦'者次也，言此书事义相生，首末相次也；二云'伦'者理也，言此书之中蕴含万理也；三云'伦'者纶也，言此书经纶今古也；四云'伦'者轮也，言此书义旨周备，圆转无穷，如车之轮也。"钱先生于此写道："胥征不仅一字能涵多意，抑且数意可以同时并用，'合诸科'于'一言'。"具道吾国语文的特点。然后又说："黑格尔尝鄙薄吾国语文，以为不宜思辩，又自夸德语能冥契道妙，举'奥伏赫变'（Aufheben）为例，以相反两意融会于一字（外文省略——笔者），拉丁文中亦无义蕴深富尔许者（省略同前）。其不知汉语，不必责也。无知而掉以轻心，发为高论，又老师巨子之常态惯技，无足怪也；然而遂使东西海之名理同者如南北海之马牛风，则不得不为承学之士惜之。"①嗣后遍举中西典例进而阐说，于是又言："语出双关，文蕴两意，乃诙谐之惯事，固词章所优为，义理亦有之。"②此论虽为畅述中国语文的思辨功能，也可以理解为钱先生对自己著述体例的理蕴自道。

钱先生还告诉我们，中国的东西不是独得之秘，正如西方有"奥伏赫变"，中国也有相应的理趣。我们中国有的，域外之文化渊深之国度，并不是没有。人类的奇思妙想的智慧结晶，中国人、外国人常常不约而同。所以学术思想上才有"轴心时代"的提出，亦即全世界最早出现第一流思想家的时代，都是在纪元前8世纪到5世纪左右，佛祖释迦牟尼、中国的孔子和老子，古希腊的苏格拉底、柏拉图、亚里士多德，都产生于此一时间段。钱先生的名言是："东海西海，心理攸同；南学北学，道术未裂。"③他的著作里充满了"貌异心同"这样的话。比较文化学所追寻的，归根结底是尚同。人类的相同点远远多于不同之处。持续在那里讲不同，互相标异，就要打架了。追求同，可以使人类走向和解。主张尚同，

---

① 《管锥编》，三联书店版，第4页。
② 同上，第7页。
③ 《谈艺录》序。

能把学问做大。标异的学问，是小家气的学问。钱先生没有观念预设，因此没有预设的观念和方法的框框，秉持的是一种带有古典意味的学术自由主义。这是我研究钱先生提出的一个概念，叫"带有古典意味的学术自由主义"。他是学术自由主义，他的思想极端自由，文体极端自由，表达极端自由。但他是典雅的古典自由主义，或云具有古典意味的学术自由主义。

陈寅恪先生相信可以重构历史的真相，但是钱锺书先生认为，写自己个人的历史，都难以复原历史的本真，因此他不相信任何一种回忆录。陈寅恪认为历史真相可以重构，不是徒托空言，而是有他的学术实践。他的《柳如是别传》，就把钱（牧斋）、柳（如是）和柳（如是）、陈（子龙）的交错复杂的关系，复原重构得如同回到历史的现场。陈的考证，做到了他自己提出的需要有艺术家欣赏古代绘画雕刻之眼光和精神。钱先生当然也具备这样的眼光和精神，他本人就是充满想象力的艺术家，但是他与陈寅恪先生的看法有异。有人说钱先生对家国世事人生关怀不够。这里举一个例子，即他在阐释《左传》的时候，引用《左传》昭公十年，"可以无学，无学不害"，这是在说什么呢？另外他引《老子》六十五章："古之善为道者，非以明民，将以愚之，民之难治，以其智多。"又引《论语》"民可使由之，不可使知之"，郑玄注所引《春秋繁露》"民，瞑也"。更引宋晁说之《嵩山文集》卷十三《儒言》里的话："秦焚诗书，坑学士，欲愚其民，自谓其术善矣。盖后世又有善焉者。其于诗书则自为一说，以授学者，观其向背而宠辱之，因以尊其所能而增其气焰，因其党与而世其名位，使才者颟而拙，智者固而愚矣。"①钱先生说，此晁之论，是为反对王安石的"新学"而发。这些考论阐证究系何义，世不乏善读钱书者，自当通解真切，无待我言。

钱锺书与陈寅恪的异同

吴宓三十年代初在清华园，一次谈起学问人才，说年龄大一些的要数陈寅恪，年轻的首推钱锺书。陈、钱都是有识人慧眼的吴雨僧所欣赏的人物。陈生于1890年，钱生于1910年，相差二十岁。陈、钱并非齐名，但常为人所并提。并提是缘于学，而忘记岁年。

陈、钱为学的共同特点，一是都精通多种文字。过去研究者说陈寅恪懂二十几种文字，后来汪荣祖先生分析，认为大概有十六七种左右。陈掌握外域文字的独异处，是通晓一些稀有文字，如蒙文、藏文、巴利文、西夏文、突厥文等。他研习蒙文和藏文，是为了读佛经。不了解蒙、藏文，对佛经的原典不能有真切的了解。后来他在清华任教的时候，仍然每礼拜进城向钢和泰学习梵文。钱先生也懂多种文字，包括英、法、德、意、西班牙等国文字，还有梵文。他的懂，是通晓无碍，使用熟练，可写可说。杨绛先生整理的《钱锺书手稿集》，三大厚册，两千五百多页，经由商务印书馆于2003年出版。里面的读书笔记，很多都是各种文字交互使用。其次是，他们都具有惊人的记忆力，读书广博，中西典籍，过目不忘。此两点可以证明，陈、钱都是学问天才。第三，他们都出身于名门，得益于家学传统。陈的祖父陈宝箴、父尊陈三立，是晚清学殖

---

① 《管锥编》，三联书店版，第386—387页。

深厚的名宦，吏能和诗文为当时胜流所称道。钱的尊人钱基博子泉先生，是风清学厚的国学大师。强为区分，则陈寅老的出身，不独名门亦为高门。

不同之处是，陈的学问，直承乾嘉，钱则受外域学术的影响比较深在。我们在陈寅恪的著作中，很少看到西方学术观念和方法的直接使用。可是又不能不承认，陈的西学训练非常之好。他在德国学习研究的时间最长，很多人说他受到德国史学家兰克的影响。我有一次在德国，特别就这个问题向几位研究德国史学的教授请教，他们说没有看到具体证据。只是相信陈的史学考证，可能是受了当时欧洲实证主义史学思潮的影响，特别是兰克史学。钱锺书先生不同，他的著作融中外于一炉，大量直接引用各种西方典籍。他是把中外学问一体看待的，用不同的文字阐释不同问题的相同理念。如果不把钱的学问方式，称作比较文学或比较文化学研究，用他自己喜欢的说法，应该是求得中外学问的打通。

陈寅恪先生跟钱锺书先生为学的不同，主要在科业门类的专攻方面。陈的专业根基在史学，钱的专业根基在文学和诗学。但他们都是通儒，在打通文史、贯通中西这点上，是相同的。陈的方法是用诗文来证史，文史兼考，交互贯通。钱的方法是打通文史，中西会通。只有在极特殊的情况下，需要细读深思，才可能发现，陈的著作中不是没有西学的痕迹。譬如他给冯友兰的《中国哲学史》写的审查报告，中间使用了"结构"一词。这个概念百分之百是西方的。陈先生不慎露出了一点西学的马脚。陈先生还有几篇涉及比较语言学的文章，使用了西方的学理概念。他对比较语言学情有独钟，尤其在与刘文典论国文试题的信里，谈得集中。傅斯年当年在中研院建立历史语言研究所，跟陈有一定关系，他们都受到德国比较语言学的影响。现在台湾"中研院"的历史语言研究所，名称一直没有改变。张光直先生担任"中研院"副院长的时候，曾经考虑，索性将历史语言研究所一分为三，语言的归语言，历史的归历史，考古的归考古。当时我恰好在那里访学，他请我在史语所讲陈寅恪。我特别讲到，我顺便提个建议，史语所的名称似乎不应该改。张先生当时在场。后来他私下跟我说，你的想法可能"获胜"，因为史语所很多老人都不同意改。

陈寅恪先生的著作里，西学的影响不轻易流露。钱先生的著作则融中西理论典例于一炉，处处引用，一再引用，引得不亦乐乎。我们作为晚生后学，读他们的书，感到是一种难得的享受。我读钱先生书，四个字：忍俊不禁。学理，是严肃的；学问方式，是调皮的、幽默的。读得一个人老想窃笑。读陈的书，也有叫我窃笑的时候，他考证到佳绝处，直接走出来与古人调侃对话。

陈的《柳如是别传》，把柳如是和陈子龙的爱情，钱谦益和柳如是的婚姻爱情，写得极其细致入微，当事人的爱情心理都写出来了。钱柳半野堂初晤后，互有赠诗，且钱牧斋已为柳修筑新屋。此时，曾"追陪"柳如是不离不舍的嘉定诗老程孟阳来到钱府，钱柳当时之关系他无所知闻，显然处境相当尴尬。强颜和诗钱柳，诗题作《半野堂喜值柳如是，用牧翁韵奉赠》。寅恪先生考证，诗题的"喜"字系钱牧斋所加。然后发为论议写道："虽在牧斋为喜，恐在松圆（程号松圆——笔者注）转为悲矣。"① 又此前《别传》亦曾考证，程氏尝往吊追逐柳如是最力的谢象三的已过时的母丧，目的是希望得到谢的周济。因

---

① 《柳如是别传》，三联书店版，第529页。

明末的一些"山人",寅老说,都难免有此种德性。行笔至此,寅恪先生下断语曰:"益信松圆谋身之拙,河东君害人之深也。"①史家的职司,文学的能事;文学的职司,史家的能事,陈、钱两大师悉皆具备。

钱陈辨华夷

不妨举几宗中国史上的典型学案,以见陈、钱诠解的异同。陈寅恪学术思想的一项重要内容,是关于种族与文化的学说。这是他学术思想里面的一个核心义旨。他认为文化高于种族。所谓胡化和华化的问题,是文化的问题,不是种族的问题。他的《隋唐制度渊源略论稿》和《唐代政治史述论稿》两书,以很多考证来辨明此义。晚年写《柳如是别传》,又特别标明,当年他引用圣人"有教无类"之义,来阐释文化与种族的关系。"类"即种族,"教"是文化。"有教无类",即是文化高于种族之意②。这是他贯彻一生的学术理念。

这个理念的重要性在于,它至今不过时,今天仍然有现实的和现代的意义。如果我们了解陈寅恪的这一学说,就会知道前些年哈佛大学亨廷顿教授的"文明冲突论"不过是一隅之词。亨廷顿说,冷战后的世界,文明的冲突占主要地位,西方文化跟伊斯兰的冲突,跟儒教文明的冲突,将成为左右世界格局的动因。他只看到了文化的冲突,没有看到文化的融合和人类文化追求的尚同。他不了

---

① 《柳如是别传》,三联书店版,第233页。
② 参见拙著《陈寅恪的学说》,三联书店2014年版,第82—109页。

解大史学家陈寅恪的著作，自然不懂得文化高于种族的道理。

但我这里传递一个学术信息，钱锺书先生也如是说。他说华夷之辨在历史上没有确指，其断限在于礼教，而不单指种族。例证是汉人自称华，称鲜卑是胡虏；可是魏的鲜卑也自称华，而说柔然是夷虏。后来南宋人称金是夷狄，金称蒙古是夷狄，金自己也是夷狄。钱先生的引证很多是陈先生引用过的。但我相信钱先生一定是自己看到的材料，而不是使用陈的材料。他们是不约而冥合，读书广博，取证雷同。《北齐书》的《杜弼传》，记载高祖对杜弼说，"江东复有一吴儿老翁萧衍者，专事衣冠礼乐，中原士大夫望之以为正朔所在"。钱先生说，这是"口有憾，而心实慕之"。① 这是钱先生的解释。同样这个例子，陈寅恪先生的称引不止一次，此为陈的说史常谈。

钱先生引《全唐文》卷六百八十六皇甫湜的《东晋元魏正闰论》一文，其中谓："所以为中国者，礼义也；所谓夷狄者，无礼义也。岂系于地哉？杞用夷礼，杞即夷矣；子居九夷，夷不陋矣。"② 显然具有更直接的说服力。然后钱先生又引《全唐文》卷七百六十七陈黯的《华心》一文："以地言之，则有华夷也。以教言，亦有华夷乎？夫华夷者，辨在乎心，辨心在察其趣向。有生于中州而行戾乎礼义，是形华而心夷也；生于夷域而行合乎礼义，是形夷而心华也。"③ 钱后来对此节作增订，又引元稹《新题乐府·缚戎人》："自古此冤应未有，汉心汉语吐蕃

---

① 《管锥编》，三联书店版，第2310页。
② 同上，第2311页。
③ 同上。

身。"钱先生说这是汉人"没落蕃中"者。不是由于地域，而是由于文化。钱并标出英文为注，写道："华夷非族类(ethnos)之殊，而亦礼教(ethos)之辨。"①

陈、钱在华夷之辨问题上，机杼相同，理路相同，结论相同。但我发现，钱先生的引证，增加了许多文学方面的资料。陈先生在华夷之辨问题上，在种族与文化的引证中，虽也引证元稹和白居易的诗作，但主要是新旧两《唐书》和其他史籍的材料，这是由于他们为学的专业类分各有专攻也。

陈、钱的文体论

陈、钱的学问里面，都包含有文体论的内容。他们对文体的重视是惊人的，此点大大异于其他人文学者。但陈、钱文体论的侧重点虽有不同，都是文体革新派则一。他们都主张文无定体，不拘一格，力倡文体革新。钱先生在《谈艺录》里对韩愈的"以文为诗"，给予肯定，并引申为说："文章之革故鼎新，道无他，曰以不文为文，以文为诗而已。"②升华了文章学和诗学的理论容度。陈先生论韩柳与古文运动，对韩愈的"以文为诗"更是大加称赏。他说："退之之古文乃用先秦、两汉之文体，改作唐代当时民间流行之小说，欲藉之一扫腐化僵化不适用于人生之骈体文，作此尝试而能成功者，故名虽复古，实则通今，在当时为最便宣传，甚合实

---

① 《管锥编》，三联书店版，第2311页。
② 《谈艺录》，中华书局1984年版，第29—30页。

际之文体也。"①对韩愈的评价比钱还高。

陈的《论韩愈》写于五十年代初,发表于《历史研究》,钱肯定会看到此文。有意思的是,钱先生也一直有写一篇专论韩愈的文章的打算(杨绛《钱锺书手稿集》序,商务印书馆,2003年,卷首),可惜未及动笔而斯人已逝,真是遗憾之至。否则陈、钱两大家共论"文起八代之衰"的文雄韩愈,各出以巨文,该是何等好看。

对野史小说可否考史的问题,陈、钱的看法约略相同。陈在此一方面持论甚坚,其《顺宗实录与续玄怪录》一文,可为力证。他说:"通论吾国史料,大抵私家纂述易流于诬妄,而官修之书,其病又在多所讳饰,考史事之本末者,苟能于官书及私著等量齐观,详辨而慎取之,则庶几得其真相,而无诬讳之失矣。"②陈著显示,以野史小说来补充正史的不足,是陈先生的史家之能事。钱先生涉及此一问题,他引用司马光《传家集》卷六十三《答范梦得》的说法:"实录正史未必皆可据,野史小说未必皆无凭。"盖其撰《资治通鉴》,即曾采及野史小说。钱先生因此写道:"夫稗史小说,野语街谈,即未可凭以考信人事,亦每足据以觇人情而征人心,又光未申之义也。"③此可见钱、陈虽都重视野史小说的作用,陈用来直接考史,钱则认为考信人事未必可据,但可以见出当时的人情和人心。

关于不同作者的著作和作品,有时会出现相似甚或相同的见解和论述,对此一问题如何看待,钱、陈有不约而同的胜解。艺苑文

---

① 陈寅恪:《论韩愈》,《金明馆丛稿初编》,三联书店版,第329—330页。
② 《金明馆丛稿二编》,三联书店版,第81页。
③ 《管锥编》,三联书店版,第443页。

坛，著作之林，不同的作者居身不同地域，彼此互不通问，但写出来的文章或著作，义旨和结论竟然相似或相同。这种现象如何寻解？是否可径以抄袭目之？陈寅恪先生在《论再生缘》一书中，专门讨论了这个问题。他以他本人和陈垣先生都曾撰文考证杨贵妃入道的时间，而结论不谋而合，以此例来说明发生此种现象的原因。他写道："抗日战争之际，陈垣先生留居京师，主讲辅仁大学。寅恪则旅寄昆明，任教西南联合大学。各撰论文，考杨妃入道年月。是时烽火连天，互不通问，然其结论则不谋而合，实以同用一材料，应有同一之结论，吾两人俱无抄袭之嫌疑也。"[1]钱先生对此一问题也有类似看法。他在考论《太平广记》一书时，对多种典籍都曾使用以"鼋鼍为津梁"的典故，是不是存在彼此抄袭仿效的问题，给出了他的论断："造境既同，因势生情，遂复肖似，未必有意踵事相师。"[2]钱、陈对此一现象，得出了异地异时而同的结论，足可成为学界佳话，而不必怀疑他们是有意"踵事相师"。

附　语

陈、钱比论粗毕，兹有一事，向读者交代。即钱、陈论学的文字风格是截然不同的。陈1969年离世，显然无缘一睹钱的《管锥编》。《谈艺录》1948年印行于上海，据说陈看过，有好评。陈如何评价钱锺书先生，我们无缘得知。但陈的著作，钱肯定是读过的。如前所说，钱应该读过陈的《论韩愈》。还有《柳如是别

---

[1] 《论再生缘》，三联书店版，第87页。
[2] 《管锥编》，三联书店版，第999页。

传》，钱先生肯定也读过。不过钱对《别传》的著作体式和文辞，似颇不以为然。钱先生在与汪荣祖先生晤面或通信中，流露过这方面的看法。

我对此有一旁证。八十年代末、九十年代初，我和钱先生有通信，他总是有信必复，致使我不敢接写第二封，怕劳烦他再写回函。只有一次，我寄1990年第三期《中国文化》给他，他没有回示。因此期刊有我写的《陈寅恪撰写〈柳如是别传〉的学术精神和文化意蕴及文体意义》，文长两万余字，是为第一次系统阐释《别传》的文章。照说钱先生当时会目验此文，并有便笺给我。结果几周过去，声息全无。我意识到，钱先生可能不赞同我的论说。后来汪荣祖兄告以钱对《别传》的态度，始证实我当时的感觉不误。

然我对《柳如是别传》的评价，至今没有变化。反而越研究越知其旨趣不同寻常。就以诗文证史的方法使用和创获而言，此著可谓陈寅恪先生的学术制高点。而就陈先生说诗治史的学术历程来说，《别传》不啻为陈著的最高峰。但这丝毫不影响我对陈、钱这两座现代学术的高峰，经长期研究而秉持的情感价值和学理价值的认同与坚守。

时在甲午腊月二十（西历2015年2月8日）晚九时写讫于东塾

（载2015年4月29日、5月27日《中华读书报》）

熊十力和马一浮

一 熊十力的《心书》

熊十力字子真,一八八五年生于湖北黄冈县,几乎没有上过学,只跟父亲及另一乡塾先生就读一极短时间。但他失学而未"废学",即使为邻人放牧,也以苦读为乐,且童幼之年,已有民族思想。一次看戏,见汉唐装好看,问现在何以不穿这样的衣服,父亲告诉他缘故。他问:"胡人与汉人孰多?"当得知汉人多后,他说:"奈何以多制于少?"[①]待到十六七岁时,因读陈白沙书而大悟:"忽起无限兴奋,恍如身跃虚空,神游八极,其惊喜若狂,无可言拟。当时顿悟血气之躯非我也,只此心此理方是真我。"[②]其于中国传统学问,如有夙契焉。

一九〇一至一九一三年,他过了一段长时间的军旅生涯,曾追随辛亥首义的队伍,胜利后以"天上地下,唯我独尊"八字,表达自己的豪迈心境。但民元革命后的乱局,使得他陷于苦闷,于是"誓绝世缘,而为求己之学"。他比梁漱溟大八岁,当梁在北

[①] 《十力语要·王汉传》,《熊十力全集》第四卷,湖北教育出版社2001年版,第154页。

[②] 《十力语要初续·陈白沙先生纪念》,《熊十力全集》第五卷,湖北教育出版社2001年版,第279—280页。

京大学讲授《东西文化及其哲学》的时候，他正在撰写《唯识学概论》。而在此前，已有《心书》印行，蔡元培为之序。蔡序写道："余开缄读之，愈以知熊子之所得者至深且远，而非时流之逐于物欲者比也。"[①] 又说："自改革以还，纲维既决，而神奸之窃弄政柄者，又复挟其利禄威刑之具，投人类之劣根性以煽诱之，于是乎廉耻道丧，而人禽遂几于杂糅。昔者顾亭林先生推原五胡之乱，归狱于魏操之提奖污行，而今乃十百千万其魏操焉，其流毒宁有穷期耶？呜呼！'履霜坚冰至'，是真人心世道之殷忧矣。"[②] 蔡的《心书序》对晚清以还之社会文化背景所作之说明，实际上也就是新儒家产生之具体历史背景。而《序》中极称熊十力为积学笃行之士，这反映蔡先生衡文品人的识见。

一九二二年经由梁漱溟的推荐，熊被聘为北大"特约讲师"。梁、熊的相识到相契，堪称佳话。《心书》系熊十力一九一六至一九一八年间所作的读书杂记，其中有的刊载于梁启超主编的《庸言》杂志，而涉及佛学的文字，曾受到梁漱溟的批评。后熊于一九一八年到天津南开中学教书，第二年写信给梁，说梁对他的批评有一定道理，希望去京面商。于是一九一九年暑假期间两人在北京的广济寺见了面，交谈极洽，从此订交。一九二〇年，梁漱溟把熊十力介绍给南京内学院的欧阳竟无大师，使熊有了近三年的专门研习佛学的机会。所以在北大他讲的是"唯识学概论"。论者或谓，熊之学，始则"由儒入佛"，即指此一层而言。不过他的学佛，主要是学术兴趣，而非宗教信仰。

---

① 蔡元培：《熊子真〈心书〉序》，《蔡元培全集》第三卷，浙江教育出版社1997年版，第462页。
② 同上。

他的佛学造诣成了他哲学的筋脉。一九三二年，熊十力的文言本《新唯识论》出版，对正统的佛教唯识学持严厉地检讨与批评的态度，这标志着他又"从佛返归于儒"。

二 熊十力与《新唯识论》

当年佛祖释迦牟尼感叹生死无常而创言佛法，后因地域背景和社会状况及述者纷纭而部派林立。上座部、大众部，小乘、大乘，有部、新有部、经部、正量部等，不一而足，大乘之外据说就有"十八部"之称；造论则或"有"或"空"，多所取义。大乘学说的创始人龙树（活动的年代约为公元三世纪）的著作中已出现往唯识方面变化的迹象，但真正建立起唯识学说的，是公元五世纪的无著和世亲兄弟二人。弥勒的包括《瑜伽师地论》在内的五部书[①]，就是他们所传。无著和世亲的著作很多，其中的八部后来成为瑜伽行学派的经典[②]。他们同时或其后，传承此一学派的有十家，即护法、德慧、安慧、亲胜、难陀、净月、火辨、胜友、胜子、智月，就中尤以护

[①] 弥勒的五部书为：（一）《瑜伽师地论》、（二）《分别瑜伽论》、（三）《分别中边论》、（四）《大乘庄严经论》、（五）《金刚般若论》。五部书均为弥勒说，无著和世亲为之注释，其中以《瑜伽师地论》最为重要。关于弥勒其人，佛学界有不同的解说，有的说弥勒不是一个实在的人，而是住在兜率天内即将成佛的菩萨；另则是日本学者的说法，即认为弥勒应该有两个，一个是传说中的神，另还有一个同名的实际人物。参见吕澂《印度佛学源流略讲》，《吕澂佛学论著选集》第四册，齐鲁书社1991年版，第2200—2201页。

[②] 无著、世亲的著作，与瑜伽学派有直接关系的共有八部，后来称为"无著八支"，包括《二十唯识论》、《三十唯识论》、《摄大乘论》、《大乘阿毗达磨集论》、《辨中边论》、《缘起论》、《大庄严经论》、《成业论》。参见吕澂《印度佛学源流略讲》，《吕澂佛学论著选集》第四册，齐鲁书社1991年版，2202—2203页。亦可参阅王世安译英人渥德尔《印度佛教史》第十一章，商务印书馆1987年版。

法和安慧声闻最著。也有记载称安慧和陈那、德光、解脱军为世亲后的四大家①。他们虽然彼此的观点互有异同，而且有唯识"古学"和唯识"今学"以及"无相唯识说"和"有相唯识说"的分别，但他们都宗奉唯识之学说，应无疑义。所谓唯识的识，其实就是人的主体对对象的认识，它的基本命题是"唯识无境"，也就是"一切法不离识故"。史载护法是陈那的弟子，属唯识今学一派。护法的弟子为戒贤，而戒贤者，乃我玄奘的老师。玄奘编译的《成唯识论》，就是以护法的《三十唯识论释》为基底，又吸收其他九家的注释编纂而成。

但玄奘之后，大乘唯识之学虽经窥基等张大其说，终因没有参与到佛教本土化的过程中来，实际上未能连贯传衍。诚如陈寅恪所说："佛教学说，能于吾国思想史上，发生重大久远之影响者，皆经国人吸收改造之过程。其忠实输入不改本来面貌者，若玄奘唯识之学，虽震动一时之人心，而卒归于消沉歇绝。"②这种情况直到清朝末造始有所改变，主要由于石埭杨仁山经由日本僧人南条文雄的帮助，从日本得到各种佛书三百余种，其中包括玄奘翻译的全本《瑜伽师地论》以及窥基的《成唯识论述记》，并在南京设立金陵刻经处，为重建唯识之学奠定了根基。特别是杨的弟子欧阳竟无大师是法相唯识学的宗奉者，其影响熊十力等人也最大。

盖晚清西潮汹涌，影响学术界之方法论者莫过于实证论。而我中华学术，向乏思辨之传统，唯有佛学之唯识一派，思辨程度甚

---

① 参见吕澂《印度佛学源流略讲》，《吕澂佛学论著选集》第四册，第2218—2220页。
② 陈寅恪：《冯友兰〈中国哲学史〉下册审查报告》，《金明馆丛稿二编》，上海古籍出版社1980年版，第251页。

高，可作为与西哲对话的逻辑基础。这应该是晚清唯识之学力谋重振的一个原因。熊十力于此最具理性的自觉，他的《新唯识论》就是为此一目的而写。他不满意唯识旧师的理论，欲平章华梵、融会儒释，归本于大《易》流行，建立一体用不二的哲学体系。为此继文言本之后，又于一九四〇年出版了语体文本《新唯识论》，从而完成了他的儒佛杂糅的哲学体系。而到一九五四年撰写《原儒》，他的从中国传统出发的哲学体系臻于完善。

那么熊十力的《新唯识论》与无著、世亲、陈那、护法、玄奘、窥基等唯识旧师的区别在哪里呢？

论者对此有各种各样的说法，也有称其所建之体系破绽百出、佛儒两失者[①]。我们且看他自己如何评论。他说："《新唯识论》一书，站在本体论底领域内，直探大乘空宗骨髓，而以方便立论者也。盖空宗善巧，虽复无量义门，而以要言之，则'诸行无常'一语，是其秘密意趣。诸行者，所谓色行心行是。俗所谓宇宙者，即此色心两方面的现象，意即所谓现象界也。世间或执有实心，或执有实物，或计有非心非物的实法，要亦是变相的心或物。总之不外计着有个宇宙，又进而推穷一个客观独存的实法，说为宇宙本体。或云实体。大乘空宗诸师，根本不见有所谓宇宙，不见有所谓现象界，却又不妨随顺世俗，而说色说心。但因凡夫执有实色实心，即执有实宇宙，执有实现象界，成大迷妄，颠倒愚痴。故乃呵破其

---

① 此可参见朱世龙的《评熊十力哲学》一文，载《熊十力全集》"附卷"上，湖北教育出版社2001年版，第283—333页。文中有"他意志坚，自信强，力求标新立异，有所自显；对于缘生性空，运用过于泛滥，对于生生不息，层次安排有误，乃导致其哲学上根本的失败。他本欲融会儒佛，结果两俱失之"云云（284页）。

执，而说色无常，说心无常。色法刹那才生即灭，无有暂住时故，是无常相；心法刹那才起即灭，无有暂住时故，是无常相。"①这是说按照《新唯识论》的观点，"色法"和"心法"均为"无常相"，也就是"诸行无常"，而对宇宙之本体性质则给予认定。在这点上熊之体系与大乘的空宗完全区别开来。

而在另一处熊十力说得更加明白，直接标出他的体系与唯识旧师的两点重大不同。他写道：

> 佛家哲学思想无论若何深广，要之，始终不稍变其宗教的根本观念，即为生死发心，而归趣出世的观念。此是佛家宗旨，万不可不认明者。新论则为纯粹的人生主义，而姑置宗教的出世观念于不议不论之列，此其根本不同者一。佛家本师释迦，其思想最精者，莫如十二缘生之说，此在阿含可见。是其为说，固属人生论之范围，及后来大小乘诸师则始进而参究宇宙论，尤其本体论。旧著《破破论》（《破破新唯识论》之省称，他仿此。）述此变迁概略，颇为扼要。至于大乘空宗直下明空，妙显本体。有宗至唯识之论出，虽主即用显体，然其谈用，则八识种现，是谓能变。现行八识各各种子，皆为能变。现行八识各各自体分，亦皆为能变。是谓生灭。其谈本体，即所谓真如，则是不变，是不生不灭，颇有体用截成二片之嫌。即其为说，似于变动与生灭的宇宙之背后，别有不变不动不生不灭的实法，叫做本体。吾夙致疑乎此，潜思十余年，而后悟即体即用，即流行即主宰，

---

① 《十力论学语辑略》，《熊十力全集》第二卷，湖北教育出版社2001年版，第252页。

即现象即真实，即变即不变，即动即不动，即生灭即不生灭。是故即体而言，用在体；即用而言，体在用。此其根本不同者二。[①]

其实说到底，《新唯识论》和唯识旧师的区别，主要是熊所建立的哲学体系具有新儒学的种种特征，而不是一个佛学的体系。所以熊自己先在信仰上给以分别，指出他的体系为"纯粹的人生主义"，而不涉及宗教的出世观念。再就是对本体的看法大相径庭。他的哲学本体是心本体，亦即宇宙本体。这点上颇与陆、王心学相像。因此王阳明游南镇的故事，深得熊的激赏。阳明《语录》载："先生游南镇，一友指岩中花树问曰：'天下无心外之物，如此花树，在深山中自开自落，于我心亦何相关？'先生曰：'你未看此花时，此花与汝心同归于寂。你来看此花时，则此花颜色一时明白起来。便知此花不在你的心外。'"[②]《新唯识论》在引录这一典故之后，盛赞阳明持说精到，而质疑于唯识旧师，认为世亲的《二十颂论》"颇近诡辩"[③]。

熊十力对唯识旧师的批评是严厉的，包括批评窥基"以妄识认为真心"是"认贼作子"的大胆措辞，自必引起南京内学院师门的不满。故《新唯识论》发表之当年，南京内学院的刘定权（衡如）就在《内学》杂志上发表长篇驳难文章，题目为《破新唯识论》，痛

---

① 《十力论学语辑略》，《熊十力全集》第二卷，湖北教育出版社2001年版，第274页。
② 《王阳明全集》上册（卷三"语录三"），上海古籍出版社1992年版，第107—108页。
③ 熊十力：《新唯识论》（文言文本），《熊十力全集》第二卷，湖北教育出版社2001年版，第24页。

陈熊的"谤佛逞妄"之过①，而欧阳大师为之序，加入到讨伐熊的行列中来，写道：

> 三年之丧，不肖者仰而及，贤者俯而就，此圣言量之所以须要也，方便之所以为究竟也。心精飚举，驰骋风云，岂不逞快一时。而堤决垣逾，滔天靡极，遂使乳臭牖窥，惟非尧舜薄汤武是事，大道绝径，谁之咎欤？六十年来阅人多矣，愈聪明者愈逞才智，愈弃道远，过犹不及，贤者昧之。而过之至于灭弃圣言者，为子真为尤。衡如驳之甚是，应降心猛醒以相从。割舌之诚证明得定，执见之舍皆大涅槃。呜呼子真，其犹在古人后哉。欧阳渐民国二十一年十二月。②

欧阳大师对熊十力的批评，毋庸说也是严厉的，至有"乳臭牖窥"的轻蔑字样。太虚大师也在一九三三年一月的《海潮音》上刊出《略评新唯识论》的文章，肯定刘（衡如）"破之固当"，但对其文中称《起信论》为"伪书"表示不满，责怪欧阳之序"有知人之智

---

① 刘定权的《破新唯识论》刊于一九三二年十二月出版的第六期《内学》杂志，其中写道："今熊君挟私逞妄，于净位中不许有四，是其自待已贤于释迦矣。"又批评说："熊君书中又杂引《易》、《老》、《庄》、宋明诸儒之语，虽未显标为宗，迹其义趣，于彼尤近。若诚如是，则熊君之过矣。彼盖杂取中土儒道两家之义，又旁采印度外道之谈，悬揣佛法，臆当亦尔。遂摭拾唯识师义，用庄严其说，自如凿枘之不相入。于是顺者取之，违者弃之，匪唯弃之，又复诋之，遂使无著、世亲、护法于千载之后，遭意外之谤，不亦过乎？且淆乱是非，任意雌黄，今世之有志斯学者，莫别真似，靡有依归，是尤不可不辨。"参见《熊十力全集》"附卷"上，湖北教育出版社2001年版，第4—5页。
② 欧阳渐：《破新唯识论》序言，《熊十力全集》"附卷"上，湖北教育出版社2001年版，第3页。

而无自知之明"①，则又反映出现代佛学内部传统唯识论与法相唯识论之间的矛盾。

熊十力针对刘的批评，写了《破破新唯识论》一书，于一九三三年二月出版。

后来欧阳的另一弟子吕澂也对《新唯识论》持批评态度，与熊作了长时间的往来书信的讨论②。吕对熊的批评也是毫不留情面，如复函第一说熊"完全从性觉（与性寂相反）立说，与中土一切伪经、伪论同一鼻孔出气，安得据以衡量佛法？"复函二则竟称熊论为"时文滥调"。综观两方之驳难，熊似处于守势。盖吕秋逸先生精通梵文经典，就对原始资料的掌握而言，熊子真先生自不是对手。但熊之为文一本真诚，亦有感人处，如认为此次论争带有佛学与哲

---

① 太虚在《略评新唯识论》的附识中写道："作《略评〈新唯识论〉》旬有余日，获阅刘君定权之《破新唯识论》，破之固当矣。欧阳居士序之，深致慨熊君十力之毁弃圣言量。然履霜坚冰至，其由来者渐。夫《起信》与《楞严》等，殆为中国佛教唐以来相承之最高圣言，居士虽未获融贯会通，而判为'引小入大之不了义'说，犹未失为方便；乃其门人王君等，拨而外之，居士阴许而不呵止。殊不知即此便开毁弃圣言之渐。迫令千百年来相承《起信》、《楞严》学者，亦敢为遮拨法相《唯识》，仿佛《中论》，依傍禅录，奚为瞽僧狂士，攻讦窥基、护法而侵及世亲、无著。今刘君犹曰'除《起信论》伪书外'，居士亦未拣除，徒责熊君之弃圣言，所谓'有知人之智而无自知之明'欤！二十二年一月九日太虚附识。"参见《熊十力全集》"附卷"上，湖北教育出版社2001年版，第47页。按欧阳、太虚同出金陵刻经处杨仁山门下，因对法相唯识之学看法不同，遂有不同之佛学取径，彼此关系形同冰炭。此处太虚一方面辟熊十力，肯定刘定权之《破新唯识论》，一方面亦连及刘氏之师欧阳竟无，愈见围绕《新唯识论》的论辩葛藤勾连而富有滋味者也。

② 吕与熊十力讨论唯识学问题，是在一九四三年，来往共十六封函稿，熊来函为九封，时间分别为一九四三年三月十日、十六日，四月七日、十七日、十八日，五月二十一日，六月三日、二十一日，七月十九日；吕复函七封，时间分别为一九四三年四月二日、十二日、十三日、二十二日，五月二十五日，六月十二日，七月二日。人民出版社一九八四年出版的《中国哲学》第十一辑刊载了这些信函，并附熊十力《与梁漱溟论宜黄大师》一文，总共十七篇文字。请参见《中国哲学》第十一辑，人民出版社1984年版，第169—199页。

学之争的色彩亦不无道理。

三 马一浮的学问境界

对熊十力的《新唯识论》给予高度褒扬的是马一浮。

马一浮原籍浙江绍兴,一八八三年生于四川成都,名浮,一浮是他的字。他出生时候,他父亲马廷培正在四川仁寿县做县官。但马一浮五岁时,他父亲因奔母丧,也由于看到官场的腐败,便自动弃官离职,携妻儿回到绍兴长塘乡老家。马一浮早慧,四岁就学,八岁能诗,九岁能诵《楚辞》、《文选》。十岁时即口诵《菊花诗》:"我爱陶元亮,东篱采菊花。枝枝傲霜雪,瓣瓣生云霞。本是仙人种,移来高士家。晨餐秋更洁,不必羡胡麻。"使他的母亲感到不祥[①]。父亲为了儿子的成长,请来乡里非常有声望的举人当家庭教师,但没过多久,请来的先生就辞馆了,原因是弟子才智过人,自感不能胜任。一八九八年农历十一月,十五岁的马一浮参加绍兴举行的县试,他考中第一名,同考者有周树人(鲁迅)、周作人昆仲,分别为三佥三十七名和十佥三十四名。后来出任民国时期浙江省第一任都督及交通总长的汤寿潜,因此看中了马一浮的才华,以长女妻之,结婚时马一浮十七岁,汤女(名仪、字润生)十八岁,夫妻情感甚笃。但仅两年又七个月,汤仪就不幸去世了,马从此终生未娶。

---

① 马一浮在《示弥甥慰长、镜涵》中讲述十岁口诵《菊花诗》的故事,写道:"先妣色喜曰:儿长大当能诗。此诗虽有稚气,颇似不食人间烟火语。菊之为物,如高人逸士,虽有文采,而生于秋晚,不遇春夏之气。汝将来或不患无文,但少福泽耳。"参见《马一浮集》第二册,浙江古籍出版社和浙江教育出版社1996年版,第178—179页。

一九〇三年，马一浮被遴选为清政府驻美使馆留学生监督公署的秘书，他到美国以后，使他有机会接触西方的文化，读了许多西方人文与社会科学方面的书籍，还在一个偶然的机会搜求到了英译本《资本论》。他在一九〇四年三月十七日的日记中写道："下午得英译本马格士《资本论》一册，此书求之半年矣，今始得之，大快，大快！胜服仙药十剂，予病若失矣。"[1]可见马一浮当时接受新思潮的热情。旅美期间他也曾赴欧洲游历，在日本还停留过半年。前后在域外的时间虽然不长，所受西学西潮的刺激却不小。他学会了英文和德文，还搜集到一百多家西方学者的著作，准备撰写《西方学林》和《西方艺文志》两书。但他回国后，并没有继续往西学的路径上走，而是走上向中国学术传统回归的道路。

他回国后，先在镇江焦山的海西庵作中西学问的反思。他意识到，如果能够结合中国传统学术，掌握西方学术而又能"辅吾儒宗"，情况就会好些。他想通过阅读传统典籍，找到人生与文化与学术问题的诸种答案。为彻底脱却尘杂，他索性住进杭州西湖边上的广化寺，就近阅读外西湖"文澜阁"所藏《四库全书》，以致学林中有马一浮读完了《四库全书》的说法。马先生读书之多、记诵之博，远非一般学人可望其项背。丰子恺和弘一法师是他的契友，对他最了解。弘一法师说："马先生是生而知之的。假定有一个人，生出来就读书，而且每天读两本（他用食指和拇指略示书之厚薄），而且读了就会背，读到马先生的年纪，所读的还不及马先生之多。"[2]

---

[1] 《马一浮集》第二册，第307页。

[2] 丰子恺：《桐庐负暄》，夏宗禹编：《马一浮遗墨》之附录，华夏出版社1991年版，第209页。

丰子恺则说:"无论什么问题,关于世间或出世间的,马先生都有最高远最源本的见解。他引证古人的话,无论什么书,都背诵出原文来。"①马一浮在青年时期,即以其博学慧识为南国学林高士所推重。

但他居陋巷而不入讲舍,也不轻易著文。他宁愿"刊落声华,沉潜味道,不欲以文自显"②。"六艺"之学、佛教的义学和禅学,是他致力的学术目标。他认为中国的学问终当归之于"六艺",而要融通"六艺",就必须用佛学来解读儒学。宋儒本来受佛学影响巨大,这在程、朱亦复如是。但宋儒的不足是受了影响又不愿承认,还千方百计辟佛。马一浮在"六艺"之学和佛家的义学和禅学领域,把自己的学问升华到超凡入圣的境界。通儒学而又通佛学,以佛解儒、儒佛会通,是他的学问的特点。他的学养和佛禅境界,使南中国的高僧大德无不倾服。李叔同的出家,就直接受了马先生的影响。还不要说在诗学方面的成就,他在二十世纪中国现代学者中,是写诗写得最好的一个。他一生所作诗词有三千首之多,他的诗是他学问的别体,也可以说他的学问大都在他的诗里。他自己也说过,如果要了解他的学问精神,可以在他的诗中窥到门径。但一九三七年以前,马先生一直是西湖边上的一个隐者。蔡元培和后来的北京大学校长,多次邀请他任教北大,他都拒绝了,他给蔡元培的答复是:"古有来学,未闻往教。"

---

① 丰子恺:《桐庐负暄》,夏宗禹编:《马一浮遗墨》之附录,华夏出版社1991年版,第209页。

② 马一浮:《致邵廉存》第二函(一九〇九年),《马一浮集》第二册,第410—411页。

四 熊十力和马一浮最初的文字缘

一九二七年熊十力到杭州养病，他当然极想一会马一浮这位南北知名的大儒，恰好熊的学生乌以风此时亦常在马先生跟前承教，于是熊十力便请乌以风把《新唯识论》的稿本送给马先生，并附一信。但信中"略无寒暄之语，直说就正之意"，另外则说自己"有疾不能亲来"云云。不料马先生欣赏的就是熊的这种坦白豁达的风格，很快就读完了熊的《新唯识论》，然后亲自到熊的住所（熊住广化寺），"对坐谈义"、"各尽底蕴"。虽是第一次见面，彼此无任何应酬，只讲学问，不及其他。遇有异同，熊亦能服马之善。马一浮后来回忆与熊先生的这次晤谈，他称赞熊"虽古人不可多得"[①]。熊十力请马先生为是书作序，马欣然应允。一九三二年《新唯识论》正式出版时，马序赫然卷首。因这是一篇极有价值的文献，特录马序之全文如下：

> 夫玄悟莫盛于知化，微言莫难于语变。穷变化之道者，其唯尽性之功乎。圣证所齐，极于一性。尽己则尽物，己外无物也；知性则知天，性外无天也。斯万物之本命，变化之大原。运乎无始，故不可息；周乎无方，故不可离。《易》曰："乾道变化，各正性命。"性与天道，岂有二哉？若乃理得于象先，固迥绝而无待；言穷于真际，实希夷而难名。然反身而诚，其道至近，物与无妄，日用即真。睽而知其类，异而知其通，非天下之至精，其孰能与于此！惑者缠彼妄习，昧其秉彝，迷悟既乖，圣狂乃

[①] 乌以风等编次：《马一浮先生语录类编》"师友篇"，参见《马一浮集》第三册，第1088页。

隔，是以诚伪殊感而真俗异致。见天下之赜，而不知其不可恶也；见天下之动，而不知其不可乱也。遂使趣真者颠沛于观空，徇物者沦胥于有取，情计之蔀不祛，智照之明不作，哲人之忧也。唯有以见夫至赜而皆如□，至动而贞夫一，故能资万物之始而不遗，冒天下之赜而不过，浩浩焉与大化同流，而泊然为万象之主，斯谓尽物知天，如示诸掌矣。此吾友熊子十力之书所为作也。十力精察识，善名理，澄鉴冥会，语皆造微。早宗护法，搜玄唯识，已而悟其乖真。精思十年，始出境论。将以昭宣本迹，统贯天人，囊括古今，平章华梵。其为书也，证智体之非外，故示之以明宗；辨识幻之从缘，故析之以唯识；抉大法之本始，故摄之以转变；显神用之不测，故寄之以功能；征器界之无实，故彰之以成色；审有情之能反，故约之以明心。其称名则杂而不越，其属辞则曲而能达，盖确然有见于本体之流行，故一皆出自胸襟，沛然莫之能御。尔乃尽廓枝辞，独标悬解，破集聚名心之说，立翕辟成变之义，足使生、肇敛手而咨嗟，奘、基挢舌而不下。拟诸往哲，其犹辅嗣之幽赞易道，龙树之弘阐中观。自吾所遇，世之谈者，未能或之先也。可谓深于知化，长于语变者矣！且见睨则雨雪自消，朝彻则生死可外，诚谛之言既敷，则依似之解旋折。其有志涉玄津，犹萦疑网，自名哲学，而未了诸法实相者，睹斯文之昭旷，亦可以悟索隐之徒勤，亟回机以就己，庶几戏论可释，自性可明矣。彼其充实不可以已，岂曰以善辩为名者哉？既谬许余为知言，因略发其义趣如此，以俟玄览之君子择焉。马浮。[1]

还没有第二个人像马一浮这样真正成为《新唯识论》一书的知音，可以想见熊十力对这篇序言有多么重视。他看到序言后立即写信给马一浮，说："序文妙在写得不诬，能实指我现在的行位，我还是察识胜也。所以于流行处见得恰好，而流即凝，行即止，尚未实到此阶位也。'乾道变化，各正性命'，吾全部只是发明此旨。兄拈出作骨子以序此书，再无第二人能序得。漱溟真能契否？尚是问题也。"[2]

马序的第一部分用极简要、极典雅的语言概括《新唯识论》的内容，第二部分阐述《新唯识论》的特点及学术价值。其中说："十力精察识，善名理，澄鉴冥会，语皆造微。早宗护法，搜玄唯识，已而悟其乖真。精思十年，始出境论。将以昭宣本迹，统贯天人，囊括古今，平章华梵。其为书也，证智体之非外，故示之以明宗；辨识幻之从缘，故析之以唯识；抉大法之本始，故摄之以转变；显神用之不测，故寄之以功能；征器界之无实，故彰之以成色；审有情之能反，故约之以明心。其称名则杂而不越，其属辞则曲而能达，盖确然有见于本体之流行，故一皆出自胸襟，沛然莫之能御。"对熊著《新唯识论》一书的评骘，可以说确然了当，一字不易。熊说的"能实指我现在的行位"，即指马序此段文字而言。熊说"我还是察识胜也"，是呼应马序"十力精察识，善名理"的

---

[1] 马一浮：《新唯识论序》，《马一浮集》第二册，浙江古籍出版社和浙江教育出版社1996年版，第27—29页。

[2] 《马一浮集》第二册，《新唯识论序》附录，第29页。

确评。正因为"察识胜",故能归本《周易》,得阐大化流行;但对万事万物"流即凝,行即止"的认识境界,熊承认"尚未实到此阶位"。我们第二次看到熊的自谦,前一次是对梁漱溟,这次是在马一浮面前。

熊十力还请马一浮代撰过两篇文稿,一是《熊氏丛书弁言》,一是《黄冈某君妻熊氏墓志》。《熊氏丛书》是熊的友人彭凌霄为之策划,准备在南昌印行,其中包括《新唯识论》、《破破新唯识论》、《十力语要》诸书。但该《丛书》之印行计划后来未付诸实施,一九四七年湖北印行的《十力丛书》,应是此一计划的另版。马代撰之序,末署"某年某日,黄冈熊十力记",内有一对句极工:"会万法而显真源,乃吾本愿;尝一滴而知海味,是在当人。"[①]熊先生写不出这样的句子。《黄冈某君妻熊氏墓志》,所志者为熊十力族兄弟熊持中之女言珍的事迹。马先生在文后有"附告",是对熊先生的一个说明,主要关乎《墓志》的体例、称谓等事项。如说"女子适人者当从其夫之称,未嫁者乃可称熊氏女"、"附记之铭可不作,盖志以纪事,铭以叹德。今以长老为卑幼作志,不必有铭"等等[②]。马先生自是稔熟碑、志、铭、诔等文体,而熊先生也是请而得人。可以想象,两人如不是相契之好友,熊先生是不会做如是请的。

五 复性书院创办的不同旨趣

但熊、马的学术思想亦存在分歧。

---

① 《马一浮集》第二册,第61页。
② 同上,第267页。

一九三七年日寇犯华，很快祸及浙土，马一浮不能再安于书斋禅舍，不得不于当年十月避兵桐庐，十二月又迁往开化。浙江大学校长、大气物理学家竺可桢先生，早就倾慕马先生的学问，多次欲聘为浙大讲席，均为马先生婉拒。异族入侵，国难当头，改变了马先生的学问态度，他终于接受竺可桢校长的往日相邀之诚，随浙大先后在江西泰和和广西宜山讲授"六艺"之学。《泰和会语》和《宜山会语》两书，就是他在浙大的讲录。一九三八年，国民政府的最高领导人物希望由马先生创办一带有传统书院特点的讲席场所，经马的弟子和友人的劝促，马一浮始同意此议，并写了一篇《书院之名称旨趣及简要办法》，主张以"复性书院"为名。他说：

> 书院古唯以地名，如鹅湖、白鹿洞之类是也。近世始有以义名者，如诂经、尊经之类是也。以地名，虽得名胜之地如青城、峨眉，似含有地方性，不如以义名，使人一望而知其宗旨，观听所系，较为明白广大。今若取义，鄙意可名为"复性书院"。学术人心所以纷歧，皆由溺于所习而失之。复其性则同然矣。复则无妄，无妄即诚也。又尧舜性之，所谓元亨诚之通，汤武反之，所谓利贞诚之复。自诚明谓之性，自明诚谓之教。教之为道，在复其性而已矣。今所以为教者，皆囿于习而不知有性。故今揭明复性之义以为宗趣。①

---

① 马一浮：《书院之名称旨趣及简要办法》（一九三八年八月），《马一浮集》第二册，第1168页。

"复性书院"一名,体现了马一浮学术思想的深层内涵。马先生不接受"院长"的职务,宁愿以"主讲"的身份主掌院务。虽然创办过程直接得到蒋介石以及陈布雷、陈立夫等国民政府高层要员的垂注,并拨款三万元作为建院基金,每年亦有一定的补助,但马先生的学术独立性丝毫未因之改变。他比书院为佛家的"教外别传",主张"应超然立于学制系统之外,不受任何制限"[1]。

当一九三八年八月书院开始筹备之时,熊十力就被列名为创议人,熊先生对创办书院之举也表现出浓厚的兴趣,因此在与马一浮的通信中两人曾反复商酌此事。马先生没有料到的是,在学问上与他堪称默契的熊十力,对他的办学旨趣提出了激烈的反对意见。本来他以为最能理解他的书院构想者应该是熊先生,所以在给张立民的信里讲到欲以佛氏丛林制施来办书院时,特别提到:"吾信熊先生必能深了此义,他人吾未敢必。"[2]没有想到熊先生看了《书院之名称旨趣及简要办法》,竟大不以为然。熊的疑虑,一是按马一浮的设想,使学生与世绝缘,恐将来没有出路。马一浮则认为,书院宗旨在学道,而非为了谋食,如果预设出路以为号召,则来学者已"志趣卑陋"。他说:"君子之道,出处语默一也。弟非欲教人作枯僧高士,但欲使先立乎其大者。必须将利欲染污习气净除一番,方可还其廓然虚明之体。若入手便夹杂,非所以示教之方也。"[3]熊十力觉得书院学生应获得一种

---

[1] 马一浮:《书院之名称旨趣及简要办法》(一九三八年八月),《马一浮集》第二册,第1169页。

[2] 马一浮:《致张立民》第九函(一九三八年),《马一浮集》第二册,第827页。

[3] 马一浮:《致熊十力》第十三函(一九三九年),《马一浮集》第二册,第537页。

类似学位的资格，马一浮则说："凡规定一种资格，比于铨选，此乃当官之事，书院实无此权。若令有之，则必须政府授与，如中正之以九品论人而后可，否则为侵越。"又说："未闻先儒讲学，其弟子有比于进士出身者。若回之问为邦，雍之使南面，比如佛之授记，祖师门下之印可，纯为德性成就而言，非同吏部之注选。"又说："西洋之有学位，亦同于中国旧时之举贡，何足为贵。昔之翰林，今之博士，车载斗量，何益于人。"[1]

马先生还针对熊先生提出的"如全不养无用汉，乌可尽得人才；世法还他世法，岂可尽得天上人"，以及"国家教育明定出路，世法不得不尔，若无出路，学子失业，将诡遇以求活"等理由，回答说："今书院虽受国家资给，然非先行学制所有。即欲要求政府明定出路，亦须俟办有成效，从书院出来人物成就如何，政府自动予以出路，然后可，不能由书院径自规定。若虑学生失业将为诡遇，则书院无宁不办之为愈。且今取得大学、研究院资格亦如麻似粟，谁能保其不失业、不诡遇乎。"又说："兄谓对书院少兴趣，诚少兴也。然不可以少兴而不为，是亦知其不可而为之之一端耳。"[2]言语之间已带有意气，甚至最后有如下的话："言常患多，今姑置之矣。"[3]

马先生这封信写于一九三九年农历五月二十四日。六月十六日熊的回函，表示已决定去西南联大，而放弃书院之约。马一浮对熊的决定深感失望，七月一日回信说："今兄欲弃书院而就联大，固

---

[1] 马一浮：《致熊十力》第十三函（一九三九年），《马一浮集》第二册，第536—537页。
[2] 同上，第538页。
[3] 同上。

由书院根基未固，亦或因弟持论微有不同，故恝然置之。平生相知之深，莫如兄者，兄犹弃之，吾复何望。此盖弟之不德有以致之。弟之用心，初不敢求谅于道路，所以未能苟同于兄者，亦以义之所在，不容径默，绝无一毫胜心私意存乎其间，此当为兄所深信者。"①信的末尾仍恳邀熊十力来乐山共相勘办。熊十力于是又在七月四日致马一浮一函，其中有于"理"应该来书院，于"势"则有所疑的话。马一浮回复说："兄之来与不来，但当问理，不须问势。"又说："书院为讲习之事，有是非而无成败。今兄乃以成败为忧喜，此非弟之所喻也。且兄既闵弟之陷于泥淖，以理则当振而拔之，而兄乃以翱翔事外为得，此亦非朋友相爱之道也。"此是晓之以理。接着又动之以情，继续写道："兄见教之言，弟即有不契者，未尝不反复思绎，知兄相厚之意，实余于词，何敢负吾诤友。但望兄于弟言，亦稍措意焉。察其推心置腹，无或少隐，犹不当在弃绝之科。如是，则兄意可回，必不吝此一行矣。"②还是力邀熊十力能够来书院共襄其事。

有意思的是，熊十力阐述不来乐山的理由，其中还谈到了风水问题，认为自己如入川，方位不合，可能不吉。马一浮回复说："阴阳方位之说，使人拘而多忌。东看成西，南观成北，岂有定体。世俗命书，弟亦曾浏览及之。兄甲木曰元，木曰曲直，就金方，乃成栋梁之用，非不吉也。若弟为丙火曰元，日之西沉，以俗

---

① 马一浮：《致熊十力》第十四函（一九三九年农历七月一日），《马一浮集》第二册，第540页。
② 马一浮：《致熊十力》第十五函（一九三九年农历七月十二日），《马一浮集》第二册，第540—541页。

言乃真不利,然弟不以为忧。日之西沉,非真沉也,明日复生于东矣。日无出没,世人见有出没耳,此何足计哉。"[1]其实马先生于堪舆相术,十分精通,这方面熊先生更不是他的言辩对手了。对于熊十力所说的书院有寺院式的缺点,马一浮说如果熊先生能来,书院就会出现生气。

六 乐山不乐而失和

两位老友争论得煞是有趣,几令人忍俊不禁。但争论归争论,马一浮还是一定要熊十力前来,于是在一九三九年农历七月十二日的信里,附上了正式聘任关书,并一百元国币,作为熊来乐山的舟车之费。可是七月十一日熊十力的来书,又对书院的旨趣表示质疑,表示尤其不能赞同把书院办成寺院式。马回复说:"弟往日诚有是言,意谓书院经济当为社会性,政府与人民同为檀越,同为护法,不受干涉,庶几可以永久,乃专指此点言之。无可比拟,乃比之于丛林耳。非欲教学生坐禅入定也。"[2]熊的信里,还希望马先生应以蔡元培为榜样,马一浮对此则回答说:"蔡子民之兼容并包,弟亦深服其度,但其失在无择。彼之所凭借者北大也,以今书院比之,其经费内不逮十之一,而兄乃以蔡子民期我,吾实有惭德。非不能为蔡子民,乃愧无吕洞宾之点金

---

[1] 马一浮:《致熊十力》第十五函(一九三九年农历七月十二日),《马一浮集》第二册,第541页。

[2] 马一浮:《致熊十力》第十六函(一九三九年农历七月十七日),《马一浮集》第二册,第542页。

术耳。此是笑谈，兄勿嗤其近鄙。譬如贫家请客，但有藜藿，坐无多人，今乃责其何不为长筵广坐，玉食万方，使宾客餍足，为富人所笑，此得谓之近情否？今日之事，无乃有类于是。兄以狭隘见斥，今事实如此，弟亦无词。但谓弟意志即系狭隘，不肯开拓，则兄不免于误。弟即不肖，未致如此。兄若因是不来，则十余年来以兄为能相知，亦是弟之误。"①他觉得筹备书院诸人不仅对书院无认识，即对他本人也谈不上有认识。言外之意，相知十余年的熊先生对自己也不能算做有知。所以他说："兄犹如此，何况他人。"②

马一浮致熊十力信里所表现的一个大儒的理通、情切、意宽，使熊十力无法继续固守己见，最后决定还是前来乐山参与书院讲习之事。马得此讯息，欣悦不已，立即回书："昨晚得兄飞示，允于旧历六月望前首涂，为之喜而不寐。馆舍一切，已嘱二三子速为预备。日来水涨，船行益利，愿速驾，勿再淹留。"③两人虽争论如此，熊先生仍为马的信中流露的友情所打动，终于在一九三九年农历七月底左右来到四川乐山，并参加了农历九月十七日的开讲日活动。

但没过多久，熊、马矛盾又起，不独对书院如何办的见解不同，对书院的接待安排以及环境简陋等，熊亦甚有意见。而且中间

---

① 马一浮：《致熊十力》第十六函（一九三九年农历七月十七日），《马一浮集》第二册，第544页。

② 同上。

③ 马一浮：《致熊十力》第十七函（一九三九年农历七月二十日），《马一浮集》第二册，第547页。

发生一意外，即日寇空袭乐山，熊先生住所着火，左脚亦受伤，增加了他的焦虑和不祥之感。马与熊曾长谈过一次，但效果似乎不够好，大体熊先生以"义气"，马先生以"义理"，而争论之问题则是书院之章制是否需要改革。熊主张改革章制固然不能认为不对，但在马一浮看来，如变更章制，就不是他出面想办的书院了。熊于是决定立即离开书院，这给马先生带来了情感的伤痛。当他得知熊有"去志"时，曾写信给熊，痛而言之曰："书院事不待追论，皆由弟无福德智慧，不能取信于人，故令寒俭至此。然兄之来，自是为学术、为道义，与后生作饶益。不独为朋友之私，补弟之阙失而已也。不意遭此巨变，弟不能慎防虑之道于事先，又不能尽调护之责于事后，咎无可辞，兄之见责，宜也。诸子事忙，遂或于承事之际有忽。此亦由弟思虑不周之故。向后兄有所需要，径请直说，苟为弟力所能及者，必当为兄谋之。亦属诸子善为承事。但望兄切勿萌去志，勿再言去，使弟难为心。"①其伤痛难过之情溢于言表。

熊十力离开乐山之后，马一浮亦曾有信给熊，其中写道："所憾者，弟德不足以领众，学不足以教人，才不足以治事，遂使兄意不乐，去我如此其速。然自返于心，实未尝敢有负于兄也。怅惘之怀，靡言可喻。"②可是当马一浮接到熊十力一九三九年十二月七日的来信，他知道问题没那么简单，不是自责难过能够挽回的。原来两人不只是意见分歧，还有熊先生听信了谣言造成的隔阂。马一

---

① 马一浮：《致熊十力》第十九函（一九三九年农历九月九日），《马一浮集》第二册，第548页。

② 马一浮：《致熊十力》第二十二函（一九三九年农历十一月五日），《马一浮集》第二册，第549页。

浮失望了，他在回复熊的信里说：

> 十二月一日来书，乃知获罪于兄者甚大。凡兄所以见诟者，皆弟之疏愚所不及察，是固由弟不德有以致之，初不料朋友之道至于如此。人之相与，其难乎为信也。兄被灾之后，弟不能尽调护之力，此过前已自承。至兄误听流言，以为弟于兄妄有所訾议，使兄不能不亟去，此则弟万万梦想不到者。（上堂教学生善听兄言，初不知此语亦成罪戾。真是转喉触讳矣）。暌之上九日："见豕负涂，载鬼一车，先张之弧，后脱之弧。"兄之多疑，无乃有似于此。今亦不须申辩，久之兄当有自悟之时。然念兄杂毒入心，弟之诚不足以格之，亦深引以为戚。今兄虽见恶绝，弟却未改其初心也。①

这封信看得出两个人确实已经闹翻，在熊十力为"恶绝"，在马先生虽未"恶绝"，恐怕也是大为不怿。"杂毒入心"四字为佛家语，其责斥的分量是很重的。自此之后，这两位新儒学的领军人物便少有往来的信函了。

七 晚年之怀念

但他们彼此仍有关切，马先生宁愿相信熊十力的"怫然遽行"不过是佛五行中的"婴儿行"，所以《送熊十力之璧山》有句："行

---

① 马一浮：《致熊十力》第二十三函（一九三九年农历十二月七日），《马一浮集》第二册，第550—551页。

是婴儿安有悔，心如墙壁岂能瞋。"①对老友表示谅解。马先生后来给弟子的信中，也经常会问起熊先生的情况，尤其五十年代以后更复如是。一九五〇年致云颂天信问起："梁先生是否返蜀？熊先生闻已赴京，想时通问。"②一九五二年致云的信里又问："熊、梁二先生颇常通书否？动定亦希以时见告。"③一九五九年又问云："熊先生著书不辍，想时通问。"④一九六三年，马先生已经八十有一，还告诉云颂天："熊先生亦尚健。梁先生去年曾过杭一面。"⑤虽是片言只语，却有拳拳之殷。一九四九年国共两党政权交替之际，马一浮曾写过两首寄怀熊十力的诗，一首作于一九四九年，一首作于一九五一年，兹抄录如次：

寄怀熊十力广州（一九四九）

自废玄言久不庭，每因多难惜人灵。
西湖别后花光减，南国春来海气腥。
半夜雷惊三日雨，微波风漾一池萍。
眼前云物须臾变，唯有孤山晚更青。⑥

寄怀熊十力（一九五一）

眚眼观空息众缘，悲心涉境定无偏。

---

① 《送熊十力之璧山》，《马一浮集》第三册，第810页。
② 马一浮：《致云颂天》第十一函（一九五〇年），《马一浮集》第二册，第815页。
③ 马一浮：《致云颂天》第十二函（一九五二年），《马一浮集》第二册，第816页。
④ 马一浮：《致云颂天》第十三函（一九五九年），《马一浮集》第二册，第817页。
⑤ 马一浮：《致云颂天》第十四函（一九六三年），《马一浮集》第二册，第817页。
⑥ 马一浮：《寄怀熊十力广州》，《马一浮集》第三册，第500页。

> 离怀可忆西湖水，时论犹窥一线天。
> 入俗知君能利物，捐书似我欲忘年。
> 别峰他日如相见，头白归来守太玄。①

两首诗都流露出因世事变迁而生发的感慨，马先生在向熊先生告示自己的心境的同时，对往日的老友充满深沉的怀念，并相期不改为学之初志。

另一九五一年马先生复有为熊十力题写《红梅馆》诗："硕果从缘有，因华绕坐生。芙蓉初日丽，松柏四时贞。绰约颜如醉，芳菲袖已盈。不忧霜雪盛，长得意分明。"②一九五〇年十月，马一浮接得熊十力发自广州的一封信，系熊女池生代写，信中有"仁未必是，暴未必非；义未必是，利未必非"等语，马先生评为"可怪之至"③。嗣后，一九五四年熊十力七十寿辰，马先生亦有诗寄怀，写道：

> 孤山萧寺忆谈玄，云卧林栖各暮年。
> 悬解终期千岁后，生朝常占一春先。
> 天机自发高文在，权教还依世谛传。
> 刹海风光应似旧，可能重泛圣湖船。④

---

① 马一浮：《寄怀熊十力》，载《蠲戏斋诗辑佚》第18页，台北印行。
② 《马一浮集》第三册，第531页。
③ 《马一浮集》第二册，第342页。
④ 马一浮：《寄怀熊逸翁即以寿其七十》，《马一浮集》第三册，第561页。

"生朝"句后有注："君以正月五日生。"可知马先生对熊先生关切之微。一九五五年马先生还有一诗，题作《代简寄熊逸翁》，是为答熊先生当年的来书而作。熊信中说正在撰写《原儒》书稿，故马先生诗中有句："《原儒》定有膏肓药，争奈时人未肯看。"[①]

八 不同而相同的终局

五十年代以后，熊终老不停著述，马晚年只写诗而不著文。两人同为政协委员，熊对国政文事颇多建言，但无一采纳；马则默而无言。一九五五年之后，就不见两人具体的文字联系了。

熊逝于一九六八年，终年八十三岁。逝前逢"文革"浩劫，屋中挂自书三条幅：中间为孔子、左王阳明、右王船山。口中不停地念诵："中国文化亡了！中国文化亡了！"马逝于一九六七年，逝前作《拟告别诸亲友》："乘化吾安适？虚空任所之。形神随聚散，视听总希夷。沤灭全归海，花开正满枝。临崖挥手罢，落日下崦嵫。"没有遗憾，似有顺化自然的喜悦。马终年八十四岁。

2013年5月竣稿于京城寓所

（原载《浙江学刊》2004年第3期）

[①] 马一浮：《代简寄熊逸翁》，《马一浮集》第三册，第577页。

马一浮和"六艺论"

一 "六艺"溯源

马一浮所秉持的为学观念和学术精神，是以"六艺"的思想义理为统领为贯穿的。"六艺"即《诗》、《书》、《礼》、《易》、《乐》、《春秋》六种原初典籍，经过孔子删订，后称为"六经"。《诗》是两周至春秋以来的诗歌作品选录，原传据说有三千余篇，孔子删订为三百零五篇，故称之为"诗三百"。《书》指《尚书》，即上古之书的意思，是为虞夏商周时代的文献记录。孔子经常将《诗》、《书》并提，并说"诗、书、执礼，皆雅言也。"（《论语·述而》）《礼》一般指《礼记》，孔门所传，马先生很喜欢的一种经典。《易》即《周易》，"六经"中成书最早，相传伏羲画卦，文王撰卦辞，周公为爻辞。象辞、彖辞、文言、系辞上下、说卦、序卦、杂卦，则为孔子所作。《春秋》为鲁国的记事简史，孟子说是孔子所作，但也有主张鲁国原本有春秋，系孔子删订笔削。《乐经》不传，只剩下"五经"。但习惯上，直至后来，学者仍称之为"六经"，成为中国学术思想文化的最高经典。

马一浮不称"六经"而称"六艺"，是沿用典籍的初称。孔门之教，分技能操作与典籍传习两大类。技能则礼、乐、射、御、术、数，此处之"礼"，为"执礼"，类似礼仪程序的排演，"乐"

则咏歌诵唱，不学无以为能也。典籍传习则《诗》、《书》、《礼》、《乐》、《易》、《春秋》，以为传道之本。两者都称"六艺"而形态不同。马一浮所述论之"六艺"，自是后者，故他说："此是孔子之教，吾国二千余年来普遍承认一切学术之原皆出于此，其余都是六艺之支流。故六艺可以该摄诸学，诸学不能该摄六艺。"① 这是他的一贯思想，很早就有过撰写《六艺论》的设想，因故未果。盖马先生之学，始为考据，继而涉猎欧西之学，转而进入宋之程朱之学，并以佛禅之义理为助发，归而究心于"六艺"之学。他是由研究宋学而进入先秦诸子之学的，所以还写过《论老子流失》②一文。《论语》尤为马先生所重，他的独得先发之处，是从《论语》中研究"六艺"的义理。"六艺"既是他为学的思想纲领，又是他为学的思想归宿。他一生为学最是舍之不去的学术兴趣在经术义理，所谓好玄言是也。但玄言并非蹈空，因所讲之理都是实理。认为六经的义理都是实理，人之所能具，求之而不远，这是马一浮拔乎众学的独家发明的看法。

马一浮深明"六艺"之学却很少讲论"六艺"。首次公开讲论是1938年在江西的泰和，为浙江大学师生开设国学讲座。竺可桢校长1936年为聘请马先生到浙大讲学费尽了心力，而终无所成。仅一年之后，他的愿望就轻松地实现了，而且不是他主动去请马一浮，而是马先生自动找上门来——当然不单是为讲学，同时也希望暂时与浙江大学师生一起流亡避寇。

---

① 马一浮：《泰和会语》，《马一浮集》第一册，第10页。
② 马一浮：《论老子流失》，《马一浮集》第一册，第44—48页。

二 "天下虽干戈，吾心仍礼乐"

1937年7月7日，真是一个令人想忘记也无法忘记的日子。祖国的山川这一天因之变色，学人的生活因这一天而改变。而卢沟桥"七七事变"未久，又有"八一三"淞沪战事失利，日寇侵华之气焰直逼杭城。居陋巷、与古贤为伍的马一浮，也不得不于丁丑年九月（1937年10月）避兵桐庐，十二月又迁往开化。随行者有马先生的外甥丁安期和门人王星贤两家共十五人，以及书籍百箱。其所作五言古诗《将避兵桐庐，留别杭州诸友》有句："妖寇今见侵，天地为改色。遂令陶唐人，坐饱虎狼食。伊谁生历阶，讵独异含识。竭彼衣养资，殉此机械力。铿翟竟何裨，蒙羿递相贼。生存岂无道，奚乃矜战克。嗟哉一切智，不救天下惑。飞鸢蔽空下，遇者亡其魄。金城为之摧，万物就磔轹。海空尚有际，不仁于此极。"①马一浮谴责日寇的残忍强暴，为人类的智慧不能阻止战争而感到惋惜。此诗计四十八句，接下去下面还有："余生恋松楸，未敢怨逼迫。蒸黎信何辜，胡为罹锋镝。"我自己并不怕死，没什么可埋怨的，只是老百姓何辜，遭此劫难。"衡门不复完，书史随荡析。落落平生交，遁处各岩穴。我行自兹迈，回首增怆恻。"没有了简陋的居家之所，书籍都散失了，朋友则各处逃难，见此情状，越发让他感到难过。马先生这首诗，可谓诗史。

马一浮避兵到开化以后，亦有诗记其事："斋心思太平，垂老值乱离。凛秋寇始迫，严冬苦奔窜。脱身虎咒间，寄命芝兰

---

① 马一浮：《将避兵桐庐，留别杭州诸友》，《马一浮集》第三册，第59页。

畔。"①因在开化住在叶左文家里,故有此句。但马先生的内心是充实而清明的,所以另一首《郊居述怀》诗有句:"天下虽干戈,吾心仍礼乐"、"麟凤在胸中,豺虎宜远却"②。在桐庐时,他的好友丰子恺和他在一起。后来丰子恺在一篇名为《桐庐负暄》的散文里,记下了他还有王星贤共同侍坐马先生左右的情形:

> 这时候正是隆冬,而风和日暖。我上午去访问,马先生就要我和星贤同去负暄(晒太阳)。童仆搬了几只椅子,捧了一把茶壶,去安放在篱门口的竹林旁边。这把茶壶我见惯了:圆而矮的紫砂茶壶,搁在方形的铜炭炉上,壶里的普洱茶常常在滚。茶壶旁有一筒香烟,是请客的;马先生自己捧着水烟筒,和我们谈天,有时也拿支香烟来吸。有时香烟吸毕,又拿起旱烟筒来吸"元奇"。弥高弥坚,忽前忽后,而亦庄亦谐的谈论,就在水烟换香烟,香烟换旱烟之间源源地吐出来。我是每小时平均要吸三四支香烟的人,但在马先生面前吸的很少。并非客气,只因为我的心被引入高远之境,吸烟这种低级欲望自然不会起来了。有时正在负暄闲谈,另有客人来参加了。于是马先生另换一套新的话兴来继续闲谈,而话题也完全翻新。无论什么问题,关于世间或出世的,马先生都有最高远最源本的见解。他引证古人的话,无论什么书,都背诵出原文来。③

---

① 马一浮:《旧历丁丑腊月避兵开化,除夕书怀,呈叶君左文》,《马一浮集》第三册,第61页。
② 马一浮:《郊居述怀,兼答诸友见问》,《马一浮集》第三册,第60页。
③ 丰子恺:《桐庐负暄》,《缘缘堂随笔》,天津教育出版社2007年版,第245页。

马一浮和"六艺论"

我们从丰子恺的记述里，看到避兵逃难的马一浮仍保持大儒的冲和恬淡，学问和朋友使他得以享受人生。王星贤的一则记载尤耐人寻味，那是1937年的12月7日，与丰子恺等谈礼乐秩序和艺术的关系，使听者如醉如痴，忘却时序，宁愿冬阳长在，永负斯暄。下面是王星贤笔录的全文，让我们共赏。

十二月七日丰君子恺来谒，先生语之曰：辜鸿铭译礼为arts，用字颇好。arts所包者广。忆足下论艺术之文，有所谓多样的统一者。善会此义，可以悟得礼乐。譬如吾人此时坐对山色，观其层峦叠嶂，宜若紊乱，而相看不厌者，以其自然有序，自然调和，即所谓多样的统一是也。又如音乐必合五音六律，抑扬往复而后成。然合之有序，自然音节谐和，铿锵悦耳。序和同时，无先后也。礼乐不可须斯去身。平时如此，急难中亦复如此。困不失亨，而不失其亨之道在于贞。致命是贞，遂志即是亨。见得此义理端的，此心自然不乱，便是礼。不忧不惧，便是乐。纵使造次颠沛，槁饿以死，仍不失其为乐也。颜子不改其乐，固是乐。乐必该礼。而其所以能如是者，则以其心三月不违仁。故仁是全德，礼乐是合德。以其于体上已自会得。故夫子于其问为邦，乃就用上告以四代之礼乐。会不得者，告之亦无用。即如此时，前方炮火震天，冲锋肉搏，可谓极乱。而吾与二三子犹能于此负暄谈义，亦可谓极治。即此一念，便见虽当极乱之时，活机固未息灭。扩而充之，未必不为将来拨乱反正之因端也。非是漠然淡然，不关痛痒。吉凶与民同患，自然关怀。但虽在忧患，此义自不容忘。

亦非故作安定人心之语。克实而言，理本如此。所谓真语者，实语者，如语者，不妄语者也。礼乐之兴，必待其人。苟非其人，道不虚行。吾今与子言此，所谓千钧之弩不为鼷鼠发机。善会此义而用之于艺术，亦便是最高艺术矣。①

这段集中谈礼乐的文字弥足珍贵，因为礼乐是中国古代文化秩序的象征，在先儒"六艺"之学里面居核心地位。当此国家危亡、黎庶蒙难之际，马先生以先儒古义激发大家的信心，可谓适逢其时。吾国学术思想的传统，孔、孟以及宋儒，其精彩之处，在于相信人与天地万物为一体，天地之心，即是吾心。吾心是否不动摇，是历事历艰历难历险的关键。所以"即此一念，便见虽当极乱之时，活机固未息灭。扩而充之，未必不为将来拨乱反正之因端也"。王星贤所记的这段"负暄谈义"，其实谈的就是"六艺之学"的义理。这就是为什么马一浮在抗战军兴以后，要大讲特讲"六艺"之学的缘故。

马一浮的弟子乌以风跟随马先生多年，他对马先生的印象是："平时与先生处，瞻其威仪，仰其德行，见其出处、进退、辞受之间，莫非义理之当然而不可易者。每从问学，蒙先生谆谆教诲，竟日不倦。其言亲切，其理简明，不惟启我切己返求之心，且有优游愉悦之趣。如坐春风，不知不觉间潜移默化。"②当丰子恺、王星贤等在桐庐聆听马先生负暄谈义的时候，他们一定与乌以风有戚然

---

① 丰子恺：《桐庐负暄》，《缘缘堂随笔》，第246—247页。马一浮此段谈话实为王星贤笔录，丰子恺抄录于此文之中，故文辞之可靠性毋庸置疑。
② 乌以风辑录：《问学私记》序，《马一浮集》第三册，第1130页。

马一浮和"六艺论"

相通之感。

但这种战争间隙的平静和谈讲学问的乐趣终未能久长,敌军步步紧逼,马一浮只好再次携亲友逃亡。根据当时的情势,只能逃往江西方向,但江西没有可供马先生投寄的友朋。而这时浙江大学正避寇于江西泰和,已经在那里安顿下来,继续战时授课机制。于是马先生给浙大校长竺可桢写去一信,商问可否"代谋椽寄,使免失所之叹"[①]。竺可桢接信后立即复电,表示欢迎,并决定聘马先生主持国学讲座[②],同时竺可桢还给马一浮写去一信,具道邀请之诚。马先生给竺可桢的回信,其韵致格外深远,信中写道:

> 迥日复电,计已早达。惠书昨至,期待良殷,兼见君子教思无穷之旨。在浮本以求远兵革,非图附于皋比,何期过见存录,欲使遂预讲筵。念方行乎患难,犹得从诸君子后相与究论,绵邹鲁道化于垂绝之交,亦若可以申其素怀,不孤足望。但恐衰朽之言,无裨后学,若其可得而说者,固亦不敢有隐。窃推贤智之用心,在使多士敦厉气节,仁为己任。是必求之经术,讲明义理,无囿习俗之陋,而克践性德之全。乃可济寒持危,开物成务。向者每见时论噂沓,何止诋孟氏为迂阔,甚或拨尧舜为虚无。足使马郑捐书,程朱杜口。今承高论,迥异恒流,或

[①] 马一浮:《致竺可桢》第一函(1938年),《马一浮集》第二册,第579页。

[②] 竺可桢在1938年2月20日日记中写道:"四点半至迪生处谈马一浮事。因去岁曾约马至浙大教课,事将成而又谢却。现在开化,颇为狼狈,并有其甥丁安期,及门王星贤两家合十五人,愿入赣避难,嘱相容于浙大。迪生与晓沧均主张收容,遂拟复一电,聘为国学讲座。"《竺可桢全集》第6卷,"日记一集",上海科学技术出版社2005年版,第472页。

者天牖斯民，不致终沦异族。故谓欲荡膻腥，先须信古，教人必由其诚，斯好善优于天下，庶几匡复不远，丕变可期。既昭感应之同符，复何语默之异致。然则浮之至与不至，于仁者设教之方，固无所加损也。浮虽浙人，生长于蜀，蜀中尚有丘墓，亲故不乏，故入蜀之志，怀之已久，终以年衰，惮于远涉，因思就近入赣，或可相依。但令不陷寇窟，别无余望。①

竺可桢的信我们已无缘看到，不知信的详细内容究竟如何，但从马先生回函里"今承高论，迥异恒流"的评价，可以看出竺氏请他当此民族危难之际讲论国学的现实祈望。马先生之初意，本为避逆寇、远兵戈，殊无预于讲筵之期，不料竺可桢校长执着于一年前多次相邀之诚。他再没有犹豫婉拒的理由了，反而觉得"可以申其素怀"，庶几可使面临垂绝之交的先儒之道得以绵延于万一。而且他意识到，当此特殊的历史时刻讲论"六艺之道"，至少可以"敦厉气节"，提升知识人士抵御异族侵凌和谋取日后匡复的信心。"故谓欲荡膻腥，先须信古，教人必由其诚，斯好善优于天下，庶几匡复不远，丕变可期。"马先生感觉到一种责任，相信我国固有文化之精髓应有"济蹇持危，开物成务"的功用。

三 "楷定国学名义"

1938年3月29日上午10时，马一浮及眷属乘坐的卡车来到江西泰和，竺可桢专门派车派人去迎接，并事先找好房子，安排住在排

---

① 马一浮：《致竺可桢》（1938年），《马一浮集》第二册，第579—580页。

田村。马先生到达时，竺可桢接车问候，并于当晚宴请。31日，竺可桢又去排田村探望。4月3日，梅光迪、贺昌群等宴请马一浮，钱基博子泉先生在座，竺可桢也在座。膳后竺与马、钱谈至午后四时半始散。

一个月后，即1938年5月14日的下午三时，马一浮国学讲座正式开始，首讲"六艺之学"。竺可桢前去听讲。有趣的是，竺可桢作为科学家，对马一浮讲的自然科学也可以统摄于"六艺"之内的观点，也表示能够理解。当天竺可桢在日记里写道：

> 午后睡一小时。三点至新村十号教室，听马一浮讲"西方近代科学出于六艺"之说，谓《诗》、《书》为至善，《礼》、《乐》为至美，《易》《春秋》为至真。以《易》为自然科学之源，而《春秋》为社会科学之源。盖《春秋》讲名分，而《易》讲象数。自然科学均以数学为依归，其所量者不外乎数目Number、数量Quantity、时间与空间，故自然科学之不能逃于象数之外，其理亦甚明显。惜马君所言过于简单，未足尽其底蕴。[①]

可见竺可桢真是大科学家，绝不以所从事的专业来限制自己的视域。反之如果在今天，不用说接受，能够对马一浮的论说表一种了解之同情态度的人，恐怕也不是很多吧。我们从《竺可桢日记》里，看到校长兼科学家的竺可桢对马一浮礼遇有加。他对钱基博、柳诒徵两位也是如此。他还特别想礼聘钱宾四先生来浙

---

① 《竺可桢全集》第6卷，"日记一集"，上海科学技术出版社2005年版，第519页。

大任教。尊重学问，礼重大儒，不愧为大学的一校之长。虽然处身战乱流离的艰难时期，浙江大学的学术氛围依然浓厚，马一浮遂以庄敬诚笃的学问态度和博雅超越的学术精神，孜孜于"六艺之学"的讲论。

我们从所辑录的《泰和会语》一书，可窥知马一浮当时讲论的大致内容。共有十二节，包括"引端"、"论治国学先须辨明四点"、"横渠四句教"、"楷定国学名义"、"论六艺该摄一切学术"、"论六艺统摄于一心"、"论西来学术亦统于六艺"、"举六艺明统类是始条理之事"、"论语首末二章义"、"君子小人之辨"、"理气"、"知能"。另有附录三篇：一是《论老子流失》，二是《赠浙江大学毕业诸生序》，三是《对毕业诸生演讲》。马一浮在国学讲座的"引端"中，首先阐明他此次讲学的宗旨，他说："竺校长与全校诸君不以某为迂谬，设此国学讲座，使之参与讲论。其意义在使诸生于吾国固有之学术得一明了之认识，然后可以发扬天赋之知能，不受环境之陷溺，对自己完成人格，对国家社会乃可以担当大事。荀子说：'物来而能应，事至而不惑，谓之大儒。'若能深造有得，自然有此效验。"[1]他希望诸生通过听他的演讲，能树立一种信念，即"信吾国先哲道理之博大精微，信自己身心修养之深切而必要，信吾国学术之定可昌明，不独要措我国家民族于磐石之安，且当进而使全人类能相生相养而不致有争夺相杀之事"[2]。可见马一浮不出山则已，一旦答允出而讲论，就以"持敬"的精神，怀抱着温热的

---

[1] 马一浮：《泰和会语·引端》，《马一浮集》第一册，第3页。
[2] 同上，第4页。

期许，对昌明我国固有学术具强烈的自信。

他本来是不认可"国学"之名的，因为当时流行的看法是把"国学"和我国固有学术等同起来。但即便如此，马一浮仍觉得含义过于广泛笼统，"使人闻之，不知所指为何种学术"。所以他另立新说，提出国学就是"六艺之学"的创辟性结论。他说：

> 今先楷定国学名义。举此一名，该摄诸学，唯六艺足以当之。"六艺"者，即是《诗》、《书》、《礼》、《乐》、《易》、《春秋》也。此是孔子之教，吾国二千余年来普遍承认一切学术之原皆出于此，其余都是六艺之支流。故六艺可以该摄诸学，诸学不能该摄六艺。今楷定国学者，即是六艺之学，用此代表一切固有学术，广大精微，无所不备。①

"国学"一词古代就有，均是指国立学校的意思，这和晚清以还由于西学的大规模传入，因而出现的与之相对应的现代国学的概念，大异其趣。胡适曾说，所谓国学，就是国故学的简称。大家觉得这个概念的义涵过于宽泛，遂又有国学指中国固有学术的说法，这是后五四时期被广泛接受的定义。但马一浮认为，以固有学术来定义国学，仍嫌过于笼统，令人会有其所指不知为何种学术之感。所以马先生重新给以定义，提出国学是"六艺之学"，这是一个极大判断，也可以看作是马一浮深研中华文化的一大发明。

关于"六艺"的大旨和功能，他借用《礼记·经解》和《庄

---

① 马一浮：《楷定国学名义》，《马一浮集》第一册，第10页。

子·天下篇》来加以说明。《经解》引孔子的话说："入其国，其教可知也。其为人也，温柔敦厚，《诗》教也；疏通知远，《书》教也；广博易良，《乐》教也；絜静精微，《易》教也；恭俭庄敬，《礼》教也；属辞比事，《春秋》教也。"①所说都是针对作为社会的人应该具备的各种修养和德性。换言之，我们可以理解为："温柔敦厚"是人的品性，"疏通知远"是人的学识，"广博易良"是人的和乐，"絜静精微"是人的玄思，"恭俭庄敬"是人的礼敬，"属辞比事"是人的正见。而《庄子·天下篇》则曰："《诗》以道志，《书》以道事，《礼》以道行，《乐》以道和，《易》以道阴阳，《春秋》以道名分。"②马一浮说："自来说六艺，大旨莫简于此。"而且他认为孔子是"以人说"，庄子是"以道说"。据此，马一浮提出了"六艺之道"、"六艺之教"和"六艺之人"的三个极为重要的概念③。

何谓"六艺之道"？六艺的义理内涵和道德规范就是"六艺之道"。以"六艺"的义理内涵和道德规范来教人，即为"六艺之教"。经过"六艺"义理精神的教化、濡染、熏陶，而成为敦厚、知远、良博、庄敬以及懂礼貌、知分际的理性自足之人，或不能尽其全而得其一二者，就可以称为"六艺之人"。传"六艺之道"，育"六艺之人"，是中国传统社会的教育理想，亦何妨成为现代教育的目标之一。作为现代人，既不可以没有理性，也不可以不修性养德。理性与德性的来源，一方面是人类自己的自具之性，另一方面

---

① 《礼记·经解》，《十三经注疏》标点本第六种，北京大学出版社1999年版，第1368页。
② 郭庆藩：《庄子集释》下册，《天下》第三十三，中华书局2004年版，第1067页。
③ 马一浮：《楷定国学名义》，《马一浮集》第一册，第11页。

则需要传统的熏习,从民族固有的思想义理中汲取滋养。"六艺之道"是我国思想义理的恒常的精神形态,其进入现代中国人的精神血脉,自是顺理成章之事,而不必定然与现代教育的知识结构及其导向构成矛盾。而所谓进入现代人的精神血脉,并非是两不相干之物的加减法,而是以"六艺之道"唤醒乃至洗涤"汩没在习气中"的"不仁不智"的世俗之性,使之回归"性分中本具之理"。此一过程也就是"复性"的过程。后来马一浮创办复性书院,直接以"复性"二字立名,其学理义涵即在于此。

四 "六艺该摄一切学术"

问题是凭什么理由可以断言"六艺"能够"该摄一切学术"?马先生的回答分为两个部分:甲、"六艺"统诸子;乙、"六艺"统四部。如果能够证明诸子和四部都可以包括在"六艺"之中,或至少能够从"六艺"中找到渊源,所设定之问题自然能够获致解决。但事实上,证明"六艺"统四部易,说诸子也为"六艺"所统摄则比较困难。

经、史、子、集四部,经部诸书本由"六艺"繁衍而来,包括至宋代足备的《十三经》,其中《周易》、《尚书》、《毛诗》、《周礼》、《仪礼》、《礼记》、《春秋左传》、《春秋公羊传》、《春秋榖梁传》九经,都不离"六艺"之属。《孝经》和《论语》"二经"记载"六艺"的旨趣最为集中。《孟子》因道醇而与《论语》并列。《尔雅》则诠释群经名物。因此,如果把《十三经》分为"经部之书为宗经论、释经论二部",说它们"皆统于经",道理上应不成问题。史部,《史》、《汉》皆为《春秋》遗意,而观其多录诏令奏议,又可视为《尚书》之遗意。至于《通典》、《通志》、《通考》、《通鉴》，马一浮说："编年纪事出于《春秋》，多存论议出于《尚书》，记典制者出于《礼》。"以此如果认为诸史均统于《书》、《礼》、《春秋》，恐不致有太大争议。集部，马先生说："文章体制流别虽繁，皆统于《诗》、《书》。"又说："《诗》以道志，《书》以道事，文章虽极其变，不出此二门。"又说："《诗·大序》曰：'治世之音安以乐，其政和；乱世之音怨以怒，其政乖；亡国之音哀以思，其民困。'三句便将一切文学判尽。"又说："《诗》教通于《书》教。"所以他认为，一切文学都可以看作是《诗》教和《书》教之遗[①]。这样来诠解，认为"六艺"能够统摄"四部"，自然也说得通。

那么"六艺统诸子"又作何言说呢？"六艺"是孔门之教，而通常所说的先秦诸子，儒、墨、名、法、道等各家是并列的，后来儒家独占思想之统治位置，遂又有儒学与诸子学对立的倾向出现。这两种情形都对"六艺统诸子"的说法不利。但马一浮提出，若明"六艺统诸子"之理，须先行明白"六艺"的流失问题。他援引《经解》的话："《诗》之失愚，《书》之失诬，《乐》之失奢，《易》之失贼，《礼》之失烦，《春秋》之失乱。"他认为"六艺"的这种流失情况，表现在诸子身上最为明显。而所以有流失，是因为墨家统于《礼》，名、法家也统于《礼》，道家统于《易》。如果以《经解》的"六艺"之失为准的，则马先生认为：老子得之于《易》者为多，其失也多；庄子得于《乐》者多，失之也多；墨子的《兼爱》、《尚同》出于《乐》，《节用》、《尊天》出于

[①] 马一浮：《论六艺该摄一切学术》，《马一浮集》第一册，第15—17页。

马一浮和"六艺论"

《礼》,其于《礼》、《乐》是得少失多;法家兼有道家的特点,其于《礼》、《易》,也是得少失多;惠施、公孙龙子得少失少;荀子得多失少;杂家也是得少失少;农家和阴阳家虽出于《礼》与《易》,因末流卑陋,无足判。所以马一浮说:"观于五家之得失,可知其学皆统于六艺,而诸子学之名可不立也。"①

公平地说,以"流失论"看诸子和"六艺"的关系,认为"六艺"可以统诸子,我认为完全可以成立。只不过他需要克服一个学术史的障碍,这就是诸子是否出于王官的问题。《汉志》以及章学诚、章太炎等后世大儒都主张诸子出于王官,只有胡适反其说而立论。马一浮当然知道这是一个不能逾越的问题,于是采用注解的方式,对诸子是否出于王官的问题,做出了尽可能的考证性辨析。他写道:

> 《学记》:"师严然后道尊,道尊然后民知敬学。是故君之所不臣于其臣者二:当其为尸,则弗臣也;当其为师,则弗臣也。大学之礼,虽诏于天子,无北面,所以尊师也。"此明官、师有别,师之所诏并非官之所守也。(《周礼》司徒之官有"师氏掌以媺诏王","保氏掌谏王恶"。凡"王举则从,听治亦如之"。师氏"使其属率四夷之隶,各以其兵服守王之门外,且跸"。保氏"使其属守王闱"。此如后世侍从之官。郑注《冢宰》"以九两系邦国之民","师以贤得民","儒以道得民",乃以诸侯之师氏、保氏当之,变保为儒,此实于义乖舛,不可从。)《论语》:"温故而知新,可以为师矣。"又语子夏:"汝为君子儒,毋为小人儒。"此所言师、儒,岂可以官目之邪?《七略》旧文某家者流出于某官,亦以

---

① 马一浮:《论六艺该摄一切学术》,《马一浮集》第一册,第12—13页。

其言有关政治，换言之，犹曰某家者可使为某官。如"雍也，可使南面"云尔，岂谓如书吏之抱档案邪？如谓道家出于史官，今《老子》五千是否周之国史？墨家出于清庙之守，今墨书所言并非笾豆之事。此最易明。吾乡章实斋作《文史通义》，创为"六经皆史"之说，以六经皆先王政典，守在王官，古无私家著述之例，遂以孔子之业并属周公，不知孔子"祖述尧舜，宪章文武"，乃以其道言之。若政典，则三王不同礼，五帝不同乐，且孔子称《韶》《武》，则明有抑扬，论十世，则知其损益，并不专主于"从周"也。信如章氏之说，则孔子未尝为太卜，不得系《易》；未尝为鲁史，亦不得修《春秋》矣。《十翼》之文，广大悉备，太卜专掌卜筮，岂足以知之；笔削之旨，游、夏莫赞，亦断非鲁史所能与也。"以吏为师"，秦之弊法，章氏必为回护，以为三代之遗，是诚何心！今人言思想自由，犹为合理。秦法"以古非今者族"，乃是极端遏制自由思想，极为无道，亦是至愚。经济可以统制，思想云何由汝统制？曾谓三王之治世而有统制思想之事邪？惟《庄子·天下篇》则云："古之道术有在于是者，（某某）[墨翟、禽滑厘]闻其风而说之。"乃是思想自由自然之果。所言"道德不一，天下多得一察焉以自好""各为其所欲[焉]以自为方""道术将为天下裂"，乃以"不该不遍"为病，故庄立道术、方术二名。（非如后世言方术当方伎也。）是以道术为该遍之称，而方术则为一家之学。谓方术出于道术，胜于九流出于王官之说多矣。与其信刘歆，不如信庄子。实斋之论甚卑而专固，亦与公羊家孔子改制之说同一谬误。且《汉志》出于王官之说，但指九家，其叙六艺，本无此言，实斋乃以六艺亦为王官所守，并非刘歆之意也。略为辨正于

马一浮和"六艺论"

此,学者当知。①

　　这在马一浮的著作中是难得一见的考证和论辩性文字,其驳刘歆,自有其理据;驳章学诚则嫌证据不足,他说系手边"无书翻检"所致②。章氏"六经皆史"说,是好大的一个判断,其目的在化"经"为"史",削弱"经"的君临地位。站在维护"六艺"的立场,驳章是必然的。但胡适的《诸子不出于王官论》③,则嫌推理多而证据不足。相比之下马一浮的驳论,似更具说服力。值得注意的是,马先生对章学诚在《文史通义》里把秦的"以吏为师"作为"官师治教,未尝分歧为二"④的理由,表示了极大的愤慨,认为他的这位同乡违背了思想自由的学术原则,乃至于发出质问:"'以吏为师',秦之弊法,章氏必为回护,以为三代之遗,是诚何心! 今人言思想自由,犹为合理。秦法'以古非今者族',乃是极端遏制自由思想,极为无道,亦是至愚。经济可以统制,思想云何

---

① 马一浮:《论六艺该摄一切学术》,《马一浮集》第一册,第13—14页。
② 马一浮:《致熊十力》第八函(1938年7月),《马一浮集》第二册,第530页。
③ 胡适:《诸子不出于王官论》,《胡适全集》第1卷,安徽教育出版社2003年版,第244—251页。
④ 章学诚在《文史通义·原道中》里说:"后世服夫子之教者自六经,以谓六经载道之书也,而不知六经皆器也。《易》之为书,所以开物成务,掌于《春官》太卜,则固有官守而列于掌故矣。《书》在外史,《诗》领大师,《礼》自宗伯,乐有司成,《春秋》各有国史。三代以前,《诗》、《书》六艺,未尝不以教人,不如后世尊奉六经,别为儒学一门,而专称为载道之书者。盖以学者所习,不出官司典守,国家政教;而其为用,亦不出于人伦日用之常,是以但见其为不得不然之事耳,未尝别见所载之道也。夫子述六经以训后世,亦谓先圣先王之道不可见,六经即其器之可见者也。后人不见先王,当据可守之器而思不可见之道。故表彰先王政教,与夫官司典守以示人,而不自著为说,以致离器言道也。(转下页)

由汝统制？曾谓三王之治世而有统制思想之事邪？"马一浮的著作中很少有如此声色俱动的语词，温文如马先生，在面对思想的自由原则时，也要发出迹近破雅的诉求。

马一浮不仅认为"六艺"统摄中国的一切学术，而且认为西来学术也可以统于"六艺"之内。他说："六艺不唯统摄中土一切学术，亦可统摄现在西来一切学术。举其大概言之，如自然科学可统于《易》，社会科学（或人文科学）可统于《春秋》。因《易》明天道，凡研究自然界一切现象者皆属之；《春秋》明人事，凡研究人类社会一切组织形态者皆属之。"①本来论证西来学术也统于"六艺"是尤为困难的问题，但看了马先生列举的理由，我们反倒将疑而有信了。因为他说《易》讲天道、《春秋》讲人事，那么自然科学也好，人文社会科学也好，所研究的对象，还能逾出"人事"和"天道"的范围吗？所以，作为自然科学家的浙大校长竺可桢先生，听了马先生的讲论之后，也表示"其理亦甚明显"（前面已具引）。那么我们似的门外汉，就不必多所质疑了。何况，马先生的另一个命题是"六艺统摄于一心"，举凡世间任你什么学术，还能够与这个"心之全体大用"分离开吗？

（接上页）夫子自述《春秋》之所以作，则云：'我欲托之空言，不如见诸行事之深切著明。'则政教典章，人伦日用之外，更无别出著述之道，亦已明矣。秦人禁偶语《诗》《书》，而云'欲学法令，以吏为师'。夫秦之悖于古者，禁《诗》《书》耳。至云学法令者，以吏为师，则亦道器合一，而官师治教，未尝分歧为二之至理也。"见章著《文史通义》上册，中华书局1985年版，第132页。按章氏所论意在说明古代道器合一的情形，自然不是全无道理，但行文中居然说"秦之悖于古者，禁《诗》《书》耳。至云学法令者，以吏为师，则亦道器合一，而官师治教，未尝分歧为二之至理也"，则激怒了大儒马一浮，认为这是为秦之弊法回护。

① 马一浮：《论西来学术亦统于六艺》，《马一浮集》第一册，第21页。

马一浮和"六艺论"

马一浮于此写道："吾人性量本来广大，性德本来充足，故六艺之道即是此性德中自然流出的，性外无道也。"又说："就其真实无妄言之，则曰至诚；就其理之至极言之，则曰至善。故一德可备万行，万行不离一德。知是仁中之有分别者，勇是仁中之有果决者，义是仁中之有断制者，礼是仁中之有节文者。信即实在之谓，圣即通达之称，中则不偏之体，和则顺应之用，皆是吾人自心本具的。"这就是"六艺统摄于一心"的含义。大关键是，诚、善、知、勇、礼、义、信、圣、中、和这些德谓，或者曰性德，都是人的自心所具有的，不是他者外加的。因此可以看作是"本然之善"。而"本然之善"也就是"天命之性"，也就是事物之"理"。而六艺之道纯是义理，其发用之点在于："使人自易其恶，自至其中，便是变化气质，复其本然之善。"马一浮因此归结说："此理自然流出诸德，故亦名为天德。见诸行事，则为王道。六艺者，即此天德王道之所表显。故一切道术皆统摄于六艺，而六艺实统摄于一心。"又说："曰圣曰仁，亦是因果相望，并为总相。总不离别，别不离总，六相摄归一德，故六艺摄归一心。圣人以何圣？圣于六艺而已。学者于何学？学于六艺而已。大哉，六艺之为道，大哉，一心之为德。"[①]

五 "六艺之道"炳然常存

盖马一浮的"六艺论"，是追寻我国学术思想的经典源头，回归到中华文化的原典精神。因为一国一族的文化之开新启运，必伴随

[①] 马一浮：《论六艺统摄于一心》，《马一浮集》第一册，第18—21页。

着一次回归原典的精神重构过程。也就是辨明文化身份，知道从哪里来，才知道到哪里去。换言之是在攘乱纷繁的现相世界重新发现自己的角色意义。不是不需要不同文化系统之间的对话与交流，也不是不需要文化的嫁接和移植，但一个"文明体"国家，它的精神的主体价值必与本民族的文化传统血脉相传和相接。特别在国家危难、民族蹇艰的历史时刻，尤须从民族文化的经典中汲取力量的源泉。

而且马一浮还把六艺之道看作是人类的共德。他说："若使西方有圣人出，行出来的也是这个六艺之道，但是名言不同而已。"①又说："西方哲人所说的真、善、美，皆包含于六艺之中，《诗》、《书》是至善，《礼》、《乐》是至美，《易》、《春秋》是至真。《诗》教主仁，《书》教主智，合仁与智，岂不是至善么？《礼》是大序，《乐》是大和，合序与和，岂不是至美么？《易》穷神知化，显天道之常；《春秋》正名拨乱，示人道之正，合正与常，岂不是至真么？诸生若于六艺之道深造有得，真是左右逢源，万物皆备。所谓尽虚空，遍法界，尽未来际，更无有一事一理能出于六艺之外者也。吾敢断言，天地一日不毁，人心一日不灭，则六艺之道炳然常存。世界人类一切文化最后之归宿必归于六艺，而有资格为此文化之领导者，则中国人也。"②这等于说，"六艺之道"是一种具有普世价值的思想，不独适合于中国，于世界于全体人类也是适用的，或至少应该成为华夏儿女与世界上各种不同的文化系

---

① 马一浮：《论西来学术亦统于六艺》，《马一浮集》第一册，第23页。
② 同上，第23—24页。

马一浮和"六艺论"

统对话的可依凭的思想资源。世界各国的文化，异则异之，同则同之。在归德、归教、归仁、归义这点上，各个不同的文化系统应该异中有同，所不同者不在学和理和道，而是形式与名言的不同。

马先生不愧是诗人，他为了激励青年人的精神意志，已经在用诗的语言来展望人类文化未来之前景了。他所以这样讲，应直接与"吾国家民族被夷狄侵凌"的大背景有关。笔者虽不敢完全断定，马先生对人类文化的未来所作之预期是否能够完全成为现实，但他欲使青年知识分子对自己的文化经典有一种期许，对民族文化具一份信心，从而"动心忍性"，造成我中华多难兴邦的机遇，其情理之初衷初意，自是苦心孤诣，用心良苦。亦因此，马一浮在开讲"六艺"之前，先介绍并讲解张载的"为天地立心，为生民立命，为往圣继绝学，为万世开太平"的"四句教"，目的也是欲使青年人"养成刚大之资，乃可以济蹇难"[①]。孰谓玄言义理不切于事情？在马先生非是也，在"六艺"非是也。

故马一浮说："今当人心晦盲否塞，人欲横流之时，必须研究义理，乃可以自拔于流俗，不致戕贼其天性。"又说："学者当知，圣学者，即是义理之学，切勿以心性为空谈而自安于卑陋也。"[②]

马一浮在浙江大学主持国学讲座、讲论"六艺之学"的时间并不长，1938年3月底抵江西泰和，五个月后，即当年的9月下旬至10月上旬，因寇氛紧逼，浙大即由江西迁移至广西宜山，马先生亦随同前往。宜山是古所谓瘴疠之地，环境不如泰和，师生病员大

---

① 马一浮：《横渠四句教》，《马一浮集》第一册，第8页。
② 同上，第7页。

增。马先生亦尝小病。竺可桢校长病历多日,至11月14日全校开课之时,他还因食物中毒而大吐不止。他的发妻在离开泰和前也不幸病故。抗战时期大学之备尝艰辛,可想而知。然环境虽恶,教学与研究的学术秩序一直得到维持,马一浮所称颂的"弦诵不辍",在浙江大学的搬迁过程固未尝有停也。

六 "尚亨于野,无吝于宗"

1938年11月23日,马一浮的国学讲座又在宜山开讲,地点在文庙,讲题为《说忠信笃敬》。开讲伊始,马先生先致感慨,说道:"前在泰和得与诸君共讲论者数月,不谓流离转徙,今日尚得到此边地重复相聚,心里觉得是悲喜交集。所悲者,吾国家民族被夷狄侵凌到此地步,吾侪身受痛苦,心怵危亡,当思匹夫有责,将何以振此垂绝之绪,成此恢复之业,拯此不拔之苦,今实未能,焉能不悲?所喜者,虽同在颠沛之中,尚得有此缘会,从容讲论,得与诸君互相切磋,不可谓非幸。"又说:"校长暨教授诸先生不以某为迂阔,仍于学校科目之外,约某继续自由讲论。此虽有似教外别传,却是诸法实相,圣贤血脉,人心根本。诸君勿仅目为古代传统思想,嫌其不合时代潮流。先须祛此成见,方有讨论处。"[①]可谓情真意切,苦口婆心。

竺可桢校长与闻了此次演讲,当天日记有载云:"三点半至指挥部晤岑兆熊,不值。至文庙听马一浮讲六艺要旨。谓立国致用,当以立身行己着手。孔子所谓'言忠信,行笃敬,虽蛮貊之邦行

---

① 马一浮:《宜山会语》,《马一浮集》第一册,第54页。

矣。言不忠信，行不笃敬，虽州里，行乎哉'云云。"①竺可桢所记显然是此次讲论的后半部分，前面的部分，还是强调一切学术都统于六艺，而六艺之根本，则是"吾人内心所具之义理"。因此"天下万事万物，不能外于六艺，六艺之道，不能外于自心"。黄宗羲说的"盈天地间皆心也"，马一浮极为赞赏，但他说："盈天地间皆六艺也。"他批评了一味向外驰求的学问风气，主张"求道会物归己"。而所求之道无他，"六艺"而已。"向外求"和"向内求"，这是两种根本不同的学风。对二十世纪流行的考据学，他也不免略有微词了："其有知治经者，又只为客观的考据之学，方法错误，不知反求自心之义理，终无入头处。"②

所谓史学的立场和哲学的立场的分别，我们在这里又看到了。考据学当然不可废，但就"六艺之道"而言，首先不是考据的问题，而是体究省发的问题。在马先生看来，自身之义理一旦省发体究，"一念回机，便同本得，方知此是诚谛之言，方不辜负自己，不辜负先圣，此是夷狄所不能侵，患难所不能入的。"能达致此效果者，应该已经就是"六艺之人"了。如前所说，"六艺之人"和做一个现代人并无矛盾。故马一浮强调："天地一日不毁，此心一日不亡，六艺之道亦一日不绝。"③

马一浮在宜山的讲论，汇为《宜山会语》一书，共九篇文字，除第一讲的《说忠信笃敬》，另有《释学问》、《颜子所好何学论》、《说视听言动》、《居敬与知言》、《涵养致知与止观》、《说止》、

---

① 《竺可桢全集》第6卷，"日记一集"，上海科学技术出版社2005年版，第617页。
② 马一浮：《说忠信笃敬》，《马一浮集》第一册，第55页。
③ 同上。

《去矜上》、《去矜下》，以及附录的《拟浙江大学校歌》。所讲当然不出"六艺之学"的范围，但侧重点与《泰和会语》已有不同。《泰和》主要讲"六艺"的源流和大旨，侧重"六艺之道"，《宜山会语》则主要讲成为"六艺之人"须做好哪些方面的准备和经过哪些过程。换言之，今人学"六艺"，应怎样收拾安顿好自己的精神主体，是一大关键。这一方面，马一浮给出了一个名称，叫作"义理名相论"，这是他在学理上的一大发明，使他的"六艺之学"有了属于自己的学问体系。兹事体大，已另为专题探讨，此处不具。

但浙大由泰和转徙宜山前后，有两件事于马先生于浙大都殊堪一记。

第一件事，1938年6月26日，浙大在泰和举行第十一届毕业典礼，马先生应邀向师生演讲，他提出了足可令人清明理性的思想："国家生命所系，实系于文化，而文化根本在思想。从闻见得来的是知识，由自己体究，能将各种知识融会贯通，成立一个体系，名为思想。"[1]知识学问界人人都在使用"思想"一词，但什么是思想呢？马一浮给出了一个定义。原来人们从闻见（包括经验和读书）得来的仅仅是知识，不管得到的知识有多么丰富，并不意味着已经有了思想。只有经过自己的"体究"，将得来的"各种知识融会贯通"，而且还要形成"一个体系"，这才有可能成为思想。简言之，人们在体究各种知识的基础上形成自己的见解，见解人人都有，有了系统的见解，才算是有了思想。而当思想诉诸学术形态之时，就有了学术思想。六艺之学是吾国学术思想的最高典范，其珍贵重要可想

---

[1] 马一浮：《对毕业诸生演词》，《马一浮集》第一册，第50页。

而知。因此完全可以说，学术思想的兴衰是关系到一个国家和民族的生死存亡的一件大事。"国家生命所系，实系于文化，而文化根本在思想"之判语，讲的是实理，而非马先生故作高言危论。此次演讲实际上是对"六艺论"的补论与发挥。

马先生同时还有一篇文字稿《赠浙江大学毕业生序》，发给参加毕业典礼的师生。本来竺可桢校长担心学生不一定听得懂，看到有文字稿放心了[①]。其实马先生所讲和所写，是两篇不同的内容。《赠序》对知识分子，即古时所谓的"士"，作了独特的解释。他引《大戴礼记》所载孔子的话为说："所谓士者，虽不能尽道术，必有所由焉；虽不能尽善尽美，必有所处焉。是故知不务多而务审其所知，行不务多而务审其所由，言不务多而务审其所谓。知既知之，行既由之，言既顺之，若性命肌肤之不可易也。富贵不足以益，贫贱不足以损，若此则可谓士矣。"[②]这里的"审其所知"、"审其所由"、"审其所谓"三个层次，最为重要。他说"所知是思想主要点，所由是行为所从出的动机，所谓是言论之意义"，并将"所知"、"所由"、"所谓"和过去、现在、未来"三世"联系起来。此可知马一浮先生对思想义理是何等精通，而且知行合一，为一事，出一言，下一字，绝不敷衍从事。

值得注意的是，此次浙大的毕业典礼，还唱诵了"横渠四句教"，显然是马一浮的主张，而曲调则是马先生请丰子恺觅人所

[①] 1938年6月26日竺可桢日记载："唱毕，马一浮演讲，渠所讲学生不易解，幸事先印有《赠浙江大学毕业生序》。"见《竺可桢全集》第6册，"日记一集"，第540页。

[②] 《赠浙江大学毕业诸生序》，《马一浮集》第一册，第49页。

谱写①。这使传统学府所谓"弦诵不辍"的大雅之风成为现实。战乱颠沛之际，而有此盛举，固然是竺可桢校长的通达所致，然则如没有马一浮先生的创意，他所讲论的"六艺之教"的熏陶，"礼"与"乐"竟能成此合章，万无此种可能。况张载"为天地立心，为生民立命，为往圣继绝学，为万世开太平"的四句教言，用于山河破碎、避难励学情境下的大学典礼，恰当如仪莫此为最。此是第一件事。

第二件事，马一浮尝为浙江大学写作校歌。《竺可桢日记》1938年11月19日载："午后睡一小时。三点开校务会议，报告迁移经过及新生考取情形（计已发表者已达六百余人之多），及师范学院之成立等。……决定校训为'求是'两字，校歌请马一浮制。"②则请马先生写作校歌，是浙大校务会议的决定。多抄录数语，是为让读者顺便知道，那样的战时，大学招生依然有序地进行，而且录取者有六百人之多，报考者还不知多到凡几。这样的民族，岂强寇所能战胜哉。下面是马一浮所拟《浙江大学校歌》的歌词全文：

> 大不自多，海纳江河。惟学无际，际于天地。形上谓道兮，形下谓器。礼主别异兮，乐主和同。知其不二兮，尔听斯聪。
>
> 国有成均，在浙之滨。昔言求是，实启尔求真。习坎示教，始见经纶。无曰已是，无曰遂真。靡革匪因，靡故匪新。何以新之，开物前民。嗟尔髦士，尚其有闻。

---

① 马一浮：《致丰子恺》（1938年6月6日）云："前承惠大树画并萧而化君制横渠四句教曲，深荷不以老朽之言为迂阔。"《马一浮集》第二册，第565页。此可知谱曲者为名萧而化者。

② 《竺可桢全集》第6卷，"日记一集"，第614—615页。

马一浮和"六艺论"

念哉典学，思睿观通。有文有质，有农有工。兼总条贯，知至知终。成章乃达，若金之在镕。尚亨于野，无吝于宗。树我邦国，天下来同。①

歌词分三章，首章昭示大学之包容，天地、江河、道器，"体用一原"，所以"明教化之本"。而"礼乐"则是大学的精神秩序，亦是此校歌之作的义理源泉。次章明大学的理念，求真求是，"靡故匪新"。"无曰"四句，"明义理无穷，不可自足"，可见勖勉之殷。末章言大学为教之分合统类，归于会通，虽徒旷远，亦须大公，而杜绝学术的门户之见。歌词所用典故，悉取自《诗经》、《书经》、《礼记》、《乐记》、《论语》、《孟子》诸载籍，可见此校歌之制作，实际上是"六艺之教"的一次具体实施。

马一浮为校歌之制作写有一篇"按语"，逐次说明歌诗之立意及各章要旨并所引古典之寓意来源。在解释末章"无吝于宗"一语时，对学术之宗派门户尤所措意，写道："宗者，族党之称，谓私系不忘，则畛域自封，终陷褊狭之过，故吝。"又说："学术之有门户，政事之有党争，国际之有侵伐，爱恶相攻，喜怒为用，皆是'同人于宗'，致吝之道。学也者，所以通天下之志，故教学之道，须令心量广大，绝诸偏曲之见，将来造就人才，见诸事业，气象必迥乎不同，方可致亨。"②此又是"六艺"之理，孰谓我们传统的经典至道不切于事情？而词涉处理歌诗之内容和抗战之环境的

---

① 马一浮：《浙江大学校歌》，《马一浮集》第一册，第98页。
② 马一浮：《拟浙江大学校歌》附说明，《马一浮集》第一册，第100—101页。

关系之原则时，马先生更道出超越时俗世俗之学者特见，他说：

> 又抗战乃一时事变，恢复为理所固然。学校不涉兵戎，乐章当垂久远。时人或以勾践沼吴为美谈，形之歌咏，以寓复兴之志，亦是引喻失义。若淮夷率服，在泮献功，自系当来之事，故抗战情绪不宜羼入歌辞。文章自有体制，但求是当，无取随人。①

兹敢断言，如不是马一浮先生，当时很少有人能讲出"学校不涉兵戎"、"抗战情绪不宜羼入歌辞"这样直白无隐的话。至于今天更可想而知。问题是，马先生能够讲出固然不容易，尤其不容易者，是包括竺可桢校长在内的诸教授贤达，一律都予认同。马先生甚至对当时艺文界流行的"卧薪尝胆"主题提出疑问。盖流行者和反映民众一时之情绪者，不一定是学理求真之所必然，学者的论说空间不应因普遍的时俗而缩小。所谓"体用一原，显微无间，道器兼该，礼乐并得，以救时人歧而二之之失"②，即是此义。

七 "救得一分是一分"

校歌之制作和学校毕业典礼上唱诵"横渠四句教"，两事均涉及大学之为教和"礼乐"的关系。而"礼乐"是"六艺"的核心，马一浮直接投身两事，应非偶然。他在浙大的"六艺"讲论，并非所

---

① 马一浮：《拟浙江大学校歌》附说明，《马一浮集》第一册，第101页。
② 同上，第99页。

有听讲者都能够领会。即使一向支持马先生的竺可桢校长，有时也难免不无疑虑。那是1938年的12月8日，竺可桢在《新民族》杂志上看到一篇对儒学有所批评的文章，认为孔子所谓"危邦不入，乱邦不居"，是"使人趋于自私自利之一途"，他表示这些话正好与他的想法"相合"。同时他又想到："马一浮讲学问固然渊博，但其复古精神太过，谓'古之学者为己，今之学者为人'，以为人为非，而为己为是，则谬矣。"① 显然竺可桢对孔子"为己之学"的论述缺乏了解，从而误会了马一浮的取义。提倡"为己之学"是保持学者独立的必要条件，其与"为人"、"为己"的表面是非根本没有关系。中国秦汉以后长期缺少学术独立的传统，晚清学人如严复等受西方学术思想的影响，旋又重提孔子之旧说，以"为己之学"为学术独立之代名词。

笔者在《竺可桢日记》里看到相关记载，心情颇为矛盾，甚至不忍提撕分疏此事。现稍及此只有一个目的，即让读者明白，马一浮战乱之时讲六艺于浙江大学，听者既无多士，真知者更乏其人。他在到泰和不久写给弟子王星贤的信里写得明白："此间诸友，其知我自不如叶先生，然其意亦良厚。竺祭酒廉谨有余，余子亦各有所长。大都质美而未学，似难骤与适道。衲僧家每谓达磨东来只觅一个不受人惑的人。吾行天下，亦只明得一义，觉人我之间本无间隔，但习气差别万殊，浅深不同，卒难与除。若今心习顿尽，则全体是性，更有何事。此程子所以言我这里只有减法，减尽便无事也。今学校正是习气窠窟，吾持此术以往，真乃

---

① 《竺可桢全集》第6卷，"日记一集"，第624页。

驱耕夫之牛，夺饥人之食。然吾不能变其彀律，救得一分是一分也。"[1]他感到浙大诸贤，人品佳，但对于学问，则谈不上，故有"质美而未学"的考语。至于进而入之于"道"，就更困难了。这种情形直到马一浮离开浙大，也未见根本改变。值得注意的是称大学为"习气窠窟"的判语，置诸七十年后的今天，是否已不应该再用此语，吾未敢必也。

2005年仲秋初稿，2008年7月16日改订定稿

（原载《中国文化》2008年秋季号）

---

[1] 马一浮：《至王培德星贤》(1938年4月3日)，《马一浮集》第二册，第847页。

马一浮的"义理名相论"

马一浮的《泰和会语》和《宜山会语》，是他1938年4月至1939年2月在浙江大学举办国学讲座的文字结集。所讲论的主要题旨为"六艺论"。但《泰和会语》的最后两篇，一为《理气——形而上之意义》，一为《知能》，这两篇的题目下面都标有副题，分别作"义理名相一"和"义理名相二"。而《宜山会语》中，更有六篇带有此种标谓，分别是《说视听言动——续义理名相一》、《居敬与知言——续义理名相二》、《涵养致知与止观——续义理名相三》、《说止——续义理名相四》、《去矜上——续义理名相五》、《去矜下——续义理名相六》。这种标谓说明马一浮对此一部分内容有特殊的学理观照。

虽然这部分内容仍然属于"六艺论"的范围，但理念和方法上，实际上是马一浮建构的融通儒佛而又辅以因明之学的新义理学说。如果说"六艺论"的旨趣在于追溯中国学术思想的经典源头，祖述与重建先秦儒家义理学说的思想结构，"义理名相论"则是马先生独自发明的可以施之于教的对"六艺"义理的阐扬与发明，不妨称之为新义理学说。"六艺之道"、"六艺之教"和"六艺之人"，是马一浮"六艺"学说的义理内涵及功能构成。"六艺之道"是指《诗》、《书》、《礼》、《易》、《乐》、《春秋》"六艺"的义理内涵，经过孔、孟先儒的阐发而成为日用常行之实理。"六艺之教"是将"六艺"施之于人的涵养教化过程。而"六艺之人"则是实施"六艺之教"的化成之果。问题是"六艺之教"的教化与化成的过程是怎样具体展开的,以及如何运乎一心而能够更好地为受教之人所接受,亦即怎样施教才能育成"六艺之人",这是"义理名相论"所要回答的问题。

一 分析名相和排遣名相

请先释何为义理名相。"义理"一词是中国学术思想史上的惯常用语。早期有伦理规范、行事规则的意思。故《韩非子·难言》:"度量虽正,未必听也;义理虽全,未必用也。"[1]董仲舒《春秋繁露·五行顺逆》:"故动众兴师,必应义理,出则祠兵,入则振旅,以闲习之。"[2]此两处之义理,兼有道理、理由的义涵。《吕氏春秋·孟秋纪第七·怀宠》:"义理之道彰,则暴虐、奸诈、侵夺之术息也。暴虐、奸诈之与义理反也,其势不俱胜,不两立。"[3]此处之义理,宜有道义、正义的意思。有时则指理性,如《论衡·书虚篇》:"圣人不能使鸟兽为义理之行,公子何人,能使鹊低头自责?"[4]有时则专指儒家经典的理性内涵,如贾谊《新书·保傅》:"心未滥而先谕教,则化易成也;夫开于道术,知义理之指,则教之功也。"[5]贾谊此语并标示,"六艺之教"的

---

[1] 《韩非子·难言》,《诸子集成》第五册之《韩非子集解》,中华书局1954年版,第14页。
[2] 董仲舒:《春秋繁露·五行顺逆》,《春秋繁露义证》,中华书局1993年版,第375页。
[3] 《吕氏春秋·怀宠》,中华书局2011年版,上册,第212页。
[4] 王充:《论衡·书虚篇》,《论衡校释》第一册,中华书局1990年版,第189页。
[5] 贾谊:《新书·保傅》,《新书校注》,中华书局2000年版,第186页。

马一浮的"义理名相论"

切要之点是要明经术的义理。

但不应忽略,"义理"一词的来源,实出自《易经》的"说卦",其词云:"昔者圣人之作易也,幽赞于神明而生蓍,参天两地而倚数,观变于阴阳而立卦,发挥于刚柔而生爻,和顺于道德而理与义,穷理尽性以至于命。"[①]这里的"和顺于道德而理与义"一语,其中的"理与义"即为义理的互文。故孟子论述此义时说道:"口之于味也,有同耆焉;耳之于声也,有同听焉;目之于色也,有同美焉。心之所同然者何也?谓理也,义也。圣人先得我心之所同然耳。故理义之悦我心,犹刍豢之悦我口。"(《孟子·告子上》)《易》之"说卦"的"理与义"应为孟子言说之所从出。后世在使用上习惯于将"义理"与"章句"、"学问"对举,如《汉书·刘歆传》:"及歆治左氏,引传文以解经,转相发明,由是章句、义理备焉。"[②]此处已把"章句"和"义理"并列。小程子论学则云:"古之学者一,今之学者三,异端不与焉。一曰文章之学,二曰训诂之学,三曰儒者之学。欲趋道,舍儒者之学不可。"[③]"儒者之学"即义理之学,显然伊川是把义理、训诂、文章,作为为学的三要素了,而且将"儒者之学"即义理置于最重要的地位。清儒尤重此三者的关系,视为学问构成的必要条件。戴震说:"古今学问之途,其大致有三:或事于义理,或事于制数,或事于文章。"并说"事于文章者"是"等而末者"[④]。段玉裁引戴

[①] 《周易·说卦》,黄侃手批《白文十三经》,上海古籍出版社1983年版,第50页。
[②] 《汉书·刘歆传》,中华书局标点本。
[③] 《二程集》上册,中华书局1981年版,第187页。
[④] 戴震:《与方希原书》,《戴震集》,上海古籍出版社2009年版,第189页。

氏说文辞稍有出入,作:"有义理之学,有文章之学,有考核之学。义理者,文章、考核之源也。熟乎义理,而后能考核,能文章。"①这应该是戴氏晚年的看法,已置义理为学问之源,居三要素之首;中年时期他更重视制数、考核之学,文章为末者未尝有变。此正如章学诚所说:"风气之开也,必有所以取,学问、文辞与义理,所以不无偏重畸轻之故也。"②

义理讲论最多而成一代之学的是宋儒。张载、二程、朱子之学,实即义理之学。程颐曾经说过:"今人若不先明义理,不可治经。"③朱熹则说:"今人不去讲义理,只去学诗文,已落第二义。"④张载也说:"义理之学,亦须深沈方有造,非浅易轻浮之可得也。"⑤所以马一浮先生写道:"濂、洛、关、闽诸儒,深明义理之学,真是直接孔孟,远过汉唐。"又说:"学者当知圣学者即是义理之学,切勿以心性为空谈而自安于卑陋也。"⑥马先生的学问,宋学是直接的源头之一,特别是朱子之学,尤为他所看重。这就是何以他会提出"义理名相论"命题的缘由。

次释何为名相。名相为佛学概念,无须征引佛典案例,只以马先生的论证为说即可明了。马先生告诉我们,要研究六艺,必须以义理为主。本来六艺的道理是人人都有的,但不通过证悟,无法得

---

① 段玉裁:《戴东原集序》,《戴震集》附录,上海古籍出版社2009年版,第452页。
② 章学诚:《文史通义·原学下》上册,中华书局,第154页。
③ 《二程集》上册,中华书局1981年版,第13页。
④ 《朱子语类》第八册,中华书局1986年版,第3334页。
⑤ 张载:《经学理窟·义理》,《张载集》,中华书局1978年版,第273页。
⑥ 马一浮:《泰和会语·横渠四句教》,《马一浮集》第一册,浙江古籍出版社1996年版,第7页。

以显现。何谓证悟？就是不依赖闻见得来的知识，而是向内体究，与自性的义理相接。马先生说："体是反之自身之谓，究是穷尽所以然之称。"也可以叫作"体认"、"体会"、"察识"。而此一"体究"的过程，重要的是要"引入思维"。而思维，则需要通过"名言"："名言是能诠，义理是所诠。""名言"无他，无非是语言、符号、名称、概念而已。学者欲明了义理的内涵，须通过语言、符号、名称、概念来加以诠解。所以义理是"名言"诠解的对象。而诠解的作用，主要在"明其相状"，故叫作"名相"。解释到这一层，马先生犹感意犹未了，于是进而取譬而言之曰：

> 名相即是言象道理。譬如一个人，名是这个人的名字，相即状貌。譬如其人之照相，如未识此人之前，举其名字，看他照相，可得其仿佛。及亲见此人，照相便用不着，以人之状态是活的，决非一个或多个之照相所能尽。且人毕竟不是名字，不可将名字当作人。识得此人，便不必定要记他名字也。故庄子云："得意忘象，得意忘言。"《易》传曰："书不尽言，言不尽意。"老子曰："道可道，非常道；名可名，非常名。"皆是此意。得是要自得之，如今所讲，也只是名字和照相。诸君将来深造自得，才是亲识此人，不特其状貌一望而知，并其气质性情都会明了，那时这些言语也用不着。[①]

[①] 马一浮：《理气——形而上之意义》（义理名相一），《马一浮集》第一册，1996年，第37页。

马先生如此具体而微地连类取譬,我们应该明白什么是名相了。原来就如同一个人的名字和照相,"名"字即这个人的符号,所照之"相"则是这个人的形状和面貌。照片固然可以看到这个人的影像大概,但其人的气质性情却无法通过照片知晓。只有认识了这个人,才能了解其内在品质。内在品质识得了,其名字就可以忽略不计了。这就如同庄子所说的"得意忘象,得意忘言"。完全识得这个人的心性、禀赋、性格,不仅名字,甚至他的语言符号也变得不那样重要。此一境界的呈现,是"得意忘象",也是"得意忘言"。

马一浮"义理名相论"的学术旨归,是通过分析名相而识得六艺的义理内涵和中国学术的本原。然而为学者有多少人被义理的名相所羁绊,在名词术语里打圈圈,始于名相,止于名相,终于名相。此不止吾国学界,西方亦如是。贺麟先生说:"现代西洋哲学,大都陷于支离繁琐之分析名相。能由分析名相而进于排遣名相的哲学家,除怀惕黑教授外,余不多觏。"[1]章太炎先生回顾自己早期的为学经历,涉及研习释氏之学的心得,因写道:"及囚系上海,三岁不觌,专修慈氏、世亲之书。此一术也,以分析名相始,以排遣名相终,从入之途与平生朴学相似,易于契机。解此以还,乃达大乘深趣。私谓释迦玄言,出过晚周诸子不可计数,程朱以下,尤不足论。"[2]世亲与无著是印度佛学唯识一派的创始人,能够始于分析名相而终于排遣名相,太炎先生是体会到并发生了共

---

[1] 贺麟:《当代中国哲学》,《民国丛书》第三编第五辑,上海书店影印,第7页。
[2] 章太炎:《菿汉微言》,《章氏丛书》下册,世界书局,第960页。

鸣，并给佛氏义学以超过诸子、不论程朱的极高评价，所以贺麟赞许章的学问达到了圆融超迈的境界。

马一浮先生的学问境界，与太炎先生殊途，其对佛氏的体认两人虽不无同归之点，但在马先生佛学属于他的毕生之学，殊不认为六艺、诸子、程朱与佛氏义学为扞格不入，所不同者不过是性体义理之名相耳。要说从分析名相始，到排遣名相终，马一浮可谓典范地完成了这一超越过程。而实现此一过程，跟他的佛学造诣直接相关。他以佛氏的义学和禅学为助发，做到了会通儒佛，体用一原，显微无间。"义理名相论"命题的提出与探究，既是马先生实现从分析名相到排遣名相的义理之学的结晶，也是要给来学指示一条达至最终排遣名相的观念与途径。泰和、宜山两《会语》中的《理气》、《知能》、《说视听言动》、《居敬与知言》、《涵养致知与止观》、《说止》、《去矜上》、《去矜下》八篇著论，是马先生为我们提供的如何从分析名相到排遣名相，从而彰显六艺义理真谛的示范，可谓深文奥义，理事双融，不二法门。

二 理气：体用一原

马一浮"义理名相论"命题的展开，是先从纯粹学理的角度，即形而上的层面开始的。马先生说："今欲治六艺，以义理为主。义理本人心所同具，然非有悟证，不能显现。"[①]而悟证并非凭空获得，而是需要通过辨析名相慢慢体究。因为"理"和"性"是看不见的，看见的是"理之相"。魏晋人谈玄，所谈者也只是"理"

[①] 马一浮：《理气——形而上之意义》（义理名相一），《马一浮集》第一册，第37页。

之名相而已。马先生说："若理之本体，即性，是要自证的，非言说可到。"然辨析名相，首在引入思维。思维的过程亦即致知的过程。马先生的方法，是"取六艺中名相关于义理最要而为学者致知所当先务者"，列为一个一个的案例，层层辨析，让读者逐渐感会，以期有所体悟。

马先生认为，《易》是"六艺之原"，为"一切义理之所从出，亦为一切义理之所宗归"。所以谈义理名相，需要从《周易》说起。易有三义，即变易、不易、简易。马先生说："须知变易元是不易，不易即在变易，双离断常二见，名为正见，此即简易也。"可是《易》的三义和"理气"有何关系？《易》之"系辞"云："易简而天下之理得矣，天下之理得而成位乎其中矣。""说卦"又云："圣人之作《易》也，将以顺性命之理。"此两处都从"理"字开始。《易》乾卦"九五"又引孔子语曰："同声相应，同气相求。"声即是气，此处是从"气"字开始。系辞、说卦属《易》的"十翼"，相传为孔子所作，故马一浮说："言理、气皆原于孔子。"《易》系辞又云："形而上者谓之道，形而下者谓之器。""道"跟"理"为同等概念，"器"则是气所凝成。由此可见理、气之不可分。中国古代思想家的"气"论，盈箩盈筐，也有以"气"为万物之本体和本质者。马先生采用的宋儒的观点，认为"理"是寂然不动的，待动之后才有"气"显现。此即伊川所说："以冬至者，气至之始故也。"[1]马一浮写道：

---

[1] 《二程集》上册，中华书局1981年版，第70页。

马一浮的"义理名相论"

　　气何以始？始于动，动而后能见也。动由细而渐粗，从微而至著，故由气而质，由质而形。"形而上"者，即从粗以推至细，从可见者以推至不可见者，逐节推上去，即知气未见时纯是理，气见而理即行乎其中。故曰："体用一原，显微无间。"[①]

　　"理"、"气"的关系还可以沿着反方向走"形而下"的路线，于是变成："有天地然后有万物，有万物然后有男女。""物生而后有象，象而后有滋，滋而后有数。""见乃谓之象，形乃谓之器。""天尊地卑，乾坤定矣。卑高以陈，贵贱位矣。动静有常，刚柔断矣。方以类聚，物以群分，吉凶生矣。在天成象，在地成形，变化见矣。"马先生说："这一串都是从上说下来，世界由此安立，万事由此形成，而皆一理之所寓也。"

　　围绕"理气"的这种上推和下推，上推识"理"，"气"在其中，下推见"气"，"理"在其中。"气"动则能生，生而后有相，相因形而得，故不可无名称。名相不掩理，理自在其中。理、气之不可分，犹名相与义理的不可分。《易》之为道，是义理的渊薮，亦名相之大全。要讲义理和名相的关系，古《易》已垂典立范，故马先生讲论此一议题，处处以《易》理和《易》例为典要。《易》的系辞有云："天地设位，而《易》行乎其中矣"、"乾坤成列，而《易》立乎其中矣"、"乾坤毁，则无以见《易》。《易》不可见，则乾坤或几乎息矣"。马先生说，"系辞"所言的"天地设位"、"乾坤成列"，都是"气见以后之事"。而《易》

[①] 马一浮：《理气——形而上之意义》（义理名相一），《马一浮集》第一册，第39页。

623

"行乎其中"、"位乎其中",指的就是理。"乾坤毁"无以见《易》,是说"离气则无以见理"。换言之,"若无此理,则气亦不存"。"易有太极,是生两仪,两仪生四象,四象生八卦",是说"生之理是无穷的"。"太极未形以前,'冲漠无朕',可说气在理中;太极既形以后,'万象森然',可说理在气中"。"理"的特点是"不堕声色,不落数量",可以"冥符默证",但"难以显说"。若经过"体认"而有"悟入",则"触处全真",即使是"鸢飞鱼跃",也都有"此理之流行",而且是"活泼泼地"。但"鸢飞鱼跃",已经是"气"动而成相,其中之"理"需要人用思维去参究,透过鸢、鱼的动相"悟入"所动之理。

所以理是不变的,动而变者是气。气动而万象纷然,见相知类而有名称。名称不是义理,只是义理的闲名示相。为学者只见名相,不求本原,是为惑于现象,不明体用。《荀子·性恶》说:"言之千举万变,其统类一也。"《易传》的逸文亦云:"得其一,万事毕。"马先生说:"一者何?即是理也。物虽万殊,事虽万变,其理则一。"[1] "义理名相论"命题的提出,在马先生其良苦用心无非欲学者不因分析名相,而忘却返求本源。他说:"近人为学,重在分析名相,不知返求本源,只是分殊而不见理一,见别异而不见和同,故多为偏曲之见。须是从分殊中见理一,从变易中见不易。"[2]

呵呵!作为"义理名相论"第一篇的"理气,形而上的意

---

[1] 马一浮:《泰和会语·举六艺明统类是始条理之事》,《马一浮集》第一册,第25页。
[2] 乌以风辑录:《问学私记》,《马一浮集》第三册,第1180页。

义",马先生的玄理微言,义在斯乎,义在斯乎?斯义无他,盖此"义理名相论"的"理气篇",探讨的是此一名命题的本体论问题。

三 智能:知行合一,性修不二

马一浮义理名相论第二篇《知能》,探讨的是该命题的认识论部分。仍然还是从《易》讲起。《易·系辞传》云:"乾知大始,坤作成物。乾以易知,坤以简能。易则易知,简则易从。易知则有亲,易从则有功。有亲则可久,有功则可大。可久则贤人之德,可大则贤人之业。"马先生解"大始"为"本来自具,故曰大始",解"成物"为"成办万事,故曰成物"。然后写道:"知是本于理性所现起之观照,自觉自证境界,亦名为见地。能是随其才质发见于事为之著者,属行履边事,亦名为行。故知能即是知行之异名,行是就其施于事者而言,能是据其根于才质而言。"[1]

马先生把智能解释为知行。"知是本于理性所现起之观照",即是说"知"从属于"理",性质为"自觉自证境界",不是由闻见得来未经体究的知识。"知"是"慧"的互"相",其"名"可称为"见地"。"见地"是经过自己证悟的真知,是本诸自身义理的"知"的外现,故见得亲切。化而为"能"为"行",也是自然而然、毫不造作之相。人的创造性、创新精神,亦由是而生矣。所以"必是自己卓然有立,与理相应,不随人转,方有功用"[2]。但

---

[1] 马一浮:《泰和会语·智能》(义理名相二),《马一浮集》第一册,第42页。
[2] 同上。

"知本乎性，能主乎修。性唯是理，修即行事，故知行合一，即性修不二，亦即理事双融，亦即'全理是气，全气是理'"[1]。修为固然是一种动而行事之相，然"性修不二"、"性唯是理"、"理事双融"，名相和义理便化而为一了。所以《易》系辞说："天下之动，贞夫一者也。"

知能为人人所有，发挥宜有不同。学问之道，主要在如何尽其知能。圣人之尽其知能，如《易传》所说，可以"仰以观于天文，俯以察于地理，是故知幽明之故。原始反终，故知死生之说。精气为物，游魂为变，是故知鬼神之情状"，是为"知"之事。而"能"之事，莫过《中庸》所说："唯天下至诚，为能尽其性。能尽其性，则能尽人之性。能尽人之性，则能尽物之性。能尽物之性，则可以赞天地之化育。"马一浮先生提示："学者当思圣人所知如此其至，今我何为不知？必如圣人之知，而后可谓尽其知。圣人所能如此其大，今我何为不能？必如圣人之能，而后可谓尽其能。"马先生的"义理名相论"岂徒玄言空理也哉！其实所讲尽为实理。圣人既如此，吾辈学人当如何呢？更应该"尽其知能"。如何"尽其知能"？马先生说，有两种情形都不足以尽其知能，一是"诋心性为空谈，视义理为无用，守闻见之知，得少为足而沾沾自喜者"，另一是"小有器能，便以功业自居，动色相矜"，此两种情形既不足以尽于知，也不足以进于能，宜为进德修业者所深忌。所以如是，马先生提醒我们：因为良知和良能都"有理行乎其间"，义理和名相是统一的，可以因名相而知理，却不能以名相来

---

[1] 马一浮：《泰和会语·智能》（义理名相二），《马一浮集》第一册，第41页。

代替流行于其间的义理。

四 "言行者,君子之枢机"

马一浮义理名相论的第三篇,探讨的是"视听言动"。"视听言动"来源于《论语·颜渊》。颜渊问仁,子曰:"克己复礼为仁。一日克己复礼,天下归仁焉。为仁由己,而由人乎哉。"颜渊又问其目,子曰:"非礼勿视,非礼勿听,非礼勿言,非礼勿动。"[1]马先生对此作了如下解释:

> 视听言动皆礼,即是仁,不须更觅一个仁。因为仁是性德之全,礼即其中之分理。此理行乎气中,无乎不在,人秉是气而能视听言动,亦即秉是理以为视听言动之则。循此理即是仁,违此理即是不仁。《诗》曰:"天生烝民,有物有则,民之秉彝,好是懿德。"礼也者,理也,则也。所以有此礼者,仁也。具此德者,性也。性德之所寓者,气也,即此视听言动四者是也。[2]

按义理名相论的理论来解释,"视听言动"都是因动而成"相",而所成之相皆为"礼"之相,"视听言动"所不可违的规范都是"礼"的义则,也可以归结为"仁"的统摄。因为"仁是性德之全,礼即其中之分理",礼已经包括在"仁"的性德里面了。礼、理、仁、德都属于"性德","性德"寓于"气"中,也

---

[1] 《论语·颜渊》,《论语集释》(程树德撰)下册,中华书局2012年版,第947页。
[2] 马一浮:《宜山会语·说视听言动》(续义理名相一),《马一浮集》第一册,第72页。

就是寓在视听言动里面。"视听言动"这组名相（名称与概念），原来有礼、理、仁、德的义理规范藏于其间。人的"性德"本身是恒久不变的，以不同状态呈现的视听言动则可见出性德修养的粗细雅俗偏全。

"视听言动"的因动而成相，是不拘一格的世界，不仅因"言"、"听"而有声音，还会因"视"而有色彩出现。孟子说："形色，天性也。惟圣人然后可以践形。"（《孟子·尽心上》）孟夫子所言是何意指？马先生论之曰："何谓形色？气之凝成者为形，其变现为色。此犹佛氏所谓法相也，根、身、器、界是形，生、灭、成、坏诸相是色。何谓天性？就其普遍言之曰天，就其恒常言之曰性。又不假人为曰天，本来自具曰性，即《诗》所谓'秉彝'也。践，朱子曰：'如践约之践。'俗言步步踏着之意。心外无法，故言形色天性，会相归性，故言践形。换言之，即是于气中见得理，于变易中见得不易，于现象中见得本体。"①此谓视听言动的"形"和"色"，最终都要"会相归性"，亦即"于气中见得理，于变易中见得不易，于现象中见得本体"。诚如伊川所说："视、听、言、动，非理不为，即是礼，礼即是理也。"②故"视听言动"的发用，有端与不端、当与不当之分，当则成礼，端则不违，不端不当即为非礼。不端、不当、非礼，乃是"违性亏体"所致。

颜渊问仁，有总体有细目。马先生论视听言动，亦有总体有细目。上面叙论是就整体言，下面尚有细目待详。《洪范》"五

---

① 马一浮：《宜山会语·说视听言动》（续义理名相一），《马一浮集》第一册，第72页。
② 《二程集》，《河南程氏遗书》卷十五"伊川先生语一"，中华书局1981年版，第144页。

事",为视、听、言、貌、思。今论视听言动,为何没有包括"思"?马先生说,视听言动四事皆统于一心,"思"可以贯四事。如何辨别礼与非礼,实在于"思"。所谓言动、言行、言貌,都是指的是什么?"发于心则谓之动,形于事则谓之行,见于威仪四体则谓之貌"。行与动何以别?分析言论可以区而别之。马先生说,"言行即言动","貌"是以行动现于外者言之,举貌可以该行动,行动必有貌。《论语·季氏》写道:"君子有九思:视思明,听思聪,色思温,貌思恭,言思忠,事思敬,疑思问,忿思难,见得思养。"马先生说,这是从《洪范》五事中的视、听、言、貌"四事"开而为九,并于貌中分离出"色"。朱子说过:"色,见于面者。貌,举身而言。"身体、面容之色,即一个人的色相,其隐显变化,是为九思之聪、温、恭、忠、敬的显现。

《论语·泰伯》有载:"曾子有疾,孟敬子问之。曾子言曰:'鸟之将死,其鸣也哀;人之将死,其言也善。君子所贵乎道者三:动容貌,斯远暴慢矣;正颜色,斯近信矣;出辞气,斯远鄙倍矣。笾豆之事,则有司存。'"曾子告孟敬子的"君子三道",一为动容貌,二为正颜色,三为出辞气,涉及人的身体、面色和语言。程树德《论语集释》引邢《疏》云:"人之相接,先见容貌,次观颜色,次交语言,故三者相次而言也。"[1]容貌,是指整个身体说的;暴为粗厉的意思;慢是放肆;鄙倍指浅陋悖理。盖就"视听言动"之"礼"而言,身体形态如果表现为"暴慢",面部的颜色如果不庄敬,发为言语如果浅陋悖理,应视为非礼不德。故马先

---

[1] 程树德:《论语集释》上册,卷十五泰伯上所引,中华书局2013年版,第601页。

生说："学者当知人与物接，皆由视听。见色闻声，有外境现，心能揽境，境不自生。色尽声消，而见闻之理自在。"又说："一言以为智，一言以为不智，吉凶悔吝生乎动，吉一而已，可不慎哉。"①所谓"言行者，君子之枢机"，信不诬也。

马一浮先生最后归结道："由此观之，圣人所以成就德业，学者所以尽其知能，皆不离此视听言动四事。"②而"圣人语默一致，动静一如"、"不言而信，无为而成"、"虽终日言，未尝言"、"言满天下无口过"、"酬酢万变而'行其所无事'"，则是言行之至境，"有非言思拟议所能及者"。故孔子曰："予欲无言。"又说："天何言哉？四时行焉，百物生焉，天何言哉。"③

五 "敬"字工夫，圣门第一义

马一浮义理名相论的第四篇，为《居敬与知言》。此篇是直承前一篇"视听言动"而来。"居敬"一词，宋儒讲得最多。伊川说："敬即便是礼，无己可克。"④又说："居敬则自然简。'居简而行简'，则似乎简矣，然乃所以不简。盖先有心于简，则多却一简矣。居敬则心中无物，是乃简也。"⑤朱子说："为学之道，莫先于穷理。穷理之要，必在于读书。读书之法，莫贵于循序而

---

① 马一浮：《宜山会语·说视听言动》（续义理名相一），《马一浮集》第一册，第75页。
② 同上。
③ 程树德：《论语集释》下册，卷三十五阳货下，中华书局2013年版，第1405页。
④ 《河南程氏遗书》卷第十五"伊川先生语一"，《二程集》，中华书局1981年版，第143页。
⑤ 《河南程氏遗书》卷第二十二"伊川先生语八"，《二程集》，中华书局1981年版，第294页。

致精。而致精之本，则又在于居敬而持志。此不易之理也。"①朱子还说过："盖又以居敬为集义之本也。"②这都是极大的判断。盖程、朱诸大儒以"敬"为入德之门、求仁之方、心之主宰。甚至提出："'敬'字工夫，乃圣门第一义，彻头彻尾，不可顷刻间断。"③此"敬"义，二程特别是伊川主之最力，朱子极为欣赏此义，一再提起，认为是程子独发的学术贡献。

那么马一浮先生将"居敬"和"知言"并提，作为他的义理名相论的拆解对象，他试图讲些什么呢？他写道："礼以敬为本。《说文》忠、敬互训，故曰：'忠信之人，可以学礼。'无时不敬，则无往而非礼。忠信存乎中，其见于容貌者必庄肃，其见于言语者必安定，如是乃可以莅众而立事，故曰'安民哉'。"④这最后一句引自《曲礼》，原文作："毋不敬，俨若思，安定辞，安民哉。""敬"义的与"礼"与"忠"与"信"的关系，马先生先行揭示出来。关键是"礼以敬为本"这句结论性判断。而且强调"无时不敬，则无往而非礼"。至于容貌庄肃、言语安定云云，则是外化之名言与貌相了。《曲礼》中的"毋不敬"一语，马先生称之为"万事根本"。《系辞传》曰："君子安其身而后动，易其心而后语，定其交而后求。君子修此三者，故全也。危以动，则民不与也。惧以语，则民不应也。无交而求，则民不与也。莫之与，则伤之者至矣。"年轻的哲学家王弼对《系辞传》这段话的注释为：

---

① 朱熹：《行宫便殿奏札二》，《朱熹集》第二册，四川教育出版社，第546—547页。
② 朱熹：《答何叔京》，《朱熹集》第四册，四川教育出版社，第1849页。
③ 朱熹：《答郑子上》，《朱熹集》第五册，四川教育出版社，第2877页。
④ 马一浮：《居敬与知言》（续义理名相二），《马一浮集》第一册，第76页。

"虚己存诚,则众之所不迕。躁以有求,则物之所不欲也。"马先生称"君子安其身而后动,易其心而后语,定其交而后求",为"三业",能否做到"以敬为主",是带来毁誉、得失正面效果的契机。

而且"言"的作用不能小觑。马先生主张敬为主、言为先。他引《易》乾卦文言云"君子进德修业。忠信所以进德也。修辞立其诚,所以居业也。"朱子最服膺程子的一句名言:"涵养须用敬,进学则在致知。"赞为"此语最妙"。马先生认为,忠也好,敬也好,诚也好,信也好,它们的归趣是一样的,主要是"在心为德,出口曰言,不可伪为,不容矫饰"。以此"修辞立其诚"是言之不可违的本德。所以"名必有实,无其实而为之名则妄也;妄言苟言,是谓不忠不信,是谓无物,是谓非礼"。可见"居敬"与"知言"是连在一起的。盖妄言、苟言、伪言、矫饰言,是为忠敬、诚信不曾立得故。其后果不只是空洞无物,而且是非礼不德。马先生写道:

> "言语之美,穆穆皇皇。"穆穆,敬也。皇皇,大也。无妄之谓敬,充实之谓大,斯为有德之言。若巧辞便说,虚诞浮夸,则其中之所存者可知也。故敬肆之辨,亦即是小大之辨。鹦鹉能言,不离飞鸟。猩猩能言,不离走兽。彼亦言也,效人之言而无其实。不由中出而务以悦人,何以异是?《论语》末章曰:"不知礼,无以立也。不知言,无以知人也。"故知礼而后能知言,

马一浮的"义理名相论"

己立而后能知人。①

可知"言语之美",确为大哉,庄哉!所谓"立德"、"立功"、"立言"的"三不朽"之说,岂是浮词虚语耶!"言为心声,气之发也"。故马先生说:"言必与气相应,气必与心相应。不得于言,勿求于心,不可。心体无亏失,斯其言无亏失;言语之病,即心志之病也。敬贯动静、该万事,何独于言?明之以存养之功,其浅深、疏密、得失、有无发于言语者,尤为近而易验,显而易知也。"②发为心声的言语文章,不可以心体有亏失,"亏"则有愧矣。"言语之病,即心志之病"。惟"居敬"、"持敬"、"主敬"可医此病。

孔子对言语之病患,尤所憎恶者有四:一曰巧,如"巧言令色,鲜矣仁";二曰佞,如"焉用佞"、"远佞人";三曰喭,如"由也喭";四曰讦,如"恶讦以为直者"。马先生说,除去"吉人一类,其余皆为心术之病"。此正如《易·系辞》所说:"将叛者,其辞惭;中心疑者,其辞枝;吉人之辞寡;躁人之辞多;诬善之人,其辞游;失其守者,其辞屈。"《易》之为鉴,古今辞惭、辞枝、辞游、辞屈者,无可逃遁矣。孟子指言与心异之弊病亦有四,曰"诐辞知其所蔽,淫辞知其所陷,邪辞知其所离,遁辞知其所穷";并申而陈其利害曰:"生于其心,害于其政;发于其政,害于其事。圣人复起,必从吾言矣。"(《公孙丑上》)。马先生为之

---

① 马一浮:《居敬与知言》(续义理名相二),《马一浮集》第一册,第77—78页。
② 同上,第78页。

解云："诐谓偏诐，淫谓放荡，邪谓邪僻，遁谓逃避，蔽谓障隔，陷谓沈溺，离谓离畔，穷谓困屈。"程子许孟子为"知言"。马先生则说，学者对《曲礼》的四句如果能有"切己体会"，对于"当名辨物，正言断辞"，应该"思过半矣"。

然则"居敬与知言"，其义理名相之辨析，岂可忽哉，岂可忽哉！

六 无无止之观，无无定之慧

马一浮义理名相论的第五篇，是《涵养致知与止观》。何为此篇？马先生还是从"敬"义说起。伊川的名言是："涵养须用敬，进学则在致知。"朱子评为"此语最妙"。而程子的义理实来源于《易》之坤卦的文言："君子敬以直内，义以方外，敬义立而德不孤。"所以"不孤"，朱子认为是由于"与物同，故不孤也"。明道亦秉此义，但进而申论说，此"不孤"义是"仁者无对，放之东海而准，放之西海而准，放之南海而准，放之北海而准"，是"最能体仁之名"[①]。

马一浮先生援引佛理之"止观法门"为说，提出："主敬是止，致知是观。彼之止观双运，即是定慧兼修，非止不能得定，非观不能发慧。然观必先止，慧必由定，亦如此言涵养始能致知，直内乃可方外，言虽先后，道则俱行。虽彼法所明事相与儒者不同，而其功夫涂辙理无有二。"[②]他认为两厢"比而论之"，宜有

[①] 《河南程氏遗书》卷第十一"明道先生语一"，《二程集》，中华书局1981年版，第120页。
[②] 马一浮：《涵养致知与止观》（续义理名相三），《马一浮集》第一册，第82页。

马一浮的"义理名相论"

互相助发之效。依马先生的解释,"止"是"定"的异名,属寂静义。如果做到"心不妄缘,安住净觉,不取诸相,便能内发轻安,一切义理于中显现"。"观"是"照了"义,能"观"者,知性清净,"所观之境悉皆谛实",因此又名曰"慧"。而"止观双运、定慧平等之相",就是"舍"。定、慧、舍为"涅槃三相",兹事体大矣。

为丰富此止、观、定、慧之义,马先生又引来天台宗大师所立的"三止、三观之目",揭示生死、涅槃、有无之相,并非异致。此外还有更重要的"三谛",即真谛、俗谛、中道第一义谛。马先生说:"真谛泯绝无寄,俗谛万法历然,第一义谛真俗双融,于法自在,方为究竟。"[1]本来是讲为学的涵养致知,为何具引如此复杂的佛氏止观学说?归根结底是要医治人的"昏散"的心病。《易》咸卦的卦辞所谓"憧憧往来,朋从尔思",实际是"起灭不停,若非乱想,即堕无记"之相,亦即《楞严》所谓"聚缘内摇,趣外奔逸,昏扰扰相,以为心性"者。马先生说:"散心观理,其理不明,如水混浊,如镜蒙垢,影像不现。故智照之体,必于定心中求之。"[2]心散内摇,则观理不明;心定志一,智照可求。提出"主敬"的程朱诸大儒,曾说敬是"常惺惺法",即有敬义存焉,始终能保持灵智清醒,不受迷惑诱惑。马先生反其义而提出:"敬亦是常寂寂法,惟其常寂,所以常惺。"

"寂"者何?盖止也,定也。马先生说:"无无止之观,无

---

[1] 马一浮:《涵养致知与止观》(续义理名相三),《马一浮集》第一册,第83页。
[2] 同上,第83—84页。

无定之慧,若其有之,必非正观,必为狂慧。"①此所以致知必持敬、居敬之缘故也。因为"敬"可以止息心之动乱,而复其"本然之明"。但"敬"并非让人变成一副"委曲相",而是使得"六根住于正念,绝诸驰求劳虑"。故伊川云:"执事须是敬,又不可矜持太过。"②又说:"学者须恭敬,但不可令拘迫,拘迫则难久矣。"③马先生在此篇儒佛并引互证,反复为说,目的只有一个,即让呈昏扰之相的劳人从各种束缚中解放出来,恢复汩没的自性,复其"本然之明"。如果一时找不到合适的"复性"途径,不妨暂时停下你的脚步,谢绝一切"驰求劳虑"。须知,"并心外营,如游骑无归,自家一个身心尚奈何不下,如何能了得天下事?"马先生谆谆告诫今日之学子云:"如其犹知有自性,犹知有圣贤为己之学,则亟须用力体究,下得一分功夫,自有一分效验。"④更举禅师家赵州和尚之告学者语云:"汝若真知用力,三年五载不间断而犹不悟者,割取老僧头去。"此语二程、朱子亦常应用,说明理学家对义理之学的期待与自信。

马先生写作义理名相论时,正值家国蒙难的战争环境,但他坚信涵养致知的修持功夫仍不可忘怀。他说"古人以此为一大事,念兹在兹,不肯放舍,所以能有成就";今天需要外攘夷狄,但"吾自心之夷狄不攘,终无以为安身立命之地"。然则什么是"自心之夷狄"?"习气之足为心害者"即为夷狄。何以胜之?马先生曰:

---

① 马一浮:《涵养致知与止观》(续义理名相三),《马一浮集》第一册,第84页。
② 《河南程氏遗书》卷第三"二先生语三",《二程集》,中华书局1981年版,第61页。
③ 《河南程氏遗书》卷十八"伊川先生语四",《二程集》,中华书局1981年版,第191页。
④ 马一浮:《涵养致知与止观》(续义理名相三),《马一浮集》第一册,第81页。

"敬而已矣。"

七 说止："外物不接，内欲不萌"

马一浮先生义理名相论的第六篇，是《说止》，显然是对前面《涵养致知与止观》篇的补充。主要是"止"义，马先生意犹未足，于是又写《说止》。他补充的是两方面的内容，一为《易》之理，二是佛之义。

《易》艮卦的卦辞云："艮其背，不获其身，行其庭，不见其人，无咎。"《彖》辞曰："艮，止也。时止则止，时行则行，动静不失其时，其道光明。艮其止，止其所也。上下敌应，不相与也。是以不获其身，行其庭，不见其人，无咎也。"《象》辞曰："兼山，艮。君子以思不出其位。"艮卦的艮，即为止义。马先生引此卦的目的，在于为"止"义求解。河南二程是易学大家，其所著《易传》影响深远。故马先生援伊川《易传》之辞云："人之所以不能安其止者，动于欲也。欲牵于前而求其止，不可得也。故艮之道，当'艮其背'。所见者在前，而背乃背之，是所不见也。止于所不见，则无欲以乱其心，而止乃安。'不获其身'，不见其身也，谓忘我也。无我则止矣。不能无我，无可止之道。'行其庭，不见其人'，庭除之间，至近也。在背，则虽至近不见，谓不交于物也。外物不接，内欲不萌，如是而止，乃得止之道，于止为无咎也。"[①]欲望是人所不能排解之本能，有欲而不能得其随，则生苦痛。此为叔本华氏之学说。欲不仅是人生的苦痛根源，亦为奔波劳

---

① 《周易程氏传》卷第四，《二程集》下册，中华书局1981年版，第968页。

苦之动因。程子《易传》"人之所以不能安其止者，动于欲也"，可谓明理之言。因为有"欲牵于前而求其止，不可得也"，无已只好"艮其背"，不与交接。"外物不接，内欲不萌"，自然可"止"了。掌握了"止之道"，就可以避免众多错误。

马一浮说，伊川的解艮卦，"在佛氏谓之无我相、无人相。言不见者，非不见也，谓不见有我相、人相也。如是而见，则名正见，亦谓之无相三昧"。马先生以佛理来释《易》之"止"义，似又深了一层。佛氏解"止"，宜有二义，一为寂灭义，二为不迁义。"寂灭"是"息妄"。钱锺书《过邯郸》诗"妄心如膜应退尽"，"退尽"即息妄。马先生说："常人闻寂灭则相顾而骇，不知所言止者，就妄心止息义边说，名为灭，非断灭之谓也。"盖妄心止，是为灭，但非断灭，而是"譬如磨镜，垢尽明现"（《圆觉经》）。此义与圣人"一日克己复礼，天下归仁"，取义略同。

"不迁"之说，起自东晋之僧肇，其所著《物不迁论》谓："人之所谓动者，以昔物不至今，故曰动而非静；我之所谓静者，亦以昔物不至今，故曰静而非动。动而非静，以其不来；静而非动，以其不去。然则所造未尝异，所见未尝同。逆之所谓塞。顺之所谓通。苟得其道，复何滞哉？"又说："伤夫人情之惑也久矣。目对真而莫觉；既知往物不来，而谓今物而可往。往物既不来，今物何所往。何则？求向物于向，于向未尝无；责向物于今，于今未尝有。于今未尝有，以明物不来；于向未尝无，故知物不去。覆而求今，今亦不往。是谓昔物自在昔，不从今以至昔；今物自在今，

马一浮的"义理名相论"

不从昔以至今。"①吕秋逸先生解《物不迁论》最切,他说僧肇之论是针对小乘执着"无常"而说的,所以"说去不必就是去,称住不必就是住","而是动静未尝异的意思"②。

马一浮先生显然与吕释同出一义。他说:"妄心念念,生灭相续,故名迁流。真心体寂,故名常住。所谓不住名客,住名主人。以其常住,故不迁矣。"③迁与不迁,不是指具体的物件,而是指心体性体的"住"与"不住","寂"与"不寂"。《易》艮卦之象辞所谓"时止则止,时行则行,动静不失其时",马先生说这是指"一切时不迁";"艮其止,止其所也,上下敌应,不相与也",是指"一切处不迁"。可谓得《易》理,又得佛义。

《大乘起信论》云:"一念相应,觉心初起,心无初相。以远离微细念故,得见心性,心性即常住,名究竟觉。"斯论又云:"以一切心识之相,皆是无明。无明之相,不离觉性,非可坏,非不可坏。如大海水,因风波动,水相风相不相舍离。而水非动性,若风止灭,动相则灭,湿性不坏故。如是众生自性清净心,因无明风动,心与无明俱无形相,不相舍离。而心非动性,若无明灭,相续则灭,智性不坏故。"④斯论前段的"心性即常住,名究竟觉",是关键词。后段以水取譬,动相随染,湿性不坏。"止"的不迁义,由此可悟得。以佛理解"止"义,可谓"究竟无余"。

---

① 僧肇:《物不迁论》,金陵刻经处本《肇论》,第3页。
② 吕澂:《中国佛学源流略讲》,《吕澂佛学论著选集》第五册,齐鲁书社1991年版,第2594页。
③ 马一浮:《止观》(续义理名相四),《马一浮集》第一册,第87页。
④ [梁]真谛译《大乘起信论》,中华书局1992年版,第29—30页,以及第36页。

马先生说，他不是说禅，而是借禅语来显义，欲使学者举一反三，容易明白耳。

八 去矜："先遣我人相，次遣功能相"

马一浮先生义理名相论的第七篇和第八篇，均为《去矜》，分上下两篇列目，今合而论之。"矜"之本义亦有哀怜、矜庄之意，并非只是恶德，马先生何故必欲"去"之？而且一"去"再"去"。马先生说，此字虽不无"持守"的意思，但也是"作意出之，不免崖岸自高，亦是一种病痛"①。可是他要"去"之"矜"，还不是就此类而言，而是专指矜伐之"矜"，纯属恶德，必"去之务尽"。他在文章开头处，先讲了一个二程的大弟子谢显道的故事。

> 上蔡《语录》云：谢子与伊川别一年，往见之。伊川曰："相别又一年，做得甚功夫？"谢曰："也只是去个'矜'字。"曰："何故？"曰："子细检点得来，病痛尽在这里，若按伏得这个罪过，方有向进处。"伊川点头，因语在座同志者曰："此人为学，切问近思者也。"胡文定公问"矜"字罪过何故恁地大，谢曰："今人做事，只管要夸耀别人耳目，浑不关自家受用事。"②

马一浮先生认为上蔡讲的故事非常亲切，几乎成为他必欲"去

---

① 马一浮：《去矜上》（续义理名相五），《马一浮集》第一册，第90页。
② 同上，第89页。

矜"的导火索。盖上古典籍常常以矜、伐连属。《尚书·虞书·大禹谟》记载，舜对禹说："克勤于邦，克俭于家，不自满假，惟汝贤。汝惟不矜，天下莫与汝争能；汝惟不伐，天下莫与汝争功。"①此处的"不矜"、"不伐"，是舜对禹即将治水的告诫与期许，亦为大舜和大禹的达德。《史记·项羽本纪》文末之"太史公曰"："自矜功伐，奋其私智而不师古，谓霸王之业，欲以力征经营天下，五年卒亡其国，身死东城，尚不觉寤而不自责，过矣。"②则"矜"、"伐"是为项羽一生的重大过失，惜死而未能悟耳。而《史记·游侠列传》赞美侠士之特立之行："其言必信，其行必果，已诺必诚，不爱其躯，赴士之厄困，既已存亡死生矣；而不矜其能，羞伐其德，盖亦有足多者焉。""不矜其能，羞伐其德"成为汉之游侠的可圈可点的品行。《老子》第二十四章亦有"自见不明，自是不彰，自伐无功，自矜不长"的名言。故认为"矜"是个人修养和家国天下之足以损其人害其国的一桩罪过，绝不是欲加之辞。以此，著论义理名相之大文章的马一浮先生岂有不必欲去之务尽之理。

然则"矜伐"之不德和本篇所论之义理名相是何关系呢？马先生说："曰善曰能，是居之在己为矜；曰劳曰功，是加之于人为伐。浑言则矜、伐不别，皆因有我相、人相而妄起功能诸相。只是一个胜心，胜心即是私吝心，佛氏谓之萨迦耶见，我执、法执之所依也。"③这是说矜、伐皆为"妄起"，心体则为"胜心"作

---

① 《尚书·虞书·大禹谟》，黄侃《白文十三经》，上海古籍出版社1983年版，虞书，第5页。
② 《史记·项羽本纪》，中华书局标点本，第一册，第339页。
③ 马一浮：《去矜上》（续义理名相五），《马一浮集》第一册，第90页。

怪。而"胜心"无非是"私吝心",亦即自我的精神世界被佛氏所谓"我执、法执"所困。人之有矜,是人有烦恼,陷入痴、慢二法而不自知。而且"覆、诳、谄、憍、害、嫉、无惭、无愧八法",也会成为"随烦恼"。《大乘百法明门论》有云:"覆者,于自作罪,恐失利誉,隐藏为性,能障不覆,悔恼为业。诳者,为获利誉,矫现有德,诡诈为性,能障不诳,邪命为业。谄者,为罔他故,矫设异仪,谄曲为性,能障不谄,教诲为业。憍者,于自盛事,深生染著,醉傲为性,能障不憍,染依为业。害者,于诸有情,心无悲愍,损恼为性,能障不害,逼恼为业。嫉者,殉自名利,不耐他荣,妒忌为性,能障不嫉,忧慼为业。无惭者,不顾自法,轻拒贤善为性,能障于惭,生长恶行为业。无愧者,不顾世间,崇重暴恶为性,能障于愧,生长恶行为业。"马一浮说:"盖心存矜伐者,务以胜人,不见己恶,其流必至于此。"①

何以救之?首要在识得此"矜"的祸患。知是彻骨病痛,然后再觅克治除遣之方。马先生提示我们,除遣"矜"过,第一要"先遣我、人相",然后再去"遣功、能相"。在这个问题上,儒者只是以"自私"为说,没有多作具体分析。佛氏则推勘至详,更容易明了。佛氏认为,凡计较"人我"者,不出五蕴,即色、受、想、行、识。其中的"色蕴"包括"四大"、"五根"、"五尘"。"四大"即地、水、火、风,分别呈坚相、湿相、暖相、动相。计较"人我"的结果,极易产生错觉,以致如《圆觉经》所说:"妄认四大为自身相,六尘缘影为自心相。"而计较"我"者,则不出

---

① 马一浮:《去矜上》(续义理名相五),《马一浮集》第一册,第91页。

马一浮的"义理名相论"

"四见",即误认受、想、行、识无非我耶。岂不知还有"色蕴"存焉。结果必是:"色大我小,我在色中;我大色小,色在我中。受、想、行、识,亦复如是。"因此"人我"之见,实为虚妄,"反覆推勘,我实不可得;我相如是,人相亦然"。[①]如此反复推勘,马先生认为,"我、人二相"就可以"俱遣"了,那么"矜"就无所施其技了。

《去矜》上篇主要讲是如何排遣"我、人相",已如上述。《去矜》的下篇讲如何排遣"功、能相"。马先生关于此义的论述,引证繁富,数典如流,令人忍俊不禁。无法不将援典叙论的精彩部分具引在下面,其词云:

> 云何遣功、能相?以儒家之义言之,天地虽并育不害,不居生物之功;圣人虽保民无疆,不矜畜众之德。故曰:"天何言哉?四时行,百物生,天何言哉?""巍巍乎,舜禹之有天下而不与也。"颜子"有若无,实若虚","以能问于不能,以多问于寡"。孔子曰:"吾少也贱,故多能鄙事。""君子多乎哉?不多也。""吾有知乎哉?无知也。有鄙夫问于我,空空如也。我叩其两端而竭焉。""所求乎子以事父,未能也;所求乎弟以事兄,未能也;所求乎朋友先施之,未能也。""若圣与仁,则吾岂敢?抑为之不厌,诲人不倦,则可谓云尔已矣。""文王视民如伤,望道而未之见。""周公思兼三王",思而不得,"坐以待旦"。汤曰:"朕躬有罪,无以万方;万方有罪,罪在朕躬。"

---

① 马一浮:《去矜上》(续义理名相五),《马一浮集》第一册,第92页。

武王曰："百姓有过，在予一人。"①

马先生一气而下引录的这些经典，受过传统文史训练的学子，无不耳熟能详。可以认为都是"圣贤用心行事之实相，决非故为执谦"。可是我们的马先生警醒地认识到，这些"自视欿(kǎn)然"的话语，他"觉得实有许多不尽分处"。这些话语没有"纤毫功能之相"，"只是行其所当然而已"，当然也就不需要探讨"遭"与"不遭"了。相反的例子是开"焚坑"事业之先河的秦始皇，马先生说，当其"既并六国，巡行所至，乃专以刻石颂德为事，群臣诵功，动称'皇帝休烈'，自以功过五帝，地广三王，极矜伐之能事"。以至于流风所及，"自秦以后有国家者，其形于诏令文字或群下奉进之文，往往愈无道愈夸耀"。马先生好大胆的文笔，他并设问而自答道："此其失何在？由于骄吝之私，见小识卑，彼实以功德为出于己也。"②

马先生批评这种"好为大言以自表见"的举动，是不可救药之病。如果只以儒家义理阐释此义，实有不能完全说得清爽之弊。莫如"以佛说推勘，当知功能之相实不可得"。马先生说，只要稍知佛氏"缘起性空"之说，就会晓得那些功能之相并非是自己所得而能拥有的实绩。

《肇论》写道："一切诸法，缘会而生。缘会而生，则未生无有，缘离则灭。如其真有，有则无灭。以此而推，故知虽今现有，

---

① 马一浮：《去矜下》（续义理名相六），《马一浮集》第一册，第92—93页。
② 同上，第93—94页。

有而性常自空。性常自空，故谓之性空。性空故，故曰法性。法性如是，故曰实相。实相自无，非推之使无，故名本无。"①马先生归结肇公之义，提出所谓功能，都是因缘所生。"若谓能是能成之缘，功是所成之法，而此能者即众缘。"所以"功无自性，缘所成故；能亦无自性，体即缘故"。而"缘"也不是"自生"，也不是"从他生"，"诸缘各住自位故"。然则"能成既无，所成何有"？故"功能"和"我"，都不过是空空如也而已。

马一浮为进一步排遣"矜"义，在此篇的后面附引了他前此自注的《老子》一文，兹不具言。惟附引之《庄子·知北游》一段："舜问乎丞曰：'道可得而有乎？'曰：'汝身非汝有也，汝何得有夫道？'舜曰：'吾身非吾有也，孰有之哉？'曰：'是天地之委形也。生非汝有，是天地之委和也。性命非汝有，是天地之委顺也。孙子非汝有，是天地之委蜕也。故行不知所往，处不知所持，食不知所味，天地之强阳气也，又胡可得而有邪？'"②马先生引庄生之后写道：

> 会得此语，则证二空："身非汝有"是人空，"不得有夫道"是法空。在儒家谓之尽己私。人我诸法不成安立，然后法身真我始显，自性功德始彰。故曰："至人无己,神人无功,圣人无名。"无己之己，无所不己，是为法身，即性也；无功之功，任运繁兴，是为般若，即道也；无名之名，应物而形，是为解脱，即

---

① 僧肇：《宗本义》，金陵刻经处本《肇论》，第1页。
② 《庄子·知北游》，《庄子注疏》（郭象注、成玄英疏），中华书局2011年版，第394页。

教也。是故"与天地合其德，与日月合其明，与四时合其序"，而后知暧暧姝姝自以为足者，未始有物也。一蚊一虻之劳，其于天地亦细矣，尘垢秕糠，未足为喻，奚足以自多乎？如是则人、我、功、能之相遣尽无余，何处更著一"矜"字。①

盖马先生"去矜"务尽，不仅借助于佛禅，亦借助于老氏与庄生。庄老与佛，天作之合。最后马老又举《易》象："山下有风，蛊。君子以振民育德。"然后以之为说："挠万物者，莫疾乎风。山本静止，遇风则群物动乱，故成蛊坏之象。既坏而治之，止其动乱，则为有事。故曰：'蛊者，事也。'民者难静而易动，当蛊之时，治蛊之道在于'振民育德'，育德则止矣。"又举《易·大畜》之象，"童牛之牿"、"豮豕之牙"，皆是遏人欲于将萌，消祸乱于不觉，无迹可寻，无功可著，民莫能名，无得而称。②

马一浮先生最后以一言为结："知此，则去矜之谈实为剩语矣。"

2014 年 8 月 3 日竣稿
（载《文史哲》2015 年第 3 期）

---

① 马一浮：《去矜下》（续义理名相六），《马一浮集》第一册，第97页。
② 同上，第98页。

"花开正满枝"

——马一浮的佛禅境界和方外诸友

马一浮学术思想的特点,是儒佛兼治、儒佛并重、儒佛会通。

论者或云,马先生和梁漱溟、熊十力一样,也经历一个由佛返儒的学问历程。马先生固然是伟大的儒者,其对"六艺"之学和儒家经术义理所做的贡献,可以视他为宋明以后之第一人。但他同时又是不可有二的现代佛学学者。他长期浸润涵永释氏载籍,深谙佛理禅机。即使是1938年至1945年的民族危难时期,他在江西泰和、广西宜山和四川乐山,主要讲论"六艺"之学,也从未忘情于他所钟情的佛氏之义学和禅学。

一 读儒书须是从义学翻过身来

他讲论"六艺"的基本方法,是以佛释儒,"借他禅语来显义"。翻开《泰和》、《宜山》两会语和《复性书院讲演录》,以及与友朋的通信,这方面的例证触处皆是。他甚至认为,如果不引入佛学义理,关于"六艺"的问题是否能说得清楚,也大可怀疑。他的可成为典要的名言是:"读儒书,须是从义学翻过身来,庶不至笼统颟顸。"[1]他的这种立场也曾引起过一些学者的不满，与他相交多年的友人叶左文（1886—1966），就曾提出疑义，说他的《泰和宜山会语》"庞杂"、"入于禅"、"入于鄙诈慢易而有邪心"，批评得相当严厉。

马先生面对责难毫不退却，写给叶的信平静、委婉而意态坚定。他说："浮诚不自量，妄为后生称说。既蒙深斥，便当立时辍讲，以求寡过。然既贸然而来，忽又哑哑求去，亦无以自解于友朋。言之不臧，往者已不及救；动而有悔，来者犹或可追。今后益将辨之于微隐之中，致慎于独知之地。冀可以答忠告之盛怀，消坊民之远虑，不敢自文自遂以终为君子之弃也。世固未有言妄而心不邪者。据浮今日见处，吾子所斥为邪妄，浮实未足以知之。"针对叶左文的"入于鄙诈慢易"和"有邪心"的妄测诬评，马一浮反驳道："盖浮所持以为正理者，自吾子视之则邪也；浮所见以为实理者，自吾子视之则妄也。夫人苟非甚不肖，必不肯自安于邪妄。平生所学在体认天理，消其妄心，乃不知其竟堕于邪妄也。若夫致乐以治心，致礼以治身，亦固尝用力焉而未能有进，不自知其不免于鄙诈慢易之入有如是也。"[2]指出叶的批评与自己的学理学心南辕北辙，不生干系，只不过彼此对于正邪、是非所持的标准不同耳。

至于"庞杂"、"入于禅"之讥，马先生则坦然写道："谓吾今日所言有不期而入于禅者，浮自承之"、"其引用佛书旁及俗学，诚不免庞杂。然兼听并观，欲以见道体之大，非为夸也。罕譬曲喻，欲

---

[1] 乌以风等编次：《马一浮先生语录类编》，《马一浮集》第三册，浙江古籍出版社和浙江教育出版社1996年版，第1055页。

[2] 马一浮：《致叶左文》第十函(1938年)，《马一浮集》第二册，第438—442页。

以解流俗之蔽，非为戏也"。又说："兄不喜佛氏，乃并其所用中土名言而亦恶之，此似稍过矣。浮今以'六艺'判群籍，实受义学影响，同于彼之判教，先儒之所未言。"又说："判教实是义学家长处，世儒治经实不及其缜密。"①直接肯定佛学思理之细密和逻辑之圆融，不用说此亦是后世知者所共见。而另一答叶氏函则自道："浮实从义学、禅学中转身来，归而求之六经，此不须掩讳。"②

叶左文是陈介石（1859—1917）的弟子，浙江开化人，生于1885年，比马一浮小两岁，清末尝为广东盐使，治考据之学，早年在杭州时曾与马一浮一起读《论语》，彼此相与甚得。后任职北京图书馆，以所校《宋史》名家。但两人的学术观点多有歧异，尤其对佛学的看法大相径庭。当1918年两人通信时，已涉及对佛氏的不同理解。马一浮当时在信中写道：

> 旧于释氏书不废涉览，以为此亦穷理之事。程子所谓大乱真者，庶由此可求而得之。及寻绎稍广，乃知先儒所辟，或有似乎一往之谈，盖实有考之未晰者。彼其论心性之要，微妙玄通，校之濂洛诸师，所持未始有异。所不同者，化仪之迹耳。庄、列之书，特其近似者，未可比而齐之。要其本原，则《易》与礼乐之流裔也。此义堙郁，欲粗为敷陈，非一时可尽。又虑非尊兄今日所乐闻，故不敢以进。尊兄一志三《礼》，恪守程朱。虽终身不窥释氏书，何所欠缺。若浮者亦既读之而略闻其

---

① 马一浮：《致叶左文》第十函（1938年），《马一浮集》第二册，第438—442页。
② 马一浮：《致叶左文》第十一函（1938年），《马一浮集》第二册，第445页。

义,虽以尊兄好我之深,吾平日信尊兄之笃诚,恨未能仰徇来旨,一朝而屏之。且其可得而扃闭者,卷帙而已。其义之流衍于性道,冥符于'六艺'者,日接于心,又恶得而置诸。不敢自欺以欺吾兄,避其名而居其实,自陷于不诚之域,故坦然直酬,以俟异日之得间而毕其说。[①]

此可见马一浮先生对佛学之执拗,已到了弃之不可、舍之不能的地步。宋儒对佛氏的态度,他也不敢苟同。二程所谓二氏可以"乱真"的说法,他认为不过是"一往之谈"。他说那不是"乱真",而是"所持未始有异",其本原与《易》和礼乐是相通的。他并且想在学理上对此做出系统阐释。他说的"俟异日之得间而毕其说",就是欲会通儒佛的意思。他的这一愿望,二十年后在《泰和宜山会语》和《复性书院讲录》中得到了实现。

对佛氏之义学和禅学,马一浮可谓终其一生,"痴心"不改。

二 李叔同出家所受马一浮的影响

不仅此也,日常生活中的马一浮,也是经常浸润、徜徉于佛禅义海之中。

他的友人中很多都与佛、禅有信仰或学术的因缘。谢无量是他从青年到晚年未曾间断的最好的朋友,谢是诗人、文学史家,对佛学亦有深湛的研究,曾著有《佛学大纲》一书。谢无量的胞弟谢希安,1889年生,复旦大学毕业,后任教于四川高等学堂。由于宿

[①] 马一浮:《致叶左文》第三函(1918年),《马一浮集》第二册,第429—430页。

因,"志乐方外",遂于任教四川时出家,先在成都大慈寺剃发,后在贵州高峰山万华寺受戒,法名万慧。复又云游缅甸、印度等国,成为享誉南亚的高僧。马一浮写给谢无量的信中,总是对万慧眷念无已,几次写诗寄意感怀[1]。直到五十年代以后,他还与万慧法师有书信联系。

1959年万慧在仰光示寂,马先生为之撰写塔铭和后记[2],赞扬其在异域游玄栖禅、传播佛法的功德,并以一首七律为悼:"林卧观空隘九垓,法云深护碧崔嵬。行藏语默无差别,幻翳星灯泯去来。梵业早知辞后有,劳民何日靖三灾。孤峰遥礼安禅处,百鸟衔花绕塔回。"诗题为:"万慧法师行印缅垂四十年,末后卓庵于仰光之宝井峰,兹闻示灭,信众为就山建塔,远征题咏,寄此以志悲仰。"[3]同时给谢无量也寄去一诗,写道:"隐几冥然识气先,阅人成世悟无迁。雕龙炙轂方盈耳,枯木寒岩自送年。尚及黄冠迎野祭,可能雪夜忆湖船。迩来一事堪惆怅,度岭玄沙竟不还。"诗后注:"闻令弟法师已示寂,安住涅槃,脱离尘秽。虽世情所戚,而法性无迁,料哀乐不能入也。"[4]虽为万慧的四十载不

---

[1] 1940年马一浮掌复性书院于四川乐山,曾有《寄怀万慧法师仰光》七律一首:"不隔灵光莫系风,梦中流转尚飘蓬。寄书金色拈花侣,可忆西湖卖酱翁。无舌人来应解语,吹毛剑在任挥空。六牙白象何时见,欲问瞿昙那一通。"而当得到万慧法师的书信后,马一浮欣喜若狂,立成五律作答:"片羽来鸡足,高轩忆桂林。干戈成间阻,衰病益愁吟。喜得支公讯,如闻海上琴。嘉君方外趣,识我故园心。"两诗分别见《马一浮集》第三册,第93、111页。

[2] 马一浮:《万慧法师塔铭并后记》,《马一浮集》第二册,第265—266页。

[3] 马一浮:《万慧法师行化印缅垂四十年,末后卓庵于仰光之宝井峰,兹闻示灭,信众为就山建塔,远征题咏,寄此以志悲仰》,《马一浮集》第三册,第633—634页。

[4] 马一浮:《简啬庵》,《马一浮集》第三册,第634页。

还乡感到惆怅，却对法师的示寂给以佛家的礼赞。

他的另外两位来往甚多的友人，一是彭逊之，一是李叔同，这两人继万慧之后，也都出家了。马一浮1918年农历正月初四在写给谢无量的信里说："彭逊之忽思绍佛种，遂将薙染，李居士叔同亦同修净业，不谓慧师之后，复有斯人。各求其志，在彼法可谓无有增减。他日吾子若来，或视此二僧于大慈山中，亦一段因缘。"①给李叔同的信里也说："故人彭君逊之，耽玩羲《易》有年，今初发心修习禅观，已为请于法轮长老，蒙假闲寮，将以明日移入。他日得与仁者并成法侣，亦一段因缘耳。"②彭逊之出家修行的僧舍，还是马一浮为之向法轮长老请来的，此可见对李、彭二人的出家，马先生采取的是理解和同情的态度。但彭、李的情况宜有区别，马先生对李向无间言，对彭的做法则一直有所保留。

李的出家，与马先生的影响有直接关系。当然李是现代中国发轫时期的极不寻常的文化俊杰，他的诗、书、画、戏剧的成就已载入20世纪的艺术史册，当时后世鲜有异词。他的出家是由于他的慧根，是自觉的理性选择。马与李1902年在上海南洋公学相识，后来李于民国初年执教杭州第一师范，同处一城一地，来往开始频繁起来。当1918年李叔同落发出家时，马先生异乎寻常的平静，盖因知其性分使然，不可阻挡，也不必阻挡。今存马致李的五封信函，大都涉及寄佛书给李之事，佛书包括《起信论笔削记》、《三藏法数》、《天亲菩萨发菩提心论》、《净土论》、《清凉疏抄》

---

① 马一浮：《致谢无量》第九函，《马一浮集》第二册，第357页。
② 马一浮：《致李叔同》第二函，《马一浮集》第二册，第498页。

等①。马一浮对弘一法师（李叔同佛号）的影响熏习，此可作为证明。而李叔同1917年3月在写给赴日本留学的弟子刘质平的信里，更明白晓示："自去腊受马一浮大士之熏陶，渐有所悟。世味平淡，职务多荒。"②后来，当1924年弘一大师撰写《四分律比丘戒相表记自叙》时，再次提起马一浮对他确立释氏信仰的影响：

> 余于戊午七月，出家落发。其年九月受比丘戒。马一浮居士贻以灵峰《毗尼事仪集要》，并宝华《传戒正范》，披玩周环，悲欣交集，因发学戒之愿焉。③

《毗尼事仪集要》和《传戒正范》都是律学宝典，前者为明末高僧智旭（灵峰是其居所）所述，后者的作者是清初宝华山龙藏寺僧人见月。佛教初入中国，戒、定、慧三学，独戒学长期未获重视。公元2世纪中叶，印度僧人昙柯迦罗在洛阳看到的景象仍然是："虽有佛法，而道风讹替，亦有众僧未禀归戒，正以剪落殊俗耳。"④于是出所译《僧祇戒心》，供僧众遵行。但直到唐朝以前，虽翻译之戒律著作和本土自订之僧制律议日多，仍不能表示律宗的最后建立；只有经过唐代高僧道宣的"集大成"之创举，特别是南山"三大部"的

---

① 马一浮：《致李叔同》第二至第五函，《马一浮集》第二册，第497—499页。
② 李叔同：《致刘质平》第六函（1917年3月），《弘一大师全集》第八册，福建人民出版社1992年版，第94页。
③ 李叔同：《四分律比丘戒相表记自叙》，《弘一大师全集》第七册，福建人民出版社1992年版，第419页。
④ [梁] 释慧皎撰、汤用彤校注：《高僧传》卷一，中华书局1992年版，第13页。

诞生，我国佛教的律宗即南山宗方正式形成①。但宋明以后，南山宗的地位逐渐式微，清初宝华山诸大德的重建努力，不过是微弱余光之再现而已。马一浮有鉴于此，特推荐灵峰、宝华的著作给李叔同，希望他出家后不随流俗，能够担负起明律振颓的崇高使命。弘一法师果然妙解神会，"披玩周环"，即有"悲欣交集"之感，终于走上发愤学戒、穷研律学的道路。可见不仅李的出家直接受到马一浮的影响，他的佛学信仰的建立，也是马先生宛转启悟的结果。

1942年弘一法师圆寂，马一浮写有哀诗两首，其诗曰：

> 高行头陀重，遗风艺苑思。
> 自知心是佛，常以戒为师。
> 三界犹星翳，全身总律仪。
> 只今无缝塔，可有不萌枝。

> 春到花枝满，天心月正圆。
> 一灵原不异，千圣更何传。
> 交淡心如水，身空火是莲。

---

① 佛学研究界普遍认为道宣为中国律宗的真正创主，其所著"三大部"包括《四分律删繁补阙行事钞》、《四分律含注戒本疏》和《四分律删补随机羯磨疏》等。道宣俗姓钱氏，生于隋开皇十六年（公元596年），卒于唐高宗乾封二年（公元667年），《宋高僧传》说他是丹徒人（江苏镇江），也可能是长城人（浙江长兴）。十六岁出家，尝学律于智首律师，后居终南山白泉寺及崇义、丰德二寺。《四分律行事钞》、《四分律羯磨》等著作，就是在崇义寺写就。故道宣创建的律宗，又称南山宗。见《宋高僧传》卷第十四《唐京兆西明寺道宣传》，中华书局1987年版，第327—330页。又汤用彤著《隋唐佛教史稿》第四章第五节"戒律"，介绍道宣事迹甚详，可参看。此见《汤用彤全集》第二卷，河北人民出版社2000年版，第182—187页。

"花开正满枝"

要知末后句，应悟未生前。①

马一浮和弘一法师的交往是真正的君子之交，"交淡心如水"句概括无遗。李叔同出家后皈依律宗，故诗中以"常以戒为师"、"全身总律仪"重叠昭示之。李、马都是有佛性之异人，因此"自知心是佛"既指李，也是马先生自道。"一灵原不异"之"一灵"，显然指人的心性、性体，"千圣"所传，无非在此，儒佛岂有二致？

弘一法师圆寂的次年，印西等浙江弟子欲为大师在山中建塔，请铭于马一浮先生。此时马先生正在四川乐山担任复性书院主讲，因请铭之书写纸张未及时寄到，迟迟未能下笔。但当他看到一本《弘一法师生西纪念册》，其中"乃无一佳文，深为弘一惋叹"②，于是触发之下，奋笔疾书，文不加点，一挥而就。这就是写于1943年11月18日的《弘一律主衣钵塔记并铭》，其词曰：

> 弘一音公示灭于泉州之明年，其学人印西自北天目以书抵予，言浙中沙门仰师高行，将奉其衣钵，营塔于山中，属予为之记。予惟在昔如来灭度，敕诸弟子以戒为师，故三藏结集，律与经论同重，犹此土之有礼宗矣。自唐以来，讲肆禅林，门庭并盛，独南山宣律师以弘律著。迨及灵芝，其传浸微。晚近

---

① 马一浮：《哀弘一法师》，《马一浮集》第三册，第166页。又《马一浮集》只载前面一首，第二首兹据《弘一大师全集》之附录补齐，见是书第十册"附录卷"，福建人民出版社1992年版，第233页。

② 马一浮：《弘一律主衣钵塔记并铭》之附"文成示学人"，《马一浮集》第二册，第259页。

诸方受具,虽粗存仪轨而莫窥律文,不究事相者有之。音公生当末法,中岁出家,不为利养,誓以明律,振此颓风。发愤手写《四分律戒相表记》,校正南山《三大部》,并为时所称。讲论尤力,诸方推之,号曰律主。至其秉心介洁,制行精严,俨然直追古德,可谓法界之干城、人天之师范者也。茶毗后,既分藏舍利于泉州承天、开元二寺,造塔之缘,盖犹有待。浙西固师行化之地,四众归敬,欲奉衣钵,同申供养,其孰曰非宜。夫佛种从缘,虽聚沙缚苇,苟以一念恭敬殷重之心出之,在实教中举因该果,即许已成佛道。斯塔所在,十方缁素有来瞻礼者,当念自性清净,是名为戒。能于日用四威仪中,守护根门,不犯轻垢,遮诸染法,具足一切戒波罗蜜,即不异与师相见,必为师所摄受,亦为诸佛之所护念。视诸造塔功德殊胜,不可称量,岂独纪念云乎哉。系以铭曰:佛三学,戒为首。净意根,及身口。作用是,迷乃否。去邪执,入正受。少持律,法衰久。唯音公,叹希有。敬其衣,念无垢。孰为铭,马蠲叟。[1]

短短四百零一字的塔记,把弘一法师皈宗律学的学理渊源、信仰怀抱和功德建树概括无遗。试想"法界之干城、人天之师范"的十字考语,是何等分量。而记后之三言十六句的塔铭,如同顺口溜般朗朗上口,但所藏之无比渊深的义学内涵跃然纸上。马先生毫不掩饰地说,他这篇塔铭并记"其言质实,可以示后"[2]。

---

[1] 马一浮:《弘一律主衣钵塔记并铭》,《马一浮集》第二册,第258—259页。
[2] 马一浮:《弘一律主衣钵塔记并铭》之附"文成示学人",《马一浮集》第二册,第259页。

马一浮另外还有一首《题弘一法师本行记》七律："僧宝空留窣堵砖，一时调御感人天。拈华故示悲欣集，入草难求肯诺全。竹苇摧风知土脆，芭蕉泫露识身坚。南山灵骨应犹在，只是金襕已化烟。"第四句下有注云："师出家不领众，临灭手书'悲欣交集'四字。"诗后亦有注："师持律为诸方所推，远绍宣律师，为中兴南山宗尊宿，人谓末法希有。"①称弘一为"中兴南山宗"即律宗的尊宿，对其佛行给予的评价不谓不高，然弘一大师完全当得。

三 彭逊之的"观修"与"返其初服"

彭逊之的情况与弘一法师不同。彭治《易》，有《易注》书稿，得马先生赏识，曾出资请抄工为之誊写。后彭在马先生影响下，倾心向佛，自以为于禅定有所得，遂出家为僧。但马先生并不赞成他这样做，因为在交往中看出他心存间杂，强生知见，未免求证过速。彭出家后，痴迷"中夜起坐"一法，以为此法是"成佛秘要"。马告诫他，如果视此为不二法门，很容易堕入谤法之过。他在给彭的一封信中谆谆启导："经言文殊忽起佛见法见，便贬向二铁围山。今仁者我法二执如此坚固，纵饶智慧如文殊，犹恐不免遭谴，慎之慎之。一入魔宫，动经尘劫。不可背先佛之诚言，信时师之误说。此非小失也。奉劝仁者亟须读诵大乘，深明义解，虚心参学，亲近善友。务使二执俱尽，方可顿悟无生，速成佛道。若如来书之言，正《楞严》所谓譬如蒸沙，终不成

---

① 马一浮：《题弘一法师本行记》，《马一浮集》第三册，第170页。

饭，甚为仁者惧之。"①

马一浮给彭的另一信涉及佛教的"修观行"问题。佛教的深邃义涵，说来自然浩博无涯。但对信徒的个体生命而言，主要是通过修行寻求解脱之道。这是一个相当曲折、艰难而痛苦的自我体验与反省的过程。首先要对自己的言行动念做每时每刻的省察观照，然后再对与自己有关联的周边世相做细致入微的省察观照，于是发现自己和别人都是很可怜的，悲悯之心油然而生。如此反复体验省察的结果，宜有可能获得"正念"，也就是具备了能够认识自我同时也能认识自我所处世间的能力。这一持续修行实践的过程，佛教叫作"修观"。而"禅定"则是"修观"达至的一种境界。"禅定"本身还有诸多层阶，例如初禅、二禅、三禅、四禅，等等。四禅之外还有更高一层的无色定禅。彭逊之给马一浮的信里，妄称自己通过"中夜起坐"一法，"已悟入空"，但却担心"嗔习难断"，所以想求速证，以使"外绝轻毁，内断余嗔"。说法本身已陷入矛盾，说明他连初禅的境界亦未能修得，所以马一浮写道：

> 窃恐此语正是生灭根本。菩萨修一切观行，皆以菩提心为本因，不求世间恭敬。伏断烦恼，全在自心，不依缘境。妄心若歇，岂复更有敬慢诸境。须知诸境界相，全由自心妄现计我。我所执取而有当、体本空真，如性中本无人我等法，亦无凡圣之相，孰能为智愚，孰能施敬慢耶。取境即是取心，除心不待除境。妄心顿歇，真性自显。如是观行，决定相应。若带惑而修，

---

① 马一浮：《致彭俞》第十四函，《马一浮集》第二册，第484页。

恐招魔业，切更审谛，不可放过。从上古德修习观行者，莫不先资于教，深明义相，严净毗尼，勤行忏悔。凡此皆以助发观行，令速得相应。①

并且告诉他"观"和"教"是一致的："譬如仁者向时治《易》，观象、玩辞决不偏废。今欲习观，加持密咒而废教典，可乎？夫教、观一也。蕅益云：观非教不正，教非观不传；有教无观则罔，有观无教则殆。经、咒亦一也。经是显说之咒，咒是密印之经。拟之于《易》，咒是卦爻，经则象、文言也。"②马先生对彭因"修观行"而陷入的妄执，给予循循善诱的理据说明，从中可见出他的佛学造诣之深湛，不仅精于义理，且对观修经验亦有深切的了解。

马一浮为了帮助他的这位友人步入修行的正途，并烦托李叔同（李当时尚未出家）带去佛书数种，包括《天亲菩萨发菩提心论》一册、《删定止观》一册、《教观纲宗》一册，以及《楞严忏法》和《大悲心咒行法》各一册，希望他不以其繁为苦，尽量认真阅读"详味"③，把经、教和观行的修炼结合起来。但彭逊之到底不具备弘一法师那样的慧根，观修未果，又因其弟子和寺中长老发生龃龉而愤然不平。马先生又规劝他守持佛门静修之道，宁可"修慈忍辱"，万不可"斗诤嗔恚"，悉心阐发静修之人所以必须如此的佛理因由：

---

① 马一浮：《致彭俞》第十五函，《马一浮集》第二册，第485页。
② 同上。
③ 同上，第486页。

> 今贤徒之事,或是先业所招,故令魔得其便。正宜从缘省发,痛划人我,悬崖撒手,万事冰消,即转烦恼成解脱道;安可推波助澜,驱使坠坑落堑,增其结业耶。是非不系人口而在自心,果其内省不愆,则诬枉之来,有如把火烧天,无所施做,奚必皇皇求谅道路。况法道果隆,自有龙天拥护。今众缘未附,强之何益。[①]

读了这段文字,我们可以知道马一浮先生于释氏非止于学者的佛理研究,而是有信存焉。难怪像弘一法师这样的高才大德,也无法不屈服于他的影响之下。他不仅把佛家正修法道讲得如此通透无隔,使得释氏之内省哲学情理昭然,而且相信"法道果隆,自有龙天拥护"。但彭逊之似乎听之藐藐。尽管他不停于著述(不久又有《天命说》新著寄奉马先生),但他所言所修之道,马先生无论如何不能认可。

何况彭氏对于自己的所谓"道",还有强人接受的意味。因此马先生在信中写道:"公所谓道,虽非浮之所及知,然以朋友之爱言之,可谓至笃矣。浮不慎抱疾,一卧两月,始能出户,公惜其幻质之早衰,闵其朝闻之不逮,此诚是也。然以其不好公之道为罪,则不亦过乎。人之契理各有所会,续凫截鹤,未可强齐。公之谆谆屡以为言者,岂不以实见有生死可出、佛道可成乎?乃若浮则无得无证,不见有生死可出、佛道可成,与公今日见处正别。若今执吝幻色而修如公所示法门,此皆风力所转,终成败坏。公即作佛,浮

[①] 马一浮:《致彭俞》第十七函,《马一浮集》第二册,第487页。

亦甘处大阐提。"①对彭的执迷于"生死可出、佛道可成"为"实见",马先生则表示,自己于此"无得无证",不便按彭的"中夜起坐"法去修行。实际上马先生认为彭之所修是"外道",不是佛禅的正宗。

后来彭逊之终因不适应空门而"返其初服",马先生欣然支持,说:"末法缁流,难与为伍,实非贤者栖泊之地。"又说:"虽在昔持论未能符合,爱重之心不以是而改也。"②彭于1946年无疾而终,享年七十一岁,马先生甚哀痛,有诗记之曰:"零落先秋近月圆,炉香才尽赋游仙。身如聚沫终归海,国是栖苴莫记年。凡圣同居良不碍,形神俱往若为传。多君临化无余事,撒手从心返自然。"诗前小序追叙与彭的交往经过:"故人溧阳彭逊之俞,才敏有奇气。壮岁治《易》,于象数独具解悟。四十后出家为僧,号安仁大士,不屑屑于教义,自谓有得于禅定,而颇取神仙家言,以是佛者或外之。晚岁返儒服,治《春秋》、《周礼》,著书不辍。年七十一无疾而终。先一日,预知时至,沐浴更衣,语人曰:吾明日行矣!次日果泊然坐化,莫测其所诣也。余与君交旧,虽持论不同,甚重其专且勤又笃。老居困,不易其所好。今验于君之逝,盖其平日之所存,非可苟而致者。因为诗以哀之,时丙戌八月几望也。"③

马一浮与彭逊之的交往,不仅见出他佛学修养之深,而且见出他宅心之厚。如果不是马先生,换一个另外的人,与彭的交谊早告

---

① 马一浮:《致彭俞》第十八函,《马一浮集》第二册,第487页。
② 马一浮:《致彭俞》第十九函,《马一浮集》第二册,第488页。
③ 马一浮:《哀彭逊之》,《马一浮集》第三册,第419—420页。

终了。但马先生看重彭对学问"专且勤又笃",始终给予耐心的启导和帮助,包括对彭的家人也多有关切(常以润笔之资周济彭之妻儿)。尽管彭"不屑屑于教义",痴迷不一定可靠的"中夜起坐",出家多年后又还俗,犯了"出尔反尔"之忌,马一浮仍不弃之,且对其预知大行之期给予肯定,认为是平日精修累积的结果,不是随便可以达致的,因此事愈增加了他对这位老友的敬重。

四 马一浮的"方外三友"

佛教人物中与马一浮来往最多的,是慧明、楚泉、肇安三位法师,马先生称他们为"方外三友"。20世纪初,浙江、福建的佛教,极"末法之盛",而杭州尤为高僧大德乐居之所。马一浮的"方外三友",都是杭州的高僧,慧明法师居灵隐寺,楚泉法师居高旻寺,肇安法师居香积寺。马先生和他们往来唱和,不拘形迹,1942年所作《忆方外三友》诗颇记其事。

《忆方外三友》是一首绝句,写道:"慧明叹我祖师相,楚泉哂我文字禅。独有肇安旁不肯,贺予佛祖一时捐。"诗后有记曰:"灵隐慧明禅师初见予曰:'好一个祖师相。'予曰:'祖师岂有相邪?'高旻楚泉禅师谓予:'公学禅,从文字入,百滞能路。'予答曰:'除却文字请师道。'皆相与大笑而罢。香积肇安禅师与予交最稔,一日见过,相揖曰:'昨见公诗,开口便道贴颊言句比生冤。且喜公己事已明,特来相贺。'予谢曰:'此间不容著他闲佛祖,敢劳相贺。公幸遇我,若是古人便呼苍天,苍天!'肇亦大笑。今三子者俱迁化已久,予尚游人间,求方外之隽如三子者，不复遇矣。壬午八月病中书。"①马先生诗集中多有与此"三友"唱和之作，单是与肇安法师就有三十二题六十一首，其中关于落叶诗的赠答多至九首。如《落叶再和》之四：

> 大地本来无寸土，现前何法可当情。
> 寒岩古木忘缘住，万水千山任意行。
> 雁来雁去非有迹，花开花落总无生。
> 藤萝一觉安然足，谁见浮云点太清。②

马先生与方外友人赠答的诗大都类此，不仅诗味足，禅味亦足。"大地本来无寸土，现前何法可当情"和"雁来雁去非有迹，花开花落总无生"等诗句，确可验证楚泉禅师的预断，马先生可以从文字入于禅道。

马一浮和肇安法师的交往，有许多有趣的故事。早在1906年，马先生就曾与谢无量一起，在虎跑寺听肇安讲《法华经》，是为相识之始。十年后，"机语相契"，始相唱和。于是马先生集了一副联语："大唐国里都无舌，三十年来不少盐。"准备送给肇安，但置于箧中一年多，竟没得到面奉的机会。可巧一日两人相遇于西湖，便邀肇安至马先生家中，"共语终日"，方以旧日所书楹帖相送。第二天肇安登门赠诗致谢，马先生又次韵作答，一口气写了四首五古，

---

① 马一浮：《忆方外三友》，《马一浮集》第三册，第832页。肇安引录的马一浮"贴颊言句比生冤"句，见于马诗《答肇安禅师》，载《马一浮集》第三册，第32页。"楚泉禅师谓予"一段文字，参照了马镜泉《马一浮评传》相关段落，百花洲文艺出版社1993年版，第45页。

② 马一浮：《落叶再和》之四，《马一浮集》第三册，第44页。

663

其第一首有句云:"幻化互相酬,不杂空与色。"①两人纯是在佛禅境界中的交往与唱和。

马一浮先生还有一首《答肇师追和象山鹅湖韵》,亦属妙绝。是诗写于1910年,肇安的原唱为:"茫茫宇宙若为钦,亘古纲常只此心。涓滴终须成润泽,泰山何敢小微岑。应世已知无愧怍,斯人元不在升沉。幸有慈湖能继述,先生留得到而今。"已是诗思高致,难以酬对。可是马先生的答诗,无异流水行云,更上层楼,其诗云:"闲名除却始堪钦,宇宙拈来唤作心。直下虚空如粉碎,谁言大海异蹄涔。夜塘雨过人方戽,天际鸿飞影易沉。不是余殃元不了,儿孙争得到如今。"②肇安诗的首联,以宇宙为"钦",以纲常为心;马先生答诗之首联,是为破肇安句意,认为必欲除去闲名,宇宙方"堪钦",而径以宇宙为心,寓"纲常"不可为心之义。颔联,肇安以大泽与涓滴、高山与小丘相齐,摄庄入佛,禅机尽显。而马先生视山丘为已被粉碎的微尘,直是虚空而已,因此也就不需要计较大海和蹄涔之水到底孰多孰少的问题了。而肇安颈联的"应世已知无愧怍,斯人元不在升沉"句,未免有计较之心流露,马诗则逐句予以破之。戽为汲水灌田的戽斗,"夜塘雨过"还要他戽斗何用?至于"升沉"云云,马答诗谓,只有飞鸿的影子可云"沉",飞鸿本身翱翔天际,自与"升沉"无与。尾联兹不赘,读者意会可也。两人皆为诗中道长,体势玄言无不称妙,高下自然可泯。

有时为探讨佛理的某一义谛,他们禁不住要用禅宗的话头,互相

---

① 马一浮:《次韵答肇安法师》四首之诗前小序,《马一浮集》第三册,第792—793页。
② 《马一浮集》第三册,第799页。

启悟。一次肇安向马先生请教"一阴一阳之谓道"的意旨,马先生以"颂"的方式作答:

一阴一阳,明暗双双。冰河发焰,六月飞霜。

肇安也回一颂,写道:

一阴一阳,八字分张。天无二日,民无二王。

马先生又答以二颂,一为:

一阴一阳,无有乖张。天地合德,日月同光。

另一为:

天际一双孤雁,池边独立鸳鸯。打瓦钻龟莫管,挽旗夺鼓何妨。[1]

机锋相契,诗禅合一,妙不可言。还有一次肇安燕集诸友,座中所举话头无人能会,嗣后马先生戏呈四绝句给肇公,其一曰:"刹那销尽见无生,相对空筵两眼明。莫向人间谈果色,云门只合许三平。"其二是:"行茶度饼尽酬机,撒果签瓜亦应时。竟日

---

[1] 《马一浮集》第三册,第801页。

街头看傀儡，何人索唤买油糍。"其三为："花开紫陌聚游人，换水添香个个亲。细柳黄莺输巧舌，空持王膳转饥轮。"其四是："乾坤吞却甚山河，谁道离乡食面多。争奈驴年难梦见，新罗国外有新罗。"[1]在禅机上两人能够做到彼此完全契合。马先生在致肇安的一封信里说："叠蒙惠诗，往复数四，极法喜游戏之致。师自忍俊不禁，仆亦如虫御木。"又说："虽复诗人习气，亦是和尚家风。"[2]

楚泉法师的佛慧修养也深为马先生所赞许。主讲复性书院期间，一次马先生讲述他与楚泉以及月霞法师交往的经过，感慨颇深。他说：

> 民初识月霞法师。月霞初受哈同供食，办华严大学于哈同花园，僧徒从之者百数十人。既而逻迦陵生日，欲使僧众拜寿。月霞以沙门不礼王者，拂袖而去之杭州，生徒悉从焉。因假海潮寺为校址，聘教授，程演生、陈撄宁皆与焉。其后应袁氏召，入都弘法，不果而还，养疴于清涟寺，未几圆寂。封龛时，吾往吊，因识楚泉法师，听其说法脱口而出，自饶理致。诵偈有云："水流常在海，月落不离天。"自后颇与往还，时相谈论。是时吾看教而疑禅，尚未知棒喝下事。一日，楚泉为吾言："居士所言无不是者，但说天台教是智者的，说华严教是贤首、清凉的，说慈恩教是玄奘、窥基的，说孔孟是孔孟的，说程、朱、

---

[1] 马一浮：《肇公招预燕集，座中举话，无人领会，戏呈四绝，即以为谢》，《马一浮集》第三册，第55页。
[2] 马一浮：《肇师将如余杭住茶亭庵以此赠其行》所附之《与肇师书》，《马一浮集》第三册，第794页。

"花开正满枝"

陆、王是程、朱、陆、王的,都不是居士自己的。"其言切中余当时病痛,闻而爽然,至今未尝忘之。因取《五灯会元》重看,始渐留意宗门。楚泉为吾言:"居士看他书尽多,不妨权且搁置,姑看此书,须是向上一着转过身来,大事便了。"又云:"棒喝乃是无量慈悲。"当时看《五灯会元》有不解处,问之不答。更问,则曰:"此须自悟,方为亲切。他人口中讨来,终是见闻边事耳。"吾尝致彼小简,略云:"昨闻说法,第一义天萨般若海一时显现。"楚泉答云:"心生法生,心灭法灭。心既不起,何法可宣?既无言宣,耳从何闻?义天若海,何从显现?居士自答。"其引而不发每如此。楚泉而后,又有肇安,见地端的。吾常觉儒门寥落,不及佛氏有人。以前所见,求如此二人者,殊不可得。[①]

马一浮与楚泉、肇安不是一般的交往,而是法理禅心互有默契,彼此启悟,受益良多。关于在楚泉法师面前承教一事,马先生曾有诗记之,曰:"面壁亲承教外传,离言有说在忘筌。草庵久契无生谛,内院初明不共禅。入海算沙因智碍,分河饮水只情偏。一从杜口毗耶后,五味俱同昨梦蠲。"[②]此诗反映出,在佛禅境界的修养方面,马先生与诸高僧大德之间,已看不出有多少分别。如果强生分别,于马先生于方外诸大师,均可谓不遭边界也。

另外还有一次是报国寺重建之后,楚泉法师欲请马先生撰写碑文,没有得到马先生的允诺,而是写了一首七古《赠楚泉禅

[①] 《马一浮先生语录类编》之"师友篇",《马一浮集》第三册,第1089页。
[②] 马一浮:《赠楚泉禅师》,《马一浮集》第三册,第32页。

师》，饶有意味。诗中写道："相逢一语平生快，天下老僧俱捉败。客来不辞鼠粪拈，开铺更要羊头卖。成都市上识君平，高祖殿前瞋樊哙。卸却项上千斤枷，斩断脚跟五色带。昔年平地搦鱼虾，此日毛端见尘界。早知水墨尽为龙，不假驴驼病已瘥。愧我久如虫御木，于师独许针投芥。即今酬对是谁某，诸有言辞皆分外。置标建刹事既周，本自无成安有坏。但凭鸟迹问行云，莫使他年上碑在。"①非常潇洒诙谐的一首诗，如不是相交至深而在学理上又有默契的老友，是不会这样随意书写的。"相逢一语平生快，天下老僧俱捉败"两句，最能见出马先生对楚泉法师的揄扬，以及和这位高僧交往给马先生带来的喜悦。

五 禅诗和题影

马一浮一生不绝于吟咏，诗歌创作的成就之高和数量之多，置诸二十世纪中国现代学人的行列，他的名字应排列在最前面。而且他的诗作，很多都是佛禅义理之诗，这一点我们从他与诸方外友人的赠答诗中，已约略窥到。当然远不止笔者上面引录的这些诗作，这类诗篇在马先生整个诗歌创作中，实占有相当大的比重。下面以年次略举数例。

>1920 年
>落花常念佛，念佛即花开。
>莫向花边觅，俱从佛处来。

---

① 马一浮：《赠楚泉禅师》，《马一浮集》第三册，第15页。

"花开正满枝"

落花时不异，花佛理全该。
寄语看花客，门门有善才。①

1943年
见性不言见，闻道不言闻。
若可从人得，岂惜持赠君。
澄潭映秋月，青山生白云。
只为勤方便，转以滋泯棼。
不如吃茶去，休问麻三斤。②

1945年
舜若本无身，玄珠并是尘。
不逢穿耳客，每笑刻舟人。
弹指成千劫，经天尚两轮。
虚空消陨后，遍界若为春。③

1957年
一真法界，事事无碍。
金翅飞空，牸牛逐队。
蚊虻过前，日月相代。

---

① 马一浮：《吴建东持念佛法门，而好举"无可奈何花落去"之句为警策，乞予为书之，因成小偈，并以助喜》，《马一浮集》第三册，第791页。
② 马一浮：《非见闻》三首之三，《马一浮集》第三册，第238页。
③ 马一浮：《正观》，《马一浮集》第三册，第391—392页。

669

> 当生不生，成即是坏。
> 优哉游哉，无乎不在。①

以上所引只不过是抽样举证，实不能尽其万一。但我们可以看出在马一浮先生的精神世界里，诗与禅结合得何等紧密，即使不涉及与方外友人的往还，也经常营造出美妙的佛禅境界。

然而又不仅此也。马先生在日常生活中，也经常以沙门自比自喻，称自己"穷年栖隐迹，壁观近沙门"②、"将此身心奉尘刹，是则名为报佛恩"③。他与佛门和禅道的关系，如庄生梦蝶，不分彼此，两存两忘。而所以能够如此的缘由，则根源于他的天性。当他四岁在家初发蒙的时候，跟随一位叫何虚舟的先生读唐诗，一次先生问他最爱诗中何句，他脱口而出："茅屋访孤僧。"这位先生非常惊异，于是向马一浮的父亲讲及此事，说："您的孩子莫非要当和尚不成？"四十年代马先生已届耳顺之龄，回忆起幼年的这段往事，仍不免感慨万千。他说："时甫四龄，岂知此诗意味，然竟以此对者，过去生中习气为之也。"④佛教唯识之学喜讲"种子"与"熏习"，认为一个人今生的习气，能够在前生中找到"种因"。马先生看来似不疑此说。他并以《大智度论》中佛弟子过河戏弄河神

---

① 马一浮：《法界颂》，《马一浮集》第三册，第598页。
② 马一浮：《江村遣病》第一首，《马一浮集》第三册，第109页。
③ 《马一浮先生语录类编》之"儒佛篇"，《马一浮集》第三册，第1056页。
④ 《马一浮先生语录类编》之"诗学篇"，《马一浮集》第三册，第1010页。

的故事为例，说明"习气廓落之难"①。此可见，马一浮先生的佛缘是宿因使之，与生俱来。所以他说："今年已耆艾，虽不为僧，然实自同方外。"②马先生的生命形态，确可以看作是一未出家的"僧人"，一位未曾受戒的禅师。"虽不为僧，然实自同方外"这句话，足以概括马一浮的一生。

1960年马先生所作《自题旧稿》诗也写道："秋虫春鸟不相知，触境逢缘在一时。方外区中俱昨梦，波流电谢有如斯。"诗后自注："余八岁时，先妣教之学诗。一日，指厅前菊命咏，限麻字韵。应声曰：'本是仙人种，移来高士家。晨餐如可洁，岂必羡胡麻。'先妣喜曰：'儿出语似有宿根。然童幼已见山泽之志，必游于方外，非用世之资也。'今年垂八十，不违先妣记莂之言，庶可没齿无憾。"③此又证明马一浮的方外之思，早在幼年即已深植于心田，他母亲当时就已明白点出，马先生自己也以终生不违为幸。

特别是他的许多影像题词，佛禅味道十足。二十余岁时自题像："是我相，非我相。佛者心，狂者状。"又题："烦恼相，怨贼身。究竟灭，何尝生。此是浮，若分明。无机体，有形神。人生

---

① 关于《大智度论》所记佛弟子过河的故事，马先生引录道："《大智度论》中有佛弟子毕棱伽婆磋为阿罗汉，尝欲过河，呼河神为小婢。河神诉之佛前，佛嘱赔礼，即曰：'小婢，我今忏谢汝。'河神不悦，以为戏侮。佛云：'是其心中，我慢确已净尽。但彼过去五百生为婆罗门，尚有余习未尽耳。'河神不服，因喻之曰：'如以香水储瓶中，倾泻出之，涓滴无余，不可谓非净尽，但以鼻嗅之，则香气犹在，此即余习之谓也。'亦见《马一浮集》第三册，第1010页。

② 《马一浮先生语录类编》之"诗学篇"，《马一浮集》第三册，第1010页。

③ 马一浮：《自题旧稿》，《马一浮集》第三册，第639页。按此处马一浮所述之限韵菊花诗，与《示弥甥慰长、镜涵》（《马一浮集》第二册，第178—179页）信中所述，词句互有异同。信中结尾两句作"晨餐秋更洁，不必羡胡麻"，此处为"晨餐如可洁，岂必羡胡麻"，而且只取后四句诗。盖系口头叙说，故有所省略也。

观，宗教心。骨肉为石魂为星，挂之宝镜光英英。"[1]使用的完全是佛教语言，而且明白坦承，自己的人生观是"佛者心"和"宗教心"。题六十四岁时摄影共有十一则，分别为：

> 影现有千身，目前无一法。若问本来人，看取无缝塔。
> 其容寂然，其气熏然。而犹为人，知我其天。
> 此亦非吾，吾亦非彼。太极之先，于穆而已。
> 山泽之癯，尘劳之侣。孰与周旋，载罹寒暑。
> 槁木当前，神巫却走。与子相见，不出户牖。
> 无名可名，无相而相。烂坏虚空，何处安放。
> 雁过长空，影沉寒水。孰往孰来，何忧何喜。
> 无色无心，非生非灭。常寂光中，本无一物。
> 无我无人，亦隐亦见。何以名之，星翳灯幻。
> 无位真人，面门出入。离相离名，追之弗及。
> 四大五阴，毕竟空相。所谓伊人，白云青嶂。[2]

1952年自题影为：

> 忧来无方，老至不知。空诸所有，乃见天机。[3]

题七十九岁时摄影共十一则，分别为：

---

[1] 马一浮：《二十余岁时自题像》，《马一浮集》第二册，第268页。
[2] 马一浮：《题六十四岁时摄影》，《马一浮集》第二册，第269—270页。
[3] 马一浮：《一九五二年自题影》，《马一浮集》第二册，第270页。

"花开正满枝"

动亦定，静亦定。尔为谁，形问影。辛丑人日摄，蠲叟自题，时年七十有九。

非有非无，离名离相。此是何人，眉毛眼上。
似有形神，本无名相。遗我故人，见之纸上。
睿然者思，侗然者貌。借日无知，亦幸既髦。
般若无知，涅槃无名。实相无相，当生不生。
气聚则生，缘离则灭。形溃返原，如水中月。
形固可使如槁木，朝彻而后能见独。
常寂光中时一现，非同色身迭相见。
假借四大以为身，吾犹昔人非昔人。
行若遗，坐若忘，宇泰定，发天光。
黜聪明，绝言思，守寂默，顺希夷。[1]

1959年梦中题影为：

非相无相，示有人我。示此相者，如飞鸟影，如水中月。毕竟空寂，无有实义。

并附记曰："己亥大寒夕，梦中题影相如是，醒时不遗一字。平时梦中作文字，未有如此之晰者，未知是何祥也。旦起映雪记之。

---

[1] 马一浮：《题七十九岁时摄影》，《马一浮集》第二册，第271—272页。

蠋戏老人。"①

又1961年农历二月自题影像是：

土木尔形骸，尚澡雪尔精神猗。形与神其俱敝，殆将返其真猗。②

同年五月自题影为：

入于寥天一，见吾衡气几。因我始有尔，无相谁名予。
渠今谓是我，我今乃非渠。或有忘形者，无劳睹影疑。③

1961年夏五月另一自题影像作：

槁木今犹在，流波去复还。百年容易过，万事莫如闲。宴坐唯观树，冥行不见山。金丹空有诀，无意驻衰颜。辛丑夏五月，蠋戏老人自题。④

另还有自题近影：

---

① 马一浮：《一九五九年梦中题影》，《马一浮集》第二册，第272页。
② 马一浮：《一九六一年自题影像》（春二月），《马一浮集》第二册，第272页。
③ 马一浮：《一九六一年自题影像》（夏五月），《马一浮集》第二册，第272—273页。
④ 同上，第273页。

其神凝，其容寂。尔为谁，吾不识。①

这些对自我影像的题词固然是哲人的睿智之思，但更是马先生佛禅思想的真情流露。

六 "花开正满枝"

这里需要特别提到1967年马一浮逝世前夕所写的《拟告别诸亲友》。实际上这是马先生的遗嘱。全文如下：

> 乘化吾安适，虚空任所之。
> 形神随聚散，视听总希夷。
> 沤灭全归海，花开正满枝。
> 临崖挥手罢，落日下崦嵫。②

如果把这首诗译解为语体文，意思应该是：我愿意顺化自然，因此无所谓归宿。反正宇宙只是个虚空，哪里都无不可。人的生死，不过是形神的聚散而已。但不论是聚是散，我都视而不见听而不闻了。如同浮在水面的圆泡破了一样，最后总要流归到大海里去。你看满枝盛开的鲜花，似乎都在为我送行。落日已经下山，正好是悬崖撒手的时候。

这篇辞世的告白，空灵顺化，穷神知化，无减无增，非始非

---

① 马一浮：《自题近影》，《马一浮集》第二册，第273页。
② 马一浮：《拟告别诸亲友》，《马一浮集》第三册，第758页。

终。但必须承认，这也是马先生佛禅境界的最后表达。"乘化"、"虚空"、"聚散"、"沤灭"、"花开"、"落日"、"临崖挥手"这些词语，无一不深涵佛氏义学禅学之理蕴。并非巧合的是，弘一法师的《辞世二偈》里，也有"华枝春满"的句子，此见于第二偈："问余何适？廓尔亡言。华枝春满，天心月圆。"[1]而马一浮悼弘一法师的哀诗里，如前所引，也有"春到花枝满"句，此可见马一浮与弘一律主，可谓心同理同，词同义同。

马一浮是1967年6月2日辞世的，卒年八十五岁。四十年前的同月同日这一天，恰好是中国现代学术的开山王国维昆明湖自沉的日子。而当1965年他八十三岁的时候，已经写过一首《预拟告别诸友》，全诗也是八句："吾生非吾有，正命止于斯。梦奠焉能拟，拈花或可师。优游真卒岁，谈笑亦平时。遍界如相见，无劳别后思。"[2]同样禅味十足。

"花开正满枝"也好，"华枝春满"也好，"拈花微笑"也好，都是指佛教信仰者的生命摆脱诸执束缚之后，所获得的大自在、大欢喜，也即涅槃之境。涅槃之境的精神形态标志，是寂静和极乐。马一浮在《法数钩玄》一书"释常乐我净四德"时写道："安稳寂灭之谓乐。离生死逼迫之苦，证涅槃寂灭之乐，故名乐。"又说："经云：诸行无常，是生灭法，生灭灭已，寂灭为乐。"[3]赵朴初居士《遗嘱》也有"花开花落，水流不断"句。易地移时，同此一理，即在佛家看来，人之生死，犹如"花开花落"，"死"的同时，

---

[1] 弘一大师：《辞世二偈》，《弘一大师全集》第八册，福建人民出版社1992年版，第31页。
[2] 马一浮：《预拟告别诸友》，《马一浮集》第三册，第745页。
[3] 马一浮：《法数钩玄》卷一，《马一浮集》第一册，第883页。

也就是"生"。换言之，如果说是"无生，无死，无来，无去"（龙树菩萨语）亦无不可。小乘佛教把涅槃视作个体生命对烦恼的解脱，所谓"五蕴皆空"。大乘佛教主张"诸法无我"，通过涅槃看到了"实相"的大光明。

《维摩诘经》写道："譬如高原陆地，不生莲花，卑湿淤泥，乃生此花。"生命达至涅槃，犹如在淤泥中培植出莲花。马一浮是大乘佛教的推奉者，他面对死亡，体验到了生命的欢乐、光明与尊严。"沤"虽然"灭"了，但水还在向大海的方向奔流不息。再看看满池淤泥里的莲花，不是开得越来越灿烂吗？"花开正满枝"句，实亦含有普度众生的义谛。

（原载《文艺研究》2005年第4期，嗣后有增补。）

学兼四部的国学大师
——张舜徽先生百年诞辰述感

今年，2011年，是张舜徽先生诞辰一百周年。他1911年8月5日生于湖南省沅江县，没有进过学校，完全靠刻苦自学，成为淹贯博通、著作等身的一代通儒。我曾说章太炎先生是天字第一号的国学大师。章的弟子黄侃，也是当时后世向无异词的国学大师。章黄之后，如果还有国学大师的话，钱宾四先生和张舜徽先生最当之无愧。

一 一代通儒

钱和张为学的特点，都是学兼四部，而根基则在史学。但同为史学，钱张亦有不同，钱为文化史学，张则是文献史学。古人论学，标举才、学、识三目，又以义理、考据、辞章分解之。义理可知识见深浅，考据可明积学厚薄，辞章可观才性高下。学者为学，三者能得其二，士林即可称雅，兼具则难矣。盖天生烝民，鲜得其全，偏一者多，博通者寡。三者之中，识最难，亦更可贵。无识则学不能成其大，才亦无所指归。张先生的识见是第一流的，每为一学，均有创辟胜解，这有他的《周秦道论发微》可证。

道为先秦各家泛用之名词，但取义各有界说。儒门论道，一以贯之，忠恕而已，性与天道，孔子罕言。韩非论道，则云明法制，去私恩，而以儒家之圣言为"劝饭之说"（《韩非子·八说》）。管夷吾论道，无外无内，无根无茎，万物之要。老聃论道，强名曰大，道法自然。庄生论道，无为无形，可生天地。先秦诸家之道说，异同异是，释解缤纷。而《荀子·解蔽》"人心之危，道心之微"一语，尤为历来研究心性之学者所乐道。《尚书·大禹谟》"人心惟危，道心惟微，惟精惟一，允执厥中"十六字，虽出自"伪古文"，亦堪称中国思想的语词精要，至有被称作"十六字真传"者。

然张舜徽先生别出机杼，曰："余尝博考群书，穷日夜之力以思之，恍然始悟先秦诸子之所谓'道'，皆所以阐明'主术'；而'危微精一'之义，实为临民驭下之方，初无涉于心性。"（《道论通说》）经过博考群书、日夜思之，而认为先秦诸家之道论，乃帝王驭民之术，亦即统治术，这是张先生对于先秦思想文化史的一项极大判断。此判可否为的论？思想史学者必不然。但在张先生，足可成一家之言。因为它的立说，是建立在精密比堪抽绎诸家文本基础之上的，以诸子解诸子，旁征博引，巨细靡遗。即如道和一的关系，老云"抱一"，庄云"通一"，韩非云"用一"，管子云"执一"，《吕览》云"得一"。此何为言说？张先生写道："皆指君道而言，犹云执道、抱道、通道、用道、得道也。'道'之所以别名曰'一'者，《韩非子·扬权篇》曰：'道不同于万物，德不同于阴阳，衡不同于轻重，绳不同于出入，和不同于燥湿，君不同于群臣，凡此六者，道之出也，道无双，故曰一。'韩非此解，盖为周秦时尽人而知之常识，故诸子立言，率好以'一'代'道'之名，无嫌也。"（《道德通说》）不能不承认纂解有据，而绝非腹笥空空之贸论也。

张舜徽先生的独断之识，见于他所有著述，凡所涉猎的领域与问题，均有融会贯通之解。以本人阅读张著之印象，他似乎没有留下材料之义理空白。他的学主要表现为对中国固有典籍烂熟于胸，随手牵引，无不贯通。如果以考索之功例之，则张氏之学，重在典籍之文本的考据比勘。义宁之学的诗文证史，古典今情，宜非其所长。但二百万言的《说文解字约注》，又纯是清儒《说文段注》一系的详博考据功夫。《约注》一书，可见舜徽先生积学之厚。至于文法词章，置诸二十世纪人文大师之列，他也是可圈可点的佼佼者。他文气丰沛，引古释古，顺流而下，自成气象。为文笔力之厚，语词得位适节，断判出乎自然，五十年代后之文史学人，鲜有出其右者。这既得力于他的学养深厚，也和年轻时熟读汉唐大家之文有关。他尝着意诵读贾谊《过秦论》、《陈政事疏》等长篇有力之文，以培养文气。虽然，张先生长于为文，却不善诗词韵语，或未得文体之全，但亦因此使张学无纤毫文人之气，实现了《史通》作者刘知几说的"耻以文士得名，期以述者自命"的"宏愿"。

二 学兼四部

古人为学所谓通，或明天人，或通古今，或淹通文史，或学兼四部。诸科域博会全通，则未有也。张先生于通人和专家之分别，规判甚严。他说以汉事为例，则司马迁、班固、刘向、扬雄、许慎、郑玄之俦，为通人之学；而那些专精一经一家之说的"博士"们，固是专家之学也。对清代乾嘉学者，他也有明确分野，指戴震、钱大昕、汪中、章学诚、阮元诸家为通人之学；而惠栋、张惠言、陈奂之、胡培翚、陈立、刘文淇，以治《易》、

《毛诗》、《仪礼》、《公羊》、《左氏传》等专学名家，则为专家之学。即以张先生界定之标准，我也敢于说，他是真正的通儒，所为学直是通人之学。

张先生为学之通，首在四部兼通。他受清儒影响，从小学入手，即从文字、声韵、训诂开始，此即清儒所谓"读书必先识字"。再经由小学而进入经学。先生所治经，以郑学为圭臬，可知其起点之高。汉代经学发达，有五经博士之设。然家法成习，碎义逃难，终至经学为经说所蔽。逮汉末大儒郑康成出，打破今古文之壁垒，遍注群经，遂为"六艺之学"立一新范。故张先生之《郑学丛著》一书，未可轻看。此书正是他由小学而经学的显例。书中《郑学叙录》、《郑氏校雠学发微》、《郑氏经注释例》三章，尤为后学启发门径。但张先生虽治经，却不宗经，以经为史、经子并提，是他为学的习惯。要之许(慎)郑(玄)二学，实为先生为学之宗基，故能得其大，积其厚，博洽而涯岸可寻。张之洞《书目答问》谓"由小学入经学者，其经学可信；由经学入史学者，其史学可信"，已由张先生为学次第得到证明。至于子学，《周秦道论发微》为其代表，前已略及。明清思想学术，亦为先生所爱重，则《顾亭林学记》、《清代扬州学记》两书，是总其成者。集部则《清代文集别录》(上下册)、《清人笔记条辨》，识趣高远，宜为典要。

当然张先生学问大厦的纹理结构还是乙部之学，也可以说以文献史学为其显色。斯部之学，其所著《汉书艺文志通释》，《史学三书评议》、《广校雠略》、《中国文献学》、《中国古代史籍举要》、《中国古代史籍校读法》等，均堪称导夫先路之作。所以然者，因先生一直自悬一独修通史之计划，终因年事，未克如愿。晚年则有创体变例之《中华人民通史》的撰写。一人之力，字逾百万，艰苦卓绝，自不待言。仅第六部分"人物编"，政治人物21人、军事11人、英杰12人、哲学19人、教育15人、医学15人、科学18人、工艺技术10人、文字学7人、文学16人、史学12人、文献学8人、地理学8人、宗教4人、书法12人、绘画12人。各领域人物共得200人，逐一介绍，直是大史家功力，其嘉惠读者也大矣。而史标"人民"，复以"广大人民"为阅读对象，用心不谓不良苦。但以舜徽先生之史识史才，倘不如此预设界域，也许是书之修撰，其学术价值更未可限量。

三 沾溉后学

张舜徽先生一生为学，无论环境顺逆，条件优劣，从未中辍。每天都早起用功，又读又抄。抄是为了加深记忆。小学的根底，得其家传，是自幼打下的。十五六岁，已读完《说文段注》。中岁以后益增自觉，竟以十年之功，将三千二百五十九卷的"二十四史"通读一过。晚年，学益勤。至二十世纪八十年代，先生已年逾七旬，仍勤奋为学，孜孜不倦——

> 天热，就在桌旁放一盆冷水，把湿毛巾垫在胳膊下；汗流入眼睛，就用毛巾擦一下再写。天冷，手冻僵了，就在暖水袋上捂一下，继续写下去。雨天房子漏水，就用面盆接住；水从室外灌进屋里，就整天穿上胶鞋写作。每晨四点起床，晚上睡得很晚。就是这样，经过十年苦干，整理出了一大批研究成果。[①]

[①] 张君和编：《张舜徽学术论著选》，第635页。

意志、勇气和毅力，是张先生为学成功的秘诀。他认为"才赋于天，学成于己"。识则一半在天，一半在己。勤奋努力与否，至为关键。为将己身之经验传递给后学，1992年初冬，当其八十一岁之时，还撰写《自学成才论》上下篇，交拙编《中国文化》刊载，此距他不幸逝世，仅两周时间。

《自学成才论》之上篇写道："自隋唐以至清末，行科举之制达一千三百余年之久，而事实昭示于世：科举可以选拔人才，而人才不一定出于科举。以高才异能，不屑就范，而所遗者犹多也。清末废科举，兴学校，迄于今将百年矣。而事实昭示于世：学校可以培育人才，而人才不一定出于学校。以出类拔萃之士，不必皆肄业于学校，而奋起自学以成其才者济济也。"又说："自来豪杰之士，固未有为当时制度所困者，此其所以可贵也。"更标举孟子"待文王而后兴者，凡民也；若夫豪杰之士，虽无文王犹兴"之义，提出"虽无学校犹兴"才是廓然开朗、有志有为的"伟丈夫"。

张舜徽先生本人，就是"虽无文王犹兴"的豪杰之士，也是廓然开朗、有志有为的"伟丈夫"。《自学成才论》下篇，叙列王艮、汪绂、汪中等孤贫志坚的学术大家，开篇即云："自来魁奇之士，鲜不为造物所厄。值其尚未得志之时，身处逆境，不为之动，且能顺应而忍受之。志不挫则气不馁，志与气足以御困而致亨，此大人之事也。盖天之于人，凡所以屈抑而挫折之者，将有所成，非有所忌也。其或感奋以兴，或忧伤以死，则视所禀之坚脆，能受此屈抑挫折与否耳。"所陈义固是先生一生为学经历之总结，深切著明，气势磅礴，字有万钧。"自来豪杰之士，固未有为当时制度所困"、"自来魁奇之士，鲜不为造物所厄"，屈抑和挫折预示着"将有所成"。试想,这些论断,是何等气魄,何等气象!真非经过者不知也。

张舜徽先生为学的这种大气象和真精神,垂范示典,最能沾溉后学。所谓学问之大,无非公心公器也。学者有公心,方能蓄大德;视学术为公器,才能生出大智慧。我与先生南北揆隔,未获就学于门墙之内。然我生何幸,当先生晚年董理平生著述之际,得与书信往还,受教请益,非复一端。八十年代末,《中国文化》杂志筹办之始,即经由先生弟子傅道彬先生联系,函请担任学术顾问一职,蒙俯允并惠赐大稿《中华人民通史》序,刊于《中国文化》创刊之第一期。九十年代初,拙编《中国现代学术经典》启动,尝以初选诸家之列目呈请教正,先生很快作复,其中一节写道:

> 细览来示所拟六十余人名单,搜罗已广,极见精思。鄙意近世对中国文化贡献较大者,尚有二人不可遗。一为张元济,一为罗振玉。张之学行俱高,早为儒林所推重,实清末民初,大开风气之重要人物,解放前一直为中央研究院院士。其著述多种,商务印书馆陆续整理出版。罗于古文字、古器物之学,探究广博,其传布、搜集、刊印文献资料之功特伟,而著述亦伟博精深,为王国维所钦服。王之成就,实赖罗之启迪、资助以玉成之,故名单中有王则必有罗,名次宜在王前。罗虽晚节为人所嗤,要不可以人废言也(六十余人中,节行可议者尚多)。聊贡愚忱,以供参考。闻月底即可与出版社签下合同,则选目必须早定。此时合同未立,暂不向外宣扬。如已订好合同,则望以细则见示。愚夫千虑,或可效一得之微也。京中多士如云,不无高识卓见之学者,先生就近咨访,收获必丰,亦有异闻益我乎?盼详以

见告为祷。

张先生对罗振玉和张元济的推重，自是有见。我接受他的意见，罗后来列入了，但张未能复先生命。张先生此信写于1991年5月23日。至次年1月16日，仍有手教询问《丛书》之进展情形。而当我告知近况之后，张先生喜慰非常，又重申宜包括张元济的理据。现将张先生这封写于1992年4月13日的来示抄录如下，以资纪念，并飨读者。

梦溪先生大鉴：

得三月二十五日惠书，藉悉《中国现代学术经典丛书》之编纂，布置就绪，安排得体，以贤者雄心毅力为之，必可早望出书，甚幸事也！承嘱补苴遗漏，经熟思之后，则张菊生先生（元济）为百年内中国文化界之重要人物，而其一生学问博大，识见通达，贡献于文化事业之功绩，尤为中外所推崇。其遗书近由商务整理出版甚多，可否收入，请加斟酌。往年胡适亟尊重之，故中央研究院开会，必特请其莅临也。承示《中国文化》第五期即可出书，此刊得贤者主持，为中外所瞩目，影响于学术界者至深且远，我虽年迈，犹愿竭绵薄以贡余热也。兹录呈近作二篇，请收入第六期，同时发表。好在文字不多，占篇幅不多，并请指正！专复，即叩近安。

张舜徽上　四月十三日

此可见张舜徽先生对《经典丛书》的悉心关切。可惜他未及看到丛书出版，就于1992年11月27日遽归道山，终年八十一岁。他其实还在学术的盛期。他走得太早了。张先生写给我的最后一封信，落款时间为1992年11月9日，距离他逝世仅十八天。

（原载《光明日报》国学版2011年6月20日）

大师与传统

1

距今80年前,也就是1927年6月2日,上午10时,中国现代学术的开山、逊位皇帝溥仪的老师、清华大学国学研究院导师王国维先生,在颐和园鱼藻轩投水自杀。死的时候,他只有51岁,正当学术的盛年。

这一事件,震动了中国,震惊了世界。

也给中国现代学术史增添一个谜团。

王国维死后,他的清华国学研究院的同事、故湖南巡抚陈宝箴的裔孙、晚清大诗人陈三立的公子、中国现代史学的巨擘——陈寅恪,写了一首《挽诗》和一首《挽词》。

陈寅恪在《挽词》的序言中,提出,王国维的死,不是"殉清",也与罗振玉的"个人恩怨"无关,而是因为文化的苦痛,最终用自己的方式结束了自己的生命。

现在"大师"的称号很流行。如果以名副其实、实至名归作为条件,并不是很多和学问沾边的人,都可以称作大师。

流行与时尚,应该与学术大师无缘。

但是,王国维和陈寅恪,那是真正的、名副其实的、实至名归的学术大师。

如果称他们为国学大师，也可以。

而且，我们从王国维和陈寅恪的身上，能够看到、感悟到中国现代学术的诸多传统。

学术思想是文化的精髓，是民族精神的理性之光。

提倡最高的学术，是国家最大的荣誉（王国维）。

如果没有了王国维和陈寅恪，中国现代学术史会显得黯淡许多。

2

"中国现代学术"这个概念，我在20世纪80年代末90年代初，开始使用。我主持编纂的《中国现代学术经典》丛书，"编例"写于1991年3月，已经正式使用并阐发这个概念，酝酿则在1989年下半年。

我没有追溯，我之前，是不是有人使用过"中国现代学术"这个名称。但对这个概念作明确的界说，我应该是比较早的一个。

现代学术是与传统学术相对应的概念。传统学术是指传统社会的学术。自先秦直到清朝末年，两千多年的中国学术，都可以看作是传统学术。它经历了先秦子学、两汉经学、魏晋玄学、隋唐佛学、宋的理学、明的心学、清中叶的朴学和晚清的新学等段落。

每一历史段落，都有代表性的学术思潮，出现了大批学术精英，创造了辉煌灿烂的古代学术文化。

多元并立和互相融合，是中国传统学术的特点。

儒释道三教的互补互动，体现出中国传统学术多元并立而又相融的特点。

佛教的传入及其中国化的过程，尤可见出学术思想之间的互相融合。

但是当历史的脚步走到了晚清，情况发生了前所未有的变化，出现了"大变局"。学术方面，开始了传统学术向现代学术的转变。

"大变局"的主要标志，是西人大规模进入中国。学术思想的转变，也与西潮汹涌而来有关。

有三个方面的特点，可以把现代学术与传统学术区别开来：1.学者追求思想自由；2.开始了学术独立的诉求；3.吸收了新的学术观念和学术方法。

3

中国现代学术的发端，开始于1898至1905年这一段时间。它的繁荣期，从后五四时期，直到30年代、40年代。这是乾嘉之后的又一个高峰期，大师巨子层出不穷。

我在《中国现代学术要略》中写道：

> 中国现代学术在后五四时期所创造的实绩，使我们相信，那是清中叶乾嘉之后中国学术的又一个繁盛期和高峰期。而当时的一批大师巨子，其人其学其绩其迹，足可以传之后世而不被忘记。他们撰写的学术著作，在知识建构上固然博大精深，同时闪现着时代的理性之光，其开辟意义、其精神价值，都可以作为现代学术的经典之作而当之无愧。甚至可以说，他们之中的第一流人物，既起到了承前启后的作用，就个人学养而言，

学术与传统

又是空前绝后的。因为他们得之于时代的赐予,在学术观念上有机会吸收西方的新方法,这是乾嘉诸老所不具备的,所以可说是空前;而在传统学问的累积方面,也就是家学渊源和国学根底,后来者怕是无法与他们相比肩了。

这最后一句话是说,已经含有"昔不至今"的意思在内。东晋的佛学大师僧肇,撰有《物不迁论》,里面有"昔物不至今"一语,我用来比喻中国现代学术的良好传统在今天所遇到的困境。

4

中国现代学术不仅收获了实绩,而且形成了多方面的学术传统。

概而言之,比如说,包括——

学术独立的传统;

科学考据的传统;

广为吸纳外域经验而又不忘记本来民族历史地位的传统;

学者能诗的传统;

重视现代学术分类的传统;

重视通学通儒的传统;

等等。

就中尤其以学术独立的传统最为重要。

梁启超说:"学问之为物,实应离'致用'之意味而独立生存。"

王国维说:"学术之发达,存乎其独立而已。"

陈独秀说："中国学术不发达之最大原因,莫如学者自身不知学术独立之神圣。"

萧公权说："所谓学术独立,其基本意义不过就是尊重学术,认学术具有本身的价值,不准滥用它以为达到其他目的之工具。"

朱光潜则对学术的实用与不实用问题,作了详尽的辨析："学术原来有实用,以前人研究学术也大半因为它有实用,但人类思想逐渐发达,新机逐渐呈露,好奇心也一天强似一天,科学哲学都超过实用的目标,向求真理的路途走去了。真理固然有用,但纵使无用,科学家哲学家也绝不会因此袖手吃闲饭。我们倘若要对学术有所贡献,我们要趁早培养爱真理的精神,把实用主义放在第二层上。"

如果拿朱光潜先生的话,与今天学术界的状况作一番比照,不难发现,我们今天的学术,未免过分强调实用,而忽略了为学术而学术的真理性和神圣性。

文史哲人文学科如果单纯追求实用,将使人文学走向迷途。

5

毕生都在为学术独立而诉求而抗争的,是大史学家陈寅恪。

他的名言是："独立之精神,自由之思想。"

1929年,他在《清华大学王观堂先生纪念碑铭》中,最早提出这一思想。他在碑铭中写道:

> 士之读书治学,盖将以脱心志于俗谛之桎梏,真理因得以发扬。思想而不自由,毋宁死耳。斯古今仁圣所同殉之精义,

夫岂庸鄙之敢望。先生以一死见其独立自由之意志，非所论于一人之恩怨，一姓之兴亡。先生之著述，或有时而不章。先生之学说，或有时而可商。惟此独立之精神，自由之思想，历千万祀，与天壤而同久，共三光而永光。

事过二十四年之后，也就是1953年，陈寅恪在撰写《论再生缘》一书时，又提出：

《再生缘》一书，在弹词体中，所以独胜者，实由于端生之自由活泼思想，能运用其对偶韵律之词语，有以致之也。故无自由之思想，则无优美之文学。

而1954年，通过《柳如是别传》一书的撰写，陈寅恪把"独立之精神，自由之思想"升华到吾民族精神元质的高度。

他在《别传》的《缘起》章里写道：

虽然，披寻钱柳之篇什于残阙毁禁之余，往往窥见其孤怀遗恨，有可以令人感泣不能自已者焉。夫三户亡秦之志，九章哀郢之辞，即发自当日之士大夫，犹应珍惜引申，以表彰我民族独立之精神，自由之思想。何况出于婉娈倚门之少女，绸缪鼓瑟之小妇，而又为当时迂腐者所深诋，后世轻薄者所厚诬之人哉！

《柳如是别传》一书的思想题旨，陈寅恪先生已秉笔直书，就是"借传修史"，"以表彰我民族独立之精神，自由之思想"。

特别是1953年与汪篯的谈话，陈寅恪把"独立之精神，自由之思想"的义谛，表述得更加不容置疑。

这就是有名的《对科学院的答复》。

他往昔的学生汪篯受命前来广州，试图说服老师不拒绝科学院的邀请，能够北上就任历史第二所所长之职。

陈寅恪未能让弟子如愿，反而出了一个天大的"难题"。

他提出两项假设的条件："第一条"，"允许中古史研究所不宗奉马列主义，并不学习政治"；"第二条"，"请毛公或刘公给一允许证明书，作为挡箭牌"。

当然，毛公或刘公并没有给他写"允许证明书"。

当然，他也就没有北上就职。

他说——

> 我认为研究学术，最主要的是要具有自由的意志和独立的精神。
>
> 没有自由思想，没有独立精神，即不能发扬真理，即不能研究学术。
>
> 学说有无错误，这是可以商量的。
>
> 个人之间的争吵，不必芥蒂。
>
> 但对于独立精神，自由思想，我认为是最重要的。
>
> 独立精神和自由意志是必须争的，且须以生死力争。
>
> 一切都是小事，惟此是大事。

"没有自由思想，没有独立精神，即不能发扬真理，即不能研究学术"，"一切都是小事，惟此是大事"，他说得再清楚不过了。

通观50年代以后的中国思想学术界,在中国现代学人之中,没有第二人能够像陈寅恪这样,把为学的这种精神义谛保持到如此的强度和纯度。

主张并坚持学术的独立地位和独立价值,是中国现代学术的一个重要的传统,许多学人的力量源泉即本于此。

6

中国现代学术还有重视现代学术分类的传统。

还有重视通学通儒的传统。

中国现代学者中,很多都是通儒。比如严复、蔡元培、章太炎、梁启超、王国维、陈寅恪、马一浮、梁漱溟、熊十力、钱宾四、钱锺书,等等。

中国学术史自古就有专家与通人的区别。专家精一艺,通人则能开廓风气,影响当时后世。

比如汉代,列入《儒林传》的,是博士之学,即当日的经学专家。而太史公、刘向、扬雄等,《汉书》里各自有专传,享受的是通儒的规格。

后汉的大儒许慎、郑玄,治经不专主一家,也是通人之学。

通学、通人、通儒,在学术史上一向有更高的地位。

古代的通儒,是通古今。

现代的通儒,还要通中西。

现代学者的所谓通,具体说包括三目。

一是中西会通——这是20世纪大师的共同特征。

二是四部兼通——可以钱穆、张舜徽为代表。

三是打通文史——陈寅恪、钱锺书向所秉持的学术理念。

打通、会通、兼通，才能产生思想。

通儒不仅是学者，而且是思想家。

还有通儒尚同。

我附带谈几句现在学术研究的课题制方式。课题制的好处，主要是规模大的课题，非此不足以完成。局限是不容易创生思想。它更多的时候只能产生思想的妥协，而不是思想的创生。课题制固然带动人才，也局限人才。

7

中国现代学术还有学者能诗的传统。中国现代学者中，许多都能诗。有的不是一般的能写诗，会写诗，喜欢写诗，而是擅长写诗。诗是他们生命的一部分，是学之别体。

他们是货真价实的学者兼诗人。

他们之中如王国维、马一浮、陈寅恪、萧公权、钱锺书等，既是第一流的学人，又是第一流的诗人。

马一浮的学问，主要在诗里。

陈寅恪如果离开了诗，会增加生命的苦痛。

当然这也是"昔不至今"的一个传统。

学者能诗的问题，还涉及晚清、五四以来白话与文言的语体转换问题。兹事体大。文言为白话所代替，是五四新文学运动的主要成果。中国的文章和文学从此变成了白话文章和白话文学。我们重新检讨这一转变，我觉得文言不可全废。

文言是古代学术文化典籍的主要载体。文言能体现文本的庄重、话语的凝重，以及简练与含蓄。中国现代学者中，大师级的人物，他们的语体和文体方式，并不废弃文言。

如严复，翻译亦用文言。

章太炎，追求古奥。

梁启超，新民体，但文言未全脱却。

王国维、陈寅恪、钱锺书，基本上都是文言、半文言的写作。

现代学者的古体诗歌写作，是对语体和文体方式的传承所作补充的一种途径。

8

至于中国现代学术史上，学界胜流为学精神的坚韧性和顽强性，则是时代风雨和学术理性双重铸造的结果。

即使是战乱时期，他们也没有停止学问的探究。

最明显的是西南联大所创造的逆境的辉煌。

他们中的许多人并不是一开始就致力于学术，而是受时代潮流的激荡，往往一个时期无意为学，有心问政。

康有为、梁启超、章太炎、黄侃、熊十力等莫不如是。

章太炎曾经是声名显赫的革命家，世所共知。

黄侃和熊十力年轻时也曾热衷政治活动，甚至一度成为地方上的群众领袖。

但中年以后，他们渐悟政治之不可为，转而潜心学术，卓然立说成家。

这种情况，使他们有丰富的人生阅历，增加了沉潜学问的深度。

他们的学术历练和文化担当，与清初大儒有一脉相承之处。后来他们又能够渐次做到以学问本身为目的，其学术训练、学问兴趣和执着单纯之精神，又颇类乾嘉诸老。

总之，中国现代学术在其发展过程中形成了多方面的学术传统。对我们今天而言，弥足珍贵。

"昔不至今"是我的慨叹。我当然希望今天的学人能够有所承继。

9

至于中国现代学者中，许多第一流人物的立身行事之逸出常格和流品之高，更多有令人感叹而可歌可泣者。

如——

章太炎被目为"疯子"；

梁启超的"不惜以今日之我难昔日之我"；

王国维的自杀；

蔡元培的出走；

马一浮归隐；

李叔同出家；

黄侃拜师；

辜鸿铭着清朝装束执教于北京大学；

胡适之讲课看见女生衣服单薄而走下讲台亲手关窗；

梁漱溟和毛泽东吵架；

钱锺书论学以手杖捅破睡觉的蚊帐。

以及——

傅斯年的雄霸；

熊十力的傲岸；

陈寅恪的哀伤；

吴宓的浪漫；

汤用彤的温良；

等等。

这样一些异事奇节、嘉德懿行，当时后世必有警世励人及启迪心智的作用。

今天的学人，要使自己学有宗基，取径有门，传承有绪，中国现代学者的具有经典意义的学术著作以及他们建立的学术传统，不只无法忽略或者绕行，而且将成为今天的学人获得灵感的重要源泉。

（载 2008 年 2 月 24 日《文汇报》"学林"版）

第三卷

中国作为"文明体"国家，其思想文化之开新启运，必然伴随着不断回归原典的重构过程。我们至今仍生活在我民族文化传统的延长线上。但传统文化和文化传统不是同一概念，国学与传统文化也应该给以区分。百年以还我们已经有过三个关于国学的定义：一是国学为国故学，二是国学为我国固有学术，三是国学为"六艺之学"。比较起来，我更倾向于第三个定义，即马一浮提出的国学是"六艺之学"。这个定义能够更准确地反映国学的基本义涵，也更容易和现代人的精神世界相连接。这是与东西方任何一国的学术都有所不同的原初学典，是我民族文化精神的自性之原，既可以为道，又可以为教，又可以育人。

中国传统文化的特质及其价值取向

一 "文化传统"和"传统文化"

"文化传统"和"传统文化"是两个不同的概念。

"传统文化",是指传统社会的文化。一般把周秦以降直至清朝最后一个皇帝退位,也就是1911年辛亥革命之前,称作传统社会;辛亥革命后,中国社会的现代形态逐渐凸显。当然无法用1911年把传统与现代作一截然划分,文化与社会的变迁比政治事变要复杂得多。宽泛一点看这个问题,也许讲清末民初是中国传统社会向现代社会过渡的转折时期,在语义和事实上比较恰当。总之晚清以前的中国文化可称为中国传统社会的文化,也就是传统文化。

传统文化的内容,取决于我们对文化一词如何定义。

人类学家对文化一词的解释是多种多样的,美国人类学家克罗伯(Kroeber)和克拉孔(Kluckhohn)在他们50年代合著的《文化:关于概念和定义的检讨》一书中,列举出160多种西方学者关于文化的定义。70年代以后,符号学盛行,对文化的定义就更多了。我个人使用的定义,是自己在研究中抽绎出来的看法。

我倾向认为,文化应该指一个民族的整体生活方式及其价值系统。这是广义的用法;狭义的用法,可以指人类的精神生产及其成果的结晶,包括知识、信仰、艺术、宗教、哲学、法律、道德,等等。因此广义地说，中国传统文化就是指中国传统社会中华民族的整体生活方式和价值系统。

但如果说到文化传统，就是另外的概念了。

文化传统是指传统文化背后的精神连接链，并不是所有的文化现象都能够连接成传统。有的文化现象只不过是一时的时尚，它不能传之久远，当然不可能成为传统。按照美国社会学家希尔斯的观点，传统的含义应该指世代相传的东西，即从过去传衍至今的东西（至少应该传衍三代以上）。文化传统当然存在于传统社会的文化现象之中，但它更多地是指这些文化现象所隐含的规则、理念、秩序和所包含的信仰。

能够集中地体现具有同一性的规则、理念、秩序和信仰的文化现象，就是传统的文化典范。我们面对一尊青铜器、一组编钟、一座古建筑或一个古村落，人们有时也说看到了中国文化的传统，其实这样说并不准确，实际上看到的是传统的遗存物，这些遗存物所含蕴的规则、理念、秩序和信仰，才是传统。但能够留存至今的遗存物本身同时也是一种文化典范，里面藏有该民族文化传统的一系列密码。

对于文化传统来说，信仰的因素非常重要。因为传统之所以被称为传统，往往由于这些传统有一种神圣的感召力，希尔斯把这现象叫作传统的克里斯玛（Charisma）特质[1]，即传统所具有的某种权威性和神圣性。可以说，如果没有信仰的因素掺入，能否形成真正的传统，都不是没有疑问。即使缺少信仰的成分，也必须

---

[1] （美）E. 希尔斯：《论传统》，傅铿等译，上海人民出版社1991年版，第305—309页。

融进崇拜的精神，才能凝结为传统。中国传统社会用儒家思想编织起来的纲常伦理，对家庭的结构和文化传承来说就是一种具有权威性的传统，但它里面崇拜的成分大大超过信仰。

二 文化传统的更新与变异

传统不是一个凝固的概念，在连接和传衍中它会发生变异，会不断被赋予新的内容。例如儒家思想，在先秦、在两汉、在宋明、在清代，都有所不同，都有新的成分添入。希尔斯说，对传统而言，"增添是一种最常见的形式"（见希氏之《论传统》）。事实上，只有后来者不断为既存的传统增添新的内容和新的典范，传统才更充实、更有价值，才有可能不着痕迹地融入现在，成为活着的传统。但新增入的成分在大多数情况下只能处于边缘状态，而且会遭致固守既存传统人士的反弹。除非已经进入传统变异的另一情境，即固有传统和新成分实现高度融合，人们已经无法分清楚传统构成的新与旧，甚至以为新成分原来是旧相知，传统就成为既是现在的过去又是现在的一部分了。

文化传统在传承的过程中，不仅需要增添新的内容、新的典范，而且需要对异质文化的吸收和融合。传统往往不是单一的，而是一种综合。对不同质的文化传统的吸收和融合，可以使固有传统因注入新的血液而勃发生机，并变得更健康、更有免疫力。唐代文化气象博大、心胸开阔、仪态轻松，就和大胆吸收西域文化，旧传统中融入了异质的新成分有直接关系。其实这一过程就是传统更新的过程。这一过程一般是缓慢的、渐进的、不知不觉的，因此也可以看作是一种文化的濡化过程。这种濡化过程一般不会引发激烈的冲突，也不破坏既存的文化秩序。但这需要充当异质吸收的文化主体强大，有自信力和包容精神。汉朝和唐朝的时候，中国文化的主体是具备这种条件的，所以有佛教的传入，有和西域文化的交流。

到了晚清，国家处于被东西方列强瓜分的境地，有亡国灭种的危险，民族文化的主体性完全弱化，失去了与西方文化平等对话的条件，更不要说文化的濡化了。张之洞算是有心人，提出"中学为体，西学为用"，说到底也不过是"应变"的一种方式而已。其实处于晚清时期的中国社会与文化，与当时西方的社会与文化，彼此之间有好大一个时间差。西方已经是建构了现代文明的社会，中国还没有从几千年的传统社会里转过身来，双方没有站在同一水平线上。这种情况，不可能有中国文化传统对西方异质文化的正常吸收，必然爆发激烈的文化冲突，冲突的结果大家知道，是中国文化打了败仗。

我们常说的中国文化，就包括中国传统文化和文化传统两部分。中国古代并没有中国文化这个直接的概念。只有到了晚清，西方文化大规模进来了，与之相比较，才有中国文化之说。换言之，"中国文化"这个概念，是晚清知识分子自我反省检讨传统的用语，它既包括传统社会的文化现象，又包括传统文化背后的精神连接链即文化传统。现在我们使用"中国文化"这个概念，已经把传统文化和文化传统、古与今、传统和现代，都连接在一起了。

三　中国传统文化的特质及其价值取向

中国传统文化是一个非常大的概念，是一个包含着诸多类分的综合概念。我们讲中国传统文化的特质，只能找出一些共通性的问题，从一个方面、一定角度、一些类型，来看中国传统文化的特征，而且只能理出一些最主要的特征。

那么，中国传统文化都有一些什么样的特质呢？

第一，是历史悠久。中国传统文化的历史，自夏、商、周三代的夏朝算起，有四千多年，所以号称五千年的历史文明。从周秦算起，有三千多年。世界四大文化圈：古希腊罗马文化、阿拉伯文化、印度文化和中国文化，其中中国文化是世界最古老的古文明之一。

第二，中国传统文化是在一不间断的同时也是较少变化的传统社会形态框架内生存的文化系统。梁漱溟先生说："百年前的中国社会，如一般所公认是沿着秦汉以来，两千年未曾大变过的。"秦汉到晚清都是皇权制度，说社会形态没有发生根本的变化或较少变化，应该能够成立。但这不妨碍不同历史段落的文化有不同的特色。如殷周时期的青铜器文化、秦汉的制度文化、唐的多元繁荣、宋的思想、明代的城市生活、清的学术，等等。就文化的形上形态学术思想而言，不同历史阶段都有不同类型的高峰期，如春秋战国时期的子学、两汉的经学、魏晋南北朝的玄学、隋唐的佛学、宋代的理学、明朝的心学、清代的朴学等。

第三，中国传统文化是一多元文化形态。就其发生来说，是多元的。过去说中国文化是黄河文化。现在学术界的看法，长江文化是与黄河文化不同的一源。就其族群的构成来说，华夏文化为主体，同时包括众多民族的文化。就文化思想来说，儒、释、道三家主要思想学说，呈多元互补之势。

第四，中国文化是富有包容性的文化。它的同化的功能很强，孔子说："夷狄之入中国，则中国之。"各民族之间的融合，文化是最好的溶解剂。中国文化对异质文化的吸收和消化能力是惊人的，明显的例证是对佛教的吸收。华夏民族不排外，即使穷乡僻壤，也懂得尊重外来者的文化习俗。

第五，就生活形态来说，中国传统社会主要是一农耕社会，所以其文化精神，正面说有吃苦耐劳、生生不息的特点；负面说常常表现为自给自足的心理、缺少冒险精神、重农轻商，等等。中国传统社会长期抑商，所以商品经济不够发达，这是中国传统社会的一个症结。晚清与外人打交道陷入被动，国力不强固然是主要原因，缺少商品意识和市场观念，也是问题的一个重要方面。

第六，中国传统社会属于宗法社会的性质。以家族为本位、家国一体，是传统的社会形态和文化形态的重要特征。家不仅是生活单位，而且是生产单位。家庭成员一般不远离家庭。孔子说："父母在，不远游。"如果一个家庭的成员长时间出离在外，就叫"游子"，"游子"如同幽魂离开躯体，其身份是很悲哀的。传统社会的家庭不只是一家一户的家，还要扩大、辐射出"家族"。因为家庭中以父亲为主轴，父的父是祖父，父的兄是伯，父的弟是叔，父的姐妹是姑；母亲方面，母的父是外祖父，母的兄弟是舅，母的姐妹是姨。父亲的兄弟姐妹生的孩子，又构成堂兄弟、堂姐妹系列；母亲的兄弟姐妹生的孩子，构成表兄弟、表姐妹系列。祖、父、兄、弟、伯、叔、舅都会娶妾，又会生育，于是又衍生出庶出的一大群。于是便有了嫡、庶的问题。而且每一枝系都有固定的名称。这和西方是完全不同的。所以中国传统社会的家族可以变得非常庞大，像《红楼梦》里的贾家那样。大的家族有族长，有管家，有佣工，有保安巡逻人员，有统一的祭祖活动，对有过失的家族成员可以刑讯处罚，甚至处死。俨然是一个"准"国家。

中国传统文化的特质及其价值取向

中国古代理念上（不是说事实上）没有"社会"这个概念，"家族"成为社会的基本单位，或者说家族的分布和联结网络就相当于社会，它是以血缘为纽带，而不是靠契约来维系。家族还有传宗接代的功能，娶妾的直接目的就是对家族传宗接代功能的补充（对男性亦有性调剂的作用）。家的横向辐射是家族，纵的联系就是世系。因此传统社会常把"家族"和"世系"并称，叫"家族世系"。因此传统社会非常重视家谱，谱牒学是一项专门的学问。宋代的范仲淹呼吁，要切实保护宗族的利益，因此宋朝有"义庄"之设。明清两代更为普遍，至于聚族而居成为风气，常常一个村庄只有一个姓氏，甚至几个村庄都是一个姓氏，所谓"六乡一姓"的现象，史不绝书。西方人类学家重视"族群"的概念，在中国主要表现为"家族"。

中国古代甚至很少使用"国家"这个概念，经常使用的是"家国"。研究者也有的说，中国传统社会只讲"忠君"，不讲"爱国"。至少中国古代并没有"爱国"这个概念，但重视"天下"。"天下"包含"社稷"和"苍生"两部分内容。"社稷"原意是对土神和谷神的祭祀，后来用来指国家政权。和社稷连用的是"江山"，"江山"指疆土、国土。社稷和江山加起来，相当于国家。"苍生"本义是指长得很乱的草木，后专指百姓。总之，在中国传统社会：

社稷＋江山＝国家
社稷＋苍生＝天下

这个公式是我个人总结出来的，却觉得颇能反映中国传统社会政治结构的特征。顾炎武说："天下兴亡，匹夫有责。""匹夫"指单独的男性个人，而且是很普通的男性个人；如果是念过书的男性个人，就叫"匹士"了。明末还有"天下兴亡，匹妇有责"的说法，陈寅恪表彰的柳如是就有此种信仰。值得注意的一点是，顾炎武说"天下兴亡"，没有说"国家兴亡"，为什么？也许"天下"这个概念，既包括国家政权又包括老百姓（苍生）？而国家只包括"社稷"和"江山"，老百姓没有包括在内。

第七，儒家思想是中国传统社会的主流意识形态，国家的政治结构和家庭网络主要靠儒家学说编织而成。因此儒家思想是中国传统文化的核心价值。具体地说，"三纲五伦"就是这一核心价值的主要道德规范。"三纲"是对君臣、父子、夫妇关系的行为规范，第一项关乎国，第二、三项都同时关乎家，可见"家"在中国传统社会的重要地位。"五伦"指君臣、父子、夫妇、长幼、朋友的关系。孟子说："父子有亲，君臣有义，夫妇有别，长幼有序，朋友有信。"孟子称这"五伦"及其规范为"人伦"。后来汉代又有"六纪"之说，包括诸父、兄弟、族人、诸舅、师长、朋友，对"五伦"作了外延性的扩大，其实就可以规范所有人与人之间的关系了。

"师长"和"朋友"，是家族以外的取项。传统社会重教育和教化，师的地位很高，这从孔子开的头。各级官吏实际上也担负着教化的任务。即使是王者，也需要有师。天、地、君、亲、师，师的排序仅次于君、父。师的含义不仅指直接的授业启蒙者，科举考试时代考取的进士，也称录取他的考官为师，考官视他录取的生员为门生，同榜进士则称同年。所以传统社会就是以家族为中心的一面大网，"三纲五伦"或"三纲六纪"是这面大网的纲，通过纲常伦理来维系家庭和社会的秩序。史学家陈寅恪甚至认为，"三纲六纪"就是中国文化的基本定义。他说："吾中国文化之定义，具于

《白虎通》'三纲六纪'之说,其意义为抽象理想最高之境。"(《王观堂先生挽词》序)

"三纲六纪"所规定的伦理规范和语词概念,有越来越细化的趋势。光是孟子讲的"义"和"信",觉得还不够完善,所以又发展、衍生出一系列对应性的伦理范畴。君臣关系使用"忠",父子关系使用"孝",夫妇关系用"义",朋友关系用"信"。特别是"孝",更居于核心位置。《孝经》上说:"孝始于事亲,中于事君,终于立身。"把君、父完全连接在一起,所以古代文本语言,常常以"君父"和"家国"并提。当然这些是道德规范,同时如陈寅恪所说,也是最高境界的文化理想。所以传统士人的最高理想,是"修身、齐家、治国、平天下"。至于能否真正做到,是另一回事。但我有一个理念的同时也是经验的看法,就是如果了解了儒家思想及其道德规范,了解了家庭和家族的构成和来龙去脉,我们大体上可以了解中国传统社会和传统社会的文化。《红楼梦》所以重要,就在于它对传统社会的家族构成和文化结构作了一次总解剖。

第八,中国人的自然观、对自然的态度,是主张"天人合一"的,相信"人与天地万物为一体"。这点许多学者都有过论述,我主编的《中国文化》还专门就这个问题作过讨论。"天人合一"的思想可以使人与自然不那么对立,很适合现在的环保主张。但也有专家认为,中国人的这种哲学思想,是传统社会缺少系统的科学、科技不发达的原因。

"天人合一"这个命题,包括天和人两个方面,实际上说的是两个对立体彼此的关系。既然是两个方面、两个对立体的关系,就有孰强孰弱、谁占的成分大、以谁为主的问题。在中国传统社会,"天人合一"这个命题是"天"的势力大,还是"人"的势力大?

是天为主导还是人为主导？在观念上，恐怕是要人往天那边靠而不是相反，所以古代有"顺天"、"听天命"等说法。当然这个命题也有要提升人的境界的意思，所以冯友兰讲"天地境界"。但要求太高，不容易达到。孔子讲的"五十而知天命"，已经是很高的境界了，也只是说应该知道能够做什么、不能够做什么，人的一生能够成就到怎样的程度，是天命决定的，不可强求——这就是孔子的意思，如是而已。

第九，中国传统社会有最完整的文官制度，这在世界文明史上绝无仅有。文官制度和科举考试有关，科举考试制度是中国独有的。唐代以诗取士，后来考八股文增加试帖诗，所以传统社会的文官大都会写诗。文官制度的最高表现是宰辅制度。相权对皇权有一定分解作用，他可以让皇帝少犯错误。

第十，关于中国文化背景下的宗教信仰问题，总的看中国人对宗教的态度比较马虎。孔子说："祭神如神在。"那么不祭呢？难道神就不存在了？宗教的态度是不允许对信仰的对象作假设的。佛教中国化之后演变为禅宗，宗教的味道已大为减弱。民间化、世俗化的佛教，随意的成分也很强。道教是自然宗教，操作性强，信仰的力度不是很坚实。中国人对待超自然的力量，信仰的成分不如崇拜的成分大，但崇拜不是宗教意义上的信仰。在中国人的眼里，天是至高无上的，是最大的神。但对天是崇拜而不是信仰，因为天并不总是能满足人的愿望。对祖宗也是崇拜而不是信仰。拜天祭祖是中国人的最高礼仪，近似宗教仪式，但绝不是宗教仪式。

第十一，中国传统社会有发达的民间社会，朝野、官府和民间界限分明。儒释道三家的思想，儒家学说成为占统治地位的思想，道教和佛教主要在民间。因为有发达的民间社会，有儒释道三家思想的互动互补，中国传统社会反而有较大的思想空间和活动空间。

第十二，中国传统社会的不同历史时期，都有不同风格的艺术与文学。古人的文章写得很好，记述不同的事情有不同的文体。诗学尤其发达。书法艺术很独特，中国文化的精神可以在书法中找到。

第十三，中国传统社会还有一些比较特异的社会现象和文化现象，比如阉官制度、有太监（明代和晚清的太监作恶多端）；施行变相的一夫多妻制，即法定的妻妾制度，男人可以娶妾。还有女人裹小脚等等。这些恐怕就是传统文化中不一定很好的东西了。

我仅仅是为了讲述问题的方便，把中国传统文化的一些标志性的现象列出了十三项内容，远不能概括于万一。这些可以说是中国传统文化的一些最基本的特征，换一个视角，还可以归纳出另外的特质，我无法在一次穷尽。我们可以看出，传统社会的文化，也就是中国传统文化，是有好有不好的，不能一概而论。

从上述中国传统文化的一些主要特征中，我们大体也可以明了中国传统社会文化形态的价值取向。比如，儒家思想是传统文化的核心价值，社会文化以家族为本位，政治文化的家国一体，道德文化则崇尚家族伦理，思想文化中的"仁爱"、"中庸"和"恕道"，自然哲学的天人合一，宗教文化的三教并存和三教合一，等等，都可以看出中国传统文化的价值取向方面的特点。这些价值取向方面的特点，不仅属于过去，也是今天现代中国人文化哲学和文化性格的组成基因。

（原载《南京师范大学文学院学报》2004年第1期）

百年中国文化传统的流失与重建

我所说的百年，是指清朝末年、民国初年，也就是清末民初，一直到今天这一历史段落，大体上相当于20世纪的一百年。具体时间应该是1895年前后至20世纪末年。我想探讨的是，这一历史时期的社会与文化的变迁。也可以说，是对这一百年的社会历史变迁过程作简略的文化解读。就切入角度来说，这是一个文化社会学的问题。

一　百年中国的文化问题为什么从晚清讲起

首先在理念上，如果我们研究中国的思想、历史和文化，"三晚"最重要：一是晚周，一是晚明，一是晚清。

晚周——东周末年的春秋战国时期，那是中国历史上鲜有的百家争鸣时期，孔、孟、荀、韩、墨、老、庄等中国最早的第一流的思想家，就产生于那个时期。那是中国的思想源头，是学术的经典时期。就世界历史而言，那是世界历史的轴心时代。

晚明——明清鼎革，那是一个文化冲突非常剧烈的时期。以汉族为中心的华夏文化经历了一次血和火的洗礼。再没有比剃发易服更令一个有上千年文化传统的民族更难堪的了。所以顾炎武有"亡国"和"亡天下"的说法。"亡文化"就是"亡天下"。

晚清——对中国的历史演进来说，就更重要了。那是中国社会从传统到走向现代的转折点，是东方文化和西方文化的撞击点和交会点，是中国历史、文化与社会的大转变时期。

文化学家和历史学家都非常重视"历史时刻"这一概念。"三晚"都是中国历史上最重要的历史时刻，是研究中国思想、文化、社会、历史的最关键的历史时期。

其次在事实上，中国历史、文化和社会结构，到了晚清，真正开始了大变局。不是说以前没有变化，而是说以前的变化和晚清都不相同。到了晚清，中国历史的脚步不能照原来的样子走下去了，延续几千年的统治秩序不能照原来的样子维持下去了，本民族的文化传统和固有的社会结构遇到了前所未有的挑战。

"西人"与晚清的"大变局"

晚清时期开明的官吏、先觉醒的知识人士，已经直觉地感到了晚清时期这种社会与历史的不寻常变化，他们称这种变化为历史的"大变局"。下面试举几例，我们看晚清的一些政治敏锐人士是怎样看待这种历史的大变局的。

李鸿章（直隶总督、北洋大臣）说："合地球东西南朔九万里之遥，胥聚于中国，此三千余年一大变局也。"[①] 又说："今则东南海疆万余里，各国通商传教，往来自如，麇集京师及各省腹地，阳

[①] 李鸿章：《筹议制造轮船未可裁撤折》，《李文忠全书·奏稿》卷十九，沈云龙主编：《近代中国史料丛刊续编》第70辑（695号）。

托和好之名，阴怀吞噬之计，一国生事，诸国构煽，实为数千年来未有之变局。"①

徐继畬（福建巡抚）说："南洋诸岛国……明以前皆弱小番部，朝贡时通。今则胥变为欧罗巴诸国埔头，此古今一大变局。"②

王韬（著《弢园尺牍》，学人）说："居今日而论中州大势，固四千年来未有之创局也。"③又说："合地球东西南朔九万里之遥，胥聚于我中国之中，此古今之创事、天地之变局，所谓不世出之机也。"④

丁日昌（苏州布政使）说："西人之入中国，实开千古未创之局。"⑤

曾纪泽（出使英法大使）则说："泰西之轮楫，旁午于中华，五千年来未有之创局也。"⑥

郭嵩焘（广东巡抚、出使英法大使）也说："西洋之入中国，诚为天

---

① 李鸿章：《筹议海防折》，《李文忠全书·奏稿》卷二十四，沈云龙主编：《近代中国史料丛刊续编》第70辑（695号）。
② 徐继畬：《瀛寰志略》卷二，上海书局1898年版，第16页。
③ 王韬：《变法自强下》，《弢园文录外编》，上海书店出版社2002年版，第32页。
④ 王韬：《代上苏抚李宫保书》，《洋务运动》（一），上海人民出版社1961年版，第505页。
⑤ 宝鋆等编：《筹办夷务始末》（同治朝）卷五十五，中华书局1964年版。
⑥ 曾纪泽：《〈文法举隅〉序》，《曾纪泽遗集》，岳麓书社1983年版，第135页。

地一大变。"①

郑观应（著名实业家）："今泰西数十邦叩关互市，与我中国立约通商，入居内地，此乃中国一大变局，三千余年来未之有也。"②

他们在这种千古未有的大变局面前，感到惊愕，不知所从，束手无策。而出现这种大变局的最主要的标志，是"西人"大规模地进入了中国。

"西人"进入中国，本不自晚清始。汉代，佛教传入，可以叫"西天"。明代，天主教入华，那是"西教"。晚清，可以称作"西潮"。但汉的"西天"和明朝的"西教"，与晚清的"西潮"均不相同。

佛教进入中国（西汉末年、东汉初年），是静悄悄地进入的（通过西域传入），起初是作为黄老方术的一种；后来也引起过争论（沙门不拜王者论），甚至出了好几个主张灭佛的皇帝，但都阻挡不住佛教在中国的传播，主张灭佛的皇帝远没有信佛、佞佛的皇帝多。佛教经历了漫长的中国化的过程，终于出现了最适应中国人心性的禅宗。宋代的思想大合流，是融佛入儒的结果，所以产生理学。然后是佛教的民间化和世俗化。佛教终于成为中国传统思想文化的一个重要分支。佛教传入中国的过程，是中国文化吸纳、消融外来文化的显例，是华夏民族文明的伟大之处。它的特点是充实主体、融化客体、思想再生、铸造新文明。

---

① 郭嵩焘：《复李次青》，《郭嵩焘诗文集》，岳麓书社1984年版，第225页。
② 郑观应：《易言·论出使》，《郑观应集》上册，上海人民出版社1982年版，第125页。

明代的西教，即天主教，一般以明朝的万历年间、万历十年（公历1582年）意大利人利玛窦来华为标志。西方的传教士带来了天文、历法、数学、火炮制造等西方的科技，也把中国的文化反馈回欧洲，对中西文化交流起到了早期的带领作用，但在宗教传播方面，始终表现为与中国文化的冲突。利玛窦曾经尝试着让天主教适应中国文化的特征，他的努力获得相当成功，后来由于罗马教廷的干预，引发了所谓"礼仪之争"（祭祖拜天），两种文化的冲撞占据了主要位置。但这次"西人"的进入中国，增加了双方的初步了解，就中国一方而言，自己文化的主体位置丝毫未发生动摇。

所以如此，是由于汉、唐、明直至清中叶，中国的国力是强盛的，"西人"带来的是文化，不过是"以文会友"，所以宾主分明，客人就是客人，无论如何成不了主人。

晚清就不同了。道光、咸丰以后，中国的国力日趋衰弱，社会问题严重，统治集团腐败。在这种弱势的情况下，"西人"来了，不再是"身怀绝技"的传教士只身远游，而是开着军舰、手持枪炮的大队人马前来叫阵。主人的态度也不是开门纳客，紧闭的大门是被人家用"坚船利炮"打开的。于是，有了1840年的鸦片战争和1842年的《南京条约》（中国近代史上的第一个不平等条约），有了1860年的第二次鸦片战争和《北京条约》（一个更加丧权辱国的条约）。英法联军于1860年9月9日火烧了圆明园（那是当时东方的第一名园）。

此时之"西人"已经反客为主，中国文化的主体位置、国家的主权地位，遭到根本动摇。

"夷务"和"洋务"

晚清时期先觉醒的知识分子、开明的官吏，也想出了一些对付洋人的办法，当时最流行的话语是"夷务"，如何处理"夷务"成为关乎国家根本利益的大问题。想出的办法包括"以民制夷"、"以商制夷"、"以夷制夷"、"师夷之长技以制夷"，等等，但都没有多少效果。

朝野上下形成一致的看法，就是知道自己落后了，应该自强。所以晚清有长时间的"自强运动"。看到洋人技术先进、武器精良，意识到自己要有近代工业、要有洋枪洋炮，于是开始了"洋务运动"。"夷务"后来变成了"洋务"。

曾国藩、李鸿章、沈葆桢、左宗棠、张之洞等晚清大吏，是早期"洋务运动"的积极倡导者。特别是李鸿章，他是清季办洋务的最主要的代表人物。但1894年的中日甲午战争，李鸿章倾毕生心血建立的北洋舰队全军覆没。而且不是败在力量悬殊的"西人"手下，而是败给了同属东方的近邻、一向被称作"蕞尔小国"的日本，中国的面子丢大了，全国上下一片沸腾。

甲午战争的历史悲剧

中日甲午战争的悲剧性，不单是败在一个小国的手下，因为日本经过了明治维新，小国已经变成了强国。它的深层悲剧在于：不该战而与之战而且战败。翻检一下中日甲午战史，可以看到：战前、战中、战后，中方的应对策略，处处中日本的圈套。日本制造各种借口，想一举消灭北洋水师。李鸿章知道北洋水师不是日本的对手，本来想避免战争，但由于翁同龢为首的清流主战派挟光绪皇帝给李鸿章施压，李的具体布防措施也一再发生错误，还是不由自主地走上应战不敌的道路。

甲午战争的前三年、1891年，李鸿章在奏折里说：北洋有新旧大小船舰共25艘（大船只有镇远号、定远号等6艘），还要增加多只船舰，才能构成战斗系列。朝廷没有理会李鸿章的请求。甲午战争的当年、1894年，李鸿章又上奏折，要求添换新式快炮21尊，如果办不到，镇远、定远两舰的快炮12尊，无论如何应该购买，仍未获准。实际上自光绪十四年、1888年开始，北洋水师就没有添加任何装备（史书上说"未增一械"或"未增一船"），原因是购买军械的银子被慈禧太后移做修颐和园用了。

甲午战争八月打起，七月李鸿章上奏折再次陈述：中国的7艘大船，即镇远号、定远号、济远号、经远号、来远号、致远号和靖远号，只有镇远号、定远号是铁甲船，可用，但时速仅15海里，而日本可用快船有21艘，9艘是新船，时速20至23海里。双方海上力量对比悬殊。李鸿章因此明确表示："海上交锋，恐非胜算。"

已往研究晚清史事的人，大都把甲午战败的责任，全部算在李鸿章一人的名下，李不得不蒙受"卖国"的蔑称。但我的看法，甲午战争的失败，李鸿章固然有其不可推卸的责任，翁同龢、张謇、文廷式等清流主战派，也有误国之责。

值得注意的是，史学家陈寅恪的祖父陈宝箴和父亲陈三立，他们对李鸿章的罪责另有看法。陈氏父子在马关条约签订后立即致电张之洞，呼吁联合全国的督抚，请求将李鸿章斩首。而处治李鸿章的理由，则是作为勋旧大臣的李，没有尽自己的责任，以自己的生死去就坚决阻止战争。陈宝箴说：

> 勋旧大臣如李公，首当其难，极知不堪战，当投阙沥血自陈，争以死生去就，如是，十可七八回圣听。今猥塞责，望谤议，举中国之大，宗社之重，悬孤注，戏付一掷，大臣均休戚，

所自处宁有是耶？[1]

后来黄秋岳在回忆这段往事时写道：

> 盖义宁父子，对合肥之责难，不在于不当和而和，而在于不当战而战，以合肥之地位，于国力军力知之綦审，明烛其不堪一战，而上迫于毒后仇外之淫威，下劫于书生贪功之高调，忍以国家为孤注，用塞群昏之口，不能以死生争，义宁之责，虽今起合肥于九泉，亦无以自解也。[2]

所以，一百年前的中日甲午战争的悲剧在于：不是不当和而和，而是不当战而战。

中日甲午战争是1894年打起来的，第二年1895年签订马关条约。其直接结果是北洋舰队的覆没——这固然令人哀痛、非常重要；比这更重要、更令人哀痛的是割让台湾，把我们的第一宝岛送给了日本人。1895年日人占领台湾，直到1945年归还中国，日本占领台湾整整五十年。直到今天这一百年前的结果还在影响着我们。我们常听到这样的说法：台湾问题是国共两党内战的遗留问题，是我们的内政。这样说并不错。但日本侵略者占领、统治台湾50年，同样是今天形成所谓台湾问题的一个历史因由。"李登辉们"的出现，显然与日本的统治、奴化、豢养，有直接关系。

---

[1] 陈三立：《湖南巡抚先府君行状》，《散原精舍诗文集》，上海古籍出版社2003年版，第852页。

[2] 黄濬：《花随人圣庵摭忆》，中华书局2013年版，第311—312页。

这里，我想提出一个问题——在我国由传统走向现代的历史上，曾经有过三次现代化的努力：一次是清朝政府迫于列强的侵扰所做的初步现代化尝试，特别是洋务派的三十年的辛勤积累，但由于1894至1895年的中日甲午战争，被日本强行打断了；第二次是民国政府的现代化努力，由于1937年日本军国主义的全面侵华战争，再一次被打断；我们现在正在进行中的现代化进程，是中国共产党领导的现代化，是中国近现代历史上的第三次现代化努力，已经取得了令世界瞩目的成果，但我们的现代化进程还没有完成。我想问一句：我们这次的现代化进程，还会被打断吗？

以上我简述了百年中国的文化问题为什么从晚清讲起，特别说明中日甲午战争是近代历史的一个重要转折点。因为百年中国的文化传统的流失与重建问题，正是在这样的社会背景下发生的。

二 中国传统文化在晚清社会遭遇的危机

中国的"近代"为什么开始得那样晚

晚清以还的百年中国，令人思索的问题实在太多。其中有一个无法回避的问题，就是：为什么西方早在16世纪就有工业革命、就开始了近代的进程？为什么我们的"近代"开始得那样晚？到1840年鸦片战争人家打我们才开始"近代"？

所以如此，是因为我们几千年的文化传统里面，没有为走向现代准备好充分的社会与文化的机制。我说的是"社会与文化的机制"，没有笼统地说中国文化本身。因为这是学术界的一个争论不休的问题。

宋朝和明朝，城市经济比较发达，手工业和商业相当繁荣，有的研究者论证已经有了资本主义的萌芽。说明朝的中叶开始有了资本主义生产关系的一定萌芽，历史材料可以找到一些证据。但也有一种观点说，如果没有外来势力的入侵，中国自己也会缓慢地发展到资本主义社会。我认为最多这只能算是学术上的一种假说，因为后来的历史发展没有给予验证。事实是，中国始终没能发展到资本主义社会。

学术界没有争论的是，与西方相比，中国传统社会历史演进的速度实在太慢。仅是一个封建社会的时代就走了三千多年。为什么如此？道理安在？我以为有两个因素，是中国传统社会发展缓慢的原因。

一是在中国历史发展的关键时期，生产力比较低下的具有游牧特点的少数民族占据中原并统治全国，典型的有两次，一是宋朝之后的元朝，一是明朝之后的清朝。两次都曾造成经济与社会的大破坏。元朝时间短，只有97年，这里先不去说它。清朝267年，有的研究者喜欢讲"康乾盛世"，但在所谓"盛世"之前，清朝从1644年入关到康熙二十二年平定三藩，有半个多世纪的时间都是在圈地、劫掠、战乱中度过的，其对生产力的破坏可以想见。

"盛世"种下的祸根

就是所谓"盛世"时期，问题也堆积如山。满汉矛盾是个大问题，乾隆时期，任用官吏，督抚中不准许有汉人。再就是大兴文字狱。何况对外交往的"闭关"，就是"盛世"统治者的决策。乾隆五十八年（1793年），英国政府派马戛尔尼来中国，想以给乾隆皇帝祝寿的名义，与中国建立稳定的商务关系。带了许多礼物，据说价值1万5千英镑。两广总督郭世勋奏报，说英国人听说皇上八旬大寿，特来"叩祝"，并带礼品"进贡"。既然是"进贡"，当然可以接见。但在觐见时如何行礼，发生了争论。中方坚持，一定要行跪拜之礼。英方不同意，说只有对上帝才能下跪，对英国国王也才屈单膝，行吻手礼。马氏农历七月十五到京，争论一个多月，最后中方妥协，同意屈一膝觐见。对所提的贸易要求，清廷一律拒绝。

而当清代中期的统治者正陶醉于"盛世"的"繁华"之时，西方发生了什么事情呢？

1687年（康熙二十六年）牛顿发现万有引力定律；1709年（康熙四十八年）英国的达比发明焦炭炼铁技术；1764年（乾隆二十九年）英国哈格里夫斯发明珍妮纺织机；1769年（乾隆三十四年）瓦特发明蒸汽机；1776年（乾隆四十一年）北美独立宣言发表；1789年（乾隆五十四年）法国大革命成功。西方的科技革命带动的社会与文明的进步，可以说是一日千里般突飞猛进。

但中国还在为外国使臣要不要行跪拜礼争论不休。

到晚清，我们在近代科技文明方面与西方相比，中国已经落后差不多三百年。我很诧异：现在的我们的史学家，为什么要花那样多的气力去歌颂所谓的"康乾盛世"。即便是"盛世"，又和今天的我们以及我们的现代化建设有什么关系？须知：中国失去与外部世界平等对话、良性地吸收异质文化的机会，就是从康熙和乾隆的"盛世"开始的，是他们闭关锁国种下了祸根。

中国传统社会发展缓慢的另一个原因，是农民起义造成的改朝换代。推倒了前一个王朝，换上后一个王朝，一切又照原样重复一遍，历史并没有真的前进。农民起义实际上是传统社会的自我调节器。正面地看，农民起义对统治集团吸取教训减轻对农民的剥削程度，有一定的作用。但如此循环的结果，使得传统社会的生产关系不容易发生改变，新的社会因素不容易诞生。

当然中国传统社会发展缓慢还有其他一些综合因素，比如皇权过重，统治者虚骄、妄自尊大，等等。还有更主要的，是长期只知有中国，不知有世界。等到江河日下、国将不国的时候，总算知道有世界了，还囿于传统、不肯放下架子。

曾纪泽在光绪初年出使英法之前，先写信给法国使馆，提出要求：说他此行带眷属，但他的夫人只可以与西国的女宾往来，不能与男宾"通拜"、"通宴"，尤其不能行握手之礼。他说此事与中国"名教攸关"，希望对方能"委屈商酌，立有一定规矩"。林畏庐有一首诗叫《瞌睡汉》，其中说："华人只争身份大，铸铁为墙界中外。挑衅无非在自高，自高不计公家害。"本来已经接受了地球是圆的说法，仍然认为中国是在地球的"中央"，其他国家不过是"四夷"。中国的关着的门户刚被打开的时候，有人甚至认为，英国人是鹰嘴、猫眼、腿长，只能站立，不能奔跑；眼睛呈绿色，畏惧日光，中午的时候不敢睁眼。中外通商，西方人买中国的商品，以丝绸、茶叶、大黄为主。于是有人说，大黄和茶叶关系洋人的性命，一旦没有了这些东西，洋人的肠子就会堵塞，眼睛就会瞎掉。

知道了有世界，还不肯正视，用臆想蒙骗自己。这样的文化，这样的社会机制，能不发生危机吗？

三 现代文明体系的建构与文化传统的流失和重建

中国20世纪的一百年，或者说自晚清到民国以来的百年中国，是中国固有的文化传统发生危机并逐渐解体的过程，也是现代文明体系建构的过程。这是一个混合着血和泪的极端痛苦的过程，中华民族为此付出极大。

换句话说,晚清时期的中国是被人家拉着拖着打着骂着羞辱着蛊惑着走上一条"情非所愿"的路。说"情非所愿",是因为每一步都是人家逼出来的,是"应变",不是自觉自愿地改变。这种情况除了国力虚弱、封建制度作祟,是不是还有国性问题?也就是在文化上是不是还有更深层的原因?

五四与反传统思潮

晚清大故迭起、亡国灭种的危险摆在每个中国人的面前,当时先进的中国人把保国、保教、保种放在第一位,来不及系统探讨中国打败仗的文化原因。1911年清帝逊位,到1916年,称帝不成的袁世凯也死了,国内陷入军阀混战局面。而国际上,1914年开始了第一次世界大战。正是在这样的历史时刻,中国的先进文化人和知识分子,有了畅所欲言、反思传统、检讨文化问题的时间和空间。

1915年,陈独秀创办《青年杂志》,第二年、1916年,改名为《新青年》,这是当时先进的文化人系统检讨传统文化、批判旧传统、提倡新文化的大本营。与此同时,章士钊在日本创办《甲寅杂志》,鼓吹现代政治思想。1917年俄国十月革命成功,又有了新的推动力。同年,蔡元培出任北京大学校长,聘请陈独秀担任文科学长,不久胡适也应蔡先生之邀到北大任教。1917年胡适的《文学改良刍议》和陈独秀的《文学革命论》,相继在《新青年》发表,大力提倡白话文、反对文言文,提倡新道德、反对旧礼教,高举起文学革命的旗帜,新文化运动轰轰烈烈地开展起来。

他们的方法之一,就是以西方文化作为参照系,来检讨、反思、批判中国传统文化。他们对传统的检讨,是无所顾忌的;他们的反思，是不怕揭丑的；他们的批判，是不留情面的。后来学术界总结五四文化运动的精神，历史学者和思想史学者一致认为，五四文化运动带有彻底的不妥协的反封建的性质，这样评价确实符合当时的历史真实。

五四精英们在批判传统的时候，为了矫枉，不惜过正。原来不是讲中国传统文化历史悠久吗？现在则讲尧、舜、禹根本没有其人，"禹不过是一条虫"。家庭和家族不是传统文化形态的核心吗？现在说"家庭是万恶之源"。儒家思想不是传统社会占统治地位的思想吗？现在说儒家思想是最要不得的思想，应该"打倒孔家店"。本来用白话取代文言，已经是重大的文学革命的举措了，但还是有人（钱玄同）提出应该废掉中国文字。尽管蔡元培说，这是用石板条压驼背的办法，其向传统挑战的态度也是够激烈够激进的了。

应该说明，对本民族的文化传统进行检讨和批判，是传统更新的必不可少的步骤。中国的魏晋时期、明末清初，都曾有过知识人士检讨传统、批判传统的举动。魏晋的检讨传统，有的也很尖锐，例如孔融说儿子和父亲的关系，是由于父亲有情欲，才生出儿子，谈不到有什么"亲"。至于母亲，不过是儿子暂时寄存的一个瓶子，从瓶子里出来，双方就脱离了。明末的黄宗羲、王夫之、顾炎武、唐甄等思想家，对皇权和科举制度的批判，也有相当大的规模，史学家称当时是"天崩地解"的时代。但这些批判传统的言论，是在传统的主体性呈强势的情况下发生的，对传统有调适的作用。

五四精英们所做的，不是一般的对固有传统的检讨和批判，而是对几千年的传统文化和文化传统作一次总清理，是全面系统地攻

725

击中国文化传统的一切规则、理念、秩序和信仰,包括力图摧毁集中藏有传统文化密码的一些文化典范。他们想彻底和传统决裂,想彻底抛弃造成中国落后的封建传统这个难堪的"包袱",然后好走一条新的路。

他们认为可以引导自己走向新路的,只有西方文化。

可以说已经到了饥不择食的地步。举凡欧洲文艺复兴以来的理性主义、工业革命以来的科技成果、十八世纪的启蒙学说、十九世纪的写实批判主义文学思潮、日本的明治维新、德国的社会主义学说,以及哲学上的实证主义、政治上的无政府主义,等等,都成为当时的先进人士检讨和批判中国固有传统的参照系、理论武器和实施的药方。

陈独秀说:"吾人倘以新输入之欧化为是,则不得不以旧有之孔教为非;倘以旧有之孔教为非,则不得不以新输入之欧化为是,新旧之间绝无调和两存之余地。"(《答佩剑青年》)胡适说:"新文化运动的根本意义是承认中国旧文化不适宜于现代的环境,而提倡充分接受世界的新文明。"后来他又直截了当地说:"我是主张全盘西化的。"

人们很容易凭感觉推断,传统是不会断的。但是,如果在特定的历史时刻,比如中国的清末民初到五四时期,一些具有克里斯玛(Charisma)特质的人物,即那个时代的具有权威性的人物,并且不是一个人,而是一大批时代精英,比如陈独秀、胡适之、李大钊、鲁迅、吴虞、钱玄同、傅斯年等,一起站出来挑战传统、向传统发起总攻,在整个社会形成风潮,纵使传统不致被折断,也必然大大的被削弱,或至少使"传统失去为其延传所必需的拥护"(希尔斯语)。

科学主义是把双刃剑

五四新文化运动高高举起的两面旗帜，是德莫克拉西（Democracy）和赛因斯（Science）两位先生，即民主和科学。他们的激烈反传统，也是想为德、赛两先生的通行无阻铺平路基。五四新文化运动彻底的反对封建专制的精神、彻底的反对帝国主义列强欺凌的精神，将永载史册。直到今天，我们仍需要这种精神，而且深感德、赛两先生的可贵。

但五四之后的20世纪中后期，科学主义形成一种新的思潮，在日常生活和学术领域占压倒之势，这当然是一种社会进步。可是科学不是万能的。在社会生活以及人文精神创造的一些领域，科学有时会显得无能为力。在涉及人类的细微情感问题，科学有时会插不上嘴。男女之间的爱情，靠恋爱双方的爱的信息传递，用爱来交换爱，而不是靠抽象的科学分析。科学是要把问题说清楚，爱情的特点恰恰是说不清楚。宗教与信仰问题，也不合于科学的旨趣。诗歌、音乐等艺术与文学的创作和欣赏，天分、体验和情感比科学还要重要一些。甚至一些陋习和不良嗜好，比如赌博和吸食毒品，法律和科学也不能完全从根本上解决问题。王国维曾写过一篇文章叫《去毒篇》，他认为解决这两个问题，对有文化的阶层可以通过艺术，对没文化的阶层，宗教能解决相当一部分问题。

科学主义对传统文化和文化传统也是有一定杀伤力的。如果用科学作唯一的标准，古代的许多东西都要不得了。老子、庄子、屈原、司马迁、杜甫、程朱、王阳明，都谈不上什么科学。朱子提倡的读书方法，是"虚心涵泳、切己体察"八个字，也不好用科学二字来衡量。宋代的司空图写的《二十四诗品》，雄浑、冲淡、典雅、旷达，列了一大堆，都跟科学没有什么关系。中国的写意画，也无所谓科学。中医,望气切脉,至今科学难以解释得通。20世纪的许多学者都不相信中医。鲁迅不相信,连家世显赫的大史学家陈寅恪,他的曾祖、祖父都擅长中医,他还是不相信。但中医的治疗效果不容置疑。完全用科学来解释传统文化,有时难免遇到困难。

所以科学是好的,但科学主义却是一把双刃剑,一方面对引导人们走向现代文明可赋予理性和方法,另一方面虽不一定割断传统,却足以让人们失去对传统的温情。以西方文化为主要参照系的五四反传统思潮和后五四时期的科学主义的盛行,对晚清以来本民族的文化传统的大面积流失,起了相当的推波助澜的作用。

大传统和小传统

五四反传统思潮打击的主要是传统文化的核心价值,即封建专制制度和维护封建制度的以"三纲五伦"为代表的儒家伦理,也就是封建礼教。

文化传统有大传统和小传统之分。人类学家一般把占据社会主流位置的文化形态及其传衍,叫作大传统;把民间文化和民间信仰的世代相传,叫作小传统。大传统被时代精英检讨、反思、添加、融合的概率比较多,而且受制于最高统治者的政策,因此相对变易得比小传统快一些(我说的是相对,无论哪一种传统,只要是传统,就是一种惰性力,就不容易变化)。

小传统则表现为地区与族群的风俗和习惯,是长期形成的,往往由一种集体无意识来维系,因此变易得就相当缓慢。就是说,小传统更具有超稳定的惰性力,改变起来不仅缓慢,而且困难得多。五四先进人物把家庭和家族骂得一塌糊涂,但五四时期和五四以后,中国的家庭和家族照样运转,看不出有什么根本性的变化。当时觉醒的青年离家出走，或追求爱情，或留洋，或投身革命，是后五四时期文学作品常见的主题，但悲剧往往发生在出走者的身上，家庭并没因之发生根本的变化。遭到五四精英痛批的"孝"这种家庭伦理的核心道德，在1949年以前以及以后的长时期，仍然是维系家庭血缘纽带的基本规范。

对小传统的大破坏，是五四过了50年之后的所谓"文化大革命"。这是一次以"革"文化"命"为目标的彻底摧毁传统的非理性的运动。五四反传统基本上是理性的运动。理性地反传统，是思想和思想的冲突，主要打击的是传统社会主流意识形态大传统。非理性地反传统，是情感的发泄，直接遭殃的是民间文化、民间习俗和民间信仰，使小传统遭到大的破坏。古人说："礼失，求诸野。"这是说当主流文化形态因社会权力结构的变迁而发生变化的时候，官方已经不再流行的礼仪秩序，还可以在民间找到。原因就在于民间文化和民间信仰，比大传统更具有稳定性。小传统和过去连接得更紧密，传统文化的密码在小传统里埋藏得更深邃。大小传统的关系，是互动互补的关系。如前面所说，特别有家庭的网络在伦理上把民间小传统和大传统连接到了一起。没有大传统，小传统得不到礼仪习俗的思想资源；没有小传统，大传统失去辐射全社会的功能，主流文化的根基就会不牢固。

如果一个民族的大传统被彻底清算而又不及时修补，小传统遭到根本的破坏却不知道破坏的严重程度，这个民族的文化传统就流失得差不多了。

本来由于中国人在信仰这个终极关怀的问题上，宗教情感比较薄弱。这不能说是我们的缺点，只能说是特点。宗教情感薄弱的结果，我们从来没有宗教战争。宋儒看到了这一点，所以特别强调"敬"这个范畴,认为"居敬"、"持敬"是为人行事的关键。20世纪的大思想家马一浮因此提出"主敬"的思想。他说:"'礼仪三百、威仪三千',一言以蔽之,曰'毋不敬'。""敬"这种规范,可以提升人的类似于宗教信仰的庄重和庄严的精神境界。但"敬"作为一种道德规范,还是不如宗教信仰来得坚实。由于信仰的原因,我们的文化是比较松散的,传统也是比较松散的。我有一个观点,我认为中国传统文化的历史虽然悠久,但不容易凝结为传统;有了传统,又不容易传衍。

所以传统社会大传统的传衍,并不是那么顺利,实际上从汉到清经过无数次变易,孔子也成了"圣之时者也";倒是小传统传衍稳定而少变易。但"文革"把小传统彻底破坏了,连每个家庭对传统文化遗存的零星收藏都大部分付之一炬了,更不消说鼓励子女揭发父亲、妻子揭发丈夫、学生揭发老师、同事揭发同事、朋友揭发朋友、街坊揭发邻里。稍带一点传统意味的道德,全部荡然无存。

中国的传统不要了,外国的传统也不要了。"封资修"三字概括得多么全面,"封"当然是指中国的过去的遗留,"资"是外国的西方的遗留,"修"是外国的东方的遗留。要把这些遗留全部彻底扫除干净。试想,我们还能剩下什么呢?剩下的是,女人穿男人的衣服,中学生穿农民的衣服,知识分子穿工人的衣服,工人穿军人的衣服。传统社会把"易服色"看成是文化礼仪变迁的大事,中国六七十年代,实际上是全民大"易服色"的历史时期。五四时期的反传统,是学问与知识的清理,纵使批判得过了头,也是有识之士的愤激;六七十年代的反传统,是无知者对传统的毁坏。

请大家想一想,在这样的历史背景下,我们的民族还能保留下什么传统呢?

当今的中国，我们中国人身上保留的本民族传统文化的痕迹是越来越少了，少到几乎看不见。香港中文大学校长金耀基先生是专门研究传统和现代化的社会学家，他在谈到中国文化的现代命运的时候有一句名言，他说："20年代不想看，80年代看不见。"确实如此。

中国何以"与自身脱离"

2003年的8月3日，法国《费加罗杂志》刊载联合国教科文组织驻中国代表汉学家让-吕克·多梅纳克的一篇文章（8月14日的《参考消息》译载了这篇文章），其中写道：

> 中国传统文化令人迷惑。对于一个经常接触中国传统文化的人来说，这种文化有时会给人以垂死的印象，有时又会让人感觉到他的活力。这种矛盾现象产生的原因何在？现在是什么使得中国与自身脱离？

文章还说：

> 只要到北京的任何一条街道走走，你就会明白这一点：中国人每个星期都在对城市过去的遗迹、对所有让人感觉是这个国家活遗产的东西进行着改造。能够逃过改造的只有那些官方公布的受到保护的古迹。此外还有大规模的社会破坏。

这位汉学家最后写道：

> 中国的传统文化在走向没落吗？现在人们更多看到的是，与房地产、官僚主义、致力于现代化有关的愚蠢行为同重新找回儒学过去的前民主主义之间在进行斗争。要消灭一种历史，必须真有消灭这一历史的愿望。也许正是中国的广袤无垠保护了自己，中国确实拥有恢复清醒头脑的机会。

我觉得联合国这位汉学家官员还是有点客气，或者说他所受的教育使他不愿失去作为客人的宾礼。他询问："是什么使得中国与自身脱离？"这个问题提得好，今天我讲的题目，就想探讨这个问题。只是我的看法，我们"恢复清醒头脑的机会"可能不多了。因为以前许多摆在我们面前的机会我们都轻松地放弃了，现在还能够抓住吗？

我住北京半个多世纪，我作为学人我想我知道什么是北京的好。但北京城市建设的不尽如人意处，实在比比皆是。我不反对有最现代化、最前卫的建筑耸立于北京，但一些特殊的街区，还是应该有传统文化的特征。我说的传统文化，不一定就是清朝的文化。北京虽然是元明清三代帝都，但元朝的时间短，文化发展的层次不是很高。明代在北京压根就没展开。清代最长，但文化偏执。我们应站在整个中国文化的大背景下来观照北京。五十年代初期，有围绕梁思成建筑思想的争论。毛泽东不赞成梁的穿西装戴草帽的设计。其实梁思成是有道理的，总带上了中国建筑文化的特点。

文化认同与文化传统的重建

我们自晚清到五四以来，就面临一项不能绕开的任务，就是需要更新和重建我们的文化传统。因为你既然觉得原来的传统有毛病、不那么好，那只有想办法去改造它、建设它、完善它，使它变好。因为你不能真正做到抛弃传统，你也无法重新选择自己的文化传统。因为你是中国人，你是华夏子孙，即使住到外国去，你的华夏血统也改变不了。

我们的前辈、那些20世纪的文化大师、中国的有心人，尽管20年代到40年代，混战、内战和外战占去了绝大部分时间，他们还是做了不少重建传统的努力。1921年梁漱溟的《东西文化及其哲学》的发表以及引起的东西方文化的论战，就是一例。1935年王新命、何炳松等十教授发表《中国本位的文化建设宣言》，是又一例。他们在《宣言》中慨叹："在文化的领域中，我们看不见现在的中国了。"对重建民族文化传统做出切实努力的，是新儒家对儒家传统的新诠释。梁漱溟、熊十力、马一浮，以及冯友兰、张君劢、方东美、牟宗三、唐君毅、徐复观，是新儒家的代表人物。他们直承宋明的理学和心学，在中国文化的"花果飘零"之际，慧命传薪，试图重建儒家的学统和道统。

清末民初到五四以来的批判传统和现代文明的建构过程，一直隐含着、存在着两个不容回避的问题：第一，如何重新诠释文化传统的价值；第二，实际上有一个民族文化的认同问题。

第一个问题比较好理解：要重建传统，就必须重新衡定固有传统的价值，通过重新诠释使传统得到再生。第二个问题似乎费解：难道作为中国人，对自己的民族文化还要提出认同的问题吗？然而确实存在这个问题。因为清末民初到五四、再到后来，骂自己的文化、骂自己的国家、轻贱自己的民族，一切都唯西方是举，只知有西，不知有东，已经成为时尚、成为潮流。那么作为中国人，你的文化认同究竟在哪一方呢？直到今天，这两个问题也没有得到解决。不仅没有解决，反而显得更加迫切了。

当今的世界，现代化的浪潮，使游戏规则国际化、经济全球化、市场一体化，中国如想在世界舞台上保留住自己的位置，更需要她的忠实的儿女学会如何适应国际环境，如何整合自己、健全自己、发展自己，而不是消灭自己。这就需要有中国传统文化的根基。不然的话，你将不知道自己是"谁"，行动的时候，不知道是"谁"在说、"谁"在做。

五四精英、上一个世纪的文化先进，他们虽然不留情面地批判传统，但他们又是受传统熏陶的有十足的中国文化味道的从业人员。令人忧虑的是六七十年代成长起来的现在的中青年一代，长时间处身于大小传统齐遭毁坏的环境，没有机会接受传统文化典范的熏陶，他们身上的文化含量累积得不够，难免精神气象显得单薄而不够从容不够厚重。

至于如今的少年和儿童，教他们的老师大都是民族固有文化的缺氧者，流俗的电视文化、浅薄的搞笑、逻辑错乱的"脑筋急转弯"，占据了他们大部分的课外时间。他们错把猪八戒、孙悟空当作中国的文化传统，以为"康乾盛世"比现在还要好。春节觉得没意思，喜欢过圣诞；中秋节不好玩，就过感恩节，也吃火鸡，虽然不知道感谁的恩。如今的生活时尚，是一切层面都追求和国际接轨，五四时期的"西化"主张反而成了光说不练的小儿科了。

前些时卸任的台北市文化局长、很有名的女作家龙应台，写了一篇极好的文章，题目叫《紫藤庐和星巴克之间》，她说：

> "现代化"是很多开发中国家追求的目标；"全球化"是一个正在急速发生的现实，在这个现实中，已开发国家盘算如何

利用自己的优势，开发中国家在趁势而起的同时暗暗忧虑"自己不见了"的危险。那么，"国际化"是什么呢？按照字义，就是使自己变得跟"国际"一样，可是，谁是"国际"呢？变得跟谁一样呢？

龙应台长期住在德国，她为欧洲传统保护得完好感到震撼。她说满以为刚到欧洲会到处看见人家的"现代"成就的骄傲展现，但是不断撞见的，却是贴近泥土的默不作声的"传统"。

现代化和传统的重建，都不应该是表面文章，而需要扎扎实实地做，需要非凡的创造力，需要用文化搭建和传统衔接的桥梁。改革开放以来，随着国家经济实力的增强，在现代化建设过程中，实际上并行一个恢复记忆、连接传统、重建传统的过程。不能说我们在这一方面没有成绩，但由于长期与传统文化脱节，似乎一时还不能完全找到与传统衔接的最佳途径。"病笃乱投医"、"事急乱穿衣"的现象，每每有之。人们看到的，大都是比较浅层的模仿或没来由的怀旧，而缺乏民族文化传统的深层底蕴。何况一些影视作品不着边际的"戏说"，尤其"清宫戏"的泛滥，还把刚刚开始的重建传统的努力，弄得不明所以以至失去准绳。

文化传统的更新与重建，是民族文化血脉的沟通，如同给心脏病患者做搭桥手术，那是要慎之又慎的。总之我同意龙应台的观点："传统不是怀旧的情绪，传统是生存的必要。"如果我们走到、做到龙应台所期待的那种境界，传统就活在我们中间了，我们每个人既是现代的又是传统的，它的优秀者必成为含蕴传统味道的现代人。

至于文化传统的重建，我们到底应该怎样具体实施、采用一些什么样的办法,当然可以列出一些可以着手的方面。例如中小学课程的内容设置、家庭成员的言传身教、文本的经典阅读、文化典范的保护和开放、礼仪文化的训练和熏陶,等等。特别是礼仪,可以帮助人们恢复对传统的记忆。但重建我们的文化传统,创新和想象力,非常重要。没有缘于传统的创新,重建传统不过是一句空话。缺乏想象力,会不伦不类、闹出许多笑话。除此之外,还需要有心人。

但比这一切更重要的是——我们的领导者、国家栋梁、文化从业人员、大多数民众,要有重建传统的愿望,要对我们民族几千年的文化传统有一份敬意与温情。

(原为部级领导干部文史讲座的一次演讲,此为演讲文稿,载《南京师范大学文学院学报》2004年第1期。)

当代中国与传统文化

近年来传统文化越来越受到学术界、知识界甚至广大民众的关注。关于国学与传统文化涉及很多方面的问题，这次我想讲的是，在传统文化与国学热兴起的背景下，当代中国传统和现代之间的一种张力和互动。现在大家已经逐步意识到传统资源并不是现代化的障碍，而是它的有益补充。就是说，现代化建设离不开自己的传统。

当代中国传统与现代的关系，有点像交响乐一般的繁丽，它呈现的是传统与现代的多重变奏。如果比作贝多芬的交响乐，应该是第五交响乐《命运》。当代中国在传统与现代的这种交错互动和变奏的过程中，彰显出中国的现代以及未来的命运。

一 "知音"难觅：如何解读当代中国

当代中国有点像一个走红的明星，注意的人多了，谈论的人多了，称赞的人多了，挑剔的人也多了。报刊、传媒、网络对她的引用率大幅增加。但问题是应该怎样解读中国。

早期西方的传教士、汉学家，把中国说成是一个"谜"，所谓"谜一样的国家"。现在没有人说中国是谜了，但真正了解中国，并不容易。中国以外的人了解中国不容易，中国人自己也不一定对自己的国家有真正的了解。因为了解，特别是真了解，是很难的。不用说一个国家，就是真正了解一个人也是很难的。中国古代有一部书叫《文心雕龙》，南朝时期刘勰写的，是中国最早的一部成体系的文学理论批评著作，其中的一篇叫《知音》，开头第一句话就说"知音其难哉"。可见"知音"难得。

我们每个人在生活中都常常感到知音难求，《红楼梦》里的紫鹃姑娘不是也说"万两黄金容易得，知音一个也难求"吗？如果替我们国家着想，要找个知音就更难了。所以20世纪伟大的历史学家陈寅恪先生，在一篇文章当中特别讲到，对待古人的著作要具有"了解之同情"。这句话说得非常好。你要想了解别人，你就要设身处地，同情他的处境，对他不得不这样讲的话，不得不这样做的事，能够给予一种同情。假如我们每个人都具备这种态度，就容易处理好个人和他人的关系了。

中国确有不容易了解的一面。一方面，反差大，城市与乡村、东部和西部、富人和穷人，彼此的差异判若两极。另一方面，有多种面孔，高速发展、中国人有钱了、全民皆商、世界工厂、大工地、潜在威胁，等等，对这些，不同的人可以做出完全不同的解读，但每个人只能截取自己感兴趣的一两个侧面，却不敢自称读懂了中国。其中无法回避的难题是：中国人口太多。在13亿人口面前，一切问题都有理由，任何弊病都非偶然。有一个真实的故事，中美刚建交的时候，美国总统卡特到了中国，跟小平同志见面，谈得很好。最后卡特提出来对中国的人权问题表示非常关注。小平问指哪一方面，卡特说比如迁徙权、流动权不能得到保证，很多人想来美国，他们不能得到中国政府的允许。小平说你要多少，一个亿够吗，卡特不说话了。如果真有一个亿到美国去，他受得了吗？故事是真的，版本可能不同，我不过取其意而已。

但在问题丛生的同时，当代中国也给人们提供了无穷无尽的机会。这是一个前所未有的大舞台。很多留学国外的人，包括和中国有工作或者文化关联的外国人，更不要说那些大大小小的企业经管和做生意的人，他们都感觉到、意识到，中国是当今世界可以一显身手的地方，用一句广告语，叫作"一切皆有可能"。

我的意思是说，当代中国是一个正在变化的中国，一个日新月异的中国。

问题是，这个日新月异的中国，往什么方向发展？总的来看，是走向富强之路，走向现代化之路，走向人类文明的共同方向。

梁启超曾把中国历史分为三个阶段：从黄帝到秦统一，为上世史，称作"中国之中国"；秦统一至乾隆末年，为中世史，称作"亚洲之中国"；乾隆末年至晚清，为近世史，称作"世界之中国"。任公先生是一家之言，这里我是借用他提出的"中国之中国"、"亚洲之中国"、"世界之中国"三个概念。

没有疑问，当代中国已经是"世界之中国"。现在的情况是，"世界的中国"正在走向世界。中国当代社会最凸显的特点，是处于转型期，包括传统向现代转型，计划经济向市场经济转型，自我的运行机制向与国际接轨转型，长期贫困的国家向小康社会转型，等等。

转型期就是过渡期，是未完成式，一切都处于建构的过程中，是"人在旅途"。许许多多问题的症结就在这里。因此也有人说，"现代化是陷阱"。问题是，在当今世界，即使是"陷阱"，如果这个"陷阱"是中国走向现代化不可绕行的，我们也无以辞避。现代化是我们多少代人的梦想，实现梦想需要付出代价。正如1991年诺贝尔文学奖得主、墨西哥诗人帕斯（Octavio Paz）所说，发展中国家是"命定地现代化"①。当然我们是现代化的后发国家，许多先发国家的经验和教训，可以成为我们"攻玉"的"他山之石"，后发的好处是可以少走一些弯路。

中国走向现代化之路，是一个艰难的旅程，中间一再被打断。晚清政府从1860年至1890年三十年的早期现代化尝试，由于1894年至1895年的中日甲午战争，被打断了。民国政府初见成效的现代化努力，由于1937年的日本全面侵华战争，再一次被打断。我们改革开放以来的现代化进程，已经三十年了，取得了令世人瞩目的成就，但仍然是在现代化的进程之中。鉴于百年以来的痛苦经验，中国人不能不有所警惕，从领导者到普通民众，都需要格外小心，要尽一切努力，不能让这一次现代化进程再次被打断，无论是出于自己的原因（比如没有做到"一心一意"和"不动摇"等等）还是由于他者的原因。

我们不能否认现代化的多元模式的可能。历史上的现代化模式，最早是欧洲的模式，后来是北美模式，而以北美模式对世界的辐射力最大。但这两个模式，基本上是一致的，至少同多于异。再后来亚洲的现代化浪潮兴起了，实际上日本模式、韩国模式、新加坡模式，已经和西方有所不同。不用说，中国作为独立的"文明体国家"，其现代化模式一定更带有自己的特点。已经走过的改革开放三十年的经验证明，我们走的是一条既不同于美国，也不同于欧洲，又不同于日本的现代化道路。但我必须强调，我们的现代化是

---

① 参见金耀基教授《中国现代文明秩序的建构》，《中国社会与文化》增订版，香港牛津出版社2013年版，第284页。

"人在旅途",是未完成式。对我们三十年来所取得的成就,包括经验和教训,世界上都很注意。

当然,现代性的一些最基本的指标,无论东方还是西方,都应该是共指的,不同的是现代性的文化形式,否则人类便无法互相了解,实现跨文化沟通。

当代中国是一个日新月异的中国,走向富强,走向现代化。这是一个艰难的旅程,中间一再被打断。中国作为独立的"文明体国家",其现代化模式一定更带有自己的特点。

二 多元共生:中国文化的显著特点

就中国文化的发生来说,有黄河文化和长江文化不同的两源;就学术思想而言,也具有多元互补的特点,儒释道三家思想的相互包容和互动互补是其显例。传统中国还有发达的民间社会,主要以家庭和家族为中心,构成文化多元存在的社会依托物。

现代化的多元模式,主要是文化的民族内涵和现代性之间的张力问题。因此,在一个社会由传统向现代的转型过程中,中间呈现的诸多问题,常常离不开文化的思考。就是说,从文化的视角解读现代社会,有可能把很多问题说得更清楚一些,单一的政治解读、经济解读、军事解读,都不容易把一个国家和社会研究明白。

我的一个看法是:社会的问题在经济,经济的问题在文化,文化的问题在教育,教育的问题在文化。这是一个文化与社会与政治与经济之间的互动循环圈,这个循环圈为我们提供了对社会现象作文化解读的可能。我不是文化决定论者,但我觉得,当代中国文化方面的欠账太多。因为我们在较长一段时间内把文化混同于意识形态，以至文化排斥多于文化建设。殊不知文化建设是需要依赖社会的。经济的市场化自然是现代化的必经之路，但社会不能市场化，社会的教育与学术尤其不能市场化。人类的道德理性（譬如操守）和美好的情感（譬如爱情），不能市场化。总之，经济强国的建立，不能以牺牲文化的基本价值为条件。

现代性语境下的文化问题，有一个自我的文化身份和与他者的关系问题。走向现代，那么传统呢？走向世界，一切方面都试图与国际接轨，那么自己呢？所以，便有了对自身角色作文化辨认的需要，而角色离不开自己的文化传统。如果说一百年前、三十年前，可能还会有学者认为现代化和民族的文化传统是不相容的，但今天，已经很少再听到这种声音了。我们长期反思的结论是：现代化不能完全丢开自己的文化传统，不能离开自己的出发点，不能找不到回家的路。

中国是一个有悠久历史文化传统的国家。五千年的文明，三千年有文字可考的历史，曾经创造了辉煌灿烂的古代文明与文化。当欧洲还处于中世纪的时候，中国的唐代就已经迎来了自由歌唱的历史时期，唐代的多元繁荣是中国文化史的最辉煌的记忆。

多元共生是中国文化的显著特点。就中国文化的发生来说，它是多元的，具体可以说有黄河文化和长江文化不同的两源。我们过去讲中国文化，一般都讲黄河文化，以黄河文化为基准，因而黄土地文化、农耕文化、内陆文化、写实主义文化，等等，成为人们概括中国文化的常用语言。但长江文化为我们提供了不同于黄河文化的范例。甚至长江上游、中游和下游所呈现的文化面貌也是如此的不同。

长江上游四川广汉的三星堆出土了大量的青铜器，这些青铜器的造型和黄河流域非常不同，有非常夸张的千里眼和顺风耳，充满了神奇的想象力，甚至使人怀疑这是中国人制作的造型吗？从这些青铜器的构造上，我们约略可以想象出四川人的性格似乎带有青铜器的刚性。而长江中游的楚文化完全是另外一番景象。有一年我参观河南的博物馆，看到黄河流域出土的大量青铜器，各种鼎器的造型浑厚庄严，有力度，感觉很震撼。后来馆长带我去看另一处存放的青铜器，一排的鼎器，但造型轻巧，下座虽大，腰身却很细，年代也跟黄河流域差不多。馆长让我想想是哪里出土的，我说可能是三楚。他说是啊，"楚王好细腰"嘛。宫廷的审美取向已经影响到了青铜器的造型。由这一点可以看出，楚文化确实有自己的特点。长江下游的浙江则有大规模的玉器出土，就是有名的良渚玉器，不光有人身上佩戴的饰物，而且有生产工具和军事器械，例如玉斧、玉刀、玉箭、玉剑，等等。所以考古学家怀疑，我国古代是不是可能有一个玉器时期。这些洁白坚硬的玉器，或许也可以让人联想到浙江人的一些性格特征。

所以，不仅长江文化和黄河文化不同，长江上、中、下游的文化也有很多差异。黄河文化的那些人们熟悉的特征，不一定完全适用于长江文化。长江自古以来航运便利，可以直接和海洋联系起来，如果说黄河文化带有内陆文化的特点，那么长江文化已经在一定程度上带有了海洋文化的特点。长江流域南面的岭南文化，更是很早就直接跟海外建立了广泛的联系。

就学术思想而言，中国传统文化也具有多元互补的特点。学术思想是民族精神的理性之光，是最高形态的文化。儒释道三家思想的相互包容和互动互补是其显例。佛教是在东汉时期由印度传到中国的，这么一个外来宗教慢慢变成中国自己的宗教，是由于儒家的思想有极大的包容性。道教的产生也在东汉，当佛教思想刚刚传进来的时候，起来进行反驳和讨论的居然不是儒家而是道教。因为道教是宗教，所以对另一种宗教的理念不能认同。南北朝时期的范缜写过有名的《神灭论》，就是批评佛教思想的。他为什么写这个文章呢？据陈寅恪先生考证，范缜的曾祖父、祖父、父亲以及他自己，都信仰天师道，这是道教的一个分支，他反对佛教，是由于他有道教的家传影响。

历史上很多国家和地区都有宗教战争，但是中国这么长的历史，很少有宗教战争。这是由于中国的文化思想有极大的包容性，特别是儒家思想。所以然者，在于儒家不是宗教，或如陈寅恪先生所说，"儒家不是真正的宗教"。正因为传统社会占主流地位的儒家不是宗教，儒释道三家的思想才融合得很好。汉以后儒家是在朝的思想，道家和道教以及佛教主要在民间。对于一个知识人士而言，三家思想的互补使得精神空间有很大的回旋余地，进退、顺逆、浮沉，均有现成的学说依据，所谓"达则兼济天下，穷则独善其身"。儒家思想给人以上进的力量，修身、齐家、治国、平天下，是传统士人的共同理想。但是，如果仕途受到了挫折，乃至革职、斥退、罢官的时候，道家无为的思想便可以给他很好的支撑。道教崇尚自然，可以让他畅游于山水之间。甚至遭遇罪愆，如果信奉佛教，剃度出家，也可以避世完身。总之生命个体不会陷入完全的绝境。所以，多元性、包容性和自性的超越精神，是中国传统文化的价值理性的基本特征。

传统中国还有发达的民间社会，主要以家庭和家族为中心，构成文化多元存在的社会依托物。依据文化人类学的法则，文化传统可以区分为大传统和小传统。一个社会的主流意识形态，比如中国传统社会的儒家思想，就是大传统；而民间文化和民间信仰则是小传统。大小传统是互动和互相依赖的，当大传统遭遇危机的时候，我们仍然可以在民间文化中搜寻到它的碎片。所谓"礼失，求诸野"，就是这个意思。我们今天到东南亚一带，看到那里的华族社会，其中国文化传统的根性仍然相当牢固，甚至比我们国内看得更重。

中国文化自有令人自豪的不间断的传统，原因很多，其中一个原因和汉字有关。汉字我们使用了两三千年，从秦朝的统一文字到现在，一直是中华文化的载体，电脑盛行原以为会使我们的汉字遇到危机困难，实际结果却并非如此，现在汉字进入电脑极为方便，说明我们的汉字在现代背景下仍然具有强大的生命力，是我们文明不间断的有功之臣。相反，20世纪初前半期，许多志士仁人以为汉字将成为现代化的"累赘"的想法，未免是杞人忧天。

不过从清朝中叶以后，中国的发展落在了世界文明的后面。不少史学家喜欢讲清朝如何不可一世，喜欢讲"康乾盛世"，但是我个人的看法，中国落后的直接触点其实还是发生在清朝。由于康熙晚年到后来奉行闭关锁国的政策，不与外人建立正常的交流关系，使中国处于与世界隔绝的状态。唐朝为什么那样强大而且繁荣？胸怀宽广地与中亚以及其他国家建立稳定的文化商务关系，是重要的一因。十七世纪的时候，欧洲人很愿意跟中国交流，但是清朝统治者不接受他们伸出来的手。显例是1793年英使马戛尔尼以给乾隆祝寿的名义率船队来华，带有乔治三世国王给乾隆帝的祝寿信，希望与中方签署一项贸易协定，并在双方首都互设使馆。清朝认为根本无此必要，价值1.56万英镑的600箱礼物收下了，马戛尔尼则除了拿到一柄精美的玉如意，等于空手而归。我以为至少是此次，不是西方而是清朝统治者主动放弃了交流的历史机会。否则，如果当时能够主动打开和欧洲经商的通道，后续的发展也许就不是后来的面貌了。

到了晚清，中国的大门被西人的坚船利炮打开，欧风美雨狂袭而至，传统文化的核心价值发生了危机。1911年持续几千年的帝制解体了，最后一个皇帝被赶下了龙椅，以"三纲五伦"为代表的儒家思想，也就是传统社会的大传统，还能够继续发用吗？中国的固有文化能否在新的历史条件下重生？或者换句话说，中国传统文化与现代性应该是怎样的关系？传统中国经过怎样的途径才能顺利地进入现代中国？中国传统文化在今天还有意义吗？百年以来一直存在争论，直到今天仍不能说已经获致完全的解决。

三 回归原典：国学和经典阅读

百年中国以来的文化传统是处在流失与重建的过程之中。文本的经典阅读、文化典范的熏陶和礼仪文化的熏习，是重建中华民族文化传统的一些必要途径，行之有效。

晚清民国以来的百年中国，是我们民族的固有文化传统解体与重建的过程。这个过程一直隐含着、存在着两个真实的问题：第一，到底如何重新诠释自己文化传统的价值；第二，实际上存在一个民族文化的重新认同问题。因为从清末到民初到五四乃至后来，长时期唯西方是举，只知有"西"不知有"东"，而且经常的口号是："要与传统彻底决裂"，结果使得中国自己固有的文化传统严重流失，流失到自己不能辨认自己。

九十年代初期，我和香港中文大学校长金耀基先生，有过一次文化对话，后来发表在我主编的《中国文化》杂志上。金先生是有名的文化社会学家，他长期致力于现代化问题的研究。他说，中国文化二十年代不想看，八十年代看不见。20世纪20年代，反传统的思潮呈压倒之势，对传统当然不想看。可是到了20世纪80年代，文化传统大面积流失，即使想看也不容易看到了。是不是现代化必然要告别自己的文化传统？人们发现，东亚的一些国家并不是如此。比如日本，虽然早期也有过"脱亚入欧"的潮流，可是后来，在现代化的过程中自己的传统保存得相当完好。甚至比大陆的现代化先行一步的台湾，也没有和中华文化传统彻底脱离。早几年到台湾的时候看到浓浓的人情味，传统的特征非常突出。而在大陆，文化传统呈现于当代社会的，的确少之又少。所以"中国大陆和自身脱离"是一个很大的问题。

　　五四反传统，主要检讨的是社会的主流文化，文化的大传统。五四精英、上一个世纪的文化先进，他们虽然不留情面地批判传统，但他们本身又是受传统熏陶的有十足中国文化味道的从业人员。胡适反传统算是很激烈了，但他的身上，仍然保留有十足的中国传统文化的味道。他们那一批人很小就留学国外，甚至十几年、几十年在国外，但他们不发生文化失重的问题，文化的根始终在文化中国。像陈寅恪先生在国外的时间非常长，到过很多国家，但是他的文化关切、学问的中国文化根基，始终没有变。1961年诗人吴宓自重庆赴广州探望寅恪先生，他的印象是："寅恪兄之思想及主张，毫未改变，即仍遵守昔年'中学为体，西学为用'之说(中国文化本位论）。"①

我们文化的小传统，即民间文化和民间信仰，后来也在相当一段时间遭到了破坏。我们一两代人都是在大小传统齐遭毁损的背景下成长起来的，很少有机会接受传统文化典范的熏陶，从而成为民族固有文化的缺氧者。特别是动乱时期，提倡学生揭发老师、子女揭发父母、同志揭发同志、街坊揭发邻里，全民大揭发，中国人的人性尊严丧失殆尽，对社会基本伦理价值的伤害是难以想象的，也是难以弥补的。我认为这个影响直到现在也不能说已经完全成为过去。

改革开放三十年来，随着国家经济实力的增强，政府和民间做了许多重建传统的努力，取得的成效昭昭可睹。但由于长期与传统脱节所造成的文化断层，一时还不能完全找到与传统衔接的最佳途径。人们看到的大都是比较浅层的模仿或没来由的怀旧，而缺乏民族文化传统的深层底蕴。

我认为当今文化传统的承续与重建，有三条途径比较行之有效：第一是文本经典的阅读，第二是文化典范的熏陶，第三是礼仪文化的熏习。

中国文本典籍之丰富，汗牛充栋不足以形容。中国很早就有修史的传统，各朝各代都有完整的史书，不包括《资治通鉴》，就有二十四史，加上《清史稿》，是二十五史。还有各种野史笔记，也都有丰富的史料价值。史书之外，还有丛书和类书。当然按传统的"四部之学"，史书是"乙部之书"，另还有经部之书、子部

---

① 《吴宓日记续编》第五册，1961年8月30日条，三联书店2006年版，第160页。

之书，以及数量更大的个人作品集，也就是"集部之书"。

这么多的典籍，专业的研究者尚且望洋兴叹，我们一般的公众，该读些什么书呢？过去做学问打基础，或者想积累自己的传统文化知识，最初步的是要读"四五四"和"百三千"。"百三千"就是《百家姓》、《三字经》和《千字文》，从前的发蒙读物。"四五四"是"四书"、"五经"和"前四史"。《史记》、《汉书》、《后汉书》和《三国志》是前四史，篇幅不是很大，如果不能全读，选读也可以。像《史记》，主要需要读传记部分，共七十篇，故事性强，不难读的。除了"前四史"，这几年我一直提倡读一点"经"。现在大家讲国学，什么是国学？国学这个词在《周礼》里面就有了，但是我们今天讲的国学，不是历史上的国学，历史上的国学是国家所立学校的意思。今天讲的国学这个概念，是晚清出现的，可以叫作现代国学。至少1902年黄遵宪和梁启超的通信里，已经在使用国学的概念，还不一定是最早。讲国学最多的是章太炎先生。他一生有四次大规模地讲国学，他是当之无愧的国学大师。

国学是做中国学问的一种根底，最重要的是经学和小学。什么是小学？小学包括文字学、训诂学、音韵学，是过去做学问的基本功。也就是清儒常说的"读书必先识字"。章太炎先生就是研究文字学的大专家。还有一个是经学，就是指《诗》、《书》、《礼》、《易》、《乐》、《春秋》"六经"。诗是《诗经》，书是《尚书》，礼是《周礼》（还有《仪礼》、《礼记》，称"三礼"），易是《易经》，也叫《周易》，乐是《乐经》。《春秋》也叫《春秋经》，因为是极简短的史事记载，必须借助于几种"传"方能看得明白。有《左传》、《公羊传》、《穀梁传》，我以为《左传》最重要，最便于阅读。由于《乐经》后来没有传下来，空此一"经"，所以便有了"五经"的说法。

现在关于国学有几种说法，有一种说国学就是"国故之学"的简称，后来大家觉得这个范围太大，比较一致的看法，是说国学是指中国的固有学术，包括先秦的诸子百家之学，汉代的经学，魏晋南北朝的玄学，隋唐的佛学，宋代的理学，明代的心学，清代的朴学等，这是学术史的一个流变过程。可是我觉得，要是把国学看成中国学术史，很多人会望而却步，一般的民众怎么可能进入呢？因此我很赞成20世纪的大儒马一浮的观点，他说所谓国学，就是"六艺之学"，也就是"六经"。马先生的定义的好处，是抓住了中国学问的源头，把中国文化的最高形态称作国学，这是天经地义之事。中国人做人和立国的基本精神，都在"六经"里面。而且可以和国民教育结合起来。所以我主张我们的中小学、大学的一二年级，应该设立"国学课"，内容就是以"六经"为主。由于"六经"的义理较深，可以从《论语》和《孟子》入手。《语》、《孟》实际上是"六经"的通行本。熟悉了《语》、《孟》，也就熟悉了"六经"的义理。高中和大学的一二年级，应适当增加文言文的写作练习。如此长期熏陶，循序渐进，百年之后，"六经"就可以成为中华儿女的文化识别符号。

所以今天讲文本的经典阅读，我想包括《论语》和《孟子》的"四书"是首先该读一读的典籍。《论语》、《孟子》再加上《大学》、《中庸》合称"四书"，是南宋大儒朱熹把它们合在一处的。《大学》相传为孔子的弟子曾参所作，《中庸》的作者据说是孔子的孙子子思。《大学》和《中庸》文短理深，其实并不易读。我的看法，主要还是要先读《语》、《孟》。当然，开始阶段，"百三千"

即《百家姓》、《三字经》、《千字文》等蒙学读物，读一读也是有百利而无一弊的。以前这些都是生之为中国人的必读书，现在读这些书，很大程度上是文化补课，是为了改变百年以来的文化断层增补的几门必要的传统文化课。至于老庄、诸子、古文、诗词、戏曲、小说，还有佛道经典，应该如何选读，是另外的问题，这里就不一一谈及了。这是我讲的关于文化传统重建的第一点，文本的经典阅读。

第二是关于文化典范的熏陶。一个文明体国家，在其发展过程中留下了无穷无尽的文化典范。文本经典也是一种文化典范。此外古代的建筑，包括宫廷建筑、百姓民居、佛道教的寺庙和道观，大量的地下发掘文物，以及各种物质的和非物质的文化遗产，能够流传到今天的，许多都是各个历史时期的文化典范。还有历史上的杰出人物，也是文化典范的代表。中国是讲究人物的国度。三国人物，魏晋人物，盛唐人物，晚清人物，都是有特定内涵的人物群体。我们通过和这些文化典范的接触与对话，接受文化典范的熏陶，是文化传承和重建文化传统的一条重要途径。

第三是礼仪文化的熏习。礼仪文化的提倡，可以唤起人性的庄严，可以帮助人们恢复对传统的记忆。中国是礼仪之邦，可是实事求是地讲，当代中国也是礼仪文化流失得最多的国家。礼仪的核心是一个"敬"字，所谓无敬不成礼。所以孔子说："为礼不敬，吾何以观之哉！"朱熹对这句话的解释是："礼以敬为本。"礼敬，礼敬，如果没有了敬，礼就不存在了。因此中国人的习惯，拜佛也称作"礼佛"、"敬佛"。其实"孝"的内核也是一个"敬"字。孔子认为如果没有了"敬"，人类的"孝"和犬马的"能养"便无所区别了。如果联系我们的节日庆典和日常生活，随处都可以看到礼仪缺失的情形。比如中小学生的校服，大都是质量很差的运动装，根本和校服不是一回事。校服必须是礼服，国家典礼、学校开学和毕业的典礼，以及学位的授予等庄重的场合，学生应该穿上校服，又好看又精神，很合乎礼仪。

总的来看，百年中国以来的文化传统是处在流失与重建的过程之中。我说的文本的经典阅读、文化典范的熏陶和礼仪文化的熏习，是重建中华民族文化传统的一些必要途径。包括于丹对《论语》的解读，我个人也并不轻看，因为她旬日之间把儒家最基本的经典《论语》送到了千家万户。当人们对传统的文本经典已经陌生的时候，她让大家对《论语》重新产生了一种亲近感。她帮助普通民众拉近了与本民族文化传统的距离。

我的愿景是，希望正在走向世界的中国，同时也走向自己文化的深处，是世界的中国，同时也是中国的中国。

（原载《光明日报》2010 年 3 月 25 日）

中国传统价值理念的现代意义

民族的伟大复兴，应该以文化复兴为前提为标志。换言之，社会的发展不能以牺牲文化的基本价值为代价。我想探讨一下，中国传统文化中都有哪些价值理念，今天仍然可以发用？诸子百家，各有各的理念。但作为中华传统文化主轴的价值理念，主要在"六经"。国学大师马一浮和熊十力都讲过，"六经"中蕴涵的理念，是中国人立国做人的基本依据。"六经"的文本，经过孔子修订，总其大成。孔子和孟子讲的义理，就是"六经"的基本义理。

我近年一直在研究"敬"这个价值理念。"敬"不仅是对他人的尊敬，更是人的自性庄严。中国人的精神信仰，光说有道教，有佛教，还不够。作为中华文化主流的儒家思想，不是宗教，但是它有信仰层面。我认为"敬"就是儒家用来补充宗教信仰的价值理念，"敬"已经进入中华文化的信仰之维。很多人讲"孝"和"礼"。孝这个概念当然很重要，"百善孝为先"。孔子的弟子问，到底什么是孝，孔子说，现在人们以为能养就是孝，可是犬马也能养，如果没有敬，何以别乎？孝的精神内核其实是"敬"。

"礼"，包括社会的各种礼仪制度，精神内核也是一个"敬"字。孔子说，"为礼不敬"，"吾何以观之哉"。所以，无敬不成礼。"敬"这个概念在中国文化里面，特别在儒家思想里面，是核心价值。敬与诚与信相连接。诚敬，诚敬，无诚则不敬。没有诚敬，也就没有信。大家试想，诚信在当下社会，该有多么重要！"六经"的精神义理，主要是敬、诚、信。孔子把"六经"的义理化作日用常行，变得简单亲切，每个人都能明白。宋儒对"敬"有进一步的发挥，提出"主敬"的思想。

"恕"，也是中华文化的核心价值理念。就是"己所不欲，勿施于人"。这是个内涵极为丰富的概念，可以见出中华文明的高贵精神和异量之美。"恕"就是设身处地，也就是陈寅恪讲的"了解之同情"。二程子认为，可以采取一种方式来培养恕，即"易子而抱"，把他人的孩子当作自己的孩子来养。"己所不欲，勿施于人"，设身处地，换位思考，不强加于人。这是"恕"这个价值理念的深厚内涵。二程子认为，恕是进入仁的一个途径，是仁的门庭设施。做到恕，离仁就不远了。

"和"，同样是中华文化价值理念中的了不起的概念。宋代的张载张横渠，宋四家里面关学的代表，我们都知道他的有名的四句话："为天地立心，为生民立命，为往圣继绝学，为万世开太平。"学术界习惯叫"横渠四句教"。他还有另外的"四句教"："有象斯有对，对必反其为，有反斯有仇，仇必和而解。"这是张载的"哲学四句教"，表达的是对整个宇宙世界的看法。我的理解是，宇宙间万事万物，不过是对待、流行、反正、和解而已。对待与流行的结果，不是吃掉、消灭，而是反正、和解、共生。鲁迅的一首诗说的"度尽劫波兄弟在，相逢一笑泯恩仇"，最能得张载义理的真传。

张载的哲学启示我们，世界各种文明之间，虽然存在差异，却不必然发展为冲突。世界历史的大趋势，总的是走向文明的融合，而不是走向文明的冲突。我相信，人类的"同"，远大于

"异",正如《易经》上说的:"天下同归而殊途,一致而百虑。"在这个问题上,陈寅恪先生立说最为透辟。他用孔子的"有教无类"来阐释这个问题,认为"文化高于种族"。不分民族,不分种姓,可以在人类文明的精神层面上合流共享。有此一面,人类才能共生于同一世界。

中国文化的精神,主张仇对的双方在互相校正中实现化解,达到"和解",走向"太和"。是"和而解",而非"仇而亡",这是人类本性所应该趋向的目标。在国际交往中,我们不必设想哪个国家一定会成为我们的敌人。强权、暴力干涉、漠视主权,我们是反对的。但反对有各种方式,中间地带无比广阔,不必逼向非此即彼的对立两极。重视对话,避免对抗,化干戈为玉帛、不战而屈人之兵,是国际博弈的上上策。

中国30年的改革开放,给社会带来了活力。但社会的泛商业化、泛市场化,会冲击文化的基本价值,使社会变成失范失德失敬的价值紊乱的社会。一个"文明体国家"的基本文化价值理念,是不会成为过去的。按照康德的说法,道德理性具有绝对价值。我们中国文化中的敬、恕、和、耻等价值理念,都是具有永恒性、具有绝对价值的理念。也可以说,这些价值理念具有普世价值,可以成为和西方的价值理念对话互阐的资源。

我主张读一点经。建议在中小学设立国学课,主要以"六经"的内容为主,从《论语》、《孟子》入手,化繁为简,循序渐进。期以百年、几百年之后,使中华文化的源头经典"六经",成为中华儿女的文化识别符号。晚清的大学者沈曾植说过,年轻人没读过《论语》,不大好对话。不懂《论语》,就不懂敬、恕、和,也不懂仁、孝、忠、信。当然还有"耻",孔子讲"行己有耻",《中庸》讲"知耻",孟子讲"羞恶之心"。顾炎武说,一个人如果不知"耻",将无所不为。这些价值理念,在今天仍然重要而没有过时。

晚清五四以还,要不要读经有很大争论。五十年代以后,我们的教育,不仅不读经,而且反经。"文革"就更不用说了。在我看来,国民教育取消读经是很大的失误。如果抛弃中华文化的这些精彩的价值理念,中国人将找不到自己未来的精神归宿和文化家园。

(原载《光明日报》2011年10月31日,暨《中国文化报》2012年5月1日)

如何评价儒家学说的历史地位

百年中国，再没有其他学说像儒家思想这样，经历了如此长时间的反复跌宕和严峻拷问。

蔡元培先生是何等样人，中国现代教育的泰斗的称谓，他比任何人都当之无愧。但他不赞成读经，致使被请来与之共襄民国初立之教部的马一浮离他而去。当然不伤友情，十五年后蔡先生出掌北京大学，又礼聘马先生担任文科学长。马先生的回复是："礼有来学，未闻往教。"以古礼婉拒。于是改聘陈独秀为文科学长，又请来胡适之执教文科讲堂。

读经和反对读经，成为当时学界和舆论界争吵不休的一桩公案。反对者显然占上风，连大文豪鲁迅也站出来发声，批评提倡读经者即使是真正的老实人也不过是"笨牛"而已。

五十年代之后的中国大陆就不必说了，长时间的主导思想是与传统彻底决裂。何况还经历了极端的十年，不仅作为传统社会大传统的儒家思想成为众矢之的，民间文化和民间信仰所呈现的文化的小传统也被冠以"四旧"之名，必欲清除扫尽而快之。适相反照的是，当时台湾、香港、澳门却兴起了以儒学为代表的传统文化复兴的浪潮。

改革开放后中国拨乱反正，重新启航，把历史还给历史成为思想学术界的共同呼声。孔子由被幼童也参与唾骂的斯文扫地变而为正常的文化古人。

但儒学重启，则是近十年的事情。八十年代虽经识者推动，但收效甚微。九十年代深入研究人文学术的风气开始出现，公正评价儒家学说、重估孔子历史地位的论著受到关注。但由于所经历的"毁圣弃知"的时间实在太长，难免积非成是，改变世人乃至学界部分人士的成见尚需时日。马一浮先生曾经拟过一副联语："鲁国多讥儒近戏，秦人惟以吏为师。"诚然是借古典来嘲讽世情，但如果将孔子的家乡和儒家思想的故乡等量齐观，则儒家思想在百年中国的遭遇，就不仅仅是以之为戏了。

所以如此的缘由，也有对儒家学说本身存在诸多误读不无关系。我觉得有三个与儒学直接相关的问题，需要予以澄清，在此基础上才有可能正确评价孔子和儒学的历史地位。

第一个问题，需要明了在儒学产生之初，即春秋战国时期，儒家只是诸子百家中的一家，其影响比之墨家或犹有未及。所以孟子颇为焦虑地说："圣王不作，诸侯放恣，处士横议，杨朱、墨翟之言盈天下。天下之言不归杨，则归墨。"（《孟子·滕文公下》）他因此想起而矫正此种"仁义充塞"的时代风气，欲以承继禹舜、周公、孔子的圣道为己任。

第二个问题，汉代中期汉武帝听从大儒董仲舒的建言，实施"独尊儒术，罢黜百家"的政策，使儒学的地位骤然提升，成为社会的主流意识形态。但儒学以外的学说仍有存在空间。东汉佛教的传入和道教的兴起，即为明证。而到魏晋南北朝时期，释、道、玄之风大炽，其思想所宗更非只有儒学一家。隋唐佛教发展的势头，亦不在儒学之下。但如果认为隋唐时期的思想主潮是佛而非儒，轻忽儒家的地位，又有误读古人之嫌。直承郑康成而撰《五经正义》

的孔颖达，即是当时继往开来的儒学健将。明清以还，儒学的地位日趋稳固，但佛、道两家在民间社会的影响也开始定式成型。

第三个问题，儒家思想在宋代呈现变易之势。二程和朱子等宋代大儒，诚然是承继了先秦以孔子、孟子为代表的儒家思想，但朱子的理学实为思想大汇流的产物，道家和道教的思想，佛教特别是禅宗的思想，一起参与进来成为理学的助发资源。"三教合一"在学理上得到论证，肇始于唐，而宋代实为集大成，此即陈寅恪先生所谓"新儒家之旧途径"是也。

我提出上述三个问题，是想证明儒家是具有包容性的学说。儒家的包容性，反映了中华文化的包容性。而儒家所以具有包容性，在于儒家不是宗教。陈寅恪先生对此断判得十分肯定："中国自来号称儒释道三教，其实儒家非真正之宗教，决不能与释道二家并论。"[①]儒家也重"教"，那是"子以四教"的教，"有教无类"的教，"富"而后"教"的教，也就是"教化"的教，而非宗教的教。

儒家思想作为中华文化大传统的代表，处在不断地被检讨和重新诠释之中。经过检讨、诠释，便有增加、有变易、有更化。儒家由先秦而宋，已经是在增加、变易和更化了。明代心学出，是又一更化。王阳明的学理初衷，本在减少（他认为朱子增加的未免过多），但阳明心学很快被边缘化，可以为后学所宗，却无法成为社会的主导思潮。

学者有"制度化儒学"之称，这在唐宋以前并不明显，主要是

[①] 陈寅恪：《金明馆丛稿二编》，三联书店版，第219页。

明清两朝，伴之以科举命题以"四书"取义，儒学不仅制度化，而且在"制度法律公私生活"方面影响尤为深巨，因此其存在形态难免因固化而僵化。儒学在晚清社会从传统到现代的"大变局"中出现危机，实与儒学在明清的固化与僵化直接相关。所谓危机，恰好是"制度化儒学"的危机，而非先秦孔子和孟子原初思想学说的危机。

这里涉及儒家思想的"变"与不变的问题。变易与更化给儒家学说带来了活力。但儒家精神亦有不变的一面。这让我想起《易》有"三易"，即不易、简易、变易。儒家原初思想的"简易"，有《论语》可证。孔子深知该说什么和不该说什么。所以出语至简，有时至于说"予欲无言"。理由是："天何言哉？四时行焉，百物生焉，天何言哉？"（《论语·阳货》）所不变者，是为儒家的理性精神和"六艺"经典的核心价值。

"六艺"后称"六经"，有的或为孔子所作，有的是前于孔子而为孔子所删订的典籍文本。孔子思想与"六经"是一而二、二而一的关系，《论语》即可视作"六经"的简易读本，只不过表达方式已化作日用常行。马一浮不称"六经"而称"六艺"，是沿用典籍的初称。孔门之教，分技能训练和典籍传习两大类。技能则礼、乐、射、御、术、数，此处之"礼"，为"执礼"，类似礼仪程序的排演，"乐"则咏歌诵唱，不学无以为能。典籍传习则《诗》、《书》、《礼》、《乐》、《易》、《春秋》，以为传道之本。两者都称"六艺"而形态不同。

马一浮所述论之"六艺"，自是后者，故他说："此是孔子之教，吾国二千余年来普遍承认一切学术之原皆出于此，其余都是六艺之支流。"（《泰和会语》）马一浮的发明处，是将"六艺"和诸子、四部区隔开来，称"六经"为中国文化的最高的特殊的文化形态。而熊十力则标称，"六经"是中国人做人和立国的基本依据。这样，"六艺"即"六经"在中国的思想文化系统中，便有了至高无上的地位，不仅诸子、四部无以取代，与现代学术的文、史、哲科分亦不相重合。

"六经"的形上意义在于它的系统的价值伦理，也就是马一浮所说的"六艺之道"。唐宋儒所致力的"传道"，所传者即为"六艺之道"，也就是"六经"的价值伦理。近年我从《易经》、《礼记》、《孝经》，以及孔子、孟子的著作中，抽绎出一些具有代表性的价值理念，包括诚信、爱敬、忠恕、知耻、和而不同等，经过分疏论证，我认为它们是几千年以还一直传下来的，可以称之为中华文化的永恒的价值理念，同时也是具有普世意义的价值理念，不仅适用于传统社会，也适用于当今的社会。不仅适用于中国人，也可以适用于全世界的人。此正如康德所说，道德理性具有绝对价值。

"六经"义理内涵所呈现的，就是中华文化的具有绝对意义的道德理性，永远不会过时。《易经》乾卦的文言引孔子的话为说："忠信所以进德也；修辞立其诚，所以居业也。"现代人的人生选择虽然更趋丰富，但其大道要旨，亦无非进德与居业二事。因此忠信和立诚便成为每一个人都需要具备的道德理性，甚至可以说是取得成功的前提条件。

论者有谓传统文化需要现代的转化，其实就道德理性的建构而言，"六经"的价值伦理进入现代人的精神血脉，自是顺理成章之事。可惜百年以来的现代教育变成了单纯的知识教育，忽略了"传道"的内容，致使一千二百年前的韩愈之叹无法不继续成为我们的今日之叹。

虽然，古与今宜有别也，礼俗政俗亦因地齐而异。但正如孟子所说："口之于味也，有同耆焉；耳之于声也，有同听焉；目之于色也，有同美焉。"所以如是，盖由于人之心或曰人的心理，有理之"所同然者"（《孟子·告子上》）。故孟子又云："先圣后圣，其揆一也。"（《孟子·离娄下》）而近世大儒钱锺书先生则说："东海西海，心理攸同；南学北学，道术未裂。"中华文化的最典范的价值伦理具有永恒性和普世性，正不足为怪。

（载 2016 年 1 月 18 日《光明日报》）

儒家话语下的宗教与信仰

1

中国人有信仰吗？照说不是个问题。其实一直是一个问题。所以成为问题，是由于迄今为止，绝大多数西方人都认为中国人没有或者缺少信仰。中国人自己回答这个问题，也没有十足的底气。学术界更长期存在争论，至今仍未能在这个问题上给出妥切的答案。

中国不是有佛教和道教吗？难道不是信仰吗？

这里，需要对信仰一词稍作分疏。所谓信仰，应该指一种带有宗教意味的终极关怀。佛教自东汉传入中国之后，经历了繁复的本土化的过程。它在中国社会裂分为两条途径。往知识阶层里面走，出现禅宗，禅宗流于智辩，其信仰的成分大大减低。往民间社会走，出现世俗化的趋向，香火虽盛，信仰却不能说是牢固不移。

民间宗教的适用性取向和为我所用的特点甚为明显。

至于道教，属于自然宗教性质，神出多门，不易取信。如果以西方的宗教理念来衡量，终极关怀一词宜乎与佛道二教无缘。

2

那么儒家呢？这涉及学术界的一个争论，就是儒家到底是不是宗教。我个人不赞成把儒家宗教化。大史学家陈寅恪先生也明确讲过"儒家不是真正的宗教"。

儒家虽不是宗教，但儒家一向有重"教"的传统。"教"是儒家思想的应有之义。其"教"应解释为教化之"教"。因此唐宋以还盛行"三教合一"的说法，可以看作是"教化"思想的殊途同归。

因为佛教和道教，实际上也担负着对其拥趸和信众的教化任务。儒释道"三教"对"天生烝民"的态度，都是以"教"而"化"之相期许。

中国文化的这一特异之点，使得中国历史上从来没有宗教战争，中华民族也从来不排外。这也就是，孔子的弟子子夏为什么能够讲"四海之内皆兄弟也"。孔子还说："夷狄入中国，则中国之。"《易经》的系辞也说："天下同归而殊途，一致而百虑。"《中庸》则说："万物并育而不相害，道并行而不相悖，小德川流，大德敦化，此天地之所以为大也。"所谓"大"者，就是能容能化。

这是儒家的文化态度，也是儒家的包容精神，同时也是中华民族的文化态度和中华民族的包容精神。

3

问题是应该对这种现象作怎样的解释。

大史学家也是大思想家陈寅恪说:"中国自秦以后,迄于今日,其思想之演变过程,至繁至久。要之只为一大事因缘,即新儒学之产生,及其传衍而已。"[①]按佛教的说法,佛陀出世是一件"大事因缘"。陈寅恪先生把宋代新儒学的产生与传衍,看作是中国思想史的"一大事因缘"。

这样说的道理安在?主要是通过宋儒的改造融解过程,终于使外来之佛教完成了实现中国本土化的最关键的步骤。

儒家从先秦两汉一直到宋代,经过几个发展阶段。春秋战国时期是思想家的思想。汉代儒学成为和社会制度结合起来的学说。宋代大儒朱熹出来,创建理学,使儒学成为系统的哲学思想。宋明理学吸收了道教和道家的思想,吸收了佛教特别是禅宗的思想,实现了空前的思想大汇流。由于是儒释道三家融合过的思想,所以可以称作"新儒家"。

4

儒家为什么有如此的包容性?我认为,主要由于儒家不是真正的宗教。不是宗教,所以没有排他性。孔子思想涉及历史、文化、

---

① 陈寅恪:《金明馆丛稿二编》,第282页。

制度、人伦各个方面，但对宗教与信仰问题他似乎有所保留。他的名言是"祭神如神在"、"敬鬼神而远之"、"未能事人，焉能事鬼"、"未知生，焉知死"，以及"子不语怪力乱神"等。他雅不情愿在这个问题上多发表意见。

"祭神如神在"最多是要求祭祀的人应该对神保持一种礼敬的态度，而不是必然的信仰。因为当孔子这样说的时候，已经对信仰对象作了一种假设，而信仰对象是不能够假设的。"敬鬼神而远之"也是表达对鬼神的一种礼敬的态度。

我们由此看到了孔子思想在宗教与信仰问题上所有的和所没有的东西。

有的，是礼仪和礼敬，没有的，是终极意味的信仰。

5

孔子强调"执事敬"、"修己以敬"、"行笃敬"。孟子释"义"的时候也说"行吾敬而已"。早期儒家已经把"敬"视作社会人伦甚至生之为人的基本价值。宋儒深悟此理，更大张旗鼓地提出"主敬"的概念。"敬"既是道德伦理，又是中国人和中国社会普遍持久的人文指标，不妨看作是中国文化话语里面的具有永恒价值的道德理性。

孔孟等先秦儒家和宋儒提倡"主敬"，目的是要使中国人的文化性格庄严起来。如果说在宗教与信仰层面，儒家思想尚留有某种空缺的话，那么"主敬"思想的提出，应是一种恰如分际的补充。

何谓敬？敬是自性的觉照庄严。觉照系佛家语，有虚明照澈之意，也可以解做人的本性的庄严。所以《中庸》里说："自诚明，谓之性。"又说"唯天下至诚，为能尽其性，能尽其性，则能尽人之性"。《中庸》里还有"齐庄中正，足以有敬"的话。

"齐庄"就是庄严，也就是人性的庄敬。"至诚"则不为俗尘物欲所遮蔽。二程子说："当大震惧，能自安而不失者，惟诚敬而已。"①当一个人遇到某种不可抗拒的意外，遭遇大的变故，身心受到大的震撼，却能够安稳自定，而不手足无措，只有牢固秉持诚敬之心的人，才有可能做到。

这种情境之下，诚敬已经成为当事人的不可移易的信仰。

6

所以二程子说："君子之遇事，一于敬而已。"②而切忌"简细故以自崇"，也就是不用一些无关紧要的细琐之事来安慰自己。也不自作聪明，"饰私智以为奇"。也就是不施用一些小技巧来搪塞蒙蔽自己。因为这些都是内心缺乏诚敬的支撑，亦即没有信仰。

---

① 《二程集》下，第1227页。
② 同上，第1221页。

信仰之境的"敬",可以使一个人的意志不发生动摇。所以孔子说:"三军可夺帅也,匹夫不可夺志也。"怎样使得自己的"志"不被改变?按马一浮先生的解释,"敬"就有这种奇妙的作用。他说:"何以持志?主敬而已矣。"①

又说:"以帅气言,谓之主敬;以不迁言,谓之居敬;以守之有恒言,谓之持敬。"

这是告诉我们,如果要让此一"诚敬"之心守之有恒,持之不迁,则"居敬"和"持敬"是必不可少的修持功夫。"居敬"、"持敬",才能"主一"。也就是二程子之一的弟弟伊川所说的:"主一者谓之敬。"②如此来解释、界定"敬",显然已使"敬"的价值义涵带上了终极的意味。

7

诚和敬是连同在一处的。不诚则不敬,不敬也就没有诚。二程子说:"诚然后能敬,未及诚时,却须敬而后能诚。"③诚敬,诚敬,敬则诚,诚则敬,二者是一而二、二而一的关系。而且诚与信可以互训。按《说文》:"信,诚也。"段注曰:"诚,信也。"无诚则不信,反之,无信亦无诚可言。

---

① 《马一浮集》第一册,第108页。
② 《二程集》上册,第315页。
③ 同上,第92页。

中华文化立国之大本和立人之大德，无非诚信二字。益信"敬"之为德具有终极价值，是不诬也。

"敬"还与礼仪的重建密切相关。孔子说："为礼不敬，临丧不哀，吾何以观之哉？"如果用一个概念范畴来表达礼仪的内涵，那就是"敬"。中国自古号称礼仪之邦，主要是有"敬"存焉。

8

因此，信仰是终极，诚敬是本体，功夫在约束。

所谓"约束"，就是"约之以礼"。所以孔子说："博学于文，约之以礼，亦可以弗畔矣。"意即一个知识广博的人，如果懂得用礼仪来约束自己，便不至于做出不合适的举动来（《论语·雍也篇》）。孔子还说："以约失之者鲜矣。"（《论语·里仁篇》）意思是，由于约束自己而发生过失，这种情况太少见了。

"约之"，就是建筑在理性自觉基础上的自省之道。自省的目的，为的是保持诚敬忠信。忠信有疑，就是诚敬有疵。改变之道，在于"克己"，在于"修己"。

孔子"克己复礼"一语，释证缤纷，莫衷一是。其实"复礼"就是复性，也就是恢复诚信，重构"敬"的价值本体。而做到了诚敬和诚信，也就达到了"仁"的境界。然则圣人"克己复礼为仁"的"六语掾"，意在斯乎？意在斯乎？

769

9

所以我认为，"敬"之一字，足可唤醒个体生命的人性尊严，足以维持社会人伦的基本价值。"敬"既是道德伦理，又是中国人和中国社会永恒的人文指标，也是中国文化背景下具有终极价值的道德理性。

中国人不是没有信仰。我们的信仰不在彼岸，而是在此岸。即事即理，即心即理，即性即佛。不必登舟，无须拾筏，此岸同样可以实现超越。中国人精神信仰的特点，是不离开自身，不着意外求。

（2009年10月22日，在哥本哈根举行的"中欧第二届文化对话会"上发表。同年10月31日，中国人民大学召开国际汉学会大会，亦以该题在全体大会上作主旨演讲。）

中国文化的狂者精神及其消退

引言

说来已经是十一年前的1998年了,我在哈佛做访问学者,女作家木令耆一次邀为波士顿郊外游,乘兴来到她的美丽的湖滨居所。她书房里的一幅字,引起我极大的兴趣。武汉大学世界史专家吴于廑先生的书法,一首《浣溪沙》词,写的是——

丹枫何处不爱霜,谁家庭院菊初黄,登高放眼看秋光。
每于几微见世界,偶从木石觅文章,书生留得一分狂。

木令耆长期主编一本名叫《秋水》的刊物,故词中第一二句枫霜、菊黄以及第三句的"秋光"等字样,显然是喻指秋水主人的性格与爱好。下阕一、二句颇及女作家的职业特点,赞其作品以小见大,不离一个情字。因"木石"一语,用的是《红楼梦》"木石因缘"的成典。最后一句"书生留得一分狂",与其说是对书赠对象的期许,不如说是对整个知识分子群体的一种期许。

妙的是这种期许并不高,只希望我们的作家和知识分子保留"一分"可爱的狂气。是呵,如果不是一分,而是三分、五分乃至更多，也许就不那么合乎分际了。但如果连这"一分"也没有，作家或知识分子的义涵就需要打折扣。

中国文化里面其实长期存在狂者精神的传统。"狂"在汗牛充栋的古代文本载籍里是个常见词。所以然者，由于中国很早就有健全的文官制度，有"处士横议"的传统，有"游"的传统，有"侠"的传统，有自由文人的传统，有浪漫的诗骚传统，有绘画的大写意传统，有书法的狂草传统，等等。这些人文艺事的固有性体都与"狂"有不解之缘。而儒家的圣人理想，道教和道家的崇尚自然，佛教禅宗的顿悟超越，又为狂者精神的构建供给了理念和学说的基础。"狂"和"敬"一样，都可以看作是中国文化的"关键词"。

本文试图对狂者精神的发生流变及其在不同历史段落的呈现，作较为系统的梳理，以通过解析语词概念的价值范畴来透视中国文化的观念的思想史。

一 孔子狂狷思想的革新意义

"狂"是个多义词，以之衡人，则郑玄解作"倨慢"[1]，《南齐书》"五行志"定义为"失威仪之制，怠慢骄恣，谓之狂"[2]，以及《韩非子·解老》所说的"心不能审得失之地，则谓

---

[1] 孙星衍撰：《尚书今古文注疏》"洪范"第十二下："曰咎征：曰狂，恒雨若。"注云："史迁'恒'皆作'常'。郑康成曰：'狂，倨慢。若，顺也。五事不得，则咎气而顺之。'"中华书局1986年版，第314页。

[2] 《南齐书》卷十九、志第十一"五行"，中华书局校点本，第二册，第370页。

之狂"①，都是符合词义本相的直解。古代论人论事涉"狂"的案例甚多，褒贬抑扬，各攸所当。《淮南子·诠言训》说："倍道弃数，以求苟遇，变常易故，以知要遮，过则自非，中则以为候，暗行缪改，终身不寤，此之谓狂。"②未免流于烦琐。而该书同篇又云："凡人之性，少则猖狂，壮则暴强，老则好利。"③这是根据年龄增长所引起的性格变化，来判定一个人的狂与不狂，一说而已。至于汉代贾谊认为"知善而弗行谓之狂，知恶而不改谓之惑"④，《汉书·五行志》以为"辟遏有德兹谓狂"⑤，唐人徐彦伯在《枢机论》中说"不可言而言者曰狂，可言而不言者曰隐"⑥，所涉范围未免太泛了。

堪称经典立义的，是孔子的一段话："不得中行而与之，必也狂狷乎。狂者进取，狷者有所不为。"⑦"狂者"和"狷者"这两个原创的语词，就发源于此。本文使用的"狂者"的概念，就是以孔子的原创发明为依据。"狂"和"狷"的特点，都是不追求四平八稳，只不过一个急促躁进，希望尽快把事情办好，一个拘泥迂阔，认为不一定什么事情都办。也可以说"狂"是超前，"狷"是

---

① 《韩非子·解老》，《韩非子集释》（陈奇猷校注）上册，上海人民出版社1974年版，第349页。
② 《淮南子·诠言训》，刘文典撰《淮南鸿烈集解》下册，中华书局1989年版，第483页。
③ 同上，第474页。
④ 贾谊《新书·大政上》，中华书局2000年校注本，第339页。
⑤ 《汉书·五行志》第七上、志二，中华书局校点本，第五册，第1342页。
⑥ 徐彦伯：《枢机论》，《旧唐书》卷九十四列传第四十四，中华书局校点本，第九册，第3006页。
⑦ 《论语·子路》，程树德撰《论语集释》第三册，中华书局1990年版，第931页。

知止。总之"狂"和"狷"都是有自己独立思想和独立的人格的表现。孔子于此二者之所取，在于其"恒一"的品性①。孔子如此释"狂"，在中国文化的观念的思想史上具有重大的意义，也可以说具有思想革新的性质。

孔子之前，"狂"之一词也数见于先秦载籍，但使用者对词义的理解，均属负面的义涵。《易》、《诗》、《书》、《礼》、《春秋》"五经"里面，"狂"字凡十七见，其中《诗经》七见，《尚书》四见，《周礼》一见，《春秋左传》"经"一见，为人名，"传"四见，一为人名，可究之词义实为三见。《易经》没有。《周礼》一见载"夏官司马第四"，作"方相氏，狂夫四人"②。"夏官司马"讲的是一个国家的行政与军事组织等涉及安全保卫方面的吏职设施，每一方面需要多少编制，都具列得清清楚楚。"方相氏"为行使特殊职能的保卫人员，需要"蒙熊皮，黄金四目，玄衣朱裳，执戈扬盾"③，装扮成"可畏怖之貌"，所以要挑选"狂夫"即粗放勇武不文之人担任此职。"方相"即仿相也，颇类今所谓假面具。而"狂夫"一词，千年载籍，屡见不鲜，至有称夫君为"狂夫"者，特别唐代诗文里尤多此一方面之事例，兹不赘举。

《春秋左传》之"经"一见，载哀公十四年，作"宋向魋入于曹以叛，莒子狂卒。"此处之"狂"为人名，可不计。另四处均见

---

① 何晏《论语集解》引包咸章句云："狂者进取于善道，狷者守节无为，欲得此二人者，以时多进退，取其恒一者也。"
② 孙诒让：《周礼正义》第九册，中华书局校点本1987年版，第2259页。
③ 孙诒让：《周礼正义》第十册，同上，第2493页。

于"传",一为闵公二年,晋太子申生带领人马伐皋落氏,衣服偏穿,佩带金玦。战将狐突认为如此装束不够吉利,右将先丹木也认为不妥,说:"是服也。狂夫阻之。"①亦即即使"狂夫"也会阻止穿这样的衣服。此处实际上用的是上引《周礼》"方相氏,狂夫四人"之典,也是指粗放不文之人。次为文公十二年,秦晋对阵于河曲,秦伯不解晋人何以如此强硬,手下的谋士们分析说,这一定是佐上军的臾骈出的主意,不过没关系,赵穿是握有实权的赵盾的"侧室",又是国君的女婿,其人特别嫉恨臾骈佐上军,但他"有宠而弱,不在军事,好勇而狂"②。此处的"狂",是轻慢放肆的意思,显然是取负面义。三是宣公二年,有"狂狡辂郑人"的记载,系人名,故不计。四为昭公二十三年,主要记载吴楚之争的史事,其中有"胡沈之君幼而狂"③的句子,郑玄注"狂"为"性无常",亦是负面取义。

《诗经》之七见,一为《墉风·载驰》:"女子善怀,亦各有行。许人尤之,众稚且狂。"④诗的本事为卫国的宣姜之女,嫁到了许国,成为穆公的夫人,后卫国亡,该女要回宗国致哀。这一举动虽遭许国大夫的责难,但她认为自己并无过失,而是那些责难她的人是幼稚而且傲慢(此处我解作"傲慢")。二为《郑风·山有扶苏》:"不见子都,乃见狂且。"⑤三为《郑风·褰裳》:"子不

---

① 杜预:《春秋经传集解》第一册,上海古籍出版社1988年版,第226页。
② 杜预:《春秋经传集解》第二册,同上,第483页。
③ 杜预:《春秋经传集解》第三册,同上,第1501页。
④ 高亨:《诗经今注》,上海古籍出版社2009年版,第77页。
⑤ 同上,第117页。

我思，岂无他人？狂童之狂也且"、"子不我思，岂无他士？狂童之狂也且。"①二、三的三见，都是"狂且"。"且"，解诗诸家大都认为是语助词，无实义。也有的作另解。无论如何解"且"，"狂"自是粗野放肆之义，应无疑问。四为《齐风·东方未明》："折柳樊圃，狂夫瞿瞿。不能辰夜，不夙则莫。"②诗中直接使用了"狂夫"一词。五为《大雅·桑柔》："维彼不顺，自独俾臧。自有肺肠，俾民卒狂"、"维此圣人，瞻言百里。维彼愚人，覆狂以喜。"③此两处之"狂"可作"疯"字解，即弄得民众都发疯了（"俾民卒狂"），而那些蠢人反而疯了似的高兴（"覆狂以喜"）。总之都是负面取义。但"狂童"之"狂且"，义为负面，发出此语者的主体情感义涵，却不是负面的，所谓打情骂俏是也。

最后是《尚书》的四见，一为《商书·微子》，"殷既错天命，微子作诰父师、小师"，曰："父师、少师，我其发出狂？吾家耄逊于荒？今尔无指，告予颠跻，若之何其？"此处之"狂"，二孔（孔安国、孔颖达）之传、疏，均解作因愁闷而"发疾生狂"④。二为《周书·洪范》载有："曰咎征：曰狂，恒雨若。"《洪范》是周打败殷之后，武王找回逃亡的箕子，当面请教安定天下的方略，箕子讲的上天赐给禹的"洪范九畴，彝伦攸叙"，其第八畴是"庶征"，即施行美政的征验。孔疏云："曰人君行敬，则雨以时而顺之。曰人君政治，则旸以时而顺之。曰人君照晢，则燠以时

---

① 高亨：《诗经今注》，上海古籍出版社2009年版，第119页。
② 同上，第132页。
③ 同上，第440/441页。
④ 阮元校刻《十三经注疏》上册《尚书正义》卷十，中华书局1980年影印本，第177页。

中国文化的狂者精神及其消退

而顺之。曰人君谋当,则寒以时而顺之。曰人君通圣,则风以时而顺之。"①但人君的施政如不美,反面的征验便会出现,比如"曰狂,恒雨若",亦即如果"君行狂妄,则常雨顺之"。故此处之"狂",是狂妄的意思,语义自是负面。

《尚书》的另二见,为《周书·多方》:"惟圣罔念,作狂;惟狂克念,作圣。"这是《五经》中关于"狂"之一词的最重要的例证。所以如此,是因为这里的"狂"有概念的价值判断在焉。"圣"、"狂"对举,所能转者,惟在一善。孔传云:"惟圣人无念于善,则为狂人;惟狂人能念于善,则为圣人。言桀纣非实狂愚,以不念善故灭亡。"②孔疏更进而认定,"圣"者是上智之名,"狂"者是下愚之称,所以"圣必不可为狂,狂必不能为圣"③。就"狂"义的价值判断而言,把弃善和"狂"联系起来,自是否定评价无疑,而且采取"圣"、"狂"不可调和的立场。但这一观念,从孔子开始发生了根本的变化。

孔子第一次对"狂"赋予了完全正面的义涵。"狂者进取,狷者有所不为",试想这是何等重大的判断!依据"五经"的案例,"狂"一直是作为形容词来使用,只有到了孔子,在"狂"的后面加一"者"字,从此"狂者"成为一个充满张力并能够体现中国文化的价值取向的特殊名词。试想,这还不是革命性的变化吗?孔子论"狂",是把"狂"、"狷"和中行、乡愿四种品格对比

---

① 阮元校刻《十三经注疏》上册《尚书正义》卷十二,中华书局1980年影印本,第192页。
② 阮元校刻《十三经注疏》上册《尚书正义》卷十七,同上,第229页。
③ 同上。

着提出的。孔子不能容忍的是"乡愿",称之为"德之贼也"①。本来"中行"即中道,最为孔子所看重,但难以遇到("不得中行而与之")。所以孟子说:"孔子岂不欲中道哉?不可必得,故思其次也。"②孔子为实现自己的政治理想而奔波一生,但后来他不免沮丧,不仅"仁政"的学说无人问津,连在哲学思想上对"中道"和"中行"的追求,也无功而返。《论语·公冶长》记载:"子在陈,曰:'归与!归与!吾党之小子狂简,斐然成章,不知所以裁之。'"③此处"归与"、"归与"连用,可见思归之切。实际上是知困而返。也可以说是弃中道而思狂。孔子终于悟到,早年鲁国的那些乡党弟子,虽然志大而狂,却文采斐然,如果施教对症,难保不有所作为。此可知孔子对"狂"义的肯定,是经过了沉痛的经验教训之后的一种反思。

鉴于往昔解狂都是负面取向,孔子在重新释狂的时候,表现得非常谨慎。《论语》涉"狂"计有六处,除"吾党之小子狂简"(《公冶长》)和"必也狂狷乎"(《子路》)两处,另还有——

子曰:"狂而不直,侗而不愿,悾悾而不信,吾不知之矣。"(《泰伯》)④

"居,吾语女。好仁不好学,其蔽也愚;好知不好学,其蔽

---

① 《论语·阳货》,程树德撰《论语集释》第四册,中华书局1990年版,第1219页。
② 杨伯峻:《孟子译注》"尽心章句下",中华书局2005年版,第341页。
③ 《论语·公冶长》,程树德撰《论语集释》第一册,中华书局1990年版,第243页。
④ 程树德撰《论语集释》第二册,中华书局1990年版,第545页。

也荡；好信不好学，其蔽也贼；好直不好学，其蔽也绞；好勇不好学，其蔽也乱；好刚不好学，其蔽也狂。"（《阳货》）①

子曰："古者民有三疾，今也或是之亡也。古之狂也肆，今之狂也荡；古之矜也廉，今之矜也忿戾；古之愚也直，今之愚也诈而已矣。"（《阳货》）②

楚狂接舆歌而过孔子曰："凤兮凤兮，何德之衰？往者不可谏，来者犹可追。已而已而，今之从政者殆而。"（《微子》）③

孔子显然希望"狂"要见得法度，有分寸，因此需要有其他的德性与之配合。如果光是"狂"，却不够直率，即"狂而不直"，孔子认为这样的人相当难办，因为他究竟想干什么，我们弄不明白。至于嘲笑孔子倒霉，劝他"已而已而"的那位"楚狂"，应属于哪一种"狂"，孔子没有明说，只心知其意而已。看来这位"楚狂"应该是"狂而直"，而不是"狂而不直"。另外还有一种人，很勇敢，也很刚强，就是不好学，这种"狂"一定是有"弊病"的狂，不足为训。还有一种是"荡狂"，孔子颇不以为然。他说古人的"狂也肆"，最多不过是恣意直说乃至乱说而已，实践起来不一定蛮干；可是今人的"狂也荡"，则是毫无分际的放荡不羁了，很难不酿成大错。

---

① 程树德撰《论语集释》第四册，中华书局1990年版，第1210页。
② 同上，第1224页。
③ 同上，第1261页。

779

董仲舒说:"不仁而有勇力才能,则狂而操利兵矣。"[1]可见"狂"最好植根于仁德与智慧,否则说不定就拿起家伙乱打一气了。孔子一方面对"狂者"给予正面评价,同时也主张对通常的"狂"给以道德的限制。不用说,他提倡的是有志者的德性之狂,也可以说是一个人的独立精神和独立见解,这种狂者精神主要在传统的士人或者士大夫身上有所体现。

二 秦汉时期的狂直和佯狂

秦汉是中国大一统的帝制制度建立并达致完形的时期,这种制度之下,不用说秦法严苛,"偶语"尚且"弃市",狂者无以施其技,就是西汉的等级礼法也是很严格的。因此我们在《史》、《汉》两书中,除个别特例,很难看到关于狂者精神的书写,更鲜有对孔子狂狷思想的重释与发挥。

有趣的是秦汉更替之际,高阳的一个叫郦食其的读书人,怀抱甚伟,识见过人,本县"皆谓之狂生"。项羽、陈涉起兵的时候,他听说此两公做事都拘谨("握龌"),礼法严苛又为我所用("好苛礼自用"),"不能听大度之言",于是"乃深自藏匿"。后来沛公刘邦来了,他对刘邦手下的一位乡党说:"吾闻沛公慢而易人,多大略,此真吾所愿从游,莫为我先。若见沛公,谓曰'臣里中有郦生,年六十余,长八尺,人皆谓之狂生,生自谓我非狂生'。"[2]

---

[1] 董仲舒:《春秋繁露》"必仁且智",苏舆撰《春秋繁露义证》,中华书局1992年版,第257页。

[2] 《史记·郦生陆贾列传》,中华书局校点本,第八册,第2692页。

但这位乡党告诉郦食其,沛公不喜欢儒生,有戴儒冠者前来,沛公竟解下人家的儒冠,往里面小便,而且每谈到儒者就大骂,嘱咐郦生不要拿儒生来说事儿。可能这位乡党介绍得相当得体,郦食其终于见到了正在洗脚的刘邦,而且谈得很投机。刘邦攻下陈留城,就是郦生献的策。本来齐王也被郦生说服归汉,因韩信欲夺功,反而连夜袭齐,致使齐王以为郦生出卖了他。可怜的郦生,最后竟被活活烹死。这则故事说明,郦食其这位被称作高阳狂生的并非真狂之士,只有软下身段才可能小有作为,可见在秦汉之际和汉初,狂狷之士是没法立足的。

　　武帝独尊儒术,孔子提出的狂者精神虽未获新的阐释,士大夫立身行事倒也不是完全没有狂狷之例。汉成帝时怒而折槛的朱云,就是一位留名青史的狂直之臣。《汉书》本传说他:"长八尺余,容貌甚壮,以勇力闻。年四十,乃变节从博士白子友受《易》,又事前将军萧望之受《论语》,皆能传其业。好倜傥大节,当世以是高之。"[1]后经人推荐,他成为一名博士。成帝时安昌侯张禹以帝师的身份权倾朝野,朱云上书要求赐给尚方宝剑,以斩一个尸位素餐的佞臣。成帝问是谁,朱答是"安昌侯张禹"。成帝大怒,说:"小臣居下讪上,廷辱师傅,罪死不赦。"御史们要将朱云拉出去,朱怒"攀殿槛,槛折",并大声呼叫:"我宁愿跟比干一样死去,但不知'圣朝'会怎样?"左将军辛庆忌免冠解印绶,叩头流血求情,说:"此臣素着狂直于世。使其言是,不可诛;其言非,

---

[1] 《汉书》卷六十七"杨胡朱梅云传",中华书局校点本,第九册,第2912页。

固当容之。臣敢以死争。"[1]成帝释然，朱云得不死。后来议及换已折殿槛之事，成帝说不用换了，留着以表彰"直臣"。

值得注意的是，这位折槛的朱云刚好是鲁人，孔子的乡党，而且接受过《论语》的专门教育，则孔子提倡的狂狷精神，很可能是他狂直的直接思想源泉。《汉书》作者班孟坚心领神会，特在本传的"赞曰"中写道："昔仲尼称不得中行，则思狂狷。"[2]可谓点睛之笔，道出了折槛的朱云其狂直精神是与孔子的狂狷思想相关联的。

当汉代的历史册页翻到汉宣帝的时候，也有一位被后世经常提起的狂直之士，这就是以孝廉方正出身字次公的盖宽饶。他的官职不高，仅为谏议大夫行郎中户将事。但他"为人刚直高节，志在奉公"，每遇不符合规制的擅权不德之举，无论是何背景靠山，一例弹劾之。皇太子的外祖父、平恩侯许伯的豪宅落成，丞相、御史们纷纷前往祝贺，惟宽饶不去，许伯特请，乃往，但颇不乐见场面的浮华。因一位少府起舞并沐猴斗狗，盖宽饶看不下去了，不禁目视华屋而叹道："富贵无常，忽则易人，此如传舍，所阅多矣。唯谨慎为得久，君侯可不戒哉。"说完即离去。席间许伯让他慢慢饮酒，他说："无多酌我，我乃酒狂。"在场的丞相魏侯说："次公醒而狂，何必酒也？"但这个狂直之士，终因直言批评皇帝重用宦官，"以刑余为周召，以法律为诗书"，而被处以大辟，未及行

---

[1] 《汉书》卷六十七，"杨胡朱梅云传"，中华书局校点本，第九册，第2915页。
[2] 《汉书》卷六十七，同上，第2928页。

刑宽饶已"引佩刀自尽于北阙下"①。史称盖次公之死,"众莫不怜之"。可惜汉宣帝忘记了文帝时的"智囊"晁错上书中所说的话:"传曰,狂夫之言,而明主择焉。"②也忘记了(或不知道)楚汉相争时,广武君李左车对韩信说的一番话:"臣闻'智者千虑,必有一失;愚者千虑,亦有一得。'故曰'狂夫之言,圣人择焉。'顾恐臣计未足用,愿效愚忠。"③李左车其人原是赵国的谋臣,因赵王不听谏,才在井陉一战中被韩信打得惨败,李遂成了汉军的俘虏。"狂夫之言,圣人择焉"这句名言,就是这位广武君在韩信专诚求教时讲的。这是一句古语,所以前面有"故曰"二字。晁错引用时,前面也冠以"传曰"字样,但最早出处,尚待复核。

其实晁错的上文帝书里,还有更堪玩味的话:"今则不然。言者不狂,而择者不明,国之大患,故在于此。使夫不明择于不狂,是以万听而万不当也。"④意即现在的情况是,不要说"狂者"了,就是不狂者,采择的主人也缺少辨别是非的能力,显然这是国家的大患。因为不狂者的意见都不能分辨明察,那么不管怎么听都不会妥当的。是呵,是呵!

也许是盖宽饶的命运结局太过于惨烈了,当历史由西汉而东汉时,很难再看到令世人震撼的狂直之士。当然东汉比之西汉,统治集团内部的权力争夺愈演愈烈,新莽当政,光武重兴,宦官和外戚

---

① 《汉书》卷七十七"盖诸葛刘郑孙毋将何传",中华书局校点本,第十册,第3243—3248页。
② 《汉书》卷四十九"爰盎晁错传",中华书局校点本,第八册,第2283页。
③ 《汉书》卷三十四"韩彭英卢吴传",中华书局校点本,第七册,第1870页。
④ 《汉书》卷四十九,中华书局校点本,第八册,第2283页。

轮番专权，太学生造反，党锢之祸，国无宁日矣。昏聩的政治，容易让士人冷漠。不过《后汉书》的作者范晔，在诸传之后设有《史》、《汉》两书均不曾有的"独行列传"，里面记载的谯玄、李业、王皓、王嘉、温序、赵苞等人物，当朝政失其轨仪之际，或直言蒙难，或佯狂隐遁，虽不必尽以狂直称焉，其异行奇节亦足可发人一叹。所以范晔在此"独行列传"前面的题序中，禁不住发为论议，写道：

> 孔子曰："与其不得中庸，必也狂狷乎！"又云："狂者进取，狷者有所不为也。"此盖失于周全之道，而取诸偏至之端者也。然则有所不为，亦将有所必为者矣；既云进取，亦将有所不取者矣。如此，性尚分流，为否异适矣。中世偏行一介之夫，能成名立方者，盖亦众也。或志刚金石，而克扞于强御。或意严冬霜，而甘心于小谅。亦有结朋协好，幽明共心；蹈义陵险，死生等节。虽事非通圆，良其风轨，有足怀者。而情迹殊杂，难为条品；片辞特趣，不足区别。措之则事或有遗，载之则贯序无统。以其名体虽殊，而操行俱绝，故总为《独行篇》焉。庶备诸阙文，纪志漏脱云尔。①

《后汉书》作者对"独行列传"里的一干人物，显然倍极赞许之能事，尽管记述得不一定完备（"事或有遗"），也不够系统（"贯序无统"），但其操行风轨，实有"足怀者"。特别是这段论议的开头部

---

① 《后汉书》卷八十一"独行列传"第七十一，中华书局校点本，第九册，第2665—2666页。

分,直接与孔子提出的"狂者"精神联系起来,并给出自己的解释,这在秦汉帝国的历史上尚属罕见。范晔认为"狂者"和"狷者"都是"失于周全之道,而取诸偏至之端者",自然是不违圣人本义的解释,只不过范氏认为狂、狷并非对立的两极,"不为"实将有所"必为","进取"也将"有所不取"。他把这种情况叫作"性尚分流,为否异适",意即这是因为性格取向所形成的分别,为"狷"为"狂",各有所适,不必一概以"中行"例之。他发为感慨说,那些"偏行一介之夫,能成名立方者",也是很多的。这些看法不为流俗所囿,殊为可贵。

三国时期被孔融称作"美宝"的吴国谋士虞翻(字仲翔),是为史家所称颂的狂直之士。他学问好,擅长易学,所著《周易注》原书虽佚,后人的重辑本,仍被治易诸家奉为典要。孙策在世时,得到重用,策死后孙权继位,处境日迫。《三国志·吴志》本传载:"孙权以为骑都尉,翻数犯颜谏争,权不能悦,又性不协俗,多见谤毁,坐徙丹杨泾县。"①离开了吴国的首都,流放到了丹杨地界的泾县。由于吕蒙与蜀将糜芳的南郡之战,多赖虞翻的谋略,孙权于是释然,并称赞其"可与东方朔为比"。可是后来又因当面批评孙权和张昭讨论神仙之事,虞翻遂再次被流放到交州。本传说"翻性疏直,数有酒失",即指这第二次流徙。《三国志》作者陈寿评曰:"虞翻古之狂直,固难免乎末世,然权不能容,非旷宇

---

① 《三国志》卷五十七,《吴书·虞陆张骆陆吾朱传》,中华书局校点本,第五册,第1320页。

也。"①又说:"虞翻以狂直流徙,惟瑾屡为之说。"②瑾即诸葛瑾,诸葛亮的兄长,效力吴国,颇得孙权信任。

看来像虞翻这样的"古之狂直",吴主孙权固不能容,就是其他跟"权"有关系的权力者们,也是不肯容纳"古"或"今"的各种狂直的。他们需要的是曲学阿世。那么不仅"中行"的理想不容易实现,孔子退而求其次的"狂者"和"狷者"的精神,也是于史难求呵!比较起来,同样不愿意倾听直言的魏文帝曹丕,在直臣卢毓的问题上,还多少有一点难能呢。

卢毓原为吏部郎,曹丕践阼,升为黄门侍郎。他上表反对朝廷的一项移民计划,曹丕虽勉强听完了他的意见,却"心犹恨之",遂将卢毓降职改派为管理移民的典农校尉。到了魏明帝青龙二年,毓入为侍中。恰遇同僚高堂隆多次上书切谏宫室事,明帝曹叡颇感不快。卢毓于是进言陈情道:"臣闻君明则臣直,古之圣王恐不闻其过,故有敢谏之鼓。近臣尽规,此乃臣等所以不及隆。隆诸生,名为狂直,陛下宜容之。"③极力恳请明帝能够容纳"狂直"之臣。曹叡不仅没有怪罪,反而任命卢毓为吏部尚书。所下之诏书云:"官人秩才,圣帝所难,必须良佐,进可替否。侍中毓禀性贞固,心平体正,可谓明试有功,不懈于位者也。其以毓为吏部尚书。"④并让卢毓推荐代替人选,条件是"得如卿者乃可"。看魏明帝曹叡的心胸远比那位论文高手(曹丕尝作《典论论文》)阔大,也算难

---

① 《三国志》卷五十七,《吴书·虞陆张骆陆吾朱传》,中华书局校点本,第1341页。
② 《三国志》卷五十二,《吴书·张顾诸葛步传》,中华书局校点本,第五册,1234页。
③ 《三国志》卷二十二,《魏书·桓二陈徐卫卢传》,中华书局校点本,第三册,第651页。
④ 同上,第651页。

能了。

不过写到这里，不能不想起曹丕当年登基之初，围绕"狂直"和"狂狷"的问题，还有一段令人忍俊不禁的故事。魏代汉和晋代魏一样，按正统的观点，其行径属于篡，合法性备受质疑。因此新主即位不敢遽登大宝，往往要经过几劝几辞，几谦几让，反复上书，反复论证，真戏假做，假戏真做，情景煞是好看。其中一次劝进，是在接受了玺书印绶之后，曹丕又坚持请人宣读他的意见，表示要奉还玺印，并援引从前尧让天下给许由和子州支甫，舜让给善卷、石户之农和北人无择，而许由、石户等不受，"或退而耕颍之阳，或辞以幽忧之疾，或远入山林，莫知其处，或携子入海，终身不反，或以为辱，自投深渊"，以及颜烛、王子搜、柳下惠、曾参等"九士"的故事，表示坚决"不奉汉朝之诏"[①]。这样一来，吓坏了劝进诸臣，遂有刘若等一百二十人上书，不惜厚诬古人，竟说石户之农和北人无择无非是"匹夫狂狷，行不合义，事不经见"[②]，不能作为通例，不值得"圣明希慕"。此亦可见"狂者"精神在当时人们的心里是何等的隔膜而不受重视。

所以，在秦汉帝国，在专制政体之下，士人最可能的全身策略还是佯狂。

典型的是汉武帝时期的东方朔。据《史记》"滑稽列传"记载，东方朔是齐人，好古书，爱经术。他通过特殊的上书方法，引起了人主的注意。一封奏疏用了三千简牍，两个人在车上持举其

---

① 《三国志》卷二《魏书·文帝纪》之裴松之注，中华书局校点本，第一册，第68页。
② 同上。

书，人主从上方阅读，看了两个月才看完。然后拜东方朔乃为郎。每次召他到跟前谈语，人主都很高兴。赐食物给他，当场大嚼一番不算，剩下的肉也揣在怀里拿走了，弄得油污沾满了衣服也不在意。赏赐钱帛给他，便都花在女人身上，挑选长安城里最漂亮女子为妻，一年换一个。于是"人主左右诸郎半呼之为狂人"。但东方朔自己的解释是，他所以如此，是为了在朝廷里"避世"。一次他趁着酒兴，趴在地上高唱："陆沉于俗，避世金马门，宫殿中可以避世全身，何必深山之中，蒿庐之下。"酒后吐了真言。"小隐隐于山林，大隐隐于朝市"的典故，就出自这里。直到东方朔快要死的时候，他才向皇帝提出久蓄胸中的一条建议："愿陛下远巧佞，退谗言。"司马迁评论说，这是"鸟之将死，其鸣也哀，人之将死，其言也善。"[1]此即王羲之给吏部郎谢万的信里所说的："古之辞世者或被发佯狂，或污身秽迹，可谓艰矣。"[2]可见佯狂是历来隐者遁世全身的一种手段。钱锺书先生称此种"避世佯狂"的方法，为"即属机变，迹似任真，心实饰伪，甘遭诽笑，求免疑猜"[3]，诚为透辟至当之论。

而发覆史乘，此一与最高权力者不合作的全身之法，早已由殷纣时期的箕子导夫先路了。《史记·宋微子世家》有载："箕子者，纣亲戚也。纣始为象箸，箕子叹曰：'彼为象箸，必为玉杯；为杯，则必思远方珍怪之物而御之矣。舆马宫室之渐自此始，不可振也。'纣为淫泆，箕子谏，不听。人或曰：'可以去

---

[1] 《史记》卷一百二十六《滑稽列传》，中华书局校点本，第十册，第3205—3208页。
[2] 《晋书》卷八十列传第五十，中华书局校点本，第七册，第3102页。
[3] 钱锺书：《管锥编》第三册，三联书店2007年版，第1726页

矣。'箕子曰：'为人臣谏不听而去，是彰君之恶而自说于民，吾不忍为也。'乃被发佯狂而为奴。遂隐而鼓琴以自悲，故传之曰箕子操。"[1]纣王无道，而箕子谏之，谏而不听，则"被发佯狂为奴"。殷的另两位反对纣王荒政的贤者，一是比干因谏而死，一是微子出走逃遁。所以孔子说："殷有三仁焉。"[2]"三仁"之中，尤以箕子的"被发佯狂而为奴"，成为历朝历代史不绝书的隐者全身的滥觞。

三 魏晋士人的诞狂和"理傲"

魏晋南北朝的社会与思想形态大异于秦汉帝国。其实东汉已经与西汉有所不同了。后来三国鼎立而归之于魏，曹魏篡汉之后，又有司马氏篡魏。政权更迭频仍，帝国统治松弛。儒学在汉武之世为之大振，后因"五经博士"专业说经而"碎义逃难"，反而使经学失却真宰。佛教静悄悄地传入中土。道教不密而宣地擎帜高扬。儒释道三家的思想成为士人可以任意取资的精神粮仓。多元并立的文化格局代替了一家独尊的思想一律，中国文化迎来魏晋时期以张扬个性和崇尚自然为特征的思想解放时代。

如果就狂者精神的衍变而言，魏晋时期的个性张扬未免过于失序。狂者已经不愿继续取资于孔子的狂狷思想，佛道两家特别是道家和道教的崇尚自然的观念，给了魏晋士人以个体生命也许可以走向自由的遐想。他们追求自我的无约束的放任，几乎陷入了裸露癖

---

[1] 《史记》卷三十八《宋微子世家》，中华书局校点本，第五册，第1609页。
[2] 《论语·微子》，程树德撰《论语集释》第四册，中华书局1990年版，第1247页。

和裸露狂。他们说脱就脱，毫无顾忌。《晋书》"五行志"所载的贵族子弟之"狂"，应该是那一时代的世风共相："惠帝元康中，贵族子弟相与为散发倮身之饮，对弄婢妾，逆之者伤好，非之者负讥，希世之士耻不与焉。盖貌之不恭，胡狄侵中国之萌也。其后遂有二胡之乱，此又失之在狂。"①东晋遭遇"二胡之乱"是不是由于贵族子弟相与裸戏，我们姑且不管，但其狂得失去规仪，不顾羞惭，则是历史故实。《晋书》"儒林传"亦载范宣的话说："汉兴，贵经术，至于石渠之论，实以儒为弊。正始以来，世尚老庄。逮晋之初，竞以裸裎为高。"②另外还有王湛的一个玄孙辈后人名王忱者，官至方伯，《晋书》本传说他："性任达不拘，末年尤嗜酒，一饮连月不醒，或裸体而游，每欢三日不叹，便觉形神不相亲。"一次他的岳父遇到了伤心的事情，王忱前去慰安，和十几个宾客一起"被发裸身而入"，绕了三圈便遽然离去③。王戎的从弟王澄和胡毋辅之等，史载也皆"任放为达，或至裸体者"④。这说明，魏晋时的风气，不独贵族子弟，甚至士人官宦，裸体、裸裎、裸游也司空见惯，几乎到了习焉不察的地步，这正是孔子所警告的"狂而荡"的现象。

裴頠在其所作的《崇有论》中，对晋的世风和士风有更为集中的描述，他写道："人情所殉，笃夫名利。于是文者衍其辞，讷者赞其旨，染其众也。是以立言籍其虚无，谓之玄妙；处官不亲所

---

① 《晋书》卷二十七《五行志》上，中华书局校点本，第三册，第820页。
② 《晋书》卷九十一《儒林传》之范宣传，中华书局校点本，第八册，第2360页。
③ 《晋书》卷七十五、列传第四十五，中华书局校点本，第七册，第1973页。
④ 《晋书》卷四十三、列传第十三，中华书局校点本，第四册，第1245页。

司,谓之雅远;奉身散其廉操,谓之旷达。故砥砺之风,弥以陵迟。放者因斯,或悖吉凶之礼,而忽容止之表,渎弃长幼之序,混漫贵贱之级。其甚者,至于裸裎,言笑亡宜,以不惜为弘,士行又亏矣。"①其中的"立言籍其虚无,谓之玄妙;处官不亲所司,谓之雅远"两句,钱锺书先生认为可以和干宝《晋纪总论》、孙绰《刘真长诔》及《抱朴子》外篇的《汉过》对观②。干《论》有"当官者以望空为高,而笑勤恪"之句,孙《诔》有"居官无官官之事,处事无事事之心"的对语,《汉过》则云:"懒看文书,望空下名者,谓之业大志高;仰赖强亲,位过其才者,谓之四豪之匹。"③都认为汉之季世至晋世,社会风气的敝俗、辟邪、诞狂到了极点。

《世说新语》第一篇"德行"也有类似叙写:"王平子、胡毋彦国诸人,皆以任放为达,或有裸体者。"④而刘孝标注引王隐《晋书》则说:"魏末阮籍,嗜酒荒放,露头散发,裸袒箕踞。其后贵游子弟阮瞻、王澄、谢鲲、胡毋辅之之徒,皆祖述于籍,谓得大道之本。故去巾帻,脱衣服,露丑恶,同禽兽。甚者名之为通,次者名之为达也。"⑤这里以及上引,需要注意其中的"性任达"、"任放为达"及"通"和"达"几个关键语词。显然"通达"和"任达",受到了史家的特殊重视。"任"是无所不为,

---

① 《晋书》卷三十五、列传第五,中华书局校点本,第四册,第1045页。
② 钱锺书:《管锥编》第三册,三联书店2007年版,第1784—1785页。
③ 《抱朴子·外篇·汉过》,杨明照校笺本下册,中华书局1997年版,第127页。
④ 《世说新语·德行》,余嘉锡撰《世说新语笺疏》,中华书局1983年版,第24页。
⑤ 同上。

791

"通"是无为不可。魏晋人士就是以此作为行为的观念依据。研究者有的认为，魏晋的风尚实导源于庄老之学，而尤以王弼、何晏二子罪孽深重。王、何都是深于玄理的绝顶天才，王以注《老子》和《周易》，何以解《论语》闻名于世。王的义理玄思"以无为本"，主张"道泛滥无所不适，可左右上下周旋而用，则无所不至也"①，但又不排除"情性"的作用，既贵无，又重情。相反，何晏却认为圣人没有喜怒哀乐，著论也相当精到。王弼不认同，说道："圣人茂于人者神明也，同于人者五情也，神明茂故能体冲和以通无，五情同故不能无哀乐以应物，然则圣人之情，应物而无累于物者也。今以其无累，便谓不复应物，失之多矣。"②何《传》还说王弼善为"高丽言"③，这句"应物而无累于物"，就是一句深微淡远的"高丽言"。

何晏生于汉献帝初平元年（公元190年），王弼生于魏的黄初七年（公元226年），何比王大三十六岁，且居吏部尚书之高位，但其雅量也是惊人的。史载何平叔（晏字平叔）"甚奇弼"，称"后生可畏"，并发为感叹："若斯人者，可与言天人之际乎！"④两人都注《老子》，交谈中何见王的义旨高于自己，便取消注老的计划，而另作《道德论》。何劭的《王弼传》还有载："弼论道，附会文辞，不如何晏，自然有所拔得，多晏也。"⑤王何的长短，于此可见。

---

① 王弼：《老子道德经注》第三十四章，《王弼集》，中华书局1980年版，第86页。
② 何劭：《王弼传》，《三国志》卷二十八《魏书·钟会传》裴松之注所引，中华书局校点本第三册，第795页。
③ 同上，第796页。
④ 同上，第795页。
⑤ 同上。

中国文化的狂者精神及其消退

"拔得"应指升华了的玄理旨趣,盖王对"道"和"玄"的深微远大,实有人所不及的思辨能力。所以钱锺书《管锥编》论老,必以《老子王弼注》为蓝本,且评之曰:"王弼注本《老子》词气邑舒,文理最胜,行世亦最广。"①则渊雅如锺书先生对辅嗣(王弼字辅嗣)亦情有所钟乎?抑高才雅致惺惺相惜耶?然而辅嗣"天才卓出,当其所得,莫能夺也"②,天生就一种"知性的傲慢"。要说狂,应该属于知性之狂和理性之狂。余英时先生在论述新儒家的"心理构造"时,尝援引西方的"知性的傲慢"一语,以和新儒家的"良知的傲慢"对观③。盖王弼之"莫能夺",显系"理傲",故更合于"知性的傲慢"。

可惜王弼只活了二十三岁,正始十年(公元249年),就因疠疾离开了人世。这一年,他的学问知己何晏,也在其靠山曹爽被杀之后为司马氏所害。何晏的傲慢也是惊人的,《三国志·魏书·诸夏侯曹传》裴(松之)注对何平叔有如下评论:"晏尝曰:'唯深也,故能通天下之志,夏侯泰初是也;唯几也,故能成天下之务,司马子元是也;惟神也,不疾而速,不行而至,吾闻其语,未见其人。'盖欲以神况诸已也。"④公然神化自己,其傲狂亦不在辅嗣之下了。关于晋世的任诞之狂和"理傲"之狂,《晋书·王衍传》的一段记载,可见其大概:

---

① 钱锺书:《管锥编》第二册,三联书店2007年版,第629页。
② 何劭:《王弼传》,《三国志》卷二十八《魏书·钟会传》裴松之注所引,中华书局校点本,第三册,第795页。
③ 余英时:《犹记风吹水上鳞》,台北三民书局,1991年初版,第93—94页。
④ 《三国志》卷九《魏书·诸夏侯曹传》裴松之注所引,中华书局校点本,第一册,第293页。

学术与传统

  魏正始中，何晏、王弼等祖述老、庄，立论以为："天地万物皆以无为本。无也者，开物成务，无往不存者也。阴阳恃以化生，万物恃以成形，贤者恃以成德，不肖恃以免身。故无之为用，无爵而贵矣。"衍甚重之。惟裴颜以为非，著论以讥之，而衍处之自若。衍既有盛才美貌，明悟若神，常自比子贡。兼声名藉甚，倾动当世。妙善玄言，唯谈老、庄为事。每捉玉柄麈尾，与手同色。义理有所不安，随即改更，世号"口中雌黄"。朝野翕然，谓之"一世龙门"矣。累居显职，后进之士，莫不景慕放效。选举登朝，皆以为称首。矜高浮诞，遂成风俗焉。衍尝丧幼子，山简吊之。衍悲不自胜，简曰："孩抱中物，何至于此！"衍曰："圣人忘情，最下不及于情。然则情之所钟，正在我辈。"简服其言，更为之恸。[1]

这段叙述在时间上特别突出"正始中"，正始是魏齐王芳的年号，即公元240至248年，前后只九年的时间。这段时间正是王弼、何晏思想风行的盛期，所以才说"何晏、王弼等祖述老、庄"如何如何。然后讲王衍对王、何思想如何重视，而对《崇有论》的作者裴颜的主张，尽管是堂兄王戎的女婿，却浑然不顾。

  所以如此，由于王衍本人就是玄风的热烈追随者和提倡者。而且他还踵事增华地创立了一种玄谈的风姿，手持麈尾，妙善玄言，

---

[1] 《晋书》卷四十三、列传第十三"王戎（从弟衍）"传，中华书局校点本，第四册，第1236—1237页。

义有未安，随即改更。再加上他的"盛才美貌，明悟若神"的天姿自然，王、何也要让出一地了。王弼为论述"理"不废"情"，说了一串玄旨幽深淡远的话。可是这位王衍，因丧幼子而大哭不止，友人劝慰，则宣言似的说："情之所钟，正在我辈。"玄理和性情在他身上无间的结合，而把圣人的"忘情"和最下面层次的"不及于情"，抛在了一边。世号"口中雌黄"，朝野翕然，谓之"一世龙门"，可见其地位之高和影响之大。《晋书》本传赞"衍俊秀有令望，希心玄远，未尝语利。王敦过江，常称之曰：'夷甫处众中，如珠玉在瓦石间。'顾恺之作画赞，亦称衍岩岩清峙，壁立千仞。其为人所尚如此。"①

《晋书》王衍传论正始玄风的"矜高浮诞，遂成风俗"的八字判语，可以视作魏晋诞狂之风的真实写照。王衍是"竹林七贤"最小的成员王戎的从弟，其思想和王戎不无一脉相承之处。开始，阮籍与王戎的父亲王浑友善，自从和比自己小二十岁的浚冲（王戎字浚冲）接触以后，便只乐于和"阿戎谈"，而弃王浑于一旁而不顾。王戎以见解高明和预见性见长，史称"有人伦鉴识"。但仕途并不顺利，靠"与时舒卷，无謇谔之节"，方几次免得一死。最后这位"神彩秀彻"、善于审世相人的颖悟之士，终变成了一个昼夜以牙筹数钱自娱的悭吝人②。王衍在王戎眼里，原是"神姿高彻，如瑶林琼树，自然是风尘表物"似的人物，由于身处魏晋的变乱之局，尽管以"口不论世事，唯雅咏玄虚"和"不以经国为念，而思自全

---

① 《晋书》卷四十三、列传第十三，中华书局校点本，第四册，第1238页。
② 《晋书》卷四十三、列传第十三"王戎传"，中华书局校点本，第四册，第1234—1235页。

学术与传统

之计",以致官至太尉、尚书令的三公的高位,也无法回既倒之狂澜,最后还是被石勒倒墙活埋了,时年五十六岁。将死之际,王衍顾左右而言曰:"呜呼!吾曹虽不如古人,向若不祖尚浮虚,戮力以匡天下,犹可不至今日。"①对自己一世钟情浮诞之风似有反省自悔之意。

然则晋世之亡,真的是由于祖述老庄之玄谈和任诞之狂风所致么?难道确如范宁所说,"其源始于王弼、何晏,二人之罪,深于桀纣"?且看范氏著论的理由何在,他写道:

> 王何蔑弃典文,不遵礼度,游辞浮说,波荡后生,饰华言以翳实,骋繁文以惑世。搢绅之徒,翻然改辙,洙泗之风,缅焉将堕。遂令仁义幽沦,儒雅蒙尘,礼坏乐崩,中原倾覆。古之所谓言伪而辩、行僻而坚者,其斯人之徒欤!昔夫子斩少正于鲁,太公戮华士于齐,岂非旷世而同诛乎!桀纣暴虐,正足以灭身覆国,为后世鉴戒耳,岂能回百姓之视听哉!王何叨海内之浮誉,资膏粱之傲诞,画螭魅以为巧,扇无检以为俗。郑声之乱乐,利口之覆邦,信矣哉!吾固以为一世之祸轻,历代之罪重,自丧之衅小,迷众之愆大也。②

看来这位范宁,守持的是儒家的立点,故曰"王何蔑弃典文,不遵礼度",与孔子所诛的少正卯同一罪状。但点题者则是"傲

---

① 《晋书》卷四十三、列传第十三"王戎(从弟衍)"传,中华书局校点本,第四册,第1235—1238页。
② 《晋书》卷七十五、列传第四十五,中华书局校点本,第七册,第1984—1985页。

诞"二字，亦即由于王弼、何晏倡行诞狂，败坏了当时的社会风俗。不仅影响"一世"，且祸及"历代"；自己丢人事小，主要是迷惑了社会大众。其"罪状"自然在桀纣之上了。另外一位南朝齐梁时期有"山中宰相"之称的医学家陶弘景，也写诗说："夷甫任散诞，平叔坐谈空；不意昭阳殿，化作单于宫"？[①]似乎也认为晋的覆亡与王弼的任诞和何晏的谈玄有关。有趣的是，就连当年觊觎晋室大宝的北伐大将桓温，兵过淮、泗与诸僚属登平乘楼眺望中原之际，也发为感慨说："遂使神州陆沉，百年丘墟，王夷甫诸人，不得不任其责。"[②]但清代学者钱大昕不作如是观，他说"宁之论过矣"，认为"以是咎嵇、阮可，以是罪王、何不可"[③]。

对当时后世诸如此类的悠悠之口，钱锺书先生揭明两点，一是"晋人之于老、庄二子，亦犹'六经注我'，名曰师法，实取利便；借口有资，从心以扯，长恶转而逢恶，饰非进而煽非。晋人习尚未始萌发于老、庄，而老、庄确曾滋成其习尚。"[④]二是"义理学说，视若虚远而阔于事情，实足以祸天下后世，为害甚于暴君苛政"[⑤]。并引用宋徽宗赐号为"高尚先生"的刘下功的话说："常人以嗜欲杀身，以财货杀子孙，以政事杀民，以学术杀天下后世。"[⑥]还有汪士铎《悔翁乙丙日记》里的话："由今思之，王、何罪浮桀纣一倍，释、老罪浮十倍，周、程、朱、张罪浮百倍。

---

① 《梁书》卷五十六、列传第五十,中华书局校点本,第三册,第863页。
② 《世说新语·轻诋》,余嘉锡撰《世说新语笺疏》,中华书局1983年版,第834页。
③ 钱大昕：《何晏论》,《潜研堂文集》,上海古籍出版社1989年版,第29页
④ 钱锺书：《管锥编》第三册,三联书店2007年版,第1784页。
⑤ 同上,第1790—1791页。
⑥ 同上,第1791页。

弥近理，弥无用，徒美谈以惑世诬民，不似桀纣乱只其身数十年也。"①钱锺书先生最后归结说："人欲、私欲可以杀身杀人，统纪而弘阐之，以为'天理'、'公理'，准四海而垂百世，则可以杀天下后世矣。"②老、庄未尝杀人，宋的周、程、朱、张也未尝杀人，问题在于"统纪"，如果"统纪"弘而阐之，视一家之学说为"天理"和"公理"，以为"准四海而垂百世"，那就难免要"杀天下后世"了。大哉！锺书先生之论，于吾心亦有戚戚焉。

如果说王弼、何晏所代表的，是以祖述老庄为特征的魏晋玄风的任达和"理傲"的一派，那么王衍和"竹林七贤"为代表的则是魏晋玄风的佯狂和诞狂的一派。

"竹林七贤"是一个以文采和异行著称的知识分子群体，以嵇康和阮籍为代表，成员有山涛、向秀、刘伶、阮咸和王戎。《三国志·魏书·王卫二刘傅传》裴松之注引《魏氏春秋》云："康寓居河内之山阳县，与之游者，未尝见其喜愠之色。与陈留阮籍、河内山涛、河南向秀、籍兄子咸、琅邪王戎、沛人刘伶相与友善，游于竹林，号为七贤。"③《世说新语·任诞》也有载："陈留阮籍、谯国嵇康、河内山涛三人年皆相比，康年少亚之。预此契者，沛国刘伶、陈留阮咸、河内向秀、琅邪王戎。七人常集于竹林之下，肆意酣畅，故世谓'竹林七贤'"④。这七位"贤者"，文采菁华，

---

① 钱锺书：《管锥编》第三册，三联书店2007年版，第1791—1792页。
② 同上，第1792页。
③ 《三国志》卷二十一《魏书·王卫二刘傅传》裴松之注引《魏氏春秋》，中华书局校点本，第三册，第606页。
④ 《世说新语·任诞》，余嘉锡撰《世说新语笺疏》，中华书局1983年版，第727页。

不可一世，个个都"狂"得可以。

《世说新语》里记载多则他们的和"狂"有关的故事。刘伶写有《酒德赋》，声言"唯酒是务，焉知其余"。酒醉之后，裸形于屋，遇有质疑，则说："天地是我的房屋，房屋是我的裤子，诸位怎么进到我裤裆里来了？"①阮籍的侄子阮咸，竟然和群猪一起饮酒。阮籍无目的地驾车出游，有路则行，无路便痛哭而返。看到当垆卖酒的邻人之妻有美色，他就粘着不断去喝酒，喝醉了还一头睡在那位美妇身边。听说一个美色女子未嫁而死，尽管与其家人素不相识，也跑去大哭一场。这种"狂"，属于半是佯狂半酒狂，也许还要加上一点色狂。他们幽愤于心，放浪于外，口不论人过，眸子判然。所以嵇康的名篇直接题作《幽愤诗》。而阮籍的代表他文学成就的八十二首《咏怀诗》，其精神纠结，亦无非"忧思"二字。故第一首开篇便直抒胸臆："夜中不能寐，起坐弹鸣琴。薄帷鉴明月，清风吹我衿。孤鸿号外野，翔鸟鸣北林。徘徊将何见，忧思独伤心。"②诗的结句"忧思独伤心"，已经自我点题。所忧者何？盖雅不情愿与司马氏合作也。司马昭听说阮籍的女儿貌美而贤，便请人为自己的儿子司马炎说亲，致使阮籍竟有两个月的时间醉酒不起，从事者见无从言说，才不得不寝罢此议。

"竹林七贤"的领袖人物嵇康，由于娶了与曹魏有血缘关系的长乐亭主（魏武的曾孙女）为妻，才升迁为郎中，拜中散大夫。只这一层，篡魏立晋的司马氏便不肯善罢甘休。史载："谯郡嵇康，文

---

① 《世说新语·任诞》，余嘉锡撰《世说新语笺疏》，中华书局1983年版，第731页。
② 阮籍：《咏怀诗》，《文选》卷二十三，上海古籍出版社1986年版，第三册，第1067页。

辞壮丽，好言老庄，而尚奇任侠。"①此可知其思想渊源之所从出，而"尚奇任侠"一语，证明他在行动上也是很特立独出的。因此司马氏集团始终把嵇康作为关注的重点对象殊不为怪。起初的策略并非不想笼络收买，但嵇康不买账。负有觇伺任务的钟会，一次前往观察动向，看见嵇康正在大树下面打铁，帮助他鼓风的则是"七贤"之友向秀。钟会只管盯盯的看，嵇康却"扬锤不辍，旁若无人"，一言不发。当尴尬的钟士季（钟会字士季）要怏怏归去的时候，嵇康才发声问道："何所闻而来？何所见而去？"钟会也很厉害，回说："闻所闻而来，见所见而去。"②一问一答之间，各有玄机。

嵇康的友人山涛，欲荐他代己为官，于是他写了那封千载传颂的《与山巨源绝交书》，自道"必不堪者七，甚不可者二"，其中包括"每非汤、武而薄周、孔"，"会显世教所不容，此甚不可一也"，"刚肠疾恶，轻肆直言，遇事便发，此甚不可二也"。还有"纵逸来久，情意傲散，简与礼相背，懒与慢相成"，以及"又读庄、老，重增其放"，"长而见羁，则狂顾顿缨，赴蹈汤火"③，等等，其狂傲悖理、不为世所容的名士态度毕肖纸上。但阮、嵇二人亦有区别，诚如钱锺书先生所说："嵇、阮皆号狂士，然阮乃避世之狂，所以免祸；嵇则忤世之狂，故以招祸。"④钱先生又引

---

① 《三国志》卷二十一《魏书·王卫二刘傅传》，中华书局校点本，第三册，第605页。
② 《世说新语·简傲》，余嘉锡撰《世说新语笺疏》，中华书局1983年版，第767页。
③ 嵇康：《与山巨源绝交书》，《文选》卷四十三，上海古籍出版社1986年版，第三册，第1925—1927页。
④ 钱锺书：《管锥编》第三册，三联书店2007年版，第1725页。

伏义《与阮嗣宗书》之疑阮为鬼物附身的"风魔",进而申论说:"不知'风魔'之可出'诈作',既明且哲,遂似颠如狂也。"又说:"忤世之狂则狂狷、狂傲,称心而言,率性而行,如梵志之翻着袜然,宁刺人眼,且适己脚。既'直性狭中,多所不堪',而又'有好尽之累','不喜俗人','刚肠疾恶,轻肆直言,遇事便发',安望世之能见容而人之不相仇乎?"①换而言之,阮、嵇虽同为狂者,但阮往往"河汉大言,不着边际",而嵇康之狂,则"一狂而刺切",两厢比较,可以见阮嗣宗和嵇叔夜不同之为人也②。

因此当嵇康步入不惑之年,终于被司马氏投入狱中。起因是他的好友吕安因故得罪,司马氏欲以不孝罪诛之。嵇康为之辩护,竭力保明其事。钟会于是在廷论时历数其罪状云:"今皇道开明,四海风靡,边鄙无诡随之民,街巷无异口之议。而康上不臣天子,下不事王侯,轻时傲世,不为物用,无益于今,有败于俗。昔太公诛华士,孔子戮少正卯,以其负才乱群惑众也。今不诛康,无以清洁王道。"③嵇康临刑之际,出人意外地抚奏了一曲《广陵散》,曲罢发为感慨:"《广陵散》于今绝矣。"然后从容就戮。这不禁让我想起了西哲苏格拉底之死,他的弟子柏拉图的《斐多篇》所记载的苏氏之死,也是很从容的——在被迫饮了毒药之后,还在若无其事的谈哲学。但比较起来,嵇康死的似乎更有诗意,而且有三千太

---

① 钱锺书:《管锥编》第三册,三联书店2007年版,第1725—1726页。
② 同上,第1727页。
③ 《世说新语·雅量》,余嘉锡撰《世说新语笺疏》注引《文士传》,中华书局1983年版,第344页。

学生群言欲"请以为师"①，那么寂寞的嵇康，其身后已不那么寂寞了。

据说嵇康是个罕见的美男子，一米八二（魏制七尺八寸）的身高，"龙章凤姿，天质自然"②，不像魏晋其他名士，为打扮自己可能还要擦粉之类。山涛赞美说："嵇叔夜之为人也，岩岩若孤松之独立，其醉也傀俄若玉山之将崩。"③美而有风骨，有英姿，则嵇康之狂，又不只是佯狂和诞狂，同时也是清醒之狂和美骏之狂。

嵇康逝后，竹林荒落，人去庐空。七贤旧友向子期（向秀字子期）作《思旧赋》，序云："余与嵇康、吕安居止接近，其人并有不羁之才，嵇意远而疏，吕心旷而放，其后并以事见法。嵇博综技艺，于丝竹特妙。临当就命，顾视日影，索琴而弹之。余逝将西迈，经其旧庐。于时日薄虞渊，寒冰凄然。邻人有吹笛者，发声寥亮。追思曩昔游宴之好，感音而叹，故作赋云。"④其赋则又曰：

> 将命适于远京兮，遂旋反而北徂。济黄河以泛舟兮，经山阳之旧居。瞻旷野之萧条兮，息余驾乎城隅。践二子之遗迹兮，历穷巷之空庐。叹《黍离》之愍周兮，悲《麦秀》于殷墟。惟古昔以怀今兮，心徘徊以踌躇。栋宇存而弗毁兮，形神逝其焉如。昔李斯之受罪兮，叹黄犬而长吟。悼嵇生之永辞兮，顾日影而弹琴。托运遇于领会兮，寄余命于寸阴。听鸣笛之慷慨兮，

---

① 《晋书》卷四十九、列传第十九，中华书局校点本，第五册，第1374页。
② 同上，第1369页。
③ 《世说新语·容止》，余嘉锡撰《世说新语笺疏》，中华书局1983年版，第609页。
④ 向秀：《思旧赋》，《文选》卷十六，上海古籍出版社1986年版，第二册，第720页。

妙声绝而复寻。停驾言其将迈兮，故援翰以写心。①

论者或谓向赋欲言又止，是呵！他又能多说些什么呢？此时的向秀已应岁举来到帝京洛阳，大将军司马文王引见，问曰："闻有箕山之志，何以在此？"向秀说："以为巢许狷介之士，未达尧心，岂足多慕。"②意谓竹林并不是实现自己理想的可靠途径。结果文王大为感叹，庆幸子期终于醒悟。不久，向秀得到了散骑侍郎转黄门侍郎的闲差，由在野之"竹林"一变而混迹"魏阙"。不过史载他"在朝不任职，容迹而已"③，是又不无耐人寻味处。

四 从"竹林"到"田园"到"禅林"

魏晋的玄远任达狂诞之风，一直持续到南北朝尚有风流余绪存焉。陶渊明的归隐田园，未尝不是此一风气的一个归结点。《文心雕龙》"明诗篇"说："江左篇制，溺乎玄风，嗤笑徇务之志，崇盛亡机之谈。袁孙已下，虽各有雕采，而辞趣一揆，莫与争雄，所以景纯《仙篇》，挺拔而为俊矣。宋初文咏，体有因革，庄老告退，而山水方滋，俪采百字之偶，争价一句之奇，情必极貌以写物，辞必穷力而追新，此近世之所竞也。"④其中关于南朝宋初的"庄老告退，而山水方滋"一语，指的就是此种风气转变情形。

---

① 向秀：《思旧赋》，《文选》卷十六，上海古籍出版社1986年版，第二册，第720—722页。
② 《晋书》卷四十九、列传第十九，中华书局校点本，第五册，第1375页。
③ 同上，第1375页。
④ 刘勰：《文心雕龙·明诗》，周振甫注本，人民文学出版社1981年版，第49页。

所以陈寅恪先生认为，陶渊明的思想是"承袭魏晋清谈演变之结果"①。但陶的思想属性，寅老以为是"外儒而内道"②，而与佛教学说没有多少关联。

陶渊明找到了自己的精神家园。他已经从名教与自然的撕裂纠缠中走了出来，既不必像山涛那样在"宫阙"和"竹林"之间两厢和悦，也无须如向秀一般始离而后附。阮籍似的一面竭力冲破名教的网罗，一面得到"大将军"暗中保护的尴尬，也不必了。他回归到了可以使自己安身立命的"田园"。魏晋南北朝时期士人由"魏阙"到"竹林"再到"田园"的精神巡游路向的转变，不仅是生活道路的转变，也是个体生命的归宿和精神理想栖居之所的转变。如同寅恪先生所说，渊明的"非名教之意仅限于不与当时政治势力合作，而不似阮籍、刘伶辈之佯狂任诞"③。

当时的士人其实还有另外的精神栖居点和归宿，这就是佛教和道教。南北朝是佛教大行其道的时期，此一新信仰同样可以让士人得到哪怕是瞬间的安宁。南朝由东晋而宋而齐而梁而陈，二百七十二年的时间，五易朝纲，对浮屠的笃信始终未尝有变。梁朝之武帝萧衍甚至宣布佛教为国教，自己则三舍其身，这在中国历史上绝无仅有。北朝虽然出现了北魏太武帝和北周的武帝两次毁佛的举动，但为时甚暂，并未从根本上影响佛教在北朝的发展。只不过呈现的方式和归宗的旨趣，南北殊有别耳。汤用彤先生说"南

---

① 陈寅恪：《陶渊明之思想与清谈之关系》，《金明馆丛稿初编》，三联书店2001年版，第228页。
② 同上，第229页。
③ 同上，第228页。

方偏尚玄学义理，上承魏晋以来之系统，北方重在宗教行为，下接隋唐以后之宗派"[①]，将南北朝时期的佛教分为"南统"和"北统"，诚为不刊之论。而且北方当佛教受阻的时候，道教有了长足的发展。道士寇谦之被北魏宰相崔浩尊之为师，魏太武帝为表示尊崇道教，亲自为寇氏起道场，并改年号为太平真君。当然佛道相较，则即使经历了毁佛事件的北朝，也还是释迦的势力更占上风。

因此南北朝时期的士人精神之旅，在"宫阙"、"竹林"、"田园"之外，还有"禅林"和"道场"可以安顿自己。当然各种精神栖居之所，往往是互相交错的，而不是彼此无与，截然分离。东晋的清谈，特点之一就是儒道结合和玄佛结合，只不过玄风占有明显优势，所以王导才能够无所顾忌地调笑僧渊："鼻者面之山，目者面之渊。山不高则不灵，渊不深则不清。"[②]待到南朝的齐梁之后，玄风渐呈被佛理吞没的趋势。儒道、儒佛、佛道之间尽管在宗趣和义理上经常有撞击，但总的来说相处得很好，"三教合一"的种子，在彼此初相遇的魏晋南北朝时期，就悄悄地埋下了。治史者或谓此一时期之玄远、任诞、傲狂之风，继之以佛道神仙的超世间力量的坐大其间，社会的惯常秩序被颠倒瓦解，难免有失敬不德的乱世之目。然细按史乘，此一时代实为吾国精神成果结晶最丰硕的时期，多少影响当时后世的风流卓绝之士和艺文学理的重要发明，都雨后春笋般涌现于此一时期。哲学思辨因探求玄远而登上最高楼，文学众星灿烂不可一世，佛道义学大师云集，史学著述层

---

① 汤用彤：《汉魏两晋南北朝佛教史》，《汤用彤全集》第一卷，河北人民出版社2000年版，第368页。
② 《世说新语·排调》，余嘉锡撰《世说新语笺疏》，中华书局1983年版，第799页。

出不穷，书法绘画肇始登峰。《世说新语》、《文选》、《文心雕龙》、《水经注》、《颜氏家训》、《齐民要术》、《洛阳伽蓝记》等经典奇书，都在此时创生。北方世家大族的永嘉南渡，改变了中古文化生态，那是很壮观的。还有北方拓跋氏的汉化。都在证实魏晋南北朝同时是吾国文化大融合的时期。

当然这也是一个政治变乱多故的时代，《晋书·阮籍传》写道："魏晋之际，天下多故，名士少有全者。"[1]但有残酷，有杀戮，也有热情，有声音。嵇康临刑，还能抚奏广陵散呢。他们礼赞人才，尊重对手。南朝佛教鼎盛，反佛的声音也能表达，辟佛勇士范缜出现了。梁武帝带头和范缜辩论，亲撰《敕答臣下〈神灭论〉》，写道："欲谈无佛，应设宾主，标其宗旨，辨其短长，来就佛理，以屈佛理，则有佛之义既踬，神灭之论自行。"[2]，有模有样不失风度的据理力辩。虽然此《敕答》经释法云转达给王公大臣会览，临川王萧宏、南平王萧伟、长沙王萧渊业、豫章王行事萧昂以及沈约等六十余人群起难范，可以想见对范缜的压力是很大的，但范缜毫无退缩，不可谓不勇敢。而所以之故，也和梁武帝能够守持思想辩论的规则，不以政治权力剿灭异端有关。诚如钱锺书先生所说："缜洵大勇，倘亦有恃梁武之大度而无所恐欤？皆难能可贵者矣。"[3]

六朝多故，但斯文未减，很多六朝人物都带有贵族气象。由此

---

[1] 《晋书》卷四十九、列传第十九，中华书局校点本，第五册，第1360页。
[2] 梁武帝萧衍：《敕答臣下〈神灭论〉》，《全梁文》卷五，《全上古三代秦汉三国六朝文》第七册，河北教育出版社，1997年版，第54页。
[3] 钱锺书：《管锥编》第四册，三联书店2007年版，第2216页。

可知，魏晋南北朝为隋唐统一和大唐帝国的盛绩伟业准备下了怎样和煦畅达的精神气候和丰厚肥沃的土壤。

五 李白和唐代的诗狂

如果说士之能狂是魏晋人物与生俱来的特点，那么盛唐之狂则是遍及全社会的普遍文化现象。和魏晋相较，唐人之狂发自内心的本性之狂要多一些。也可以说是属于天性的烂漫之狂。

李白可谓天字第一号"狂人"。"我本楚狂人，凤歌笑孔丘"[1]、"被发之叟狂而痴，清晨临流欲奚为"[2]、"狂客落魄尚如此，何况壮士当群雄"[3]、"今日逢君君不识，岂得不如佯狂人"[4]、"谁人识此宝，窃笑有狂夫"[5]、"一州笑我为狂客，少年往往来相讥"[6]、"窥镜不自识，况乃狂夫还"[7]、"三杯容小阮，醉后发清狂。"[8]这是他自己说的。"狂人"、"狂痴"、"狂客"、"狂夫"、"佯狂"、"清狂"，不一而足。他自喻的带"狂"字的称号就有这许多。李白的友人也直言不讳。杜甫说：

---

[1] 李白：《庐山谣寄卢侍御虚舟》，《李白集校注》上册，上海古籍出版社1980年版，第863页。

[2] 李白：《公无渡河》，《李白集校注》上册，同上，第196页。

[3] 李白：《梁甫吟》，同上，第210页。

[4] 李白：《笑歌行》，同上，第530页。

[5] 李白：《赠僧朝美》，同上，第806页。

[6] 李白：《醉后答丁十八以诗讥余捶碎黄鹤楼》，《李白集校注》下册，上海古籍出版社1980年版，第1132页。

[7] 李白：《闺情》，同上，第1478页。

[8] 李白：《陪侍郎叔游洞庭醉后三首》之一，同上，第1191页。

"痛饮狂歌空度日,飞扬跋扈为谁雄。"[1]又说:"不见李生久,佯狂真可哀。"[2]还说:"昔年有狂客,号尔谪仙人。"[3]这是引用"四明狂客"贺知章初见李白发出的惊叹语,因读《蜀道难》而称其为被贬谪的仙人。后来诗人孟郊也说:"宋玉逞大句,李白飞狂才。"[4]宋代的朱长文则说:"太白,狂士也。"[5]宋人曾协亦云:"爱酒太白狂,耽诗少陵僻。"[6]在中国文学史和思想史上,当时后世,无人不知李白是一位世所罕见的狂诗人。李白才高,本性天真,性情中原有狂放的一面。却又嗜酒,便狂上加狂了。这样的性格,自然不为世所容。所以杜甫始终担心他的老友的处境,《不见》一诗不得已直抒胸臆:"世人皆欲杀,吾意独怜才。"[7]李白是因狂而不遇,复又因不遇而更狂。

李白的狂是盛唐的狂,盛唐人物原本都带有三分狂气,连谨慎小心"每饭不忘君"的"诗圣"杜甫,也自称有过"放荡齐赵间,裘马颇清狂"[8]的经历。后来更写了一首充满狂意的《狂夫》诗,那是在浣花溪畔的成都草堂,举家衣食无着,小儿子饿得面黄肌

---

[1] 杜甫:《赠李白》,《钱注杜诗》上册,上海古籍出版社2009年版,第290页。
[2] 杜甫:《不见》,《钱注杜诗》下册,上海古籍出版社2009年版,第417页。
[3] 杜甫:《寄李十二白二十韵》,《钱注杜诗》上册,上海古籍出版社2009年版,第366页。
[4] 孟郊:《赠郑夫子鲂》,《全唐诗》卷三百七十七,中华书局1960年版,第十二册,第4234页。
[5] 朱长文:《墨池编》卷三,《李白资料汇编》(唐宋之部)上册,中华书局2007年版,第176页。
[6] 曾协:《饮沈氏园得僻字》,《李白资料汇编》(唐宋之部)上册,中华书局2007年版,第326页。
[7] 杜甫:《不见》,《钱注杜诗》下册,上海古籍出版社2009年版,第417页。
[8] 杜甫:《壮游》,《钱注杜诗》上册,上海古籍出版社2009年版,第220页。

瘦，几乎面临要"填沟壑"的危险，却写出了"欲填沟壑唯疏放，自笑狂夫老更狂"①的诗句。是呵，如果自己一分狂气也无，怎么那般欣赏大他十一岁的狂友李白呢？

恰好我们在杜甫的另一首诗中又找到一条佐证，就是作于唐高宗上元二年(675年)的《江畔独步寻花七绝句》，第一首的开头两句便是："江上被花恼不彻，无处告诉只颠狂。"然后首首不离花，其中四首有花又有酒。有花无酒的是最后三首——

  黄师塔前江水东，春光懒困倚微风。
  桃花一簇开无主，可爱深红爱浅红。

  黄四娘家花满蹊，千朵万朵压枝低。
  留连戏蝶时时舞，自在娇莺恰恰啼。

  不是爱花即肯死，只恐花尽老相催。
  繁枝容易纷纷落，嫩叶商量细细开。②

我们的老杜不仅以"颠狂"自诩，而且简直是在写艳情诗了。至于"颠狂"的原因，则是由于"无处告诉"，即无人可诉说，便自己寻花自己狂。难怪一位叫杨巨源的诗人留有如此诗句："王维

---

① 杜甫：《狂夫》，《钱注杜诗》下册，上海古籍出版社2009年版，第371页。
② 杜甫：《江畔独步寻花七绝句》，同上，第403—404页。

证时符水月，杜甫狂处遗天地。"①当时后世人们只知道李白狂，岂知杜甫也狂得大有可观呢。

再看杜甫写的《饮中八仙歌》，这是我几十年来，每忆及此诗，都禁不住要大声朗诵的诗篇。相信读者也无人不谙熟此诗，但要不要和我一起再温习诵念一遍？

> 知章骑马似乘船，眼花落井水底眠。
> 汝阳三斗始朝天，道逢曲车口流涎，
> 恨不移封向酒泉。左相日兴费万钱，
> 饮如长鲸吸百川，衔杯乐圣称避贤。
> 宗之潇洒美少年，举觞白眼望青天，
> 皎如玉树临风前。苏晋长斋绣佛前，
> 醉中往往爱逃禅。李白一斗诗百篇，
> 长安市上酒家眠，天子呼来不上船，
> 自称臣是酒中仙。张旭三杯草圣传，
> 脱帽露顶王公前，挥毫落纸如云烟。
> 焦遂五斗方卓然，高谈雄辩惊四筵。②

每次诵念此诗，眼前都仿佛出现流水欢欢、树动山迷、酒香馥郁、百花漫舞、众仙飘逸的醉人景象。是饮中八仙歌，也是八仙狂饮图，虽未就君饮，心已随君醉了。

---

① 杨巨源：《赠从弟茂卿》，《全唐诗》卷三百三十三，中华书局1960年版，第十册，第3717页。
② 杜甫：《饮中八仙歌》，《钱注杜诗》上册，上海古籍出版社2009年版，第21—22页。

知章就是贺知章，亦即初见李白便呼为"谪仙人"的那位"四明狂客"，比李白大四十一岁。汝阳是唐玄宗的侄子汝阳郡王李琎，未及衔杯，路见酒曲已经流口水了。左相指天宝元年代理左丞相的李适之，为奸相李林甫所嫉，在位五年即罢去知政，因而狂饮释闷，且赋诗自况："避贤初罢相，乐圣且衔杯。为问门前客，今朝几个来。"①杜句"衔杯乐圣称避贤"，即套用此诗的头两句。宗之系被贬金陵的侍御史崔宗之，吏部尚书崔日用的公子，尝与李白诗酒唱和，现《李白集》中保留多首与崔有关的诗作。宗之作古之后，李白还有感旧诗写道："忆与崔宗之，白水弄素月。时过菊潭上，纵酒无消歇。"②苏晋其人则为开元时的进士，当过吏部侍郎，是信佛而不守戒律的一个狂士。焦遂名不见经传，长安一布农耳，可知酒党重情趣，并无贵贱之分。至于张旭，则是书法史上大名鼎鼎的"草圣"，《旧唐书》载："时有吴郡张旭，亦与知章相善。旭善草书，而好酒，每醉后号呼狂走，索笔挥洒，变化无穷，若有神助，时人号为张颠。"③妙的是"号呼狂走"四字，难怪得"张颠"之雅号。

此"八仙"的各种酒狂之态，绝非不懂狂不能狂不欣赏狂的人所能摹写。所以杜甫在《遣闷戏呈路十九曹长》一诗中坦露心声，直接写道："惟吾最爱清狂客，百遍相看意未阑。"④就是说，他

---

① 李适之：《罢相作》，《全唐诗》卷一百九，中华书局1960年版，第四册，第1125页。
② 李白：《忆崔郎中宗之游南阳遗吾孔子琴抚之潸然感旧》，《李白集校注》下册，上海古籍出版社1980年版，第1359页。
③ 《旧唐书》卷一百九十中、列传第一百四十中"文苑中"，中华书局校点本，第一五册，第5034页。
④ 杜甫：《遣闷戏呈路十九曹长》，《钱注杜诗》下册，上海古籍出版社2009年版，第646页。

不是一般的爱狂、喜欢狂，欣赏狂，而是狂的"最爱"，即使看一百遍也看不够。

唐的开元天宝时期是多元文化达致鼎盛的开放时代，为诗人、作家、知识分子的恣意张狂，提供了适宜的环境和土壤。他们的狂，是多士之狂，是透心透肺的狂，是健康益智的狂，而没有魏晋之狂的辟戾之气。遥想张旭在"王公"面前"脱帽露顶"的狂态，贺知章在马上晕晕乎乎，摇来晃去，而汝阳郡王李琎以为只有到酒泉去做官才称心如意，再加上李白的以酒仙自居，拒不奉诏。千年后的我们在因狂会意之余，不知不觉笑得都乐了。精神生产者能够狂态昂然，是健康社会的烛光。多士能狂是思想自由的彰显。唐诗所以凌跨百代，后无来者，实得力于当时的文化开放和思想自由。

中晚唐政治变乱频仍，党争不已，狂士非无有，内涵和格局要拘迂得多。古文运动的领袖韩愈，振衰启运，以道统自命，固为不世出的文雄，但他的得"狂名"，竟缘于好为人师。柳宗元在给一个欲拜他为师的青年人的信里写道："孟子称'人之患在好为人师'，由魏晋氏以下，人益不事师。今之世，不闻有师，有辄哗笑之，以为狂人。独韩愈奋不顾流俗，犯笑侮，收召后学，作《师说》，因抗颜而为师。世果群怪聚骂，指目牵引，而增与为言辞，愈以是得狂名。"[1]如此得"狂名"，这在韩愈可谓不期而遇，非始料之所及。因此他非常不服气，特作《释言》一篇加以解释："愈也不狂不愚，不蹈河而入火，病风而妄骂，不当有如谗者之

---

[1] 柳宗元：《答韦中立论师道书》，《柳河东集》下册，上海古籍出版社2008年版，第541页。

说也。"①不过韩愈在"狂"的问题上似乎很矛盾，他意识到自己"狂"的例证也多有。他在《祭河南张员外文》一文中，就坦承："余戆而狂，年未三纪，乘气加人，无挟自恃。"②而所作《芍药歌》也有句："花前醉倒歌者谁？楚狂小子韩退之。"③看来韩愈似亦并不以"狂"为意为忤为忌，而是多少有些以狂自居自傲的意思呢。

不过韩愈确有过一次"狂"的经历。一次与友人登华山，竟攀缘至山顶，自己知道返回不能，便写好遗书，"发狂恸哭"④。韩愈不愧气魄盖世的豪杰之士，危难之际痛哭也无忘"发狂"。当然后来还是下来了，华阴县令不知想出多少办法，才救了韩愈一命。本来谈不上狂，因为性格倔强，思想独立，不肯随顺潮流，便被世人目之为狂，唐以后千年以还的中国世风大率如此。

六 苏东坡的诗狂和酒狂

我所以说"唐以后"，是由于魏晋之狂和盛唐之狂，几乎是诗人和士人的常态，人们司空见惯，不以为异。宋的狂客就不那么常见了。

宋儒的集大成者朱熹，最不能容忍学者有"狂"的气息。我们如果翻一翻他的著作，会发现"狂"之一字，他的解释几乎全都

---

① 韩愈：《释言》，《韩愈全集校注》第三册，四川大学出版社1996年版，第1702页。
② 韩愈：《祭河南张员外文》，《韩愈全集校注》第四册，同上，第2190页。
③ 韩愈：《芍药歌》，《韩愈全集校注》第五册，同上，第3027页。
④ 李肇：《唐国史补》，《韩愈资料汇编》第一册，中华书局1983年版，第42页。

是负面的。他很少单独使用"狂"字，而是组成"狂妄"、"狂躁"、"狂易"、"狂恣"、"狂骜"、"狂率"、"狂僭"、"狂悖"一类语词，否定评价的取向至为明显。二程（程颢、程颐）的看法略同于朱熹，下面当细详。而作为北宋改革的急先锋王安石，狂的因子完全具备，但他最终没有发展为狂，而是走向了"拗"。他的内心其实明朗而单纯，只不过国身通一的儒家理想，使他为了国家的长远利益而置自身的处境于不顾。面对反对改革的众声喧哗，他毫不动摇，友谏不听，敌毁不回。他的"拗相公"的雅号就是因此而得的。不过在他的对手眼中，王安石就不只是"拗"了，"狂妄"、"狂悖"抑或有之。王安石自己的解释是："好大人谓狂，知微乃如谍。"①他不能容忍把"狂"和他联系起来的误解。对手中也许只有一个人并不在意他的狂与不狂，这个人是苏东坡。

苏东坡当时后世一向有狂放之名，连同他的词的写作，也成了公认的豪放派的代表。因此宋朝的狂士，不能不首推苏东坡。他自己也不讳言自己的狂迈，诗词中每有以"狂"自况的诗句，如"嗟我本狂直，早为世所捐"②、"嗟我久病狂，意行无坎井"③、"路人举首东南望，拍手大笑使君狂"④、"谁知海上诗狂客，占得胶西一半山"⑤、"嗟余老狂不知愧，更吟丑妇恶嘲

---

① 王安石：《再用前韵寄蔡天启》，《王文公文集》下册卷四十四，上海人民出版社1974年版，第514页。
② 苏轼：《怀西湖寄晁美叔同年》，《苏轼诗集》第二册，中华书局1982年版，第644页。
③ 苏轼：《颍州初别子由二首》之一，《苏轼诗集》第一册，同上，第280页。
④ 苏轼：《登云龙山》，《苏轼诗集》第三册，同上，第877页。
⑤ 苏轼：《怀仁令陈德任新作占山亭二绝》之一，《苏轼诗集》第五册，同上，第1380页。

谤"①、"春色岂关吾辈事,老狂聊作座中先"②,等等。中华书局出版的清王文诰辑注的《苏轼诗集》(孔凡礼点校,共八册)比较好读,我边读边擒拿,竟觅得近四十条跟"狂"有关的诗句(如果用计算机搜索当发现更多)。上海古籍出版社出版的词学大家龙榆生校笺的《东坡乐府》,也有多例,其中第220页的《十拍子》:"强染霜髭扶醉袖,莫道狂夫不解狂,狂夫老更狂。"③捋扯老杜作为同调,语词尤为率直明露。总的印象,年轻时涉"狂"的语词比较多,年龄越大,"狂"词越少。不用说,这也合乎人生的逻辑轨则。

苏轼的狂,是秉承盛唐遗风的率性之狂,也是诗人之狂。可以说,无狂便无苏东坡矣,如同没有狂便没有李白一样。他和李白的不同之处,是他不善饮,可是他比善饮酒的人更懂得酒性,而且越是年长,越贪此杯中物。他的诗中写道:"我性不饮只解醉,正如春风弄群卉。"④又说:"少年多病怯杯觞,老去方知此味长。"⑤故苏轼的狂,大体与酒狂无关。但借酒壮胆、增加豪气的想法,他未必没有。请看下面诗句:"无多酌我君须听,醉后飙狂胆满躯。"⑥"孤村野店亦何有,欲发狂言须斗酒。"⑦不过他也很矛盾,酒兴的高言固然痛快,过后想起来自己未免也感到

---

① 苏轼:《送碧香酒与赵明叔教授》,《苏轼诗集》第三册,中华书局1982年版,第694页。
② 苏轼:《座上赋戴花得天字》,《苏轼诗集》第三册,同上,第806页。
③ 苏轼:《十拍子》,《东坡乐府笺》(龙榆生校笺),上海古籍出版社2009年版,第220页。
④ 苏轼:《戏书》,《苏轼诗集》第八册,中华书局1982年版,第2552页。
⑤ 苏轼:《次韵乐著作送酒》,《苏轼诗集》第四册,同上,第1043页。
⑥ 苏轼:《刁景纯席上和谢生二首》之二,《苏轼诗集》第二册,同上,第550页。
⑦ 苏轼:《铁沟行赠乔太博》,《苏轼诗集》第二册,同上,第601页。

可怕。所以诗中坦承："饮中真味老更浓，醉里狂言醒可怕。"①有时还要替朋友着想："欲吐狂言喙三尺，怕君嗔我还须吞。"②事实上，他的多次得罪，一贬再贬，还不是由于"狂言"和"真味"，而且主要是"真味"。他的那首有名的《自题金山画像》："心似已灰之木，身如不系之舟。问汝平生功业，黄州、惠州、儋州。"③可谓饱含辛酸的自嘲。此诗的另一版本作"目若新生之犊，心如不系之舟。要问平生功业，黄州、惠州、崖州"④，更能彰显东坡的自由之心性。

盖人类的一切创造，都源于自由，人生的一切挫折，也都源于自由。而狂，则是自由的情感外化，和自由精神的变体。如果"狂"同时也是一种生活态度和生活情趣，乃至一个人的性格精神和审美趣味，我们可爱的东坡先生，有理由作为它的全权代表。虽然宋代文士之能狂者，并非只有东坡一人，那位颠石颠到管顽石称兄叫丈人的米颠米襄阳者，自然是一位别具一格的狂士，因篇幅所限此不多具了。

七 李卓吾"豪杰必在于狂狷"说

那么明代的"狂"我们看到了谁呢？我们看到了很多人，看到了"前仆后继"的狂士群体，而尤以万历年间的江南一带最为集

---

① 苏轼：《定惠院寓居月夜偶出》，《苏轼诗集》第四册，中华书局1982年版，第1033页。
② 苏轼：《次韵答邦直子由五首》之一，《苏轼诗集》第三册，同上，第739—740页。
③ 苏轼：《自题金山画像》，《苏轼诗集》第八册，同上，第2641页。
④ 《苏轼诗集》第八册，同上，第2642页。

中。赵翼《二十二史札记》的"明中叶才士傲诞之习"条写道："吴中自祝允明、唐寅辈，才情轻艳，倾动流辈，放诞不羁，每出名教外。"又说："可见世运升平，物力丰裕，故文人学士得以跌荡于词场酒海间，亦一时盛事也。"①由此可以体会明代之狂的潮流和背景。祝枝山（允明）、唐伯虎（寅）固是人皆能详的文苑狂客，至少唐伯虎降身为奴娶秋香的风流故事大家是知道的，但明代狂士群体的翘楚还是非李卓吾莫属。

李贽（号卓吾）和千年以来的传统秩序是那样的格格不入，对每一部人们奉为经典的著作都能找出破绽来，而且给以另类的解释。他明世宗嘉靖六年（1527）生于福建泉州，二十六岁中举，由于不满意科举制度的弊端，没有再应进士第。五十岁前在河南、南京、北京等地做官，后来又做了三年云南姚安的知府。但他回顾平生，觉得自己"五十年以前真一犬也"②。所以当万历八年（1580）知府任满之时，他毅然辞官，回到湖北黄安，他的家人和很多友人都在那里，开始了问难学道的新时期。七年以后，即黄仁宇那本有名的书写的"万历十五年"，他为脱却俗累，将家眷送回福建老家，自己则削发为僧，但胡须未剃，也未受戒。他的许多著作都是这一时期完成的。他知道自己的思想不能见容于当时当世当道，便以《藏书》、《续藏书》、《焚书》、《续焚书》等抗词自名其书。

李卓吾对士子之"狂"给予了新的解释，提出"闻道"须要狂狷的破天荒的思想。他说："有狂狷而不闻道者有之，未有非狂狷

---

① 赵翼：《二十二史札记》下册（王树民校证），中华书局1984年版，第783—784页。
② 李卓吾：《续焚书》卷二"圣教小引"，中华书局1975年版（与《焚书》合编），第66页。

而能闻道者也。"学术传承他认为也需要狂狷的精神:"论载道而承千载绝学,则舍狂狷将何之乎?"[1]还提出,唯有狂狷,能够发现先儒往圣的"破绽"的人,才能成为孟子所说的"豪杰之士"。他在给友人焦竑的信里写道:"求豪杰必在于狂狷,必在于破绽之夫,若指乡愿之徒遂以为圣人,则圣门之得道者多矣。此等岂复有人气者,而尽指以为圣人,益可悲矣夫!"[2]这等于从学理上把狂狷当作成就杰出人物的必要前提。对自己的"狂",李贽也毫不避讳,晚年所作的"自赞"坦承:"其性褊急,其色矜高,其词鄙俗,其心狂痴,其行率易。"[3]但他的内心则充满温热。

以反对文学复古主义扬帜的"公安三袁"(袁宗道、袁宏道、袁中道)是李贽的好友,袁中道写过一篇《李温陵传》,其中所说"公为人中燠外冷,丰骨棱棱,性甚卞急,好面折人过"[4],应是实录。袁中道的这篇传记还写了李贽另外一些不同于常人的性格特征,极为有趣,大家不妨一看。

> (公)性爱扫地,数人缚帚不给。衫裙浣洗,极其鲜洁,拭面拂身,有同水淫。不喜俗客,客不获辞而至,但一交手,即令之远坐,嫌其臭秽。其忻赏者,镇日言笑,意所不契,寂无一语。滑稽排调,冲口而发,既能解颐,亦可刺骨。所读书皆抄写为善本,东国之秘语,西方之灵文,离骚、马、班之篇,陶、

---

[1] 李卓吾:《焚书》卷一"与耿司寇告别",中华书局1975年版,第28页。
[2] 李卓吾:《续焚书》卷一"与焦弱侯太史",同上,第16页。
[3] 李卓吾:《焚书》卷三"自赞",同上,第130页。
[4] 袁中道:《李温陵传》,李卓吾《焚书 续焚书》,同上,卷首第3页。

谢、柳、杜之诗,下至稗官小说之奇,宋元名人之曲,雪藤丹笔,逐字雠校,肌襞理分,时出新意。其为文不阡不陌,撅其胸中之独见,精光凛凛,不可迫视。诗不多作,大有神境。亦喜作书,每研墨伸楮,则解衣大叫,作兔起鹘落之状。其得意者亦甚可爱,瘦劲险绝,铁腕万钧,骨棱棱纸上。一日恶头痒,倦于梳栉,遂去其发,独存鬓须。公气既激昂,行复诡异,斥异端者日益侧目。①

喜欢手持扫把扫地,众人欲夺而不能,这一习惯,笔者年轻时也有过,因此颇能理解。但不喜俗客,思想不契,即令远坐,言语冲口而发,锋芒刺骨,文章"精光凛凛,不可迫视",作书还要"解衣大叫",形貌则留须不留发,这些置诸当时的社会环境,为权力者所侧目,为习俗所不许,不用说也势所必然。他的一些友人不免为他担心,认为"李先生学已入禅,行多诞",难免遭遇祸殃。最后果然因了他的各种"异行"和"异言",包括社会辗转打造的本来不属于他的谣言,李贽被关进了监狱,直至被迫自戕于狱中。那是万历三十年(1602)的三月十五日,他七十五岁。李贽是因"狂"而焕发了自己的生命,也因"狂"丧失了自己的生命。

其实"狂"并不是李贽所追求的目标,只不过是他生命的一种状态。相反他追求的是"圣",不依循传统解释的与伪绝缘而又生气盎然的"圣"。因此他不认为"圣"与"狂"是不能两立的品格。《焚书》中有一篇《与友人书》,专门谈的是这个问题,其中

---

① 袁中道:《李温陵传》,李卓吾《焚书 续焚书》,中华书局1975年版,卷首第3—4页。

这样写道：

> 又观古之狂者，孟氏以为是其为人志大言大而已。解者以为志大故动以古人自期，言大故行与言或不相掩。如此，则狂者当无比数于天下矣，有何足贵而故思念之甚乎？盖狂者下视古人，高视一身，以为古人虽高，其迹往矣，何必践彼迹为也。是谓志大。以故放言高论，凡其身之所不能为，与其所不敢为者，亦率意妄言之。是谓大言。固宜其行之不掩耳。何也？其情其势自不能以相掩故也。夫人生在天地间，既与人同生，又安能与人独异。是以往往徒能言之以自快耳，大言之以贡高耳，乱言之以愤世耳。渠见世之桎梏已甚，卑鄙可厌，益以肆其狂言。观者见其狂，遂指以为猛虎毒蛇，相率而远去之。渠见其狂言之得行也，则益以自幸，而唯恐其言之不狂矣。唯圣人视之若无有也，故彼以其狂言吓人而吾听之若不闻，则其狂将自歇矣。故唯圣人能医狂病。观其可子桑，友原壤，虽临丧而歌，非但言之，且行之而自不掩，圣人绝不以为异也。是千古能医狂病者，莫圣人若也。故不见其狂，则狂病自息。又爱其狂，思其狂，称之为善人，望之以中行，则其狂可以成章，可以入室。仆之所谓夫子之爱狂者此也。盖唯世间一等狂汉，乃能不掩于行。不掩者，不遮掩以自盖也，非行不掩其言之谓也。[1]

这里涉及孟子对狂义所做的一种解释，如前所述，孟子认为

---

[1] 李卓吾：《焚书》卷二《与友人书》，中华书局1975年版，第75页。

孔子对狂狷给予正面评价,是意识到"中道"不可得,所以才退而"思其次"。但弟子万章继续追问,到底什么样的情形才算作"狂"。孟子说,譬如孔门的琴张、曾皙、牧皮几位弟子,就是孔子所谓的狂。万章还不肯罢休,又刨根到底地问,何以这几位就是狂?("何以谓之狂也?")孟子于是解释说:"其志嘐嘐然,曰'古之人,古之人'。夷考其行,而不掩焉者也。"又说:"何以是嘐嘐也?言不顾行,行不顾言,则曰'古之人,古之人。'"①"嘐嘐"为象声词,形容像鸡似的乱叫。叫什么呢?无非是"古人呵,古人呵!"在孟子看来,那些志大言夸即"志大言大"的人,尽管满嘴"嘐嘐"地呼叫"古人",行动上却没有表现,言行不统一("言不顾行,行不顾言"),这样的人就可以叫作狂了。

李卓吾显然不满意孟子的解释,认为把"狂"解释为"志大言大"固然可以成立,但他不能认同把"志大"解释为只是师法古人。他主张后来者应该比古人"高视一身",开辟不同于古人的新的路径。而"言大",他认为即使做不到,甚至也不敢做的事情,也不妨"率意妄言"。因为做不到并不总是自己的过错,实际的"情"和"势"是否允许,应该是更重要的条件。现实世界布满束缚人的创造精神的枷锁,特别人性的丑恶带给人的种种限制,尤其"卑鄙可厌"。那么怎么办?难道还不可以"肆其狂言",一吐为快吗?李贽不无沉痛地说,大家都共同生存于天地之间,不可能独独一个人和其他人有多么大的不同,所谓"狂"亦不过是借助"大言"自高位置和愤世嫉俗而已。换言之,"狂"更多是在他人的

---

① 《孟子·尽心下》,焦循撰《孟子正义》下册,中华书局1987年版,第1028—1029页。

眼中呈现，是"观者见其狂"，"观者"们越视"狂"为"猛虎毒蛇"，避之唯恐不及（"相率而远去"），"狂者"就越是感到自幸自喜，口出的狂言越发肆无忌惮（"唯恐其言之不狂"），亦即俗所谓"人来疯"是也。

　　本来是"行"不能践履，发为"大言"，被视作"狂"，后来变成明知不能践履，却口出"狂言"，以掩盖自己的实相。不难发现，这已经不单纯是对"狂"作语义学的解释，同时也是卓老在夫子自道了。难怪他在《与耿司寇告别》书里不无遗憾地写道："公今宦游半天下矣，两京又人物之渊，左顾右盼，招提接引，亦曾得斯人乎？抑求之而未得也，抑亦未尝求之者欤？抑求而得者皆非狂狷之士，纵有狂者，终以不实见弃，而清如伯夷，反以行之似廉洁者当之也？审如此，则公终不免有失人之悔矣。"[①]是啊，以"狂"为理由而将杰出人才弃置一旁的事例，古今史乘不绝于书。

　　呵呵！当时后世无人不以为"狂"的李卓吾，原来有这许多难言之隐。原来在他那里"狂"也有某种掩盖的作用。说开来，这不就是今人所谓的"自我放逐"吗？这不也就是李白的"人生在世不称意，明朝散发弄扁舟"[②]吗？狂乎，狂乎，多少豪杰之士的辛酸假汝以行。

---

　　① 李卓吾：《焚书》卷一《与耿司寇告别》，中华书局1975年版（与《续焚书》合编），第28页。
　　② 李白：《宣州谢朓楼饯别校书叔云》，《李白集校注》下册，上海古籍出版社1980年版，第1077页。

八 王阳明的"狂者胸次"和"圣狂"

李卓吾的思想和明朝的心学领袖王阳明有直接渊源，王学后劲很多都是他的朋友。王阳明提出的不以孔子的是非为是非的主张，对李贽影响极大，李的著作中此类言论随处可见。自汉武帝"独尊儒术"以来，孔子思想就被奉为圭臬，所谓"曾经圣人手，议论安敢到"①。历来狂客的所谓"狂言"，大都涉及对儒家权威地位的质疑。王阳明、李卓吾如此，李白、阮籍、嵇康亦复如此。李白示"狂"的"我本楚狂人，凤歌笑孔丘"，前面举证过了。嵇康的名言则是"非汤武而薄周孔"。不过他们所质疑的不是原孔子和孔子的原思想，而是后来附加在孔子头上的放大的光环，以及从孔子思想中"支离"出来的部分。因此李卓吾和王阳明之所为，都是要还原真孔子，并不是简单的"非圣"。相反，李卓吾认为"圣人能医狂病"，"圣"可以"息狂"，惟圣人能够做到"爱其狂，思其狂"，能够称狂者为"善人"。

王阳明不用说更纯粹是一个前不见古人后不见来者的"狂之圣者"和"圣之狂者"。阳明的思想向有"三变"、"四变"及"五溺"之说，要之是少年时期"驰骋于词章"，随后出入于佛道二氏，然后"居夷处困"，最后豁然开朗由悟道而入于圣学之域②。而入于圣域的标志，是"致良知"学说的发明和建构完成。令人讶异的是，当阳明子入于圣境之后，对"狂"的义涵又赋予了新解。

---

① 韩愈：《荐士》，《韩愈全集校注》第一册，四川大学出版社1996年版，第355页。
② 钱德洪：《刻文录叙说》，《王阳明全集》（吴光等点校）下册，上海古籍出版社1992年版，第1574页。

他说："吾自南京已前，尚有乡愿意思。在今只信良知真是真非处，更无掩藏回护，才做得狂者。使天下尽说我行不掩言，吾亦只依良知行。"[1]这番话是嘉靖二年二月阳明子五十二岁时和弟子们讲的。《明儒学案》的记载，文字稍有异同，作"门人叹先生自征宁藩以来，天下谤议益众。先生曰：'我在南都以前，尚有些子乡愿意思。在今信得这良知真是真非，信手行去，更不着些覆藏，才做得个狂者胸次，故人都说我行不掩言也'"[2]。毫无疑问，此时之阳明子已完全进入圣境，但他不仅不排拒"狂"，不摈弃"狂"，反而视"狂"与"圣"为一体，甚至把"狂"视为成圣的必要条件。所以他说到南都之后"才做得个狂者胸次"。就是说，一个人只有拥有了狂者的胸怀和雅量，才有可能成为圣人。显然阳明子和李卓吾等明儒对"狂"的诠解，把"狂"的道德境界和义理品阶大大提升了，变成与孔、孟相继而不相同的儒圣和儒狂的思想。

孔子对中行、狂、狷、乡愿的"四品"取向，态度原极分明，传统的解释，特别是孟子的解释，中行为第一，狂为第二，狷为第三，乡愿第四。也可以把狂和狷合而为第二。孔子对乡愿的深恶痛绝已见之"德之贼"的四字恶评，后来的儒者对此均无异词。孟子解"乡愿"义最切，曰："非之无举也，刺之无刺也。同乎流俗，合乎污世。居之似忠信，行之似廉絜，众皆悦之，自以为是，而不可与入尧、舜之道。"[3]意即这种乡愿的人，你要非议他，却

---

[1] 《年谱》三，《王阳明全集》下册，上海古籍出版社1992年版，第1287页。
[2] 黄宗羲：《明儒学案》上册，中华书局1986年版，第216页。
[3] 《孟子·尽心下》，焦循撰《孟子正义》下册，中华书局1987年版，第1031页。

举不出证据,想骂他一顿,也不知从何骂起。他不过是与庸俗的社会现象和习惯同流合污而已。看上去一副忠诚老实的样子,行为上好像也没有什么不廉洁的地方。这样的人有谁不喜欢呢。他自己因此也以一贯正确自居。但是很可惜,这种乡愿的人永远也不能成为圣人。至于不能入于圣的理由,王阳明讲得非常清楚,认为此种人的"忠信廉洁"是为了"媚君子","同流合污"是为了"媚小人",他的心已经破坏殆尽,所以不能与入尧、舜之道。乡愿的可恶,主要在一"似"字。可是"狂者"呢?阳明子说:"狂者志存古人,一切纷嚣俗染,举不足以累其心,真有凤凰翔于千仞之意,一克念即圣人。"①王阳明把"六经"的"惟圣罔念,作狂;惟狂克念,作圣"②的义理反转过来了。

　　狂可以入圣,可以让"一切纷嚣俗染,举不足以累其心",如同凤凰翱翔于高空,一念之间即可实现超越。所谓入于圣域,就是实现精神的自我超越。既然如此,那么"四品"的排序,"中行"还能够居诸品之冠吗?难道不应该将位置让位给"狂"吗?其实最有可能与"乡愿"同流合污的恰恰是"中行"。孔子慨叹"中行"的"不得而与",是求之不得,还是"中行"本身就是一个流动的范畴,不容易和人类的生命体发生稳定的连接?也许"中行"只是一个假设的状态,是孔子希望的道德理想,现实生活中并不真实存在。所以孔子游走周遭,终于不曾遇到这类人物。最后在陈国,出于不得已,发为慨叹说:"回去罢,回去罢,我的那些学生虽然狂

---

① 《年谱》三,《王阳明全集》下册,上海古籍出版社1992年版,第1287—1288页。
② 《周书·多方》,阮元校刻《十三经注疏》上册《尚书正义》卷十七,中华书局1980年影印本,第229页。

简,但都很有文采,想办法施之以教,不愁他们没有作为。"①然则孔子已然改弦更张,不再寻找"中行"之人,而将把目光投向了狂狷之士?其实孔门弟子中有一个叫曾皙的,也就是那个不好好回答老师的问题,却一个人在一旁鼓瑟的"点",他的这个独特的举动,构成了"点也狂"的典故的来源。孔子似乎喜欢这个特立独行的学生。"吾党之小子狂简"里面,大约一定包括"点"这个特长生吧。

宋代大儒二程(程颢、程颐)和朱熹也都注意到了"点也狂"的问题,但程朱对"狂"的态度,如前所说,很少作正面评价。对《论语》"子路、曾皙、冉有、公西华侍坐"章"点"即曾皙的表现,明道(程颢,大程子)的评价是:"特行有不掩焉者,真所谓狂矣。"②这依据的是孟子给定的"狂"的定义,即言论行为都不稍假掩饰,既不以行掩盖言,也不以言掩盖行。前引李卓吾论狂,已及此义。伊川(程颐,小程子)则说:"曾皙狂者也,未必能为圣人之事。"③但伊川认为"点"的独特之处,是了解孔子心里的想法,即明白"圣人之志"。然则"圣人"何志?子路、冉求回答孔子问志,都关乎一个国家如何强国富民,公西赤则愿意当外交场合的一个小司仪。只有曾点表示,自己"异乎三子者之撰",他喜欢在阳春三月,和一群友人带着孩子们,在沂水边沐浴,一边走一边在路上唱歌。曾点所讲,正好与老师的想法暗

---

① 《论语·公冶长》,程树德撰《论语集释》第一册,中华书局1990年版,第343页。
② 《程氏遗书》卷十二"明道先生语"二,《二程集》上册,中华书局1981年版,第136页。
③ 《程氏外书》卷三,《二程集》上册,同上,第369页。

合,故"夫子喟然叹曰:'吾与点也。'"①

程朱虽然看到了"点"的狂,但对"狂"和"圣"的正面连接,似乎无所见。他们秉持的是"惟圣罔念作狂,惟狂克念作圣"的思想,认为狂圣无法合一。王阳明就不同了,对《论语》此章有另外的解说——

> 以此章观之,圣人何等宽洪包含气象。且为师者问志于群弟子,三子皆整顿以对。至于曾点,飘飘然不看那三子在眼,自去鼓起瑟来,何等狂态。及至言志,又不对师之问目,都是狂言。设在伊川,或斥骂起来了。圣人乃复称许他,何等气象。圣人教人,不是个束缚他通做一般,只如狂者便从狂处成就他,狷者便从狷处成就他。人之才气如何同得?②

阳明子对曾点的"狂态"极尽赞美之能事,且对小程子的态度作了一个带有微讽的假设,此可见宋学和王学的异同所在。"狂者便从狂处成就他,狷者便从狷处成就他"两句,是以圣解圣,可以看出王阳明对孔子的狂狷思想有怎样的深层了解。

而当明嘉靖三年(1524)王阳明和门弟子共度中秋的时刻,他写了《月夜二首》,其第二首又颇及"点也狂"的本事,兹特抄录出来供读者赏观。

---

① 《论语·先进下》,程树德撰《论语集释》第三册,中华书局1990年版,第811页。
② 王阳明:《传习录》下,《王阳明全集》上册,上海古籍出版社1992年版,第104页。

>处处中秋此月明，不知何处亦群英。
>须怜绝学经千载，莫负男儿过一生。
>影响尚疑朱仲晦，支离羞作郑康成。
>铿然舍瑟春风里，点也虽狂得我情。①

诗的头两句交代时地人背景，据《王阳明年谱》记载，此次中秋宴聚有百余名友朋和门弟子参加，在浙江绍兴乡下天泉桥的碧霞池上，当时阳明五十三岁，平生难得之盛。第三、四句自叙怀抱。五、六句对朱子的学理表示质疑，认为问题主要出在为学的过程过于烦琐支离上。当年朱陆鹅湖之会，陆九渊所示诗中便有"易简功夫终久大，支离事业竟浮沉"之句，阳明这里显然是借用鹅湖之典。最后两句"铿然舍瑟春风里，点也虽狂得我情"，是为全诗的点睛，赞美"点之狂"深获他的胸襟怀抱。

因此阳明子不愧为"圣狂"的典范。行笔至此，不禁想到了陈寅恪先生1929年给北大历史系同学的赠诗，其中有"天赋愚儒自圣狂，读书不肯为人忙"②句，可为阳明的"圣狂"立一注脚。

九 袁宏道论"狂"为"龙德"

王阳明、李卓吾之外，明代的狂士还有很多。王门后学受影响

---

① 王阳明：《月夜》二首之二，《王明阳全集》，上海古籍出版社1992年版，第787页。
② 陈寅恪：《北大学院己巳级史学系毕业生赠言》，《陈寅恪集·诗集》，三联书店2001年版，第19页。全诗作："天赋愚儒自圣狂，读书不肯为人忙。平生所学宁堪赠，独此区区是秘方。"三联版首句作"添赋"，误。

中国文化的狂者精神及其消退

于师风，又不具有真正的"狂者胸次"，结果有的竟流入"儒为狂儒，禅为狂禅"的境地①。福建惠安的张静峰，对阳明的良知说不无置疑，但他和陈琛、林希元友善，三人住于寺庙，或闭户读书，或游走街市，非僧非俗，被称作"泉州三狂"②。而秉承王学流风余韵的东林党人，更是一个有组织的狂士的群体。顾允成坦承："平生左见，怕言中字，以为我辈学问，须从狂狷起脚，然后能从中行歇脚。"③另一东林党人钱启新则说："圣门教人求仁，无甚高远，只是要人不坏却心术，狂狷是不坏心术者，乡愿是全坏心术者。"④明代的士人于狂者精神如同夙契，他们为士之能"狂"找到了更多的理据。不过我们探讨明代之"狂"，还有三个人不能不为之一提。一个是方孝孺，一个是徐文长，一个是袁宏道。

方孝孺生活的年代比较早，十二岁入明，是明朝的名儒帝师宋濂最得意的门生，其功业主要是朱元璋死后辅弼建文帝当朝四载，宽仁厚德，社会风气为之一转。燕王朱棣起兵篡位，方孝孺因拒不草诏书而遭遇灭十族之祸。本来朱棣的谋士僧道衍建议不要杀方孝孺，"杀之则天下读书种子绝矣"的名言，就出自这位谋士之口。但孝孺的表现是过于刚烈不屈了，诏书不写不说，反而当着朱棣的面在诏纸上写下"燕贼篡位"四个大字。他死的时候年只四十五岁。方孝孺留给人们的印象，主要是不事伪统的气节和惊天动地的

---

① 黄宗羲：《明儒学案》卷二十六"南中王门学案二"所引《桃溪札记》，中华书局1986年版，第612页。
② 黄宗羲：《明儒学案》卷五十二"诸儒学案中六"，中华书局1986年版，第1126页。
③ 黄宗羲：《明儒学案》卷六十"东林学案三"，同上，第1472页。
④ 黄宗羲：《明儒学案》卷五十九"东林学案二"，同上，第1436页。

刚烈,和狂与不狂似无与。但所以有那样惨烈的表现,和他的狂者性格不无关系。我们不妨看看他写的《李太白赞》——

> 唐治既极,气郁弗舒,乃生人豪,泄天之奇。矫矫李公,雄盖一世,麟游龙骧,不可控制。秕糠万物,瓮盎乾坤,狂呼怒叱,日月为奔。或入金门,或登玉堂,东游沧海,公历夜郎。心触化机,喷珠涌玑,翰墨所在,百灵护持。此气之充,无上无下,安能瞑目,开于黄土。手搏长鲸,鞭之如羊,至于扶桑,飞腾帝乡。惟昔战国,其豪庄周,公生虽后,斯文可侔。彼何小儒,气馁如鬼,仰瞻英风,犹虎与鼠。斯文之雄,实以气充,后有作者,尚视于公。[1]

称李白为人豪,为麟龙,为盖世之雄,是天上掉下来的奇观。如果李白发怒而"狂呼怒叱",日月都会随声奔突。在李白的大气象面前,那些世俗小儒不过是吓破了胆的小老鼠而已。李白是少有的可以与庄子并肩的人物。因此方孝孺认为李白"不可控制"。方孝孺真不愧李白的后世知音!但如果自己没有狂者精神,是不会如此懂得唐代第一号狂者的精神世界。

方孝孺著有《后正统论》一文,其结尾处写道:"果以予言为狂者乎?抑狂者固自有其人乎?"[2]亦即如果认为他的文章是狂者之言,那么随意好了,"你说我是狂者我就是狂者!"他在

---

[1] 方孝孺:《李太白赞》,《逊志斋集》,宁波出版社2000年版,第630页。
[2] 方孝孺:《后正统论》,同上,第61页。

另一篇文章中还说过:"周公、孔子与吾同也,可取而师也;颜子、孟子与吾同也,可取而友也。"①公然表示,周公和孔子跟自己相同,他才当作老师;颜渊和孟子与自己相同,他才认作朋友。如此大言,诚然是狂者之言,应无疑问。他自己也说:"众若骇然而惊,愕然而相顾,俳然笑予以为狂。"②他写的《红酒歌》也有"醉来兴发恣豪狂,高歌起舞当斜阳"③的句子。则方孝孺之狂,于此可见一斑。当然方孝孺的狂,承继的是汉以来的狂直传统,是狂之正者、狂之刚者和狂之烈者,是正统儒者的天地之狂,也是不狂之狂。

徐文长和李贽同时,绍兴人,一生坎坷,也有过狱中经历,但下狱的原因却由于怀疑其妻不忠而失手酿祸。至于是不是他本人一直患有脑疾,研究者说法不一。也许是天性中已生就了不愿接受任何羁绊的种子吧,因此他的怪狂表现在从生活到艺术的各个方面。他绘画的技法是"狂扫"、"狂墨",自称"我亦狂涂竹,翻飞水墨梢"④,也就是大写意。《徐渭集》中涉狂的诗作很多,如"黄鸟小窗幽,狂挥墨欲流"⑤、"醉去狂来呼李白,散发题书万竹中"⑥、"恨不颠狂如大阮,欠将一哭恸兵闱"⑦、"猖狂能

---

① 方孝孺:《尚志斋记》,《逊志斋集》,宁波出版社2000年版,第557页。
② 方孝孺:《尚志斋记》,同上,第557页。
③ 方孝孺:《红酒歌》,同上,第812页。
④ 徐文长:《竹染绿色》,《徐文长集》第一册,中华书局1983年版,第331页。
⑤ 徐文长:《玉簪》之二,《徐文长集》第三册,同上,第837页。
⑥ 徐文长:《对明篇》,《徐文长集》第一册,同上,第129页。
⑦ 徐文长:《拟吊苏小墓》,《徐文长集》第一册,同上,第280页。

使阮籍惊，饮兴肯落刘伶后"①、"莫言白首疏狂客，也貌朱阑富贵花"②，等等。如果如通常所说，有一些艺术家其实就是"疯子"，那么徐渭应该是其中的不打折扣的一位，并且已经入于病况。袁宏道的《徐文长传》叙述的："晚年愤益深，佯狂益甚，显者至门，或拒不纳"、"石公曰先生数奇不已，遂为狂疾；狂疾不已，遂为囹圄。古今文人牢骚困苦，未有若先生者也"③，应是真实写照。

袁宏道和兄宗道、弟中道是李贽的知交好友已如前述，他们能由衷欣赏卓老的风致可知他们自己的价值取向。事实上宏道也是晚明的一位领军狂士。第一次和李卓吾见面，他的赠诗就有"老子本将龙作性，楚人元以凤为歌"④句。盖"三袁"是湖北公安人，故援楚狂以自况。其《记药师殿》一文自述生平，有"余性狂僻，多诳诗，贡高使气，目无诸佛"⑤的措辞，是狂而不讳者也。特别是他写给友人张幼于的一封信，可直视为一篇"狂颠"专论，为文海艺苑绝少见的文字，兹特请各位静心一观。

> 仆往赠幼于诗，有"誉起为颠狂"句。颠狂二字甚好，不知幼于亦以为病。夫仆非真知幼于之颠狂，不过因古人有"不颠不狂，其名不彰"之语，故以此相赞。如今人送富贾则曰"侠"，

---

① 徐文长：《醉中赠张子先》，《徐文长集》第一册，中华书局1983年版，第123页。
② 徐文长：《某君生朝抹牡丹为寿》，《徐文长集》第一册，第286页。
③ 袁宏道：《徐文长传》，《袁宏道集》（钱伯城笺校）中册，上海古籍出版社1981年版，第716—717页。
④ 袁宏道：《怀龙湖》，《袁宏道集》（钱伯城笺校）上册，第68页。
⑤ 袁宏道：《记药师殿》，《袁宏道集》（钱伯城笺校）上册，第465页。

送知县则曰"河阳"、"彭泽",此套语也。夫颠狂二字,岂可轻易奉承人者?狂为仲尼所思,狂无论矣。若颠在古人中,亦不易得,而求之释,有普化焉。张无尽诗曰"盘山会里翻筋斗,到此方知普化颠"是也。化虽颠去,实古佛也。求之玄,有周颠焉,高帝所礼敬者也。玄门尤多,他如蓝采和、张三丰、王害风之类皆是。求之儒,有米颠焉,米颠拜石,呼为丈人,与蔡京书,书中画一船,其颠尤可笑。然临终合掌曰:"众香国里来,众香国里去。"此其去来,岂草草者?不肖恨幼于不颠狂耳,若实颠狂,将北面而事之,岂直与幼于为友哉?①

袁宏道给这位张幼于的赠诗,袁《集》中有载,起句即作:"家贫因任侠,誉起为癫狂。"②虽然此张的奇诡异行不少,但他并不认可"癫狂"这顶帽子。故宏道写信加以解释。他说"颠狂"这两个字,可不是轻易许人的,因为这是很高的赞誉。古人已经有"不颠不狂,其名不彰"的流行说法。"狂"是孔子思考的问题,这里可以不讨论。就说"颠"吧,也是不容易获得的称号。佛家倒是不讳言此语,所以张无尽有"盘山会里翻筋斗,到此方知普化颠"的诗句。张无尽即宋朝的丞相张商英,声闻极大的佛门居士,野史笔记多有他学佛的故事。"普化"是普化禅师,唐代有名的颠僧,据说是日本临济宗的鼻祖。周颠是朱元璋喜欢的一个亦僧亦道的江湖术士,不知姓氏,过从者只以颠相

---

① 《袁宏道集》(钱伯城笺校)上册,上海古籍出版社1981年版,第502—503页。
② 袁宏道:《张幼于》,《袁宏道集》(钱伯城笺校)上册,第145页。

称。儒家方面的则有米南宫米颠，前面笔者已略及，此处中郎（袁宏道字中郎）谈得更具体。最后中郎向他的友人说，就怕友人不颠，如果真的癫狂，他愿俯首称臣。

我们看到，袁宏道对狂颠的品格给予了何等高的评价。他认为儒释道三家都不否认"狂"的合理内涵。而在《疏策论》"第五问"里，他进一步称"狂"为一种"龙德"，说"自汉而下，盖有二三豪杰，得狂之心而拟龙之一体者"，如汉代的张良、晋朝的谢安、唐朝的狄仁杰，他们虽有狂智、狂沉、狂忍的区分，也就是"狂体不同"，但在"近龙德"这点上是相同的。当然狂有多种，可以区分出诸多个阶次来。王阳明的"圣狂"，应该是最高的。宏道所谓"龙德之狂"，是仅次于"圣狂"的另一种，是可以兼济天下的寄道之狂，张、谢、狄之外，前述方孝孺之狂亦可作为代表。袁宏道特别提出，对这种狂能寄道者，需要有识别的眼光，否则人才就有被埋没的危险。他写道：

> 嗟乎，世无孔子，天下谁复思狂？而狂者之嘐嘐不顾，颇见刺于乡愿，世人右乡愿而左狂，则狂之不用常多而用常少。以生观之，若晋之陶潜，唐之李白，其识趣皆可大用，而世特无能用之者。世以若人为骚坛曲社之狂，初无意于用世也，故卒不用，而孰知无意于用者，乃其所以大用也。渊明之气似巽而实高，似和而实不恭，是故耻于见督邮，而不耻于为丐，其狂可见也。天下知其为耻于折腰之人，而不知其为耻事二姓之人，其狂不可见也。夫脱屣一官，犹曰细事，至于死生之际，坦焉若倦鸟之投枝，此岂寻常胆识所敢望乎？陶之沉密，甚似安石，而惜乎当晋、宋之际也，亢而潜者也。太白天才英特，

狂迹久著，从永之诬，前哲盖已辨明，而苏文忠谓其气盖天下，传正谓千钧之弩，一发不中，则摧幢折牙而求息机，而生以为未尽也。①

袁宏道显然认为陶渊明、李白是有"龙德之性"的人，其狂应是"龙德之狂"，而不同于"骚坛曲社之狂"。是呵，传统社会的伶人文士也多矣，其中不乏狂怪之人，但这种"狂"和龙德之狂不能同日而语。尤堪注意者，是宏道对陶潜之狂的理解和阐发，可谓特见独识，发人所未发。而称李白"天才英特，狂迹久著"，也是语洽意切，得诗仙之风骨者。袁宏道说："道不足以治天下，无益之学也；狂不足与共天下，无用之人也。"②在袁宏道看来，生之为士人（现代一点的说法也可以叫知识分子）如果不把自己的学问和家国天下联系起来，是为"无益之学"，而没有一点"狂"的精神，或者狂而不心系家国，则是对孔子狂狷思想的误解。

袁宏道强调对士子之狂还要作另一种区分，这就是"傲肆"之狂和"恬趣远识"之狂的区分。他说："盖曾点而后，自有此一种流派，恬于趣而远于识。无蹊径可寻，辟则花光山色之自为工，而穷天下之绘不能点染也；无辙迹可守，辟则风之因激为力，因窍为响，而竭天下之智，不能扑捉也。其用也有入微之功，其藏也无刻露之迹，此正吾夫子之所谓狂，而岂若后世之傲肆不检者哉？"③

---

① 《袁宏道集》（钱伯城笺校）下册，卷五十三"未编稿"之一"疏策论"第五问，上海古籍出版社1981年版，第1517—1518页。
② 《袁宏道集》（钱伯城笺校）下册，第1521页。
③ 《袁宏道集》（钱伯城笺校）下册，第1520—1521页。

意即狂有两种：一种是"恬于趣而远于识"，一种是"傲肆不检者"，这是又不能同日而语的两种狂。宏道认为，前者是曾点以来的孔子之所谓狂者，这是一种不着痕迹的自然之性，而不加检点的"傲肆"，不过是"饱食终日，无所用心者"，或者是"游谈不根之民而已"。他特别表示，他的这样一番令人警醒的话，是"专为学狂而无忌惮者"而发的。他懂狂、赞狂、释狂，但不溺于狂。他的一首自况诗写道："东皋犹滞酒，余乃醒而狂。"①可见袁中郎之狂如同嵇中散，属于醒而狂者。

事实上宏道对晚明之"狂禅之滥"，有过很中肯的批评。特别他在《募修瑞云寺小引》一文中，开头征引陆游的《蒙泉铭》所讲的一段掌故："往昔尝过郑博士，坐有僧焉。余年少气豪，直据上坐，索酒径醉。博士与余曰：'此妙喜也。'余亦不辞谢，方说诗谈兵，旁若无人。其后数年，余老于忧患，志气摧落，念昔之狂，痛自悔责。"放翁此文的"念昔之狂，痛自悔责"八个字，引起了袁宏道的共鸣。因念及当年乡僧说法京师，他"高谈一乘，玩侮讲席"，其狂固不在放翁之下。可是如今呢？"予之狂尚可悔，而老成不可再至矣。"瑞云寺的海澄法师为之下一针砭，说这个不难，只要名公施展一下化瓦砾为金的法术，老成便可望回来。宏道知道海澄是借此话头"以忏昔狂"，因此感慨益多。②袁宏道此文采取如此的写法，说明他对"狂"

---

① 袁宏道：《潞河舟中和小修别诗次韵》，《袁宏道集》（钱伯城笺校）下册，卷四十六"破研斋集"之二，第1353页。
② 袁宏道：《募修瑞云寺小引》，《袁宏道集》（钱伯城笺校）下册，卷五十四"未编稿之二"，第1560—1561页。

不仅有分疏，而且也有一定的悔狂之意。

明朝不愧为我国历史上狂者精神的一个制高点，同时也是中国知识分子狂狷传统的集大成时期。不独士的阶层，也不光是文人墨客和"骚坛曲社"，社会的各个角落几乎都为狂风所浸染。"狂"变成了社会的一种普遍性的文化情致和生活韵致。只要看一看中晚明的戏曲小说弹词时调，就思过半矣。冯梦龙的"三言"、"二拍"以及《金瓶梅》，甚至把"狂"作为写男女情事的专用词汇。"足狂了半夜"一类语词，明代的小说中多有，可以想见自应也是社会生活的实录。然而"狂"风如果弥漫泛滥于整个社会，这个社会的危机也就出现了。

十 狂者精神在清代的匿迹和销声

明之狂的篇幅未免占据太多，无论如何不能再"狂"施笔墨了。下面循历史时序，再略谈清朝的狂者精神问题。

很不幸我们在清朝的前期和中期已经很少看到狂者精神的踪迹了。明清易代不仅是政权的鼎革，也是文化的激变，所以顾炎武有"亡天下"之说。明中期以后城市经济发展迅猛，长江中下游出现了士商合流的现象，社会的中上层的生活趋于精致化和休闲化，这为作为知识人的士阶层和商业精英的自由狂放提供了适宜的土壤。1644年清兵入关问鼎，第二年南下摧毁南明小朝廷，带来的是强悍的同时也是粗糙的生活方式。陈寅恪《柳如是别传》第四章援引河东君的友人汪然明的一封信函，颇及明清之变给西湖景观造成的影响，其中写道："三十年前虎林王谢子弟多好夜游看花，选妓征歌，集于六桥。一树桃花一角灯，风来生动，如烛龙欲飞。较秦淮五日灯船，尤为旷丽。沧桑后，且变为饮马之池。昼游者尚多猥缩，欲不早归不得矣。"①汪信中的"沧桑后"一语，指的就是明清鼎革。晚明之时如此繁华旖旎的西湖，陡然间变成了清兵的"饮马之池"，这是何等的沧桑巨变。不用说"选妓征歌"的夜游狂欢了，白昼里游人尚且因恐惧而猥缩不前。

陈寅恪先生在征引汪然明的信函之后写道："盖清兵入关，驻防杭州，西湖胜地亦变而为满军戎马之区。迄今三百年犹存'旗下'之名。然明身值此际，举明末启祯与清初顺治两时代之湖舫嬉游相比论，其盛衰兴亡之感，自较他人为深。吁！可哀也已。"②寅老的史家之叹，给我们留下诸多思考。实际上，清之代明而起，知识人和文化人首当其冲，要么投降，要么死节，生命尚且难保，除了偶尔的因病而狂者（"病狂"），哪里还能找到正常的"书狂"和"士狂"？更不要说龙性使然的"龙德之狂"了。四十年的武力征伐（1644年入关到康熙二十二年平定三藩），百年的文字狱（顺治十六年的庄廷鑨修《明史》案到乾隆五十三年贺世盛的《笃国策》案，中间经过128年的时间）③，已经让社会欲哭无泪，知识人士欲言无声。狂的社会条件没有了，狂的心理基础也不存在了。相反裁狂、悔狂、制狂、刺狂成为一个时期流行的社会风气。

清初三大思想家顾炎武、黄宗羲、王夫之，他们从学术思想上不能认同王学流裔的肆狂之风，他们主张学术的经世致用。黄宗羲

---

① 陈寅恪：《柳如是别传》中册，三联书店2001年版，第384—385页.
② 同上，第385页。
③ 《清代文字狱档》（上海书店出版社编），上海书店出版社2007年版。全书分九辑和一补辑，共951页，并附简单编年索引。

明确提出，应该"追踪往烈，裁正狂简"[①]，而且认为根源就在宋明之学。他说："余尝疑世风浮薄，狂子僇民群起，粪扫六经，溢言曼辞而外，岂有岩穴之士为当世所不指名者？"[②]这已经是直接针对晚明的学术风气和社会风气开刀了。"狂子僇民"、"溢言曼辞"八字，可为晚明"狂士"之风写照。王夫之则以自己的"不随众狂"[③]而自诩，并谆谆告诫子侄："狂在须臾，九牛莫制。"[④]亦即要从小做起，把"狂"消灭在萌生状态，瞬间的狂念，都会造成将来的不容易改正。可见清初三大家对晚明之士狂之风，是何等决绝。

狂者精神同时也是一柄双刃剑，无狂则人格不能独立，易堕入与现状相妥协的乡愿，士失其精彩矣。但溺于狂者，难免流于肆，肆则滥矣，虐矣。对社会生活，肆即是滥；对个人，有时可导致自虐。徐文长用斧头斫伤自己的面孔，即为狂士自虐的显例。清初学者怀亡国之痛，对晚明的肆狂之风深恶痛绝，殊可理解。犹如后世舆情之痛诋王弼、何晏为晋室隳灭之罪人一般。然朝代之鼎革，一姓江山之能否赓续，岂是单纯士风之影响所致哉？治史者如果以为士风可以决定王朝体系的兴亡，则与将江山之兴废归罪于美色惑主的道学者言一样荒唐无稽。

吴梅村的精神世界为明清易代所扭曲，心系故国，身仕新朝，

---

① 黄宗羲：《前翰林院庶吉士韦庵鲁先生墓志铭》，《黄宗羲全集》第十册，浙江古籍出版社1994年版，第332页。
② 黄宗羲：《张元岵先生墓志铭》，《黄宗羲全集》第十册，第391页。
③ 王船山：《章灵赋》自注，《船山全书》第十五册，岳麓书社1996年版，第187页。
④ 王船山：《示子侄》，《船山全书》第十五册，第145页。

诗中每每发为慨叹："比来狂太减，翻致祸无端。"①意即在清代的威权体制之下，即使不狂，也难保不遭遇不测。可另一方面，在《梅村诗话》里，又不忘颂美抗清英雄瞿式耜的气节，特摘引其就义前的《浩气吟》其三的名句："愿作须臾阶下鬼，何妨慷慨殿中狂"②，以及稼轩好友别山和诗中的句子："白刃临头唯一笑，青天在上任人狂。"③他是以昨日之狂衬托今日之无狂，以明清易代之际的节烈之士的浩气，来表示对新朝的"喁语"和"腹诽"。其实整篇《诗话》就是为抒写家国之情而作，所话的诗中人物，除瞿式耜，还有几社领袖、柳如是的昔日情人陈子龙，以及宋文玉、杨廷麟、周介生，都是殉节而死。还有女道士卞玉京、钱牧斋和柳如是的好友黄媛介、诗人龚鼎孳、僧人圆鉴和苍雪师等④，均为气节凛然的避寇不降之人。这些人物在明清易代之际所表现出来的气节，可以视作中国文化狂者精神的一种扬厉，《诗话》所写，毋宁说是吴梅村在无狂时代对狂者精神的深沉回忆。

　　《文史通义》的作者章学诚是盛清学术的另类。当学者们都不发出声音的时候，他发出了声音。他对晚明的"狂"风也是持批评态度的，《文史通义》"繁称"篇的自注云："欧、苏诸集，已欠

---

① 吴梅村：《送王子惟夏以牵染北行四首》其二，《吴梅村全集》上册，上海古籍出版社1990年版，第358页。
② 瞿式耜：《浩气吟》，《瞿式耜集》，上海古籍出版社1981年版，第233页。《吴梅村全集》下册，卷五十八"诗话"，上海古籍出版社1990年版，第1146页。
③ 张同敞和诗其三，《瞿式耜集》，上海古籍出版社1981年版，第235页。《吴梅村全集》下册，卷五十八"诗话"，上海古籍出版社1990年版，第1146页。
④ 吴梅村：《诗话》，《吴梅村全集》下册，卷五十八，上海古籍出版社1990年版，第1134—1145页。

简要，犹取文足重也。近代文集，逐狂更甚，则无理取闹矣。"①所谓"近代文集"云云，自然指的是中晚明的文风。而"逐狂更甚"、"无理取闹"的措辞，可见批评之严厉。但他对孔子的"狂狷"思想，另有新解。为此《文史通义》特设《质性》篇，不啻专门之论狂文，为有清一代发所未发。其中写道：

> 《洪范》三德，正直协中，刚柔互克，以剂其过与不及；是约天下之心知血气，聪明才力，无出于三者之外矣。孔子之教弟子，不得中行，则思狂狷，是亦三德之取材也。然而乡愿者流，貌似中行而讥狂狷，则非三德所能约也。孔、孟恶之为德之贼，盖与中行狂狷，乱而为四也。乃人心不古，而流风下趋，不特伪中行者，乱三为四，抑且伪狂伪狷者流，亦且乱四而为六；不特中行不可希冀，即求狂狷之诚然，何可得耶？②

《尚书》"洪范"的"三德"，即"一曰正直，二曰刚克，三曰柔克"，按二孔（孔安国、孔颖达）之传和正义，都指的是治理天下之事。如同孔颖达的"正义"所说："正直，言能正人之曲使直"；"刚克，言刚强而能立事"；"柔克，言和柔而能治"。孔之"正义"还说："平安之世，用正直治之；强御不顺之世，用刚能治之；和顺之世，用柔能治之。"③但亦不妨将此义理视作普遍性的

---

① 章学诚：《文史通义·繁称》，叶瑛撰《文史通义校注》上册，中华书局1985年版，第397页。
② 章学诚：《文史通义·质性》，同上，第416页。
③ 阮元校刻《十三经注疏》上册《尚书正义》卷十七，中华书局1980年影印本，第190页。

841

哲理价值。故章学诚提出孔子之"不得中行，则思狂狷"，实取材于《尚书》的"三德"，不仅可成为一说，而且不失为超越前贤的创辟胜解。

章学诚认为，"正直"相当于"中行"，"刚克"相当于"狂"，"柔克"相当于"狷"，良有以也。问题是那个孔孟所深恶痛绝的"乡愿"，本不在"三德"的范围之内，该如何解释？章氏给出一个概念，叫作"伪中行"。所以称之为"伪"，因为"乡愿"的品格，是"貌似中行而讥狂狷"。这样一来，章学诚说，就"乱而为四"了。本文第一部分阐释孔子的狂狷思想，提出中行、狂、狷、乡愿"四品取向"说，并认为"中行"守持得不好，最易倒向"乡愿"。换言之，也即"中行"最近"乡愿"。鄙见和实斋（章学诚字实斋）之"伪中行"说非常接近。不过实斋不只发现了"乱而为四"的问题，还提出了"乱四而为六"的问题。因为事实上，不仅有"伪中行"，而且有"伪狂"和"伪狷"。于是此一命题，就不单纯是本人所说的"四品取向"，而是变成了中行、狂、狷、乡愿（伪中行）、伪狂、伪狷"六品取向"了。

因此在章学诚看来，"不特中行不可希冀，即求狂狷之诚然，何可得耶？"就是说，不仅"中行"没有希望看到，真正的"狂"和真正的"狷"，在生活中也消失了。相反，弥漫于社会的则是"三伪"："伪中行"、"伪狂"、"伪狷"。"三伪"兴，来源于《洪范》的"三德"，就没有了。结果中国文化的狂者精神在清中叶不得不销声敛迹。

尽管很多人还在写诗，还在著述，还在立言，但如果问为什么"立言"，便回答不出来了（"求其所以为言者，宗旨茫然也"）。总不能说因为"无罪"，就要"立言"罢。那你为什么采取"执中"的态度呢?为什么乡愿到了"无刺"的地步呢?这些,都是章学诚在《质性》篇中的"质性"之问。章学诚还自拟"豪杰者"出来诘难,说我的"言"可不是乱说一气,我是"物不得其平则鸣","吾实有志焉"。问题在于,你是什么"志"?如果是托屈原的《离骚》以自命,其实不过是"嗟穷叹老,人富贵而己贫贱也,人高第而己摈落也,投权要而遭按剑也,争势利而被倾轧",以此为"不得志",所立之言就毫无价值。章学诚说,科举下第的人太多了,如果这也算作有"志","必有数千贾谊,痛哭以吊湘江","有盈万屈原,搔首以赋《天问》",恐怕"江"也不愿意听("江不闻矣"),天也感到厌烦了("天厌之矣")[1]。还有的以"旷观"自命,说他的"有所言"不过是"适吾意"而已,并不在乎别人怎么看:"人以吾为然,吾不喜也,人不以吾为然,吾不愠也。"章学诚一语道破玄机,说这是"欲托于庄周之齐物",实则是"以不能而托于不欲",还是一个"伪"字。说穿了,无非是"无言而有言,无诗而有诗"[2],与"言"之有物和"诗言志"了无干系。

然则章氏缘何如此尖锐洞底地批评著述者、立言者,如此来"质性",其目的何与?质言之,就是他痛恨当时的学风、文风和时风为乡愿所浸染,而呼唤秉持"三德"的知识人士的狂者精神。直接针对的对象,则是"纷纷矣"的那些学者。他说:"人秉中和之气以生,则为聪明睿智。毗阴毗阳,是宜刚克柔克,所以贵学问

---

[1] 章学诚:《文史通义·质性》,叶瑛撰《文史通义校注》上册,中华书局1985年版,第417页。

[2] 同上,第416页。

也。"①刚克即狂，柔克即狷。具备了狂狷的品格，章学诚认为方能成为学者。反之如果"学者不能自克，而以似是之非为学问，则不如其不学也"。因此章氏写道：

> 孔子曰："不得中行而与之，必也狂狷乎！狂者进取，狷者有所不为。"庄周、屈原，其著述之狂狷乎？屈原不能以身之察察，受物之汶汶，不屑不洁之狷也。庄周独与天地精神相往来，而不傲倪于万物，进取之狂也。昔人谓庄、屈之书，哀乐过人。盖言性不可见，而情之奇至如庄、屈，狂狷之所以不朽也。乡愿者流，托中行而言性天，剽伪易见，不足道也。于学见其人，而以情著于文，庶几狂狷可与乎！②

章学诚所举庄子和屈原两个例证非常确当，认为庄子是"进取之狂"、屈原是"不屑不洁之狷"，而且都是性情之所由出，所以称得上是不朽的狂狷。此可见《文史通义》作者对孔子狂狷思想理解之深邃和阐释之透辟。有理由认为，章氏《质性》之作，是王阳明、李卓吾、袁宏道之后的第一篇论狂的大著述。

章学诚生于乾隆三年（1738年），卒于嘉庆六年（1801年），活了六十三岁，整个一生与乾隆朝相始终。我们知道，乾隆朝是清代文字狱最频发的时期，知识人士动辄得咎，噤若寒蝉，而罪名一律是一个"狂"字。上海书店出版社2007年版新编《清代文字狱档》，

---

① 章学诚：《文史通义·质性》，叶瑛撰：《文史通义校注》上册，中华书局1985年版，第418页。
② 同上。

辑案七十起，六十九起都发生在乾隆朝。再看每一宗案例拟罪之语词，均不出"狂悖"、"狂诞"、"狂妄"、"狂谬"、"狂逆"、"狂纵"、"狂吠"、"疯子"、"癫狂"、"丧心病狂"之属。这些语词都可以在《清代文字狱档》中覆按，只是为避烦冗，不一一注出了。连"四库全书馆"建言宜"改毁"钱牧斋的著作，乾隆的上谕也写道："如钱谦益等，均不能死节，妄肆狂狺，自应查明毁弃。"①"妄肆狂狺"四字，赫然在目。因此"狂"在清中叶已成为违禁的代词，自无异议矣。试想在此种严峻的环境背景之下，知识人士谁还敢"狂"，谁还敢"狷"呢？如果有，一定难脱章学诚的"伪狂伪狷"之诮。

或问乾嘉时期那些重量级的大儒大学者呢？他们忙于整理国故，爬梳音义，做专门学问去了。而做专门学问需要汰除情感，实事求是，不动声色，最要不得的态度就是"狂"。为此，因"士之能狂"而推波助澜的明朝的心性之学，和南宋的性理之学，都在他们诘难之列。他们的目标是"由宋返汉"，重新回到经学的原典。没有谁能够否定他们整理古代典籍的总成绩，他们考证的细密，可谓前无古人，后无来者。至今做传统学问的人还在受其沾溉。但如果笔者提出，清代乾嘉时期有学者而无"士"，这一判断是否和历史本真尚无太大的矛盾？如果无"士"，当然也就没有"士之能狂"了。其实，章学诚所"质"之"性"，就是乾隆时期他的那些学术同行之性。

"狂"在清代事实上已完全成为负面的语词。作为参证，只要

---

① 《清史稿》卷十四"高宗本纪五"，中华书局校点本，第三册，第507页。

看看同是乾隆时期的《红楼梦》，在怎样的意义上使用"狂"这个字眼，就能洞其大体。《红楼梦》第八回写黛玉笑道："不说丫鬟们太小心过余，还只当我素日是这等轻狂惯了呢。"第九回写茗烟心里想道："不给他个利害，下次越发狂纵难制了。"第三十一回袭人拉了宝玉的手笑道："你这一闹不打紧，闹起多少人来，倒抱怨我轻狂。"第三十七回袭人说："少轻狂罢！你们谁取了碟子来是正经。"第五十五回凤姐说："如今有一种轻狂人，先要打听姑娘是正出庶出，多有为庶出不要的。"第五十八回晴雯说："都是芳官不省事，不知狂的什么也不是。"五十九回春燕的娘骂道："小娼妇，你能上去了几年？你也跟那起轻狂浪小妇学，怎么就管不得你们了？"第七十四回王夫人问凤姐："上次我们跟了老太太进园逛去，有一个水蛇腰，削肩膀，眉眼又有些像你林妹妹的，正在那里骂小丫头。我的心里很看不上那狂样子。"第七十五回又写王夫人训斥晴雯："好个美人！真像病西施了。你天天作这轻狂样儿给谁看？"这些描写中的"轻狂"、"狂的"、"狂纵"、"狂样子"、"轻狂样儿"，等等[1]，无一不具有否定的义涵。这说明在清代，至少是清中叶，不仅权力阶层，一般社会生活的层面对"狂"的价值取向也都是作负面解读的。这和明代的尚狂精神，不啻两重天地，两个世界。

只有到了清朝的中晚期，内忧外患加剧，统治秩序松弛，一个略有狂意的人物才艰难地走上历史舞台。这个人物就是龚自珍。他

---

[1] 笔者所引《红楼梦》原文，系人民文学出版社出版之《红楼梦》研究所校注本，恕不一一注出。

是当时今文学派的代表，社会的弊病他敏锐的看在眼里，提出了变革现状的种种主张。

他感到方方面面的人才都缺乏："左无才相，右无才史，阃无才将，庠序无才士，陇无才民，廛无才工，衢无才商，巷无才偷，市无才驵，薮泽无才盗，则非但渺君子也，抑小人甚渺。"①在龚自珍眼里，不独君子少有，小人也少见，甚至有才能的小偷和盗贼都不容易遇到。这个社会真的是危机重重了。因此他大声呼唤人才："九州生气恃风雷，万马齐喑究可哀。我劝天公重抖擞，不拘一格降人材。"②这是一首令人精神震颤的诗篇。"怨去吹箫，狂来说剑"③的名句，也出自他的笔下。"颓波难挽挽颓心，壮岁曾为九牧箴，钟虡苍凉行色晚，狂言重启廿年喑"④反映了他的焦灼的期待。他是中国近代改革的先觉者。他生于乾隆五十七年（1792），而逝世的头一年（道光二十一年），作为中国近代开端标志的鸦片战争已经发生了。幽愤交织的一生，只活了五十岁。

他只不过是当古老中国"万马齐喑"之际，泛起的一个小小的气泡而已。时代没有提供让他一展怀抱的契机缘会。"一箫一剑平生意，负尽狂名十五年。"⑤"只词组告君休怒，收拾狂名须趁早。"⑥"重整顿清狂，也未年华暮。"⑦"笑有限狂名，忏来易

---

① 龚自珍：《乙丙之际著议》第九，《龚自珍全集》，上海人民出版社1999年版，第6页。
② 龚自珍：《乙亥杂诗·过镇江》，《龚自珍全集》，第521页。
③ 龚自珍：《无著词选·湘月》，《龚自珍全集》，第565页。
④ 龚自珍：《己亥杂诗》第十四首，《龚自珍全集》，第510页。
⑤ 龚自珍：《漫感》，《龚自珍全集》，第467页。
⑥ 龚自珍：《金缕曲·赠李生》，《龚自珍全集》，第564页。
⑦ 龚自珍：《摸鱼儿》，《龚自珍全集》，第577页。

尽。"①这些词曲反映了他欲狂不能的无可如何的心情。但我们毕竟在康乾一百五十年之后,重新听到了明以后久已失声的"言大志大"的一点狂音了。他的那首送友人诗:"不是逢人苦誉君,亦狂亦侠亦温文。照人胆似秦时月,送我情如岭上云。"②每次读起都能感受到一种温暖清新的侠骨柔情。

十一　清末民初到五四的顿狂与敛退

再以后就是晚清到民国到五四了,中国历史开新启运,进入近现代时期。清末民初有点像明末清初,也是一个文化冲突和思想蜕变发生共振的"天崩地解"的时代。维新、变法、革命、立宪、共和、中学、西学、"东化"、西化,各种思想都"言大志大"地爆发出迥异往昔的声音。肩负着时代使命的新的"狂士"也涌现不少。

康有为少年时期就想当教主,欲在孔子之外另立一教,尔后为人行事迥异前修时俊,"南海圣人"一名,他自己比他人更看重。他是改革者,也是守旧者。但无论改革还是守旧,他都能演出得轰轰烈烈。荣辱、浮沉、得失、成败,例不能动摇其主观意志。孟子释狂的所谓"志大言大",康有为最堪当得。但狂狷一词的本义,用在他身上未免太轻。他是思想界少见的狂之狂者。清末民初第一狂人的称号非他莫属。而谭嗣同标举"一死生,齐修短,嗤伦常,

---

① 龚自珍:《齐天乐》,《龚自珍全集》,上海人民出版社1999年版,第579页。
② 龚自珍:《己亥杂诗》第二十八首,《龚自珍全集》,第511页。

笑圣哲，方欲弃此躯而游于鸿蒙之外"①，狂狷之浩气溢于言表。其所自撰联云："惟将侠气留天地，别有狂名自古今。"②至于章太炎的"以大勋章作扇坠，临总统府大门，大诟袁世凯的包藏祸心"，以及"七被追捕，三入牢狱，而革命之志，终不屈挠"（鲁迅《太炎先生二三事》），自是人所共知的狂者精神的典范。鲁迅则写了一洗历史沉冤的《狂人日记》。连现代学术的开山王国维，也兴奋地写有"但使猖狂过百岁，不嫌孤负此生涯"③、"四时可爱唯春日，一事能狂便少年"④等诗句。其中尤以学者兼革命家的章太炎先生的狂言、狂行、狂姿、狂态，最为当时后世所瞩目。他的"章疯子"的恶谑就是由此而得。但太炎先生本人并不讳忌及此，相反，他对"狂"或者"疯"有自己独特的理解。

1906年，因为"苏报案"而入狱的太炎先生终于获释，孙中山派人把他接到东瀛，希望他担任《民报》的主笔。七月十五日，东京的中国留学生为他举行欢迎会，他发表了一篇有名的演说辞。这篇演说辞中，开头很大的篇幅都是在解释"疯颠"一词。他说——

> 自从甲午以后，略看东西各国的书籍，才有学理收拾进来，当时对着朋友，说这逐满独立的话，总是摇头，也有说是疯颠的，也有说是叛逆的，也有说是自取杀身之祸的。但兄弟是凭他说个疯颠，我还守我疯颠的念头。壬寅春天，来到日本，见着中

---

① 谭嗣同：《上欧阳中鹄》第二十六通，《谭嗣同全集》，中华书局1981年版，第478页。
② 谭嗣同：《丁丑除夕撰联》，《谭嗣同全集》，第549页。
③ 王国维：《暮春》，《王国维诗词全编校注》，中山大学出版社2000年版，第58页。
④ 王国维：《晓步》，《王国维诗词全编校注》，第60页。

山,那时留学诸公,在中山那边往来,可称志同道合的,不过一二个人。其余偶然来往的,总是觉得中山奇怪,要来看看古董,并没有热心救汉的心思。暗想我这疯颠的希望,毕竟是难遂的了,就想披起袈裟,做个和尚,不与那学界政界的人再通问讯。不料监禁三年以后,再到此地,留学生中助我张目的人,较从前增加百倍,才晓得人心进化,是实有的。以前排满复汉的心肠,也是人人都有,不过潜在胸中,到今日才得发现。自己以前所说的话,只比得那"鹤知夜半,鸡知天明"。夜半天明,本不是那只鹤、那只鸡所能办得到的,但是得气之先,一声胶胶喔喔的高啼,叫人起来做事,也不是可有可无。到了今日,诸君所说民族主义的学理,圆满精致,真是后来居上,兄弟岂敢自居先辈吗?

只是兄弟今日还有一件要说的事,大概为人在世,被他人说个疯颠,断然不肯承认,除那笑傲山水诗豪画伯的一流人,又作别论,其余总是一样。独有兄弟却承认我是疯颠,我是有神经病,而且听见说我疯颠,说我有神经病的话,倒反格外高兴。为甚么缘故呢?大凡非常可怪的议论,不是神经病人,断不能想,就能想也不敢说。说了以后,遇着艰难困苦的时候,不是神经病人,断不能百折不回,孤行己意。所以古来有大学问成大事业的,必得有神经病才能做到。诸君且看那希腊哲学家琐格拉底,可不是有神经病的么?那提出民权自由的路索,为追一狗,跳过河去,这也实在是神经病。那回教初祖摩罕默德,据今日宗教家论定,是有脏燥病的。象我汉人,明朝熊廷弼的兵略,古来无二,然而看他《气性传》说,熊廷弼剪截是个疯子。近代左宗棠的为人,保护满奴,残杀同类,原是不足道的。但他那出奇制胜的方略,毕竟令人佩服。这左宗棠少年在岳麓书院的事,种种奇怪,想是人人共知。更有德毕士马克,曾经在旅馆里头,叫唤堂官,没有答应,便就开起枪来,这是何等性情呢?仔细看来,那六人才典功业,都是神经病里流出来的。为这缘故,兄弟承认自己有神经病;也愿诸位同志,人人个个,都有一两分的神经病。近来有人传说,某某是有神经病,某某也是有神经病,兄弟看来,不怕有神经病,只怕富贵利禄当面现(现面)前的时候,那神经病立刻好了,这才是要不得呢!略高一点的人,富贵利禄的补剂,虽不能治他的神经病,那艰难困苦的毒剂,还是可以治得的,这总是脚跟不稳,不能成就什么气候。兄弟尝这毒剂,是最多的。算来自戊戌年以后,已有七次查拿,六次都拿不到,到第七次方才拿到。以前三次,或因别事株连,或是普拿新党,不专为我一人;后来四次,却都为逐满独立的事。但兄弟在这艰难困苦的盘涡里头,并没有一丝一毫的懊悔,凭你甚么毒剂,这神经病总治不好。或者诸君推重,也未必不由于此。若有人说,假如人人有神经病,办事必定瞀乱,怎得有个条理?但兄弟所说的神经病,并不是粗豪卤莽,乱打乱跳,要把那细针密缕的思想,装载在神经病里。譬如思想是个货物,神经病是个汽船,没有思想,空空洞洞的神经病,必无实济;没有神经病,这思想可能自动的么?以上所说,是略讲兄弟平生的历史。[1]

---

[1] 章太炎:《东京留学生欢迎会演说辞》,《章太炎政论选集》(汤志钧编)上册,中华书局1977年版,第269—271页。

章太炎公开承认自己是"疯颠",有"神经病"。不惟自己供认不讳,还希望有理想的青年人,也都有一两分神经病。他还从历史上和哲理上,阐述了"疯颠"的伟大作用。他说:"大凡非常可怪的议论,不是神经病人,断不能想,就能想也不敢说。说了以后,遇着艰难困苦的时候,不是神经病人,断不能百折不回,孤行己意。所以古来有大学问成大事业的,必得有神经病才能做到。"试想这是何等快意深邃的大判断。太炎先生的意思,古今凡成就大事业的人,多少都会有些狂颠或神经病,否则便成就不了大事业。他一一列举苏格拉底、路索、熊廷弼、左宗棠等历史人物作为例证,说明疯癫怪异常常是杰出人物天性的伴生物。太炎先生所说的狂颠或神经病,就是本文所论述的狂狷,亦即不同流俗、勇于进取的狂者精神。"不狂不颠,其名不彰"的精义应在此。这是继明代的王阳明、李卓吾和清代的章学诚之后的又一篇论狂至文。狂狷可以成就事业,狂狷有助于发明创造,古今中外同此一理,概莫能外。"乡愿"贼夫心性,不必提它,就是中行、中道,也不能唤起人类的创造激情。

五四思想狂飙也是清末民初以来这股狂者精神的继续。事实证明,狂者精神是可以创造历史的。但回观当时的这股潮流,似乎持续的时间并不长,没过多久,"风乍起吹皱一池春水"的狂飙,就偃旗息鼓了。升官的升官,退隐的退隐,出洋的出洋,下乡的下乡,进研究室的进研究室,读经的读经,打仗的打仗。新秩序比旧秩序更不具有自由的选择性。一切都好像是历史的宿命。还未及做好准备,该来的和不该来的就猝不及防地接踵而至了。清末民初到五四中国现代知识分子的一点点狂意,属于顿狂的性质,比起魏晋之诞狂、唐之诗狂和明之圣狂，真是不能同日而语。但"士之能狂"可以扮演历史先觉者的角色，不独靠材料讲话的历史学家，我们愚夫愚妇凭经验也能感受得到。

总的看来，晚清民国以来的现代化浪潮并没为现代狂士预留多少地盘。现代知识分子和古代的"士"不管品相上多么相近，还是存在根本的不同。因为20世纪是中国泛科学主义的时代，而科学天生能够止狂制狂。虽然科学家本身也需要狂者精神，但科学以外的"一事能狂"者，在强势的科学面前未免自惭无形。何况流离和战乱同样是狂者精神的杀手。战争都疯了，文化便失去了张扬的余地。20世纪二三十年代以后，除了个别高等学府偶尔能看到他们孤独的身影，社会政治结构和文化秩序里面，已经再没有让狂士得以生存的机会。辜鸿铭留着前清的辫子游走于未名湖畔，黄侃在讲堂上的即兴的"骂学"，刘文典当面向总统争夺教育和学术独立的礼仪称谓，傅斯年因反对政府腐败与委员长拍案相向，梁漱溟和领袖吵架，都不能看作是狂的本义的价值彰显，只不过是文明社会个人权利的一种正当表达而已。

不过以熊十力为代表的现代新儒家的"良知的傲慢"，为现代化背景下的"士狂"增加了一抹不知者不易看到的风景。"良知的傲慢"是余英时先生在《钱穆与新儒家》一文中提出来的。他分析新儒家的心理结构，认为新儒家由于受西方的一种现代"知性的傲慢"的刺激，而产生了"良知的傲慢"[①]。明显的例证是熊十力。英时先生引录《十力语要初续》里的熊先生自白："余尝衡论古今

---

① 余英时：《钱穆与新儒家》，《犹记风吹水上鳞》，台北三民书局1991年版，第94页。

述作，得失之判，确乎其严。宰平戏谓曰：老熊眼在天上。余亦戏曰：我有法眼，一切如量。"[1]熊的另一段话是对萧公权说的："西洋哲学和科学都缺乏妙义，没有研讨的价值。"[2]英时先生在引录之后写道："新儒家此种心理结构自然有一部分是渊源于中国儒生、文士之流的'狂'的传统。"[3]英时先生对此一问题的引论甚获我心，给我的立论增加了学理的支持。

20世纪五十年代以后，知识人士表达个人权利的机会，经过一次又一次的"洗澡"，特别是1957年近乎原罪的大洗礼，已彻底不复存在。流行于文化社会人们耳熟能详的口号，是知识分子喜欢"翘尾巴"，因而即以其人之道还治其人之身的有效方法，是教育他们无论如何不要"翘尾巴"。社会的众生则顿悟似的学会了从小就"夹着尾巴做人"。近三十年改革开放创立新局，知识人和文化人有了施展才能的更扩大的空间，照说"狂"上一点两点似无不可。但"狂"在今日早已成为人所共知的负面语词，没有谁愿意跟这个等同于"翘尾巴"的不雅行为发生任何关联。况且"狂"这个词的本义已经失去记忆，人们已经习惯不听不看不使用这个语词。即使作为负面语义，林黛玉说的"轻狂惯了"，花袭人说的"少轻狂罢"，王夫人训斥晴雯说的"你天天作这轻狂样儿给谁看"，现在无论何种场合都听不到了。适用于淡泊狷介文化人的"清狂"一词，更早被人们所遗忘。法律部门起诉案犯，也不再以"狂悖"、"狂诞""狂谬"、"狂纵"一类语词作为定罪的依据了。

---

[1] 《熊十力全集》第五卷，湖北教育出版社2001年版，第27页。
[2] 萧公权：《问学谏往录》，台北传记文学出版社1972年版，第111页。
[3] 余英时：《钱穆与新儒家》，《犹记风吹水上鳞》，台北三民书局1991年版，第92页。

我们已经进入了无狂的时代。其实也许自清代以还，我们的文化里面就已经无狂。那么吴于廑教授给我的作家友人写的那首《浣溪沙》词，希望"书生留得一分狂"，我在对中国文化的狂者精神及其消退作了一番漫长的考察之后，不由得自己也迟疑了。不知道他的期许在今天是过高还是过低，抑或恰到好处或者根本就是一个假命题。

十二 狂之两忌："狂妄之威"和"举国皆狂"

笔者此文的题旨主要在于探讨"士之能狂"的问题，亦即精英先进张扬主体精神对社会创造能力的蕴蓄可能起到的作用。为此我爬梳了大量资料，发现中国古代载籍里对于狂的书写汗牛充栋不足以形容。而且组词的义涵指向，各个层阶的都有，绝非正负两指所能概括。中国文化里面显然存在一种尚待发掘的狂者精神的传统。《世说新语》对六朝人物的书写就是一个显例。狂者、狂客、狂士、狂友、狂儿、狂狷、狂直、狂才、狂放、狂吟、狂歌、狂兴、狂欢、狂草、狂墨、狂笔、狂气、狂怀、狂喜、狂艳，等等，都是含有赞美成分时使用的语词。更不要说"龙性之狂"、"圣狂"等至极尊崇的美称了，这确是一个有待进一步深究的课题。

不过我国古代先哲的箴言告诉我们，"士"可以狂，或云"点也狂"，艺术创造不可无狂，但权力中枢、国君不能狂。荀子于此有具体论述："威有三：有道德之威者，有暴察之威者，有狂妄之威者。"[①]什么是"狂妄之威"呢？荀子回答说："无爱人之心，

---

① 《荀子·疆国》，王先谦撰《荀子集解》上册，中华书局1988年版，第292页。

无利人之事,而日为乱人之道,百姓欢敖则从而执缚之,刑灼之,不和人心。如是,下比周贲溃以离上矣,倾覆灭亡可立而待也。夫是之谓狂妄之威。"①意思是说,如果权力中枢不做好事,也没有爱人之心,光在那里添乱,老百姓高兴地游玩,也要抓起来施以刑法。这种情形就是"狂妄之威",其结果势必众叛亲离,垮台覆灭指日可待。可惜揆诸中外历史,均不乏信奉"狂妄之威"的权力者。当时后世,循环因果,事也凿凿,史也昭昭。岂不慎哉,岂不戒哉!

同样,老百姓也不能不分青红皂白地大家一起"狂"起来,如果那样,后果也不堪设想。古代现成的例子有两个,都是关于"举国皆狂"的,但寓意指向彼此并不相同。一是《淮南子》"俶真训"描绘的远古时期"万民猖狂"的一种景象:"当此之时,万民猖狂,不知东西,含哺而游,鼓腹而熙,交被天和,食于地德,不以曲故是非相尤,茫茫沉沉,是谓大治。"你看,老百姓一个个糊里糊涂,不管是非曲直,也分不清东西南北,嘴里嚼着食物,笑呵呵地挺着肚皮,整天不知所云。以此不假任何管理,已经是"大治"了。所以"在上位者",既不必施仁义,也不用行赏罚,总之不要生事烦人家就好。时间按"日"计算觉得短,索性按年来计算。如此这般的"万民猖狂",其实是蒙昧时期的混沌,是尚未开窍的懵懂之"狂",也可以说是"傻狂"或"痴狂"。"痴狂"这个词,汉代陆贾在其《新语》中使用过,原文为:"视之无优游之

---

① 《荀子·疆国》,王先谦撰《荀子集解》上册,中华书局1988年版,第293页。

容，听之无仁义之辞，忽忽若狂痴，推之不往，引之不来。"[①]这和《淮南子》所写可以互阐。《淮南子》所载的这则举国"痴狂"的寓言，我想一定是"治人者"臆想出来的"不治而治"的妙法，应该与历史的本真无与，但其所流露的对"治人者"无能的反讽，大约也是臆想者当初未曾想到的罢。

另一个关于举国皆狂的例证，见于沈约的《宋书》，里面讲了一则关于"狂泉"的故事。据说从前有一个国家，只有一种饮用水，都来自"狂泉"，国人凡饮此泉水的，都毫无例外的发狂。只有国君饮的是井水，没有发狂。但由于国人全都狂了，反而觉得国君是个不正常的狂人。大家商量，如何来治好国君的"狂病"。于是便抓来了国君，给他针灸吃药，什么方法都用到了。国君被折磨得不堪其苦，便取狂泉的水来喝。结果国君和大家一样，也得了狂病。这样一来，该国的"君臣大小，其狂若一"，再没有一个不一样的人了，大家彼此"狂童狂也且"，一个个高兴得欢欣鼓舞（"众乃欢然"）[②]。当然这只是一则寓言，世界上根本不会有谁饮谁狂的所谓"狂泉"。但这则寓言所隐含的价值伦理却并非没有普遍性和永恒性。如果说明末社会的多方价值混乱，和"举国皆狂"也许尚有一间之隔，那么"亩产万斤"和"一天等于二十年"的全民"大跃进"，和"十年动乱期"自毁炉灶的全民乱局，恐怕就算得上合乎本义的"举国皆狂"了。而且当初坚持不狂的清醒者，不是也被狂潮灭顶了吗？至于后来的后果，历史和我们都看到了经历过了。

[①] 陆贾：《新语》，王利器撰《新语校注》，中华书局1986年版，第96页。
[②] 《宋书》卷八十九、列传第四十九，中华书局校点本，第八册，第2231页。

人们有理由因了什么引起大家兴奋的事情，比如节庆活动，而全民狂欢，却绝不可以"举国皆狂"。因为狂欢是短暂的，"举国皆狂"则是一时无法治愈的集体病患。这里我又想起一个典故，《孔子家语》记载的，关于孔子和弟子们一起"观乡射"的故事。"乡射"就是古代的射礼，有音乐伴奏，"射"的成绩不佳还要罚以饮酒，场面十分热闹。后来孔门高弟子贡又去看年终的祭百神活动，场面同样很壮观。孔子问他："赐也，乐乎？"子贡回答说："一国之人皆若狂，赐未知其为乐也。"子贡显然对一次祭祀活动便引得国人高兴得如同发疯一样，不以为然。有意思的是孔子下面的话。孔子说："百日之劳，一日之乐，一日之泽，非尔所知也。张而不弛，文武弗能；弛而不张，文武弗为；一张一弛，文武之道也。"①孔子的意思，老百姓辛苦一年了，最后借祭祀百神的日子，大家痛痛快快的欢乐一番，是多么好的事情呵！老百姓多么需要有这样一次活动呵！无论文的事情，还是武的事情，总是需要有张有弛，不能弓弦老绷着。研究休闲学的朋友看到这个故事，一定高兴地称孔子为我国最早也是最权威的休闲学家。

　　不过需要注意孔子说的"百日之劳，一日之乐"这句话。短暂的例如一日的狂欢，哪怕是"一国之人皆若狂"也好，也无妨的，甚至还是必需的。可就是不能不分青红皂白不明所以地"举国皆狂"，不管是《淮南子》里的远古集体"狂痴"也好，还是《宋

---

① 《孔子家语》卷第七、观乡射第二十八，河南大学出版社2008年版，第250页。又《礼记·杂记》的相关记载作："子贡观于蜡，孔子曰：'赐也，乐乎？'对曰：'一国之人皆若狂，赐未知其为乐也。'子曰：'百日之蜡，一日之泽，非尔所知也。张而不弛，文武弗能也；弛而不张，文武弗为也；一张一弛，文武之道也。'"见清孙希旦撰《礼记集解》，中华书局1989年版，第1115页。

书》里面的饮了"狂泉"集体变狂也好，都是后人只能借镜却无法也不必试验的寓言。

天生愚儒自圣狂（陈寅恪），点也虽狂得我情（王阳明），莫道狂童狂也且（《诗》"郑风褰裳"），亦狂亦侠亦温文（龚自珍）。这是文中随引的四句韵语（第三句"莫道"两字系添笔），特提撕出来，效仿《牡丹亭》等明清传奇的下场诗，作为本文的收束。

（2009年12月23日竣稿。《读书》杂志2010年第3、4、5期连载，2011年2月增补定稿）

论国学

近一个时期，具体说自2005年夏天以来，"国学"一词的报刊使用率越来越高了。有的大学正式成立了国学研究院，小学生的国学班时有开办，互联网上遴选"国学大师"的举动如火如荼。因此有人说如今已经出现了"国学热"。其实九十年代中期也有过一次关于"国学热"的讨论。评估今天的"国学"景况，需要从二十世纪九十年代讲起。

一 九十年代的"国学热"

二十世纪九十年代中期的中国思想文化界，曾围绕四个问题展开一场相当热烈也可以说是激烈的讨论、争论和辩论。第一个问题，是在市场经济的背景下，人文精神的失落与重建问题；第二个问题，是所谓"后现代"的问题；第三个问题，是八十年代和九十年代文化思潮的异同问题；第四个问题，就是所谓的"国学热"问题。

但九十年代讨论国学，不像今天这样能够始终保持学术的向度。一些讨论文字刚一出手，就带有意气（我正面用此词、魏徵诗"人生感意气"）和锋芒，而且往往与当时的"后现代"话语联系起来。香港中文大学《二十一世纪》1995年2月号发表的赵毅衡的《"后学"与中国新保守主义》一文，把当时的所谓"国学复兴"，作为"一个强大的新保守主义思潮正在中国知识界翻卷起来"的直接证据。而锋芒最著的，要属何满子的《"后国学"的虚脱症》。现在流行"酷评"，何当年的一些批评文字，已带有"酷评"的味道。他说："近年来国学已被炒得很烫手，看模样好像是里应外合，由海内外新儒家们一起鼓噪起来的。"他还讥讽道：

> 十足的国粹、国学绵延不绝，正规的研究也进行得好好的，突然金鼓齐鸣地大喊大叫起来。又不曾听说从《老子》书里发现了高能量的芯片，《墨子》书里发现了信息高速公路，或《易经》发现了太空火箭，定要劳动书斋里的大师、准大师们声嘶力竭地弘扬？此理实不可解。

何的文章刊载于广东《随笔》杂志1995年第7期。在这之前，陈漱渝发表在《哲学研究》1995年第5期上的文章，对"国学热"同样作了非常激烈的指责——他文章开头的第一句话就写道："八十年代文化热，九十年代国学热。"然后说："在国学之中，热门的热门是儒学。"但特别值得引起我们注意的是，陈漱渝对孔子仁学的解释，他说：

> 从字面上看，"仁"就是"爱人"，就是"济众"，即提倡所谓人类之爱。在仅把奴隶当成"会说话的工具"的奴隶社会末期，这种思想当然具有不容抹煞的历史进步性。但我们必须看到这种说法是以"严等差、贵秩序"为前提，以"礼"为道德规范；也就是说，它从根本上是为了维护血缘基础与宗法等级。

这是自改革开放以来，很少能够看到的一篇在国策中已经取消了"以阶级斗争为纲"的背景下，对孔子思想再次作"阶级分析"的文章。

1995年第5期《哲学研究》在刊载陈漱渝先生文章的同时，还刊出一篇署名的《五四精神与传统文化学术座谈会述评》（署名李登贵），这篇述评有下面的一些话：

> 新儒学和国学目前热过了头。一些昔日频繁出入马克思主义武库的人如今已幡然易帜，一些昔日的全盘西化论鼓吹者也加入到海外势力的文化保守主义大合唱中。

《述评》对座谈会上没有批评国学研究中的"非意识形态化"感到些许遗憾。这位作者说，现在有人"巧妙地打起'非意识形态化'的盾牌，以推销其自身的意识形态"。他说当时的国学"带有某种政治寓言的成分"。其实早在此前一年的1994年第6期《哲学研究》上，也曾刊有署名文章提出："来自西方的秋波，使穷于经济和政治落后的国粹论者找到了精神自慰的方法所在，他们从韦伯把资本主义兴起归因于宗教伦理的文化决定论中受到鼓舞，热衷于用观念文化来解释东西文化的差异，打中国文化牌。八十年代以来时起时落的文化热以及目前行情看涨的国学热，使东方文化的神话再度复活。"这篇文章还说："一些人宣扬中国需要孔夫子、董仲舒，需要重构与马克思主义并列的中国哲学新体系"，"不排除有人企图以'国学'这一可疑的概念，来达到摒社会主义新文化于中国文化之外的目的。"

后者所谓的"企图以'国学'这一可疑的概念,来达到摒社会主义新文化于中国文化之外的目的"之措辞,可视为"某种政治寓言的成分"的一个注脚。可以看出,这篇文章的作者已经为了批评而忘记其余,连中国人复兴东方文化的绵薄愿望,也被置于扫荡之列。比较起来,今天的国学提倡者有充分理由为自己的好运气感到庆幸,因为大学校长公开站出来号召国学,也不再有人怀疑其中是否"带有某种政治寓言的成分"了。

弹指十年过去,讨论国学的环境气氛不能不让人有不能同日而语的沧桑之感。九十年代中国学术界谈国学,推动对固有学术的研究,看来受到来自两个方面的批评:一是被指为保守主义思潮,一是被指为非意识形态化。但究其实,那时的"国学",认真说来也不见得有什么"热",更谈不上"过热"。所谓"热"其实是传媒炒出来的。报纸电视倒是不乏夸饰的报道,例如《人民日报》1993年8月16日的整版文章《国学在燕园悄然兴起》、10月14日《光明日报》文章《国学与国学大师的魅力》等等。主要是媒体热,研究者并没有热。据我所知,当时涉足此一领域的学人大都比较谨慎,他们尽量想与传媒的渲染划开一些界限,他们没有,或者不愿大张旗鼓地打出"国学"的旗号,这是九十年代中国试图推动"国学"的学人的一个特点。

北京大学陈平原、陈来、阎步克以及我们中国文化研究所的梁治平等几位中青年学人,他们在九十年代曾有一个不定期的学术联谊活动,在内部有时他们叫这个联谊活动为"国学所",实际上从未正式成立。对"国学"一词,他们在使用时同样表现得相当审慎。他们的刊物开始想叫《国学论丛》,后来改叫《学人》。当然,北京大学成立了一个与国学有关的学术虚体,就是袁行霈先生主持的中国传统文化研究中心，出版《国学研究》专刊。而此前汤一介先生在深圳大学也成立过一个正式立名的国学研究所，但后来未能运转起来。至于汤先生创办的中国文化书院，在旨趣上已越出了所谓"国学"的范围。

我个人主持的中国文化研究所，虽然是学术实体，但所内研究人员专业上各有擅场，有学术思想史、法学、政治学、艺术人类学和当代文学等研究方向，是人文与社会科学的综合研究机构，国学的概念未能进驻我们的学术视野。我主编的《中国文化》杂志尽管以"深研中华文化，阐扬传统专学，探究学术真知，重视人文关怀"为期许，但国学的概念我们很少使用，只是愿意给推动传统研究的朋友以了解之同情而已。

二 章太炎与国学

曾经有朋友问我，"国学"这个概念产生在什么时候。我说其实很晚，汉朝人、唐朝人、宋朝人、明朝人都不讲国学，清朝的早期、中期、中晚期也不闻有此说法。张之洞《劝学篇》标举"中学为体，西学为用"，他所说的"中学"与"国学"多少有些相近之处，但他并没有使用"国学"的概念。当然"国学"这两个字，或者连起来作为一个语词，古代载籍中多有，但与我们现在探讨的国学这个概念全然不同。说到底还是由于晚清以还，欧风美雨狂袭而至，谈论西学、介绍西学成为时尚，相比较之下，才有了国学的说法。因此可以说国学是与"西学"相对应而产生的一个概念。这就如同"中国文化"一词，也是晚清知识分子面对域外文化的冲击，起而检讨自己的文化传统所使用的语词。

研究晚清国学发生的著作当下多有，桑兵的《晚清民国的国学研究》、罗志田的《清季民初关于国学的思想论争》、喻大华的《晚清文化保守思潮研究》、何晓明的《返本与开新》等，都是资料颇翔实的著述。我个人接触到的材料，黄遵宪在1902年9月写给梁启超的信中，曾提到任公先生有办《国学报》的设想，虽然他并不赞成此议。他在信里说："《国学报》纲目，体大思精，诚非率尔遽能操觚。仆以为当以此作一《国学史》，公谓何如？"又说："公谓养成国民，当以保存国粹为主义，当取旧学磨洗而光大之。至哉斯言，恃此足以立国矣。"只不过在黄遵宪看来，此事还不是当务之急，他认为"中国旧习，病在尊大，病在锢蔽，非病在不能保守"，所以他说："公之所志，略迟数年再为之，未为不可。"①梁启超当时尚被清廷通缉之中，其对国家命运未来的关心，自不待言。尽管我不能断定，任公先生1902年关于《国学报》的构想，是否就是晚清之时"国学"一词的最早出现，但在时间上应该是非常早的。论者或谓晚清国粹派代表人物邓实在《政艺通报》上发表的《国学保存论》，应该是很早使用国学一词的人，但那已经是1904年，比梁任公1902年《国学报》的构想，晚了两年。

另外梁启超在《中国学术变迁之大势》一文中，其结尾处也明确使用了国学的概念，他是这样说的：

> 虽然，吾更欲有一言，近顷悲观者流，见新学小生之吐弃国学，惧国学之从此而消灭。吾不此之惧也。但使外学之输入

---

① 《黄遵宪全集》上册，中华书局2005年版，第433页。

者果昌，则其间接之影响，必使吾国学别添活气，吾敢断言也。但今日欲使外学之真精神普及于祖国，则当转输之任者，必邃于国学，然后能收其效。以严氏与其他留学欧、美之学僮相比较，其明效大验矣。此吾所以汲汲欲以国学为青年创也。[1]

梁启超《中国学术变迁之大势》的一至六章，撰写于1902年，第七章阙如，第八章写于1904年。以此该文结尾谈国学的一段文字，应是1904年所写。他在行文中明确把国学与"新学"、"外学"相对应来使用的。"新学"一词，晚清颇流行，甚至有时还与康有为的《新学伪经考》的"新学"混同起来。但梁启超使用的"外学"一词，则不经常见到。"外学"就是域外之学、外国之学，因此中国的学问，自然可以叫"国学"了。

章太炎使用国学概念的时间也很早，且终生未尝或离。不过国学以至国粹在太炎先生那里，是作为革命的一种手段来使用的。晚清国粹派，章太炎、刘师培实为最主要的代表人物。国粹派长期被当作保守派的代名词，而究其实，太炎先生是学者兼革命家，虽在学术上坚执古文家的立场，但于文化于思想于政治却并不保守。只不过他是一个特异的天才，论人论文论学，迥异时流而已。他生于清同治七年，即1688年，浙江余杭人，是清季大学者俞樾的弟子。早期赞同变法，而不同于康有为和梁启超；1898年秋天慈禧政变之后，力主革命，与孙中山的旨趣亦不相合。也许是他的超乎侪辈的传统学问的根底和不可有二的语言文

---

[1] 刘梦溪主编：《中国现代学术经典丛书·梁启超卷》（夏晓虹编校），第120页。

字方式，使得他的同志们既赞赏他又感到格格不入。没有人能够不为他的雄文硕学和凛然激昂的气节所折服。清廷惧怕他的影响力，1903年当他36岁的时候将他下狱，就是所谓的"《苏报》案"。案由是太炎先生发表在《苏报》上的《驳康有为论革命书》一文，里面有"载湉小丑，未辨菽麦"的语句。载湉是光绪皇帝的名讳，太炎先生直呼其名，而且指其为小丑，清廷便以大逆不道罪将太炎告上法庭。讼案发生在上海租界，法庭由外国人操持，太炎得以不被清廷引渡。但最后还是处以三年徒刑，关在上海西牢，罚做裁缝之事。和章太炎一起被关的有写《革命军》的邹容，罚做苦力，不及刑满，便瘐死狱中。以一国讼一人，近代以来，不知有第二人。太炎因此声名大噪。1906年章太炎刑满出狱，孙中山派人迎至日本，成为《民报》的主编。清廷迫压，日人限制，《民报》不久遭遇生存危机。

正是在这种特殊的情境之下，章太炎在日本东京开办了平生第一个国学讲习会（邀请函简上写"国学振起社"），1906年秋天开始，一直持续到1909年。鲁迅、周作人、钱玄同、沈兼士、马幼渔、朱希祖、许寿裳等后来的学界名流，都曾前往听讲。讲授内容包括诸子和音韵训诂，而以段玉裁《说文解字注》为主。讲习会开始设在《民报》社，后移至东京小日向台町二丁目二十六番地，门楣上直署"章氏国学讲习会"，这是中国历史上第一个挂牌的国学研究团体。太炎先生所以这样做，是缘于他的理念，就是他1906年到日本时发表的那篇有名的《东京留学生欢迎会演说辞》，提出唤起民众首在感情，而途径则有二事最为紧要：一是"用宗教发起信心"，二是"用国粹激动种性"。可知太炎先生倡扬国学，非关于保守不保守，而是要激发起国人的民族感情和精神。

三 章氏的国学"四讲"

因此之故，章太炎一生有过四次"兴师动众"的国学讲演。

第一次，就是上面所说的东京国学讲习会。第二次，是1913至1916年在北京，太炎先生被袁世凯软禁之时，他再次做起了国学讲习事业，自己说是"以讲学自娱"、"聊以解忧"（《家书》），实则所讲内容都是有所为而发。当时袁氏当国，谋立孔教为国教，康有为亦以孔教会为倡，乌烟瘴气不足以形容。所以他把批评孔教作为讲习的重要内容，《驳建立孔教议》就写于这个时候。讲堂的墙壁上张贴着《国学会告白》，写道："余主讲国学会，踵门来学之士亦云不少。本会专以开通智识，昌大国性为宗，与宗教绝对不能相混。其已入孔教会而后愿入本会者，须先脱离孔教会，庶免薰莸杂糅之病。章炳麟白。"听讲的人数比已往更多，大都是京城各大学的教师和学生，北大的傅斯年、顾颉刚也前来听讲。后由吴承仕记录成《菿汉微言》一书。

第三次，1922年夏天章太炎先生居上海时，应江苏省教育会的邀请所做的国学演讲。与前两次不同的是，这次是系列演讲，前后共十讲，并有《申报》为之配合，规模影响超过已往。首次开讲在是年的4月1日，讲"国学大概"，听讲者有三四百人。第二次4月8日，续讲前题，听讲者也有约四百人。第三次4月15日，讲"治国学的方法"。第四次4月22日，讲"国学之派别"。第五次4月29日，讲"经学之派别"。第六次5月6日，讲"哲学之派别"。第七次5月13日，续讲"哲学之派别"。第八次5月27日，讲"文学之派别"。第九次6月10日，讲"文学之派别"。第十次6月17日，讲"国学之进步"。持续一个半月，每次演讲上海《申报》都作报道，并刊载记者写的内容摘要。曹聚仁整理的章氏《国学概论》一书，就是此次系列演讲的记录。另还有张冥飞整理的《章太炎先生国学讲演集》，是另一个听讲版本。

太炎先生演讲之前，1922年3月29日的《申报》，特地刊出《省教育会通告》，对国学讲演的缘由做了说明，原文不长，全录如下：

> 敬启者，自欧风东渐，竞尚西学，研究国学者日稀，而欧战以还，西国学问大家，来华专事研究我国旧学者，反时有所闻，盖亦深知西方之新学说或已早见于我国古籍，借西方之新学，以证明我国之旧学，此即为中西文化沟通之动机。同人深惧国学之衰微，又念国学之根柢最深者，无如章太炎先生，爰特敦请先生莅会，主讲国学，幸蒙允许。兹经先生订定讲题及讲演日期时间，附开如后，至希察阅，届期莅会听讲为盼。专颂台安。江苏省教育会启，三月二十八日。

邀请章太炎先生主讲国学的原因，是鉴于当时的风气"竞尚西学，研究国学者日稀"，因此"深惧国学之衰微"。太炎先生演讲的目的，也在于此。这是国学大师讲国学，有传媒配合，影响最大的一次。

第四次，是晚年的章太炎在苏州，成立了更为正式的国学会。成立时间为1933年1月，并以《国学商兑》作为会刊，太炎先生为之撰写宣言。后来太炎先生认为《国学商兑》在词义上雷同于方东树的《汉学商兑》，建议以"商榷"代替"商兑"，最后遂改作《国学论衡》。1933至1934年，章太炎的演讲都是在国学会的名义下所作的,地点在苏州公园的图书馆,先后有二十多次,有时也在无锡国学专修学校演讲,盛况空前。可能由于在旨趣上太炎先生与国学会诸发起人之间,有不合之处,所以太炎先生于1935年,又以向所使用的"章氏国学讲习会"的名义,作国学演讲,虽重病在身,亦不废讲论。国民政府最高人物蒋公且于1935年3月,派员到苏州看望章氏,"致万金为疗疾之费",太炎先生将此款项悉数移做讲习会之用,同时也使讲习会的刊物《制言》半月刊,有了短暂的经费支持。晚年的太炎先生在苏州的讲学活动,一直持续到1936年6月14日病逝。因此不妨说,章太炎作为学者兼革命家,是为学问的一生,也是为国学的一生。

我们在章太炎的著作和通信中,也经常看到他频繁使用国学的概念。1907年致刘师培函:"鄙意提倡国学,在朴说而不在华辞"[1];1908年有《与人论国学书》之作[2];1909年《与钟正懋》书:"仆国学以《说文》、《尔雅》为根极。"[3]1911年《与吴承仕》:"仆辈生于今世,独欲任持国学,比于守府而已。"[4]1912年与蔡元培同刊寻找刘师培启事,称:"今者,民国维新,所望国学深湛之士,提倡素风,任持绝学。而申叔消息杳然,死生难测。如身在地方,尚望先一通信于《国粹学报》馆,以慰同人眷念。"[5]如此等等,例证多多,不能尽举。可以说,国学这一概

---

[1] 《章太炎书信集》,河北人民出版社2003年版,第77页。
[2] 同上,第217页。
[3] 同上,第251页。
[4] 同上,第294页。
[5] 同上,第82页。

念，章太炎不仅使用得早，而且使用得多，终其一生都为此而抛尽心力。章氏本人也以"独欲任持国学"自命。他的学问大厦的两根支柱，一是小学，就是文字学和音韵学，二是经学，两者都是太炎先生所钟情的国学的范围。当然太炎先生同时也喜欢并精研佛学，他主张为学要摈弃孔、佛的门户之见。而对儒学传统，早年倡诸子而诋孔学，晚年则有所变化。

所以回观整个二十世纪，如果有国学大师的话，章太炎先生独当之无愧。

四 胡适和梁启超的"国学书目"

国学在20世纪20年代，可以说是一种流行。许多与国学有关的比较大的事件，都发生在20年代。章太炎的上海系列国学讲座，在20年代之初，已如上述。然而几乎在章氏上海演讲的同时，两位当时最著名的文化闻人各自开列一份自己认可的国学书目，并因此引出一番争论，这在20世纪20年代，不能不认为也是关乎国学的一件不小的事情。

主要是两位当事人的身份影响不比寻常。一位是大名鼎鼎的胡适，一位是鼎鼎大名的梁启超，他们在1922年和1923年，分别开了两个不同的国学书目。胡适开的书目，题目是《一个最低限度的国学书目》，刊载在1922年《读书杂志》第七期上，是应清华学校胡敦元等四人的要求而开列的。所列书籍共184种，其中工具书14种，思想史92种，文学史78种。此书目刊布后，首先受到《清华周刊》的一位记者的来信质疑，认为胡适所说的国学的范围太窄，只包括思想史和文学史，而单就思想史和文学史而言，又显得太深。

这封来信说:"先生现在所拟的书目,我们是无论如何读不完的。因是书目太多,时间太少。而且做学生的,如没有读过《大方广圆觉了义经》或《元曲选一百种》,当代的教育家,不见得会非难他们,以为未满足国学最低的限度。"[1]我们今天来重新检讨胡适开的这个书目,不能不承认《清华周报》记者的质疑是有一定道理的。

可是胡适并没有被说服,他写了《答书》,重申只列思想和文学两部分,是考虑到"国学的最低限度",拟的是一个"门径书目",如果还要把"其余民族史、经济史"一一列出,"此时更无从下手"。他针对来书所提意见,作了反驳,他写道:

> 先生说:"做留学生的,如没有读过《圆觉经》或《元曲选》,当代教育家不见得非难他们。"这一层,倒有讨论的余地。正因为当代教育家不非难留学生的国学程度,所以留学生也太自菲薄,不肯多读点国学书,所以他们在国外既不能代表中国,回国后也没有多大影响。我们这个书目的意思,一部分也正是要一班留学生或候补留学生知道《元曲选》等是应该知道的书。[2]

虽然如此,我们还是无法不觉得胡适之先生有一点"强词夺理"。所以他说,如果一定要拟一个"实在的最低限度的书目",那么不妨在原书目上圈出一些,于是他圈出了38种,包括《书目

---

[1] 《胡适全集》第2卷,安徽教育出版社2003年版,第125页。
[2] 同上,第126页。

答问》、《中国人名大辞典》、《中国哲学史大纲》、《老子》、《四书》、《墨子间诂》、《荀子集注》、《韩非子》、《淮南鸿烈集解》、《周礼》、《论衡》、《佛遗教经》、《法华经》、《阿弥陀经》、《坛经》、《宋元学案》、《明儒学案》、《王临川集》、《朱子年谱》、《王文成公全书》、《清代学术概论》、《章实斋年谱》、《崔东壁遗书》、《新学伪经考》、《诗集传》、《左传》、《文选》、《乐府诗集》、《全唐诗》、《宋诗钞》、《宋六十家词》、《元曲选一百种》、《宋元戏曲史》、《缀白裘》、《水浒传》、《西游记》、《儒林外史》、《红楼梦》等，另加上《九种纪事本末》。

梁启超的国学书目，是应《清华周报》记者的要求所开，题目叫《国学入门书要目及其读法》，写于1923年4月26日。他说是在独居翠微山，"行箧无书"，"竭三日之力，专凭忆想所及草斯篇"。我必须说，以我个人读饮冰主人的著作所达成的了解，他是最有能力在"行箧无书"的情况下，能够开出几百种适当书目的人。他的书目包括五大类：甲、修养应用及思想史关系书类，39种；乙、政治史及其他文献学书类，21种（廿四史算作一种）；丙、韵文书类，44种；丁、小学书及文法书类，7种；戊、随意涉览书类，30种。总共141种。不仅列出书名，每种书之后大都有导读式的说明。

例如在《论语》和《孟子》书名后写道："《论语》、《孟子》之文，并不艰深，宜专读正文，有不解处方看注释。注释之书，朱熹《四书集注》为其平生极矜慎之作，可读。但其中有堕入宋儒理障处，宜分别观之。"说来不好意思，我在读任公书目前，也是这样主张。读先秦经典，细读白文最重要。任公先生对朱熹《四书集注》的评价也极精到，一是大大好书，二是不免有时为"理"所障。又如对于《老子》，他说这是"道家最精要之书，希望学者将此区区五千言熟读成诵。注释书未有极当意者，专读白文自行寻索为妙。"诚哉斯言，自是白文细读慢悟最妙。对《周礼》，任公先生写道："此书西汉末晚出。何时代人所撰，尚难断定。惟书中制度，当有一部分为周代之旧，其余亦战国秦汉间学者理想的产物。故总宜一读。注释书有孙诒让《周礼正义》最善。"对《管子》，他概括说："战国末年人所集著者，性质颇杂驳，然古代各家学说存其中者颇多，宜一浏览。注释书戴望《管子校正》甚好。"关于《管子》一书的来路、性质、价值及传注之优者，一一道明，虽只几句话。又如对顾炎武《日知录》和《亭林文集》，他说："顾亭林为清学开山第一人，其精力集注于《日知录》，宜一浏览。读文集中各信札，可见其立身治学大概。"对曾国藩和胡林翼的文集，任公先生说："信札最可读，读之见其治事条理及朋友风义。"只此一句，即给人无限回味。又如于《张太岳集》说："江陵为明名相，其信札益人神智，文章亦美。"于《水经注》："六朝人地理专书，但多描风景，记古迹，文辞华妙，学作小品文最适用。"如此等等。列举书目的同时，并概述源流，撮以精要，给出阅读门径。

因此就其实用性和有效性来说，"梁目"显得道高一丈。如果我是读者，要我对"胡目"和"梁目"做出选择，我肯定投梁的票。"梁目"及其读法，即使在今天仍有参考价值。不是因为别个，主要就读中国载籍的多寡而言，胡适之先生不能不把座位让给梁任公先生。但"梁目"同样存在列目过多的问题，与"初学"所需不能吻合。所以任公先生在开毕上述书目之后，也拟了一个"真正之最低限度"的国学书目，计有《四书》、《易经》、《书经》、《诗经》、《礼记》、《左传》、《老子》、《墨子》、《庄子》、《荀子》、《韩非子》、《战国策》、《史记》、《汉书》、《后汉书》、《三国志》、

《资治通鉴》或《通鉴纪事本末》、《宋元明史纪事本末》、《楚辞》、《文选》、《李太白集》、《杜工部集》、《韩昌黎集》、《柳河东集》、《白香山集》，其他词曲集随所好选读数种。任公先生说，如果连这个"真正之最低限度"的书也没有读，"真不能认为中国学人矣"。

大书目不必说，即以"真正之最低限度"的书目为例，胡、梁书目的不同处亦甚明显。"胡目"有佛经四种；"梁目"一种没列。"胡目"的文学部分，有《乐府诗集》、《全唐诗》、《宋诗钞》、《宋六十家词》、《元曲选一百种》；"梁目"却不具大的类书，只列《楚辞》、《文选》、《李太白集》、《杜工部集》、《韩昌黎集》、《柳河东集》、《白香山集》几种。"胡目"有小说四大名著；"梁目"则根本不列小说。"梁目"的子书部分，孔孟之外，老、墨、庄、荀、韩均有，"胡目"则没有墨子。"梁目"有前四史，"胡目"一史也无。"梁目"全列诗、书、礼、易、春秋（左氏传）"五经"；"胡目"只列诗、礼、左传，而缺易经和书经。照说开列国学书目，"五经"、"四书"、诸子、前四史，无论如何不能或缺，但"胡目"缺失得令人诧异，竟然乙部之书，一部全无。至于集部之书，当然是"梁目"的举要的办法更好些，对于初步接触国学者，李、杜、韩、柳、白诸家，远比笼统的《全唐诗》、《宋诗钞》、《宋六十家词》来得真切便利。尤其将《水浒》、《西游记》、《儒林外史》、《红楼梦》列为国学书，更属拟于不伦。

我们今天感到有趣的是，梁在开列自己的书目同时，对"胡目"还作了尖锐的批评。任公先生在《评胡适之的〈一个最低限度的国学书目〉》一文中，开首就明确地说："胡君这书目，我是不赞成的，因为他文不对题。"所以然者，是因为胡适本来的目的，

"并不为国学有根底的人设想,只为普通青年人想得一点系统的国学知识的人设想",但他却开了那样一大堆一般青年人无法卒读的书。而如果是为国学研究者开的书目,则又嫌不够专门。所以梁任公责备胡适"把应该读书和应备书混为一谈"了。对"胡目"的不著史书,却列出许多小说家言,梁启超尤致不满,他质问说:

> 胡君为什么把史部书一概屏绝?一张书目名字叫做"国学最低限度",里头有什么《三侠五义》、《九命奇冤》,却没有《史记》、《汉书》、《资治通鉴》,岂非笑话?若说《史》、《汉》、《通鉴》是要"为国学有根底的人设想"才列举,恐无此理。若说不读《三侠五义》、《九命奇冤》便够不上国学最低限度,不瞒胡君说,区区小子便是没有读过这两部书的人。我虽自知学问浅陋,说我连国学最低限度都没有,我却不服。①

任公先生上述这些辩难,平心而论胡适是无法反驳的。"胡目"中还有《正谊堂全书》六百七十余卷,以及戏曲《缀白裘》和小说《儿女英雄传》,于是一并成为任公先生批评的把柄:"《尚书》、《史记》、《汉书》、《资治通鉴》为国学最低限度不必要之书,《正谊堂全书》、《缀白裘》、《儿女英雄传》反是必要之书,真不能不算石破天惊的怪论。"文章最后梁启超总结道:"总而言之,胡君这篇书目,从一方面看,嫌他挂漏太多;从别方面看,嫌他博而寡要,我以为是不合用的。"等于否定了"胡目"。

---

① 《胡适全集》第2卷,安徽教育出版社2003年版,第152页。

但胡适之先生的学者风度却是了不起，虽为梁启超所痛驳，却在1924年11月出版的《胡适文存》二集里，全文附录了"梁目"和梁的批评。这种风度今天已经不容易看到了。两位文化领军当年开列的国学书目和关于国学书目所做的讨论，对二十年代的国学推动产生的影响作用，自然可想而知。虽然，对"梁目"也不是全都赞成，一位叫徐剑缘的就以《评胡梁二先生所拟国学书目》为题，在批评"胡目"的同时，也批评了"梁目"。另外还有陈钟凡也开了一个《治国学书目》，以及李笠的《国学用书撰要》，影响益发扩大了。

五 二十年代的"新国学"

不过20世纪20年代关乎国学的两件最大的事情，还是北京大学成立国学门和清华大学成立国学研究院。

先说北大国学门。蔡元培先生1917年掌门北大之后，他的学术理念之一是建立分科的研究院所。1921年通过《北大研究所组织大纲提案》，第二年，即1922年1月，北京大学研究所国学门宣告成立。所长由蔡先生兼任，主任是太炎弟子、研究文字训诂的沈兼士，委员包括胡适、李大钊、鲁迅、周作人、钱玄同、朱希祖、蒋梦麟、马衡、陈垣、沈尹默等硕学、健将、老师，阵容不可谓不强大。国学门下面设歌谣研究会、明清史料整理会、考古学会、民俗调查会、方言研究会等分支机构。国内外一些大儒被聘为国学门导师，有钢和泰、伊凤阁、柯劭忞、夏曾佑、陈寅恪。开始也聘了王国维，已经获允，后来王退出。并按照国外高等研究机构的惯例，施行通信员制度，请世界知名的汉学家担任，例如法国的伯希和，德国的卫礼贤，日本的田边尚雄等。罗振玉也被邀请，但后来罗亦退出。我们从机构设置和人员组成可以看出，北大国学门是一个开放的重视与国外汉学界交流的研究机构，显然这与蔡元培先生的思想和胸襟有关。

北京大学国学门的影响似乎大于建树，下属各学会做的实在的事情比较多，真正具体的国学研究，反做得不尽如人意。到国学门从事研究的研究生，人数也并不很多，1922至1927六年之间，审查合格的研究生只有46人。这些数字我根据的是台湾陈以爱女士所著《中国现代学术机构的兴起》一书（江西教育出版社2002年版），这是一本征引资料丰富、学风严谨的著作。因为她的论说是以北大研究所国学门为中心加以探讨，所以当我涉及相关材料时，不能不佩服她叙论的精当。

北大国学门的大举措是1923年创办《国学季刊》，而尤以胡适执笔撰写的《发刊宣言》影响最著。胡适在《宣言》中首先对明末迄于民初三百年中古学研究的历史给以检讨，肯定三百年来整理古书、发现古书、发现古物三方面所取得的成绩，而缺点则是：（一）研究的范围太窄；（二）太注重功力而忽略了理解；（三）缺乏参考比较的资料。然后提出研究古学应该注意的问题，也有三个方面，一是扩大研究范围，二是注意系统的整理，三是博采参考比较的资料。特别对如何系统整理的问题作了详尽阐释。最后以三个方向的期待作为治国学的互勉条件："第一，用历史的眼光来扩大国学研究的范围。第二，用系统的整理来部勒国学研究的资料。第三，用比较的研究来帮助国学的材料的整理与解释。"[1]当胡适晚年的时候，回忆起这篇《〈国学季刊〉发刊宣言》时，他明

---

[1] 《胡适全集》第2卷，安徽教育出版社2003年版，第17页。

确说，这是一篇"主张以新的原则和方法来研究国学的宣言"，是"新国学的研究大纲"①。因此不妨说，20世纪20年代以北大国学门为代表的国学研究，应该属于新国学的范畴。

除了《国学季刊》之外，北大国学门后来还有《国学门周刊》和《国学门月刊》的创办。《周刊》于1925年出版，因经费和稿源都存在问题，第二年即1926年改成了《月刊》。但也只出版了一年的时间，到1927年的年底，《国学门月刊》也停刊了，而且北大国学门也在这一年陷于停顿。

再说清华国学院。认真说来，当时清华大学的正式名称叫清华学校，还没有定名为清华大学，直到1928年，才定名为国立清华大学。而国学研究院的正式名称，也应该叫清华学校研究院。那么何以又称国学研究院？因为清华研究院之设，略同于北大设研究所国学门，本来想涵盖自然科学、社会科学等各个学科，由于经费的限制，也有学科的成熟程度的问题，最先办起来的只有国学一科。所以就把清华学校研究院，简称而偏好地叫作清华学校国学研究院了。吴宓担任清华研究院主任，他几次提议正式定名为国学研究院，都未能获准。可是约定俗成的力量是不可抗拒的，虽未获准，人们还是那样叫，而且叫开了，到后来大家以为当时成立的就是清华大学国学研究院。

清华国学研究院成立于1925年，与北大国学门的不同之处，是清华国学院的设计和建制更周详细密，更便于实施。它没有请一大堆名流、教授，导师只王国维、梁启超、赵元任、陈寅恪四人，人称"四

---

① 唐德刚译注：《胡适口述自传》，广西师范大学出版社2005年版，第205页。

大导师"。讲师一人，考古学家李济。助教三人，陆维钊、梁廷灿、章明煌。助理员一人，事务员一人。再加上主任吴宓。就这么几个人。同时导师和学员都必须住校，四大导师亦不能例外。王国维住西院，梁启超住北院2号，赵元任住南院1号。陈寅恪报到的时间比较晚，1925年9月9日国学院开学，第二年7月8日他才来到清华。他开始住工字厅的西客厅，与吴宓一起，后来与赵元任同住南院。学员的水准比北大国学门的学员似乎也要高一些，共招生四届，毕业人数为74人，其中王力、吴其昌、姚名达、周传儒、徐中舒、姜亮夫、陆侃如、刘节、刘盼遂、谢国桢、罗根泽、蒋天枢等，日后都成为我国20世纪人文学术的中坚力量。

至于清华国学研究院的课程设置和研究范围，可以说不仅和章太炎先生倡导的国学不同，与北大国学门的设定也有区别。四大导师授课的内容为：王国维讲《古史新证》、《说文练习》、《尚书》和《最近二三十年来中国新发现之新学问》，梁启超讲《中国文化史》、《史学研究法》，陈寅恪讲《西人东方学之目录学》、《佛经翻译文学》，赵元任讲《方言学》、《普通语言学》和《音韵学》，李济讲《民族学》和《考古学》。可见讲授之内容已经超越了一般所谓国学的范围。事实上王国维、陈寅恪的学问途径，与西方汉学的方法多有一致之处，他们原本就是国外汉学界最看重的中国学者。赵元任的语言学研究，也属于现代语言学的范畴。李济的民族学和考古学，更直接运用了人类学的方法。所以，如果北大国学门被胡适视为新国学的话，那么清华国学研究院就更应该是新的国学了，而且是与西方汉学联系在一起的新的国学。

清华国学研究院持续的时间不长，1925年成立，1929年就停办了，只有短短四年的时间。1927年王国维自杀、1929年梁任公病逝，导师后继乏人，固然是清华国学院不得不停办的理由，但深层原因，应和传统学术向现代学术转变过程的学科整合及学科建设有关。北京大学国学门持续的时间也是四年，1923年至1927年，两者恐怕不完全是巧合。陈寅恪《王观堂先生挽词》的结尾有句写道："但就贤愚判死生，未应修短论优劣。"清华国学院作为二十世纪直接和国学相关的一件大的事情，作为世纪话题，它的学术创生的地位和它所播撒的学术种子，其影响力八十年后亦未见其少衰。

六 历史的"文化创举"能否复制

　　回观20世纪头二十年的国学景观，对当时一些有影响的国学刊物和重要的国学出版物，不能不稍加留意。单是以"国学"两字入名的刊物就有好多种。当然1905年印行的《国粹学报》，创办者是邓实、黄节等在上海成立的"国学保存会"，虽没有以"国学"名刊，"国学"二字的义涵已在其中。梁启超设计的《国学报》，应该是最早的一个以"国学"为名而未获实施的刊物。尔后就是罗振玉创办的《国学丛刊》。罗振玉和王国维辛亥革命前均供职学部，《国学丛刊》即创办于此时，原拟每年出版六编，结果只在1911年出了两编，便不再办下去。所以王国维写于1911年正月的那篇有名的《国学丛刊序》，反而比《国学丛刊》本身影响还大。罗亦有序，曾经王的润正。再就是北大国学门的《国学季刊》，因胡适撰写宣言而名声远播，上面已经谈到。清华国学研究院的刊物是1927年出版的《国学论丛》。此外还有地址在北京的中国大学办的《国学丛编》，上海国学昌明社的《国学杂志》，上海国学研究会的《国学辑林》，南京东南大学和高师国学研究会的《国学丛刊》，以及厦门大学的《国学专刊》等。其实厦门大学1926年也有国学研究院之设，只不过因人事纠葛，事未成而先已停办。此一过程桑兵先生《晚清民国的国学研究》一书[①]考订至详，大家可参看。

至于以"国学"入名的书籍，亦复不少。曹聚仁记录整理的章太炎1922年上海讲演的书名叫《国学概论》，钱穆1928年以讲义成书，也题书名为《国学概论》。我的看法，章、钱这两种《概论》，是20世纪20年代最重要的综论国学的著作。其余三十年代出版的谭正璧的《国学概论讲话》、顾荩臣的《国学研究》、马瀛的《国学概论》、蒋梅笙的《国学入门》、张振镛的《国学常识答问》、李冷衷的《国学常识述要》、叶北岩的《学生国学答问》、谢苇丰的《国学表解》，等等，立名虽多，学术含量及影响不过聊胜于无耳，可不置论。

因此如果说20世纪20年代曾经有过一阵子"国学热"（曹聚仁曾以"春雷初动"四字加以形容），于事实恐怕是相符的。不过处此"国学热"中的核心人物，还是章太炎、梁启超、胡适之，没有这三位大儒的鼓动，国学研究纵加力而行，也不会有"国学热"出现。如今历史的挂历已翻过九十个年头，令人感到惊讶的是，去夏以来的国学"热动"，和二十年代颇有相似之处，连历史转换的背景也感到雷同。1917年以《新青年》为表征所开启的新文化运动，这似乎是我们的二十世纪八十年代。二十年代初胡适提倡"多研究些问题，少谈些主义"，号召大家进研究室，很像我们的九十年代。然后就是上面说的二十年代的"国学热"，也就是我们的今天了。只不过当年历史转换得快，三种思潮轮替才用了七八年的时

[①] 桑兵：《晚清民国的国学研究》，上海古籍出版社2001年版。

间，我们呢，用了二十多年。历史有时是会"重复"的，但重复不应该是"蚁蝗磨转"，原地踏步，而应该是螺旋式上升。

然则我们今天的"国学热动"，其学术水平是否已经高过二十年代？恐怕谁也不敢这样说。时下热卖的相关图籍，不还是当时的那些著作吗？大家感到最具参考价值的，仍逃不脱章太炎和钱穆的两种《国学概论》，只不过印制得更精美罢了。即使有的大学办起了国学研究院，能够和当年的北大国学门、清华国学研究院相比肩吗？最大的不同是，我们今天已经没有章太炎、梁启超、胡适之这三位有资格当众说点"胡话"的国学大家了。更不要说，不愿与"热"，只肯一意深研的王国维和陈寅恪，我们能读懂他们的书，已非一件易事。

历史可以重复，历史的文化创举却是不能重复的。何况北大国学门也好，清华国学研究院也好，都只存在了四年的时间。

七 国学与国粹

前面几部分我主要对国学的发生和流变作了一番梳理，重点在述史，现在则需要对国学这一概念本身作一些学理的探讨。其实国学一词，是与另外两个相近的词汇联系在一起的，检讨国学，不能不提到另外两个词汇，这就是"国故"和"国粹"。

"国粹"一词出现最早，专事此一领域研究的郑师渠先生，且在其《晚清国粹派》一书中，考证出该词的中文文本出处首推梁启超的《中国史叙论》，也就是说，是在1901年。而任教美国康奈尔大学的马丁·伯纳尔 (Martin Bernal) 教授，在1976年撰写的《刘师培与国粹运动》长篇论文中，对国粹一词1887至1888年在日本流行的情形，作了丰富的引证。他写道：

> 1887年，国粹一词开始在日本普遍使用。这是针对明治维新而发的一种反动。他们企图说服西方势力，日本已经文明——也就是西化——地足以重订条约、废止外国租界的治外法权。其实，自1850年代开始逐渐扩展的西化浪潮，由于政府积极地推动各种欧式习俗而达于巅峰。[1]

又说：

> 在这种气氛下，以维护国粹为职志的团体也形成了。在知识分子方面的斗士首推三宅雪岭与志贺重昂。1888年后者发表新刊物《日本人》的出版方针时表示："长久以来，大和民族的成长是有目共睹的事实，它玄妙的孕育出自己独有的国粹（nationality），此一国粹在日本本土发长，随着环境而有不同的回响。从孕育、出世、成长到发扬，经过不断地传承与琢磨，它已经成为大和民族命脉相系的传国之宝。"[2]

然而如果把"国粹"一词用更明白的语词加以置换，它到底是什么含义呢？志贺主张将"国粹"解释为民族性，但伯纳尔认为解释为"民族精髓"也许更合适一些。后来日本的国粹派们寻找到一

---

[1] 傅乐诗等：《中国近代思想人物论·保守主义》，台北时报出版公司1985年版，第94页。
[2] 同上。

种容易被广泛接受的解释，即国粹指一个国家特有的财产，一种无法为其他国家模仿的特性。

伯纳尔毫不怀疑，1898至1905年这一时期活跃于中国政治文化舞台的知识分子，比如梁启超等，明显接受了日本国粹派的影响。他引用了任公先生1902年写给黄遵宪的信，其中直接使用了"国粹"的概念。梁的观点系黄致梁的信中所保留，我在前面已经引录，关键语句是："养成国民，当以保存国粹为主义，当取旧学磨洗而光大之。"黄有出使日本的经验，他给梁的信里也曾略及日本"国粹之说起"的原因。这里，我附带作一个说明，伯纳尔教授引录的关于任公先生的这条材料，是从杨天石先生1965年发表在《新建设》第2期的《论辛亥革命前的国粹主义思潮》一文转引的，现在有的研究此一问题的著作引录伯纳尔，却遗忘了杨天石，可谓舍近求远。我也同乎此病，也是在看了傅乐诗等著的《中国近代思想人物论·保守主义》之后，才得知天石兄的贡献。天石是我多年的好友，他送我的《杨天石文集》就在手边，如今翻开一看，论国粹主义思潮的大著赫然在目。古人有贵远贱近之讥，吾辈已无可逃遁矣。天石兄的文章里，还征引了清政府1903年颁布的《学务纲要》，其中有"重国文以存国粹"字样，以及张之洞1907年使用"国粹"一词的情况。[1]章太炎1906年《东京留学生欢迎会演说辞》提出的"用国粹激动种性"，也为他所引录。就不要说围绕《国粹学报》1905年创刊前后国粹学派的言论，更没有被天石所遗漏。

---

[1] 《杨天石文集》，上海辞书出版社2005年版，第146、147页。

国粹派重要代表人物之一的黄节，在写于1902年的《国粹保存主义》一文中，也明确表示，他们倡议此说是受到日本明治维新时期保存国粹思潮的影响："夫国粹者，国家特别之精神也。昔者日本维新，欧化主义浩浩滔天，乃于万流澎湃之中，忽焉而生一大反动力焉，则国粹保存主义是也。"（《壬寅政艺丛书》"政学编"卷五）可知"国粹"一词确乎来自日本。但一种思潮能够引起广泛响应，光是外来影响不足以成为原动力，主要还是晚清时期中国自己的文化环境使然。西潮来得太猛烈了，国人迎之不暇，退而无路。故重新从自己文化传统中寻找精神的支点，是再自然不过的事情。

对此有天然自觉的是章太炎，他自称："上天以国粹付余。"（《绝命书》）1903年写给宋恕的信里也说："国粹日微，欧化浸炽，穰穰众生，渐离其本。"[1]同年致刘师培论经学云："他日保存国粹，较诸东方神道，必当差胜也。"[2]而早此五年的1898年2月，在《与李鸿章》书里，太炎先生已然提出："会天下多故，四裔之侵，慨然念生民之凋瘵，而思以古之道术振之。"[3]流露出以古学起今衰之意。至于国粹的内涵，章太炎认为主要在历史，具体说包括语言文字、典章制度和人物事迹三项，也就是历史和文化。章的学问根基在小学，故一向重视文字语言的研究，以为："董理方言，令民葆爱旧贯，无忘故常，国虽零落必有与立。"[4]不过太炎先生的"故常"，是不把清朝算在内的。所以唐以前的历史舆地，他格

---

[1]《章太炎书信集》，河北人民出版社2003年版，第17页。
[2] 同上，第71页。
[3] 同上，第19页。
[4] 同上，第250页。

外看重，认为可以作为"怀旧之具"，而其"文章之雅驯，制度之明察，人物之高量，诵之令人感慕无已"[1]。至于周秦诸子，太炎先生认为"趣以张皇幽眇，明效物情，民德所以振起，国性所以高尚"[2]。要之历史文化和学术思想，在章太炎那里，被视作国粹的主要内容。《国粹学报》的另一作者许守微，曾试图给国粹下一明了的定义，曰："国粹者，一国精神之所寄也，其为学，本之历史，因乎政俗，齐乎人心所同，而实为立国之根本源泉也。"[3]与太炎先生所论实无不同。

但揆诸历史，我国精神之所寄也多矣，语言文字、典章制度和人物事迹也多矣，难道都可以称作国粹吗？所谓粹者，应该是同样事物里面的特别优秀者，也即精华部分。世界上所有文明国家，都有自己的语言文字、典章制度和人物事迹，但并不都一律以"粹"相许。所以许地山1945年连载于《大公报》上的一篇文章，对此一问题提出了自己的看法。他的意思，既然叫粹，就不能太降低条件，标准应该是很高的，不能光是特有的事物就叫作粹，久远时代留下来的遗风流俗不必是粹，一个民族认为美丽的事物也不一定是粹。他举例说，比如当年北平的标准风俗，少不了六样，即天棚、鱼缸、石榴树、鸟笼、叭狗、大丫头，如果把这看作是北平的"六粹"，那只不过是俗道而已。因此他说："我想来想去，只能假定说，一个民族在物质上、精神上与思想上对于人类，最少是本民族，有过重要的贡献，而这种贡献是继续有功用，继续在发展的，

---

[1] 《章太炎书信集》，河北人民出版社2003年版，第250页。
[2] 同上，第151页。
[3] 《国粹学报》1905年第1期。

才可以被称为国粹。"①明显地把有没有功用和国粹联系了起来，而且侧重物化的文明形态方面，比如书画、雕刻、丝织品、纸、筷子、豆腐，以及精神上所寄托的神，等等，完全不同于太炎先生的立说。所以许地山又说：

> 国粹在许多进步的国家中也是很讲究的，不过他们不说是"粹"，只说是"国家的承继物"或"国家的遗产"而已（这两个词的英文是 National Inheritance，及 Legacy of the Nation）。文化学家把一国优秀的遗制与思想述说出来给后辈的国民知道，目的并不是"赛宝"或"献宝"，像我们目前许多国粹保存家所做的，只是要把祖先的好的故事与遗物说出来与拿出来，使他们知道民族过去的成就，刺激他们更加努力向更成功的途程上迈步。②

许地山是小说家兼比较宗教学学者，燕京大学神学院毕业，曾在美国哥伦比亚大学和英国牛津大学研究宗教、哲学和民俗学。长期执教燕大，逝世前任教香港大学，1941年逝世，只活了49岁。《国粹与国学》就是他逝世的前一年所写，《大公报》为之连载。许对国粹问题发言，他讲的肯定不是外行的意见。他没有完全否定"国粹"一词，但学理和事实上的保留态度昭然可见。他强调要把"粹"和"渣"分别开来，再把"粹"和学分别开来。

对"国粹"的概念赞成也好，不赞成也好，何以要用"渣"这

---

① 许地山：《国粹与国学》，台湾水牛出版社1987年版，第162页。
② 同上，第165—166页。

个不甚雅驯的概念来和"粹"相对应？而且并非许地山一人，包括鲁迅、胡适在内的许多文化身份显赫的批评者，都有此想。关键是国粹一词传到中国，它的词义已发生变化。日本明治维新时期以志贺为代表的本国主义者，是将"国粹"解释为民族性的，或者他们更愿视为一种无形的精神。如果把这样的解释移用到中国，我认为会发生困难。因为我们无法把中国或者中华民族的精神，用最简洁的话语来加以概括。已往人们常挂在嘴边的"地大物博、人口众多、吃苦耐劳"，以及"天行健，君子以自强不息"，或者现在说的"中庸为大"、"和而不同"、"天人合一"，等等，当然都是有根据的好的语词，但如果说这就是中国的无形或者有形的精神，这就是中国的"国粹"，我们自己能认可吗？我们的历史太长了，其间民族与文化的变迁太频繁了。本来是汉族为主体的社会，可中间却多次被少数民族客换主位。因此唐朝、宋朝的精神和元朝、清朝就大不一样。尤其清朝，已经让民族精神的托命人知识分子没有了精神。另外的一些概括，例如说中国传统社会是以家族为本位、家国一体，儒家思想是中国传统社会的核心价值，三纲六纪是中国文化抽象理想的通性，这倒是真实不虚，学术界未尝有疑义。但这些可以称作我们的"国粹"吗？

清末民初以来，随着传统社会的解体，现代社会的始建，"家国"早已不"一体"了。儒家思想的核心价值地位已经崩塌。"三纲五伦"在没有皇帝的社会里，还能够发用吗？孔、孟、荀，易、老、庄，管、孙、韩，的确是我们的伟大的思想家，是我们的骄傲，是我们民族的荣誉，是中华文化的经典之源，但他们是我们的，也是整个人类的，如果我们仅仅视为自己的"国粹"，不是太小气了吗？况且学术思想就是学术思想，哲学就是哲学，作为文明体国家,那都是题义之中的事情,无非你有我也有,我的和你的"心理攸同",思想的理性表现形态却不相同——何"粹"之有。

所以,自太炎先生开始,中国早期谈"国粹"的学人,已经悄悄把"国粹"的内涵,置换成与中国传统更相吻合的内容。章太炎的语言文字、典章制度、人物事迹"国粹"三项说,已经不能简单用民族精神或中国的无形精神来范围,与其称这三项为"国粹",不如叫"国故"更为恰当。事实正是如此,章太炎最喜欢的语词是"国故",而非"国粹"。所以他自己颇看重的一本书是《国故论衡》,而没有叫《国粹论衡》。"国粹"一词来到中国以后,如同明以后的儒学,走的是下行路线(余英时先生的观点),其精神价值层面逐渐淡薄,物化的价值大大提升。这就是为什么许地山尽量想举一些可以称作"国粹"的例证,却只举出书画、雕刻、丝织品、纸、筷子、豆腐等少数几项的原因。而吴稚晖则说:"这国故的臭东西,他本同小老婆、吸鸦片相依为命。"此本不学之诳语,不作数,但思考的方向,是下行而不是往精神层面走应是事实。如今有把京剧、中医、国画作为我们的"三大国粹"的流行说法,也体现了同样的意思。当然京剧、中医、国画这三项,我想是可以叫作国粹的。也可以再加上中国功夫。这样看来,许地山也许说对了,是否活着还真的是构成"国粹"的一个要件。光是作为遗产保存的文物,比如甲骨文、青铜器、秦砖、汉简、兵马俑、宋版书、武则天墓,还真的没有人叫它们"国粹"。

八 国学与国故

现在来说"国故"。这是章太炎先生发明的概念,解释起来比

"国粹"、"国学"都容易。易言之，我们中国、中华民族所有过去时代的典故和故事，都可以叫作国故。典故和故事有口头的，有纸面上的，当然纸面上的多。所以谈国故离不开文字。太炎先生是货真价实的文字学家，他最有资格谈国故。可是国故这个词，现在也几乎不用了。你听哪一位以传统资源作为研究对象的从业人员，自称自己是研究国故的。其实章太炎先生也没有向别人说他是研究国故的，而是纸面行文，他选择了这个特殊的词汇。所以传扬开，是由于两个特别的契机：一是1919年年初，傅斯年办的《新潮》出刊后，刘师培办了一个旨趣相异的《国故》月刊，两刊就国故问题展开过讨论，傅斯年、毛子水一起上阵；二是1920年胡适在他那篇纲领式的文章《新思潮的意义》里，响亮地提出："我们对于旧有的学术思想，积极的只有一个主张，——就是'整理国故'。"他说：

> 这叫作"整理国故"。现在许多人自己不懂得国粹是什么东西，却偏要高谈"保存国粹"。林琴南先生做文章论古文之不当废，他说，"吾知其理而不能言其所以然！"现在许多国粹党，有几个不是这样糊涂懵懂的？这种人如何配谈国粹？若要知道什么是国粹，什么是国渣，先须要用评判的态度，科学的精神，去做一番整理国故的工夫。[①]

试想胡适在五四过后的新文化运动的当口，是何等权威地位，

[①] 胡适：《胡适全集》第1卷，安徽教育出版社2003年版，第699页。

他这样睥睨一切地大叫大嚷，能不发生影响么？何况两年之后北大国学门就成立了，"整理国故"成为国学门的基本旨趣。

胡适不同于章太炎的地方，是他明确提出了用科学的方法"整理国故"的口号。但对太炎先生，他不忘给予尊礼。他说："自从章太炎著了一本《国故论衡》之后，这'国故'的名词，于是成立。"（《研究国故的方法》）顾颉刚也说："整理国故的呼声倡始于太炎先生，而上轨道的进行则发轫于适之先生的具体的计划。"（《古史辨》第一册自序）尽管如此，20世纪20年代还是因了"国故"两字而有许多讨论，单是许啸天编的《国故学讨论集》，就有足足的三册。大家一致的看法是，国故就是我们已往历史文化的那些东西，对国故进行研究，就是国故学，也可以简称为国学。如同胡适在《国学季刊》的"发刊宣言"中所说：

> "国学"在我们心眼里，只是"国故学"的缩写。中国的一切过去的文化历史，都是我们的"国故"；研究这一切过去的历史文化的学问，就是"国故学"，省称为"国学"。[①]

胡适之先生果然讲得明白，我想我们对国学这一概念的义涵，完全可以达成一致了。

九 国学与现代学术分科

但事情还没有那样简单。当我们探讨国学的时候，有一个问题

[①] 胡适：《胡适全集》第2卷，安徽教育出版社2003年版，第7页。

时时伴随着我们不肯离去,这就是国学和现代学术分科的关系问题。正是鉴于此,百年以还对国学的概念提出疑问的学人亦复不少。最具代表性的是何炳松先生,1929年他发表的《论所谓"国学"》一文,提出的口号是:"中国人一致起来推翻乌烟瘴气的国学!"理由有四:一、来历不明;二、界限不清;三、违反现代科学的分析精神;四、以一团糟的态度对待本国的学术。何炳松讲的要推翻国学的这"四大理由",能否都站得住脚,是另一个问题,我们不妨先看两段他的论述文字,然后再作价值判断。第一段文字:

我们知道德国对于世界学术上最大的贡献是科学和史学,法国对于世界学术上最大的贡献是文学和哲学,美国对于世界学术上最大的贡献是各种新的社会科学,英国对于世界学术上最大的贡献是文学、经济学和政治学,日本对于世界学术上最大的贡献是东洋的史地学。他们对于世界的学术都是各有贡献,但是他们都绝对没有什么国学。我们试问自己既然自命有一种国学,那末中国国学的特质是什么?他的真价值究竟怎样?他们对世界学术究竟曾经有过一种什么贡献?假使我们自问对于中国国学的特质、价值,和他们对于世界学术的贡献,我们都一点不知道,那末所谓国学究竟是什么东西?[1]

第二段文字:

---

[1] 《何炳松文集》第2卷,商务印书馆1997年版,第382页。

学术与传统

> 我们研究史学的人，为什么不愿专心去研究中国的史学，而要研究国学？我们研究文学的人，为什么不愿专心去研究中国的文学，而要研究国学？我们研究哲学的人，为什么不愿专心去研究中国的哲学，而要研究国学？我们研究天算的人，为什么不愿专心去研究中国的天文和算学，而要研究国学？我们当现在分工制度和分析方法都极发达的时代，是否还想要做一个"大坛场"上的"万物皆借于我"的朱熹？中国的史学还不够我们的研究么？史学家我们不屑屈就么？中国的文学还不够我们的研究么？文学家我们不屑屈就么？中国的哲学还不够我们的研究么？哲学家我们不屑屈就么？中国的天文算学还不够我们的研究么？天文学家算学家我们不屑屈就么？[①]

何炳松上述第一段文字，意在探讨国学与世界各国学术的互动问题。既然德、法、美、英等学术发达并且对世界学术有过重要贡献的国家，他们都不以本国学问笼统自命，该是哪一学科领域的贡献就是哪一学科领域的贡献，哲学就是哲学，史学就是史学，文学就是文学，经济学就是经济学，政治学就是政治学，科学就是科学，我们却以一个国学概括自己的全部学术，何炳松认为"在现今科学昌明的时代，决不容许的"。他当然说的有些绝对，但基本义涵不见得全无道理。

世界各国的学术，其为"学"，是相通的，甚至是相同的，不

---

① 《何炳松文集》第2卷，商务印书馆1997年版，第387页。

同的是完成"学"的方法、途径和形态。中国哲学和德国、法国以及英国的哲学，研究对象和试图解决的问题，都离不开人、生命、宇宙、自然秩序，都想深入到"玄"或曰"真际"的世界，并希望用玄理给出攸深的结论。中国哲学的"近譬诸身"的讲求实际的特点，固然也，这在先秦儒家那里表现得最为明显。但中国哲学也是从不回避对"玄理"的探究的，这有《易》、《老》、《庄》"三玄"经典为证。朱熹哲学其实已经"玄"得可以了，他说的那个"理"，你能看得见摸得着吗？只不过还有些"拖泥带水"，在纯哲学家眼里还不够彻底而已。但中国哲学的论理形态又是与西方不同的，比如说中国先哲并不以追求体系为能事，而西方哲学恰恰需要体系化。但这丝毫不影响《易经》、老子、庄子、孔子、墨子，在世界哲学史上的地位。那么又何必用一个笼统的国学与人家各个学科相对应，而不是以哲学对哲学，文学对文学，史学对史学，然后加以比较研究，透过表现形态的"异"，寻找人类智慧结晶的"学"和"理"的大"同"呢。

何炳松的上引第二段文字，说的是现代学术分科的结果，已经使得国学独立义涵的应用性大为减弱。中国传统学术是经史子集"四部之学"，向现代学术转变以后，已为艺术、文学、史学、哲学诸学科所置换，总称作人文学科。中国古代原无社会科学，经济、法律等社会科学，民国以后才开始重建。现代社会国际学术互动频繁，而学术互动都是分学科进行的，如果人家来的是哲学方面的代表人物，我们对之以国学，来的是史学或者文学团体，我们也对之以国学，岂非笑话。其实胡适当年在号召"整理国故"的时候，就已经提出，要文学的归文学，哲学的归哲学，史学的归史学。因此对中国传统学问作分学科研究，比拢在一起的国学概念要切实得多。实际上也没有哪个现代学人以研究国学自许。假如你向一位研究古典文学或者哲学史或者历史学的学者发问,请教他如今治何学,他大约连古典文学、哲学史、历史学这些现成的概念都不肯用,而是更具体的或唐代文学或明清小说,以及宋明理学或晚清诸子学,乃至宋史、明史、清史,等等,已经自己觉得不免空阔。他绝对不敢说,他老先生是研究国学的。如果他讲了,你即使不会被吓着,也会蓦地一惊。

  国学这一概念其实是有局限的,我们使用的时候,需要小心小心,切不可你也国学,我也国学,大家彼此一下子热起来。更不要花费心思去选举"国学大师"。我们晚学不敢与闻是自然的,我们的长辈恐怕也会望而却步。"国学大师"的名号,不是谁都可以接过来的,二十世纪至今这一百年,能够荣此称号者,除了章太炎和他的弟子黄侃(还可以加上王国维),惟钱宾四、张舜徽足以当之。鲁迅诚然是大作家、大学者,但如果你尊他为国学大师,他会站起来骂你一通。钱锺书先生,我们都认为他的学问着实了得,可是你要称他为国学大师,他肯定不会接受。还不是谦虚不谦虚的问题,很可能他并不认为这是一项荣誉。即使陈寅恪,还是径直称他为史学家更为恰当。九十年代初,百花洲出版社有《国学大师丛书》的拟议,来京约请部分涉足传统学问领域的学人座谈,我当时就觉得名单开列得过宽,鲁迅、蔡元培、贺麟、林语堂、张元济、欧阳渐,都算作国学大师了。这些人当然都是了不起的大家,可就是不宜于称他们为国学大师。盖国学有宽窄两重义涵,宽的就是胡适所说的,凡研究一切过去历史文化的学问,就是"国故学",也就可以简称为国学。后来大家普遍接受的国学就是中国传统学术的说法,其实也是比较宽的义涵。国学的窄一些的义涵,应与经学和小学联系在一起。不通经学，不明小学，国学大师的称号宜乎与其无缘。

曹聚仁在分疏二十年代的国学的时候，曾把北大国学门和无锡与上海的国学专修馆区以别之，他写道："国学之为物，名虽为一，实则为三。北京国学研究所之国学，'赛先生'之国学也。无锡之国学专修馆，冬烘先生之国学也。上海之国学专修馆，神怪先生之国学也。三者在理决无合作之余地，吾辈认明商标，庶不致误。"[①]他对上海、无锡两地国学专修馆的谥语，也许有偏，因而不足为据，但说北大国学门的国学是"赛先生"的国学，即科学的国学，是完全没有错的。我们今天是否已经发生了与"赛先生"成截然反对的国学，限于闻见，我无法判断，但如果国学"热"得失却章法，乱了方寸，预期"神怪"、"冬烘"之"国学"一定不会出现，则我不敢必也。引曹不必尽信曹，前朝历史，去之未远，诚之可耳。

十 "国学"立名的考察

国学是一个历史的概念。清末民初，二十世纪头一二十年，东西方文化冲突剧烈，传统和现代的整合漫无头绪，当时第一流的知识人士如章太炎如梁启超如胡适之，遂倡国学以激发种性的文化自觉，以至于北大、清华我国现代学术的重镇也起来推动。他们这样做是有充分理由的，历史作用早已昭然于当时后世。

现代的学科划分和学术分类是越来越细了，一个人能够在某个

---

① 曹聚仁：《国故学之意义与价值》，许啸天编：《国故学讨论集》第一集，群学社1927年版，第85页。

学术与传统

单独细小的子门类里做出学术贡献,就已经很不错了,哪里还能够真正做到明小学而且通四部。不仅不能,甚至也不一定需要。现代科学知识和东西方多元文明的吸取,仍然是青少年进学的基本需要。本民族传统文化资源的掌握自然必不可少,但中国传统文化和文化传统的概念,或两者加起来的中国文化的概念,比国学要开阔明朗得多。我们要把国学和传统文化区别开来,这是两个不同的概念。我们讲中国文化的特质,世界各个地方的朋友都喜欢听愿意看,也看得明白听得懂。但一笼统地讲国学,人家就懵懂了。

钱穆先生在他的著名的《国学概论》中,第一篇第一句话就说:

> 学术本无国界。国学一名,前既无承,将来亦恐不立。特为一时代的名词。[1]

可以称作国学大师的钱宾四先生,都说国学这个名词是一个有时代性的名词,历史渊源既无从承继,将来恐怕也就难以成立。他说得再明白不过,像胡适给国学下的定义一样明白无误。不过,说国学的名称将来恐难以成立,未免太过于悲观。名称还是能够成立的,问题在于赋予名称以什么样的内涵。

不仅钱穆先生,还有一位我本人敬之为二十世纪最大的儒者,其为学的本我境界让梁漱溟、熊十力稍逊一筹的马一浮,也持有与钱穆近似的看法。马先生深于玄言义理,讲求立身本末,论学不入

---

[1] 钱穆:《国学概论》"弁言",商务印书馆1977年版。

讲舍，儒佛兼通。蔡元培1916年请他到北大任文科学长一职，他谢绝了。但抗战时期，国家处于危难之中，他不得已应浙江大学校长竺可桢的邀请，先后在江西泰和、广西宜山开国学讲座，阐扬"六艺之学"。《泰和宜山会语》一书，就是他在两地讲论的结晶。

因所立之名叫"国学讲座"，所以讲论伊始，马一浮便先对国学的概念作了诠释。他说：

> 国学这个名词，如今国人已使用惯了，其实不甚恰当。照旧时用国学为名者，即是国立大学之称。今人以吾国固有的学术名为国学，意思是别于外国学术之谓。此名为依他起，严格说来，本不可用。今为随顺时人语，故暂不改立名目。然即依固有学术为解，所含之义亦太觉广泛笼统，使人闻之，不知所指为何种学术。[①]

马一浮先生同样说得再明白不过，即国学在他看来是一笼统不明确的概念，而且此一概念的产生是"依他起"，因此马先生连续给定了两个否定语词，一曰"不甚恰当"，二曰"本不可用"。这并不难理解，因为国学所"依"的那个"他"，是变化着的，"他"变化了，国学这个概念势必随之发生变化。马一浮先生对我国传统学术的名理以及佛学的义理，有极深湛的造诣，解一词名一物，都能从学理上疏证得令人信服。

果如马一浮先生所言，如今国学所依的那个"他"，即外国的学

---

① 《马一浮集》第一册，浙江古籍出版社1996年版，第9页。

术早已发生不知凡几的变化，中国固有学术和中国传统文化，也已经在现代诠释中获得新的生命。国际的学术文化的交流互动到了一个全新的时期。学术乃天下之公器的理念，从来没有像现在这样获得几乎全世界学界人士的认同。钱锺书先生喜欢的话语是："东海西海，心理攸同；南学北学，道术未裂。"言内之意也是表述的此情此理。

总之国学这一概念，是当我国近现代历史转型时期应时而生的一个特指名词，是"一时代的名词"（钱穆），甚至是"不甚恰当"的名词（马一浮）。如今历史已进入二十一世纪，我们在扬榷古今、斟酌中西、权衡利弊之后，主张"广泛笼统"的"国学"应该慎用。换言之，我们在新的历史文化背景下，须赋予国学以新的内涵。区区之意，尚待明学之君子正之。

十一 我的设想

不过在结束此长文的时候，我想提出一项建构国家未来学术以及文化教育大厦的设想。这就是学术界和传统资源研究的从业人员，在使用国学的概念的时候，应该审慎，至少不应泛化和笼统化，尤其不应该把国学和整个历史文化混为一谈，也不必将国学等同于文史哲诸人文学科的综合。

我认为马一浮先生对国学的解释最符合国学的本义。他说国学就是"六艺之学"，亦即《诗》、《书》、《礼》、《乐》、《易》、《春秋》"六经"，此为超越于各人文学科之上的最高的学术经典，是中国文化最高的形态，是吾国人精神义理的原初结晶，是千百年来入于教、化于人的宝典而常读常新。因此我建议小学生的课程设置，应增加国学一科，名称就叫作"国学"，逐渐变成中小学生必修的一门课程。内容以"六艺"为主，就是孔门之教。"六经"虽难读，但可以从《论语》入手。因为孔子讲的思想和"六经"是一致的。实际上"六经"都经过孔子的删订，甚至《春秋》相传即为孔子所作，所谓孔子作《春秋》，乱臣贼子惧。当然入于小学的课本，采择应该精要，注释宜于简明，不妨以白文为主。这样将来终会有一天，所有中国人的知识结构里面，都会有我们华夏民族最高端的文本经典为之奠基，使之成为中华儿女的文化识别符号。

马一浮岂不云乎："国学者，即是六艺之学。"

2006年10月15日凌晨2点15分竣稿

（原载《中国文化》2006年秋季号，同年10月23日《21世纪经济报道》以《国学缘起：民族的回望与内省》为题予以连载。）

国学辨义

一 何谓国学

讨论国学，首在辨义。

到底何为国学？胡适说："自从章太炎著了一本《国故论衡》之后，这'国故'的名词，于是成立。"（《研究国故的方法》）又说："'国学'在我们心眼里，只是'国故学'的缩写。中国的一切过去的文化历史，都是我们的'国故'；研究这一切过去的历史文化的学问，就是'国故学'，省称为'国学'。"（《国学季刊》"发刊宣言"）这是胡适给国学下的定义。他把国学等同于国故学。问题是这个定义能不能成立？如果成立，则举凡研究一切过去历史文化的学问，都是国学。但历史文化这一概念所包含的内容未免太庞杂，哲学、法律、宗教、艺术、文学、语言、文字、风俗、习惯、礼仪、制度、工艺、服饰，等等，都可以囊括在内。对所有这些内容的研究都可以叫作国学吗？胡适的定义，外延过于宽泛，内涵不够确定，所以没有被广为采纳。

后来大家比较一致接受的定义，是把国学和我国的固有学术直接联系在一起。以此，钱宾四先生《国学概论》之弁言提出："用意在使学者得识二千年来本国学术思想界流转变迁之大事，以培养其适应启新的机运之能力。"马一浮先生抗战期间在江西泰和讲国学，开宗明义也标示："今人以吾国固有的学术名为国学。"（《泰和会语》）这已经是给定的与胡适不同的国学定义了。相当长时间以来，学界使用的事实上是后一个定义。不难看出，只就这两个定义所含蕴的范围而言，国学概念的界定，已经经历了内涵收缩的过程。

盖一个概念的成立，其含义不应过宽过泛，否则将造成概念的流失。因此之故，马一浮又给出了国学的新的定义。他认为定义国学为固有学术，内涵还失于宽泛笼统，仍然不容易把握，使人不明白是何种学术。所以他提出："今楷定国学者，即是六艺之学，用此代表一切固有学术，广大精微，无所不备。"（《泰和会语》）也就是说，马一浮先生认为，所谓国学，就是"六艺之学"。"楷定"一词是佛家用语，马先生说："每下一义，须有法式，谓之楷定。"（《泰和会语》）所以马一浮给出的国学即"六艺之学"的定义，态度既俨然郑重，学理意味也极深厚，惜时人未予重视耳。

"六艺"亦称"六经"，就是孔子删订的六门学问，包括《诗》、《书》、《礼》、《乐》、《易》、《春秋》。我国学术的源头即在于此，中华文化的原典精神亦出于此。《乐经》不传，但《礼记》中有《乐记》一篇，其内容似尚可为继。其他"五经"的现存文本，中经秦火，不免有汉儒的整理增窜，很难说与孔子手订旧稿为同一物（孔子所删订主要为《诗》、《书》、《礼》、《乐》）。但"六艺"文献的原真性质和原典精神，终无可疑。我们今天讲国学，重要的一点是回归"六经"。至于"六艺"在国人的精神世界可能发生的作用，《礼记·经解》引用孔子的话，有如下的概括："其为人也，温柔敦厚，《诗》教也；疏通知远，《书》教也；广博易良，《乐》教也；絜静精微，《易》教也；恭俭庄敬，《礼》教也；属辞比事，《春秋》

教也。"概括的固是"六艺"本身的精神旨趣，但也都关乎生之为人所必须具备的各种修养和品德。换言之，"温柔敦厚"是人的品性，"疏通知远"是人的学识，"广博易良"是人的和乐，"絜静精微"是人的玄思，"恭俭庄敬"是人的礼敬，"属辞比事"是人的正见。《庄子·天下篇》解"六艺"又曰："《诗》以道志，《书》以道事，《礼》以道行，《乐》以道和，《易》以道阴阳，《春秋》以道名分。"马一浮先生认为上述孔、庄两家对"六艺"的解释，简明而得其宗趣。

马一浮还说："有六艺之教，斯有六艺之人。故孔子之言是以人说，庄子之言是以道说。《论语》曰：'人能弘道，非道弘人。'道即六艺之道，人即六艺之人。"（《泰和会语》）从今天的角度言之，我们作为现代人，尽管为各种闻见的知识所包围，可是我们的精神血脉里亦不可没有"六艺之道"。而虽为现代人，又何妨也是受过"六艺"熏陶的"六艺之人"。所谓"六艺之人"，就是人的自性和"六艺之道"融而为一。长期受"六艺"熏陶濡染，可以使"六艺之道"回归人的性自体。因此在马先生看来，"六艺之教"应该成为中国人的精神血脉，如果条件具备，不排除也有可能成为人类的共同精神资源，使蒙尘已久的人类，革除习气，变化气质，回归本然之善。

马一浮先生是迄今最重视"六艺之学"的现代学者，当然也是将中华文化的最高典范"六艺"楷定为国学的现代学者。

由此可见，百年以来我们已经有过三个关于国学的定义：一是指国学为国故学，二是国学为我国固有学术，三是国学为"六艺之学"。比较起来，我个人更倾向于第三个定义，即马一浮提出的国学是"六艺之学"，这个定义能够准确反映国学的基本义涵，也更容易和现代人的精神世界相连接。这是完全可以与东西方任何一国的学术区别开来的原初学术典范，是我国独生独创独有的民族文化的自性之原，同时也是中华学术的经典渊薮。既可以为道，又可以为教，又可以育人。熊十力也说过："六经为中国文化与学术思想之根源，晚周诸子百家皆出于是，中国人做人与立国之特殊精神实在六经。"[①]熊、马学术思想各有取径，但他们对"六经"的看法，属于"异"中之"同"者。马一浮也曾说过："六艺之教固是中国至高特殊之文化。"（《泰和会语》）与熊的看法完全相通。

当然一般人士研习"六艺之学"，需要有一定"小学"的根底，即要懂文字、音韵、训诂。也就是清儒说的，读书必先识字。所以经学和小学，应该是构成国学的两根基本支柱。所以我一再说，如果不懂经学，不明小学，便无法与国学结缘。而绝不是背几首唐诗，念几篇古文，看过《三国演义》，读过《红楼梦》，就可以沾边国学。古诗文词，那是另外的修养，兹不具论。

二 国学和西学

我们现在所使用的国学的概念，实发生于晚清。至少梁启超和黄遵宪1902年的通信中，就已经使用国学一词了，但还不一定是最早。不久前看到余英时先生在"中央研究院"院士会议上的演讲，他说国学这个概念系由日本传来。"国粹"一词来自东瀛，拙《论国学》考订甚详，兹不重复。但国学是否也是舶来品，迄今还没有

[①] 熊十力：《论六经》，中国人民大学出版社2006年版，第104页。

看到具体的证据。但英时先生提示的重要性在于，等于重新认定了国学是现代学术的概念，而绝非"古已有之"。

可是中国古代的典籍文献中，又确确实实有"国学"这个名词。例如《周礼·春官宗伯第三》里有"乐师掌国学之政，以教国子小舞"的记载。《文选》卷十六潘岳《闲居赋》李善注引晋人郭缘生《述征记》也有："国学在辟雍东北五里，太学在国学东二百步。"又引《尔雅》："国学教胄子，太学招贤良。太学在国学东。"另《唐大诏令集》所载《令蕃客国子监观礼教敕》亦云："夫国学者，立教之本。"这类记载上起先秦两汉下迄魏晋唐宋的典籍里多有。但这些文献记载里的"国学"一词，都是指国立学校的意思。也就是马一浮所说的："照旧时用国学为名者，即是国立大学之称。"（《泰和会语》）而现代国学的概念，则纯然是由于西学的传入，相比较之下才有此一新的语汇。这就如同中国文化，秦汉、魏晋、唐宋迄于明朝，何来"中国文化"这个名称？中国文化的内容内涵历史渊源，当然有而且富，但这个词这个概念本身原来却不曾有。晚清西方文化大规模进来中土，欧风美雨狂袭而至，知识人士重新检讨自己的传统，才有中国文化的概念的提出，用以和西方文化对比为说。"国学"一词虽为旧有，内涵却迥然有别。也可以说，如果没有西学在清季的流行，国学的概念根本就不会以学术科目的面目出现。所以马一浮说国学是"依他起"，"意思是别于外国学术之谓"（《泰和会语》），不愧为学理明通之见。

我们还可以梁任公1902至1904年撰写的《论中国学术思想变迁之大势》为例，旁证这一点。其最后一节写道："近顷悲观者流，见新学小生之吐弃国学，惧国学之从此而消灭。吾不此之惧也。但使外学之输入者果昌，则其间接之影响，必使吾国学别添活气，吾敢断言也。"①其将"国学"与"外学"与"新学"相对应，这和将国学与西学并立相应，是同一机杼。今天探讨国学问题，首先须要别择区分厘清国学的这一品格，即把现代国学的取义和古代的"国学"一名，严格地毫不含混地区分开来，否则便一部十七史不知从何说起。

我所以特别强调此点，是因为相混淆的情形已经发生了。前些时，在2008年6月24日《文汇报》上，看到张汝伦先生一篇题为《国学与当代世界》的文章，其中援引朱熹的一段涉及国学的文字，并有如下评述："说'国学''前既无承'也不妥当，朱熹就已说过：'国学者，圣贤之学也，仲尼孟轲之学也，尧舜文武周公之学也。'只不过'国学'只是偶然为他提及，而未成为一个普遍流行的名词而已。"张文所谓"前既无承"云云，是钱穆先生的观点。钱穆在《国学概论》的卷首曾说："国学一名，前既无承，将来亦恐不立。"国学这个概念将来是否能够成立，显然是可以讨论的问题，汝伦先生尽可以畅述己见。但钱穆说国学一名"前既无承"，这是历史的全相本真，吾未见此前有任何学人表示过质疑。

然则张汝伦先生引来朱熹的一段话，是否就能够证明现代国学的概念是"古已有之"或"前既有承"？其实朱子笔下出现"国学"一词，例证正多。如《朱子文集》卷十七"备据国学进士唐季渊等状"、卷二十"因建书院，买田以给生徒，立师以掌教导，号为国学"、卷二十二"张世亨、刘师舆、进士张邦献、待补国学生黄澄四名出米赈济"、卷六十八"其有秀异者，移于乡学；乡学之

---

① 梁启超：《中国现代学术经典》，河北教育出版社1996年版，第120页。

秀，移于国学"、卷八十六"江南李氏因以为国学"、卷八十六"孝伯，国学进士"等，也都是国立学校之义。我取的是简引法，只凸现国学二字，但于文意无损。另外朱熹《四书集注》注《孟子》"滕文公章句上"，在"夏曰校，殷曰序，周曰庠，学则三代共之，皆所以明人伦也，人伦明于上，小民亲于下"句下注曰："庠以养老为义，校以教民为义，序以习射为义，皆乡学也。学，国学也。共之，无异名也。"无论是"校"是"序"是"庠"，指的都是"国学"，即国家所属的教育机构。张文所引朱子语，我读书不细，竟不曾看到，请朋友电脑搜索也未果。但审其语意，当是就国家所设学校的教授内容和精神取向而言，与晚清以还和西学相对应的那个"国学"并非为一物。又近承友人陈斐先生见告，张文所引并非朱子语，而是一位名朱宗熹的民国人士所言，曹聚仁刊于1923年5月29日《民国日报》上的《审定国学之反响》一文，引用了该朱宗熹氏的一封来信，此语即出自此信中。特予补注，并在此向陈斐先生致谢。

　　"西学"在欧美西方世界也是一不存在的名词，完全是明清以还中国知识人士"重新发现"西方的一个发明。1898年张之洞发表《劝学篇》，提出"旧学为体，西学为用"，后来梁启超转引成为"中学为体，西学为用"，这里的"旧学"和"中学"，就相当于胡适最初概括的国学即国故学的义涵。"旧学"、"中学"、"国故学"、"国学"、"西学"，共同的毛病都是太宽泛笼统。所以百年以来使用的情形已发生极大的变化。"旧学"偶尔还用，"中学"已完全弃置不用。为何？笼统故也。国学就是国故学之说，也是因为太笼统，后来才有了经过分疏的国学定义，即国学指中国固有学术。但固有学术也还嫌宽泛笼统，于是精通儒佛义理的马一浮先生，重定

"六艺"为国学的确指内涵。应该说,这是马先生的一大学术发明,惜时人未予重视耳。

"西学"这个名词虽未经学理分疏,但随着内涵和使用语境的变迁,跟初起之时早已义不同周。现在使用西学一词,对一般人文学者而言,主要体现为一种学问根底,包括英文等外域文字的掌握,德、法、英、意、美等国家的历史、文化、哲学、宗教、艺术的知识累积。还没见过一个学人称自己是研究西学的,如同也没见有人说自己是研究国学的一样。何兆武先生是人们熟识的学术大家,可是他对这一类问题另有看法。他说:"我不赞成'中学'、'西学'的提法,所以我也不赞成所谓的'国学'。每个国家都有'国学',都要去宣扬它的国学吗?马克思是哪国学?他本人是德国人,但著作却是在英国写的,它应该属于'英学'还是'德学'?我同意这样的说法,真理是放之四海而皆准的,不应该戴中学、西学、国学这种帽子。"何兆武先生的西学根底世无异词,他对中学、西学以及国学的看法,我个人虽亦未必完全赞同,但资深学者的反思不见得没有一定的参酌价值。

三 王国维、陈寅恪如是说

其实一百年前,王国维就说过:"学无中西也。"而且说:"中国今日实无学之患,而非中学西学偏重之患。"还说:"京师号学问渊薮,而通达诚笃之旧学家,屈十指以计之,不能满也。其治西学者,不过为羔雁禽犊之资,其能贯串精博终身以之如旧学家者,更难举其一二。风会否塞,习尚荒落非一日矣。"(《国学丛刊》序)然则百年后的今天,我们是否敢于说,现在已经不是"无学之患",而是

"中学西学偏重之患"？吾未敢必也。连今日之京师，"旧学家"和"西学家"的数量，是否已多于百年前，吾亦未敢必也。

如果沿用静安先生的限制词，在旧学家前面加上"通达诚笃"四字，在西学家前加"贯串精博终身以之"的定语，则我又敢必矣——绝赶不上百年前的京师。甚至，我们现在的京师，还能否以"学问渊薮"称命，已然成一问题。兹还有一例，北伐后罗家伦掌校清华，前去看望陈寅恪先生，并以所辑之《科学与玄学》相赠。寅恪先生口述一联："不通家法科学玄学，语无伦次中文西文。"上联义显，可不置论，其下联的"中文西文"，我以为是就中国文化和西方文化为说。实际上博雅如义宁，也是不以大而无当的文化中西为然的。当然学术思想是文化之幽深潜邃部分，不可与一般所谓文化画等号。文化的中西之说，喧嚣纷扰百有余年而终无结果者，就在此说过于笼统而不切于事情。

陈寅恪一生标举圣人"有教无类"之义，以文化高于种族的学说，化解胡汉，化解华夷，自然也可以化解吾人所谓之"中西"。其向罗氏所赠联，殆非出于学理之自然欤？虽然，一国有一国之文化，一族有一族之文化，异说固然异是，而同说，毕竟都是人类的文化，未尝不有尚同之一面。否则学者多有共识的比较文化学所谓"跨文化沟通"，岂不成了虚说呓语？就更不要说学问的研究方法的相互比较参证的必要了。

静安先生的《国学丛刊序》还有下面的话，亦值得我们深长思之。

> 特余所谓中学，非世之君子所谓中学；所谓西学，非今日学校所授之西学而已。治《毛诗》、《尔雅》者，不能不通天文、

博物诸学；而治博物学者，苟质以《诗》、《骚》草木之名状而不知焉，则于此学固未为善。必如西人之推算日食，证梁虞𠠎、唐一行之说，以明《竹书纪年》之非伪；由《大唐西域记》以发见释迦之支墓，斯为得矣。故一学既兴，他学自从之。此由学问之事，本无中西，彼鳃鳃焉虑二者之不能并立者，真不知世间有学问事者矣。①

何以我们古人的学术成果非要待西土的学说来证明？静安岂非重西轻中乎？自然非此。而是人类在面对共同的宇宙与社会人生的疑难问题时，其探索解决的办法，常有不约而同的奇思妙想，也就是其为学也，所探讨的真理应该是一个，只不过途径和形式容或不同罢了。也就是《易·系辞》引孔子的话所说："天下何思何虑？天下同归而殊途，一致而百虑。"所以，当寅恪先生把静安为学之方法概括为三目的时候，除地下实物和纸上遗文互相释证一目，其余两目，即取异族之故书与我国旧籍互相补正，取外来的观念与固有的材料互相参证，均与西学有关。

如果有人提出问题：我中华五千年文明，吾国学术自有传统，何以我们现代学术大家的研究，还要取资外域的典籍和学术观念？我只能用上引静安先生的话回答："此由学问之事本无中西，彼鳃鳃焉虑二者之不能并立者，真不知世间有学问事者矣。"可是我们现在的许多学术中人，已经痛感当今的中国是中西学问"偏重之患"了。其实学问研究，只要精深有创获就好，无所谓偏重不偏

---

① 王国维：《〈国学丛刊〉序》，《观堂别集》卷四，《王国维遗书》第四册，第8页。

重。中国学问研究得精深固然好，外国学问研究得精深同样好。因为无论从数量还是从质量上看，中国学人中还是研究中国学问的多而且成果明显。相比之下研究域外之学的少之又少，这与今天我国在世界上的地位以及国际的交往对话的需求很不相称。

四 国学和分科

国学和现代学术分科问题，始终是探讨国学不能绕开的问题。胡适不是说国学就是国故学的省称吗？但他同时也说，用科学的方法整理国故，就是文学的归文学，史学的归史学，哲学的归哲学。文史哲已经划分为三科，那么国学属于哪一科？所以提倡国学最力的朋友，不得不向现代学术分科发出质疑。也许张汝伦先生是质疑行列里最强烈的一位。他在刊于《文汇报》的文章中写道："近代以来，我们在接受西方现代的学术分科的同时，也逐步接受了与之相应的僵硬的学科壁垒，以为文史哲是完全不同的三种学科，没有贯通研究的可能。"

文史哲分为三种学科，就会形成"僵硬的学科壁垒"，致使贯通研究成为不可能吗？

文史哲不分家，是就一个具体学人的学养和知识结构说的。作为研究对象，它们还是要分开的。20世纪中国现代学术之文学的、史学的、哲学的各专业领域的研究，可以说是硕果累累，现代学术分科与有功焉。所谓如果坚持用学科区分来看待研究对象，就会导致对希罗多德和修昔底德及其著作，对索福克勒斯的悲剧《安提戈涅》，无法作政治学的、历史哲学的、美学的、思想史的、古典学的、社会学和法学的综合研究。我认为此种担心缺少学理和事实的依据。中文系的学人，就不能对《安提戈涅》作政治学和哲学的研究吗？历史专业的学人如果研究希罗多德和修昔底德，就不可以对之作哲学和伦理学的研究吗？莫非只有国学院的学人可以综合，其他系科的研究者就不能综合？事实上，分科后的文史哲学人，也必须有综合的学问根底，这是人人都晓得的经验和道理。

张君还举中土载籍为例，说《汉书·艺文志》"也很难说它只是史学的文献而不是哲学的文献"。对文史学者来说，这是一个无意义的判断。岂止《汉志》，《左传》、《国语》、《史记》，哪个不既是历史著作，又是文学著作？张文还说："《庄子》显然既是哲学也是文学。可是，按照现代的学科区分，这些文本的有机意义被人为分割了。中文教授可能会对学生说，我只把《庄子》作为文学文本来研究，它的哲学思想可以去问哲学教授。而哲学教授同样会不管《庄子》的文字，而只管所谓的哲学。"我怀疑这些描绘更多是汝伦的想象之词。世间如果真的有这样的"中文教授"和"哲学教授"，则学术分科不仅不能代人受过，大学的聘师礼贤制度已然根本失去了准绳。所谓文本和文献的研究，无非是要对文本和文献进行分疏，打开来，拆开来，或者"分割"开来，做多角度的诠释，既分析，又综合。何止《庄子》，先秦诸家，孔、孟、荀、韩、老的著作，都有哲学的、思想的、文学的、美学的、语言学的多重义涵，文史哲各科谁可以得而专之？又岂止诸子，"四部"典籍，还不是文史学者和社会科学学者甚至自然科学学者，共同取资研究的对象吗？退一步说，索性我们不作"现代的学科区分"，那么例如对《庄子》，我们又可能作怎样的研究呢？难道只能作笼统的"国学"的研究吗？

元稹和白居易的《新乐府》，当然是文学研究的对象，可是史学家陈寅恪恰好写出了《元白诗笺证稿》这样的史学的和文化社会学的著作。《柳如是别传》自然是史学著作,但所依据的资料反而以钱(谦益)、柳(如是)、陈(子龙)的诗文为主。"诗史互证"是史学的方法,也是文学的方法。这又是文史哲的分又不分的特点。学科是分开的,但研究对象和取资的材料以及研究方法,显然又不必也不可能截然分开。学文学者可以不读哲学和历史吗?治史学者可以不熟悉哲学和文学吗?文史哲不分家,固然。但中国的学问传统,更主要是强调文史不分家,所以才有读书人无人不晓的文史之学。老辈许多学人,例如缪钺、程千帆等,所精通者都是文史之学。而出文入史也就成了通常的为学次第。甚至还有源自东方朔的"文史足用"一说。文最简,史要深一层,经更深一层。经史高于文史。"哲"是被遗漏的,因为中国古代无哲学的名谓。说到底文史哲的分科不过是研究和知识整合的需要,总是分中有合,合中有分。但不分,以国学一科取而代之,又万万不可行。

何谓现代学术?何谓传统学术?我们可以给出很多分野,作不同的界说。其中,重视学术分类应该是区别传统学术和现代学术的一个标志。我称王国维是中国现代学术的开山,原因之一是他对学术分类有充分的自觉。他曾说:"今之世界,分业之世界也。一切学问,一切职事,无往而不需特别之技能,特别之教育。一习其事,终身以之。治一学者之不能使治他学,任一职者之不能使任他职,犹金工之不能使为木工,矢人之不能使为函人也。"[1]又说:"凡学问

---

[1] 王国维:《教育小言十三则》,周锡山编校:《王国维集》第4册,中国社会科学出版社2008年版,第18页。

之事其可称科学以上者，必不可无系统。系统者何？立一统以分类是矣。分类之法，以系统而异。有人种学上之分类，有地理学上之分类，有历史上之分类。"①拙著《中国现代学术要略》之第九章"传统学术向现代学术转变：通人之学和专家之学"②，专门探讨的就是此一问题。可以说，没有学术的现代分科就没有现代学术本身。对现代学术分科采取决绝的态度，我认为是非常危险的，因为它可以直接导致学术的倒退。

现代学术分科的代价自然不是没有，但分科主要带来的是学术进步这一点无论如何不能否定。弥补分科代价的方法，在学人是提倡厚植兼通，在学子是加强通识教育。也没有听说索性大家都回到前清以前，继续用四部标名，要求今天的学子必须通四部，窃以为这是天大的笑话。张汝伦先生说："中国传统的学术虽分经、史、子、集四部，但却要求学者能贯通这四部。在古代，只通一部或只治一部的人大概是没有人会承认其'有学'的。"这些大判断问题不少。即使传统社会，不通四部者也不在少数。中国古代的学科分类，最早是孔门德、言、政、文"四科"，《汉志》载刘向、歆父子标为《七略》，南朝阮孝绪分为《七录》，《隋志》始称"四部"。不论是"四科"抑或"七略"、"四部"，能通者也鲜矣。孔门弟子虽号称"皆异能之士"，其于"四科"，也是各有专长，如"德行"为颜渊、闵子骞，"政事"为冉有、季路，"言语"为宰我、子贡，"文学"则子游、子夏。然后是"问题

---

① 王国维：《〈欧罗巴通史〉序》，周锡山编校：《王国维集》第4册，中国社会科学出版社2008年版，第473页。

② 刘梦溪：《中国现代学术要略》，三联书店2008年版，第103—109页。

生"一大堆，包括"师也辟，参也鲁，柴也愚，由也喭"，等等。还没有一个能通"四科"。其实通四部的说法，是相当晚近的现代语文的说法。古代通儒多有，通四部则未也。故通儒不一定通四部。例如汉代列入《儒林传》的，是博士之学，即当日的经学专家。太史公、刘向、扬雄等，《汉书》里各自有专传，享受的是通儒的规格。但即使史迁、刘向、扬雄三大儒，和通四部也没有因缘。

我们不妨再以晚清以还的中国现代学术为例，本人虽然称那是乾嘉之后吾国学术的又一个高峰期，对一个个老师宿学的学养实绩赞美有加，但又有几人堪称通四部？我在《大师与传统》一文中说："古代的通儒，是通古今。现代的通儒，还要通中西。现代学者的所谓通，具体说包括三目：一是中西会通，这是20世纪大师的共同特征；二是四部兼通，可以钱穆、张舜徽为代表；三是文史打通，陈寅恪、钱锺书的学术理念堪称典要。"语及兼通四部，我只举出了钱宾四、张舜徽两人，当然还应该包括章太炎，其他未可必也。真正说来，严（又陵）、康（有为）、梁（启超）、王（国维）、陈（寅恪）、胡（适之）、蔡（元培）诸通儒，通则通矣，但所通在文史、在中西、在天人，而非在四部。细详通四部所悬置的鹄的未免过奢，准确地说，应该是学兼四部。但是，如果因为强调通人之学而贬低甚至抹杀现代学术学科分类的意义，也会陷入了学术史流变的严重误区。

现代学者的所谓通，主要不在于兼通四部，更主要是中西会通。一个国家的学术，如果离开了域外学术思想的参照与交流互动，自身的发展几乎是不可能的。还不简单是学术研究的分类问题，大学的学科建制也与此一问题息息相关。现在综合大学的文史哲各科大都单独立系立所，文学、哲学、历史三科系各有自己独立的渊源和师资力量。如果每个大学都设立国学研究院，那么和同一学校的文史哲各系科是什么关系？综合研究和分科研究的分工论不能构成正当理由。因为文学、哲学、史学领域的从业人员，也需要综合研究，也有成为通儒的学术追求。实际上凡以学术为职业者，不管何种类科，都是既需要专精，又需要会通。所谓国学"可以松动和消解由于现代学术分科产生的学术壁垒"，此义何解？是不是要根本取消大学文史哲等人文学的分类分科分系，而以国学一科系取代之？我虽不谋食于大学，亦不能不为大学忧也。

况且现在还是专家之学的时代，如果弃专业分工于不顾，大力推演所谓通人之学，势必凌虚蹈空，倡大言于天下，不知为学何似矣。我们的政学两界，本来有假大空的传统，难道欲以国学之名推波助澜乎？其实国学根底好的学人，也未必就是通儒。也许恰好相反。如果泥于古而轻于今，只解释文句而不讨论问题，只知有中，不知有西，已是大大的不通。再将学术分科与通识教育对立起来，专家为专业所误，更是不通加上不通。

兹有一事，不能不予辨识。就是20世纪20年代的"国学流行"，特别是北大、清华的国学专门研究机构，到底因何而中断？人们不察，很容易以为是"由于国难而中断"，事实并非如此。北大国学门1922年成立，1927年停办，清华国学研究院1925年设立，1929年停办，并不是由于国难的原因。相反，1927年至1937年的十年间，正是我国各大学学术进入秩序状态的比较好的时期，许多成果都在这一时期出现。陈寅恪一生为学最稳定的时期，也是这十年。北大、清华两校国学专门研究机构的停办，非为他因，而是二十年代末、三十年代初两校的学科设置基本构建完成，文史哲各系科分工并立于当世，国学作为独立系科的位置遂发生动摇。

现在大学设立国学院，同样有此问题。或曰现在的国学院之设，意在培养通儒、培养国学大师。其不知通儒的造就与分科与否并无直接关联。国学大师百不一遇，那是时代知识系统与个人学养结构双重累积的结果，岂体制化的设计所能达致哉？

五 国学的"有用"和"无用"

国学有用吗？这要看对"用"如何理解。如果以能否推动现代化的建设，是不是有利于科学技术的发展，人们的生活质量可否因之而提升，将这类指标作为衡量的标准，我可以肯定地说国学无此用。那么对于人文精神的建构，对于当代人伦理德行的提升，对现代背景下人类寻找迷失的精神家园，是不是有用呢？这也要看对国学如何定义。如果定义为国故之学，那是专门从业人员整理研究的事情，于一般民众也不见得有直接的用处。如果定义为我国固有学术，那么进入此学术史领域的人就更少了。高深的专家之学，与普通大众何与？但如果定义为"六艺之学"，学理深了，但文献少了，而且有千年流行的"六经"的简要读本《论语》和《孟子》，人们可以通过各种方式直接阅读，也包括于丹的方式。这样的国学，当然有用。不仅有用，而且须臾不可离也。但其效果，也绝非速效，而是长期熏习陶冶培养，"百年树人"的事情，而且主要是见之于从中小学开始的教育。

至于国学作为人文与社会科学从业人员的必要的学问根抵，其用处不言自明，无须赘论。就是其他领域以学问为职志的专业人员，包括对传统文化有兴趣的一般人士，如果有机会增益自己的国学修养，也是有百益而无一害的。除此之外国学是不是还有其他更宏伟的用处？我就不得而知了。

但前面提到的《文汇报》上张汝伦先生的文章，却出人意表地提出了国学和人类命运的关系问题。兹事体大，转述怕违原意，兹抄录全部相关段落，以飨读者——

> 国学就是我们古人对他们面临的种种问题的思考和回答。其中有的只有历史价值，但也有的有永恒的价值，具有相当的现代相关性。人类今天生活在现代性危机之中，这个危机的最无可否认的表征就是人类第一次具有整体毁灭的可能，或用美国学者贾雷德·戴蒙德的话说："我们第一次面临全球崩溃的危机。"这并不仅仅因为现代科学技术提供了这种全体毁灭的手段，更是因为现代性已经将毁灭的价值因子渗透进人类生活的方方面面。现代性有其自身的逻辑，从它自身的逻辑是无法跳出它的毁灭进程的。好在我们的古人（并不只是中国古人，而是所有人类的古人）给我们留下了另外的可能性，给我们提供了另外一种思维的逻辑。今天提倡国学，已经不是为了要保国保种，而是为了避免人类集体毁灭，探索一种新的生存可能性。这当然不是说国学能救人类，而是说国学还能够提供今天人们需要的思想和智慧。

这就是说，当人类正面临"第一次具有整体毁灭的可能"的历史时刻，我们的国学可以扮演"为了避免人类集体毁灭，探索一种新的生存可能性"（虽然作者特别解释说"这当然不是说国学能救人类"）的历史角色。如果说学术思想终归有益于世道人心，人们应无异议。但如果说国学可以"避免人类集体毁灭"，则是一个尚待验证的假设的命题。

只有宗教家认为，宗教所扮演的是救赎人类的角色。佛教、印度教、犹太教、天主教、基督教、东正教、伊斯兰教，理论上都担负此种功能。但事实上宗教只能使个体生命的灵魂获得超越性解脱，也就是赐给泥于尘世的个人以天国或者来世的福音，至于整个人类因此全部得到救赎，尚未之见也。人类已经走上了不归路，是不可救的。而一国之学术思想可以有拯救人类的功能，足以"避免人类集体毁灭"，如此大胆的假设，我们在惊愕之余，只剩下无言以对了。

张君的文章还说："从上个世纪到今天，反对或质疑国学的人，归根结底都不是出于学理或学术的理由，而是出于政治的理由，就是认为国学不但无助于中国的现代化，反而有碍于中国的现代化。"此论未免过于独断。我举两个人，他们对国学概念的分疏与质疑，绝无法归入"出于政治的理由"一类。两位真正的国学大师：钱宾四和马一浮。他们说的"前既无承"和"本不可用"，都纯然出于"学理或学术的理由"。即使质疑最强烈的何炳松，曾与王新命等十教授发表《中国本位的文化建设宣言》，也全然是出于如何处理国学和现代学术分科的关系的考虑与权衡，反对摆"大擅场"，提倡"由博反约"的学问态度，何尝有一丝学术之外的"政治的理由"。还有拙《论国学》引录的许地山的《国学与国粹》，也纯然是出于学理和学术，绝无现在常见的那些"间杂"。可见汝伦先生不仅独断，显然也是以偏概全了。

至于国学的学理义涵，我国传统的学术思想，特别是"六艺之学"是否也具有普世价值，这在今天应不成为问题。孔子的"仁者爱人"、"忠恕"、"己所不欲，勿施于人"，当然应该是人类的共德。还有源于孔孟而由宋儒集大成的"主敬",也是属于全人类的德律资源。不过西方传统中,同样有近似或者相同的价值资源。不是孰好孰不好的问题,而是对话互阐的问题。只不过我们的德律施行起来并不容易。连朱熹都发牢骚说:"尧舜三王周公孔子所传之道未尝一日得行于天地之间。"(《朱子文集》卷三十六)陈寅恪的祖父陈宝箴也发为疑问:"孔子之教,自为至中至正,而后世之真能效法以传其教者,复有几人?"(1898年4月3日南学会演讲)本来文化的"大传统"和"小传统"是互补互动的关系,但在中国,民间的"小传统"总能滋生出一种误读乃至消解"大传统"的力量,把"道德的人"复位为"自然的人"。这种情形,作为"大传统"的托命人的知识人士是不是也负有一定的责任?比如尚高、好为大言,等等。平心而论,张汝伦先生的文章就稍嫌言大尚高。为国学投身立命,其情可悯。但立为言说,竟然提出:"今天提倡国学,已经不是为了要保国保种,而是为了避免人类集体毁灭,探索一种新的生存可能性。"这言论不是太大太高了吗?年轻人固然无法信服,年长的人就能服膺吗?那么外国人呢?尽管他们的聪明不在我们之上,也大体能够明白此大言颇接近于宗教的警示语。

又不仅此。张君文中还有更具概括性的判语:"青山遮不住,毕竟东流去。"此语不仅言大了,也言重了。钱穆、马一浮、何炳松、许地山几位对国学有所质疑的学者,他们可是真懂国学的大家,即使有些许微词,也不至于被蒙上欲"遮住"国学这清江碧流的罪名。"纣虽不善,未如是之甚也。"司马长卿岂不云乎:"非常之原,黎民惧焉。"

六 国学和宗教

尽管近来国学大热，还没有看到把国学和宗教直接联系起来为说。但如果谈论国学带上宗教的警示意味，距离国学的"宗教化"亦非邈不可期。这导源于和国学有关的一些概念之间的混淆而未加分疏。

首先是国学和中国传统文化，这是两个不同的概念，在使用的时候宜有分别而不应加以混淆。盖传统文化的涵容面大，而且是一个"松散的整体"（史华慈语），国学的涵容面要小得多。文化是指一个民族的整体生活方式及其价值系统，因此中华民族在传统社会的整体生活方式及其价值系统就是传统文化。但文化有物化的层面和精神的层面，国学自然属于文化的精神层面，但精神层面的文化包含的内容依然很多，宗教、道德、艺术、哲学、风俗、习惯，等等，都在其中。我们不妨采取排除法，至少宗教、道德、艺术、风俗、习惯，不属于国学的范围。因此可以得一结论，即中国传统社会的两大宗教：佛教和道教，虽然是中国文化的重要构成，却不能认为是国学。也就是说，需要把"学"和"教"区别开来。宗教在一个民族的文化系统中所占的地位，人所能知。一个民族可以没有发达的哲学，却不可以没有宗教和信仰。

正因为如此，研究者在概括中国传统文化的特点时，常常以儒释道"三教"作为显例。不过这里产生一个问题，即儒家是不是宗教？我本人的看法是否定的。恰好我在研究陈寅恪对儒释道的"判教"态度时，发现寅老在《陶渊明之思想与清谈之关系》一文中，明确地写道："中国自来号称儒释道三教，其实儒家非真正之宗教，决不能与释道二家并论。"①其态度断然而决绝。站在"判教"的立场，陈寅恪不能容忍把儒家和释、道二家同以宗教视之。但作为文化的历史叙述，"三教"之说，仍然是真实的存在。那么儒家何以有时也以"教"称？主要在于儒家虽然不是真正的宗教，但重视"教化"却是儒家贯彻始终的信条。"儒教"一词，实来源于儒家的"重教"。然而"教化"的"教"，教育的"教"，"重教"的"教"，易言之，《论语》"子以四教"的"教"、"有教无类"的"教"，和宗教的"教"名言虽一，义理内涵则完全不同。

兹有一历史事例可补正拙说。这就是1913年，康有为、陈焕章等曾在上海发起成立"孔教会"，尊孔子为"教主"，同年9月27日（农历八月二十七孔子诞日）聚会曲阜，祭祝大成节，12月12日向袁世凯大总统寄报"孔教会公呈"，并"准予立案"。如果历史上的儒家一向是宗教，何必到民国以后才有此大倡孔教之举？此一事例反证儒家不是真正的宗教。而同年12月9日，章太炎被袁世凯软禁京城期间，开办"国学讲习所"，特于讲所之墙壁张贴通告曰："本会专以开通智识、倡大国性为宗，与宗教绝对不能相混。其已入孔教会而后愿入本会者，须先脱离孔教会，庶免薰莸杂糅之病。"此亦可见"学"与"教"的性质上的分庭而不能混而为一。

进而言之，儒释道三家各自都存在"学"与"教"的关系问题。儒家其作为"学"的义理内涵，就是通常所谓儒学，原发自先秦，整合变异于两汉，集大成于宋代。儒家的"教"的作用，则主要见之于以家庭为本位的社会结构之中，特别是历代公私所立之

---

① 陈寅恪：《金明馆丛稿初编》，三联书店2001年版，第219页。

各级学校,其所施教,即为儒家之教。因此儒家本身的"学"与"教"是统一的,只是如视儒家为宗教,则儒学和"儒教"便不能统一了。而佛教作为信仰的对象的宗教,自有其独立的组织设施和场所,有固定的信众,有自己的戒律清规,是一单独的王国。至于佛教的义理,通称为义学和禅学,也可以称作佛教哲学,简称佛学,蕴致高深幽渺,学者研求尚且难入,普通信众应可信而无与。道教是中国的本土宗教,其为"教",组织、设施、活动,自成一规定之体,虽不及佛教严密,徒众的信仰主要通过禳灾祈福或符箓丹铅的方式来呈现,而其作为"学"之义理,则又与"借来"的教主老子的思想二而为一,然而道家和道教又不宜混为一谈。

我引来这些"理"与"故",意在说明儒释道三家固然是中国传统文化的思想基干,却并非都属于国学的范围。若以国学称之,则此种学说必须是本国所创生固有。因此佛学能不能全部纳入"国学"的范围,应尚存疑问。佛教是外来宗教,其学说之义理,至少大乘唯识之学的义理,应不在国学的范围之内。职是之故,陈寅恪在探讨外来学说能否发生"重大久远之影响者",特以玄奘唯识之学为例。事实上,如果以佛学为国学,不仅离一般民众,离一般知识人士,也会变得邈远不可即。还可以换位到当下思考此一问题,如果今天之国学热,假如变成了佛学热,恐怕也不是国学提倡者所预期。所以马一浮先生不满意国学是固有学术的说法,认为这种主张"所含之义亦太觉广泛笼统,使人闻之,不知所指为何种学术"(《泰和会语》)。换言之,如果等同国学为固有学术,则儒乎?佛乎?道乎?将国学等同于任何一种单一的学术思想,则无论是指佛学或儒学或老庄之学,都不能满足国学之根本取义。说开来只有马一浮先生提出的国学即"六艺之学"的定义,于学理于学术流变过程均若合符契。

国学的诠释其实还有一个避免学问义理的俗世化的问题，这在今天亦值得引起我们的注意。我所以特别强调，要把国学和传统文化区别开来，把"学"与"教"区别开来，其初意即有鉴于此。现在什么都成为"国学"了，连古代的所谓"胎教"，也被认为是"国学"的一个范例。苟如是，则雕刻、泥塑、参禅、测字、占卜、医药、百戏，更不要说武术、书法、绘画，无一不可以成为国学。这在学理上是混淆了道与器、形上之学和形下之学的分别，无异于置国学于沙尘瀚海，结果是淹没乃至消解了国学。

七 国学无须"热"

我近来对国学和相邻概念所作之辨析，是为了将国学的真正内涵还给国学，而不赞同人为地将国学炒得太热，太热了，反而不利于国学的生长。二十年前的1988年12月15日，我在《中国文化》创刊词里写道："与学界一片走向世界的滔滔声不同，我们想为了走向世界，首先还须回到中国。明白从哪里来，才知道向哪里去。文化危机的克服和文化重建是迫临眉睫的当务之急。如果世界同时也能够走向中国，则是我们的私心所愿，创办本刊的目的也在于此。"盖目睹当时之学界，搬抄西方之观念方法已成一时之时尚，故本人有此刊之创办和此语之发出。不意我的浅学之见，竟与二十年后如今高倡国学之时贤所论，不无针芥之合。

不过我在创刊词里同时还提出："《中国文化》没有在我国近年兴起的文化热的高潮中与读者见面，而是当文化热开始冷却，一般读者对开口闭口大谈文化已感觉倦怠的情势下创刊，也许反而是恰逢其时。因为深入的学术研究不需要热，甚至需要冷，学者的创造力量和人格力量，不仅需要独立而且常常以孤独为伴侣。"时光虽已过去了二十年，现在我仍然是这样的主张。因此我不赞成国学过热。

如果承认国学是一种学术，则不论国故学的定义也好，固有学术的定义也好，"六艺之学"的定义也好，都无须也不可能太热。无论何种学问，太热了，绝非好事。当年的"鲁迅热"如何？过去以及如今的"红学热"又如何？前车侧辐之鉴，为学者不可不察。钱锺书先生说："大抵学问是荒村野老屋中，二三素心人商量培养之事。朝市之显学，必成俗学。"这当然是现代条件下不容易达致的境界。但"朝市之显学，必成俗学"的警语，却不能不认真看待。近年又有所谓"钱锺书热"、"陈寅恪热"，本人向所质疑。如果大家真心实意地喜欢国学，爱护国学，就请各位高文博学毋为时下这虚张的国学热多所推波助澜，尽量使国学的概念减肥瘦身，尽量以朱子"旧学商量加邃密，新知培养转深沉"为旨归。或至少做到，我们大家都莫以"避免人类集体毁灭"的"终极关怀"相期许，也不必用"青山遮不住"一类跨越时空的豪语为警吓。

二十世纪二三十年代国学流行，而有钱宾四、马一浮诸大儒的冷静声音。他们哪里是反对国学，他们是在讲国学的时候，凭借学理来作概念的分疏。1936年，浙江大学竺可桢校长，多次拜访马一浮，欲聘为讲座，因各种原因未果。其中一个偶然因素，是最后在几乎达成的情况下，科学家竺可桢校长不愿接受马先生的一个不高的条件，即如果担任讲座，应称他为"国学大师"。1936年8月1日的《竺可桢日记》对此有如下记载：

国学辨义

  九点至青年路晤张圣征，应子梅之邀。谈及马一浮事，适圣征之兄天汉亦在座。据张云，一浮提出一方案，谓其所授课不能在普通学程以内，此点余可允许，当为外国的一种Seminar。但一浮并欲学校称其为国学大师，而其学程为国学研究会，则在座者均不赞同，余亦以为不可。大师之名有类佛号，名曰会，则必呈请党部，有种种麻烦。余允再与面洽。①

  竺校长所记自是信史应无疑问，可是于今思之，不免妙理玄规，迹近吊诡。马先生无非想有个名义。到大学去授课，讲者为谁呀？"教授"，马先生没有这个职称。"博士"，马先生更没有念过学位。称"马先生"，说他自学成才，听闻不雅。出于无策，他才想出了国学大师的名目。同时此演讲人也得有个单位呀？他显然借鉴了太炎先生讲学东京的办法，请柬下款写的就是"国学研究会"。不料两项提议均被拒绝。"国学大师"的不予采纳，是由于类似佛号。看来大度如竺可桢也不愿他的教师与二氏的法号相混。至于后一项，竺校长应该没有责任。因为当时他们都处身"党国"，每所大学都设有国民党的党部。"国学研究会"名涉社会团体组织，而国民政府的戡乱法还没有解禁，自然是不可用了。这第一项是"能诠"，本该解决的。第二项是"所诠"，情涉法理，以校长之尊，亦爱莫能助。

  我引来这段掌故是想证明，马一浮先生虽质疑国学的立名，却并没有反对国学。实际上，他给出的国学乃是"六艺之学"的

---

① 《竺可桢全集》第6卷"日记"，1936年8月1日，上海科技教育出版社2005年版，第121页。

定义，是绝大的学术命题，是为民族文化血脉的传承拟千秋万代之计。此点，不是热不热的问题，而是需要现在就着手做起来的问题。

做什么？主要是一件事，即在小学、初中、高中、大学一二年级，正式开设国学课。课目的名称就叫"国学"，内容则以"六艺之学"为主。本来我在《论国学》文章的最后一部分，提出的是只在小学开设国学课。后收到香港中文大学原校长、国际著名的文化社会学家金耀基先生的函示，其中涉及此建议的一段他是这样写的：

> 尊文《论国学》中"一点设想"，建议在小学设国学一科，内容以六艺为主。读来叫我又惊恐，又欢喜。此是文化教育绝大事情。此涉及为"价值教育"（或"伦理教育"）在今日（中西均然）垄断的"知识学"外寻求一位置，也是在今日学校（特别是大学）的课程中寻求一位置。我最欣赏尊文所说"这样将来终会有一天，所有中国人的知识结构里面，都有我们华夏民族最高端的文本经典为之奠基，使之成为中华儿女的文化识别符号"一段话。鄙意与尊见略有不同者，以为学校应不限于小学，中学、大学或更重要。国学内容则以《四书》（尤其是《论语》、《孟子》）为主。不知先生以为如何？

此信写于2008年3月8日，是他收到我寄呈的《论国学》一书之后，写来的回示。我完全赞同耀基先生的高见。的确不应限于小学，中学、大学应更为重要。而且他把此议提升到教育学的学理层面，认为此举是在垄断的"知识学"外，为"价值教育"或"伦理教育"寻觅一席之地。我之初意,不过冀图在未来中国人的知识结构中注入中华文化的原典精神,俾便日后每一个中华儿女的身上都带有中华文化的识别符号,经耀基先生这样一讲,其理据更加充分,而且还有教育之学理存焉。

何谓中华文化的原典精神?要之其神韵典要具在"六经"。也就是马一浮先生所说的"六艺"。马一浮说:"学者当知六艺之教固是中国至高特殊之文化。惟其可以推行于全人类,放之四海而皆准,所以至高。惟其为现在人类中尚有多数未能了解,'百姓日用而不知',所以特殊。故今日欲弘六艺之道,并不是狭义的保存国粹,单独的发挥自己民族精神而止,是要使此种文化普及的及于全人类,革新全人类习气上之流失,而复其本然之善,全其性德之真。方是成己成物,尽己之性,尽人之性,方是圣人之盛德大业。若于此信不及,则是于六艺之道犹未能有所入,于此至高特殊的文化尚未能真正认识也。"[①]马一浮倡六艺之学、六艺之教、六艺之道,无异于寻找到一条既连接古今又能够沟通中西的对话途径,此不仅我华夏民族文化传承的需要,也是构建全球精神伦理的需要。马先生是鉴于对"六艺"精神脉理的研几深微,向国人和世人发出的一种现实的期许。故所谓国学者,乃是"六艺之学"也,经典之学也。

因此,如果现在的小学、中学和大学的一二年级设"国学课"而施"六艺之教",窃以为可行。问题是如何化难为易,编订出合适的教材。原则应该是简而不繁,由浅入深,以选本以白文为主,

---

① 马一浮:《泰和宜山会语》,《马一浮集》第一册,第23页。

然后渐及于注。所深者理也，所繁者文也。入手还是通过《论语》、《孟子》、《大学》、《中庸》"四书"，而尤其以《语》、《孟》为取径，更为便捷。盖"四书"既是"六经"的引桥，又是将"六经"化难为易的范本。因孔、孟所论，均不出"六艺"之范围。二程子就曾说过："于《语》、《孟》二书知其要约所在，则可以观'五经'矣。"①所以，小学应以诵念"四书"为主，初中巩固"四书"，同时初涉"六经"简选本，使诵念和讲解适当结合。高中"四书"、"六经"之外，应兼及庄老诸子。都是简读、选读，并不复杂，也无须花太多的时间。大学一二年级可稍稍接触经解，顺便寻览学术史，包括宋明儒的著作，老庄佛学的代表著作，以及前四史等。科目都叫"国学"，也都是选读选学，简读简学，并非要花很多时间，且以不影响其他学科和现代知识的吸取为条件。高中、大学一二年级宜适当增加文言文的写作练习。

苟能如此循序渐进，持之以恒，潜移默化，长期熏习，则中国文化的源头经典、固有的文化传统、民族的精神义理、古贤往圣的德传血脉，就和当代人不期然地连接起来了。显然这是教育部门应该及早做起来的问题。所以我认为，现在不需要"国学热"，而是需要"国学做"。

八 国学与诗学

国学不能扩大化。所有东西都变成国学，等于没有了国学。在我看来，国学首先是学问的根底问题。这个根底主要表现在两个

---

① 《二程集》下册，中华书局1981年版，第1204页。

方面：一个是小学，一个是经学。经学就是"六经"，再扩展，是十三经。其实十三经已经推衍开了，基本的还是"六经"。"乐经"不传，实际上是"五经"。宋代重视义理，重视的是"六经"的义理和思想。濂、洛、关、闽四大家，基本上都是回到"六经"，重构儒家的思想体系。所以要说国学，最主要的应该是经学和小学。要懂经学，就得懂小学。小学是工具和路径，不懂小学，通经之路就走不过去，就没有能力研究经学。

至于一般的诗文写作，我认为不应该包括在国学的范畴之内。古人把诗看成学的别体，不看成学的本身。宋代理学根本的贡献，在于它不单是对孔孟的继承，还吸收了佛教特别是禅宗的思想，也吸收了道家和道教的思想，成为宋代的新学说理学。陈寅恪把宋代理学称作"新儒家"，因为它跟先秦，跟汉代不一样。新在哪里？在于它吸收了各家思想，形成中国思想史上的一个奇观，一个大的思想汇流。朱子的学问，包括二程、周、张，都了不起。这是宋代思想的大格局。以诗来讲，宋诗的地位同样是很高的。讲中国诗的历史，唐了不起，宋也了不起。元代的诗其实也很了不起。明诗能轻视吗？明诗又是大家辈出。明诗有什么特点？明诗是返唐的，重新回到唐。明代的诗有唐诗的余韵。清诗又开一新局，清诗是返宋的。从清诗可以看到宋诗的神韵，最典范的代表就是晚清同光体诸大家。

作为"六经"之一的《诗经》，跟后来文人雅士写的诗，是不同的概念。《诗经》是中国人文的源头，博大渊雅，是后来任何一个单独个人无法达到的。《诗》三百篇，已经成"经"了。它不仅是儒家的基本经典，也是中国学术的基本经典。不管是李白和杜甫的诗，还是苏东坡和黄山谷的诗，它们都不能叫"经"。区别就在这里。《诗经》所以被称为"经",是中国文化的基本礼义德范、精神价值在里面,是可以作为中国人修身的教材的。古人蒙学开始,一般先念《诗经》。《诗经》跟后来的学者文人写的诗,完全不能相提并论。《诗经》是中国文化的一个渊薮,是诗学的源头。唐诗、宋词、宋明诗、清诗,只能说是《诗经》的流裔,或者扩而言之是《诗》、《骚》的流裔。诸子百家、四部的学问,则是"六经"的流裔,后世诗文更是流裔的流裔了。

2008年7月4日初稿,8月16日改定

(简稿原载《文汇报》2008年8月4日,全文载《社会科学报》2008年8月28日。)

第四卷

中国历史由唐而宋，是学术思想的又一转变期。这一转变是伴随着佛教的中国化过程而展开的。王国维、陈寅恪都认为宋代是吾国思想文化的最高峰，而由周、程、张、朱代表的新儒学的诞生，被陈寅恪称之为中国思想演变的"一大事因缘"。张载的《西铭》，为人类描画出一幅仁慈博爱的世界图景，天地、家国、圣贤、老幼、病残、孤寡共为一家，仁孝为准绳，彼此相友爱，交信和睦，体用不二。而且推而扩之，由人及物，"民吾同胞，物吾与也"。民胞物与，这一放着光辉的哲学思想由此诞生。其实就是赋予生之为人以义理良知，合异返同，仁民爱物，归原大公。

为生民立命

——"横渠四句教"的文化理想

我们中国文化研究所学术厅，一面墙壁上镶嵌着大幅的"横渠四句教"："为天地立心，为生民立命，为往圣继绝学，为万世开太平。"已故大书家顾廷龙先生的篆体书法，高古苍劲，不可一世。凡莅临本所的承学之士，无不抬头默念此教。我平时当所内学人例聚之时，也每以此教相勖勉。

一 张载和《西铭》

张载字子厚，号横渠，就是宋儒濂、洛、关、闽四大家的"关"，因生于陕西而以地望名。另外三家，周敦颐是湖南道州濂溪人，以地望称濂溪。程颢、程颐为河南洛阳人，故称"洛学"。朱熹原籍徽州婺源，他本人生于福建龙溪县，学者因此以"闽学"括概。年辈周敦颐最长，张载次之，周比张大三岁。张比二程的明道大12岁，比伊川大13岁，张是二程子父尊程珦的表弟，两家有亲缘关系。但张载对二程子的学问非常钦服，嘉祐初年他在京师讲《易经》，以虎皮为坐垫，可是听了明道和伊川的见解之后，他撤掉虎皮，停止讲论，对听讲的人说："比见二程深明易道，吾所弗及，汝辈可师之。"①二程子对张载的学问也深具了解之同情。明道说："只是须得他子厚有如此笔力，他人无缘做得。孟子以后，未有人及此。"②伊川说："横渠道尽高，言尽醇，自孟子后，儒者都无他见识。"③

张载最被二程子等同时诸大儒称许的是他的《西铭》。其实是他的著作《正蒙》最后第十七篇"乾称"中的一段文字，他自己视为可以张之墙牖的座右铭，曾以《订顽》为题录之于书室，程颐改称《西铭》，学者悉宗之。《正蒙》中的另一段文字，张载以《砭愚》为题也曾书于墙牖，伊川改为《东铭》。但《西铭》影响最著，全文只有二百五十二个字，兹全录以共飨。

乾称父，坤称母。予兹藐焉，乃混然中处。故天地之塞，吾其体，天地之帅，吾其性。民吾同胞，物吾与也。大君者，吾父母宗子，其大臣，宗子之家相也。尊高年，所以长其长。慈孤弱，所以幼吾幼。圣其合德，贤其秀也。凡天下疲癃残疾、茕独鳏寡，皆吾兄弟之颠连而无告者也。于时保之，子之翼之。乐且不忧，纯乎孝者也。违曰悖德，害仁曰贼，济恶者不才，

---

① 《宋史》本传有载，参见《张载集》，中华书局1978年"理学丛书"版，第386页。又《河南程氏外书》卷第十二"传闻杂记"亦载："横渠昔在京师，坐虎皮，说《周易》，听从甚众。一夕，二程先生至，论《易》。次日，横渠撤去虎皮，曰：'吾平日为诸公说者，皆乱道。有二程近到，深明《易》道，吾所弗及，汝辈可师之。'横渠乃归陕西。"《二程集》上册，中华书局1981年"理学丛书"版，第436—437页。

② 《河南程氏外书》卷第二上，《二程集》上册，中华书局1981年"理学丛书"版，第39页。

③ 《二程集》上册，中华书局1981年"理学丛书"版，第196页。

其践形唯肖者也。知化则善述其事，穷神则善继其志。不愧屋漏为无忝，存心养性为匪懈。恶旨酒，崇伯子之顾养；育英才，颖封人之锡类。不弛劳而底豫，舜其功也；无所逃而待烹，申生其恭也。体其受而归全者，参乎？勇于从而顺令者，伯奇也。富贵福泽，将厚吾之生也；贫贱忧戚，庸玉女于成也。存，吾顺事；殁，吾宁也。①

《西铭》为人类描画出一幅仁慈博爱的世界图景，其基本假设是天地、家国、圣贤、老幼、病残、孤寡共为一家，仁孝为准绳，彼此相友爱，交信和睦，体用不二。而且推而扩之，由人及物，"民吾同胞，物吾与也"。民胞物与，这一放着光辉的哲学思想由此诞生。其实就是赋予生之为人以义理良知，合异返同，仁民爱物，归原大公。不止二程，朱熹以及后来的王夫之，都极看重张载的这一思想。朱熹说："盖以乾为父，以坤为母，有生之类，无物不然。所谓理一也。而人物之生，血脉之属，各亲其亲，各子其子，则其分亦安得而不殊哉。"②因此他赞同二程子认为《西铭》是明"理一分殊"之理的看法。因有学者名杨时者尝致函伊川，认为《西铭》所论仅存"理一"，而无分殊，与墨子兼爱之义无别。伊川答函纠正了杨氏的看法③，朱子亦为《西铭》一辩。

王夫之论《西铭》，亦直中肯綮："张子此篇，补天人相继之

---

① 张载：《正蒙·乾称篇第十七》，《张载集》，中华书局1978年"理学丛书"版，第62—63页。
② 朱熹：《西铭论》，《朱熹集》第九册，四川教育出版社1996年版，第5667页。
③ 程颐：《答杨时论西铭书》，《二程集》上册，第609页。

理，以孝道尽穷神知化之致，使学者不舍闺庭之爱敬，而尽致中和以位天地、育万物之大用，诚本理之至一者以立言，而辟佛老之邪迷，挽人心之横流，真孟子以后所未有也。"[1]可谓与程、朱诸子的看法如出一辙。宋儒的充满豪气的使命，就是承接孔孟开启的道统，为儒家打开一片新天地。朱熹于此点讲得最为明白，只不过他总是把周、张、二程放在前面，而谦表自己的私淑之怀。不过宋代新儒学的集大成者，还是非朱元晦莫属。

至于《西铭》是否也辟了佛老，王夫之未免因循宋儒的惯常之见。濂、洛、关、闽诸大儒，无一不曾吸收佛道二氏的思想，但同时他们也不约而同地辟佛。张载《西铭》与释氏有无关系，近人张君劢氏的诠解甚具理趣。张氏援引佛典《维摩诘·问疾品》为说，其中维摩诘答何以生病一段为："从痴有爱，则我病生。以一切众生病，是故我病。若一切众生得不病，则我病灭。所以者何？菩萨为众生故，入生死。有生死，则有病。若众生得离病者，则菩萨无复病。比如长者，唯有一子，其子得病，父母亦病，若子病愈，父母亦愈，菩萨如是。于诸众生，爱之若子，众生病，则菩萨病，众生愈，菩萨亦愈。是疾何所因起？菩萨病者以大慈悲。"张氏认为此一佛家义理和《西铭》之义理，有缘生缘起的若合符契之处。他在《新儒家思想史》一书里写道：

> 儒家的目的并不是宣扬爱以摆脱生死轮回，然而，儒者对整个人类则是充满着仁爱之心的，因为众生之病者甚多，不得

---

[1] 王夫之：《张子正蒙注》，中华书局1975年版，第314—315页。

不需要仁爱以减少众生之病痛。因此，如果不重视对人类之爱，儒家的复兴就是不可能的。这就是张载写作《西铭》的动机。①

我们自然无法重新进入张载写作的历史现场，他是否在看了《维摩诘·问疾品》的佛典之后才开始写作《西铭》，已全然不可知，因此写作动机究竟怎样，只能是一种推测。但其所表达的民胞物与、仁民爱物的博爱思想，应该是儒佛合一的普世价值，当无可疑。二程子每以"不杂"方张载之学，理据之重心乃在张子的博爱思想至为单纯，所谓"极纯无杂"和"意极完备"的"仁之体也"②。

《西铭》的语言词气也别具文简、意永、气醇的特色。所用都是成典，从《周易》、《诗经》、《左传》、《礼记》，到《论语》、《孟子》、《中庸》和《颜氏家训》，均有所取义，的确如朱熹所言，"大抵皆古人说话集来"③。但往圣昔贤之故实，已化作新思巧构之美文，似述犹创，虽旧弥新。《孟子》里多处记载关于舜的发迹和他的一家的传奇故事，包括弟弟象试图加害于他，他仍然善待其弟，以及设想他的父亲瞽瞍如果杀了人，他应该如何处置等有关社会政治伦理和家庭伦理的讨论。然而舜又是以至孝著称的。孟子以此发为议论说："舜尽事亲之道而瞽瞍厎豫，瞽瞍厎豫而天下化，瞽瞍厎豫而天下之为父子者定，此之谓大孝。"④所谓"厎豫"，就

---

① 张君劢：《新儒家思想史》，台北弘文馆出版社1986年版，第150—151页。
② 《元丰己未吕与叔东见二先生语》，《二程集》，中华书局1981年版，第15、22页。
③ [宋]黎靖德编：《朱子语类》卷第九十八，第七册，中华书局"理学丛书"版，第2520页。
④ 《孟子·离娄章句上》，朱熹：《四书章句集注》，中华书局1983年版，第287页。

是使之高兴欢愉。舜尽心竭力孝敬父母,使得父亲瞽瞍很开心。而能够让老父亲开心,舜便为天下人立下一个典范,使规范父子关系的伦理规则有所遵循。《西铭》对此典只用"不弛劳而底豫,舜其功也"一句概括之。"恶旨酒,崇伯子之顾养;育英才,颍封人之锡类"两句,尤清通隽永。崇伯子是夏禹,禹的父亲鲧因封于崇而称崇伯。《孟子·离娄下》对禹有"恶旨酒而好善言"的称誉[1]。"育英才"来自《孟子》的君子有"三乐",一是父母俱存,兄弟无故,二是仰不愧于天,俯不怍于人,三是"得天下英才而教育之"[2]。"育英才"至今还是一个活着的充满生命力的词汇。颍封人则指《左传》隐公元年记载的颍考叔的故事,所谓"颍考叔,纯孝也,爱其母,施及庄公",并引《诗》赞其"孝子不匮,永锡尔类"[3]。故《西铭》的引成典,述旧句,并不是述而不作,而是以古为新,增加义理的原典力量。而结尾"存,吾顺事;殁,吾宁也",更堪称文简意永的修辞范例。

二 宋儒的集体文化纲领

现在我们回到"横渠四句教"。须是了解了《西铭》,方能理解"四句教"。此"四句教"一般依据的是黄宗羲、黄百家父子编纂的《宋元学案》,百家在卷十七"横渠学案"所加的按语中写道:

---

[1] 《孟子·离娄章句下》,朱熹:《四书章句集注》,第294页。
[2] 同上,第354页。
[3] 《春秋左传正义》,《十三经注疏》标点本第七种,上册,北京大学出版社1999年版,第56页。

为生民立命

"先生少喜谈兵，本趺驰豪纵士也。初受裁于范文正，遂翻然知性命之求，又出入于佛老者累年。继切磋于二程子，得归吾道之正。其精思力践，毅然以圣人之诣为必可至，三代之治为必可复。尝语云：'为天地立心，为生民立命，为往圣继绝学，为万世开太平。'自任自重如此。"①这四句话既是张载一生为学的归宿，也可以看作是宋儒的集体文化纲领。

何谓"为天地立心"？天地岂有心乎？《周易》"复"卦的"象传"曰："复，其见天地之心乎？"这应该是"天地之心"一语的最早出处。盖天地本无心，有心在人耳。张载在《诗书》一篇里就是这样写的："天无心，心都在人之心。"②他还说："大抵言天地之心者，天地之大德曰生，则以生物为本者，乃天地之心也。"③程颢、程颐二先生也说："一人之心即天地之心。"④明道则说："夫天地之常，以其心普万物而无心；圣人之常，以其情顺万事而无情。"⑤伊川解《易》时写道："天地无心而成化，圣人有心而无为。"⑥伊川还曾说过："合而听之则圣，公则自同。若有私心便不同，同既是天心。"⑦伊川又说："天心所以至

---

① 《宋元学案》第一册（卷十七"横渠学案上"），中华书局1986年版，第664页。又《张子语录》和《近思录拾遗》的文字稍有出入，作"为天地立心，为生民立道，为去圣继绝学，为万世开太平"，分见《张载集》，中华书局1978年"理学丛书"版，第320、376页。
② 张载：《经学理窟》，《张载集》，中华书局1978年版，第256页。
③ 张载：《横渠易说》，《张载集》，第113页。
④ 《二程集》上册，中华书局1978年版，第13页。
⑤ 同上，第460页。
⑥ 《二程集》下册，第1029页。
⑦ 《二程集》上册，第145页。

仁者，惟公尔。人能至公，便是仁。"[1]陆九渊也说："在天者为性，在人者为心。"[2]这也即是张载《西铭》里说的"乾称天，坤称母"，亦即天地乃万事万物的父母，而天地之心，就是"民吾同胞，物吾与也"的仁民爱物之心。换言之，为天地所立之心，就是使生之为人能够秉具博爱济众的仁者之心，以及廓然大公的圣人之心。

所以孟子说："仁，人心也。"[3]所以，马一浮解释"为天地立心"的义涵，特别标举孟子的"四端"说，即"恻隐之心，仁之端也；羞恶之心，义之端也；辞让之心，礼之端也；是非之心，智之端也。人之有是四端也，犹其有四体也。"[4]提出："天地以生物为心，人心以恻隐为本。孟子言四端，首举恻隐，若无恻隐，便是麻木不仁，漫无感觉，以下羞恶、辞让、是非，俱无从发出来。"[5]实则，恻隐之心，就是不忍之心，也就是孔子的"己所不欲，勿施于人"，也就是仁所由出的起点。以此马一浮先生总结道："学者之事，莫要于识仁求仁，好仁恶不仁，能如此，乃是为天地立心。"[6]

"为生民立命"句，直接来源于孟子的"立命"的思想。《孟子·尽心上》有云："尽其心者，知其性也。知其性，则知天矣。存其心，养其性，所以事天也。夭寿不二，修身以俟之，所以立

---

[1] 《二程集》上册，中华书局1978年版，第439页。
[2] 《象山语录》下，《象山语录　阳明传习录》，上海古籍出版社2000年版，第72页。
[3] 《孟子·告子章句上》，朱熹：《四书章句集注》，第333页。
[4] 《孟子·公孙丑章句上》，朱熹：《四书章句集注》，第238页。
[5] 马一浮：《泰和会语》，《马一浮集》第一册，浙江古籍出版社1996年版，第5页。
[6] 同上，第5—6页。

命也。"①这段话中所涉及的心、性、天、命,在孟子的思想中居于核心位置。中国哲学的"心性论"思想,孟子所阐发最见完备精微。人心即"仁心",这是孟子的"性善论"假设。因此"尽心",就是让心体之"仁"得到充分发挥。"知性"就是明白心性的义理。而能够明心性的义理,也就知道天命了。所以《中庸》说"天命之谓性"。二程子也说:"只心便是天,尽之便知性,知性便知天。"②而只有"知天",才能"事天",亦即知道怎样做才能履行对天的承顺不违的使命。但"性"不是凝固不变的,它可得可聚,也可失可散。只有进之于"道"的境界,才不致散失。故二程子说:"顺其性而不失,是所谓道也。"③而"道"需要修为,需要学习,需要教育。这就是《中庸》讲的"修道之谓教"。通过修身致教,最后如果能达到这样一种境界,即不管一个人的寿命是长是短,都能保持自己的性体全德,那么这个生命个体就可以说已经安身立命了。

孟子还有"正命"的思想。《尽心篇》又云:"莫非命也,顺受其正。是故知命者不立乎岩墙之下。尽其道而死者,正命也。桎梏死者,非正命也。"④所谓"非正命",就是尚未安身立命;"正命",是已然安身立命。在孟子看来,人之生死之大端,也有"正命"和"非正命"的分别。犯罪或者因其他意外(例如岩墙的覆压之祸)的死亡,可以经由理性的自律来避免,人类应该不让这

---

① 《孟子·尽心章句上》,朱熹:《四书章句集注》,第349页。
② 《二程集》上册,中华书局1978年版,第15页。
③ 同上,第30页。
④ 《孟子·尽心章句上》,朱熹:《四书章句集注》,第349—350页。

种"非正命"的事情发生。孟子的这一思想,是不是可以说已为后世的人权思想预留下早期的萌端,我不敢断言,但如果认为它是一种维护人性不受损伤的思想,应无任何问题。其实这也就是《西铭》"凡天下疲癃残疾、茕独鳏寡,皆吾兄弟之颠连而无告者也"句义的来源。

因此张载在其所著《正蒙》之"诚明篇"里写道:"尽性,然后知生无所得,则死无所丧。"又说:"天所性者通极于道,气之昏明不足以蔽之。天所命者通极于性,遇之吉凶不足以戕之。不免乎蔽之戕之者,未之学也。性通乎气之外,命行乎气之内。气无内外,假有形而言尔。故思知人不可不知天,尽其性然后能至于命。"①此又为四句教之"为生民立命"提供了另一诠释。"至于命"就是"立命",其前提条件是"尽其性",而学以解"蔽",方能"尽其性"。所以张载所标示的"为生民立命",实即为"民吾同胞"来"立命",其立命在于教,"修道之谓教",此之谓也。故马一浮先生诠释此句,融古典今典于一炉,不觉痛乎言之:"今人心陷溺,以人为害天赋,不得全其性命者,有甚于桎梏者矣。仁人视此,若疮痏之在身,疾痛之切肤,不可一日安也。故必思所以出水火而登衽席之道,使得全其性命。"并引孔子"老者安之,朋友信之,少者怀之"之义教,提出:"学者立志,合下便当有如此气象,此乃是为生民立命也。"②诚哉斯言。

---

① 张载:《正蒙·诚明篇第六》,《张载集》,第21页。
② 马一浮:《泰和会语》,《马一浮集》第一册,第6页。

三 被误读的宋学

"为往圣继绝学"之句义，本文一开首即已语及，即这是宋儒自愿担负的集体使命，他们不约而同地认为，孟子以后儒家的道统已然断绝。这就是为什么"四句教"以及《西铭》集孟子义最多的缘由。熟悉思想史的人会问，那么韩愈呢？韩愈的《原道》不是最早提出了同样的问题吗？"尧以是传之舜，舜以是传之禹，禹以是传之汤，汤以是传之文武周公，文武周公传之孔子，孔子传之孟轲，轲之死，不得其传焉。"韩愈的《原道》如是说。但二程子却另有自己的解释："孟子而后，却只有《原道》一篇，其间语固多病，然要之大意尽近理。若《西铭》，则是《原道》之宗祖也。《原道》却只说到道，元未到得《西铭》意思。据子厚之文，醇然无出此文也，自孟子后，盖未见此书。"[①]韩愈在唐，而张载在宋，张之《西铭》反而成了韩的《原道》的"宗祖"，其褒贬抑扬的态度昭然可见。此无他，盖由于韩愈只是提出了问题，并没有着手去解决问题。对此一问题从学理上给予解决的是宋儒。故"往圣"者，孔子、孟子所代表的先儒也；"绝学"者，孔、孟先儒所弘扬之道统也。在周、张、程、朱的眼里，儒学只有先秦，"不知有汉，无论魏晋"。因汉之儒学杂以阴阳谶纬，已近妖氛，而南北朝隋唐之世，道教兴盛，佛法方炽，真能阐扬承继孔孟先儒之道统者，唯有宋儒。当然汉儒整理儒家文本典籍的功劳，也未可轻量，如果不是他们的搜求比勘，秦火后的儒家经典还不知轶落何似呢。何

---

① 《二程集》上册，中华书局1978年版，第37页。

况经生们对文本的沉醉，解经的迷狂，也为日后学者的兴趣研究和为学术而学术的单纯之心，肇始一萌端。

其实此理真实不虚。对儒学而言，孔子固然是集大成者，而宋的濂、洛、关、闽诸大家，则把儒学拓展提升到一个全新的阶段，使儒释道三家为基干的思想大汇流在此得以呈现。而朱熹则是新儒学的集大成者。宋儒的特殊可贵在于，宁可跨越百代，也要直接与孔孟对话，他们让千年前的圣人活泼泼地站在他们的当下。他们是讲孔孟和接着孔孟讲。复活孔孟和回归"六经"，是他们的学术旨趣，也是文化理想。他们重新解释《论语》，让人们看到一个亲切活泼的孔子；重新解释《孟子》，让"好辩"的孟轲向宋人大展谈锋。他们希望人们通过《语》、《孟》的桥梁，接受并认同"六经"的义理。为此他们建构了"理"的世界。先儒主要讲"礼"，很少讲"理"。宋儒既讲"礼"，又讲"理"，主要讲"理"。中国由唐代的"诗性王国"进入到宋代的"理性王国"，那是宋儒的孤明先发的盛举。

但中国传统文化的诗性特质，天生不愿与抽象的"理"相纠缠。所以先儒宁愿讲"道"，也不多所及"理"。老、庄更是如此，宁可多方曲喻拟道，也要尽量避开对"道"的直接诠释。先秦各学派都认定道是无形的、集虚的、玄秘的、不可知的。因此"言多伤道，理多害道"，似乎是各家默认的共识。但人们宁愿体悟不可知测之道，也不愿深入论理。纯理的思考与中国思想的渊源不深，也不合普通中国人的思维习惯。陆九龄、陆九渊兄弟当时已经对朱熹的"理"感到不耐烦了,说朱子"着意精微",难免"支离"①。阳明心学成立的前提,不也是鉴于朱熹的理学太过麻烦吗?其实朱子的思想抽象得远远不够,很多情况下仍难于避免"拖泥带水"。他从不离"事"来谈"理",而且在世时他的学说并未能畅行其道。余英时先生的《朱熹的历史世界》一书②,探讨的就是此一问题。中国人的文化心理结构,属于直观易简的类型,不愿意按规范程序走完事物的全过程,不是中途而废,就是试图"曲径通幽"。大乘佛学之不能在中国流行,其与我民族固有文化的思维惯性不能呈相适应之势,不排除是重要一因。所以陈寅恪谈到鸠摩罗什所译的《维摩诘所说经》的原典,在中土流传过程中所发生的变异,特别是故事演义一系的孳孕添加,离开原典义涵越来越远,于是他发出一极深沉的文化思考:"岂以支那民族素乏幽渺之思,净名故事纵盛行于一时,而陈义过高,终不适于民族普通心理所致耶?"③我自然无意以宋学比附于大乘佛学,但在传布的过程中,是否也曾被

---

① 南宋淳熙二年(公元1175年),朱子与陆九龄、陆九渊兄弟有"鹅湖之会",实为吕伯恭(东莱)的雅意,祈以辩异求同。但效果并不尽如人意。彼此刚晤面,陆氏兄弟即举诗,复斋(陆九龄)诗为:"孩提知爱长知钦,古圣相传只此心。大抵有基方筑室,未闻无址忽成岑。留情传注翻榛塞,着意精微转陆沉。珍重友朋勤切琢,须知至乐在于今。"象山(陆九渊)诗为:"墟墓兴衰宗庙钦,斯人千古不磨心。涓流积至沧溟水,拳石崇成泰华岑。易简功夫终久大,支离事业竟浮沉。欲知自下升高处,真伪先须辨只今。"诗中"着意精微"、"支离事业"等句刺朱子之意甚显。朱熹亦有答诗云:"德义风流夙所钦,别离三载更关心。偶扶藜杖出寒谷,又枉篮舆度远岑。旧学商量加邃密,新知培养转深沉。却愁说到无言处,不信人间有古今。"朱诗系三年后所写。均见《宋元学案》第三册,中华书局1986年版,第1873页。但鹅湖之会并未影响彼此的情感,此后朱陆两方的关系反而更觉亲近了。

② 余英时:《朱熹的历史世界》,上下二册,台湾允晨文化实业股份有限公司2003年出版。

③ 陈寅恪:《敦煌本维摩诘经文殊师利问疾品演义跋》,《金明馆丛稿二编》,三联书店2001年版,第209页。

目为"陈义过高"而发生障碍？未尝不是历史上真实存在的问题。朱熹在中国文化的背景下，能够建立起以理学标名的哲学体系，已经算得上中国学术思想的异数了。

清朝中叶乾嘉诸学者不是宋儒的知音。他们用冰冷的语言，借助文字、音韵、训诂的外壳，窒息了宋儒的真切的思想。他们只解释文句，不讨论问题。他们的思想在文字狱面前屈服了。清初顾炎武、黄宗羲、王夫之三大家，和宋儒的义理是相接的。但他们的"经世致用"的思想，和程朱的其实还不够"空"的哲学的"空架子"发生了矛盾。至于清统治者的尊仰程朱，主要看重"理"可以搭建使社会安定的政治伦理秩序，而不是"理"本身的生命秩序。当科举考试也要以"四书"的文句来命题，《语》、《孟》就失去了生气。一朝一代的统治者，如果到了只能依靠前代的思想家来充当自己统治合法性的辩护神的时候，这个统治秩序就已经不合法了。戴震作为特殊重视义理的考据学大师，他的《孟子字义疏证》谴责"以理杀人"[1]，这个话当然不是只对着宋儒讲的，而是冲着清统治

---

[1] 戴震《孟子字义疏证》的相关段落是这样写的："故今之治人者，视古贤圣体民之情，遂民之欲，多出于鄙细隐曲，不措诸意，不足为怪。而及其责以理也，不难举旷世之高节，著于义以罪之，尊者以理责卑，长者以理责幼，贵者以理责贱，虽失谓之顺。卑者、幼者、贱者以理争之，虽得谓之逆。于是下之人不能以天下之同情、天下所同欲达之于上。上以理责其下，而在下之罪，人人不胜指数。人死于法，犹有怜之者；死于理，其谁怜之！呜呼，杂乎老释之言以为言，其祸甚于申韩如是也。六经、孔孟之书，岂尝以理为如有物焉，外乎人之性之发为情欲者，而强制之也哉？"见《孟子字义疏证》卷上，中华书局1961年版，第10页。又该书《孟子私淑录》之"与某书"则云："圣人之道，使天下无不达之请，求遂其欲，而天下治。后儒不知情之至于纤微无憾是谓理，而其所谓理者，同于酷吏之所谓法。酷吏以法杀人，后儒以理杀人。浸浸乎舍法而论理，死矣，更无可救矣。圣贤之道德，即其行事，释老乃别有其心所独得之道德。圣贤之理义，即事情之至是无憾，后儒乃别有一物焉与生俱生而制夫事。（转下页）

者的强势思想镇压发出的抗争的声音，但程朱却顺便成了他笔下的"牺牲品"。清的尊程朱，是害了程朱，更害了理学。就如同汉的尊孔，既害了无辜的孔子，尤其害了孔子学说。

正因为如此，韩愈和宋儒才有理由惊呼"道断"。如果汉代在传承儒家学说方面没有出现杂以阴阳五行的曲解谬说，韩愈何至于口出此言？宋儒何至于口出彼言？王国维把历代的思想区分为"能动时代"和"受动之时代"，称诸子百家争鸣竞放的春秋战国为"思想之能动时代"，称汉至宋以前为"吾国思想受动之时代"，称宋为"由受动之时代出而稍带能动之性质"，称宋以后至清为"思想之停滞略同于两汉"时期①。我认为这是完全符合中国学术思想史演化实际的高明之见。所谓"能动"，即思想的自由创生时期，所谓"受动"，就是外来的思想势力高过本国思想的时期。值得注意的是，静安先生把清代的思想和两汉的思想相提并论，认为两者都是停滞而非创生的时期，而认可宋的思想虽仍有受动的性质，但已经开始了思想的创生，其对宋儒的评价已然不低。而陈寅恪对宋代儒学的评价尤堪注意。他写道："中国自秦以后，迄于今日，其思想之演变历程，至繁至久。要之，只为一大事因缘，即新儒学之产生，及其传衍而

(接上页) 古人之学在行事，在通民之欲，体民之情，故学成而民赖以生。后儒冥心求理，其绳以理严于商韩之法，故学成而民情不知。天下至此多迂儒，及其责民也，民莫能辩，彼方自以为理得，而天下受其害者众也。"见《孟子字义疏证》卷上，中华书局1961年版，第174页。"后儒"即指宋儒。"酷吏以法杀人，后儒以理杀人"的断判，即出自此处。东原对宋儒的批判可谓严苛而不留情面矣。

① 王国维：《论近年之学术界》，《王国维遗书》第五册之《静安文集》，第93页。

已。"①佛教经典把佛祖释迦牟尼出世视作"一大事因缘",寅恪先生把宋代"新儒学"的产生,也看作我国思想演变史的"一大事因缘",可见其对宋代新儒学是何等的重视。

这里涉及宋儒的另一特殊可贵之处,即朱子学说的哲学系统化,实际上是儒释道三家思想汇流的产物。尽管宋儒口吻上不愿承认有此事实,但他们的语汇和论说方式,以及所以和先儒的不同之处,均由于有佛道之参与。这就如同成书于南北朝时期的《文心雕龙》一书,其体系的构筑,也受影响于佛典及其翻译过程一样②。对此一问题看得最通透的是马一浮。他说:"先儒多出入二氏,归而求之六经。佛老于穷理尽性之功,实资助发。"③事实上,正是由于有佛老的"助发",宋代的新儒学才能够得以产生。因此,真能够理解宋儒的现代学者,应该首推马一浮。他对"横渠四句教"的解释,我们也无法绕行。马先生解释"为往圣继绝学"句,是这样写的:"濂、洛、关、闽诸儒,深明义理之学,真是直接孔孟,远过汉唐。'为往圣继绝学'在横渠绝非夸词。"④我们须注意"直接孔孟"和"远过汉唐"的断判,这与宋儒应具的历史地位完全相符。"四句教"中笔者独对此"继绝"一句旁引多证,切切为说,盖由于此句对了解被后儒误解的宋学,实为一大关键。

---

① 陈寅恪:《冯友兰〈中国哲学史〉下册审查报告》,《金明馆丛稿二编》,三联书店2001年版,第282页。
② 参见刘梦溪:《汉译佛典和中国的文体流变》,《文艺研究》1992年第3期。
③ 马一浮:《致张立民》第九函所附之"说明"(1938年农历九月二十九日),《马一浮集》第二册,浙江古籍出版社和浙江教育出版社1996年版,第830页。
④ 马一浮:《泰和会语》,《马一浮集》第一册,第7页。

四 宋儒的永恒政治理想

最后一句"为万世开太平",所表达的是先儒也是宋儒的永恒政治理想。其理至简,其事至繁。我想引录马一浮先生的一段论述以为嚆矢。他写道:

> 程子曰:"王者以道治天下,后世只是以法把持天下。"又曰:"三代而下,只是架漏牵补,过了时日。"孟子曰:"以力假仁者霸","以德行仁者王。""以力服人者,非心服也,力不赡也。以德服人者,中心悦而诚服也。"从来辨王、霸莫如此言之深切著明。学者须知孔孟之言政治,其要只在贵德而不贵力。然孔孟有德无位,其道不行于当时,而其言则可垂法于万世。故横渠不曰"致",而曰"开"者,"致"是实现之称,"开"则期待之谓。苟非其人,道不虚行。果能率由斯道,亦必有实现之一日也。从前论治,犹知以汉唐为卑。今日论治,乃惟以欧美为极。从前犹以管商申韩为浅陋,今日乃以孟梭里尼、希特勒为豪杰,以马格斯、列宁为圣人,今亦不暇加以评判。诸生但取六经所陈之治道,与今之政论比而观之,则知碱砥不可以为玉,螟蛸不可以为龙,其相去何啻霄壤也。中国今方遭夷狄侵陵,举国之人,动心忍性,乃是多难兴邦之会。若曰图存之道,期跂及于现代国家而止,则亦是自己菲薄。今举横渠此言,欲为青年更进一解。养成刚大之资,乃可以济蹇难。须信实有是理,

951

非是姑为鼓舞之言也。①

虽系针对抗战时期的具体环境所发之论议,其义理亦绝非仅适用于当时而不及后世。国家之"现代化"不应该成为一个民族的最后目标。"为万世开太平",实现张载《西铭》描述的文化理想,民胞物与,全体归仁,才能让蔽惑无明的现代人重新回归率性诚明的人类精神家园。

马一浮对"横渠四句教"的体悟非同一般。1938年他应浙江大学竺可桢校长之聘,在江西泰和为流离中的浙大师生举办国学讲座,开篇首讲的内容就是张载的这四句话。他说:"昔张横渠先生有四句话,今教诸生立志,特为拈出,希望竖起脊梁,猛著精彩,依此立志,方能堂堂的做一个人。"②而当1938年6月26日,浙大在江西泰和举行第十一届毕业典礼,马先生事先请好友丰子恺觅人谱曲,典礼上正式唱诵了"横渠四句教"。他在写给丰子恺的信里说:"顷来泰和为浙大诸生讲横渠四句教,颇觉此语伟大,与佛氏四弘誓愿相等。因读新制诸歌,谓此语意天然,似可谱之成曲。"又说:"其意义光明俊伟,真先圣精神之所托。"又说:"欲令此间学生歌之,以资振作。"又说:"吾国固有特殊之文化,为世界任何民族所不及。今后生只习于现代浅薄之理论,无有向上精神,如何可望复兴?"③

---

① 马一浮:《泰和会语》,刘梦溪主编、马镜泉编校:《中国现代学术经典·马一浮卷》,河北教育出版社1996年版,第9页。
② 马一浮:《泰和会语》,《马一浮集》第一册,第5页。
③ 马一浮:《致丰子恺》第四函,《马一浮集》第二册,第563—564页。

我们今天重新研读诠解"横渠四句教",不独为"温故",同时为了"知新"。亦即朱子鹅湖会后的答诗所谓:"旧学商量加邃密,新知培养转深沉。""为天地立心",我们得一"仁"字,"为生民立命",我们得一"教"字,"为往圣继绝学",我们得一"理"字,"为万世开太平",我们得一"治"字。

2008年7月26日凌晨于中国文化研究所
2010年4月13日晚十时校改补注于东塾

(原载《中华读书报》2008年9月3日,增补后重刊于《中国文化》2010年春季号。)

"竹柏春深护讲筵"
——白鹿洞书院访学记

1

我国现代教育体制，在文化传承方面有一项重大的遗漏，就是传统的书院方式不仅传授知识，而且"传道"，甚至"传道"是更主要的。现代的大学制度反是，基本变成了知识的生产和消费的工厂，教师只教书，不再育人。辩者或曰西方即如是，不是也很好吗？殊不知西方并非不传道，只是另有途径罢了。西方的教会就是他们专门传道的场所，宗教和教育分别扮演不同的角色。

唐代韩愈作《原道》，发"道断"之叹。他说自亚圣孟子之后，"道"已滞而不传。然则所滞者何"道"？既不是佛之"道"，也不是老之道、庄之道。老庄之道，在于个体生命的涵化，无须也不能够通过社会来承传。儒家思想所规范的不只是生命个体的人，更主要的是"推己及人"，"道"之相传也必须借助家庭与社会的网络。所以韩愈说："吾所谓道也，非向所谓老与佛之道也。尧以是传之舜，舜以是传之禹，禹以是传之汤，汤以是传之文武周公，文武周公传之孔子，孔子传之孟轲，轲之死，不得其传焉。"

韩愈排击的目标是佛老二氏，而所"原"之"道"，则是孔孟先儒的仁义道德之道，也就是修齐治平之道、内圣外王之道，或率性之谓道。但韩愈如果生在宋代，他的这一担心就是多余的了。宋代周敦颐、张载、程颢、程颐和朱熹、陆九渊诸大儒出，以赓续先儒之道为己任，又斟酌吸纳佛、道二氏之学说，成为不同于先秦两汉儒学的"新儒学"，而以朱熹为集大成者。

2

宋儒最常见的活动方式是聚徒讲学，而讲学需要场所，书院由是兴焉。

实际上唐代已有类似书院的组织，只不过不叫书院，以藏书和文人士子的研修为主，颇似佛教的禅林。白鹿洞书院最初就是唐贞元间李渤的隐居读书处，因养一白鹿而得名。李自己也就成了"白鹿先生"。李渤字澹之，河南洛阳人，唐穆宗时召为考功员外郎，历任虔州、江州刺史等职，性率直，为权臣所忌。公元826年江州刺史任上，为白鹿洞修建亭榭房舍，补植花草树木，使知道此洞风光的人日益增多。至南唐始立学馆，称作"庐山国学"，洞主为国子监九经李善道，专事藏书讲学，生徒多至百人之众。但不久五代时期的变乱来临，"庐山国学"无以为继。

北宋初始有振刷，太宗赵光义于太平兴国二年（公元977年），诏令将国子监刻印的《诗》、《书》、《易》和"三礼"（《礼记》、《仪礼》、《周礼》）、"三传"（《左传》、《公羊传》、《穀梁传》）、"九经"颁赐给书院，使白鹿洞成为宋初四大书院（余为登封嵩阳、长沙岳麓、商丘应天）之首。但未及兴旺，便于宋仁宗皇祐六年（公元1054年）毁于兵火之灾，而且名称当时尚未完全固定，有时仍叫白鹿洞学馆或学堂。

真正建成遐迩闻名的书院是在南宋，主要是朱熹的功劳至伟。

3

南宋淳熙六年，即公元1179年，朱熹屡辞不获而知南康军事。白鹿洞就在南康军治下的星子县界。三月三十日到任，十月十五日下元节来到白鹿洞故址，"见其山川环合，草木修润"，但昔日"闲燕讲学之区"，如今已是"荒凉废坏，无复栋宇"。而同是此地此山的佛、道二氏的祠宫，虽经损坏，但很快就能修缮，独儒馆"莽为荆榛"。他对此颇感不平。于是先给本军即南康军郡，再给尚书省和尚书礼部，又给尚书本人，统统打了"乞修白鹿洞书院"的报告。苦口婆心，陈词剀切，内容亦不免重复。在给尚书的报告（札子）里，还提出由自己充任洞主的请求。结果所有这些"上峰高管"，根本未理会朱熹的苦心，甚至"朝野喧传，相与讥笑，以为怪事"，成为世人的笑柄。

可知办书院之难，不独今日，不独抗战时期的马一浮先生，千年前的宋朝，即便是名可惊座的大儒朱熹亦复如是。

所幸朱熹打报告的时候，已着手草创，至次年三月粗毕其功，房舍建有二十余楹，招得生徒十有余人，三月十八日释菜开讲，朱子登堂，宣讲《中庸首章或问》。所赋诗则云："重营旧馆喜初成，要共群贤听鹿鸣。三爵何妨奠萍藻，一编讵敢议明诚。深源定自闲中得，妙用原从乐处生。莫问无穷庵外事，此心聊与此山盟。"并为书院订立学规，书之屋楣。特别征集图书一项，朱熹费尽了心力，连结识未久的陆游，也成为求书的对象。为使书院立于合法的地位，还上书孝宗皇帝乞赐敕额及"九经"注疏，但石沉大海。淳熙八年，朱熹已离开南康，改任浙东提举，趁方允奏事的机会再申前请："今乃废而不举，使其有屋庐而无敕额,有生徒而无赐书,流俗所轻,废坏无日,此臣所以大惧而不能安也。"这一次,孝宗皇帝经过"委屈访问"之后才勉强准奏。

因为当时朝廷里诋毁二程之学的声浪甚嚣尘上,秘书郎赵彦中曾直接攻讦洛学为"饰怪惊愚,外假诚敬之名,内济虚伪之实"。可以想见朱子的处境何等艰难。而当其知南康军之时,已经因多次"极论时事"而冒犯天威,若不是巧于周旋的廷臣赵雄婉为回护,孝宗就要下令惩处他了。赵雄的理由颇平淡:"熹狂生,词穷理短,罪之适成其名。若天涵地育,置而不问可也。"亦即像朱子这样的大儒,越加害于他,他的名气会越大,莫如"置而不问"。细想此法实在是上上策。但前提是还须懂得"天涵地育"四字的深刻义涵。此种时候,朱熹还念念不忘他的白鹿洞书院,上面能不拖着不与理会吗?

不过朱熹还是为白鹿洞书院的终于建成而高兴。

更让他高兴的是,淳熙八年的春二月,他所尊敬的学问诤友陆九渊来了,乃请升白鹿洞书院讲席。子静(陆九渊字子静)于是以"君子喻于义,小人喻于利"为题,讲得举座动容,以至于有流涕而泣者。时在二月十日,天尚微冷,朱子已经因出汗而挥扇了。讲后朱熹致辞说:"熹当与诸生共守之,以无忘陆先生之训。"他们五年前在铅山曾有鹅湖之会,就理学和心学的取向问题展开辩论。朱陆有异同,但彼此无心结。鹅湖之会反增加了他们的友谊。不幸的是,陆九渊的兄长陆九龄(字子寿)忽于淳熙七年九月二十九日病逝。陆九渊到南康,就为的向朱熹请其兄的墓志铭。

后来朱子请子静把所讲内容笔之于书,作为文献保存在书院,以励后学。南宋宁宗嘉定十年(公元1217年),已经是史家所谓"更化"之后，朱熹的儿子朱在以大理寺正的身份知南康军，"扬休命，成先志"，使白鹿洞书院达到全盛期。朱熹的门人黄榦在《南康军新修白鹿书院记》中写道："榦顷从先生游，及观书院之始，后三十有八年，复睹书院之成。既悲往哲之不复见，又喜贤侯之善继其志。"这显然是说，白鹿洞书院因朱子而始建基，而由其子最后完成，时距朱子之逝已一十有七年矣。

4

元明清三代白鹿洞书院的命运，更是在屡兴屡废和时放时禁的文化颠簸中度过的。

元代虽然是非汉族政权，但政治控制相对较为松散，所以白鹿洞书院在元代曾有所发展。元初一度遭遇不慎之火，旋即重建，但元末又毁于兵灾。明朝定都南京的前两年，即元至正二十六年（公元1366年），文学家王祎来到白鹿洞，看到的景象是"树生瓦砾间"，只余"濯缨"、"枕流"两石桥耳。此时距"书院毁已十五年"。又过了一百零二年，已经是明朝的正统三年（公元1438年），一位叫翟溥福的广东东莞人被任命为南康军的郡守，对"前贤讲学之所，乃废弛若是"深表惋叹，于是带头捐出俸禄，动员同僚，多方集资，加以重修。二十七年后的明成化元年（公元1465年），江西提学李龄会同南康知府何睿，再次补修重建。此后弘治十年（公元1497年）、十四年（公元1501年）又有两次修缮增扩。

明代的白鹿洞书院不仅恢复了南宋的旧观，而且建筑规模和相关设施均超过已往而臻于完善，学员人数也一度达至五百人之多。特别是正德、嘉靖年间，即公元1506至1566年，是白鹿洞书院少有的持续一花甲子的兴盛期。王阳明来过了，在书院流连忘返，"徘徊久之"。王的弟子王畿来过了。与王学分庭自立的湛学创主湛若水也带领弟子来了。而尤以李梦阳对书院的贡献为大，留下的诗文墨迹也最多。如今门楣上的"白鹿洞书院"五个刻石大字，就出自李的手笔。

但到了万历年间，大学士张居正出于党同伐异的需要，提出废除书院的主张，白鹿洞书院遭受重创。历来兴建书院的举措，莫过于购置田亩，以农林来养文教。张居正以"充边需"为名，责令各地书院悉卖其院田，等于釜底抽薪，切断资金来源。幸好此项政策持续得不算太久，至万历十年（1582年）张逝去之后，院田得以陆续赎回。明天启二年（1622年）南康府推官李应升主持洞事，书院又兴旺起来。但不久阉臣魏忠贤也有废毁书院之举。这时已经到了明亡的前夕。

清代虽未采取废除书院的措施，但控制言路远超已往。顺治九年（1650年）明令"军民一切利病，不许生员上书陈言，如有一言建白，以违制论，黜革治罪"。同时下令："不许别创书院，群聚结党，及号召地方游食之徒空谈废业。"康雍乾时期文字狱变本加厉，房舍建筑虽不无增补修缮，甚至还有赐书题额的鼓励措施，但书院的生气早已荡然。乾隆时不独山长，讲席和生员也须经过官府审核，有的甚至设督院，课程增添大量官课的内容，民学实际上办成了官学。嘉、道以后，白鹿洞书院日渐衰落，直至清末光绪二十七年（1901年）明令废止，改书院为学堂。

辛亥过后，书院遗址又遭遇火灾，抗战时期复经日人百般蹂躏，参天古树惨遭砍伐，已经是再次由废而毁了。

5

回顾白鹿洞书院千余年的历史，诚如明朝的大学士李贤所说："此书院倾废之日多而兴起之日少。"50年代风气所及，主流思想视传统为敝屣，人心趋新若鹜，大学院系尚且经过脱胎换骨的调整，况久废之书院乎。故我们今天看到的白鹿洞书院的一些建筑，大都是改革开放之初重新修缮或重建，形制规模较宋明固然不相属，功用亦不过为庐山景区增一旅游景点耳。

不过现在的庐山管理部门聚集了一批以护持文化薪火为己任的有心人，他们自去年起，决意赓续书院的洙泗之风，延聘硕学，重开讲筵，欲使千年古洞再闻弦歌。但本人成为启动此盛举的第一个主讲人，却万万不曾想到。

说来都缘于庐山管理局第一担纲郑翔先生的文化理想。长期在庐山植物园工作的经历使他对天人合一有独特的感悟。阅尽沧桑的参天古树和陈封怀、胡先骕、秦仁昌三位植物园创始人的墓地，成为他每天趁着夕阳坐对忘年的格物对象。他隐约感到了宇宙的浩渺，自然的神秘，前贤的伟大，个体的微渺。当这种感悟和20世纪的大史学家陈寅恪联系在一起的时候，他与一个多年致力于陈学研究的人产生了共鸣。他突发奇想，欲因人设事，请这位从来未尝一面的人做庐山的文化顾问。

2007年的春天，包括管理局副局长在内的他的三位副手来到北京，登门致意敦请。我以和庐山渊源不深、资辈也浅等缘由，婉拒了他们的雅意。第二次又来，我又辞谢。最后郑翔先生带领他的班子的成员一起来了，这是我们第一次晤面，主要谈陈寅恪和陈氏家族，不禁相见而喜。当要告辞的时候，副局长王迎春先生拿出一帧预先写好的聘我为文化顾问的正式聘书。我向郑翔先生陈说为什么不必如此的道理，他表示理解，但希望方便的时候能够去庐山，因此便有了2008年春天访学白鹿洞书院的庐山之行。

6

郑翔先生为此作了精心的安排。4月27日上午11时抵南昌，然后王迎春先生陪同驱车庐山景区。白鹿洞书院地处庐山五老峰南麓，四面山环树绕，景色清幽秀蔚，蜿蜒驶入，即有一组亭阁庭院式建筑掩映在参天古木之中。郑先生等管理局领导和书院院长已在等候，见我尚无倦意，遂先行观览书院建筑和历史遗存。目今主要建筑由礼圣殿、先贤书院、白鹿书院、紫阳书院和延宾馆五个院落组成。礼圣殿居书院建筑群的中心位置，前有棂星门，中间为礼圣门，最后面是始建于南宋尔后一再毁建交织的礼圣殿，现在殿里有孔子行教图和颜子、曾子、子思、孟子"四圣"的模刻。

先贤书院在礼圣殿西侧，两进院落，朱子祠和报功祠是院内主要建筑。礼圣殿东面的第一个院落，从前到后依次为门廊、御书阁、明伦堂和思贤台，如今统称此院落为白鹿书院。礼圣殿东面的第二个院落则是紫阳书院，标志性建筑为文会堂。最东边的院落是延宾馆，内分三级，第二级有一朱子铜雕坐像，香港孔教学院所赠。第三级上是可留宿宾客的春风楼，当晚我即住宿于此楼。延宾馆前面有两层小洋房一栋，系辛亥前一年在书院原址建的林业学堂，现归九江学院使用。先贤书院左右两廊的碑刻为西碑廊，紫阳书院的碑刻为东碑廊，藏明清迄于民国的碑刻甚丰。紫阳书院文会堂前有周子敦颐的塑像，尤栩栩如生。在周朱像前，我良久驻足，思默悟空。

参观完书院的房舍胜迹，已是夕阳西下，我和郑翔先生简单回答了记者的几个问题，便到独对亭晚餐。独对亭在书院左前方的山下，与书院隔溪相望。溪名贯道溪，上有石桥曰枕流桥，因桥下有巨石，溪水从石上散漫流淌，故得名。当年朱子所书"枕流"二字，以手电照射，清晰可睹。席间大家问起我初来白鹿洞的感受，我说已得"喜敬"二字。参观过程，我的内心纯是喜见乐闻的欢愉，而对前贤往圣，特别是朱子，则满载礼敬之怀。此刻之心情与郑翔先生悟对大自然和三老墓的宁静自得，应属情同此理，貌异心同。

第二天清晨，郑、王等又前来一起进早点，问可曾睡好。我说一夜无梦，欢愉不减。我斋名虽云无梦，平时睡眠却常有梦相伴，习以为常，不以为扰。但昨宿文化庐山，酣睡朱子故地，居然无梦，岂不异哉，岂不异哉。昔钱锺书先生有句云"夜来无梦过邯郸"，寓妄心退净之意。今我无梦，则是人已置身梦中，梦与非梦，实不知耳。

演讲安排在第二天，即4月28日上午9时，地点在礼圣殿前面的院庭，人很多，除庐山管理局的公职人员，省社科院、九江大学等单位的人也来了，礼圣门内外坐满了听讲者。郑翔先生致开场辞，说明"庐山白鹿洞书院讲座"第一讲请今天这位讲者的因由。讲题是"国学与传统文化"，我主要对这两个概念作了学理分疏，并追溯其历史渊源流变以及在当下的意义。我讲到了中国文化的多元性和儒家因不是宗教所具有的包容精神。对先儒和宋儒何以视"敬"为社会人伦甚至生之为人的基本价值，我作了重点阐释。

我提出，"敬"既是道德伦理，又是中国人和中国社会普遍持久的人文指标，可以看作是中国文化话语里面的具有永恒价值的道德理性。如果说在宗教与信仰层面，儒家思想尚留有一定空缺的话，那么"主敬"思想应是一种恰如其分的补充。"敬"虽然不是信仰本身，但它是中国文化背景下通向信仰的直捷桥梁。讲后互动热烈，对"敬"可以使中国人的文化性格庄严起来的命题大家最感兴趣。其实我讲"敬"，心里一直想着朱子，因为以程颢、程颐和朱熹为代表的宋儒将"敬义"提升到了"圣门第一义"的高度。

7

我本来提议由杜维明先生或者汤一介先生担任"庐山白鹿洞书院讲座"开坛的主讲嘉宾，辞不获请的结果，使我占了接受传统书院文化熏染的先机。但不敢称讲学，循名责实应该是访学才是，所以本文由古及今，先述书院历史。白鹿洞书院独得历史人文和山川灵秀佳气之胜，置身其地，道自存焉。

千年古洞，历尽兴废沧桑，益觉其文化蕴蓄深厚。单是东西两廊的碑刻墨迹和各处门庭廊柱的诸多联语，即可引领你通往参玄悟道之境。礼圣殿孔子像两侧的联语是："庐山上释家几处，道家几处，二氏逃归，斯受之，庙貌赫临；书院中你讲一场，我讲一场，众言淆乱，折诸圣，宗门大启。"原为明朝的都御史周相所书，现在是河南大学石如灿的手笔。这是极有意思的一副对联。明伦堂外廊柱的对联则云："鹿豕与游，物我相忘之地；泉峰交映，仁智独得之天。"更可令参谒者脑际胸中无几多剩义。

更让我感叹的是，棂星门里泮斋的江西历代进士题名录显示，全国科举考试，历代进士的数量，江苏第一，浙江第二，江西第三。而状元最多的省份，则是江苏第一，江西第二，浙江第三。这是我从前不曾留意的。江浙多进士自然知晓，江西如是，前所未知，此可见历代江西人文之盛。

8

白鹿洞书院访学是我此行庐山的中心题旨，但不是经历的全部。4月28日下午到庐山植物园拜扫陈寅恪墓，4月29日往修水拜谒竹塅陈氏老屋，所感受的"忆往事，思来者"的精神沉淀，亦非身临其境所不能知也。明人吴国伦《重游白鹿洞》诗有句云："烟霞自昔封丹洞，竹柏春深护讲筵。山意欲留曾住客，地灵应了再来缘。"此行我深深感到，今天担负起"护讲筵"使命的，已经不光是作为自然景观的节候与竹柏树木的山川之胜了，而是有斯人也，斯有斯事。然则文化之传承与兴衰，天耶？抑或人耶？

（载 2009 年 8 月 9 日《文汇报》）

（附白：承白鹿洞书院高峰院长惠赐平面图览，使本文所叙五院方位不致有误，谨深致谢忱。）

唐朝的气象

政治开明：唐太宗奖励不同意见

我给研究生讲中国文化史导论课，唐朝这一讲，以《唐朝的气象》为题。讲着讲着，自己也禁不住欣赏起这个青史无二的朝代来了。

唐太宗李世民，真可以说是千古一帝，也可以说是空前绝后的开明君主，空前没有问题，绝后其实也没有问题。他最重要的开明明智之处，是贞观帝号一开始，刚登上龙座，就不断跟大臣们探讨，前一代的隋朝为什么灭亡得那样快，原因何在，反复讨论这个问题。譬如贞观二年，唐太宗问宰相魏徵：什么样的君主算作明君？什么样的君主算作暗君？魏徵的回答很有意思，说君主所以明，是由于能够兼听，君主所以暗，是由于偏信。当着皇帝的面，直截了当，可不是容易的事情。

贞观十年，唐太宗对大臣们说，帝王之业，草创和守成到底哪个难。已经是贞观十年了，在位已经十年，还在探讨创业和守成的问题。房玄龄也是宰相，房玄龄讲，创业是非常难的。魏徵则说守成更难。唐太宗觉得两者说得都对。他说，房玄龄跟他一起定天下，知道创业九死一生，是很难的，而魏徵从治国的角度看，觉得守成更难，他也很佩服。这样的君主，何其明白事理呵！

贞观十五年的时候，他又跟大臣们讲起打天下和守天下的难易问题，魏徵回答说，创业和守成都难。唐太宗说，一定会那么难吗？如果能够任贤能，听别人的意见，这又有什么难的呢？魏徵说，自古的帝王，在忧危的时候，困难的时候，容易听别人的意见，而一旦安乐，心怀比较宽怠的时候，就不容易听别人的意见，以至于后来走向灭亡。你注意，已经是唐太宗在位十五年了，魏徵当面就讲，一旦天下太平，比较安乐的时候，皇帝不容易听意见，不听意见最后就可能灭亡。这个话，讲出来难，听也不容易。

唐太宗有时提出各种各样的问题，跟宰相们讨论，他对这些宰相也称赞备至。他说哪些人常常提出一些意见，令他觉得非常可信，而且这些意见都非常稳妥，如果说治国有什么成就的话，这不是他一个人的成功，是大家跟我一起的成功。当时以魏徵为代表的这些宰相，真是不客气，都直截了当地讲话。在这些直谏当中，魏徵是第一位的。有一次唐太宗跟魏徵说，你前后向我谏了二百多件事情，如果不是挚诚，怎么能够做到这样？他夸赞魏徵为人挚诚。他又跟别人讲，说有人认为魏徵举止疏慢，礼貌不够。他说你们觉得他是疏慢了，可是我觉得他非常妩媚，觉得他非常可爱。

历史上，像唐太宗跟魏徵这样的君臣关系是很少见的，但是在唐太宗在位期间，贞观时期，敢于提意见，讲真心话的，能够直谏的，不止魏徵一个人，当时有一批人。比如说像薛收也是宰相，唐太宗本人武功很好，也喜欢征战，但是薛收跟他讲，这个事情不要做得太多，太多了，以皇帝之身，以为你是一种游乐，虽然你是爱好，但应该不那么多的做。薛收提了这个意见以后，唐太宗奖给他40锭金。

还有一位叫孙伏伽的，提出法律方面的意见，唐太宗赐给他一个公主园,这个园值百万。有人说给得太多了,他提意见你不杀他就不错了,你还给他报答。唐太宗讲,我继位之初,一开始没有那么多人敢谏,除了魏徵之外,其他人不敢谏,我奖励是为了大家多给我提出意见。温彦博,很有名的宰相。长安的守令姓杨,工作上有很大的失误,开始唐太宗想给他死罪,但是温彦博提出,此人不应该是死罪,唐太宗于是赦他不死。还有其他很多大臣、宰辅的进谏,一般唐太宗都能听得进去。你要知道唐太宗不是一般的人,他英武、聪明、智慧、有韬略,各方面都是一等的人。其实越是一等的人,越能够听意见,越是自己肚子里的东西少的人,越不容易听意见,容易固。

如果看《贞观政要》,里面大量记载唐太宗如何纳谏,宰辅大臣如何直谏的故事。有一次很有趣,褚遂良是书法家,也是宰辅,他提意见,这个意见一般人不会接受的。有一位官员叫张玄素,令史出身,令史的地位比较低,唐太宗当面问他,说你是做什么的。张玄素觉得出身低微,感到羞愧,没有立刻答出来。这个时候褚遂良跟唐太宗讲,张玄素现在已经升到三品了,陛下不应该再穷其门户,还那么细查人家的履历,这涉及个人的尊严问题。唐太宗马上听了褚遂良的意见,感到很后悔,意识到对大臣个人的私事和来历,不应该问得那么细。唐太宗一次议论山东人如何如何,有一位辅臣叫张行成,他说皇帝应该四海为家,不要集中议论一个地方的人物。唐太宗觉得这个话说得对,给他一匹马,十万钱,还给他一套衣服。

唐太宗有时候感叹,设宴招待韦挺、虞世南、姚思廉等辅臣,跟他们说,龙有逆鳞,皇帝不能例外。可是你们这些人常常来触犯我,我也没有责怪,什么原因?我是在考虑江山的危亡问题。大臣能够直谏、敢谏，原因在于唐太宗能够接受这些直谏，你讲几次不接受了，就没有人敢讲话了。只要讲了他觉得对，立刻接受，立刻自悔，立刻自责，这样的皇帝，这样的人，可不多呀。

唐太宗所以接受群臣的意见，接受宰辅的意见，他是鉴于隋朝的教训。隋炀帝的特点是刚愎猜忌，史书上讲"予智自雄"，自以为聪明，结果人情瓦解，全国的盗贼蜂起他都不知道，最后亡国。这个教训唐太宗深深地记在心里。所以他经常讲，一个人的耳目有限，思想不一定周到，思虑难周，非得集思广益才能达到智。不听大家的意见，拒谏，自身会招祸。这都是贞观多少年之后，还反复讲这个问题。

因为历史上记载着，隋炀帝拒绝别人的意见，他自己讲，有谏者我当时不杀，但是到最后绝对不让他在地上，他只好到地下去。当时很有名的故事就是萧瑀对伐辽问题提出意见，立刻把他赶出朝廷，到地方上做一个小官。还有一位董纯建议隋炀帝能到江都去看看，因为他去扬州，董纯建议他是不是也能到江都，结果立刻把提出意见的人杀了。结果导致隋朝没有哪个人敢讲意见。史书上记载，直到丧国亡身而不顾。隋朝的败亡，隋炀帝的倒行逆施，给李世民深刻的教训。他说这是我所亲见，所以我恐惧审慎，一旦生活条件改变了，地位稳固了，就忘了过去的苦难了，但是唐太宗不忘。

贞观时期：宰辅制度的典范

当时能够进谏的大臣，除了魏徵之外，还有一批贤明的宰辅，像房玄龄，唐太宗跟他一见，好像是旧相识一样。还有杜如晦，这个人也是了不起的人，也是宰辅，唐太宗非常听他的意见。魏徵是河北巨鹿人，太宗发现他的才能，放在重要的位置。在李世民尚未杀他的两兄弟的时候，魏徵就向李建成建议说，你应该早想办法，免得自己亡身。魏徵这个话，李世民后来知道了，在杀了李建成和李元吉以后，唐太宗跟魏徵讲，说你这个话不是离间我们兄弟吗。魏徵坦诚地说，当时他听我的话，他就不会有今天的祸。他既维护唐太宗，又为当时另外一个人着想，这是伟大的胸怀。这个话一出，唐太宗的不愉快就没有了，而且送以厚礼。那时魏徵还没有当宰相，拜谏议大夫。唐太宗常常说，魏徵敢于直谏，敢于"犯颜切谏"，不许我为非，我所以重之。

还有王珪，也是当时的宰辅，也敢于直言。唐太宗跟王珪讲，如果我有过失的话，你能够直言，我才能改呀，我们一起这样做，国家的安全和安定有何忧虑呢？当时房玄龄、魏徵、李靖、温彦博、戴胄和王珪同知国政。有一次他们在宴会上一起吃饭，唐太宗跟王珪说，你问题看得深刻，看得又准，识鉴精通，而且善谈论。我请问你，你和大家相比，谁更优秀呢？谁更贤呢？王珪讲，说孜孜奉国，知无不为，臣不如玄龄。每以谏诤之心，耻君不及尧舜，臣不如魏徵。才兼文武，出将入相，臣不如李靖。敷奏写得详明，出纳惟允，臣不如温彦博。处理繁杂的事情，条条有理，我不如戴胄。他能讲出他的同僚的各自的所长，这是王珪。我们很容易记住魏徵，但是跟魏徵同时的这些宰辅，一个个胸怀如此，难怪唐太宗喜欢。

还有虞世南，大家了解他的书法，他的长相，其貌不扬，很瘦，衣服宽大不修边幅，个性强，"志性抗烈"，所以一旦论到古代帝王的得失，他一定讲出很多激烈的意见。但是唐太宗能够接纳。唐太宗讲，我跟虞世南商榷古今，我哪怕有一句说对了，虞世南都会感到高兴，但是我只要一句话说不对了，虞世南立刻不高兴，"未尝不怅恨"。这样的君臣关系，好像大臣处在审视的地位，皇帝讲了一句正确的话，他内心非常高兴，一句话讲错了，立刻显得不高兴。唐太宗说，他诚恳如此，"朕用嘉焉"。如果大家都像虞世南这样，天下何忧不治？唐太宗夸赞虞世南的特点，说他有五绝，第一是德行，第二是忠直，第三是博学，第四是辞藻，第五是书翰。虞世南死的时候，唐太宗大哭，说虞世南和自己就像一个人一样，是一体，这是何等样的皇帝呀？他说虞世南"拾遗补阙，无日暂忘，实当代名臣，人伦准的"。"吾有小善，必将顺而成之；吾有小失，必犯颜而谏"。他说今天他去世了，朝廷当中再也找不到这样的人了，真可惜呀，原文是"痛惜岂可言邪？"。

还有一个例证，贞观二年的时候，隋朝的通事舍人郑仁基，他的女儿长到十六七岁了，绝顶美丽，当时无人能比。"容色绝殊，当时莫及"。唐太宗的文德皇后发现此人出众，就想把她选到宫里做嫔御，伺候唐太宗。唐太宗当然也同意，事情已办得差不多了，诏书都发出了。可是这个时候魏徵提了意见，他说听说这个女孩子已经有主了，听说已经许配给陆家，如果叫她到朝廷来，有损圣德。唐太宗听后大惊，立刻说，如果人家已经有主的话，断不可以。这个时候其他几个宰相，房玄龄、王珪等都讲，说有主这件事还不够明确，还没有定下来，现在诏书已发，就不要终止了。这样一讲，唐太宗有一点迟疑。但是魏徵这个时候讲，以臣度之，如果你这样做了，等于把陛下跟太上皇等同了。因为李渊曾有过这样的经历。这个意见太厉害了。唐太宗于是另发一个手诏，说郑氏之女已受人礼聘，前日出的文书"事不详审，此乃朕之不是，亦为有司之过"，这是我的不对，相关的方面，管这件事情的，也有过错，要求立刻停止这件事。

要知道魏徵这是什么样的意见呵！那么漂亮的女孩子，十六七岁的女孩子，漂亮绝伦，已经下诏书了，决定了，还要"朝令夕改"，何等了不起！但如果不发第二个诏书，第一个诏书就没有失效，置那女子家庭于何地？问题是还认错，说是自己的不对，有关的机构不对，这太了不起了。

再讲一个例子。贞观六年的时候，魏徵的地位相当之高了，但是也有人妒忌他，说魏徵对他的亲戚过分照顾，等于提出魏徵的一个问题来。唐太宗就让御史大夫温彦博查查有没有其事。并叫温彦博跟魏徵讲，代表唐太宗讲，你提了我数百条意见了，我都接受了，现在人家说你有这么一件事，你应该注意一点，这是小事，但是不要因为这种小事有损你的公共形象（有损"众美"）。因此你应该考虑一下，注意这个问题。但是过了好几天，唐太宗见到魏徵，问到底有没有不对的地方？怎么不存形迹？魏徵说，前天温彦博给他讲了这个意思，但"君臣同气，义均一体"，没有弄清是非，就存形迹，这样君臣关系不会好的，最后对国家不利。皇帝提的意见，魏徵理都不理，当作没有这回事，不存形迹。结果不是魏徵做了自我批评，而是批评魏徵的唐太宗，当今皇帝做了自我批评。他说以前说的那个话现在越想越后悔，真是不对，你不要在乎我这个错。魏徵这个时候给唐太宗下拜，说："臣以身许国，直道而行，必不敢有所欺负。但愿陛下使臣为良臣，勿使臣为忠臣。"

唐太宗问忠臣跟良臣有什么区别？魏徵说，"良臣使身获美名，君受显号，子孙传世，福禄无疆。"而忠臣就是"身受诛夷，君陷大恶，家国并丧，徒有其名"。忠臣就是拼一死，你杀了我也不怕，这叫忠臣。其实杀了一个了不起的人，皇帝也有过失，所以宁做良臣，不要做忠臣。唐太宗说，你讲出这个话，我永远不敢忘国家利益了，不敢忘社稷，赐给你二百匹上好的绢。

唐太宗有一个规矩——中国历代都有皇帝的《起居注》，有专门大臣、史臣把皇帝的言论、行动都记下来，一直有这个传统。但是唐朝有一个规定，皇帝不准看《起居注》。怎么写的你不能看，这个规矩太厉害了。虽然像唐太宗这样的英主，有时未免也想看看人家怎么写他。他跟姓朱的史官说，我还是想看看。这个史官叫朱子奢，说你要看，后来的史官就容易招祸了。史官全身畏死，悠悠千载，以后还能做吗？后来唐太宗还是未能看到《起居注》。后来的皇帝，也有想看的。这些史官都很讲原则，有一位史官讲，说我让你看了我就失职了，你如果看的话，我以后写我就会回避，不敢把真相写出来。

所以我有一个结论性的意见。唐朝的贞观时期，是宰辅制度的典范。你要知道，历史上的中国是一个帝制社会，皇权天下独尊，有一无二，所以长期的中国帝制社会都是皇权过重。但是这个社会居然有一个机制，这个机制是从唐朝开始的，皇帝有话跟宰相商量，宰相可以直接讲自己的意见，皇帝不直接对外单独讲宰相不知道的意见，他对外发布的法令都是经过宰相斟酌过的。这样一种制度，是相权对皇权的一种分解，对皇权的一种再平衡，使得唐朝这个社会是一个良性的社会，这跟宰辅制度有很大的关系。因为皇权是绝对的，如果皇权没有制衡，皇帝就要犯错误。贞观时期唐太宗所以不犯错误，少犯错误，就是由于宰相制度起了作用。宰相制度是帝制制度改良的一个成功的尝试，唐朝创立了典范。但是宰相制度，除了需要有贤臣，也需要有英主。唐太宗之后，越到后来这种宰辅制度虽然存在，但是皇帝如果不是英主，问题照样多得不可收拾。

对外开放：远人都有如归乐

要说开放，历史上的中国，还是唐朝最开放。唐朝的首都长安，是当时最繁荣开放的一个都城，纵向看历史，前后都不大容易与之为比，横向看世界，长安当时已成为全世界各国文化的交流中心。一个时代如果国内混乱，统治秩序动摇，对内怕得不得了，这个时候对外来文化，一定会排斥拒绝。唐朝在强盛的时候，政治上有健全的宰相制度，敢于听取尖锐的"异见"，文化上张开双臂，接纳东西南北的各方文化使者和经济客商。王国维的《读史》诗："南海商船来大食，西京祆寺建波斯，远人都有如归乐，此是唐家全盛时。"可为写照。

当时各国人士，都争相来长安观光、旅游、瞻仰。中亚的许多国家，初唐到开元年间，都有使者到长安。唐太宗时，有康国的人，献金银桃，种在皇家花园里面。开元时，又送来胡旋舞，连跳胡旋舞的舞女，一起送给唐朝。而中亚以及西域的大食国，也送来马匹等礼物。这些使者按照他们的风俗，不拜也不跪，唐太宗照样很高兴。不像清朝，1793年英使马戛尔尼来中国，为了跪拜不跪拜，争论一个月。

开元天宝年间，各方来使更多了，有东罗马、拜占庭，前后五次派遣唐使来长安。南亚的天竺，就是印度，跟中国建立了友好关系，南天竺、北天竺、中天竺，都有遣唐使到长安。日本的遣唐使更有名，前后19次之多。他们有意识地观摩、汲取唐朝的文化，挑选的遣唐使都是文学、绘画以及懂经学和史学的文臣，还包括学问僧。队伍浩浩荡荡，有时几百人，最多的一次达五百人。回国以后，这些遣唐使像镀了金一样，在日本国内享有诸多荣誉。

当时长安还有很多外国贵族，各种原因前来，都受到唐朝政府的礼遇。他们在长安照样做官。契丹、回鹘、吐蕃，都有人供职唐朝。亚洲许多国家，像大食、波斯、安国、康国、天竺、高丽、新罗、百济、日本，不少人久居长安，并接受官职。当时迁入长安居住的外国人史载有近万家。不少都融入中华文化之中，能诗善赋，与唐朝的著名诗人，往来相送，成为好友。有的外国贵族，在长安住久了，就娶中国的女性为妻，落地生根，以华夏为故土。西域的安国人，有李抱玉、李抱真两兄弟，是唐朝有名的良将。还有的在中国参加科举考试，这个有姓名录的详细记载。新罗人有一个叫朴球，是唐朝的棋待诏，回去的时候，中国方面的负责人写诗给他，说："海东谁敌手，归去道应孤。阙下传新势，船中复旧图。"说在你们那边，应该没有敌手了。

日本一个汉名叫晁衡的人，随日本遣唐使来留学，学成后留在长安做官，当左补阙，前后在长安住了50年，与很多中国上层人士关系密切。天宝年间他归国，王维写诗送他："乡树扶桑外，主人孤岛中。别离方异域，音信若为通。"晁衡的船遇到风险，传说晁衡可能死了，李白写诗哭悼，"日本晁卿辞帝都，征帆一片绕蓬壶。明月不归沉碧海，白云愁色满苍梧。"其实是误传，后来得知晁衡并没有死。可见双方友谊之深。长安的外国留学生之多，居住时间之长，有的住到20年、30年，他们的生活方式，深受唐朝文化的影响。

中日关系在唐朝是双方友好交流的关系，是异域朋友间的关系。中国的建筑风格，对日本有明显影响。中间一个有名的故事，是鉴真东渡。中国的大和尚鉴真，几次破除万险到日本，成为历史上了不起的文化大事件。日本现在还有大招提寺，完全是友谊唐风的结果。中日两国历史上也有过非常美好的时期，双方有理由不忘记并记住这段历史。

文化是相互影响，唐朝文化远播外域，同时也受外域文化的影响。其中西域文化影响于华夏者，可以说非常之大。直到后来我们使用的很多乐器、舞蹈、食物、生活用具等，很多都带一"胡"字，就是证明。按陈寅恪先生的考证，"狐臭"也称"胡臭"，可见西域文化之影响何等深细。野史笔记中有一种叫《东城老父传》，就是说当时的长安，与胡人杂处，娶妻生子，致使"长安中少年，有胡心矣"。而人们佩戴的首饰靴服之制，也不同往昔，至有"妖物"之称。

唐的贞元、元和间，长安流行胡服，所以白居易的《时世妆》诗，说当时女性是"斜红不晕赭面装"，把面孔涂成红褐色，像歌舞伎一样。白诗又说："元和装束君记取，髻堆面赭非华风。"不仅面孔变了颜色，发式也奇形怪状，堆得高崇入云，摇摇欲坠，眉毛则画作低八字形。当时的长安大街上，女性服饰之华丽，装束之妖艳怪异，可谓大唐的一大奇特景观。

唐朝的开放是全面的开放，是全体的繁荣，是人心的充实，是社会的喜悦。但任何社会都有盛衰的更替，天下没有不散的筵席。当后来牛李党争加剧，宫廷内斗到火拼的地步，唐朝的气象就黯淡下去，以致终于走到历史的尽头。不过，即使是衰败的晚唐，文化照样发出微芒，大诗人李商隐恰逢其时地出现了，杜牧出现了，轻柔细腻娇花好女般的温庭筠也出现了。只不知诗仙李白和诗圣杜甫，该如何看这些后来者的文学挣扎。

（载 2013 年 10 月 14 日《人民政协报》）

学术盛衰，当于百年前后论升降焉。
——[清]阮元

处在过去的形象和摹本之中，处在文献和被发现的文物之中，并置身于后人所刻画的过去之中，能带来一种精神安慰，和情感上的欣快。
——（美）E.希尔斯

刘梦溪 著

学术与传统

下 卷

北京时代华文书局

汉译佛典与中国的文章体制

通过翻译的媒介将一国的文学作品介绍到另一国，多少有点像生活中的男婚女嫁，称为"文学因缘"是很适切的。苏曼殊就曾把他的汉译英文诗集题作《文学因缘》[1]。佛教的传入中土，对我国思想文化的影响至深至巨，当然更是中外思想接触史上的重大文化因缘。陈寅恪先生曾援引佛教经典为言："佛为一大事因缘出现于世。"又说吸收了佛教思想的"新儒学"的产生和传衍，也是"一大事因缘"[2]。但本文想探讨的，是此一文化因缘的一小部分，即佛典翻译对中国文章体制的理念表达所产生的影响。

一

公元五世纪初叶的佛典翻译大师鸠摩罗什曾经说过："天竺国

---

[1] 钱锺书：《林纾的翻译》，参见《七缀集》，上海古籍出版社1985年版，第68页及91页注八。

[2] 陈寅恪：《冯友兰〈中国哲学史〉下册审查报告》，《金明馆丛稿二编》，三联书店2001年版，第282页。

俗，甚重文制。"①我想什公所说一定符合印度的情况。但中国古代对文体的重视绝不逊于印度，甚至我们还没有发现世界上有哪一个国家在这方面可以与中国相比肩。为了说明这一点，无须求助于具体文章品类的举证，只消看看中国古代的文论家把文体问题置于何种位置就够了。

魏晋南北朝是我国文学思想最活跃的时期，一时间专篇论文和专门著作层出迭现，不一而足。而每位文论作者都要对文体问题发表意见。魏文帝曹丕在《典论·论文》里说："夫文本同而末异，盖奏议宜雅，书论宜理，铭诔尚实，诗赋欲丽。"②不经意中举出了四科八体。陆机《文赋》论述"体有万殊，物无一量"一节，更一口气说出诗、赋、碑、诔、铭、箴、颂、论、奏、说十种文体③。与陆机同时的挚虞，著有《文章流别集》和《文章流别志论》，今两书虽佚，从后人称引的残文可以看出，前者是文章分类

---

① 释僧祐撰：《出三藏记集》卷十四之《鸠摩罗什传》载："沙门僧睿，才识高明，常随什传写。什每为睿论西方辞体，商略同异，云：'天竺国俗，甚重文制，其宫商体韵，以入弦为善。凡觐国王，必有赞德；见佛之仪，以歌叹为尊。经中偈颂，皆其式也。但改梵为秦，失其藻蔚，虽得大意，殊隔文体。'"笔者看到的《出三藏记集》系自汤一介先生处借得的大正藏本，为其尊人汤用彤佛学大师藏书，其中"天竺国俗，甚重文制"一语，朗然可睹。又释慧皎《高僧传》卷第二译经中"晋长安鸠摩罗什"亦作"天竺国俗，甚重文制"，见汤用彤校注本：《高僧传》，中华书局1992年版，第53页。但1995年中华书局校点本《出三藏记集》作"天竺国俗，甚重文藻"（见该书第534页），不知何本。

② 魏文帝曹丕：《典论论文》，参见《文选》卷五十二，上海古籍出版社1986年校点本第六册，第2271页。

③ 陆机《文赋》论"体有万殊，物无一量"一节云："诗缘情而绮靡，赋体物而浏亮。碑披文以相质，诔缠绵而凄怆。铭博约而温润，箴顿挫而清壮。颂优游以彬蔚，论精微而朗畅。奏平彻以闲雅，说炜晔而谲诳。虽区分之在兹，亦禁邪而制放。"参见张少康：《文赋集释》，人民文学出版社2002年版，第99页。

选集，后者是论述文体的专著应无疑问。而且仅残文涉及的文体种类，就有十四品之多，比魏文帝、陆机所举更为扩大。[①]

到南朝梁代昭明太子萧统编《文选》，标列各种文体三十七种，包括赋、诗、骚、七、诏、册、令、教、文、表、上书、启、弹事、笺、奏记、书、檄、对问、设论、辞、序、颂、赞、符命、史论、史述、赞、论、连珠、箴、铭、诔、哀、碑文、墓志、行状、吊文、祭文，此为目录所列，与书前萧统所撰《文选序》的指称不尽相同[②]。而且在大类之中又分若干小类，如序中所说："凡次文之体，各以汇聚，诗赋体既不一，又以类分，类分之中，各以时代相次。"[③]刘勰的《文心雕龙》论及的文体，标篇列名者为三十四种[④]，但涉类则倍之。例如《文心雕龙》第十四篇"杂文"，实际上包括对问、七、连珠三种文体，第二十五篇"书记"，书包含牍，记包含笺，此外该篇还

[①] 诸书称引的挚书残文涉及的文体包括诗、颂、赋、乐府、七、箴、铭、诔、符契、哀辞、哀策、对问、碑、图谶等十四种。此可参见严可均辑《全上古三代秦汉三国六朝文》之《全晋文》卷七十七，河北教育出版社1997年标点排印本第四册，第801—803页。又《晋书》"挚虞传"载："虞撰《文章志》四卷，注解《三辅决录》，又撰《古文章类聚》，区分为三十卷，名为《流别集》，各为之论，辞理惬当，为世所重。"见中华书局校点本《晋书》第五册，第1427页。

[②] 参见上海古籍出版社1986年版《文选》，第一册第9至31页之目录部分。萧统在《文选序》中所列之文体为36种，顺序为赋、骚、诗、颂、箴、戒、论、铭、诔、赞、诏、告、教、令、表、奏、笺、记、书、誓、符、檄、吊、祭、悲、哀、答客、指事、篇、辞、引、序、碑、碣、志、状，与目录所列文体之种类及书目，不尽相同。目录中的七、册、文、上书、弹事、设论、史论、连珠、史述赞八种文体，序中未载；而序中列出的指事、戒、篇、引、碣、悲、誓七种文体，目录未见。此亦可以理解，盖序文是解题取义，无须具列所选文体的全部类型。故研究《文选》的文体种类，宜以目录所列为准。

[③] 萧统：《文选序》，《文选》第一册，上海古籍出版社1986年版，第3页。

[④] 《文心雕龙》第六至第二十五篇专论文体，第六明诗，第七乐府，第八诠赋，第九颂赞，第十祝盟，第十一铭箴，第十二诔碑，第十三哀吊，第十四杂文，第十五谐隐，第十六史传，第十七诸子，第十八论说，第十九诏策，第二十檄移，第二十一封禅，第二十二章表，第二十三奏启，第二十四议对，第二十五书记，共二十篇论及三十四种文体。

979

列有谱、籍、簿、录、方、术、占、式、律、令、法、制、符、契、券、疏、关、刺、解、牒、状、列、辞、谚二十四品，加在一起，共六十三类①。梁代的任昉还撰有《文章缘起》一卷，原书在隋朝亡佚，今本系唐张绩补撰，宋人王得臣的《麈史》称其"自诗赋、《离骚》至于艺，凡八十五题"②，未免过于繁杂。后来吕祖谦编《宋文鉴》，列品六十一，黄宗羲编《明文海》，分体二十八，每体之下各有子目，如赋之目十六，书之目二十，序之目五，记之目十七，传之目二十，墓文之目十三，等等，已愈演愈烈矣。即使以精审著称的姚鼐的《古文辞类纂》，也将文体区分为十三大类，每类又根据文章的不同功用分为上、下编。

再看唐宋以降的诗人和作家的别集，每个人名下都可以说是一部文体大全。宋刻世彩堂本《柳河东集》，外集除外，共四十五卷，文体类别包括雅诗歌曲、赋、论、议、辩、碑、铭、行状、表、碣、诔、志、墓表、墓志、对、问答、说、传、骚、吊、赞、箴、戒、题序、记、书、启、奏状、祭文、古今诗等三十种③。《白氏长庆集》基本上是白居易自己编定，除古调诗、新乐府、律诗、歌行、杂体等各类诗体之外，还有铭、赞、箴、谣、偈、哀祭文、碑碣、墓志铭、

---

① 《文心雕龙》"书记篇"极言其所包容甚广云："夫书记广大，衣被事体，笔札杂名，古今多品。是以总领黎庶，则有谱籍簿录；医历星筮，则有方术占试；申宪述兵，则有律令法制；朝市征信，则有符契券疏；百官询事，则有关刺解牒；万民达志，则有状列辞谚。并述理于心，著言于翰，虽艺文之末品，而政事之先务也。"参阅范文澜《文心雕龙注》下册，人民文学出版社1958年版，第457页。

② 王得臣：《麈史》卷中，《宋元笔记小说大观》第二册，上海古籍出版社2007年版，第1352页。

③ 可参见《柳河东集》（全二册），上海古籍出版社2008年版。

记、序、书、颂、议、论、状、策问、制、诰、诏、奏状、策林、判、表、论衡、解、志、辞、传、吟二十九大类①。这种情形在外国作家是不能想象的。尽管印度、希腊等文明古国和近代欧洲不乏文坛巨匠，像中国古代作家那样一人精通几十种文体，用多种不同的风格写作，却百世不一见。

中国古代文论中"体"的概念有两重含义：一指文章的体裁、样式，一指作品的体貌即风格。在作为文体分类的依据这点上，两方面是相辅相成，互相统一的。就是说，不同的文体需要表现出不同的风格特征。所以曹丕的《典论·论文》才提出"奏议宜雅，书论宜理，铭诔尚实，诗赋欲丽"，实际上是必须如此的一种规定，不这样奏议、书论、铭诔、诗赋八种文体便不能成立。刘勰在《文心雕龙》中说得更明确："夫才童学文，宜正体制。"②强调文体问题须从初学的儿童抓起，可见其重视。当然中国古代区分不同文体的界标是否无懈可击，是值得探究的问题，至少今天来看，不无琐细之嫌，而且对同一文体的要求虽然是统一的，但在不同作家笔下，即使同一文体也有不同的表现。所以陆机在《文赋》里说："体有万殊，物无一量，纷纭挥霍，形难为状。"已经意识到区分文体的困难。

---

① 参见顾学颉校点：《白居易集》（全四册），中华书局1979年版。
② 《文心雕龙·附会篇》："夫才童学文，宜正体制。必以情志为神明，事义为骨髓，辞采为肌肤，宫商为声气，然后品藻玄黄，搞振金玉，献可替否，以裁厥中。斯缀思之恒数也。"篇中"才童"一词，黄（叔琳）注纪（昀）评本作"才量"，范注本从之。后诸家如杨明照《文心雕龙校注拾遗》、詹锳《文心雕龙义证》、周振甫《文心雕龙译注》等，皆以《太平御览》五百八十五所引校为"才童"，并引《辨骚》篇"童蒙拾其香草"、《养气》篇"童少鉴浅而志虚"为内证。按诸家之说甚是。

不过话说回来，由于中国古代对文体的特殊重视，对于在什么情境下以何种文体写作，要求是极为严格的，绝不允许马虎从事。宋朝兴四六文，公私文告一律规定用四六体，能否作四六成为当时做官的一项条件。苏轼撰写的《司马温公行状》里，有一段关于司马光"不能为四六"因而辞官不受的记载：

> 神宗即位，首擢公为翰林学士，公力辞，不许。上面谕公："古之君子，或学而不文，或文而不学，惟董仲舒、扬雄兼之，卿有文学，何辞为？"公曰："臣不能为四六。"上曰："如两汉制诏可也。"公曰："本朝故事不可。"上曰："卿能举进士，取高等，而云不能四六，何也？"公趋出，上遣内臣至阁门，强公受告，拜而不受。趣公入谢，曰："上坐以待公。"公入，至廷中。以告置公怀中，不得已乃受。①

由于不善于写四六文，而百般坚辞翰林学士的职务，也算得官场抑或文场的趣话了。这桩逸事出自同时僚友大文豪苏东坡之手，应属可信。但今天的读者也许会怀疑，司马光力辞不受翰林学士的任命书，是否出于另有隐情，"不能为四六"可能只是一种借口。神宗皇帝不是对他提出的理由也感到惊异吗？其实，司马光说的是无隐无欺的大实话，为此他在一封信里还专门作了解释，说明科举之前曾学过四六文，但"仅能牵合，终不甚工"，后来便舍

---

① 苏轼：《司马温公行状》，《苏轼全集》标点本中册，上海古籍出版社2000年版，第969页。

置不作了,连"答亲旧书启"也时时"假手于人"。他说:"今知制诰之职,掌为天子作诏文,宣布中外,岂可使假手答书启者为之耶?"①神宗在这个问题上倒比较变通,可能是爱重司马温公其人的缘故,但温公本人却不敢违拗"本朝故事"的惯例,纵使皇帝老子为之撑腰,也不敢轻率逾越文制。

如果说"天竺国俗,甚重文制",那么我国古代重视文制的程度,比之印度应有过之而无不及。司马光的逸事只不过是一个小例证,千百年来,由于文体的递嬗蜕变,不知含孕历代臣工士子的多少辛酸。

二

《文心雕龙》的作者刘勰探讨问题,主张"振叶以寻根,观澜而索源"(《序志》)。我们如果追溯中国古代何以重视文章体制的根源,还是需要回到魏晋南北朝时期,具体地说,需要回到两部特殊的著作,即《文心雕龙》和《文选》。对《文心雕龙》究竟成书于齐还是成书于梁,学术界有不同看法。不管怎样,《南史》和《梁书》刘勰传记载的,其"深被昭明太子爱接"、"昭明太子好文学,深爱接之"②,应是无可怀疑的事实。也就是说,在刘勰由齐入梁"兼东宫通事舍人"之时,他有充分机会与作为太子而又雅好文学的萧统在一起"讨论篇籍"、"商榷古今",因而两个人的文学思想

---

① 《司马温公文集》卷九:《上始平庞相公述不受知制诰书》。
② 见《南史》卷七十二《列传》第六十二,中华书局校点本第六册,第1781页,以及《梁书》卷五十《列传》第四十四,中华书局校点本第三册,第710页。

互为影响肯定不成问题。这从《文选》的编辑思想和文体分类的特征，与《文心雕龙》存在着异乎寻常的相似这一点上，就可以约略看出来。

萧统死于梁大通三年（公元531年），只活了三十一岁，《文选》的编辑估计在他逝世前的四五年左右，这时刘勰刚好在太子的东宫充任舍人，虽不能断定刘勰直接参与了《文选》的编选工作，但《文心雕龙》"选文定篇"的基本原则，事实上已为昭明太子无保留地接受。《文心雕龙》研究中有一种说法，即认为刘勰的出家与昭明太子之死有关，如此说可以成立，则舍人与太子之间不仅文心相契，而且情感甚笃。总之中国文学史上最具代表性的两部著作——《文选》和《文心雕龙》，就这样在两位友人之间接踵问世。两部书各开一代风气，分别建立了选理和文论的传统，使得吾国艺文盛事，除了《诗经》和《楚辞》开创的"风"、"骚"传统之外，又多了选理和文论两个脉系，虽传之百代仍不乏经典意涵。但笔者认为，《文选》和《文心雕龙》的意义，最称典要的是文体的建构与梳理，在此一方面两书的作用互补而趋同。

我们看《文心雕龙》，五十篇中除前面五篇总论，自第六篇《明诗》开始至第二十五篇《书记》，都是对各种文体的论述，几乎占去全书篇幅的一半。其他诸篇，也屡陈文体之义，如《神思》篇提出"文之制体，大小殊功"；《体性》篇主张"摹体以定习，因性以练才"；《风骨》篇说，要文学创作具有新意必须"熔铸经典"、"曲昭文体"；《通变》篇说，"设文之体有常，变文之数无方"；《定势》篇认为，"文章体势"是"因情立体，即体成式"，如一味标新立异可能导致"失体成怪"；《熔裁》篇对"熔"、"裁"二字的解释是"规范本体谓之熔，剪截浮词谓之裁"；《总术》篇警告作者,"文体多术,共相弥纶,一物携贰,莫不解体";《知音》篇阐述"六观"之义,第一"观"就是"位体"等等。特别《序志》篇谈到作书缘起时,刘勰把"去圣久远,文体解散,辞人爱奇,言贵浮诡,饰羽尚画,文绣鞶帨,离本弥甚,将逆讹滥",因而需要匡正,作为他"乃始论文"的动因①,愈见出文体论在《文心雕龙》一书中居于中心位置。难怪《梁书》、《南史》本传都用"论古今文体"一语来概括刘勰《文心》一书的主要内容。《梁书》写道:

初,勰撰《文心雕龙》五十篇,论古今文体,引而次之。②

《南史》此段文字少"引而次之"四字,余与《梁书》全同③。这两部史书都是唐初人编纂,是足可征信的参证材料。说明在唐代人们还把《文心雕龙》当作论述古今文体的专书看待。

问题是《文心雕龙》这部以论述古今文体为主要内容的文学理论著作,为什么出现在南北朝时期,而不是其他时期。中国历代的文评诗话固然汗牛充栋,但没有一部像《文心雕龙》这样真正形成了"体大而虑周"的完整的理论体系。当然也可以理解,因为中国古代的思想家并不以构建体系为职志,相反,观照文学现象的基本方法,是近取诸身,连类取譬,而不是像西哲那样,动辄就要建立自己的理论体系。然而《文心雕龙》实在是个例外——它不仅有体

---

① 本文所引《文心雕龙》文字,曾参照黄(叔琳)注本、范(文澜)注本、杨(明照)校注、周(振甫)译注、詹(锳)义证等诸家之说,均非难觅之书,不一一注出。
② 《梁书》卷五十,中华书局校点本第三册,第710页。
③ 《南史》卷七十二,中华书局校点本第六册,第1782页。

系，而且很完整，特别在逻辑结构上，堪称则例清晰，敷理举统，笼圈条贯，首尾呼应，秩序井然，不啻为理性的审美和词采的华章。《序志》篇归纳说：

> 盖文心之作也，本乎道，师乎圣，体乎经，酌乎纬，变乎骚，文之枢纽，亦云极矣。若乃论文叙笔，则囿别区分，原始以表末，释名以章义，选文以定篇，敷理以举统，上篇以上，纲领明矣。至于割情析采，笼圈条贯，摛神性，图风势，苞会通，阅声字，崇替于时序，褒贬于才略，怊怅于知音，耿介于程器，长怀序志，以驭群篇，下篇以下，毛目显矣。位理定名，彰乎大易之数，其为文用，四十九篇而已。①

这是刘勰自己对《文心雕龙》总体结构所做的一种概括，意在说明每一篇都恰当其位，自有其特殊功用，而篇与篇之间也做到了互相照应，榫接无隙，甚至总篇数也取的是"大易之数"②，即天地的数字。他显然不无自我欣赏之意，因此这段概括篇章结构的文字，格外激情荡漾，充满自信。今天看来他自信是有道理的，因为就综合多篇的系统文学理论著述而言，《文心雕龙》的理论体系和结构艺术，不仅空前，而且绝后。

陈寅恪先生对此有过极精辟的论述，他写道：

---

① 《文心雕龙》"序志"篇，"若乃论文叙笔，则囿别区分"，"囿"字有异文，从诸本。
② 《易》"系辞"上传："大衍之数五十，其用四十九，分而为二以象两。"

> 综观吾国之文学作品，一篇之文，一首之诗，其间结构组织，出于名家之手者，则甚精密，且有系统。然若为集合多篇之文多首之诗而成之巨制，即使出自名家之手，亦不过取多数无系统或各自独立之单篇诗文，汇为一书耳。其中固有例外之作，如刘彦和之《文心雕龙》，其书或受佛教论藏之影响，以轶出本文范围，故不置论。①

此段文字出自陈寅恪先生1953年撰写的《论再生缘》一文，其中谈到《再生缘》一书的结构艺术实为弹词体中的第一部，并认为，总的看来中国古代小说不如西洋小说的结构精密，包括《水浒》、《红楼梦》、《儒林外史》等名著，也甚有可议之处。比较言之，倒是人们并不看重的《儿女英雄传》，其结构艺术反大有胜于人人口耳能详的《红楼梦》者②。因此寅老深感《再生缘》的可贵以及《文心雕龙》的独出也。

可惜囿于文章题旨的范围，寅恪先生没有进一步加以说明。但最主要之点他都讲到了，即《文心雕龙》在逻辑结构和理论体系的建构方面，宜带有空前绝后的特征。而此点极有可能与佛教论藏的影响有关，这是我们最感兴趣并愿意深入探讨的一个问题。

---

① 陈寅恪：《论再生缘》，《寒柳堂集》，上海古籍出版社1980年版，第60页。
② 陈寅恪先生在《论再生缘》中写道："寅恪读此类书甚少，但知有《儿女英雄传》一种，殊为例外。其书乃反《红楼梦》之作，世人以其内容不甚丰富，往往轻视之。然其结构精密，颇有体系，转胜于曹著。"《寒柳堂集》，上海古籍出版社1980年版，第60页。

三

刘勰本人生当佛教盛行的南朝齐梁之世，自幼受其熏陶，很早就到南京附近的定林寺，跟随佛学大师僧祐学习佛法，整理经藏，并以"为文长于佛理"[①]著称一时。都中许多寺塔和名僧碑志都出自他的手笔。为反驳道教徒对佛教义理的攻击，曾撰有《灭惑论》一文。而且一生不曾婚娶。晚年更"燔须发自誓"，真正出家为僧，终老佛寺之中。这样的身世经历，说明《文心雕龙》的作者不仅自己谙熟佛教思想，而且是佛门教理的自觉维护者。很难想象，他的潜心之作《文心雕龙》的写作会与佛教思想了无关涉。

可是细按舍人之书，却看不出有多少佛教色彩，除《论说》篇的"动极神源，其般若之绝境乎"句中的"般若"二字系佛家术语，其余则踪迹难寻。不过，笔者认为还有一例，即前引《序志》篇归纳篇章结构一段，有"文之枢纽，亦云极矣"一语，此一"极"字，不简单是状态形容词"甚也"的意思，而是有佛典来源。具体地说，是来自慧远《阿毗昙心序》的"推至当之极，动而入微"一语。原序文字不长，现全录如下：

> 《阿毗昙心》者，三藏之要颂，咏歌之微言，管统众经，领其宗会，故作者以心为名焉。有出家开士，字曰法胜，渊识远鉴，探深研机，龙潜赤泽，独有其明。其人以为《阿毗昙经》，源流广大，难卒究寻，非赡智宏才，莫能毕综。是以探其幽致，

[①] 见《南史》刘勰本传，中华书局校点本第六册，第1782页，以及《梁书》，中华书局校点本第三册，第712页。

别撰斯部，始自界品，讫于问论，凡二百五十偈，以为要解，号之曰心。其颂声也，拟象天乐，若云禽自发，仪形群品，触物有寄。若乃一吟一咏，状鸟步兽行也；一弄一引，类乎物情也。情与类迁，则声随九变而成歌；气与数合，则音协律吕而俱作。拊之金石，则百兽率舞；奏之管弦，则人神同感。斯乃穷音声之妙会，极自然之众趣，不可胜言者矣。又其为经，标偈以立本，述本以广义，先弘内以明外，譬由根而寻条，可谓美发于中畅于四肢者也。发中之道，要有三焉：一谓显法相以明本；二谓定己性于自然；三谓心法之生，必俱游而同感。俱游必同于感，则照数会之相因；己性定于自然，则达至当之有极；法相显于真境，则知迷情之可反。心本明于三观，则睹玄路之可游。然后练神达思，水镜六府，洗心净慧，拟迹圣门。寻相因之数，即有以悟无；推至当之极，每动而入微矣。罽宾沙门僧伽提婆，少玩兹文，味之弥久，兼宗匠本，正关入神，要其人情悟所参，亦已涉其津矣。会遇来游，因请令译，提婆乃手执胡本，口宣晋言，临文诚惧，一章三复。远亦宝而重之，敬慎无违。然方言殊韵，难以曲尽，倘或失当，俟之来贤。幸诸明哲，正其大谬。晋太元十六年出。①

这篇序文载录在僧祐编纂的《出三藏记集》里，刘勰多半参加了《记集》的编纂工作，对慧远的《阿毗昙心序》他自当烂熟于心。范文澜在《文心雕龙》序志篇的注释中，曾援引此序开始至

---

① 慧远：《阿毗昙心序》，《出三藏记集》卷第十，中华书局1995年点校本，第378页。

989

"以为要解，号之曰心"一段，认为刘勰"采取释书法式而为之"，"自《书记》篇以上，即所谓界品也，《神思》篇以下，即所谓问论也"[1]。饶宗颐先生虽不赞成范说，却不否认《阿毗昙心论》为刘勰所夙习，而且提出："《文心》一名与《阿毗昙心》之用心字，作为书名，用意相同，值得作比较研究。"[2]其实慧远该序文所阐述的思想及遣词用语的特点，如"其颂声也，拟象天乐，若云龠自发，仪形群品，触物有寄。若乃一吟一咏，状鸟步兽行也；一弄一引，类乎物情也。情与类迁，则声随九变而成歌；气与数合，则音协律吕而俱作。拊之金石，则百兽率舞；奏之管弦，则人神同感。斯乃穷音声之妙会，极自然之众趣，不可胜言者矣"，此段文字与《文心雕龙》原道篇"日月叠璧，以垂丽天之象，山川焕绮，以铺理地之形"至"龙凤以藻绘呈瑞，虎豹以炳蔚凝姿，云霞雕色，有逾画工之妙，草木贲华，无待锦匠之奇，夫岂外饰，盖自然耳"，简直心同理契，如出一辙。

又如《序志》篇的"振叶以寻根，观澜而索源"和《体性》篇提出的"沿隐以至显，因内而符外"，与慧远序中的"述本以广义，先弘内以明外，譬由根而寻条，可谓美发于中畅于四肢者也"，固不仅是语词相类，思想也暗合无间。而序中的"己性定于自然，则达至当之有极"和"推至当之极，动而入微矣"，实际上是远公的非常重要的佛学思想，其所著《法性论》一书对此析论甚详。据《高僧传》本传披载的该书的残文写道："至极以不变为性，得性以体极

---

[1] 范文澜：《文心雕龙注》下册，人民文学出版社1962年版，第728页。
[2] 饶宗颐：《文心与阿毗昙心》，《中国文艺思想史论丛》，北京大学出版社1988年版，第103页。

为宗。"①所谓"至极",就是观深悟彻,"名实俱玄","心不待虑,智无所缘",此种情形远公谓之"识空空之为玄,斯其至也,斯其极也"②。而"体极",则是"法性无性",也就是指的是诸法的最后根源,亦即法性,也就是泥洹,即涅槃。而"体极"则是指"冥符不变之性",亦即"不可坏"也"不可戏论"的法性。"不变至极之体,即为泥洹",也就是大乘的涅槃③。刘勰穷究文心的原本,探寻为文的枢纽,在运思方法上和远公所论是一致的。因此《文心雕龙》序志篇"盖文心之作也,本乎道,师乎圣,体乎经,酌乎纬,变乎骚,文之枢纽,亦云极矣"之"极",当是"至极"、"体极"之极。远公《阿毗昙心序》中的"已性定于自然,则达至当之有极"和"推至当之极,动而入微矣"两句,以及《大智论钞序》的论"至"论"极",可作为舍人"极"字义涵的学理渊源。那么,佛教思想影响于《文心雕龙》的写作,就词语的运用来说,"般若"之外,又可以增加一个例证了。

四

但《文心雕龙》所受佛教思想的影响,更主要还在思维方式方

---

① 参见《高僧传》卷第六慧远本传所征引,汤用彤校注本:《高僧传》,中华书局1992年版,第218页。
② 慧远:《大智论钞序》,见《出三藏记集》卷第十,中华书局点校本1995年版,第389—390页。该序诸本之文字异同互见,笔者参考了汤用彤先生的校正文字,见汤用彤:《汉魏两晋南北朝佛教史》,《汤用彤全集》第一卷,河北人民出版社2000年版,第272—273页。
③ 参见汤用彤:《汉魏两晋南北朝佛教史》,《汤用彤全集》第一卷,河北人民出版社2000年版,第271—272页。

面。范文澜即认为由于"采取释书法式而为之,故能思理明晰若此",为"往古所无"。[1]杨明照、陆侃如、王利器诸先生的说法也颇类似,都主张刘勰的既深刻而又明晰的论述,得之于佛教经典分析理论的方法。日本学者兴膳宏对《出三藏记集》和《文心雕龙》所做的比较释证,是很见功夫的,他得出结论说:"刘勰从少年时代开始在释僧祐身边作了长达十余年的钻研,说刘勰把僧祐的治学方法和思想方法极为忠实地学到了手。那是毫不足怪的。"又说:"由于《文心雕龙》在中国的文学理论作品中具有无与伦比、独一无二的体系性,这可以视为暗示了中国传统文明在受到异质文明培育时其精神世界的广袤性。"[2]这些说法与陈寅恪先生的论断同一旨归。

总之,《文心雕龙》所受佛教思想的影响,一是理论的系统构造,二是全书组织结构的严密无隙,这两方面所达至的成就,没有汉译佛典的借鉴和启迪,是不可能的。陈寅恪先生在1930年撰写的《敦煌本维摩诘经文殊师利问疾品演义跋》里,曾谈到华梵不同语言的思维特征,认为与印度相比,我们似乎缺乏"幽渺之思"[3],可作为一个反证。此外还有第三点,即文体方面的影响。兴膳宏先生的文章接触到了这个问题,但只限于《出三藏记集》序和《文心雕龙》文体格调的互比,认为两者"有某种共通之处"[4],没有涉及《文心雕龙》的文体论是否和汉译佛典也有

---

[1] 范文澜:《文心雕龙注》下册,人民文学出版社1962年版,第728页。
[2] 彭恩华编译:《兴膳宏文心雕龙论文集》,齐鲁书社1984年版,第13、91页。
[3] 陈寅恪:《金明馆丛稿二编》,上海古籍出版社1980年版,第185页。
[4] 参见《兴膳宏文心雕龙论文集》,第41页。

一定关系。

刘勰一生之中三次在定林寺学习佛法，整理经藏。第一次以少龄给僧祐当助手，前后达十余年之久，今传出自僧祐名下的《出三藏记集》、《弘明集》、《法苑集》、《世界记》、《释迦谱》、《萨婆多部相承传》等著述，即使不是如范文澜、杨明照等先生所说系"舍人捉刀"[①]，也多有他的劳作在内。第二次在梁武帝天监七年，他以记室身份参加由僧祐牵头的奉敕钞撰众经之役。第三次是在昭明太子死后，与沙门慧震一起受梁武帝之命到定林寺撰经，直至以慧地为法名，变服出家，"未期而卒"[②]。可以说，刘勰的一生都在与佛教经典打交道。

因此东汉以来佛典翻译和传播的历史，以及围绕汉译佛典的文体中外高僧所展开的妙趣横生的讨论，他必定了若指掌。包括鸠摩罗什与僧睿论印度文体时所说的："天竺国俗，甚重文制，其宫商体韵，以入弦为善，凡觐国王，必有赞德，见佛之仪，以歌叹为尊，经中偈颂，皆其式也。但改梵为秦，失其藻蔚，虽得大意，殊隔文体，有似嚼饭于人，非徒失味，乃令呕哕也。"[③]这说得相当严重，谙熟佛典的刘勰必深有所感。因为鸠摩罗什之前，从安世

[①] 范文澜《文心雕龙注》卷十注《序志篇》云："僧祐宣扬大教，未必能潜心著述，凡此造作，大抵皆出彦和手也。"参见人民文学出版社版，第730—731页。又杨明照在《梁书刘勰传笺注》一文中也写道："舍人依居僧祐，博通经论，别序部类，疑在齐永明中僧祐入吴试简五众，宣讲十诵，造立经藏，抽校卷轴之时。僧祐使人抄撰诸书，由今存者文笔验之，恐多为舍人捉刀。"并引清严可均《全梁文》卷七释僧祐小传自注"今定林寺经藏，勰所定也"等旧说作为参证。见杨著《文心雕龙校注拾遗》，上海古籍出版社1982年版，第393页。

[②] 参见《梁书》卷五十刘勰本传，中华书局标点本第三册，第712页。

[③] 《出三藏记集》卷十四，中华书局校点本，第534页。

高、支谶、竺法护到释道安等翻译大师，都未能解决好印度和华夏文体相隔的问题。道安在翻译《大品般若经》的过程中，提出"五失本，三不易"的翻译原则[1]，固然是经验总结，同时也反映出翻译的难度。

至鸠摩罗什汉译佛典进入了新的境界。史载后秦国君姚兴待什公"以国师之礼"，经常亲临逍遥园译经场，观会其盛，亲览旧典，察其得失。史载当时的盛况是："法师手执胡本，口宣秦言，两释异音，交辩文旨。秦王躬览旧经，验其得失，咨其通途，坦其宗致。与诸宿旧义业沙门释慧恭、僧䂮、僧迁、宝度、慧精、法钦、道流、僧睿、道恢、道标、道恒、道悰等五百余人，详其义旨，审其文中，然后书之。"[2]此情此景，实属空前，即使玄奘主持的唐代长安的译场也不过如此。许多旧译佛典都经什公之手重新厘定过。但他并不以此为满足，弟子中虽不乏高人，仍不免有"秦地深识者寡，折翻于此"之叹[3]。可见其对佛典翻译的要求何等严

---

[1] 释道安在《摩诃钵罗若波罗蜜经抄序》中提出："译胡为秦，有五失本也：一者胡语尽倒，而使从秦，一失本也。二者胡经尚质，秦人好文，传可众心，非文不合，斯二失本也。三者胡经委悉，至于咏叹，丁宁反覆，或三或四，不嫌其烦。而今裁斥，三失本也。四者胡有义说，正似乱辞，寻说向语，文无以异，或千五百，刈而不存，四失本也。五者事已全成，将更傍及，反腾前辞，已乃后说。而悉除此，五失本也。"又说："圣必因时，时俗有易，而删雅古以适今时，一不易也。愚智天隔，圣人叵阶，乃欲以千岁之上微言，传使合百王之下末俗，二不易也。阿难出经，去佛未久，尊者大迦叶令五百六通迭察迭书。今离千年，而以近意量裁，彼阿罗汉乃兢兢若此，此生死人而平平若此，岂将不知法者勇乎？斯三不易也。"见《出三藏记集》卷八，中华书局校点本，第290页。又笔者当时所用之《出三藏记集》，系汤一介先生赐借的其尊人汤（用彤）老先生的藏本，文辞断句为本人之心解，容或与后来的校点本不尽相同，还望知者正焉。

[2] 僧睿：《大品经序》，《出三藏记集》卷八，中华书局校点本，第292—293页。

[3] 《出三藏记集》卷十四《鸠摩罗什传》，中华书局校点本，第535页。

格。而症结是文体问题。我们看《出三藏记集》卷六至卷十一收录的一百一〇篇经序，许多都涉及翻译过程中的文体转换问题。刘勰作为此书编纂过程的直接参与者，自己也曾长时间地从事佛典的整理和翻译，无论从学理方面的修养来说，还是从历史经验和个人的经验出发，他都不能不重视文体问题。

五

这也就是说，汉魏两晋以来佛典转译过程中不断发生的令人困扰的文体问题，实际上成为一种刺激的力量，促使刘勰下决心将"论古今文体"作为《文心雕龙》的主要内容。另一方面建安以后文人们"率好诡巧"，"厌黩旧式"，"穿凿取新"的风气①，更使文体面临"解散"的危局②。面对此种情况，刘勰感到有必要站出来承担匡正文体的责任。因为他知道，如任其发展下去，"势流不反，则文体遂弊"（《定势》）。前此虽然有过一些探讨文体的著作，譬如魏文帝曹丕的《典论·论文》，陈思王曹植的《与杨德祖书》，应玚的《文质论》，陆机的《文赋》，挚虞（仲洽）的《文章流别论》，李充（弘范）的《翰林论》等等，但刘勰并不满意。他一一给以批评说：

---

① 《文心雕龙》定势篇云："自近代辞人，率好诡巧，原其为体，讹势所变，厌黩旧式，故穿凿取新，察其讹意，似难而实无他术也，反正而已。"

② 《文心雕龙》序志篇写道："唯文章之用，实经典枝条，五礼资之以成文，六典因之致用，君臣所以炳焕，军国所以昭明，详其本源，莫非经典。而去圣久远，文体解散，辞人爱奇，言贵浮诡，饰羽尚画，文绣鞶帨，离本弥甚，将遂讹滥。盖《周书》论辞，贵乎体要，尼父陈训，恶乎异端，辞训之奥，宜体于要。于是搦笔和墨，乃始论文。"

995

> 魏典密而不周，陈书辩而无当，应论华而疏略，陆赋巧而碎乱，《流别》精而少功，《翰林》浅而寡要。又君山、公干之徒，吉甫、士龙之辈，泛议文意，往往间出，并未能振叶以寻根，观澜而索源。不述先哲之诰，无益后生之虑。[1]

君山即桓谭，公干是刘桢，吉甫为应贞，士龙是陆机（士衡）的弟弟陆士龙。不仅曹丕、曹植、应场、陆机、挚虞诸文论大家，他无法认可，桓谭等泛议之辈，也没有放过。兹可见《文心》作者眼光之高和抱负之大。所以《征圣》篇提出"文成规矩，思合符契"。《宗经》篇对文体风格的要求是："一则情深而不诡，二则风清而不杂，三则事信而不诞，四则义直而不回，五则体约而不芜，六则文丽而不淫。"《正纬》篇主张存真而反对伪凭。《辨骚》篇提出"酌奇而不失其真，玩华而不坠其实"。《史传》篇反对"任情失正"。《诸子》篇提倡"览华而食实，弃邪而采正"。《奏启》篇赞美能"矫正其偏"的谠言。篇篇都有立论旨趣的现实针对性，目的是为了矫正文弊，使面临"解散"的齐梁文体归之于正。故《文心》之作，置诸当时的历史文化环境，事实上应不无拨乱反正的作用。

饶宗颐先生谓："彦和之文学主张，处处以正为依归。"又说："正之观念在《文心》书中实居领导地位，此与梁时'文章且须放荡'之风气，大相径庭。"因此他认为这"与其谓有合于儒家，不

---

[1] 见《文心雕龙》序志篇"详观近代之论文者"一段。

如是亦得到佛家'正道'之启示"[①]。这是笔者所见到的诸家研究舍人书中，至为深刻的一种认知。只不过需要补充一点，就是刘勰在佛家"正道"的启示下，首要的目标是正其文体，《文心》一书的旨归即在于此。因而其书中居于中心位置的文体论，自亦不能与佛典翻译所衍生出来的文体问题无有渊源。

而匡正文体的使命所以落在刘彦和而不是其他人的身上，还由于《文心雕龙》的作者具有足堪其任的自身条件。这就是他"长于佛理"，是造诣深湛的佛学学者，虽于晚年"燔须发自誓"，但时间甚短，主要的是一个"博通经论"的佛学大家，而不简单是一个佛教徒。可以肯定，对刘勰来说，佛学义理所引起的兴趣远远大于对宗教本身的兴趣。因此他师法僧祐十几年而不易服，只是勤勉地从事"造立经藏搜校卷轴"的工作。据说慧远听道安讲《般若经》，豁然而悟，慨叹说："儒道九流，皆糠秕耳。"[②]这种情况终刘勰一生从未发生过，相反，他对儒家思想的迷恋不亚于对释氏的爱好。

他的学术理想是化通梵汉，孔释归一。其所著《灭惑论》写道：

> 至道宗极，理归乎一；妙法真境，本固无二。佛之至也，则空玄无形，而万象并应；寂灭无心，而玄智弥照。幽数潜会，莫见其极；冥功日用，靡识其然。但言万象既生，假名遂

[①] 参见饶宗颐：《文心与阿毗昙心》一文，载《中国文艺思想史论丛》第3册，北京大学出版社1988年版，第104页。

[②] 汤用彤校注：《高僧传》卷第六"晋庐山释慧远"，中华书局1992年版，第211页。

立，梵言菩提，汉语曰道。其显迹也，则金容以表圣；应俗则王宫以现生。拔愚以四禅为始，进慧以十地为阶。总龙鬼而均诱，涵蠢动而等慈。权教无方，不以道俗乖应；妙化无外，岂以华戎阻情。是以一音演法，殊译共解；一乘敷教，异经同归。经典由权，故孔释教殊而道契；解同由妙，故梵汉语隔而化通。但感有精粗，故教分道俗；地有东西，故国限内外。其弥纶神化，陶铸众生，无异也，固能拯拔六趣，总摄大千。[1]

不妨把此段文字视作刘勰的比较文化论，可以看出他是站在儒佛统一的立场来解释道这个概念的，殊没有将两者对立起来的意思。"权教无方，不以道俗乖应；妙化无外，岂以华戎阻情"、"经典由权，故孔释教殊而道契；解同由妙，故梵汉语隔而化通"，表达得再清楚不过。

同样，《文心雕龙》的撰写，也体现了他的"孔释教殊而道契"的思想。因此强来分解哪些是佛家的影响，哪些是儒家的影响，也许是完全不应该的。因为舍人之书已到了"弥纶神化"的境界，强为之区分，难免劳而无功。何况《灭惑论》说得明白："妙化无外，岂以华戎阻情？"千古《文心》，实际上是亦佛亦儒、儒佛通体的大著述。但其立论的格外重视文体、全书谨严的逻辑结构、体系的圆融、语词的运用，又真实地证明，如果没有佛教思想的影响，没有汉译佛典的经验过程，要之如果没有刘勰其人，这部奇书

---

[1] 《弘明集》卷八，《四部丛刊》影印本，又石峻等编：《中国佛教思想资料选编》第1卷，中华书局1981年版，第323—327页。

是不会产生的。那么面临"文体解散"而使之归之于正这个时代使命，也许便没有合适的人来勇力担承。而中国文学思想史乃至文化史上如果少了《文心雕龙》，我们中华的文脉义理将蒙受怎样的缺憾呵。大哉文心，妙哉雕龙，天地辉光，道蕴永恒。

（2010年4月校改，原载《文艺研究》1992年第3期。）

汤若望在明清鼎革之际的角色意义

汤若望本人是一名传教士，但他在明清鼎革这一特殊历史背景下具有多重的角色意义。他因擅长天算推步和掌握制造火炮的技术而见重于中国最高当局。明朝最后一个皇帝崇祯和清初的顺治都与他建立了极密切的关系。特别在顺治亲政时期他获得了一名西士在中国所能获得的最高荣宠。他是明清鼎革的历史见证人，同时也是顺治崩逝以后清朝上层权力攘夺的牺牲品。作为一个历史角色，汤若望本身的角色意义常常为衍生出来的外在角色担当所掩盖，在角色与角色期望之间充满了矛盾。

汤若望整整四十年的曲折丰富的在华经历为研究者留下不可穷尽的课题。论者有的訾议他在华的工作不够理想，甚至责难他没有利用自己的方便条件促使崇祯和顺治两位帝皇皈依上帝，这种看法恰好是未能理解汤若望的本身角色和角色期望之间的矛盾。如果说他没有成功，那不是他的过错，而应该从中西不同的信仰原则中去寻找原因。

如同许多学者所指出，中国人的宗教观念一直没有得到充分的发展。能不能叫没有宗教，尚待商榷，但认为中国文化的人文特点并不以确立终极信仰为条件，则是无可争辩的事实。也可以说我们重视崇拜，不重视信仰。不敬祖宗的罪过比亵渎神明要严重得多。从根本上说，中国缺少有利于宗教发展的合适的土壤。佛教所以能够在中国立足，那是因为佛教经过了漫长的中国化的过程。佛教的本义是使未觉悟者获得觉悟，基督教则可以说是觉悟后的信仰。佛教是自性假定，从自我出发；基督教是他性假定，从上帝出发。佛教追寻的是果，基督教追寻的是因。比较起来佛教更接近中国人的传统思维特性。

职是之故，我们宁愿撇开困扰明清之际各派传教士之间的"礼仪之争"，而对利玛窦开其端、汤若望继其后的探索基督教与中国固有文化相融合的尝试，给予高度评价，并充分肯定汤若望在这探索的路上所扮演的多重角色的意义。

一

我们所纪念的这位历史人物把我们带进了一个时代——中国历史上最为纷乱、动荡而又充满辛酸和潜伏无穷变数的时代。

1592年，即我们这位历史人物诞生的那一年，明朝的万历皇帝已消极怠工五年之久，史家称为"醉梦时期"[1]。1620年，当我们的历史人物远涉重洋、抵达澳门的第二年，万历帝在临而不御四十八年后崩逝，承继大统的明光宗在位仅一个月，就被人用一种

---

[1] 见孟森：《明史讲义》第二编之第五章"万历之荒怠"，其中写道："万历在位四十八年，历时最久，又可分为三期：前十年为冲幼时期，有张居正当国，足守嘉、隆之旧，而又或胜之。盖居正总揽大柄，帝之私欲未能发露，故其干济可观，偏倚亦可厌，而若穆宗之嗜欲害政则尚无有，纯乎阁臣为政，与高拱之在穆宗朝大略相等。至居正卒后，帝亲操大柄，泄愤于居正之专，其后专用软熟之人为相。而怠于临政，勇于敛财，不郊不庙不朝者三十年。与外廷隔绝，惟倚阉人四出聚敛，矿使税使，毒遍天下。庸人柄国，百官多旷其职。边患日亟，初无以为意者。是为醉梦时期。"中华书局2006年版，第275页。

红色铅丸毒死,旋即又由明熹宗继位,是为天启元年。一年之中,两帝同殁,三易其号①,为世界历史所罕见。而到1666年我们的历史人物离开人世,明清易代已二十有三年。这中间李自成攻入北京,明朝最后一个皇帝崇祯吊死煤山,清兵入关,以代人雪耻伐罪的名义夺得政权,并于第二年举兵南下,扬州十日,嘉定三屠,演出中国历史最惨烈的一幕。

如果说明朝中后期的几个皇帝大都懦弱无能,致使后妃与阉官交相专权,朝政不可收拾,清初的顺治和康熙则是以稚龄登基,开始一段时间,内外政令悉出自辅臣之手。所不同者,清人以北方强悍之血,尚存生机;明室撑废弛之躯,尽显灭相。但明清易代,掺杂有种族的因素,满汉之间的文化冲突,在有清一朝,始终没有停止过。

问题是我们的历史人物汤若望在如此纷乱动荡的明清鼎革之际,处于何种位置,作为一个历史角色,他的活动具有怎样的意义,本文想循绕历史演变的轨迹略加追寻。

二

汤若望个人的身份当然是传教士。但他1623年到达北京,除1627至1630年在西安传教,直到逝世,前后有四十个整年基本上都是在政治中心北京度过的,明清两朝的种种变局为他所目睹亲

---

① 明神宗朱翊钧于公元1620年崩逝,时为万历四十八年;光宗常洛同年八月即帝位,旋即死去,改由明熹宗朱由校继统;廷议采纳左光斗的意见,以八月前为万历,八月后为泰昌,明年为天启,三个年号均为1620年这一年所议改,鲜有前例。

历,因此可以说他扮演了明清易代的历史见证人的角色。

他撰写的《生活回忆录》,对1644年甲申之变有极详尽的记载。包括李自成的队伍在这一年的四月包围京城,太监曹化淳敞开彰仪门作为内应,崇祯帝带领护从欲逃无路,于是回到宫中逼令皇后自尽,自己则登上宫后面的煤山,自缢于寿皇亭。汤若望不无哀悼地写道:"竟这样耻辱,这一代君王崩殂。他或许是世界上最伟大君主的,而在性格的优良上,决无可疑,他不落于任何人之后。然而殂落时,竟这样凄惨孤独,为一切的人所撇弃,年龄仅三十六,为他愚昧可叹的行动之所牺牲。他的崩殂,因之也使有二百七十六年历史之大明帝国,与约近八万人口之大明皇族,悉行沦亡。"① 迄今为止,堪称搜集材料最完备的《汤若望传》的作者魏特证实,汤若望对甲申之变京城状况的叙述,"一切的都经他由最近处所目击目睹"②,看来此说可信,因为与其他史料参证,大体上都能符合。

当然这位传教士的同情在明代朝廷和崇祯皇帝一边,因此对农民军进城以后的作为,叙述中不时掺有偏见。农民军撤离时焚烧劫掠严重,但初入城时尚比较规矩,特别对皇室成员,也还保持一定礼遇。计六奇撰《明季北略》对内臣献太子一事有如下记载:

> 内臣献太子,自成留之西宫,封为宋王。太子不为屈。初,太子走诣周奎第,奎卧未起,叩门不得入,因走匿内官外舍,

---

① 魏特:《汤若望传》第一册,杨丙辰译,商务印书馆1949年版,第207—208页。
② 《汤若望传》第一册,商务印书馆1949年版,第206页。

至是献之。自成命之跪,太子怒曰:"吾岂为若屈耶?"自成曰:"汝父何在?"曰:"死寿宁宫矣。"自成曰:"汝家何以失天下?"曰:"以误用贼臣周延儒等。"自成笑曰:"汝亦明白。"太子问曰:"何不速杀我?"自成曰:"汝无罪,我岂妄杀?"太子曰:"如是,当听我一言:一不可惊我祖宗陵寝,二速以皇礼葬我父皇母后,三不可杀戮我百姓。"又曰:"文武百官最无义,明日必至朝贺。"次日,朝贺者果一千三百余人。自成叹曰:"此辈不义如此,天下安得不乱。"①

史载崇祯帝自缢前在衣襟上写有"逆贼直逼京师,皆诸臣误朕也",以及"可将文官尽皆杀死,勿坏陵寝,勿伤我百姓"②等语,与太子所申说如出一辙,而李自成并不以此为怪。但汤若望《生活回忆录》中的记述,对李自成的这一面似有意略而不取。

对汤若望本人,李自成采取的也是优遇的态度。坐落在宣武门附近的耶稣会所竟然未受到大的骚扰,虽有起义军进入,并没有破坏性的举动,拿走一条毛毡,也是在经允许后拿走的。第二天,"勿扰汤若望"的警示牌就挂在会所的门口了。又过了几天,汤若望被一主帅请去待以茶酒,殿堂外面有人拍手欢迎,纷传"大法师来了"。事后汤氏解释说,"大法师"的意思是指被揭发藏有财宝的

---

① [清]计六奇撰:《明季北略》卷之二十"内臣献太子"条,下册,中华书局1984年版,第458页。

② 见萧一山:《清代通史》卷L之第二篇"明清之兴替与满洲典制述要",中华书局影印本第1册,第265页。

人①，其实他误会了。在明清这一称呼是对道教掌坛者的尊称，丝毫不含贬义。

按中国传统道德，如何对待故国旧君，成为考验士人特操的一块试金石。明朝对汤若望虽非故国，崇祯帝却相当于旧君，以特操论，汤之所为应属于不失忠厚。只是这样一来，他自身的角色与作为历史见证人的角色期望之间，便有了一定程度的矛盾。

三

汤若望在明清鼎革之际的另一重角色意义，是他曾协助明军制造大炮，这在当时可不是一件小事，直接关系到交战双方军事力量的消长问题。他造的大炮也许没有用于实战。1626年宁远之役，袁崇焕用大炮守城，击毙后金兵一万七千多人②，致使努尔哈赤愤愧而死，是为明清攻伐史上第一次使用这种武器。大炮的来源系徐光启派人从澳门购得。第二年后金以复仇为动员，大举进攻宁远和锦州，也是慑于这种火炮的威力而败溃。从此努尔哈赤的继承人皇太极决心造炮，终于在1631年造成，取名为"天佑助威大将军"③，并很快改变了明清战局。

皇太极所造之炮，系佟养性所监造，参加者为丁启明、祝世萌、窦守俭、刘计平四人，尤以丁启明对造炮技术最为娴熟。丁原

---

① 魏特：《汤若望传》第一册，第211—212页。
② 《徐光启集》上册，上海古籍出版社1984年版，第116页。
③ 《清太宗实录》卷八"天聪五年三月"载："造红衣大炮成，镌曰天佑助威大将军，天聪五年孟春吉日造。监造官总名官额附佟养性，监造官游击丁启明，备御祝世萌，铸匠窦守俭，铁匠刘计平。"

是明朝的副将,在战场上被俘,因造炮有功,1633年授以二等参将之职。他的造炮技术据信是从传教士那里学来的。而佟养性一家,更与天主教关系密切,子侄弟兄中接受洗礼者多有其人[1]。

总之决定明朝与后金战局的西洋武器大炮,与传教士的活动是分不开的。虽然1631年以后,构成后金主要火力的大炮,一部分为自己制造,另一部分是孔有德、耿仲明等明朝降将所携归。但携归这一部分,与信仰耶教的山东名将孙元化直接相关[2]。归根结底还是来自荷兰、葡萄牙等国,具体途径是徐光启通过传教士多方努力的结果。汤若望造炮的时间,在崇祯十五年,即1642年,当时火炮已不算神秘,"敌不但有,而今且广有之矣"[3],因此他造的二十尊大炮试验成功后,在战场上发没发生作用,人们不得而知。重要的是,他亲自制造了火炮,并著有《火攻挈要》二卷,由焦勖译纂,刊行于崇祯癸未即1643年[4],是书讲述诸种制炮技术甚详,实际上是他指导制炮的操作技术总结。这样一来,身为传教士的汤若望又扮演了火炮专家的角色。

可以想象,当崇祯末年,面临建州和张、李双重威胁之际,朝

---

[1] 关于佟养性家族的宗教信仰和制造西洋大炮的关系,方豪著《中国天主教史人物传》中册第49—54页、牟润孙《注史斋丛稿》第431—439页考订甚详,两书由中华书局分别于1988年和1987年出版,可参阅。

[2] 参见徐光启崇祯四年十月二十一日《钦奉明旨敷陈愚见疏》,《徐光启集》上册,第313—314页。

[3] 汤若望授、焦勖纂:《火攻挈要》卷上,"概论火攻总原",北京图书馆善本室藏嘉业堂藏书。

[4] 北京图书馆善本室藏嘉业堂本《火攻挈要》,卷前的墨笔说明有"是书明崇祯癸未曾刊行"字样。

廷上下可能更看重他的火炮专家的身份，连天算推步的专长也降到了次要地位。果不其然，制炮工作尚未结束，崇祯帝又派汤若望察看北京城外的防御工事，希望他这位军事专家提出改进意见[①]。至少1642和1643这两年，汤若望在人们眼里，与其说是传教士，不如说是技术娴熟的军事专家。

问题在于应该怎样看待他的教士以外的身份和行动。我们不妨看看《汤若望传》的作者魏特对这个问题是怎样回答的。他在书中写道：

> 在这里有一个根本问题应行提及。就是汤若望以天主福音之使者，可以作这种以屠杀为目的的军事工作么？当在他于长久的拒绝之后，终于拜命受诏时，在他的心里对于这件事情在教会方面之容许，他决定有把握的，甚至他还是视这种工作为一种间接传教方法。连一切同他一起传教的弟兄们也都觉得，这没有什么不合教规之处。在当时的一切传教报告中，我们连一句责难的和疑虑的言词也发现不出。根据他在此项工作上已经一年多，用去了他全部时间上的大部分的理由，我们也可以假定，他曾获有传教会各会长之明文赞成的。即我们在今日之下，亦可完全了然原谅他这种教士以外的行动。[②]

《汤若望传》的作者显然非常重视程序的合法性，即使史料

---

① 《汤若望传》第一册，商务印书馆1949年版，第166页。
② 同上，第167—168页。

难以证实，也宁愿假设传主的参与军事工作获得了教会会长的批准。接着又从道德与文化的角度给予论证："汤若望是中国国家的公民，皇帝的臣属。中国是一个有高度文化的国家，这文化的高度是在非基督教的世界内，自希腊与罗马以后从未曾有其他的国家能达到的。而当时中国军事防卫的工作，又系目的在防止盗匪与文化低劣之游牧民族之侵袭。况且皇帝又不是一位不堪当他的地位的人物。如果他的力量过于软弱，不能铲除宦官的恶势力和改良恶劣腐败的官僚政治，那这便不足为离弃他不辅助他的理由。"①站在维护中国当时的统治秩序和传统伦理的立场，自然会认同于魏特所阐述的理由，而且与汤若望当时实际处境和思想状况，亦没有什么不相符合之处。

但魏特的这种解释也存在着危险，因为没过多久，汤若望就成为代明而立的清初帝皇的近臣，如果过分强调文化与道德的价值判断，势必陷入阐释上的矛盾。不如换一个角度，改从角色转换的理论加以说明，也许更为稳妥。

实际上，明清易鼎之后，汤若望的角色意义已经发生了变化。他来华的头几年，主要是学习所在国的语言和风俗习惯，积累有关的历史文化知识，然后赴西安传教。1630年，经徐光启推荐，特调来北京参加修改历法的工作，包括译书和推测日月食。后来边事紧张，又让他去制造火炮，这对一个传教士来说，已经是衍生出来的角色负荷。只不过异国传教，不能不走迂回曲折的道路，角色虽有转换，却未失去自身的主动。入清以后，情况有所不同，已经有新

---

① 《汤若望传》第一册，商务印书馆1949年版，第168页。

的角色等待他去扮演了。

四

研究汤若望的学者不约而同地遇到一个难以绕开的问题，就是他在清初何以获致那么多的荣宠。

1644年清兵入关，同年十一月诏封汤若望为钦天监监正。1646年即顺治三年，"加太常寺少卿衔"。1651年，"诰封汤若望为通议大夫，又谥封若望父、祖为通奉大夫，母与祖母为二品夫人"。1652年，御赐"钦崇天道"匾额。1653年，赐号"通玄教师"，后为避康熙的名字玄烨之讳，改称"通微教师"。1657年，又授以"通政使司通正使加二品又加一级衔"，并赐给御书"通微佳境"堂额。1658年，"诰授汤若望光禄大夫，并恩赏若望祖先三代一品封典"。历来外臣在中国做官，很少达到如此高位。还不要说摄政王多尔衮死后，顺治亲政，与汤若望之间建立的关系有多么密切。据汤若望回忆，光是1656和1657两年，顺治帝曾二十四次到过他的住处，有时随便地吃饭、喝茶[1]，称他为"玛法"，这在汉语中相当于"尚父"，亦即爷爷的意思。遇到重要事情，汤若望进谏，顺治也比较地能听得进去。此时的汤若望事实上已兼有近侍辅臣的角色。

至于汤若望与顺治帝建立起超乎寻常的密切关系的依据是什么？也许可以从心理学的角度求得解释。顺治七岁登基，十四岁亲

---

[1] 汤若望《修历纪事》1942年拉丁文、法文版第256页写道："在两年中，也就是本世纪的56年、57年中，他亲自到我住处来了二十四次。他在我的住处耽了不少时间，并且他还在我的住处吃饭、喝茶。这是他之前任何一个皇帝也没有这样做过的。"见《汤若望传》第二册，第277页。

政，到1661年驾崩，也不过刚二十四岁。与汤若望关系最密切时期，正值顺治的少年时代，可以想象，他对蔼然长者的西方传教士一定充满了好奇心。别的不说，汤若望会舍的那些奇巧之物，也会让一个住在深宫里的少年人感觉到兴趣。另外与汤若望交谈，可以得到平时接触不到的知识，包括日食和月食的道理，彗星和流星问题，以及琥珀油是如何采制的，等等[①]，如此有趣的交谈，显然可以满足少年人的求知渴望。顺治的性格，与明朝的万历皇帝有些相像，他们都有一种崇尚自由的精神，不愿意为宫廷的清规戒律所束缚。万历的办法是自己给自己放了假，顺治则迷狂于狩猎，或者干脆到汤若望会舍的园子里摘果子玩。他从汤若望的独立直言的性格里，能够感受到一种可以激活自己的平等意识。这在汤若望，可是不曾想到的。当然心理的原因，并不是他与顺治关系密切的唯一依据，因为在顺治亲政之前、多尔衮摄政时期，汤若望的地位就已经很稳固了，因此还必须从另外的角度探究我们的历史人物在清初获致特殊荣宠的原因。

就汤若望本人而言，他身怀长技，掌握天文历算的推步知识，固然是一个基本条件，但胆识同样重要。李自成攻入北京时，全城一片混乱，官员离散，百姓喋声，任何人都难以保证不会有不测发生。但汤若望一个人坚守北京耶稣会所，镇定自若，毫不动摇。而傅泛济、龙华民两位传教士则事先离开了。清兵入关，汤若望应对有法，迅速改善了自己的不利处境。多尔衮下令东、西、中之城居

[①] 魏特《汤若望传》第二册第274至275页记载："有一次正值冬日，皇帝召汤若望携带一仆人至游猎苑囿，为的是要知道，那一种为人所极珍视的琥珀油是怎样采制法。仆人一方面在工作着，皇帝和汤若望则翻阅书籍，以研究其制法。"

民一律迁移至南北二城，谁敢不遵？独汤若望奏报新朝，要求仍在原地居住。他的奏疏写得很巧妙，不妨抄录如下：

> 修政历法臣汤若望谨奏，为恳乞圣明垂鉴远旅孤踪，格外施恩事。臣自大西洋八万里航海来京，不婚不宦，专以昭示上帝、闻扬天主圣教为本，劝人忠君孝亲、贞廉守法为务。臣自购买天主堂、圣母堂共一所，朝夕焚修，祈求普佑，迄今住京二十余年。于崇祯二年间，因旧历舛讹，奉前朝教修政历法，推测日月交食、五星躔度，悉合天行。著有历书表法一百四十余卷，测天仪器等件向进内廷，拟欲颁行。幸逢大清圣国俯念燕民遭贼荼毒，躬行天讨，伐罪吊民，万姓焚顶，没世难忘。乃天主上帝宠之四方，降以君师之任，救天下苍生于水火者也。臣仰读内院传示令旨，中、东、西三城君民搬移于南北二城，以便大兵憩息。是诚圣明轸恤便民至意，敢不即便钦遵。但念臣住居宣武门内城下中城地方，房屋半为贼火焚烧，仅存天主、圣母二堂并小屋数椽，朝夕在内，虔诚诵祷。况臣八万里萍踪，一身之外，并无亲戚可倚，殊为孤子堪怜。五堂中所供圣像，龛座重大，而西方带来经书不下三千余部，内及性命微言，外及历算屯农水利，一切生财之道，莫不备载。至于翻译已刻修历书板，数架充栋，诚恐仓猝挪移，必多散失。而臣数十年拮据勤劳，无由效用矣。伏乞皇上斡念孤忠，特赐柔远之典。倘蒙俯准微臣仍旧居住，使臣得以安意精修，祝延圣寿，而保存经典书籍，冀图报于异日，洪德如天，感恩无地矣。臣为此激切冒渎天聪，惟圣明俯宥，垂察施行，臣不胜瞻仰惶悚待命之至。

为此具本亲赍，谨具奏闻。①

具奏的日期是顺治元年五月十一日，信是由汤若望亲自交给宫廷的，第二天就有摄政王颁给的清字令旨一道，准予汤若望仍住原处。这封奏疏的起草人不一定是汤若望自己，然而措辞得体，既介绍了自己的身份和在前朝所做贡献，又说明包括"备载""一切生财之道"的书籍和"已刻修历书板"等贵重物品所在多有，如"仓猝挪移，必多散失"，后果无法弥补。而且还提及"贼火焚烧"问题，表示曾遭受过李自成军队的侵扰，对新朝则"冀图报于异日"。

这样一封奏疏，必定为多尔衮所欢迎，自不成问题。何况接待汤若望的是事清已久的边疆大吏范文程，在掌握政策方面，考虑得肯定比较周详。十二天以后，即顺治元年五月二十三日，汤若望又题写一篇奏疏，具陈修历公署的来历和在编官生的状况，属工作汇报性质。随后又把八月初一日京师所见日食限分秒和起复方位，以及各省所见日食多寡先后不同诸数，一并按西洋新法开列进呈。还进呈一批仪器，计有浑天银星球一座、镀金地平日晷一具、窥远镜一具、舆地平图六幅、诸器用法一册。七月初九日进呈，初十日即获旨："这测天仪器准留览，应用诸历，一依新法推算。"②新法推步有了钦定的合法性。待到八月朔日的月食经大学士冯铨率钦天监官员，亲临观象台得到验证，汤若望的声望更为高涨，宜乎有钦天

---

① 见明崇祯清顺治间刻本《西洋新法历书》第一册，北京图书馆善本室藏。
② 本文所引汤若望奏疏及御批均见北京图书馆善本室藏《西洋新法历书》第一册和第二册。

监监正之授。

我们从汤若望在甲申之变前后的种种表现，可以明了这位历史人物的性格特征。他有条不紊，不动声色，轻而易举地完成了从效力前朝到供职新朝的过渡。他对自己充满了自信，还是在明朝灭亡之前他就说："如果这个皇帝不在了，会再来一个，对我也许比他更好。"[①]话虽这么说，历史事实的演变可比历史人物的主观意志冷静得多。这话用于从崇祯到顺治，可谓幸而言中，用于从顺治到康熙幼年四辅臣执政，就适得其反了，否则汤若望为什么会陷入"历狱"？不过这是后话，留待下面再谈。

五

汤若望在清初获得特殊荣宠，就执掌权力的朝廷一方来说，也不是没有深层的缘由。角色的选择是相互的，而且选择的主动权始终在清廷方面，而不是由汤若望来决定。明清易代，原本是一个生产力低下的文化落后的民族用武力夺得了全国的统治权，鼎革之际对生产力的破坏和对固有文化的摧残，都极其严重。但清所以代明而兴，特别是入关以后势如破竹，很快控制全国，实得力于武力与怀柔相配合的两手政策。清兵进北京，纪律相当严明。多尔衮与诸将誓约："此次出师，所以除暴救民，灭流寇以安天下也。今入关西征，勿杀无辜，勿掠财物，勿焚庐舍，不如约者罪之。"[②]范文程更向一般民众发表文告："义兵之来，为尔等复君父仇，非

[①] 转引自张力、刘鉴唐：《中国教案史》，四川省社会科学院出版社1987年版，第53页。
[②] 参见萧一山：《清代通史》第一册，第278页。

敌百姓也。今所诛者惟闯贼。官来归者，复其官；民来归者，复其业，必不尔害。"①结果逃匿之民众，纷纷归来，明朝的文武百官则迎出五里之外。公平地说，清兵入京比李自成攻入北京然后又撤出，其破坏程度要小得多。而这些政策的制定，又得之于范文程、洪承畴等明朝降将。没有任何朝代能够像清朝那样重用降臣。这样来看，汤若望在清初得到重用，被任命为钦天监监正，就不为偶然了。降清的明臣尚且委以重任，多年来华的西士不是更可以放心委用吗？

顺治十年诏赐汤若望为"通玄教师"，为此发布的圣旨写道："国家肇造鸿业，以授时定历为急务。羲和而后，如汉洛下闳、张衡，唐李淳风、僧一行，于历法代有损益。元郭守敬号为精密，然经纬之度，尚不能符合天行，其后晷度遂以积差。尔汤若望来自西洋，精于象纬，闳通历法。徐光启特荐于朝，一时专家治历如魏文魁等，实不及尔。但以远人，多忌成功，终不见用。朕承天眷，定鼎之初，尔为朕修大清时宪历，迄于有成。又能洁身持行，尽心乃事。今特锡尔嘉名，俾知天生贤人，佐佑定历，补数千年之阙略，非偶然也。"②行文中特地把清代的用人政策和明代加以对比，说明本朝宽大，野无遗贤，明代褊狭，有才不用。因此汤若望在这里又扮演了一个新的角色，即成为一代新朝的胸襟阔大的用人政策的象征。

清初用汤若望，实在是聪明的办法。有的研究者认为，顺治初

---

① 萧一山：《清代通史》第一册，第278页。
② 《清史稿》列传五十九"汤若望传"，中华书局校点本第33册，第10020页。

年西南七省尚在永历治下，永历两宫皇太后、皇后、皇太子都是受过洗的教徒，教友瞿式耜、焦琏等仍在致力于复明活动，波兰教士卜弥格奉太后之命曾远使教廷，西士在西南各省仍具有影响力，而汤若望在西士中最称杰出，给他以荣宠可以收其他教士之心①。如此说可信，那么汤若望作为清初政策的一种象征的角色意义，更可以确定无疑。

六

汤若望晚年的"历狱"，人们对其原因的看法，多归之于杨光先的陷害及与此相联系的中西历法之争和宗教信仰的不同。不能说这种看法没有事实依据。还是在明崇祯初年，徐光启奉命修改历法，一些守旧人士就对用西法治历持有异议。对他推荐汤若望和罗雅谷参加历局的工作，更心存疑忌。所以当崇祯七年，徐光启已死，继任者李天经在书器告成的奏疏中不得不加以解释："远臣罗雅谷、汤若望等，译书撰表，殚其夙学；制仪缮器，摅以心法；融通度分时刻于数万里外，讲解躔度交食于四五载中，可谓劳苦功高矣。说者动以异域视之，不知皇上君临万邦，覆载之下，莫非王臣；法取合天，何分中外？"②希望按徐光启生前的请求，奖给汤若望、罗雅谷以田宅。可见使用西法治历阻力之大。

待到顺治十四年，汤若望处在荣宠的峰巅之时，被革职的回回

---

① 见方豪：《中国天主教史人物传》中册，第12—13页。
② 方豪：《中国天主教史人物传》中册第4页，并《徐光启集》下册第427至428页所载之崇祯六年十月初六日"治历已有成模恳请思叙疏"。

科秋官正吴明炫还上疏弹劾汤若望的"舛谬三事"。[①]至于杨光先其人,一直是新法治历的反对派,攻评固未尝少停,但并未动摇汤若望的地位,反而使自己遭受贬黜。吴明炫亦因奏事诈妄,部议当死,后来得到赦免。而汤若望在被弹劾之后反而授予光禄大夫,恩赏先世三代一品封典。因此汤若望的"历狱",不发生在顺治朝,也不发生在康熙亲政之后,而发生在顺、康交替过程中的索尼、苏克萨哈、遏必隆、鳌拜四人辅政时期,此一时间涵度大可究诘。

笔者认为,中西历法之争构不成陷汤若望于图圄的充分理由,宗教信仰的冲突也不致导此结局。康熙三年七月杨光先上《请诛邪教状》,主要以谋反罪构陷汤若望,所以状中有"若望借历法以藏身金门,窥视朝廷秘密,若非内外勾连,谋为不轨,何故布党立天主堂于京省要害之地,传妖书以惑天下之人"[②]等语。而这些"罪状",在顺治十七年十二月杨光先所具呈的《辟邪论》中已有所陈述,但顺治帝并没有听信他的话。只是在顺治崩逝之后,索尼等四大臣辅政康熙,杨的目的才得以实现。于是在康熙三年八月,即杨光先呈状后一个月,辅政大臣鳌拜发旨将汤若望等系狱,复经几个月的审讯,议决当斩。

很明显,这是朝廷内部一场权力攘夺的结果,其矛头指向为顺治皇帝。所以太皇太后悉知案情后立即大怒,说:"汤若望向为先

---

① 《清史稿》列传五十九,中华书局校点本,第10021页。
② 参阅张维华:《明清之际中西关系简史》,齐鲁书社1987年版,第134页,以及《中国教案史》,第134页。

帝所信任，礼待极隆，尔等欲置之死地毋乃太过。"①后来为昭雪冤案，南怀仁、利类思等受康熙旨意写的申诉书中，也强调："世祖章皇帝数幸堂宇，赐银修造，御制碑文，赐若望嘉名。若系邪教，先帝圣明，岂能如此表彰？"②进一步透露出此案的政治背景。实际上，我们的历史人物在晚年遭逢的冤狱中又出演了一个新的角色，即朝廷权力的牺牲品的角色。四辅臣上台，在很多方面改变了顺治的政策，康熙亲政又是对四辅臣的挑战，因此汤若望在顺治朝荣宠独高，四辅臣为他制造冤狱，康熙替他平反，看起来曲曲折折，其实并不难理解。后来雍正代替康熙和乾隆代替雍正，不是把历史的曲折又重演了一遍吗？

七

写到这里，我们需要回过头来审视一下汤若望作为一名传教士的本身角色的问题了。自耶教东传以来，传教士中最重要的人物当然是利玛窦。但利玛窦之后，最重要的人物要推汤若望。如果说利氏是中国天主教事业的奠基者，那么汤氏则是在南京教案之后，在明清易代的特殊历史条件下，把此项事业重新固基并加以推进的人物。他自己对其角色担当的意义甚为明了，请看顺治七年北京天主堂落成后他撰写的碑记：

---

① 参阅张维华：《明清之际中西关系简史》，齐鲁书社1987年版，第134页，以及《中国教案史》，第134页。

② 见《正教奉褒》康熙八年条及《圣汉实录》。

自昔西汉时，有宗徒圣多默者，初入中国传天主正教。次则唐贞观以后，有大秦国西士数人，入中国传教。又次明嘉靖时，圣方济各入中国传教，至万历时西士利玛窦等，先后接踵入中国传教，译有经典，著有书籍，传衍至今。荷蒙清朝特用西法，定造时宪新历、颁行历务告竣，谨于都城宣武门内虔建天主新堂，昭明正教。时天主降生一千六百五十年，为大清顺治七年，岁次庚寅。修正历法汤若望记。①

利玛窦之后其他传教士的名字碑记中没有具列，这不是汤若望不谦逊，而是利氏之后确没有另外的人能和他的历史作用相比。陈援庵先生在《三版主制群微跋》中写道："综其在中国四十余年，其半在明，其半在清，实明末清初圣教会绝续安危之所系，所以与利玛窦称为耶稣会之二雄也。"②诚为的论。继利玛窦掌管在华教务的龙华民，对祀天、祭祖、拜孔等中国传统礼俗持否定态度，企图厉禁，结果事与愿违，终酿成南京教案，反而影响了耶教的传播。

汤若望的思想直承利玛窦而来，主张尝试走一条与中国固有文化相融合的道路。利玛窦在他的《中国札记》中写道："为了使一种新宗教的出现在中国人中间不致引起怀疑，神父们开始在群众中出现时，并不公开谈论宗教的事。在表示敬意和问候并殷勤接待访问者之余，他们就把时间用于研习中国语言、书法和人们的风俗习

---

① 魏特：《汤若望传》第一册，第253页。
② 《陈垣学术论文集》第一集，中华书局1980年版，第81页。

惯。然而，他们努力用一种更直接的方法来教导这个异教的民族，那就是以身作则，以他们圣洁的生活为榜样。"①他相信他的想法终有一天会得到中国皇帝的认可。他说："当已经有了相当数量的基督徒时，向皇帝进呈备忘录不是不可能的，其结果至少能达到允许基督徒按基督教律法生活，只要这不违反中国的法律。"②在一定意义上，汤若望称得上实践利玛窦主张的完美的楷模，利氏没有实现的目标，有的在他身上得到了实现。

至于有人认为他的工作成绩尚不够理想，甚至责难他没有利用自己的方便条件促使崇祯和顺治两位帝皇皈依上帝，这未免求之过苛。魏特的《汤若望传》援引大量翔实的史料，介绍我们的历史人物极尽一切可能向崇祯和顺治布道的情形。如果说他没有成功，那不是他的过错，需要从中西不同的信仰原则中去搜寻原因。

崇祯皇帝和顺治皇帝，作为治理国家的帝王来说，实在谈不上是什么英主，但他们个人的禀赋和资质不差，具备皈依宗教的先天条件。《烈皇小识》一书关于崇祯命人毁掉佛像、第五子悼灵王死后又幡然悔悟的记载是否可信，可以不去管它，但崇祯十三年以后，因丧皇子而疏远了与汤若望的关系，则是事实。顺治与汤若望的关系，其密切程度远在崇祯之上，一度朝夕相处，不乏传教布道的绝好机缘。但结果是越到晚年顺治与汤若望越疏离，不仅未皈依天主，反而自行剃发，产生了出家之念。

陈援庵先生所著《汤若望与木陈忞》一文，对顺治晚年佛教僧

---

① 《利玛窦中国札记》，中华书局1983年版，第167—168页。
② 汾屠立：《利玛窦神父的历史著作》第2卷，第381页，见 [法] 谢和耐：《中国文化与基督教的冲撞》，辽宁人民出版社1989年版，第3页。

人与汤若望争夺之战考订甚详，并从各个角度缕析汤不敌木的原因[1]。不过归根结底还是不同的信仰原则在起作用。顺治十四年的《御制天主堂碑记》写道：

> 若望素习泰西之教，不婚不宦，祇承朕命，勉受卿秩，浔历三品，仍赐以通玄教师之名。任事有年，益勤厥职。都城宣武门内向有祠宇，素祀其教中所奉之神，近复取锡赉所储，而更新之。朕巡幸南苑，偶经斯地，见神之仪貌，如其国人，堂庑器饰，如其国制。问其几上之书，则曰此天主教之说也。夫朕所服膺者，尧、舜、周、孔之道，所讲求者，精一执中之理。至于玄笈贝文，所称《道德》《楞严》诸书，虽尝涉猎，而旨趣茫然。况西洋之书，天主之教，朕素未览阅，焉能知其说哉。但若望入中国，已数十年，而能守教奉神，肇新祠宇，敬慎蠲洁，始终不渝，孜孜之诚，良有可尚。人臣怀此心以事君，未有不敬其事者也。朕甚嘉之，因赐额名曰"通玄佳境"，而为之记。[2]

顺治在这篇碑记中明确表示，他对佛教和道教均不感兴趣，天主教当然更不在话下，而只信服中国传统的儒家之道，但对汤若望个人的"守教奉神"精神给予高度评价。这就是说，我虽然不信仰你提倡的宗教，但对你的信仰我表示尊重。到康熙执政的后期，对基督教的态度更为随便，在一条给传教士的谕旨中这样写道："朕

---

[1] 《陈垣学术论文集》第一集，中华书局1980年版，第500—513页。
[2] 魏特：《汤若望传》第二册，第315—316页。

因轸念远人，俯垂矜恤，以示中华帝王不分内外，使尔等各献其长，出入禁廷，曲赐优容致意。尔等所行之教与中国毫无损益，即尔等去留也无关涉。"①几乎是无所谓的态度了。

八

这种无所谓的比较随便的态度，恰好从一个侧面反映出中国传统文化中宗教观念的特征。

如同许多学者所指出，中国人的宗教思想一直没有得到充分地发展②。至于能否叫作没有宗教，尚待商榷，但认为中国文化的人文特点并不以确立终极信仰为条件，则是无可争辩的事实。在大多数情况下，我们的信仰总是和怀疑联系在一起的，很难分辨信仰中的肯定成分和否定成分到底哪一方更占优势。也可以说我们重视崇拜，而不那么重视信仰。按传统礼法，不敬祖宗的罪过比亵渎神明要严重得多。

中国的人文环境从根本上说不利于宗教的生长。来自印度的佛教所以立住了脚跟，那是因为经过了佛教中国化的过程。当然与基督教相比，佛教精神更接近中国人的思维特性，也是它得以植根中土的一个原因。佛教的本义是使未觉悟的人获得觉悟，基督教则可以说是觉悟后的信仰；佛教是自性假定，从自我出发，基督教是

---

① 参见陈垣辑录：《康熙与罗马教皇使节关系文书》，影印本。
② 见熊十力：《论中国文化与中国哲学》一文，载《中国文化》第3期，北京三联书店、香港中华书局、台湾风云时代出版社联合版，又此期之"编后"系笔者所撰，略及中华民族的原始崇拜和宗教的关系，亦可参阅。

他性假定，从上帝出发；佛教是感性假定，基督教是理性假定；佛教追寻的是果，基督教追寻的是因。两相对比，佛教的传播简便少障，基督教则繁复多障，显然是佛教而不是基督教更容易与中国人的思维惯性一致起来，因而两教在中国的影响势力悬殊，就不难理解了。

正因为如此，我们宁愿撇开困扰明清之际各派传教士的"礼仪之争"，而对利玛窦开其端、汤若望继其后的基督教与中国固有文化相融合的尝试，给予高度评价，并充分肯定汤公在这条具有开辟意义的道路上所扮演的多重角色的意义。

1992年4月23日竣稿

（本文系1992年5月4日至5日，出席德国《华裔学志》研究所召开的"纪念汤若望400周年诞辰国际学术研讨会"提交的论文，5月4日研讨会开幕之当天下午在大会宣读，《中国文化》杂志1992年第七期首载。）

史华慈：最后发表的思想

一 访谈补记

我很遗憾我与史华慈教授的访谈对话，他没有来得及看到就离开了人世。都怪我不恰当的生病，耽搁了及时整理访谈记录稿的时间。1999年对我是不幸的一年，四月份从哈佛回来不久，就病倒了。直至第二年春夏，方日渐恢复。但更加不幸的是，我所见到的西方最单纯的思想家、最富学养的中国学学者史华慈教授，已经永远不能向人类发表他的睿智卓见了。我和他的访谈对话，第一次在1999年2月9日下午的2点到4点，第二次是2月22日上午10时至12时。地点在哈佛费正清东亚研究中心他的办公室。他的办公桌对着门，大衣挂在门后的衣钩上。我和林同奇先生坐在他的对面，内子陈祖芬坐在左侧书架前。因为有事先送给他的访谈提纲，整个谈话非常顺利。他谈得愉快而兴奋，几次高举起双手，强调他的跨文化沟通的观点。讲到美国文化的现状，他略感悲观，他说自己也许是老了。这样说的时候，我注意到他眉宇间有一丝黯然。没法形容这次访谈我个人所受的启悟以及带来的学术喜悦有多大。第二次谈话结束的时候，我写了一张纸条给他，上面写："启我十年悟，应结一世缘。"当时说好访谈稿整理成文之后会寄请他过目。没想到因病未克及时竣事。而当现在终于成文准备发表，却欲送无人了。成为一次永远无法弥补的遗憾。好在此访谈稿先经林同奇先生根据录音整理并作汉译，然后我参酌现场所作笔记和内子的笔记，最后写定成文。其可靠性史华慈先生自必认可。如果我揣想不误的话，1999年2月9日和22日我对他的这两次访谈，应该是他生平最后的两次学术对话。因为林同奇先生告诉我，我回国不久，史华慈先生就住进了医院。也许我纸条上的后一句不那样写就好了。林同奇教授为访谈所做的帮助，对访谈初稿的整理、汉译，我深深感谢并心怀感激。

上面这段文字，是2001年1月24日我为整理好的《史华慈教授访谈录》写的补记，如今已经过去五年的时间，而距离我与史华慈先生那次访谈对话，至今已有七个春秋。我相信1999年2月9日和2月22日的两次访谈，应该是史华慈先生一生之中最后发表的思想。

二 我提出的问题

为了准备与史华慈先生的访谈，我事先写好了访谈提纲，列出了八个方面的问题。

第一个问题，林毓生教授向我介绍，他说您的研究与一般的汉学家以及中国学的学者有很大的不同。能否请您谈一谈您的研究的特点？是怎样的契机使您进入中国研究的领域？《毛泽东和中国共产党的兴起》、《严复研究》、《中国古代的思想世界》这三本书是怎样写出来的？能反映您的中国研究的各个阶段么？对于中国，您最关注的是什么？什么是您的中国研究的基本理念？您是否还有新的写作计划？

第二个问题，费正清教授已经作古，您能对他的贡献和历史地位有所评价么？哈佛的中国研究有什么特点？您对当今美国的中国学有何批评？有何期望？有何建议？

第三个问题，请您扼要谈谈对中国的文化与传统的看法。您认为中国文化传统里面有通向现代的可供借鉴的资源么？李约瑟主持的《中国科技史》您怎样评价？中国人在思想领域对人类文明的宝库的贡献，最主要的都有哪些？对晚清以来引起中国文化与社会变迁的"挑战—响应"模式，学术界已有所质疑，您现在怎样看这个问题？

第四个问题，今年是五四运动80周年，请您谈谈五四好么？我知道您是赞同把五四以来的思潮分解为激进主义、保守主义和自由主义三种思潮的，不知您现在是否仍然持此种看法？但这种区分本身已有所取舍，至少有区分者的畸轻畸重的态度。从学术史的角度看，这种区分是否代价太大？后期的严复、章太炎、王国维（包括梁启超）的思想，怎样评价才算比较公平？就一个学者的学术思想而言，保守主义这个概念怎样和他发生联系？

第五个问题，研究中国思想与文化的学者中，很多人都赞同"儒家中心说"。我对此深所质疑。我觉得"儒家中心说"不能正确解释中国的历史与传统。中国传统知识分子的思想往往不是很单一，儒家之外，佛、道思想也是重要的源泉，尤其是民间的或处于在野位置的知识分子，更是如此。不知您怎样看这个问题？

第六个问题，您怎样看中国人以及中国文化中的宗教与信仰问题？儒学和宗教的关系是近来中国学术界的热门话题。儒学是不是宗教，大家看法很分歧。您怎样看这个问题？

第七个问题，能否谈谈您对今天的中国的看法？今年是20世纪的最后一年，您对即将过去的一百年即20世纪的中国，和21世纪的中国，有何检讨和展望么？您对中美关系有何预期？

第八个问题，对亨廷顿教授的"文明冲突论"您有何评论？

三 史华慈发表的思想

我需要说明，史华慈教授的谈话，不是对我所提问题的简单回答，而是参照我的问题，放开来阐述他的思想。我甚至觉得，这是他的一次借题发挥，他显然乐于并且需要发表他积蓄已久的思想。

他的这次最后的思想表达，内容极为丰富，涉及有关文化问题的诸多侧面。因为访谈全文以《现代性与跨文化沟通》为题，已经在我主编的《世界汉学》第2期刊载，此处只摘要其中一些最重要的思想，并略谈我对这些思想的看法，以就教于大家。

第一，史华慈认为，文化是一种未经决定的、不稳定的、相当松散的整体。他一再说，文化是个复杂的事物，是巨大而不稳定的范畴。他说历史是麻烦的事情，一大堆问题，纠缠不清。它和文化一样都是一种"问题性"或"问题结构"(problematique)。问题，由于涉及人类存在的经验，所以是普世的；但是答案，由于出自于人，所以总是有分歧。

所以，他并不把文化看作某种固定不变的结构模式，而是把文化比喻成一种化学上的复杂的化合物(a complex chemical compound)。有的研究者把文化比作生物学上的一元有机体(a biological organism)，他说这是一种强势的文化整体观，容易低估历史变迁的意义。他赞成一种弱势的比较谦虚的文化整体观，他心目中的文化，是一种未经决定的、不稳定的、相当松散的整体。

如果我们说文化是一种结构，就必须马上强调这个结构内部各种成分之间并没有达成稳定的谐和状态，而是充满种种深刻的历时性和共时性的矛盾，而且正如一切化学化合物那样，其中各种成分都可以分离出来，可以从原有的结构中解脱出来和其他结构组合。所以文化不可能形成一个静止的完全整合的封闭的系统。他以佛教传入中国作为例证，说东汉后佛教传入中国的历史，说明中国人完全可以从印度文化中剥离出一部分，综合到自己的文化中。中国人并没有因为吸收了佛教从此就变成了印度人，我想也不会因为吸收一部分西方思想就变成西方人。

第二，他提出了"文化导向"（cultural orientations）的概念。文化人类学家往往采取一种静态的观点，认为一旦一个文化有了某种导向，这些导向就永远持续下去，不发生任何变化。但史华慈强调的是文化和历史之间的连续性，不赞成后现代主义者把文化等同于论说（discourse），再把论说等同于历史。他说，有些当代的文化民族主义者，容易把文化内部的各种价值规范之间的历时性和共时性张力减少到最低程度，同时回避作为理想的规范和现实之间的差距。为了肯定某种"民族认同"，他们不惜把过去描绘成一片光明，从而牺牲了文化的丰富性和复杂性。不论是西方的胜利者或者是非西方的受害者，双方都有这种倾向。

第三，史华慈在谈到现代性问题时，他提出，历史没有终结，现代性没有结束。他说，"现代性"这个词，正像"文化"这个词一样，它的内部一直有很多张力。

前几年，柏林墙垮后不久，有人比如福山，就说这是"历史的终结"（The End of History）。现在他也修订了自己的观点。现代性内部既然有种种张力，就一定会发展。因此，如果我们谈起五四运动，就得关联西方现代性的发展和变化来谈。我认为五四发生的时期，即1919年这一年是非常重要的。如果我们看西方现代性的发展，那么19世纪和20世纪很不一样。19世纪可以说属于英美式的，可以说是科学和民主的某种结合，是自由主义的天下。但到了20世纪，出现了危机，集中表现在第一次大战，战后产生了对自由主义的强烈反弹。五四运动发生的时机，就恰恰遇上了西方历史和它的现代性发展中的转折点。因此我们需要考虑和对付的，不仅仅是西方文化和中国文化，而且是历史走到了某一时刻。我们并不是仅仅面对两个相互对抗的抽象的文化，还得面对具体的历史。

在讲五四时，他使用了历史时刻这个概念。

第四，我向他请教现代性的核心指标是什么？研究现代性需不需要和各自的文化传统联系起来？就文化的历时性和共时性的关系而言，是不是可以有不同的现代性？他说这是大家一直争论不休的问题。

他说许多人认为，现代性是科学革命或者经济技术的合理化；有人强调社会伦理方面的变化，认为是个人从人类的或超自然的权威中解放出来；有的则认为现代性的核心是推进人类的平等，以及还有的认为是民族主义的兴起并占据主导地位，等等。其实，即便在个人主义内部也是五花八门，从康德的道德自决到19世纪的浪漫主义，到古典经济学的经济个人主义。现代性中自由和平等的关系始终是没有解决的难题。至于经济、技术和社会伦理之间的关系应该如何，从卢梭和法国一些启蒙哲学家的讨论开始，到现在还是争吵不休。韦伯把合理化作为现代性的中心，当然很有说服力。

不过，史华慈先生说，他想从哲学的视角来看韦伯的"合理化"所产生的种种结果，这样可以得出一个结论，就是现代性的核心是一种"浮士德冲力"（Faustian Spirit），一种不惜一切代价追求知识的无限欲望，它影响现代文化的每个方面。所以我们谈现代性的文化，和谈传统文化一样，文化内部的那些中心导向（不论它们是什么）所导致的、所产生的都是一个巨大的远没有解决的问题性。

第五，关于传统的断裂问题。他说，凡强调和过去发生质的断裂的人，多半认为基本的对立不在于西方文化和非西方文化之间，而在于传统社会和现代社会之间。他们喜欢使用的比喻是生物有机体，认为所有文化或文明都像一个正常的生物个体，必得经历某种单线型的发展。一般说来，许多认为西方的现代性具有普世性的非西方的知识分子，往往认为文化的历时性对立比共时性对立更为重要，更加本质。其实古、今、中、西，所有这些对立都不是绝对的。例如，在西方前现代文化的"问题性"中既含有种种有利于发展现代性的倾向，也含有种种不利于现代性发展的倾向。16和17世纪的科学革命固然得力于古希腊前苏格拉底的哲学思潮，但是，正是主张这种看法的人认为，亚里士多德的理性主义对科学革命并不有利。从近十几、二十年的情况看来，和儒家有关的许多社会文化习俗对东亚经济现代化进展并非不利，但儒家思想中也有一些不利于现代化的因素。

第六，史华慈也谈到了另外一种断裂，就是"后现代"和笛卡尔式的"断裂"。他说西方出现的一件事在中国没出现过，就是所谓笛卡尔式的断裂（The Cartesian breaks）。不是指笛卡尔个人，而是一种彻底的二元论。笛卡尔本人并没有完全这样做，因为他仍然相信上帝。根据这种二元论，一方面是整套的科学，对物质的机械论看法；另一方面就是物质的对立面，不是上帝而是人这个主体世界。主体和物质两个世界彻底被分开了。这是非常激烈的看法，在哲学史上属于激烈的二元论。可是这种二元论却充满活力。

至于怎样才能把这两方面联系起来，一直到现在仍然是没有解决的问题。西方到18、19世纪，许多人对仅仅存在着个人主体感到失望。到康德他谈的还是个人的主体。但许多人都认为人不只是一种个人的主体，还必须引进人的社会性。于是出现了休谟，他对主体采取怀疑的态度。后来更有人想根本取消主体这个观念，代之以社会或者语言等等。20世纪就是以语言代替主体。他们事实上都攻击笛卡尔，转而谈文化、社会、历史。黑格尔就把历史看成自身独立发展的过程，前进的动力再也不是个人了，而成为社会的历史。

史华慈说，后现代主义也攻击主体，也攻击个人的主体。但他们所做的，马克思早已做过。马克思在《费尔巴哈论纲》中说过〔从其现实性说〕"人的本质不是孤立的个人而是社会关系的总和"。不过这是把某种称之为"社会"的东西实体化了，社会变成了动力体系或系统的东西。笛卡尔式的断裂，带有浓厚的非宗教、无宗教的含义 (profoundly non-religious and irreligious)。即使你不说是个人，而是社会历史，你说的仍然限于人的领域。人的 (human) 世界和非人的 (non-human) 世界之间的断裂依然是彻底的。而那个非人的世界，自然可以用科学来解释。

史华慈说，他不是非理性主义者，他相信科学，科学告诉我们许多关于世界的实际情况，虽然科学不可能告诉我们一切。这就是为什么所谓"后现代主义的革命"根本不是一场革命。因为它依然卡在一个老问题上，即人的世界与非人的世界的对立，你可以说人已不再是一个主体了，主体已被消解了，但你仍然是和物质世界对立的人。

第七，关于宇宙的结构和"道"。史华慈说，在西方，我们一谈起宇宙，就喜欢谈"结构"，宇宙的结构，自然的结构，等等。

但是中国人谈到宇宙或大自然很少用"结构"这个概念。中国人喜欢用"道"这个概念。道和结构很不一样，道似乎更加整全化，有机化，比较动态灵活，而且"万物生于有，有生于无"。那个"无"孕育、包涵整个的"有"。而在古希腊，有一种思想，就是把宇宙中的一切，即中国所谓的"万物"都还原成某种元素，如水、火或空气等，或还原为原子，像德谟克利特的原子论。中国是采取的"五行"学说，"阴阳五行化生万物"，整个自然是丰满的，而且可以充满种种神灵。这不是化约主义（reductionist），不是把一个很复杂的现象化约成一些简单的东西。希腊人采用"结构"这个词，是因为他们认为，如果你把这些小元素取出来放在一起就产生了一个新结构。可是中国，当一个新东西产生时，不谈结构，而采用"生"这个词："道生一，一生二，二生三，三生万物"。

第八，当史华慈谈中国人和西方人认识宇宙所使用的不同概念时，他是想回答我的一个问题，就是对中国古代科学以及对李约瑟博士的《中国科技史》有何看法。他说，西方17、18世纪的科学革命基本上是回到希腊，如果你把数学逻辑和化约主义放在一起，把毕达哥拉斯的数学理论（他把数作为万物的原型）和德谟克利特的原子论结合在一起，你就可以得出某种现代科学的原型。文艺复兴的精神之一就是回到希腊，当然现代科学不是一下子就产生出来，还得经过一段时间。

他说李约瑟当然是个了不起的人，不过他们之间曾有过争论。李强调科学应该遵循有机论，将来的科学可能更像中国人的思想，更加有机化。将来是否如此我不敢说，但在过去——我知道我这样说难免有些简单化——西方却是用数学、逻辑加化约主义来搞科学的。我不是否认中国也有不少观察，包括对自然的经验性的观察，但是——这也是我个人的看法——中国人过去没有把数学、逻辑和原子放在一起,变成一种结构。我认为李约瑟所说的中国的有机观,可能和中国对人文和社会的观察有相当密切的联系,例如,可能是出于和国家官僚体制的模拟而产生的一种构想,和生物学有机体的联系反而较少。

史华慈说,他并不崇拜科学,把自然科学的模式应用于人文学科,他不认为有正当性。他说中国诸子中,最接近西方现代科学的可能是后期墨家。墨子一派就属于反抗主控导向的思想家。当然,在西方同样也有反主控导向的思潮。例如你不能说因为西方主控导向是一神论,就没有某种与神合一的神秘主义潮流。大家知道在中世纪这种潮流的代表人物如Johannes Eckhert,他曾给马丁·路德以很大启发。在这方面我不是专家,只是个人的一些意见。

第九,他主张跨文化沟通。首先他认为跨文化沟通是可能的。他不赞成后现代主义的说法,以为各有各的传述系统,大家无法进行跨文化沟通。他说,不同文化背景的人完全可以聚在一起讨论比较哲学、比较宗教。即使文化在某种意义上是个整体,我们仍然可以从中提取一些课题,大家都很关切的课题,彼此展开讨论。杜维明强调文明对话,大家都在讨论宗教中超越和内在的问题。有些人类经验的领域确实具有不可化约的独特性,特别是艺术领域。例如中国的建筑、青铜器、绘画、菜饭、服装都很独特,但尽管独特,很难说就不可以沟通。例如,东汉以后中国不仅引进了佛教,也引进了印度的艺术,当然后来也中国化了。又如山水画这是东亚艺术的特色,但许多西方人很爱看山水画,不少人跑去看中国的艺术展览。你可能知道在美国有一些正统的犹太人也非常喜欢吃中国菜。有时这些最独特的东西反而引起最热烈的沟通,这真是个吊诡。当然，抽象的概念也一样可以交流，例如孔子关于家庭及其功能的看法是通过中国的文化导向折射出来，亚里士多德的有关看法是通过古希腊的文化导向折射出来。尽管遇上翻译的巨大困难，两者事实上是可以沟通的，因为他们讨论的是可以沟通的课题。这证明文化的许多部分是可以到处旅行的，食物和艺术只是显例。

第十，他对偏颇的全球主义持保留态度。他说他对目前这种形式的全球化现象并不乐观，因为它太不平衡，太偏颇了 (lopsided)。目前西方正在发生的一切并不妙。自从反自由主义垮台以来，令人失望的是，我们似乎又回到了19世纪前期，那时就是把自由主义（或民主）和资本主义的市场结合起来。现在我们又回到过去，那不是什么新东西。当然，我很喜欢民主政治的观念，但我不赞成回到19世纪。目前美国的潮流并不是什么后现代主义的兴起，后现代主义在美国实际上不太受欢迎。目前的一股潮流是回归19世纪。特别是体制内知识分子只想回到自由市场，这是一种经济主义，推广到全球就成了一种偏颇的全球主义。

他说他在美国当时还是个青年时遇上了新政。那时有一股把资本主义当成上帝的思想。但他支持那种认为资本主义有许多缺陷的思想。他不否认自己是个新政主义者 (New Dealer)，现在也没有改变。发展经济毫无疑问得运用某些市场原则，但罗斯福却相信资本主义应该受到控制、调整、限制。可是现在又回过头来认为一切问题都可以通过自由市场得到解决，他表示不能认同。

第十一，关于中国文化背景下的宗教与信仰问题。他说知道有一种观点，认为亚洲的宗教是内在的，西方的一神教是超越的。其实超越与内在的关系很复杂。例如犹太教或基督教都认为上帝是和现象世界分离开来的，但上帝也可以和你非常贴近。佛教和道教可能更强调内在。在犹太教（不是基督教，因基督教更复杂些）看来，一个人永远不可能和神完全成为一体，也就是说，道心与人心不能完全是合一的。可是在犹太教也有人说，人和神可以非常之贴近，像米开朗琪罗（Michelangelo）在西斯廷教堂（Sistine chapel）中的那张名画，上帝和亚当双方的手指就非常接近，但是其中就是有一点点距离。可是中国在谈到圣人时，道心可以和人心合一。

他说宗教是高深的学问，大家可以友好地讨论这些深刻的问题。可是在现代世界中，宗教却和所谓群体仇恨（communal hatred）连在一起，宗教成了群体仇恨的工具。一旦宗教和政治搅在一起，和所谓"群体主义"（communalism）结合起来，很容易成为仇恨的工具。

这时我插话说，中国文化里面的宗教思想，包容性比较强，所以中国历史上很少有原教旨主义那样的教派，避免了教派之间的冲突。儒、释、道"三教合一"的现象，是真实的存在。史华慈同意我的看法，说印度和中国"无"的概念都很强，允许一定空间容纳多神的地位。佛教也给多神留下余地，不像犹太教、基督传统没有多神存在的余地。不过中国政府一向对民间宗教存在戒心。由此我们又讨论了民间宗教问题。还谈到了"巫"，以及孔子、朱熹对天、对宗教、对鬼神的态度。

史华慈说，中国的"宗教"这个词，是从日文译过来的。"宗"在日文里相当于"宗派"（sect），"教"在汉语中则带有现代"宗教"的一些含义，虽然还有别的含义。在西方，宗教和非宗教、神圣和凡俗分得很清楚，西方有人把上帝描绘成一个带胡须的老头。可是朱熹就倾向于神是不能加以描绘的。中国人更多的时候是说"天"，但《诗经》中的天就有两种：人格化的和非人格化的。后来天逐渐向一种非人格的秩序发展。不过这问题在中国始终并没有彻底定下来。在孔子那里，一方面他说："知我者其天乎！"这意味着人格化的天，可是另一方面他又说："天何言哉？四时行焉，百物生焉。"似乎又意味着一个非人格化的秩序的天。

他还说，中国人把"神"（divinity）变成多数的神祇（dieties），可以说是一种把人世间"非神（圣）化"（dedivinization）的倾向。希腊人也有过以某种方式削弱神的角色的企图，例如前苏格拉底的一批哲学家，他们对荷马的多神世界做出反弹。在这点上，希腊人有点像犹太人，只不过希腊哲学家是把多神世界抽象化，犹太人则从多神发展成一神，走向很不一样。这是个非常有趣但又是非常复杂的问题。

第十二，史华慈对中国和中国文化的看法。他说他不是预言家，也不信预言。不过他说，中国目前有一种提法，例如我们到底应刻回归传统还是和传统决裂，这提法本身是不对的。事实上将来会有些中国人被美国文化的某些部分所吸引。他说他自己并不欣赏美国现在的文化，毋宁说还很反对美国现在的文化。中国人也是有人对中国文化的某些部分很喜欢，但不喜欢其他部分。文化本来就是一种很松散的东西，内部一直争吵不休。也许中国人更愿意把文化看成一个整全合一的东西，以为更具有吸引力。他说：也许你们知道最近美国一位人类学家Golten Anches East写了一本讲麦当劳（McDonald）快餐店在东亚的书，他应该算是属于相信文化整全观的学者，可是他发现当麦当劳快餐店进入中国后，有些地方就带上了中国的味道。他说在美国的麦当劳，店员对顾客总是兴高采烈，笑脸相迎，但在中国，店员对顾客就比较冷漠。但许多其他方面还是保留美国的一套，例如厕所较好，青年人都喜欢在那里聚会。当然这个例子不一定典型。中国人好像倾向于把文化看成一个整全的东西。这种文化观和民族主义结合，就会有负面的影响。

第十三，对民族主义问题，他提出了崭新的观点。他说，民族主义和现代性同样复杂。他说他和有些西方学者不同，他认为现代性应该包括民族主义在内。但是和现代性一样，民族主义也和过去有密切联系。希伯来的《圣经》中有许多氏族，中国春秋战国时代的不少邦国也都有各自的文化、语言、地域。他们或多或少带有现代民族国家的某些特点，但它们都没有发展成现代民族主义那样把民族国家（nation-state）看成一种"终极性群体"（terminal community），一种可以经广大群众提供几乎是准宗教的（quasi-religious）的意义中心。民族国家不仅是达成富强的手段，而且几乎变成一种从人类领域内涌现出来的一个"神"（diety），足以给予参与它的荣耀者带来生活的意义，带来光荣感和自豪感，带来某种和终极事物相联系的超越性的情感。

他提出，民族主义作为一种准宗教，并不必然需要有一个历史上长期存在的现成的民族作为前提。例如由殖民列强任意划分的一些非洲的领土，就可以用殖民当局遗留下来的国家机构为中心，建立一个民族主义的注意中心。过去的苏联虽然是一个多群族的国家，都可以俨然自称为一个民族，并产生相当可观的爱国主义情感。有人认为甚至在欧洲也是国家（state）创造出民族，而不是由民族创造出国家。我们至少可以说当初世袭的领土式的国家对创造现代民族的形象起了明显的推动作用。目前世界上大片地区兴起一股民族主义思潮，它的前景如何，很难确定。有人预测经济、科技的全球化终会夷平民族主义的山头。但是我们知道，早在19世纪早期就有许多古典经济学家认为，民族主义是一种时代错置的现象，可是两百年过去了，民族主义至今未衰。

史华慈提出的，是国家（state）创造出民族，而不是由民族创造出国家，这是一种很有现代意义的观点。如果这个观点成立，那么对民族主义应该有新的界说。就是说，美国也有自己的民族主义，也要提防民族主义的膨胀。我当时向他提出了这个问题。

他说民族主义本来是一种对于本民族的特殊的情感，似乎没有必要宣称自己的民族拥有某种普世性的真理或价值。但事实上，许多民族都宣称自己是这种真理或价值的载体。例如"美国生活方式"，"苏联式的社会主义"，"法国文化的文明使命"，等等。处理这类思想相当麻烦，因为其中潜伏着强烈的民族主义。尽管我们谈了很多全球化现象，可是民族主义即使在"工业化的民主国家"中也绝对没有死亡。美国一直就有所谓"美国主义"。

他说中国如果一切发展得很顺利，中国文化的许多方面会保留下来，但也渗入许多新的因素，是一种混合物，这是好的结果。坏的结果就是民族主义者对中国文化的诠释占了上风，那就不好了。

当我问他对亨廷顿教授的"文明冲突论"有何看法时，他说他和亨廷顿教授很熟悉，他总是告诉他："你太简单化了。"中国文化内容很多，内部有许多张力，而且随时间推移会发生新变化，不是儒家一统的天下。不过亨廷顿可以在中国很快传开，原因之一也许正是因为中国确有一批民族主义者，认为中国文化是一个单一的整体。

第十四，他提出语言对思维所起的作用，并不像人们想象的那样大。他说，二十世纪有一种观念，认为语言决定一切文化事物，几乎把语言本身看成最终极的原因。他说他的看法不一样，他认为语言的差别固然很重要，但不认为因此就不能把一种语言翻译为另一种语言，或者说中国文化是被中国语言所决定的。他认为思想可以超越不同语言的界限。即使在西方有的说的是共同语言，仍然不能对有些词的意义取得一致意见。这是因为不管西方文化和中国文化，文化内总有许多派别。如果你读了中国历代对《论语》所做的注释（从汉代到清代），你会发现中国人自己对《论语》中一些词的含义的解释，也不能取得一致。西方也一样，例如对柏拉图文本的解释就有很多不同。他说，这种情况不仅仅是语言的问题，而是思想的问题。在西方我们有nature这个词，译成中文是"自然"。但到底"自然"是nature，还是nature是"自然"，甚至在追问nature在中国是什么意思之前，nature在西方到底是什么意义，已经是一个争论不休的难题。

史华慈说，有的学者认为语言对思维有决定作用，例如Chad Hanson认为汉语中没有冠词，不适合抽象思维。还有的学者认为语言不同，跨文化沟通极端困难。他说他不能同意Hanson的看法。他说：诚然在希腊语言中，抽象的事物与具体的事物分得很清楚，便于逻辑思考。但中国的《墨经》也在讨论逻辑，也谈必要条件和充分条件的区别，用的都是中国语言。语言中有没有冠词a和the的区别，对讨论逻辑有些影响，但并不那么大。俄文里也没有冠词，只说"书在桌子上"，并不说"这本书在这个桌子上"。但在具体语境中意思总是清楚的。也可能有定冠词比没有定冠词，谈起逻辑来要方便一些。但语言没有那么大的影响，他不是语言决定论者。

第十五，关于中国研究的文本与诠释问题。他说当他开始研究严复时，对清代历史发生了兴趣，比如考据学派，让他非常兴奋。他说他第一次发现在中国儒学内部有一个很长的历史演变过程，就像基督教也有一段很长的历史一样。于是渐渐地我发现，如果你想研究明朝的思想，你必须了解一下宋朝。最后发现，如果你想了解任何关于中国的思想，你都得去了解先秦的思想。中国从来就没有那种笛卡尔式的"断裂"。中国的传统像所有以文本为中心的传统一样，是一种诠释学的传统。

我问他中国的诠释学和西方的诠释学是不是有什么区别。他说，凡是文本传统，都是诠释学的传统，"圣经"也是如此。传统不是某种静态的东西。风俗习惯，特别是没有反思的风俗习惯，是静态的。但是一旦有了一个文本，这个文本就可以得到众多的诠释，譬如汉代的儒学和唐代的儒学就不一样。西方对柏拉图、亚里士多德的诠释，也都不一样。墨子和老子也是如此。所以文化内部有很多不同的传统。文本的传统是充满活力的，因为文本可以有多种解释。现在大家都对文本的命运发生浓厚兴趣。有人说现代世界是反传统的，不过你不妨看看美国的宪法。美国宪法不管是好是坏，一直被认为是一个神圣的文件。即使围绕克林顿这件蠢事，大家还得看看宪法是怎么说的。当然词语有时是很难诠释的。所以"问题性"这个概念非常有意义。

第十六，关于"保守主义"和"新传统主义"。我向他提出的问题里面其中有一个是，把五四前后的思潮区分为保守主义、自由主义和激进主义，这种"三分法"是不是存在问题。我近年研究近现代学术思想史，对保守主义一词，深所质疑。他说他其实也不大用保守主义，特别是谈文化时，他倾向于使用新传统主义。因为保守主义和传统主义是不一样的，例如严复，他是保守主义者，可是有一段时间他的思想大部分却是西方的思想。刘师培是一位无政府主义者，还有梁漱溟，称他们为新传统主义者，似乎更准确。

我说新传统主义这个概念很好，非常适合晚清到五四前后中国文化界的一种思潮。保守主义的提法过分笼统。到底是政治划分，还是文化划分或者是学术与思想的划分。他说即使在政治思想方面，也很难说谁是保守主义，例如说蒋介石是保守主义，还是章太炎是保守主义。

我说中国思想界现在有一种看法，即认为晚清以来如果不是用激进的办法，而是用渐进的办法解决中国的问题，后来的局面可能会好一些。陈寅恪的这种思想很强烈，许多诗文都有表现。

史华慈说，其实一切都和当时的时机有关。现在，当然我们都看到东欧和苏联的共产主义世界垮台了。可是我们得把历史算在内。例如中国那时是1919年，有许多人像陈独秀那样相信十月革命会很快传开来。一旦谈到两个相遇的文化的处境（content），文化双方其实都在不断变化着。谈到后现代主义，许多中国知识分子喜欢来自西方的一些新的理论。但后现代主义在美国现在有许多人都讨厌它，就是在大学里人们也认为它很糟糕，它的论敌现在很活跃，并没有销声匿迹，实际上后现代主义目前已处于守势了。

第十七，他对文化的全面商业化表示忧虑。我向他请教对美国文化有什么看法，他说这是个大问题，自己难免对西方文化有个人的偏见。但他说他确信西方文化的一个伟大贡献是宪政民主（constitutional democracy），这是个很好的理念，尽管克林顿丑闻说明这个理念还没有得到最佳表现。可是他说宪政民主并不是必然要和放任的不加调节的市场经济联结在一起。

他说他不同意许多美国人的看法，他们在某种意义上倒有点像马克思主义者，相信经济是基础的学说，认为一旦你有一个充分发展的经济，你就必然会得到民主。他说他当然并不反对市场经济，但市场需要调节、控制。政府的各个阶层都不应凌驾于法律之上，最高层领导也不应例外。应该有一种法律可以管制政府的最高层。这不会给我们带来乌托邦，只是不可缺少的"游戏规则"。尽管中国正在执行资本主义的一些规则，但似乎仍然认为最高领导可处于法律之上。特别重要的是，要有规定权力转移和继承的法律。他说他是个新政主义者，深信在经济领域政府需要扮演重要的角色，虽然政府行为必须在法律范围之内。

林同奇先生问史华慈：听说您对当前美国的情况相当悲观。他说是的，使他感到悲观的是由于美国的商业化，一切都商业化，全面搞金钱崇拜，这很糟糕。他说有一件事马克思说对了，就是由私人全面控制财富就必然会导致对政府的控制。他说他已经是老年人，说的可能是老人的话，但文化的全面商业化无论如何是件可怕的事情。

第十八，最后的禅语。我和史华慈教授的第二次对话，也就是1999年2月22日上午的对话，到12点的时候，我们就要结束了。他问我家乡何处，在研究什么课题。

然后他自言自语地说："我读每天的报纸时，就很悲观，可是一遇到像今天这类叙谈，我就变得乐观起来了。"还说："我是老了，可是我对美国今天的文化有很多怀疑，希望中国会保持自己的文化传统。"我说："中国的传统本来是没有断裂的，可是20世纪这一百年，特别是后半个世纪，试图割断传统的思潮很时髦。"他说："其他地方，像印度都有很大问题。还是所谓全球化现象的问题。我不是反对全球化，但现在是各种各样扭曲的全球化。真正的全球化，我们这一代解决不了这个问题。"

然后他说：世界上最神秘的事情之一就是人究竟是什么。

我说，也许未来的21世纪，人们的头脑会更聪明一些。第一流的头脑不必说太多的话，也可以感受到人类的那种最高的智慧。

他说：不过我们还得说话，即使说些蠢话，我们还得说，甚至老子也得开口说话。

我说是的，我们已经谈了两次，还觉得有说不完的话。

（首次在 2006 年 12 月 16 日召开的"史华慈与中国"国际学术研讨会发表，载 2007 年 3 月 8 日上海《社会科学报》。）

《牡丹亭》与《红楼梦》

汤玉茗和曹雪芹生不同时，但同为文化巨匠、文学大师、写情能手，则地不为隔、易时可通。《红楼梦》作者并不回避自己的写作曾受到《牡丹亭》的影响。曹雪芹之于汤显祖的《牡丹亭》，应该不愧为"有缘"的"后世知音"。

《牡丹亭》所写之情是美丽、圆融而又比较容易舒解之情。"寻梦"虽苦，但不小的篇幅都是对前日所遇的"鸳梦重温"。更重要的是，杜丽娘死后还可以和柳梦梅"幽媾"，两性之间情感的欢悦过程并未因当事人之一的死亡而中断。情和欲、灵和肉、情爱和性爱、爱情和婚姻，是合一的，而不是分离的。《红楼梦》则完全不如是。《红楼梦》里的爱情故事，情和欲、灵和肉、情爱和性爱、爱情和婚姻，恰好是分离的而不是合一的。《红楼梦》里的婚姻，大都是失败的、残缺的，尤其少有与爱情的结合。中国传统社会男女之间的爱情感受，婚姻与爱情分离，足以成"痛"，情爱与性爱分离，足以为"苦"。《红楼梦》既写了有爱情却不能结合的"痛"，又写了有情爱而不能实现性爱的"苦"，还有大量的既无情爱又无性爱的"悲"。

总之《牡丹》之情轻快，《红楼》之情沉重；《牡丹》之情偏于喜，《红楼》之情偏于悲；《牡丹》是单色的爱情，《红楼》是复调的爱情；《牡丹》之情愉悦，《红楼》之情悲哀；《牡丹》对情的写法让人感到满足，《红楼》对情的写法让人感到缺憾。

汤玉茗和曹雪芹生不同时，一个生于明嘉靖二十九年（公元1550年），一个约生于清康熙五十四年（公元1715年），生年的时间差为165年。而卒年，汤卒于明万历四十四年（公元1616年），曹卒于清乾隆二十九年（公元1764年），一为明晚期，一为清中叶。两人所处的社会、历史、文化环境有别，使用的文学手段也不同，一为戏曲，一为小说。但同为文化巨匠、文学大师、写情能手，则地不为隔、易时可通。以上为文本的提要。

一

《红楼梦》作者并不回避自己的写作曾受到《牡丹亭》的影响。第二十三回标题大书特书："《西厢记》妙词通戏语，《牡丹亭》艳曲惊芳心。"而且描写得极细致，写出了林黛玉聆听《牡丹亭》曲文达致共鸣的全过程。背景是众姊妹和宝玉已奉元春之命，搬入大观园，都是年轻女孩儿，就一个男性贾宝玉。大家"坐卧不避，嬉笑无心"。结果静中生动，宝玉忽然有一天不自在起来。于是便读起了《西厢记》。黛玉看到也读，而且读得"余香满口"，两个人"连饭也不想吃了"。正在这时袭人来找，说老太太唤宝玉有事。林黛玉一个人闷闷地回潇湘馆，路过梨香院，恰好里面正在排练《牡丹亭》。"原来姹紫嫣红开遍，似这般都付与断井颓垣"两句曲文传入黛玉耳朵，她感到"感慨缠绵"。待听到"良辰美景奈何天，赏心乐事谁家院"，她由不得"点头自叹"。又听到"则为你如花美眷，似水流年"两句，黛玉"不觉心动神摇"。再听到"你在幽闺自怜"等句，她已经"如醉如痴，站立不住"，一蹲身坐在一块山子石上，反复细嚼"如花美眷，似水流年"八个字的滋味。这时黛玉又联想起唐人诗句："水流花谢两无情。"以及刚刚读到的《西厢记》里的"花落水流红，闲愁万种"。最后她"不觉心痛神痴，眼中落泪"。[①]

《红楼梦》里这段情节是描写艺术欣赏达致共鸣境界的绝妙文字。起因、渊源影响，主要来自《牡丹亭》的艺术感染作用。第四十回"史太君两宴大观园，金鸳鸯三宣牙牌令"，作者让林黛玉在念酒令时，再次诵读《牡丹亭》的成句。鸳鸯充当令官，一个一个"考"下去，轮到黛玉，鸳鸯说："左边一个天。"黛玉接念："良辰美景奈何天。"可见《红楼梦》作者曹雪芹对《牡丹亭》是何等的别具慧眼特识。史学家陈寅恪总是期待"后世相知或有缘"[②]。曹雪芹之于汤显祖的《牡丹亭》，应该不愧为"有缘"的"后世知音"。

二

庚辰本《红楼梦》第三十二回回前的一页纸上，曾引录一首汤显祖的诗："无情无尽却情多，情到无多得尽么？解到多情情

---

① 本文所引《红楼梦》原文系根据中国艺术研究院红楼梦研究所校注本《红楼梦》，人民文学出版社1982年版。

② 陈寅恪1963年《旧历壬寅六月十日入居病院疗足疾至今日适为半岁而足疾未愈拟将还家度岁感赋一律》："不比辽东木蹋穿，那能形毁更神全。今生所剩真无几，后世相知或有缘。"又同年《壬寅小雪夜病榻作》："任教忧患满人间，欲隐巢由不买山。剩有文章供笑骂，那能诗赋动江关。今生积恨应销骨，后世相知倘破颜。疏属汾南何等事，衰残无命敢追攀。"屡为自己学问和文章不能见容于当代而发为慨叹。两诗均见《陈寅恪诗集》，清华大学出版社1993年版，第119、118页。

尽处，月中无树影无波。"①此诗见于《汤显祖诗文集》卷十四，题为《江中见月怀达公》②，作于明万历二十七年（公元1599年）。"达公"就是真可和尚（字达观、号紫柏），汤显祖的好友，对汤的思想有过重要影响。

抄本《红楼梦》录存此诗，是因为诗的内容和《红楼梦》第三十二回的情节内容互相映衬，故诗前有小引写道："前明汤显祖先生有怀人诗一截，读之堪合此回，故录之以待知音。"《红楼梦》第三十二回是有名的"诉肺腑"，即贾宝玉第一次直白地向林黛玉表达爱情，并郑重告诉林黛玉："你放心！"这一情节，在《红楼梦》里是极大的关目，是宝黛爱情故事的转折点——

> 这里宝玉正忙忙的穿了衣裳出来，忽见林黛玉在前面慢慢的走着，似有拭泪之状，便忙赶上来，笑道："妹妹往那里去？怎么又哭了？又是谁得罪了你？"林黛玉回头见是宝玉，便勉强笑道："好好的，我何曾哭了。"宝玉笑道："你瞧瞧，眼睛上的泪珠儿未干，还撒谎呢。"一面说，一面禁不住抬起手来替他拭泪。林黛玉忙向后退了几步，说道："你又要死了！作什么这么动手动脚的！"宝玉笑道："说话忘了情，不觉的动了手，也就顾不的死活。"林黛玉道："你死了倒不值什么，只是丢下了什么金，又是什么麒麟，可怎么样呢？"一句话又把宝玉说急了，赶上来问道："你还说这话，到底是咒我还是气我

---

① 见《脂砚斋重评石头记》（庚辰本）第三十二回回前附页，影印本第二册，人民文学出版社1975年版。又己卯本《脂砚斋重评石头记》第三十二回前亦有此诗。

② 汤显祖：《江中见月怀达公》，《汤显祖诗文集》上册，上海古籍出版社1982年版，531页。

呢？"林黛玉见问，方想起前日的事来，遂自悔自己又说造次了，忙笑道："你别着急，我原说错了。这有什么的，筋都暴起来，急的一脸汗。"一面说，一面禁不住近前伸手替他拭脸上的汗。宝玉瞅了半天，方说道"你放心"三个字。

林黛玉听了，怔了半天，方说道："我有什么不放心的？我不明白这话。你倒说说怎么放心不放心？"宝玉叹了一口气，问道："你果不明白这话？难道我素日在你身上的心都用错了？连你的意思若体贴不着，就难怪你天天为我生气了。"林黛玉道："果然我不明白放心不放心的话。"宝玉点头叹道："好妹妹，你别哄我。果然不明白这话，不但我素日之意白用了，且连你素日待我之意也都辜负了。你皆因总是不放心的原故，才弄了一身病。但凡宽慰些，这病也不得一日重似一日。"

林黛玉听了这话，如轰雷掣电，细细思之，竟比自己肺腑中掏出来的还觉恳切，竟有万句言语，满心要说，只是半个字也不能吐，却怔怔的望着他。此时宝玉心中也有万句言语，不知从那一句上说起，却也怔怔的望着黛玉。两个人怔了半天，林黛玉只咳了一声，两眼不觉滚下泪来，回身便要走。宝玉忙上前拉住，说道："好妹妹，且略站住，我说一句话再走。"林黛玉一面拭泪，一面将手推开，说道："有什么可说的，你的话我早知道了！"口里说着，却头也不回竟去了。

这一情节将贾宝玉和林黛玉之间的爱情纠葛写得撕心裂肺，令天下有情人不忍卒观。而且，《红楼梦》一般读者也许不一定注意到，宝黛两人在此前经常是吵吵闹闹、哭哭啼啼、互相怄气，但从这第三十二回"诉肺腑"以后，两个人忽然不再闹别扭、吵架了。

这是为什么？原来恋爱的双方互相交了底，表了决心，彼此心领神会，只剩下互相"怔怔的"傻看着，一句话也说不出来。试想，两人话都不需要说了，还需要吵架吗？

甚至黛玉和宝钗的矛盾也因之平静下来。黛玉得到了宝玉的心，就不必处处以宝钗为意了。宝钗心理纠葛的解决，是第二十八回，贾妃从宫里送礼物，独宝钗和宝玉的一样多。这是个重要"暗示"，说明贾府的权力执掌中枢选中了宝钗做未来的宝二奶奶。当时宝玉大惊，以为传错了，说："这是怎么个原故，怎么林姑娘的倒不同我的一样，倒是宝姐姐的同我一样？"敏感的林黛玉只好向宝玉发脾气："我没有这么大福气禁受，比不得宝姑娘什么金什么玉的，我们不过是草木之人。"而宝钗何等聪明，她岂能不意识到这一特殊举动的含义？这等于元妃的一次公开表态，使得贾母也不便另作主张。此情此境之下，"慧宝钗"还需要放黛玉在心里吗？

宝钗要的是婚姻，黛玉要的是爱情。到第三十二回"诉肺腑"，她们都得到了自己想要的，因此就不必互相猜疑戒备了。后来钗黛二人甚至表现得很亲密，弄得宝玉莫名其糊涂，问黛玉："是几时孟光接了梁鸿案？""几时"？宝钗是在书中第二十八回，黛玉是三十二回[①]。第三十二回就是宝玉和黛玉的"解到多情情尽处"，所以后来他们的爱情就是"月中无树影无波"了。汤显祖虽不可能看到晚他百余年出世的《红楼梦》，但他的《江中见月怀达公》诗所表现的"情心"，却可以为宝黛爱情故事的转折预做解人。

---

① 参阅刘梦溪：《红楼梦新论》，中国社会科学出版社1982年版，第109—117页。

《牡丹亭》与《红楼梦》

三

《红楼梦》庚辰本第三十二回引用的汤显祖这首诗，不必是曹雪芹所引，也许是脂砚斋或畸笏叟。第二十一回庚辰本的另页上也有一首诗，叫作《有客题〈红楼梦〉一律》，写的是："自执金矛又执戈，自相戕戮自张罗。茜纱公子情无限，脂砚先生恨几多。是幻是真空历遍，闲风闲月枉吟哦。情机转得情天破，情不情兮奈我何。"[①]题这首诗的"客"是谁？可能是脂砚斋，也可能是畸笏叟，还可能就是曹雪芹自己。诗后有批语说："凡是书题者，[无]不可（以）此为绝调。诗句警拔，且深知拟书底里。"这首诗和汤显祖的"解到多情情尽处，月中无树影无波"诗，可说是有异曲同工之妙。不过细详，两首诗又尽有不同。这个不同，正是《红楼梦》和《牡丹亭》写"情"的不同之处。

《牡丹》所写之情是美丽、圆融而又比较容易舒解之情。杜丽娘身处闺房，虽不免为情所困（"在幽闺自怜"[②]），但为时甚暂。她去游园，"姹紫嫣红开遍"的自然景观，既可令她"因春感情"，又可为她暂舒闺房闭处之困。她一个官府小姐居然可以园中畅游，她的处境够优越的了。而且游而能梦，梦而有遇，遇则成欢，杜小姐的情感生活够顺利的了。她自己也承认："今日杜丽娘有些侥幸也。"玉成此节的条件：是她生在正当红的官宦之家，又是独生之女，

---

① 见《脂砚斋重评石头记》（庚辰本）第二十回后之附页，影印本第一册，人民文学出版社1975年版。按庚辰过录本将此附页置于第二十回后而不置于二十一回前，应是抄手误植。

② 本文具引之《牡丹亭》原文，悉本徐朔方先生校注本《牡丹亭》，人民文学出版社1963年版。

1049

杜老爷忙于利禄，母亲对她娇纵溺爱。这样适宜的"小环境"，特别是构成小环境的"硬件"，《红楼梦》里的林黛玉完全不具备。"寻梦"虽苦，但不小的篇幅都是对前日所遇的"鸳梦重温"，尽情回忆在湖山石边、牡丹亭畔，与"可意书生"的"美满幽香不可言"。她抱怨的是："梦到正好时节，甚花片掉下来也！"就是"寻梦"不着而焦思，复因焦思而弃世，这个时间也不是很长，不过季春到初秋而已。

更重要的是，杜丽娘死后还可以和柳梦梅"幽媾"，两性之间情感的欢悦过程并未因当事人之一的死亡而中断。实际上，死后的杜丽娘反而得到了灵魂的自由和情感的自由。她的"肉身不坏"，灵魂可以"随风游戏"，愿意飘到哪里就飘到哪里，至少可以"常回家看看"。所以从死亡学的观点，杜丽娘不过是"假死"。前生注定杜丽娘和柳梦梅的爱情过程是："前系幽欢，后成婚配。"还魂以后，皆大团圆。情和欲、灵和肉、情爱和性爱、爱情和婚姻，是合一的，而不是分离的。这是《牡丹亭》写男女之情的最大特点。

《红楼梦》则完全不如是。《红楼梦》里的爱情故事，情和欲、灵和肉、情爱和性爱、爱情和婚姻，恰好是分离的而不是合一的。《红楼梦》里的婚姻，大都是失败的、残缺的，尤其少有与爱情的结合。"老祖宗"贾母的婚姻是否美满，不得而知，书中没有交代，反正作为文学角色出现的她，始终是孤身一人。研究者有的认为张道士是贾母的"老情人"，也许证据还不够充足，不去说他。贾赦和邢夫人、贾政和王夫人，等等，都是中国传统婚姻的常态，照例只有婚姻，没有爱情。贾珍和尤氏原本搭配得不错，但贾珍爱的是儿媳秦可卿。贾琏和王熙凤算是比较"般配"的一对了，但他们是权势与利益的结合，各怀鬼胎、钩心斗角，而且都另有所爱。反之有爱情的，又都不能结成婚姻。例如尤三姐爱柳湘莲，终因爱而自杀。最典型的是男女主人公贾宝玉和林黛玉，他们是真爱，爱得如醉如痴，但就是不能结合。只好镜花水月，咫尺天涯。《红楼梦十二支曲》中的《枉凝眉》："一个是阆苑仙葩，一个是美玉无瑕。若说没奇缘，今生偏又遇着他；若说有奇缘，如何心事成虚话。一个枉自嗟呀，一个空劳牵挂；一个是水中月，一个是镜中花。想眼中能有多少泪珠儿，怎禁得秋流到冬，春流到夏。"这支曲写尽了普天下有情人爱情与婚姻分离、因而不能结为眷属的苦痛。

换言之，在曹雪芹看来，真正的爱情也许是永远无法结合在一起的，只不过是一种空幻。他摒弃了以往戏曲小说"有情人终成眷属"的老套。《牡丹亭》里杜丽娘和柳梦梅的爱情，所以有磨折而少苦痛，就因为有现成的圆满的结局等待着他们，甚至地狱的判官、人间的皇帝都可以站出来帮助他们成全好事。这与贾宝玉和林黛玉的爱情悲剧相比，杜小姐和柳公子够幸运的了。

四

中国传统社会男女之间的爱情感受，婚姻与爱情分离，足以成"痛"，情爱与性爱分离，足以为"苦"。现代社会不存在这些问题，婚姻不必是爱情的必然归宿，性爱也可以不与情爱完全结合，因此现代人较少爱情的苦痛。《红楼梦》既写了有爱情却不能结合的"痛"，又写了有情爱而不能实现性爱的"苦"，还有大量的既无情爱又无性爱的"悲"。

"金陵十二钗"的命运可以说都是不幸的。元、迎、探、惜四姊妹，元春号称"元妃"，不过是凤藻宫的一名"女尚书"，是以"才选"，不是以色胜，婚姻、爱情、情爱、性爱云云，根本谈不上。迎春懦弱，人称"二木头"，儿女之情与她无缘；后来嫁给如同"中山狼"般的"无情兽"，把她"作践的侯府千金如下流"。探春远适，那是后话，前八十回的探春，为维护正统地位的尊严，可以不认生母，"绝情"、"忍情"是她的性格特征。惜春好静、喜佛事，后来出家。李纨守寡，书中说她心如"枯木死灰"。史湘云爽朗大度，似乎爱自然而不解人事，所以《红楼梦十二支曲》说她"从未将儿女私情略萦心上"，而且是"云散高唐，水涸湘江"。薛宝钗则是只知有"礼"，不知有"情"。妙玉应该是既解情爱又解性爱的女子，但身处栊翠庵，自己断绝了发舒的条件，结局竟流落风尘。唯有黛玉，算是得到了难得的情爱，但始终与性爱绝缘。曹雪芹似乎有意要把情爱与性爱分离开来、对立起来。如果偶有例外，这两者有某种程度的结合，如司棋和潘又安，结果双双自杀，只能到另一世界实现他们的爱情与婚姻的理想了。

因为在曹雪芹的眼里，一旦拥有了性爱，就已经不是"爱"，而是"淫"。第五回贾宝玉梦游太虚幻境，警幻仙姑为他演《红楼梦十二支曲》，就是警示他情爱与性爱不过是虚妄空幻之事，万不可一意追求。但贾宝玉对这些警示不感兴趣，也就是警幻仙姑发现的"痴儿竟尚未悟"，于是便引领他与秦可卿幽会，并发表一番惊世骇俗的大议论：

> 尘世中多少富贵之家，那些绿窗风月，绣阁烟霞，皆被淫污纨绔与那些流荡女子悉皆玷污。更可恨者，自古来多少轻薄浪子，皆以"好色不淫"为饰，又以"情而不淫"作案，此皆

饰非掩丑之语也。好色即淫，知情更淫。是以巫山之会，云雨之欢，皆由既悦其色，复恋其情所致也。

试想这是多么大的判断："好色即淫，知情更淫。"难怪吓得贾宝玉不知所措。然而警幻仙姑接着又对"淫"字做出了新的诠解。她说："淫虽一理，意则有别。如世之好淫者，不过悦容貌，喜歌舞，调笑无厌，云雨无时，恨不能尽天下之美女供我片时之趣兴，此皆皮肤淫乱之蠢物耳。如尔则天分中生成一段痴情，吾辈推之为'意淫'。'意淫'二字，惟心会不可口传，可神通而不可语达。"正是在这个意义上，贾宝玉被警幻仙姑称为"天下古今第一淫人"，以和"好色即淫，知情更淫"的流俗情事划清界限。贾宝玉作为文学形象的特点是："好色"而"知情"，"知情"而不淫。

秦可卿在《红楼梦》中是一极特殊的角色，作为文学形象，她是集情、色、淫、欲于一身的人物。书中描写她"鲜艳妩媚，有似乎宝钗，风流袅娜，则又如黛玉"，所以她的小名叫"兼美"，表字"可卿"。其实她才是情和性两者合一的化身，现代一点的话说，就是美丽而且性感。但这样的女性，男性会无法抗拒，结果不堪设想。她的判词是："情天情海幻情深，情既相逢必主淫。漫言不肖皆荣出，造衅开端实在宁。"《红楼梦曲》又说："擅风情，秉月貌，便是败家的根本。箕裘颓堕皆从敬，家事消亡首罪宁。宿孽总因情。"曹雪芹把"情"看作是"孽"的宿"因"，而且尤其是"家事消亡"的"首罪"和"宿孽"。所以他宁愿塑造贾宝玉这样一个情爱和性爱、爱情和婚姻分离的"意淫"的形象。再没有人比贾宝玉更具备"知情更淫"的诸种条件了，但作者偏偏让他走到世俗理念的反面。

至于"造衅开端"之因、"家事消亡"之"罪",何以都和一个"宁"字有干系?这个"宁"字是宁国府之"宁",还是另有他指?红学专家也被弄糊涂了,至今没人解释得清楚。当然也许不仅仅指"家事消亡",可能还包含着"国事"——这涉及《红楼梦》有没有反满思想问题,是另一话题,此处不能多讲。

五

《牡丹亭》写"情"的难能之处,是写出了男女之间的"至情",所谓"情不知所起,一往而深。生者可以死,死可以生。生而不可与死,死而不可复生者,皆非情之至也"①。这是汤显祖作为戏剧家的伟大处。尽管如此,《牡丹》所写仍然是那种比较单纯的男女之情,即前引汤诗里描述的"解到多情情尽处,月中无树影无波"那种情境之下的"情"。《红楼梦》则写出了男女情事的诸种复杂形态,有"情情",有"情不情"(脂砚斋评语),甚至包括因"情"而导致的"情的错乱",以及因"情"而生成的"恨"等等。前引《有客题〈红楼梦〉一律》:"自执金矛又执戈,自相戕戮自张罗",应是《红楼》情事描写的真实写照。

汤玉茗标榜:"第云理之所必无,安知情之所必有耶?"(《牡丹亭》卷前"作者题词")有的研究者认为这是传统社会"以情抗理"的宣言。其实他的本意是说"情"可以创造出"理"无法解释的爱情现实,并非要对"理"的价值作蓄意的贬低。《红楼梦》则可说是向传统社会的"理"发出了比较系统的质疑。对比两部作品的风格,

---

① 《牡丹亭》卷首"作者题词",人民文学出版社1963年徐朔方先生校注本书前单页另排。

《红楼》感到压抑，《牡丹》让人欢跃。《红楼》向往自由的爱情，向往人格的独立，但却是被笼罩在宗法制度大网中的向往，现实世界中无法得以实现。这缘于曹雪芹与汤显祖处身于不同的历史环境。天启、万历年间的明代社会，城市经济相对发达，物质条件充盈，中上层生活侈靡，加上王学后劲恣肆，知识人士有较大的精神空间，于是谈"情"说"性"成为时尚。袁宏道致龚惟长书提出的人生"五快活"，可见晚明时代性之一般，兹抄录以飨读者。

> 然真乐有五，不可不知。目极世间之色，耳极世间之声，身极世间之鲜，口极世间之谈，一快活也。堂前列鼎，堂后度曲，宾客满席，男女交舄，烛气熏天，珠翠委地，金钱不足，继以田土，二快活也。箧中藏万卷书，书皆珍异。宅畔置一馆，馆中约真正同心友十余人，人中立一识见极高，如司马迁、罗贯中、关汉卿者为主，分曹部署，各成一书，远文唐、宋酸儒之陋，近完一代未竟之篇，三快活也。千金买一舟，舟中置鼓吹一部，妓妾数人，游闲数人，泛家浮宅，不知老之将至，四快活也。然一生受用至此，不及十年，家资田地荡尽矣。然后一身狼狈，朝不谋夕，托钵歌妓之院，分餐孤老之盘，往来乡亲，恬不知耻，五快活也。士有此一者，生可无愧，死可不朽矣。若只幽闲无事，挨排度日，此最世间不紧要人，不可为训。[①]

[①] 袁宏道：《龚惟长先生》，《袁宏道集笺校》上册卷五，上海古籍出版社1981年版，第205—206页。

兹可见晚明社会是一道德秩序紊乱的极开放的社会，"目极世间之色，耳极世间之声，身极世间之鲜，口极世间之谈"犹嫌不足，还要以"恬不知耻"相标榜、相钦尚，以为知耻者不足以享受到"真乐"。史家称当时为"天崩地解"的时代，诚非虚言矣。特别是居身繁华之市的士、官、商等中上阶层，对情、性、利、欲的放纵和追逐，是公开的、无所顾忌的。所以《牡丹亭》畅意地写情和欲、爱情和婚姻合一的男女之情，是顺理成章之事，当时的作者和读者均不以之为异。

而生活在乾隆统治时期的清中叶的曹雪芹，则没有汤显祖那样的精神气候的条件。清朝文化政策的严酷超过历史上任何一朝一代。皇室、八旗贵胄，可以恣意玩乐，士商等民间势力，则蒙受巨大的政治压力。处身高压之下，知识人士要么做顺民，要么被整肃。商人也失去了往昔的自由。所以《红楼梦》作者曹雪芹只好写情和欲、情爱和性爱、爱情和婚姻相分离的男女情事，写被压抑的、变态的、错位的爱情。至于他的这种写法是不是还隐含有对清初诸王南下征歌选色的批评，红学索隐一派的搜求是否也有一定道理，我们就不得而知了。

总之《牡丹》之情轻快，《红楼》之情沉重；《牡丹》之情偏于喜，《红楼》之情偏于悲；《牡丹》是单色的爱情，《红楼》是复调的爱情；《牡丹》之情愉悦，《红楼》之情悲哀；《牡丹》对情的写法让人感到满足，《红楼》对情的写法让人感到缺憾。

（原载《中华读书报》2006年7月23日）

陈寅恪与《红楼梦》

中国现代学者，很少有不注意《红楼梦》其书的，陈寅恪也不例外。早在青少年时期，他就关注《红楼梦》，同时也关注晚清以还很走红的红学一科。

说来此事还与他的家学渊源有关。他的伯舅俞明震，字恪士，晚清翰林俞文葆的公子，能诗，有胆略，重情义，与寅恪父尊散原老人不仅是姻亲关系，性分上也极相投。寅恪少年时期住在南京，与俞家比邻而居，自然受其影响。直到晚年他还特别回忆起这段往事："寅恪少时家居江宁头条巷。是时海内尚称乂安，而识者知其将变。寅恪虽年在童幼，然亦有所感触，因欲纵观所未见之书，以释幽忧之思。伯舅山阴俞觚斋先生明震同寓头条巷。两家衡宇相望，往来便近。俞先生藏书不富，而颇有精本。如四十年前有正书局石印戚蓼生抄八十回石头记，其原本即先生官翰林日，以三十金得之于京师海王村书肆者也。"[①]此可见寅恪先生阅读《红楼》之早，且看的是精善之版本。

而红学闻人俞平伯，很早以前就与寅恪先生结下了文字因缘。说来也巧，俞平伯的研究《红楼梦》，与戚本也有直接的

---

① 陈寅恪：《柳如是别传》第一章"缘起"，上册，三联书店2001年版，第2—3页。

关系。学者中俞先生是最早称引戚序本《石头记》的。俞平伯1921年与顾颉刚通信讨论《红楼梦》，第二封信就提到了戚序本："我想有正书局抄本《石头记》，八十回后无文无目，却是原书真面目。"①这里所说的有正书局抄本，就是戚蓼生序本。而且他对戚本和脂评庚辰本、己卯本、甲戌本，以及甲辰本、程高本等作过文字上的比勘。俞平伯整理校勘的《红楼梦八十回校本》，也是以有正本做底本的。看他的解释："用它做底本，却为事实所限，一则由于易得，便于丹黄涂抹；二则它也最完整。"②

一

一九二八年寅恪先生和俞平伯先生同在北京，寅恪任教于清华国学研究院，俞平伯原执教燕大，这一年的十月也来到清华，在大学部中文系担任讲席。当时寅恪先生正在研究韦庄的《秦妇吟》，故请平伯先生以小楷抄录《秦妇吟》长卷，并注明流传本和文字的异同。俞并写有跋语称：

> 余与寅恪倾盖相逢，忘言夙契。同四海以漂流，念一身之憔悴，所谓去日苦多，来日大难，学道无成，忧生益甚，斯信楚囚对泣之言，然不自病其惑也。今岁丁香开后，嘱写此篇。

---

① 《俞平伯论红楼梦》，上海古籍出版社1988年版，第6页。
② 俞平伯：《红楼梦八十回校本序言》，《俞平伯论红楼梦》，上海古籍出版社1988年版，第893页。

明知字迹尘下,无以塞命,惟念古今来不乏鸿篇巨制,流布词场,而寅恪兄乃独有取于此,且有取于稚弱之笔法,则其意故在牝牡骊黄之外也。中和癸卯后千有四十五年岁次戊辰春三月俞平伯写跋于北京。①

《秦妇吟》是寅恪先生生平最重视的一篇作品,曾前后三次校笺,每次均有所增补。第一次在一九三六年,题目是《读秦妇吟》(后改为《秦妇吟校笺》);第二次在一九五〇年,题目作《秦妇吟校笺旧稿补正》;第三次是最后之定稿本,题目作《韦庄秦妇吟校笺》,收入一九八〇年上海古籍出版社出版之文集本《寒柳堂集》。请俞平伯书写长卷,可使我们追溯陈先生对韦庄此作发生特殊兴趣的初始之期,以及当时的理解。所以第一次校笺之时,寅恪先生提及:"戊辰之春,俞铭衡君为寅恪写韦端己秦妇吟卷子,张于屋壁。八年以来,课业余暇,偶一讽咏,辄若不解,虽于一二字句稍有所校释,然皆琐细无关宏旨。"②那么"宏旨"何在?就在于:"端己之诗,流行一世,本写故国乱离之惨状,适触新朝宫闱之隐情。所以讳莫如深,志希免祸,以生平之杰构,古今之至文,而竟垂诫子孙,禁其传布者,其故傥在斯欤?傥在斯欤?"③实际上俞平伯对陈之寓意已微有所知,故前面跋语写得非常含蓄,只是说"其意故在牝牡骊黄之外也"。

同是一九二八年这一年,陈寅恪也为俞平伯先生做了一件值

---

① 蒋天枢撰《陈寅恪先生编年事辑》(增订本),上海古籍出版社1997年版,第70页。
② 陈寅恪:《韦庄秦妇吟校笺》,《寒柳堂集》,上海古籍出版社1980年版,第112页。
③ 同上,第125页。

得一书的事，就是应平伯之请，为平伯的曾祖父俞曲园的《病中呓语》写了一篇跋语，时间也是在"春三月"。寅恪先生语及的《病中呓语》共九首，系曲园老人易簀时所写。沈宗畸《便佳簃杂钞》介绍了这九首诗的写作过程，云："世传俞曲园太史樾易簀时，目既瞑而复苏，向其子索纸笔，成绝句九章，曰：'余死后二百年世界，尽在此矣。'此事迄今浙人犹有能道之者。"① 经学大师俞樾（曲园为其号），浙江德清人，生于道光元年（1821），卒于光绪三十二年（1906），活了八十六岁。他这九首绝句，当作于晚清庚子、辛丑（1900—1901）之间，曲园并各文集中皆所失载，唯钱仲联先生所编之《清诗纪事》，在道光朝卷中有载，现据以录全诗于下，让天下读者共赏之。

> 历观成败与兴衰，
> 福有根由祸有基。
> 不过六十花甲子，
> 酿成天下尽疮痍。

> 无端横议起平民，
> 从此人间事事新。
> 三五纲常收拾起，
> 大家齐作自由人。

---

① 俞曲园：《病中呓语》，钱仲联编《清诗纪事》道光朝卷，江苏古籍出版社1989年版，第10411页。

才喜平权得自由，
谁知从此又戈矛。
弱者之肉强者食，
膏血成河遍地流。

发奋英雄喜自强，
各自提封各连坊。
道路不通商断绝，
纷纷海客整归装。

大邦齐晋小邦滕，
各自提封各自争。
郡县穷时封建起，
秦皇已废又重兴。

几家玉帛几家戎，
又是春秋战国风。
太息斯时无管仲，
茫茫杀气几时终。

触斗相争年复年，
天心仁爱亦垂怜。
六龙一出乾坤定，
八百诸侯拜殿前。

人间锦绣似华胥，
偃武修文乐有余。
璧水桥门修礼教，
山岩野壑访遗书。

张弛由来道似弓，
聊将数语示儿童。
悠悠二百余年事，
都入衰翁一梦中。①

光绪二十六年庚子，即1900年，为团民大哄之年，而光绪二十七年辛丑，即1901年，八国联军已攻陷北京矣。故才雅学博而又病卧在床之曲园老人，闭目思天下事而有所感发，遂写下此九首绝句，正不为怪。但此后家国天下之动荡变迁，居然被诗句多所言中，未免为世人所惊异。陈寅恪先生受俞平伯之托，撰写《俞曲园先生病中呓语跋》，对《呓语》为后来世变所验证一事，并不以怪奇妄诞之语目之，而是认为此种现象自有其人事与时空的必然理则。

寅老写道："天下之致赜者莫过于人事，疑若不可以前知。然人事有初中后三际（借用摩尼教语），犹物状有线面体诸形。其演

---

① 俞曲园：《病中呓语》，钱仲联编《清诗纪事》道光朝卷，江苏古籍出版社1989年版，第10411页。

嬗先后之间，即不为确定之因果，亦必生相互之关系。故以观空者而观时，天下人事之变，遂无一不为当然而非偶然。"又说："既为当然，则因有可以前知之理也。此诗之作，在旧朝德宗景皇帝庚子辛丑之岁，盖今日神州之世局，三十年前已成定而不可移易。当时中智之士莫不惴惴然睹大祸之将届，况先生为一代儒林宗硕，湛思而通识之人，值其气机触会，探演微隐以示来者，宜所言多中，复何奇之有焉。"①读罢跋语的此番论议，不能不说，知俞樾者，寅恪也。其中"气机触会，探演微隐"八字，殊堪注意。"气机"即时代环境氛围的微末之异常之动，"触会"则是微末之动的所感发。这在常人是无所知无所感的，惟纯洁而有大胸怀之人，会有所感。《易》系辞引孔子的话称："几者，动之微，吉之先见者也。"寅老跋语之所论，实有《易》理存焉。《易》系辞又说："知几其神乎。"能够对时代环境有特殊敏感之人，就会有某种预见性，难免被常人目之为有点"神"，存乎疑信之间。此所以曲园老人之《呓语》传而不为人所解的缘由。今日思之，俞平伯请寅恪先生为《呓语》写跋语，可谓真得其人也。而此一事项的发生本身，在当事人俞平伯绝非深思熟虑的结果，而是冥冥中的缘法所致。

陈寅恪在跋文提到了与俞平伯的思想交谊："尝与平伯言：'吾徒今日处身于不夷不惠之间，托命于非驴非马之国，其所遭遇，在此诗第二第六首之间，至第七首所言，则藐不可期，未能留命以相待，亦姑诵之玩之，比诸遥望海上神山，虽不可

---

① 陈寅恪：《俞曲园先生病中呓语跋》，《寒柳堂集》，三联书店2001年版，第164页。

即，但知来日尚有此一境者，未始不可以少抒忧生之念。然而其用心苦矣。'"① 此可知在二十年代末，寅恪先生的时代所感和内心的忧思。对时代变迁有所感而又心存忧思之人，才有可能解会俞曲园的《病中呓语》。《呓语》的第七首为："触斗相争年复年，天心仁爱亦垂怜。六龙一出乾坤定，八百诸侯拜殿前。"实为海宇澄清、江山一统之写照，寅恪先生认为此一境界"藐不可期"。此跋语的结尾还说："此诗末首曰：'略将数语示儿曹。'然则今日平伯之录之诠之者，似亦为当时所预知。此殆所谓人事之当然而非偶然者欤？"②《呓语》的第九首即最后一首作："张弛由来道似弓，聊将数语示儿童。悠悠二百余年事，都入衰翁一梦中。"钱仲联校正本之第二句作"示儿童"，依韵脚当不误。寅恪先生写为"示儿曹"，应为笔误。此可见陈、俞二人的文字因缘并思想之默契，固有存于文字及话语之外者。

二

所以当一九五四年，俞平伯与胡适一起遭受诬枉之灾，谨慎如寅恪先生也禁不住要为他的老友一辩。这就是写于同年的一首七律《无题》：

> 世人欲杀一轩渠，弄墨然脂作计疏。
> 猧子吠声情可悯，狙公赋芧意何居。

---

① 陈寅恪：《俞曲园先生病中呓语跋》，《寒柳堂集》，三联书店2001年版，第164页。
② 同上，第165页。

早宗小雅能谈梦，未觅名山便著书。
回首卅年题尾在，处身夷惠泣枯鱼。①

　　研究者有的认为"轩渠"指胡适，实则此典更适合俞平伯的身份特点。《后汉书·蓟子训传》载："尝抱郑家婴儿，故失手坠地而死，其父母惊号怨痛，不可忍闻，而子训唯谢以过误，终无他说，遂埋藏之。后月余，子训乃抱儿归焉。父母大恐，曰：'死生异路，虽思吾儿，乞不用复见也。'儿识父母，轩渠笑悦，欲往就之，母不觉揽取，乃实儿也。"②俞平伯一九四九年以后对新政权是认同的，而且似乎焕发了致力于学术的积极性，写作与研究格外勤奋。《红楼梦简论》、《读红楼梦随笔》等，都成稿于那一时期。轩渠欲就父母怀抱的小儿情态，颇似俞平伯对新政权所采取的亲近态度。

　　陈寅恪此诗的最后两句有小注："昔年跋春在翁有感诗云'处身于不夷不惠之间'。"俞樾室名"春在堂"，所著书称"春在堂全书"，因此"春在翁"自是指俞曲园无疑，可证此诗的具体所指为俞平伯，自无疑义。则诗标"无题"，实际上是为有题也。当然三、四两句，如说也将胡适之包括在内，同样解释得通。因当时的批俞和批胡是缠连在一起的。先由批胡而批俞，又由批俞而扩大批胡。"一犬吠影，百犬吠声"，毋庸说正是当

---

①　陈寅恪：《无题》，《诗集》，三联书店2001年版，第109页。
②　《后汉书》，中华书局校点本，第十册，第2745页。又《后汉书》蓟子训传之典义，系李坚先生《〈陈寅恪诗集〉中的悲观主义色彩浅释》一文首引，余核检《后汉书》原传，对李坚先生的典释深表认同。特在此说明，以志不敢掠美之微意。

年批俞批胡的态势的真实写照。第三句"猧子"后有注："太真外传有康国猧子之记载，即今外人所谓'北京狗'，吾国人则呼之为'哈巴狗'。元微之梦游春诗'娇娃睡犹怒'与春晓绝句之'猧儿撼起钟声动'皆指此物，梦游春之'娃'乃'猧'字误，浅人所妄改者也。"陈著《元白诗笺证稿》第四章"艳诗及悼亡诗"，释证"猧儿"、"猧子"及"娇猧"和"猧"甚详。[①]可见寅恪先生对批俞以及批胡适之不满，已是不能已于言，禁不住古典绾合今典，使用了责詈挖苦的讽刺词语。

五、六句"早宗小雅能谈梦，未觅名山便著书"，是指俞平伯年轻的时候就发表诗作及研究《红楼梦》。"早宗小雅"，是指俞平伯早年写诗之事典。据载俞开始发表新诗，时在1918年，当时才19岁[②]。而《红楼梦辨》的写作，是在1921年，也只有22岁；1923年由上海亚东图书馆出版，不过24岁。陈寅恪的意思是说，当时俞平伯还很幼稚，并没有想到著述为文尚有传之后世之说。尤可证明批俞是以强凌弱，实不应该。试想，以平伯先生善良纯真之天性，也逃不脱遭受大规模批判的命运，岂不是"世人欲杀一轩渠"吗？

三

陈寅恪与吴宓的友谊，为世人所共知。但他们友谊之初建，

[①] 陈寅恪：《元白诗笺证稿》，三联书店2001年版，第95页。
[②] 参见孙玉蓉编著之《俞平伯年谱》，《俞平伯全集》第十卷，花山文艺出版社1997年版，第434—453页。

却和《红楼梦》不无关系。一九一九年三月二日吴宓应哈佛大学中国学生会的邀请,以《红楼梦新谈》为题,讲析《红楼梦》其书。陈寅恪当时也在哈佛留学,不知是否也听了吴的演讲,但三月二十六日他写了一首诗送给吴宓,诗题作《红楼梦新谈题辞》,全诗八句为:

> 等是阎浮梦里身,梦中谈梦倍酸辛。
> 青天碧海能留命,赤县黄车更有人。
> 世外文章归自媚,灯前啼笑已成尘。
> 春宵絮语知何意,付与劳生一怆神。①

第四句有注:"虞初号黄车使者。"虞初是汉武帝时期的一个有名的方士,尝著《虞初周说》九百四十篇,因而向有小说初祖之称。张衡《西京赋》也有"小说九百,本自虞初"的记载。《汉书·艺文志》亦载:"《虞初周说》九百四十三篇。"又称虞为"河南人,武帝时以方士侍郎",号"黄车使者",列入"小说家"之第十四家。颜注云:"《史记》云虞初洛阳人,即张衡'两京赋''小说九百,本自虞初'者也。"②

诗中"赤县黄车更有人"句,显然是对吴宓《红楼梦新谈》的肯定。后来吴宓确写过多篇研讨《红楼梦》的文字,自成一家之言,受到学术文化界的重视。一九一九年三月二十六日他在日

---

① 陈寅恪:《红楼梦新谈题辞》,《诗集》,三联书店2001年版,第7页。
② 《汉书》,中华书局校点本,第六册,第1745页。

记中记下这首赠诗的同时，对寅恪先生人格和学养有所评价，写道："陈君学问渊博，识力精到，远非侪辈所能及。而又性气和爽，志行高洁，深为倾倒。新得此友，殊自得也。"[①]可见二人之友谊确因《红楼梦》而相互结缘。而寅恪先生这首题红诗，比胡适发表《红楼梦考证》早两年，比俞平伯的《红楼梦辨》早六年，红学史上应有其不该遗忘的位置。

《吴宓日记》还记载有他们留学哈佛时，寅恪与吴宓日常交谈之中，提到的一些有关《红楼梦》的观点。如涉及爱情这个话题，寅恪认为："（一）情之最上者，世无其人。悬空设想，而甘为之死，如《牡丹亭》之杜丽娘是也。（二）与其人交识有素，而未尝共衾枕者次之，如宝、黛等，及中国未嫁之贞女是也。（三）又次之，则曾一度枕席，而永久纪念不忘，如司棋与潘又安，及中国之寡妇是也。（四）又次之，则为夫妇终身而无外遇者。（五）最下者，随处接合，惟欲是图，而无所谓情矣。"[②]此可见寅恪对爱情极富理想精神，而且随处举《红楼梦》以为例证，说明他对作品的稔熟以及对《红楼梦》爱情描写的高度评价。

只是我们不会想到，寅恪先生年轻之时，将为情而死，复又为情而生的杜丽娘，视作爱情的头等境界。而情而不染尘俗，宁可不共枕席，也要把爱情持续到底，即《红楼梦》里宝、黛的爱情，陈寅恪视为比杜丽娘次一等的境界。虽次一等，但《牡丹

---

① 《吴宓日记》第二册（1917至1924），三联书店1998年版，第20页。
② 同上，第21至22页。

亭》和《红楼梦》的男女主人公，同为爱情至上主义者，世所定论。第三等是一度枕席，则终生不忘，《红楼梦》里司棋与潘又安的故事，就是寅恪先生所举之例。这一个层次是所谓为情而殉者。第四等是夫妇白头偕老，终生不曾有外遇。第五等是欲而无情，随时随处接合，此乃《红楼梦》中之"皮肤淫乱"之人物，寅恪先生当然不以为然，而蔑视之。问题是白头偕老而无外遇的夫妇之案例，寅恪先生何以将其列为爱情的第四等，而置于悬想之爱、情而未合和类似于"一夜情"的案例之下，今人恐尚不能了然于年轻史学家之诗心呢。说开来无非是纯情至上、爱情至上的爱情伦理。在这方面，陈寅恪先生无意透露出其哲人的气质。事实上，不能识得纯情精神的读者，是无法读懂宝、黛爱情以致《红楼梦》其书的。

四

陈寅恪先生在自己的史学著作中提到或援引《红楼梦》以取比，最多的是《论再生缘》和《柳如是别传》两部著作。后者释证钱柳因缘诗，以明清易代为其背景，涉及之人物与曹雪芹和《红楼梦》有旨趣方面的关联。前者所论之作者陈端生，更是乾隆时期的文学才女，和曹雪芹同一时代环境，思想倾向也不无暗合之处。所以此两书中引证《红楼梦》之处非常之多，使得谈论陈寅恪与《红楼梦》这个题义，不能不格外关注《论再生缘》和《柳如是别传》这两部寅老晚年的大著述。

值得注意的是，《论再生缘》里面对众说纷纭的《红楼梦》后四十回的作者问题，寅恪先生表示了自己的看法，而论证方式极为独特。他认为世传的百二十回本《红楼梦》，是乾嘉时某个人参照各种版本糅合而成其书，所以书中试帖诗非常多。就《红楼梦》研究的常例而言，这是一种很特别的解释，反映出陈寅恪先生的深厚文化史学的根底。

他的历史故实的依据是，嘉庆修《大清会典事例》二十五礼部门乾隆二十二年条记载："本年钦奉谕旨，会试二场表文，改用五言八韵唐律一首。剔厘科场旧习，务收实效。至将来各省士子，甫登贤书，即应会试。中式后，例应朝考。若非预先于乡试时，一体用诗，垂为定制，恐诸士子会试中式后，仍未能遽合程式。应自乾隆（二十四年）己卯科乡试为始，于第二场经文之外，加试五言八韵唐律一首。"①同时又引同书同卷乾隆四十七年条云："又议定二场排律一首，移至头场试艺后。其性理论一道，移至二场经文后。"②引据至此，寅恪先生笔锋一转，谈到了《红楼梦》后四十回的作者问题，写道：

> 可知自乾隆二十四年己卯以后，八股文与试帖诗同一重要。故应试之举子，无不殚竭心力，专攻此二体之诗文。今通行本一百二十回之《石头记》，为乾隆嘉庆间人所糅合而成者。书中试帖体之诗颇多，盖由于此。③

陈寅恪先生认为百二十回本《红楼梦》，"为乾隆嘉庆间人

---

① 陈寅恪：《论再生缘》，《寒柳堂集》，三联书店2001年版，第99页。
② 同上。
③ 同上。

所糅合而成"，站在历史考证的立场，为《红楼梦》的作者问题增添了强有力的一说，而且引用的是当时最具权威性的法律文本《大清会典》，其结论之根据的可靠性实不可移易又不容异议。以此则《红楼梦》前八十回和后四十回均出自一人之手的看法，便站不住脚了。

《论再生缘》也曾论及试帖诗之写法上的特点，指出八股文之写作为代圣贤立言，而试帖诗则必须颂扬今圣。至于怎样做才叫作颂扬今圣，他举《红楼梦》里面的两段故事为例：一是"如戚本《石头记》第十八回'庆元宵贾元春归省，助情人林黛玉传诗'中，林黛玉代倩作弊，为其情人贾宝玉所作'杏帘在望'五律诗，其结语云'盛世无饥馁，何须耕织忙'。"二是第五十回，"芦雪庵争联即景诗，暖香坞雅制春灯谜"中，"李纹李绮所联'即景联句'五言排律诗，其结语云'欲志今朝乐，凭诗祝舜尧'等即是其例"。寅恪先生以林黛玉代情人所作之五律为案例，告诉读者何者可以称为颂圣之作。不料接着对自己所引之颂圣之案例，又施之以责备之笔墨，写道："悼红轩主人极力摹写潇湘妃子，高逸迈俗，鄙视科举，而一时失检，使之赋此腐句，颂圣终篇。若取与燕北闲人《儿女英雄传》第三十回'开菊宴双美激新郎，聆兰言一心攻旧业'中渴慕金花琼林宴及诰封夫人，而行酒令之十三妹比观，不禁为林妹妹放声一哭也。"[1]由于寅恪先生对文字作者之"颂圣"行为素所痛恨，连他所欣赏的林黛玉按文体要求行事，而且是代贾宝玉"立言"，也不肯稍予缓

---

[1] 陈寅恪：《论再生缘》，《寒柳堂集》，三联书店2001年版，第53—54页。

颊。呵呵！寅老之精神风骨，可谓时时处处都有所表露。

其实《红楼梦》第十八回和五十回这两个即景赋诗的例子，并不是作品的人物在作试帖诗，而是作者如此的写法应另有取意。窃以为让不适合颂圣的人物（宝黛）、不应该颂圣的地点（闺房闭处的芦雪庵），也莫名其妙地颂起圣来，使得颂圣适成反讽的意味至为明显。同时亦反映出，《红楼梦》作者亦并非完全"不干涉时事"。寅恪先生引用此案例，说明试帖诗在写法上必须以颂圣终篇，就取证立义而言，可谓隽永之极，恰切之极。他当然深知《红楼梦》作者的构意，可偏要"为林妹妹放声一哭"，其用意大约也是在"牝牡骊黄之外"罢。而且将平素为人"高逸迈俗"的潇湘妃子和写此颂圣"腐句"联系在一处，其强烈的反讽效果，唯《红楼》作者写得出，唯大史家寅恪先生捉置得住。我们读寅老书，常令人忍俊不禁，此特为一例耳。试想"腐句"之用语，慢慢咀嚼体会，能不暗发一笑乎！

寅恪先生另一特见，是认为《红楼梦》中"不合事理者颇多"。例证之一是贾政放学差及任江西粮道，王夫人、赵姨娘、周姨娘等眷属皆不随同前往。他认为此种写法与乾隆时期放外官的制度风俗不合。例证之二，晴雯补裘所补之孔雀毛裘，书中说是出自俄罗斯，寅恪先生认为是无指妄说。相反，《儿女英雄传》描写的赵老学究赴安徽学政之任，并殁于任所，其才女戴苹南也曾跟随前往，倒是"实例实据"[1]。应该承认寅恪先生所论不无道理。盖《红楼梦》成书过程复杂，前后非出自一人手笔，

---

[1] 陈寅恪：《论再生缘》，《寒柳堂集》，三联书店2001年版，第103—104页。

陈寅恪与《红楼梦》

且作者多所顾忌,真真假假之处多有。这样,以《红楼梦》作为证史的依据,宜乎分析具体情形之后再行去取。如果因为王、赵、周诸女眷没有随贾政学政任,就得出结论,认为《再生缘》作者陈端生的母亲汪氏也不会随其生母侍父汪上堉赴云南任,则未免武断。而《儿女英雄传》第二回描写的安太太因安老爷无侧室,便亲身随往,以保管官印,实与当时的规定情境相符合,可作为考证《再生缘》作者经验依据的有力旁证。《儿女英雄传》第二回之相关文字,寅恪先生引录甚详,读者可参看三联书店版《寒柳堂集》第101至104页之《论再生缘》本文。

寅恪先生还直接把《再生缘》与《红楼梦》对比,提出:"端生虽是曹雪芹同时之人,但其在乾隆三十五年春暮写成《再生缘》第十六卷时,必未得见《石头记》,自不待言。所可注意者,即端生杏坠香消,光阴水逝之意固原出于玉茗堂之'如花美眷,似水流年'之句,却适与《红楼梦》中林黛玉之感伤不期冥会(戚本《石头记》第二十三回'西厢记妙词通戏语,牡丹亭艳曲警芳心'之末节)。不过悼红仅间接想象之文,而端生则直接亲历之语,斯为殊异之点,故《再生缘》伤春之词尤可玩味也。"[①]《红楼梦》与《再生缘》都是乾隆时期的作品,其题旨、构意亦不无暗合之点。两部作品都表现出对自由爱情的想往与对女性的特殊期待。《红楼梦》人物的感会,是作者的想象;《再生缘》作者的感叹则是直接的生活实写。寅恪先生释证这一类作品,常作此虚实之比,下面还要具体谈到,此处暂不赘。

[①] 陈寅恪:《论再生缘》,《寒柳堂集》,三联书店2001年版,第59页。

五

陈寅恪的《论再生缘》一书，随手拈出《红楼梦》的例证还有不少。如此著之校补记在辨析陈云贞和陈端生是否为一人时，提出云贞寄外书及诗，和《再生缘》有类似之处，并不奇怪，因"同一时代之作品，受环境影响，其格调本易相近"，何况《再生缘》当时已经流行，好事者造假古董，并非没有可能。至于讨论者以莲姐的寄外诗作为证据，寅恪先生断定"尤为伪中之伪"。他说此种情形，不过是"无聊文士，更欲使红娘、春香、袭人、晴雯之流，变作郑康成之诗婢，钱受之之柳如是，许公实之王修微，茅止生之杨宛叔，薛文起之香菱，以达其最高享受之理想。此真所谓游戏文章，断不可视为史鉴实录也"[1]。一口气将袭人、晴雯、香菱三个《红楼梦》的侍婢，都列入典例之中。侍婢能诗，并非没有，郑康成的诗婢固然为显例。柳如是也能诗，但并不是侍婢，而是明清之际的奇女子。香菱也曾苦苦学作诗。但晴雯、袭人，以及《西厢记》里的红娘、《牡丹亭》里的春香，则绝不会作诗。寅老所嘲笑者，是将这些人物混为一谈，尽以诗婢目之。然此例亦可证明，寅老于《红楼》的人物是何等熟悉，以至于随手拈来即可成为证人。

资料显示，陈端生的外祖父汪上塪，其家居住在浙江乌程之南浔镇，府治为湖州；而端生之妹长生的夫家叶氏，也居湖州。即《红楼梦》里的贾雨村，本为湖州人氏那个湖州。他们因此都成为元代书家赵孟頫的乡党。更凑巧的是，陈端生的夫家范氏，

---

[1] 陈寅恪：《论再生缘》，《寒柳堂集》，三联书店2001年版，第87页。

后来也迁居到南浔。乐志堂就是范璨在赵孟頫别业的基地上建立起来的。而且《南浔志》记载，嘉庆七年，此乐志堂当时的主人范野苹还曾举行过一次诗酒之会。据寅恪先生考证，这位范氏野苹很可能就是范璨之子，也就是陈端生的夫婿范菼。郭沫若认为陈端生就是陈云贞，所嫁夫婿为淮南范秋塘。两位史家由此发生了一场大争论。孰是孰非暂且不管，寅老的看法是，郭将两范氏"合二而一"殊属理据不足。而范野苹者，则是为消缺因科场案被处置的历史痕迹所改之名。"野苹"之出点，自然是《诗·小雅·呦呦鹿鸣》。考订到此处，寅恪先生又拈来了《红楼梦》，写道："读者苟取通行本百二十回石头记第玖回'训劣子李贵承申饬'所载，随宝玉上学之李贵答贾政云，'哥儿已经念到第三本诗经，什么呦呦鹿鸣，荷叶浮萍。小的不敢撒谎'之语相参阅，当亦与荣国府清客相公及贾政同为之喷饭也。"①

陈寅恪宁肯相信同时人陈文述的记载，即陈端生之婿是"以科场事为人牵累谪戍"的范菼，而不是范秋塘。因此他写道："鄙意就吾国昔日士大夫阶级之婚姻条件言之，端生与秋塘两家，既非孔李交游之旧，林薛姑姨之亲；又无彩楼抛球之缘，元夕观灯之遇。今论者竟为之强牵红丝，使成嘉耦，以效法乔太守之乱点鸳鸯谱，岂不异哉！岂不异哉。"②又随手引来了《红楼》的故事。固是涉笔成趣，亦不能不佩服寅老对《红楼》一书的稔熟及取资之速也。但寅恪先生对《红楼梦》

---

① 陈寅恪：《论再生缘》，《寒柳堂集》，三联书店2001年版，第92页。
② 同上，第97页。

的结构颇不敢恭维,不是此一部书的问题,而是中国长篇小说的整体性问题。他说:

> 综观吾国之文学作品,一篇之文,一首之诗,其间结构组织,出于名家之手者,则甚精密,且有系统。然若为集合多篇之文多首之诗而成之巨制,即使出自名家之手,亦不过取多数无系统或各自独立之单篇诗文,汇为一书耳。其中固有例外之作,如刘彦和之《文心雕龙》,其书或受佛教论藏之影响,以轶出本文范围,故不置论。又如白乐天之《新乐府》,则拙著《元白诗笺证稿》新乐府章中言之已详,亦不赘论。至于吾国小说,则其结构远不如西洋小说之精密。在欧洲小说未经翻译为中文以前,凡吾国著名之小说,如《水浒传》、《石头记》与《儒林外史》等书,其结构皆甚可议。寅恪读此类书甚少,但知有《儿女英雄传》一种,殊为例外。其书乃反《红楼梦》之作,世人以其内容不甚丰富,往往轻视之。然其结构精密,颇有系统,转胜于曹书,在欧西小说未输入吾国以前,为罕见之著述也。哈葛德者,其文学地位在英文中,并非高品。所著小说传入中国后,当时桐城派古文名家林畏庐深赏其文,至比之史迁。能读英文者,颇怪其拟于不伦。实则琴南深受古文义法之熏习,甚知结构之必要,而吾国长篇小说,则此缺点最为显著,历来文学名家轻视小说,亦由于是。[1]

---

[1] 陈寅恪:《论再生缘》,《寒柳堂集》,三联书店2001年版,第67—68页。

则此一大段文字，不失为为中国小说之艺术论，出自大史学家陈寅恪之手，几乎让人难以置信，然寅老不只是大史学家，更重要的，他还是20世纪少有与之并肩的文史通家，以诗文证史和从历史看文学，均为其所长。亦不止此也，同时他又是中西兼通和会通之人，所以上述文字，是在与欧西文学相比论的基础上发为言说的，其可信性自毋庸置疑。《再生缘》的结构为寅老所称赞，固非溢美；《儿女英雄传》一书，笔者昔日涉红学一科时，亦曾寓目，认为其结构有胜于《红楼》之处的判断，应可成立。鉴于《论再生缘》的题旨，我们不免为寅恪先生对《红楼梦》以及中国其他小说的卓识感到钦服。

六

陈寅恪先生在《柳如是别传》里引证《红楼梦》的地方更其多多。兹类分其问题义涵，请分别释论之。

首先是《别传》第三章，考订柳如是的《男洛神赋》究竟为谁而作。寅恪先生写道："细绎此赋命题所以如此者，当由于与河东君交好之男性名士，先有称誉河东君为'洛神'及其他水仙之语言篇什，然后河东君始有戏作此赋以相酬报之可能。"接下去有一夹注："寅恪偶检《石头记》四十三'不了情暂撮土为香'回，以水仙庵所供者为洛神。其三十八回为'林潇湘魁夺菊花诗'。盖由作者受东坡集十五'书林逋诗后'七古'不然配食水仙王，一盏寒泉荐秋菊'句之影响。至卧子则深鄙苏诗，所赋'水仙花'诗，与此无涉，固不待辨。但《文选》十九曹子建《洛神赋》题下李善注云：'汉书音义。如淳曰，宓妃，宓羲氏之女，溺洛水为神。'卧子或有取于此，而以'水仙花'目河东君，亦未可知也。俟考。"① 这里，寅恪先生意在说明，河东君《男洛神赋》摹写之对象，不是汪然明，而是陈子龙；而卧子虽然写过"水仙花"诗，却不像《红楼梦》第四十三回和三十八回的两个章节，是从苏诗中获得的灵感。此说虽然是释证陈柳情缘的捎带之笔，亦可见寅恪先生对《红楼梦》的情节及其用典之谙熟的情形，而吾辈所谓研红者流，则未免熟视无睹，典而不知其祖也。

同样，《别传》此章考证河东君离开与卧子同居之南楼，暂住于李舒章之横云别墅之后，李曾有横云观景之邀，而卧子托病未往。寅恪于此写道："不知是托病，抑或真病？若托病者，则其故虽不能确知，但必有河东君复杂之关系在内。若真病者，则崇祯八年首夏，卧子因河东君离去南园及南楼而发病，事后虽痊愈，然亦以有所感触，时复卧疾。如《秋居杂诗》第一首'药饵日相谋'者，即是其证。实世所谓'心病'，而非'身病'也。"② 以此之故，则横云山赏秋之邀为雅聚，在李舒章可谓"天下良辰、美景、赏心、乐事，四者难并"，而卧子此时之心情，寅恪先生认为："则转抱林黛玉过梨香院墙下，听唱牡丹亭'良辰美景奈何天，赏心乐事谁家院'及'则为你如花美眷，似水流年'之感恨矣。"③ 又顺手拈出《红楼梦》的有关情节，对比《牡丹》人物的心理活动，

---

① 陈寅恪：《柳如是别传》上册，三联书店2001年版，第136—137页。
② 同上，第324页。
③ 同上。

增加了释证的说服力量和文笔情趣。

甚至《别传》第四章,论及崇祯时的郁林州知州刘渔仲和人参的关系,寅恪也要和《红楼梦》联系起来,作比较阐释。刘曾救助过董小宛,办法就是用人参作礼金,据说用去"数斛"之多。寅恪写道:"人参在明季非仅限于药物之性质,亦可视为货币之代用品矣。渔仲于明季由北京至南方,挟此后起外来之奇货以当多金,岂为行侠救贫耶?抑或求利自济耶?寅恪非中医,且无王夫人'卖油的娘子水梳头'之感叹,故于人参之功效,不敢妄置一词。"①《红楼梦》第七十七回写中秋过后,凤姐的病日渐好起来,为加快治疗,大夫开了新方子,需要二两人参配药。可是贾府上下,死活找不到二两人参,王夫人焦急得昏天黑地。这是《红楼梦》的一段非常重要的情节,占去了整整两个页面。寅恪先生未引原文,不妨增引其中一段文字如下:

> 时周瑞家的又拿了进来说:"这几包都各包好记上名字了。但这一包人参固然是上好的,如今就连三十换也不能得这样的了,但年代太陈了。这东西比别的不同,凭是怎样好的,只过一百年后,便自己就成了灰了。如今这个虽未成灰,然已成了朽糟烂木,也无性力的了。请太太收了这个,倒不拘粗细,好歹再换些新的倒好。"王夫人听了,低头不语,半日才说:"这可没法了,只好去买二两来罢。"也无心看那些,只命:"都收了罢。"因向周瑞家的说:"你就去说给外头人们,拣好的换二

---

① 陈寅恪:《柳如是别传》中册,三联书店2001年版,第717页。

两来。倘一时老太太问,你们只说用的是老太太的,不必多说。"周瑞家的方才要去时,宝钗因在座,乃笑道:"姨娘且住。如今外头卖的人参都没好的。虽有一枝全的,他们也必截做两三段,镶嵌上芦泡须枝,掺匀了好卖,看不得粗细。我们铺子里常和参行交易,如今我去和妈说了,叫哥哥去托个伙计过去和参行商议说明,叫他把未作的原枝好参兑二两来。不妨咱们多使几两银子,也得了好的。"王夫人笑道:"倒是你明白。就难为你亲自走一趟更好。"于是宝钗去了,半日回来说:"已遣人去,赶晚就有回信的。明日一早去配也不迟。"王夫人自是喜悦,因说道:"'卖油的娘子水梳头',自来家里有好的,不知给了人多少。这会子轮到自己用,反倒各处求人去了。"说毕长叹。宝钗笑道:"这东西虽然值钱,究竟不过是药,原该济众散人才是。咱们比不得那没见世面的人家,得了这个,就珍藏密敛的。"王夫人点头道:"这话极是。"

我的引证已嫌过长。只是这段情节实在重要,是《红楼梦》作者创作构意的点睛之笔,不幸被大多数研究者所忽略。你看他说的:"这东西比别的不同,凭是怎样好的,只过一百年后,便自己就成了灰了。如今这个虽未成灰,然已成了朽糟烂木,也无性力的了。"人们会问:这是讲人参吗?多么像讲一个家族或一个社会的命运!这且不论。回过头来再说陈寅恪先生考证刘渔仲其人与人参的关系,竟然顺手引来了王夫人的感叹之词,不能不令人佩服义宁之学的诗史互证包括用小说来证史的深厚功力。

《柳如是别传》考证陈子龙和柳如是的爱情过程,对河东君的《金明池·咏寒柳》一词特别予以重视。所以然者,不仅由于此词系直承陈子龙的《上巳行》之语意而作，同时钱牧斋于崇祯十三年秋间连作《永遇乐》词四章，也深受此词之影响，因而构成"陈柳关系及钱柳因缘转捩点"。而且词旨措意与寅恪先生己身之身世背景亦正相关合，也就是在古典之中又绾合着作者的今情。以至于后来寅老整理自己的著作，情不能禁地以"金明馆"和"寒柳堂"来标示书名。陈著《金明馆丛稿初编》、《金明馆丛稿二编》、《寒柳堂集》、《寒柳堂记梦未定稿》等即由此得名。现在让我们见识一下晚明女英河东君这首《金明池·咏寒柳》是如何写法——

> 有怅寒潮，无情残照，正是萧萧南浦。更吹起，霜条孤影；还记得，旧时飞絮。况晚来，烟浪斜阳，见行客，特地腰瘦如舞。总一种凄凉，十分憔悴，尚有燕台佳句。　春日酿成秋日雨，念畴昔风流，暗伤如许。纵饶有，绕堤画舸，冷落尽，水云犹故。忆从前，一点秋风，几隔着重帘，眉儿愁苦。特约个梅魂，黄昏月淡，与伊深怜低语。[①]

整首词把自己的凄苦身世，当时和陈子龙等几社胜流交往的美好情境，以及忆往的淡淡哀愁和感伤，在在表露无遗。但这首词中的关键语句，引起陈寅恪先生共鸣的语句，则是下阕的首句："春日酿成秋日雨，念畴昔风流，暗伤如许。"寅恪

[①] 原词根据《牧斋初学集·有美诗一百韵》之钱曾笺注所引，见《牧斋初学集》上册，上海古籍出版社，2009年，第630—631页。陈寅恪先生所引，"一点秋风"作"一点东风"，见陈寅恪《柳如是别传》上册，三联书店2001年版，第342—343页。

先生写道：

> 昔时读河东君此词下阕"春日酿成秋日雨，念畴昔风流，暗伤如许"诸句，深赏其语意之新，情感之挚。但尚未能确指其出处所在。近年见黄周星有"云间宋徵舆、李雯共拈春闺风雨诸什"之说（见前引沈雄、江尚质编辑古今词话"词话"类下），及陈忠裕全集二十菩萨蛮"春雨"词（见前引），始恍然悟河东君之意，乃谓当昔年与几社胜流交好之时，陈、宋、李诸人为己身所作春闺风雨之艳词，遂成今日飘零秋雨之预兆，故"暗伤如许"也。必作如是解释，然后语意方有着落，不致空泛。且"念畴昔风流"，与上阕末句"尚有燕台佳句"之语，前后思想通贯。①

接下去寅恪先生还说："'酿成'者，事理所必致之意。实悲剧中主人翁结局之原则。古代希腊亚里士多德论悲剧，近年海宁王国维论《红楼梦》，皆略同此旨。"②这里，寅恪先生引入了一条重要的悲剧美学的原理。

亚里士多德在《诗学》第七章中写道："按照我们的定义，悲剧是对于一个完整而具有一定长度的行动的模仿（一件事情可能完整而缺乏长度）。所谓完整，指事之有头，有身，有尾。所谓头，指事件不必然上承他事，但自然引起他事发生者；所谓尾，恰与此相反，指事之按照必然律或常规自然的上承某事者，但无他事继其

---

① 陈寅恪：《柳如是别传》上册，三联书店2001年版，第346—347页。
② 同上，第347页。

后；所谓身，指事之承前启后者。所以结构完整的布局不能随便起讫，而必须遵照此处所说的方式。"①亚氏这里所给定的悲剧构成的要件及头、身、尾三者之间的关联，特别是头与尾的因果关系，恰合柳词"春日酿成秋日雨"之构意。

而王国维论《红楼梦》则曰：

> 《红楼梦》一书，彻头彻尾的悲剧也。由叔本华之说，悲剧之中，又有三种之别。第一种之悲剧，由极恶之人，极其所有之能力，以交构之者。第二种，由于盲目的命运者。第三种之悲剧，由于剧中之人物之位置及关系而不得不然者。非必有蛇蝎之性质与意外之变故也。但由普通之人物，普通之境遇，逼之不得不如是也。彼等明知其害，交施之而交受之，各加以力而各不任其咎。此种悲剧，其感人贤于前两者远甚。何则？彼示人生最大之不幸，非例外之事，而人生之所固有故也。若前二种之悲剧，吾人对蛇蝎之人物，与盲目之命运，未尝不悚然战栗。然以其罕见之故，犹幸吾生之可以免，而不必求息肩之地也。但在第三种，则见此非常之势力，足以破坏人生之福祉者，无时而不可坠于吾前。且此等残酷之行，不但时时可受诸己，而或可以加诸人，躬丁其酷，而无不平之可鸣，此可谓天下之至惨也。若《红楼梦》，则正第三种之悲剧也。②

---

① 亚里士多德：《诗学》，罗念生译，人民文学出版社1962年版，第25页。
② 王国维：《红楼梦评论》，《王国维遗书》第五册之《静安文集》，第50至51页。

王国维所引叔本华之说，认为第三种悲剧产生之契机，系"由于剧中之人物位置及关系而不得不然者"，也就是悲剧形成的必然律使然，这和亚里士多德提出的"按照必然律或常规自然的上承某事"，属同一机杼，因此在意象上也都略同于柳词"春日酿成秋日雨"的追忆悲剧成因的句意。

这也就是寅恪先生释证陈（子龙）柳（如是）情事，何以要与亚氏诗学和王国维论《红楼梦》连类取比的缘由。

七

《柳如是别传》第四章，释证黄陶庵不和钱牧斋之催妆词，对黄的学品人品作了极为详尽的考证。

黄陶庵为嘉定人，名淳耀，字蕴生，人品刚正高洁，尤善八股文。朱鹤龄《愚庵小集》称："先生行谊节概，卓绝千秋，四子经义，既为有明三百年一人，其所作乐府，复旨远词高，义精响厉，真儒者之诗也。"[①]正因为如此，经程孟阳的荐介，钱牧斋决意聘请黄陶庵前来坐馆，课其子孙爱，时间在明崇祯十二年至十四年。寅恪先生在详考此事之首尾的同时，对流行于明清两朝的四书文亦有所评骘。始则引《四库全书总目》一百九十"钦定四书文"条，说明《四书文》所选之文，"大抵皆词达理醇，可以传世行远"[②]；次则引钦定四书文卷首乾隆元年六月十六日上谕："有明制义诸体皆备，如王[鏊]、唐[顺之]、归[有光]、

---

① 陈寅恪：《柳如是别传》中册，三联书店2001年版，第518页。
② 同上，第520页。

陈寅恪与《红楼梦》

胡[友信]、金[声]、陈[际泰]、章[世纯]、黄[淳耀]诸大家,卓然可传。今朕欲裒集有明及本朝诸大家制义,精选数百篇,汇为一集,颁布天下。学士方苞于四书文义法,夙尝究心,著司选文之事,务将入选之文,发挥题义清切之处,逐一批抉,俾学者了然心目间,用为模楷。"①则乾隆帝已明列黄陶庵为明代制义八大家之一,由此可见黄氏之文名与地位。寅老嗣后又引钦定四书文的"凡例",标引韩愈"文无难易,惟其是耳"的关于古文的观点,这都不足为奇。

令人惊异的是,紧接着又引录《红楼梦》第八十二回的大段文字,标列潇湘妃子林黛玉对八股文的独特看法。这段见于后四十回续书的第二个回次的相关文字如下:

> 黛玉微微的一笑,因叫紫鹃:"把我的龙井茶给二爷沏一碗。二爷如今念书了,比不得头里。"紫鹃笑着答应,去拿茶叶,叫小丫头子沏茶。宝玉接着说道:"还提什么念书?我最厌这些道学话。最可笑的是八股文章。拿他诳功名,混饭吃也罢了,还要说代圣贤立言。好些的,不过拿些经书凑搭凑搭也罢了。更有一种可笑的,肚子里原没有什么,东拉西扯,弄的牛鬼蛇神,还自以为博奥。这那里是阐发圣贤的道理。目下老爷口口声声叫我学这个,我又不敢违拗,你这会子还提念书呢!"黛玉道:"我们女孩儿家虽然不要这个,但小时跟着你们雨村先生念书,也曾看过。内中也有近情近理的,也有清微淡远的。那时候虽

---

① 陈寅恪:《柳如是别传》中册,三联书店2001年版,第520—521页。

不大懂,也觉得好,不可一概抹倒。况且你要取功名,这个也清贵些。"宝玉听到这里,觉得不甚入耳,因想黛玉从来不是这样人,怎么也这样势欲熏心起来?又不敢在她跟前驳回,只在鼻子眼里笑了一声。

寅恪先生为什么要在这里引录大段的《红楼梦》的文字呢?且看寅老自己如何解释。他写道:"清高宗列陶庵之四书文为明代八大家之一,望溪又举退之习之为言,尤与牧斋之语相符合。今检方氏所选陶庵之文多至二十篇,足证上引朱长孺'陶庵先生四子经义,为有明三百年一人'之语,实非过情之誉。至林黛玉谓'内中也有近情近理的,也有清微淡远的',即四库总目所谓'清真雅正'及'词达理醇'者,如陶庵等之经义,皆此类也。噫!道学先生竟能得林妹妹为知己,可视乐善堂主人(清高宗御制乐善堂文集,初刻原有制义一卷,后来定本删去。见四库全书总目一七三别集类'御制乐善堂定本'条)及钱朱方三老之推挹为不足道矣。一笑!"[1]寅老言中之意,是说清高宗对黄陶庵的肯定,钱牧斋、朱长孺、方苞对黄的推挹,都没有林黛玉的一句"也有近情近理的,也有清微淡远的"恳切典要。谁能想到,"道学先生"于此却得到了苏州姑娘林妹妹这个文章"知己",其情其景,自可聊资想象,故寅老不禁以"一笑"结此一段妙论。

寅恪先生此一段涉《红》文字,表面观之似乎是涉笔成趣,实则却是用小说来证史,通过宝黛之间对八股文的辩难,来提升

---

[1] 陈寅恪:《柳如是别传》中册,三联书店2001年版,第522页。

论证的说服力。钱牧斋、朱长孺、方望溪以及乾隆帝推崇四书文之优秀者，固不待言。诗学修养甚好的性气孤高、目无下尘的林黛玉，对四书文也取分析的态度，而且是在具反叛意识的情哥哥面前大胆陈言，这种释证方法，即便是对八股文体抱持顽固执拗态度的读者，也会被顺利说服而不再坚持己见。

八

《柳如是别传》第五章，阐发钱柳暗中进行反清复明活动，涉及钱牧斋和彩生的关系。彩生系一妓女，刚烈而有民族气节。牧斋由是悬想，如果彩生也如董小宛似的因征歌选色被掠入京华，则清主的性命说不定可以掌握在手。当然这只不过是牧斋的一方想象之词，实际上根本没有此种可能。由此可见晚年的牧斋为反清已想入非非、无孔不入了。

钱牧斋写的《陆子玄置酒墓田丙舍，妓彩生持扇索诗，醉后戏题八首》，其第四首为："残妆池畔映余霞，漏月歌声起暮鸦。枯木寒林都解语，海棠十月夜催花。"诗中的"漏月"一语，即指荆轲刺秦的古典。牧斋诗遵王注本在另一首"十指琴心传漏月"句下有注，称引杨慎《禅林钩玄》云："漏月事见燕丹子，漏月传意于秦王，果脱荆轲之手。相如寄声于卓氏，终获文君之身。皆丝桐传意也。秦王为荆轲所持，王曰，乞听琴声而死。琴女名漏月，弹音曰：罗縠单衣，可掣而绝。三尺屏风，可超而越。鹿庐之剑，可负而拔。王如其言，遂斩荆轲。"[①]至诗

[①] 陈寅恪：《柳如是别传》下册，三联书店2001年版，第1144页。

中的"海棠十月夜催花"句，寅恪先生引谢肇淛《五杂俎》为证："凡天地之气，阳极生阴，阴极生阳。当纯阴纯阳用事之日，而阴阳之潜伏者，已骎骎萌蘗矣。故四月有亢龙之戒，而十月有阳月之称。即天地之气，四月多寒，而十月多暖，有桃李生华者，俗谓之小阳春。"①

本来释证至此，诗句的含义已清楚无误，不会有人对"十月催花"再生疑窦。然而寅恪先生仍不罢休，还要引证《红楼梦》里贾母的话予以参证，事见第九十四回"宴海棠贾母赏花妖"：

> 大家说笑了一回，讲究这花（指海棠）开得古怪。贾母道："这花儿应在三月里开的，如今虽是十一月，因节气迟，还算十月，应着小阳春的天气，因为和暖，开花也是有的。"

我们不得不佩服寅恪先生的考证功夫，必得把牧斋诗中"十月催花"的花名海棠也找到有力的旁证，才感到惬意。《红楼梦》里的老祖宗贾母，是一极有经验阅历的老夫人，她对十一月犹见海棠开花的怪现象，作了富有说服力的解释。寅恪先生此刻引来《红楼梦》里最具权威地位的老人之言，给牧斋"十月催花"诗句作旁证，其说服力的程度可想而知。

九

河东君的形貌特点，据记载是"为人短小，结束俏利"，而

---

① 陈寅恪：《柳如是别传》下册，三联书店2001年版，第1144页。

身体特点则是耐寒。后者的依据是陈子龙的《蝶恋花·春晓》词:"故脱余绵,忍耐寒时节。"以及钱牧斋《河东春日诗有梦里愁端之句,怜其作憔悴之语,聊广其意》诗,其中有句:"早梅半面留残腊,新柳全身耐晓寒。"当时钱柳新婚宴尔,在牧斋眼里心里,河东君自是"新柳"无疑。寅恪先生于此写道:"此耐寒习惯,亦非坚忍性特强之人不易办。或者河东君当时已如中国旧日之乞丐,欧洲维也纳之妇女,略服砒剂,既可御寒,复可令面颊红润。斯乃极谬妄之假说,姑记于此,以俟当世医学考古学人之善美容术者教正。"①河东君当日是否已掌握此种美容技术,应不好遽然论定,因此寅恪先生只是作为假说,提出来供有兴趣之专家参与讨论。

但接下去寅老的论说,则直接关乎《柳如是别传》与《红楼梦》的人物之间的比较研究,值得我们格外注意。他说——

兹有一事可论者,吾国旧时妇女化装美容之术,似分外用内服两种。属于外用者,如脂粉及香熏之类,不必多举。属于内服者,如河东君有服砒之可能及薛宝钗服冷香丸(见《石头记》第七及第八两回),即是其例。前引卧子为河东君而作之《长相思》诗云:"别时余香在君袖,香若有情尚依旧,但令君心识故人(寅恪按,此句用《后汉书》列传四十四杨震传'故人知君,君不知故人'之语,甚为巧妙,足见卧子文才之一斑),绮窗何必长相守。"然则河东君之香乃热香,薛宝钗之香乃冷香,

---

① 陈寅恪:《柳如是别传》中册,三联书店2001年版,第572页。

冷香犹令宝玉移情，热香更使卧子消魂矣。①

《红楼梦》里薛宝钗服冷香丸之举，曾引起读者的极大兴趣，而且猜测不一。研究者的看法也不尽一致，大都以书中所写为依据，相信是为了疗治其胎里所带来的一种热毒。作者如此写，在我看来，实含对这位"金玉良缘"的女主的一种贬义。不料寅恪先生提出了全新的看法，指宝钗的目的是为了美容，并以此反证河东君有服少量砒霜的可能。

兹又有《别传》之第五章，寅老论及南明弘光乙酉元夕之夜，钱牧斋的公署里面曾有一场极闹热的聚会，包括张灯、陈乐、观鱼等节目，宋辕文、李存我等柳如是的旧友悉恭临此盛，只是不知道与河东君关系最为亲近密切的陈子龙是否也在现场。寅恪先生写道："倘读者取尚木卧子两人同时异地所赋之诗以相对照，则是夕南宗伯署中（参前引《有学集》二十《赠黄皆令序》），与松江城内普照寺西之宅内（见王沄《云间第宅志》'陈工部所闻给谏子龙宅'条），一热一冷之情景，大有脂砚斋主（寅恪案，脂砚斋之别号疑用徐孝穆《玉台新咏序》'然脂暝写'之典，不知当世红学专家以为然否？）评红楼梦'寿怡红群芳开夜宴'回中'芳官嚷热'一节之感慨。（见《脂砚斋重评石头记》庚辰四阅评过本六十三回。）唯脂砚斋主则人同时异，而颍川明逸（见王沄续卧子年谱顺治二年乙酉八月条后附案语）则时同人异，微有区别而已。"②寅老之意，盖陈子龙自是没有前来，所以才有同时异地冷热不同之感慨。盖

---

① 陈寅恪：《柳如是别传》中册，三联书店2001年版，第572页。
② 同上，第877页。

子龙之未能赴其盛,看来不只是大樽本人之心情意绪所致,实亦河东君之心情意绪之所使然。

问题是,我们的大史学家写到这里,又顺手引来了《红楼梦》"寿怡红群芳开夜宴"一回的情景,其中有"芳官满口嚷热"的描写,脂砚斋于此处加写之批语是:"余亦此时太热了,恨不得一冷。既冷时思此热,果然一梦矣。"(己卯、庚辰本批语全同)寅老称批书人所发之感慨,是"人同时异"。那么,显然是将脂砚斋和《红楼梦》的作者视为同一个人了。这在已往红学研究中是很有力的一说,庚辰本第二十一回的有客题《红楼梦》一首,尤其可为此说张目。该诗的前四句是:"自执金矛又执戈,自相戕戮自张罗。茜纱公子情无限,脂砚先生恨几多。"将脂砚斋和作者对举,并说是"深知拟书底里"者所作。很容易让人联想到脂砚和作者是同一个人,否则首句的"自执金矛又执戈"就没有着落了。寅老看来是赞成此说。而"时异"者,则是说写此条批语时,与当时的写此书,已经不是同一时间了。然则这就不只是随手牵引,涉笔成趣,而是走进了红学研究的领地。

所以寅老又对"脂砚斋"一名的来历,提出了自己的看法。他认为脂砚之名,当来源于南北朝时期徐陵所编的《玉台新咏》一书的序言。徐陵字孝穆,他在该书的序言里,写有下面一段话:

> 往世名篇,当今巧制,分诸麟阁,散在鸿都。不藉篇章,

无由披览。于是然脂暝写，弄笔晨书。选录艳歌，凡为十卷。[1]

徐序此处使用的"然脂暝写"一语，实即为夜间挑灯写作之意，从而状编写之勤苦。所以下一句是"弄笔晨书"，意谓没日没夜、早晨晚上都在辛勤笔耕。寅恪先生对徐序的"然脂暝写"一语，感会至深，特别在撰写《柳如是别传》的时候，目盲体衰，不只是夜间"冥写"，同时也是两眼不能视物的"冥写"也。故《别传》的写作过程，不断有著者诗作穿插其间，以抒感慨。由此也使《别传》成为历史写作不常见的"破体"之作。

而"然脂暝写"四字，更反复吟咏于诗句之中。如《别传》卷前诗之《乙未阳历元旦作》有句："食蛤那知天下事，然脂犹想柳前春。"[2]《笺释钱柳因缘诗，完稿无期，黄毓祺案复有疑滞，感赋一诗》的开首一联："然脂暝写费搜寻。楚些吴歈感恨深。"[3]《丙申五月六十七岁生日，晓莹于市楼置酒，赋此奉谢》亦有句："织素心情还置酒，然脂功状可封侯。"[4]又《别传》第四章的《因戏题三诗，附载于后，以博好事者一笑》云："杨妃评泊然脂夜，流恨师涓枕畔声。"最后为结束全书而写的稿竟说偈，也有"卧榻沉思，然脂暝写"句。所谓暮年著书，尤为甘苦自知。这也就是《红楼梦》的作者，何以会写出"字字看来皆是血，十年辛苦不寻常"诗句的缘故。盖《别传》之写作，

---

[1] 《玉台新咏笺注》上册，中华书局1985年版，第13页。
[2] 陈寅恪：《柳如是别传》上册，三联书店2001年版，第5页。
[3] 同上。
[4] 同上，第6页。

起于1954年，讫于1963年，前后亦整整十年。

因此寅老认为"脂砚"一名，系来源于徐陵《玉台新咏》序的"然脂暝写"一语，应该不存疑义。但寅老很谦虚，不忘补充一句："不知当世红学专家以为然否？"则以红学为一专学，此与俞平伯乃至钱锺书等大家的看法，均不无针芥之合。看来寅老的频引《红楼》，虽然主要是考史以为参证的需要，但也是个人的学术兴趣所使然也。

十

另外一个例子是《别传》第五章，陈寅恪先生考证钱牧斋牵连于黄毓祺案被逮至南京，下狱四十天后，经过河东君的拼死营救，终得以获释。黄毓祺系江阴人，乙酉清兵南下，倡议守城，城不守则起兵策应，实为一抗清英雄。顺治五年事发，囚黄于泰州狱，后转囚南京，凛然不屈而死。黄的门生即为常熟人，牧斋与黄毓祺相识并有所往还，应该是事实。虽然柳如是曾去海上犒赏黄毓祺的部队的说法不一定可靠，牧斋与黄案确有牵连，还是事出有因。

河东君营救牧斋，走的是梁慎可（维枢）的门路，她在南京住慎可家中，甚得梁母吴太夫人欢心。而慎可当顺治初年极有可能参与南下军帅马国柱或洪承畴的军府，寄寓江宁。因此极有可能是梁母的旨意，慎可出面与之说情，牧斋才得以获释。后来牧斋写"梁母吴太夫人寿序"以及"致镇台"手札，都对河东君在梁府曾得老夫人厚爱一事念念不忘，盖缘于此。寅恪先生一路考释，逶迤行进至此，然后归结道：

第三章引钱肇鳌《质直谈耳》，谓河东君在周道登家为群妾所谮，几至杀身，赖周母之力得免于死。观牧斋"梁母吴太夫人寿序"可证河东君与慎可母之关系，与应付周旋念西母者，正复相同。河东君善博老夫人之欢心一至于此。噫！天下之"老祖宗"固不少，而"凤丫头"岂能多得者哉？牧斋之免祸，非偶然也。①

寅恪先生又引出了《红楼梦》的人物，比河东君以王熙凤。这一比拟可以说十分恰切，因为河东君身上的确有王熙凤的特点，机智、幽默、灵活、懂礼，美丽而又善解人意，很难讲这两个人谁更像谁。而王熙凤的善于博贾母喜欢，更是《红楼》笔法的大关目。寅老的"天下之'老祖宗'固不少，而'凤丫头'岂能多得者哉"一语，更是参透世情，鞭辟入里之问。"凤丫头"，我们从《红楼梦》里无法或忘地领教过了，然则历史上果有其人之原型哉？恰好身处明清之际的江南奇女子柳如是的身上，就有王熙凤的诸多性格特点。单就讨"老祖宗"喜欢这一点来说，柳如是之外，还真的看不到还有哪一个历史生活中的人物，能与凤辣子相媲美。此亦可证，《红楼梦》虽系小说，但书中人物恐怕并非全为空中楼阁，而是常常有历史乃至作者现实生活的真实依据的。

虽然我们不好断定，生活在康熙、雍正、乾隆时期的曹雪

---

① 陈寅恪：《柳如是别传》下册，三联书店2001年版，第916页。

芹，在其构思作品情节、提炼人物性格的时候，是否已经对百年前的钱(牧斋)柳因缘和陈(子龙)柳情缘有所感会，因而取来作为素材来源的历史蓝本，但寅恪先生当其酣畅淋漓地释诗考史之时，不经意而拈出《红楼》人物这一公案，既增今日红迷的无限遐想，又让稍涉《红》书的我辈不禁为之发为感叹。

十一

写到这里，不能不顺便提到陈寅恪的《元白诗笺证稿》一书，其第四章论元稹的"艳诗及悼亡诗"，也曾以《红楼梦》与之比论。其中写道："微之梦游春自传之诗，与近日研究《红楼梦》之'微言大义'派所言者，有可参证者焉。昔王静安先生论《红楼梦》，其释'秉风情，擅月貌，便是败家的根本'，意谓风情月貌为天性所赋，而终不能不败家者，乃人性与社会之冲突。其旨与西土亚理斯多德之论悲剧，及卢梭之第雄论文暗合。其实微之之为人，乃合甄、贾宝玉于一人。其婚姻则同于贾，而仕宦则符于甄。"①

元稹一生热衷仕宦，在这一点上和甄宝玉相似，固然也。而在自身的感情生活上，又极尽风流放诞，表现在对寒族出身的双文始乱终弃，转而娶出身高门之韦氏。这点和一百二十回本写的"弃黛娶钗"的贾宝玉，不无形式上的相似。但宝玉此举实为被动的行为，情非所愿，迫于环境的挤压、哄骗、欺瞒，不得不如是者。故与元稹之所为应有本质的区别。由于元稹的梦游春诗

---

① 陈寅恪：《元白诗笺证稿》，三联书店2001年版，第100页。

主要写自身的经历体验，因而可以发覆考论之处甚多。而研究《红楼梦》的寻求"微言大义"的一派，寅恪先生认为其使用的方法，似可以作为研究元稹的情感经历并其诗作的一种参考和比照，此在寅老不失为研究方法的一种开拓。所谓红学研究的"微言大义"派，即百年来影响甚大的红学索隐派，至今仍为众多研究者所乐道。刚好《红楼梦》第二回"冷子兴演说荣国府"，说有一种人系"间气"所生，聪俊灵秀是其特点。而在罗列此类历史人物的时候，其中竟有崔莺之名。则寅老释证元稹和莺莺的关系，而随手引来《红楼》故事，以甄、贾宝玉为譬，有何异哉，有何异哉。

至于寅老此处提到的王国维论《红楼梦》，以及亚里士多德的论悲剧，上面已从别一角度谈及，此处不再深为之说。但寅老同时又语及卢梭之第雄论，是为何意？犹忆数年前，卢梭第雄论文的中译者何兆武先生，尝以所译之卢梭著《论科学与艺术》见寄，并附一便笺，抄示《元白诗笺证稿》中寅老所论之相关段落后，告知："'第雄(Dijon)论文'即本文《论科学与艺术的复兴是否有助于敦化风俗》。"盖卢梭此著系应第雄学院的征文而作，时间在1749年，是为卢梭最早的作品，何先生书前"译者序言"对此说明甚详[①]。但何先生译第雄学院为"第戎学院"。卢梭此著的义旨在揭破科学与艺术文明外衣之下的社会罪恶。对"科学与艺术的复兴是否有助于敦化风俗"这个命题，他的回答是否定的。所以如此，诚如王国维并寅恪先生所言，是由于人性

---

① 卢梭：《论科学与艺术》，何兆武译，上海人民出版社2007年版，第1—9页。

与社会存在冲突。《红楼》所示的"秉风情,擅月貌,便是败家的根本",其所寓意正是在此点上与"卢梭之第雄论文暗合"。在此谨向以之教我的何兆武先生深致谢忱。

兹还有一妙例,是为《别传》第四章,柳如是此时已前来横云别墅拜访过主人汪然明,汪的《春星堂集》有《无题》一首,显与柳氏有关:"明妆忆昨艳湖滨,一片波光欲荡人。罗绮丛中传锦字,笙歌座上度芳辰。老奴愧我非温峤,美女疑君是洛神。欲访仙源违咫尺,几湾柳色隔香尘。"寅老考证,此《无题》诗的"芳辰"二字指的是"清明日",而非一般的泛指。因此与《东山酬和集》中钱牧斋的《二月十二春分日横山晚归作》,其末句的"与君遥夜共芳辰"的"芳辰",意涵有所不同。钱诗的意思,是指"佳辰"或"良辰"。释证至此,寅恪先生于是引《红楼》故事作为参证,说道:"至若石头记第六十三回'寿怡红群芳开夜宴'中,妙玉祝宝玉生日"的纸帖,写有一句话:"槛外人妙玉恭肃遥叩芳辰。"显然是将宝玉的生日称作"芳辰"了。寅老质疑道:"其以'芳辰'为生日之别称,未知所出,岂栊翠主人亦目怡红公子为群芳之一芳耶?一笑。"真是绝妙得难以用语言为说也。

总之《红楼》一书,已成为寅老顺手取譬的"锦囊",笔者解会的同时不禁为之惊喜何似。

十二

更可注意者,陈寅恪先生在撰写《柳如是别传》的过程中,不仅随手牵引《红楼梦》人物的故事和语言,以为释解钱柳因缘诗和陈柳情缘之作的重要参证，而且直接把《别传》的传主柳如是和《红楼梦》的女主人公林黛玉联系起来，指证其人物性格之间具有并非偶然的一致性。问题的提出是由于河东君与钱牧斋结缡之后，很长时间都处于身体不适和精神不佳的状态之中，而原因不排除仍在思念旧情人陈子龙以及日常饮酒过量，所以牧斋诗有"薄病轻寒禁酒天"、"薄病如中酒"等诗句。寅恪先生于此写道：

> 今日思之，抑可伤矣。清代曹雪芹糅合王实甫"多愁多病身"及"倾国倾城貌"，形容张、崔两方之词，成为一理想中之林黛玉。殊不知雍乾百年之前，吴越一隅之地，实有将此理想而具体化之河东君。真如汤玉茗所写柳春卿梦中之美人，杜丽娘梦中之书生，后来果成为南安道院之小姐，广州学宫之秀才。居然中国老聃所谓"虚者实之"者，可与希腊柏拉图意识形态之学说，互相证发，岂不异哉！①

请注意，寅恪先生认为林黛玉这一形象，是糅合《西厢记》里莺莺和张生两个人物的特点塑造而成的，不啻为《红楼梦》研究百年以来的孤明先发之见。笔者涉猎红学有年，从未见有另外的研究者表述过如此的看法。同时寅恪先生亦明确提出，河东君就是林黛玉，只不过前者是生活中的实有人物，后者是生活中实有人物的文学理想；后者对前者而言，恰合于老

---

① 陈寅恪：《柳如是别传》中册，三联书店2001年版，第583页。

子的"虚者实之"之意，同时也与柏拉图的理念是最真实的哲学思想不期而合。

《别传》在释证和复原柳如是与当时吴越胜流往还交游的盛况时，也曾拿河东君等南国名姝与《聊斋志异》里的诸狐女相比，从而得出和以柳如是比林黛玉相同的结论。这段文字是这样写的："寅恪尝谓河东君及其同时名姝，多善吟咏，工书画，与吴越党社胜流交游，以男女之情兼师友之谊，记载流传，今古乐道。推原其故，虽由于诸人天资明慧，虚心向学所使然。但亦因其非闺房之闭处，无礼法之拘牵，遂得从容与一时名士往来，受其影响，有以致之也。清初淄川蒲留仙松龄《聊斋志异》所记诸狐女，大都妍质清言，风流放诞，盖留仙以齐鲁之文士，不满其社会环境之限制，遂发遐思，聊托灵怪以写其理想中之女性耳。实则自明季吴越胜流观之，此辈狐女，乃真实之人，且为篱壁间物，不待寓意游戏之文，于梦寐中以求之也。若河东君者，工吟善谑，往来飘忽，尤与留仙所述之物语仿佛近似，虽可发笑，然亦足藉此窥见三百年前南北社会风气歧异之点矣。"①

呵呵，寅老真是风趣幽默的大史家，以历史人物与文学人物相比照，于行文固可收灵活妙动之效，对史证本身亦不失为丰富的补充。谁谓史学研究不需要研究者的文学想象力，史学、文学、哲思的综合互补，永远是人文学者学术创获的先期条件。

依个人的陋见，寅恪先生在把河东君与《红楼梦》里的人物相比较的同时（实际上还有《牡丹亭》里的人物），又与《聊斋志异》里的

---

① 陈寅恪：《柳如是别传》上册，三联书店2001年版，第75页。

诸狐女相比较，这种释证古典文献的方法，不仅对所涉及的相关著作本身，而且对整个明清文化思潮的研究，也有重要的文献学之方法论的意义。不可否认清代的康熙、雍正、乾隆时期，在文化上是一极专制的时代，因而《红楼梦》作者才虚拟一个大观园，让十三四岁的小儿女钩心斗角、谈情说爱，还尽可能地掺杂着对君臣大伦以及圣贤经典的揶揄排击之论。很可能是预先打掩护，寓童言无忌之意。而蒲松龄则谈狐说鬼，把人间的不平、社会的罪恶挪移至非人间的世界，虽是给自己占地步，其"狼子野心"不免昭然若揭。寅老视此为南北社会风气的不同，固然也；但似乎也有历史时代的区别，即明朝末期和清朝的雍乾之时，政治统治的张弛和社会空间的大小，可以说迥然不同。

河东君等南国名姝与吴越党社胜流，生当明末，政治环境比曹雪芹、蒲松龄的时期要宽松得多，因此他们不仅谈情说爱肆无忌惮，而且结社议政、党同伐异、聚众闹事，也毫无顾忌。《别传》作者盛赞传主的"独立之精神，自由之思想"，同时意在说明，这种精神与思想也需要相应的社会环境来支撑。

十三

"明清痛史新兼旧，好事何人共讨论。"[1]陈寅恪先生释证钱柳因缘诗作和论述《再生缘》及其作者陈端生，每每牵及小说《红楼梦》已如上述。其实此种情况并非偶然。这些作品的作者和人物，都活动于明清之际以及清朝的乾隆时期的社会舞台，也

---

[1] 陈寅恪：《柳如是别传》第一章"缘起"之题诗，三联书店2001年版，第7页。

就是当政权更迭和新朝的统治特别严酷的时候,此种历史时刻,更能见出士人的出处进退与立身之大节。

如果说陈寅恪先生晚年撰写《论再生缘》和《柳如是别传》,是不得已在"颂红妆",①那么《红楼梦》的作者曹雪芹、《再生缘》的作者陈端生,早在三百多年前,就在那里大"颂"特"颂""红妆"了。人所共知,曹、陈(端生)的"颂红妆"是有其历史时代的缘由的。那么寅恪先生呢?他何以要以衰病之躯,以千钧之力,来写《柳如是别传》和《论再生缘》?"点佛弟之额粉,久已先干。"②《论再生缘》后序如是说。"纵回杨爱千金笑,终剩归庄万古愁"③,《柳如是别传》第一章"缘起"第一首题诗如是说。

(原载《文艺研究》2001年第一期)

---

① 陈寅恪:《辛丑七月雨僧老友自重庆来广州承询近况赋此答之》,其中有句云:"留命任教加白眼,著书唯剩颂红妆。"陈著《诗集》,三联书店2001年版,第137页。

② 陈寅恪:《论再生缘》,《寒柳堂集》,三联书店2001年版,第97页。

③ 陈寅恪:《柳如是别传》第一章"缘起"之《咏红豆并序》,三联书店2001年版,第1页。

社会变革中的文化制衡
——对"五四"文化启蒙的另一种反省

1

社会变革需要有先进思想的导引，同时也需要常态的文化制衡。这似乎是个矛盾的命题，也可以说是一个悖论。但却与人类社会的发展过程相符，历史从来不曾对此提供否证。

因为社会是个有机体，它在常规运行中，自然会累积自己的文明，从而形成文化秩序。文明的累积，借助于同时也产生着人类的理性和集体智慧。这种理性和集体智慧的平均值，是一个社会成熟与健全的标志。因此社会依其成熟与健全的程度划分为不同的历史段落；同一历史阶段的不同社会形态，具有各自相同或相异的文化秩序。

文化秩序也发生变异。特别当两种文化交接、受到异质文化冲击时会产生文化震荡。但就其本性而言，文化秩序是稳定的，每个民族的根性即深藏其中，并通过理性的网络形成社会的恒常状态，使盘根错节的社会机体达成完形，不至于突然之间失去平衡。文化秩序的变异，只能是渐变，不应该是突变。突变的结果，是历史走弯路，变等于不变。如同一颗巨石投入平静的湖面，溅起浪花，形成旋涡，化作涟漪，最后仍复归平静，重新形成表面张力。这就是由猿变人经历了漫长的过程、人类社会的发展何以如此缓慢的原因。

所以对文化能否进行革命，是大可怀疑的问题。

事实上，除了十月革命后的苏联和后来的中国，世界上很少有哪个国家大张旗鼓地进行过文化革命。马克思、恩格斯的文献里也没有文化革命的提法。思想、哲学观点，可以根据实践的进展，改变思考路径，更新观念，但不能要求很快地更新文化。文化有不可选择的一面，如同孩子不能选择母亲。文化是一种生活方式，生活方式的改变当然是缓慢的。中国的汉唐文化、欧洲的文艺复兴运动都是文化的渐变过程，是长期积累的结果，不是人为的强力所致。历史表明，强行改变一种文化秩序，后果不堪设想，至少会造成文化断裂或文化的水土流失。"文革"后遗症至今我们还在蒙受，其原因就在这里。至于不同的文化系统之间的交流、融会和撞击，在一个开放的社会里是经常发生的，这是正常的文化传播和文化濡化的过程，不是强行改变，而是刺激和完善一定社会的文化秩序。

2

这里有必要对文化秩序的概念进一步略加界说。

我所说的文化秩序，是指与一定的生产力水准相联系的人类行为的规则链，特别是社会成员生活方式的文明程度和普遍的理性水平是文化秩序的重要标志。因此它直接涉及全民教育和法制建设，这是一个社会的文化秩序正常与否的必要条件。文化秩序系由传统累积而成。国家意志在文化秩序面前也要屈尊以降。事实上，国家与法只有与文化秩序相适应，才能保证该社会是一个健全的社会。不是说不需要社会革命，但任何成熟的社会革命，必不以牺牲人类创造的文化成果为代价；相反，倒是需要有相应的文化秩序为其准备条件。法国1789年大革命最为典型。早在革命前，启蒙学者们就发动了使全社会觉醒起来的启蒙运动，已经建立了充满理性精神的新的文化秩序。革命后不是打破而是更加完善了这种文化秩序。所以法国大革命，尽管历史思想学者也在反思，甚至质疑其合理性。但法国大革命并没有破坏前此的具有理性精神的文化秩序，这是它的可以立定脚跟向后来者告白的地方。只有不成熟的社会革命，才去摧毁文化，或者企图从根本上破坏原来的文化秩序。反过来也可以说，凡是没有相应的文化秩序为其奠基的社会革命，一般都是不够成熟的革命。而不成熟的革命是要付出代价的，不仅使人类文明遭到破坏，更主要是在革命后，人民不得不饱尝由不成熟带来的种种苦果，直至"眼前无路想回头"，又去做革命前应该做而没有做的事情。

这反映出历史的不可超越性，同时也就是文化的超越性。人类的文化秩序并不简单地依党派观念和国家的政治权力为转移。人固然创造文化，文化也制约着人类。只不过人类太自信了，难免有时执着于社会变革，却不承认或者忽略了文化秩序对社会变革的制衡作用。

也许这就是人类社会有时处于非常规运行的原因。人们历史相沿，习以为常，把非常规当作了常规。作为补偿，历史的非常规运行为文学艺术之花的开放提供了异样的土壤，使人类的生命意识增加了悲剧感。按照恩格斯的说法，具有美学意义的悲剧冲突，是

社会变革中的文化制衡

"历史的必然要求与这个要求实际上不可能实现之间"[①]的冲突;知其不可而为之,方能产生悲剧人物。失之东隅,收之桑榆。当理性失去平衡的时候,却培育了感觉艺术的能力;社会虽然越出正常轨道,人们的心理却得到了慰安。于是便造成一种假象,以为进行社会变革的文化条件已经成熟。其实,审美悲壮感的产生,既有对未来的憧憬,也包括对现状的体认;美感本身就有与现实相妥协的因素,即渴望在异境中实现自我观照。因此艺术之花并不如想象的那般坚贞,有时是谁施之以雨露,它就向谁张开笑脸,黄昏和清晨都可以吟唱。有良知的人类。切不可因艺术与文学的一时繁盛而染上文化虚狂症。一个文化秩序不健全的社会,照样可以出现艺术与文学的繁荣,文学艺术虽然也是文化,但只是文化的一种表现,并不是所有的文学艺术作品都能够沉淀为文化。文化成熟的标志是理性的张扬,不是情感的扩张。只有由一般的艺术与文学创作形成艺术生活和文学生活,并且变成整体社会生活的必不可少的组成部分,这样的社会才有可能建立起正常的文化秩序。

文化秩序中既有累积的旧传统,又有正在衍生的新传统,这两部分也是一种互相制衡的关系,通过互相制衡以保持文化发展的渐进性。从文化的类型来看,可以把构成文化秩序的因素分解成高次元文化和低次元文化。高次元文化是知识的结晶,是时代的思想之光,更富于理性精神,总是率先为社会变革开辟道路,代表着社会前进的方向;低次元文化主要指社会的风俗、习惯、一个民族特有

[①] 参见恩格斯给斐迪南·拉萨尔的信(1895年5月18日),《马克思恩格斯论艺术》第1卷,人民文学出版社1960年版,第41页。

的生活方式，等等，常常是历史惰性力的集中体现，改变起来非常缓慢。前者趋向于人类文化的共相，后者表现为具体文化形态的殊相。两者之间也存在着互相制衡的关系。高次元文化的特点在于能够起而摆脱和超越世俗文化，使自己出淤泥而不染，但同时又不能不受制于世俗文化，使自己常常未能免俗。这是非常有趣的文化现象，值得深入探究。

说开来，仍然是文化在制约着人类。至于社会变革受文化秩序的制衡，乃是历史发展的通则，古今中外概莫能外。特别是在今天，历史已处于二十世纪末期，旋即进入二十一世纪，为了给变革准备充分的条件，只是一般地提出建立与变革相适应的文化秩序还不够，必须建立一种可以与世界文化对话的现代文化秩序。

3

中国是个早熟的国家，早在汉朝和唐朝时期，就建立了交通四方的开放社会。王国维在《读史二十首》中描绘的"南海商船来大食，西京祆寺建波斯，远人尽有如归乐，此是唐家全盛时"[1]的盛唐景象，永远令人缅怀。实际上汉唐文化中已萌生出一定的现代意识。士阶层的活跃。有名气的知识分子可以傲笑王侯，女性婚恋和寡妇再醮的相对自由，以及广为吸纳异域的文化艺术，都可以作为这方面的例证。到了宋代，城市经济空前繁荣；明代更进一步有了规模宏阔的手工工场和工业作坊。商业网络四通八达；与此相适应则产生了市民文学和商业化的艺术。如果不是北方以游牧为主的蒙

---

[1] 萧艾：《王国维诗词笺校》，湖南人民出版社1984年版，第4页。

古族和女真族先后入主中土,建立元朝和清朝,从中阻断了汉民族文化的正常发展,中国社会走向现代的进程比现在要快得多。

当然中国社会发展缓慢并非只此一因,农民起义不断发生,而又鲜能提出新的纲领,不过是"皇帝轮流做,明年到我家",结果成了传统社会改朝换代的工具,从历史演进的角度看,不过是传统社会维持自身功能的一种调解器,使传统社会在大的框架内进行小循环,不是推动而是阻滞了中国社会向现代逼近。生产力低下的边族的入主和循环发生的农民起义,对社会经济和文化秩序的打击非常沉重,甚至对文化的正常传承造成梗阻,以至于发生文化断裂。待到重新恢复,往往几十年、上百年过去了,这也就难怪我们的祖先一而再,再而三地被人家抛在后头。而且还不止此。古代中国的文化虽素称发达,但并没有建立起遍及全社会的理性精神。更多的时候,是讲"礼",而不是讲"理"。《论语》中"礼"字凡七十四见[1],"理"字一次皆无。《孟子》的"理"字,只出现三次[2],一次应训为"顺",另两处是道理和思想的意思,也不是一个单独概念。宋儒笔下"理"字泛滥,致有理学面世,但又主要外衍为人伦、内敛为心性,与社会所必需的理性精神迥然有别。何况笔者所说的理性,不同于中国古代哲学的"理"或"道"的概念。理性须诉诸民智,而民智不一定转化为哲学。中国古代的科学技术后来没有得到进一步的发展,也与缺乏普遍的理性精神有关。实际上,社会理性的标志是健全的法制。我国自古及今法制都不健全,

---

[1] 参见杨伯峻《论语译注》所附之《论语词典》,中华书局1980年版,第311页。
[2] 两处皆见于《孟子·告子上》,另一处见于《孟子·尽心下》,见杨伯峻:《孟子译注》(下),中华书局,第261、330页。

人情大于王法成为通例，说明理性是何等贫弱。

诉诸民智的社会理性的确立，一般应以人的个性获得自由为前提，因此，必须经过启蒙；而中国社会发展的特点，一直到十九世纪末叶，始终没有过以普及理性精神为标志的像样的启蒙运动。学者中一部分人主张，十七世纪即明清交替时期，王夫之、黄宗羲、顾炎武、唐甄、颜元等思想家的思想属于启蒙主义的范畴。如果此说可信，那也是极微弱的呼声，与意大利的文艺复兴和法国十八世纪的启蒙思潮根本不能相比。不久，这种极微弱的声音也在清统治者高压政策下奄奄一息，只偶尔在爬梳故纸堆的缝隙中聊放一点毫光，如戴震的《孟子字义疏证》向"以理杀人"提出抗议。《红楼梦》等古典小说表现的一定程度的平等观念和要求个性解放的思想，在当时不无一定的启蒙意义，但影响甚微，远未形成遍及全社会的启蒙运动。这种情况，导因于中国是一以家庭为本位的农业社会，资本主义的生产关系难得成形。同时也由于政教合一的统治结构，知识分子大都走"学而优则仕"的道路，不能从统治集团中分离出来，形不成真正独立的学术传统。按照历史的要求，本应承担起启蒙重任的启蒙者尚在牢笼之中，现代文化秩序之不能建立实属必然。中国古代的文化秩序是宽博而健全的，特别是拥有发达而深厚的民间社会，使看似森然的统治秩序，通过眼睛看不到的社会机制连接着各种各样的透气孔道。然而也许是那些个透气孔过于细小，传统社会始终未能完成向现代的转化。究其原因，显然与缺少一次规模宏阔的全社会的启蒙运动有关。

这里涉及对清王朝历史地位的评价问题。不容否认，清统治者于1644年攻入北京，经过顺治、雍正、康熙至乾隆，前后百年间，经济文化有过巨大的发展，不仅使明末动荡不安的社会秩序趋于稳

社会变革中的文化制衡

定,而且出现了后世史家所艳称的"盛世"局面。就国力而言,康、乾时期的清王朝超过明朝,也超过宋朝,几可比肩于唐。但在文化上,则去唐远矣。主要是缺乏文化大国的胸襟。虽然公私文告言必称孔孟程朱,也常常援引汉唐文化盛迹以为荣耀,终有谬续家谱之嫌。说到底,是文化落后的民族入主文化先进区域,心理上难以保持平衡。雍正七年颁布《大义觉迷录》,其中对满汉民族问题最为敏感。雍正强调说:"我朝既仰承天命,为中外生命之主,则所以蒙抚绥爱育者,何得以华夷而有殊视?而中外臣民,既共奉我朝为君,则所以归诚效顺,尽臣民之道者,尤不得以华夷而有异心。"[①]话虽这么说,实际上满汉之间畛域甚严。乾隆时期满人效仿汉族知识分子吟诗作赋,也要遭到皇帝老子的斥责,认为是熏染汉习,不知敦本务实之道[②]。两种文化之间的冲突,终有清一朝,从未停止过。且不说怀有亡国之痛的明遗民,《红楼梦》的作者曹雪芹生当康熙末年,他的祖上很早就加入旗籍,在从龙入关时立有军功,后来成为皇帝的近臣,他的作品中还不时流露出反满情绪。可见一个民族的文化情绪是何等牢固。何况满汉之间的文化冲突以及由冲突到融合,很多时候是在强力下进行的。如清初的剃发易服,雍正、乾隆时期的文字狱,使汉民族及其知识分子付出了血的代价。开四库馆、编类书,固是大规模的文化举措,对保存古代典籍不无贡献,但其出发点,一方面为了笼络知识分子,另一方面未尝不是做给世人看的,以显示文化的繁荣。考据之风盛行,也不是

[①] 参见萧一山:《清代通史》卷上第六篇,中华书局1986年影印版,第928页。
[②] 萧一山:《清代通史》卷中,同上,第22—23页。

学术发展的常态，在很大程度上是钳制思想的结果。对外则实行封闭政策，千方百计排拒外来文化。反文化的文化在清代发展到登峰造极的地步。追其原因，往往有满汉文化冲突的深层背景。就版图和国力来说，康、雍、乾时期的清朝是世界大国；但在文化上，则是十足的小国心态。

4

历史的发展形成强烈的反差：当欧洲在教会势力的笼罩下煎熬着中世纪的漫漫长夜，中国迎来了"唐家全盛时"，出现前所未有的文化高峰；当充满理性精神的启蒙运动在十八世纪的法国如火如荼地展开之时，中国的知识分子正在清朝文字狱的牢笼里呻吟和挣扎。反差的形成，恰好说明文化制衡的重要。而文化一旦被宗教势力或与生产力的发展不相协调的势力所钳制，便不会有正常的文化秩序，社会就容易超常运行。所以，理应在十七、十八世纪发生的启蒙运动，不发生在清朝的鼎盛时期，而是要等到一二百年在清朝被推翻之后的五四时期始得发生，便可以理解了。

但"五四"文化启蒙带有隔代启蒙的特点，即在二十世纪初做十八世纪应该做的事，本身是补历史的课，此其一。其二，是在称霸列强枪炮的逼迫下进行启蒙。这两个特点使得"五四"文化启蒙运动显得慌乱、匆促、紧迫、饥不择食、急于求成，仿佛要在几年内做完几十年、几百年的事情，忽略了文化变异的渐进性。西学东渐发展为来势凶猛的欧风美雨，造成异质文化之间的大碰撞，为"五四"文化启蒙提供了千载难逢的时代条件。可是，由于来势过于迅猛，迎拒失调，缺少文化的濡化过程，来得快，去得也快。民智有所开发，但没有普及理性。科学与民主两个口号的提出，使"五四"文化启蒙具有明显的现代色彩，照说可以加速新的文化秩序的建立，但激烈反传统的结果，离开了与民族文化的衔接与传承，使民主与科学流于空洞的口号。东欧的社会主义思潮的传播，无疑给"五四"文化启蒙增添了新内容，但又急于将思想转化为行动，在社会革命方面取得了突破性的进展，理论却显得准备不足。这样，便注定了"五四"文化启蒙运动带有先天不足的弱点，从历史发展来看，仍然是一次未完成的文化启蒙运动。

经过"五四"文化震荡之后，担任启蒙主要角色的知识分子开始分化，一部分化为实际的革命者，暂且不论；另一部分在失望之余则转入深沉的思索。陈寅恪先生1933年在冯友兰的《中国哲学史》审查报告中提出："窃疑中国自今日以后，即使能忠实输入北美或东欧之思想，其结局当亦等于玄奘唯识之学，在吾国思想史上，既不能居最高之地位，且亦终归于歇绝者。其真能于思想上自成系统，有所创获者，必须一方面吸收输入外来之学说，一方面不忘本民族之地位。此二种相反而适相成之态度，乃道教之真精神，新儒家之旧途径，而二千年吾民族与他民族思想接触史之所昭示者也。"[①]这段话，可以看作是对"五四"文化启蒙运动的一个总结，同时也是对晚清以来东西方文化冲突的深刻反省，在陈寅恪先生是极沉痛之言。"五四"文化启蒙未能最后完成，高潮过后，旋即落入低潮，除了政治和经济的原因之外，也有文化本身的原因。

---

① 陈寅恪：《冯友兰〈中国哲学史〉下册审查报告》，《金明馆丛稿二编》，上海古籍出版社1980年版，第252页。

陈寅恪先生所论，就是通过回溯中国历史上思想与文化的嬗变，从文化传承的角度提出自己的识见，这在当时不啻为空谷足音，虽然不一定为时尚所理解。所以他在文末写道："诚知旧酒味酸，而人莫肯酤，姑注于新瓶之底，可乎？"[1]然而陈寅恪先生的论断，已为近半个多世纪以来的无数事实所验证。一个民族的文化传统是斩不断的。无论何种外来的思想和文化，必须不脱离开本民族的地位，也就是要经过吸收和改造即濡化的过程，否则难以在本民族的土壤上长久驻足。清朝那样的强迫接受不行，一厢情愿地进行灌输也不行。文化的发展是孕育，而不是靠推翻、靠铲除、靠革命。只有从自己民族的传统中衍生出来的思想范畴，才是最富有生命力的观念。这也是一种文化制衡。

钱锺书先生在谈到"闭关自守"、"门户开放"这些近代史上人人口滑的说法时，认为这种简洁的公式语言很便于记忆，作为标题或标语，容易上口；但历史进程并不如此按部就班，如同生活中门窗的开法有各种各样："有时大开着门和窗；有时只开了或半开了窗，却关上门；有时门和窗都紧闭，只留下门缝和钥匙孔透些儿气。门窗洞开，难保屋子里的老弱不伤风着凉；门窗牢闭，又怕屋子里人多，会气闷窒息；门窗半开半掩，也许在效果上反而像男女搞对象的半推半就。"[2]钱、陈都是学贯中西而又宏通博识的大家，不愧为中国现代学术史上的两大重镇，他们所论绝非泛泛之谈，值得我们深长思之。

---

[1] 陈寅恪：《金明馆丛稿二编》，上海古籍出版社1980年版，第252页。
[2] 见钱锺书为钟叔河著《走向世界——近代知识分子考察西方的历史》一书所写序言，中华书局1985年版。

5

由此我想到对"五四"启蒙运动中出现的所谓文化保守主义，应作全面的评价。如果把"五四"时期的知识分子队伍区分为激进主义、自由主义、保守主义，仅仅指的是思想和政治层面，即对社会变革的一种主张，这种区分是有意义的；如果从学术和文化的角度着眼，则这种区分似过于简单。

如前所说，文化与激进无缘，而学术无所谓保守和不保守。被目为保守主义大本营的《学衡》杂志，以"论究学术，阐求真理，昌明国粹，融化新知"为创刊宗旨[1]，毋宁说倒是与文化本性若合符契。《学衡》撰稿人之一吴宓不赞成简单用进化论的观点解释艺术与文学，认为"人事之学，如历史、政治、文章、美术等，则或系于社会之实境，或由于个人之天才，其发达也，无一定之轨辙，故后来者不必居上，晚出者不必胜前"[2]，不失为思密理通之论。晚年的章太炎退居为宁静的学者，往往成为遭诟病的口实，但其对中国文化与学术的诚敬和深识，固不宜以保守视之。包括王国维，政治观点诚然保守，可是学术思想和研究方法，反而证明他是中国现代学术的开辟者和奠基者。早在1911年，他就在《国学丛刊序》中提出："学无新旧"，"凡立此名者，均不学之徒，即学焉，而未尝知学者也"[3]。此外，梁漱溟、熊十力、马一浮、汤用彤、梅光迪、柳诒徵、钱穆、钱基博、陈援庵、顾颉刚、黄侃、刘师培等

---

[1] 见《学衡》每期卷首之《学衡杂志简章》。
[2] 吴宓：《论新文化运动》，载《学衡》第4期。
[3] 王国维：《王国维遗书》第四册，卷四第7页。

后"五四"时代名重一时的学者,学术思想及取径和方法容或不同,在坚守以本土文化为宗基方面是一致的。

"五四"文化启蒙的实绩,表现在诗歌上、小说上,人所共知;人文学科因理论准备不足,鲜为人瞩目。殊不知,"五四"以来的人文学科是硕果最丰的部门,而许多经受得住时间检验的学术成果系出自上述被视为思想保守的学者之手。梁漱溟特立独行,毕生致力于中国文化的重建,最后成就了作为一个文化人的伟大人格,姑置不论;熊十力则独居深念,穷彻源底,真正在形而上的层次上建立了深邃宏博的知行合一、体用不二的哲学体系,这是二十世纪的中国贡献给世界的最伟大的思维成果之一,连语言符号都有自己的特点。马一浮更是少有的纯儒,其思想来源于宋学而又能融通儒佛,宋以后一人而已。钱锺书的成就,也是在"打通"中国学术及中国诗文词曲小说诸种文体的基础上,以求中外文学及东西方学术之"打通"[①],在学术认知上追寻通识、通解、通感,初不以时尚喜好的比较文学为然。要之,这些在学术上能够承继中国学术传统的学者,做到了在剧烈的东西方文化冲突中不忘本民族的地位,其学术建树的实绩,为所谓自由主义或激进主义所未逮。顺便提一下,史家范文澜的学术宗旨大体上也属于这一脉系,只不过他同时也在探索如何将唯物史观与中国传统思想统一起来。

这一脉系的学者都不赞成"五四"时期不加区分地决然反传统的做法,但他们又是在"五四"文化启蒙的熏陶之下取得的学术成

[①] 钱锺书在给郑朝宗的信中谈道:"弟因自思,弟之方法并非(比较文学), in the usual sense of the term,而是求'打通',以中国文学与外国文学打通,以中国诗文词曲与小说打通。"见郑朝宗:《管锥编作者的自白》,载1987年3月16日《人民日报》。

就。这并不奇怪。因为他们主张在认知上应把传统中的专制政体和文化秩序分开，对专制政体他们未尝反得不彻底，只是在学术文化层面上有所保留。他们崇尚民主政治，主张学术独立和学术自由。这与政治保守主义和"五四"前的国粹派有天壤之别。他们所体现的是现代的理性精神和科学的治学方法，所要建立的是现代文化秩序。因此他们的学术似旧而新，殊不与"五四"启蒙精神相隔梗。何况对自由主义和激进主义而言，三者之间也有一种文化制衡的关系。特别是追求学术自由、学术独立这一点，正是建立现代文化秩序和建设现代学术传统所不可缺者。

中国古代没有学术独立的传统。政教合一的结果，使道统与治统经常相重合。知识分子的普遍心态是读书做官、"学而优则仕"。春秋战国是个例外，由于各诸侯国都以统一天下为目标而不得其法，于是需要士阶层的"不治而议论"[1]，即李斯对荀卿说的："万方争时，游者事主。"[2]当此时，知识分子具有相当的独立性，说到底是竞争机制在起作用，这个国家不用，另外的国家正翘首以待。秦汉以降，知识分子与国君的蜜月期便结束了，学术不得不沦为政治的附庸。虽然在长期的传统社会中，以正统儒家相标榜、拥学自立的知识分子代不乏人，但作为一种文化传统，中国的知识分子很少有忘情于政治的。这在春秋战国时期也不例外。"孔席不暇暖，墨突不得黔"，还不是忙于参加政治活动？为知识而知识，为学术而学术，中国历史上几乎没有此种观念。尤其近代以

---

[1] 参见《史记·田敬仲完世家》。
[2] 《史记·李斯列传》。

来，国家大故迭起，政权更迭频仍，知识分子每每迭入政治旋涡而不能自拔。

当然也可以说这是中国知识分子的优点，有参与意识，与西方的现代知识分子的概念不无暗合。然而欧美等国家的知识分子所以能够参与，是因为他们确立了独立的地位，学术从政治中分离出来而并行不悖，参与而不混同，更不被淹没。中国不同，因为学术不独立，知识分子未获得独立的地位，甚至未能形成独立的人格。在此种背景下，后"五四"时代的一批被以保守目之的学者，能够潜心学术，追求学术独立，做到物境不自由心境也能自由，确是历史性的进步。这本身就是一种现代意识，与"五四"文化启蒙的方向完全一致。

6

循此以往，则学术独立并进而建立新学统有日矣。所以钱基博撰写《现代中国文学史长编》以"论治不缘政党，谈艺不入文社"[1]自诩，相信"百年以后，世移势变，是非经久而论定，意气阅世而平心，事过境迁，痛定思痛，必有沉吟反复于吾书，而致戒于天下神器之不可为，国于天地之必有与立者"[2]。钱氏的观点我们不必尽同，其所倡言的知识分子的独立精神，与"五四"追求学术独立的一脉联系起来，则足可启发后世。

---

[1] 分别见钱基博《现代中国文学史》之跋及四版增订识语，岳麓书社"旧籍新刊"版，1980年，第508、512页。

[2] 同上注，16页。

五十年代末开始兴起的海外新儒学也可以看作是此一脉系的继续，其主要人物张君劢本来就是二十年代科玄论战的主将，其他如牟宗三、唐君毅、徐复观，也都是熊十力先生的门人弟子。他们的思想宗基是以儒学为本的人文主义精神，因此力主学术独立、思想自由，向往民主政治，具有明显的现代色彩。如果认为他们所倡导的是文化保守主义，我以为是看错了。他们是当"五四"文化震荡之后，传统观念崩溃之时，从学术出发而又超越学术层面，自觉地寻求中国文化与世界文化的交合点，试图为中华文化的重建谋取新的思想支撑力，以化解二十世纪以来中国意识的危机。不用说，这是一绝大之努力，实际上也就是陈寅恪先生五十年前讲的"道教之真精神，新儒家之旧途径"。这已经涉及对新儒学的整体评估，笔者拟专文论述，此处不多加词费。

（本文写于1989年2月，系为纪念五四运动七十周年而作，载《二十一世纪》1992年第1期。）

第五卷

我从《易经》、《礼记》、《孝经》，以及孔子、孟子的著作中，抽绎出一些具有代表性的价值理念，包括诚、敬、恕、知耻、和而不同等。其中"敬"之立义居于核心位置，已进入中华文化的信仰之维。"和而不同"则给出了人类麻烦的解决之道。《易》"系辞"云："天下同归而殊途，一致而百虑。"这个意思是说人类的不同，主要在于方法和途径，也就是"化迹"的不同，心理、性理和最终的归点，总会走到一处。文化融合是人类未来的大趋势。这就如同魏晋时期关于名教与自然的那场大辩论，老一辈争论不休的问题，到了年轻一代，他们认为彼此之间不见得有什么不同，也就是当时被称为"三语掾"的"将无同"。

敬义论

一 "敬者，人事之本"

"敬"与诚相连接，不诚固然无以取信，但如果离开了"敬"，"诚"便不会立得坚牢而有力量。诚是自然而然如此，敬是无论如何必须如此。故大程子明道先生说："诚者，天之道；敬者，人事之本。敬则诚。"[1]笔者视"敬"这个价值理念具有终极的性质，就和"敬"为"人事之本"有关。盖信仰非天道，而是人事之道的根本所在。小程子伊川也说："诚则无不敬，未至于诚，则敬然后诚。"[2]此语实际上是认为，"敬"乃是进入"诚"的通道，是"思诚"的途径，亦即诚之达道。《中庸》所谓"思诚"是人之道，可以理解为，欲诚者不妨从"持敬"开始。所以伊川又说："主一者谓之敬。一者谓之诚。主则有意在。"[3]"诚"由于是"天之道"，所以应该成为人的"宗主"。而"主"也者，已经有人之所欲为的意思在内了。但此处的所欲为，仅指向单一的目标"诚"，所以二程子所谓的"主一"，即是对"诚"的坚守而

---

[1]《河南程氏遗书》卷第十一，《二程集》上册，中华书局1981年版，第127页。
[2] 同上，第1170页。
[3]《河南程氏遗书》卷第二十四，《二程集》上册，中华书局1981年版，第315页。

不发生动摇。孔子说："三军可夺帅也，匹夫不可夺志也。"（《论语·子罕》）此处之"志"，即是"敬"义。也就是属于人的性自体的"敬"，不应移易，不可动摇，不能被褫夺。

孟子说："夫志，气之帅也；气，体之充也。夫志至焉，气次焉；故曰：'持其志，无暴其气'。"（《孟子·公孙丑上》）此所论与孔子的"不可夺志"说实相呼应。人体为气所充，是中国古代的一种哲学认知，先秦诸家均各有说。《老子》第十章："专气致柔，能婴儿乎。"《庄子·外篇·知北游》："人之生，气之聚也；聚则为生，散则为死。"《荀子·王制》："人有气、有生、有知，亦且有义，故最为天下贵也。"各家之说义趣殊异，独孟子的以"志"为"气"之"帅"的断判，益显刚健有力，突出了"志"不为"气"所移的旨归。赵岐注云："志，心所念虑也。气，所以充满形体为喜怒也。志帅气而行之，度其可否也。"[1]赵注的意思，如无"志"的统领，则形体之气，容易为喜怒情绪所左右，只有由"志"来统帅"气"，才能知道所"行"的是非得失。故赵注又云："志为至要之本，气为其次。"（同上）焦循疏解《孟子》及赵注最见功力，其引《论衡·无形篇》"形气性，天也"[2]之说，然后写道："生之舍，生之充，生之制，生即性也。性情神志，皆不离乎气，以其能别同异，明是非，则为志以帅乎气。万物皆有喜憎利害，而不能别同异，明是非，则第为物之性，而非人之性，仅为气而已。故喜憎、利害、视听、屈伸，皆气也。骨肉，则

---

[1] 焦循：《孟子正义》（沈文倬点校）上册，中华书局1987年版，第196页。
[2] 黄晖撰：《论衡校释》第一册，中华书局1990年版，第65页。

形体也。"①意谓,"喜憎利害"是为万物共有的性质,只有"别同异,明是非"是人所区别于万物的独特之性,原因在于"人有志而物无志",人能够"志以帅乎气",因而使得"喜憎、利害、视听、屈伸"种种情绪表现,也就是使得"气",具有了可控的选择方向。

孟子在提出"以志帅气"之后,继而强调,要"持其志,无暴其气"。此处的"暴"为惑乱意,就是不要让"气"来乱其所为,所以需要"持其志"。"持"为"守"意,即对"志"要坚守而不动摇。孟子论大丈夫的品格,曰:"富贵不能淫,贫贱不能移,威武不能屈,此之谓大丈夫。"(《孟子·滕文公下》)所"不淫"、"不移"、"不屈"者,即"志"也。焦循解"志",引毛奇龄说,将"志"与"心"联系起来,云"但持其志,力求之本心,以直自守,而气之在体,则第不虐戾而使之充周已耳。是不求于心者,谓之不持志。"②。兹可见所谓"志",实即心志。所不动摇者,是为心志也。马一浮说:"心之所之谓之志。"就是要保持心志的独立和自由。又说:"何以持志?主敬而已矣。"马先生又引小程子伊川的"涵养须用敬"的导示,提出伊川所言,即是"持志之谓"。并进而分疏道:"以率气言,谓之主敬;以不迁言,谓之居敬;以守之有恒言,谓之持敬。"③马先生可谓将"敬"之义理掘发无遗。何谓"敬"?马先生明确给出结论:"敬"即"持志"之

---

① 焦循:《孟子正义》(沈文倬点校)上册,中华书局1987年版,第196页。
② 同上,第197页。
③ 马一浮:《复性书院学规》,《马一浮集》第一册,浙江古籍出版社和浙江教育出版社1996年版,第108页。

谓。倘予分疏，又有"主敬"、"居敬"、"持敬"的分别。"主敬"就是以"志"帅"气"，是"志"为主，亦即"敬"为主。"居敬"，是不迁不移之意。"持敬"，则是坚守不变者也。

　　孟子论何为大丈夫之义，还穿插着讲了几个故事。起因是他的学生陈代，对老师不去见诸侯感到不可理解，认为当时的诸侯，大可以称霸，小可以称王，见一见也许不无好处。况且有的记载不是说，"枉尺而直寻"亦不失为一种人生的态度。孟子不然其说，给弟子讲了齐景公打猎，传唤苑囿管理者虞人同往，而虞人不去的故事。此故事见于《左传》昭公二十年，原文为："十二月，齐侯田于沛，招虞人以弓，不进。公使执之，辞曰：'昔我先君之田也，旃以招大夫，弓以招士，皮冠以招虞人。臣不见皮冠，故不敢进。'乃舍之。仲尼曰：'守道不如守官，君子韪之。'"①虞人拒不应召的理由，是齐侯没有待之以礼。按已往田猎礼仪的规定，召唤大夫同往，需要用旗帜；召唤士同往，需要用弓；召唤虞人，需要赐之以皮冠。如今给虞人的是弓而不是皮冠，礼错了对象，很是不敬。所以虞人宁可被抓被杀，也绝不屈己以应招。孟子讲这个故事的时候，将招之以弓变成招之以旃，即以旗帜来召唤，同样违背礼招，所以虞人拒之。孟子说："志士不忘在沟壑，勇士不忘丧其元。"盖志士所追求的是"道"，勇士所维护的是"义"，他们所以堪当此称号，是由于早已将生死置之度外了，即使葬身沟壑或被斩首，亦在所不辞。此即孔子所谓"志士仁人，无求生以害仁，有杀身以成仁"（《论语·卫灵公》）之意。孟子在讲了这个故事之后问

---

① 《春秋左传正义》下，《十三经注疏》标点本，北京大学出版社1999年版，第1400页。

道:"孔子奚取焉?"仅仅为了"利"就"枉尺而直寻",孔、孟均所不取焉。虞人的精神所以值得赞赏,就在于他没有屈己徇人,而维护了自己的尊严。

为了进一步证明"志"不可"夺"这一价值理念的重要,孟子还讲了另外一个故事。从前齐国的大夫王良是驾车的能手,因善御而名扬天下。《淮南子》有记载云:"昔者王良、造父之御也,上车摄辔,马为整齐而敛谐,投足调均,劳逸若一,心怡气和,体便轻毕,安劳乐进,驰骛若灭,左右若鞭,周旋若环。"①可知其御道之高秒。一次晋国的卿相赵简子,让王良为他的宠幸者嬖奚驾车去打猎,结果一无所获。嬖奚怒而称王良为"天下之贱工"。其实是王良按规范驾车,嬖奚因不懂射道,才无所获。经王良请于赵简子,第二次又出行,他故意不按规范驾车,嬖奚一个早上就捕获十只禽鸟。嬖奚又转而赞王良是"天下之良工"。但当赵简子让王良专门为此奚执御,王良一口回绝,说:"我不习惯为小人驾车。"孟子由此故事得出一个看法,说道:"连御者都羞与射者比,即使捕获的禽兽堆如小山,也不肯'枉道而从彼',这是为了什么呢?"孟子的结论是:"枉己者,未有能直人者也。"②也就是在道义与尊严面前,不能委屈迁就,不能打折扣。内心的持志和持敬,是任何力量也无法使之改变的。屈己徇人与大丈夫的精神适相反对,为君子所不取。赵岐注"大丈夫"为"守道不回"③,可谓正解。论者或云,当女子出嫁之时,母(有时也有父)送之于门,也频

---

① 《淮南子·览冥训》,刘文典撰《淮南鸿烈集解》上册,中华书局1989年版,第203页。
② 焦循:《孟子正义》(沈文倬点校)上册,中华书局1987年版,第411—415页。
③ 同上,第419页。

频告诫说："往之女家，必敬必戒，无违夫子。"这里使用的也是"敬"字，该如何解释呢？孟子坚定地说：这不过是"以顺为正"的"妾妇之道"而已①，与大丈夫的"持志"何可同年而语。我们不要忘了前面援引的马一浮先生的话，他可是说"持志"就是"持敬"呵。其实朱子也讲过："人之为事，必先立志以为本，志不立则不能为得事。虽能立志，苟不能居敬以持之，此心亦汎然而无主，悠悠终日，亦只是虚言。立志必须高出事物之表，而居敬则常存于事物之中，令此敬与事物皆不相违。言也须敬，动也须敬，坐也须敬，顷刻去他不得。"②此处的"苟不能居敬以持之"一语，力有万钧。"居敬以持之"，就是"持敬"。可见朱子已经把持敬和立志看作是一而二、二而一的精神旨归。

而小程子伊川对此一问题阐释得尤为深在。他说："学者先务，固在心志。"③而"心志"贵在专注不纷，也就是要"心有主"。怎样才能做到"心有主"？伊川又说："如何为主？敬而已矣。"④则"敬"是心之"主"的标识和护持。有"敬"在，心才能有"主"。如果无"敬"，则"主"已失却，人的精神难免散漫无所归处。伊川担心我们不能通晓他的初意深心，于是进而设譬为说，从学理层面加以论述，写道：

> 有主则虚，虚谓邪不能入。无主则实，实谓物来夺之。今

---

① 焦循：《孟子正义》（沈文倬点校）上册，中华书局1987年版，第417页。
② 《朱子语类》第一册，中华书局1986年版，第419页。
③ 《河南程氏遗书》卷第十五，《二程集》上册，中华书局1981年版，第168页。
④ 同上，第169页。

夫瓶罍，有水实内，则虽江海之浸，无所能入，安得不虚？无水于内，则停注之水，不可胜注，安得不实？大凡人心，不可二用，用于一事，则他事更不能入者，事为之主也。事为之主，尚无思虑纷扰之患，若主于敬，又焉有此患乎？所谓敬者，主一之谓敬。所谓一者，无适之谓一。①

小程子此段论述的核心观点，是为心志须要由"主于敬"来固定。而"敬"则是"主一"，则是"无适"，亦即不发生动摇。此即如《法句经》所说："譬如厚石，风不能移，君子意重，毁誉不倾。"②"意"就是"志"，即人的心志。此哲品偈语中，最重要的是"风不能移"四字，而尤以"不移"为句意的着力点。换一个说法，如果能够做到心志专主于"一"，而不移不迁，即使遇到风雨如晦，狂风大作，也不动神色，不为之改变，就是"主敬"了。据记载，小程子伊川被贬涪州的时候，一次渡汉江，中途遭遇风浪，船有倾覆的危险，满船的人不禁为之号哭，独伊川"正襟安坐如常"。到得岸边，同船的一位老人问道："当船危时，君正坐色甚庄，何也？"伊川回到说："心存诚敬耳。"③兹可见一旦真正具有了"主于一"的诚敬精神，其能够坚定人的心志，而使之不随风随浪随势所动，是为真实不虚。

孔子说："居处恭，执事敬，与人忠。虽之夷狄，不可弃也。"（《论语·子路》）伊川关于"主敬"的论说，与孔子之教是完

---

① 《河南程氏遗书》卷十五，《二程集》上册，中华书局1981年版，第169页。
② 《法句经》卷上，明哲品第十四，金陵刻经处本，第16页。
③ 《河南程氏外书》卷第十二，《二程集》上册，中华书局1981年版，第423页。

全一致的。"执事敬"就是以"敬"为人事之本。马一浮对此解释道:"居处不恭,执事不敬,与人不忠,则本心汩没,万事堕坏,安在其能致思穷理邪?故敬以摄心,则收敛向内,而攀缘驰骛之患可渐祛矣。敬以摄身,则百体从命,而威仪动作之度可无失矣。敬则此心常存,义理昭著;不敬则此心放失,私欲萌生。敬则气之昏者可明,浊者可清。气既清明,义理自显,自心能为主宰。不敬则昏浊之气展转增上,通体染污,蔽于习俗,流于非僻而不自知,终为小人之归而已矣。外貌斯须不庄不敬,则慢易之心入之;心中斯须不和不乐,则鄙诈之心入之。未有箕踞而心不慢者。视听言动,一有非礼,即是不仁,可不念哉?今时学者通病,唯务向外求知,以多闻多见为事,以记览杂博相高,以驰骋辩说为能,以批评攻难自贵,而不肯阙疑阙殆。此皆胜心私见,欲以矜名哗众,而不知其徇物忘己,堕于肆慢,戕贼自心。故其闻见之知愈多者,其发为肆慢亦愈甚,往而不返,不可救药。苟挟是心以至,而欲其可与入理,可与立事,可与亲师取友,进德修业,此必不可得之数也。"[1]马先生这番话,是1939年当复性书院在四川乐山开讲之时,向来学诸生讲示的,此一节的题目作"主敬为涵养之要"。当然所取资是二程和朱子的"主敬"说,但就中不无他自己的深切体悟。

马先生说:"今于诸生初来之日,特为抉示时人病根所在,务望各人自己勘验,猛力省察,无使疮疣在身,留为过患。须知'敬'

---

[1] 马一浮:《复性书院学规》,《马一浮集》第一册,浙江古籍出版社和浙江教育出版社1996年版,第109—110页。

之一字，实为入德之门，此是圣贤血脉所系，人人自己本具。德性之知，元无欠少，不可囿于闻见之知遂以为足，而置德性之知任其隐覆，却成自己孤负自己也。"又说："圣人动容周旋莫不中礼，酬酢万变而实无为，皆居敬之功也。常人'憧憧往来，朋从尔思'，起灭不停，妄想为病，皆不敬之过也。"①接着又引小程子的话："此正如破屋中御寇，东面一人来未逐得，西面又一人至矣，左右前后，驱逐不暇。盖其四面空疏，盗固易入，无缘作得主定。"②马先生认为伊川的比喻最为确切。盗寇所以能入，是由于内中空虚，作不得主；如果"中有主"，则"外患自不能入"。

马先生引喻至此，直接道出题旨。他说："主者何？敬也。"③盖"敬"这个价值理念，毫无疑问应该成为生之为人的心中之"主"，有了"敬"这个心中之"主"，人就会不为外物所摄，变得无所畏惧，乃至御敌制寇亦有所不辞。所以马一浮先生在归结"敬"的学理价值时，不禁满怀激情地写道："唯敬可以胜私，唯敬可以息妄。私欲尽则天理纯全，妄心息则真心显现。尊德性而道问学，必先以涵养为始基。及其成德，亦只是一敬，别无他道。故曰，敬也者，所以成始而成终也。"④

"诚"是不间断，"敬"也是不间断。"诚"间断则不诚，"敬"间断则有间杂。所谓成始成终者，其义在此。马一浮先生是

---

① 马一浮：《复性书院学规》，《马一浮集》第一册，浙江古籍出版社和浙江教育出版社1996年版，第110页。
② 《河南程氏遗书》卷一，《二程集》上册，中华书局1981年版，第8页。
③ 马一浮：《复性书院学规》，《马一浮集》第一册，第110页。
④ 同上。

将"敬"的价值理念提升至人的精神世界最高点的现代学者。

二 "敬义立而德不孤"

"敬"这个价值理念的重要,还表现在"六经"的文本里面,"敬"字出现得非常集中。仅粗略统计,《诗经》的敬字凡二十一见,《尚书》凡六十六见,《周礼》凡九见,《仪礼》凡十三见,《礼记》凡二百一十三见,《周易》凡八见,《左传》凡一百十二见,《公羊传》凡二见,《穀梁传》凡十见。另《论语》二十一见,《孟子》四十三见,《孝经》二十三见。可以说"敬"之一字,在殷周社会已成为惯用语词,特别当涉及社会秩序和人伦关系,以及祭祀和礼仪的时候,常常有敬字出现。

《周礼·天官冢宰第一》提出的驭民"八统",第二统即为"敬故"[1];而对"群吏之治"的要求:"一曰廉善,二曰廉能,三曰廉敬,四曰廉正,五曰廉法,六曰廉辨。"[2]其中"廉敬"居第三项。《尚书·虞书·皋陶谟》记载,舜的高级顾问皋陶给大禹讲述治理邦国必须遵循的九种德行,依次为:"宽而栗,柔而立,愿而恭,乱而敬,扰而毅,直而温,简而廉,刚而塞,强而义。"[3]是为"九德"。其第一德"宽而栗",已有敬义在。至第四德"乱而敬",则直言敬可以为治。孔颖达正义将第三德"愿而恭"和第四德连类作解,云:"有能治者,谓才高于人也,堪拨

---

[1] 《周礼注疏》上册,十三经注疏标点本,北京大学出版社1999年版,第31页。
[2] 同上,第60页。
[3] 《尚书正义》,十三经注疏标点本,北京大学出版社1999年版,第104页。

烦理剧者也。负才轻物，人之常性，故有治而能谨敬乃为德也。'愿'言'恭'，'治'云'敬'者，恭在貌，敬在心。愿者迟钝，外失于仪，故言恭以表貌。治者轻物，内失于心，故称敬以显情。恭与敬，其事亦通，愿其貌恭而心敬也。"①可知"心敬"之义立，其作用有多大。后来皋陶还提出一条更为严峻的训诫，曰："达于上下，敬哉有土。"②按上古之义，有土即可为君，而前提则是执敬立敬。如果不敬，则会受到天的惩罚。因此孔（颖达）氏之正义解释说："天所赏罚，达于上下，不避贵贱，故须敬哉。"③这是说，即使贵为君主，如果所行不德，也会受到灾祸的报应，所以需要敬慎敬惧，一丝不苟。三复皋陶对禹所做的训示，可以说在义理上将"敬"置于极为重要的位置。对此二孔（孔安国、孔颖达）之注疏掘发甚详博，兹不具。

特别引起我们注意的，是《易经》对"敬"的价值伦理的凸显。坤卦"文言"有云："君子敬以直内，义以方外，敬义立而德不孤。"④试想"敬义立而德不孤"是何等重大的判断。这是我们所能看到的对"敬"作为义理概念的最早表述。"文言"的作者尽管说法不一，但以笔者之见，即使不是孔子所作，时间也不会晚于战国时期。而不大可能是汉人后来所加。"敬以直内"，突显"敬"的精神内涵的内在性质，犹如"诚"为内一样。而"义以方外"，又如诚信之"诚"主内，"信"以行动见之于外一样，

---

① 《尚书正义》，十三经注疏标点本，北京大学出版社1999年版，第105页。
② 同上，第110页。
③ 同上。
④ 《周易注校释》（王弼注、楼宇烈校释），中华书局2012年版，第14页。

"义"是在与外面世界的交往中始能见出。故孔子说："德之不修，学之不讲，闻义不能徙，不善不能改，是吾忧也。"（《论语·述而》）又说："主忠信，徙义，崇德也。"（《论语·颜渊》）所谓"徙义"，就是以"义"为趋而可从者。而"敬"则是内立之于内的"直"道。直即正也。"敬以直内"意即"敬以正内"。故孔氏《疏》云："言君子用敬以直内，内谓心也，用此恭敬以直内理。义以方外者，用此义事，以方正外物。"孔疏又说："'敬以直内'者，欲见正则能敬，故变'正'为'敬'也。"[1]而"敬义立"者，则为立敬即是立德之意。但敬不是一般的德，而是天地之正德。此正如伊川所说："敬义夹持，直上达天德自此。"[2]做到了"身有敬义"，则邪不能侵，躁不能扰，"不习无不利"。"不习无不利"是坤卦的《象辞》，王弼注云："居中得正，极于地质。任其自然，而物自生。不假修营，而功自成。故不习焉，而无不利。"[3]王氏此注可与其注《老子》第五章所说"天地任自然，无为无造"[4]合看。"不假修营"不过是"无为无造"的互语。

然则为何又说"敬义立而德不孤"？此"德不孤"三字是何所取义？伊川解释说："君子主敬以直其内，守义以方其外。敬立而内直，义形而外方。义形于外，非在外也。敬义既立，其德盛矣，不期大而大矣，德不孤也。"[5]此则谓"德不孤"乃是状德之盛大

---

[1] 《周易正义》，十三经注疏标点本，北京大学出版社1999年版，第31—32页。
[2] 《河南程氏遗书》卷一，《二程集》上册，中华书局1981年版，第78页。
[3] 《周易注校释》（王弼注、楼宇烈校释），中华书局2012年版，第13页。
[4] 王弼：《老子道德经注》，《王弼集校释》上册，中华书局1980年版，第13页。
[5] 程颐：《周易程氏传》卷第一，《二程集》下册，中华书局1981年版，第712页。

之意。因《易》坤卦爻辞六二有"直方大，不习无不利"的书写。故伊川又说："直、方、大，孟子所谓至大至刚以直也。"①此是以"气"说，即孟子之"我善养吾浩然之气"（《公孙丑上》）。孟子的以"志"帅"气"的思想，前已略及。但须明了，亚圣对"气"的作用亦不小觑，认为当"志一"的时候，"气"会为之动，而当"气一"的时候，气也可以"动志"。"志一"是专心致志，无有动摇。此正如焦循《孟子正义》所引证，《说文》壹部云："壹，专一也。"《左传》文公三年云："与人之壹也"，注为"壹无二心"。焦循于是归结说："持其志使专一而不二，是为志一。"又说："曾子'自反而缩，虽千万人吾往'，是志一也。"又引毛奇龄说："且志亦不容不一者，不一则二三，安所持志？"②"志一"就是"主一"，故须"无适"、不二。这也就是"敬"这个价值理念的精义所在。但如果是"气一"，将出现适得其反的情况，以至于"志"将被其所动。所以需要"养气"，以使之不居于"一"的地位。毛奇龄说："若气一动志，则帅转为卒所动，反常之道，故须善养，使不一耳。"③其实孟子在讲"以志帅气"的时候，已经提出了"志至焉，气次焉"的问题，明确"气"不能僭越而处于"一"的位置。

然则如何才能使得"气"不与"志"争主，而自甘处于"次"的位置？这关涉到"集义"的问题。孟子"养气说"的义理关键，在于"气"需要与"义与道"相配合。此即孟子所说："其为气

---

① 程颐：《周易程氏传》卷第一，《二程集》下册，中华书局1981年版，第708页。
② 焦循：《孟子正义》（沈文倬点校）上册，中华书局1987年版，第198页。
③ 同上。

也，至大至刚，以直养而无害，则塞于天地之间。其为气也，配义与道。"①赵岐、阮元、焦循诸家解"义"为仁义之"义"，"道"则为阴阳大道，实即天道。毛奇龄疏而通之曰："配义与道，正分疏直养。无论气配道义，道义配气，总是气之浩然者，借道义以充塞耳。无是者，是无道义。"②但须弄明白，可以与"气"相配的道义，并非是外来户，即不是悄悄地从外面"袭"取而来，而是与"浩然之气"相杂而生。焦循引《方言》"杂，集也"之义，得出结论说："古杂、集二字皆训合。与义杂生即与义合生也。与义合生，是即配义与道而生也。"③孟子本文所谓浩然之气"是集义所生者，非义袭而取之也"，其义理内涵实在此，而不在彼。而"养"是当"生"之后，因为已经配义而生，自然是"善养"了。如此这般养成的"气"，由于是配以道义的集义所生，按孟子的说法，应该具有"至大至刚"的特点，因此与"持志"、"持敬"、"主敬"便不相夺，而是合而共相生了。

职是之故，此种情况下所立之"敬义"，已经是和仁义、天道"集义"所生所养者，可以"塞于天地之间"，舒之弥六合，卷之不盈握，足以成为人的立德之本。"立"这样的"敬义"，实际上就是"立德"本身。而这种"德"是"集义"所生之德，不仅"至大至刚"，而且《易》坤卦爻辞的"直方大"亦不足以形容。试想，此"敬义"之立，"德"还能孤单吗？孔子岂不言乎："德不孤，必有邻。"（《里仁》）明代易家来氏知德深明此理，著论而言之

---

① 焦循：《孟子正义》（沈文倬点校）上册，中华书局1987年版，第200页。
② 同上，第201页。
③ 同上，第202页。

曰："如知其敬乃吾性之礼存诸心者，以此敬为之操持，必使此心廓然大公，而无一毫人欲之私，则不期直而自直矣。人事惟有私，所以不方。如知其义乃吾性之义见诸事者，以此义为之裁制，必使此事物来顺应而无一毫人欲之私，则不期方而自方矣。德之偏者谓之孤，不孤则大矣。盖敬之至者外必方，义之至者内必直，不方不直，不足谓之敬义，是德之孤也。"又说："今既有敬以涵义之体，又有义以达敬之用，则内外夹持，表里互养，日用之间，莫非天理之流行，德自充满盛大而不孤矣。"①而伊川将此义又与"与物同"联系起来，写道："敬以直内，义以方外，与物同矣，故曰敬义立而德不孤，推而放诸四海而准。"②伊川此论颇得《易》之精髓。盖《易》以"同"为至理，故《易》的序卦有云："与人同者，物必归焉。"③"同"，乃能成其大，"异"，是自小也。

"六经"的"敬"义，不仅在能大、不孤、无不利，而且还在于"敬"可以减少失措，少出过错，避免损失。《易》于此理多有举证。《需》卦的象辞写道："需于泥，灾在外也。自我致寇，敬慎不败也。"④"需"有"须"意，即必须待而后之乃可。故朱子解云："以乾遇坎，乾健坎险，以刚遇险，而不遽进以陷于险，待之义也。"⑤本来《需》是"光亨贞吉"之卦，"利涉大川"，纵然有险情，也不致陷而不拔，因此照样可以刚健前行。问题是不能

---

① [明]来知德撰：《周易集注》上册，九州出版社2012年版，第143页。
② 《二程粹言》，《二程集》下册，中华书局1981年版，第1174页。
③ 《周易注校释》（楼宇烈校释），中华书局2012年版，第262页。
④ 同上，第26页。
⑤ 朱熹撰：《周易本义》，中华书局2009年版，第56页。

莽撞行事，需要备足相应的条件，方能确保无虞。最重要的条件是让"信"占据中正的位置。所以《需》卦的卦辞开篇即云"有孚"。"孚"即信，是为建立信任之义。伊川以"诚信充实于中，中实有孚"为解①，恰切至极。反之，如果不能取信，则此卦的原本贞吉之兆，就不好预期了。具体说，还有种种特定情况，宜分别对待之。譬如"需于郊"，即身处旷远之地所应采取的态度。地处旷远，距险川尚有距离，正确的做法是恒常不变，以待时机。故"初九"爻辞曰："需于郊，利用恒，无咎。"王弼注云："居需之时，最远于难，能抑其进。以远险待时，虽不应机，可以保常也。"②《需》卦的象辞也说："需于郊，不犯难行也。利用，恒无咎，未失常也。"此处的"未失常"即王注的"可以保常"之义，总之是利用时间，恒守以待之。而做到能待能守，其中必有敬义存焉。因为自性之"敬"，即是恒常自守，不驱不动之意象。

至于"需于泥"，情境则比较危险。因为"泥"已近"川"，是未能恒守的结果，属于地地道道的因冒进而"自我致寇"，怨不得别人。处此灾患逼于眼前的险境，欲退不能，何所施焉？只有"持敬"可以延缓或消解危难。故《需》卦的象辞写道："自我致寇，敬慎不败也。"另一种情况是"入于穴"，"上六"爻辞给出的结论是："有不速之客三人来，敬之终吉。"③"上六"是阴爻，故拟之以"穴"。但"上六"已是《需》卦的终点，也即是险情解除的时候，那些守恒以待的乾阳们，主要是"初九"、

---

① 程颐撰：《周易程氏传》，中华书局2011年版，第31页。
② 《周易注校释》（楼宇烈校释），中华书局2012年版，第26页。
③ 同上。

"九二"、"九三",经过审时度势,可以安全地挺进了。所以是不招自来。此种情形下,阴爻之"上六",如果不想惹是生非,只好"敬"而待之了。伊川在《易传》中写道:"阴止于六,乃安其处,故为'入于穴'。穴,所安也。安而既止,后者必至。不速之客三人,谓之下三阳。乾之三阳,非在下之物,需时而进也。需既极矣,故皆上进。不速,不促之而自来也。上六既需得其安处,群刚之来,苟不起忌疾忿竞之心,至诚尽敬以待之,虽甚刚暴,岂有侵陵之理,故终吉也。"[1]此即《需》卦的象辞所说:"不速之客来,敬之终吉。虽不当位,而未至于大失也。"[2]又《离》卦之初九爻辞亦云:"履错然,敬之无咎。"《离》卦主以柔为正,内顺外刚,方能亨而利贞。朱子认为"履错然"是"志欲上进"[3],同于孔颖达的"将欲前进"之解。王辅嗣注则以"错然"为"警慎之貌"[4]。都是将动须慎之意。"慎"者何?敬也。"履错之敬"以此成为《易》理的名典。故《离》卦之象辞归结为:"履错之敬,以辟咎也。"[5]"履错之敬"可以辟咎,就是敬而无失。

兹可见"敬"之为义也大矣,不仅可以聚盛德而不孤,而且能够将欲动而少咎,临危难而不败。难怪当子路问何谓君子的时候,孔子直接以"修己以敬"(《论语·宪问》)作答。而司马牛发为感叹,说"人皆有兄弟,我独亡",子夏振振有词地告诉他:"君

---

[1] 程颐撰:《周易程氏传》,中华书局2011年版,第34—35页。
[2] 《周易注校释》(楼宇烈校释),中华书局2012年版,第27页。
[3] 朱熹撰:《周易本义》,中华书局2009年版,第125页。
[4] 《周易注校释》(楼宇烈校释),中华书局2012年版,第115页。
[5] 同上。

子敬而无失,与人恭而有礼,四海之内皆兄弟也。君子何患乎无兄弟也?"(《论语·颜渊》)子夏所说,即《易》理之"敬义立而德不孤"。而"敬而无失"这句警言,便成为中华文化背景下的人生规范的道德典则。

三 "礼者,敬而已矣"

《荀子》"礼论篇"有一句无法不让人格外关注的话:"孰知夫恭敬辞让之所以养安也,孰知夫礼义文理之所以养情也。"①《史记·礼书》移录了荀卿此篇的大部分文字,因此"恭敬辞让"一语,赫然分明地出现在行文之中。荀、迁所说的"恭敬辞让",可以视作敬义的全提,兹可见"敬"这个价值理念,已经不仅仅局限于士君子个人修为的范围,还可以与家国天下的和谐安定联系起来。因此《礼记》的"曲礼"精要地写道:"毋不敬,俨若思,安定辞,安民哉。"②特地赋予"敬"以"安定辞"的义理换称,对敬之为义的可以安民以致安定整个社会的深涵,作了突出到极致的彰显。

而所以如是,在于敬直接关乎礼。包括"六经"在内的早期经典,对敬与礼的关系有众多论述,汗牛充栋不足以形容。《礼记·哀公问》托孔子言直接标明斯义:"所以治礼,敬为大。"③

---

① 《荀子·礼论》,王先谦:《荀子集解》,中华书局2012年版,第340页。
② [清]孙希旦:《礼记集解》上册,中华书局1989年版,第3页。本稿引《礼记》原文均本此著。
③ [清]孙希旦《礼记集解》下册,中华书局1989年版,第1260页。

《礼记·乐记》亦云："庄敬恭顺，礼之制也。"《礼记·经解》又说："恭俭庄敬而不烦，则深于《礼》者也。"《大戴礼记》也引孔子的话说："礼，敬为大"、"不敬无礼，无礼不立。"《墨子·经上》的措辞更为直截了当："礼，敬也。"[1]可见，礼的精神内核实际上是敬，失却敬的精神，礼便不成其为礼。此即所谓"无敬不成礼"是也。也就是孔子所说的："居上不宽，为礼不敬，临丧不哀，吾何以观之哉？"（《论语·八佾》）离开了敬的礼仪，孔子认为便没有什么看头了。拜天和祭祖是中国古代的两大礼仪，前者是朝廷的大礼，后者是家庭和家族的大礼。拜天即敬天，祭祖即"禘"或"祫"，是为"敬宗"之义。《礼记·大传》写道："尊祖故敬宗，敬宗，尊祖之义也。"又曰："亲亲故尊祖，尊祖故敬宗，敬宗故收族，收族故宗庙严，宗庙严故重社稷，重社稷故爱百姓，爱百姓故刑罚中，刑罚中故庶民安，庶民安故财用足，财用足故百志成，百志成故礼俗刑，礼俗刑然后乐。"[2]《诗·小弁》："维桑与梓，必恭敬止。"亦是斯义。礼为敬之施，敬为礼之魂。只有敬义立才能够起到养安和安民的作用。故《孝经》引孔子的话说："教民亲爱，莫善于孝。教民礼顺，莫善于悌。移风易俗，莫善于乐。安上治民，莫善于礼。礼者，敬而已矣。"[3]可谓直标全提，无缝无漏，礼与敬在义理上完全合一。为了让人们清晰无误地明了礼与敬的关系，孔子并进而阐释说："敬其父，则子悦；敬其兄，则弟悦；敬其君，则臣悦；敬一人，而千万人悦。

---

[1] 《墨子·经上》，《墨子校注》（吴毓江撰）上册，中华书局1993年版，第461页。
[2] [清]孙希旦：《礼记集解》中册，中华书局1989年版，第914、917页。
[3] 《孝经·广要道章》，十三经注疏本标点本，北京大学出版社1999年版，第42—45页。

所敬者寡，而悦者众，此之谓要道也。"①斯又将"敬"提升到"礼"的要道不二的地位。难怪《孝经》此章以"广要道章"立名。此章无疑是在揭示，敬义之立，可以使满家、满朝廷、满天下从君臣到父子到兄弟，无不欢悦舒畅，甚至由于对一人的"敬"，可以使千千万万人都欢悦起来。试想，家国天下能不因之而形成和谐安定的秩序吗？"礼者，敬而已矣"是此章的点睛撮要，具有"一言以蔽之"的全体大用。盖礼是人伦的规约，礼是社会的秩序，礼是文明的指标，家国天下文明秩序的建立，有待于人人之敬。

"国之大事，在祀与戎"，这是《左传》里的话，见于成公十三年，出自刘康公的一段说辞。祀即祭祀，原典的上下文对祭祀与敬的关系有直接论述。事情的起因是晋侯要攻打秦国，派特使郤锜向鲁成公借兵，但这位郤锜在行事的过程中，不够恭敬有礼，因此遭到孟献子的非议。孟献子是鲁成公的高级副手，遇有朝拜周王等重要事宜，每与之同行。该孟氏批评郤锜说："礼，身之干也。敬，身之基也。郤子无基。且先君之嗣卿也，受命以求师，将社稷是卫，而惰，弃君命也。不亡何为？"②等于说郤氏的失礼不敬有负君命，无异于找死。因为在孟氏看来，礼的重要相当于人的躯干，而敬则是人的立身之地，失礼不敬将导致无以立足。何况这位特使郤锜是晋景公的上卿之子，现在又作景公的儿子晋厉公的上卿，是为"嗣卿"，地位不可谓不显要。越是地位显要的官员做事

---

① 《孝经·广要道章》，十三经注疏本标点本，北京大学出版社1999年版，第44页。
② 《春秋左传集解》第二册，上海人民出版社1977年版，第721页。

不敬，后果越严重。

而当同年三月鲁成公与晋侯朝拜周简王，会同刘康公、成肃公准备一起伐秦的时候，成肃公在社庙接受祭品，也发生了失礼不敬的行为，这引起了刘康公的强烈不满，大发议论说："吾闻之，民受天地之中以生，所谓命也。是以有动作礼义威仪之则，以定命也。能者养以之福，不能者败以取祸。是故君子勤礼，小人尽力，勤礼莫如致敬，尽力莫如敦笃。敬在养神，笃在守业。国之大事，在祀与戎，祀有执膰，戎有受脤，神之大节也。今成子惰，弃其命矣，其不反乎。"①这段议论的名句便是"国之大事，在祀与戎"。值得注意的是，刘子以及前面孟氏对郤锜的批评，都把"敬"提到"礼"与"不礼"的原则高度。"戎"即军事行动，出征时"受脤"是"神之大节"，不敬的行为既不符合戎典，又有悖于祭礼。"祀与戎"两件国家大事，都因不敬而遭到破坏。事实上，《左传》里有不少战例，都是因为国与国之间的失礼不敬，而构成兵戎相见的导火索。例如桓公二年："秋七月，杞侯来朝，不敬。杞侯归，乃谋伐之。"同年九月："入杞，讨不敬也。"宣公十二年，潘党曰："古者明王伐不敬，取其鲸鲵而封之，以为大戮，于是乎有京观，以惩淫慝。"成公二年，"晋侯使巩朔献齐捷于周，王弗见，使单襄公辞焉，曰：'蛮夷戎狄，不式王命，淫湎毁常，王命伐之，则有献捷，王亲受而劳之，所以惩不敬，劝有功也。'"定公六年，范献子言于晋侯曰："以君命越疆而使，未致使而私饮酒，不敬二君，不可不讨也。"盖"国之大事，在祀与

---

① 《春秋左传集解》第二册，上海人民出版社1977年版，第721—722页。

戎",不仅"祀"与敬直接相关,"戎"也常常关乎是否有敬存焉。国与国之间交往中的失敬,极易导致交恶,以致走到极端,犹不思转圜,忍无可忍,便只好兵戎相见,是为大不敬也。则敬为"安定辞",小则可令人之身心安适,中则可使家庭和睦,大则可以安国安民,岂虚言哉,岂虚言哉!

祭祀之礼所呈现的敬的精神,在中国文化背景下尤具有特殊的义涵。因为此一题义涉及中国文化对信仰问题如何判定的问题。换言之,在祭祀这个"国之大事"的问题上,是祭祀的对象重要,抑或是祭祀者在祭祀的时候,所采取的态度和怀抱的精神重要。照说应该是祭祀对象重要,所祭之对象如不重要,祭又何为?然而在中国文化的话语里,是又不然。的的确确是祭祀者所具有的"敬"的精神,比祭祀对象还要重要。《周礼·地官司徒第二》具列出如何对民须施以"十二教",其第一教便是:"以祀礼教敬,则民不苟。"[1]《礼记·少仪》亦云:"宾客主恭,祭祀主敬。"[2]此处的"祭祀主敬"一语,可以说是对"祀"与"敬"的关系的最精要的概括。郑玄注云:"恭在貌也,而敬又在心。"孔疏则说:"宾客轻,故主恭。祭祀重,故主敬。"[3]都是得义有见之言。敬和诚一样,是需要"无为"的,其大忌是刻意地操持饰作。《礼记·祭统》说得好:"贤者之祭也,致其诚信与其忠敬,奉之以物,道之以礼,安之以乐,参之以时,明荐之而已矣,不求其为。"[4]忠敬

---

[1] 《周礼注疏》上册,十三经注疏标点本,北京大学出版社1999年版,第246页。
[2] [清]孙希旦:《礼记集解》中册,中华书局1989年版,第943页。
[3] 《礼记正义》,十三经注疏标点本,北京大学出版社1999年版,第1038页。
[4] [清]孙希旦:《礼记集解》下册,中华书局1989年版,第1237页。

和诚信是存在于内心世界的精神性体，所谓"内尽于己"者，不是着意而为的外在动作。因此最高的致祭境界，应该是本乎自然，"不求其为"。故《祭统》又说："诚信之谓尽，尽之谓敬，敬尽然后可以事神明，此祭之道也。"①然则祭道之"敬"，以诚信之"尽"来标识，说明"敬"这个价值理念已经超乎语词环境，具有了绝对的性质。《礼记·檀弓》的一句话，更可以说道出了此一题义的全部谜底。这句话是："祭礼，与其敬不足而礼有余也，不若礼不足而敬有余也。"②几乎将"敬"视为祭礼的全部义涵。"祭礼"之礼，是由于存在祭祀对象而产生的，因而施礼的方式亦因对象的不同而有别。有祭祀对象，才有祭祀的礼仪。但《礼记》的此篇却说，"礼"不足尚不能算是祭礼的大问题，但如果"敬"不足，则是祭礼所绝对无法容忍者。我想这样诠释"祭礼与其敬不足而礼有余也，不若礼不足而敬有余也"这句话，应不致有误。这句话，子路说是"闻诸夫子"，但《礼记》诸篇托孔子现身说法的事例多有，此处的引述是否即为孔子话语之所原出，似不好确指。

但《论语·八佾》的"祭如在，祭神如神在"一语，则真真切切地是出自孔子之口。此处，孔子等于对祭祀对象作了一个假设，即在祭祀的时候，要假设"神"是存在的，或者说是"在场"的。因为只有祭祀时相信"神"是"在场"的，祭祀的人才可能守持得住纯洁的诚敬之心。反之一面祭祀，一面心里却在怀疑"神"到底"在"还是不"在"，敬的精神便无以树立了。显然孔子强调的

---

① [清]孙希旦：《礼记集解》下册，中华书局1989年版，第1238页。
② [清]孙希旦：《礼记集解》上册，中华书局1989年版，第202页。系子路援引孔子之说，故首句云"吾闻诸夫子"。

是"敬"这个价值理念在祭祀现场的发用，而未及其他。至于非祭祀情况下"神"是否依然存在的问题，孔子没有回答，也不想回答。应该是两种可能：一是"在"，一是不"在"。事实上孔子对"神"的存在与否，并不特别关心，这有他的众多相关言论可证。《论语·述而》辑录孔子的说话，有"子不语怪、力、乱、神"的记载。同一篇的另一条，还记载孔子说过："务民之义，敬鬼神而远之，可谓知矣。"而当有一次，弟子直接向他请教如何事"鬼神"的时候，孔子近乎抬杠似的回答说："未能事人，焉能事鬼。"（《论语·先进》）口气显得颇不耐烦。

祭祀的时候，只是假定"神"是存在的，不祭祀的时候"神"存在不存在不在追问探寻的范围，这应该是孔子对待"神"的本然的态度。因此"神"在孔子眼里并没有成为信仰的对象。试想，对信仰对象还能够如此假设吗？但对于祭祀者必须具有的敬的精神，孔子却一点都不马虎。他认为祭祀者的"敬"的主体价值，远比对祭祀对象的斟详要重要得多。这里不妨以《红楼梦》中贾宝玉对祭祀的态度的两个例证，再略作补充说明。

第一例是《红楼梦》第五十八回，回目作："杏子阴假凤泣虚凰，茜纱窗真情揆痴理。"写贾府专事演戏的十二个女伶中的藕官，在大观园烧纸钱去祭死去的药官，原因是两个人经常饰演夫妻，故存一份同性相爱之情。宝玉得知个中缘由，不禁视为同调，"又是欢喜，又是悲叹，又称奇道绝"。但又特地请芳官带话给那个烧纸钱的藕官：

> 以后断不可烧纸钱。这纸钱原是后人异端，不是孔子遗训。以后逢时按节，只备一个炉，到日随便焚香，一心诚虔，就可

感格了。愚人原不知，无论神佛死人，必要分出等例，各式各例的。殊不知只一诚心二字为主。即值仓皇流离之日，虽连香亦无，随便有土有草，只以洁净，便可为祭，不独死者享祭，便是神鬼也来享的。你瞧瞧我那案上，只设一炉，不论日期，时常焚香。他们皆不知原故，我心里却各有所因。随便有清茶便供一钟茶，有新水就供一盏水，或有鲜花，或有鲜果，甚至荤羹腥菜，只要心诚意洁，便是佛也都可来享，所以说，只在敬，不在虚名。以后快命他不可再烧纸。

贾宝玉虽然平时有"毁僧谤道"的言动，但对祭祀的事情却极为严肃认真。他此番言论核心题旨，是关于祭者所应秉持的"诚心二字"，以及"心诚意洁"的态度，认为"一心诚虔，就可感格"。贾宝玉还说："只在敬，不在虚名。"无非是反复强调诚敬而已。

第二个例证是《红楼梦》第七十八回，贾宝玉在晴雯蒙冤死后，撰写《芙蓉诔》并为之祭奠。这一情节，书中是这样写的：

独有宝玉一心凄楚，回至园中，猛然见池上芙蓉，想起小丫鬟说晴雯作了芙蓉之神，不觉又喜欢起来，乃看着芙蓉嗟叹了一会。忽又想起死后并未到灵前一祭，如今何不在芙蓉前一祭，岂不尽了礼，比俗人去灵前祭吊又更觉别致。想毕，便欲行礼。忽又止住道："虽如此，亦不可太草率，也须得衣冠整齐，奠仪周备，方为诚敬。"想了一想，"如今若学那世俗之奠礼，断然不可，竟也还别开生面，另立排场，风流奇异，于世无涉，方不负我二人之为人。况且古人有云：'潢污行潦，蘋蘩蕴藻之贱,可以羞王公,荐鬼神。'原不在物之贵贱,全在心之诚敬而已。"

贾宝玉这段关于祭奠的心理独白,也都是围绕"诚敬"二字。而且对祭者如何诚敬有所提示,比如"衣冠整齐,奠仪周备,方为诚敬"。而提出祭奠之物,不在贵贱,是为祭礼勿奢之意,也是孔子思想。向被认为具有"反儒"思想的《红楼》一书,却在祭祀之道上为孔子提倡的思想正名背书,简直是在宣讲孔子的祭祀之道了。岂不异哉,岂不异哉!是呵,贾宝玉在第一个例证中不是同时还说,烧纸钱不是孔子遗训,而是后人不明祭祀之理而走入的"异端"吗。向被认为是"异端"的宝玉公子,也在反对"异端"了。问题不在于异端不异端,而是究竟何者为异端,何者是正理?《红楼梦》作者一定自信地认为,他所阐释的才是孔子的至理真道。

要之,连作为经典名著的稗史说部都可以出来证明,在孔子那里,敬已经具有了可以超离对象的独立的精神本体价值。

四 "人道之极,莫过爱敬"

孔子对"孝"的解释,可为本文之立说提供别一角度的证词。《论语·为政》记载,子游问什么是孝,孔子回答说:"今之孝者,是谓能养。至于犬马,皆能有养。不敬,何以别乎?"这是将"敬"视作了孝的基本精神内核。所以人们通常把子女对父母的孝,称作孝敬,对尊长也往往以敬老称。《孝经》引孔子的话也说:"孝子之事亲也,居则致其敬,养则致其乐,病则致其忧,丧则致其哀,祭则致其严。"(《纪孝行章》)"严"即敬也。可知事亲之道，要在一个"敬"字。《大戴礼记》"哀公问于孔子"章，对事亲与敬亲问题做了更为详尽的叙论。其引孔子之言曰："昔三代明王之政，必敬其妻子也有道。妻也者，亲之主也，敢不敬与。子也者，亲之后也，敢不敬与。"①妻和子自是其亲，但须敬而待之。所以如此，在于必如此方是"敬身"。何谓"敬身"？孔子回答说："君子言不过辞，动不过则，百姓不命而敬恭。"则言而有当，行不逾矩，即为敬身矣。"敬身"其实就是有地位有身份的人，垂范示典，以身作则，使百姓知所遵循。故此章接下去写道："君子无不敬也，敬身为大。身也者，亲之枝也，敢不敬与？不能敬其身，是伤其亲；伤其亲，是伤其本；伤其本，枝从而亡。三者，百姓之象也，身以及身，子以及子，配以及配，君子行此三者，则忾乎天下矣。"②意谓敬身即是敬亲，敬亲就是回归到敬的本体，能够为此，便可以激励天下之人。否则将由于事亲而失敬，导致既伤亲又伤本，结果亲、本与枝俱亡，天下不复为天下了。兹可见事亲之敬义，可谓惟斯为大。难怪《诗三百》亦三致斯义："凡百君子，各敬尔身。"（《诗·小雅·节南山之什》）

然则事亲亦有爱乎？当然有。《孝经》给出一特殊的语词，曰"爱敬"。《孝经》第二章引孔子的话写道："爱亲者，不敢恶于人；敬亲者，不敢慢于人。爱敬尽于事亲，而德教加于百姓。"③第十八章又说："生事爱敬，死事哀戚，生民之本尽矣，死生之义

---

① [清]孔广森撰：《大戴礼记补注》，中华书局2013年版，第29页。
② 同上。
③ 《孝经注疏》，十三经注疏标点本，北京大学出版社1999年版，第5页。

备矣，孝子之事亲终矣。"①这是说，事亲的敬和通常所谓敬，宜有分别。通常之敬，是守一不易，是志不被夺，是自性的庄严。事亲之敬，则是在敬之中有爱存焉，也可以说，是在爱的感情里面含蕴有敬的精神。此种特有的爱敬，在事亲的过程中表现得最为充分彻底，所以称作"爱敬尽于事亲"，而且认为是"尽"了"生民之本"。所谓"本"，其实就是敬的"体"。亦即刘劭的《人物志》所说的："礼以敬为本，乐以爱为主。"

《孝经》是孔子的得意大弟子曾参所作，所叙以孔子之言为主，因此又有孔子口授而曾子为之录之说。此说的依据，一为《史记·仲尼弟子列传》："曾参少孔子四十六岁，孔子以为能通孝道者，故授之业，作《孝经》。"二是《汉书·艺文志》："《孝经》者，孔子为曾子陈孝道也。"言之凿凿，应属可信。注《孝经》者先后有几十家，早期的孔（安国）注、郑（玄）疏颇受疵议，而韦昭、王肃、虞翻、刘劭诸家，鲜有异词。《孝经》传播史的大事件，是唐玄宗的御撰《孝经注》的诞生。与此同时，儒臣元行冲受命为御注撰《孝经疏义》，注疏同时行世，影响甚大。到了宋真宗时期，又有邢祭酒昺奉诏撰写《孝经正义》三卷。阮元主持的《十三经注疏》所收的《孝经》，即为李注、邢疏本。我讲这些，一是想说明《孝经》的重要，二是想说明在为《孝经》作注疏的各家中，刘劭是不可轻视的人物。刘劭是三国时期魏国人，字孔才，曾为魏文帝曹丕辑《皇览》一书，类似群经选粹类编，非博极群书不能为此。他还著有《律略论》、《乐论》等著作。当然最让我们

---

① 《孝经注疏》，十三经注疏标点本，北京大学出版社1999年版，第61页。

感兴趣的是他的奇书《人物志》。正是在《人物志》一书中,这位《孝经》专家前无古人地提出在我看来真正是中国思想史的经典名句:

> 盖人道之极,莫过爱敬。是故《孝经》以爱为至德,以敬为要道。

视"爱敬"为"人道之极",我认为这是中国古代哲人对人的情性的极为深刻入微的观察,也是对人的性体与人伦所做的一次具有形上意味的义理概括。只此一点,刘劭其人便足以不朽,其所著《人物志》便足以不朽。《人物志》还说:"人情之质,有爱敬之诚,则与道德同体,动获人心,而道无不通也。"亦即爱敬可以称作人情的本质,或作为人情本质的必然组成,与人伦道德同体同构,以情感人,常常收到意想不到的效果,包括理亦能通,道亦相融。此无他,盖由于人性是自然生成,如同刘劭之自注所说:"方在哺乳,爱敬生矣。"而是书之开篇,作者开宗明义已经揭明:"盖人物之本,出乎性情。"可以认为这是刘劭"爱敬说"的义理根据。

爱敬虽系一单独的语词,但爱与敬亦各有取义。只是就作为亲情伦理的爱敬而言,爱与敬是一体而不能分离。《礼记·哀公问第二十七》载孔子答哀公之问而言之曰:"古之为政,爱人为大。所以治爱人,礼为大。所以治礼,敬为大。敬之至矣,大昏为大,大昏至矣。大昏既至,冕而亲迎,亲之也。亲之也者,亲之也。是故,君子兴敬为亲,舍敬是遗亲也。弗爱不亲,弗敬不正。爱与敬，其政之本与。"①《大戴礼》此篇个别文字有异，全篇内容基本相同。要之，爱、亲、礼、敬是此段文字的关键词。"治礼，敬为大"，前引甚夥，叙论亦详，此不多具。斯为何又说"敬之至矣，大昏为大"？古写昏、婚相同，婚指妇家，事涉男女之合。故当哀公不解而追询时，孔子回答说："天地不合，万物不生。大昏，万世之嗣也。"盖男女之合关乎子孙传衍，况上述语境所言之婚，固是国君和诸侯之婚，礼须冕服亲迎，岂不大哉，岂不大哉。婚姻亦称婚媾，其肌肤交合之意甚为明显。阴阳合，肌肤交，是为亲。亲则有爱生矣。爱而无尽，不知所之，至有变生不测发生。故爱须有敬提导，方能够得以升华。爱而无敬，易致淫邪。爱而有敬，能得其正。本来是爱由亲生，升华后的爱又返归为亲。亦爱亦亲亦礼亦敬，是为爱的至境，是为天地之合。以此《礼记》有"君子兴敬为亲，舍敬是遗亲"的说法，有"弗爱不亲，弗敬不正"的断判，以至于将"爱与敬"归结为"政之本"，其谁曰不然欤。

"爱敬"作为中国文化的一个独立的价值理念，爱与敬之两造是一体而不能分离者。爱而无敬固然不能称其为正爱，敬而无爱更是既遗其爱而又遗其亲，将直接导致不仁。仁是爱心之施于他人，故樊迟问仁，孔子的回答直截了当，曰"爱人"（《论语·颜渊》）。孟子也说："仁者爱人。"宋儒周敦颐亦云："爱曰仁。"②反之如不能爱人，也就是不仁了。这里不妨以《红楼梦》中宝玉、黛玉、宝钗几个人物之间的关系，作为爱敬释义的例子，以为参证。《红

---

① [清]孙希旦：《礼记集解》下册，中华书局1989年版，第1260页。
② 周敦颐：《通书》，《周敦颐集》，中华书局1990年版，第16页。

楼梦》中宝玉和黛玉两位主人公之间，自是青春儿女的爱情关系，但开始一段时间，他们主要表现为亲密亲厚，爱情的因素朦胧而不明确。第十九回"情切切良宵花解语，意绵绵静日玉生香"、第二十三回"西厢记妙词通戏语"之后，两人进入了实质性爱情境界，并不时有因忘情而"动手动脚"的肢体接触。但第二十七回"埋香冢飞燕泣残红"的美艳悲凄的场面，使热烈的宝黛爱情为之一转，而走向诗意的升华。这表现在当听完了黛玉《葬花吟》的悲泣吟唱，宝玉的感受是："真不知此时此际欲为何等蠢物，杳无所知，逃大造，出尘网，使可解释这段悲伤。"斯为由世俗的爱情升华到诗意的爱情的特笔。所谓诗意的爱情的标志，是在爱与情之中注入了敬的成分。《红楼梦》中的宝玉之于黛玉，不仅有爱，而且有敬。初相遇就有敬，随着故事情节的发展，宝黛爱情中的敬的成分越来越增多，直到最后爱敬交并，难解难分，形成爱敬。而宝玉对宝钗的态度，则是由开始的敬大于爱，到渐渐的有敬无爱，再到后来的爱敬全消。至于宝钗对宝玉的态度，由于所追求在婚姻本身，故敬和爱都不曾有真实的表现。但宝玉对宝钗的有敬无爱，并未走向不仁，因为宝玉本身除了爱情的追求，还有泛爱众生的思想取向，故宝玉始终是个仁者，而与不仁绝缘。宝钗则不可避免地走向了不仁。你看她对金钏之死的态度，始而劝王夫人不要在意此事，不过多给几件衣服就打发了；继而说金钏本不是要跳井自尽，而是想到井里面去住住也是有的。此话一出，就是典型的不仁了。无爱则不仁，《红楼梦》里的宝姑娘，是为不仁的显例。

爱敬既是家族亲情伦理的归约指向，又是婚姻与爱情升华后的道德境界。古人以相敬如宾来形容夫妇之间相处的雍容和洽，其题义就是因此而来。故朱子有言曰："凡礼有本有文，自其施于家者言之，则名分之守，爱敬之实，其本也。"又说："大抵谨名分、崇爱敬以为之本。"[1]此是认为爱敬是家礼之本。而《礼记·文王世子》则写道："圣人之记事也，虑之以大，爱之以敬，行之以礼，修之以孝养，纪之以义，终之以仁。是故古之人一举事，而众皆知其德之备也。"[2]斯可见爱敬在古代德论系统中所占之位置。

五 "敬字工夫，乃圣门第一义"

"六经"以及孔孟诸子的著作中所陈之敬义，可谓车载斗量，不可胜数。但对"敬"之为义的系统阐述，还是首推宋儒的义理分疏。先秦两汉的思想家，特别是《易经》、《诗经》、《礼记》、《孝经》以及《论语》等原典宏撰，事实上把"敬"这个价值理念视作了社会人伦乃至生之为人的基本精神价值取向，也可以说已经进入了中华文化的信仰之维。看来宋儒深悟此理此道，周（敦颐）、张（载）、二程（程颢、程颐）、朱（熹）诸子，直承先儒，大张旗鼓地提出了"主敬"的学说。宋儒的集大成者朱子说："敬字工夫，乃圣门第一义，彻头彻尾，不顷刻间断。"[3]又说："'敬'之一字，真圣门之纲领，存养之要法。一主乎此，更无内外精粗之间。"[4]可知朱子事实上将"敬"之立义置放到了儒家义理的至高无上的地位。

---

[1] 朱熹：《家礼序》，《朱熹集》第七册，四川教育出版社1996年版，第3940页。
[2] [清]孙希旦撰《礼记集解》中册，中华书局1989年版，第579页。
[3] 《朱子语类》第一册，中华书局1986年版，第210页。
[4] 同上。

但宋儒中首倡"敬"义的是程颢、程颐，特别是小程子伊川把敬义发挥得最为系统完善。"主一之谓敬"[1]就是小程子首次提出来的。下面让我们看看二程子围绕敬义此外都有一些什么样的相关论说，兹以中华书局1981年版《二程集》的编辑次序，逐一选录其比较典要的案例。

1.圣贤论天德，盖谓自家元是天然完全自足之物，若无所污坏，即当直而行之；若小有污坏，即敬以治之，使复如旧。[2]

2."必有事"者，主养气而言，故必主于敬。[3]

3.学者不必远求，近取诸身，只明人理，敬而已矣，便是约处。[4]

4."思无邪"，"无不敬"，只此二句，循而行之，安得有差？有差者，皆由不敬不正也。[5]

5.谓敬为和乐则不可，然敬须和乐，只是中心没事也。[6]

6.敬而无失，便是"喜怒哀乐未发之谓中"也。敬不可谓之中，但敬而无失，即所以中也。[7]

7.执事须是敬，又不可矜持太过。[8]

---

[1] 《二程集》上册，中华书局1981年版，第169页。
[2] 同上，第1页。
[3] 同上，第12页。
[4] 同上，第20页。
[5] 同上。
[6] 同上，第31页。
[7] 同上，第44页。
[8] 同上，第61页。

8.忘敬而后，无不敬。①

9.入道莫如敬，未有能致知而不在敬者。②

10.君子之遇事，无巨细，一于敬而已。简细故以自崇，非敬也；饰私智以为奇，非敬也。要之，无敢慢而已。③

11.敬义夹持，直上达天德自此。④

12.圣人修己以敬，以安百姓，笃恭而天下平。惟上下一于恭敬，则天地自位，万物自育，气无不和，四灵何有不至。此体信达顺之道，聪明睿智皆由是出。⑤

13.发于外者谓之恭，有诸中者谓之敬。⑥

14."天地设位而易行乎其中"，只是敬也。敬则无间断，体物而不可遗者，诚敬而已矣，不诚则无物也。⑦

15.敬胜百邪。⑧

16.操约者，敬而已矣。⑨

17.子曰："语之而不惰者，其回也与！"颜子之不惰者，敬也。⑩

18.天地之间，亭亭当当，直上直下之正理，出则不是，唯敬而

---

① 《二程集》上册，中华书局1981年版，第66页。
② 同上，第66页。
③ 同上，第73页。
④ 同上，第78页。
⑤ 同上，第80页。
⑥ 同上，第92页。
⑦ 同上，第118页。
⑧ 同上，第119页。
⑨ 同上，第126页。
⑩ 同上，第127页。

无失最尽。①

19.敬即便是礼，无己可克。②

20."出门如见大宾，使民如承大祭"，只是敬也。敬则是不私之说也。才不敬，便私欲万端害于仁。③

21.有人旁边作事，己不见，而只闻人说善言者，为敬其心也，故视而不见，听而不闻，主于一也。主于内则外不入，敬便心虚故也。④

22.敬则自虚静，不可把虚静唤做敬。居敬则自然行简。若居简而行简，却是不简，只是所居者已剩一简字。⑤

23.人心不能不交感万物，亦难为使之不思虑。若欲免此，唯是心有主。如何为主？敬而已矣。有主则虚，虚谓邪不能入。无主则实，实谓物来夺之。

24.严威俨恪，非敬之道，但致敬须自此入。⑥

25."舜孳孳为善"，若未接物，如何为善？只是主于敬，便是为善也。⑦

26.敬是持己，恭是接人。与人恭而有礼，言接人当如此也。近世浅薄，以相欢狎为相与，以无圭角为相欢爱，如此者安能久？若

---

① 《二程集》上册，中华书局1981年版，第132页。
② 同上，第132页。
③ 同上，第153页。
④ 同上，154页。
⑤ 同上，第157页。
⑥ 同上，第170页。
⑦ 同上。

要久，须是恭敬。君臣朋友，皆当以敬为主也。①

27.问："'出门如见大宾，使民如承大祭。'方其未出门、未使民时，如何？"曰："此'俨若思'之时也。当出门时，其敬如此，未出门时可知也。且见乎外者，出乎中者也。使民出门者，事也。非因是事上方有此敬，盖素敬也。如人接物以诚，人皆曰诚人，盖是素来诚，非因接物而始有此诚也。俨然正其衣冠，尊其瞻视，其中自有个敬处。虽曰无状，敬自可见。"②

28.敬是闲邪之道。闲邪存其诚，虽是两事，然亦只是一事。③

29.涵养须用敬，进学则在致知。④

30.才说静，便入于释氏之说也。不用静字，只用敬字。⑤

31.学者须恭敬，但不可令拘迫，拘迫则难久矣。⑥

32.昔吕与叔尝问为思虑纷扰，某答以但为心无主，若主于敬，则自然不纷扰。⑦

33.学者莫若且先理会得敬，能敬则自知此矣。⑧

34.敬只是持己之道，义便知有是有非。顺理而行，是为义也。若只守一个敬，不知集义，却是都无事也。

---

① 《二程集》上册，中华书局1981年版，第184页。
② 同上，第184—185页。
③ 同上，第188页。
④ 同上，第188页。
⑤ 同上，第189页。
⑥ 同上，第191页。
⑦ 同上。
⑧ 同上，第202页。

35.君子无不敬,如有心去藐他人,便不是也。①

36.居敬则自然简。"居简而行简",则似乎简矣,然乃所以不简。盖先有心于简,则多却一简矣。居敬则心中无物,是乃简也。②

37.教人者,养其善心而恶自消;治民者,导之敬让而争自息。③

38.敬有甚形影?只收敛身心便是主一。且如人到神祠中致敬时,其心收敛,更著不得毫发事,非主一而何?④

39.大抵与近习处久,熟则生亵慢,与贤士大夫处久,熟则生爱敬。此所以养成圣德,为宗社生灵之福。⑤

40.礼主于敬,丧主乎哀。⑥

41."晏平仲善与人交,久而敬之。"人之交久则敬衰,久而能敬,所以为善与人交也。⑦

42.纯于敬,则己与理一,无可克者,无可复者。⑧

43.敬则无间断,文王之纯如此。⑨

44.敬而无失,所以中也。凡事事物物皆有自然之中,若俟人为

---

① 《二程集》上册,中华书局1981年版,第255页。
② 同上,第294页。
③ 同上,第411页。
④ 同上,第433页。
⑤ 同上,第538页。
⑥ 《二程集》下册,中华书局1981年版,第1137页。
⑦ 同上,第1140页。
⑧ 同上,第1171页。
⑨ 同上,第1174页。

布置，则不中矣。①

45. 敬则虚静。而虚静非敬也。②

46. 一不敬，则私欲万端生焉。害仁，此为大。③

47. 无不敬者，对越上帝之道也。④

48. 识道以智为先，入道以敬为本。

49. 敬为学之大要。⑤

50. 敬，所以涵养也。⑥

51. 敬，所以持守也。⑦

52. 入德必自敬始，故容貌必恭也，言语必谨也。⑧

53. 当大震惧，能自安而不失者，惟诚敬而已。⑨

54. 有为不善于我之侧而我不见，有言善事于我之侧而我闻之者，敬也，心主于一也。⑩

55. 一心之谓敬，尽心之谓忠，存之于中之谓孚，见之于事之谓信。⑪

56. 上下一于敬，则天地自位，万物自育，气无不和，四灵何所

---

① 《二程集》下册，中华书局1981年版，1177页。
② 同上，第1179页。
③ 同上，第1179页。
④ 同上。
⑤ 同上，1183页。
⑥ 同上。
⑦ 同上，第1188页。
⑧ 同上，第1194页。
⑨ 同上，第1227页。
⑩ 同上，第1255页。
⑪ 同上，第1256页。

不至。此圣人修己以安百姓之道也。①

　　以上只是二程子论敬的语要选录，远非其论述的全部。要之在包括宋儒在内的中国思想文化史上，对敬义的阐述与分疏，以二程子的著论最具学理的系统性。首要者自是明确提出了"主敬"的概念，而且三复其义，一再申论，强调敬是"内"，是"中"，是心中所立之主。因此主敬亦即"主一"，主一就是不之二不之三，不之上不之下，不之东不之西。

　　对于敬义既立的功能相，二程子也作了具体厘定：一是敬为入道之本，即所以集虚也，盖集虚是"道"的特征；二是"入德必自敬始"；三是"敬"为进学之"大要"；四是"敬"可以"胜百邪"，人的德性污损，可以通过立敬来加以修补。质而言之，"敬"即是"圣人修己以安百姓之道"。当然此一思想并非程子的创发之见，而是来源于《礼记·曲礼》的"毋不敬，俨若思，安定辞，安民哉"一语。"敬"对于进德、入道、为学的作用，二程子最有名的话是："涵养须用敬，进学则在致知。"又说："入道莫如敬，未有能致知而不在敬者。"这两句话的义理旨归向为后世儒者所尊奉。故朱熹特别加以提撕，说程先生说的"涵养须用敬，进学则在致知"，是"最切要"②的论断。

　　程子关于"素敬"的提法亦不失孤明先发之见。《论语》记载，孔子的弟子仲弓一次请教老师，到底应该怎样理解"仁"？孔子回答是："出门如见大宾，使民如承大祭。己所不欲，勿施

---

① 《二程集》下册，中华书局1981年版，第1271页。
② 《朱子语类》卷第一百一十八，中华书局1986年版，第七册，第2855页。

于人。在邦无怨，在家无怨。"（《论语·颜渊》）给出的分支项类甚多，历来都以"敬恕"为解，是为得义。分而言之，当然"己所不欲，勿施于人"是"恕"，"出门如见大宾，使民如承大祭"是为"敬"。倡导主敬学说的程子自然不会放过孔门论学的这一案例，也以之为题与弟子们讨论。不料一位弟子提出问题说："那么没有出门、未使民的时候，情形又如何呢？"程子回答道：

> 此"俨若思"之时也。当出门时，其敬如此，未出门时可知也。且见乎外者，出乎中者也。使民出门者，事也。非因是事上方有此敬，盖素敬也。如人接物以诚，人皆曰诚人，盖是素来诚，非因接物而始有此诚也。俨然正其衣冠，尊其瞻视，其中自有个敬处。虽曰无状，敬自可见。[1]

程子的回答可谓机智之至，如同正中下怀，反而深化了对敬义的诠解。盖"敬"跟"诚"一样，都应该是不间断的，绝非此一时敬，彼一时不敬，或此事上敬，他事上却又不敬。因此程子以"俨若思"回应弟子之问，可谓睿智而高明。妙的是他以"素敬"、"素诚"两个人们不常闻见的概念出之，无异是对敬义学理阐述的一种发明。朱子颇赞赏程子的回答，写道："敬未尝间断也。且如应接宾客，敬便在应接上；宾客去后，敬又在这里。若厌苦宾客，而为之心烦，此却是自挠乱，非所谓敬也。故程子说：'学到专一时方好。'盖专一，则有事无事皆是如此。程子此段，这一句是

---

[1]《二程集》上册，中华书局1981年版，第184—185页。

紧要处。"①又说："二先生所论'敬'字，须该贯动静看。方其无事而存主不懈者，固敬也，及其酬酢不乱者，亦敬也。"②《礼记·曲礼》"毋不敬"的思想贯穿于程、朱敬义论的始终。

这里还涉及"敬"、"静"的分别问题。因为周子敦颐在讲"诚"时，同时也讲"静"，佛氏、老氏也都讲"静"。然则"敬"与"静"如何分别？二程子一则说："才说静，便入于释氏之说也。不用静字，只用敬字。"二则说："敬则虚静，而虚静非敬也。"这一区分十分重要，使人明了"敬"不是静坐禅修之道，而是人的自我精神的庄严觉照。朱熹在此一问题上不像程子那样决绝，他并不排斥作为功夫的静坐所起的敛心养性的作用，但对敬、静的区分也是很严格的。当弟子发为疑问，说人总是"静时少，动时多"，很容易发生"挠乱"，此种情况该如何处置？此问显然有以"静"为"敬"的嫌疑。朱子在回答说："如何都静得？有事须著应。人在世间，未有无事时节。要无事，除是死也。自早至暮，有许多事。不成说事多挠乱，我且去静坐。敬不是如此。若事至前，而自家却要主静，顽然不应，便是心都死了。无事时敬在里面，有事时敬在事上。"③"敬"、"静"的分别，在朱子那里是严格的，回答是严厉的。要之，"敬"不是静，不是静止不动，而恰好是要体现在视听言动之中。"敬"不是外加的，而是自生自存的心中事中之"主"。此正如朱子所说："今所谓持敬，不是将个'敬'字做个好物事样塞放怀里，只要胸中常有此意，而无其名

---

① 《朱子语类》卷第十二，中华书局1986年版，第一册，第213页。
② 《答廖子晦》，《朱熹集》卷四十五，四川教育出版社1996年版，第四册，第2161页。
③ 《朱子语类》卷第十二，中华书局1986年版，第一册，第212—213页。

耳。"①马一浮岂不云乎，包括诚敬在内的各种理念，其实也只是"名言"而已，真正化为一心，融入自我的精神主体，有此名无此名一也。

朱子特别强调"敬"须在"事"上见出。因此将《易·坤·文言》的"君子敬以直内，义以方外"，解释为以"敬"来立定脚跟，见于物事是"义"。因此提出了"敬"的"死"、"活"问题。他说："敬有死敬，有活敬。若只守着主一之敬，遇事不济之以义，辨其是非，则不活。若熟后，敬便有义，义便有敬。静则察其敬与不敬，动则察其义与不义。"②如果要想保持敬、义的统一，则需要"敬、义夹持"，合动静一体来看。此说创自程子，原文为："敬、义夹持，直上达天德自此。"③《易》教"敬以直内，义以方外"合其德，自是天德。故朱子说："敬义夹持，循环无端，则内外透彻。"④

另一与此相关的是话题是"居敬"与"行简"问题。题义本诸孔门师弟子论学议政。孔子一次说，弟子仲弓具备当官作宰的条件。仲弓因此联想到桑伯子这个人，问此人做官做得怎么样。孔子说做得不错，因为他施政临民尚简，不折腾百姓。仲弓于是发为感想，若有所悟地说道："居敬而行简，以临其民，不亦可乎？居简而行简，无乃大简乎？"（《论语·雍也》）为官需要敬恕，是大家都知道的道理，故孔子只讲"行简"，省略了"居敬"。仲弓的感想等

---

① 《朱子语类》卷第十二，中华书局1986年版，第一册，第212页。
② 同上，第216页。
③ 《二程集》上册，中华书局1981年版，第78页。
④ 《朱子语类》卷第十二，中华书局1986年版，第一册，第216页。

于补充上了敬的立义。但同时也提出，如果没有敬立定脚跟，而是"居简而行简"，未免"简"得太过分了吧。孔子对弟子的这一看法表示赞许，说仲弓讲的是对的。程子和朱子疏论敬义，势必关涉此一经典话题。程子的看法是："居敬则自然简。"[①]理由是，当一个人达到了"居敬"的境界，已是"心中无物"，所以自然就简而不繁了。如果是"居简"，无异于在"行简"之外又多出了一个"简"，其结果就不是"简"而是繁了。

程子之说就其突出敬义而言自有其道理。但朱子则认为，居敬和行简是两件功夫，按之人群世相，居敬而不能行简者有之，行简而不能居敬者亦有之。故朱子申论说："居敬固是心虚，心虚固能理明。推著去，固是如此。然如何会居敬了，便自得他理明？更有几多工夫在。若如此说，则居敬行简底，又那里得来？如此，则子桑伯子大故是个居敬之人矣。世间有那居敬而所行不简。如上蔡说，吕进伯是个好人，极至诚，只是烦扰。便是请客，也须临时两三番换食次，又自有这般人。又有不能居敬，而所行却简易者，每事不能劳攘得，只从简径处行。如曹参之治齐，专尚清静，及至为相，每日酣饮不事事，隔墙小吏酣歌叫呼，参亦酣饮歌呼以应之，何有于居敬耶。据仲弓之言，自是两事，须子细看始得。"[②]兹可知朱子为学对理则物事探究之细，几乎到了毫发不遗的地步。亦见出程朱对敬之为义的知行两造是何等重视。

朱熹是二程"主敬说"的热烈呼应者，其文章书信以及平日讲

---

① 《二程集》上册，中华书局1981年版，第294页。
② 《朱子语类》卷第三十，中华书局1986年版，第三册，第762—763页。

话论学,未尝离开此一"敬"字。就言谈话语的体量而言,朱子论敬的篇幅实在程子之上,对程子主敬说的提出给予极高的评价。此处且举数例,以见朱子的高情至理。例一是,朱子认为"敬"是程子的一项发明。当然是就观念的学理分疏而言,而非此前不曾有敬义提出。朱子写道:"圣贤言语,大约似乎不同,然未始不贯。只如夫子言非礼勿视听言动,'出门如见大宾,使民如承大祭'、'言忠信,行笃敬',这是一副当说话。到孟子又却说'求放心'、'存心养性'。《大学》则又有所谓格物,致知,正心,诚意。至程先生又专一发明一个'敬'字。"[1]把敬义学理发掘的发明权直截归于程颢、程颐兄弟。为避免误会,朱子同时说明,此一"敬"字并非往圣前贤不曾使用过,但已往任何学者都没有程子看得重。因为为学要有一个"大要",所以程子推出一个"敬"字,学者如果能将"敬"字收敛在自我的身心,"放在模匣子里面,不走作了",逐事逐物的道理方能看得清[2]。又说:"伊川只说个'敬'字,教人只就这'敬'字上挨去,庶几执捉得定,有个下手处。"[3]随后又强调:"程先生所以有功于后学者,最是'敬'之一字有力。"[4]后来还说:"程先生云'主一之谓敬',此理又深。"[5]上述所举这些例证均见诸《朱子语类》。

朱子在与各学人的通信中,也每以敬义为言,对程子主敬说称

---

[1] 《朱子语类》卷第十二,中华书局1986年版,第三册,第207页。
[2] 同上,第208页。
[3] 同上。
[4] 同上,第210页。
[5] 《朱子语类》卷第十八,中华书局1986年版,第二册,第403页。

美不已。其《答何叔京》云:"二先生拈出'敬'之一字,真圣学之纲领,存养之要法。一主乎此,更无内外精粗之间,固非谓但制之于外则无事于存也。"①在《答胡广仲》的信里,又说:"近来觉得'敬'之一字,真圣学始终之要,向来之论,谓必先致其知然后有以用力于此,疑若未安。"②其《答董叔重》书亦云:"动静、始终,不越'敬'之一字而已。近方见得伊洛拈出此字,真是圣学真的要妙功夫。学者只于此处著实用功,则不患不至圣贤之域矣。"③而《答石子重》的信函,又感慨而言:"'敬'字之说,深契鄙怀。"④《语类》论"持守"斯又言:"程先生所以有功于后学者,最是'敬'之一字有力。"⑤大程子明道生于宋仁宗天圣十年(1032),小程子伊川比明道小一岁,生于宋仁宗明道二年(1033);而朱熹则生于宋高宗建炎四年(1130),比二程子晚了一个世纪。对朱子而言,二程自是先贤。但朱子对二程子敬义学说的看重,固不仅是由于辈分之先后,而是学理上的相承与相合。程子的学说义理,可以说主要是由朱子来提撕、阐释、传布和弘扬的。所以思想史上向来程朱并称。而关于敬的思想,在二程学说中又占有中心的位置。故朱子格外看重,反复讨论,述之又述,阐之又阐,使得此学的学理几无剩义。

朱子对敬义学说不乏比程子更进一步的理解和创获,只不过在

---

① 《答何叔京》,《朱熹集》卷四十,四川教育出版社1996年版,第四册,第1880页。
② 《答胡广仲》,《朱熹集》卷四十二,四川教育出版社1996年版,第四册,第1945页。
③ 《答董叔重》,《朱熹集》卷五十一,四川教育出版社1996年版,第五册,第2476页。
④ 《答石子重》,《朱熹集》卷四十二,四川教育出版社1996年版,第四册,第1981页。
⑤ 《朱子语类》卷第十二,中华书局1986年版,第一册,第210页。

先贤面前他谦虚审慎而不愿僭先，总是处处将程子放在前面。下面，笔者辑录二十条朱子论敬的精要语录，以明程朱二子如何学理相通，而在具体分疏时又多有同中见异和异中见同之处。

1.敬是不放肆底意思，诚是不欺妄底意思。①

2.敬不可谓之中，但敬而无失便是中。②

3.敬不须言仁，敬则仁在其中矣。③

4.持敬是穷理之本。④

5.致知、敬、克己，此三事，以一家譬之，敬是守门户之人，克己则是拒盗，致知却是去推察自家与外来底事。⑤

6.如今看圣贤千言万语，大事小事，莫不本于敬。⑥

7."敬"字工夫，乃圣门第一义，彻头彻尾，不可顷刻间断。⑦

8."敬"之一字，真圣门之纲领，存养之要法。一主乎此，更无内外精粗之间。⑧

9.人能存得敬，则吾心湛然，天理粲然，无一分著力处，亦无一分不著力处。⑨

---

① 《朱子语类》卷第六，中华书局1986年版，第一册，第103页。
② 同上，117页。
③ 同上，122页。
④ 《朱子语类》卷第九，中华书局1986年版，第一册，第150页。
⑤ 同上，第151页。
⑥ 《朱子语类》卷第十二，中华书局1986年版，第一册，第206页。
⑦ 同上，第210页。
⑧ 同上。
⑨ 同上。

10.敬要回头看,义要向前看。①

11.自心而言,则心为体,敬和为用;以敬对和而言,则敬为体,和为用。②

12.敬是立己之本。③

13.仁则心之道,而敬则心之贞也。④

14.是知圣门之学别无要妙,彻头彻尾,只是个"敬"字而已。⑤

15.人之心性,敬则常存,不敬则不存。⑥

16.其所谓"敬",又无其他玄妙奇特,止是教人每事习个专一而已,都无许多闲说话也。⑦

17."敬"之一字,万善根本,涵养省察、格物致知种种功夫皆从此出,方有据依。⑧

18.读书固不可废,然亦须以主敬立志为先。⑨

19.盖圣贤之学,彻头彻尾,只是一"敬"字。致知者,以敬而致之也;力行者,以敬而行之也。⑩

20.尝谓"敬"之一字乃圣学始终之要,未知者非敬无以知,已

---

① 《朱子语类》卷第十二,中华书局1986年版,第一册,第216页。
② 《朱子语类》卷第二十二,中华书局1986年版,第二册,第519页。
③ 《朱子语类》卷第六十九,中华书局1986年版,第五册,第1740页。
④ 《答张钦夫》,《朱熹集》卷三十二,四川教育出版社1996年版,第三册,第1404页。
⑤ 《答程允夫》,《朱熹集》卷四十一,四川教育出版社1996年版,第四册,第1922页。
⑥ 《朱子语类》卷第十二,中华书局1986年版,第一册,第210页。
⑦ 《答吕子约》,《朱熹集》卷四十八,四川教育出版社1996年版,第四册,第2345页。
⑧ 《答潘公叔》,《朱熹集》卷五十,四川教育出版社1996年版,第五册,第2437页。
⑨ 《答郑仲礼》,《朱熹集》卷五十,四川教育出版社1996年版,第五册,第2445页。
⑩ 《答程正思》,《朱熹集》卷五十,四川教育出版社1996年版,第五册,第2450页。

知者非敬无以守。①

上述朱子的二十条论敬语要，虽只是大海中的一瓢饮而已，亦可见出其所蕴含的诸多义理创获和新出之精彩判断。显然朱子把敬义提撕得比程子还要置于更高的层级。试想，"'敬'字工夫，乃圣门第一义"、"'敬'之一字，真圣门之纲领"、"'敬'之一字乃圣学始终之要"、"'敬'之一字，万善根本"、"敬是立己之本"，等等，都是何等重大的判断。

而且朱子极为重视六经原典对敬义的论述。二程子的主敬学说他固然给予高度评价，许为一项学理发明，但亦不时提醒："如尧舜，也终始是一个敬。"并举《尚书·尧典》开篇一段："曰若稽古，帝尧曰：放勋，钦明文思，安安，允恭克让，光被四表，格于上下。"②二孔（孔安国、孔颖达）之传、疏，皆以"敬"义来解"钦"字。故朱子说："'钦明文思'，颂尧之德，四个字独将这个'敬'做擗初头。"③又说："尧是初头出治第一个圣人。《尚书·尧典》是第一篇典籍，说尧之德，都未下别字，'钦'是第一个字。如今看圣贤千言万语，大事小事，莫不本于敬。"④还说："如汤之'圣敬日跻'，文王'小心翼翼'之类，皆是，只是他便与敬为一。"⑤而当他知道有人对程子的敬义论不以为然，认为往圣并没有单独说敬，如果有的话，也只是在敬亲、敬君、敬长的情

---

① 《答符舜功》，《朱熹集》卷五十五，四川教育出版社1996年版，第五册，第2790页。
② 《尚书正义》，《十三经注疏》标点本，北京大学出版社1999年版，第25页。
③ 《朱子语类》卷第七，中华书局1986年版，第一册，第126页。
④ 《朱子语类》卷第十二，中华书局1986年版，第一册，第206页。
⑤ 《朱子语类》卷第十二，中华书局1986年版，第一册，第208页。

况下，方使用"敬"字，朱子对此斥之为"全不成说话"，反驳道："圣人说'修己以敬'，曰'敬而无失'，曰'圣敬日跻'，何尝不单独说来。若说有君、有亲、有长时用敬，则无君亲、无长之时，将不敬乎？都不思量，只是信口胡说。"①此可见朱子对敬义的持守是何等牢固而不可动摇。也可以说，他是以敬的精神来守持敬义的理性的圣洁。

然而要真正做到以"主一无适"的精神守持敬义，也就是居敬、持敬，对学者而言，亦并非易事。朱子何等样人，但他自称有时不免有躁妄之病。他在写给何叔京的信里写道："躁妄之病，在贤者岂有是哉？顾熹则方患于此，未能自克，岂故以是相警切耶？佩服之余，尝窃思之：所以有此病者，殆居敬之功有所未至，故心不能宰物、气有以动志而致然耳。若使主一不二，临事接物之际真心现前，卓然而不可乱，则又安有此患哉？"②兹可见朱子的自省精神何其深诚乃尔。虽然如此，朱子的一生，其明诚主敬的精神归旨何尝有所少忽，其对敬义的提撕阐论，比程子有过之而无不及。

二程子和朱子共建的主敬学说，使得儒家思想的信仰层面在学理上得到了系统的深化和补充，此固是思理之现实，亦历史之迹踪也。

2016年1月22日竣稿于京城之东塾

（载《北京大学学报》2016年第3期，以特稿刊载。）

---

① 《朱子语类》卷第十二，中华书局1986年版，第一册，第207—208页。
② 《答何叔京》，《朱熹集》卷四十，四川教育出版社1996年版，第四册，第1849页。

立诚篇

"诚"是中国文化里面非常重要的价值理念,特别对一个人的修为和健全人格的养成而言,"诚"居于核心的位置。作为生命个体的人,总是内在有诚,外面才有信。诚信品质的建构,诚是先在的精神本体。"诚"而能立,精神的本我就自在自足了。故《易》之乾卦的文言云:"修辞立其诚。"而王阳明在面对一位即将离开京师、返归故里的学人前来请益时,给出的也只是两个字,曰"立诚"。此事发生在明正德十年(1515),请益者名林典卿和他的胞弟。林氏尝聆听过阳明的立诚之说,此次本欲请得能够通天地古今的为学典则,以为终生教言,不料竟是早已听闻过的"立诚"二字。不禁追问说:以天地之大、星辰之丽、日月之明、四时之行,引类而言,不可穷尽;人物之富、草木之蕃、禽兽之群、华夏之辨,引类而言,亦不可穷尽;古之学者殚精竭智,尚莫能究其端绪,靡昼夜,极年岁,犹不能竟其说。难道仅仅"立诚"二字,就能尽其窾要吗?阳明子从容答曰:"立诚尽之矣。"[1]可知王阳明把"立诚"的题义看得何其重要,以至于认为不只不可替代,而且不能增益。这缘于"诚"之义理在"六经"以及先儒著作中的特殊

---

[1] 王阳明:《赠林典卿归省序》,《王阳明全集》上册,上海古籍出版社1992年版,第235页。

地位，在于"诚"之一字的执一不二和不息不灭的实理品格。此诚如二程子所说："惟立诚然后有可居之地。"①

一 "诚者，天之道"

《礼记》"中庸"篇，论"诚"最为透辟见义。其中写道："诚者，天之道也；诚之者，人之道也。"②所谓"天之道"，即自成之道、本然之道，非人力所能预为。而"诚之者"，则是人之所欲达致的"诚"的境界，所以是"人之道"。朱熹解"诚"，提出"诚"是"理"，而且是"实理"③，即认为"诚"是独立自足的价值理念，不失为理学家的特有贡献。以此，"诚"作为一个学理之概念，必然具有先验的特征，也就是"自然不假修为"④，因而便成为自然而然的"天之道"了。此亦即朱子所强调的"诚是天理之实然，更无纤毫作为"，"有一毫见得与天理不相合，便于诚有一毫未至"⑤。主张"立诚"应终生以之的王阳明，在认定"诚"是"实理"的同时，更进而提出"诚是心之本体"⑥。既然是本体，自然就无减无增了。然则"诚之者"或曰"思诚"是何所取义？阳明的解释为："思诚"是希求回归"诚"之"本体"⑦。

---

① 《二程粹言》，《二程集》下册，中华书局1981年版，第1174页。
② 朱熹：《中庸章句》，《四书章句集注》，中华书局1983年版，第31页。以下引《中庸》不另出注。
③ 《朱子语类》（王星贤点校）第一册，中华书局1986年版，第102页。
④ 《朱子语类》（王星贤点校）第四册，中华书局1986年版，第1563页。
⑤ 同上。
⑥ 王阳明：《传习录》，《王阳明全集》上册，上海古籍出版社1992年版，第35页。
⑦ 同上。

换言之,"思诚"就是想"立诚",亦即对"立诚"的一种想往。但"立诚"不是离开本心,另立一个"诚",而是回复到自心的本然之诚。回归也可以视作"复性"。至于如何回归,我以为孟子的"诚"论,可作为回归之道。

孟子说:"诚身有道,不明乎善,不诚其身矣。"(《孟子·离娄上》)所谓"诚身",就是修身以"立诚"。这与《中庸》所说的"诚之者,择善而固执之者也",属于同一义谛。"诚之者",是为思诚之道。可见择善、明善、向善,是通向"诚"之道的桥梁。所以孟子又说:"反身而诚,乐莫大焉。""反"即回归,就是复其自身的本然之诚。因明善而复归到自身的本然之"诚",使"诚"之"体"与自身的性自体合而为一,此种境界,还有何不惬意、不满足(慊)之有?自然"乐莫大焉"了。

此处需要和《礼记·大学》的"正心诚意"说互阐。《中庸》是孔子的孙子子思所作,《大学》相传为孔子的高足曾参所作,不管其说的可信程度如何,两书传达的是为孔子思想,应无疑义。《大学》的开篇写道:"大学之道,在明明德,在亲民,在止于至善。"[1]朱熹称之为"纲领",而格物、致知、正心、诚意、修身、齐家、治国、平天下,朱子称之为"条目"[2]。其"八目"的原文作:"古之欲明明德于天下者,先治其国。欲治其国者,先齐其家。欲齐其家者,先修其身。欲修其身者,先正其心。欲正其心者,先诚其意。欲诚其意者,先致其知。致知在格物。"这是正

---

[1] 朱熹:《大学章句》,《四书章句集注》,中华书局1983年版,第3页。以下引《大学》不另出注。

[2] 同上,第3—4页。以下引《大学》亦不另出注。

推。反过来逆推则为："物格而后知至，知至而后意诚，意诚而后心正，心正而后身修，身修而后家齐，家齐而后国治，国治而后天下平。"[①]中国古代士人的修身、齐家、治国、平天下的理想，这里作了环环相扣、密不透风的逻辑推演。无论正推抑或逆推，都可以说是"修齐治平"的漫长道路，须是从格物致知、正心诚意开始。"格物致知"是获得建立在自身经验基础上的知识能力，也就是需要形成因物即理（"即物而穷其理"）的认知自觉。"正心诚意"则是修身的要诀。《中庸》引孔子语："好学近乎知，力行近乎仁，知耻近乎勇。知斯三者，则知所以修身。"又说："知所以修身，则知所以治人；知所以治人，则知所以治天下国家矣。"义理和逻辑与《大学》完全一致。"知斯三者"的"知"，"知所以"则"知"的"知"，即格物致知的"知"。这个"知"实际上是将大学之道的"三纲"、"八目"，置于理性自觉的层面。换言之，"修身"是"治平"的前提。所以《大学》在反复推演"格、致、正、诚、修、齐、治、平"的义理之后，紧接着总括地写道："自天子以至于庶人，一是皆以修身为本。"

问题在于何谓正心？何谓诚意？正心诚意和修身究竟是何种关系？如果将《中庸》、《大学》两篇之文义互相比勘参证，可知"正心"实际上是"修身"的结果和目标。就是说，"修身"的目的即在于使人心归之于正。"正"者为何？乃归之于善也。王阳明对此的解释最为典要，他写道："何谓修身？为善而去恶之谓

[①] 朱熹：《大学章句》，《四书章句集注》，中华书局1983年版，第3—4页。以下引《大学》亦不另出注。

也。"①阳明还说："若区区之意，则以明善为诚身之功也。夫诚者，无妄之谓。诚身之诚，则欲其无妄之谓。'诚之'之功，则明善是也。故博学者，学此也；审问者，问此也；慎思者，思此也；明辩者，辩此也；笃行者，行此也。皆所以明善而为'诚之'之功也。故诚身有道，明善者，诚身之道也；不明乎善，不诚乎身矣。"②后世学者解亚圣的"诚身有道"，以阳明的解释最能得义之全体。孟子之"诚身"和《中庸》之"修身"，只是语词表述有所分别，义理之内涵则无不同。因为"修身"、"诚身"归根结底是为了达到"正心"。

"正心"的前提是"诚意"，即"欲正其心者，先诚其意"。但就修身的全部义理内涵来说，"诚意"是单指，"正心"是全提。"好学"、"力行"、"知耻"是修身的途径，"知"、"仁"、"勇"是身修之后的结果。而修身过程的完成，"知"、"仁"、"勇"的最终实现，全赖诚身与明善。诚身是终极归宿，明善是回归的功夫。《大学》的"明明德"，实即明善之意，而"止于至善"，则是"以修身为本"所达至的终极正果。而《中庸》的"诚意"，既是修身的起点，又是修身的归宿。所以王阳明说："诚意之极，止至善而已矣。"③总之是在此一"善"。《中庸》第八章引孔子语："回之为人也，择乎中庸，得一善，则拳拳服膺而弗失之矣。"亦为此义。二程子也说："能守善，斯可谓诚也已。"伊川更申而论之曰："不诚无以为善，不诚无以为君子。

---

① 王阳明：《大学问》，《王阳明全集》下册，上海古籍出版社1992年版，第971页。
② 王阳明：《与王纯甫》，《王阳明全集》上册，上海古籍出版社1992年版，第156页。
③ 王阳明：《大学古本序》，《王阳明全集》上册，上海古籍出版社1992年版，第242页。

立诚篇

修学不以诚,则学杂;为事不以诚,则事败;自谋不以诚,则是欺其心而自弃其志;与人不以诚,则是丧其德而增人之怨。今小道异端,亦必诚而后得,而况欲为君子者乎?故曰学者不可以不诚。"①盖伊川之论诚,可谓具体而微。"不诚无以为善,不诚无以为君子",斯为诚之大道。而"修学"、"为事"、"自谋"、"与人",则是日用常行之小道。然即使小道,行之不以诚,亦难以成其事。

此盖由于对一个人的修为而言,"诚"是彻头彻尾、贯彻终始之事,不是此一事"诚",他事可以不诚;或今日诚之,明日便可无诚。故《中庸》继而又写道:"诚者,物之终始,不诚无物。"阐明"诚"的不间断性。诚而有断,不能贯彻终始,"诚"即归之于无。而"诚意"一词的意象,也可用弥漫周身、无有空隙来取譬。《易》乾卦"文言"引孔子之言曰:"庸言之信,庸行之谨,闲邪存其诚,善世而不伐,德博而化。"②这是说,即使平常的言论和行动,也须谨慎而能够取信,使得此诚常存而不留空缺,免得"邪"(非善)乘虚而入。所谓"闲邪",就是让"邪"闲置无用。故伊川说:"闲邪则诚自存,而闲其邪者,乃在于言语、饮食、进退、与人交接之际而已矣。"③是的,"闲其邪者",就是给"邪"放长假,令其永远休息。"言语、饮食、进退、与人交接"这些日常的言论与行为,亦即"庸言"、"庸行",最容易失去警觉,而给"邪"以可乘之机。如果这些方面都能够做到谨慎小心,

---

① 《二程集》上册,中华书局1981年版,第326页。
② 《周易注校释》(楼宇烈校释),中华书局2012年版,第3页。
③ 《二程集》上册,中华书局1981年版,第317—318页。

1175

"诚"就会充满自性的本体，变成性体之诚，使得"诚"无间断、无空隙，周身皆诚，从而达到"自诚明"的境界。"自诚明"的境界，是"诚"的最高境界，其哲学义涵可概括为"天之道"和"人之道"的浑成无隙，天道和性自体合一。所以《中庸》说："自诚明，谓之性。"所谓"自诚明"，乃是性体因明善、守善、固善而通体澄明洞彻者也。

二 "美意延年，诚信如神"

《礼记·中庸》还有一段无法不予重视的话："唯天下至诚，为能尽其性；能尽其性，则能尽人之性；能尽人之性，则能尽物之性；能尽物之性，则可以赞天地之化育；可以赞天地之化育，则可以与天地参矣。"所谓"至诚"和"尽性"，指的就是"天之道"和"人之道"合一的"诚"的极致。达到此种境界，则可以"赞天地之化育"，与天地同参。也就是达至与天地万物为一体的境界。换言之也可以说"诚"可通神。所以《中庸》又写道："至诚之道，可以前知：国家将兴，必有祯祥；国家将亡，必有妖孽。见乎蓍龟，动乎四体。祸福将至，善必先知之，不善必先知之。故至诚如神。"《中庸》此处用"至诚如神"表达"诚"可通神的推思理路。

中国古代关于"诚"可以通神、"至诚如神"的话题多有。《荀子·不苟》于斯述论得尤为集中，其中一段写道："君子养心莫善于诚，至诚则无它事矣。惟仁之为守，惟义之为行。诚心守仁则形，形则神，神则能化矣；诚心行义则理，理则明，明则能变矣。变化代兴，谓之天德。天不言而人推高焉，地不言而人推厚

立诚篇

焉，四时不言而百姓期焉。夫此有常，以至其诚者也。君子至德，嘿然而喻，未施而亲，不怒而威。夫此顺命，以慎其独者也。善之为道者，不诚则不独，不独则不形，不形则虽作于心，见于色，出于言，民犹若未从也，虽从必疑。天地为大矣，不诚则不能化万物；圣人为知矣，不诚则不能化万民；父子为亲矣，不诚则疏；君上为尊矣，不诚则卑。夫诚者，君子之所守也，而政事之本也。唯所居以其类至，操之则得之，舍之则失之。操而得之则轻，轻则独行，独行而不舍则济矣。济而材尽，长迁而不反其初则化矣。"①荀子所言，与《中庸》的"诚"论义有同归。"养心莫善于诚"，即《中庸》的"修身"之谓。"致诚则无它事"，可齐于《中庸》的"诚外无物"。"诚心守仁则形，形则神，神则能化"、"变化代兴，谓之天德"，即是"诚"可通神之意。而荀子在《致士》篇提出的"得众动天，美意延年，诚信如神，夸诞逐魂"②的十六字判语，则直接将"诚信如神"提撕而出。王先谦注《不苟》"诚心守仁则形，形则神，神则能化"句，认为"化"是为"迁善"③；《致士》的"美意延年"四句，也以善恶为应④，以"迁善"为养生的妙道。"美意"即善，善则情温意平而亲仁。故孔子有言，曰"仁者寿"。可见，荀子与孔门后学殊途同归，同样将"择善"、"迁善"作为通往"诚"的不二通道。

"至诚"之"诚"，不仅可以通神，按照朱熹的理解，还可以

---

① 王先谦：《荀子集解》，中华书局2012年版，第45—47页。
② 《荀子·致士》，王先谦《荀子集解》，中华书局2012年版，第256页。
③ 王先谦：《荀子集解》，中华书局2012年版，第46页。
④ 同上，第256页。

成为与自己的祖先建立精神联系的纽带。祭祀祖先诚然是传统社会的祭祀大礼，其重要程度，仅次于朝廷的祭天。但"祖"有远近，如果是祭祀"祖之所自出"[①]，即最早的初始之祖，古代有一个专指语词曰"禘（dì）"。如果将远近祖先一起祭奠，称为"祫（xiá）"，是为合祭之义。无论是初始之祖，抑或合祭之祖，都距致祭的后人湮远弗届，甚至连牌主影像也早已无影无踪，后来者的祭仪能达致预期的效果吗？《论语·八佾篇》也曾讨论及此，但孔子主要对鲁国在祭祀时将僖公置于闵公之上的"逆祀"不以为然，所以对关于"禘之说"之问，回答是"不知也"[②]。朱子不同，他认为只要心存"诚敬"，祖先的精神和自己的精神是可以相连接的。他说："气有聚散，理则不可以聚散言也。人死，气亦未便散得尽，故祭祖先有感格之理。若世次久远，气之有无不可知。然奉祭祀者既是他子孙，必竟只是这一气相传下来，若能极其诚敬，则亦有感通之理。"[③]又说："祖考之精神魂魄虽已散，而子孙之精神魂魄自有些小相属。故祭祀之礼尽其诚敬，便可以致得祖考之魂魄。"[④]总而言之，朱熹的意思可以用一句话概括之，那就是："能尽其诚敬，便有感格。"我们需要注意"感格"这个概念。可知"诚"这个价值理念，"诚敬"之所立，具有怎样的感通神奇的作用。此正如二程子伊川所说："至诚感通之道，惟知道者识

[①] 《礼记·祭法》，[清]孙希旦《礼记集解》下册，中华书局1989年版，第1192页。
[②] 程树德撰《论语集释》上册，中华书局2013年版，第201页。
[③] 《朱子语类》（王星贤点校）第一册，中华书局1986年版，第38页。
[④] 同上，第46页。

之。"①无论求之于"事",还是求之于"理",朱子之为"知道者",其谁曰不然!

  这里,不妨行笔至宋,看看周子濂溪对"诚"所做的特殊解读。周平生为学著述不多,主要以《太极图》和《通书》名世。而后者实是对前者意蕴的疏通、解说和著论。此两著本身的学理义涵此处暂不置论,姑专门拈出其"诚"说,以俟知者。《通书》说诚共有三篇:一、诚上;二、诚下;三、诚几德。每篇字数寥寥,但对"诚"所做的义理阐释,可谓另出手眼。首先周子提出"诚者,圣人之本"的理念。他引《易》为说:"乾道变化,各正性命,诚斯立焉。"②盖周子的思想,悉本诸《易》,故直接从《易经》里引出了"立诚"的学说。朱熹对此解释道:"诚者,至实而无妄之谓,天所赋、物所受之正理也。人皆有之,而圣人所以圣者无他焉,以其独能全此而已。"③朱子这里所强调的"诚"为"天所赋、物所受",即"诚"为天之道、思诚为人之道之谓。而认为圣之所以为圣,全在一个"诚"字,"诚"是圣人之本,则是周子的发明。今本《通书》,朱子的"解附"与之并传。因此读《通书》自当参酌朱子之解。而朱子采用的是"以周解周"的义法,故开卷即随顺周说,而单标"诚是太极"。这缘于他对"诚",对《太极图》的义理内涵的理解。"太极"一语最早出自《易》之系辞,曰:"《易》有太极,是生两仪。"《太极图》开篇亦云:"此

---

① 《二程粹言》,《二程集》下册,中华书局1981年版,第1171页。
② 周敦颐:《通书》,《周敦颐集》,中华书局1990年版,第13页。
③ 同上。

所谓无极而太极也。"①"无极"一语见于《老子》第二十八章："知其白，守其黑，为天下式。常得不忒，复归于无极。"王弼注"无极"为"不可穷也"②；释"太极"为"聚有之所极"，是"无称之称，不可得而名"。依王注，也可以说"无极"是"无"之极，"太极"是"有"之极。"无极而太极"则是从"无"到"有"之谓，也可以理解为"无"中生"有"。因此朱熹将"诚"归结为太极，是为最得周子义理，同时也将"诚"提升到"实理"的极致的高点。

周敦颐还提出诚是"纯粹至善"③，这和《中庸》的"择善"、"明善"，《大学》的"止于至善"，以及《荀子》的"迁善"，一脉相承。盖"善"是"诚"的德品性向和性体归宗，不能有不善参杂其间，否则，杂则不纯矣。故《易》之系辞有云："一阴一阳之谓道，继之者善也，成之者性也。"此犹言宇宙万物的阴阳变化之道，唯善者能够承继开通，而成就此道则是本性所使然。周子"诚"说的第三篇为"诚几德"，也还是申论"善"对"诚"的性体约定。"诚"是本来如此的性体之自然，不借助表达，也无关对事体真相的诉说，因此"诚"只是诚，无为而自在。"诚"与"真"不是一回事，"真"不等于"诚"。周子说"诚"是无为④，可谓谛言。而在讨论"圣"的

---

① 周敦颐：《太极图》，《周敦颐集》，中华书局1990年版，第1页。
② 王弼：《老子道德经注》，《王弼集》上册，中华书局1980年版，第74页。
③ 周敦颐：《通书》，《周敦颐集》，中华书局1990年版，第14页。
④ 同上，第16页。

时候，他又给出了"寂然不动者，诚也"①的结论。"诚"既然"寂然不动"，当然就是无为了。

然一旦涉动，即使是极其微小的"动"，哪怕是念瞬之间，也有善恶的趋导和弃取从事的问题。"善"不等于"诚"，但没有"善"的固化，"诚"作为性体之德，便瓦解变易了。善使"诚"变而成为活泼泼的实理之体，鸢飞鱼跃，不害其诚；相反，如果离开善的导引，"诚"就变而为"死诚"，实即"诚"死，也就是没有了"诚"的存在。"几"是至细而微的意思，一旦涉"几"，已是有"动"萌焉。故《易》之系辞写道："几者，动之微，吉之先见者也。"②《易》道正是通过察微识"几"，来见得吉凶之兆。所谓《易》乃"圣人之所以极深而研几也"的断判③，就是指此而言。然而吉凶之兆，也就是善恶之端。此正如周子濂溪所说："不善之动，妄也。妄复，则无妄矣。无妄，则诚矣。"④"诚"是"无妄"之谓，朱子、二程子，均如此持论。但前提是戒绝"不善之动"。故周子又言之曰："君子乾乾，不息于诚，然必惩忿窒欲，迁善改过而后至。"⑤人非圣贤，孰能无过，即使萌动之初而未见斯善，只要察微识"几"，及时"惩忿窒欲"，打消妄念，改过迁善，重启善端，仍然可以还"诚"一个生生不息。所以朱熹称濂溪此论为"思诚良方"⑥。

---

① 周敦颐：《通书》，《周敦颐集》，中华书局1990年版，第17页。
② 《周易·系辞下传》，[明] 来知德撰：《周易集注》下册，九州出版社2012年版，第470页。
③ 《周易·系辞上传》，[明] 来知德撰：《周易集注》下册，九州出版社2012年版，第449页。
④ 周敦颐：《通书》，《周敦颐集》，中华书局1990年版，第39页。
⑤ 《周敦颐集》，中华书局1990年版，第38页。
⑥ 同上。

三 "修辞立其诚"

周子《通书》所阐，全为《易》理。而《易》之涉"诚"，最有名的话，莫过于"修辞立其诚"。《易》之为典，何其渊默高深，难测其奥。而展布"诚"之意蕴，竟出之以"修辞"，此胡为乎？为不失文义之整体，且征引主词连带之上下全文，以备查览。

乾卦之九三爻辞云："君子终日乾乾，夕惕若，厉，无咎。"乾卦"文言"引孔子的话对此解释道：

> 君子进德修业，忠信所以进德也。修辞立其诚，所以居业也。知至至之，可与几也。知终终之，可与存义也。是故居上位而不骄，在下位而不忧，故乾乾因其时而惕，虽危无咎矣。[1]

如果将这段话翻译成明白易晓的白话文，应该是："君子为人为事，每天都自强不息，无一刻松懈，到了一天的晚上，还严格反省自查，看是否有所疏漏，这样才能避免过失。为什么要这样呢？孔子说，一个有修养的人进修德行，成就功业，靠的是忠诚与信义，因此言辞的表达，应该以诚为本，非如此不能站得住脚跟。只有对此有透彻的认知，方有资格讨论将发未萌之时可能出现的问题；能做到结果未出现时就能预知最终的结果，这样的人才值得与之研究义理。由于知道最终结果，所以处于上位，也不敢骄慢；处于下位，因知其将变，亦可无忧。也就是说，只要自强不息而又时时怀有悚惕之心，虽然遇到危难，也不致没有转机。"

---

[1] 《周易·乾卦》，[明]来知德撰：《周易集注》上册，九州出版社2012年版，第128页。

我用的是意译的方法，自问与原文本义能够相符而不至相悖。由于这段话是对乾卦倒数第三爻的解释，所以"上位"指的是下卦之上，"下位"指的是上卦之下，都是位将移而兆已萌的时刻。白话转译为避免枝语繁夺，未将卦体之象典指实，兹特此说明。然则"修辞立其诚"的义旨，究系因何而立焉？我以为在《易》道里，固是直接"立诚"之义，同时也是立"忠"之义，又是立"信"之义，亦即"诚"是为了尽忠取信。

中国传统的"人"论，从不把人视为孤立无援之属，而是在与他人的关系中彰显"人"的本性。《孟子》、《中庸》以"人"解"仁"，曰"仁者，人也"[①]，即是明证。盖"仁"者，二人之谓也。如果说进德修业靠的是忠诚与信义，那么要让所成就的事业站得稳脚跟，就离不开与他人的交往对话，离不开交往对话中言语文辞的端悫诚信了。实际上，这是孔子的一贯思想。《论语》直接讲"诚"的地方不多，分疏言语文辞和取信的关系，例证不胜枚举。最典要明捷的话，是"与朋友交，言而有信"（《论语·学而》），以及"人而无信，不知其可也"（《为政》）。前者虽出自子夏之口，想必为夫子所认可。也许孔子是太懂得，太深知，文辞语言对一个人生平志业的成败所起的作用。所以他主张，发为言辞要极端谨慎，一再强调要慎言，与其说，不如不说，能够后说，就不要先说。《论语·学而》写道："君子食无求饱，居无求安，敏于事而慎于言，就有道而正焉，可谓好学也已。"《为政》章又说："多闻阙疑，

[①] 朱熹：《中庸章句》，《四书章句集注》，中华书局1983年版，第28页。又《孟子·尽心下》："仁也者，人也。"见朱熹《四书章句集注》，中华书局1983年版，第367页。

慎言其余，则寡尤。"《颜渊》章司马牛问仁，孔子说："仁者，其言也讱。""讱"即难于出口也。司马牛追问说，难道这就是"仁"吗？孔子以反诘作答："既然做事情不容易，说话就那么容易吗？"此亦即发为言辞，应斟酌再三之意。还有一次，孔子说："我宁可不说话。"子贡大惑不解，傻傻地问："子如不言，则小子何述焉？"（《论语·阳货》）孔子有些不满地反问他："天何言哉？四时行焉，百物生焉，天何言哉？"可知夫子之言之慎也。

孔子所以教弟子慎言，是因为孔子知道言之重要。至于重要到何种地步？孔子认为，有时可以重要到"一言而兴邦"、"一言而丧邦"的地步。当然须是话题涉及如何"为君"的问题。孔子说，如果君的言论是好的，自然不该违背，但如果是不好的，也不准违背，就可能"一言而丧邦"（《论语·子路》）。在另一处孔子还表示："恶利口之覆邦家者。"（《阳货》）因能言善辩而喋喋不休，以致说得口滑，无所顾忌，是为"利口"。这种以逞口说为能事的人，如果得到重位，就可能危及邦国的安全，所以孔子非常厌恶。鉴于孔子对人的长期观察，他得出一个近乎独断的结论是："巧言令色，鲜矣仁。"（《阳货》）又说："巧言，令色，足恭，左丘明耻之，丘亦耻之。"（《里仁》）还说："巧言乱德。""巧言"就是听起来让人感到舒服的话，"令色"则是做出一副讨人喜欢的样子。此种言说方式与说话时本该如此的"直言正色"适相反对。孔子对这种言说方式，不仅斥之为不德乃至乱德，而且以之为耻。

发为言辞所以需要审慎，还由于言行需要一致，需要统一，而不能言不顾行，行不顾言。如果话说得很大，夸张为辞，而在行动上不能跟上，这种情况在孔子看来，属于"言而过其行"，应该是一件很可耻的事情。"古者言之不出，耻躬之不逮也"（《里仁》），即为此义。所以宁可"讷于言而敏于行"(《里仁》),或者"先行其言,而后从之"(《为政》)。然而人总有疏忽的时候,如果稍不留神,一旦说出来了怎么办?那就要说到做到,用自己的行去兑现自己的言。但最好是先做后说,或者做了也不说。当然重要的是,既然说了,就要在行动上体现出来,亦即"言必信,行必果"(《为政》)。"行"是"言"的镜子,真伪、虚实、妍媸,镜子的反射,令其毫发毕现。

所以如此,是由于慎言可以少犯错误,言多则容易贾祸。一次子张问如何才能当好官,孔子的回答是:"多闻阙疑,慎言其余,则寡尤。"(《为政》)行动也要谨慎:"多见阙殆,慎行其余,则寡悔。"(同上)如果真能做到了"言寡尤,行寡悔",孔子认为"禄"就在其中了。这等于给出了为官的秘诀。然又不止于此,如果事关家国天下的利益,"言"之所影响者更其严重。《易》的系辞引孔子的话警示说:"乱之所生也,则言语以为阶。君不密则失臣,臣不密则失身,几事不密则害成。是以君子慎密而不出也。"(《周易·系辞上》)所谓"密",就是要守住自己的口。君是否失臣,臣是否失身,关键在于能不能守口如瓶,做到"慎密而不出"。言不出口,何据之有。只要不说话,"慎密"自然不在话下。《易》之为言。以言语为"乱阶",试想这是何等重大判断,充满了神秘的政治警示意味。

由此引发出另一个命题,即在人与人言语交接的时候,如何听言、察色和观行。孔子在这个问题上显然有过教训,所以他说:"始吾于人也,听其言而信其行;今吾于人也,听其言而观其行。"(《论语·公冶长》)言的作准不作准,只有通过行动来验证。而当一个人发为言说的时候,绝非孤独者的自语,而是有他者在场的交流互动。故言说对象的场域状态和现时情景,包括情绪流露、心理变化、词气语调,都是言论者不能不顾及的因素。孔子所说的"察言而观色,虑以下人"（《论语·颜渊》）,就是指此点而言。"虑以下人"是谦退之意,即在说话的时候不要高人一等,盛气凌人。"观颜色"则是明其所关注的问题,对症下药,切中底里。所以如此,是由于一些佞人会虚饰自己,假装以仁者的面貌出现,"色取仁而行违"（颜渊）,我们不能听任其伪而不予怀疑。此不仅涉及观言,实亦观人矣。察色是为了知言,观人是为了知人。只有既知言又知人,才能成为一个"知者"。

孔子说:"可与言而不与言,失人;不可与言而与之言,失言。知者不失人,亦不失言。"（《论语·卫灵公》）我们的目标,当然是希望做到既不失言,又不失人。兹可见斯旨之深远重大。所以孔子说:"侍于君子有三愆:言未及之而言谓之躁,言及之而不言谓之隐,未见颜色而言谓之瞽。"（《季氏》）是谓在一个有道德修养的人面前,如果还不到讲话的时候,就开始讲论,这是急躁傲慢的表现;而在应该讲话的时候,却隐而不发,容易被视作隐瞒;至于在讲话的时候,完全不顾对方的面容气色,自己在那里乱说一气,无异于盲目者的言说。《荀子·劝学》亦云:"未可与言而言谓之傲;可与言而不言谓之隐;不观气色而言谓之瞽。"[1]措意与夫子相同。

言语文辞所影响于人生社会者也大矣。故《易》道有云:"言行,君子之枢机。枢机之发,荣辱之主也。言行,君子之所以动天

---

[1] 王先谦:《荀子集解》,中华书局2012年版,第17页。

地也，可不慎乎！"①"枢机"也者，是谓转捩变迁之关键，对一个致力于进德修业的人而言，能不慎乎，能不慎乎。

但言行导致的是荣誉抑或耻辱，主要在于言说的善与非善。故《易》道又云："'鸣鹤在阴，其子和之。我有好爵，吾与尔靡之。'子曰：'君子居其室，出其言善，则千里之外应之，况其迩者乎？居其室，出其言不善，则千里之外违之，况其迩者乎？'"②这是说，言辞的影响传播，弗远不届。即使在户庭中发为言辞，如果是善言，千里之外也会响应；反之，如果是不善之言，即使是千里之外，也会不以为然。所以如是者，是由于言的善与非善，直接与吉凶相关。俗云："病从口入，祸从口出。"史家所致意的言语足可贾祸，岂是虚语哉！然则《易》道所谓"忠信所以进德也"，所谓"修辞立其诚，所以居业也"，意在斯乎？意在斯乎？

《易》之系辞下传在即将结尾之时，对《易》之为道再次予以揭明，郑重告知世人："《易》之兴也，其当殷之末世，周之盛德耶？当文王与纣之事耶？是故其辞危。危者使平，易者使倾。其道甚大，百物不废。惧以终始，其要无咎。此之谓《易》之道也。"③殷周兴替，革故鼎新，前朝之失，历历在目，所谓殷鉴不远。故《易》之为作，"其辞危"。新朝之兴，纵有"盛德"，亦当慎之，戒之，惧之，以使之"无咎"。人岂能无咎，所谓"无

---

① 《周易·系辞上传》，[明]来知德撰：《周易集注》下册，九州出版社2012年版，第441页。
② 同上。
③ 《周易·系辞下传》，[明]来知德撰：《周易集注》下册，九州出版社2012年版，第481页。

咎",无非是"善补过也"①。因此无论一个人,还是一个国家的行政,言善令美,是为达道。善言美政,无有不应。但前提是"修辞立其诚"。只有心体、性体立之以"诚",方能做到不经事先设计,美言自然喷流而出,也就是无为而无不为。立诚而言善,则能避凶趋吉,最终实现"居业",即人们所希冀的安居乐业。善言的要义在言之有诚,不等于一味地说好话。凡有益于进德之言,有助于修业之言,能够使民得以安居之言,有助于"补过"之言,都是善言。相反,肥辞谀语、言不由衷,绝非善言。善言有时逆耳,但逆耳却可以滋润于心。此在《易》道,是为显例。《易》之危辞警语,岂是闻之即感耳顺之言辞耶?然警语令人警醒,危辞可让人趋吉避凶,实为至诚至大至精至善之言,或如《易》之系辞所云,乃是闻之能使人"先号咷而后笑"②之言,岂可轻哉,岂可轻哉。

故《易》道重复为说曰:"功业见乎变,圣人之情见乎辞。"③前引周子之诚论,亦有"诚"是"圣人之本"的说法。此即"诚"的心体是否得以树立,只能因辞以见乎情,由辞而观其"诚"。《大戴礼记·文王官人》章,尝有"观诚"之说,其中写道:"省其居处,观其义方;省其丧哀,观其贞良;省其出入,观其交友;省其交友,观其任廉。考之以观其信,挈之以观其知,示之难以观其勇,烦之以观其治,淹之以利以观其不贪,蓝之以乐以观其不宁,喜之以物以观其不轻,怒之以观其重,醉之以观其不失也,纵之以观其常,远使之以观其不贰,迩之以观其不倦,探取其

---

① 《周易·系辞上传》,[明] 来知德撰:《周易集注》下册,九州出版社2012年版,第433页。
② 同上,第442页。
③ 《周易·系辞下传》,[明] 来知德撰:《周易集注》下册,九州出版社2012年版,第459页。

志以观其情,考其阴阳以观其诚,覆其微言以观其信,曲省其行以观其备成,此之谓'观诚'也。"①此段细详,未免繁缛,繁缛则凿矣。重要的是"考其阴阳以观其诚,覆其微言以观其信"两句,是为大《易》之至道也。通过"微言以观其信",实即察看"修辞"是否已"立其诚"。

关于此一层义涵,《易》系辞下传的结尾一段尤堪玩味。其词曰:"天地设位,圣人成能。人谋鬼谋,百姓与能。八卦以象告,爻彖以情言,刚柔杂居,而吉凶可见矣。变动以利言,吉凶以情迁。是故爱恶相攻而吉凶生,远近相取而悔吝生,情伪相感而利害生。凡《易》之情,近而不相得则凶,或害之,悔且吝。将叛者其辞惭,中心疑者其辞枝,吉人之辞寡,躁人之辞多,诬善之人其辞游,失其守者其辞屈。"②本篇屡引明人来知德瞿唐先生之《易》注,于此处来先生则解释云:"相攻、相取、相感,卦爻险阻之情固不同矣,至于人之情则未易见也。则人心之动因言以宣,试以人险阻之情,发于言辞者观之,盖人情之险阻不同,而所发之辞亦异。"③于是便有了各种不同的人的各种不同的言辞的表现。譬如将要背叛的人,说出话来难免有羞惭之态;心存疑虑的人,语言显得啰唆枝蔓;朴厚善良的人,常常寡言少语;急躁而缺乏涵养的人,往往话多;存心诬蔑良善的人,说起话来会游移不定;没有操守的人,言谈的表情会露出一副卑躬屈膝的样子。

总之言辞的"诚"与不诚,心机的"善"与不善,可以依稀从

---

① 《大戴礼记汇校集解》(方向东)下册,中华书局2008年版,第1023页。
② 《周易·系辞下传》,[明]来知德撰:《周易集注》下册,九州出版社2012年版,第459页。
③ 同上,第484页。

言说的方式和言者的表情里察看出端倪。所谓情见乎辞，实为见道之断判。"何谓知言？"孟子设问之后回答说："诐辞知其所蔽，淫辞知其所陷，邪辞知其所离，遁辞知其所穷。"（《孟子·公孙丑上》）言谈之间，藏着，躲着，喋喋不休，胡言乱语，都是心无诚的表现，终瞒不过"知言"者的法眼。故因辞而察情，由见乎情之辞来观"诚"，便是顺理成章之事了。

2015 年 8 月 1 日写讫于东塾

（载《中国文化报》2016 年 9 月 2 日）

论和同

一 天下同归而殊途

本篇想追寻的一个问题是，人与人之间的差异，南方人和北方人的差异，中国人和外国人的差异，东方人和西方人的差异，真的有那么大吗？从学理上和心理上来分析，我认为差异是第二位的，相同之处是第一位的。所以《易经》的"系辞"引孔子的话写道："天下何思何虑？天下同归而殊途，一致而百虑。"[1]意思是说，尽管思考的方式和所选择的途径不同，人们终归要走到一起。原因是人类的本能会不自觉地追寻生存与安全，而在理性认知的层面，则会寻求精神的纯正和道德的升华。对此，《易·系辞》给出的解释是："日往则月来，月往则日来，日月相推而明生焉。寒往则暑来，暑往则寒来，寒暑相推而岁成焉。往者屈也，来者信也，屈信相感而利生焉。尺蠖之屈，以求信也；龙蛇之蛰，以存身也。精义入神，以致用也；利用安身，以崇德也。过此以往，未之或知也。穷神知化，德之盛也。"[2]已往注《易》者，对此段多以动静为说，固不失一边之理。但天下万有，何物不是动中有静，静中有

---

[1] 《周易注校释》（楼宇烈校释），中华书局2012年版，第249页。
[2] 同上，第249页。

动？一切人情物事无不是在动与静的交替之中存在和运行。《易》之易简、不易、变易"三义",实即概括了天地人三界的普遍生存状态,都是既不易又变易。因此以动静的观点来解释系辞此段之理则意蕴,无异于解而未解。

我反复钻味斯文之《易》法,认为《易·系辞》此段之义涵,应是在揭示人类的共同价值追求。"日月相推"是指昼夜交替,"寒暑相推"是指岁时递嬗。"往者屈也,来者信也"是指岁时节候递嬗中人的生存状况。人的建树与成就,无不是在"屈信相感"中实现的。"利生"指的就是事功和业绩,亦即《易·乾·文言》所说的"君子进德修业,忠信所以进德也"。无信则无以进德,而德不进则无以修业。尺蠖这种昆虫行走的特点,是先屈后伸,"屈"是为了"伸","屈"、"伸"交错,所以行进也。人的"进德修业"必须以"忠信"为条件,所谓"无信不立"。但人终归以生存为第一需要,因此除了"屈伸"之姿,有时还需有"蛰伏"之态。"龙蛇之蛰,以存身也"一句,可谓妙理入神。人如果不能"存身",则德业事功也就无从说起了。"精义入神"的"精义",显系指"利生"、"求信"、"存身"这些人生的道理。"利用安身"一语,是"利生"和"存身"的合义,"求信"则是"崇德"的别称。《易·系辞》此段的"利用安身,以崇德也",是上述"精义"的总括语。从语式的逻辑来看,似将"崇德"置于最高的位置,当作了终极的目标。所以最后复以"穷神知化,德之盛也"为结。因为中间的"精义入神"四字是与"以致用也"相连接,涉及"精义"的致用问题,而"致用"即"化"也。亦即"穷神"是对"精义"而言,"知化"是对"致用"而言。"德之盛也"

则是"穷神知化"的结果。换言之，利生、存身、求信这样一些论理的价值"精义"，是所有人类都不得不然的追寻目标，但实现的方法和途径，又是多元多途的，而非只有一种固定不变的模式。所谓"天下同归而殊途，一致而百虑"的论理奥义，无非在此也。由于此一命题的"精义"直接关乎人类自身的生存和发展的问题，因此要说人类的"同"，或曰"大同"，恐怕莫过于斯义之论了。

《易》理对"同"的义涵似独有所钟，"系辞"之外，还有多处都涉及"同"之立义的问题。最突出的是上经第十三卦《同人》，可以看作是直接演述"同"、"和"义理的专卦。此卦离下乾上，其卦辞为："同人于野，亨。利涉大川。利君子贞。"①孔（颖达）氏正义明确认定，此卦所演是"与人和同"之义。其疏文写道：

"同人"，谓和同于人。"于野，亨"者，野是广远之处，借其野名，喻其广远，言和同于人，必须宽广，无所不同。用心无私，处非近狭，远至于野，乃得亨进，故云"同人于野亨"。与人同心，足以涉难，故曰"利涉大川"也。与人和同，义涉邪僻，故"利君子贞"也。此"利涉大川"，假物象以明人事。②

孔疏解"同人"为"和同于人"，可谓深明《易》理。开始的"和同于人"也就是文末的"与人和同"，整段疏解前后理义勾连

---

① 《周易注校释》（楼宇烈校释），中华书局2012年版，第53页。
② 《周易正义》，《十三经注疏》标点本，北京大学出版社1999年版，第72页。

通贯。卦辞"同人于野，亨"，是象喻与人和同，必须宽广无私，而不能小肚鸡肠，斤斤计较。有"私"，就会心胸狭窄，不利于亨进，对克服险阻没有好处。

但与人和同，宜乎有何所为作的问题，故《彖》辞又曰："文明以健，中正而应，君子正也。唯君子为能通天下之志。"本来心胸广大地与人和同，非常利于携手同行，刚健有力地战胜艰难险阻，获得亨通的效果；但如此形成的"同人"的力量，准备干一番什么样的事业呢？会不会一不小心走到邪路上去呢？《彖》辞因此提醒蓄势待发的"同人"，此时所需要的，是"文明以健，中正而应，君子正也"，因为只有"君子为能通天下之志"。清儒李光地等所撰《周易折中》写道："上专以'乾行'释'于野'，'涉川'者，但取刚健无私之义也。下释'利贞'，则兼取明健中正之义。盖健德但主于无私而已，必也有文明在于先，而所知无不明。有中正在于后，而所与无不当。然后可以尽无私之义，而为君子之贞也。"①盖"君子之贞"，一要刚健无私，一要明健中正，此是与人和同的正确指向。必如此方能"通天下之志"，必如此方能与人类的文明行为不相违背。此正如朱子所说，"通天下之志"实是"大同"之意，否则容易导致"私情之合"②。

而且还要防止因追求与人和同而导致拉帮结派。故此卦的《象》辞又说："天与火，同人。君子以类族辨物。"此处的"与"字，有两相亲和之意，因天体在上，火炎亦上趋，可成

---

① 《御纂周易折中》，康熙五十四年内廷刊本。
② 朱熹：《周易本义》（廖名春点校），中华书局2009年版，第79页。

"同人"之象。孔氏正义以此写道："天体在上，火又炎上，取其性同，故云'天与火，同人'。"①而"君子以类族辨物"云云，也是为了求和同之义。朱子《周易本义》注道："'类族辨物'，所以审异而致同也。"②其所阐释的和同义理甚明。爻辞："初九，同人于门，无咎。"也是斯义。王弼注云："无应于上，心无系吝，通夫大同。出门皆同，故曰'同人于门'也。"王弼又说："出门同人，谁与为吝？"既然都是同人，也就无所谓鄙吝不鄙吝了。但如果"同人于宗"，就有分晓了。爻辞六二云："同人于宗，吝。"《象》辞也说："同人于宗，吝道也。"宗即宗族。如果仅仅跟自己的宗族和同，就失于偏狭了，自然应在"吝"字上。所以孔疏云："系应在五，而和同于人在于宗族，不能宏阔，是鄙吝之道，故《象》云'吝道'也。"③孔氏"不能宏阔，是鄙吝之道"一语，可谓谛言。推而言之，即使不局限于家族之内，但拉帮结派，搞团团伙伙，同样是不宏阔的狭隘鄙吝之道，为君子所不取也。

然则不与人和同又将如何？爻辞九三云："伏戎于莽，升其高陵，三岁不兴。""莽"即草莽之意。"伏戎"者，暗伏杀机也。孔氏正义写道："九三处下卦之极，不能包弘上下，通夫大同，欲下据六二，上与九五相争也。但九五刚健，九三力不能敌，故伏潜兵戎于草莽之中。"④但兵伏草莽毕竟不是长久之计，因此

---

① 《周易正义》，《十三经注疏》标点本，北京大学出版社1999年版，第73页。
② 朱熹：《周易本义》（廖名春点校），中华书局2009年版，第80页。
③ 《周易正义》，《十三经注疏》标点本，北京大学出版社1999年版，第74页。
④ 同上。

便试图占据高点，以收居高临下之效。其结果呢？"升其高陵，三岁不兴"。居高并没有临下以兴，只不过是站在高处观望审势而已，很快过去了三年，也无法有所作为。《象》辞说，这是由于"敌刚也"，即敌体的势力强大，不敢轻举妄动。而爻九四的情形则是："乘其墉，弗克攻，吉。"墉即墙，也是可以居高之象，但照样攻而无功。攻而弗克的好处，是逼使自己反躬自省，不莽撞为事。因此却反得其"吉"。王弼注申论此义最为允当，写道："处上攻下，力能乘墉者也。履非其位，以与人争，二自五应，三非犯己，攻三求二，尤而效之，违义伤理，众所不与，故虽乘墉而不克也。不克则反，反则得吉也。不克乃反，其所以得吉，困而反则者也。"[①]实即遭遇困难而能自反，改弦更张，转而另觅与人和同之道，当然是吉而非凶了。

《同人》的爻辞九五为："同人先号咷，而后笑，大师克相遇。"号咷也者，是为痛哭也，显然遭遇到了重大的困难。究其原因，则是与九五相应者为六二，虽六二仅和同于自己的宗族，未免失之于吝，但毕竟可以达致和同，思理有偏却不会立刻有险象出现。因此处身九五之尊，最所期待的是与六二亲和。但不幸的是，九三、九四将六二与九五隔开了，使得九五不能与六二和而相亲。所号咷者，即在此也。然而九五得刚健中正之象，大有所向无敌之势，一旦与阻挡亲和的势力交锋，就会毫不犹豫地投入重兵战而胜之。所以便由遭遇巨大困扰的号咷之状，一变而为胜利者的开怀大笑了。不是任何情况下都去亲和，强势阻隔致使和同的目标无法

---

① 《周易注校释》（楼宇烈校释），中华书局2012年版，第55页。

实现，势不得已也必须不惜一战，然后再以胜利者的姿态致力于人类的和同。王弼注云："居中处尊，战必克胜，故后笑也。不能使物自归，而用其强直，故必须大师而克之，然后相遇也。"①朱子《本义》也说："五刚中正，二以柔中正，相应于下，同心者也。而为三四所隔，不得其同，然义理所同，物不得而间之，故有此象。然六二柔弱而三四刚强，故必用大师以胜之，然后得相遇也。"②王辅嗣、朱晦庵二巨子的诠解，《同人》一卦之九五爻辞，题无剩义了。

然《同人》最后的上九却是："同人于郊，无悔。"象辞也说："同人于郊，志未得也。"此系何义？王弼注云："郊者，外之极也。处同人之时，最在于外，不获同志，而远于内争，故虽无悔吝，亦未得其志。"③处身于远离中心的郊野之地，要得到志同道合者的支持，显然是困难的。因此致力于和同的志愿便不容易实现。孔颖达氏之正义，延续王注的思想，进而申论说："同人于郊者，处同人之极，最在于外，虽欲同人，人必疏己，不获所同，其志未得。然虽阳在于外，远于内之争讼，故无悔吝也。"④都是能得上九义理之正解。兹可见，欲申而未申之"志"非他，而是对与人和同之理念的追求与想往。处身郊远而未获同志，故使得其和同之志未申，但同时也远离了内部的争讼。换言之，外部虽未获得和同，内部却不失和同，悔吝之心情意绪也就荡然无存了。

---

① 《周易注校释》（楼宇烈校释），中华书局2012年版，第55页。
② 朱熹：《周易本义》，中华书局点校本，2009年，第81页。
③ 《周易注校释》（楼宇烈校释），中华书局2012年版，第55页。
④ 《周易正义》，《十三经注疏》标点本，北京大学出版社1999年版，第75—76页。

盖《同人》一卦，纯是对"和同"理念的演绎，可谓穷追不舍，层层剥笋，曲尽其道。孔氏对此《同人》一卦的归结最堪玩味，兹将其疏解全文引录如下："'凡处同人而不泰焉，则必用师矣'者，王氏注意非止上九一爻，乃总论同人一卦之义。去初上而言，二有同宗之吝，三有'伏戎'之祸，四有不克之困，五有'大师'之患，是处'同人'之世，无大通之志，则必用师矣。'楚人亡弓，不能亡楚。爱国愈甚，益为它灾'者，案《孔子家语·弟子好生篇》云：'楚昭王出游，亡乌号之弓，左右请求之。王曰：'楚人亡弓，楚得之，又何求焉。'孔子闻之曰：'惜乎！其志不大也。不曰人亡弓，人得之，何必楚也。'昭王名轸，哀六年，吴伐陈，楚救陈，在城父卒。此爱国而致它灾也。引此者，证同人不弘皆至用师矣。"[①]

　　孔疏第一句引号中的"凡处同人而不泰焉，则必用师矣"，所引用的，是王弼的注语，孔氏之用意则是想告诉我们，王弼此注是针对《同人》全卦所发，因此意义非同一般。《同人》的宗旨，本在与人和同，但施行起来难免困难重重。除了初九为《同人》之始，心地单纯而无鄙吝，故大同之志，没遇到什么问题。其余六二有同宗之吝，九三有"伏戎"之祸，九四有不克之困，九五有"大师"之患，在在都是问题。如何解困？难道只有"用师"一途吗？孔疏的关键词是，欲处"同人"之世，就必须有"大通之志"。"大通"的概念是王弼提出来的，认为："不能大通，则各私其党

[①] 《周易正义》，《十三经注疏》标点本，北京大学出版社1999年版，第76页。

而求利焉。"①而大通者，即大同也。兵戎，乃万不得已之手段，需要极其审慎，最好是不战而屈人之兵。因为人类总归是要走到一起的，争战、杀戮归根结底是反文明之道的野蛮行为。比一切纷争用智高明得多的大智慧，是生之为人，或人而主政治国，第一位的是要有和同于人的"大通之志"。

王辅嗣的注文还援引了楚人亡弓的典例，其说见《孔子家语·弟子好生篇》，其中记载道："楚昭王出游，亡乌号之弓，左右请求之。王曰：'楚人亡弓，楚得之，又何求焉。'"这位楚昭王看来很是豁达大度了。认为弓既然是在楚国丢失的，那么拾得弓的人必定是楚人，楚弓为楚人所得，何必还要到处去找寻呢。但孔子听说后，颇不以为然，认为楚王的志量未免太小，真正的豁达大度，应该这样说：弓是人丢失的，得到的也是人，人失人得，有何不好？这是试图将一事当中的价值理念和人的普遍价值联系起来，亦即"仁者，人也"。而具体到《同人》一卦所彰显的价值义理，则是人类普遍和同的观念。如果不是这样，而是局限于仅仅维护一国之利益，甚至将"爱国"发挥至极点，那么其结果将是："楚人亡弓，不能亡楚，爱国愈甚，益为它灾。"这是王弼注文的原话。智哉，仅仅活了二十四岁的魏晋哲人！千古以还犹为自作聪明的后来者所不及也。呜呼，国因爱国愈甚而亡国，楚其一例哉？孔颖达对楚之"益为它灾"作了发覆索隐，揭明系当哀公六年，吴国伐陈国，楚驰兵救陈，结果楚昭王死于城父，是为"益为它灾"典故之所处。孔氏最后归结说："此爱国所致它灾也。"并强调："引此

---

① 《周易注校释》（楼宇烈校释），中华书局2012年版，第55页。

者，证同人不弘，皆至用师矣。"①说到底，还是要以刚健文明的精神去和同于人，不要动不动就企图诉诸兵戎，以武力相威胁，那是无法通天下之志的。和则两全，战则两伤，是颠扑不破的真理。而所以诉诸兵戎，更多的情况是由于胸怀不够宏远阔大而陷入宗族之吝和党派之私的结果。

睽卦的《象辞》也提出："君子以同而异。"王注云："同于通理，异于取事。"②盖事虽睽乖，理却是相通的。是故象辞又云："天地睽而其事同也，男女睽而其志通也，万物睽而其事类也，睽之时用大矣哉。"孔氏《正义》于此写道："'天地睽而其事同'，此以下历就天地男女万物，广明睽义体乖而用合也。"③"体乖而用合"，是为核心警示语。故孔氏又说："天高地卑，其体悬隔，是'天地睽'也。而生成品物，其事则同也。'男女睽而其志通'者，男外女内，分位有别，是男女睽也。而成家理事，其志则通也。万物殊形，各自为象，是'万物睽'也。而均于生长，其事即类，故曰'天地睽而其事同也，男女睽而其志通也，万物睽而其事类也，睽之时用大矣哉'。既明睽理合同之大，又叹能用睽之人，其德不小；睽离之时，能建其用使合其通理，非大德之人，则不可也。故曰'睽之时用大矣哉'也。"④睽者，本是乖离之义，但在《睽》卦里面，无乖不能成合，无隔不能成同，无乖不能成通。此可见和、合、同、通，是为大德，其为用实具有

---

① 《周易正义》，《十三经注疏》标点本，北京大学出版社1999年版，第76页。
② 《周易注校释》（楼宇烈校释），中华书局2012年版，第140页。
③ 《周易正义》，《十三经注疏》标点本，北京大学出版社1999年版，第161页。
④ 同上，第161—162页。

普遍性。所谓"睽之时用大矣哉",就是指此而言。

《易经》不愧人类进德之渊薮,文明观念之理窟。此《同人》一卦,又补之以反证之《睽》卦,中国文化的和同观念之义理,可谓境界全出矣。

二 君子和而不同

"六经"最初的文本系经孔子整理而定谳,因此六经的基本观念义理必为孔子所谙熟。特别因读《易》而"韦编三绝",其对《易》道的和同观念亦必全部了然于胸。而按照向来的说法,包括《易》之系辞在内的"十翼"均为孔子所作,则《易》道与孔子的思想应是一而二、二而一的同化共融的关系。观《论语》所阐释的和同观念,可以说与易理完全若合符契。孔子对和同观念的最著名的论述,是"君子和而不同"（《子路》）,其比《同人》对和同的追寻,在理念上又跃升一步,即认为"和"是包含有诸种诸多不同的多样统一的状态。如果没有了不同,便无所谓"和"。也就是说,"不同"的存在是"和"的必要条件,不同物之间的交错相杂而又能和美共生才可以称之为"和"。

孔子的这一思想,为先秦众多思想家所服膺,更为后世思想家所尊奉。《国语·郑语》记载有一段郑伯和史伯的对话,两个人探讨因周衰而各诸侯国纷纷谋以自立的形势,以确定自己的因应之策。郑伯即郑伯友,系周宣王的庶弟、周幽王的叔父,封于郑,谥号桓,后来成为郑国的开国之君,是为郑桓公。跟史伯的这次对话,时当周幽王八年,当时他还是司徒。而史伯,相传为西周末期人,伺天文历法、典籍书史之事,是一个被神化了的人物,相当于可以预知未来的智者,历史的真实身份反而不重要了。郑伯友考虑到自己的家庭和郑地子民的安全,想作大规模的搬迁,因而找史伯商量,讨教此一行动的利弊得失。郑伯谈到,事情发展到这种地步,周王朝本身是不是也有值得检讨的地方呢?史伯回答说,周的沦落到如此地步,完全是由于自己的错误所酿成。他分析说——

《泰誓》曰:"民之所欲,天必从之。"今王弃高明昭显,而好谗慝暗昧;恶角犀丰盈,而近顽童穷固。去和而取同。夫和实生物,同则不继。以他平他谓之和,故能丰长而物归之;若以同裨同,尽乃弃矣。故先王以土与金木水火杂,以成百物。是以和五味以调口,刚四支以卫体,和六律以聪耳,正七体以役心,平八索以成人,建九纪以立纯德,合十数以训百体。出千品,具万方,计亿事,材兆物,收经入,行姟极。故王者居九畡之田,收经入以食兆民,周训而能用之,和乐如一。夫如是,和之至也。于是乎先王聘后于异姓,求财于有方,择臣取谏工而讲以多物,务和同也。声一无听,物一无文,味一无果,物一不讲。王将弃是类也而与剸同。天夺之明,欲无弊,得乎?①

史伯所指陈的衰周之弊,归结为一点,就是强不同以为同,而不肯和同。他使用了一个特殊的语词,叫"剸同","剸"字的读音作"团",是割而断之的意思。"剸同"即专擅强制为同。其结果便走向了"和同"义理的反面。至于治国理政为什么不能剸同,

---

① 《国语》下册,上海人民出版社1988年版,第515—516页。

只能和同，史伯作了详尽的阐述。

首先，史伯提出了关于和同观念的一个新的哲学命题，这就是"和实生物，同则不继"。其中的"生"和"继"两个动词至关重要。"生"，是指在原来的状态下生长出新的东西。"继"其实是"生"的置换词，而"不继"，则是不能新生的意思。简言之，就是"和"能生物，"同"不能生物。而"生"与"不生"，直接关系到事物的可延续和不可延续的生死攸关的问题。不能延续，就是"不继"，亦即自身陷入危机而不能调适自救，因此必然失去未来，没有前途。能够"生物"，则是可以延续生命，未来自当有继。而且"生物"一语，还思辨地揭示出生命延续的秘密，即此种延续不是旧状态的简单重复，而是旧状态下的事物发生了质的变化，诞生了新的生命或可以延续生命的新运新机。

其次，史伯给出了"和"为什么能够"生物"，"同"何以不能为继的形上理由。关键是对"和"的义理内涵需要有正确的诠解。史伯的解释是，当一种独立存在的东西和另一种独立存在的东西融合在一起的时候，这种状态可以称之为"和"，史伯称这种情形为"以他平他"。因此可以说，"和"是由不同的存在物的共存共融所达成的一种高度和谐的境界。不是指某个单一体，而是多种元素化分化合的综合体。由于内中有不同元素的交错互动，形成巨大的张力，才因彼此的相斥相激而产生新的生命体。《易·系辞》说的"《易》有太极，是生两仪，两仪生四象，四象生八卦"，此种"生生"情形下的"易"之太极，其实可以视作"和"的别称。故朱子认为："太极只是一个浑沦底道理，里面包含阴阳、刚柔、奇耦，无所不有。"①朱子的解释，拉近了"和"与"太极"在释义学上的距离。而在张载那里，两者则变成了完全相重合的义理终极。不过他提出了一个新的和同的概念，曰"太和"。他写道：

> 太和所谓道，中涵浮沈、升降、动静、相感之性，是生絪缊、相荡、胜负、屈伸之始。其来也几微易简，其究也广大坚固。起知于易者乾乎！效法于简者坤乎！散殊而可象为气，清通而不可象为神。不如野马、絪缊，不足谓之太和。语道者知此，谓之知道；学易者见此，谓之见易。不如是，虽周公才美，其智不足称也已。②

张载的太和论，实际上是对"和"的价值论理作了更具哲学义涵的解释。在张载看来，易道即太极，太极即太和。"浮沈、升降、动静、相感之性，是生絪缊、相荡、胜负、屈伸"等无尽藏的对立物，都包括在太和之中了。这和朱子论太极如出一辙。而所谓"太和"，其实就是一种新的和同论，只不过是升级了的更具有无限性的"和"的至境而已。

好了，既然"和"里面包含有那么多的、无限量的物的对立体，他们之间出现相感、相荡、相生，就是再自然不过的事情了。相感、相荡，必然相生。故史伯的"和实生物"的理论，可谓颠扑不破。说开来，"和"论、"和同"论、"太和"论，也就是

---

① 《朱子语类》卷七五，第五册，中华书局，第1929页。
② 张载：《正蒙》，《张载集》，中华书局1978年版，第7页。

"易"论。张载的理论本来即来自于《易》。"太和"里面的那些个相感相荡的对立物，不过是《易·系辞》之"一阴一阳之谓道"、"生生之谓易"的变项而已。

那么"同"呢？如何是"同"？为什么"同则不继"？同与不同，都是单一事物之间的事情。如果目标是达成"和"，则同与不同都不是障碍物。但如果是史伯所批评的"去和而取同"，试图"以同裨同"，亦即只想用"同"来给"同"提供助益，而弃置和同的大目标，就什么都得不到了。不仅"和"的局面不能实现，"同"也会因为自己重复自己而变得索然无味，从而导致与"和同"适得其反的"剿同"。最后的结果，便是史伯所预见的"尽乃弃矣"。试想那是一种何等悲惨、落寞、无助的景象呵！"故先王以土与金木水火杂，以成百物。"史伯说。"是以和五味以调口，刚四支以卫体，和六律以聪耳，正七体以役心，平八索以成人，建九纪以立纯德，合十数以训百体。"史伯又说。总之是集多样于一体，寓杂多于统一。这是周朝的先王获得成功的诀窍。他们"出千品，具万方，计亿事，材兆物，收经入，行姟极"、"居九畡之田，收经入以食兆民"，繁复无尽数，道路万千条，然则"和乐如一"。史伯说，做到了这一地步，可以说是"和之至也"。他叹美先王为了"务和同"，可谓无所不用其极，包括"聘后于异姓，求财于有方，择臣取谏工而讲以多物"，等等。此可知和同的理念对于治国理政是多么至关重要，真可以说败亦由是，成亦由是。

本来至此史伯已经把"务和同"、"弃剿同"的原因、理据、前因、后果，讲得一清二楚了，但他仍然感到意犹未尽，又进而请来其立论所依据的哲学原理，曰："声一无听，物一无文，味一无果，物一不讲。"是的，这个世界，如果只有一种声音，就没法听了；所有的事物都是一样的，就单调得不能看了；用来果腹的食物都是一样的味道，还有什么吃头；世间的事物如果只有一种，没有彼此之间的比较对照，就没有什么道理好讲了。只有傻瓜、智障、低能、蠢物，才敢冒天下之大不韪，放弃大千世界的五彩缤纷，不顾人间世态的万种风情，而欲以剷同的淫威来统治丰富多彩的社会人生。

有意思的是，我们在《左传》里看到了与史伯之论义理全同的记载，那是在昭公二十年，齐侯和晏子的一段对话。他们所探讨的恰好是和同问题。齐侯问晏婴："据这个人与我和吗？"晏子回答说："据这个人，与公只是同而已，哪里称得上和？"齐侯不解斯理，于是进一步追问："和与同异乎？"晏子直截了当地回答说："异。"随后又对"同"与"和"所以有区别的缘由，作了有物有则的大段阐论。晏子说道：

> 和如羹焉，水火醯醢盐梅以烹鱼肉，燀之以薪。宰夫和之，齐之以味，济其不及，以泄其过。君子食之，以平其心。君臣亦然。君所谓可而有否焉，臣献其否以成其可。君所谓否而有可焉，臣献其可以去其否。是以政平而不干，民无争心。故《诗》曰："亦有和羹，既戒既平。鬷嘏无言，时靡有争。"先王之济五味，和五声也，以平其心，成其政也。声亦如味，一气，二体，三类，四物，五声，六律，七音，八风，九歌，以相成也。清浊，小大，短长，疾徐，哀乐，刚柔，迟速，高下，出入，周疏，以相济也。君子听之，以平其心。心平，德和。故《诗》曰："德音不瑕。"今据不然。君所谓可，据亦曰可；君所谓否，据亦曰否。若以水济水，谁能食之？若琴瑟之专一，谁能听之？

同之不可也如是。①

　　晏子说，"和"就如厨子所做的和羹一样，需要有水，需要掌握好火候，还需要加之以盐梅，以使鱼肉更加鲜美，甚至用什么样的薪材来烹烧，也很有讲究。而且还需要有专业人士调味，做到恰如其分，既无不够味，也不味过重。如此这般地用多种不同的材料，通过不同的程序，最后调制出美味的羹汤。由于是五味调和而成，所以《诗三百》称之为"和羹"。食用此种和羹，可以收到"以平其心"的效果。

　　君臣的关系也是如此。晏子说，君主认为可行的事情，其实也有不可行的部分在，经过臣僚们讲明那些不可行部分的理由，予以补充，然后变成君臣共同完成的可行方案。同样，君主认为不可行的事情，内中一定也有可行的部分，经过臣僚们献计献策，找出那些可行的部分，去掉不可行的部分，施政就宽平而少周折了。所以一定要听不同的意见，学习先王所采取的"济五味，和五声"、"平其心，成其政"的治国方略，方可有成。可是那个叫据的臣僚不是如此，一切都唯上是从，您认为可行的，他就说可行；您否定的，他也跟着否定。这等于是"以水济水"，做出来的东西谁还能吃？也无异于琴瑟奏一个调调，谁还肯前来一听？所以"同"与"和"是不一样的，不应该认可这种人云亦云的所谓"同"的态度，而应该是"济五味"，成"和羹"；"和五声"，"一气，二体，三类，四物，五声，六律，七音，八风，九歌，以相成"、

---

① 《春秋左传集解》第四册，上海人民出版社1977年版，1463—1464页。

"清浊,小大,短长,疾徐,哀乐,刚柔,迟速,高下,出入,周疏,以相济"。换言之,治国理政,如果臣僚们一律唯君主是从,谁也不出来补偏救弊,天下之人也整齐划一,没有不同的声音发出,先王所期待的"心平"、"德和"的局面,便无法实现了。

晏子的"和同论"所以完全例同于史伯的"和同论",其实并不奇怪,因为他们的作者很可能是一个人,都是与孔子同时的那个目盲的史学天才左丘明。《国语》为左丘明所著,有司马迁的明文:"左丘失明,厥有国语。"而《春秋左氏传》的作者即左丘明,更是史不绝书。虽然唐以后质疑《左传》作者为左氏丘明者不乏其人,但终觉说服力不足。如是则《国语》的"和同论"和《左传》的"和同"同出自左氏丘明之笔的可能性非常之大,两者著论相同,不用说乃是顺理成章之事。以此《国语》所引的史伯之论,正不必一定在孔子之前,毋宁说与孔子同时或在其后,更为合理。实际上,孔子一句"君子和而不同",已将《国语》和《左传》的两个"和同论"的思想概括无遗。

《后汉书》刘梁传载有该刘的一篇《辩和同之论》,则是对先秦和同思想的一次更为系统的发挥和论说。因系专论,兹将全文抄录如下,以方便对此一题义感兴趣的读者参证阅读。

> 夫事有违而得道,有顺而失义,有爱而为害,有恶而为美。其故何乎?盖明智之所得,暗伪之所失也。是以君子之于事也,无适无莫,必考之以义焉。
>
> 得由和兴,失由同起,故以可济否谓之和,好恶不殊谓之同。《春秋传》曰:"和如羹焉,酸苦以剂其味,君子食之以平其心。同如水焉,若以水济水,谁能食之?琴瑟之专一,谁能听之?"

是以君子之行，周而不比，和而不同；以救过为正，以匡恶为忠。经曰："将顺其美，匡救其恶，则上下和睦能相亲也。"

昔楚恭王有疾，召其大夫曰："不穀不德，少主社稷。失先君之绪，覆楚国之师，不穀之罪也。若以宗庙之灵，得保首领以殁，请为灵若厉。"大夫许诸。及其卒也，子囊曰："不然。夫事君者，从其善，不从其过。赫赫楚国，而君临之，抚正南海，训及诸夏，其宠大矣。有是宠也，而知其过，可不谓恭乎！"大夫众之。此讳而得道者也。及灵王骄淫，暴虐无度，芉尹申亥从王之欲，以殡于乾溪，殉之二女。此顺而失义者也。鄢陵之役，晋楚对战，阳谷献酒，子反以毙。此爱而害之者也。臧武仲曰："孟孙之恶我，药石也；季孙之爱我，美疢也。疢毒滋厚，石犹生我。"此恶而为美者也。孔子曰："智之难也！有臧武仲之智，而不容于鲁国，抑有由也。作不顺而施不恕也。"盖善其知义，讥其违道也。

夫知而违之，伪也；不知而失之，暗也。暗为伪焉，其患一也。患之所在，非徒在智之不及，又在及而违之者矣。故曰"智及之，仁不能守之，虽得之，必失之"也。《夏书》曰："念兹在兹，庶事恕施。"忠智之谓矣。

故君子之行，动则思义，不为利回，不为义疚，进退周旋，唯道是务。苟失其道，则兄弟不阿；苟得其义，虽仇雠不废。故解狐蒙祁奚之荐，二叔被周公之害，勃鞮以逆文为成，傅瑕以顺厉为败，管苏以憎忤取进，申侯以爱从见退：考之以义也。故曰："不在逆顺，以义为断；不在憎爱，以道为贵。"《礼记》曰：

"爱而知其恶，憎而知其善。"考义之谓也。①

刘梁字曼山，一名岑，东平宁阳人。《后汉书》本传称其为梁宗室的子孙，但"少孤贫，卖书于市以自资"②。尝撰《破群论》，对世俗之"利交"和"邪曲相党"颇多讥刺，致使评者比之为"仲尼作《春秋》，乱臣知惧"，称《破群》之作当令"俗士愧心"，可惜其文未传。然此篇《辩和同之论》则完好无缺。全文结构严谨，思理清晰，比之史伯、晏婴之论，更具有论理系统完整的特点。文中所引《春秋传》一段，是为晏子的论述，不过其发明处，在于对和同概念所做的学理分疏。

刘梁给出的"和"的定义，是"可济"，即彼此之间因坦荡无私、补偏救弊而获得助益，而不是一味"顺"之而不问道义原则。所以他说："君子之行，周而不比，和而不同，以救过为正，以匡恶为忠。"他给出的"同"的定义，是"好恶不殊"，即不管是非，一味投其所好。如是的结果，必然走向"和而不同"的反面，就立国施政而言，罪莫大焉。刘梁以楚国的政事作为例证，一是楚恭王病笃之时召大夫自陈所失，表示谥号请为"灵"或"厉"。《左传》杜预注云："乱而不损曰灵，戮杀不辜曰厉。"③两者同为恶谥，连请五次，大夫方同意。待到恭王病没将葬，令尹子囊提出谥号的问题，大夫说，不是已有成命在先了吗？子囊表示不应照

---

① 《后汉书》卷八十下，文苑列传第七十下，中华国学文库版，第三册，2012年，第2118—2121页。
② 《后汉书》卷八十下，同上，第三册，第2118页。
③ 《春秋左传正义》中册，《十三经注疏》标点本，北京大学出版社1999年版，第911页。

遗言来办，因历数恭王的荣光，又加之能"知其过"，因此谥为"恭"是合适的。至于有成命一事，子囊认为："事君者，从其善，不从其过。"大夫最后被说服。刘梁说，这种情况，属于"讳而得道者"。虽然违背了恭王的成命，但却符合道义。

楚国政事的另一例证，是楚灵王骄奢淫逸、暴虐不德，而申亥一意听任王之所欲，当其殡于乾溪的时候，还让自己的两个女儿殉葬。刘梁说，这是"顺而失义者也"。第三个例证，是晋楚鄢陵之战，经由楚卿子反的运筹策划，楚已掌握了主动权。但关键时刻，子反的通令官阳谷却前去献酒，忘乎所以的子反喝得酩酊大醉，楚王招谋战事而不能应，致使楚军大败。子反最后自尽而死。刘梁说，这是"爱而害之者也"。第四个例证，是臧武仲不容于鲁国的故事。孟庄子和季武子是两个有势力的人物，季氏喜欢臧武仲，孟氏却讨厌他。但当孟氏死的时候，武仲前往吊唁，哭得十分悲伤。他的御者不解，说如果季氏过世，你又该如何呢。臧武仲回答道："孟孙之恶我，药石也；季孙之爱我，美疢也。疢毒滋厚，石犹生我。"刘梁认为这是"恶而为美者也"。但其所为作，属于"知而违之"，因此难免有"伪"的嫌疑。故孔子认为此人是使"智"，其"不容于鲁国，抑有由也"。

刘梁《辩和同之论》的主旨，是强调"得由和兴，失由同起"。因此对于不分"好恶"、不管是非，一律以"同"还是"不同"作为取舍标准的态度和行事方式，给予严厉警示。他反复说明，问题不在于"同"还是不同，而是要看是否合乎道义。文中以此明示："故君子之行，动则思义，不为利回，不为义疚，进退周旋，唯道是务。苟失其道，则兄弟不阿；苟得其义，虽仇雠不废。"为了使所论具有不可动摇的说服力，作者引楚国和鲁国共四个案例作为证言：一为"讳而得道者"、二为"顺而失义者"、三为"爱而害之者"、四为"恶而为美者"。此四案例，都见于《左传》以及《国语》的记载，并非僻典，难为斯刘之读史得间，使当时后世得读其"和同论"者，能生出会心默契的义理认同感。

噫！"好恶不殊"的所谓"同"，其昧心害政、伤天悖理者也大矣。而"和"则是以"可济"为标尺。所以他最后得出一个结论："君子之行，周而不比，和而不同，以救过为正，以匡恶为忠。"而千古不磨的警世之语则是："得由和兴，失由同起。"大矣哉，此鲜为人知的刘梁之《辩和同之论》也。

总之，此题义的关键词是两个：一个是"和"，人人都乐于接受而向往的境界；另一个是"同"以及"不同"。"不同"是"和"的条件。承认不同，容许不同，欣赏不同，才能走向和同。如果一切都相同，声音相同，味道相同，穿衣相同，走路相同，思维相同，说话相同，这个世界就令人窒息了。孟子说："充实之谓美，充实而有光辉之谓大"（《尽心下》）。试想，能够使之充实起来的东西，能够都是完全相同的东西吗？不同物的组合，才能称之为"充实"。不同的合乎审美规则的组合，才能创造美。所以《易·系辞》说："物相杂，故曰文。"《国语·郑语》说："物一无文。"朱熹用哲学的语言讲得更清晰，他说："是两物相对待在这里，故有文，若相离去不相干，便不成文矣。"[①]不同的物，相互对待的东西，并不因不同而彼此分离，这样才能"成文"，否则"便不成文"。此处的"文"，可以视为文化一词的同义语。可

---

① 《朱子语类》卷第七十六，中华书局标点本，第五册，第1958页。

见"和而不同"是中国文化思想的一个本质规定，是世界本来的样子，是人类的创意的源泉，是美的出发，是充实而有光辉的起点。

三 "先圣后圣，其揆一也"

写到这里我们可以说，以《易经》为代表的先秦经典的和同论，是中国古圣先哲的伟大的哲学思维，孔子的"和而不同"的思想可以看作是中国文化贡献给人类的大智慧。但其中隐含有一个无法不予深究的学理问题：即不同为什么可以而且能够走向"和同"？说到底，是人类以及天下之物，虽然存在有种种不同，但相同之处也是有的，甚至是更加根本的规定，所以才能共处共生。正是人类和物类的相同之处，决定他们总归会走到一起，趋向大同，以至达至张载所说的太和之境。

然则人类的相同之处是什么呢？我们且看孟子的论述。

孟子就此一题义讲过的一段最著名的话是："口之于味也，有同耆焉；耳之于声也，有同听焉；目之于色也，有同美焉。至于心，独无所同然乎？心之所同然者何也？谓理也，义也。圣人先得我心之所同然耳。故理义之悦我心，犹刍豢之悦我口。"（《孟子·告子上》）孟子所说的人类的相同之处，首先是"性"同。本来食物的味道应该是不同的，声音也应该是不一样的，颜色应该是丰富多彩的，这方面，智者史伯和齐国的谋士晏婴已经有话在先了，可我们的孟夫子为什么还说人们对于味有"同耆"，对于声有"同听"，对于色有"同美"呢？此无他，盖喜欢好吃的，爱听美妙的音乐，喜爱色彩之美，是人类的本性使然。告子所说的"食色，性也"（《孟子·告子上》），亦为斯意。此即同为生人，其人类的本性总会有相同之处，原因在于都是"人"。

荀子对生之为人的相同之处的阐述也极为系统透辟。今存《荀子》一书中，有多篇涉及此一议题。《王霸》篇云："故人之情，口好味而臭味莫美焉，耳好声而声乐莫大焉，目好色而文章致繁妇女莫众焉，形体好佚而安重闲静莫愉焉，心好利而穀禄莫厚焉，合天下之所同愿兼而有之，睾牢天下而制之若制子孙，人苟不狂惑戆陋者，其谁能睹是而不乐也哉。"①《荣辱》篇写道："凡人有所一同：饥而欲食，寒而欲煖，劳而欲息，好利而恶害，是人之所生而有也，是无待而然者也，是禹、桀之所同也。目辨白黑美恶，耳辨音声清浊，口辨酸咸甘苦，鼻辨芬芳腥臊，骨体肤理辨寒暑疾养，是又人之所常生而有也，是无待而然者也，是禹、桀之所同也。"②又说："材性知能，君子小人一也。好荣恶辱，好利恶害，是君子小人之所同也，若其所以求之之道则异矣。"③《非相》篇也说："人之所以为人者，何已也？曰：以其有辨也。饥而欲食，寒而欲煖，劳而欲息，好利而恶害，是人之所生而有也，是无待而然者也，是禹、桀之所同也。"④质而言之，饮食男女、避寒取暖、趋利远害的生存需求，能使人的心理保持平衡的自性尊严如好荣恶辱等，人与人之间并无不同，即使是君子和小人、圣人和常人，亦无不同，只是获得和保持的取径有所区别而已。此即"性

---

① 《荀子·王霸》，王先谦《荀子集解》（沈啸寰、王星贤整理），中华书局2012年版，第213—214页。
② 《荀子·荣辱》，王先谦《荀子集解》（沈啸寰、王星贤整理），中华书局2012年版，第63页。
③ 同上，第61页。
④ 《荀子·非相》，王先谦《荀子集解》（沈啸寰、王星贤整理），中华书局2012年版，第78页。

同"之义。荀子对和同思想的结论是:"斩而齐,枉而顺,不同而一。"①此与《易》道"天下同归而殊途"完全若合符契。

人之所同然者,其次是"理"同。人所不同于动物者,在人类有理性思维,故孟子说,"心之所同然者",是"理也"。而圣人所以成为我们心目中的圣人,是由于圣人所阐发的道德义理,能够深获我心,说出了我们想说而未能说出的话。此即孟子所说的"圣人先得我心之所同然"的含义。人们常说的所谓人同此心,心同此理,即为斯义。实际上,人类原初的情感和理想期待,本来都是这个样子。只不过由于意向与行为的交错,造成了诸般的矛盾。古今贤哲启示我们,应该透过人类生活的矛盾交错的困扰,看到心理期许的一致性原理,看到不同背后的相同。这也就是孟子所说的:"舜生于诸冯,迁于负夏,卒于鸣条,东夷之人也。文王生于岐周,卒于毕郢,西夷之人也。地之相去也,千有余里;世之相后也,千有余岁。得志行乎中国,若合符节,先圣后圣,其揆一也。"(《离娄下》)"揆",是规矩、轨则、法度的意思,引申可以解释为原理、原则。亦即古代的大师巨子和后世的大师巨子,他们提出和遵循的思想义理、道德理念的规则,在本质上有相似或相同之处。此即二程子所说:"天地之间,万物之理,无有不同。"②斯又言:"天下万古,人心物理,皆所同然,有一无二,虽前圣后圣,若合符节。"③再言之则云:"吾生所有,既一于理,则理之

---

① 《荀子·荣辱》,王先谦《荀子集解》(沈啸寰、王星贤整理),中华书局2012年版,第71页。
② 《二程集》下册,中华书局1981年版,第1029页。
③ 同上,第1158页。

所有，皆吾性也。人受天地之中，其生也，具有天地之德，柔强昏明之质虽异，其心之所同者皆然。特蔽有浅深，故别而为昏明；禀有多寡，故分而为强柔。至于理之所同然，虽圣愚有所不异。"①兹可知程子是将"性"与"理"合一来看待和同之论的。宋代另一位思想家陆九渊也说："千万世之前有圣人出焉，同此心，同此理也；千万世之后，有圣人出焉，同此心，同此理也；东、南、西、北海有圣人出焉，同此心，同此理也。"②故人之所同然者，是"性"也，"理"也。故孟子所说的"理义之悦我心，犹刍豢之悦我口"，确为不易之论。

然则在承认生之为人的性与理有所同然者的同时，如何看待就中的"同"和"不同"，亦即"同"与"异"的关系？墨子有言："其然也，有所以然也；其然也同，其所以然不必同。其取之也，有所以取之。其取之也同，其所以取之不必同。"③此即所谓现象同，理由不必相同；目标相同，途径和手段不必相同。宋代的思想家程颢和程颐，他们把为人处世致力于"求同"还是"立异"，看作一个人是秉持"公心"，还是守持"私心"的分水岭。他们说："公则同，私则异。"④并说"同者"是"天心"，即上天的旨意。在另一处他们还说："圣贤之处世，莫不于大同之中有不同焉。不能大同者，是乱常拂理而已；不能不同者，是随俗习污而

---

① 《二程集》下册，中华书局1981年版，第1159页。
② 《陆九渊集》，中华书局1980年版，第273页。
③ 墨子：《小取》，《墨子校注》下册，中华书局1993年版，第628页。
④ 《二程集》下册，中华书局1981年版，页1256页。

已。"[①]不承认人和事的不同，二程子认为是没有修养的人的胡言乱语；但如果否认"大同"，就是"乱常拂理"。就其两者的错误程度而言，显然二程子认为不能求大同的性质要更为严重。斯又有"大同"和"小同"的分别，"大同"不可违，"小同"可存异。语云："求大同，存小异。"信不诬也。

那么，对做学问的人须有自己独立的见解，既不能因袭前人，又不能跟在他人的后面人云亦云，又如何理解？学者如何处理"同"、"异"的问题？早在清代的乾隆时期，大学者章学诚就给出了答案。他的名著《文史通义》中有一篇专论曰《砭异》，针针见血地论述了此一题义的义理内涵。由于所论真切省净，毫无枝蔓烦言，特全文录载，以飨读者。其文云——

古人于学求其是，未尝求异于人也。学之至者，人望之而不能至，乃觉其异耳，非其自有所异也。夫子曰："俭，吾从众。泰也，虽违众，吾从下。"圣人方且求同于人也。有时而异于众，圣人之不得已也。天下有公是，成于众人之不知其然而然也，圣人莫能异也。贤智之士，深求其故，而信其然。庸愚未尝有知，而亦安于然。而负其才者，耻与庸愚同其然也，则故矫其说以谓不然。譬如善割烹者，甘旨得人同嗜，不知味者，未尝不以谓甘也。今耻与不知味者同嗜好，则必啜糟弃醴，去脍炙而寻藜藿，乃可异于庸俗矣。

语云："后世苟不公，至今无圣贤。"万世取信者，夫子一

[①] 《二程集》下册，中华书局1981年版，第1264页。

人而已矣。夫子之可以取信，又从何人定之哉？公是之不容有违也。夫子论列古之神圣贤人，众矣。伯夷求仁得仁，泰伯以天下让，非夫子阐幽表微，人则无由知尔。尧、舜、禹、汤、文、武、周公，虽无夫子之称述，人岂有不知者哉？以夫子之圣，而称述尧、舜、禹、汤、文、武、周公，不闻去取有异于众也，则天下真无可以求异者矣。

是非之心，人皆有之。至于声色臭味，天下之耳目口鼻，皆相似也。心之所同然者，理也，义也。然天下歧趋，皆由争理义，而是非之心，亦从而易焉。岂心之同然，不如耳目口鼻哉？声色臭味有据。而理义无形。有据则庸愚皆知率循，无形则贤智不免于自用也。故求异于人，未有不出于自用者也。治自用之弊，莫如以有据之学，实其无形之理义，而后趋不入于歧途也。夫内重则外轻，实至则名忘。凡求异于人者，由于内不足也。自知不足，而又不胜其好名之心，斯欲求异以加人，而人亦卒莫为所加也。内不足，不得不矜于外，实不至，不得不骛于名，又人情之大抵类然也。以人情之大抵类然，而求异者固亦不免于出此，则求异者何尝异人哉？特异于坦荡之君子尔。

夫马，毛鬣相同也，龁草饮水，秣刍饲粟，且加之鞍鞯而施以钳勒，无不相同也，或一日而百里，或一日而千里；从同之中而有独异者，圣贤豪杰，所以异于常人也。不从众之所同，而先求其异，是必诡衔窃辔，踶跃噬齕，不可备驰驱之用者也。[1]

---

[1] 章学诚：《文史通义》（叶瑛校注）上册，中华书局1985年版，第449—450页。

章氏此篇重申孟子之论，曰"心之所同然者，理也，义也"。而学者之所追寻在于求其是，而不是要与人不同。所以如此，在于天下只有公是，把"众人之不知其然"也不知其所以然的理义，予以揭示证明，就是学者之能事。考据学的目的即在于"以有据之学，实其无形之理义"，使之明理而不入于歧途。然而理义是无形的，难免因争理义而各是其是，各非其非。因此"求异"和"自用"的情形便出现了。故章氏说："求异于人，未有不出于自用者也。"

　　该篇的题目是《砭异》，其对为学而标新立异者，可谓痛下针砭。"凡求异于人者，由于内不足也。自知不足，而又不胜其好名之心，斯欲求异以加人，而人亦卒莫为所加也。内不足，不得不矜于外，实不至，不得不骛于名，又人情之大抵类然也。"这些话是将求异、骛名的人性之劣点，反实事求是的学术风气，真真概括无遗了。至于那些学问做得到家的俊杰翘楚，看起来好像是与众不同，其实是他们的境界你达不到，所以感到不同。正如孟子所说："麒麟之于走兽，凤凰之于飞鸟，泰山之于丘垤，河海之于行潦，类也。圣人之于民，亦类也。"（《公孙丑上》）就是说，圣人也是人，只不过他是"出于其类，拔乎其萃"的人。故章氏写道："从同之中而有独异者，圣贤豪杰，所以异于常人也。"而"求异者何尝异人哉？特异于坦荡之君子尔。"盖章氏此篇不愧为匡正学风世风的惊世骇俗之作，实可为先秦以来的"和同论"又添一异彩。

　　我国当代已故的大学问家钱锺书先生，当1948年他的《谈艺录》在上海出版的时候，其所撰之序言中有两句本人经常引证的话，曰："东海西海，心理攸同；南学北学，道术未裂。"此即在钱锺书先生看来，东西方文化虽有不同，但不论东方人还是西方人，其心理的反应特征和指向常常是相同的。而所以如此的缘故，

1219

是由于反应作用于人的主体精神世界的事物，普遍存在着物之理相同的现象。所以钱锺书先生得出一个结论："心同理同，正缘物同理同。"①"心同理同"是孟夫子的经典名言，而为宋儒以及章学诚等后世学者所服膺。"物同理同"则是钱先生的掘发。他援引《淮南子·修务训》的一段文字云："若夫水之用舟，沙之用鸠，泥之用辐，山之用蔂，夏渎而冬陂，因高为田，因下为池，此非吾所谓为之。圣人之从事也，殊体而合于理，其所由异路而同归。"②文中的"殊体而合于理"，正是所谓"理同"也。他还征引西典作为参证："思辨之当然(Laws of thought)，出于事物之必然(Laws of things)，物格知至，斯所以百虑一致、殊涂同归耳。"③钱先生对《易·系辞》"天下同归而殊途，一致而百虑"的诠解，可谓恰切到无须增减。钱先生的贡献在于，除了人的"性同"、"理同"之外，还增加了物的"理同"，即物理之所同然者。故钱先生结而论之曰："心之同然，本乎理之当然，而理之当然，本乎物之必然，亦即合乎物之本然也。"④

要之，"和"是以不同为前提的，没有不同，就无所谓和。最要不得的是"以同裨同"，其结果必然导致"剸同"。而不同何以能够走向和同？盖由于人之性、心之理、物之理，有所同然者。心同理同是为关键，无视人类的"同"，夸大人类的"不同"，以不同为由拒绝走向和同之境，不仅是学术的误区，更是思想的陷阱。

---

① 钱锺书：《管锥编》第一册，三联书店2007年版，第85页。
② 同上，第84页。
③ 同上，第85页。
④ 同上。

四 "仇必和而解"

现在的问题是，人类在走向和同的路上，是否也有可能由于彼此的不同所引起的分歧、歧见、争议，而激化自己的态度，从而因"争理义"，而发生"是非之心"的易位，一变而为颠倒是非，积非成是，枉顾天下的"公是"和人类本有的心同理同，最后走向和同之路的反面，而又不知迷途自省。应该说，这种情况是现实的存在的。揆诸历史，此方面的案例比之和同之案例，可以说有过之而无不及。幸好，中国文化的精神义理里面，有比较现成的"解药"，这就是宋代思想家张载的"哲学四句教"。

张载，字子厚，号横渠，生于宋真宗天禧四年（公元1020），卒于宋神宗熙宁十年（公元1077），活了五十七岁。籍河南开封，后长期栖居在陕西凤翔县，成为关学的代表人物。宋代濂、洛、关、闽四大家中，以张载为最长。他的有名的四句教是："为天地立心，为生民立命，为往圣继绝学，为万世开太平。"这四句话气象大得不得了。试想，"为天地立心"，"为生民立命"，这是何等宏阔的怀抱。中国文化中历来有"民本"的思想传统，关注生民的利益，是每个知识人士，每个为官的人必须做的。所以过去的县官叫作"父母官"，以民为父母，他当然要关心"民"的利益。张载讲的"为生民立命"，直接来源于孟子的思想，因为孟子讲过"正命"，即人要正常的生，正常的活，正常的死。不要让民众过不正常的生活。"为生民立命"的意思即在此。最后的指向，是"为万世开太平"。

但是张载还有另外的四句话，见于他的代表著作《正蒙》一书，我叫它"哲学四句教"。这四句话是——

>有象斯有对，
>
>对必反其为，
>
>有反斯有仇，
>
>仇必和而解。①

　　这四句话使用的纯是哲学语言，讲的是一种宇宙观，是对整个宇宙世界发为言说。这个世界上，有无穷无尽的一个个的生命个体，可以称作"象"，这些"象"，有动物的，有植物的，每个"象"都不同。正所谓万象纷呈。此正如张载在《正蒙》中所说的："盈天地之间者，法象而已。"②张载在哲学上秉持"气"一元论的思想，认为无形之气因"感而生则聚"，于是便有象形成。第一句"有象斯有对"，是说所有这些个"象"，都是以不同的姿态，不同的规定性，存在于这个世界上。不同是显然的，即使是美丽的女性，也有不同的美。所以古人很早就有"佳人不同体，美人不同面"的说法（《淮南子·说林训》）。西方也讲，世界上没有完全相同的两个生命个体。用张载的原话说，则是："天下无两物一般，是以不同。"以及"造化所成，无一物相肖者"。总之宇宙间的万象，是互不相同的，这才成其为世界。

　　第二句"对必反其为"，是说一个一个的"象"，不是静止的，而是流动的。由于各个象的不同，其运行流动的方向也不相

---

① 张载：《正蒙》，《张载集》，中华书局1978年版，第10页。
② 《张载集》，中华书局1978年版，第8页。

同，甚至有时候会背道而驰，所以会出现第三句标称的"有反斯有仇"的情况，发生互相间的对立和纠结。这个"仇"字，古写作"雠"，左边一个"隹"，右边一个"隹"，中间是言论的"言"。隹是一种尾巴很短的鸟，"雠"字的本义是指两只短尾巴鸟在叽叽喳喳的说话、讨论、争论、辩论。人有人言，鸟有鸟语。这个"雠"字，就是"校雠"的"雠"。我们都有过校书的经历，那是很难的事情，所谓无错不成书，很难一个字都不错。古人的"校雠"，更是一件大事。你拿这个本子，我拿那个本子，一点一点地校，互相讨论、争论、辩难，难免面红耳赤。但两只短尾巴鸟互相讨论、争论、辩论的结果，并不是这只鸟把那鸟只吃掉，而是或取得共识，或达成妥协，或求同存异，最后走向"和而解"。所以张载哲学四句教的第四句"仇必和而解"是关键的关键。不怕不同，不怕歧见，不怕争论，甚至也不怕因误读而产生的仇雠相对，最后的结局，相信终归会"和而解"，而不是"仇而亡"。这是有智慧的中国古代哲人的殷切期待。

　　但商讨对话需要文化智慧。中国文化的"和同论"的思想，也就是孔子的"和而不同"的思想，是人类对话的智慧源泉。这个世界有差异，但差异不必然发展为冲突，冲突不必然变成你死我活，而是可以"和而解"的。你想，用这个思想来看待世界，不是可以减少很多不必要的麻烦吗？当然，不是一方的问题，而是彼此双方乃至多方的问题，所以需要沟通对话，需要多边商量。"有反斯有仇"，就是沟通、对话、商量、研讨、互相校正的过程。

　　上世纪末，我有一段时间在哈佛大学做研究，有幸与可以称之为西方的大儒的史华慈教授作了两个半天的访谈对话。他是一位法裔犹太人，懂七八种文字，早年研究日本，后来研究中国。他的一个重要学术理念是"跨文化沟通",主张人和人之间,不同的文化之间,不同的族群之间,是可以沟通的。他跟我谈话中,提出一个理论,他说语言对于思维的作用,并不像人们想象的那样大。这个我以前从没有听说过,因为语言是思维的工具,没有语言,人还能思维吗?当然我们了解,不会讲话的小孩子,会画图画,画图画也是一种思维。史华慈教授为了倡导跨文化沟通,试图在理论上有新的建构。他的这个理论想证明一个问题,即语言不通,也不见得是人们交流的完全不可逾越的障碍。其实,不同的文化可以沟通,不一定那样对立,这是中国文化一向的主张。

然而人类如何走向和解?伟大的思想家孔子给出了另一条思想定律,就是大家都知道的"己所不欲,勿施于人"(《颜渊》)。"己所不欲,勿施于人"代表的是儒家的"恕"道精神,反映出中国文化的异量之美。此一定律,给出了人类的理性相处之道,提倡将心比心,换位思考,自己不喜欢的绝不强加于人。"己所不欲,勿施于人"是处理人类的不同的最合乎人类本性的理性方式,实际上是追寻不同之中的大同。

一个是"和而不同",一个是"己所不欲,勿施于人",这两句话都是孔子在世时讲的,时间在公元前5世纪,当时正是世界文化历史的轴心时代。我们有理由把孔子这两句话所含蕴的哲学思想,看作是中华文化解决人类生存之道的一种大智慧。

2016年2月17日凌晨竣稿于东塾

(载《文史哲》杂志2016年第3期)

"将无同"
——文化融合是人类未来的大趋势

一 "三语掾"

"将无同"这三个字，出现在中国历史上学术思想最活跃的魏晋时期，约为公元220年至420年。当时流行的学术思潮是玄学。学者们围绕"名教"和"自然"的主题，展开激烈的论辩。看法虽然不同，双方的风度很好。他们不轻视对手，只论理，而不在意对手地位的尊卑。

"竹林七贤"是当时一个有名的知识分子群体，诗人阮籍和音乐家嵇康是"七贤"的领袖。他们的立场倾向于与"名教"对立的"自然"方面，狂简任达和思想自由是他们追寻的目标。王戎是"七贤"最小的成员，比他大二十岁的阮籍，本来与王戎的父亲王浑友善，后来接触到王戎，相见大乐，此后便只愿意和这个年仅十五岁的"阿戎谈"，置他的尊人王浑于一旁而不顾。

清谈者的姿容仪态也很讲究，最尊崇有范儿的是王戎的从弟王衍，据说他清谈的时候，"神情明秀，风姿详雅"，手里拿的麈尾以玉为柄，因皮肤白皙，手和麈尾的玉柄浑然无有分别。另一位清谈名家乐广，以渊默简要著称。王衍和乐广，极尽当时名士风流之盛,成为魏正始时期的清谈领袖。

清谈在哲学层面发生的争论,是关于宇宙世界的"有"和"无"的问题。中国古代两位天才的思想家王弼与何晏,就活跃于此一历史时刻。关于"有"和"无"的争论,参与的人比较少,"名教"与"自然"的争论牵连面广,参与的人多,持续的时间相当之长。"名教"关乎政治伦理秩序,"自然"关乎个体生命的自由。王弼的观点主要见于他的《老子注》一书,何晏则注《论语》,两人都从儒家和道家的最高经典追溯自己思想的源头。哲学论争和"名教"与"自然"的争论互为表里,包括高人、雅士、名流在内的魏晋知识分子群体,鲜有置身于这一时代主题之外者。

但到了下一代,情况发生了改变。《晋书》记载,阮籍的从侄孙阮瞻,一次拜见当时已经位至"三公"的王戎。王戎问这位年轻人:"圣人贵名教,老庄明自然,其旨同异?"阮瞻回答说:"将无同。"当时圈内人士称阮瞻的回答为"三语掾"。"将无"是不含实义的语助词,"将无同"就是没有什么不同,也就是"同"。前辈们争论不休的"名教"与"自然"问题,到下一代人那里,已超越对立,摆脱执着,变成无须争论不必争论的问题了。

《世说新语》的有关记载,是王衍和阮籍的侄儿阮修的互相对问。诚如大史学家陈寅恪先生所说:"答者之为阮瞻或阮修皆不关重要,其重要者只是老庄自然与周孔名教相同之说一点,盖此为当时清谈主旨所在。"[①]《晋书》记载,王戎听了阮瞻的回答,"谘嗟

---

① 《陶渊明之思想与清谈之关系》,陈寅恪:《金明馆丛稿初编》,三联书店2001年版,第203页。

良久",最后表示认同。当年持论甚坚的清谈领袖,在时代前行的年轻人面前低下了高贵的头颅。

二 破除"迷执"

事实上,人类历史上的许多惊心动魄或者惊天动地的争执和论争,到后来都因趋同而化解或由于折中而和合。人类的思维之路所以无限曲折,是由于人们有"执":执于"一",而不知有"二";执于此,而不及于彼;执其始,而不知所终,未能做到孔子说的"扣其两端"。《华严经》上说:"一切众生具有如来智慧德相,但以妄想执着而不能证得。"这是说,人类本身并非不具备拥有"智慧德相"的条件,只是由于自身的"妄想"和"迷执",不能够实现"证得"。"证得"就是"证悟",亦即思想的"觉悟"。不能"证得",就是不得"觉悟"。

三 文化自觉

如何开启人类的"觉悟"?我国已故的老一辈文化社会学家费孝通先生,诉诸理性良知,晚年提出"各美其美,美人之美,美美与共,世界大同"的文化论说,即主张世界上各种不同的文化,都有其优长之处,我们既要看到自己的长处,也要看到他者的长处。所以需要"各美其美",也要"美人之美"。也就是尊重差别,尊重文化的多样性。"美美与共",指人类的文化最终会走向融合。这是费先生的关于"文化自觉"的理论,对陷入"迷执"的今天的人们而言,无疑是"润物细无声"的春日喜雨。

我国另一位百科全书式的大学者钱锺书先生,他在早年的著作

《谈艺录》中,也说过:"东海西海,心理攸同;南学北学,道术未裂。"钱先生的意思,东方和西方,各个国家民族的不同人群,彼此的心理结构和心理指向,常常是相同的。已故的哈佛大学中国学学者史华慈教授,提倡"跨文化沟通",甚至提出语言对于思维并不具有人们想象的那样大的作用。所以有时尽管语言不通,也不是完全不能交流,甚至还可以发生爱情。人类的"同"其实远远多于、大于"不同"。

强调人类的"不同",是因为"有执",包括"我执"和"法执"。还由于"理障"。各种预设的"论理体系",有时会成为隔断人类正常交往与交流的围墙。过多地强调人类的"不同",是文化的陷阱。

四 "与人同者,物必归焉"

中国最古老的文化经典《易经》,其"系辞"写道:"天下何思何虑?天下同归而殊途,一致而百虑。"这个意思是说,人类的不同在于方法和途径,也就是"化迹"的不同,最终的结点总是要走在一起。《易经》"睽"卦的"象辞"也说:"君子以同而异。"所以不同,是因为有同。与其标立彼此之"异",不如首先认同求同。这一道理,《易经》的"序"卦,有更为直接的论证:"与人同者,物必归焉。"亦即要达至众望所归,得到他人的认同,自己必须首先"与人同"。大家熟知的孔子的名言:"君子和而不同",讲的就是这个道理。

不同也可以共处在一个统一体中,不同也可以达成"和"的泰局。

五 "仇必和而解"

对这个问题阐释得最深刻的是中国宋代的思想家张载。他在自己的代表著作《正蒙》中，用四句话表达了他对整个宇宙世界的看法。这四句话是——

> 有象斯有对，
> 对必反其为，
> 有反斯有仇，
> 仇必和而解。

我把这四句话，称作张载的"哲学四句教"。因为他还有另外的"四句教"，即"为天地立心，为生民立命，为往圣继绝学，为万世开太平"，表达的是宋儒的群体政治理想。

张载的"哲学四句教"意在说明：宇宙万物，山川河流，微尘草芥，个体生命，这一个个有形的物体，都可叫作"象"。"象"不重复，人有人象，物有物象。同为人，象也不同。所谓"佳人不同体，美人不同面"。而"有对"，就是指"象"的不同和不同的"象"，它们各自所处的位置。西哲说，"世界上没有完全相同的两个个体"，也是此义。"象"不是静止的，它运行流动，无往不在，无处不在。不同的"象"，流动的方向不必相同，因此象与象之间，"反其为"的情形时时会出现。第三句"有反斯有仇"，不必理解为仇敌的仇。这个字古写作"雠"，校雠的雠，亦即两只短尾巴鸟，叽叽喳喳地争短论长。争论的结果，不是一个吃掉另一个，而是互相校正，你校正我，我校正你，或达成共识，或存异求同，和合共生，乐莫大焉。

关键是最后一句："仇必和而解。"简单地说，宇宙间万事万物，不过是对待、流行、校正、和解而已。对待与流行的结果，不是吃掉、消灭，而是通过校正，达至和解、共生。"度尽劫波兄弟在，相逢一笑泯恩仇"，这是中国大作家鲁迅一首诗里的句子，最能得张载义理的真传。

六 结 语

张载哲学启示我们，世界各文明之间，虽然存在差异，却不必然发展为冲突。人类的未来，世界历史的大趋势，是走向文明的融合而不是相反。因此我个人无法赞同前些年哈佛大学亨廷顿教授提出的"文明冲突论"。他把西方文明跟伊斯兰文明跟儒教文明，视为不可调和的"冲突体"。这个理论是站不住脚的。他只看到了不同文化不同文明之间的差异和纠结，没有看到不同文化之间的对话、沟通和"化解"的可能。只看到了"文明的冲突"，没有看到文明的融合。

世界上不同的文化、不同的族群、不同的"文明体国家"，需要通过交流与对话达成文化的互补与融合。冲突是人类文明的"反动"，是礼仪文化的"弃物"。所以孔子说："礼之用，和为贵。""和"才能成礼。冲突是愚蠢的失礼行为，为人类文明所不取。人类如果因文化的差异与"不同"而出现偶然的对立，彼此当事方应该采取"和而解"的态度，而不是走向"仇而亡"。这是中国古老文化的智慧，也是人类本性和人类理性所应该昭示的目标。

（原载《光明日报》2012年12月31日）

对话是人类的生活准则
——在中美文化论坛最后一次圆桌会议上的发言

今天圆桌会议讨论的主题，我的角色应该是"客串"，或者如佛教所说的"随喜"，总之属于边缘人物。因为我研究的领域，主要是中国文学和中国历史，而且主要是思想史和学术史。我并不研究国际关系，也不研究中美关系。按照学者的专业态度，我不应该作出位之思，在这里就中美关系的展望发表什么意见。但我对自己国家的前途，对人类的命运，包括中美关系，是有深深的关切的。因为我是学者，也是一名知识分子。我想所有的知识人和文化人，也都会关注我们今天讨论的这个话题。

一 中美不必然成为敌人

我觉得从中国和世界的关系来讲，我们对中美关系有很高的期待，希望这是一个健康的、有趣的、美好的关系。记得有一个数据统计，说近三十年来，中国的家庭里面，一共有多少家庭，有多少人，都来过美国。他们来美国，有的读书，有的工作，有的经商，有的观光旅游。总之这个数字，这个频率，是非常之高、非常之大的。

而且事实上，中美自1972年尼克松访华以来，两国有过非常美好的时期，当时美国的很多人士，对中国那样看好，我们看到的问题，他们都看不到。有谁说几句中国的不好，立刻就被美国朋友用不一定准确的事实反驳掉了。但是不知为什么，也不知道出于什么理由，中美关系后来不那么好了，有时甚至很不好。然后再好一段，然后再不好。就像是一对不和睦的夫妻，他们说吵架就吵架，而且没有想象中的那么深层的原因。以为发生了什么大事，其实仔细一想，并没有什么了不起的大事。可是这样两个国家，就是喜欢不断地吵架怄气，甚至有时要摔东西，甚至剑拔弩张到要离婚。

真正说来，我看不到中美之间有那么多严重得不得了的分歧。差异，文化的、经济的、政治的，当然存在。但差异不等于一定要演化为论理的对立，更不必因差异而形成冲突。那么中美之间的问题来自何方？问题出在哪里？我以为来自不够了解。不是说中国对美国已经全部了解，不了解的地方依然存在，但问题主要不是由于中国对美国的不了解，而是美国对中国的历史文化，对中国人的文化性格，对近三十年中国的新发展和新思维，没有真实的了解和真正的了解。

我不明白，美国人，当然主要是政界，包括那些智库，我想不包括在座的各位教授，为什么会觉得中国是一个威胁呢？这不符合现实，也不符合历史，更不符合中国文化。中国文化的特点是富于包容性，而不具有侵略性。中国在历史上，即使非常强大的时期，比如汉代，比如唐代，那是非常强大的国家。可是，当时强大的汉代，在处理跟北方的民族的关系的时候，把中国皇宫里面一个漂亮的小姐送了出去，送给了北方的那个王，作他的王妃。这就是中国历史上有名的"昭君出塞"，那个小姐叫王昭君。那么唐代呢？同样是非常了不起的时期，非常的繁荣，文化上多元开放，艺术、文学、诗歌，灿烂辉煌，国力也非常强大。可是唐代的时候，你们了解，又把一位美丽的公主送到了西藏，就是文成公主入藏，这不是文学的虚构，是真实的历史。

昨天一位教授讲到，当中国弱的时候如何如何。其实在中国最强大的时期，把中国的非常美丽而有身份的女子送给偏远的部族，希望跟具有不同文化背景的民族建立良好的和平的关系，而不是互相冲突的关系，这是大家都知道的历史事实。我本人对中国历史文化还算比较熟悉，以我的历史知识，我不知道中国在历史上任何一个时期，大家可以举例，曾经威胁过美国，威胁过英国，威胁过法国，威胁过意大利，威胁过西班牙，威胁过荷兰？我想没有这样的事实。

因此现在很流行的一个假设，说中国居然可以成为美国的敌人，我认为这是一个没有根据的假设，没有理由的假设。错了，朋友！中国和美国不是敌人，或者不必成为敌人，而是应该成为朋友。你看今天上午几位学者的发言，一位是杜克大学研究中国戏剧史的教授，她讲到了英若诚。我虽然不研究戏剧，但戏剧我喜欢。她说的英若诚先生，我倒是认识他，他英文非常好，他能表演，也会导演，还懂文化，他是一位很有名的学者。他喜欢中国文化，也喜欢美国文化。还有欧建平教授讲的，中美在舞蹈方面的那些有趣的链接，我听了以后很感动，这是非常美好的影响互动。

我几次来美国，我接触的美国学者，他们都非常友好，我们可以很快成为朋友。如果说中美之间出现了分歧，我认为大部分是由于误解，由于美国对中国的历史文化不够了解。如果有更深一点的了解，怎么会得出"中国是美国的威胁"这样一个违背历史也违背常识的不真实的结论呢？

二 文化的"异""同"问题

但在众说纷扰的背后，的确还有我所关注的更为根本的学理问题，这跟我昨天的演讲有关，也可以说是人类的哲学认知的问题。具体说，是关于人类文化的"同"和"异"的问题。几乎所有的人，在中国也是如是，包括许多学业有成的学者，他们在涉及这个问题的时候，观察的重点和重心，主要是"异"，而不是"同"。可是他们忘了，学术研究对于"异"即"不同"的解释分疏，最终的结果是为了寻找到"同"。

我个人很尊敬的一位前辈学者，他是很了不起的学问大家，他已经故去了，就是钱锺书先生。他一生写了很多著作，他的太太杨绛先生，也是了不起的作家学者。钱先生有一个基本的观点，你可以看他晚年的四卷本的著作《管锥编》，或者早年的《谈艺录》，所有这些著作里面反复出现的一个理念，叫作"貌异心同"。长相不一样，心理是相同或相通的。他的《谈艺录》的开篇序言里，有一句很有趣也很经典的话，叫作："东海西海，心理攸同；南学北学，道术未裂。"就是东方和西方，各个国家民族的不同的人群，大家的心理结构和心理指向，常常是相同或相通的。我们都不喜欢灾难，不喜欢挫折，不喜欢疾病，不喜欢丑恶。我们都喜欢美好和美丽，都喜欢大海和草地，都喜欢雨露和阳光，都喜欢健康，都喜欢美的艺术。

刚才讲舞蹈艺术的那位教授，我们大家立刻就学会了他的表演，不约而同地跟他翩翩起舞。世界上最美好的东西，我们的喜欢是相同的。我看不出人类有哪样根本的南辕北辙的天上地下的彼此完全不能相容的不同。当然我说的是文化和族群的整体，不是指哪一个具体的个别的人。我觉得在哲学上要破除对"异"的偏执病。只有承认人类的共同性和共通性，文化的跨文化沟通才有可能。所以不同国家、不同民族的男女，即使语言不通，也可以发生爱情。爱情的依据是爱情本身和人类的爱情心理。这是共通的人性问题和哲学的共同性问题。

三 对话是人类的生活准则

我们作为人类的一分子，都需要面对我们共同的世界。人与人之间，族群与族群之间，国家与国家之间，最适合人类本性的文化态度，我以为是沟通与对话。我有幸结识哈佛大学的一位研究中国历史文化的学者，我称他为西方的大儒，就是很多人都不陌生的史华慈教授，Benjamin I. Schwartz。他已经故去了。他是犹太人，精通多种语言，早期研究日本，"二战"期间有过功劳，日本袭击珍珠港的那个信号密码就是他破译的，但未引起军方的重视。史华慈教授一生坚持不懈的一个文化理念，就是跨文化沟通。他说文化是一个松散的整体，里面充满了张力。为了论证跨文化沟通可以成立，他甚至提出，语言对思维并不像人们想象的具有那么大的作用。他说人与人之间是可以沟通的，不同的文化之间也是可以沟通的。而在我看来，人与人之间的沟通与对话，不同文化之间的沟通与对话，不仅是可能的，而且应该成为人类生活的共同准则，甚至对话与沟通就是人类生活本身，就是人类的一种生活方式，再没有其他方式比对话与沟通更有益心智，更有益于人类的健康。

我们做学问的人，经常离不开两个方面的沟通与对话：一是作为现代人，我们需要跟古人对话；二是作为中国的学人，需要跟不同文化背景的学人对话。古代的那些文化典范，是我们建构新的文化的灵感的源泉，我们离不开他们。不仅中国古代的典范具有此种作用，西方的古代典范同样有此作用。我们可以不了解古希腊罗马的文化吗？我在给我的学生开必读书目的时候，总是把苏格拉底、柏拉图、亚里士多德放在靠前的位置，下面还有康德、黑格尔，尤其康德的三大批判著作，那是必读而又必读的书籍。康德的了不起，在于他的著作永远不会过时。他的那句名言，他说道德理性具有绝对价值，这是真正经典的大判断，常读常新，永远不会成为过去。

今天的学人，如果只局限于本民族的文化背景，而不了解"他者"的文化，不与不同背景的文化交流对话，就不能成为一个通博的学人。国际的关系，文化是最好的溶解剂。采取对话的方式解决分歧，处理争端，增加了解和理解，是再自然不过的事情。中美之间，为了两国人们的利益，为了人类的福祉，为了世界的安康幸福，难道还有比对话更好的交往方式吗？

四 人类面临空前的危机

我近来对我们这个世界的前途颇感忧虑，我觉得人类其实是太不聪明了。不是我们大家不聪明，主要是那些跟政治权力的杠杆连接在一起的人,他们太不聪明了。噢,也不是他们天生不聪明,是世俗的利益、力势蒙住了他们的眼睛。他们是利令智昏!那些丝丝缕缕的私利,那些纠缠不清的利害得失,让他们的头脑变得傻瓜起来。他们竟然完全不了解这个世界已经或者将要发生什么事情。

世界气候的变化是惊人的。冰山在加速融化,企鹅很快就要失去家乡。地震频发,好几个大洲都接连有地震发生,七级以上的地震就有多起。地震引起海啸造成的灾难,大家都看到了。今年夏天中国的南部,南亚的好几个国家,出现了空前的洪水泛滥。而正当亚洲的南部陷入泽国的时候,亚洲北部的俄罗斯,莫名其妙地燃烧起了熊熊大火,持续近一个月的时间,人们由于眼睛盯着洪水,忘记了还有大火在北方肆虐。很多国家的天气预报都显示,2011年的冬季,欧洲、俄罗斯、中国北方,还有北美,将迎来寒冷的冬天。寒冷和冰雪给人类带来的影响,今年晚些时候我们能够看到。

大自然看来是不耐烦了,正在对人类的无限索取做出激烈的回应。可是人类自己呢?看不出有丝毫的醒悟。他们自己还在那里互相挤压,鸡声鹅斗,制造恐怖,兵戎相见。为什么不能够和平相处呢?为什么不作深层的反思呢?对十年前的那个事件,我不想使用那个事件的直接名称,当然那是人类都不愿意看到的巨大灾难,是大家共同反对的,而且严厉谴责它。但是怎么来解开事件的心理扭结呢?怎样做才能避免人类的仇恨重叠增加呢?我认为这是美国政治家需要认真考虑的问题。可是他们似乎并不想认真考虑。

他们以为武器的打击力可以解决人类的一切问题。是这样吗?

武力能解决人们的感情问题吗？能解决人类的爱憎取向吗？具体说，武力能够改变人类的宗教信仰吗？没有任何一种强力可以消灭人类的宗教信仰。宗教情感是人类最神圣的情感，宗教信仰是个体生命的终极归宿。洲际导弹、航空母舰，能改变人类的信仰吗？为什么聪明的美国政治家不考虑这个问题呢？

我觉得中国的民众、中国的知识分子，在中美关系问题上受到了情感的挫折。中国人对美国够好的了。他们喜欢这个国家的开放现代，喜欢美国人的文化性格，直爽热情，而且诚实不撒谎，不像中国人有的时候还要做一点小伪。为什么美国的政治家不能把美国人的文化性格在他们的身上反映出来呢？奥巴马总统的上台，一度给美国人也给世界带来了希望，他提出了化解仇恨的一些理念。他的支持率那么高啊！当然他的有一些想法，我要是美国人我也不会赞成，比如想在某一个特殊的地方建立某一个建筑，其实我不认为在那个地方建立那样的建筑是一个好主意。我想我不明确说大家也会知道，我讲的是哪个地方和要建什么建筑。奥巴马开始的一些理念，他没有继续，甚至现在全部都退回去了。有人说他退回去是为了中期选举，为了他的支持率能够得到提升。

但我们真是很遗憾，我愿意中美有很好的关系，有一切条件成为好朋友。假如彼此的感情有点不和的话，可以吵架，但不要摔东西，可以摔东西，但不要动手，实在不行，即使离婚，也应该好离好散，做不成夫妻，也不要做敌人。

五 现场互动答问

提问者：我想问刘梦溪教授一个问题，就是您昨天谈到的这个世界正面临很多危机，包括您也谈到，人类如何在这种非对抗性中重生，我想请您具体展开一下，我们应该怎么样面对这样的危机，从文化的角度我们能够做一些什么，谢谢。

刘梦溪： 展开来谈这个话题，我想时间不允许。我昨天的演讲当中，今天的发言当中，这个问题的基本意思已经讲出来了。我觉得人类现在面临两方面的重大危机：一方面是大自然的反弹的危机，这是大家都看到的；另外一个重大的危机，也许还没有很多人意识到。我是指现在一些国家对大规模的杀伤性武器的拥有程度，大大高于历史上任何一个时期，第一次世界大战前和第二次世界大战前都是不能相比的。而且大规模杀伤性武器的拥有者，一个个跃跃欲试，动不动就以武力相威胁。大家都在威胁，大国威胁，小国也在威胁。这个危机非常现实，也非常严重。但人们视而不见，美国学者在这个问题上也没有发出理智的声音。我认为这个声音最应该由美国学者发出来，因为已往他们都是这样做的，赢得了人们的尊敬，可是最近几年，很少听到他们有这样的声音发出。

这个世界是非常危险的。在这个意义上，我也不是很赞成刚才一位教授讲的，中美关系有四根支柱，其中军事这根支柱，发生冲突是不可避免的。我觉得我们的责任，人类的理性，就是要避免冲突。为什么一定要冲突呢？粗暴的冲突，残暴的传统，那是不智的，是没有理性的表现，是不文明的，是野蛮的，是动物的低级形态，对谁都没有好处。世界上一些优秀的头脑，他们的大智慧，应该站出来呼吁人类不走向自绝之路。最近以来，我经常在我们中国文化研究所谈论我的这个忧虑，我这次提交的论文《21世纪人类能否在非对抗中得到重生》，探讨的就是这个问题。

21世纪面临的大自然的危机，我们远远估量不够。人类本身荒唐不智的危机，很多人还没有看到。在座的各位，哲学家、文学家、学者、教授，应该发出声音，让人类的理智占上风，为人类的未来争取美好的前途。

（摘要刊载于《学习时报》2011年1月17日，此为全稿。）

附注：2010年10月在加州大学伯克利分校召开的中美文化论坛，最后一次圆桌会议的议题是"中美关系的展望"，因原定之中方演讲者因故未克与会，本人受命即席发言，没有文稿，亦无提纲，此系现场的录音记录，稍加整理，首发于此，敬请关心中美关系的博雅君子不吝指正。

21世纪的挑战：亚洲价值的反省

2000年是二十世纪的最后一年。世纪的转换，是历史的恒常现象，照说不应该对人类社会有什么影响。可是复按历史却不尽然。当十九世纪末、二十世纪初的时候，也就是上一个世纪转换的时候，全世界都害起了"世纪病"。

当时东方许多国家面临西方强势文化的冲击，迎退失据，陷入了自身价值系统崩塌的严重危机。西方也发生了危机，主要是强势国家的殖民化政策，加剧了宗主国与殖民地之间以及宗主国与宗主国之间的矛盾。东方的危机迫使人们通过变革来改变现状，因此反倒看到了希望。西方的危机则似乎更加深在。后来终于爆发第一次世界大战，是危机的直接结果，也是试图摆脱危机的一种方式。正因为如此，上一个世纪转换时期，也就是十九世纪末、二十世纪初，才有西方物质文明已经破产的观点出现。

一个世纪过去了，虽然中间又有第二次世界大战发生，多少世纪累积的人类文明成果遭受重创。但西方的物质文明并没有破产；不仅没有破产，而且差不多占据了整个二十世纪的主流位置，到后来竟成凌驾之势。当然东方也没有破产；不仅没有破产，而且在磨难中逐渐苏醒过来，纷纷获得独立，不少国家用自己的方式完成了民族国家的整合过程。

这次世纪转换，至少在几年之前，人们还是相当平静的。没有什么危机感。西方没有，东方也没有。不但没有，反而为一片乐观的情绪所笼罩。西方浸沉在因苏联和东欧的解体而进入冷战后的喜悦之中。东方为自己的经济奇迹而沾沾自喜。特别是亚洲一些经济发展势头强劲的国家，情绪高蹈，对未来做出了极为乐观的估计。因此"21世纪是东方文化的世纪"、"亚洲的世纪"等话语，都出来了。但没过多久，席卷亚洲的金融危机爆发，泰国、印尼、马来西亚、韩国，传染似的连锁反应，全球为之震惊。于是"东方文明破产了"、"亚洲价值崩溃了"一类话语又大行其是。但去年以来，亚洲经济又开始复苏。如果仅仅以经济指标作为现代文明的尺度，对于亚洲价值的价值判断，就会像纽约道琼斯股市指数那样变得不可捉摸。

我们都不是预言家。无法预测面对21世纪的挑战，亚洲价值究竟会是怎样的命运。我想21世纪和20世纪一样，仍然是充满变数的时代。当人们处在19世纪末的时候，谁想到20世纪会发生两次世界大战？历史的发展、社会的变迁、文明秩序的建构，从来都不是一帆风顺的。不断地经历挫折，在挫折中汲取教训，是人类社会发展的恒常现象。就像十九世纪末、二十世纪初西方文明出现危机但并没有破产一样，展望未来的世纪，我们看不出有任何东方文明可能破产的迹象。亚洲价值因此没有并且也不可能崩溃。可是并不很聪明的人类得十分小心：我们的居住之所地球已经不像从前那样大了，所谓地球有无穷无尽资源的想法已变得荒唐可笑。当我们用各种视角编织全球化的奇妙网络的时候，我们忘记了下一个世纪地球会做出怎样的回应。现代文明唯一被遗忘的代价是地球的超负荷运转。其实地球被迫做出回应的预兆我们已经看到了：洪水泛滥，那是地球流的泪水；火山喷发，那是地球的叹息；地震，那是地球的愤怒。

可是我还得谈一谈到底什么是亚洲价值？

所谓亚洲价值，我的看法，应该指涉三方面的内容：第一，亚洲许多国家都是"文明体国家"（civilizational state），她们有自己独特的民族文化传统，在发展中从而形成了自己的特殊社会结构和适合本国情况的发展道路；第二，亚洲的一些国家，由于地缘、人种和历史诸方面的原因，文化与信仰存在一定程度的相似、相近、相融、相合之处，因而衍生出文化符号、文化伦理、文化哲学和文化行为的某些共通性和共识性的成分。例如作为交往工具的文化符号的汉字的运用，日常生活中饮食方式的一些习惯和筷子的使用，以及儒学伦理带动的行为规范的特征及其对公私生活发生的影响，还有佛教在民间的广泛传播，等等。这些地方反映出，亚洲的一些国家确实存在着一定程度的共通性文化基因，使得亚洲价值的意涵在文化上渊源有自。当然不应忘记，亚洲地区本身也由文化与信仰的多元形态所构成。第三，亚洲价值的提出，绝不单纯是对一个特定地区已往历史与文化的共同特征的概括，更重要的，是它所具有的前瞻性的内涵，即包括共通性和共识性成分在内的这些国家的文化传统与现代性是否相关。它们的固有传统能不能转化为现代文明建构的有用资源。这最后一点，是亚洲价值的重心所在，是现时性因素，是它的生命力量之源泉。否则所谓亚洲价值，不过是历史的遗存物，充其量只有个体眷顾的价值和审美的价值，对文化与社会的发展模式而言，谓之无价值亦可。

而亚洲价值义涵中我所说的第三方面的内容，即亚洲国家传统资源与现代性的相关性，或曰亚洲价值生命力之源泉所在，既为早些时候的日本的经验所验证，也为韩国、新加坡，以及中国台湾和香港的经验所验证，当然也为正在走向现代化进程的中国大陆的经验所验证。就是说，由于文化传统和文化类型的缘故，亚洲国家的现代化过程不能不带有自己的特点，不一定完全雷同于西方国家。这方面，已经有许多学者做出了富有成果的研究。不只是亚洲国家的学者，许多西方国家的学者对亚洲价值的现实性、合理性及其生命力都持肯定的态度。例如美国社会学者勃格（Berger）就曾写道：

> 可以合理地认为，东亚，即使从其最现代化的地区来看，也仍旧坚持一种注重一体性和自律的价值观。这种价值观会给一个西方观察者留下很深的印象，因为它确实与他自己习以为常的那套价值观和行为模式截然不同。近期关于日本人的商业风格和工业管理风格的讨论使这一特征更鲜明地凸现出来。是否可以说，东亚创造了一种"非个人主义的资本主义现代性"？果真如此，现代性、资本主义与个人主义之间的关联就不是必然的或内在的了。①

迄今为止西方的现代性总是和个人主义联系在一起的，而东亚的现代性却冲破了这种"必然的或内在的"关联，因此勃格并非很情愿地提出了"非个人主义的资本主义现代性"的概念。这无疑是说，在人类文明的演进史上，除了已往欧洲、北美的现代文明建构的模式之外，又有了另外一种现代文明建构的模式，即亚洲的模式。这种模式与西方的模式有所不同，它以亚洲国家自己的文化传

---

① 转引自金耀基著《中国政治与文化》增订版，牛津大学出版社2013年版，第315页。

统为建构的基底。因此,所谓亚洲价值是世界现代化进程的伴生物,是现代性研究衍生出来的一个类分概念,主要不在于提出而是亚洲国家在走向现代化的过程中,以自己的不同于以往的现代文明建构的实绩凸现出来的文化与社会的价值系统。

由于历史的原因,亚洲国家的绝大多数尚处在现代文明建构的过程之中。不管学术界对现代化和现代性的理念作何种界说,以及是否承认亚洲已经创造出了现代文明建构的新的模式,只要是现代化的文明建构,就中一定会蕴涵着包括人类文明共同成果的普适性的因素。也就是说,在走向现代化的过程中,不仅是经济,文明的全球化是不可避免的。全球化和本土化只不过是一个问题的两个互动的方面,而不是互不相容的两极。亚洲国家的哪些方面、哪些问题应该一无障碍地走向全球化的道路;哪些方面、哪些问题应该毫不退缩地往本土化方向延伸,各个国家自会根据不同情况,做出明智的抉择。"闭关锁国"是农业社会的产物,工业革命之后已经没有出路。到了21世纪,"区域文明体系"不汇流到"世界文明体系"之中,这种情形如果不是民族主义的精灵作梗,就一定是幻想家的梦呓。亚洲价值这个概念所以能够成立,是因为亚洲一些国家的现代化进程明显有自己的特点,可以从这些特点出发融入人类现代文明的共同河流中去,而不是希求从那条河流中分离出来。

一个国家的现代化进程,不可能在与世隔绝的情况下单独完成,随时需要不同文化背景、不同文化系统、不同文化理念的点燃与嫁接。去年年初,美国哈佛大学比较文化学者史华慈教授对我说,语言并不像人们想象的那样对思维有那样大的作用。他说这个话不久,就离开了人世。他是坚定的跨文化沟通的倡导者。为了鼓舞人类沟通与对话,他勇敢地提出了关于语言与思维的关系的也许是尚待证实的新理论。20世纪西方现代性的伴生物，例如"疏离感"、"心灵的漂泊"、"意义的失落"，等等，也许可以从中国以及东方的文化传统中找到诠释的依据。正是在这个意义上，我认为国与国、区域与区域、民族与民族之间，是互为依存的关系；东方离不开西方，西方也离不开东方。同和异，是就达致目标的途径而言。最终归宿，常常是相同的。《易经》上说："天下同归而殊途，一致而百虑。"信斯言也！

展望21世纪，我想随着亚洲国家走向现代化的目标的实现，亚洲价值必然会得到进一步的凸显。而凸显的程度，则取决于对亚洲国家自身局限的所能够克服的程度，同时也取决于亚洲国家融入人类现代共同文明的程度。"21世纪是东方的世纪"、"亚洲的世纪"——我个人不敢作如是观。我更倾向于这样一种看法，即认为世界是多元的、文化是多元的、现代文明模式的建构是多元的。21世纪既属于东方，也属于西方。21世纪是我们的，是你们的，也是他们的。总之21世纪是大家的，它属于全人类。因此如果对下一个世纪作某种预测，我认为经济的全球化、现代文明的普式化是必然之趋势，但各个国家的经济模式和文明的类型却不必也不可能完全整齐划一。"全球化"的理想是令人神往的，因为每个国家都是地球村的一个住户，如果不愿意离群索居，谁不希望有一个好邻居？但"全球主义"则是一个蕴涵某种危险的口号。当然我同样不能认同"新亚洲攘夷论"，我认为那里面也隐含有不祥之兆。

我自1988年以来，先后创办并主编两本大型学术期刊，一个是《中国文化》，一个是《世界汉学》。《中国文化》的办刊宗旨是："深研中华文化，阐扬传统专学，探究学术真知，重视人文关怀。"主要是想打通古今，接续自己国家的文化传统。《世界汉学》的办刊宗旨是："祈望以汉语的方式建构不同文化背景、不同文化系统之间的沟通与对话，建构国际汉学研究的学术桥梁，为实现人类在21世纪的共同梦想稍尽绵薄。"因此在刊物的扉页上，特别标出"为了中国，为了过去与未来，为了东方和西方"的口号。《世界汉学》的创办，在学术理念上主要是为了沟通中西。

我希望我的学术努力，能够与亚洲价值在21世纪的命运，与人类谋求福祉的愿望，保持历史向度的一致性。

［本篇为1998年9月3在中日韩三方学者汉城（今首尔）论坛上报告之论文，载2001年2月18日《深圳特区报》暨2月23日上海《文汇报》。］

思想的力量
——读朱维铮《走出中世纪》（增订本）和《走出中世纪二集》

没想到朱维铮先生也去参加了杭州的马一浮研讨会。我们对马持论固异，见面交谈却能生出快意。我喜欢他的直言无隐的风格。其实我们吵过架，但很快重归于好。我因此说维铮是"学之诤友而士之君子"。会后去沪，与维铮同行，候车闲话，得聆他非常时期的非常经历，益增了解。复旦演讲后的餐叙，维铮夫妇在座，《走出中世纪》（增订本）和《走出中世纪二集》两书，就是此时所赠。最近才断续读完。读维铮的书，如对作者本人，音容意气充溢字里行间。他气盛文畅，有时竟是"使气以命诗"。但理据充足，合于《诗》"大雅"的"天生烝民，有物有则"。名物考史，诗文证史，非其所长，也非其所好。他相信在历史的陈述中可以发现历史的实相。

置于两书卷首接而相续的六万多字的长文《走出中世纪——从晚明至晚清的历史断想》，就是这种历史陈述的典要之作，最能见出维铮治史的卓识与功力。读时我心志清醒，眼睛极累，却又不愿罢手，只好一气了之。即使对明清史事尚不算陌生的笔者，也无法不被他的理据情采所折服。理缘于据，即历史事实本身；采缘于情，即作者的爱憎态度。他对明清的二祖（明太祖、明成祖）三帝（康熙、雍正、乾隆）尤多恶感。被新旧史家一说再说而为不知情者所景慕的"康乾盛世"，维铮不以为然，这与鄙见不无针芥之合。增订本

《戮心的盛世》、《满清盛世的"小报告"》和关于年羹尧、汪景祺、和珅诸案的文字，则是对此一问题具体而微的论述。如果说于康熙他还心存顾惜，对雍乾及其所效法的"二祖"，则发覆掘隐不遗余力。他认为"体制性腐败"、"权力腐败"是大清帝国的"国病"兼"死穴"。他说雍乾及"二祖"是恐怖政治的制造者，而"政治冷淡症正是恐怖政治的女儿"。致使清中叶惠(栋)、戴(震)等诸汉学巨擘，不得不扮演"锢天下聪明智慧尽出于无用一途"的历史角色。虽然他引用的是魏源的话，但他本人的态度朗若晨星。

维铮自然不会否定清代汉学的群体学术成就，这有他的《梁启超和清学史》和《清学史：学者与思想家》（《走出中世纪二集》）及其他关涉清代学术的论著可证。况且他的学术驻点原未尝离开过章(太炎)、梁(启超)、胡(适)等现代诸学术硕彦，他们对清学的态度，维铮岂能完全知而不认。只不过他试图将思想和学术作一区分，似乎认为清中叶纵有名副其实的学者，却鲜有真正的思想家。也许写《孟子字义疏证》提出"人死于法犹有怜之者，死于理其谁怜之"的戴东原是一个特例，但也止于《孟子字义疏证》一书而已（戴《与某书》亦曾直言"后儒以理杀人"）。因此他对盛行于明清两代的程朱理学，不稍加宽宥的痛而辟之。甚至连程朱祖述宗奉的孔孟，也不肯通融缓颊。他对儒家殊少敬意与好感。《史》、《汉》两家对公孙弘"习文法吏事，而又缘饰以儒术，上大悦之"的书写，他一再引为学术知己。而钱穆《中国近三百年学术史》自序的"求以合之当世"一语，他胪列众多今典予以驳正。不消说当90年代看到徐中舒的《论甲骨文中所见的儒》一文，他是何等的惊喜。因为这一考古实证可以把孔子从儒的祖师的地位上拉下来，维铮当然乐观其盛。而且此公案直接牵涉康有为、章太炎、胡适、郭沫若几位名可惊座的大人物，即使是他们九泉之下的欣喜或窘态，维铮自必也乐于静观冥想。

然而维铮对儒家的这种态度，在我看来有未能将汉以后渗入家国社会结构的意识形态儒学，和作为先秦思想家的孔子和孟子区分开来的嫌疑；也有未能将宋代的哲学家程朱和明清权力者装饰过的程朱理学区分开来的嫌疑。王国维、陈寅恪都指宋代为中国思想文化的最高峰（措辞不同其意则一），陈寅恪更视宋代新儒学的产生与传衍，为我国思想史上"一大事因缘"。这些维铮必早已熟知。孔孟所建之儒家道统，是否如韩愈所惊呼的孟轲之后已不得其传？宋儒在重建儒家道统方面的建树，宜有哪些可圈可点，似还有绝大的探讨空间。我很高兴在《走出中世纪二集》里读到《百年来的韩愈》一文，这是一篇不可多得的绝妙好词。只有朱维铮教授有这样的本领，以一个历史人物为中心，串联起晚清以还那么多的人物与故事，曾国藩、严复、张之洞、谭嗣同、毛泽东、蒋介石、陈寅恪、俞平伯、冯友兰、刘大杰，都一一坐定位置，成为他用可信史料编排的舞台剧中的一个角色。他议论风生，举重若轻，剥蕉至心，是非分明。但他的冷峻的语言风格，容易让读者以为他只有了解，没有同情。清儒"实事求是，无证不信"的信条，他奉为圭臬，但钱晓徵告白于海内的"实事求是，护惜古人之苦心"，亦即前贤往圣著笔立说的不得不如是的苦心孤诣，我们的维铮似尚缺乏"了解之同情"。

章学诚有言曰："高明者多独断之学，沉潜者尚考索之功。"我读维铮书看到的作者，宜乎"独断之学"胜于"考索之功"。因此他是一位名副其实的"高明者"。他看重思想的力量。他的学问是活学问，不是死学问。但如果有人以为他的学问根底不够坚实，那就难免犯不知人也不知学的错误。他的学问根底来自五十年如一日的文本典籍的阅读。他习惯夜里读写，上午睡眠。上帝虽未垂顾于他，却为他拨出比常人多得多的时间。疯狂阅读加上惊人的记忆力加上超强的理性分疏能力，成为朱维铮学问过程的主体精神结构。包括《中国近代学术名著》在内的他编的那些文史典籍，我们切忌以俗眼揣度，在他可是自己吞食原典资料的天赐良机。牵涉学术的理和事，他从不"尸位素餐"。如同钱锺书说"善述"不亚于"善创"，好的编选整理，与文献研究庶几近之，远非夸张篇幅的浮词空论所能比并。课堂上下，大会小会，维铮可以随时挑出时贤后生关乎古典今典以及时地人事的瑕疵舛误，就缘于他的记忆和阅读。

　　至于文情词采，我是这次才发现的。当他的笔触行至清季的甲午之战，因日人长期预谋蓄势，一旦开衅，陆战清军节节溃败，要不要决战海上？翁同龢和李鸿章两个冤家争论激烈，而且都想得到握有实权的慈禧太后的支持。作者于是写道："岂知这时太上女皇突然'病'了，连皇帝也拒见。她的行为，似乎可解读为听任皇帝自主决策。于是翁师傅也胆大了，亲赴天津逼迫李鸿章出战。既然慈禧心态莫测，那么面对今上对之言听计从的帝师的压力，李鸿章能不孤注一掷吗？果不其然，黄海一战，北洋舰队惨败。也许这正合满汉权贵之意。他们早将当年怀疑曾国藩的阴沉目光，移向实力最强的淮军首领李鸿章，认定他有'不臣之心'，'挟外洋以自重'，所以不肯与'倭贼'决战。待北洋水师全军覆没，他们反而弹冠相庆，以为李鸿章的赌本输光了。"结果"光绪帝和他的重臣因主战而忍诟，李鸿章和他的淮系因丧师而失权，恭亲王等满洲权贵从此退缩自保。至于'公车上书'凸显的举国同仇敌忾，在太后更是觑若无物，她不是早就宣称，谁要扫了她'六旬万寿'之兴，她就决不饶恕吗？""倒霉的是李鸿章。他在甲午海战败后，便被皇帝下诏拔去三眼花翎，在当时外国人眼里，已如公鸡失去了尾巴。"这些诙奇跌宕而又语势流贯的文字，读得我们几乎要撇开历史故实，束手驻足来专赏史家的词采文章。

现在好像又有豪杰之士欲尾随为"则天武后"翻案的昔日时髦，也在替"狡诈的老太婆"慈禧说项了，包括称赞她的"美丽"。在这个问题上，即使不曾欣赏"郁郁乎文哉"的朱氏之论我也一定"从朱"。"狡诈的老太婆"是已故史学家翦伯赞给慈禧下的考语，见于他的《义和团运动》一文（新版翦著《历史问题论丛》合编本作"狡猾"，不知是后改还是原文本如此而维铮笔误）。维铮引来，甚获我心。也是这次才知道，维铮对《三国演义》、《儒林外史》和《红楼梦》，还有如许的兴趣。苏州姑娘林妹妹的家政名言，也为他屡引而无倦意。关于耶教来华及西来学术和中外接触史的研究，也成为他关心垂顾的领域，也是这次所见识。我想他一定到徐家汇看过那些珍藏的相关史料。但清代汉学和西学的关系，窃以为至今还是假设多于求证的未竟课题。"盛清"的国力虽不弱，但近代科技远逊于西方，甚至不是"先进"和"落后"的问题，而是"有"和"无"的问题。中国近代科技的不发达，那是要走到历史的深层，借助文化与信仰的大背景来做诠释。新世纪曙光的不能应运而来，如果仅仅归之于"体制腐败"的"国病"，似尚嫌过于笼统。

总之维铮先生的学问结构，史学是其地基，经学是其屋棚四壁，近代人物是屋中暂住的过客，思想是其柱石。说开来，他所治之学主要还是思想史。他也是以此自负自居的。他的不可一世的书生意气，一则由于不为人所理解的思想的苦痛，二则由于"高明者"的知性傲慢，三则是性情的直率与天真，最后也许还要加上长期走不出"中世纪"的"闲愁胡恨"。

他优越地驱遣着入于他研究领域的历史人物与事件，他既不想充当历史人物的"辩护士"，也不想做历史事件的"事后诸葛亮"，但他不免相信自己对历史的清理（他偏爱马克思的这句话），没有为后来者留下多少空地。然则即使是"高明者"的"独断"，也有失手的时候。《走出中世纪二集》中《关于马一浮的"国学"》那篇，就是显例。

想不到一向谨严的维铮竟这样立论："他（指马一浮）对今天最重要的是什么？如果一定要作价值判断，那么在我看来，如今此等老宿已近于无。"就是说已经没有价值。"是这样吗？"这里我套用一句几次出现在此两书中维铮诘问他者的俏皮话。而且说马先生"在政治上总随改朝换代而转向"、"越发坚持其'用世'为归宿的所谓儒学教旨"、"可谓'与时俱进'"，如果不是厚诬前贤，我以为也是言重了。马对释氏义学和禅学的洞悉达旨（许慎称《说文》有"究洞圣人之微旨"之意）并不弱于儒学。在蠲戏老人心目中，佛学和儒学具有同等重要的地位。对宋儒的吸纳二氏而又在言辞中隐其来路的做法，马一浮不予认同。马的学术思想其实是儒佛并重，以佛解儒，儒佛会通。只以儒之一脉来匡马的思想，未免失却半壁江山。至于指抗战时期马先生在四川乐山创办复性书院，是想充当"帝师"，恐怕也是缺少足够理据支持的过当之词。我虽爱重维铮，但此篇文章的立论则期期以为不然。其实维铮完全可以不写这篇文章。当然文章纠正时人的一些舛误，自然是好的，抑又未可全然抹杀也。

另外，《百年来的韩愈》词密理周，洵为不可多得之作，已如上述。但第六节析论陈寅恪的《论韩愈》,认为陈所列举的韩之"排斥佛老,匡救政俗之弊害",也许可以解释为对50年代初"三反"和"抗美"的"赞同",以及陈文论韩之"改进文体,广收宣传之效用",是对毛的《反对党八股》的"赞同",等等,恐怕亦难逃附会的嫌疑。是又我爱维铮,亦不敢悉为维铮辩也。

2008年12月26日写于京东寓所

(载《中华读书报》2014年8月19日)

学术所寄之人
——在《汤一介文集》出版座谈会上的发言

我与之往来比较多的师友，很多都在北大。而在这些师友中，汤一介先生和乐黛云先生，又自不同。我和他们相识、订交，快四十年了。他们对我而言，亦师亦友，经常能从他们那里受到教益。而且有情感的牵挂，做梦也会梦到他们。

看到汤先生十卷本文集出版，我感到一种喜悦。就为学的类分说，他属于哲学，主要是中国哲学。但他学问的底色，是儒家思想。他的学问特点，是对儒释道三家的思想都有专门的研究，做到了会通三教。文集中的《在儒学中寻找智慧》、《佛教和中国文化》、《早期道教史》，是他研究"三学"的代表作。他的名著《郭象与魏晋玄学》，则是归结儒道两家思想的著作。近年他致力于《儒藏》的编纂并非偶然，不妨可以看作他在学术上的"归宗"之作。不过他为学不专主一家，他走的是20世纪学者的通儒的路径。

他为学为人是统一的。他是君子，是仁者。前些年我们有一个"金秋有约"的聚会，我和内子发起。季羡林先生在的时候，每次都参加，汤、乐两先生是必到的嘉宾，还有李泽厚、龚育之、王蒙、严家炎、邵燕祥等，于光远也参加过。一次抽签，汤先生抽到的是"仁者寿"，再恰切不过。不久前看望汤先生，他说如今回到了《论语》，最喜欢孔子讲的"仁者安仁"。汤先生是我们认识的当代学人中最具儒者气象的学者。

他的学问的成功,得力于两个条件:一个是先天的,即他的家学传统。包括他的祖父的立身行己,堪称德范。他的尊人汤用彤老先生,是公认的研究佛教史学的大师。我们看钱宾四先生的《师友杂忆》,钱对很多学人都不无微词,唯对汤用彤先生称颂备至。汤一介先生的家学,使他比一般学者"得天独厚"。二是后天的,即他的了不起的夫人乐黛云教授对他的扶持与协助。他们是患难夫妻。当他们刚坠入爱河的时候,乐先生由于"当代英雄"事件,在50年代被施行了"加冕礼",但汤先生的始终不渝的爱情助她度过了人生的困境。后来汤先生也遇到过挫折,然而我还是看到他们相濡以沫,在落日余晖中,漫步于颐和园的昆明湖畔。

苦难会增加学问的深度,会使一个学者更具人文与社会的关怀。

汤一介先生的学问立足本土,但从不忘记与域外学术思想进行沟通,对其加以吸收。他是国际型的学者。在这方面,乐黛云先生扮演了桥梁的角色。乐先生精通英文,长期致力于比较文学和比较文化的研究,大力传播跨文化沟通的理念。他们既夫唱妇随,又妇唱夫随。

近三十年来汤一介先生和乐黛云先生的学术研究和学术活动,为学术界赢得了声誉,为国家赢得了荣誉。王国维曾说:"天而未厌中国也,必不亡其学术。天不欲亡中国之学术,则于学术所寄之人,必因而笃之。"汤一介先生自然称得上是"学术所寄之人"。让我们深深地祝福他们。

(载《中国文化报》2014年8月19日)

人文与社会科学研究的几个问题

一 人文科学与社会科学的分别

中国现代学术思想的一个标志，是重视对学术作现代学科的分类。传统学术的分类方法，是按经、史、子、集来分别，也就是通常所说的四部之学。晚清西方学术思想大规模传入，当时呼吸到新鲜空气的学人，开始对传统学术重新整合与分类。王国维接触西方学术思想比较早，他比同时代其他学人更重视学术分类。他曾说，"现在的世界是分类的世界"。五四前后学术界提倡整理国故，方法之一，就是对传统学术作现代的类分，也就是胡适所说的，"文学的归文学，哲学的归哲学，史学的归史学"。但五十年代以后，中国的人文与社会科学经历了曲折的过程，长时期学术分类变得模糊而不明晰。人们只知道自然科学与社会科学，人文科学几乎消匿了。当时存在的倾向是，用马克思主义的一般原理代替社会科学，所以经济学只讲《资本论》，政治学只讲《共产主义运动史》，社会学、人类学、心理学等，根本不存在了。

重新反思和检讨五十年代以后的学科建设，问题之一是人文科学与社会科学不加区分，因此很多学科没有建立起来。近二十年人文与社会科学的学科建设得到不同程度的重视，出版、研究和大学的学科分类逐渐明晰起来。然则人文与社会科学的分别到底在哪里？

一般地说，社会科学应包括经济学、政治学、法学、社会学、心理学等；人文科学包括语言学、文学、历史学、哲学、考古学、艺术史、艺术批评等。我这样讲，也许有利于综合大学的学科建设。因为在大学的学科设置问题上，艺术史和艺术批评是相当重要的，而过去却得不到重视。国外的大学，据我所知，是非常重视艺术史课程的。艺术史和艺术批评，可以补充并有助于人文从业人员的鉴赏力和同情心理的形成与提升。

有一种说法，认为科学（包括社会科学）是从多样性、特殊性走向统一性，而人文科学则必须凸现其独特性、意外性、复杂性。我不能否认这种说法有一定道理。但不妨从另外一个角度来观察，即如果说人文科学与社会科学都离不开人和人的活动，那么比较起来，人文科学主要是以人为中心，甚至可以说是研究人本身的学科。语言是思维工具，文学是人的幻想，历史是人的记忆，哲学是人的思维成果。因此研究人文科学的从业人员应该是最富人文精神的群落。

二 专家之学与通人之学问题

学术二字，重点是学，学是根本。晚清学者如严复，把学看成是"体"，将术看作是"用"，也是强调学的重要。说一个人学问不好——不学无术，这是很严厉的批评。如果说有学无术，倒是褒义的说法。最不好的是不学有术，简直是恶评了。

世间的学问，各有不同的范围和研究对象，所以形成不同的学科，但学后面的理与道，又是相同或相通的。通人之学，不仅能明其学，而且能通其道。传统学问讲求通，认为通与不通是为学的大问题。不通，固然有时是指文字表达存在问题，但主要指的是理与道的不通。同时也指自划畛域，不能打通相邻的学术领域，局于一隅，不能把各种学问融为一体。

通人之学与专家之学的分别，在于专家之学是就某一研究领域、某一研究对象而言的，它不一定打通各界，达到通识通学；但通人之学必须打通古今，联结内外，甚至还要究天人之际。上一个百年，许多第一流的大学者都有通人之学的气象，如严复、蔡元培、梁启超、章太炎、王国维、陈寅恪、胡适之、钱宾四、张舜徽等。所以，我认为二十世纪的整体学问成就是很高的，是乾嘉之后的又一个高峰期。当然，现代学术的一个标志，是学科的分类越来越细密，不用说，这也是学术发展的需要，但代价则是通学之士越来越少了。而为学开始阶段的博取与专精问题，是日后走向通人之学和专家之学的起点。这是任何一个以学问为职志的人都无法绕开的问题。

三 借人讲话与借符号讲话问题

我是指学问的两种建构方式。当然学问的建构，有各种途径和方法，所谓借人讲话和借符号讲话，更多的是就人文学术的写作方式和表述方式来说的。哲学家，特别是那些擅于形上之思的纯哲学家，他们往往用符号讲话。对他们而言，最重要的是范畴、概念、逻辑。西方这类学者很多，因为西方有思辨的传统。中国学者单纯用符号讲话的比较少，只有一些佛学经典，另外还有金岳霖，他的《知识论》、《论道》，可以看作是用符号讲话的典范之作。

史学家一般借人讲话。因为历史是人物的活动，离开人物的活动，就无所谓历史。我个人大体上是借人讲话。我研究王国维、陈寅恪，研究现代学术人物，无法不借人讲话。现在学术界有一些青年学人，也试图借符号讲话，但是由于准备不足而往往流于空疏。急于说一大堆话来建构自己的体系，实际上体系并不因之而建立起来。这样的空疏之学，与其借符号讲话，还不如借人来讲话。

四 古今中西问题

做人文与社会科学研究，不可避免地会遇到古今中西的问题。一般地说，我们需要做到知古知今，知中知西。高一点的要求，应该是博古通今，学贯中西，这比较难，只有一些大师级的人物才能做到。上一个世纪的一些大的学者，他们的学问确实达到了这个境界。我们初学做学问的人，我认为至少应该做到知古知今、知中知西。而且应该明白，古今中西并不是扞格不相关的对立体，而是应该互相打通的文化区域。

晚清的时候，西潮汹涌，中国文化的传统价值受到冲击，把中西学问对立起来的现象非常普遍。"中体西用"之说的提出，作为因应之道，不能说没有一定理据，但本质上是一种防范性的文化主张。出发点是为了"防弊"，结果是把"中"、"西"对立起来。今天这种现象不应该再有了。如果没有西方文化作为参照系，只知有中，不知有西，对中国文化的界定容易失去准的。同样，作为中国的学者，重要的是不忘记本民族的历史地位，也就是要知道自己是从哪里来的。知道从哪里来，才知道到哪里去。也就是"数典"而不忘祖。相反，如果变成只知有西，不知有中，那就走向另一个极端了。而在古今关系问题上，"以古为新"是很多学者愿为的，因此学问的当代性问题显得非常重要。

五 人文写作的主客互动问题

社会科学研究讲究客观性，甚至需要汰去情感。情感的介入有时可能会影响研究的客观性。所以有"价值中立"的说法。乾嘉考据学有六个要素，其中有一个要素是"断情感"。研究中国学术史，我认为乾嘉学术中已经开始有现代学术思想的一些萌芽，就是指这样一些方面而言。人文科学虽然也讲究客观性，但研究者的主体性往往非常突出。哲学跟人的主体思想是合一的，文学更是人的情感和情绪的直接表露；即使如历史学这种以追求客观真相为目标的学科，在历史写作中史学家的角色也不容忽视。所以，陈寅恪的史学研究，有"古典"、"今典"的发明。我还提出陈著中有"近典"存在，即史家身边正在发生之事，有时会被不经意地带入书中。此即所谓"古典今情"是也。故《柳如是别传》卷前题诗有"明清痛史新兼旧，好事何人共讨论"的句子。

在这个问题上我提出过一个概念——"历史的现在时"。三联书店重新出版《柳如是别传》，邀我作文介绍，在文章的结尾我写道："天壤之间，有了《柳如是别传》这部书，活的史学，有生命的学术，历史的现在时，从此成为可能。"历史的现在时这个观点，我自认为非常重要，它涉及史学家的角色和人文写作中的主客互动问题。

六 人文从业人员的人文修养问题

首先遇到的是文史哲三科的分与合的问题。人文科学的基础学科还是文学、哲学和历史。学文学的需要走向历史和哲学。中国传统做学问的方法,有个一贯的说法,就是"出文入史"。要求学文学的人应该进入历史,认为只有走入历史,学问才能有成,否则单纯的文学是否能够成学,还是一个问题。就是说,只有"出文入史"才能成其为学。但我个人的经验似乎有一个发现,我是学文学出身,后来确实进到了史学的领域,甚至有一段时间还颇有一点看轻文学。北京大学百年校庆的国际汉学会,我被分到历史组。有时与朱维铮先生通电话,我总是说在步他的后尘。但是在史与哲的领域逗留时间久了以后,慢慢发现,对文学还有一种不自觉的怀恋。不仅仅是怀恋,慢慢发现在史与哲的研究中有文学的参与,能使学问提升到一个新的境界。

现代性研究中有一个概念叫"情商",与"智商"相对的一个概念。研究者说那些最高的天才不仅智商高,情商尤其高。文学修养,其实是一个人情商的催化剂。当你全身心进入史学和哲学的研究后,偶尔会发现文学的填补和参与其作用有多大,以及多么有趣。所以一个人文从业人员,不仅应该通史通哲,而且应该有很好的文学修养和艺术修养。哲学家和艺术是结盟的,如果没有文学修养和艺术修养,那将是怎样的一种缺陷呵。起码不能成为一个好的哲学家。事实上我还没有看到一个伟大的哲学家而不具备好的文学修养和艺术修养。就连经济学家厉以宁先生,他的诗词写得也很好,而吴敬琏先生则喜欢古典音乐。

还有一个问题是"学与人"的问题,即做学问与做人的问题。

这是个传统文化语境中的老问题。在西方不格外强调这个问题。西方学术界大都认为，做人与做学问没有什么特殊的关系，因为学问已经从主体分离出去，是客观的呈现，学问就是学问。中国的学问则常常与做人联系起来，倾向认为，如果一个人的人格精神品质不那么好，他的学问也未必真能够做得好。因此主张可以从文章中看出一个人的人格气象。做大学问要有大的胸怀、大的气象，然后有大儒、师儒之称。不仅讲究学问，还讲究学养。学养指学问的多方面的储备与修炼，不仅仅是知识储备。这其中有一项指标，叫学问味道。学问是何味道？如果定义难以解说清楚的话，我们确实在不同的做学问的人的身上，可以看出、感觉出、体会出不同的味道。既然是味道，就有好与不好、比较好和不那么好之分了。

七　论与史的问题

也就是材料和观点的问题。一般做学问、写论文，材料和观点结合得好，是初步的要求。因为只有把这两者结合好了，才能有说服力、自圆其说。过去有一个误区，就是一段时间强调"以论代史"，后来觉得不好，又提出"论从史出"。其实两种说法都有些简单化。

二十世纪中国现代学术发展中有另外一个派别，后来称为"史料学派"，以傅斯年为代表的原中央研究院历史语言研究所是此一学派的重镇。傅斯年特别重视史料的挖掘，把史料提到了第一位。他说什么叫学问？就是找材料，口号是"上穷碧落下黄泉，动手动脚找东西"。陈寅恪的基本方法，也是在史中求史识。总之用材料讲话。翦伯赞从前写过一篇文章，题目叫"反对放空炮"，同样是这个意思。我可能是受了傅斯年、陈寅恪他们的影响，我看前人的著作，很大程度上是看他们著作中涉及的材料，而不是寻求他们的观点。在材料与观点到底哪个更重要这个问题上，我想首先不能把两者分开，但我个人更喜欢前人著作中有价值的材料。

当然话说回来，如果一篇文章，一本著作，只是材料的堆积，铜钱一大堆，没有一条结实的线穿起来，也无法成其学问的统系。材料本身是需要甄别的，入于著述的材料，已经经过了作者的选择甄别过程，就中的观点和方法应该卓然可睹。主要是忌绝空论，宁可不说话，也不要空话连篇。

八 学术与思想问题

学术与思想是不能分开的。其实讲学术，很大程度上讲的就是学术思想。乾嘉学者的研究，他们一定程度上带有纯学术的特点，但他们的学术著作中难道没有思想吗？没有思想怎么能建构自己的学术呢？仔细追寻起来，实际上是学问结构的义理、考据、词章的关系问题。此学问之三要素，学者常常不能得其全，而是不同作者，各有偏长。有的长于考据，有的长于义理，有的长于词章。三者之中到底哪个最重要？显然更多的研究者会认为，考据最重要，因为这是学之为学的根基所在。乾嘉诸老就是以考据名重当时，而深远影响于后世。但乾嘉考据学的皖派代表人物戴震，对此三要素的排列顺序前后不无变化。早期他置考据为第一位，晚期改义理为第一位。我们读他的《孟子字义疏证》，明显看到戴氏的思想情不能禁地跳出了清代的思想牢笼。章学诚也是以义理见长，这有他的《文史通义》为证。戴、章同为乾嘉考据大师中的思想家，至少应得到后世的我们的承认。

就一个人文学术的从业人员而言，考据应该是打地基的工作，地基不牢，学问大厦无以为立。义理则是大厦的阳光和空气，缺此条件，大厦里的人会闷闷而死。换言之，材料考据是学问的躯干，义理则是学问的灵魂。没有思想义理的学问是死学问，没有躯干的义理只能成为无所依归的游魂。所以我认为，学术和思想是不能分开的。至于词章，古来有人认为不过是雕虫小技，不在话下。其实有所不然。"言而无文，行之不远"，圣人之所言也。"文质彬彬，然后君子"，亦圣人之所言也。岂可忽哉，岂可忽哉。

我的这个看法，涉及近二十年中国学术界所谓八十年代和九十年代的分别问题。有人说八十年代重思想，九十年代重学术。对此我不敢完全苟同。在我看来八十年代的学术界有不够扎实的倾向，由于学风不扎实，因此思想也就难以立得坚实。九十年代以后学术界的风气比较扎实一点，因此有了一些不错的看得过去的著作。

九 发明与发现问题

从事人文与社会科学的研究，写论文、出版著作，总应该有属于自己的、别人没有涉猎过、没有讲过的东西，这就是学术研究中的发明和发现问题。发现指材料的发现，如甲骨文字、敦煌遗书的发现，等等，这是二十世纪的学术大发现。小一些的如不时出现的考古新发现，以及每个研究者对课题范围之内的具体材料的发现。前些时我探讨陈寅恪的家学渊源，有诸多材料说明陈寅恪的曾祖父陈琢如对王（阳明）学最为倾服，他的祖父陈宝箴也兼治"姚江"（王学）。那么陈三立呢？一次翻检《散原精舍文集》，突然在一篇陈三立写的墓志铭中，分明看到下列字样："涉学派，三立意向阳明王氏，微不满朱子。"陈三立自己声明他倾向王学，再没有比这更可靠的证据了。这条材料，对研究义宁之学的渊源来说，应算作一个发现。

学术发明是指学理上的发明。钱大昕是清代的史学家，也是音韵学家。他在音韵学方面的一个重要贡献，是指出上古汉语没有轻唇音。这在学术上既是发现又是发明。钱锺书先生的《管锥编》，爬梳比较几百种中外典籍文献，他认为："东海西海，心理攸同；南学北学，道术未裂。"这个结论，在学术上就是重要的发明。人文与社会科学研究的一个重要目标，就是祈望在学术上有所发明和发现。一个人文与社会科学的从业人员，如果写了很多文章、著作，却没有一点发明和发现，这样的研究，其学术意义就大为降低了。但现在的文章、出版物很多，有发明、发现的却很少。

十　学术论文的文体规范问题

九十年代以来，学术界开始重视学术规范问题并且有所倡导，这与我个人有一点点关系。我主持的《中国文化》杂志，在九十年代初期有一段时间，相当重视学术规范的研讨，专门邀请在美国学习多年的几位中青年学人，举行学术规范的座谈。他们所受训练系统，学术上有自己独立的建树，包括现在执教于南加州大学做人类学研究的阎云翔等。陈平原、汪晖等主持的《学人》杂志，也有一段时期比较重视学术规范的讨论。邓正来主编的《中国社会科学季刊》和《中国书评》，也发表不少关于学术规范的探讨文章。这些探讨起到了带领性质，使九十年代的学术界开始有了重视学术规范的一定自觉。

但是还非常不够，现在的学风又趋于浮躁，失范现象越来越严重。学术规范的一个最大的问题，是如何对待前人和他人的成果问题。很多论文和著作吸收了前人或他人的学术成果，而不注明出处，这在学术上是大不德。学术论文写作，即使是从前人或别人那里受到了启发，也应该申明。大学有责任在这个问题上立下风范，如果发现掠夺了别人的学术成果，这样的博士论文、硕士论文，应该不予通过。国外学术界非常重视这方面的规范。一篇正规的论文，别人的意见总是规规整整地写在那里，别人研究到何种程度，而自己提出了什么不同的问题，清清楚楚。我们的一些论文写作，可以说完全不管别人怎么讲。比如我所关注的陈寅恪研究，我看到不少文章都是在重复叙述，完全不顾哪个问题谁最先提出、谁最先发现的。当然也有另外的情况，例如注明出处，被认为是论文写作的规范。因此有的学者提出，看一篇论文，不需要看文章本身，只要看后面的注释就可以知道文章的水平。结果现在有的文章，喜欢做大面积的注释，不该加注的也加注，徒增篇幅。

十一 学问有什么用

有一次，我在北大历史系给研究生讲课，那天天气特别冷，而且是在晚上，听我讲王国维和陈寅恪两个大学问家同时也是两个悲剧人物的故事。大家进入了学术人物与环境的特殊氛围，情绪显得低落。有个听讲者问："学问有什么用？"我说："我其实也觉得没什么用，首先解决不了你现在的情绪低落问题。这需要暖气和阳光一类的东西。"

社会科学，比如经济学、法学，用处是可以看得到的。人文科学如文学、哲学、历史学，它的用处在哪里？古人有"无用之学"和"有用之学"的说法，说"无用之用是为大用"。人文科学的作用，是眼睛不容易看到的。人文科学的作用不是现在时，而是将来时，它有潜移默化的作用。宋代大思想家、理学家、哲学家朱熹，认为读书可以变化气质，真是一语中的之言。如果很多人都有机会念书，就会形成集体的文化积淀，每个人都有人文方面的修养，这样的人群的气质就不同了。所以教育的普及非常重要。如果中国是一个实现了普及大学教育的社会，我们看到的就不是现在的中国人这个样子了。人文修养、读书，首先可以变化一个人的气质，然后蔚为大观，就可以慢慢转移社会的风气。

另外学术还是一种象征，一种文化精神的象征。我在过去文章中，讲过学术思想是一个民族的精神之光。王国维说一个国家有最高的学术，是国家最大的荣誉。而大学，就是拥有最高学术的学府。清华大学的梅贻琦校长，一九三一年发表就职演说，说"所谓大学者，非谓有大楼之谓也，有大师之谓也"。李大钊在纪念北京大学成立二十五周年的文章里也强调："只有学术上的发展，值得作大学的纪念。"陈寅恪的一个文化理想，就是希望国家能够尊礼大儒。总之人文科学的作用，对个人来说是变化气质，对国家和社会而言，则是可以转移风气。

十二 声名与沉寂

学问做得好，文章发表得多，著作出版得多，必然会相应地产生一定的名气即知名度。但名气、知名度和学问本身并不是一回事。大学问家往往是沉寂的。没有一个大的学者，没有一个学术上有大的成绩的人，没有经历过学术上的沉寂时期。我找不到反证的例子。王国维的学问，在很大程度上得力于一九一二年与罗振玉一起到日本，住在京都的乡下，几乎用了六七年的时间，系统读罗振玉大云书库的藏书，这个时候他几乎与世隔绝。郭沫若在甲骨文、金文方面的成就，没有人否认，然而这得力于他一九二七至一九三七年在日本的十年苦读。陈寅恪更不用说，他一生都在学问堆里，不求闻达，不求为世人所知。季羡林先生的学问，也是经常在极端的沉寂中做出的，他的最重要的译作、卷帙浩繁的《罗摩衍那》，是在十年动乱与浩劫之中翻译完成的，一边看传达室，一边在小纸条上翻译。李泽厚现在名气很大，其实他是一个喜欢独处、相当沉寂的人。他很少参加会议。他关于康德的书是在下放干校期间写成的。

而且人文与社会科学方面的著作，特别是那些学问深积的著作，并不一定很快得到人们的认识理解。所以古人有"藏之名山"的说法，把著书立说叫作"名山事业"。陈寅恪更是认定他的著作不会见容于当世，不止一次地说"后世相知或有缘"。对学人和学问的理解，不一定取决于研究领域的相近和相同，还有一个"学缘"的问题。总之声名和声望固然很好，但沉寂也是很美的。不为人所知也许比为人所知更有学问的力量。"老树著花无丑枝"，大学问家、大学者的声名，自然是美的。所以连学位都不要的陈寅恪，在给甘于寂寞的学者杨树达写的序中说道："一旦忽易阴森惨酷之世界，而为清朗和平之宙合，天而不欲遂丧斯文也，则国家必将尊礼先生，以为国老儒宗，使弘宣我华夏民族之文化于京师太学。其时纵有入梦之青山，宁复容先生高隐耶？然则白发者，国老之象征,浮名者,亦儒宗所应具。"可知声闻本身并没有什么不好,只不过比声闻本身更重要的,是要做到名实相符、实至名归。

（原载《文汇报》"学林"专版2002年7月13日,《新华文摘》转载。）

第六卷

历史的哲学命题原来是这样：一个社会如果无狂了，也就是人的主体意志的自由失去了，那么这个社会也就停滞了。但狂有正、邪：狂之正者，有益于世道人心；狂之邪者，亦可为妖。所以需要"裁之"。正是在此一意义层面，中庸、中道、中行可以成为节制狂狷的垂范圣道。它可以发出天籁之音，警示在陷阱边冥行的人们，左右都有悬崖，前行莫陷渠沟。太史公岂不云乎："虽不能至，然心向往之。"其实宇宙人生的至道，都是可参可悟而不可行的绝对。笔者对此一意义层面亦不无辨正。孔子"狂狷"思想的提出，使中国的圣人和古希腊的圣者站在了同一个水平线上。

《中国文化》创刊词

《中国文化》没有在我国近年兴起的文化热的高潮中与读者见面，而是当文化热开始冷却，一般读者对开口闭口大谈文化已感觉倦怠的情势下创刊，也许反而是恰逢其时。因为深入的学术研究不需要热，甚至需要冷，学者的创造力量和人格力量，不仅需要独立而且常常以孤独为伴侣。

创办《中国文化》的宗旨是：深入地创造性地研究中国文化发生和发展的历史，并在当今世界文化的大背景下，通过不同文化系统的参证比较，探讨中华文化的特质和整合规律，促进文化复兴，推动现代化的进程。选题范围包括中国文化史、东西方文化比较研究、文化学理论、宗教文化、民俗文化、文化地理和国家文化发展战略，以及对艺术与文学的分学科研究和综合研究。着眼点在学术，即主要对文化现象作学术研究。艺术各学科与文化的关系、传统文化与现代化的关系、中国文化与外来文化的撞击和融合、我们在二十一世纪的文化发展战略，将作为重点研究课题。

《中国文化》系综合性学术专刊，总的以发表高水准的学术论文为主，同时也配以随笔、札记、书评；形式力求多样，提倡文体革新。明白晓畅的白话文和典雅雍容的文言文，均所欢迎。如果遇有确实不同凡俗而又饶有文化韵致的小说或诗歌，也考虑予以选登。

自创刊号开始，将陆续开辟中国文化发生学、中国的文化圈、专学研究、文史新篇、文化与传统、文化哲学、文学的文化学阐释、宗教与民俗、现代文化现象、古典新义、序跋与书评、学苑撷英，以及文化名人专访和学者答问等专栏，为慎思明辨的研究者提供充分的用武之地。并通过文字和图版，摘要报道我国学术界一定时期文化研究的新成果，包括最新的地下发掘，做到图文并茂，使刊物既有学术价值，又有历史文献的价值。

特别对具有中国学术特点的一些专学和绝学，如甲骨学、敦煌学、西夏学、周易学、许学、选学，等等，以及为时尚淹没的学科和被冷落的学者，本刊将给予格外的重视。经过深入研究，观点上有创见的文章固所欢迎，学者们发现的新材料和拓展的新领域，同样会引起我们浓厚的兴趣。既重独断之学，也重考索之功。

本刊确认文化比政治更永久，学术乃天下之公器，只求其是，不标其异。新，固然是人心所向往；旧，亦为人情所依恋。关键是一切从学术出发，提倡独立的自由的学术研究，自由才能独立。即使物境不自由，学者的心境也应获得自由。为学之道，尚同比求异更重要而且深刻得多。诚如当代学术泰斗钱锺书先生所说："东海西海，心理攸同；南学北学，道术未裂。"

这就要求学术认知不唯上、不唯书、不泥古、不趋时，既不做传统观念的奴隶，又不做流行观念的牺牲品。贺麟教授1940年在《五伦观念的新检讨》一文中提出的："必定要旧中之新，有历史有渊源的新，才是真正的新。那种表面上五花八门，欺世骇俗，竞奇斗异的新，只是一时的时髦，并不是真正的新。"至今仍是不刊之论。

陈寅恪先生1933年在审查冯友兰先生的《中国哲学史》的报

告中阐释的:"窃疑中国自今日以后,即使能忠实输入北美或东欧之思想,其结局当亦等同于玄奘唯识之学,在吾国思想史上,既不能居最高之地位,且亦终归于歇绝者。其真能于思想上自成系统,有所创获者,必须一方面吸收输入外来之学说,一方面不忘本来民族之地位。"此论已为近半个多世纪的历史事实所验证。

因此我们主张,在学术上应特别重视中国传统,在广为吸纳国外的各种新观念、新学说、新方法的同时,刻刻不忘本民族的历史地位;在方法上,提倡从一个一个的具体问题入手,反对"狗比猫大,牛比羊大"一类抽象比较,主张宏观与微观结合、思辨与实证结合、新学与朴学结合。

"嘤其鸣矣,求其友声。"《中国文化》的优势,在于少,每年只出两卷;《中国文化》的特点,在于专,重视专门之学。与学界一片走向世界的滔滔声不同,我们想为了走向世界,首先还须回到中国。明白从哪里来,才知道向哪里去。文化危机的克服和文化重建是迫临眉睫的当务之急。如果世界同时也能够走向中国,则是我们的私心所愿,创办本刊的目的即在于此。

创刊在即,意绪怦怦,瞻彼前修,既恂且惊,不求闻达,但求友声。热切希望海内外学术界诸同道给我们以心援笔援,共同耕耘好《中国文化》这块新地!

1988年12月15日本刊主编谨识

(原载《中国文化》1989年创刊号)

《世界汉学》发刊寄语

我们又创办了一本新刊物。

现代社会交通便捷、传媒发达，地球变小了，地球和其他星球之间的距离拉近了。但人与人之间、族群与族群之间、国家与国家之间、不同文化系统之间，仍存在隔膜，甚或发生误解和冲突。如果冷战后文明的冲突愈益凸显之说无法得到广为认同的话，那么冷战的结束，并不意味着不同文化系统之间的沟通与对话变得更容易，而是增加了新的难度，应是可以接受的事实。

我们创办这本刊物，为的是给关切儒教文明为基底的中华文明的历史经验事实和未来发展前景的各国汉学家，提供一个自由论说的园地，祈望以汉语的方式建构不同文化背景、不同文化系统之间的沟通与对话，建构国际汉学研究的学术桥梁，为实现人类在21世纪的梦想稍尽绵薄。

中国是一个经常被误读的国家，所以如是，主位和客位各有其远因与近因。解读中国之难，犹如解读中国的汉字。长期以来西方人士视中国文化为解不开的谜团，也许正因为如此，外部世界的确不缺少了解中国的兴趣，即使是出于单纯的解谜的需要。世界上因而有了专门研究中国的学问"汉学"以及"中国学"。

同是研究中国，欧洲的、北美的、日本的，彼此很不一样。不同的国家有不同的汉学传统，同一个国家不同的历史段落的汉学也有区别。汉学和中国学，代表着研究中国的两种不同的传统。学术理念、研究方法、关注的问题，两者之间容或不同，但就办好广开文路的学术期刊而言，恰好可以彼此吸收、兼容互补，而不必有我无他、互为畛域。

何况，传统汉学与现代中国学的合流，已是大势所趋。现在国际汉学正进入一个转型期和整合期。20世纪许多有影响的老一代汉学家，有的故去了，有的退出了研究岗位，一些青年学人以传统汉学无法范围的新观念、新方法、新取径，跻身汉学领域。处此种背景之下，国际汉学界亟须整理传统，交流资讯，总结经验。而中国学术界，尤其有系统了解世界各国汉学的历史和现状的强烈愿望。一般民众也很关心外部世界怎样看自己国家的传统与文化。为此，我们决定创办一本专门介绍与研究世界各国如何研究中国的国际性学术刊物，取此一概念的宽泛义，名字就叫作《世界汉学》。

《世界汉学》是研究世界各国汉学的历史和传统，交流汉学研究的经验，传递汉学研究最新讯息的资讯性、知识性、研究性、国际性的学术刊物。选题包括：（一）研究与介绍世界各国汉学的历史渊源、发展过程，梳理传统，总结经验；（二）介绍世界各国主要的汉学机构、汉学期刊和相关的出版物；（三）推介世界各国著名的汉学家，包括介绍其生平、履历和学术成就；（四）介绍和推荐不同历史时期具代表性的汉学著作、研究论文；（五）介绍和交流各国汉学研究的最新资讯、学术动态；（六）对世界各国汉学的传统、资源、观念、方法作比较研究；（七）探讨世界汉学在21世纪的走向及发展前景展望；（八）刊载与汉学相关的历史文物及机构、人物、刊物、著作的图版和书影。

《世界汉学》是《中国文化》的姊妹刊物，但办刊宗旨和组稿范围两者互为区别。《中国文化》主要研究与整理中国本土的文化传统的资源,《世界汉学》则是对国外中国研究的介绍与研究。杜维明教授得知我们继创办《中国文化》之后,又要创办《世界汉学》,说这很像"太极生两仪"。杜先生的话鼓励我们不仅办好《中国文化》,也一定把《世界汉学》办好。20世纪最具个人魅力的大史学家陈寅恪先生毕生提倡、生死以之的"独立之精神,自由之思想",将成为我们办刊的座右铭。

《世界汉学》是世界各国汉学家的园地,古老的汉学和现代中国研究将在这里自由驰骋、交相辉映。我们深深感谢法、德、英、俄、美、日、荷兰、瑞典、葡萄牙、新加坡,以及台湾、香港、澳门地区的汉学机构,乐于作为具名的合作单位,和许多资深汉学家欣然出任《世界汉学》的国际编委。

让我们携起手来,为耕耘好《世界汉学》这块学术新园地而尽心尽力。《世界汉学》属于我们和你们,属于东方和西方,属于整个学术界。

《世界汉学》是大家的!

1998年4月9日本刊主编谨识

(原载《世界汉学》1998年创刊号)

我的一次学术历险
——《中国现代学术要略》后记

本书原是我为《中国现代学术经典》丛书写的总序。当时初无长篇大论之想，只不过写着写着，收不住了，竣稿的时候，连同注解差不多有六万字。因此朋友说我是在学梁任公，当年任公先生为蒋方震的《欧洲文艺复兴史》作序，就写了五万多字，"篇幅几与原书埒"，结果不得不向蒋书"宣告独立"，自成《清代学术概论》一书。如今我的序也以《中国现代学术要略》的名目成书，大约跳到黄河我也洗不清了。

然则又确有不同。任公先生的序1920年10月写就，12月已由商务印书馆出版。我的这篇序完稿于1996年2月，如今已过去整整十年。中间不是没有过想出单行本的念头，友人也屡以此相催促，终因种种缘由而作罢。其实主要是需要有比较充裕的时间从头到尾重新增补改润。2002年做了一部分，后来又搁下了。此序文所以在学界有较大影响，实与《中华读书报》1996年12月18日和25日以四个整版的篇幅连续披载有关。当时刊载时，就用了《中国现代学术要略》的题目。看到的人很多，师友以及一些相识或不相识的读者，不少都打来电话或写来了信。至今我保留的信札仍有三十余通。大都是鼓励之辞，也有的发现舛误给以订正。特别让我感动的是，戴逸、李亦园、叶秀山、虞万里、冯天瑜、林庆彰、邓小军、扬之水等学界名宿，也都有手教贻我。

虞万里先生我闻名而未尝一面，他对我行文中把章太炎、黄侃、刘师培一例以师弟子连属的误植，精心是正以教我。原信不长，虽已附录于书后，仍抄录如下与读者共飨。

刘梦溪先生：

　　大著《学术要略》鸟瞰二十世纪学术，提要勾玄，纲举目张，洵不可多得之杰构。加之文笔流畅，若长江黄河，一气呵成，足以镇此丛书以垂不朽。拜读一遍，意犹未尽。唯先生谓"章氏弟子有黄侃、刘师培者，秉承师风，坚执古文经的立场"云云，意申叔未尝师事太炎，唯仪征刘氏四世治《左传》，申叔又于经学极为精专，故太炎深敬之，而侃以少申叔两岁而拜之为师，不知先生以为然否。恐丛书刊出难以补故，特致函相商，聊供抉择。又《读书报》文末无注，若先生别有铅印件，乞掷下置之邺架。余点校之《马一浮集》今年可出，附告，颛此敬颂著安。

　　　　　　　　　　　　　　　虞万里顿首　丁丑正月十二

虞万里先生校点的《马一浮集》第一册，已由浙江古籍出版社和浙江教育出版社于1996年出版，因研究需要，成为我的案头书。虞先生读书之细、功力之厚，令人赞佩，谨在此深致谢忱。

1996年年底，恰好李泽厚从海外回来，他看了文章之后，说不妨开个小会，找几位友人一起议一议这篇文章，他觉得我提出了许多关乎思想史和学术史的大问题。我接受了他的建议，于是就在1997年2月16日，在我家中举行了一次特别的学术恳谈会。戴逸、李慎之、庞朴、汤一介、李泽厚、余敦康、王俊义、雷颐诸位先生，一一应邀而至。我们中国文化研究所的梁治平、何怀宏（后调北

我的一次学术历险

京大学）、任大援也参加了座谈。可惜王元化先生不在北京，否则我也会烦劳他的大驾。都是有备而来，谈得异常热烈，甚至有争论争吵。下午3点开始，至6点半意犹未尽，晚餐时继续谈。这些人物聚在一起，尽管有茶有饭，招待不谓不周，可一定不要指望他们都讲好话。好话自然也有，我作为文章作者和恳谈会招集人，更愿意听他们的攻错，看他们的机锋，当然无须隐瞒，也很愿意看他们吵架。做学问的人抬学问杠，特别有趣。大约1994年或者1995年，在杭州开会。我当时因写《文化托命与中国现代学术传统》一文，正对学术独立着迷，发言时便强调各司其业，学者不一定耗时费力去管学术以外的事情，不妨"天下兴亡，匹夫无责"。王元化听后大惊，不待我讲完就插话说："梦溪呵！你怎么可以这样讲？如果'匹夫无责'，你还办《中国文化》干吗？"朱维铮说："知识分子讲的话，当政者不听，与制订政策无关，在这个意义上，我同意刘梦溪的意见，'天下兴亡'，我们'无责'。"

我以为这次谈我的一篇文章，而且是家庭的小环境，朱维铮也不在场，不至于吵架。不料谈着谈着语调不对了。庞朴说："你写大师，有一个基本的问题，你是仰着看的。马一浮，是神仙了，这不行。不光马一浮，所有人，你都是仰着看。要站在前人的肩膀上看，要有这个魄力，这是个大毛病。"余敦康表示反对，说："过了半个世纪，重新接受民国时期的经典，大有好处。鲁迅说，一个苍蝇，拍了一下，绕了一个圈儿，又回来了。二十世纪，从1897年算起到1997年，这一百年我们耽误了太多的时间。说仰视，没有俯视——我们受到的教育，最糟的就是只有俯视，没有仰视。你汤一介、庞朴，都是俯视。你有什么资格来俯视？"尽管都熟知敦康先生的学术脾气，还是没有想到出口会如此严厉。气氛不免紧张了一下。幸亏李慎之先生及时插话,说他既不"仰视",也不"俯视",而是"窥视",大家都忍俊不禁地笑了。

戴逸先生给我的信里,只"报喜",不"报忧",这是从前一般信函的"规矩"。开会讨论就不同了,"忧"、"喜"都报,主要是"忧",这也是学者不愿逾越的"规矩"。他手里拿着准备好的提纲,郑重地讲了四个问题。"喜"我不重复,摘几段"忧"给大家看。戴先生说:"对于学术,我认为既有独立性,又有功利性,但学术的功利性,应该如何表现?应该通过求真来达到服务现实。求真是第一位的,通过追求'真'就能够对现实起作用。还有致用,这是老祖宗的传统。《资治通鉴》,不是直接致用,是通过历史的真实,司马光讲的真实。"他说:"看起来,学术与现实结合太紧,是中国学术的一个弱点。申请一个科研项目,首先看你有没有用。" 对于唯物史观对中国现代学术的影响,戴先生尤其看重,他说:"唯物史观'五四'传入,影响中国八十年之久,在座的没有人没受过影响。'唯物论'起了什么作用?有多大成绩?我觉得不能避开。"他说:"没写入这个问题,是一个缺陷。避开不行,不管是什么原因。"戴先生是研究清史及近代史的学者,一向待人和气,即之也温,但讲起学术问题,他不含糊。戴逸先生发言的时候,李慎之、汤一介、李泽厚都有插话,我随时也有所说明。

不难看出,这是一次货真价实的高水准的学术研讨和学术对话,充满了理趣和智辩。其他几位的精彩之见,不能逐一胪列,有座谈会的详细纪要附录于书后,大家可自行参看。只是这次修订成书,有关唯物论的内容我仍然没有写入,倒不是有意避开,而是那样写起来,要讲许许多多另外的问题。戴先生的教诲也许要等到我将来写更大的书的时候再有所补充了。没法形容我对与会师友们的感谢与感激,我说我已经很富有了。而且我知道,今后再不可能有这些人聚集在一起的学术恳谈了。因为李慎之先生已不在人世,没有他在场,大家会感到寂寞。

我与李慎之先生相识于20世纪90年代初,一次纪念冯友兰的研讨会上,大事件刚刚过去,人们欲谈无话。李先生不同,依旧放言高论。我喜欢听他讲经过文化过滤的政坛掌故。1993年3月,我们一起出席香港中文大学召开的"文化中国:理念与实际"国际学术研讨会,回来时搭乘同一架飞机,候机室里论学论治更容易增加彼此的了解。从此就经常见到李先生了。我们中国文化研究所以及《中国文化》杂志举办的学术活动,有的也请他参加。虽然他在文化问题上所持的"全球化"主张,许多致力于传统研究的学者不一定认同,但我个人颇偏爱他观察问题的宏阔眼光和无所顾忌以及"目无余子"的直言谠论。1997年2月16日的恳谈会请他光临,他愉快地答应。怕不好找,约好先到兆龙饭店。我准时去接,他已经在等了。我家离兆龙只五分钟的路,我们一起走的时候,他说最近腿有些不便,但还在谈近来他特别关注的问题。我的《要略》他显然看得不够仔细,所以发言时不能完全对上口径,例如以为我使用的"现代"一词是从明代开始,等等。但学术敏感告诉他,他不能同意我的许多观点。会后通电话,他说他要写文章与我商讨。他认为我对什么是现代学术没有加以分疏。我同样敏感地发现,他的观点其实相当混乱,如果写文章,我不回答不好,回答则容易停留在澄清和说明的惯常的所谓论争的地平线上。距今二十多年前,我有过同时与好几位了得的人物作车轮论争的失败经验,深知真理不是愈辩愈明,恰恰相反,如果承认愈辩愈糊涂庶几接近世情物相。

李先生是我素所喜欢的人(喜欢他明言快论的君子之风),以此我雅不情愿与他发生所谓学术论争。何况本人当时天命之年已过，要做的事情正多，哪里有时间、兴趣、意气，与人争论自己已经发表过的一篇文章的是非对错。对固然好；错如果是经过潜心研究而未到未明之错，于学理人心也不无裨益。李先生与我商榷的文章出来的时候，已是1998年的秋天，初步印象他是下功夫写出来的，提出了可以讨论的问题。大问题是怎样看待我们自己的文化传统，这是晚清以来的百年中国一直存在、一直有争论的问题。我的《中国现代学术要略》，不妨也可以看作是从学术史的角度，对这个问题所做的一个方面的探讨。所以重点讲的虽是现代学术，传统学术部分，所占比重也相当不小，第一章至第三章都是关于传统学术的内容。对此一大问题有不同的看法、不同的解读，再正常不过。例如李先生引用台湾"中研院"前院长吴大猷先生的观点，主张科学和技术是两个不同的概念，以"科技"一词概而括之，不利于科学的发展；以及认为"中国引进西学百年，迄今在技术上有相当的成就，在科学上却还没有太大的独创"，等等，我完全能够认同。

但他说作为科学基石的"为求知而求知"的精神，除了"十年前《读书》杂志倡导的一次讨论"，"这十年，再也听不见同样的声音了"。这不符合事实。别人姑且不论，谨在下对此一问题，就曾多次著文申之论之。1991年我写的《文化托命与中国现代学术传统》一文（刊载于《中国文化》1992年秋季号，应该在李先生设定的"这十年"之内），可以说是专门探讨此一问题的文章。我在该文章中写道："在中国传统学术里，学术从来是一种手段，没有人把学术当作目的看待。所以中国古代没有学术独立的传统。其实对研究学术的学者来说，学术本身就是目的，就是为了学术研究学术，为研究而研究。"这就是我的主张："为研究而研究"，难道和"作为科学基石的'为求知而求知'",不是同一个意思吗?而《中国现代学术要略》的写作,核心理念也是关乎"学术独立"四个字。开篇引严复的话:"盖学之事万途,而大异存乎术鹄。"什么意思?严复是说,"学"须是以学为目的,而"术"不过是"弋声称,网利禄"的手段,如果只要手段,不要目的,学就不存在了。"翻新不如述旧",引前人的言论,表达的不是我的意思吗?《要略》第十一章"中国现代学术的学术传统",更明白晓示:"中国现代学术发展的大关键处,还在于对学术独立这个问题采取何种立场。"又说:"学术是否独立,首要的是能否把学问本身作为目的。"接着便引录梁(启超)、王(国维)、陈(寅恪)、萧(公权)、朱(光潜)、冯(友兰)诸大家的论说,以为参证。我的这些观点都明白无误地写在李先生为之商榷的文章里,我只能相信,是由于报纸的字体太小,可能李先生没有看得清楚。

有一个问题我觉得李先生质疑的是有意趣的,就是我说"元朝的时候罗马教皇曾以七大术介绍给元世祖,包括文法、修辞、名学、音乐、算术、几何、天文。然而此七项大都关乎技艺,也就是器,属于形下的范畴,与学术思想迥然有别"。李先生说:"这里的名学就是逻辑,严复称之为'一切法之法,一切学之学'。连逻辑都要归于'形而下者谓之器'的范围,说实在的,天下就再没有什么学问可以称为'纯粹的学术'了。"我在《要略》中论述现代学术有重视科学方法的传统时,特别提到严复的贡献,说名学是"一切法之法,一切学之学"的严氏名言,就是我文中所引录。但"七术"之说,是王国维所讲,由于是"意引",我没有注明话语的来源,今次修订方予补注。王国维的话见于他的《论近年之学术界》,原文为:"元时罗马教皇以希腊以来所谓七术遗世祖,然其书不传，至明末而数学与历学与基督教俱入中国，遂为国家所采用。然此等学术皆形下之学，与我国思想上无丝毫之关系也。"王国维在"七术"句下加了一个注："文法、修辞、名学、音乐、算术、几何学、天文学。"则王国维认为包括"名学"在内的"七术"都是"形下之学"，应无疑义矣。这里其实涉及静安先生对形上之学和形下之学的看法。

盖静安先生当1901至1905年期间，正在不遗余力地与西方哲学和美学打交道，尤其沉迷康德和叔本华学说，故此一时间撰写的论文，大都倡言"伟大之形而上学"和"纯粹之美学"。《静安文集》所收之《论性》、《释理》、《叔本华与尼采》、《论近年之学术界》、《论新学语之输入》、《论哲学家及美术家之天职》等，均关涉到这方面的内容。即如《论性》之一篇，遍举尧舜、《尚书》的"仲虺之诰"和"汤诰"、孔子、孟子、荀子、老子、庄子、淮南子等关于"性"的诸种论说，王国维都不认为已达形上学之境，而汉之董仲舒的"阴阳二元论"，与形而上学庶几近之。他如唐之韩愈、李翱，宋之王安石、苏轼等亦复如是。只有周敦颐、邵康节、张横渠、程明道、程伊川、朱熹诸大儒，他们创立的新儒学，王国维才认可是形上学的学说。他说：

> 纵观以上之人性论，除董仲舒外，皆就性论性，而不涉于形而上学之问题。至宋代哲学兴，而各由其形而上学以建设人性论。[1]

---

[1] 王国维：《论性》，《王国维遗书》第五册之《静安文集》，第7页。

王国维对周敦颐的《太极图说》尤为称赏，用"广漠"二字概括其哲学论说的形上特点。而对张横渠《太和篇》提出的"太虚无形，气之本体"，以及"气本之虚，则湛本无形。感而生，则聚而有象。有象斯有对，对必反其为，有反斯有仇，仇必和而解"，王国维认为也是"由其形而上学而演绎人性论"。特别"有象斯有对"四句，王国维说："此即海额尔（黑格尔）之辩证法。"至于朱子，主张理气二元论，形上形下区分得甚为清晰，王国维当然不能不肯定"其形而上学之见解"。

而《释理》一篇，将"理"分解为"理由"和"理性"二义，称"理由"为广义的解释，"理性"为狭义的解释。由于人的运用概念进行推理判断的能力缘于理性，所以王国维认为"理性的作用"是人的"知力作用"的最高形式，同时也是一种普遍形式，因此可以建构形而上学的系统。宋儒便有此条件与可能。朱子答黄道夫云："天地之间，有理有气。理也者，形而上之道也，生物之本也；气也者，形而下之器也，生物之具也。是以人物之生，必禀此理，然后有性，必禀此气，然后有形。其性其形，虽不外乎一身，然其道器之间，分际甚明，不可乱也。"[①]王国维引录朱熹的这段话之后写道："朱子之所谓理，与希腊斯多噶派之所谓理，皆预想一客观的理存于生天生地生人之前，而吾心之理，不过其一部分而已。于是理之概念自物理学上之意义出，至宋以后而遂得形而上学

---

① 朱熹：《答黄道夫》，《朱熹集》第五册，四川教育出版社1996年版，第2947页。

之意义。"①此可见王国维是以西哲之论述作为参照系，以严格的论理标准来使用形而上学一词。

"易言以明之"（王国维习惯用语），静安先生所谓形上形下之分别，应该是："所谓形而上者，超时空而潜存(Subsist)者也；所谓形而下者，在时空而存在(Exist)者也。"②因此他以此标准来衡量宋学，一方面承认宋之理学有形而上学的特点，另一方面又指出，宋儒的目的是想巩固道德哲学的根基，而不是对形而上学有多少特殊的兴趣③。同样的理由，王国维对晚清西方学术思想的输入，严译出现之前，也就是他所说的："十年以前，西洋学术之输入，限于形而下学之方面。"④那么历史上所传之罗马教皇介绍给元世祖的文法、修辞、名学、音乐、算术、几何、天文"七术"，王国维认为"皆形下之学"，就没有什么好奇怪的了。问题是以我们今天的观点，是不是仍可以认为名学不是形上之学？兹事体大，我为此请教了两位当今研究西哲的大家，一位是何兆武教授，一位是叶秀山先生。他们不约而同地回答：可以认为。叶先生说，名学也就是逻辑学，它是形式科学，带有工具性，不是形而上学。何先生说，逻辑学是推理的过程，不是推理的对象，因此不是形上之学。后来他又作一补充："形上学譬如哲学是我们的知识，逻辑是认识知识的能力。"这让我想到金岳霖先生早年讲的一段极富思辨意味的话：

---

① 王国维：《释理》，《王国维遗书》第五册之《静安文集》，第18页。
② 冯友兰：《中国哲学史》下册，《三松堂全集》第三卷，河南人民出版社1989年版，第316页。
③ 王国维：《论哲学家与美术家之天职》，《王国维遗书》第五册之《静安文集》，第102页。
④ 金岳霖：《序》(1927)，《金岳霖学术论文选》，中国社会科学出版社1990年版，第468页。

逻辑并不发明思想，它不会从水中救出我们喜欢的小姐，也不会向我们说明我们关于世界应该形成什么样的思想。如果逻辑对我们所在的世界做出某种反应，那么它仅仅表明那种能够使我们关于世界的思想联系起来形成一个可理解的整体的方式。

不过我在《要略》中对此一问题所作的行文表述并非不存在可议之处。我认为包括名学在内的"七术"不属于形上之学，确没有理会错静安先生的意思，但我说"此七项大都关乎技艺，也就是器，属于形下的范畴，与学术思想迥然有别"，其中"也就是器"四字则容易引起误解。说它们"关乎技艺"、"属于形下的范畴"、"与学术思想迥然有别"，都无不可。但说它们是"器"，就不准确了。因为"关乎技艺"、"属于形下的范畴"的也可以是"学"，不一定都是"器"。所以李慎之先生提出此点进行商榷，理由是充足的。只不过他由于不知道"七术"都是"形下之学"是王国维的说法，而使自己也出了纰漏。这也由于我未注明出处使然，因此特借此撰写后记之机缘，略述后果前因，并向李先生和读者致歉云尔。不过以李先生的性格，即使知道是王国维的观点，他也许照样质疑。你看他文章中对同样并非形上学的几何学的赞美，他说他至今还"感到一种不可抗拒的理性的力量"。

李先生文章中透露出来的宏阔的视野和"目无余子"的气魄一如其平素为人。如果不是关乎己身，我会继续毫无障碍地欣赏他的风格。然既成为当事人的角色，欣赏之余，难免要检讨比较反思彼此立论的是非曲直正误。例如他说为了研究马一浮，"整整花了一个星期的时间",结果"最后的印象却是：他全然是一个冬烘"。认为二十世纪的最具通儒气象的大学者马一浮不过是个"冬烘",我还能说什么呢。又比如李先生责怪学术经典的《鲁迅卷》竟然没有选小说《阿Q正传》或《狂人日记》,却选了专门史著作《中国小说史略》,这样的商榷,我该怎么回答呢？至于把鲁迅、陈师曾、吴宓、吴梅编入一卷,李先生认为不符合书前《编例》所说的"合卷并考虑到了入选者的学科性质和师承关系"。鲁迅我们选的是两种文学史研究著作,吴宓选的是比较文学之作,吴梅是词曲学,陈衡恪是美术史论,大类项上都属于文学与艺术研究一科,也可以统称为艺术学。因此他们的学科性质当然是相同的,和《编例》并无矛盾。还有,我在文章的标题之下,摘引了一句阮元的话："学术盛衰,当于百年前后论升降焉。"李先生说他参不透我引用这句话的奥妙。其实,这不过是写文章的一种"常式",引前贤之语,以作起兴。完全不必如李先生那样引申为说："阮元难道预见到了这方面的升降吗？他难道能要求中国的现代学术升而传统学术降吗？"或者进而设问："百年而后兴起的中学,阮元还能认识而认同吗？"这说得很让我有些不明白了。

阮文达所说的"百年",和刘梦溪所说的"百年",当然不是指的同一个时间段。我在《中国现代学术要略》一开头便提出："站在学术史的角度回观二十世纪的中国,简错纷繁的百年世事也许更容易获致理性的通明。"可见我所说的"百年",是指刚刚过去的二十世纪这一百年。李先生说他不知道阮元"在何时、何地、何文中说这句话的",倒不妨说明系见于文达公为钱大昕《十驾斋养新录》所写的序,时间在嘉庆九年即公历1804年之小雪日。兹将有关原文抄录如下：

我的一次学术历险

　　学术盛衰，当于百年前后论升降焉。元初学者，不能学唐宋儒者之难，惟以空言高论、易立名者为事。其流至于明初《五经大全》易极矣。中叶以后，学者渐务于难，然能者尚少。我朝开国，鸿儒硕学，接踵而出，乃远过乎千百年以前。乾隆中，学者更习而精之，可谓难矣，可谓盛矣。国初以来，诸儒或言道德，或言经术，或言历史，或言天学，或言地理，或言文字音韵，或言金石诗文，专精者固多，兼擅者尚少。惟嘉定钱辛楣先生，能兼其成。[1]

　　我们从上述这段话里，可以看出阮元的"百年前后"的含义。元初到明初，一百年左右的时间，学术流变由不能学唐宋儒者之难，到《五经大全》易而至极，空言高论至于极点；明初到明中叶以后，也是一百多年的时间，学术风气"渐务于难"，是又一变；明中叶以后至明末清初，又是"百年前后"，顾、黄、王等大儒出，学术之盛，超过前代；而国初至乾隆时期，又经过了百余年，各专门学科之专精务难，前所未见，已进入学术史的专门汉学时期。质言之，阮元的意思是说，学术风气的演变更替是一个长过程，短时间内不足以窥其盛衰升降。我认为这是一代通儒的老到卓识之言，因而特于题目之下标出，作为笔者梳理清末民初以降二十世纪百年学术的引题起兴之语。这样做于原典于学理于文例，均没有不恰当之处。极通常不过的一种文章写法，实无任何奥妙可言。

---

[1] 钱大昕：《十驾斋养新录》第1页之阮元序，江苏古籍出版社2000年版。

我初意原不欲和李先生在学术问题上发生争论，但看了他的商榷文章之后，有一种不期而然要做出回应的潜意识。而且动笔写下了四五千字，涉及四个方面的问题：一、学术的中西问题；二、传统学术与现代学术的界分问题；三、所谓思想与学术的关系问题；四、人文与社会科学学科的本土化与全球化问题。李先生并没有就这些问题正面立论，而是在与我讨论的过程中带出了他对这些问题的看法。由于我当时就要赴加拿大、美国访学，没有来得及全部竣稿。而当第二年也就是1999年我回国以后，李先生的处境已经让我无论如何不应该再写回答他的文章了。我对他的尊敬早已遮盖住了我们之间曾经有过的学术歧见。他是我们难得见到的身处旋涡不染尘的知识分子官员。他的资质让人有水清鱼乐之感。很多人其实并不知晓知识分子这一概念的真正义谛。如果不准备就这一问题作形而上的学理探讨，我不妨说，大家只要看看李先生就思过半了。

我为自己终于有机会对《中国现代学术要略》作这样一次较为系统的梳理修订而感到些须安慰。纠正了包括上面提到的几处舛误，内容作了一些增补，加了几个长注。朱熹的学术思想、晚清新学的衍变、甲骨文字的发现经过和胡适与科学方法的提倡等章节，增加了较多的内容。原来全稿分十二个部分，每一部分都以提要式的文字作为标题。现在提要式文字仍保留，但考虑到学术专著的惯常体例，正式立名为十二章，每章均加了新的章题。附录之文字可以见证历史，想必也都是本书读者所乐于看到者。

"文章千古事，得失寸心知。"长久到"千古"云云，没有想过，且不知也。但其中之得失苦甘，我这"寸心"未尝不微有所"知"。十五年前《中国现代学术经典》丛书的编纂，在我无疑是一次学术历险，至今仍有淡淡的"人生过后唯存悔"的意绪心情。

有人说单是丛书的编纂过程就可以写一本书，诚哉斯言。我至今感念当年与我共襄斯役的诸学术同道，并深佩王亚民兄的胆识和魄力。我这里特别想提到两位业已作古的前辈师儒，一位是张舜徽先生，一位是程千帆先生。因创办《中国文化》杂志，自1988年开始，我就与两位先生有书信往还，程先生我前去拜望过，张先生则始终未能一面。1991年拟议编纂《中国现代学术经典丛书》之时，我曾函询两位先生的意见，他们都写来了信函，言之谆谆，使我深受教益。程千帆先生是黄侃的弟子，所以我请益于程先生的，是关于黄卷的编选问题。兹录程先生回示全文如下：

梦溪先生史席：

　　昨奉大函，又惠赐《中国文化》三期一册，感谢之至。义宁陈君之学术，博大渊深，其所着眼，皆在历史、社会、政治、文化之"节骨眼"问题上，乃又往往以考辨之面貌出之，故其由具体事实所抽象出来之大问题大道理反为世人所忽略，此乃学术界之所当发挥者也。尊文于此，实能践履，故所及虽仅柳氏《别传》，而于寅老用意及创体皆多有人之所不能言，三复之余，曷胜钦服。

　　承示受托编辑近现代学人著作，发潜德之幽光，启来哲之通道，实为盛事。惟先师黄君五十即返道山，其书多在草创或积累之中，皆无成稿。潘石禅兄在台为影印十四大册，多系原书批语，先生谅已见之。大陆所出，则多经其侄耀先之手，除文心札记、文选评点单行外，多已归之《论学杂著》及《群书笺识》二书中，然论文亦不多，较之他家，较难选择。然若《音略》、《与友人论治小学书》、《补文心隐秀篇》、《汉唐玄学论》亦可示范来兹矣。弟入师门甚迟，未能窥见黄君学术之堂奥，此事似可更与石禅商之。潘君为贵刊顾问，义不容辞也（台北市敦化南路369巷63号）。

《文化》二期，不知有无存书，四期已否出刊，均盼见惠。非敢作得陇望蜀之妄想，实以在宁无购处，托之在京友人，又多所滋扰也。

近刊《宋文学史》一册，讲课之作，不足以言创获，敬呈以博一笑，大雅如先生必怜其老而失学矣。

专复，即颂

著安

弟程千帆

9·25

程先生信中对有关黄侃著作的诸种情形悉皆告知，唯恐有遗，并建议我与台湾的潘石禅先生联系。"石禅"即研究敦煌学及红学的大家潘重规先生，黄侃的东床，当时任教于台湾文化大学。我与潘先生通过音问，他来北京曾约我晤面，我去台北也曾随皮述民教授往敦化南路拜望。如今程、潘两先生都已仙逝，潘在2003年4月24日，享年九十七岁，程在2000年6月3日，享年八十八岁。程先生去世时，我亦在病中，我对他充满感念与怀念。他信里表示愿意看到《中国文化》第二期和第四期，而说"非敢作得陇望蜀之妄想"，惠赠《宋文学史》给我，却自谦为"讲课之作，不足以言创获"，且说"必怜其老而失学矣"。这些学人书简的语言之雅趣，已不多见矣。至于对拙稿《"借传修史"——陈寅恪与〈柳如是别传〉的撰述旨趣》一文的奖掖，自然铭感，可无论也。

张舜徽先生的信是另外一番风景,我们先看原文:

梦溪先生大鉴:

得五月十五日长函,备蒙奖饰,愧勿敢当。拙著随笔,特闲暇偶尔所录,零散已甚,未足以副博雅之目也。承示近来有意选刊百年内著名学者之代表作,汇为一大丛书,规模宏大,闻之气壮。窃思当今之世,非贤者登高一呼,成此盛举,实亦无第二人敢作此想。一则限于识见;二则困于财力;三则乏交游以资共济。伏思先生识见既高,交游又广,助之者众,为之则易。无论筹资、设计,在在皆为他人所不逮。是以私计此举惟执事优为之。如能有成,实不朽之盛业,所谓弘扬中华文化者,于是乎在矣。

尊意在百年内"选择具有开辟意义、典范意义之学者",此点最关重要。如欲权衡人才之轻重,盖有专家与通人之别。专家路窄,通人路宽;专家但精一艺,通人则能开廓风气。影响于当时及后世者,自以通人为大。有此尺寸,则每人之代表作如何去取,则自有标准矣。以汉事为例,其列之《儒林传》中者,皆博士之学也,亦即当日之专家也。至于学问广博如太史公、刘向、杨雄之流,非儒林传所能范围,皆各自有专传。后汉许慎、郑玄治经,不主一家,汇为通学。其后许郑之学行,而昔日立于学官之今文经说全废,则专家与通人之短长区以别矣。持古量今,理无二致,先生必能独照其得失而有以别择去取于其间也。

细览来示所拟六十余人名单,搜罗已广,极见精思。鄙意近世对中国文化贡献较大者,尚有二人不可遗。一为张元济,一为罗振玉。张之学行俱高，早为儒林所推重，实清末民初，大开风气之重要人物，解放前一直为中央研究院院士。其著述多种，商务印书馆陆续整理出版。罗于古文字、古器物之学，探究广博，其传布、搜集、刊印文献资料之功特伟，而著述亦伟博精深，为王国维所钦服。王之成就，实赖罗之启迪、资助以玉成之，故名单中有王则必有罗，名次宜在王前。罗虽晚节为人所嗤，要不可以人废言也（六十余人中，节行可议者尚多）。聊贡愚忱，以供参考。闻月底即可与出版社签下合同，则选目必须早定。此时合同未立，暂不向外宣扬。如已订好合同，则望以细则见示。愚夫千虑，或可效一得之微也。京中多士如云，不无高识卓见之学者，先生就近咨访，收获必丰，亦有异闻益我乎？盼详以见告为祷。

承示《中国文化》第五期正在集稿，兹录旧作二篇，聊以补白，乞即以此付之。专以布复，即请

大安

舜徽再拜
五月二十三日

张舜徽先生在当代，是成就最为显赫的师儒。我在《要略》论钱宾四一节曾说："国学大师之名，章太炎之后，唯钱穆当之无愧。"现在应该补充说："国学大师之名，章太炎之后"，除了钱穆，唯张舜徽当之无愧。张学之大之专精，通四部而尤擅清代学术，我是了解的，故创办《中国文化》之初，便与张先生取得联系，得以在第一期即刊出他的文字并允任刊物之学术顾问。我们有多封通信，此处所引仅是其中之一，从信中可以看出，张先生是何

等细密之人。

《经典丛书》初选拟目没有罗振玉，接受张先生意见后来列入了。张先生信中对罗持论甚坚："罗于古文字、古器物之学，探究广博，其传布、搜集、刊印文献资料之功特伟，而著述亦伟博精深，为王国维所钦服。王之成就，实赖罗之启迪、资助以玉成之，故名单中有王则必有罗，名次宜在王前。"一定是揣想到我可能对罗的晚节不以为然，所以张先生特予点明："罗虽晚节为人所嗤，要不可以人废言也（六十余人中，节行可议者尚多）。"王、罗关系自有其复杂的一面，学界向来异说异是，张舜徽先生所论应比较客观。再就是信中对专家与通人之分别，不愧为大家言说，启予者良多。"专家路窄，通人路宽；专家但精一艺，通人则能开廓风气。影响于当时及后世者，自以通人为大。有此尺寸，则每人之代表作如何去取，则自有标准矣。"这讲得何等明通。怕我不能领会，又举汉事为例，说当日的博士之学亦即专家，都列在《儒林传》里，而司马迁、刘向、杨雄等大学问家，则各有专传。盖《要略》第九章专论"通人之学和专家之学"，实亦不无张舜徽先生教示之影响也。张先生此信写于1991年5月23日，至次年1月16日，仍有手教询问《丛书》之进展情形。而当我告知近况之后，张先生喜慰非常，并重申宜包括张元济的理据，他在1992年4月13日的信中写道：

梦溪先生大鉴：

得三月二十五日惠书，藉悉《中国现代学术经典丛书》之编纂，布置就绪，安排得体，以贤者雄心毅力为之，必可早望出书，甚幸事也！承嘱补苴遗漏，经熟思之后，则张菊生先生（元济）为百年内中国文化界之重要人物，而其一生学问博大，识见通达，贡献于文化事业之功绩，尤为中外所推崇。其遗书近由商务整理出版甚多，可否收入，请加斟酌，往年胡适亟尊重之，故中央研究院开会，必特请其莅临也。承示《中国文化》第五期即可出书，此刊得贤者主持，为中外所瞩目，影响于学术界者至深且远，我虽年迈，犹愿竭绵薄以贡余热也。兹录呈近作二篇，请收入第六期，同时发表。好在文字不多，占篇幅不多，并请指正！专复，即叩

　　近安

张舜徽上
四月十三日

　　此可见张舜徽先生对《经典丛书》投入怎样的关切。可惜他未来得及看到丛书的出版，就于1992年11月27日逝世了，终年八十一岁。他其实还在学术的盛期。他走得太早了。张先生写给我的最后一封信，落款的时间为1992年11月9日，距离他逝世仅十八天。我不知道这是不是他生前写的最后一封信。不久就是他双七周年的忌日，谨在此表示我深深的悼念与追思之敬意。

　　张先生并关切京城之"多士"对《经典丛书》有何"异闻"，其实我还请教过周一良先生，周先生力主康有为不可少。1992年9月，我赴哈佛大学出席一国际学术会议，并应余英时先生的邀请访问普林斯顿大学，使我有机会与英时先生畅谈学术，"忆往事，思来者"，同时也听取了他对《经典丛书》的意见。英时先生对章太炎、梁启超、罗振玉、王国维、陈寅恪、胡适的拟选篇目，提出了中肯的增补建议。还有汤一介先生、朱维铮先生、汪荣祖先生，也都有以教我。朱维铮先生的回示有三页纸之多，同意丛书的大体设

计，只是提醒我对拟选的五十家尚需再酌。他说："麻烦主要不在哪些人已经入选，而在于哪些人没有入选。"并具列宋恕、张謇、汤寿潜、孙诒让、杜亚泉、辜鸿铭、黄远庸、易白沙、陈独秀、吴虞、李大钊、丁文江、孟森、梅光迪、柳诒徵、陈序经、吴稚晖、陶希圣等人的名字，认为杨文会、顾颉刚既可选，则这些人也似可以考虑。他是启发我选政之难，非欲强加也。《康有为卷》的编校之责他答允，但编委一席后来才予应承。维铮事繁，一次因催稿彼此寡欢，三天之后得大函，云"前夜得尊电，由康有为小传事，蒙申斥"，语词措意，令我忍俊不禁。然后说编委他不当了。然后说康传最好由我来作，以"垂范后世"。但随后却寄来了他的康传的改稿，并说："虽又贻迟误之罪，然终属亡羊补牢，略胜有劳先生掷还再议之烦扰也。"待丛书出来，他收到三十卷样书，于1998年2月12日写信给我，说：

> 已得三十卷，即用半夜逐册翻阅目录和年表、要目，粗得印象，以为总体符合学术性要求，选编也各有特色，虽说见仁见智，所收未必合乎尊序所示经典品格的要求，而均有参考价值，则可断言。此乃主编之成功，当贺。

晚清人物及近代学术思想是维铮先生的学术强项，能得到他的认可，殊非易易。他还对丛书的销售方法提出意见："据有的学生说，已见全书在几家书店上架，但不拆零出售，只能望书兴叹。我不知是出版社批发规定，还是书店自作主张？但这类书的主要读者群，在文科的研究生和大学生。倘可零购，则各卷都有忍痛掏钱者。倘只能选择'全或无'，则绝大多数必选'无'也。即如拙编一卷，定价五十五元，要我自行购置，也需一思。况且诸卷所收，多半都有单行本，读者单为补己藏所缺的几种或数文，而要购置全卷，必多踌躇，而不拆零，更无疑拒绝主要读者。如此'生意经'，当为出版者所知。"我即刻将此意转告王亚民兄，后改为拆零销售盖出于维铮先生的"生意经"也。这就是丛书编纂过程我与之交往的朱维铮先生，不愧为学之诤友而士之君子。

《经典丛书》对我个人而言有存于成败得失之外者。同道切磋之谊，名师教诲之乐，即是其中之荦荦大端。文物书画鉴赏家最看重原物真迹，"过眼"一词是他们的业内行话。我敢说中国现代学者的一些最具代表性的著述，我大体都一一"过眼"了。没有《中国现代学术经典》丛书，便没有书前的总序，也就没有如今呈现在读者面前的这本《中国现代学术要略》。陈寅恪先生岂不云乎："吾侪所学关天意。"学术一如人生，无非因缘凑泊而已，预设不一定就是结果，过程比结果更为绚烂生动。

因此当我的总序成书即将付梓之际，特别要感谢一向关心护持《要略》的师友和读者，感谢最初刊发此裹脚长文的《中华读书报》，感谢对此文存乎真赏的挚友邓小军教授。另外，由于戴逸先生和李学勤先生的热诚推荐，《中国现代学术要略》曾获得我所在系统之优秀学术成果奖，因此特向戴、李两先生致以谢意。还有很久以后的后来我才得知，季羡林先生曾请他的助理李玉洁先生为之诵读《要略》，这让我事后犹感惶愧不安。两周前携内子去医院看望季先生，九十五岁的老人，精神依然矍铄，且思维敏捷，语带幽默。谈起佛学，他说佛陀当时是代表新兴势力的。不久前范曾先生调入我们中国文化研究所，季老尝手书"善来"二字为贺。语及此并范公苦嗜八大事，他脱口诵曰："石涛雪箇非凡胎，老缶晚年别有才。九泉我欲为走狗，三家门前转轮来。"齐白石老人的诗，老缶是吴昌硕，雪箇即八大山人朱耷之号也。

2006年6月22日（农历丙戌年五月廿七）于京东寓所

（载2007年第6期《读书》杂志）

"切问而近思"
——《刘梦溪学术访谈录》题序

和余英时先生的"谈讲之乐"

记得差不多三十年前，第一次读到余英时先生的《近代红学的发展与红学革命》和《红楼梦的两个世界》两篇论著，不啻旧友重逢，盛夏饮冰，大有"蓦然一曲来天地"之感。但是谁能想到十年后的1992年，我们竟然见面了，而且是在他的母校哈佛大学。我应邀参加"文化中国：诠释与传播"国际学术研讨会，英时先生到哈佛出席另一会议，两会交错期间，我们有了晤面的机缘。而且见面的当天，我们从晚上11点一直谈到次日凌晨5点。古人所谓"竟夕之谈"，即谓此也。随后应英时先生的邀请，我们一起乘火车从波士顿到普林斯顿大学，又几乎谈了三天三夜。古人所谓"谈讲之乐"，充分领略到了。英时先生也格外高兴，他在我离开普大写给我的送行诗的跋语里写道："梦溪道兄远道过访，论学评文，三年来未有此乐。"此《学术访谈录》的第一篇访谈对话《为了文化与社会的重建》，就是当时我们快意谈讲的简要记录。

英时先生的学术地位不待我言，早在20世纪80年代初，钱锺书先生就许之为"海外独步"。进入21世纪以来，他凌云健笔，纷陈胜义，著述不辍，而尤以2003年出版的《朱熹的历史世界》独占文化史学一科的鳌头。不久前荣获克卢格终身成就奖，在英时先生可以说是实至名归，顺理成章之事。更令人欣慰的是，英时先生的著作，现在国内已经畅通无阻，畅销不滞。各大书店的显要位置都摆放着三联书店等多家出版社印行的余著，甚至小贩的书摊也有他的书赫然入目。

他只在1978年回大陆一次，但即便一次，也还是诱发了他的深切的中国情怀。他写道：

> 一九七八年十月我第一次回到中国大陆，离开出国的时间已整整二十九年了。从东京飞北京那几个小时，心情真是有说不出的激动。那正是我的"中国的情怀"全幅流露的时刻。[①]

他并且引录周亮工《因树屋书影》里记载的一则佛经故事："昔有鹦鹉飞集陀山，乃山中大火，鹦鹉遥见，入水濡羽，飞而洒之，天神言：'尔虽有志意，何足云也？'对曰：'常侨居是山，不忍见耳！'天神嘉感，即为灭火。"他不仅有"常侨居是山，不忍见耳"的感慨，中国情怀"不但未曾稍减，似乎反而与日俱增"。他说："正因为如此，我才不能忘情于故国，而往往以世外闲人，与人话国事，说些于己无益又极讨人嫌的废话。"这与我们国内学人有时说的"不说白不说，说了也白说，白说也要说"，不是词达一理、心发一声吗？所以说者，为我有心，心既不死，其说焉止。2006年12月15日他在接受美国国会图书馆"克卢格人文与社会科学终身成就奖"的演说中，通篇讲的是一生追索中国历史文

[①] 余英时：《文化评论与中国情怀》，台北允晨公司1980年版，第376页。

化的心路历程，而且不忘宣示对中国文化的认同。我见到的英时先生，其内心世界极为单纯，惜时人不知耳。

和杜维明先生的第一次访谈，也是1992年在哈佛当"文化中国"研讨会结束之后，我们谈了大半个下午，嗣后写成《"文化中国"与儒家传统》一文。和维明先生第二次访谈对话，即此《学术访谈录》中的《中华民族的再生和文化信息传递》，是1998至1999年我以访问学者的身份再次来到哈佛时，我们作的一次时间更为充分的学术交谈。

与亨廷顿失之交臂

我当时拟定的访谈计划规模相当可观，想在哈佛访学期间与中国学这一块的主要教授都有所交流。连写《文明的冲突》的亨廷顿教授，也约定了时间，并提前交给他一份详尽的访谈提纲。下面是《亨廷顿教授访谈提纲》的全文：

1. 自从您的《文明的冲突》发表以后，中国以及亚洲的知识界很少有不知道您的名字的。您的言论因此成为大家关注的目标。我在哈佛访学期间，听说您对该文的一些论点，已有所修正，不知是否真有其事？如果有，我想知道都是在哪些方面作了修正？

2. 冷战结束之后，人们显然期待一个新的世界秩序的建立。但我以为，建立一个什么样的"新秩序"，不仅发生了歧见，而且事实上遇到了困难。甚至，"世界新秩序"这个概念本身也变得模糊不清起来。请问，您是怎样看待"世界新秩序"这个概念的？或者您个人希望建立一个什么样的"世界新秩序"？可否就这个问题作一些分疏？

3. 我在我创办的一本新刊物《世界汉学》的发刊寄语中，曾提出下面的观点："如果冷战后文明的冲突愈益突显之说无法得到广为认同的话，那么冷战的结束，并不意味着不同文化系统之间的沟通与对话变得更容易而是增加了新的难度，应是大多数学人都可以接受的事实。"这样讲，是因为当今世界普遍存在文化误读的现象。比如，在我看来美国并不真正了解中国。您的看法呢？

4. 您觉得现代文明建构的模式可以有多种形式吗？请谈谈不同民族的文化传统和现代文明建构的关系。"亚洲价值"这个概念您怎样看？文化上的多元并立，在一个国家是如此，就世界而言，更是如此。那么文化上的这种"根性"，与现在颇为流行的"全球经济一体化"，是否隐含着某种意想不到的冲突？

5. 我知道您的名字，是由于十年前北京三联书店翻译出版了您的《变动中社会的政治秩序》一书。据我所知，您的这本书在中国思想界也是很有影响的。至少书中阐述的发展中国家现代化容易出现无序，因而强调权威秩序的作用，不少人都感到共鸣。特别是主张"新权威主义"的一些人，更有遇到异域知音之感。您对这本书以及中国读者，有什么话要讲吗？

6. 现在已经是1999年2月底了，20世纪只剩下不到一年的时间。当此世纪转换之际，您对即将过去的20世纪和马上就要到来的21世纪，有何检讨和展望吗？当然我是指比较有形上意义的检讨和展望。还有，您预期中美关系在最近以及将来会有怎样的发展？

7. 可否透露一下您最近正在关注、正在研究的课题？您的研究是采取个人写作的方式，还是与同道者合作，共襄其役？

1999年2月25日

经周勤女士和梁治平先生的推荐，特请哈佛法学院的於兴中先生担任翻译，"访谈提纲"的英译即出自于先生的手笔。我个人并不赞同《文明的冲突》所表达的一些观点，我的学界朋友们也大都持批评态度。而亨廷顿教授显然了解都是哪些国家的学人对他的文章持有异议，所以他一般不会见中国以及其他亚洲国家的来访者。他所以同意我的访谈，我知道是杜维明先生的有效斡旋。因此我很重视这次难得的机缘。

不料访谈时间出了差错，亨廷顿得知的约定时间是1999年2月25日下午2时，我得知的时间是2月26日下午2时。待到我和内子26日陪同於兴中先生用完午餐回到燕京学社会议室，打电话给亨廷顿再次确认前往他办公室的时间，他说："不是昨天吗？我昨天下午等了好长时间。"我们几个人一起面面相觑地定格在那里。亨廷顿先生是哈佛有名的忙人，无论是时间还是礼仪，都不可能再来补做已经过去的昨天的事。"天下事有出其不意者"，又是一例。就这样，也许是命运的安排，我终于和亨廷顿教授失之交臂。

和傅高义放言无忌大谈中美关系

对哈佛费正清东亚研究中心主任兼亚洲中心主任傅高义教授的访谈最为顺利，一共两次，第一次在1999年2月2日下午5时至7

时，第二次在2月18日下午5时30分至7时30分。访谈地点在他的家里，傅先生中文流利，不须翻译。他以前主要是研究日本问题的专家，《日本的中产阶级》和《日本第一》两书，为他建立了声誉。中国改革开放以后，他更加关注中国问题，并于1987年写了《先行一步：改革中的广东》一书。他在中国有许多朋友，1998年中国领导人在哈佛演讲，与他的精心策划有直接关系。他一度还是美国政府的政策顾问，中美两个大国平等对话、友好相处是他的基本理念。

他的友善与平易一下子让我们之间没有了距离。因此我与傅高义教授的访谈，在我是破例没有完全局限在学术思想的领域，第一次围绕"哈佛的中国学与美国的中国学"，第二次便放言无忌地大谈起中美关系的历史和现状。我的提问有些具有挑战性，但他不以为异，总是耐心地讲述他的看法，以及对相关问题的爱莫能助的遗憾。1999年我回国不久，就发生了中国驻南斯拉夫使馆被炸的事件，我注意到傅高义先生表示了明确的批评态度。可惜那以后我没再见过傅先生，《哈佛的中国学与美国的中国学》这篇访谈稿也未来得及寄请他过目。但我相信他会认可，而且香港《明报月刊》刊载时他应该有机会看到。

"被现在弄成分离"的柯文

哈佛访谈的另外的学者，还有费正清东亚研究中心的柯文 (Paul A. Cohen) 教授，和当时担任东亚语文与文明系主任的包弼德教授。包教授是研究唐、宋史的专家，《斯文：唐宋思想的转型》是他的代表作。访谈时间在1999年2月17日上午10时，由于时间仓促，话题没有展开。但与柯文的访谈内容非常充实。他的重新检讨"中国中心观"的著作《在中国发现历史》的中文本，1989年下半年由中华书局出版，翻译者是我熟悉的林同奇先生。后来碰巧他另一本书《历史三调》的序言，荣幸地刊载于我主编的《世界汉学》创刊号上。他提出的历史学家重构历史的三重天地，包括"经验的历史"、"神话化的历史"和"史家重构的历史"，使我感到了学理的兴奋。可以想见我是多么期待这次故友重逢般的访谈。林同奇先生约的时间，1999年2月22日下午1点半钟，费正清东亚研究中心三楼柯文办公室。我们一口气谈了一个半小时，意犹未尽，如果不是4点钟他有课，还要继续谈下去。遗憾的是我回国后生了一场大病，访谈文稿迟迟未能写出来。直到2006年12月上海召开《史华慈与中国国际学术研讨会》，事先得知柯文也来参加，这才用了足足一周的时间把《历史学家怎样重构历史——柯文教授访谈录》写好。

  我和柯文在上海的会上比邻而居，一天晚餐后我将文稿交给他，请他润正内容并校改其中几处英文人名和书名。他说会后在香港大学有一个月的访问计划，到香港细读后再告诉我意见。12月18日上海会议闭幕，我19日返京，离开宾馆时，柯文先生还特地到大堂送别。回京不久收到他12月26日发自香港的电子邮件，表示时间已过去七年，类似的访谈有过一些，更主要是自1999年访谈以来，他在一系列重要议题上的观点有了很大的变化，因此不发表此访谈稿也许更为适宜。我自然尊重他的意见，但也有一丝小小的遗憾，主要是当这本《学术访谈录》出版时，读者已经无法看到我与柯文教授有过怎样的对话。为了能有所小补，下面把这篇访谈文章的《后记》刊布出来，以明原委和作者的心迹。

"切问而近思"

距今七年前的 1999 年 2 月 22 日，我在哈佛访学期间，有机会对美国史学家、哈佛大学费正清东亚研究中心柯文（Paul A. Cohen）教授，作了一次难忘的访谈对话。帮助安排此次访谈的是杜维明教授和林同奇教授，林同奇教授并且参加了对话的全程。虽然柯文的中文讲得相当不错，但如果不是同奇先生对关键词所作的转译，恐怕会增加我们彼此交流的困难。因此除了感谢杜维明教授的安排和柯文教授慨允提供机缘之外，我特别要感谢林同奇先生对我的帮助，他不只是语言符号的转译者，同时也是对话人，所以此访谈稿里保留有多处他的言论。

此访谈文稿经我们中国文化研究所的胡振宇先生根据录音整理，再由我结合现场所做笔录最后写成。只是由于我自哈佛回国后不久，就生了一场大病，没有及时完成此项工作。这是要向柯文教授致歉的。2001 年 5 月，在德国海德堡大学举办的"中国近代史学思想和历史写作"国际研讨会上，我与柯文有幸再次晤面，并对国耻纪念问题的解释有过小小的争论。如今重新审视访谈录音，发现当初我们就不无歧见。现在距访谈已过去七年的时间，离海德堡之会也超过了五年。柯文的《历史三调：作为事件、经历和神话的义和团》一书，业经杜继东翻译成中文由江苏人民出版社出版。柯文先生还是选择了"历史三调"这个组词，而没有用"三解"。实际上指的是理解历史的三个理念层次。一个历史学家能够对繁难的历史解释学提出如此新颖的理论，已经是很大的学术创获了。更不要说他的治史的态度，我想他是有一种沉迷感的。如果他对研究对象的解释还有哪些方面的遗漏或不够周详的话，那也是他的学术习惯所致，而不存有任何学术以外的原因。

因为柯文教授是诚实的历史学家，他只是为了历史和理论的本身，他不需要为历史额外添加什么。我期待柯文先生对这篇访谈稿的修改，如是，当以他的改稿为准。

2006年12月10日记于中国文化研究所

我只是忠实地叙述历史，却忽略了亚里士多德的经典名言："时间被现在弄成继续，也被现在弄成分离。"以及纪伯伦的告诫："按时序和季节调整你们的举止，甚至引导你们的精神。"

我没有想到柯文对访谈稿的发表会持保留意见。当我接到他的信之后，也给他回了一信，全文如下：

尊敬的柯文教授：

您好！这两天我才有机会请本所的刘军宁先生将您的来示翻译成中文。我非常理解您的决定。看来时间可以改变一切，也会丢失一切。所以孔子说："逝者如斯夫。"我也觉得原来的访谈已不能反映您近年来的学术进境。那么好，我就不发表这篇访谈，只把它作为我们相识并建立友情的历史记录吧。

中国学术传统讲求人品和学品的统一，以我与先生的接触，觉得先生称得上是这两者统一的学者，因而让我深感敬佩。很高兴海德堡之后我们又在上海晤面，而且对您的观点有了新的了解。我想忘记"国耻"也许更能够使一个民族的心态趋向平和，佛教所谓平常心是也。但此事说来复杂，俟读了您的新著之后我再思考。

相信我们不久还会有晤面的机会，届时就可以抛开时间的磨损，而为新的课题倾心而谈了。

　　谢谢，谨祝

　　安好！

刘梦溪拜上
2007 年 1 月 10 日

　　我意识到时间因素对理解事物所可能起的作用。我引了《论语》中孔子以逝水来比喻时间的常典，我说"看来时间可以改变一切，也会丢失一切"。虽然海德堡的研讨会上我们有过不情愿的争论，但柯文的人品和学品无法不让我敬重。他是一个沉默的思想者，一位略带羞涩的历史学家。

杜维明关注"再生的中国"

　　并不是没有"时间被现在弄成继续"的例证，我和杜维明先生的访谈其实也是最近才整理竣稿，但我敢说谈话的主要内容远远没有过时。维明先生致力于各文明之间的对话，我在哈佛期间，他正主持儒家思想与自由主义的对话。他看到了中国文化与西方文化对话的历史契机正在来临，但担心我们自己的资源没有准备充足。不是让人家跟唐朝的中国文化或者宋朝的中国文化对话，而是跟现在的中国文化对话，这就有一个自己的传统资源如何整合的问题。所谓对话能力，就是文化的反思和批判的能力。

　　近二三十年我们在连接传统和恢复记忆方面不无成绩，但真正形成与西方主流思想界对话的条件，还有相当一段距离。所以维明先生提醒不要轻视印度，不光是软件业，印度培养出来的知识分子，很多可以和西方平起平坐地辩难。他看到中国经济发展迅速，在世界上的影响增强，为减少国与国之间的误读，他关注向外部世界传递什么样的信息的问题。兹事体大，时至今日尤须值得我们重视，所以访谈文章的题目径直叫作《中华民族的再生和文化信息的传递》。我很赞赏"再生"两个字，也许比时下流行的"崛起"要更好一些。本来为呼应维明先生的理念，我在哈佛主持过一次"十年机缘待儒学"的学术恳谈会，维明作引言，十名当时在哈佛的访问学人参加。可惜由于同样的原因，也没有及时整理出来。真感到对不住与会的各位同道，更对不住热情支持此议的维明先生。

西方大儒史华慈

大体上还算没有延误过多时间的访谈文章，是《现代性与跨文化沟通——史华慈教授访谈录》。所谈内容极为丰厚充盈，是我在哈佛收获最大的一次访谈。2003年首次在《世界汉学》披载时，获致学界朋友的好评。当然这不是由于我，而是史华慈学术思想的冲击力所发生的作用。他毫无疑问是西方最杰出的思想家之一。林毓生先生访谈前对我讲："你见到了史华慈，可以知道西方非常高的大儒是什么样子。"他有无穷无尽的思想，他提问题的视角是面对整个人类讲话。他最关注的是人文精神的建构，他感到最难解释的是人到底是什么的问题。无法想象，这样一颗伟大的灵魂竟会在1999年11月4日悄然仙逝。我在《现代性与跨文化沟通——史华慈教授访谈录》整理完稿之后补写的《题记》中写道：

> 我很遗憾我与史华慈教授的访谈对话，他没有来得及看到

就离开了人世。都怪我不恰当的生病，耽搁了及时整理访谈记录稿的时间。1999年对我是不幸的一年，四月份从哈佛回来不久，就病倒了。直至第二年春夏，方日渐恢复。但更加不幸的是，我所见到的西方最单纯的思想家、最富学养的中国学学者史华慈教授，已经永远不能向人类发表他的睿智卓见了。我和他的访谈对话，第一次在1999年2月9日下午的2点到4点，第二次是2月22日上午10时至12时。地点在哈佛费正清东亚研究中心他的办公室。他的办公桌对着门，大衣挂在门后的衣钩上。我和林同奇先生坐在他的对面，内子陈祖芬坐在左侧书架前。因为有事先送给他的访谈提纲，整个谈话非常顺利。他谈得愉快而兴奋，几次高举起双手，强调他的跨文化沟通的观点。讲到美国文化的现状，他略感悲观，他说自己也许是老了。这样说的时候，我注意到他眉宇间有一丝黯然。没法形容这次访谈我个人所受的启悟以及带来的学术喜悦有多大。第二次谈话结束的时候，我写了一张纸条给他，上面写："启我十年悟，应结一世缘。"当时说好访谈稿整理成文之后会寄请他过目。没想到因病未克及时竣事。而当现在终于成文准备发表，却欲送无人了。成为一次永远无法弥补的遗憾。好在此访谈稿先经林同奇先生根据录音整理并作汉译，然后我参酌现场所作笔记和内子的笔记，最后写定成文。其可靠性史华慈先生自必认可。如果我揣想不误的话，1999年2月9日和22日我对他的这两次访谈，应该是他生平最后的两次学术对话。因为林同奇先生告诉我，我回国不久，史华慈先生就住进了医院。也许我纸条上的后一句不那样写就好了。林同奇教授为访谈所做的帮助，对访谈初稿的整理、汉译，我深深感谢并心怀感激。

上面这段文字，写于2001年1月24日，如今已经过去六年的时间，而距离我与史华慈先生那次访谈对话，至今已有八个春秋。我相信1999年2月9日和2月22日的两次访谈，应该是史华慈先生一生之中最后发表的思想。需要说明的是，史华慈教授的谈话，不是对我所提问题的简单回答，而是参照我的问题，放开来阐述他的思想。我甚至觉得，这是他的一次借题发挥，他显然乐于并且需要发表他积蓄已久的思想。

而且，我需要再次向林同奇先生表达我的谢意。上海的史华慈研讨会他因身体原因没能来参加，但因缘凑泊的是，林毓生先生代他宣读论文，我恰好担任这场论文发布会的评议人。宣读超过了规定时间，主席叫停，林毓生先生郑重陈词："那就是说林同奇先生没有掌握好时间。"全场莞尔而笑。会后我打电话给同奇先生，告知他研讨会的情况，并提及我向会议提交的论文的题目是《史华慈：最后发表的思想》。

站在人文学科前沿的陈方正

现在让我们从康桥回到香港。

香港中文大学人类学系于1993年3月中旬，也召开过一次"文化中国：理念与实际"国际学术研讨会，我应邀出席并发表《解构与重建：文化与经济与政治的三重变奏》的论文。由于一年前已经与余英时先生和杜维明先生作了访谈，因此觉得时任中文大学中国文化研究所所长的陈方正博士，应该是一位合适的谈讲对象。

我与方正先生相识于1989年春天的"五四"七十周年研讨会，

因为当时我正在筹建中国文化研究所和出版《中国文化》杂志，便诚邀他担任刊物的特约顾问。后来他创办的《二十一世纪》杂志也出版了，每期我们都相互交换。因此会前我草拟了一份包括九个方面内容的访谈提纲，提前寄给方正兄，于是约好在3月15日，研讨会闭幕的第三天下午，我们围绕中国传统文化研究的现代方向问题作一次自由的交谈。这就是《中国传统文化研究的现代方向——陈方正博士访谈录》这篇对话的来历。方正留给我的印象，清通敏锐，温厚干练，虽出身自然科学，却能站在人文学科的前沿。

金耀基和中国的现代化进程

我和金耀基先生第一次晤面是在1993年元旦，当时因参加香港法住文化书院举行的学术年会，故意外得此机缘。我们可以说是一见如故。随后同一年的11月17日至25日，马来亚大学召开国际汉学研讨会，我和金先生都应邀出席，有了更多的交谈机会。特别在马六甲海峡陡然产生的沧海桑田、天涯归客的历史幽思，使我们的精神潜界不期而然地重合在一起。吉隆坡会后我应香港大学中文系的邀请，主持1993至1994年度的查良镛学术讲座，又曾一起畅叙。一年以后，也就是1995年的11月，我和内子应台湾"中央大学"和"中央研究院"的邀请访台，回程过港在陈方正先生的中国文化研究所访学一周，除了一次学术演讲，大项目就是和金耀基先生访谈对话。一共两次，一次在1995年12月3日的下午，一次在12月4日的下午。还有一次晚餐也做了长谈，刘述先教授和童元方女士亦在座。中心题旨是围绕中国现代文明秩序的建构问题，我把它看作是1992年与余英时先生访谈的继续，切入之问题的方式亦不无前后相连带相衍发之处。这里需要说明的是，访谈文稿经金耀基先生作了详细的增补和润改，所以才有现在这样的思想深度。作为佐证，不妨讲一个与这篇访谈录有关的后续故事。

2006年9月，《21世纪经济报道》的编者打电话给我，问我手边有没有合适的文章给他们发表。我说其实报纸应多刊载一些有思想的文章。他们说正是此意。我说有倒是有，但已经发表了。我是指2006年8月13日《文汇报》"学林"专刊发表的我在纪念费孝通先生逝世周年座谈会上的讲话《"文化自觉"和"美美与共"》。他们说看到了，所以才特地约稿。当说起什么样的文章才算作有思想，我提到了与金耀基先生访谈。他们看了之后决定重新刊载。我说已过去十几年，他们说完全适合当前。《21世纪经济报道》有一个专栏叫《重塑新时期的基本价值》，于是便在2006年10月2日和10月9日，用两个版的篇幅连载了这篇访谈文章。我原来的题目是《为了中国现代文明秩序的建构》，毕业于北大历史系的编辑马娟小姐改做《中国现代文明秩序的苍凉与自信》。"苍凉与自信"是她阅读文章时感觉并捕捉到的情感认知，显然比原来的题目好，因此也就成了这本《学术访谈录》的书名。

至于为什么关注经济与社会的敏锐的报纸编辑，会认为一篇旧文仍具有当今的价值，读者看了自然有分晓。我要说的是，这得归功于金耀基先生，是他的思想的浓度和活性，把旧雨变成了新知。他是我所看到的对中国现代化进程作理性思考的不可有二的学者。

"切问而近思"

最后我想对访谈对话这种文体或者学问方式说几句话。

盖"学问"一词，实有分合、正倒诸义。合者侧重于"学"义，分者则"学"和"问"各为一事。古人论学，一向注重学问的"问"义，故《易》的文言云："君子学以聚之，问以辨之，宽以居之，仁以行之。"《中庸》有言："博学之，审问之，慎思之，明辨之，笃行之。"子夏则说："博学而笃志，切问而近思，仁在其中矣。"马一浮对此解曰："博学而不笃志，犹之未学；切问而不近思，犹之未问。"又说："学必资于问，不学则不能问。"所以学人治学，也称问学。学问的过程亦即问学的过程，此为学问一词的"倒义"。《论语》所记，在孔子为学问，在七十子为问学。不论是学问，还是问学，思想都居于压倒的地位。马一浮在《宜山会语》里写道："学以穷理，问以决疑。问前须学，问后要思。故学问之道以致思为最要，思则得之，不思则不得也。"视义理、考据、词章为学问三要素的戴东原，晚年突出义理，转而把考据和词章看作达致义理的手段。其要义都在凸显思想是学问的灵魂。访谈对话的好处，在于彼此激发，可以实现思想的碰撞。由于是面对面倾心而谈，还可以见出学者的真性情。

《学术访谈录》所收之与余英时、与史华慈、与金耀基、与杜维明、与狄百瑞诸先生的访谈，无异于躬逢思想的飨会，真是非经过者不知也。史华慈的深邃沉醉，余英时的真切洞明，金耀基的博雅激越，杜维明的理性低回，狄百瑞的陈议独断，都无法淡化地留在我的心里。本来还有两位于我也是亦师亦友的学问大家——张光直先生和李亦园先生，也曾有过访谈的设想，不料阴差阳错失却机缘。张先生于我极为亲切，他一共来北京几次我不知道，至少有两次到过我家里。1995年我去台湾"中央研究院"访学，就是张先生和李先生的邀请。史语所安排我演讲，张先生不顾行动不便，竟也前往参加。当时他担任"中研院"副院长一职，帕金森病已经在残忍地折磨着他。1999年在哈佛时曾到他府上拜望，这时他语言和行动已非常困难。他说他有三个家，康桥的家、台北的家和北京的家。我问更喜欢哪个？他说都喜欢。康桥向他作最后道别的情景，我一直不能忘怀。

日前和李亦园先生通电话，忆往怀人，说起这本访谈录将要出版，而书中竟没有与李先生的对话，我们都感到有一丝遗憾。

（本文系中华书局版《中国现代文明秩序的苍凉与自信——刘梦溪学术访谈录》一书的序言，曾摘要刊载于2007年6月20日《中华读书报》。）

《马一浮与国学》自序

我关注马一浮先生，始于20世纪九十年代初，当时正编纂《中国现代学术经典》，有《马一浮卷》，得以读了马先生的大部分著作。由于我的心性偏于审美与哲思，又略有佛缘，与马一浮的思想一拍即合。后来浙江古籍出版社和浙江教育出版社联合出版的《马一浮集》问世了，三大巨册，二百多万字，让我兴奋不已，一年之内读了两遍。尤其他的诗作和信札，我以为那是马先生学问的宝藏。写一本研究马先生的书的想法，不禁油然而生。可是当时已经在写陈寅恪，马先生只好暂且靠后了。

同时也由于研究马一浮不是一件容易的事，起码需要熟悉宋学和佛学。因此好长一段时间，我是一面研究陈，一面准备马。我不得不跟着马先生的足迹往佛学里面走。孰料佛禅义海路有万重，追寻两载还不见内学的边际底里。写了一篇《熊十力与马一浮》，对唯识之学稍存感会。时间积久而生变，马著中的佛学部分慢慢可以读懂了。于是又写了《马一浮的佛禅境界和"方外诸友"》，是自己比较满意的文字。这是2004年到2005年的事情。《马一浮的学术精神和学问态度》、《马一浮与复性书院》两篇，也是此前此后写成的，刊载于《文艺研究》和香港的《九州学林》。《马一浮的儒佛会通思想》当时也写成了初稿，但没有改定发表，直到最近才修润完成。

我还得跟着马先生进入宋学。又是一年多的时间，读竟了濂、洛、关、闽四家五人的全部著作。进入宋学比进入佛学相对障碍较少。各家都有版次比较好的排印本，手边书，阅读方便。学术史宋明这一块，原先我是先明后宋，阳明学摸清楚以后，才返宋去碰朱子。这和我研究陈寅恪有关，因为义宁之学的传统，从陈宝箴的父尊陈琢如，到陈宝箴，到陈三立，都是以阳明学为宗主。我的大好阳明与此不无关联。张载、朱子也喜欢，早已是旧相识。只有二程属于新知，不料如同旧雨，从细读来，方知洛阳两兄弟的厉害。难怪朱子那样称颂他们，连他们的门弟子也拿来讨论。写了一篇《为生民立命——"横渠四句教"的文化理想》，首载2008年的《中华读书报》，增补后又刊于2010年的《中国文化》，是为研习宋学的一次心得。2009年写的《竹柏春深护讲筵——白鹿洞书院访学记》，主要想重构朱熹当年创办白鹿洞书院的艰辛历程，载2009年8月9日《文汇报》，也属于涉宋学的文字。

问题是马一浮由宋学又返归到"六经"，并独发单提"六艺之学"。这块天地更加广漠无垠、渊深无底了。我只好跟着往那个云雾缭绕的高点上走。好的条件是，自幼熟读《语》、《孟》，熟悉"诗三百"，喜欢《左传》，细读过前四史。需要啃一番的主要是《尚书》、《礼记》和《周易》。《礼记》不难读，马先生也认为需要读此书。《大戴礼》马先生也颇看重，只好也去涉猎。《大戴礼·哀公问五义篇》对"士"的解释简直妙绝。哀公问孔子："何如斯可谓士矣？"孔子说："所谓士者，虽不能尽道术，必有所由焉；虽不能尽善尽美，必有所处焉。是故知不务多而务审其所知，行不务多而务审其所由，言不务多而务审其所谓。知既知之，行既由之，言既顺之，若性命肌肤之不可易也。富贵不足以益，贫贱不足以损。若此，则可谓士矣。"这是孟子之后对"士"行的最好论述。知、行、言都必须有其理由，而且守之"若性命肌肤之不可易"，贫贱、富贵均无以"夺"，不足"损"，这才是"士"。试想这是何等分量。

"六经"中《尚书》一向以难读著称，连韩愈都有"佶屈聱牙"的感会。当然读《易》玩辞最难，但我的兴趣驱之不退。孔子说五十学《易》，我学《易》快六十了。马先生是高深博雅的易学大师，他称《易》为"六艺之原"，不学《易》无以研马。应《中华读书报》的约稿，当时写了《2008我读的书》一文，其中讲了学《易》、温"经"、读程子的情形。此一期间，又写了《马一浮和"六艺论"》、《马一浮的文化典范意义》，分别载《中国文化》和《中华读书报》。但这时我对先秦学术的兴趣超过了对马一浮的兴趣，往而不知有返，于是研马又停下了脚步。梳理"国学"概念的源流及探讨如何在当代发用，花去我许多时间，《论国学》和《国学辨义》两篇长文，即写于此一时期。尽管是因研马而引起的上下"旁鹜"，写马书的时间毕竟延宕下来了。

何况我还得写陈寅恪呢。研陈二十年，到2012年才有《陈宝箴和湖南新政》出版。其实研陈的积稿早逾三四十万言，只需要连贯的时间整理定稿。中国传统文化价值理念在今天的意义，是近两年我的学术关切。这缘于对《语》、《孟》和"六经"的研习。我想探讨中国文化的观念的思想史。2012年三联书店出版的《中国文化的狂者精神》，是这方面系列思考的一部分。研陈之书，去年又从积稿中整理出一部《陈寅恪的学说》，日前已付梓。

走进宋学和研习"六经"的收获，使我解开了研究马一浮的一个难题。马的《泰和会语》和《宜山会语》两论著，其中有八篇文字在题目下面标有"义理名相论"字样。开始接触，茫然不知所对。十余年过后，开始拨云见日，知道马先生在说什么以及为什么要这样说了。本书第五章"马一浮的义理名相论"，探讨的就是此一问题，新近才完成。马先生是通过融通儒佛，以佛家之名相来阐释儒家的经术义理，二学比较推勘，达到由分析名相到排遣名相的目的。天下的事物与人物，无不为名词概念所笼罩，所以孔子才有"必也正名乎"的教言。人文学术研究尤其如此。本体、性体、性理是无形无色无声无臭的，眼不可见，手不可触。所能见及的无非一个个单独的"器"与"物"，以及因"气"的流行而形成的"相"。跟"器"、"物"、"相"相关的称谓、名词、术语、概念、范畴，形成于万千斯年，也是可辨、可梳、可推、可演而不可见的抽象物。至"气"中之"理"、"器"寓之道、"相"后之性，亦为不可见及的空无。性理和性体是同等概念。研究者之所能事，不过是识得性体，参究本体，见得道体。这就需要引入思维，而思维需要分析名相、破除名相、排遣名相，然后会相归性。其间经过了极为艰难曲折的体认、体究、审谛、察识的过程，此即学问的过程。因气明理、即器见道、明体达用的境界，就是在此种情况下产生的。也只有在此种情境之下，所谓"体用一原、道器无二、显微无间"的"实理"，才能为我们的理性所认知。理性和义理为人人所同具，但容易为各种"习气"所汩没，须得刊落"习气"，才能恢复本然之知和本然之性。章太炎民元之前因苏报案囚上海狱中，得读唯识旧师的著作，深悟"以分析名相始，以排遣名相终"的谛义并与之发生共鸣，以至于十年之后撰写《菿汉微言》犹忆及此一公案。而马先生的为学，则完成了从分析名相到排遣名相的学理超越过程。故马一浮"义理名相论"的宗旨实在于"复性"，他的谛言是："会得者名相即是禅，不会者禅亦是名相。"

终于有机会将已往研究马一浮的文字全部梳理增补厘订一遍，共得九章，即为是书。书写体例，大体以义理题义为纲，以时间为序，似乎带有学术思想传论的性质。马先生的学术思想系直承宋学而来，特别受朱子的影响至为明显。但他的思想义理多为原创独发，"六艺论"和"义理名相论"可视为他的两项极为重要的学理发明，足以在现代学术思想史上现出光辉。要之，马一浮的学术思想体系，可以用"新义理学说"立名，其学理构成为"六艺论"和"义理名相论"两分部，其方法则是儒佛互阐和会通儒佛。所谓"新"者，是针对宋儒的义理学说而言。宋儒融佛而辟佛，马先生视儒佛为一体之两面，只是名言化迹之不同而已。他的"六艺论"亦与郑康成的"六艺论"有别。他将国学重新定义为"六艺之学"的"国学论"，前贤不逮，义显当代，泽被后世。事实上只有如此厘定国学的内涵，国学才有可能成为一单独的学科，与文史哲诸科门不相重叠。中华文化具有恒定意义的价值理念悉在"六经"，以"六经"为国学，可以使国学进入现代教育体系。马一浮的"六艺论"包括"六艺之道"、"六艺之教"、"六艺之人"三项连贯的思想范畴，现代国学教育可以通过"六艺之教"，传播"六艺之道"，从而培养"六艺之人"。此即马氏"六艺论"之一"新"也。二"新"则是视"六艺"为我国最高之特殊之文化，由古即今，永不过时。我曾说《语》、《孟》和"六经"的基本价值伦理，是以敬、诚、信、忠恕、仁爱、知耻及"和而不同"为代表，成为中华民族两千年来立国和做人的基本依据，此即直承马氏"新六艺"学说而来。

本人多年研究马一浮有一深切的体会，即在马先生其人和他的著作面前，我们的话说得越多，离马先生越远。因此本书的写作，力求让马先生自己说话。笔者之所为作，在个人是梳理、体悟与思考，形诸文字则是辨析、归纳与介绍。所介绍者为题义、事体、故事，介绍前须予以归纳类分。所辨析者为学思、义理、名相。马先生说："学原于思。思考所得，必用名言，始能诠表。名言即是文字，名是能诠，思是所诠。"马一浮的"学"、"思"、"诠"、"表"，是我辨析与介绍的重点内容。马先生又说："必先喻诸己，而后能喻诸人。"这个居于"先"位的"喻诸己"的过程，我想我大体做到了。至于能否"喻诸人"，则不敢预其必也。

马先生援引《易·系辞传》的话写道："唯深也，故能通天下之志。"他的意思是说，对"一切事物表里洞然，更无瞕隔，说与他人，亦使各各互相晓了，如是乃可通天下之志，如是方名为学"。对此我只能引太史公的话为说："虽不能至，然心向往之。"

2014 年 7 月 30 日凌晨序于京城之东塾

（载《中国文化》2015 年秋季号）

20世纪学人的独标与秀出
——《现代学人的信仰》题记

中国现代学术就历史时间段而言，主要指晚清民国以还，包括辛亥革命前后、五四前后，以及后五四时期的二十世纪二十年代、三十年代、四十年代，直至后来与当代学术段域相重合部分，前后经过了百年的时间。中国现代学术的总成绩，我认为那是清中叶的乾嘉之后，中国学术的又一个高峰期。

不同于往昔的特殊之点在于，二十世纪现代学者的学问结构，在西学的训练方面，无论汉、宋儒还是清儒，都不能与之同年而语。而他们的国学根底，又为后来者难以望其项背。此无他，盖由于二十世纪中国现代学人的历史环境和个人的身世经历使然。他们处身于社会转型、新旧交替的开放之世，往往十几岁或二十几岁，便负笈游学欧美和日本，掌握一到数种异域文字，屡见不鲜。他们中的佼佼者又大都出生于旧学根底深厚的家庭，所受教育得天独厚，诗词古文和"四书五经"不必说，有的十几岁就读完了"十三经"、"前四史"和"诸子集成"，特异者至有能够背诵其中的大部分内容。

所以尽管他们所处的时代环境，正值古与今、新与旧、中与西的文化交织震荡之时，他们自身却从不发生文化失重现象。陈寅恪十三岁开始游学日本，后断续在欧美的大学和研究院，前后停留异域有十七年的时间，主要以研习治学工具为课业，掌握十余种外域文字，所受西学浸润自不待言。但寅老在自己的著述中很少露出西学的痕迹。相反一再申说嘱咐："其真能于思想上自成系统，有所创获者，必须一方面吸收输入外来之学说，一方面不忘本来民族之地位。"陈寅恪如是，本书所涉及的严复、梁启超、王国维、吴宓、马一浮、章太炎、熊十力、冯友兰、蔡元培、傅斯年等现代学人，莫不如是。钱锺书掌握的外域文字看来没有陈寅恪多，但对英、法、德、意、西班牙诸国文字运用的精熟，容或在陈寅恪之上。但钱先生的名言是："东海西海，心理攸同；南学北学，道术未裂。"胡适之先生早年尝有"西化"之说，但英文笔下关涉到中国文化，正面叙论之外鲜有异词。王国维则视古今中西之"学"为一体，认为强为之分中西、分古今、分手段和目的、分有用与无用，均所谓不知"学"者也。

王国维扮演了现代学术开山的角色，早年究心西学，对西哲康德、叔本华读其书而大好之。嗣后一变而为中国诗学和宋元戏曲，再变而为古文字古器物古史研究。学术创获在现代学人中首屈一指。但一生矛盾，遽发一时，最后以自己的方式遁走人寰，时在1927年6月2日。两年后，与王气类相投的陈寅恪，受命撰写《王观堂纪念碑铭》，其中的经典名句是："士之读书治学，盖将以脱心志于俗谛之桎梏，真理因得以发扬。思想而不自由，毋宁死耳。斯古今仁圣所同殉之精义，夫岂庸鄙之敢望。先生以一死见其独立自由之意志，非所论于一人之恩怨，一姓之兴亡。"又说："惟此独立之精神，自由之思想，历千万祀，与天壤而同久，共三光而永光。"独标为学必须具备的"独立自由之意志"、"独立之精神，自由之思想"，并视若生命，终生以之，绝不动摇。中国现代学人的志节、精神、信仰，王、陈堪称典范。

五十年代初陈寅恪还曾说过："无自由之思想，则无优美之文学。"揆诸百年以还的中国现代学人，无一不可为证。梁任公的笔墨含情、汪洋恣肆的大块文章，盖由于其思想自由使之耳。章太炎的挥斥古今，空诸依傍，牢狱不能折其志，羁縻无法诱以降，亦独立自由之意志挺之也。相反，为学而不能守持独立自由之意志，则学术创获必受影响。

高士逸人马一浮，居僧舍，栖陋巷，学富五车，粹然儒宗。不意日寇犯华，战乱流离之际，应民国政府之最高层邀为创办复性书院，虽有一定经费拨给，仍恪守学术独立，坚持书院置身于现行教育体制之外。而前此讲"六艺之学"于播迁至江西泰和、广西宜山的浙江大学，开讲即向诸生示教言曰："此是某之一种信念，但愿诸生亦当具一种信念，信吾国古先哲道理之博大精微，信自己身心修养之深切而必要，信吾国学术之定可昌明，不独要措我国家民族于磐石之安，且当进而使全人类能相生相养而不致有争夺相杀之事。"其怀抱信仰由国族而及于全人类，当艰苦蹇难之际，发此沉着刚毅之音，信念何其坚牢乃尔。他的精神旨归是："天下虽干戈，吾心仍礼乐。"

而在1938年6月，马一浮在赠浙江大学毕业诸生的序中，又引《大戴礼·哀公问五义篇》对"士"的解释。哀公问孔子："何如则可谓士？"孔子回答："所谓士者，虽不能尽道术，必有所由焉；虽不能尽善尽美，必有所处焉。是故知不务多，而务审其所知。行不务多，而务审其所由。言不务多，而务审其所谓。知既知之，行既由之，言既顺之，若性命肌肤之不可易也。富贵不足以益，贫贱不足以损。若此，则可谓士矣。"马先生可谓用心良苦。他说古代的"士"，即相当于今天的知识分子。"知识"的

"知",须是知其然,又知其所以然。而且知而能行。行亦不在多寡,重要的是"审其所由",知道为什么这样做。既然做了,就无不可对人言。问题是要"审其所谓",明白其中的道理为何。此即知识分子应该有独立认知的意识。所以《大戴礼》释"士",才有"若性命肌肤之不可易"的关键词。不可"易"者何?"士"之"志"也。无论贫穷抑或富贵,都不能降其志。《论语·子罕》:"三军可夺帅也,匹夫不可夺志也",亦为斯义。马先生解"志"为"敬",即个体生命的自性庄严。这和陈寅恪力倡的"独立之精神,自由之思想",完全若合符契。我近年研究中国传统价值理念在当代可能有的意义,尝提出"敬"这个价值理念,已进入中华文化的信仰之维。

中国现代学人中的第一流人物,正是由于做到了志不可夺,独立自由之意志不可动摇,学问与人格才见出精彩。王国维如是,陈寅恪如是,马一浮如是,钱锺书亦复如是。只不过呈现的方式,因各人的经历、环境、性格的不同,而有所区分。对学问本身的坚守,即为独立自由之意志未见夺的表现。主张历史写作可以带有审美追求的张荫麟,只活了三十七岁,但以高才与执着、勤奋与敏锐,赢得同侪俊杰的一致赞许。他的学问如同他的性格,最当得"不苟"二字。不到二十岁时他就提出,学者应有"作家的尊严"。所谓"作家的尊严",就是为学为文要独到,有个性,有自己的风格。其所著述与所言互为表里,皆能"审其所谓"和"审其所由"。一部仅写到东汉的《中国史纲》,引无数学人竞折腰。他的早逝,实与情感的挫折有关。但在他的好友、哲学家贺麟看来:"求爱与求真,殉情与殉道,有同等的价值。"陈寅恪、吴宓、钱锺书、熊十力、钱穆等学术重镇都曾为他的早逝著文哀悼。陈的挽诗有"与叙交情忘岁年"句。钱锺书的哀诗则云："气类惜惺惺，量才抑末矣。"不约而同地表达惺惺相惜之意。本书所收《悲剧天才张荫麟》一文，所叙论掘发即为此一义谛。

  我对20世纪中国现代学人发生兴趣，源于20世纪80年代的一次学术转变。我由阅读王国维、陈寅恪、钱锺书而窥得现代学术的无量藏。大家知道本人在二十年前，曾主持编纂过一套大书，名为《中国现代学术经典》，两千余万字，积七年之功始竟其役。此举的是非功过姑置勿论，对我个人为学而言，是使我有机会熟悉现代学术的知识谱系，包括典范人物和历史流变，如历史的记录影像一样刻印在我的脑际，挥之不去不说，想忘却他们已不能做到。后来我的集中研究王国维、陈寅恪、马一浮等几宗学术个案，即与此直接有关。他们之外的现代学术人物，亦难免时而专论，时而合论，不断地反复出现于自己的笔端。本书所收的各篇文字，就是二十年来陆续所写。只有《钱锺书的学问方式》和《钱锺书与陈寅恪的异同》两篇，是为最近写就。其实我研钱所下的功夫，一点不少于陈寅恪和马一浮，此两文的成稿，我感到了些许安慰。

  中国20世纪现代学人的知识群体，他们的独标与秀出、性情与著述、谈吐与风致、精神与信仰，确有足可传之后世而不磨的典范意义。他们精神世界所具有的优长，恰好为我们今天的学术界所缺乏。缅怀赵朴初和柳存仁两先生的文字一并收录，是觉得他们身上不无我心仪的现代学人的流风遗绪，亲聆謦欬，感会尤深。附录的文字则关乎读书、为学和儒家的信仰传统，仅供本书读者聊作参证而已。

  （拙著《现代学人的信仰》2015年由商务印书馆出版，本文是该书的题记。）

孔子为何寄望"狂狷"

——《中国文化的狂者精神》韩文版序

本书作为中心题旨展开的对"狂者精神"的书写，是我研究中国思想文化史精神轨迹的一部分。中国自纪元前的汉代中期开始，直到清朝末年，前后两千年的时间，儒家思想始终占据社会的主流位置。儒家学说的创始人孔子，在人的性向品格的取向方面，主张以中道为期许，以中庸为常行，以中立为强矫，以中行为至道。但他的这一思想在他所生活的春秋时期并不行于时。即如中庸之说，孔子在力倡此说的同时，已经感到了施行的困难。相传为孔子的孙子子思所作的《中庸》一书，是专门阐述中庸义理的典要之作，宋代思想家朱熹将其与《论语》、《孟子》、《大学》合编为《四书》，成为和《诗》、《书》、《礼》、《易》、《春秋》"五经"并列的儒家经典。

《中庸》频引孔子原话，一则曰："中庸其至矣乎！民鲜能久矣。"意即中庸是很高的思想境界，一般的人很难做到，即使做到，也难于持久。二则曰："人皆曰'予知'，择乎中庸，而不能期月守也。"此论似更为悲观，翻译成现代语言无疑是说，很多人都认为自己聪明，可是如果选择中庸作为自己的人生信条，大约连一个月也坚持不了。所以孔子非常失望地承认："道之不行也，我知之矣。"至于此道何以行不通？孔子想到的理由是："知者过之，愚者不及也"、"贤者过之，不肖者不及也"。聪明的人、智慧高的人，往往超过中道而走在前面；不够聪明的人、智慧不那样高的人，则落在了守中的后面。同样，品格优秀的人也会超过中道，而操行不端的人则达不到中道的要求。可惜很多人不懂得这其中所包含的奥妙，孔子不免为之惋叹，他称此种情况就如同"人莫不饮食"，却"鲜能知味"一样。看来真的是"道其不行矣夫"了。可是孔子仍然不愿放弃中庸理念所包含的人生理想，认为"依乎中庸"是君子必须具备的品格，即使"遁世不见知"也不应该后悔。

然则什么样的人有可能达至中庸的品格呢？孔子说："唯圣者能之。"这样一来，无形中提高了能够躬行中庸之道的人群的层级，不仅社会的普通人，甚至道德修为可圈可点的"君子"，也难于达到此种境界。孔子失望之余的一线期许是，看来只有圣人才能真正做到"依乎中庸"。问题是，揆诸春秋时期各国的实况和"士"阶层的状况，能看到几个可以称得上"圣人"的人呢！连孔子自己不是也不敢以"圣"自居吗？他说："若圣与仁，则吾岂敢。"（《论语·述而》）而且有一次感慨至深地说："圣人吾不得而见之矣！得见君子者，斯可矣。"（述而）这等于说，在孔子的眼里，现实中其实并没有"圣人"，能够见到"君子"已经很不错了。结果如此美妙的中庸之道，在人间世竟是没有人能够践履的品格。我们的孔子终于明白了这个矛盾重重的问题，为何不能最终显现出解套的光亮。他不得已只好愤愤地说："天下国家，可均也；爵禄，可辞也；白刃，可蹈也；中庸不可能也。"（《中庸》）孔子的意思，是说治理国家是非常困难的事情，但实现"治平"并非没有可能；高官厚禄的诱惑很大，但也可以做到坚辞不就；刀刃虽然锋利，必要时也还有人敢于在上面踏行；只有守持中庸，却无论如何没有做到的可能。

正是在此种情况下,孔子提出了打破原来宗旨的新的人格性向建构方案:"不得中行而与之,必也狂狷乎。狂者进取,狷者有所不为也。"(《论语·子路》)中庸不能实现,中行不得而遇,只好寄望于"狂狷"了。"狂者"的特点是敢想、敢说、敢做,行为比一般人超前;"狷者"的特点,是不赶热闹、不随大流,踽踽独行,自有主张。"狂者"和"狷者"的共同特征,是特立独行,富于创造精神。如果对"狂者"和"狷者"试作现代的分疏,则"狂者"体现的更多的是意志的自由,"狷者"代表的更多是意志的独立。尽管求之学理,独立是自由的根基,自由是独立的延伸,两者无法截然分开。

置于诸位面前的这本规模不大的书,就是从疏解孔子的狂狷思想开始的。我在本书中提出,孔子的狂狷思想在中国思想文化史上具有革新的甚至革命的意义。特别是"士"阶层以及秦汉以后社会的知识人和文化人的"狂者精神",事实上已经成为艺术与人文学术创造力自我发抒的源泉。我通过对"狂者精神"的历史考察发现,凡是"狂者精神"得以张扬发抒的历史时刻,大都是中国历史上创造力喷涌、人才辈出、艺术与人文的精神成果集中结晶的时代。而一旦"狂者"敛声,"狷者"避席,社会将陷于沉闷,士失其精彩,知识人和文化人的创造力因受到束缚而不得发挥。这也许就是西方思想家何以要把疯癫和天才联系在一起的缘故。希腊的圣哲柏拉图说过:"没有某种一定的疯癫,就成不了诗人。"亚里士多德也说过:"没有一个伟大的天才不是带有几分疯癫的。"德国哲学家叔本华更是对这种现象作了专门研究,详析古往今来各种天才与疯癫的案例,最后得出的结论是:"天才"无一例外都具有某种精

孔子为何寄望"狂狷"

神上的优越性,"而这种优越性同时就带有些轻微的疯狂性"。他援引薄朴的话:"大智与疯癫,诚如亲与邻,隔墙如纸薄,莫将畛域分。"并且补充说:"这样看起来,好像是人的智力每一超出通常的限度,作为一种反常现象就已有疯癫的倾向了。"[①] 是的,天才的思维特点恰恰在于与众不同,在于"反常"。"反常"和反"中庸"可以作语义互释,因为复按各家义疏,大都认同"庸者,常也"的诠解。

不过孔子的寄望"狂狷",实带有不得已的性质。孟子对此看得最清楚,当一次面对弟子万章的提问:"孔子在陈,何思鲁之狂士?"他回答说:"孔子岂不欲中道哉?不可必得,故思其次也。"(《孟子·尽心下》)可见"狂狷"在孔子心目中是退而求其次的选项,也可以说是被困境"逼"出来的思想。然而人类在学理上的发明,大多数情况下都是因"逼"而获得突破。孔子思想的核心价值是忠恕仁爱,即仁者爱人,泛爱众而亲仁,己所不欲勿施于人。教育思想则为"有教无类",也是要赋予每一个人以受教育的权利。孔子学说的伟大之处,是当"礼崩乐坏"的由周而秦的社会转型期,重新发现了"人"和人的价值。作为自然本体的"人"的特性,他固然没有忽视,所以提出"饮食男女,人之大欲存焉"(《礼记·礼运》)的绝大命题。但孔子最为关注的,还是"人"的性体如何在社会关系中得以展现。"仁者,人也"(《中庸》引孔子语),即为孔子"人"学思想的全提。在孔子看来,人只有在"二人"以上的和他人的关系中,才能彰显出"人"的本质特性。所以人需要知"礼",需要

[①] 《作为意志和表象的世界》中译本,商务印书馆1982年版,第266页。

1333

懂得处身文明秩序中的自我的身份。必不可少的途径是诉诸教育。通过教育的手段,使每个"人"都成为有教养的文明人。孔子设定的具体目标,是使人成为文质彬彬、坦荡无欺的"君子"。他给出了"君子"应具有的种种品格特征,诸如严谨好学、不忧不惧、不拉帮结派、不以人废言,即使发达富贵也不骄矜,而是以义为旨归、行不违仁,以及能够知命、成人之美,等等。跟"君子"相对应的是"小人"。小人的特点是不知命、不知义、斤斤计较、唯利是从,整个身心言动都是反忠恕仁爱之道而行之。归根结底,小人无非私也,君子无非公也。

孔子把人的性体品相分为中行、狂、狷、乡愿四个级次。他最不能容忍的是"乡愿",称之为"德之贼",即正义与德行的败坏者和虐害者。孟子解释为:"贼仁者谓之贼,贼义者谓之残。"(《孟子·梁惠王下》)可谓得义。"乡愿"的特征,是"同乎流俗,合乎污世,居之似忠信,行之似廉絜",总之是"阉然媚于世也者"(《孟子·尽心下》)。揆之世相,"乡愿"是小人的性体属性,君子则反"乡愿"。孔子所以深恶乡愿,在于乡愿具有"似而非者"的诡貌。正如孟子引孔子的话所说:"恶似而非者。恶莠,恐其乱苗也;恶佞,恐其乱义也;恶利口,恐其乱信也;恶郑声,恐其乱乐也;恶紫,恐其乱朱也;恶乡愿,恐其乱德也。"(《孟子·尽心下》)可知"乡愿"之立义,其乔装伪似、阉然"乱德"之罪也大矣。难怪孔子不仅蔑称乡愿为"德之贼",而且取譬为说云:"譬诸小人,其犹穿窬之盗也与。"(《论语·阳货》)将乡愿与偷偷摸摸穿墙越货的盗贼为比,可见圣人之恶乡愿已经到了何等无以复加的地步。

然则"乡愿"所"似"者为何耶?没想到竟是孔子最为期许却

孔子为何寄望"狂狷"

又无法做到的"中行"。本书之写作，在我个人可为一大收获者，是发现"乡愿"和"中行"极有可能发生"不正常"的关系。此无他，盖由于乡愿的品相性体"貌似中行"。而"乡愿"和"中行"在对待"狂"、"狷"的态度上，不可避免地会结成联盟。此正如《文史通义》的作者章学诚所说："乡愿者流，貌似中行而讥狂狷。"（《文史通义·质性》）于是人的性体的"四品取向"，如果以价值理念的进（狂）、立（狷）、守（中）、反（乡愿）为宗趣，则排序应变为："狂、狷、中行、乡愿"，而不是原来理解的"中行、狂、狷、乡愿"。"狂者"和"狷者"对思想革新和社会进步所起的作用，犹如大地之于翱翔天空的雄鹰，大海之于涛头的弄潮儿，绝非其他选项所能比拟。人类文化人格的精彩，其要义亦在于不"媚于世"。中国现代史学大师陈寅恪所说的："士之读书治学，盖将以脱心志于俗谛之桎梏，真理因得以发扬。"亦即斯义。所谓"媚于世"，就是通常所说的"曲学阿世"，乃是学问人生之大桎梏也。

历史的哲学命题原来是这样：一个社会如果无狂了，也就是人的主体意志的自由失去了，那么这个社会也就停滞了。但狂有正、邪：狂之正者，有益于世道人心；狂之邪者，亦可为妖。所以需要"裁之"。正是在此一意义层面，中庸、中道、中行可以成为节制狂狷的垂范圣道。它可以发出天籁之音，警示在陷阱边冥行的人们，左右都有悬崖，前行莫陷渠沟。太史公岂不云乎："虽不能至，然心向往之。"其实宇宙人生的至道，都是可参可悟而不可行的绝对。本书对此一意义层面亦不无辨正。孔子"狂狷"思想的提出，使中国的圣人和古希腊的圣者站在了同一个水平线上。东西方共生的所谓思想文化的"轴心时代"，也许本书叙论的案例可以为之提供一个具体而微的证据，说明虽然文化背景悬隔，思维的心理是相通的，正所谓东圣西圣，"其揆一也"。

我不了解韩国的情况，不敢期待贵国的文化人士会对本书产生共鸣。但有机会得到不同文化背景的读者的阅读和指正，是令人想往的。这要感谢本书的韩文译者韩惠京教授和李国熙教授，通过他们既忠实于原著又能化入化出的译笔，使我的这本小书得以"投胎转世"(the transmigration of souls)，并有机会与读此书的陌生朋友一结"文字因缘"，自是乐莫大焉。

（2014年5月23日初稿、2015年2月26日改润定稿，曾刊2015年3月30日《光明日报》。）

大观园里和大观园外
——《红楼梦与百年中国》韩文版导言

中国文学是个大宝库，里面有无尽珍藏。古典小说《红楼梦》是中国文学宝库中一颗璀璨的明珠，在中国文学史上占有特殊的位置。我使用"特殊"一词，是由于《红楼梦》称得上是中国文学的集大成之作。在中国思想文化史上，儒家学说创始人孔子是集大成者，孟子最早给出了这个评价。宋代的理学家朱熹也是集大成的思想家。中国文学的集大成者，惟《红楼梦》足以当之。虽然它只是一部长篇小说，却好像整个中国文学都装在里面了。

1

中国文学的各种文体，《红楼梦》里应有尽有，文备众体不足以形容。中国历史上那些文采风流的特异人物，小说开卷的第二回，就通过冷子兴和贾雨村茶肆对话的方式，从隐逸诗人陶渊明和竹林七贤的领袖阮籍、嵇康说起，一直说到女诗人薛涛，和大胆追求爱情的卓文君、红拂、崔莺，前后不下三十个人物。历朝历代的诗人、文学家、艺术家，更是经常成为《红楼》人物日常品评的话题。第四十九回香菱学诗，史湘云高谈阔论，满嘴是"杜工部之沉郁，韦苏州之淡雅"、"温八叉之绮靡，李义山之隐僻"。甚至连贾母的大丫鬟鸳鸯，为抗拒大老爷贾赦要纳她为妾的举动，骂前来自称有"好话"告诉她的金嫂子,开口便骂出了艺术典故:"什么'好话'!宋徽宗的鹰、赵子昂的马,都是好画儿!"既不识字又没有文化的丫鬟,竟然知道擅长瘦金书的宋徽宗会画鹰,元代的赵孟頫善画马,而且用谐音的方式随嗔叱的语言淋漓诙谐而出。可见艺术与文学已经成为《红楼梦》里贾府的日常生活和人物语言的一部分了。

更不要说,书中还有众多关于结社、吟诗、联句、拟匾额、题对联、拆灯谜、行酒令、听说书、看本戏、赏音品笛、丹青绘事的描写。单是由于对《负荆请罪》戏名的不同表述,让宝玉、宝钗、黛玉之间展开一场何等惊心动魄的心理战。至于男女主人公,时当阳春三月、落红成阵的惹人季节,偷读《西厢记》,借妙词,通戏语,以之作为谈情的引线;隔墙欣赏《牡丹亭》,女主人公林黛玉听艳曲,惊芳心,心痛神痴,眼中落泪,则是文学欣赏达至共鸣境界的绝妙写照。那么我提出《红楼梦》是中国文学的集大成之作,应该不是出于偏好的夸张溢美之词,而是理据昭然真实不虚的判断。

2

但《红楼梦》里所有这些艺文活动,大都是在大观园中发生的。这座可大可小、虚虚实实、人间天上诸景备的园林,是红楼人物的集中活动场所,是小说作者精心打造的理想世界。男女主人公贾宝玉和林黛玉,贾家的三位小姐迎春、探春、惜春,地位略同于黛玉而具有永久居住权的薛宝钗,还有不时飘忽而来飘忽而去的史湘云,以及服侍他们并与之形影相伴的大小丫鬟,如同天意安排一般顺理成章地诗意地栖居在这里。

山水园林加上青春美丽，使大观园成为爱情的滋生地。不仅是宝黛的爱情，还有龄官和贾蔷的爱情，小红和贾芸的爱情，司棋和潘又安的爱情，以及其他或明或暗的红楼儿女的爱情。宝黛的爱情也有许多头绪穿插进来，各类角色带着不同的意向互相交织在一起。贾宝玉和林黛玉的如醉如痴的爱情，自然是贯穿始终的主线，但薛宝钗的介入使这条主线爱情变成了三人的世界。还有爱说话、大舌头、开口便是"爱哥哥"的史大姑娘，也让黛玉感到似乎是模模糊糊的竞争对手。三人的世界于是变成四人的世界。头绪交错的爱情和对最终婚姻归宿的追求纠缠在一起，就不单纯是两小无猜的儿女之私，而是融进了深层的社会内容。

男女主人公本身的爱情意识是简单的，除了爱不知有其他。爱就是一切，包括生与死。但当事人背后亲长的意图伦理，往往视婚姻为社会与政治的交换物。这就使得婚恋行为不只是青春美貌的竞争，而且是财产和社会地位的较量。正是由于后者的因素，薛宝钗婚姻追求的最后获胜，变得有先兆而无变数。宝黛之间的纯真的爱情因此经受到严峻考验。林黛玉痴情的感召、隽语的激励和诗意的熏陶，使早期带有某种泛爱倾向的怡红公子，很快变得痴心与钟情合一，不结合就宁可死亡或出家，成为两位当事人横下一条心的选择，他们最终取得了爱情的胜利。

3

大观园外面的世界又如何呢？如果说大观园是女儿的世界，那么大观园外面的贾府则是以男人为主轴的世界。他们的名字刻板雷同，贾政、贾赦、贾敬、贾珍、贾琏、贾蓉、贾蔷、贾瑞，遇有大的仪式排列名单，极易混淆。要么名号怪异，什么詹光（沾光）、霍启（火起）、单聘仁（善骗人）、卜固修（不顾羞）之类。大观园外也有女人，但他们是男人的女人。王夫人是贾政的女人，邢夫人是贾赦的女人，尤氏是贾珍的女人，王熙凤是贾琏的女人。

不过《红楼梦》的诡异处在于，男人不过是游身在外的徒有虚名的性别符号，家政主事管理的权力统由女人来执掌。所以贾府的当家人是王熙凤，以及同出金陵王氏一族的王夫人。此一性别管理模式也延续到管家人等，如赖大家的，周瑞家的，来升家的，林之孝家的，张材家的，王兴家的，吴新登家的，王善保家的。至于这些"家的"背后男性人士的情况，似有若无，作者并不关心。同为女人，妻的地位要高于妾，庶出远逊嫡传，这是中国历来的妻妾制度和嫡庶制度使然。精明干练的探春和其生母赵姨娘的畸形关系，就是由此而生成。探春不得不把生母的地位置于宗法伦常的框架之内。此外还有一类女人，如兼有钗黛双美的秦可卿，温柔软弱而又女人味十足的尤二姐，她们是沾上"淫"字的特种尤物，只好成为吃着碗里望着锅里的无良男人的欲望工具。她们是猎色的目标，不是爱情的对象。那个贾府上下人等都可以上手的鲍二家的，也属于此类人物，只不过品级低下粗俗而已。尤二姐和鲍二家的都死于王熙凤之手，醋妒阴狠而又和权力结合在一起的漂亮女人，是她们可怕的克星。

《红楼梦》的艺术天平因作者的好恶而倾斜。有美都归大观园，有丑必归宁国府，是作者预设的价值伦理。秦可卿和公公贾珍的韵事就发生在宁国府的天香楼。尤二姐和贾珍、贾琏兄弟聚麀，也是宁国府的家戏自演。贾蓉和王熙凤的眉目传情，也是东府里人人都知道的一道风景。难怪被关在马厩里的焦大,敢于以"爬灰的爬灰,养小叔子的养小叔子"的"今典"公开醉骂,说宁府只有大门外的两个石狮子干净。难怪秦可卿的判词有句:"造衅开端实在宁。"

4

大观园是充满诗意的青春女儿的世界,但和大观园外面的世界并非没有联系。总有因了各种缘故需要进到园子里来的园外人。宝玉和各位小姐的教养嬷嬷,以及管理他们的这个"家的"那个"家的",就是园子里面的园外人。承担闺房之外劳役的那些干体力活的小厮,也不得不随时出出进进。遇有大型的社交或宗教礼仪活动,大观园的儿女们偶尔也有走出园子的机会。如第二十九回清虚观打醮,大观园的人众,车辆纷纷,人马簇簇,全员出动了。但园子里的丫鬟们,一般不允许离园外出。除非特殊恩许,如第五十一回袭人探望母病,那是花小姐立功获宠之后,俨然以"妾"的身份近乎衣锦还乡似的成此一行。

还有就是因"过失"而被逐的丫鬟,对当事者来说,完全是被动的行为。最有名的案例,是金钏被逐、司棋被逐和晴雯被逐。被逐的举动,是通过强力手段把园内人变成园外人。被逐的结果无不以悲剧告终。金钏投井而死,司棋撞墙而亡,晴雯病饿而终。至于小姐们离园,只有出嫁了。例如第七十九回贾赦将迎春许配给孙绍祖,邢夫人便把迎春接出了大观园。唯一的例外是王熙凤,大观园里和大观园外的关防,她可以任意打破。她在园里园外都有合法的身份。她的美貌、诙谐和善解人意,和小姐丫鬟女儿们站在一起,没有人会视她为园外人。大观园存在的特殊意涵,惟凤姐知道得最

1341

清楚。当大观园的姊妹们邀请她出任诗社的"监社御史",她立即拿出五十两银子,并且说:"我不入社花几个钱,不成了大观园的反叛了,还想在这里吃饭不成?"其实这是说,大观园是贾府大家族中一个具有单独意涵的王国,其特殊地位,以凤姐之尊亦不敢小觑。不要忘记,此园的原初功能是专门建造的省亲别墅,后经元妃特命许可,众姊妹才得以搬进去居住。如果仅仅看到所具有的实用价值,而忽略其作为象征的文化符号的意义,就本末倒置了。

另一方面,王熙凤的贪欲和狠辣,又使她成为大观园外面世界的弄权杠杆。而老祖宗贾母则是平衡家族各种势力的最高权威。女性的地位在权力结构中凌驾于男性之上,不独上层、中间层、中下层布局明显,家族宝塔的顶端层级也不例外。

5

读者诸君如果对《红楼梦》的这种结构意图感到困惑,不妨温习一下贾宝玉的经典名言:"女儿是水作的骨肉,男人是泥作的骨肉。我见了女儿,我便清爽,见了男子,便觉浊臭逼人。"其对女儿情有独钟,自不在话下。但需要辨明的是,他强调的是女儿,即尚未出嫁的女孩子,并不泛指所有的女性。对出嫁后的女儿,宝玉另有言说:"女孩儿未出嫁,是颗无价之宝珠,出了嫁,不知怎么就变出许多的不好的毛病来。虽是颗珠子,却没有光彩宝色,是颗死珠了。再老了,更变的不是珠子,竟是鱼眼睛了。"从无价的宝珠,一变而为光彩尽失的死珠,再变为不成其为珠的鱼眼睛,这个审视女性变化的"三段论",可谓惊世骇俗。

这番言论的学理哲思在于,社会风气和习俗对人的本性的污染是惊人的，足可以让人的本然之性完全迷失，直至将人变成非人。第五十九回"柳叶渚边嗔莺咤燕"，可以看作是图解宝玉"三段论"的原典故事。此事导源于探春理家施行的新经济政策，将大观园的花草树木分由专人承包管理，柳叶渚一带的承包者，是小丫头春燕的姨妈，她自己的妈妈也得了一份差事。在春燕看来，这两姊妹越老越看重钱，对承包一事认真得"比得了永远基业还利害"。所以当她们看到宝钗的丫鬟莺儿折柳枝编花篮，便把气撒到春燕身上，以致当众大打出手。究其原委，无非是利益驱使，利令智昏。因此大观园从此就不得安宁了。用平儿的话说："各处大小人儿都作起反来了，一处不了又一处。"果不其然，紧接着的第六十回，赵姨娘就和唱戏的芳官等小女孩子们打作一团。下面的第六十一回，则是迎春的大丫鬟司棋带着一群小丫头，大闹了园中的公共厨房。诗意的大观园，一下从天上落到了尘埃里。

最后是王熙凤施展计谋，将贾琏偷娶的尤二姐也骗到大观园里来居住，直至被逼自杀了事。这等于园子外面的人可以在园子里面找到死所，园里园外已混一而无分别。至于第七十回林黛玉重建桃花社，不过是诗意黄昏的回光返照而已。且看黛玉《桃花行》的结尾所写："泪眼观花泪易干，泪干春尽花憔悴。憔悴花遮憔悴人，花飞人倦易黄昏。"呈现的是一派春尽花飞人憔悴的凄凉景象。待到众女主填写柳絮词，除了宝钗仍存青云之想，探春、宝玉、黛玉、宝琴四人所填，都不约而同暗寓"离散"两字。《红楼》一书的深层哲理，竟成为一次诗社雅聚的主旋律。这并不奇怪，因为很快就是"惑奸谗抄检大观园"的情节了，使已经落在地上的大观园，又在自我残杀中消散得近乎干净。敏感的探春当着抄捡者的面说道："你们别忙，自然连你们抄的日子有呢！你们今日早起不曾议论甄家，自己家里好好的抄家，果然今日真抄了。咱们也渐渐的来了。可知这样大族人家，若从外头杀来，一时是杀不死的，这是古人曾说的'百足之虫，死而不僵'，必须先从家里自杀自灭起来，才能一败涂地！"这是勇于担当的三小姐的激愤之词，亦未尝不是贾府命运的写实之语。

只是不曾料到，贾府的败落居然由大观园的衰败来作预演，而且抄家也是先从大观园抄起。是啊！既然女性在贾府统治层占有特殊的地位，那么摧折的风暴也必然从女性集中的地方刮起。大观园作为贾氏家族命运的象征符号，其所遭遇的兴衰比家族本身的兴衰要深在得多。小说的文学意象显示，当大观园的命运和整个贾府的命运完全合一的时候，《红楼梦》所描写的深广的社会内涵便露出了真容。

6

《红楼梦》作者显然不满足他的作品只是停留在爱情与婚姻的层面，他对爱情与婚姻背后的家族和社会的势力，铺排得广阔无垠而又密不透风。作为爱情与婚姻角色出现的每一个人物都不是孤立的存在，他们身后的亲友团和后援团，无不具有强有力的经济与政治背景。

林黛玉算是最孤单的了，但她是贾母的亲外孙女，来头不谓不大。在"老祖宗"的最高权威面前，哪个不得让黛玉三分。黛玉刚进贾府时，老祖宗是视她为"心肝儿肉"的，相关待遇一概例同于掌上明珠贾宝玉。问题是这种态度能否持久，如果一旦有所游移，黛玉的特殊地位即发生动摇。史湘云来自史侯家，也是由于得到贾母的庇荫而确立自己在贾府的地位。王夫人和她的内侄女王熙凤，则是金陵王家的嫡系,现任京营节度使王子腾是王夫人的胞兄。宝钗的母亲薛姨妈和王夫人是一母所生的亲姐妹。所以薛蟠打死人命一案,全赖王子腾从背后关照,使之如同没事人一般。薛家的直接支撑来自皇商身份的经济奥援,即使政治靠山强大的家族也不能不另眼相看。

带着金锁的薛宝钗来到贾府,哪里是单纯的追求爱情,分明是为了家族的利益前来联姻。史、王、贾三家族已经用婚姻的纽带联结在一起,只差薛、贾这一环了。薛姨妈公开宣称,他们的宝钗要等到有"玉"的才嫁呢。普天之下谁有"玉"?不就一个贾宝玉吗?唯一的对手林黛玉很快就在他们面前拜了下风。第二十八回元春自宫中送礼物,独宝玉和宝钗的一样多,已经是权力高层的一次表态,只不过贾母没有立即呼应而已。紧接着的第二十九回,张道士给宝玉提亲,贾母的回应,一是等大一大再定,二是选取的标准,应该是"模样性格儿"都好的。林黛玉的模样自然难有对手,要说性格,贾母未必认为她的外孙女可置于薛宝钗之上。这是《红楼梦》写贾母态度开始有所变化的一处暗笔。

而到第三十五回,宝玉挨打后棒伤未愈,贾母、王夫人、薛姨妈、薛宝钗到怡红院探望,结果老祖宗当着当事人说了这样一番话:"提起姊妹,不是我当着姨太太的面奉承,千真万真,从我们家四个女孩儿算起,全不如宝丫头。"薛姨妈故作谦让,说老太太的话未免说偏了。然而她的胞妹王夫人当即作证说:"老太太时常背地里和我说宝丫头好,这倒不是假话。"贾母此时对黛钗的态度,至少内心综合判断的畸轻畸重,恐怕大体上趋于明朗。薛家占尽了道德的制高点。黛玉行酒令援引《西厢记》和《牡丹亭》的词语,薛宝钗也抓住不放,长篇大论地教训了一番,直至黛玉认错臣服。而第五十四回贾母破陈腐旧套，痛批才子佳人小说，其中的"只一见了一个清俊的男人，不管是亲是友，便想起终身大事来，父母也忘了，书礼也忘了，鬼不成鬼，贼不成贼"的嘲讽说词，即使不明确具有直接的现实所指，但包括宝黛在内的听到的人会引以为戒，应不成问题。

《红楼梦》的读者不知是否已有所察觉，此前此后的一段时间，薛家母女在各种场合极为活跃，俨然成为大观园的主角，以至于到第五十八回，这位薛姨妈竟堂而皇之地搬进了大观园，具体说是搬进了潇湘馆，跟黛玉住在一处，使得宝、黛单独见面交谈都变得不方便了。但一有风吹草动，薛家又会爽利地从大观园撤出。第七十五回，大观园抄捡之后，薛宝钗立即以母病为由搬出了大观园。作为人物角色，薛宝钗应该是大观园里面的园外人，因此她的进出并没有引起那么大的惊动。薛家后来事实上掌握了宝玉未来婚姻的主动权。所以当第七十回众姊妹无不怀有离散之悲的时候，唯有薛宝钗填的《柳絮词》作："蜂团蝶阵乱纷纷。几曾随逝水，岂必委芳尘。万缕千丝终不改，任他随聚随分。韶华休笑本无根，好风频借力，送我上青云。"她反而觉得机会来临，自己一展身手的时候到了。至于他人的聚散，与她无关。可见宝钗是为忍人，不必另征前例，有此一词，即可为证。

而且宝钗以家族的势力介入的结果，也加剧了大观园的派系纷争。怡红院的大小丫鬟们，原本有口无心，争吵斗嘴，也不伤和气。可是自从薛宝钗通过闲言"套问"袭人的"年纪家乡"，并"留神窥察"，结果发现袭人的"言语志量深可敬爱"之后，怡红院的派系于是开始形成。袭人从此与宝钗结党自是无疑，所以已往的旧红学有"袭为钗副"的说法，实为有见。麝月、秋纹是袭人的替身，固属一党。用宝玉的话说，这两个都是袭人"陶冶教育的"。晴雯和芳官以及后来的四儿，则为袭、麝、纹所不喜。所以当第七十七回，王夫人盛怒驱逐晴雯之后，又来处置芳官、四儿，提出的罪名是："你们又连伙聚党遭害这园子。"被王夫人目为"聚党"的"党"里面，还包括已逝的柳五儿。王夫人说："幸而那丫头短命死了"，否则她一定成为你们的"连伙"之人。用政治语言形容怡红院丫鬟之间的人事纠葛，诉以"连伙"、"聚党"、"遭害这园子"之罪，王夫人未免小题大做。但作者采用如此写法，一定不是笔法的失措，而是有更为深在的创作意图。至少我们可以看到，家政权力的执掌者对"聚党"和"连伙"是何等深恶痛绝。"遭害这园子"，实含有罗织罪名的阴招，以证明"连伙"、"聚党"者不仅有"犯罪"事实，而且有"犯罪"意图。

问题是王夫人对怡红院的党派分野何以如此了若指掌？处置完晴雯等"连伙"、"聚党"之人，王夫人又回过身来吩咐袭人、麝月："你们小心！"这是对她认可的另一"党"、"伙"的训示。就连贾宝玉也明白了个中的奥秘。他怀疑有人"犯舌"，所以平时的玩笑话，素日的"私语"，都被王夫人一个个说中。王夫人自己也明白坦示："可知道我身子虽不大来，我的心耳神意时时都在这里。"那么谁是她的"心耳神意"？令薛宝钗感到"深可敬爱"，被王夫人推许为"有心胸"、"想的周全"的花姑娘，恐怕难以辞其咎！

7

《红楼梦》里的贾、史、王、薛四大家族，由于彼此都联络有亲，使得他们命运与共，一损俱损，一荣俱荣。但《红楼梦》作为故事中心展开的家族系统，是荣宁二府所代表的贾家。贾家比之另外的三家，其不同之处在于，它与朝廷有直接的联系。这缘于贾政和王夫人的大女儿贾元春，被当今皇帝晋封为凤藻宫尚书并加封为贤德妃。这样一来，贾家的身价自然不同寻常。何况贾家的荣宁二公都是从龙入关的有功之臣，其家世基业，已历百载，族望地位远非史、王、薛三家可比。

只不过当《红楼》故事启动发轫之时，贾家已呈衰败之象，即所谓"外面的架子虽未甚倒，内囊却也尽上来了"。但同为衰败，荣宁二府，又自不同。宁府的衰败，表现为荒淫无耻，日暮途远，故倒行而逆施之；荣府的衰败，表现为子孙不肖，后继无人。唯一承继有望的宝贝孙子贾宝玉，竟然是个不肯读书、不求上进的"情种"。所以第五回贾宝玉梦游太虚幻境，荣宁二公向警幻仙姑托付说："吾家自国朝定鼎以来，功名奕世，富贵传流，虽历百年，奈运终数尽，不可挽回者。故遗之子孙虽多，竟无可以继业。其中惟嫡孙宝玉一人，禀性乖张，生性怪谲，虽聪明灵慧，略可望成，无奈吾家运数合终，恐无人规引入正。幸仙姑偶来，万望先以情欲声色等事警其痴顽，或能使彼跳出迷人圈子，然后入于正路，亦吾兄弟之幸矣。"吊诡的是，在观赏了金陵十二钗的判词和《红楼梦曲》之后，这位受人重托的警幻，竟让宝玉与秦可卿当即成姻，并秘授以云雨之事。其结果，不仅宝玉与秦氏梦游成双，第二天又与花袭人演绎了一番。看来荣宁二公所托非人，将宝玉"规引入正"的想法，无可挽回地化为泡影。

事实上，《红楼梦》第五回作为全书的故事预演，处处都在警示贾府已进入衰败的末世。探春的判词是："才自精明志自高，生于末世运偏消。"王熙凤的判词是："凡鸟偏从末世来，都知爱慕此生才。"反复出现"末世"字样。《红楼梦曲》的最后一题，名曰"好事终"，也是况味尽出。其曲词则直接出现了"败家"和"家事消亡"的点题之语。《红楼梦曲》的尾声"飞鸟各投林"，更将贾家败亡所经由的途径，都具体而微地标示出来。这就是："为官的，家业凋零；富贵的，金银散尽；有恩的，死里逃生；无情的，分明报应。欠命的，命已还；欠泪的，泪已尽。冤冤相报实非轻，分离聚合皆前定。欲知命短问前生，老来富贵也真侥幸。看破的，遁入空门；痴迷的，枉送了性命。好一似食尽鸟投林，落了片白茫茫大地真干净。"可知贾氏家族的最后结局，不仅是败亡，同时伴随着凄苦的离散，亦即"家亡人散各奔腾"。《红楼梦》对"散"之一字，可谓做足了文章。秦可卿托梦给王熙凤，固然以"盛筵必散"的俗语为警示，连小丫头红玉都说："千里搭长棚，没有个不散的筵席。"第二十二回上元节，元春出的谜语是："能使妖魔胆尽摧，身如束帛气如雷。一声震得人方恐，回首相看已化灰。"贾政自然是猜着了，但心想："娘娘所作爆竹，此乃一响而散之物。"于是大觉不祥。而第五十四回凤姐讲的笑话，也是炮仗没等放"就散了"。然后她又笑说："外头已经四更，依我说，老祖宗也乏了，咱们也该'聋子放炮仗——散了'罢。"处处暗示这个"散"字。第三十一回作者还专门站出来透视人物心理，分析林黛玉喜散不喜聚的性格来由："人有聚就有散，聚时欢喜，到散时岂不清冷？既清冷则伤感，所以不如倒是不聚的好。"依林黛玉的哲学，人世间的"聚"反不如不聚的好，因为最后的结果总是要"散"的。所以甲戌本《红楼梦》第一回"凡例"末尾的那首题诗，不管作者为谁，至少此诗的开首两句："浮生着甚苦奔忙，盛席华筵终散场"，可谓深得《红楼》题旨之语。

8

然而败亡是一个正在行进的过程，衰败中偶尔出现短暂的荣华，亦非不可理解。《红楼》叙事的跌宕起伏恰在于其强烈的戏剧性。第十七、十八回的元妃省亲，即为最富戏剧性的事件。第十三回秦可卿托梦给凤姐，已对此事发出警告："眼见不日又有一件非常喜事，真是烈火烹油，鲜花着锦之盛。要知道，也不过是瞬息的繁华，一时的欢乐，万不可忘了那'盛筵必散'的俗语。"但当辉煌绚丽的大观园即将兴建之时，贾府上下一片欢腾，王熙凤早将秦氏的嘱咐置诸脑后；相反，赵嬷嬷对当年太祖皇帝仿舜巡故事的回忆，让她生出无限想往与陶醉。赵嬷嬷说："唉哟哟，那可是千载希逢的！那时候我才记事儿，咱们贾府正在姑苏扬州一带监造海舫，修理海塘，只预接驾一次，把银子都花的淌海水似的。"又说："还有如今现在江南的甄家，嗳哟哟，好势派！独他家接驾四次，若不是我们亲眼看见，告诉谁谁也不信的。别讲银子成了土泥，凭是世上所有的，没有不是堆山塞海的，'罪过可惜'四个字竟顾不得了。"凤姐回应道："常听见我们太爷们也这样说，岂有不信的。只纳罕他家怎么就这么富贵呢？"

如此的一段对话，一般读者也许不会太留意，但《红楼梦》研究者可是不同。他们敏感地意识到，所谓"太祖皇帝仿舜巡故事"，一定指的是康熙南巡。而江南的甄家独接驾过四次，这个数字恰好和历史上的曹寅家族接驾的次数一致。甄家在书中是象征性的虚写，当贾家的事情不便直接"用史笔"的时候，就请甄家来救驾。比如直接写贾家被抄家，作者当乾隆时期，恐怕不好下笔。于是就用若隐若现的甄家的被抄作为震慑贾家的先兆，而且以抄捡大观园来作抄家的预演。在清代，抄家的缘由无他，必是因获罪所致。这一点，秦可卿托梦给凤姐，已经点明底里。当时秦氏说得很明确，即事先要有所防备，以便日后一旦"有了罪，凡物可入官，这祭祀产业连官也不入的。便败落下来，子孙回家读书务农，也有个退步，祭祀又可永继"。请注意"有了罪"这三个字，其实就是为将来可能被抄家做未雨的绸缪。清朝的康熙与雍正政权交替期间，曾在康熙朝长期担任江宁织造一职的曹氏家族，史有明文记录，当雍正六年的时候，借口曹頫"骚扰驿站"被抄了家。

又是"赫赫扬扬，已将百载"，又是"接驾四次"，又是被"抄家"，这和曹氏家族完全都对上景了。还有秦可卿引来形容家族败落的"树倒猢狲散"那句俗语，其实是曹寅在世时经常说的一句话。而《红楼梦》的作者曹雪芹，应该就是曹寅的孙辈，应为不争的结论。尽管他是曹頫的儿子抑或是曹颙的儿子，目前尚不能定论。既如此，研究者如果提出《红楼梦》的创作有曹雪芹自己家族的影子，恐怕是顺理成章的假设，不致令人感到意外。事实上，自从1921年胡适之先生发表《红楼梦考证》首倡此说以来，绝大多数研究者都程度不同的以此说为圭臬。特别周汝昌的《红楼梦新证》，继胡适之后将此说发挥到极致。胡、周的研究不仅有清宫档案等大量直接的历史资料为依据，又以新发现的数种《石头记》抄本作为参证。因为这些抄本上面有署名"脂砚斋"或"畸笏叟"的批语，显示批书人和作者有极不寻常的关系，甚至可以直接对作品的情节安排提出修改意见。于是以曹雪芹的家世和《红楼梦》的版本为主要研究对象的红学考证，遂成为百年来红学研究中最具优势的一个红学学派。

9

但"家世史"的研究途径，似乎无法尽得《红楼梦》的精义。因为书中内容或明或暗地含有一定反满思想，研究者对此几乎已形成共识。例如第六十三回，贾宝玉给芳官改名为"耶律雄奴"，并发出下面一番奇特的议论：

> "雄奴"二音，又与匈奴相通，都是犬戎名姓。况且这两种人自尧舜时便为中华之患，晋唐诸朝，深受其害。幸得咱们有福，生在当今之世，大舜之正裔，圣虞之功德仁孝，赫赫格天，同天地日月亿兆不朽，所以凡历朝中跳梁猖獗之小丑，到了如今竟不用一干一戈，皆天使其拱手俯头缘远来降。我们正该作践他们，为君父生色。

复按史籍，宋朝时北方"辽"的皇族即姓"耶律"。作者处身清朝的政治环境，竟然称"耶律"、"匈奴"等为"犬戎名姓"，而且指斥其为中华历来之患，真不知作者的胆子从何而来。尽管后面有"幸得咱们有福，生在当今之世，大舜之正裔，圣虞之功德仁孝，赫赫格天"的说词，谁都知道那不过是自我掩饰之语。清以北方之边族占得中华大地，无论如何说不上是"大舜之正裔"。连芳官都看穿了个中的把戏，说道："既这样着，你该去操习弓马，学些武艺，挺身出去拿几个反叛来，岂不进忠效力了。何必借我们，你鼓唇摇舌的，自己开心作戏，却说是称功颂德呢。"试想"鼓唇摇舌"、"开心作戏"两句，只有小说作者当得此评。仅就给芳官改名"耶律雄奴"一节，可谓不折不扣的"开心作戏"之举。而

"历朝中跳梁猖獗之小丑"云云，则不啻是公开的谩骂了。至于所戏弄所骂的对象为谁，作者比读者更心知肚明。但正如芳官所说，原本是"借我们"来"鼓唇摇舌"，却又自称是"称功颂德"，宝二爷的其实更是作者在这里露出的马脚，被芳官捉了个正着。

既然如此，人们难免会发出另一疑问，即《红楼梦》作者对已经被清朝所取代的明朝，又抱持何种态度呢？一些研究者自豪地声称，他们在书中发现了大量的对明朝存有某种怀恋的证据。至少第四十回贾母带领大家行酒令，史湘云脱口而出的"双悬日月照乾坤"，应是明显的含有对明朝的留恋之意。甚至有的研究者如土默热，还从反清英雄陈子龙的诗集里，发现了"双飞日月驱神骏，半缺河山待女娲"的诗句。当1644年甲申之变后，站在南明的角度，当然是"半缺河山"无疑。这样的河山亟待有人来"补天"。《红楼梦》开篇援引女娲炼五色石补天的故事，即缘于此一社会现实的需求。结合陈子龙的诗句，再回过来看史湘云的诗句，如果得出《红楼》作者对明朝心存怀思，恐怕不算过分牵强。

这样的一种研究红学的方法，即是索隐的方法。代表性的索隐论著，应首推现代教育家蔡元培于1917年出版的《石头记索隐》。他在书中写道："《石头记》者，清康熙朝政治小说也。作者持民族主义甚挚。书中本事在吊明之亡，揭清之失，而尤于汉族名士仕清者寓痛惜之意。"当然红学研究的索隐的方法并不自蔡元培始，早在清末的嘉庆、道光时期，以及后来的咸丰、同治、光绪年间，就曾有诸多对《红楼梦》"本事"的猜测，包括影响比较大的"明珠家事说"、"清世祖与董鄂妃故事说"等。蔡元培的特点是将索隐的方法更系统化也更理论化了。所以胡适的《红楼梦考证》主要是以蔡先生为商榷对象。胡的文章中最让人不易忘记的话，是指蔡先生为"猜笨谜"。蔡先生回应时表示，他无法赞同胡适的批评，说猜谜是有的，只是一定有那么"笨"吗？是为红学史上有名的"胡蔡论战"。

研究者一般都认为，现代意义的红学应该从二十世纪的"胡蔡论战"开始。而在此前的1904年，中国现代学术的开山王国维则发表了《红楼梦评论》，直接针对《红楼梦》文本本身进行美学的和哲学的批评，是为红学研究的小说批评派的开始奠立。于是红学史上的索隐、考证和小说批评三大派，就这样形成了。红学大家俞平伯先生的一段话非常富有学理意味，他说："红学为诨名抑含实义，有关于此书之性质。早岁流行，原不过纷纷谈论，即偶形诸笔墨固无所谓'学'也。及清末民初，王、蔡、胡三君，俱以师儒身份大谈其《红楼梦》，一向视同小道或可观之小说遂登大雅之堂矣。"的确，红学在二十世纪成为显学，实与众多的第一流的文史学者的介入有关。如果说基于文本的研究还不能出离文学之外的话，则考证和索隐所面对的作者的家世史和明清社会史，已经由单纯的文学研究一变而为明清史学研究的一部分。考证和索隐的方法的引入，增加了红学作为一门专学的学术含量。

红学三派中，最兴而不衰的是小说批评派红学。只要文本在，就会有无穷无尽的话题。考证和索隐都不免受材料的限制。本来百年红学，考证派一直占有压倒优势，但进入二十一世纪以来，索隐派似有重兴的趋势。大量红学索隐著作在近十余年间问世，无法不令人产生重新检视之想。越来越多的研究者认为，《红楼梦》一书极有可能与明清鼎革及其所带来的大族世家的命运变迁有关。不久前台湾"清华大学"出版社出版的黄一农教授的《二重奏：红学与清史的对话》，可作为当下红学研究新进展的代表，此书对索隐、考证两派均有新的材料的扩充。

10

我的《红楼梦与百年中国》一书，就是以梳理红学研究的三大学派为主轴，来探讨红学所以成为红学的历史过程和学理内涵。实际上是一部研究红学史论的专著。此书原以《红学》为名，初版于二十世纪九十年代初。1999年以现名经河北教育出版社再版。后经增补，2005年又由中央编译出版社出版新版。对我而言，这已经是二十多年前的旧作了。尤其当我的研究已经全部转入中国文化史和学术思想史的今天，重新面对此旧时的著作，未免有恍若隔世之感。没想到韩惠京教授会如此看重此书的可能有的价值，花费巨大劳动将其译为韩文出版。惊异和感谢同时回旋于我的内心。如果有可能，我将此书重新写过，然后再介绍给韩国的专家和读者，在我会增添更多的坦然和欣慰。幸好韩教授是多年治红学的专家，翻译过程发现和纠正多处原书的舛误，这使我在必须申明此点的同时，谨向韩教授致以由衷的谢忱。

《红楼梦》作为一部中国文学的经典名著，她为人类所共有，属于所有与文学结缘的人。愿我的粗浅研究给有机会读到此书的朋友，带来阅读的欢乐，带来文学的趣味，带来理性的思考。谢谢。

2015年4月15日于北京之东塾

（载《读书》杂志2015年第7期）

季羡林先生九十寿序

先生九十矣。九乃至大至博至祥至吉之数。谚云："九九十成。"《易》曰："乾元用九，天下治也。"今禹域之内、寰宇之中，凡承学之士，鲜有不知先生之名者。然知先生之名，未必知先生其人。知先生其人，未必知先生之学。知先生其人其学者众，真知先生其人其学者也稀。《礼》："上公九命为伯。"喻品阶之高也。《语》："君子有九思。"谓行远不迷也。《诗》："鹤鸣于九皋，声闻于天。"以其深泽也。《书》："洪范九畴，彝伦攸叙。"缘方法之多途也。《骚》："余既滋兰之九畹兮，又树蕙之百亩。"以见其生徒有繁，嘉惠后学之高情也。《书序》："九州之志，谓之九丘。"言风气所凝聚也。盖先生为学品阶之高、行谊之正、泽被之深、进径之广、桃李之众、风气之所凝聚，足为当代上庠学风之嚆矢。

吾国学术晚清为一大变局，五四一变，三四十年代又一变。现代学术之发端并结出果实，即集中于此一时期。美雨欧风，旧邦新命，整厘传统，会融新知，硕儒高学，应运凤鸣，乾嘉之后，耸立高峰。新学与旧学相斥相继，中学与西学相拒相融，驳杂多变，为此期学术之特异景观。新中有旧，首推绩溪胡先生；旧中有新，莫过海宁王先生。王之凤契托命为义宁陈寅恪先生。而陈、胡均先生之恩师，薪命相传，老而弥笃。王之学由新转旧，所发明在殷周制度暨古器物古文字古史，二重证据，为现代学术奠基；陈之学立足乙部，兼及梵夹道藏，诗史互证，今情古典，成一代通儒之象。王学开辟多，涓滴之续，即可成就。陈学精深兀立，几成绝响，惟我季先生最近义宁，而另有进境。先生东鲁临清人，生孔孟之乡，处奖励游学之世。幼承庭训，已知苦读向学，壮而负笈欧陆，厚植根基，十年艰辛，终于有成。

临清之学，不以传统小学之文字训诂入，而以异域之古文字、稀有文字立，故能独得国际东方显学之专学绝域之入室门径。二十世纪之国际东方显学，曰敦煌学、曰甲骨学、曰印度学、曰蒙古学、曰西夏学、曰藏学、曰现代佛陀之学。因入径至难，均称绝域。敦煌、甲骨吾国学人涉猎者众，绩学者也多。蒙古学胶县柯凤荪先生后，两宁（海宁、义宁）继之辨之，再后，吾不知矣。佛学石埭杨仁山、宜黄欧阳竟无、崇德太虚、丹阳吕秋逸四大师学兼仰信；而黄梅汤锡予先生截断众流，自成知识统系，卓然大家，先生固师事之，且以《浮屠与佛》名篇鸣世。惟印度学一科，先生独辟而自立之，故存"前不见古人，后不见来者"之叹。吾国道咸以降，考史之学以治辽金元史及边疆史地为能事，因缘凑泊，为后续之中土学人切入二十世纪东方显学辟一特殊路径，即中西交通史研究是也。先生固二十世纪此学此科此一显学之余脉新枝之集大成者，且已开比较文化与比较文学之先河。

要之先生之学所专精之域区，一曰印度学、中亚古文字学，以其所著《印度古代语言》、《吐火罗文研究》为代表；二曰九译之学，以所译述之《罗摩衍那》、《五卷书》等梵文经典及《吐火罗文弥勒会见记译释》为代表；三曰佛陀之学，以两论《浮屠与佛》、三释大乘经典《妙法莲华经》和《玄奘与〈大唐西域记〉》为代表；四曰中西交通史事之学，以《糖史》为代表。故先生所治学，未尝不可视作经史之学，盖梵国异域之经、中西交通之史也；入径亦未曾超离文字训诂之属，为梵文、巴利文、吐火罗文诸异域稀有文字之训音转注也。而其方法，则辨音知字，转注转译，构筑文化原型。职是之故，称先生为二十世纪中国东方学之重镇、印度古学之泰斗、九译之学之大师、中西交通史之大家，明学之士其谁曰不然欤？

先生之所从事固绝域之学、出世之学也。因以入世之精神为出世之学，遂使所为之出世之学具入世之精神。异域僻典，不觉其冷；转音训字，不病其繁。然先生并不以钩索沉隐于绝学之域自划，犹沛沛然尽有不能放释之入世情怀。故心系家国，每作出位之神思；感时忧世，常鸣旁通之秘响。睹西方势强、国性不立，反对文化霸权，遂倡河西河东之说；因文化劫难、人性泯灭，为回挽人心世道，至有牛棚之记。前年，有私淑之学子请益于先生，云学位候选人资格已获，惟导师不堪师表，如何？先生曰：不妨虚与委蛇，俟通过学位，即弃而去之。先生性平易，望之温，即之也温，晚生后学，可以相亲。深情积郁，则笔之于文，或文化批评，或散文随笔杂记，七十年如一日，未尝稍辍。文如其人，一本自然。久已卓立于艺苑文坛，浑然而不自知。散文之于先生，乃学之别体，而非学之余事。先生为学不藉时会而得师缘，为人不深求世事以养性气。八十年代末，曾有与闻国政之高请，先生却之。晚年学益醇，思益新，笔益健。平生著书高一丈，八十后所著逾五尺。此固先生之勤、学术之幸，然亦国家之悲也。

陈寅老昔述杨遇夫先生之学于战乱之世曰："一旦忽易阴森残酷之世界，而为清朗和平之宙合，天而不欲遂丧斯文也，则国家必将尊礼先生，以为国老儒宗，使弘宣我华夏民族之文化于京师太学。其时纵有入梦之青山，宁复容先生高隐耶？然则白发者，国老之象征，浮名者，亦儒宗所应具。又何叹哉？又何叹哉。"固寄望于将来、有待于当道者也。若夫临清季先生，执教京师太学已逾半个世纪，弘宣我华夏民族之文化不遗毫发之余力，立足东方，笑对当世，头白年高，青山无梦，不待尊礼，已国老儒宗矣。岂敢述学，九秋颂九，为先生寿。

岁次庚辰九月后学刘梦溪拜撰

（原载《中华读书报》2001年7月11日）

附语：《汉书·贾捐之传》："越裳氏重九译而献。"颜注引晋灼曰："远国使来，因九译言语乃通也。"文中"九译之学"一语本此。又此稿尝经吴小如先生润正，今先生已逝，不胜怅叹云尔。

后　记

　　读书做学问，在我既是一种兴趣，又是一种职业。读书、买书、整理书、写书，是我循环往复的日常课业。我也并非没有其他兴趣，譬如各种家用工具。我哥哥是木工，小时候，他做活的时候，我常在一边看。动乱年月下放到一家钢铁厂劳动，工种是钳工，又对五金工具发生了兴趣。直到后来的现在，家里的工具可以说应有尽有。包括居家不常用的管道钳，我也有两三把。大小电钻、电锤，也是四五个。装工具的木盒、铁盒、塑料箱，也是我的所爱。其实我还擅长家庭布置、房屋装修。这个特长，只有家人和最好的朋友知晓，他人不知耳。一次跟王蒙说，我最合适做装修队长，他满脸茫然，未置可否。

　　20世纪80年代，刘再复有了劲松的新居，搬好之后邀我往观。我发现家具和床具的位置与居室结构不甚协调。于是立刻动手移动，做了很大调整。我们中国文化研究所的书柜桌椅，都是我看几家店后买来的。一张特殊一点的写字台，还是订购时我亲手画的图样。三十多年前住团结湖小区，区内商业段有一家新华书店，书架的陈列一塌糊涂。我自告奋勇，帮其调整。书店女主管因此受到了上级部门的表彰，但没有人知道背后有我的一份"知识产权"。就更不要说自己书室的摆放了。颇有几位海外归人，说我的书房是国内看到的很不一样的学者书房。有好事者发图片到报纸上，季羡林先生看到了，担心书不好取，助理说有梯子。坐在梯子上取书看书，也是我的人生一乐。老友孙长江的家居陈设，我也小试过身手，但他说，没过几天就改回原来的旧观了。再复家后来如何，我忘记了。在我不过是一种兴趣，体会的是瞬间的永恒。时过境迁，就与我无关了。但我们研究所的桌椅器物，如果发生了一点点变动，包括位置的移动，我都能觉察出来，会要求及时纠正。

连类所及，我对城市建设也不乏浓厚的兴趣。北京城建的哪些地方好，哪些地方不尽如人意，我也每发出自己的一家之见。北京取消崇文区和宣武区，我老大不高兴。东单路北的过街天桥，上面写"银街"二字，也觉大为不类。于是遇有发言或作学术演讲的时候，总要提到此一问题。但都无效，至今那"银街"两个字还明晃晃地耸立在过街天桥的横梁之上。中小学生的校服，我也有关注。孩子们穿着劣质运动装满街跑，实在有失雅驯。因此每有机会，我就提出此一问题。结果和"银街"一样，同样石沉大海。我还莫名其妙地喜欢拖地。几年前当我发现明代的大学者李卓吾也有此好的时候，不禁怦然而喜，引为古代的同调。《中国文化的狂者精神》一书里，我写到了这一细节。如果听凭兴趣所之，也许我会成为一家装修公司的设计员吧。但也有知道我这方面爱好的朋友，说我做这类事情跟做学问一样认真，就不知道是赞许抑或是小有微词了。然则我毕竟没有成为一名装修工或设计员，甚至和明熹宗朱由校相比，也自愧弗如。这位奇葩皇帝尽管国家没治理好，却成了名垂青史的巧木匠，至今受捧不衰的明式家具，似乎就有熹宗皇帝影响所及的影子。而本人则不过是出于爱好，止于爱好，兄长的家传手艺也没有学到手。

也许是我的其他兴趣都比不过对书的兴趣。几岁开始就喜欢书，听父亲讲书，自己乱翻书，字认识不全就尝试着读书了。多年形成的人生感悟，竟是最痛苦者莫过于无书可读。十年乱局，有两年发放到五七干校接受整治，不是罪人，但享受充分的"罪人"待遇。不准接触人群，不准到食堂用餐，不准和家人通信，不准保存剃须刀。但于我最痛苦的，是不准看《毛选》以外的书。就这么一本书，老看老看，难免就滚瓜烂熟了。一次小型批斗会，诬枉之辞实在让人难以接受，我于是抗争："你们即使不实事求是，也应该讲点良心呵。"会议的主事者认为抓到了把柄，便得意地大声回应："我们共产党员讲党性，不讲良心！"我即刻反驳说："你不讲良心，那是你没有良心。《毛选》里有四处讲到了良心。"他无语了，会议也随之结束。你看，即使只读一本书，也自有它的好处。但一个人终归不能只读一本书，而是要读很多的书，甚至希望能有机会读到更多生平所未见之书。读书的佳境，是闲适阅读。陶渊明的"既耕亦已种，时还读我书"，便是闲适阅读，因此只需"会意"即可。杜甫的"读书破万卷，下笔如有神"，则难免有一点想作诗的功利考虑。研究问题的阅读，包括为写书写论文而阅读，也需要博览与约取相结合。只读自己行当的专业书，未免有吃偏食之嫌。读书少，涉猎面窄，就是古人所讥讽的腹笥空空，是无法为学的。《文心雕龙》的作者刘勰岂不言乎："凡操千曲而后晓声，观千剑而后识器，故圆照之象，务先博观。"什么时候人在不自由的情境下也有书读，就是理想的好社会了。

  实际上，我读的书仍然是少之又少。和老辈硕学相比，真是差得不知凡几。作为我研究对象出现在本书中的那些独标秀出的20世纪现代学者，尤其王国维、陈寅恪、钱锺书、马一浮四位学术大师，他们才是真正的读书人呢。你看他们记诵之博，典故之熟悉，如数家珍不足以形容。如今我也以写书人的身份跻身斯道了，而且一篇一篇一本一本地写了不少，但值得留存于世的又有几何。出道迟早是一回事，读书能不能知味是另一回事。著作多寡是一回事，有无独到的思想创获是又一回事。我读书治学的微末之长，是读书细心。研陈研马，都能独得一个"细"字。三复四复其义，总能有所感会。前面自序已略及，我研治的范围，早年为古典文学和文学思想史，也旁涉过文学理论和现当代文学，后转向现代学术及文化史和学术思想史。而思想文化史这一块，则是先近现代，后进入宋学，最后返归六经。为学次第非事先预设，后来发现各个点块能够在后面有历史和思想的连接，原来不曾想到。

陈寅恪说："对于古人之学说，应具了解之同情，方可下笔。"这一点，我自问是做到了。陈寅老还说："吾人今日可依据之材料，仅为当时所遗存最小之一部，欲藉此残余断片，以窥测其全部结构，必须备艺术家欣赏古代绘画雕刻之眼光及精神，然后古人立说之用意与对象，始可以真了解。"我不是艺术家，但反观我的那些个旁骛的兴趣爱好，庶几有可能具备一些"真了解"古人立说用意的先期条件。我的确是以审美的心情和态度，来面对古人和古人的著作的。因此我发为著述，总离不开人物和思想。历史是人的历史，文化是人的活动，群书载籍是前人的智慧结晶。龚自珍称古先书册为"圣智心肝"，是为真知书者之言。由此可知，撰文著论有无心肝，亦是评判人文作者的一个深在的标准。本书中涉及的往圣前贤，古人、前人、近人、外人，也多矣，但是否做到了"真了解"，本人就不敢自我评说了。

没有想到会用这种方式出版一部如此规模的自著，完全是由于北京时代华文书局余玲副总编的隆情雅意，给了我贸然为此的勇

后 记

气。本家文论泰斗彦和古哲曾经说过："凡文集胜篇，不盈十一，篇章秀句，裁可百二，并思合而自逢，非研虑之所课也。"我的心曲被他在两千年前预先说中了。谨在此向促成此书出版的余玲女史并本书的责任编辑李强先生，深表谢忱。本书文字之校核，张凌云编辑，吾友陈斐先生、生黄彦伟博士，与有力焉，在此一并致谢。

2016 年 3 月 6 日记于京城之东塾

引用文献

一、上古至明清之部

1. 周易注校释[Z].王弼注，楼宇烈校释.北京：中华书局，2012.
2. 周易本义[Z].朱熹撰，廖名春点校.北京：中华书局，2009.
3. 周易程氏传[Z].程颐撰.北京：中华书局，2011.
4. 周易集注[Z].来知德撰.北京：九州出版社，2012.
5. 周易正义[Z].十三经注疏标点本.北京：北京大学出版社，1999.
6. 诗经今注[Z].高亨注.上海：上海古籍出版社，2009.
7. 尚书正义[Z].阮元校刻.影印十三经注疏刻本.北京：中华书局，1980.
8. 尚书今古文注疏[Z].孙星衍撰.北京：中华书局，1986.
9. 尚书正义[Z].十三经注疏标点本.北京：北京大学出版社，1999.
10. 周礼正义[Z].孙诒让撰.校点本.北京：中华书局，1987.
11. 周礼注疏[Z].十三经注疏标点本.北京：北京大学出版社，1999.
12. 礼记正义[Z].十三经注疏标点本.北京：北京大学出版社，1999.
13. 礼记集解[Z].孙希旦撰.北京：中华书局，1989.

14．大戴礼记汇校集解[Z].方向东撰.北京：中华书局，2008.

15．大戴礼记补注[Z].孔广森撰.北京：中华书局，2013.

16．春秋左传集解[Z].杜预撰.上海：上海人民出版社，1977.

17．春秋经传集解[Z].杜预撰.上海：上海古籍出版社，1988.

18．春秋公羊经何氏释例[Z].刘逢禄撰.北京：北京大学出版社，2012.

19．孝经注疏[Z].十三经注疏标点本.北京：北京大学出版社，1999.

20．论语集释[Z].程树德撰.北京：中华书局，1990.

21．论语译注[Z].杨伯峻译注.北京：中华书局，1980.

22．孟子正义[Z].焦循撰，沈文倬点校.北京：中华书局，1987.

23．孟子译注[Z].杨伯峻译注.北京：中华书局，1980.

24．孟子字义疏证[Z].戴震撰.北京：中华书局，1961.

25．四书章句集注[Z].朱熹撰.北京：中华书局，1983.

26．十三经注疏（标点本）[M].李学勤主编.北京：北京大学出版社，1999.

27．白文十三经[M].黄侃手批.上海：上海古籍出版社，1982.

28．国语[Z].左丘明.上海：上海人民出版社，1988.

29．史记[Z].司马迁.中华书局标点本.

30．汉书[Z].班固.中华书局标点本.

31．后汉书[Z].范晔.中华书局标点本.

32．后汉书[Z].范晔.中华国学文库版.

33．三国志[Z].陈寿.中华书局标点本.

34．晋书[Z].房玄龄等.中华书局标点本.

35. 宋书[Z].沈约.中华书局标点本.

36. 南齐书[Z].萧子显.中华书局标点本.

37. 梁书[Z].姚察,姚思廉.中华书局标点本.

38. 隋书[Z].魏徵主编.中华书局标点本.

39. 魏书[Z].魏收.中华书局标点本.

40. 北史[Z].李大师,李延寿.中华书局标点本.

41. 南史[Z].李延寿.中华书局校点本.

42. 旧唐书[Z].刘昫等.中华书局标点本.

43. 新唐书[Z].宋祁、欧阳修.中华书局标点本.

44. 宋史[Z].脱脱,阿鲁图.中华书局标点本.

45. 明史[Z].张廷玉等.中华书局标点本.

46. 清史稿[Z].赵尔巽主编.中华书局标点本.

47. 资治通鉴[Z].司马光.中华书局标点本.

48. 明季北略[Z].计六奇.北京:中华书局,1984.

49. 二十二史札记[Z].赵翼,王树民校证.北京:中华书局,1984.

50. 陔余丛考[Z].赵翼.石家庄:河北人民出版社,1990.

51. 潜研堂集[Z].钱大昕.上海:上海古籍出版社,1989.

52. 十驾斋养新录[Z].钱大昕.南京:江苏古籍出版社,2000.

53. 章学诚遗书[Z].北京:文物出版社,1985.

54. 文史通义[Z].章学诚撰,叶瑛校注.北京:中华书局,1985.

55. 清代通史[M].萧一山.北京:中华书局,1986.

56. 诸子集成[Z].国学整理社辑.世界书局版.北京:中华书局,1954.

57. 荀子集解[Z].王先谦撰,沈啸寰、王星贤整理.北京:中华书局，1988.

58．墨子校注[Z].吴毓江校注.北京：中华书局，1993.

59．庄子集释[Z].郭庆藩撰.北京：中华书局，2004.

60．庄子注疏[Z].郭象注，成玄英疏.北京：中华书局，2011.

61．韩非子集释[Z].陈奇猷校注.上海：上海人民出版社，1974.

62．吕氏春秋[Z].吕不韦编.北京：中华书局，2011.

63．新语校注[Z].陆贾撰，王利器校注.北京：中华书局，1986.

64．新书[Z].贾谊.新编诸子集成.北京：中华书局，2000.

65．春秋繁露义证[Z].董仲舒撰，苏舆义证.北京：中华书局，1992.

66．淮南鸿烈集解[Z].刘文典集解.北京：中华书局，1989.

67．白虎通疏证[Z].陈立.北京：中华书局，1994.

68．论衡校释[Z].王充撰，黄晖校释.北京：中华书局，1990.

69．抱朴子校笺[Z].葛洪撰，杨明照校笺.北京：中华书局，1997.

70．孔子家语[Z].孔子门人.郑州：河南大学出版社，2008.

71．王弼集校释[Z].楼宇烈校释.北京：中华书局，1980.

72．世说新语笺疏.余嘉锡笺疏.北京：中华书局，1983.

73．颜氏家训集解[Z].王利器集解.上海：上海古籍出版社，1980.

74．周敦颐集[Z].北京：中华书局，1990.

75．张载集[Z]."理学丛书"版.北京：中华书局，1978.

76．张子正蒙注[Z].王夫之.北京：中华书局，1975.

77．二程集[Z]."理学丛书"版.北京：中华书局，1981

78．朱熹集[Z].成都：四川教育出版社，1996.

79．朱子语类[Z].朱熹.北京：中华书局，1986.

80．陆九渊集[Z].北京：中华书局，1980.

81．象山语录 阳明传习录[Z].陆九渊，王阳明.上海：上海古籍出版社，2000.

82．王阳明全集[Z].吴光等点校.上海：上海古籍出版社，1992.

83．逊志斋集[Z].方孝孺.宁波：宁波出版社，2000

84．焚书、续焚书[Z].李贽.北京：中华书局，1975

85．徐光启集[Z].上海：上海古籍出版社，1984.

86．宋元学案[Z].黄宗羲.北京：中华书局，1986.

87．明儒学案[Z].黄宗羲.北京：中华书局，1986.

88．黄宗羲全集[Z].杭州：浙江古籍出版社，1994.

89．顾亭林诗文集[Z].北京：中华书局，1983.

90．日知录[Z].顾炎武.集释本.石家庄：花山文艺出版社，1990.

91．船山全书[Z].王夫之.长沙：岳麓书社，1996.

92．颜元集[Z].北京：中华书局，1987.

93．戴震集[Z].戴震.上海：上海古籍出版社，1980.

94．大乘起信论[Z].真谛译.北京：中华书局，1992.

95．弘明集[Z].僧祐.《四部丛刊》影印本.

96．出三藏记集[Z].僧祐.北京：中华书局，1995.

97．华严金师子章校释[Z].法藏著，方立天校.北京：中华书局，1983.

98．高僧传[Z].释慧皎撰，汤用彤校注.北京：中华书局，1992.

99．中国佛教思想资料选编[M].石峻等编.北京：中华书局，1981.

100．中国佛教思想资料选编[M].石峻，楼宇烈，方立天等编.北京：中华书局，1990.

101．金石录校证[Z].赵明诚著，金文明校证.桂林：广西师范大学出版社，2005.

102．容斋随笔[Z].洪迈撰，孔凡礼点校.北京：中华书局，2005.

103．西洋新法历书[Z].徐光启、李天经等.明崇祯清顺治间刻本.

104．火攻挈要[Z].汤若望授，焦勖述.北京图书馆善本室藏嘉业堂藏书.

105．皇朝经世文编续编[Z].盛康辑.台北：文海书局，1979.

106．全上古三代秦汉三国六朝文[Z].严可均辑.石家庄：河北教育出版社，1997.

107．文选[Z].萧统.上海：上海古籍出版社，1986.

108．玉台新咏笺注[Z].徐陵辑，吴兆宜注.北京：中华书局，1985.

109．全唐诗[Z].曹寅，彭定求等.北京：中华书局，1960.

110．全唐文[Z].董诰等.北京：中华书局，1983.

111．盛明百家诗[Z].俞宪辑.四库全书存目丛书.济南：齐鲁书社，1997.

112．楚辞集注[Z].朱熹.上海：上海古籍出版社，1979.

113．张衡诗文集校注[Z].上海：上海古籍出版社，2009.

114．文赋集释[Z].陆机撰，张少康集释.北京：人民文学出版社，2002.

115．文心雕龙注[Z].刘勰撰，范文澜注.北京：人民文学出版社，1958.

116．文心雕龙注释[Z].刘勰撰，周振甫注.北京：人民文学出版社，1981.

117．文心雕龙校注拾遗[Z].刘勰撰，杨明照校注.上海：上海古籍出版社，1982.

118．王右丞集笺注[Z].上海：上海古籍出版社，1998.

119．李白集校注[Z].上海：上海古籍出版社，1980．

120．李白资料汇编（唐宋之部）[M].金涛声、朱文彩编.北京：中华书局，2007．

121．杜诗详注[Z].仇兆鳌注.北京：中华书局，1979．

122．钱注杜诗[Z].钱谦益.上海：上海古籍出版社，2009．

123．元稹集校注[Z].周相录校注.上海：上海古籍出版社，2011．

124．白居易集[Z].顾学颉校点.北京：中华书局，1979．

125．韩愈全集校注[Z].成都：四川大学出版社，1996．

126．韩愈资料汇编[M].吴文治编.北京：中华书局，1983．

127．柳河东集[Z].上海：上海古籍出版社，2008．

128．李商隐文编年校注[Z].北京：中华书局，2002．

129．李商隐诗歌集解[M].刘学锴等.北京：中华书局，1988．

130．苏轼诗集[Z].北京：中华书局，1982．

131．苏轼全集[Z].上海：上海古籍出版社，2000．

132．东坡乐府笺[Z].龙榆生校笺.上海：上海古籍出版社，2009．

133．王文公文集[Z].王安石.上海：上海人民出版社，1974．

134．徐文长集[Z].徐渭.北京：中华书局，1983．

135．袁宏道集[Z].钱伯城笺校.上海：上海古籍出版社，1981．

136．汤显祖诗文集[Z].上海：上海古籍出版社，1982．

137．牧斋初学集[Z].钱谦益.上海：上海古籍出版社，2009

138．钱牧斋全集[Z].钱谦益.上海：上海古籍出版社，2003．

139．瞿式耜集[Z].上海：上海古籍出版社，1981．

140．吴梅村全集[Z].上海：上海古籍出版社，1990．

141．龚自珍全集[Z].上海：上海人民出版社，1999．

142．魏源集[Z].北京：中华书局，1976．

143．曾国藩全集[Z].长沙：岳麓书社，1994.

144．弢园文录外编[Z].王韬.上海：上海书店出版社，2002.

145．瞑庵杂识、瞑庵二识[Z].朱克敬.长沙：岳麓书社，1983.

146．郭嵩焘日记[Z].长沙：岳麓书社，1983.

147．郭嵩焘诗文集[Z].长沙：岳麓书社，1984.

148．郭嵩焘日记[Z].长沙：湖南人民出版社，1982.

149．陈宝箴集[M].汪叔子、张求会编.北京：中华书局，2005.

150．张之洞全集[Z].石家庄：河北人民出版社，1998.

151．湘绮楼日记[Z].王闿运.长沙：岳麓书社，1997.

152．曾纪泽遗集[Z].长沙：岳麓书社，1983.

153．郑观应集[Z].上海：上海人民出版社，1982.

154．黄遵宪全集[Z].北京：中华书局，2005.

155．沈曾植集校注[M].钱仲联校注.北京：中华书局，2001.

156．师伏堂日记[Z].皮锡瑞.北京：国家图书馆出版社，2009.

157．散原精舍诗集[M].陈三立.上海：上海商务印书馆，1910.

158．散原精舍诗文集[M].陈三立著，李开军校点.上海：上海古籍出版社，2003.

159．散原精舍诗文集补编[M].陈三立著，潘益民、李开军辑注.南昌：江西人民出版社，2007.

160．范伯子诗文集[Z].上海：上海古籍出版社，2003.

161．文廷式集[Z].汪叔子编.北京：中华书局，1993.

162．谭嗣同全集[Z].北京：中华书局，1981.

163．述异记[Z].任昉.刻本.湖北：湖北官书处，1911.

164．太平广记[Z].李昉编.北京：中华书局，1961.

165．宋元笔记小说大观[Z].上海古籍出版社编.上海：上海古籍出版社，2007.

166．牡丹亭[Z].汤显祖撰，徐朔方校注.北京：人民文学出版社，1963.

167．脂砚斋重评石头记（庚辰本）[Z].曹雪芹.北京：人民文学出版社，1975.

168．红楼梦[Z].曹雪芹.北京：人民文学出版社，1982.

二、近现代之部

1．严复集[M].严复著，王栻主编.北京：中华书局，1986.

2．名学浅说[M].严复译.北京：商务印书馆，1981.

3．清儒学案[M].徐世昌.北京：中国书店，1990.

4．宋恕集[M].北京：中华书局，1983.

5．海宁王忠悫公传[M].罗振玉.台北：祺龄出版社，1995.

6．蔡元培全集[M].杭州：浙江教育出版社，1997.

7．章太炎全集[M].上海：上海人民出版社，1982.

8．章太炎书信集[M].石家庄：河北人民出版社，2003.

9．章太炎先生自定年谱[M].上海：上海书店，1986.

10．章太炎政论选集[M].汤志钧编.北京：中华书局，1977.

11．章太炎年谱长编[M].汤志钧编.北京：中华书局，1979.

12．章太炎研究[M].汪荣祖.台北：李敖出版社，1991.

13．明史讲义[M].孟森.北京：中华书局，2006.

14．欧阳竟无先生内外学[M].欧阳渐.南京：金陵刻经处，1933.

15．饮冰室合集[M].梁启超.北京：中华书局，1989.

16. 王国维遗书[M].上海：上海古籍书店据商务印书馆1940年版印行，1983.
17. 王国维全集[M].杭州：浙江教育出版社，2009.
18. 王国维全集[M].吴泽主编.北京：中华书局，1984.
19. 王国维文集[M].北京：中国文史出版社，1997.
20. 王国维集[M].周锡山编校.北京：中国社会科学出版社，2008.
21. 古史新证[M].王国维.北平：北平来薰阁影印王静安先生遗著之一，1935.
22. 古史新证[M].王国维.清华文丛之五.北京：清华大学出版社，1994.
23. 《学术丛编》编例[M].王国维.上海：上海书店出版社，2015.
24. 王国维诗词笺校[M].萧艾.长沙：湖南人民出版社，1984.
25. 王国维诗词笺注[M].陈永正笺注.上海：上海古籍出版社，2011.
26. 王国维诗词全编校注[M].广州：中山大学出版社，2000.
27. 王静安先生年谱[M].王德毅.台北：中国学术著作奖助委员会，1967.
28. 王国维年谱[M].陈鸿祥.济南：齐鲁书社，1991.
29. 王国维与近代东西方学人[M].陈鸿祥.天津：天津古籍出版社，1990.
30. 王国维之死[M].罗继祖主编.台北：祺龄出版社，1995.
31. 陈独秀著作选[M].上海：上海人民出版社，1993.
32. 陈垣学术论文集[M].北京：中华书局，1980.
33. 弘一大师全集[M].福州：福建人民出版社，1992.
34. 马一浮集[M].杭州：浙江古籍出版社和浙江教育出版社，

1996.

35. 马一浮遗墨[M].夏宗禹编.北京：华夏出版社，1991.
36. 马一浮评传[M].马镜泉.南昌：百花洲文艺出版社，1993.
37. 中国当代理学大师马一浮[M].毕养赛主编.上海：上海人民出版社，1992.
38. 余嘉锡文史论集[M].长沙：岳麓书社，1997.
39. 现代中国文学史[M].钱基博.长沙：岳麓书社，1986.
40. 沈兼士学术论文集[M].沈兼士.北京：中华书局，1986.
41. 新儒家思想史[M].张君劢.台湾：弘文馆出版社，1986.
42. 隋唐制度渊源略论稿[M].陈寅恪.北京：三联书店，2001.
43. 唐代政治史述论稿[M].陈寅恪.北京：三联书店，2001.
44. 元白诗笺证稿[M].陈寅恪.北京：三联书店，2001.
45. 寒柳堂集[M].陈寅恪.北京：三联书店，2001.
46. 寒柳堂集[M].陈寅恪.上海：上海古籍出版社，1980.
47. 金明馆丛稿初编[M].陈寅恪.北京：三联书店，2001.
48. 金明馆丛稿二编[M].陈寅恪.北京：三联书店，2001.
49. 柳如是别传[M].陈寅恪.北京：三联书店，2001.
50. 陈寅恪诗集[M].陈寅恪著，陈美延、陈流求编.北京：清华大学出版社，1993.
51. 陈寅恪集·诗集[M]. 陈寅恪.北京：三联书店，2001.
52. 陈寅恪集·书信集[M].陈寅恪.北京：三联书店，2001.
53. 陈寅恪集·讲义及杂稿[M].陈寅恪.北京：三联书店，2001.
54. 谈陈寅恪[M].蓝文徵，等.台北：传记文学出版社，1979.
55. 也同欢乐也同愁[M].陈流求、陈小彭、陈美延著.北京：三联书店，2010.

56. 陈寅恪先生编年事辑（增订本）[M].蒋天枢.上海：上海古籍出版社，1997.

57. 陈寅恪的最后20年[M].陆键东.北京：三联书店，1995.

58. 陈寅恪晚年诗文释证[M].余英时.台北：东大图书公司，1998.

59. 陈寅恪的家族史[M].张求会.广州：广东教育出版社，2007.

60. 陈寅恪的学说[M].刘梦溪.北京：三联书店，2014.

61. 纪念陈寅恪教授国际学术讨论会文集[M].黄萱，等.广州：中山大学出版社，1989.

62. 纪念陈寅恪先生百年诞辰学术论文集[C].王永兴编.南昌：江西教育出版社，1994.

63. 何炳松文集[M].北京：商务印书馆，1997.

64. 竺可桢全集[M].竺可桢.上海：上海科学技术出版社，2005.

65. 胡适全集[M].胡适.合肥：安徽教育出版社，2003.

66. 中国哲学史大纲[M].胡适.北京：商务印书馆，1987.

67. 胡适口述自传[M].胡适口述，唐德刚译注.台北：传记文学出版社，1981.

68. 郭沫若全集[M].郭沫若.北京：人民出版社，1992.

69. 卜辞中的古代社会[M].郭沫若.北京：人民出版社，1982.

70. 梁漱溟全集[M].中国文化书院学术委员会编.济南：山东人民出版社，1989.

71. 梁漱溟先生年谱[M].李渊庭、阎秉华编.桂林：广西师范大学出版社，1991.

72. 古史辨[M].顾颉刚.上海：上海古籍出版社，1982.

73. 汤用彤全集[M].石家庄：河北人民出版社，2000.

74. 汉魏两晋南北朝佛教史[M].汤用彤.北京：中华书局，1983.

75．雨僧日记[M].吴宓.北京：三联书店，1999.

76．吴宓诗话[M].吴学昭整理.北京：商务印书馆，2005.

77．吴宓书信集[M].吴学昭整理、注释、翻译.北京：三联书店，2011.

78．吴宓诗集[M].北京：商务印书馆，2004.

79．《吴宓日记》正编[M].北京：三联书店，1998.

80．《吴宓日记》续编[M].北京：三联书店，2006.

81．吴宓自编年谱[M].北京：三联书店，1995.

82．吴宓与陈寅恪[M].吴学昭.北京：清华大学出版社，1992.

83．蒙文通文集[M].成都：巴蜀书社，1995.

84．国粹与国学[M].许地山.台湾：水牛出版社，1987.

85．熊十力全集[M].武汉：湖北教育出版社，2001.

86．论六经[M].熊十力.北京：中国人民大学出版社，2006.

87．熊十力先生学行年表[M].蔡仁厚.台北：明文书局，1987.

88．国史大纲（修订本）[M].钱穆.香港：商务印书馆，1989.

89．中国学术通义[M].钱穆.台北：学生书局，1975.

90．国学概论[M].钱穆.北京：商务印书馆，1977.

91．现代中国学术论衡[M].钱穆.长沙：岳麓书社，1986.

92．三松堂全集[M].冯友兰.郑州：河南人民出版社，1986.

93．论道[M].金岳霖.北京：商务印书馆，1985.

94．金岳霖学术论文选[M].北京：中国社会科学出版社，1990.

95．傅斯年全集[M].台北：联经出版公司，1980.

96．吕澂佛学论著选集[M].济南：齐鲁书社，1991.

97．朱光潜全集[M].合肥：安徽教育出版社，1993.

98．萧公权全集[M].萧公权.台北：联经出版公司，1983.

99．问学谏往录[M].萧公权.台北：传记文学出版社，1972.

100．迹园文录[M].萧公权.台北：联经出版公司，1983.

101．周予同经学史论著选集[M].朱维铮编.上海：上海人民出版社，1983.

102．俞平伯论红楼梦[M].上海：上海古籍出版社，1988.

103．俞平伯全集[M].石家庄：花山文艺出版社，1997.

104．张荫麟先生文集[M].台湾：台湾大学出版委员会，1984.

105．清诗纪事（道光朝卷）[M].钱仲联编.南京：江苏古籍出版社，1989.

106．梦苕庵论集[M].钱仲联.北京：中华书局，1993.

107．谈艺录[M].钱锺书.北京：中华书局，1984.

108．管锥编[M].钱锺书.北京：三联书店，2007.

109．七缀集[M].钱锺书.上海：上海古籍出版社，1985.

110．周秦道论发微[M].张舜徽.北京：中华书局，1982.

111．郑学丛著[M].张舜徽.济南：齐鲁书社，1984.

112．爱晚庐随笔[M].张舜徽.长沙：湖南教育出版社，1991.

113．近代二十家评传[M].王森然.北京：书目文献出版社，1987.

114．二十今人志[M].温源宁.上海：上海良友图书公司，1935.

115．红楼梦的两个世界[M].余英时.台北：联经出版事业公司，1981.

116．文化评论与中国情怀[M].余英时.台湾：允晨文化实业股份有限公司，1980.

117．犹记风吹水上鳞[M].余英时.台北：三民书局，1991.

118．中国近代思想史上的胡适[M].余英时.台北：联经出版事业公司，1986.

119. 朱熹的历史世界[M].余英时.台湾：允晨文化实业股份有限公司，2003.
120. 诸子学述[M].罗焌.长沙：岳麓书社，1995.
121. 明清之际中西关系简史[M].张维华.济南：齐鲁书社，1987.
122. 中国文化史丛书[M].姚名达，等.上海：上海书店，1984.
123. 注史斋丛稿[M].牟润孙.北京：中华书局，1987.
124. 中国哲学[M].《中国哲学》编委会.北京：人民出版社，1988.
125. 海夫文存[M].郑朝宗.厦门：厦门大学出版社，1994.
126. 新史学九十年[M].许冠三.香港：香港中文大学出版社，1986.
127. 中国传统的创造性转化[M].林毓生.北京：三联书店，1988.
128. 中国社会与文化（增订版）[M].金耀基.香港：牛津出版社，2013.
129. 寻求历史的谜底[M].杨天石.北京：首都师范大学出版社，1993.
130. 杨天石文集[M].上海：上海辞书出版社，2005.
131. 康章合论[M].汪荣祖.台北：联经出版公司，1988.
132. 罗振玉评传[M].罗琨.南昌：百花洲文艺出版社出版，1996.
133. 朱熹年谱长编[M].束景南.上海：华东师范大学出版社，2001.
134. 庚子勤王与晚清政局[M].桑兵.北京：北京大学出版社，2004.
135. 晚清学堂学生与社会变迁[M].桑兵.台北：稻禾出版社，1991.
136. 晚清民国的国学研究[M].桑兵.上海：上海古籍出版社，2001.
137. 清代文字狱档[M].上海书店出版社编.上海：上海书店出版社，2007.
138. 碑传集补[M].闵尔昌纂录.台北：文海出版社，1973.

139. 近代中国史料丛刊续编[M].沈云龙主编.台北：文海出版社，1974—1982.

140. 洋务运动[M].中国史学会主编.上海：上海人民出版社，1961.

141. 戊戌变法[M].中国史学会编.上海：神州国光社，1953.

142. 戊戌变法档案史料[M].国家档案局明清档案馆编.北京：中华书局，1958.

143. 戊戌变法文献资料系日[M].清华大学历史系编.上海：上海古籍出版社，1998.

144. 汪康年师友书札[M].上海图书馆编.上海：上海古籍出版社，1986—1989.

145. 湖南历史资料[M].《湖南历史资料》编辑室.长沙：湖南人民出版社，1981.

146. 文史资料选辑第87辑[M].文史资料研究委员会编.北京：文史资料出版社，1983.

147. 清华大学史料选编[M].清华大学校史研究室主编.北京：清华大学出版社，1991.

148. 曾国藩及其幕府人物[M].李鼎芳.长沙：岳麓书社，1985.

149. 国闻备乘[M].胡思敬.上海：上海书店出版社，1997.

150. 一士类稿[M].徐一士.成都：四川人民出版社，1985.

151. 花随人圣庵摭忆[M].黄濬.上海：上海古籍书店，1983.

152. 石屋余渖[M].马叙伦.上海：上海书店，1984.

153. 缘缘堂随笔[M].丰子恺.天津：天津教育出版社，2007.

154. 清末四公子[M].高阳.台北：南京出版公司，1980.

155. 海国图志[Z].魏源.长沙：岳麓书社，1998.

156. 瀛寰志略[Z].徐继畬.上海：上海书局，1898.

157．筹办夷务始末[Z].宝鋆等编.北京：中华书局，1964.

158．中国教案史[M].张力、刘鉴唐.成都：四川省社会科学院出版社，1987.

159．中国天主教史人物传[M].方豪.北京：中华书局，1988.

160．中国近代学术名著·汉学师承记（外二种）[M].朱维铮执行主编.北京：三联书店，1998.

161．中国近代思想人物论·保守主义[M].傅乐诗等.台北：时报出版公司，1985.

162．走向世界——近代知识分子考察西方的历史[M].钟叔河.北京：中华书局，1985.

163．国故学讨论集[M].许啸天编.上海：群学社，1927.

164．国故学讨论集[M].许啸天编.上海：上海书店，1991.

165．中国现代学术经典·章太炎卷[M].刘梦溪主编，陈平原编校.石家庄：河北教育出版社，1996.

166．中国现代学术经典·梁启超卷[M].刘梦溪主编，夏晓虹编校.石家庄：河北教育出版社，1996

167．中国现代学术经典·马一浮卷[M].刘梦溪主编，马镜泉编校.石家庄：河北教育出版社，1996.

168．中国现代学术经典·钱基博卷[M].刘梦溪主编，傅道彬编校.石家庄：河北教育出版社，1996.

169．中国现代学术经典·董作宾卷[M].刘梦溪主编，裘锡圭、胡振宇编校.石家庄：河北教育出版社，1996.

170．中国现代学术经典·傅斯年卷[M].刘梦溪主编，雷颐编校.石家庄：河北教育出版社，1996.

171．诗学[M].[古希腊]亚里士多德著,罗念生译.北京:人民文学出版社,1962.

172．利玛窦中国札记[M].[意]利玛窦.北京:中华书局,1983.

173．马克思恩格斯论艺术[M].[德]马克思,恩格斯著.北京:人民文学出版社,1960.

174．汤若望传[M].[德]魏特著,杨丙辰译.北京:商务印书馆,1949.

175．论科学与艺术[M].[法]卢梭著,何兆武译.上海:上海人民出版社,2007.

176．作为意志和表象的世界[M].[德]叔本华著,石冲白译.北京:商务印书馆,1982.

177．印度佛教史[M].[英]渥德尔著,王世安译.北京:商务印书馆,1987.

178．论传统[M].[美]E.希尔斯著,傅铿等译.上海:上海人民出版社,1991.

179．中国文化与基督教的冲撞[M].[法]J.谢和耐.沈阳:辽宁人民出版社,1989.

180．兴膳宏文心雕龙论文集[M].彭恩华编译.济南:齐鲁书社,1984.

三、期刊报纸

1．经元善.上总署转奏电禀[N].苏报,1900-1-27.

2．柏生.记王静安先生自沉始末[J].国学月报,1927,(8—10)合刊.

3．姚名达.哀余断忆（之二）[J].国学月报,1927,2(8—10).

4．赵万里.王静安先生年谱[J].国学论丛，1928，1(3).

5．赵万里.王静安先生手校手批书目[J].国学论丛，1928，1(3).

6．徐中舒.追忆王静安先生[J].文学周报"王静安先生追悼专号"，1928，(276—300)合刊.

7．王蘧常.嘉兴沈寐叟先生年谱初编[J].东方杂志，1929，(15—16).

8．朱希祖.本师章太炎先生口授少年事迹笔记[J].制言"太炎先生纪念专号"，1936，(25).

9．熊十力.论中国文化与中国哲学[J].中国文化，1990，(3).

10．胡厚宣.再论甲骨文发现问题[J].中国文化，1997，(15-16)合刊.

11．余英时.钱穆与新儒家[J].中国文化，1992，(6).

12．郑朝宗.管锥编作者的自白[N].人民日报，1987-3-16.

13．周康燮.陈三立的勤王运动及其与唐才常自立会的关系——跋陈三立与梁鼎芬密札[N].明报月刊，1974-10.

14．戴海斌."题外作文，度外举事"与"借资鄂帅"背后——陈三立与梁鼎芬庚子密札补正[J].近代史研究，2011年，第2期.

人名索引

A

阿鹜　246，247

安成王顼　174，258

安澄　249

安慧　560，561

安禄山　164，243，314

安世高　993，994

鳌拜　1016

B

巴尔善　8

白璧德　87

白居易（白傅、白乐天、乐天、白香山）　74，126，214，232，242，244，245，247，248，254，554，875，913，975，980，981，1076

白子友　781

柏庚　50

柏拉图　76，79，212，213，224，389，547，801，1038，1039，1098，1099，1236，1332

柏生　509

拜伦　39

班固（兰台、班孟坚）　78，385，440，680，782

班昭　185

包弼德　1307

包咸　774

宝度　994

宝鋆　714

鲍叔　76，79，80，81，103

北人无择　787

北魏太武帝　804

北周武帝　804

贝多芬　　737

比干　　371，781，789

俾思麦　　380

毕达哥拉斯　　1031

毕棱伽婆磋　　671

卞玉京　　840

伯奇　　937

伯希和　　11，18，74，242，877

伯夷　　822，1218

勃鞮　　1209

勃格　　1244

薄朴　　1333

卜弥格　　1015

卜年　　164

C

蔡京　　833

蔡仁厚　　521

蔡叔　　315

蔡松坡　　283

蔡天启　　814

蔡威公　　274

蔡元培　　94，348，351，461，465，466，467，469，470，471，478，482，486，499，559，569，578，694，697，724，725，757，870，877，878，896，899，916，1259，1326，1353，

曹参　　314，1163

曹操（魏操、魏武）　　459，466，559，799

曹赤霞　　470

曹化淳　　1003

曹聚仁　　477，869，882，897，908

曹丕（魏文帝）　　786，787，978，979，981，995，996，1148

曹毗（辅佐）　　313

曹叡　　786

曹爽　　793

曹頫　　1351

曹雪芹（悼红轩主人）　　1043，1044，1045，1049，1051，1052，1053，1055，1056，1069，1071，1073，1098，1100，1101，1109，1351

曹耀湘　　109

曹寅　　1350，1351

曹顒　　1351

曹咏生　　123

曹元忠　　19

曹云祥　　24，90，91

曹植（曹子建）　　995，996，1077

1388

岑参　543

岑兆熊　606

岑仲勉　456

苌弘　321

晁错　783

晁衡　974

晁美叔　814

晁说之　548

陈黯　553

陈霸先　243

陈白沙　558

陈宝琛　99

陈宝箴（右铭、府君）　109，110，111，112，113，114，115，116，117，118，119，120，121，122，123，124，125，126，127，128，129，130，131，132，133，134，135，136，137，138，139，140，141，142，143，144，145，146，147，148，149，150，151，152，153，154，155，156，166，177，178，184，186，187，234，276，277，278，279，280，281，282，283，286，287，288，292，299，300，301，302，303，304，308，312，313，319，320，321，322，324，325，326，328，329，331，332，333，334，335，338，339，340，341，342，343，344，345，350，352，353，354，355，362，363，364，366，367，368，36，370，371，372，529，549，687，718，719，921，1265，1320，1321

陈布雷　575

陈长生　1074

陈琛　829

陈程初　128

陈代　1124

陈德龄　301

陈德任　814

陈登恪　299

陈鼎　349

陈独秀　96，101，458，490，491，522，691，724，726，757，1040，1299

陈端生　158，692，1069，1073，1074，1075，1100，1101

陈方恪　299

陈方正　1314，1315

陈斐　369，370，371，908，1365

陈封怀　960

陈孚恩　113

陈贵谊　308

陈鸿祥　7，10，39

陈奂之　680

1389

陈焕章　　923

陈芝潭　　312，326，327，328，329

陈际泰　　1085

陈介石　　649

陈夔龙　　281

陈鲲池　　133

陈来　　90，863

陈立　　78，81，680

陈立夫　　575

陈亮　　379

陈流求　　134，271，272，275

陈隆恪　　192，299

陈美延（美延）　　271，272，275，287，288，290

陈梦家　　426，431，456，457

陈那　　561，562

陈平原　　441，863，1266

陈奇猷　　319，773

陈千秋　　414

陈仁先　　286

陈三立（散原、陈伯严、伯严、三立）　　75，109，110，111，112，117，118，119，120，121，123，124，128，129，132，133，134，137，142，143，144，145，149，150，166，169，177，178，183，184，186，187，234，276，277，278，279，280，281，282，283，284，285，286，287，288，292，293，299，300，301，302，303，304，306，307，308，309，311，312，313，319，320，321，322，323，324，325，326，327，328，329，330，331，332，333，334，335，336，338，339，340，341，342，352，353，354，355，356，357，358，359，360，361，362，363，364，365，366，368，369，370，371，372，418，503，529，549，687，718，719，1057，1265，1266，1320

陈涉　　780

陈师曾（师曾）　　92，166，167，178，192，279，287，289，299，301，1290

陈石遗　　540

陈寿　　785

陈树年　　301

陈漱渝　　861，862

陈所闻　　1090

陈同甫　　151

陈文帝　　174，258

陈文述　　1075

陈小彭　　275

1390

陈心一 87，105

陈新午 299

陈序经 1299

陈宣帝 174，258

陈彝 352

陈以爱 878

陈寅恪（寅恪、陈寅老、寅恪先生、寅老） 2，17，25，27，33，34，35，36，42，55，58，59，60，63，72，73，74，75，76，77，78，79，80，81，82，83，84，85，86，87，88，89，90，91，92，93，94，95，96，97，98，101，102，103，104，105，106，107，108，109，110，119，132，133，134，137，149，150，153，157，158，159，160，161，162，163，164，165，166，167，168，169，170，171，172，173，174，175，176，177，178，179，183，184，185，186，187，188，189，190，191，192，193，194，195，196，197，198，199，200，201，202，203，204，205，206，207，208，209，210，211，212，213，214，215，216，217，218，219，220，221，222，223，224，225，226，227，228，229，230，231，232，233，234，235，236，237，238，239，240，241，242，243，244，245，246，247，248，249，250，251，252，253，254，255，256，257，258，259，260，261，262，263，264，265，266，267，268，269，270，271，272，274，275，276，279，281，285，286，287，288，289，290，291，292，293，294，295，296，297，298，299，303，314，315，316，329，341，342，352，363，364，365，366，367，368，369，371，381，387，388，399，406，418，433，451，452，453，458，460，461，468，482，484，486，487，489，492，493，494，499，500，501，503，504，507，509，510，511，512，518，521，522，529，530，531，532，533，534，535，545，548，549，550，551，552，553，556，557，561，687，688，691，692，693，694，695，696，698，708，709，718，728，738，744，747，754，755，759，764，765，804，828，837，838，859，877，879，880，881，883，896，909，910，911，914，916，917，921，922，923，924，926，931，934，947，949，950，960，964，975，977，986，987，992，1040，

1391

1045，1057，1058，1059，1060，1062，1063，1064，1065，1066，1067，1068，1069，1070，1071，1072，1073，1074，1075，1076，1077，1078，1079，1080，1081，1082，1084，1085，1086，1087，1088，1089，1090，1091，1092，1093，1094，1095，1096，1097，1098，1099，1100，1101，1111，1112，1117，1226，1250，1254，1259，1260，1261，1263，1264，1265，1267，1268，1269，1274，1278，1285，1293，1294，1298，1300，1319，1320，1321，1325，1326，1327，1328，1329，1335，1356，1358，1362，1363

陈樱宁　666

陈永正　67

陈玉山　128

陈玉田　280

陈元　408

陈垣（陈援庵）　94，238，243，244，452，453，486，556，877，1018，1019，1020，1021，1113

陈云贞　1074，1075

陈钟凡　877

陈琢如　130，133，134，135，136，137，140，142，143，145，148，156，1265，1320

陈子龙（卧子、子龙、陈忠裕）　233，246，247，255，548，551，840，914，1077，1078，1080，1081，1082，1084，1089，1090，1091，1095，1098，1353

成济　350

成肃公　1141

成玄英　645

成英　196

程颢（程明道）　48，55，379，402，534，634，814，826，935，936，941，955，963，1121，1152，1153，1164，1165，1216，1286

程恒生　114，115

程孟阳（松圆）　551，552，1084

程千帆　914，1293，1294

程树德　627，629，630，773，778，779，789，826，827，1178

程珦　935

程演生　666

程颐（程伊川、二先生）　48，55，190，379，380，402，534，617，618，622，628，630，631，634，636，637，638，640，768，814，826，827，935，936，937，941，955，

963，1121，1123，1126，1127，
1129，1132，1133，1135，
1136，1137，1152，1153，
1161，1164，1165，1174，
1175，1178，1216，1286

程易畴　28

程婴　307

程允夫　1167

程正思　1167

崇祯　1000，1002，1003，1004，
1005，1007，1019

楚恭王　1209，1210

楚灵王　1211

楚顷襄王　174，258

楚泉　662，663，666，667，668

楚元王　384

楚昭王　1198，1199

褚少孙（褚先生）　86

褚遂良　967

淳于髡　519

慈恩　196，197，198

慈禧（那拉氏、西太后）　177，
178，179，184，185，186，
278，283，298，303，319，
322，323，324，326，329，
332，334，335，336，338，
340，342，345，346，347，
348，349，350，352，353，
354，355，356，360，361，

362，363，366，367，369，
370，371，372，718，866，
1251，1252

崔东壁　28，429，873

崔光　208，210

崔浩　134，217，218，261，
263，264，265，805

崔颢　365

崔潜　265

崔群　213，214

崔日用　811

崔适　447

崔铤　314

崔玄伯　265

崔莺莺（崔莺、莺莺）　231，
232，245，246，1096，1098，
1337

崔悦　265

崔昭纬　314

崔宗之　811

D

达比　722

戴海斌　356，357

戴闳炯　303

戴明震　303

戴苹南	1072
戴望	109，874
戴逸	541，1279，1280，1282，1300
戴元龄	101
戴远传	303，322，369
戴震（东原）	14，16，48，51，57，381，394，402，407，421，497，617，618，680，948，949，1108，1249，1264，1317
戴胄	969
唻助	408
但丁	41
悼灵王	1019
道安	193，195，994，997
道标	994
道悰	994
道恒	249，994
道恢	994
道朗	201
道流	994
道宣（宣律师）	196，269，653，654，655，657
德毕士马克	851
德光	561
德慧	560
德谟克利特	1031
邓广铭	406
邓实	865，881
邓析	435，440
邓小军	1279，1300
邓小平	738
邓正来	1266
狄百瑞	1317
狄平（狄平子）	293，363
狄仁杰	834
笛卡尔	1029，1030，1039
刁景纯	815
刁协	330
刁彝	330
丁安期	587，591
丁次谷	129
丁惠康	277
丁启明	1005
丁日昌	714
丁十八	807
丁文江	1299
东方朔	785，787，788，914
董纯	968
董鄂妃	1353
董福祥	341
董叔重	1165

董小宛　1079，1087

董源　55

董仲舒（董生）　52，53，381，383，408，537，616，758，780，862，982，1286

董作宾（彦堂）　62，425，426，430，431，432，441，450，486

窦守俭　1005

杜弼　553

杜甫（杜子美、少陵、杜工部）　65，98，186，243，368，520，536，542，727，807，808，809，810，811，875，931，976，1337，1362

杜继东　1309

杜牧　231，359，360，976

杜如晦　968

杜威　496，497

杜维明　963，1032，1278，1304，1306，1309，1311，1314，1317

杜亚泉　1299

杜预　370，408，775，1210

杜云秋　136，358，360

段玉裁　14，409，617，618，867

多尔衮　1009，1010，1012，1013

E

遏必隆　1016

恩格斯　1103，1104，1105

F

法藏（贤首）　189，666

法成　512

法轮长老　652

法钦　994

法胜　988

法显　202

翻尔彭　8

樊迟　1150

樊哙　668

樊志厚　10

范伯子（范肯堂）　147，155，178，279

范璨　1075

范蠡　274

范梦得　555

范宁　408，796

范秋塘　1075

范升　408

范荧　1075

范文程　　1012，1013，1014

范文澜　　454，486，980，985，989，990，992，993，1114

范献子　　1141

范孝嫦　　178，279，301

范宣　　790

范野苹　　1075

范晔（蔚宗）　　384，440，784，785

范云　　270

范曾　　1300

范缜（子真）　　219，267，268，744，806

范仲淹（范文正）　　707，941

方苞（望溪）　　467，1085，1086，1087

方东美　　467，471，733

方东树　　394，395，869

方法敛　　425

方豪　　1006，1015

方立天　　189，444

方希原　　617

方向东　　1189

方孝孺　　829，830，831，834

方允　　956

方宗诚　　109，151

房玄龄　　965，968，969，970

斐迪南·拉萨尔　　1105

费孝通　　1227，1316

费行简　　29

费正清　　1023，1024，1306，1307，1308，1309，1313

汾屠立　　1019

丰子恺　　469，568，569，588，589，590，609，610，952

冯梦龙　　837

冯铨　　1012

冯天瑜　　1279

冯友兰（友兰）　　161，171，172，198，205，212，216，217，221，222，223，225，228，230，387，388，399，461，462，465，486，487，491，493，494，521，535，545，550，561，710，733，950，977，1111，1250，1274，1283，1285，1288，1326

冯玉祥　　23，75

夫差　　369，370，371

伏生　　73，383

伏羲（宓羲氏）　　585，1077

宓妃　　1077

苻坚　　263

浮邱伯　　73

符舜功　　1168

福田	1027	高隆之	163
傅慈祥	353	高平叔	461
傅道彬	684	高守真	169
傅泛济	1010	高堂隆	786
傅高义	1306，1307	高阳	284
傅铿	702	高郢	214
傅乐诗	884，885	告子	53，538，617，762，942，1107，1213
傅斯年	403，404，426，449，457，458，459，460，499，550，698，726，853，868，891，1263，1264，1326，	歌德	39，41，254
		葛洪	321
		耿司寇	818，822
傅瑕	1209	耿仲明	1006
		共叔段	537，538

G

		公叔文子	537
盖宽饶（盖次公）	333，334，782，783	公孙丑	633，942，1122，1133，1190，1219
干宝	791	公孙杵臼	307，308
甘英	6	公孙弘	1249
刚毅	346，349	公孙龙子	379，599
钢和泰	549，877	公西华	826
皋陶	1130，1131	公冶长	778，826，1185
高阿那肱	162，163	龚鼎孳	840
高碧湄	126	龚开	274
高峰	964	龚惟长	1055
高拱	1001	龚育之	1255
高亨	775，776	龚云浦	128

1397

龚自珍（龚定庵、自珍） 15，57，58，409，410，411，416，429，442，460，514，846，847，848，859，1363

巩朔 1141

勾践（句践） 370，612

辜鸿铭（辜汤生） 11，47，48，423，499，589，697，853，1299

瞽瞍 939，940

顾颉刚 429，449，450，484，486，863，892，1058，1113，1299

顾荩臣 882

顾恺之 795

顾石公 358

顾廷龙 935

顾学颉 981

顾炎武（亭林、顾亭林） 16，20，57，311，393，417，421，434，466，526，559，681，707，708，712，725，756，837，838，874，948，1108，

顾云美 246

顾允成 829

关汉卿 1055

关龙逄 371

管仲（管夷吾、管子） 103，437，679，874，1061

光绪 117，118，132，166，178，179，184，185，278，322，335，336，346，347，352，354，356，357，717，867，1251

归有光 1084

归庄 1101

圭峰大师 251

鲧（崇伯） 937，940

郭宝钧 431

郭沫若（鼎堂） 62，63，170，430，432，450，454，486，489，1075，1249，1269

郭璞（景纯） 803

郭庆藩 596

郭全穆 316，317

郭世勋 721

郭守敬 1014

郭嵩焘（郭公嵩焘、郭筠仙） 109，113，114，115，116，117，118，119，120，121，122，123，124，125，126，127，128，129，130，131，132，133，134，135，136，137，143，144，149，151，166，184，278，281，288，714，715

郭象 443，645，1255

郭缘生 906

H

哈格里夫斯　722

哈葛德　1076

哈同　18，426，427，666

海澄法师　836

韩非子　239，319，379，381，437，537，616，679，772，773，873，874

韩复榘　73

韩惠京　1336，1355

韩偓　75，99

韩信　315，538，781，783

韩愈（韩退之、韩昌黎、退之）　65，231，381，387，520，536，554，555，556，761，812，813，823，875，945，949，954，955，1085，1086，1250，1253，1254，1286，1321，

汉哀帝　385

汉成帝　781

汉武帝（汉武、武帝）　40，297，308，310，383，387，405，758，781，787，789，823，1067

汉献帝　792

汉宣帝　333，385，782，783

何炳松　733，893，894，895，920，921

何怀宏　1280

何满子　861

何睿　958

何劭　792，793

何叔京　631，1165，1169

何晓明　865

何休（何劭公）　402，408

何虚舟　670

何晏　774，792，793，794，796，797，798，839，1226

何兆武　909，1096，1097，1288

和珅　1249

荷马　41，170，254，1035

贺昌群　593

贺麟　456，620，621，896，1274，1328

贺邵　330

贺世盛　838

贺循　330

贺知章（知章）　808，810，811，812

赫胥黎　417，497

黑格尔　390，547，1030，1236，1287

亨廷顿　552，1026，1037，1230，1304，1306

洪承畴　1014，1093

洪迈　55，244，245

1399

洪业　486

侯芭　153，154

侯方域（侯朝宗）　234

侯景　243，537

侯君集　315

侯外庐　456

后稷（稷）　292，429

狐突　775

胡安国（胡文定公）　640

胡敦元　871

胡广仲　1165

胡龁　365

胡厚宣　425，426，431

胡廉之　264

胡林翼　109，118，874

胡培翚　680

胡琴初　286

胡适（胡适之、适之、绩溪胡先生）　24，59，74，75，86，160，429，439，448，449，450，452，458，461，471，476，478，484，496，497，498，499，503，504，595，599，601，685，697，724，726，747，757，871，872，874，875，876，877，878，879，880，881，882，883，889，891，892，895，896，897，898，902，903，908，912，916，1064，1065，1066，1068，1249，1257，1259，1292，1298，1326，1351，1353，1354，1356

胡思敬　113，114，347

胡毋辅之（胡毋彦国）　790，791

胡毋子都　408

胡先骕　87，960

胡筱筠　152

胡谐之　264

胡翼之　264

胡友信　1085

胡振宇　425，432，1309

胡珠生　352

胡子威　128

护法　560，561，562，565，566

华士　796，801

怀惕黑　620

环渊　519

桓谭　386，996

桓魋（向魋）　774

桓温　797

皇甫湜　553

皇侃　546

皇太极　1005

黄百家　940

黄伯思	56	黄毓祺	164，1092，1093
黄澄	907	黄远庸	1299
黄道夫	389，1287	黄媛介	840
黄帝	429，448，449，739	黄忠端	292
黄榦	390，391，958	黄忠浩	339，340
黄公度	340	黄周星	1082
黄桂	338，339	黄子寿	124
黄晖	1122	黄宗羲	393，398，607，725，824，829，838，839，940，948，980，1108
黄节（黄晦闻）	98，881，886		
黄皆令	1090	黄遵宪	5，177，749，865，885，905
黄侃（黄季刚、季刚）	321，442，488，499，617，641，678，696，697，853，896，1113，1280，1293，1294	惠辨禅师	242
		惠栋（栋）	394，402，680，1249
黄孟乐	304	惠施	599
黄秋岳（黄濬）	112，113，127，719	慧布	203
		慧皎（释慧皎）	190，201，202，268，269，653，978
黄仁宇	817		
黄叔琳	981，985	慧精	994
黄陶庵（黄淳耀）	1084，1085，1086	慧明	662
		慧能	203
黄庭坚（黄山谷、黄鲁直）	56，304，327，931	慧睿	195
		慧思	216
黄同武	286	慧远（远公）	189，195，197，198，200，249，263，267，268，988，989，990，991，997
黄萱	169，170，260		
黄耀先	1293		
黄一农	1354		

慧震　993

火辨　560

J

姬昌（文王）　39，322，330，405，585，643，683，1152，1157，1168，1187，1188，1215

嵇康（嵇叔夜）　220，234，329，381，798，799，800，801，802，806，823，1225，1337

箕子　776，788，789

计六奇　1003，1004

纪伯伦　1310

纪君祥　307

纪昀　981

季武子（季孙）　1209，1211

季羡林（季先生）　1255，1269，1300，1356，1357，1358，1359

蓟子训　1065

迦叶　192，994

嘉祥（嘉祥吉藏、吉藏）　198，201，203

贾充　350

贾捐之　1359

贾逵　408

贾雷德·戴蒙德　919

贾谊（贾生）　313，376，435，616，680，773，843

简狄　429

翦伯赞　381，454，457，1252，1263

见月　653

鉴真　975

江标　177

江藩　394，409

江瑔　436，437

江尚质　1082

姜亮夫　509，880

姜太公（太公）　796，801

姜嫄　429

蒋德钧　339，340

蒋方震（蒋百里）　1279

蒋介石（蒋公）　575，870，1040，1250

蒋梅笙　882

蒋梦麟　877

蒋汝藻（蒋孟苹，乌程蒋氏）　18，21，24，25，30

蒋天枢（蒋秉南）　42，102，271，295，381，406，531，880，1059

焦竑　818

焦珽　1015

焦遂　　810，811

焦勖　　1006

焦循　　365，394，402，821，824，1122，1123，1125，1126，1133，1134

接舆　　779

接子　　519

杰文斯　　495

桀　　322，371，443，777，796，797，798，1214

戒贤　　561

金日䃅　　332

金声　　1085

金耀基（金先生、耀基先生）　　731，740，746，747，928，929，1244，1315，1316，1317

金岳霖　　458，461，462，463，464，465，486，487，1260，1288

金祖同　　441

晋景公　　1140

晋厉公　　1140

晋宣帝　　262

晋灼　　1359

经元善　　348，350

荆轲　　1087

井上雅二　　363

景方昶　　23

净月　　560

镜涵　　567，671

鸠摩罗什（罗什，什公）　　194，195，198，200，201，250，381，947，977，978，993，994

苴子狂　　774

K

卡夫卡　　535，537

卡特　　738

恺彻　　417

康德（汗德）　　8，38，39，47，49，50，65，380，389，417，493，516，524，755，761，1028，1030，1236，1269，1286，1326

康法朗（法朗）　　193，201

康更生　　286

康广仁　　278

康熙（玄烨）　　108，109，722，745，1002，1009，1013，1016，1017，1020，1021，1094，1100，1108，1248，1249，1350，1351

康有为（康长素、南海）　　6，16，17，28，33，64，69，93，133，184，185，278，281，287，288，322，338，340，341，

1403

344、345、347、348、363、404、413、414、415、416、417、418、419、422、429、433、435、439、440、442、448、460、471、474、488、499、503、514、696、848、866、867、868、916、923、1249、1281、1298、1299

柯切托夫　544

柯劭忞（柯凤荪）　21、31、75、79、357、877

柯文　1307、1308、1309、1310、1311

克拉孔　701

克林顿　1039、1040

克罗伯　701

孔安国（安国）　384、776、841、1131、1148、1168

孔凡礼　244、815

孔光　308

孔广森　414、1147

孔融（北海）　72、75、725、785

孔颖达（颖达）　203、387、759、776、841、1130、1131、1137、1168、1193、1197、1199

孔有德　1006

孔稚珪　219、221、267

孔子（尼父、仲尼）　40、47、52、53、59、60、64、99、107、133、185、224、254、288、308、379、381、384、392、393、394、400、405、414、415、416、428、435、436、437、440、442、449、454、466、467、519、520、534、547、584、585、586、595、596、600、606、609、613、622、630、633、643、679、705、706、708、710、730、750、751、753、754、755、757、758、759、760、761、764、765、766、768、769、772、773、774、777、778、779、780、781、782、784、785、786、789、790、796、801、811、821、823、824、825、826、827、831、833、834、835、836、841、842、844、848、858、861、862、895、901、903、904、907、911、920、921、923、942、944、945、946、949、954、961、963、995、1033、1034、1035、1063、1120、1122、1124、1125、1127、1131、1132、1134、1137、1138、1139、1143、1144、1146、1147、1148、1149、1150、1159、1162、1163、1172、1173、1174、1175、1177、1178、1182、1183、1184、1185、1186、1191、1198、1199、1201、1208、1209、1210、1211、1213、1223、

1224，1227，1228，1230，1249，1250，1255，1272，1286，1310，1311，1317，1320，1321，1322，1327，1330，1331，1332，1333，1334，1335，1337

寇谦之　134，217，218，261，263，264，805

寇修之　263

寇讚　263

库寿龄　424

窥基　198，561，562，564，566，666

L

来知德　1134，1135，1181，1182，1187，1188，1189

兰克　550

蓝石如　293

蓝文徵　92

老子（老氏、老聃）　47，124，196，197，217，224，239，377，379，454，519，525，539，547，548，586，594，598，600，619，641，645，646，679，727，792，793，832，861，873，874，895，924，1039，1042，1098，1122，1132，1161，1180，1226，1286

乐黛云　1255，1256

乐广　1225

乐毅　239，240，241

雷海宗　456，486

雷颐　1280

离娄　762，939，940，1172，1215

黎靖德　939

李敖　444

李翱　1286

李拔可　293

李白（太白）　152，336，542，807，808，809，810，811，812，815，822，823，830，831，834，835，875，931，974，976

李邦直　816

李抱玉　974

李抱真　974

李秉衡　353

李渤　955

李充　995

李淳风　1014

李存我　1090

李次青　715

李大钊　33，95，458，726，877，1268

1405

李德林	211
李德裕	213
李登贵	862
李鼎芳	109
李端棻	339
李伐洛	538
李宫保	714
李光地	1194
李广	174，258
李国熙	1336
李鹤年	145
李鸿裔	109，110
李鸿藻	117
李鸿章（合肥）	109，117，118，119，148，149，166，178，332，343，349，355，713，714，717，718，719，886，1251，1252
李虎	164
李怀光	314，315，318
李吉甫	316
李济	26，62，92，430，431，450，458，880
李坚	1065
李建成	969
李诫	55
李珏	811，812
李靖	969
李开军	110，112，279，300，301，302，304，312，331，360，361
李冷衷	882
李笠	877
李莲英	349
李林甫	811
李陵	319，320，329
李龄	958
李眉生	126
李梦阳	959
李仁甫	239
李善	311
李善	906，1077
李善道	955
李商隐（李义山）	175，186，187，215，259，297，309，368，976，1337
李绅	232
李慎之（李先生）	1280，1282，1283，1284，1285，1289，1290，1292
李盛铎	348
李师师	186，368
李士棻	109
李世民（唐太宗）	268，341，

965，966，967，968，969，970，971，972，973

李适之　811

李叔同（弘一法师、弘一律主）　381，469，499，568，569，650，652，653，654，655，656，657，659，660，676，697

李舒章　1078

李斯　205，371，802，1115

李素臣　234

李提摩太　166，167，287

李天经　1015

李习之　216

李贤　960

李学勤　1300

李冶凡　123，129

李业　784

李亦元　358

李亦园　1279，1317，1318

李应升　959

李颙（李二曲）　137，543

李有棻（李芍垣）　122，150

李芋仙　151，152

李煜　76，79，80，183

李渊　164，970

李渊庭　465

李元度　109

李元吉　969

李约瑟　1025，1031，1032

李泽厚　533，1255，1269，1280，1282

李贽（李卓吾）　379，381，435，816，817，818，819，820，821，822，823，824，826，828，831，832，844，852，1361

李自成　1002，1003，1004，1010，1012，1014

李左车　783

厉以宁　1262

立山（杨立山）　353

利类思　1017

利玛窦　716，1001，1017，1018，1019，1022

郦寄　76，79，80，103

郦食其　780，781

莲花色尼　199，200

联元　353

梁鼎芬（节庵）　312，354，355，356，357，361，362

梁鸿　1048

梁惠王　365，1334

梁济（梁巨川）　96，101，511

梁敬之　216

梁启超（梁任公、任公、新会、卓

如）　5，6，14，25，27，59，68，69，72，93，94，133，160，177，184，185，234，235，236，278，283，286，287，288，289，298，338，348，375，376，380，396，397，413，414，415，416，417，422，433，434，435，445，446，447，448，451，452，454，456，460，471，474，477，478，479，484，486，487，488，489，490，492，499，501，502，503，504，507，508，514，515，516，517，522，524，525，526，545，559，690，694，696，697，739，749，865，866，871，873，874，875，876，877，879，880，881，882，883，885，897，905，906，907，908，916，1025，1249，1259，1279，1285，1298，1326，1327

梁丘据　1206

梁慎可（慎可）　1093，1094

梁漱溟（漱溟）　86，96，381，465，466，468，471，486，499，511，545，558，559，566，572，573，647，694，697，705，733，853，898，1039，1113，1114

梁思成　732

梁思永　431

梁廷灿　880

梁治平　863，1280，1306

梁作霖　435

廖名春　1194，1195

廖平（廖季平）　413，414，415，416，433，440

廖子晦　1161

列宁　951

林典卿　1170

林圭　353

林庆彰　1279

林纾（林琴南、林畏庐）　86，418，723，891，977，1076

林泰辅　426

林同奇　1023，1024，1041，1308，1309，1313，1314

林希元　829

林旭　278，339

林语堂　896

林毓生　511，1024，1312，1314

林则徐　111，410

林志钧（林宰平，宰平）　447，498，854

铃木虎雄　74

刘邦　780，781

刘备　72，75

刘卞功　797

刘伯温　　341，342

刘藏春　　235

刘敞　　48，55

刘焯（士元）　　203，210，211

刘崇鋐　　95

刘大杰　　1250

刘定权　　564，565，566

刘鹗（铁云）　　7，19，424，425，426，427，441

刘芳　　208，210

刘逢禄（刘礼部、逢禄）　　408，409，410，411，429，439，514

刘光第　　6，278

刘计平　　1005

刘鉴唐　　1013

刘节　　452，880

刘聚卿　　293

刘军宁　　1310

刘康公　　1140，1141

刘坤一　　118，323，339，344，347，348，349，356，357，361，362

刘梁　　1208，1210，1211，1212

刘伶　　798，799，804，832

刘盼遂　　102，509，880

刘虬　　189，197

刘蓉　　109

刘若　　787

刘劭（天师道）　　262

刘劭（《人物志》著者）　　1148，1149

刘师培　　442，866，870，883，886，891，1039，1113，1280

刘师舆　　907

刘士英　　3

刘述先　　1315

刘惔（刘真长）　　791

刘蜕　　358，359

刘文典（刘叔雅）　　254，550，773，853，1125

刘文淇　　680

刘向　　73，436，453，680，694，915，916，1295，1297

刘孝标　　194，250，791

刘勰（刘彦和、彦和）　　546，738，803，979，981，983，984，985，986，987，988，989，990，991，992，993，995，996，997，998，1076，1362

刘歆（歆）　　154，384，413，414，415，439，440，442，453，600，601，617，915

刘秀　　76，79，80，81

刘炫（光伯）　　203，210，211

刘学询　　350

刘永济 105	龙华民 1010，1018
刘渔仲 1079，1080	龙树 193，200，560，571，677
刘裕 235，263	龙应台 734，735
刘毓崧 109	龙榆生 815
刘桢 996	楼光来 95
刘知几 429，680	楼宇烈 444，1131，1132，1135，1136，1137，1175，1191，1193，1196，1197，1199，1200
刘质平 653	
刘宗周 318	
柳存仁 1329	漏月 1087
柳如是（河东君） 158，159，164，165，170，172，174，175，176，177，183，187，232，233，234，236，246，247，254，255，256，258，259，260，296，298，329，452，453，499，548，551，552，556，557，692，708，837，838，840，914，1057，1069，1074，1077，1078，1079，1080，1081，1082，1084，1085，1086，1087，1088，1089，1090，1091，1092，1093，1094，1097，1098，1099，1100，1101，1261，1294	卢敖 46
	卢辩 208
	卢谌 263，265
	卢景裕 208
	卢邈 265
	卢杞 435
	卢梭（路索） 850，852，1028，1095，1096，1097
	卢绾 538
	卢虚舟 807
	卢循 262，263
	卢偃 265
	卢毓 786
柳下惠 787	鲁哀公 1138，1147，1149，1150，1320，1327
柳诒徵（柳翼谋） 87，88，95，450，456，593，1113，1299	
	鲁成公 1140，1141
柳宗元（柳河东） 309，321，812，875，980	鲁定公 538

鲁恭王　　384

鲁桓公　　384，1141

鲁连　　75，359，360

鲁迅（周树人）　　469，486，489，492，567，726，728，754，757，849，867，877，889，896，926，1230，1281，1290

陆倕　　270

陆淳　　408

陆佃　　287

陆法和　　538

陆机　　541，978，979，981，995，996

陆贾　　780，856，857

陆简礼　　214

陆键东　　160，168，169，452，504

陆九龄　　391，392，946，947，957

陆九渊（象山）　　52，379，391，392，664，828，942，946，947，955，957，1216

陆侃如　　880，992

陆士龙　　996

陆维钊　　880

陆文定　　233

陆游（陆务观）　　65，287，520，836，956

陆贽　　214

陆子玄　　233，1087

鹿传霖　　469

吕安　　801，802

吕澂（吕秋逸）　　472，560，561，566，639，1357

吕大临（吕与叔）　　62，430，939，1156

吕惠卿　　435

吕进伯　　1163

吕留良　　434

吕蒙　　785

吕振羽　　454

吕子约　　1167

吕祖谦（吕伯恭）　　947，980

罗尔纲　　456

罗根泽　　880

罗贯中　　1055

罗亨奎　　110

罗继祖　　14，34

罗家伦　　452，458，910

罗焌　　437

罗琨　　426

罗曼华　　30

罗念生　　1083

1411

罗诗（逻迦陵）　　18，666

罗庶丹　437

罗顺循　128，358，360，363

罗斯福　1033

罗素　462

罗惺四　114

罗雅谷　1015

罗阅　202

罗振常　10

罗振玉（罗氏、罗雪堂）　5，6，7，9，11，12，13，14，15，16，17，20，22，28，30，31，32，34，38，62，74，75，79，80，81，83，85，94，160，171，417，425，426，427，431，432，441，450，452，484，504，510，684，685，687，877，881，910，1269，1296，1297，1298，

罗志田　865

洛克　380

洛下闳　1014

M

马丁·伯纳尔（伯纳尔）　883，884，885

马丁·路德　883，1032

马国柱　1093

马衡　22，24，25，877

马戛尔尼　721，745，973

马建忠　516

马镜泉　469，470，663，952

马娟　1316

马克思（马格士、马格斯）　457，568，862，909，951，1030，1040，1041，1103，1105，1253，1257

马鸣　193

马融　412

马士英　232

马廷培　469，567

马一浮（马先生）　69，381，468，469，470，471，474，477，478，486，489，499，533，534，535，544，545，558，567，568，569，570，572，573，574，575，576，577，578，579，580，581，582，583，584，585，586，587，588，589，590，591，592，593，594，595，596，597，598，600，601，602，603，604，605，606，607，608，609，610，611，612，613，614，615，618，619，620，621，622，623，624，625，626，627，628，629，630，631，632，633，634，635，636，637，638，639，

640, 641, 642, 643, 644, 645, 646, 647, 648, 649, 650, 651, 652, 653, 654, 655, 656, 657, 658, 659, 660, 661, 662, 663, 664, 665, 666, 667, 668, 669, 670, 671, 672, 673, 674, 675, 676, 677, 694, 695, 697, 700, 730, 733, 750, 753, 757, 758, 760, 761, 768, 898, 899, 900, 901, 902, 903, 904, 905, 906, 908, 909, 920, 921, 924, 926, 927, 929, 942, 944, 950, 951, 952, 956, 1113, 1114, 1123, 1126, 1128, 1129, 1162, 1248, 1253, 1280, 1281, 1289, 1290, 1317, 1319, 1320, 1321, 1322, 1323, 1324, 1326, 1327, 1328, 1329, 1362

马瀛　882

马裕藻（马幼渔）　348, 867

毛奇　380

毛奇龄　394, 1123, 1133, 1134

毛庆蕃　144

毛泽东（毛，毛公）　159, 499, 693, 697, 732, 1024, 1250, 1254

毛子水　458, 498, 891

茅止生　1074

梅福（梅真）　75

梅光迪（迪生）　87, 88, 591, 593, 1113, 1299

梅启照　145

梅特涅　515

梅贻琦　1268

梅赜　412

蒙文通　416

孟德斯鸠　538

孟光　1048

孟广慧　425

孟郊　808

孟敬子　629

孟森　456, 1001, 1299

孟献子（孟氏）　1140, 1141

孟庄子（孟孙）　1209, 1211

孟子（孟轲，亚圣）　51, 52, 53, 134, 142, 215, 365, 379, 381, 383, 407, 429, 438, 449, 519, 534, 538, 585, 597, 611, 617, 628, 633, 634, 683, 708, 709, 750, 753, 755, 756, 758, 759, 760, 761, 762, 766, 778, 812, 818, 820, 821, 824, 826, 831, 848, 873, 907, 908, 918, 928, 930, 936, 938, 939, 940, 942, 943, 944, 945, 946, 948, 949, 951, 954, 961, 1107, 1108, 1120, 1122, 1123, 1124,

1413

1125，1126，1130，1133，1134，1150，1164，1172，1174，1183，1190，1212，1213，1215，1216，1219，1221，1249，1250，1264，1286，1321，1330，1333，1334，1337

弥勒　560，1357

糜芳　785

米芾（米襄阳、米颠）　816，833，834

米开朗琪罗　1034

闵尔昌　29

闵子骞　915

明光宗（朱常洛）　1001，1002

明穆宗　1001

明神宗　1002

明熹宗　1002，1361

明珠　1353

缪荃孙　15，74

缪钺　914

莫友芝　109

墨索里尼（孟梭里尼）　951

墨翟（墨子）　3，47，230，379，422，437，496，520，598，600，758，861，873，874，875，895，937，1032，1039，1139，1216，758

牟润孙　1006

牟宗三　468，733，1117

木陈忞　1019

木令耆　771

牧皮　821

穆尔　462

穆罕默德（摩罕默德）　64，224，850

穆勒约翰　418

N

拿破仑第三　515

内藤虎次郎　74

纳尔孙　380

南怀仁　1017

南霁云　309

南条文雄　561

难陀　560

尼采　38，516，1286

尼克松　1231

倪璠　243

倪文蔚　117

年羹尧　1249

聂士成　340

牛顿　722

牛弘　206，207，208，209

努尔哈赤　　1005

女娲　　1353

O

欧建平　　1233

欧阳竟无（欧阳渐、欧阳大师）　　283，284，285，471，472，559，561，565，566，896，1357

欧阳霖（欧阳润生）　　147，148，150

欧阳修（永叔）　　10，48，55，102

欧阳中鹄　　849

蕅益　　659

P

帕斯　　740

潘党　　1141

潘德舆　　542

潘公叔　　1167

潘光旦　　486

潘琴轩　　123

潘益民　　331，360，361

潘岳　　906

潘重规（潘石禅、石禅）　　1293，1294

庞朴　　1280，1281

培根　　380，538

裴松之（松之）　　787，792，793，798

裴頠　　790，794

裴文中　　431

彭恩华　　992

彭凌霄　　573

彭铭恭　　342

彭俞（彭逊之、彭氏）　　652，657，658，659，660，661

彭玉麟（彭刚直）　　109，117

皮述民　　1294

皮锡瑞（皮鹿门）　　177，324，345，346，353，384

毗浮　　193

朴球　　974

婆鲁诺（布鲁诺）　　493

蒲松龄（留仙）　　1099，1100

浦江清　　92，93

普化禅师　　833

溥儁　　348

溥仪（宣统）　　17，22，23，24，31，32，34，74，75，79，80，81，97，179，290，422，426，687

1415

Q

戚蓼生　1057，1058

祁奚　1209

祁子和　148

齐白石　86，1301

齐桓公　103，537

齐景公　1124

钱伯城　832，833，835，836

钱大昕（竹汀、钱晓徵）　16，57，62，263，394，395，396，421，452，453，680，797，1250，1266，1290，1291

钱德洪　823

钱基博（子泉）　101，435，476，486，503，505，545，550，593，1113，1116

钱穆（钱宾四）　68，384，403，404，453，454，457，465，473，478，486，501，545，593，678，694，695，853，854，882，883，896，898，900，902，907，916，920，921，926，1113，1249，1256，1259，1296，1328

钱启新　829

钱谦益（钱牧斋、牧斋、钱受之、谦益）　158，164，175，232，233，247，254，255，258，259，260，296，483，548，551，840，845，914，1074，1081，1084，1086，1087，1088，1089，1090，1093，1094，1095，1097，1098

钱孙爱　1084

钱玄同　429，439，449，450，725，726，867，877

钱曾（钱遵王、遵王）　258，259，1081，1087

钱肇鳌　1094

钱锺书（钱先生）　78，86，88，478，487，489，499，529，532，533，534，535，536，537，538，539，540，541，542，543，544，545，546，547，548，549，550，551，553，554，555，556，557，638，694，695，696，697，762，788，791，793，797，798，800，801，806，896，900，916，926，962，977，1093，1112，1114，1219，1220，1227，1228，1234，1251，1266，1274，1302，1326，1328，1329

钱仲联　422，1060，1062，1064

乾隆（弘历、清高宗）　108，109，721，722，745，845，1017，1056，1085，1086，1087，1108，1248

乔治三世　745

谯玄　784

亲胜　560

秦近君　386

秦仁昌　960

秦始皇（秦皇）　205，644，1061

琴张　821

禽滑厘　600

清凉　652，666

庆父　537

邱心如　158

裘锡圭　425，431，432

屈原（灵均、屈子、屈平）　33，73，74，98，99，254，336，337，510，727，843，844

瞿式耜（稼轩）　840，1015

瞿子玖　130

R

冉雍　576

冉有　826，915

让－吕克·多梅纳克　731

饶宗颐　990，996，997

任大援　1281

任昉　270，322，980

任廷瑚　141

荣禄　278，347，349，352，367

荣庆　9

容庚　456

阮大铖　232，233

阮籍（阮嗣宗）　220，381，791，795，798，799，801，804，806，823，832，1225，1226，1337

阮咸　798，799

阮孝绪　915

阮修　1226

阮元　402，407，680，776，777，825，841，1134，1148，1290，1291

阮瞻　791，1226

S

三宅雪岭　884

桑兵　363，481，865，882

桑伯子　1162，1163

僧朝美　807

僧道衍　829

僧伽提婆　989

僧㲄　994

僧迁　994

僧虔　265

僧诠　201，203

1417

僧睿　　195，978，993，994

僧祐　　252，978，988，989，992，993，997

僧渊　　805

僧肇（肇公）　　248，249，638，639，645，690

沙畹　　18，74

莎士比亚　　39，41

山简　　794

山涛　　798，800，802，804

善卷　　787

单襄公　　1141

少正卯　　435，796，801

邵廉存　　569

邵燕祥　　1255

邵雍（邵康节）　　48，55，379，1286

申亥　　1209，1211

申生　　775，937

沈葆桢（沈中丞、沈公）　　111，112，113，118，135，136，150，276，717

沈从文　　115

沈兼士　　22，23，24，25，485，867，877

沈括　　55，56，379

沈鹏　　349

沈文倬　　365，1122，1123，1125，1126，1133，1134

沈啸寰　　1214，1215

沈雄　　1082

沈延国　　434

沈尹默　　877

沈约（沈休文）　　234，235，264，269，270，806，857

沈云龙　　713，714

沈曾植（寐叟、沈乙庵）　　16，17，18，21，30，57，58，59，73，74，79，84，213，420，421，422，423，424，755

沈宗畸　　1060

慎到　　519

升允　　22，74

胜友　　560

胜子　　560

圣多默　　1018

圣方济各　　1018

盛宣怀　　343，349

师（子张）　　916，1185

师涓　　273，292，1092

施护　　250

石冲白　　43，44，45

石达开　　110

石峻　　444，998

石勒　　331，796

石泉　　341，364

石如灿　　963

石涛　　1300

石璋如　　431

石子重　　1165

史伯　　1201，1202，1203，1204，1205，1206，1208，1210，1213

史华慈　　922，1023，1024，1026，1027，1028，1029，1030，1031，1032，1034，1035，1037，1038，1040，1041，1042，1223，1224，1228，1235，1245，1308，1312，1313，1314，1317

史忠正　　293

世亲　　560，561，562，564，565，566，620

释道慧　　269

释法平　　269

释法云　　806

释慧恭　　994

释慧忍　　270

释迦（释迦牟尼、瞿昙、如来）　　46，77，198，220，223，225，267，268，528，547，560，563，565，620，651，655，805，911，950，993，1227

释僧辩　　269

释僧饶　　269

释昙凭　　269

释昙迁　　269

释昙智　　269

释智宗　　269

狩野直喜　　14，15，22，74

叔本华（叔氏）　　7，8，38，43，44，45，46，47，49，51，380，417，516，524，637，1083，1084，1286，1326，1332

叔孙通　　383

束景南　　389，391

顺治（世祖章皇帝）　　1000，1002，1009，1010，1013，1016，1017，1019，1020，1108

舜　　62，65，292，391，429，437，442，449，520，565，574，591，600，641，643，645，725，758，787，824，825，907，921，937，939，940，945，954，969，1020，1071，1130，1155，1168，1215，1218，1286，1350，1352

司空图　　727

司马光（司马君实、涑水迁叟）　　55，216，223，239，286，287，379，555，982，983，1282

司马牛　　1137，1184

司马迁（司迁、太史公、史迁）　　86，170，205，239，307，354，

370，371，381，383，429，519，538，641，680，694，727，772，788，916，1055，1076，1208，1272，1295，1297，1324，1335

司马睿　261

司马师（司马子元）　793

司马谈　383，436

司马文王　803

司马相如（相如、司马长卿）　337，435，921，1087

司马炎　799

司马昭　799

斯披诺若（斯宾诺莎）　493

斯坦因　242

松寿　303，345

宋伯鲁　351

宋高宗　1165

宋徽宗　797，1338

宋濂　829

宋仁宗　56，955，1165

宋神宗　1221

宋恕　350，351，352，886，1299

宋文玉　840

宋繇　208

宋玉　336，337，808

宋真宗　216，1148，1221

宋徵璧（尚木）　1090

宋徵舆（宋辕文）　1082，1092

苏绰　207

苏格拉底（琐格拉底）　224，463，493，547，801，850，852，1029，1035，1236

苏晋　810，811

苏克萨哈　1016

苏曼殊　977

苏秦　429

苏轼（苏东坡、苏文忠）　52，56，331，381，813，814，815，816，835，931，982，1077，1286

苏威　207

苏武　319，320，329

苏小　831

苏舆　780

苏辙（子由）　814，816

隋文帝　210，269

隋炀帝　269，968

孙弼　331

孙波　337

孙策　785

孙绰　791

孙恩　262

孙伏伽　966

孙皓　　330

孙旂　　331

孙锵鸣　　351

孙权　　785，786

孙盛　　272

孙希旦　　858，1138，1139，1142，1143，1150，1152，1178

孙星衍　　772

孙秀　　262，331

孙诒让　　422，426，431，439，441，459，774，874，1299

孙玉蓉　　1066

孙元化　　1006

孙中山（中山）　　178，849，850，866，867

孙仲恺　　350，351，352

孙子　　381

索福克勒斯　　912

索尼　　1016

T

太丁　　427

太甲　　427

太虚　　471，472，486，565，566，1357

太乙　　427

太宰嚭　　370

太子完　　174，258

泰伯（（吴太伯））　　370，629，778，1218

昙济　　201

昙柯迦罗　　653

昙摩蜱　　250

昙无谶　　202

昙相　　193

昙壹　　249

谭继洵　　149，276

谭嗣同（谭复生）　　6，64，177，276，278，282，338，343，362，381，435，471，848，849，1250

谭献　　435，439

谭正璧　　882

檀长卿　　334

汤　　126，565，574，643，800，823，945，954，1168，1218

汤若望　　1000，1001，1002，1003，1004，1005，1006，1007，1008，1009，1010，1011，1012，1013，1014，1015，1016，1017，1018，1019，1020，1022

汤寿潜　　469，567，1299

汤显祖（汤玉茗、玉茗堂）　　1043，1044，1045，1046，

1421

1048，1049，1054，1055，1056，1073，1098

汤一介　　864，963，978，994，1255，1256，1280，1281，1282，1298

汤仪　　469，567

汤用彤（汤锡予）　　87，88，194，195，201，202，456，486，499，653，654，698，804，805，978，991，994，997，1113，1256，1357

汤志钧　　434，435，438，439，440，851

唐才常　　177，340，341，345，353，355，361，362，363

唐德刚　　496，879

唐高宗　　213，654，809

唐季渊　　907

唐景崧（景崧）　　167，168

唐君毅　　468，733，1117

唐孟诜　　266

唐顺之　　309

唐文宗（文宗）　　186，187，297，315，368

唐僖宗　　309

唐玄宗　　811，1148

唐寅　　817

唐甄　　725，1108

唐稚莹（唐赟、唐晓莹）　　106，167，168，271，275，289，1092

陶弘景（陶隐居）　　266，797

陶孟和　　96

陶森甲（陶观察）　　355，357，358，359，360

陶希圣　　1299

陶渊明（陶元亮、陶潜）　　127，128，204，218，220，234，235，261，267，268，567，803，804，834，835，922，1226，1337，1362

滕文公　　383，758，908，1123

藤田丰八（藤田君）　　6，8，74

提婆　　200

天亲菩萨　　652，659

田边尚雄　　877

田成　　322

田冈佐代治　　6

田骈　　519

田完　　1115

佟养性　　164，1005，1006

童元方　　1315

涂次葘　　128

涂宗瀛　　109

屠岸贾　　307，308

屠敬山　　293

土默热　1353

托尔斯泰　7，39

拓跋宏（孝文帝）　162，206，209，210

W

瓦特　722

万历皇帝　1001，1010

万斯同（万季野）　483

万章　821，1333

汪铎　109

汪绂　683

汪翰　109

汪晖　1266

汪篯　159，504，693

汪景祺　1249

汪康年（汪穰卿）　5，293，299，300，330，351，353，356，361，362，363，434

汪然明　837，838，1078，1097

汪荣祖　444，549，557，1298

汪上堉　1073，1074

汪士铎　797

汪叔子　111，136，146，147

汪贻年　348，351

汪中　394，402，680，683

王安石（临川）　52，286，287，549，814，873，1286

王鏊　1084

王褒　174，258

王弼（王辅嗣、辅嗣）　190，571，631，792，793，794，795，796，797，798，839，1131，1132，1136，1137，1180，1195，1196，1197，1198，1199，1226

王禀　3，4

王病山　286

王昌　175，259，260

王忱　790

王澄　790，791

王充　386，616

王崇焕　425

王纯甫　1174

王导　261，805

王得臣　980

王德毅　15

王敦　330，795

王梵志　801

王夫之（王船山）　379，381，434，584，725，838，839，937，938，948，1108

王艮　683

王瑾　309

王光祖　　3

王珪　　969，970

王国华（王弟哲安）　　4，34，83，171

王国维（王静安、静安先生、国维、王忠悫公、王观堂、观堂、海宁王先生、海宁、王氏）　　2，3，4，5，6，7，8，9，10，11，12，13，14，15，16，17，18，19，20，21，22，23，24，25，26，27，28，29，30，31，32，33，34，35，36，37，38，39，40，41，42，43，45，46，47，48，49，50，51，52，53，54，55，56，57，58，59，60，61，62，63，64，65，66，67，68，69，70，71，72，73，74，75，76，77，79，80，81，82，83，84，85，86，89，90，92，93，94，95，96，97，98，99，100，101，102，103，157，158，160，171，179，212，227，236，287，289，291，295，378，380，381，405，406，416，417，418，419，420，421，422，423，424，426，427，428，429，430，431，432，433，446，450，451，452，459，464，467，474，475，476，478，479，484，486，489，490，493，494，499，503，505，507，508，509，510，511，512，513，516，517，518，519，520，521，522，523，524，525，526，527，528，529，530，531，532，533，534，676，684，687，688，690，691，694，695，696，697，709，727，849，877，879，880，881，883，896，909，910，911，914，915，916，934，949，973，1025，1082，1083，1084，1095，1096，1106，1113，1250，1256，1257，1259，1260，1267，1268，1269，1285，1286，1287，1288，1289，1296，1297，1298，1326，1328，1329，1354，1356，1357，1362

王亥　　427，431，432

王害风　　833

王汉　　558

王皓　　784

王恒　　427

王祎　　958

王浑　　795，1225

王畿　　959

王吉　　264

王吉来　　128

王季烈　　351

王嘉　　784

王俭　　208，209

王俊义　　1280

王畯　314

王闿运（王湘绮、王壬秋）　109，119，128，129，282，284，414，415，416

王力　26，681

王利器　194，251，857，992

王良　1125

王莽　415

王蒙　1255

王明广　387

王鸣盛　263

王乃誉　4，11，37，38

王念孙（怀祖）　19，402

王潜明（潜明）　22，30，80，426

王乔　440

王蘧常　423

王戎　790，794，795，796，798，1225，1226

王荣禄　424

王融　270

王森然　27，28

王少白　141

王劭　207，210，211

王胜时　233

王实甫　1098

王世安　560

王世贞（王元美）　282

王拭　376，514

王树民　817

王树汶　116，127，145，155

王肃　209，210，1148

王韬　714

王廷相　379

王通　387

王惟夏　840

王维　73，309，809，974

王文诰　815

王文韶　115，117，132，166，276

王锡蕃　339

王羲之　128，264，265，266，788

王先谦　346，855，856，1138，1177，1186，1214，1215

王宪明　344

王献之（献之）　264，265

王襄　425

王新命　733，920

王兴　1340

王星贤（王培德星贤）　587，588，589，590，591，613，614，1171，1178，1214，1215

王行瑜　314

1425

王修微　1074

王亚民　1293，1300

王岩叟　318

王衍（王夷甫）　793，794，795，796，797，798，1225，1226

王雁峰　128

王阳明（阳明、王守仁、王文成公）　49，52，134，138，139，140，141，142，143，144，325，379，381，392，393，400，564，584，727，759，823，824，825，827，828，829，834，844，852，859，942，947，959，1170，1171，1173，1174，1265，1266，1320

王义门　304

王懿荣　424，425

王引之（伯申）　19，402

王隐　791

王迎春　960，961

王元化　1281

王元长　296

王沄　1090

王泽寰　293

王湛　790

王昭君　1233

王贞明　33

王重民　381

王子搜　787

危素（危太朴）　483

威灵吞　380

微子　776，779，788，789

韦庵鲁　839

韦保衡　214

韦伯　862，1028

韦苏州（韦应物）　1337

韦挺　967

韦昭　1148

韦中立　812

韦庄　276，1058，1059

维摩诘　248，252，677，938，939，947，992

卫瓘　265

卫见素　314

卫礼贤　877

卫灵公　1124，1186

卫元嵩　224，386，387

慰长　567，671

魏齐王芳　794

魏特　1003，1005，1007，1008，1010，1018，1019，1020

魏文魁　1014

魏源　57，58，409，410，411，

412，413，416，429，442，460，514，1249

魏徵　860，965，966，967，968，969，970，971

魏忠贤　959

温峤　1097

温肃　23

温庭筠（温八叉）　976，1337

温序　784

温彦博　967，969，971

温源宁　86

文成公主　1233

文德皇后　970

文惠太子　270

文殊（文殊师利）　290，657，947，992

文特尔彭　8

文天祥（文信国）　293

文廷楷　343

文廷式（文芸阁）　186，187，297，313，342，345，364，365，366，368，718

翁同龢　352，363，717，718，1251

渥德尔　560

乌以风　570，590，624，648

无罗叉　250

无著　560，562，565，566，620

吴保初　276

吴昌硕　1301

吴长庆　276

吴承仕　442，868，870

吴大澂（吴清卿、吴愙斋）　15，28，300

吴大猷　1284

吴光　823

吴国伦　964

吴建东　669

吴敬琏　1262

吴梅　486，1290

吴宓（吴雨生、雨僧、吴雨僧）　26，33，72，86，87，88，89，90，91，92，93，94，95，96，97，98，99，100，101，102，103，104，105，106，107，162，166，272，290，295，381，499，509，510，531，549，698，747，748，879，880，1066，1067，1068，1101，1113，1290，1326，1328

吴明炫　1016

吴其昌　133，184，185，235，236，286，287，288，298，880

吴汝纶　109

吴士鉴　263

吴天任　355

1427

吴伟业（梅村、吴梅村） 74，839，840

吴文溥 542

吴小如 1359

吴辛旨 295

吴学昭 88，97，98，103，106

吴于廑 771，855

吴虞 726，1299

吴毓江 1139

吴云谷 124

吴泽 6，15，17，20，22，23，24，25，30，32，74，80

吴稚晖 890，1299

吴宗慈 279，293，284

伍文定 325

伍子胥 369，370，371

武姜 537

武王 644，776

武则天（武后、武曌、天后） 213，231，268，269，330，387，890，1252

X

汐翁 425

西村博 425

西施 846

希尔斯 702，703，726

希罗多德 912，913

希特勒 951

郗嘉 265

郗愔 265

席宝田（席公） 110，111，112，113，115，276

席勒 39

郤锜 1140，1141

夏侯玄（夏侯泰初） 793

夏敬庄（芰舲） 353

夏鼐 450

夏晓虹 415，866

夏曾佑 434，447，877

夏宗禹 568，569

先丹木 775

冼玉清 169

向达 456

向秀（向子期） 798，800，802，803，804

项羽 426，641，780

象 939

萧艾 1106

萧昂 806

萧琛 270

萧而化 610

萧公权（公权）　88，456，486，489，491，522，691，695，854，1285

萧宏　806

萧统（昭明太子）　384，979，983，984，993

萧望之　781

萧伟　806

萧衍（梁武帝）　219，243，267，553，804，806，993

萧一山　1004，1013，1014，1109

萧瑀　968

萧渊业　806

萧子良　219，270

小田切万寿（小田氏）　342，345

孝己　427

契　292，429

解狐　1209

谢安　834

谢国桢　99，880

谢和耐　1019

谢鲲　791

谢灵运　195，337

谢朓　270，822

谢万　788

谢苇丰　882

谢无量　650，651，652，663

谢希安（万慧）　650，651，652

谢显道（上蔡）　51，640，1163

谢象三　551

谢肇淛　1088

辛庆忌　781

兴膳宏　992

邢昺　1148

熊池生　583

熊持中　573

熊鹤村（鹤老）　128，129

熊十力（熊子真、十力、熊子、子真、熊君十力、熊子十力、熊先生、熊逸翁）　456，466，467，468，471，486，488，498，499，521，545，558，559，560，561，562，563，564，565，566，567，570，571，572，573，575，576，577，578，579，580，581，582，583，584，601，647，694，696，698，733，753，761，853，854，898，905，1021，1113，1114，1117，1319，1326，1328

熊式一　166，167，287

熊叔雅　128

熊廷弼　850，852

熊希龄　177，339，340，362

熊言珍　573

1429

休谟	38，49，1030
修昔底德	912，913
徐孚远	246
徐复观	733，1117
徐光	331
徐光启	1005，1006，1008，1014，1015
徐继畬	714
徐剑缘	877
徐仁铸（徐研甫）	177，282，340
徐世昌	437
徐朔方	1049，1054
徐渭（徐文长）	829，831，832，839
徐孝穆（徐陵）	1090，1091，1093
徐彦伯	773
徐一士	277，282
徐用仪	353
徐志摩	86，96，458
徐致靖	282
徐致远	246
徐中舒	26，27，880，1249
许伯	333
许地山	237，887，888，889，890，920，921
许公实	1074
许冠三	457
许景澄	350
许默斋	5，6
许穆夫人	775
许善心	207
许慎（愼）	28，536，680，681，694，1253，1295
许守微	887
许寿裳	867
许同蔺	6
许仙屏	114
许啸天	892，897
许印林	15
许由	787
绪方二三	343
宣姜	775
玄奘	161，196，198，226，250，268，381，493，512，561，666，924，994，1111，1275，1357
薛次申	285，293，312，358
薛道衡	207
薛福成	109
薛收	966
薛涛	1337
荀子（荀卿）	52，53，64，65，

205，379，429，435，438，440，519，520，534，594，599，624，679，712，855，856，873，874，875，889，913，1115，1122，1138，1176，1177，1180，1186，1214，1215，1286

Y

亚当　1034

亚里士多德（亚理斯多德）　389，547，1029，1033，1039，1082，1083，1084，1095，1096，1236，1310，1332，

严复（又陵先生、又陵）　12，64，69，86，376，377，405，417，418，419，435，460，474，479，480，481，494，495，496，498，503，507，514，516，613，694，696，916，1024，1025，1038，1039，1250，1258，1259，1285，1326

严家炎　1255

严君平　154，668

严可均　979，993

严彭祖（严）　408

严世蕃（东楼）　282

严嵩（严介溪）　282

言慧珠　165

阎步克　863

阎季蓉　123

阎敬铭　147

阎云翔　1266

颜安乐（颜）　408

颜回（颜子、颜渊）　576，589，607，627，628，643，831，915，951，1132，1138，1150，1154，1160，1184，1186，1224

颜师古　386

颜元　381，393，394，1108

颜烛　787

晏平仲（晏子、晏婴）　1157，1206，1207，1208，1210，1213

燕惠王　239，240

燕昭王　241

扬雄（杨雄）　154，680，694，916，982，1295，1297

扬之水　1279

阳谷　1209，1211

阳货（阳虎）　519，537，630，760，778，779，1184，1334

杨爱　1101

杨丙辰　1003

杨伯峻　383，778，1107

杨德乾　109

杨德祖　995

杨光先　　1015，1016

杨贵妃（太真）　　556，1066

杨国忠　　314

杨绛　　540，544，546，549，555，1234

杨巨源　　232，809，810

杨联陞　　456

杨茂卿　　810

杨明照（明照）　　322，791，981，985，992，993

杨锐　　278，339

杨深秀　　278

杨慎　　1087

杨时　　937

杨士达　　269

杨收　　316

杨叔乔　　293

杨树达（杨遇夫）　　238，239，486，1269，1358

杨素　　207，208

杨天石　　341，885

杨廷麟　　840

杨宛叔　　1074

杨文会（杨仁山）　　471，561，566，1299，1357

杨贤妃　　186，297，368

杨严　　317

杨震　　1089

杨锺羲　　23

杨朱　　758

尧　　62，65，386，391，412，429，437，442，449，497，520，565，574，591，600，725，787，803，824，825，907，921，945，954，969，1020，1071，1168，1218，1286，1352

姚名达　　26，27，477，880

姚萧　　980

姚思廉　　967

姚逃虚　　235

姚兴　　994

耶律楚材（耶律文正）　　29

耶律大石　　290

叶北岩　　882

叶德辉　　33，484

叶瀚　　351

叶适（叶水心）　　151，379

叶秀山　　1279，1288

叶瑛　　229，841，843，1218

叶左文　　588，648，649，650

一行　　528，911，1014

伊凤阁　　877

伊尹　　235

易白沙　1299

易佩绅（易笏山）　110，122，137，138，139，152

易顺鼎（易实甫）　358，360

易铁桥（易铁樵）　120，126

易瓒舟　128

殷仲堪　264

印西　655

应玚　995，996

应贞　996

英若诚　1233

颍考叔　940

雍正　108，1017，1094，1100，1108，1109，1248，1351

于丹　752，918

于光远　1255

於兴中　1306

余敦康　1280，1281

余嘉锡　387，486，791，797，798，799，800，801，802，805

余英时　170，176，177，465，498，506，793，853，854，890，905，947，1298，1302，1303，1314，1315，1317

臾骈　775

俞大维　272，458

俞廉三　299，340，345

俞明震（俞恪士、俞确士）　128，129，358，1057

俞平伯（俞铭衡）　1057，1058，1059，1062，1063，1064，1065，1066，1068，1093，1250，1354

俞淑人（俞麟洲、明诗）　92，289，301，341

俞文葆　1057

俞樾（俞曲园）　109，191，222，239，352，437，438，866，1060，1062，1063，1064，1065

俞振飞　165

虞初　1067

虞翻　785，786，1148

虞世基　207

虞世南　967，969，970

虞万里　1279，1280

虞劀　528，911

宇文恺　163

宇文泰　207，211

禹　62，126，296，429，438，449，450，641，643，679，725，758，776，940，945，954，1130，1131，1214，1218

庾信（兰成、子山、庾子山）　173，174，243，256，257，258

喻大华　865

1433

豫山　146

元好问（元裕之）　296，483

元康　249

元行冲　1148

元积（微之、元九、元微之）　231，232，242，247，553，554，913，1095，1096

员珂　253

爰盎　783

原壤　820

圆鉴　840

袁昶　350

袁崇焕　1005

袁宏道（宏道）　818，828，829，832，833，834，835，836，844，1055

袁世凯（洪宪）　178，179，235，284，340，724，849，868，923

袁枢　55

袁行霈　863

袁中道（中道、小修）　818，819，832，836

袁宗道（宗道）　818，832

源怀　162，163

源师　162，163

辕固　435

月霞法师　666

云颂天　582

Z

宰我　915

载沣　367

载勋　352

载漪　348，352

臧武仲　1209，1211

造父　1125

曾参（参、曾子）　629，750，787，916，937，961，1133，1148，1172

曾国藩（国藩、曾湘乡、湘乡、曾文正、文正、曾公）　109，110，112，113，114，115，118，119，127，133，135，151，153，166，243，276，717，874，1250，1251

曾纪泽　714，723

曾静　434

曾履初　128

曾慕陶　128

曾朴　367

曾皙（曾点、点）　821，826，827，828，835，836，855，859

曾协　808

曾重伯	128		938，939，1117
查初白	80	张力	1013
查良镛	1315	张力臣	124
翟溥福	958	张立民	575，950
祭仲	537	张良	834
粘罕	3	张林	262
詹锳（锳）	981，985	张冥飞	869
湛若水	959	张佩纶	145，146，147
张邦献	907	张钦夫	1167
张采田	368	张求会	110，111，136，146，147，352
张东墅	124	张汝伦（张君、汝伦）	907，912，913，915，919，920，921
张尔田（张孟劬）	21，30，98	张三丰	833
张光直	551，1317	张商英（张无尽）	833
张轨	208	张少康	978
张好好	186，368	张圣征	927
张恨水	105	张世亨	907
张衡（张平子）	337，1014，1067	张舜徽（舜徽、张先生）	69，384，426，473，519，678，678，679，680，681，682，683，684，685，686，695，896，916，1259，1293，1295，1296，1297，1298
张惠言	680		
张绩	980		
张謇	7，356，718，1299		
张静峰	829	张天汉	927
张居正（张太岳）	874，959，1001	张通典	353
张君和	682	张同敞（别山）	840
张君劢	391，467，471，733，		

1435

张维华　　1016，1017

张文虎　　109

张行成　　967

张修府　　110

张旭　　810，811，812

张玄素　　967

张勋　　16，17，179，422

张荀鹤　　339，340

张仪　　429

张荫桓　　343，350，352

张荫麟　　454，455，456，457，1328，1329

张英甫　　5

张永山　　426

张幼于　　832，833

张禹　　781

张裕钊　　109

张元岵　　839

张元济（张菊生）　　351，479，684，685，896，1295，1297

张载（载、横渠、子厚）　　48，52，55，143，379，399，402，534，605，610，618，754，934，935，936，937，938，939，941，942，944，945，952，955，1152，1204，1205，1213，1221，1222，1223，1228，1229，1230，1286，1287，1320

张昭　　785

张振镛　　882

张之洞（之洞、张南皮、南皮）　　5，6，9，70，74，75，117，149，150，155，166，178，179，184，277，278，340，341，344，347，349，353，354，355，356，357，361，362，381，414，415，422，425，474，527，681，704，717，718，864，885，908，1250

张仲方　　316

张子先　　832

章明煌　　880

章睿　　438

章士钊　　503，724

章世纯　　1085

章太炎（章炳麟、太炎）　　69，86，94，348，351，352，363，381，402，433，434，435，437，438，439，440，441，442，443，444，445，454，460，471，474，478，484，485，488，499，503，599，620，621，678，694，696，697，749，849，851，852，864，866，867，868，869，870，871，877，880，882，883，885，886，887，888，890，891，892，896，897，

902，916，923，927，1025，
1040，1113，1249，1259，
1280，1296，1298，1322，
1326，1327

章学诚（章实斋）　229，376，
377，378，380，435，436，
437，599，600，601，618，
680，840，841，842，843，
844，845，852，873，1217，
1218，1220，1250，1264，1335

章子梅　927

赵苞　784

赵穿　775

赵盾　307，775

赵尔巽　541

赵高　371

赵贯公　384

赵光义　955

赵简子　1125

赵孟頫（赵子昂）　1074，1075，
1338

赵明诚　61

赵明叔　815

赵朴初　676，1329

赵岐　365，1122，1125，1134

赵朔　307

赵佗　181

赵万里　12，15，19，20，21，

34，83，95，171，427

赵王伦　262，331

赵武　307，308

赵雄　957

赵彦中　957

赵毅衡　860

赵翼　306，307，452，817

赵元任　25，27，72，92，93，
289，458，486，879，880

赵芝山　286

肇安（肇公）　662，663，664，
665，666，667

珍妃　185，186，187，188，
297，342，352，353，367，
368，369

真谛　639

真可和尚　1046

郑板桥　542

郑昌　333，334

郑朝宗　88，478，536，545，
546，1114

郑鲂　808

郑观应　715

郑桓公（郑伯友）　1201，1202

郑均　310

郑樵　379

郑仁基　970

郑师渠　　883

郑翔　　960，961，962

郑晓沧　　591

郑孝胥　　290，291

郑玄（郑康成）　　28，384，385，402，548，680，681，694，758，772，775，828，1074，1142，1148，1295，1323

郑仲礼　　1167

郑众　　408

郑庄公　　537，538

郑子上　　631

支娄迦谶（支谶）　　250，252，994

支愍度　　193，194，248，249，250，251，252，253

支谦　　250，252

支昙龠　　269

志贺重昂（志贺）　　884，889

挚虞　　978，979，995，996

智猛　　202

智首律师　　654

智旭　　653

智俨　　189

智𫖮（智者）　　192，195，196，269，666

智圆　　216

智月　　560

中村不折　　242

钟会　　792，793，800，801

钟嵘　　543

钟叔河　　1112

钟惺（钟伯敬）　　435

钟正懋　　870

钟繇　　265

仲弓　　1159，1162，1163

仲华　　435

仲孙湫　　537

周成王　　20，330

周传儒　　880

周道登（念西）　　1094

周颠　　833

周敦颐（周子、周子敦颐、周子濂溪）　　48，52，55，379，380，388，402，534，935，955，961，1150，1152，1161，1179，1180，1181，1182，1188，1286，1287，

周公　　20，39，315，405，437，585，600，643，758，831，907，921，945，954，1204，1209，1218

周光午　　95

周简王　　1141

周介生　　840

周康燮　355

周奎　1003

周兰生　122

周亮工　1303

周勤　1306

周汝昌　1351

周锡山　914，915

周相　963

周宣王　449，1201

周延儒　1004

周一良　1298

周颙　269，270

周幽王　1201

周予同　384，447

周振甫　803，981，985

周作人　86，469，567，867，877

纣　325，371，429，777，788，789，796，797，798，921，1187

朱长文　808

朱宸濠　325

朱次江　123

朱耷　1301

朱棣（明成祖）　829，1248

朱奠培　325

朱鼎甫　133，185，288

朱古微　30

朱光潜　484，485，491，691，1285

朱鹤龄（朱长孺）　296，1084，1086，1087

朱建平　247

朱觐钧　325

朱克敬　112，127

朱盘炪　325

朱谦之　456

朱权　325

朱少白　377

朱世龙　562

朱维铮（维铮）　14，68，394，447，471，508，1248，1249，1250，1251，1252，1253，1254，1262，1281，1298，1299，1300

朱希祖　434，867，877

朱熹（朱子、元晦、晦庵、朱仲晦、朱晦庵）　48，49，51，52，53，55，138，139，141，142，143，144，164，223，245，336，337，379，380，381，388，389，390，391，392，393，394，395，396，400，402，454，534，546，618，628，629，630，631，632，634，636，727，750，751，759，765，813，814，826，828，873，894，895，907，908，921，926，931，935，

937，938，939，940，942，943，946，947，948，950，953，955，956，957，958，961，962，963，1034，1126，1128，1135，1137，1151，1152，1159，1160，1161，1162，1163，1164，1165，1166，1167，1168，1169，1171，1172，1173，1177，1178，1179，1180，1181，1183，1194，1195，1197，1203，1204，1212，1266，1268，1286，1287，1292，1302，1320，1323，1330，1337

朱香荪　　125

朱巽之　　264

朱元璋（明太祖）　　325，829，833，1248

朱云　　127，781，782

朱在　　958

朱昭之　　264

朱子奢　　972

朱宗熹　　908

诸葛瑾　　786

诸葛亮　　786，1253

竺道生（道生、生公）　　195，201，202，268

竺法护（法护）　　199，250，252，994

竺法兰　　252

竺法汰（法汰）　　193，249

竺法雅　　193，194，250，251

竺佛念　　250

竺可桢　　574，586，591，592，593，602，606，607，609，610，612，613，899，926，927，952

竺叔兰　　250

祝世萌　　1005

祝允明　　817

庄存与（庄方耕）　　407，408，429，514

庄廷鑨　　838

庄子（庄生、庄周）　　67，217，376，377，379，436，442，443，519，525，596，598，600，619，620，645，646，670，679，727，830，843，844，874，895，904，913，1122，1286

卓文君（文君、卓氏）　　1087，1337

子都　　775

子反　　1209，1211

子贡　　141，794，858，915，1184

子路（季路、由）　　519，773，778，826，915，916，1127，1137，1143，1184，1201，1332

子囊　　1209，1210，1211

子桑（子桑伯子）　820，1163

子思　438，750，961，1172，1330

子夏　156，437，481，599，764，915，1137，1138，1183，1317

子游　915，1146

子州支甫　787

宗白华　467

宗方小太郎　356，357

宗九奇　303

邹安　18

邹代钧（邹沅帆）　177，299，300，353，361，362

邹容　867

邹少松　124

驺奭　519

驺衍　519

祖庚　427

左光斗　1002

左丘明（左丘）　170，384，1184，1208

左孝同　339，340

左宗棠　109，113，118，119，717，850，851，852